Jens Prütting, Karsten Gaede, Karsten Scholz
Medizin- und Gesundheitsrecht
De Gruyter Studium

Jens Prütting, Karsten Gaede, Karsten Scholz

Medizin- und Gesundheitsrecht

Ein fallorientiertes Lehrbuch
auch für das Medizinstrafrecht

3., grundlegend überarbeitete Auflage

DE GRUYTER

Prof. Dr. *Jens Prütting*,
Professor an der Bucerius Law School, Hamburg
Direktor des Instituts für Medizinrecht der Bucerius Law School
Prof. Dr. *Karsten Gaede*,
Professor an der Bucerius Law School, Hamburg
Direktor des Instituts für Medizinrecht der Bucerius Law School
Prof. Dr. *Karsten Scholz*,
Honorarprofessor an der Leibniz-Universität Hannover

Zitiervorschlag: *Prütting/Gaede/Scholz* Medizin- und Gesundheitsrecht, § 8 Rn 2

ISBN 978-3-11-104703-4
e-ISBN (PDF) 978-3-11-104854-3
e-ISBN (EPUB) 978-3-11-105033-1

Library of Congress Control Number: 2025939102

Bibliografische Information der Deutschen Nationalbibliothek
Die Deutsche Nationalbibliothek verzeichnet diese Publikation in der Deutschen Nationalbibliografie;
detaillierte bibliografische Daten sind im Internet über http://dnb.dnb.de abrufbar.

© 2025 Walter de Gruyter GmbH, Berlin/Boston, Genthiner Straße 13, 10785 Berlin
Einbandabbildung: DNY59 / iStock / Getty Images Plus

www.degruyterbrill.com
Fragen zur allgemeinen Produktsicherheit:
productsafety@degruyterbrill.com

Vorwort

Das Medizin- und Gesundheitsrecht ist bedeutsamer Teil unseres Alltags und wird bereits in der Schuldrechtsvorlesung und sowohl im Allgemeinen als auch im Besonderen Teil des strafrechtlichen Pflichtfachstoffs näher aufgegriffen. Das Interesse an Angeboten in Wissenschaft, Lehre und Praxis hat in den letzten Jahrzehnten stetig zugenommen. Aber nur wenige Publikationen bieten den Studierenden das, was sie zunächst suchen. Sie möchten den Einstieg in ein umfangreiches, kompliziertes Rechtsgebiet erreichen und dessen Systematik erfassen. Diesen Zielen soll das vorliegende Lehrbuch dienen, indem es zum einen das Recht des Behandlungsvertrages und der zivilrechtlichen Arzthaftung sowie die Kernthemen des zunehmend bedeutsamen Medizinstrafrechts darstellt. Zum anderen legt das Lehrbuch hinsichtlich des öffentlichen Gesundheitsrechts einen Schwerpunkt auf das in den Sozialgesetzbüchern kodifizierte Recht der gesetzlichen Krankenversicherung, dem es vergleichend die privatärztliche Versorgung und in Grundzügen das Recht der privaten Krankenversicherung gegenüberstellt.

Wer den Studienschwerpunkt Medizin- und Gesundheitsrecht wählt, wird Einblick in ein Themenfeld erhalten, das nicht nur vielfältige und spannende Rechtsfragen bereithält, sondern auch viele berufliche Perspektiven eröffnet. Beratungsbedarf besteht für stationäre und ambulante Leistungserbringer, hoch qualifizierte nichtärztliche Leistungserbringer aus unterschiedlichen beruflichen Zweigen, seien es Apotheken, Industriebetriebe, Startups im Bereich der digitalen Gesundheitsversorgung sowie klassische Hilfsmittel- und Heilmittelerbringer. Viele Medizinrechtlerinnen und -rechtler sind für gesetzliche und private Krankenkassen und deren Verbände sowie andere Körperschaften des öffentlichen Rechts wie bspw. Kassenärztliche Vereinigungen oder die Heilberufskammern auf Landesebene tätig. Die wichtigsten Institutionen im Gesundheitswesen werden auch deshalb in diesen Lehrbuch vorgestellt,

Das Gesundheitswesen bzw. der „Health-Care-Sektor" ist ein großer Markt, der mittlerweile gut 500 Mrd. € jährlich umsetzt und von dem Marktteilnehmer sowie deren Beraterinnen und Berater profitieren. Dieses steht nicht selten in einem problematischen Spannungsfeld zum Menschen und seinen gesundheitlichen Beschwerden. Immer wieder werden zurecht Forderungen nach einer stärkeren Patientenzentrierung des Systems und der Begleitung des Patienten durch die kaum überschaubaren Angebote erhoben. Einen zusätzlichen außergewöhnlichen Fokus hatte die im Jahr 2020 ausgebrochene Corona-Pandemie gebracht, mit welcher die Bedeutung eines funktionalen Gesundheitssystems besonders unterstrichen worden ist. Inzwischen wird erkannt, dass kriegerische Auseinandersetzun-

https://doi.org/10.1515/9783111048543-001

gen und die Klimakrise ebenfalls Anstrengungen für ein resilientes Gesundheitswesen erfordern.

Für Studierende soll dieses Buch eine Einführung geben, die einen Überblick über die wichtigsten Themenbereiche verschafft, nicht mit zu weitgehenden Details überfrachtet, sondern einen Werkzeugkasten zur Lösung von Vorlesungsabschlussklausuren, Grundlagen von Seminararbeiten und weiteren Prüfungsleistungen im Schwerpunktbereich bietet. Praktiker erhalten ebenfalls einen Einblick in die komplizierten Strukturen und Steuerungsmechanismen des deutschen Gesundheitswesens. Hinzu tritt die Möglichkeit des Erwerbs belastbarer Grundkenntnisse im zivil- und strafrechtlichen Arztrecht.

Gerne nehmen die Verfasser Anregungen zur Verbesserung des Werks entgegen: jens.pruetting@law-school.de; karsten.gaede@law-school.de; karsten.scholz@t-online.de

Die Verfasser gedenken der Tradition der verstorbenen Werkbegründerin Frau Prof. Dr. Dorothea Prütting, die im Oktober 2022 einer schweren Krankheit erlag. Ihre enorme Schaffenskraft, ihr vorbildlicher Einsatz für alle Belange des Gesundheitswesens und ihr stets so herzliches Wesen werden die Verfasser immer erinnern.

Hamburg im Mai 2025   Jens Prütting, Karsten Gaede, Karsten Scholz

Inhaltsübersicht

Inhalt

Abkürzungsverzeichnis

a.A.	anderer Ansicht
a.a.O	am angegebenen Ort
AApproO	Approbationsordnung für Ärzte
ABDA	Bundesvereinigung Deutscher Apothekerverbände e.V.
abl.	ablehnend
Abs.	Absatz
abw.	abweichend
AcP	Archiv für die civilistische Praxis
AEUV	Vertrag über die Arbeitsweise der Europäischen Union
a.F.	alte Fassung
AG	Aktiengesellschaft
AG TPG	Gesetz zur Ausführung des Transplantationsgesetzes
AGB	Allgemeine Geschäftsbedingungen
AGG	Allgemeines Gleichbehandlungsgesetz
AGSL	Schulleitlinien der Arbeitsgemeinschaft der Schulleitungen der Heilpraktikerschulen des Fachverbandes
AktG	Aktiengesetz
allg.	allgemein
Allg.M.	allgemeine Meinung
Alt.	Alternative
AMG	Arzneimittelgesetz
AMNOG	Arzneimittelneuordnungsgesetz
AMVV	Arzneimittelverschreibungsverordnung
Anm.	Anmerkung
AntiDopG	Anti-Doping-Gesetz
AO	Abgabenordnung
AOK	Allgemeine Ortskrankenkasse
AOLG	Arbeitsgemeinschaft der Obersten Landesgesundheitsbehörden
AOP-Vertrag	Vertrag über das Ambulante Operieren
ApBetrO	Apothekenbetriebsordnung
ApoG	Apothekengesetz
ApoR	Apotheke & Recht
Ärztebl.	Ärzteblatt
Arzte-ZV	Zulassungsverordnung für Vertragsärzte
ArztR	Arztrecht
AsylbLG	Asylbewerberleistungsgesetz
AT	Allgemeiner Teil
ATA-OTA-G	Gesetz über den Beruf der Anästhesietechnischen Assistentin und des Anästhesietechnischen Assistenten und über den Beruf der Operationstechnischen Assistentin und des Operationstechnischen Assistenten
AU-Bescheinigung	Arbeitsunfähigkeitsbescheinigung
Aufl.	Auflage

https://doi.org/10.1515/9783111048543-002

AVV	Arzneiversorgungsvertrag
AWMF	Arbeitsgemeinschaft der Wissenschaftlichen Medizinischen Fachgesellschaften e.V.
Az.	Aktenzeichen
BAG	Bundesarbeitsgericht
BAK	Bundesapothekerkammer
BÄK	Bundesärztekammer
BAnz	Bundesanzeiger
BÄO	Bundesärzteordnung
BApO	Bundesapothekerordnung
Bay.	Bayerisches
Bay.ObLG	Bayerisches Oberstes Landesgericht
BayVGH	Bayerischer Verwaltungsgerichtshof
BBiG	Berufsbildungsgesetz
Bd.	Band
BDSG	Bundesdatenschutzgesetz
BeckOGK	beck-online.Großkommentar
BeckOK	Besch'scher Online-Kommentar
BeckRS	Beck-Rechtsprechung
BEMA	Einheitlicher Bewertungsmaßstab für zahnärztliche Leistungen
BerufsG	Berufsgericht
Beschl.	Beschluss
BfArM	Bundesinstitut für Arzneimittel und Medizinprodukte
BFH	Bundesfinanzhof
BfR	Bundesinstitut für Risikobewertung
BfS	Bundesamt für Strahlenschutz
BGB	Bürgerliches Gesetzbuch
BGA-NachfG	Gesetz über Nachfolgeeinrichtungen des Bundesgesundheitsamtes
BGBl.	Bundesgesetzblatt
BGesBl.	Bundesgesundheitsblatt
BGH	Bundesgerichtshof
BGHSt	Amtliche Sammlung des Bundesgerichtshofs in Strafsachen
BGHZ	Amtliche Sammlung des Bundesgerichtshofs in Zivilsachen
BIFG	BARMER Institut für Gesundheitssystemforschung
BIÖG	Bundesinstitut für Öffentliche Gesundheit
BKK	Betriebskrankenkasse
BMAS	Bundesministerium für Arbeit und Sozialordnung
BMG	Bundesministerium für Gesundheit; in Zusammenhang mit einem Paragrafen: Bundesmeldegesetz
BMV-Ä	Bundesmantelvertrag-Ärzte
BMV-Z	Bundesmantelvertrag-Zahnärzte
BNotO	Bundesnotarordnung
BO	Berufsordnung
BPflV	Bundespflegesatzverordnung
BRAO	Bundesrechtsanwaltsordnung
Brem.KHG	Bremisches Krankenhausgesetz

BSG	Bundessozialgericht
BSGE	Amtliche Sammlung der Entscheidungen des Bundessozialgerichts
bspw.	beispielsweise
BT	Besonderer Teil
BR-Drs.	Drucksache des Bundesrats
BT-Drs.	Drucksache des Bundestages
BtM	Betäubungsmittel
BtMG	Betäubungsmittelgesetz
BtMVV	Betäubungsmittelverschreibungsverordnung
BtPK	Bundespsychotherapeutenkammer
BTPrax	Betreuungsrechtliche Praxis
BVerfG	Bundesverfassungsgericht
BVerfGE	Amtliche Sammlung der Entscheidungen des Bundesverfassungsgerichts
BVerwG	Bundesverwaltungsgericht
BVerwGE	Amtliche Sammlung der Entscheidungen des Bundesverwaltungsgerichts
BVL	Bundesamt für Verbraucherschutz und Lebensmittelsicherheit
BzgA	Bundeszentrale für gesundheitliche Aufklärung
ChemG	Chemikaliengesetz
CHMP	Committee for Medicinal Products for Human Use
CoVuR	COVID 19 und Recht
CT	Computertomograph
d. h.	das heißt
D-Arzt	Durchgangsarzt
DÄBl.	Deutsches Ärzteblatt
DakkS	Deutsche Akkreditierungsstelle GmbH
DAV	Deutscher Apothekerverband e.V.
DAZ	Deutsche Apothekerzeitung
DiätAssG	Gesetz über den Beruf der Diätassistentin und des Diätassistenten
DiGAV	Verordnung über das Verfahren und die Anforderungen zur Prüfung der Erstattungsfähigkeit digitaler Gesundheitsanwendungen in der gesetzlichen Krankenversicherung
DIMDI	Deutsche Institut für Medizinische Dokumentation und Information
DKG	Deutsche Krankenhausgesellschaft
DKI	Deutsches Krankenhausinstitut e.V.
DKTIG	Deutsche Krankenhaus TrustCenter und Informationsverarbeitung GmbH
DöV	Die öffentliche Verwaltung
DRG	Diagnosis Related Groups – diagnosebezogene Fallpauschalen
Drs.	Drucksache
DS-GVO	Datenschutzgrundverordnung
DSO	Deutsche Stiftung Organspende
Dtsch. Ärztebl.	Deutsches Ärzteblatt
DVO	Durchführungsverordnung
EBM	Einheitlicher Bewertungsmaßstab für ärztliche Leistungen
Ed.	Edition

EDV	Elektronische Datenverarbeitung
EFZG	Entgeltfortzahlungsgesetz
EG	Europäische Gemeinschaft
EGBGB	Einführungsgesetz zum Bürgerlichen Gesetzbuche
Einl.	Einleitung
EKG	Elektrokardiogramm
EMA	Europäische Arzneimittelagentur
EMRK	Europäische Menschenrechtskonvention
Endurt.	Endurteil
ErgThG	Gesetz über den Beruf der Ergotherapeutin und des Ergotherapeuten
ESchG	Embryonenschutzgesetz
EStG	Einkommenssteuergesetz
ETI	Erlaubnistatbestandsirrtum
EU	Europäische Union
EUR	Euro
EuZW	Europäische Zeitschrift für Wirtschaftsrecht
EuGH	Europäischer Gerichtshof
e.V.	eingetragener Verein
EWR	Europäischer Wirtschaftsraum
f.; ff.	folgende; fortfolgende
FAZ	Frankfurter Allgemeine Zeitung
FG	Finanzgericht
FamFG	Gesetz über das Verfahren in Familiensachen und in den Angelegenheiten der freiwilligen Gerichtsbarkeit
FamRB	Familien-Rechtsberater
FamRZ	Zeitschrift für das gesamte Familienrecht
FS	Festschrift
FuR	Familie und Recht
GA	Goltdammer's Archiv für Strafrecht
G-BA	Gemeinsamer Bundesausschuss
GbR	Gesellschaft bürgerlichen Rechts
GDNG	Gesundheitsdatennutzungsgesetz
GenDG	Gendiagnostikgesetz
GesR	Gesundheitsrecht
GewA	Gewerbeaufsicht
GewArch	Gewerbearchiv
GewO	Gewerbeordnung
GG	Grundgesetz
ggf.; ggfls.	gegebenenfalls
gGmbH	als gemeinnützig anerkannte Gesellschaft mit beschränkter Haftung
GGO	Gemeinsame Geschäftsordnung der Bundesministerien
GKV	Gesetzliche Krankenversicherung
GKV-Patienten	Patientinnen und Patienten der Gesetzlichen Krankenversicherung
GmbH	Gesellschaft mit beschränkter Haftung
GmbH & Co. KG	Gesellschaft mit beschränkter Haftung und Companion KG

GmbHG	Gesetz betreffend die Gesellschaften mit beschränkter Haftung
GMBl.	Gemeinsames Ministerialblatt
GMK	Gesundheitsministerkonferenz
GoA	Geschäftsführung ohne Auftrag
GOÄ	Gebührenordnung für Ärzte
GOBReg	Geschäftsordnung der Bundesregierung
GOP	Gebührenordnung für Psychologische Psychotherapeuten und Kinder- und Jugendlichenpsychotherapeuten
GOZ	Gebührenordnung für Zahnärzte
grds.	grundsätzlich
GRUR	Gewerblicher Rechtsschutz und Urheberrecht
GRUR-RR	Gewerblicher Rechtsschutz und Urheberrecht Rechtsprechungs-Report
GS	Großer Senat
GuP	Gesundheit und Pflege
GuV	Gewinn und Verlustrechnung
GVG	Gerichtsverfassungsgesetz
GWB	Gesetz gegen Wettbewerbsbeschränkungen
h.A.	herrschende Auffassung
h.L.	herrschende Lehre
h.M.	herrschende Meinung
Halbs.	Halbsatz
HebG	Hebammengesetz
HeilBerG	Heilberufsgesetz
HeilprG	Heilpraktikergesetz
HeilprGDV	Erste Durchführungsverordnung zum Heilpraktikergesetz
HGB	Handelsgesetzbuch
HIV	Humanes Immundefizienz-Virus
HKaG	Heilberufe-Kammergesetz Bayern
HNO	Hals-Nasen-Ohrenheilkunde
HRRS	Online-Zeitschrift für Höchstrichterliche Rechtsprechung zum Strafrecht
Hrsg.	Herausgeber
Hs.; HS	Halbsatz
HWG	Heilmittelwerbegesetz
HwO	Gesetz zur Ordnung des Handwerks
Hybrid-DRG	Fallpauschale für die spezielle sektorengleiche Vergütung
Hyg Med	Hygiene & Medizin
HygMedVO	Verordnung über die Hygiene und Infektionsprävention in medizinischen Einrichtungen
i.d.F.	in der Fassung
i.d.R.	in der Regel
i.E.	im Ergebnis
i.S.d.	im Sinne des
i.S.	im Sinne
i.S.v.	im Sinne von
i.Ü.	im Übrigen

i.V.m.	in Verbindung mit
IfSG	Infektionsschutzgesetz
InEK	Institut für Entgeltsystem im Krankenhaus
InsO	Insolvenzordnung
IQTiG	Institut für Qualitätssicherung und Transparenz im Gesundheitswesen
IQWIG	Institut für Qualität und Wirtschaftlichkeit im Gesundheitswesen
JA	Juristische Ausbildung
JGG	Jugendgerichtsgesetz
JR	Juritische Rundschau
JURA	Zeitschrift für die Juristische Ausbildung
JurBüro	Das Juristische Büro
juris-PR StrafR	juris PraxisReport Strafrecht
JuS	Juristische Schulung
JVEG	Justizvergütungs- und -entschädigungsgesetz
JW	Juristische Wochenschrift
JZ	Juristenzeitung
Kap.	Kapitel
KastrG	Kastrationsgesetz
KBV	Kassenärztliche Bundesvereinigung
KG	Kammergericht Berlin; Kommanditgesellschaft
KHEntgG	Krankenhausentgeltgesetz
KHG	Krankenhausfinanzierungsgesetz
KHGG NRW	Krankenhausgestaltungsgesetz NRW
KHR	Krankenhausrecht
KKG	Gesetz zur Kooperation und Information im Kinderschutz
KKH	Kaufmännische Krankenkasse
KonvBehSchG	Gesetz zum Schutz vor Konversionsbehandlungen
KRINKO	Kommission für Krankenhaushygiene und Infektionsprävention
KriPoZ	Kriminalpolitische Zeitschrift
krit.	kritisch
KrV	Kranken- und Pflegeversicherung
KV	Kassenärztliche Vereinigung
KVLG 1989	Zweites Gesetz über die Krankenversicherung der Landwirte
KZBV	Kassenzahnärztliche Bundesvereinigung
KZV	Kassenzahnärztliche Vereinigung
LandesberufsG	Landesberufsgericht
LBG	Landesbeamtengesetz
Lebensmittel-Basis-VO	Verodnung (EU) zur Festlegung der allgemeinen Grundsätze und Anforderungen des Lebensmittelrechts, zur Errichtung der Europäischen Behörde für Lebensmittelsicherheit und zur Festlegung von Verfahren zur Lebensmittelsicherheit
LFBG	Lebensmittel-, Bedarfsgegenstände- und Futtermittelgesetzbuch
LG	Landgericht
lit.	Buchstabe

LKHG BW	Landeskrankenhausgesetz Baden-Württemberg
LKHG SchlH	Landeskrankenhausgesetz Schleswig-Holstein
LogopG	Gesetz über den Beruf des Logopäden
LPartG	Gesetz über die Eingetragene Lebenspartnerschaft
LuftVG	Luftverkehrsgesetz
lz.	letzter
m.Anm.	mit Anmerkung
m.w.N.	mit weiteren Nachweisen
MB/KK	Musterbedingungen für die Krankheitskosten- und Krankenhaustagegeld-versicherung
MBO-Ä	(Muster.)Berufsordnung für die in Deutschland tätigen Ärztinnen und Ärzte
MD	Medizinischer Dienst
MDR	Medical Device Regulation der Europäischen Union; Monatsschrift für Deutsches Recht
MedCanG	Gesetz zur Versorgung mit Cannabis zu medizinischen und medizinisch-wissenschaftlichen Zwecken
MedR	Zeitschrift Medizinrecht
medstra	Zeitschrift für Medizinstrafrecht
MELD	Model of end stage liver disease
MFBO	(Muster-)Fortbildungsordnung
Mio.	Millionen
MM	Mindermeinung
MMR	Zeitschrift für das Recht der Digitalisierung, Datenwirtschaft und IT
MPDG	Gesetz zur Durchführung unionsrechtlicher Vorschriften betreffend Medizin-produkte
MPhG	Masseur- und Physiotherapeutengesetz
Mrd.	Milliarden
MschrKrim	Monatsschrift für Kriminologie und Strafrechtsreform
MTA	Medizinisch-technischer Assistent
MTBG	Gesetz über die Berufe in der medizinischen Technologie
MVZ	Medizinisches Versorgungszentrum
mWv	mit Wirkung vom
Nds. GesFBG	Niedersächsisches Gesundheitsfachberufegesetz
Nds.GVBl.	Niedersächsische Gesetz- und Verordnungsblatt
Nds. HebG	Niedersächsiches Hebammengesetz
NGöGD	Niedersächsisches Gesetz über den öffentlichen Gesundheitsdienst
NMedHygVO	Niedersächsische Verordnung über Hygiene und Infektionsprävention in medizinischen Einrichtungen
NiSV	Verordnung zum Schutz vor schädlichen Wirkungen nichtionisierender Strahlung bei der Anwendung am Menschen
NJOZ	Neue Juristische Online Zeitschrift
NJW	Neue Juristische Wochenschrift
NJW-RR	Neue Juristische Wochenschrift Rechtsprechungs-Report Zivilrecht
NLGA	Niedersächsisches Landesgesundheitsamt
NotSanG	Gesetz über den Beruf der Notfallsanitäterin und des Notfallsanitäters

NpSG	Neue-psychoaktive-Stoffe-Gesetz
Nr.	Nummer
NRW	Nordrhein-Westfalen
NStZ	Neue Zeitschrift für Strafrecht
NStZ-RR	Neue Zeitschrift für Strafrecht Rechtsprechungs-Report
NVersZ	Neue Zeitschrift für Versicherung und Recht
NVwZ	Neue Zeitschrift für Verwaltungsrecht
NVwZ-RR	Neue Zeitschrift für Verwaltungsrecht Rechtsprechungs-Report
NZBau	Neue Zeitschrift für Baurecht und Vergaberecht
NZFam	Neue Zeitschrift für Familienrecht
NZS	Neue Zeitschrift für Sozialrecht
o.g.	oben genannte
ÖGD	Öffentlicher Gesundheitsdienst
ÖGDG	Gesetz über den öffentlichen Gesundheitsdienst
OHG	Offene Handelsgesellschaft
OLG	Oberlandesgericht
OLGR	OLG-Report
OP	Operation
OPS	Operationen und Prozedurenschlüssel
OTA	Operationstechnische Assistentin
OVG	Oberverwaltungsgericht
PartG	Partnerschaftsgesellschaft
PartGG	Partnerschaftsgesellschaftsgesetz
PatBeteiligungsV	Patientenbeteiligungsverordnung
PatRG	Gesetz zur Verbesserung der Rechts von Patientinnen und Patienten
PEI	Paul-Ehrlich-Institut
PEPP-Katalog	Pauschalierendes Entgeltsystem Psychiatrie und Psychosomatik
PflBG	Gesetz über die Pflegeberufe
PflegeZG	Pflegezeitgesetz
PharmR	Pharma-Recht
PIA	Pychiatrische Institutambulanz
PID	Präimplantationsdiagnostik
PKV	Private Krankenversicherung
PM	Pressemitteilung
ProstSchG	Gesetz zum Schutz von in der Prostitution tätigen Personen
PStG	Personenstandsgesetz
PsychThG	Psychotherapeutengesetz
rd.	rund
RDG	Rechtsdepesche für das Gesundheitswesen
RDV	Recht der Datenverarbeitung
RG	Reichsgericht
RGBl.	Reichsgesetzblatt
RGSt	Entscheidungssammlung Reichsgericht in Strafsachen
RKI	Robert Koch Institut

RL	Richtlinie
Rn.	Randnummer
r + s	Recht und Schaden
Rspr.	Rechtsprechung
RStGB	Reichsstrafgesetzbuch
RVO	Reichsversicherungsordnung
S.	Seite
SbG	Die Sozialgerichtsbarkeit
SchKG	Schwangerschaftskonfliktgesetz
SG	Sozialgericht
SGB	Sozialgesetzbuch
SGB I	Sozialgesetzbuch – Erstes Buch – Allgemeiner Teil
SGB II	Sozialgesetzbuch – Zweites Buch – Bürgergeld, Grundsicherung für Arbeit-suchende
SGB III	Sozialgesetzbuch – Drittea Buch - Arbeitsförderung
SGB IV	Sozialgesetzbuch – Viertes Buch – Gemeinsame Vorschriften für die Sozial-versicherung
SGB V	Sozialgesetzbuch – Fünftes Buch – Gesetzliche Krankenversicherung
SGB VI	Sozialgesetzbuch – Sechtes Buch – Gesetzliche Rentenversicherung
SVB VII	Sozialgesetzbuch – Siebtes Buch – Gesetzliche Unfallversicherung
SGB X	Sozialgesetzbuch – Zehntes Buch – Sozialverwaltungsverfahren und Sozial-datenschutz
SGB XI	Sozialgesetzbuch – Elftes Buch – Soziale Pflegeversicherung
SGG	Sozialgerichtsgesetz
SKIP	Spezies, Kontinuität, Identität und Potentialitä
sog.	so genannt
SOP	Standard Operating Procedure
SozVers	Die Sozialversicherung
SP	Schaden-Praxis
SSK	Strahlenschutzkommission
STAKOB	Ständiger Arbeitskreis der Kompetenz- und Behandlungszentren für Krank-heiten durch hochpathogene Erreger
STIKO	Ständige Impfkommission
StGB	Strafgesetzbuch
StPO	Strafprozeßordnung
str.	streitig
StraFo	Strafverteidiger Forum
StrlSchV	Strahlenschutzverordnung
StrOPS-RL	Richtlinie für die Begutachtung von Strukturmerkmalen von abrechnungs-relevanten Operationen- und Prozedurenschlüsseln
st. Rspr.	ständige Rechtsprechung
StV	Strafverteidiger
StZG	Gesetz zur Sicherstellung des Embryonenschutzes im Zusammenhang mit Einfuhr und Verwendung menschlicher embryonaler Stammzellen
s.u.	siehe unten

T.d.L.	Teile der Lehre
TFG	Transfusionsgesetz
Thür.KHG	Thüringisches Krankenhausgesetz
TK	Techniker Krankenkasse
TPG	Transplantationsgesetz
u.a.	unter anderem
UPD	Unabhängige Patientenberatung Deutschland
umstr.	umstritten
Urt.	Urteil
UStG	Umsatzsteuergesetz
u.U.	unter Umständen
UV-GOÄ	Gebührenordnung für Ärzte für Leistungen im Rahmen der Gesetzlichen Unfallversicherung
uVm	und Viele mehr
UWG	Gesetz gegen den unlauteren Wettbewerb
v.	vom
Var.	Variante
vdeK	Verband der Ersatzkassen e.V.
VerfGH	Verfassungsgerichtshof
VersR	Zeitschrift Versicherungsrecht
VG	Verwaltungsgericht
VGH	Verwaltungsgerichtshof
vgl.	vergleiche
VO (EU)	Verordnung der Europäischen Union
vor; Vorb.	Vorbemerkungen
VSSR	Vierteljahresschrift für Sozialrecht
VVG	Versicherungsvertragsgesetz
VwGO	Verwaltungsgerichtsordnung
VwVfG	Verwaltungsverfahrensgesetz
WHO	Weltgesundheitsorganisation
WiPrüfVO	Verordnung zur Geschäftsführung der Prüfungsstellen und der Beschwerde-ausschüsse nach § 106c des Fünften Buches Sozialgesetzbuch
WIdO	Wissenschaftlichea Institut der AOK
wistra	Zeitschrift für Wirtschafts- und Steuerstrafrecht
WMA	Weltärztebund
WzS	Wege zur Sozialversicherung
z.	zum
z. B.	zum Beispiel
z.T.	zum Teil
Zahnärzte-ZV	Zulassungsverordnung für Vertragszahnärzte
ZES	Zentrale Ethik-Kommission für Stammzellforschung
ZfIStW	Zeitschrift für Internationale Strafrechtswissenschaft
ZfL	Zeitschrift für Lebensrecht

ZfmE	Zeitschrift für medizinische Ethik
ZfPW	Zeitschrift für die gesamte Privatrechtswissenschaft
zfs	Zeitschrift für Schadensrecht
ZHG	Zahnheilkundegesetz
ZI	Zentralinstitut für die kassenärztliche Versorgung
ZIS	Zeitschrift für Internationale Strafrechtsdogmatik
zit.	Zitiert
ZJS	Zeitschrift für das Juristische Studium
ZKG	Bayerische Zentralstelle zur Bekämpfung von Betrug und Korruption im Gesundheitswesen
ZLG	Zentralstelle der Länder für Gesundheitsschutz bei Arzneimitteln und Medizinprodukte
ZMGR	Zeitschrift für das gesamte Medizinrecht
ZRP	Zeitschrift für Rechtspolitik
ZStW	Zeitschrift für die gesamte Strafrechtswissenschaft
zust.	zustimmend
ZPO	Zivilprozessordnung
zust.	zustimmend
zzt.	zurzeit

Literaturverzeichnis

Achenbach/Ransiek/Rönnau Handbuch des Wirtschaftsstrafrechts, 6. Aufl., 2024 (zit. HWSt/Bearbeiter)

Ballhausen Der Vorrang der Nacherfüllung beim Behandlungsvertrag, NJW 2011, S. 2694

Becker/Heitzig/Klöck/Lafontaine/Stollmann Krankenhausgestaltungsgesetz NRW, Kommentar, Loseblatt, Stand 2025

Becker/Kingreen (Hrsg,) SGB V – Gesetzliche Krankenversicherung, 9. Aufl. 2024

Beckmann/Matusche-Beckmann (Hrsg.) Versicherungsrechtshandbuch, 4. Aufl., 2025 (zit. Bearbeiter, in: Beckmann/Matusche-Beckmann)

Berchtold/Huster/Rehborn Gesundheitsrecht – SGB V, SGB XI, Kommentar, 2. Aufl. 2018

Bergmann/Pauge/Steinmeyer (Hrsg.) NomosKommentar Gesamtes Medizinrecht, 4. Aufl. 2023 (zit. NK/Bearbeiter, Gesamtes Medizinrecht)

BMAS Soziale Sicherung im Überblick, 2023

Buchner Der Einsatz neuer medizinischer Behandlungsmethoden – ärztliche Aufklärung oder präventive Kontrolle? – zugleich Anmerkung zu BGHZ 168, 103, VersR 2006, S. 1460

Cirener/Radtke/Rissing-van-Saan/Rönnau/Schluckebier (Hrsg.) Strafgesetzbuch Leipziger Kommentar, 13. Aufl., 2020, und 14. Aufl., 2024, De Gruyter Recht (zit. LK/Bearbeiter, StGB)

Clausen/Schroeder-Printzen (Hrsg.) Münchener Anwaltshandbuch Medizinrecht, 3. Aufl., 2020 (zit. Bearbeiter, in: Clausen/Schroeder-Printzen, Münchener Anwaltshandbuch Medizinrecht)

Dauner-Lieb/Langen (Hrsg.) Nomos Kommentar zum BGB – Schuldrecht, 4. Aufl. 2021 (zit. NK-BGB/Bearbeiter)

Dettling/Gerlach (Hrsg.) BeckOK Krankenhausrecht, 11. Ed. 2025 (zitiert: BeckOK KHR/Bearbeiter)

Deutsch/Spickhoff Medizinrecht, 7. Aufl. 2014

Dietz/Bofinger Krankenhausfinanzierungsgesetz, Bundespflegesatzverordnung und Folgerecht, Kommentar, Loseblatt, Stand 2025

Dörfler/Eisenmenger/Lippert/Wandl (Hrsg.) Medizinisches Gutachten, 2015

Eisele (Gesamtred.) Tübinger Kommentar – Strafgesetzbuch, 31. Aufl. 2025 (zit. TK/Bearbeiter)

Erbs/Kohlhaas (Hrsg.) Strafrechtliche Nebengesetze, 254. Lieferung. 2024 (zit. Erbs/Kohlhaas/Bearbeiter, Strafrechtliche Nebengesetze)

Esser/Rübenstahl/Saliger/Tsambikakis Wirtschaftsstrafrecht, 2017 (zit. ERST/Bearbeiter)

Fischer (Hrsg.) Strafgesetzbuch mit Nebengesetzen, 72. Aufl. 2025 (zit. Fischer, StGB)

Frister/Lindemann/Peters Arztstrafrecht, 2011

Fuchs/Preis Sozialversicherungsrecht und SGB II, 3. Aufl. 2020

Gaede, Limitiert akzessorisches Medizinstrafrecht, 2014

Gehrlein Grundwissen Arzthaftungsrecht, 4. Aufl. 2022

Geiß/Greiner Arzthaftpflichtrecht, 8. Aufl. 2022

Golbs (Hrsg.) NomosKommentar Kastrationsgesetz, 2012

Gercke/Leimenstoll/Stirner Handbuch Medizinstrafrecht, 2019

Gsell/Krüger/Lorenz/Reymann (Hrsg.) BeckOGK BGB, Stand 2025 (zit. Beck-OGK/Bearbeiter, BGB)

Haag (Hrsg.) Geigel – Der Haftpflichtprozess mit Einschluss des materiellen Haftpflichtrechts, 29. Aufl. 2024 (zit. Bearbeiter, in: Geigel)

Hänlein/Schuler Sozialgesetzbuch V, Kommentar, 6. Aufl. 2022

Hase Verfassungsrechtliche Bewertung der Normsetzung durch den Gemeinsamen Bundesausschuss, MedR. 2005, S. 391

Hau/Poseck (Hrsg.) BeckOK BGB, 73. Ed., 2025 (zit. BeckOK BGB/Bearbeiter)

https://doi.org/10.1515/9783111048543-003

Hauck/Noftz (Hrsg.) Kommentar zum Sozialgesetzbuch V – Gesetzliche Krankenversicherung, Stand 2025 (zit. Hauck/Noftz/Bearbeiter)

Hausch Nur ein Diagnoseirrtum? Oder doch eine unterlassene Befunderhebung? –zugleich eine Anmerkung zum Urteil des BGH vom 7.6.2011 – VI ZR 67/10, MedR, 2012, S. 231

Hilgendorf Einführung in das Medizinstrafrecht, 2. Aufl. 2020

Hömig/Wolff/Kluth (Hrsg.) Grundgesetz für die Bundesrepublik Deutschland Handkommentar, 14. Aufl., 2025

Huster/Kaltenborn Krankenhausrecht, Handbuch, 2. Aufl. 2017; (zit. Bearbeiter in Huster/Kaltenborn, Krankenhausrecht)

Igl/Welti (Hrsg.) Gesundheitsrecht, 4. Aufl. 2022 (zit. Bearbeiter, in: Igl/Welti, Gesundheitsrecht)

Joecks/Miebach (Hrsg.) Münchener Kommentar zum Strafgesetzbuch, 4. Aufl. 2020 (zit. MüKo-StGB/Bearbeiter)

Karmasin Beweislastumkehr bei einfachen Befunderhebungsfehlern und rechtmäßiges Alternativverhalten bei ärztlichen Behandlungsfehlern – Stellungnahmen zu den Beiträgen von Schultze-Zeu VersR 2008, 898 und Schütz/Dopheide VersR 2009, 475, VersR 2009, S. 1200

Katzenmeier Arzthaftung, 2002

Kindhäuser/Neumann/Paeffgen/Saliger (Hrsg.) NomosKommentar Strafgesetzbuch, 6. Aufl. 2023 (zit. NK-StGB/Bearbeiter)

Kingreen Medizinrecht und Gesundheitsrecht, in: Festschrift für Deutsch 2009 S. 283

Klein Haftungsfragen im Hygienebereich – Hygienemängel gelten juristisch als „voll beherrschbare Risiken", Hyd Med 2010, S. 361

Kluth Rechtsgutachten zur verfassungsrechtlichen Beurteilung des Gemeinsamen Bundesausschusses (G-BA) nach § 91 SGB V, 2015

Knauer/Kudlich/Schneider (Hrsg.) Münchener Kommentar zur Strafprozessordnung, 2. Aufl. 2022 (zit. MüKo-StPO/Bearbeiter)

Kraatz Arztstrafrecht, 3. Aufl. 2023

Kügel/Müller/Hofmann (Hrsg.) Arzneimittelgesetz – Beck'sche Kurzkommentare, 3. Aufl. 2022 (zit. Kügel/Müller/Hofmann/Bearbeiter, Arzneimittelgesetz)

Kühl/Heger (Hrsg.) Lackner/Kühl/Heger – Strafgesetzbuch Kommentar, 30. Aufl. 2023 (zit. Lackner/Kühl/Heger/Bearbeiter, StGB)

Küppersbusch/Höher Ersatzansprüche bei Personenschaden – Eine praxisbezogene Anleitung, 14. Aufl. 2024

Laufs/Katzenmeier/Lipp Arztrecht, 8. Aufl. 2021 (zit. Bearbeiter, in: Laufs/Katzenmeier/Lipp)

Laufs/Kern/Rehborn (Hrsg.) Handbuch des Arztrechts, 5. Aufl. 2019 (zit. Bearbeiter, in: Laufs/Kern/Rehborn)

Leipold/Tsambikakis/Zöller (Hrsg.) AnwaltKommentar StGB, 3. Aufl. 2020 (zit. AnwK/Bearbeiter)

Leitner/Rosenau (Hrsg.) NomosKommentar Wirtschafts- und Steuerstrafrecht, 2. Aufl., 2022 (zit. NK-WSS/Bearbeiter)

Lungstras/Bockholdt Einführung in das Krankenhausvergütungsrecht, NZS 2021, 1

Martis/Winkhart-Martis (Hrsg.) Arzthaftungsrecht Fallgruppenkommentar, 7. Aufl. 2025

Matt/Renzikowski (Hrsg.) Strafgesetzbuch, Kommentar, 2. Aufl. 2020 (zit. Matt/Renzikowski/Bearbeiter)

Maunz/Dürig Grundgesetz, Kommentar, Loseblatt, Stand 2052 (zit. als Bearbeiter in Maunz/Dürig, GG)

Musielak/Voit (Hrsg.) Zivilprozessordnung, Kommentar, 22. Aufl. 2025 (zit. Musielak/Bearbeiter, ZPO)

Prütting, D. (Hrsg.) Formularbuch des Fachanwalts Medizinrecht, 3. Aufl. 2023 (zit. Bearbeiter in Prütting Formularbuch des Fachanwalts Medizinrecht)

Prütting, D. Krankenhausgestaltungsgesetz NRW, Kommentar, 4. Aufl. 2017

Prütting, D. Krankenhausgestaltungsgesetz des Landes Nordrhein-Westfalen, Textsammlung mit Einführung und Kurzkommentierung, 3. Aufl. 2016

Prütting, D. Maßregelvollzugsgesetz NRW, Kommentar 2004

Prütting, D. (Hrsg.) Medizinrecht Kommentar, 7. Aufl. 2024 (zit. Bearbeiter in Prütting)

Prütting, D. Qualitätskriterien in der Krankenhausplanung, MedR 2014, 626

Prütting, D. Rettungsgesetz Nordrhein-Westfalen, Kommentar, 4. Aufl. 2016

Prütting, D. Staatlicher Defizitausgleich bei öffentlich-rechtlich geführten Krankenhäusern, GesR 2017, 415

Prütting, D. Von der Vogelgrippe bis zum ZIKA-Virus, GesR 2016, 469

Prütting, D. Die Relevanz der Empfehlungen und Entscheidungen des Bundesgesundheitsamtes (BGA) für den Arzt, Dtsch. Ärztebl. 1988, 3333

Prütting, H./Wegen/Weinreich (Hrsg.) BGB Kommentar, 19. Aufl. 2024 (zit. PWW/Bearbeiter, BGB)

Prütting, J. Die rechtlichen Aspekte der Tiefen Hirnstimulation, 2014

Prütting, J. Die „Immer-so-Rechtsprechung" – Eine kritische Würdigung aus prozessrechtlicher Perspektive, in: Katzenmeier, Christian/Ratzel, Rudolf (Hrsg.), Glück auf! Medizinrecht gestalten – Festschrift für Franz-Josef Dahm, 2017, S. 359

Prütting, J. Die Indikation im Bereich wunschmedizinischer Maßnahmen – Gegenstand und verfassungsrechtlicher Hintergrund, medstra 2016, S. 78

Prütting, J. Rechtsgebietsübergreifende Normenkollisionen, 2020

Prütting, J. Prozessuale Besonderheiten der Arzthaftung, GesR 2017 S. 681

Prütting/Schnabel/Maaß Aktuelle Fragen zu Zwangsbehandlungen und Sicherungsmaßnahmen in landesrechtlichen Gesetzgebungsverfahren medstra 2016, 146

Quaas/Zuck/Clemens Medizinrecht, 4. Aufl. 2018

Ratzel/Lippert/Prütting, J. (Hrsg.) Kommentar zur (Muster-)Berufsordnung für die in Deutschland tätigen Ärztinnen und Ärzte – MBO-Ä 1997, 8. Aufl. 2022 (zit. Bearbeiter, in: Ratzel/Lippert/ Prütting, MBOÄ)

Ratzel/Lissel Handbuch des Medizinschadensrechts, 2013

Ratzel/Luxenburger Handbuch Medizinrecht, 4. Aufl., 2020 (zit. Bearbeiter, in: Ratzel/Luxenburger)

Rauscher/Krüger (Hrsg.) Münchener Kommentar zur Zivilprozessordnung mit Gerichtsverfassungsgesetz und Nebengesetzen, 7. Aufl. 2025 (zit. MüKo/Bearbeiter, ZPO)

Rengier Strafrecht Allgemeiner Teil, 16. Aufl. 2024

Rengier Strafrecht Besonderer Teil II – Delikte gegen die Person und die Allgemeinheit, 26. Aufl. 2025 (zit. Rengier BT/II)

Rengier Strafrecht Besonderer Teil I – Vermögensdelikte, 27. Aufl. 2025 (zit. Rengier BT/I)*Rieger/ Dahm/Katzenmeier/Stellpflug/Ziegler* (Hrsg.) Heidelberger Kommentar Arztrecht Krankenhausrecht Medizinrecht – HK-AKM, Stand 2024 (zit. HK-AKM/ Bearbeiter)

Rolfs/Giesen(Meßling/Udsching BeckOK Sozialrecht, 76. Ed. 2025 (zit. BeckOK SozR/Bearbeiter)

Rosenberg Die Beweislast auf der Grundlage des Bürgerlichen Gesetzbuches und der Zivilprozessordnung, 1956

Roxin/Greco Strafrecht Allgemeiner Teil Band 1 – Grundlagen – Der Aufbau der Verbrechenslehre, 5. Aufl. 2020 (zit. Roxin/Greco AT/I)

Roxin/Schroth (Hrsg.) Handbuch des Medizinstrafrechts, 4. Aufl. 2010

Roxin Strafrecht Allgemeiner Teil Band 2 – Besondere Erscheinungsformen der Straftat, 2003 (zit. Roxin AT/II)

Saalfrank Handbuch des Medizin- und Gesundheitsrechts Loseblatt, Stand 2022 (zit. Bearbeiter, in: Saalfrank Handbuch des Medizin- und Gesundheitsrechts)

Säcker/Rixecker (Hrsg.) Münchener Kommentar zum Bürgerlichen Gesetzbuch, 9. Aufl. 2023 (zit. MüKo/Bearbeiter, BGB)

Saliger/Tsambikakis (Hrsg.) Strafrecht der Medizin, Handbuch, 2022 (zit. Saliger/Tsambikakis/ Bearbeiter)

Satzger/Schluckebier/Werner (Hrsg.) Strafgesetzbuch, Kommentar, 6. Aufl. 2024 (zit. SSW/Bearbeiter)

Schallen/Clemens/Düring (Hrsg.) Schallen, Zulassungsverordnung, Kommentar, 9. Aufl. 2017

Schiller Bundesmantelvertrag Ärzte, Kommentar, 2. Aufl. 2020

Schnapp/Wigge Handbuch des Vertragsarztrechts, 3. Aufl. 2017

Scholz/Treptow Beck'sches Formularbuch Medizin- und Gesundheitsrecht, 2. Auf. 2022

Spickhoff (Hrsg.) Medizinrecht Beck'sche Kurzkommentare, 4. Aufl. 2022 (zit. Spickhoff/Bearbeiter, Medizinrecht)

Spickhoff/Seibl Haftungsrechtliche Aspekte der Delegation ärztlicher Leistungen an nichtmedizinisches Personal unter besonderer Berücksichtigung der Anästhesie, MedR 2008, S. 463

Tsambikakis/Rostalski Nomos-Kommentar Medizinstrafrecht, 2024 (zit. NK-Medstra/Bearbeiter)

Ulsenheimer/Gaede Arztstrafrecht in der Praxis, 6. Aufl. 2021 (zit. Ulsenheimer/Gaede/Bearbeiter)

Umbach/Clemens (Hrsg.) Heidelberger Kommentar zum Grundgesetz, 2002 (zit. Bearbeiter in Heidelberger Kommentar z. GG)

Vießmann Die demokratische Legitimation des Gemeinsamen Bundesausschusses zu Entscheidungen nach § 135 Abs. 1 S. 1 SGB V, 2009

von Heintschel-Heinegg BeckOK StGB, 36. Ed., Stand 1.2.2025 (zit. BeckOK StGB/Bearbeiter)

von Westphalen/Thüsing/Pamp (Hrsg.) Vertragsrecht und AGB-Klauselwerke, 50. Aufl., 2024 (zit. Bearbeiter, in: Graf von Westphalen – Vertragsrecht und AGB-Klauselwerke)

Waßmer Medizinstrafrecht, 2022

Wenzel Handbuch des Fachanwalts Medizinrecht, 4. Aufl. 2019

Wessels/Hettinger/Engländer Strafrecht Besonderer Teil 1 – Straftaten gegen Persönlichkeits- und Gemeinschaftswerte, 48. Aufl. 2025

Westermann/Grunewald/Maier-Reimer (Hrsg.) Erman BGB Kommentar, 17. Aufl. 2023 (zit. Erman/ Bearbeiter)

§ 1 Einführung und Rahmensetzung durch Grundrechte

I. Medizin- und Gesundheitsrecht

Im Vorwort ist bereits die Breite des **Querschnittsrechtsgebiets** Medizin- und 1
Gesundheitsrecht aufgezeigt worden. Wer sich ihm widmet, wird auf seine
Kenntnisse in allen drei großen Rechtsgebieten, dem Bürgerlichen Recht, dem
Strafrecht und dem öffentlichen Rechts zurückgreifen. Sie alle können für ein und
dieselbe medizin- bzw. gesundheitsrechtliche Fragestellung Bedeutung haben.
Während aus dem BGB seit dem Inkrafttreten des Patientenrechtegesetzes[1] nicht
mehr das Recht der unerlaubten Handlungen, §§ 823 ff. BGB, sondern der nunmehr
kodifizierte Behandlungsvertrag, §§ 630a ff. BGB, im Vordergrund steht, sind im
Medizinstrafrecht vorrangig Normen des Kernstrafrechts maßgeblich. Im öffentlichen Recht dominiert zwar das Sozialgesetzbuch als spezielles Verwaltungsrecht
das Rechtsgebiet. Allein ein Blick auf die Gegenstände der konkurrierenden Gesetzgebung, namentlich Art. 74 Abs. 1 Nr. 19, 19a GG, zeigt jedoch auf, dass zahlreiche
weitere öffentlich-rechtliche Regelungsmaterien dem Rechtsgebiet zugerechnet
werden können. Deren Verhaltensnormen werden häufig durch Straf- und Buß-
geldtatbestände ergänzt, die Schutzgesetze i.S d. § 823 Abs. 2 BGB sein können.
Schließlich speisen unionsrechtliche Normen das Rechtsgebiet.

Der Blick auf Normen aus unterschiedlichen, nicht immer harmonisierten 2
Rechtsquellen macht den Reiz des Rechtsgebiets aus und motiviert zu einer sorgfältigen Subsumtion unter gleiche oder gleichartige Begriffe. Bereits der Begriff
„Krankheit" bedarf einer kontextbezogenen, inhaltlichen Ausfüllung innerhalb
der jeweiligen medizin- bzw. gesundheitsrechtlichen Fragstellung.[2] Übergreifende
Grundbegriffe des Medizin- und Gesundheitsrechts lassen sich daher nicht sinnvoll
definieren. Ebenso werden die Begriffe Medizin- und Gesundheitsrecht unterschiedlich verwendet und haben als Oberbegriffe jedenfalls den früher üblichen
Begriff des Arztrechts abgelöst. Soweit eine Aufteilung erfolgt und beide Begriffe
nicht synonym verwendet werden, werden das Berufs- und Arzthaftungsrecht
neben dem Medizinstrafrecht dem Medizinrecht zugeordnet, während das Gesundheitsrecht im Wesentlichen als Teil des öffentlichen Rechts unter Einschluss
des Rechts der Gesetzlichen Krankenversicherung (SGB V) und der Sozialen Pflegeversicherung (SGB XI) und zum Teil auch des Betreuungsrechts sowie des Rechts

---

1 v. 20.3.2013 (BGBl. I S. 277).
2 Vgl. den Tagungsbericht von Heuking MedR 2015, 717.

https://doi.org/10.1515/9783111048543-004

der Rehabilitation und Teilhaben von Menschen mit Behinderungen (SGB IX) verstanden wird.

II. Ökonomische Bedeutung

3 Mit gut 6,0 Mio. Beschäftigten (Stand: Ende 2022) bzw. umgerechnet in Vollzeit-äquivalente mit 4,3 Mio. **Beschäftigten** ist das Gesundheitswesen in Deutschland ausweislich der beim Statistischen Bundesamt (www.destatis.de) zu findenden Zahlen eine der wichtigsten Branchen. Die **Gesundheitsausgaben** lagen im gleichen Jahr bei 497,7 Mrd. Euro. Das entspricht einem Anteil von 12,8 % am Bruttoinlandsprodukt. Dabei ist zu berücksichtigen, dass die Ausgaben damit um 20 % höher als vor der Corona-Pandemie lagen. Über sog. Schönheitsoperationen gibt die jährliche Statistik der Vereinigung der deutschen ästhetisch-plastischen Chirurgen (www.vdaepc.de) Auskunft.

4 Die nach wie vor steigende Anzahl zugelassener **Fachanwälte für Medizinrecht** (Stand 1.1.2024: 1.972) zeigt den enormen Beratungsbedarf in diesem Feld. Rückläufig ist die Anzahl der Berufsträger, die als Fachanwälte für Sozialrecht beraten. Sie sank in den letzten Jahren von 1.857 (1.1.2019) auf nunmehr 1.667 Rechtsanwälte.

III. Rahmensetzungen durch Grundrechte

1. Schutzpflichten des Staates

5 Art. 1 Abs. 1 GG erklärt die Würde des Menschen für unantastbar und verpflichtet alle staatliche Gewalt, sie zu achten und zu schützen. Daraus leitet das BVerfG ein **Grundrecht auf Gewährleistung eines menschenwürdigen Existenzminimums** und einen unmittelbaren verfassungsrechtlichen Leistungsanspruch bezüglich derjenigen Mittel ab, die zur Aufrechterhaltung eines menschenwürdigen Daseins unbedingt erforderlich sind. Dabei umfasst die physische Seite des Existenzminimums auch die Sicherstellung einer ausreichenden medizinischen Versorgung, die allerdings keine Gesundheit garantieren kann. Das Sozialstaatsgebot des Art. 20 Abs. 1 GG erteilt dem Gesetzgeber den Auftrag, jedem ein menschenwürdiges Existenzminimum zu sichern.[3]

---

3 BVerfG, Urt. v. 9.2.2010 – 1 BvL 1/09 u. a., NJW 2010, 505.

Dies geschieht für den Großteil der Bevölkerung bezogen auf die Gesundheit 6
durch die **Mitgliedschaft in der gesetzlichen Krankenversicherung.** Bei gesetzlich versicherten Beziehern von Bürgergeld (§ 5 Abs. 1 Nr. 2a SGB V) werden
deren Beiträge vom Bund getragen (§ 251 Abs 4 SGB V). Leistungen, die der Eigenverantwortung der Versicherten zuzurechnen sind (vgl. § 2 Abs. 1 S. 1 SGB V),
d. h. kein Bestandteil des Leistungskatalogs sind, werden durch die Regelleistung
abgedeckt.[4] Daneben erfordert das Prinzip der Steuerfreiheit des Existenzminimums die Berücksichtigung von Beiträgen zur gesetzlichen oder privaten Kranken-
und Pflegeversicherung als Sonderausgaben (§ 10 Abs. 1 Nr. 3 und 3a EStG).[5]

Art. 2 Abs. 2 S. 1 GG enthält eine allgemeine **staatliche Schutzpflicht für das** 7
Leben und die körperliche Unversehrtheit. Das Grundrecht schützt nicht nur als
subjektives Abwehrrecht gegen staatliche Eingriffe. Es schließt auch die, wenn auch
grundsätzlich unbestimmte, staatliche Pflicht ein, sich schützend und fördernd vor
die Rechtsgüter Leben und körperliche Unversehrtheit zu stellen und z. B. Maßnahmen zu ergreifen, die dazu beitragen, die anthropogene Erderwärmung und
den damit verbundenen Klimawandel zu begrenzen und nicht mehr aufzuhaltenden oder eingetretenen Gefahren durch Schutzmaßnahmen, d. h. Klimaanpassungsmaßnahmen, zu begegnen. Werden Schutzpflichten verletzt, so liegt darin
zugleich eine Verletzung des Grundrechts. Dem Gesetzgeber kommt aber ein Einschätzungs-, Wertungs- und Gestaltungsspielraum zu, in welcher Weise er dem
nachkommt und normativ umsetzt.[6] Für nicht einsichtsfähige Betreute muss er
jedoch bei drohenden erheblichen gesundheitlichen Beeinträchtigungen unter
strengen Voraussetzungen eine ärztliche Behandlung als letztes Mittel auch gegen
ihren natürlichen Willen vorsehen.[7] Diese darf nicht ausnahmslos in Krankenhäusern erfolgen.[8]

Fall 1: Umstrukturierung im Zuge der Krankenhausreform[9]
Herr Waalkes hat bereits einmal einen Schlaganfall erlitten und ist in großer Sorge, weil das in der
Rechtsform der GmbH betriebene Krankenhaus des Landkreises, in dem ihm sehr gut geholfen
wurde, geschlossen werden soll. Es wird der Neubau eines Zentralklinikums errichtet, der zwar
verkehrsgünstig an der Kreuzung zweier Bundesstraßen gelegen ist, aber auf denen es insbesondere während der Rübenkampagne häufiger zu Staus kommt. Kann er sich mit anderen Bürgern gegen die Krankenhausschließung wehren?

---

4 BSG, Urt. v. 26. 5. 2011 – B 14 AS 146/10 R, BeckRS 2011, 77195.
5 Vgl. dazu BVerfG, Urt. v. 13. 2. 2008 – 2 BvL 1/06, NJW 2008, 1868.
6 BVerfG, Urt. v. 24. 3. 2021 – 1 BvR 2656/18 u. a., NJW 2021, 1723, 1732.
7 BVerfG, Urt. v. 26. 7. 2016 – 1 BvL 8/15, NJW 2017, 53.
8 BVerfG, Urt. v. 26. 11. 2024 – 1 BvL 1/24, NJW 2025, 144.
9 OVG Lüneburg Beschl. v. 28. 9. 2023 – 14 ME 75/23, NVwZ 2024, 93; OVG Magdeburg, Beschl. v.
24. 4. 2023 – 1 L 51/22, BeckRS 2023, 9904.

Rechtsschutz zu erlangen ist bereits deshalb kaum aussichtsreich, weil in der Entscheidung der Gremien des Krankenhausträgers, das Krankenhaus zu schließen, kein Verwaltungsakt in Form einer Allgemeinverfügung liegt. Für eine allgemeine Leistungsklage auf den Weiterbetrieb eines Krankenhauses mit seinem bisherigen Leistungsportfolio an einem bestimmten Standort ist keine subjektiv öffentliche Rechtsposition ersichtlich, auf die sich Herr Waalkes berufen könnte. Das Krankenhausplanungsrecht dient allein dem öffentlichen Interesse an einer bedarfsgerechten Versorgung der Bevölkerung mit leistungsfähigen Krankenhäusern, nicht aber dem Schutz des einzelnen Bürgers als potenziellem Patienten, die stationäre Versorgung in einer bestimmten Art und Weise sicherzustellen. Gleiches gilt für die objektivrechtliche Pflicht des Staates, sich schützend und fördernd vor die Rechtsgüter des Art. 2 Abs. 2 S. 1 GG, nämlich Leben und körperliche Unversehrtheit, zu stellen. Über die zu treffenden Maßnahmen haben die zuständigen Stellen grundsätzlich in eigener Verantwortung und mit einem weiten Gestaltungsspielraum zu entscheiden, wobei diese allerdings nicht völlig ungeeignet oder völlig unzulänglich sein dürfen. Dabei ist es sachgerecht, wenn berücksichtigt wird, dass das zu schließende Krankenhaus weder über eine Stroke Unit noch über einen Linkherzkatheter-Messplatz verfügt.

8 Frei ist der Gesetzgeber, ob er ein Konzept des Nichtraucherschutzes in Gaststätten aufstellt. Entscheidet er sich, Schutzmaßnahmen zu ergreifen, muss er insbesondere den **allgemeinen Gleichheitssatz** des Art. 3 Art. 1 GG beachten und darf Gruppen nicht ungleich behandeln, wenn zwischen ihnen keine Unterschiede von solcher Art und solchem Gewicht bestehen, dass sie die ungleiche Behandlung rechtfertigen könnten.[10] Übernimmt der Staat mit dem System der gesetzlichen Krankenversicherung Verantwortung für Leben und körperliche Unversehrtheit der Versicherten, so gehört die Vorsorge in Fällen einer lebensbedrohlichen oder regelmäßig tödlichen Erkrankung zum Kernbereich der Leistungspflicht und der von Art. 2 Abs. 2 S. 1 GG geforderten **Mindestversorgung.** Greift er in die **allgemeine Handlungsfreiheit**, Art. 2 Abs. 1 GG, dadurch ein, dass er Bürger unter den Voraussetzungen des § 5 SGB V einer Krankenversicherungspflicht unterwirft und zur Zahlung an ihrer wirtschaftlichen Leistungsfähigkeit ausgerichteter Beiträge verpflichtet, ist es i. V. m. dem grundgesetzlichen Sozialstaatsprinzip nicht vereinbar, sie andererseits, wenn sie an einer lebensbedrohlichen oder sogar regelmäßig tödlichen Erkrankung leiden, für die schulmedizinische Behandlungsmethoden nicht vorliegen, von der Leistung einer Behandlungsmethode durch die Krankenkasse auszuschließen. Er darf sie nicht auf eine Finanzierung der Behandlung außerhalb der gesetzlichen Krankenversicherung verweisen, wenn die vom Versicherten gewählte andere Behandlungsmethode eine auf Indizien gestützte, nicht

---

10 BVerfG, Urt. v. 30.7.2008 – 1 BvR 3262/07, NJW 2008, 2409, 2418.

ganz fern liegende Aussicht auf Heilung oder wenigstens auf eine spürbare positive Einwirkung auf den Krankheitsverlauf verspricht.[11]

Entscheidet sich der Gesetzgeber für ein verpflichtendes System des Kran- 9 kenversicherungsschutzes, darf er die **allgemeine Handlungsfreiheit**, Art. 2 Abs. 1 GG, nur im notwendigen Umfang einschränken. Das verpflichtet ihn, die Beitragsbelastung dadurch im Rahmen zu halten, dass er die an der medizinischen Versorgung Beteiligten an das **Wirtschaftlichkeitsgebot**, §§ 2 Abs. 5, 12, 70 Abs. 1 S. 2 SGB V, bindet, die Versorgung demnach ausreichend, zweckmäßig und wirtschaftlich sein muss und das Maß des Notwendigen nicht überschreiten darf.

Eine weitere Schutzpflicht des Staates ergibt sich aus Art. 3 Abs. 3 S. 2 GG, 10 wonach niemand wegen seiner **Behinderung** benachteiligt werden darf. Der Schutzauftrag kann sich unter bestimmten Bedingungen zu einer Handlungspflicht verdichten, insbesondere wenn der Schutz des Lebens wie bei der Zuteilung knapper intensivmedizinischer Behandlungsressourcen (sog. Triage) unter solchen Patienten in Rede steht, die in eine medizinisch indizierte Behandlung einwilligen würden.[12] In der Corona-Pandemie ergab sich aus der Gesamtschau der sachkundigen Einschätzungen und Stellungnahmen wie auch aus den fachlichen Handlungsempfehlungen für das BVerfG, dass dies nicht gewährleistet war. Aber auch dann hat der Gesetzgeber grundsätzlich einen weiten Einschätzungs-, Wertungs- und Gestaltungsspielraum; er kann sich sowohl für inhaltliche Anforderungen an die Zuteilungsentscheidung als auch für Verfahrensregelungen wie ein Mehraugen-Prinzip, Fortbildungsverpflichtungen oder Dokumentationserfordernisse entscheiden.

2. Grundrechte der Leistungserbringer

Als Teil der Berufsausübungsfreiheit wird die Therapiefreiheit durch Art. 12 Abs. 1 11 S. 1 GG geschützt;[13] das BSG führt ergänzend die Wissenschaftsfreiheit an, Art. 5 Abs. 3 S. 2 GG.[14] **Therapiefreiheit** ist der heute gebräuchliche Begriff für das ei-

---

11 BVerfG, Urt. v. 6.12.2005 – 1 BvR 347/98, NJW 2006, 84, 88 (sog. Nikolausbeschluss). Vgl. dazu nunmehr § 2 Abs. 1a SGB V.
12 BVerfG, Beschl. v. 16.12.2021 – 1 BvR 1541/20, NJW 2022, 380.
13 Vgl. BVerfG, Beschl v 10.4.2000 – 1 BvR 422/00, NJW 2001, 883; BVerfG, Urt. v 17.12.2002 – 1 BvL 28/95, NZS 2003, 144, 147.
14 BSG, Urt. v 8.9.1993 – 14a RKa 7/92, NZS 1994, 124, 127. Ebenso BT-Drs 19/21503. 4, wonach die Therapiefreiheit eine der wesentlichen Säulen des ärztlichen Heilauftrags und des ärztlichen Berufsrechts ist.

gentlich treffender mit Methoden(wahl)-[15] oder Behandlungsfreiheit[16] bezeichnete Recht jedes Heilberufsangehörigen, vorrangig selbst und damit **eigenverantwortlich und weisungsunabhängig** nach dem Regeln der ärztlichen Kunst darüber zu entscheiden, welche ihm geeignet erscheinenden Untersuchungs- und Behandlungsmethoden er grundsätzlich sowie jeweils in der konkreten Behandlungssituation anwendet und welche er nicht einsetzt oder ob er eine Behandlung ablehnt, die nur relativ indiziert ist. Die Therapiefreiheit erfasst grundsätzlich auch neue, von der medizinischen Wissenschaft (noch) nicht anerkannte Behandlungsmethoden, die aber vom Gesetzgeber im Interesse der Abwehr von Gesundheitsgefahren beschränkt werden können.[17]

12 Die Therapiefreiheit ist allerdings ein **fremdnütziges, patientenschützendes Recht**,[18] weshalb § 7 Abs. 1 S. 3 MBO-Ä bestimmt, dass das Recht der Patienten zu respektieren ist, empfohlene Untersuchungs- und Behandlungsmethoden abzulehnen. Das sich somit aus dem Berufsrecht ergebende Verbot bzw. zumindest die Begrenzung der Einflussnahme Dritter auf die Behandlung[19] sorgt dafür, dass der Patient – sein Einverständnis vorausgesetzt – jeweils die Behandlung erfährt, die nach ärztlicher Überzeugung unter den gegebenen Umständen die für ihn Beste ist.

13 Insofern die Berufsfreiheit auch die Geltendmachung von Vergütungsansprüchen für erbrachte Leistungen umfasst, darf sie im Gemeinwohlinteresse, d. h. vorliegend vor allem zwecks **Sicherung der finanziellen Stabilität der gesetzlichen Krankenversicherung**, soweit eingeschränkt werden, wie dies zur Erreichung des Ziels geeignet und erforderlich ist und die betroffenen Ärzte nicht unzumutbar belastet werden. Es ist Aufgabe des Gesetzgebers, den strukturellen Gegensatz zwischen dem Ziel einer qualitativ hochstehenden Gesundheitsversorgung zu bezahlbaren Konditionen und den Interessen der Leistungserbringer an möglichst hohen Einkünften aus ihrer Tätigkeit in einen Ausgleich zu bringen.[20]

3. Selbstbestimmungsrecht der Patienten

14 Das aus Art. 2 Abs. 1 i. V. m. Art. 1 Abs. 1 GG abgeleitete **allgemeine Persönlichkeitsrecht** umfasst als Ausdruck persönlicher Autonomie sowohl ein Recht, selbstbestimmt die Entscheidung zu treffen, sein Leben eigenhändig bewusst und

---

15 BGH, Urt. v 29.1.1991 – VI ZR 206/90, NJW 1991, 1536.
16 BSG, Urt. v 8.9.1993 – 14a RKa 7/92, NZS 1994, 125, 127.
17 BVerwG, Beschl. v. 20.12.2019 – 3 B 20/19, NVwZ-RR 2020, 539.
18 Jansen MedR 2020, S 382.
19 Vgl. § 1 Abs 1 S. 2 und 3, § 2 Abs. 1 S. 2 und Abs. 4, § 30 MBO-Ä.
20 BSG, Urt. v. 9.12.2004 – B 6 KA 44/03 R, BeckRS 2005, 41185.

gewollt zu beenden und bei der Umsetzung der Selbsttötung auf die Hilfe Dritter zurückzugreifen[21], als auch von der Schulmedizin nicht oder noch nicht anerkannte, ggf. auch paramedizinische, Methoden in Anspruch zu nehmen.

Im Rahmen seiner Entscheidung zum assistierten Suizid hat das BVerfG allerdings darauf hingewiesen, dass das Selbstbestimmungsrecht in Kollision zu der Pflicht des Staates tritt, die **Autonomie Suizidwilliger** und darüber auch das hohe Rechtsgut Leben zu schützen. Diese seien von Einwirkungen und Pressionen freizuhalten, welche sie gegenüber Suizidhilfeangeboten in eine Rechtfertigungslage bringen könnten. Dem kommt der Gesetzgeber im Rahmen des Behandlungsvertrages durch die geforderte Selbstbestimmungsaufklärung nach, § 630e BGB, auf welche der Patient allerdings auch verzichten kann. Im Strafrecht rechtfertigt nur die Einwilligung, der eine ordnungsgemäße Aufklärung vorausgegangen ist, den Eingriff in die körperliche Integrität. Im Zuge der geplanten Novellierung der Regelungen zur Lebendorganspende nach § 8 TPG, bei der bisher begleitende Form- und Verfahrensvorschriften zu beachten sind,[22] sollen die Aufklärungspflichten nach § 8 Abs. 2 zwecks eines verstärkten Spenderschutzes insbesondere im Hinblick auf die besonderen auch psychosozialen Risiken und möglichen (Spät-)Folgen erweitert werden.[23]

15

---

21 BVerfG, Urt. v. 26. 2. 2020 – 2 BvR 2347/15 u. a., NJW 2020, 905, 906.
22 Vgl. allerdings BGH, Urt. v. 29. 1. 2019 – VI ZR 495/16, NJW 2019, 1076.
23 BT-Drs. 20/12352, 13

§ 2 Gesetzgebungs- und Normsetzungskompetenz, Unionsrecht

1 Dieses Kapitel enthält auf Basis der im Grundgesetz geregelten Gesetzgebungs- kompetenz und der unionsrechtlichen sowie untergesetzlichen Vorgaben einen **Überblick über die wichtigsten Rechtsquellen** des Medizin- und Gesundheits- rechts.

2 Die gesetzliche Krankenversicherung wird durch Sozialversicherungsträger durchgeführt, den sog. Krankenkassen, welche Körperschaften des öffentlichen Rechts sind. Die Krankenkassen sind Teil **der mittelbaren Staatsverwaltung**, womit ihnen auf Grundlage eines gesetzlichen Rahmens eine relative Autonomie gegenüber dem Staat bzw. den für sie zuständigen Aufsichtsbehörden eingeräumt wird. Deutschland hat damit kein staatliches Gesundheitssystem, sondern man geht davon aus, dass im Zuge der sog. **gemeinsamen Selbstverwaltung** ein guter Interessenausgleich zwischen den Anbietern von Gesundheitsleistungen und den Krankenkassen als Kostenträger gefunden wird. Dies erfordert allerdings beson- dere Konfliktlösungsmechanismen und Aufgabenzuweisungen an Institutionen der Selbstverwaltung, die neben die staatlichen Behörden treten und die Kom- plexität des deutschen Gesundheitswesens erhöhen.

I. Gesetzgebungskompetenz

3 Die Weimarer Reichsverfassung wies in ihrem Art. 7 Nr. 8 i.V.m. Art. 12 WRV dem Reich die konkurrierende Gesetzgebungskompetenz für „das Gesundheitswesen" zu. Das Grundgesetz trifft hingegen eine sehr viel differenziertere Regelung.[1] Die Länder verfügen über die **Gesetzgebungskompetenz im Gesundheitswesen** nach Art. 70 Abs. 1 GG, soweit der Bund nicht von seiner konkurrierenden Gesetzge- bungskompetenz, insbesondere nach Art. 74 Abs. 1 Nrn. 1, 12, 19, 19a und 20 GG, Gebrauch macht. Dem Bund sind diejenigen Bereiche eröffnet, die zum einen einer einheitlichen Regelung bedürfen und zum anderen eine besondere Relevanz und überregionale Bedeutung für das Gesundheitswesen haben. So fasst Nummer 19 Materien zusammen, die den Schutz der Bevölkerung vor Gesundheitsgefahren und damit ein besonders wichtiges Gemeinschaftsgut betreffen.[2]

---

[1] Die Abteilung Öffentliches Recht des 74. Deutschen Juristentages 2024 hat sich für eine Er- weiterung der Kompetenz des Bundes ausgesprochen und nennt die Krankenversorgung, den öffentlichen Gesundheitsdienst und die Sicherstellung der Gesundheitsversorgung.
[2] BVerfG, Urt. v. 24.10.2002 – 2 BvF 1/01, NJW 2003, 41, 43.

https://doi.org/10.1515/9783111048543-005

Die ausschließliche Gesetzgebungskompetenz hat der Bund für den Schutz 4
gegen Gefahren, die durch **ionisierende Strahlen** entstehen, Art. 73 Abs. 1 Nr. 14
GG. Darauf basiert das Strahlenschutzgesetz, welches Menschen vor deren schädlicher Wirkung schützen soll, § 1 Abs. 1 StrlSchG, und die Strahlenschutzverord-
nung mit Vorgaben zur erforderlichen Fachkunde u.a. von Ärzten im Strahlenschutz, §§ 47 ff. StrlSchV. Die Regelungen zum Schutz vor den schädlichen
Wirkungen durch **nichtionisierende Strahlung** bei der Anwendung am Menschen
im NiSG sowie der auf dessen Grundlage erlassenen NiSV[3] fallen hingegen ebenso
wie das der Durchführung von Unionrecht dienende MPDG unter die Regelungs-
kompetenz des Rechts der **Medizinprodukte**, Art. 74 Abs. 1 Nr. 19 GG.[4]

Von der Befugnis, das bürgerliche Recht und das **Strafrecht** zu regeln, Art. 74 5
Abs. 1 Nr. 1 GG, hat der Bund insbesondere mit den Vorschriften über den **Behandlungsvertrag**, §§ 630a – 630h BGB, sowie zur Bestechung und Bestechlichkeit
im Gesundheitswesen, §§ 299a ff. StGB, und zur Strafbarkeit des Ausstellens unrichtiger Gesundheitszeugnisse, § 278 StGB, Gebrauch gemacht. Für Regelungen zur
privaten Krankenversicherung, §§ 192 – 208 VVG, und privaten Pflege(pflicht)
versicherung[5] nach den §§ 23, 110 – 112 VVG besteht die Kompetenz nach Art. 74
Abs. 1 Nr. 11 GG. Der Beitragszuschuss für Beschäftigte zu den Kosten einer privaten
Krankenversicherung wird hingegen in § 257 SGB V geregelt.

Zu den bedeutsamsten Regelungsgegenständen gehört das Recht der **Gesetz-** 6
**lichen Krankenversicherung als Teil der Sozialversicherung, Art. 74 Abs. 1
Nr. 12 GG.** Der Kreis der Versicherten, die ihnen zustehenden Leistungen (sog.
Leistungsrecht), die Beziehungen der Krankenkassen als Sozialversicherungsträger
zu den Leistungserbringern (sog. Leistungserbringerrecht einschließlich des sog.
Vertragsarztrechts für die ambulante ärztliche Versorgung) und die Telematikinfrastruktur des Gesundheitswesens einschließlich der Anlage elektronischer Patientenakten, §§ 341 – 355 SGB V, sind im Fünften Buch Sozialgesetzbuch (SGB V) geregelt. Die allgemeinen Bestimmungen einschließlich der Verfahrensregelungen in
der Sozialversicherung finden sich in den Sozialgesetzbüchern I (Allgemeiner Teil),
IV (Gemeinsame Vorschriften für die Sozialversicherung) und X (Sozialverwal-
tungsverfahren und Sozialdatenschutz). Dabei verdrängen gem. § 37 S. 1 SGB I be-
reichsspezifische Sondervorschriften für Sozialleistungen, also das Leistungsrecht
der gesetzlichen Krankenversicherung, die allgemeinen Regelungen. Das gilt entsprechend im Leistungserbringerrecht bzw. Vertragsarztrecht. Bspw. geht § 106d
SGB V als Norm für die Abrechnungsprüfung und deren Rechtsfolgen den allge-

---

3 Erfasst ist in § 5 Abs. 2 u.a. die Entfernung von Tätowierungen mit Lasern.
4 BR-Drs. 279/09, 24.
5 BVerfG, Urt. v. 3.4.2001 – 1 BvR 2014/95, NJW 2001, 1709.

meinen Regelungen zur Rücknahme rechtswidriger Verwaltungsakte, § 45 SGB X, vor.[6]

7   Art. 72 Abs. 2 GG gilt bei der Sozialversicherung ebenso wie bei den Regelungsmaterien nach Art. 74 Abs. 1 Nr. 1 und 19 GG nicht, d. h. die Gesetzgebungskompetenz des Bundes besteht auch dann, wenn eine bundesgesetzliche Regelung ausnahmsweise nicht für die Herstellung gleichwertiger Lebensverhältnisse im Bundesgebiet oder die Wahrung der Rechts- oder Wirtschaftseinheit im gesamtstaatlichen Interesse erforderlich sein sollte. Die Kompetenz schließt ein, bundesgesetzliche Ermächtigungen für entsprechende **Regelungen auf untergesetzlicher Ebene** zu schaffen.[7]

8   Das **Krankenhausfinanzierungsrecht** im KHG, KHEntgG und der BPflV ergänzt die Bestimmungen des SGB V und stützt sich auf die Gesetzgebungskompetenz des Bundes zur wirtschaftlichen Sicherung der Krankenhäuser und die Regelung der Krankenhauspflegesätze, Art. 74 Abs. 1 Nr. 19a GG. Die Reichweite dieser Gesetzgebungskompetenz ist im Zuge der aktuellen Krankenhausreform Gegenstand kontroverser Debatten.[8] Das SGB XI regelt mit der **Sozialen Pflegeversicherung** einen eigenständigen Sozialversicherungszweig neben der gesetzlichen Krankenversicherung.

9   Das **Berufszugangsrecht** zu ärztlichen **und anderen Heilberufen** einschließlich des Apothekerberufs regeln Bundesgesetze mit BÄO, ZHG, BApO und PsychThG, zu denen jeweils eine Approbationsordnung als Rechtsverordnung die Ausbildung und die abzulegenden Prüfungen regelt. Die Berufsgesetze der akademischen Heilberufe schützen sowohl den Berufszugang als auch die Berufsbezeichnung. Das Berufsausübungsrecht ist hingegen im Gegensatz zur Rechtslage bei den rechts- und steuerberatenden Berufen Landesrecht.

10   Im Zuge einer Verfassungsbeschwerde gegen zwei berufsgerichtliche Verurteilungen stellte das BVerfG fest,[9] dass der „Facharzt" kein besonderer ärztlicher Beruf i. S. d. Art. 74 Abs. 1 Nr. 19 GG ist, sondern nur eine besonders gestaltete Tätigkeit innerhalb des einheitlichen Arztberufs. Die Regelung der ärztlichen Berufspflichten sowie die Weiterbildung zum Facharzt nach Erteilung der Approbation gehören als Teil des Berufsausübungsrechts hingegen zur ausschließlichen Gesetzgebungszuständigkeit der Länder. Dabei muss der Gesetzgeber im Bereich des Facharztwesens jedenfalls die „statusbildenden Normen" durch ein förmliches Gesetz selbst festlegen. Einschneidende, **das Gesamtbild der beruflichen Betä-**

---

6 BSG, Urt. v. 24.10.2018 – B 6 KA 34/17 R, MedR 2019, 685, 686.
7 BSG, Urt. v. 9.4.2008 – B 6 KA 40/07 R, NZS 2009, 338, 341 mwN.
8 Z.B. Wollenschläger, Krankenhausreform und Grundgesetz, Tübingen 2024 in einem von mehreren Ländern in Auftrag gegebenen Gutachten.
9 BVerfG, Beschl. v. 9.5.1972 – 1 BvR 518/62 und 308/64, NJW 1972, 1504.

tigung wesentlich prägende Vorschriften über die Ausübung des Berufs sind auch hier dem Gesetzgeber zumindest in den Grundzügen vorzubehalten. Dem sind die Länder in den Heilberufe- und Kammergesetzen nachgekommen. So sieht z. B. das Hamburgische Kammergesetz für die Heilberufe keine rein digitale Praxis, sondern die Anbindung an eine „Niederlassung" vor, in welcher der Arzt für seine Patienten räumlich erreichbar ist.[10]

Auf die Gesetzgebungskompetenz zur Zulassung von Heilberufen stützen sich auch Regelungen zum Zugang zu zahlreichen anderen **Gesundheitsfachberufen.** Sie benennen teilweise den Berufsangehörigen **vorbehaltene Tätigkeiten,** § 4 HebG, § 5 MTBG, § 4 PflBG, erlauben ganz, § 1 HeilprG, oder teilweise, § 2a NotSanG die eigenverantwortliche Durchführung heilkundlicher Maßnahmen und schützen ansonsten jeweils nur die Berufsbezeichnung, § 1 ATA-OTA-G, § 1 DiätAssG, § 1 ErgThG, § 1 LogopG, § 1 MPhG, § 1 NotSanG, § 1 OrthoptG, § 1 PflBG, § 1 PodG, § 1 PTAG. Die Erlaubnis, diese zu führen, wird auf Grundlage einer geregelten Ausbildung und Prüfung erteilt, sofern dem nicht die Unzuverlässigkeit des Antragstellers oder seine gesundheitliche Ungeeignetheit entgegenstehen. 11

Der Bund hatte hingegen mit Blick auf die damaligen Ausbildungsziele keine Gesetzgebungskompetenz zur Berufsausbildung in der Altenpflegehilfe.[11] Nunmehr reklamiert er sie aufgrund der Ausgestaltung als Heilberuf für **Pflegefachassistenten.**[12] Die Berufsausbildungen zur **Medizinischen Fachangestellten** und Zahnmedizinischen Fachangestellten nach dem BBiG sowie zum Augenoptiker, Hörakustiker, Orthopädietechniker, Orthopädieschuhmacher und Zahntechniker nach § 25 HwO stützen sich auf die Kompetenztitel des Rechts der Wirtschaft und des Arbeitsrechts, Art. 74 Abs. 1 Nr. 11 und 12 GG. Der Beruf des Physician Assistant ist bisher nicht reguliert.[13] Allgemeine Berufspflichten und besondere Berufspflichten für freiberufliche Hebammen oder für Pflegefachpersonen regelt das Landesrecht.[14] 12

Als Grundlage für Maßnahmen gegen gemeingefährliche oder übertragbare Krankheiten bei Menschen, Art. 74 Abs. 1 Nr. 19 GG, wie z. B. Krebs[15] oder Viren, hat der Bund das Bundeskrebsregisterdatengesetz sowie das **Infektionsschutzgesetz** erlassen. Ziel des IfSG des Bundes ist es, übertragbaren Krankheiten beim Menschen vorzubeugen, Infektionen frühzeitig zu erkennen und ihre Weiterverbreitung zu verhindern. Es bestimmt in § 4 das Robert-Koch-Institut (RKI) zur 13

---

10 OVG Hamburg, Urt. v. 15.12.2022 – 3 Bs 78/22, MedR 2023, 582.
11 BVerfG. Urt. v. 24.10.2002 – 2 BvF 1/01, NJW 2003, 41.
12 BR-Drs. 427/24.
13 Claussen RDG 2025, 10.
14 z. B. §§ 2–6 Nds. HebG; § 14 Nds GesFBG.
15 BT-Drs. 19/28185, 25,

nationalen Behörde zur Vorbeugung übertragbarer Krankheiten sowie zur frühzeitigen Erkennung und Verhinderung der Weiterverbreitung von Infektionen. Das RKI ist aber nicht nur eine Behörde, sondern auch eine Forschungseinrichtung, welche epidemiologische und laborgestützte Analysen entwickelt und durchführt sowie Forschung zu Ursachen, Diagnostik und Prävention übertragbarer Krankheiten betreibt. Das IfSG ermöglicht u. a. gesundheitspolizeiliche Maßnahmen wie Meldepflichten bei Krankheitsverdacht oder gesicherten Diagnosen, die Verpflichtung, eine Impfung gegen Masern nachzuweisen, um in Kindertagesstätten tätig oder betreut zu werden[16] oder die Anordnung von Quarantäne.

14   Das letztgenannte Gesetz wurde während der Corona-Pandemie mehrfach angepasst und in § 5c IfSG eine Regelung zum Verfahren bei aufgrund einer übertragbaren Krankheit nicht ausreichend vorhandenen überlebenswichtigen intensivmedizinischen Behandlungskapazitäten, also der sog. ausschließlich zulässigen **ex-ante-Triage**, aufgenommen.[17] Der dazu vom BMG beauftragte unabhängige Sachverständigenausschuss nach § 5 Abs. 9 IfSG hat seinen auch aus verfassungsrechtlicher Sicht lesenswerten Evaluationsbericht[18] u. a. zu den im Rahmen der Coronavirus-SARS-CoV-2-Pandemie getroffenen rechtlichen Regelungen am 30.6.2022 vorgelegt. Er sieht für das IfSG als Rechtsgrundlage der Epidemiebekämpfung erheblichen Reformbedarf.[19] Dieses wurde in der 20. Wahlperiode des Deutschen Bundestages seitens des Bundesgesundheitsministeriums nicht aufgegriffen; über Eckpunkte für eine Reform liegen keine Erkenntnisse vor. Seitens der Länder werden das IfSG ergänzende Bestimmungen über Hygiene und Infektionsprävention in medizinischen Einrichtungen erlassen.[20] Auch für die

---

16 BVerfG, Beschl. v. 21.7.2022 – 1 BvR 469/20, 1 BvR 470/20, 1 BvR 471/20, 1 BvR 472/20, NJW 2022, 2904.
17 Zu Recht weisen Duttge/Weimer, MedR 2024, 395, 399 f. auf die insoweit fehlende Gesetzgebungskompetenz des Bundes hin. Zur Frage des Ausschlusses der ex-post-Triage sind Verfassungsbeschwerden anhängig. Zum Schutzauftrag des Staates, Menschen in dieser Situation wirksam vor Benachteiligung wegen ihrer Behinderung zu schützen BVerfG, Beschl. v. 16.12.2021 – 1 BvR 1541/20, NJW 2022, 380.
18 BT-Drs. 20, 3850, 127.
19 Ebenso der Beschluss Nr. 11 der Abteilung Öffentliches Recht des 74. Deutschen Juristentages 2024, der ev. sogar in einem eigenständigen Epidemiegesetz eine stärkere Fundierung von Standardmaßnahmen in Ergänzung zur Generalklausel fordert.
20 Vgl. z. B. Niedersächsische Verordnung über Hygiene und Infektionsprävention in medizinischen Einrichtungen (NMedHygVO) idF. v. 21.12.2016 (Nds. GVBl. 2012 S. 41; 2016 S. 274); Verordnung über die Hygiene und Infektionsprävention in medizinischen Einrichtungen (HygMedVO) v. 13.03.2012 (GV. NRW. S. 143).

Hygiene bei Friseuren, in Kosmetik-, Fußpflege- und Tattoo-Studios sowie beim Piercen und Ohrlochstechen greifen landesrechtliche Hygienebestimmungen.[21]

Die Gesetzgebung **zum Recht des Apothekenwesens, der Arzneien, der Heilmittel- und der Betäubungsmittel**, Art. 74 Abs. 1 Nr. 19 GG, ist Grundlage des Apothekengesetzes (ApoG), des Arzneimittelgesetzes (AMG), des Heilmittelwerbegesetzes (HWG) und des Betäubungsmittelgesetzes (BtMG). Das gilt auch für das Medizinal-Cannabisgesetz, während sich das Cannabisgesetz u. a. auf die konkurrierende Gesetzgebungskompetenz des Bundes für das Recht der Genussmittel, Art. 74 Abs. 1 Nr. 20 GG, stützt.[22] Das Recht der Gifte, Art. 74 Abs. 1 Nr. 19 GG, findet sich im Chemikaliengesetz.[23] 15

Das AMG enthält u. a. Vorschriften für die **Herstellung, Zulassung und Abgabe von Arzneimitteln** sowie die Beobachtung, Sammlung und Auswertung von Arzneimittelrisiken. Ausnahmsweise kann eine Apotheke auch in Deutschland nicht verkehrsfähige Arzneimittel in geringer Menge aus dem Ausland bestellen, § 73 Abs. 3 AMG.[24] Die Zulassung von Generika, d. h. zu einem Originalpräparat wirkstoffgleichen Arzneimitteln, regelt § 24b AMG. Neben der Packungsbeilage ist auch die Fachinformation, d. h. die Gebrauchsinformation für Fachkreise, § 11a AMG, die Angabe von Arzneimittelmustern, § 47 Abs. 3 und 4 AMG, und die Packungsgröße (N1, N2, N3 für kurze, mittlere oder längere Anwendungsdauer) reguliert.[25] Die notwendigen Angaben der Verschreibung eines Arzneimittels legt § 2 AMVV fest; in § 4 sind Sonderregelungen für die Abgabe bei dringendem Bedarf, zum Eigenbedarf des Arztes und zu Rezepten getroffen, welche die wiederholte Abgabe des Arzneimittels ermöglichen. 16

Das **Betäubungsmittelgesetz** erfasst alle in einen abschließenden Katalog aufgenommenen Stoffe und Zubereitungen, insbesondere wenn deren Anwendung Abhängigkeit hervorrufen kann. Subsidiär werden Stoffgruppen im Neue-psychoaktive-Stoffe-Gesetz (NpSG) erfasst.[26] Das Gesetz gegen Doping im Sport (AntiDopG) nimmt auf die im Internationalen Übereinkommen gegen Doping aufgeführten Stoffe Bezug.[27] 17

---

21 Z.B. § 1 Schleswig-Holsteinische Landesverordnung zur Verhütung übertragbarer Krankheiten v. 11.10.2007 (GVOBl. S. 461).
22 BT-Drs. 20/8704, 70 f.
23 Vgl. bspw. die Meldepflicht bei Vergiftungsverdachtsfällen, z. B. nach Verzehr von Knollenblätterpilzen, an das Bundesinstitut für Risikobewertung nach § 16e ChemG.
24 Zum Werbeverbot s. § 8 S. 2 HWG.
25 § 12 Abs. 3 AMG i.V.m. der Packungsgrößenverordnung.
26 Zur Gesetzgebungskompetenz BT-Drs. 18/8579, 17.
27 Zur Gesetzgebungskompetenz BT-Drs. 18/4898, 20.

18   Die Anwendung eines Betäubungsmittels am oder im menschlichen Körper muss begründet sein; insofern gilt der Subsidiaritätsgrundsatz: Die Anwendung ist insbesondere dann nicht begründet, wenn der beabsichtigte Zweck auf andere Weise erreicht werden kann, § 13 Abs. 1 S. 2 BtMG (**Subsidiarität**). Betäubungsmittel werden auf speziellen Rezepten verschrieben, wobei noch einmal besondere Anforderungen für das Verschreiben eines Substitutionsmittels für opioidabhängige Patienten im Rahmen eines Therapiekonzepts zur medizinischen Behandlung einer Abhängigkeit bestehen, § 5 BtMVV. Nach dessen Abs. 11 stellt die Bundesärztekammer den allgemein anerkannten Stand der Erkenntnisse der medizinischen Wissenschaft für die Substitution in einer Richtlinie fest.

19   Aus dem **Heilmittelwerbegesetz** kennt jeder § 4 Abs. 3 S. 1, Abs. 5 S. 1 aus der Fernsehwerbung. Der Text „Zu Risiken und Nebenwirkungen lesen Sie die Packungsbeilage und fragen Sie Ihre Ärztin, Ihren Arzt oder in Ihrer Apotheke" ist nach einer Werbung für Arzneimittel, weil sie außerhalb der Fachkreise erfolgt, vor neutralem Hintergrund gut lesbar wiederzugeben und gleichzeitig zu sprechen. Neben der Werbung für Arzneimittel und deren hauptsächlicher Beschränkung auf Fachkreise, mit denen maßgeblich die Richtlinie 2001/83/EG umgesetzt wird, reguliert es nach § 1 Abs. 1 solche für Medizinprodukte sowie andere Mittel, Verfahren, Behandlungen und Gegenstände, wenn sich die Werbeaussage auf die Erkennung, Beseitigung oder Linderung von Krankheiten, Leiden, Körperschäden oder krankhaften Beschwerden beim Menschen, auf Schwangerschaftsabbrüche[28] oder auf **operative plastisch-chirurgische Eingriffe** zur Veränderung des menschlichen Körpers ohne medizinische Notwendigkeit bezieht. Für letztere darf nach § 11 HWG nicht mit Vorher-Nachher-Darstellungen oder mit Werbemaßnahmen geworben werden, die sich ausschließlich oder überwiegend an Kinder und Jugendliche richten. Bedeutsam ist auch das Verbot von Zuwendungen und Werbegaben nach Maßgabe des § 7 HWG. Die Werbung für **Fernbehandlungen** ist nach § 9 S. 2 HWG nur zulässig, wenn nach allgemein anerkannten fachlichen Standards ein persönlicher ärztlicher Kontakt mit dem zu behandelnden Menschen nicht erforderlich ist. Insofern gelten die zivilrechtlichen Maßstäbe nach § 630a Abs. 2 BGB.[29] Das Gesetz gegen den unlauteren Wettbewerb (UWG) bleibt durch das HWG unberührt, § 17 HWG. Über § 3 Abs. 1 und 2, § 3a UWG kann auf Verstöße daher auch mit den Mitteln des Wettbewerbsrechts reagiert werden. Auf Unterlassung können nach erfolgloser Abmahnung, § 13 Abs. 1 UWG, sowohl die

---

[28] Die Erweiterung des Anwendungsbereichs erfolgte im Zusammenhang mit der Aufhebung des Verbots der Werbung für den Schwangerschaftsabbruch, § 219a StGB.
[29] BGH, Urt. v. 9.12.2021 – I ZR 146/20, NJW-RR 2022, 549, 554.

Landesärztekammern[30] als auch Vereine wie z. B. die Zentrale zur Bekämpfung des unlauteren Wettbewerbs klagen, § 8 Abs. 3 Nr. 2 und 4 UWG. Spezialgesetzlich gibt § 5 Abs. 4 DiGAV vor, dass digitale Gesundheitsanwendungen werbefrei sein müssen.

Fall 2: Privatklinik mit breitem Angebot
Dr. Schön betreibt eine Privatklinik, in der er verschiedene Verfahren anbietet. Auf Instagram zeigt er Avatare, um deutlich zu machen, was sich erreichen lässt, wenn man die Lippen oder Falten mit einem Hyaluronsäure-Präparat unterspritzt. Nach seiner Homepage bietet er Augenlaserbehandlungen an. Das setzt er so um, dass er verschiedene Augenärzte heranzieht, ihnen zu dem von ihm bestimmten Zeiten die Räume und sowohl das Personal als auch und alle benötigten Sachmittel zur Verfügung stellt, für sie die Abrechnung der an sie abgetretenen Honorare übernimmt und ihnen 65 % der Honoraranteile auskehrt, welche diese Einnahmen selbst versteuern. Ist Dr. Schön medizinrechtlich gut beraten?
Ob die Werbung mit Vorher-Nachher-Darstellungen zulässig ist, hängt davon ab, ob es sich dabei um operative plastisch-chirurgische Eingriffe i. S. v. § 1 Abs. 1 S. 1 Nr. 2 lit. c HWG handelt. Nach der dazu bisher ergangenen obergerichtlichen Rechtsprechung bedarf es dazu keiner Öffnung des Körpers mittels Skalpell oder Messer, wenn ein instrumenteller Eingriff erfolgt, der zu Form- oder Gestaltveränderungen an der Körperoberfläche führt.[31]
Dr. Schön hätte hinsichtlich der Einbindung der Augenärzte besser die Durchführung eines Statusfeststellungsverfahrens nach § 7a SGB IV beantragt. Darin wird geprüft, ob eine Beschäftigung vorliegt. Das ist nach § 7 Abs. 1 SGB IV die nichtselbständige Arbeit, insbesondere in einem Arbeitsverhältnis, wobei Anhaltspunkte für eine Beschäftigung eine Tätigkeit nach Weisungen und eine Eingliederung in die Arbeitsorganisation des Weisungsgebers sind. Insofern kommt es nach der Rechtsprechung des BSG auf die Eingliederung in den Betrieb an, die mit einem nach Zeit, Dauer, Ort und Art der Ausführung umfassenden Weisungsrecht des Arbeitgebers selbst dann verbunden ist, wenn sie bei Diensten höherer Art wie hier einer augenärztlichen Tätigkeit zur „funktionsgerecht dienenden Teilhabe am Arbeitsprozess" verfeinert ist. Demgegenüber ist eine selbstständige Tätigkeit vornehmlich durch das eigene Unternehmerrisiko, das Vorhandensein einer eigenen Betriebsstätte, die Verfügungsmöglichkeit über die eigene Arbeitskraft und die im Wesentlichen frei gestaltete Tätigkeit und Arbeitszeit gekennzeichnet. Vorliegend spricht entscheidend für eine abhängige Beschäftigung,[32] dass die Augenärzte bei der Einstellung, Vergütung oder Qualifikation der Mitarbeiter der Privatklinik sowie bei deren Arbeitsorganisation keine Mitsprachemöglichkeit haben und nicht selbstständig nach außen auftreten.

---

30 Unter Verhältnismäßigkeitsgesichtspunkten kann es nach BVerfG, Beschl. v. 26.10.2004 – 1 BvR 981/00, NJW 2004, 3765, 3767 allerdings erforderlich sein, dass die Kammer gegen Mitglieder mit den Mittel des Aufsichtsrechts vorgeht.
31 OLG Köln, Urt. v. 27.10.2023 – 6 U 77/23, MedR 2024, 599; OLG Hamm, Urt. v. 29.8.2024 – 4 UKl 2/24, GesR 2024, 803.
32 BSG, Urt. v. 12.12.2023 – B 12 R 10/21 R, GesR 2024, 571. Zu den sozialversicherungsrechtlichen Folgen vgl. §§ 24 Abs. 1 S. 1, 25 Abs. 1 S. 1, 28g S. 2 und 3 SGB IV. Danach kommen auf Dr. Schön erhebliche Nachzahlungen nebst Säumniszuschlägen zu, an denen er die Augenärzte nicht beteiligen kann.

20   In Art. 74 Abs. 1 Nr. 26 GG werden die medizinisch unterstützte Erzeugung menschlichen Lebens, d. h. die In-vitro-Fertilisation und der Embryotransfer, die Untersuchung und die künstliche Veränderung von Erbinformationen sowie Regelungen zur Transplantation von Organen, Geweben und Zellen zum Gegenstand der konkurrierenden Gesetzgebung bestimmt. Auch wenn sich Teile der Gesetze auf andere Kompetenztitel stützen,[33] sind auf dieser Grundlage das u. a. genetische Untersuchungen zu medizinischen Zwecken und zur Klärung der Abstammung regelnde **Gendiagnostikgesetz** (GenDG),[34] das **Transplantationsgesetz** (TPG → § 19) und das **Embryonenschutzgesetz** (ESchG → § 18 Rn. 26) erlassen worden. Mit dem **Samenspenderregister** durch das SaRegG wird (nur) im Rahmen der ärztlich unterstützten künstlichen Befruchtung und nicht bei der sog. Becherspende Personen, die durch heterologe Verwendung von Samen gezeugt worden sind, die Verwirklichung ihres aus dem allgemeine Persönlichkeitsrecht, Art. 2 Abs. 1 i.V.m. mit Art. 1 Abs. 1 GG, abgeleiteten Rechts auf Kenntnis ihrer Abstammung[35] ermöglicht.

21   Bluttransfusionen wollte der Verfassungsgesetzgeber als Transplantation verstanden wissen,[36] so dass sich auch das **Transfusionsgesetz** (TFG) auf Art. 74 Abs. 1 Nr. 26 GG zurückführen lässt. Das Gesetz entspricht der Empfehlung des Abschlussberichts des Untersuchungsausschusses „HIV-Infektionen durch Blut und Blutprodukte" aus dem Jahr 1994.[37] Ob der auf zahlreiche Bedenken gestoßene Entwurf einer Verordnung zum Einsatz telemedizinischer Verfahren bei der Blut- und Plasmaspende realisiert wird, ist zzt. offen.

22   In die **Zuständigkeit** der **Länder** fallen insbesondere die Landeskrankenhausgesetze mit dem Krankenhausplanungs- und -organisationsrecht, Regelungen zum Rettungsdienst[38], die Krebsregistergesetze, Gesetze zur Hilfeleistung und Un-

---

33 Vgl. bspw. BT-Drs. 16/10532, 18. Für das Gesundheitsdatennutzungsgesetz (GDNG) BT-Drs. 20/9046, 35.

34 Nach § 23 Abs. 2 GenDG erstellt die Gendiagnostik-Kommission beim Robert-Koch-Institut zahlreiche Richtlinien in Bezug auf den allgemein anerkannten Stand der Wissenschaft und Technik.

35 BVerfG, Urt. v. 31.1.1989 – 1 BvL 17/87, NJW 1989, 891.

36 BT-Drs. 13/9594, 15.

37 BT-Drs. 12/8591. Eine weitere Folge war die Auflösung des Bundesgesundheitsamtes im Jahr 1994 und das Gesetz über die humanitäre Hilfe für durch Blutprodukte HIV-infizierte Personen v. 24.7.1995 (BGBl. I S. 972). Das Gesetz leidet allerdings unter dem Mangel, dass die Überwachung der Qualitätssicherung nach § 18 Abs. 1 S. 1 Nr. 2 TFG durch die Ärzteschaft erfolgen soll, sich das Gesetz aber nicht zu den Instrumenten äußert, mit denen diese Aufgabe wahrgenommen werden soll. Daher bleibt es bei Selbsterklärungen.

38 Vgl. aber Wissenschaftliche Dienste des Deutschen Bundestages, Zur Reichweite der Gesetzgebungskompetenz des Bundes bei einer Verankerung der Notfallversorgung im SGB V v. 10.4.

terbringung psychisch kranker Menschen einschließlich der Forensik,[39] die auch in den Maßregelvollzugsgesetzen ihren Niederschlag gefunden hat. Gesetze über den Öffentlichen Gesundheitsdienst sowie Bestattungsgesetze runden den Katalog landesgesetzlicher Bestimmungen ab.

II. Untergesetzliche Normsetzung

Das Medizin- und Gesundheitsrecht, insbesondere aber das Krankenversiche- 23
rungsrecht, kennt zahlreiche untergesetzliche Rechtsnormen. Dies liegt einerseits an der Vielzahl der Lebenssachverhalte und der davon jeweils Betroffenen, sodass es des detaillierten Austarierens der unterschiedlichen Interessen bedarf. Zum anderen liegt Art. 87 Abs. 2 GG „eine **Systementscheidung für die Sozialversicherung** mittels verselbstständigter Verwaltungseinheiten" zugrunde. Das bedeutet zunächst, dass eine unmittelbare Verwaltung durch Bundesbehörden nicht zulässig ist. Zudem dürfen Beitragsmittel der Versicherten allein zur Finanzierung der Aufgaben der Sozialversicherung und nicht zur Deckung des allgemeinen Finanzbedarfes eingesetzt werden. Es darf daher z. B. nicht gesetzlich vorgegeben werden, dass die Bundeszentrale für gesundheitliche Aufklärung von den Krankenkassen Zuwendungen für die Entwicklung von Konzepten für Prävention und Gesundheitsförderung erhält.[40]

Damit die Selbstverwaltung ihre Regelungsziele und Kompromisse unter Be- 24
teiligung der höchst unterschiedlich strukturierten Interessenvertreter in verbindliches Recht umsetzen kann, ist das Sozialversicherungssystem äußerst innovativ, wie krankenversicherungsrechtliche Rechtsnormen entstehen. Denn in einem System der organisatorischen und finanziellen Selbstständigkeit der Sozialversicherungsträger im Sinne einer Verwaltungs- und Ertragskompetenz, kurz als „Selbstverwaltung" bezeichnet, bedarf es anderer und zudem vielgestaltiger Regulierungsinstrumente, wenn die Leistungserbringer im Rahmen der **„gemeinsamen Selbstverwaltung"** durch ihrer Interessenvertreter unmittelbar einbezogen werden sollen und dies als stabilisierendes Element der Krankenversicherung wirken soll. Deshalb werden Regelungsaufträge meistens mit Konfliktlösungsmechanismen verbunden.

Gleichwohl nutzt das SGB V auch die üblichen Regulierungsoptionen. Die 25
klassische Form der untergesetzlichen Rechtssetzung ist die **Rechtsverordnung**,

---

2024, Az WD 9 – 3000 – 093/23, den Entwurf eines Gesetzes zur Reform der Notfallversorgung, BT-Drs. 20/13166 sowie Pitz SGb 2023, 717.
39 Vgl. dazu etwa BVerfG, Urt. v. 24. 7. 2018 – 2 BvR 3019/15, 2 BvR 502/16, NJW 2018, 2619.
40 BSG, Urt. v. 18. 5. 2021 – B 1 A 2/20 R, NZS 2022, 57.

mit welcher der Gesetzgeber der unmittelbaren Staatsverwaltung konkretisierende Regelungsbefugnisse zuweist. Beispiele sind die bereits erwähnten Approbationsordnungen sowie die AMVV und die BtMVV. Für Rechtsverordnungen gibt Artikel 80 Abs 1 S. 2 GG vor, dass Inhalt, Zweck und Ausmaß der erteilten Ermächtigung im Gesetz bestimmt werden müssen. Das gilt im Übrigen auch dann, wenn eine Rechtsverordnung wie die Zulassungsverordnung für Vertragsärzte (Ärzte-ZV[41]) mehrfach und überwiegend durch Parlamentsgesetz geändert wurde; auch dann kann sie weiterhin im Rahmen der gesetzlichen Ermächtigungsgrundlage durch die Exekutive geändert werden.[42] Durch Gesetz kann nach Art. 80 Abs. 1 S. 4 GG vorgesehen werden, dass eine Ermächtigung durch eine Rechtsverordnung z. B. auf die Kassenärztliche Bundesvereinigung, weiter übertragen werden darf.[43]

26   Sowohl die einzelnen Krankenkassen als auch deren Landesverbände und der Spitzenverband Bund der Krankenkassen,[44] §§ 4 Abs. 1, 207 Abs. 1 S. 2, 217a Abs. 2 SGB V, aber auch die Medizinischen Dienste und der Medizinische Dienst Bund, §§ 278 Abs. 1 S. 1, 281 Abs. 1 S. 1 SGB V, sowie die Kassenärztliche Bundesvereinigung und die Kassenärztlichen Vereinigungen, § 77 Abs. 5 SGB V, sind Körperschaften des öffentlichen Rechts. Als Körperschaften mit Selbstverwaltung (so explizit § 4 Abs. 1 SGB V) unterliegen die Krankenkassen der staatlichen **Rechtsaufsicht** und damit keiner Fachaufsicht, §§ 208 Abs. 2 S. 1, 217d Abs. 2 S. 1 SGB V i.V.m. § 87 SGB IV. Das gilt auch für die anderen vorerwähnten Körperschaften des öffentlichen Rechts.

27   Kein Prüfungsgegenstand ist daher die Zweckmäßigkeit ihrer Entscheidungen, wohl aber die Einhaltung aller Gesetze im materiellen Sinne und damit auch die Wirtschaftlichkeit des Mitteinsatzes, § 12 Abs. 1 S. 2 SGB V. Es gilt der Grundsatz der Verhältnismäßigkeit und **maßvollen Ausübung der Rechtsaufsicht**; bei Rechtsverstößen hat zunächst eine aufsichtsrechtliche Beratung zu erfolgen, § 89 Abs. 1 S. 1 SGB IV, von der nur abgesehen werden kann, wenn die Behebung keinen Aufschub duldet. Jedenfalls in Bereich der Mittelbewirtschaftung sind wirtschaftlich vertretbare Entscheidungen der Versicherungsträger aufsichtsrechtlich hinzunehmen, wenn dem Recht auf Selbstverwaltung nicht jede Rechtsqualität abgesprochen und die Selbstverwaltung zu einem inhaltsleeren Begriff werden soll.[45]

---

41 Ermächtigungsgrundlage ist § 98 SGB V. Für die vertragszahnärztliche Versorgung gilt die Zahnärzte-ZV.

42 BVerfG, Beschl. v. 13. 9. 2005 – 2 BvF 2/03, MedR 2006, 45, 50 f.

43 Vgl. die Verordnung zur Übertragung der Ermächtigung zum Erlass einer Rechtsverordnung nach dem Fünften Buch Sozialgesetzbuch auf die Kassenärztliche Bundesvereinigung, BGBl. 2024 I Nr. 41 v. 15. 2. 2024.

44 Nach § 1 Abs. 1 S. 2 seiner Satzung führt der Spitzenverband Bund der Krankenkassen im Rechts- und Geschäftsverkehr den Namen „GKV-Spitzenverband".

45 BSG, Urt. v. 11. 8. 1992 – 1 RR 7/91, NZS 1992, 151.

Die **Aufsicht über die Krankenkassen** ist geteilt; sie richtet sich gemäß § 90   28
SGB IV danach, ob sich der Zuständigkeitsbereich der Krankenkasse auf bis zu drei
Länder oder auf mindestens vier Länder erstreckt. In letzterem Fall führt die Aufsicht das Bundesamt für Soziale Sicherung (ehemals: Bundesversicherungsamt),
ansonsten jeweils die für die Sozialversicherung zuständige oberste Behörde des
Landes, in dem die Krankenkasse ihren Sitz hat.[46] Diese sind jeweils auch Aufsichtsbehörden über die Kassenärztlichen Vereinigungen, § 78 Abs. 1 SGB V. Die geteilte Aufsicht bei den Krankenkassen ist nicht unproblematisch; Rundschreiben,
gemeinsame Arbeitspapiere, fachspezifische Bund-Länder-Arbeitsgruppen und regelmäßige Erfahrungsaustausche sollen eine einheitliche Aufsichtspraxis gewährleisten.[47] Bei der Kassenärztlichen Bundesvereinigung, dem Medizinischen Dienst
Bund und dem GKV-Spitzenverband führt das Bundesministerium für Gesundheit
die Aufsicht, §§ 78 Abs. 1, 217d Abs. 1, 281 Abs. 3 S. 1 SGB V. Dabei kennt das Krankenversicherungsrecht besondere, etwa dem Kommunalrecht unbekannte, Auf-
sichtsmittel, §§ 78a f., 79a, 217g ff. SGB V.[48]

Körperschaften des öffentlichen Rechts haben die Befugnis, **Satzungen** zwecks   29
autonomer Normsetzung zu erlassen, §§ 194, 210, 217e SGB V, welche der Genehmigung der Aufsichtsbehörde bedürfen, §§ 195, 210 Abs. 1 S. 2, 217e Abs. 1 S. 2 SGB V.
Das SGB V gibt für die Satzungen, wie z. B. in § 81 SGB V, Mindestinhalte vor. Auf
Außenwirkung gerichtetes Satzungsrecht sind die Bereitschaftsdienstordnungen
und die Disziplinarordnungen, § 81 Abs. 5 SGB V, der Kassenärztlichen Vereinigungen. Auch die Verteilung der Gesamtvergütung an die an der vertrags(zahn)-
ärztlichen Versorgung teilnehmenden Leistungserbringer wird durch eine Satzung, den sogenannten Honorarverteilungsmaßstab, bestimmt, §§ 85 Abs. 4, 87b
SGB V. Hierfür gilt die Besonderheit, dass die Satzung im Benehmen mit den
Landesverbänden der Krankenkassen und den Ersatzkassen zu beschließen ist,
§§ 85 Abs, 4, 87b Abs. 1 S. 2 SGB V. Das setzt eine Fühlungsaufnahme voraus, die vom
Willen getragen ist, auch die Belange der anderen Seite zu berücksichtigen und sich
mit ihr zu verständigen.[49]

Ein weiteres Regelungsinstrument sind die Richtlinienkompetenzen der Kas-   30
senärztlichen Bundesvereinigung, § 75 Abs. 7–7a SGB V, und des GKV-Spitzenverbandes, §§ 217f Abs. 4–4d, 302 Abs. 2 SGB V, in organisatorischen Fragen. Die Satzungen der Kassenärztlichen Vereinigungen und der Krankenkassen müssen
bestimmen, dass die **Richtlinien** für sie und ihre Mitglieder verbindlich sind, §§ 81
Abs. 3 Nr. 2, 210 Abs. 2 SGB V. Bspw. legen die Kassenärztlichen Bundesvereini-

---

46 Näher Kreikebohm/Dünn SGB IV/Schütte-Geffers, 4. Aufl. 2022, SGB IV § 90 Rn. 5.
47 BT-Drs. 18/9993, 2.
48 Näher dazu die Begründung zum GKV-Selbstverwaltungsstärkungsgesetz: BT-Drs. 18/10605, 28.
49 BSG, Urt. v. 21.1.1969 – 6 RKa 27/67, BSGE 29, 111, 113.

gungen in einer Richtlinie Anforderungen zur Gewährleistung der IT-Sicherheit in (Zahn-)Arztpraxen fest, § 390 SGB V. Eine andere Richtlinie stellt einen „Fremd-kassenzahlungsausgleich" zwischen den Kassenärztlichen Vereinigungen her, wenn Versicherte in einem von ihrem Wohnsitz abweichenden Land, insbesondere im Urlaub oder am Arbeitsplatz, ambulante ärztliche Behandlung in Anspruch nehmen.[50] Hierzu bedarf es des Benehmens mit dem GKV-Spitzenverband, § 75 Abs. 7a SGB V.

31   Der GKV-Spitzenverband beschließt seinerseits z. B. eine Richtlinie zum Schutz von Sozialdaten der Versicherten vor unbefugter Kenntnisnahme beim Kontakt der Krankenkasse mit den Versicherten, § 217 f Abs. 4b SGB V, und regelt für freiwillige Mitglieder der gesetzlichen Krankenversicherung mit verbindlicher Wirkung für die Krankenkassen, § 217e Abs. 2 SGB V, die Beitragsbemessung, § 240 Abs. 1 S. 1 SGB V.[51] Beschlüsse der gematik (zuvor: **Gesellschaft für Telematik**), einer Ge-sellschaft in der Rechtsform der GmbH, an welcher der Bund 51 % der Geschäfts-anteile hält, sind für die Leistungserbringer und die Krankenkassen verbindlich, soweit sie sich auf die Regelungen, den Aufbau und den Betrieb der Telematikin-frastruktur des Gesundheitswesens beziehen, § 315 Abs. 1 S. 1 SGB V.[52]

32   Ein verbreitetes Steuerungsinstrument im Bereich der gesetzlichen Kranken-versicherung sind öffentlich-rechtliche Verträge, § 53 ff. SGB X, die von den Krankenkassen sowohl mit Leistungserbringerverbänden (sog. **Kollektivverträge**) als auch mit einzelnen Leistungserbringern (sog. **Selektivverträge**[53]; z. B. §§ 73b Abs. 4, 110a, 140a SGB V) geschlossen werden. Die wichtigsten Kollektivverträge betreffen die vertragsärztliche und vertragszahnärztliche Versorgung. Auf Bun-desebene sind dies auf Grundlage des § 82 Abs. 1 SGB V die beiden Bundesman-telverträge für Ärzte bzw. Zahnärzte (BMV-Ä; BMV-Z), deren Bestandteil auch das Leistungsverzeichnis und die Bewertung der einzelnen Leistungen in Form des Einheitlichen Bewertungsmaßstabes für ärztliche und zahnärztliche Leistungen (EBM bzw. BEMA) nach § 87 Abs. 1 S. 1–2 SGB V ist. Weiterer Bestandteil der Bundesmantelverträge sind gemäß § 92 Abs. 8 SGB V die Richtlinien des Gemein-samen Bundesausschusses. Vor allem Fragen der Organisation der vertragsärztli-chen Versorgung werden in zzt. 39 Anlagen zum BMV-Ä vereinbart.

33   Der Vertragsschluss führt im Wege des Interessenausgleichs und zwecks Be-seitigung von Marktungleichgewichten zu einer durch Art. 12 Abs. 1 GG erlaubten einvernehmlichen Normsetzung.[54] Dem entsprechend ordnet § 69 Abs. 1 S. 1 SGB V

50 BeckOGK/Rademacker, 1.3.2017, SGB V § 75 Rn. 81 ff.
51 Siehe dazu BSG, Urt. v. 19.12.2012 – B 12 KR 20/11 R, NJOZ 2014, 104.
52 Näher Spickhoff/von Dewitz, 4. Aufl. 2022, SGB V § 315 Rn. 2.
53 Becker/Kingreen/Becker/Kingreen, 9. Aufl. 2024, SGB V § 69 Rn. 21 f.
54 BSG, Urt. v. 9.12.2004 - B 6 KA 44/03 R, NJOZ 2005, 2476, 2498 und 2518.

mit dem Ziel der Zuordnung der Rechtsbeziehungen zum öffentlichen Recht[55] an, dass das Vierte Kapitel des SGB V, das sog. Leistungserbringerrecht, die Rechtsbeziehungen zwischen den Krankenkassen und den Leistungserbringern sowie ihrer jeweiligen Verbände sowohl hinsichtlich der Begründung der Leistungsbeziehung als auch hinsichtlich dessen inhaltlicher Ausgestaltung abschließend regelt, wobei bei Lücken ergänzend das **BGB entsprechend heranzuziehen** ist, § 69 Abs. 1 S. 3 SGB V.[56] Der Charakter der Verträge als Normsetzungsverträge lässt sich aus § 69 Abs. 1 S. 4 SGB V herleiten. Danach regeln diese die Rechtverhältnisse auch insofern abschließend, als dadurch die Rechtsbeziehungen zu Dritten betroffen sind.[57] Allerdings sind die Behandlungsverträge und sonstigen Verträge zwischen Leistungserbringer und Versichertem weiterhin originär privatrechtlicher Natur. Über die Anwendbarkeit des Kartell- und Vergaberechts als Ausnahme zur abschließenden Regelung der Rechtsbeziehungen im Leistungserbringerrecht des SGB V geben § 69 Abs. 2 – 4 SGB V Auskunft.

Kommt es bei den Vertragsverhandlungen zu keiner Einigung, tritt das **Bundesschiedsamt** zusammen, § 89 Abs. 2 SGB V. Neben den paritätisch vertretenen Vertragspartnern besteht es aus drei unparteiischen Mitgliedern. Für Fragen der Vergütung besteht mit dem **Bewertungsausschuss** ein spezieller Vertragsausschuss, der ebenfalls um drei Unparteiische erweitert wird, wenn es zu keiner Vereinbarung kommt, § 87 Abs. 4 SGB V. In speziellen Fragen wird der Bewertungsausschuss um Vertreter der Deutschen Krankenhausgesellschaft ergänzt, der bei anders nicht zu erzielender Einigung ebenfalls erweitert werden kann, § 87 Abs. 5a SGB V. Hinzu kommen Qualitätsvereinbarungen, § 135 Abs. 2 SGB V, und Verträge über die Förderung der Weiterbildung, § 75b Abs. 4 SGB V, der Partner der Bundesmantelverträge. 34

Aus Landesebene heißt der Kollektivvertrag **Gesamtvertrag**, § 83 SGB V. Allgemeiner Inhalt ist der Bundesmantelvertrag; die landesspezifischen Ergänzungen vereinbaren die Landesverbände der Krankenkassen und die Ersatzkassen mit der Kassenärztlichen bzw. Kassenzahnärztlichen Vereinigung. Analog zur Bundesebene wird jeweils ein Landesschiedsamt gebildet, § 89 Abs. 1 SGB V. Regional werden auf der Grundlage auf Bundesebene vereinbarter **Rahmenvorgaben**, §§ 84 Abs. 6, 106b Abs. 2 SGB V, bzw. Rahmenempfehlungen, § 106a Abs. 3 SGB V, oder Richtlinien, § 106d Abs. 6 SGB V, zudem Arznei- und Heilmittelvereinbarungen, § 84 Abs. 1 und 7 SGB V, bzw. Prüfvereinbarungen für die Wirtschaftlichkeitsprüfungen, 35

---

55 BT-Drs. 14/1245, 68. Vgl. auch BSG, Urt. v. 12. 5. 2005 – B 3 KR 32/04 R, BeckRS 2005, 42050.
56 Umfassend Becker/Kingreen/Becker/Kingreen, 9. Aufl. 2024, SGB V § 69 Rn. 43 ff.
57 Vgl. dazu auch § 51 Abs. 1 Nr. 2, Abs. 3 SGG.

§§ 106 Abs. 1 S. 2, 106b Abs. 1 SGB V, und die Abrechnungsprüfungen, § 106d Abs. 5 SGB V, geschlossen.

36   Die Verträge enthalten sowohl **obligatorische**, zwischen den Vertragspartnern wirkende **Bestandteile** wie z. B. Zahlungsverpflichtungen der Krankenkassen gegenüber den Kassenärztlichen Vereinigungen als auch **normative Elemente.** Letztere binden kraft spezieller gesetzlicher Anordnung Leistungserbringer, § 95 Abs. 3 S. 3, Abs. 4 S. 2 SGB V, und Krankenkassen, obwohl sie weder Vertragspartei sind noch an den Vertragsverhandlungen beteiligt waren. Indem der zuständige Landesverband der Krankenkassen die Kompetenz zum Abschluss von Gesamtverträgen über die vertragsärztliche Versorgung besitzt, ist ihm die Rechtsmacht zugewiesen, seine Mitgliedskassen zur Zahlung der auf sie entfallenden Gesamtvergütung an die Kassenärztliche Vereinigung zu verpflichten.[58]

37   Außerdem müssen die Satzungen der Kassenärztlichen Vereinigungen vorsehen, dass die von den Kassenärztlichen Bundesvereinigungen abzuschließenden Verträge für die Mitglieder, also die an der vertragsärztlichen Versorgung teilnehmenden Ärzte, § 77 Abs. 3 SGB V, verbindlich sind, § 81 Abs. 3 Nr. 1 SGB V. **Normsetzungsverträge** sind auch die Selektivverträge über die hausarztzentrierte Versorgung nach § 73b SGB V, welche die Kassenärztliche Vereinigung als Dritte binden.[59]

38   **Vertragspartner** der Krankenkassen sind neben den Kassenärztlichen Vereinigungen u. a. auch der Verband Deutscher Zahntechniker-Innungen, § 88 SGB V, die Landeskrankenhausgesellschaften, § 115a Abs. 3 SGB V, Vorsorge- und Rehabilitationseinrichtungen, §§ 111 Abs. 2, 111c SGB V, Spitzenorganisationen der Heilmittelerbringer, § 125 SGB V, Zusammenschlüsse von Hilfsmittelerbringern, § 127 SGB V, Berufsverbände der Hebammen, § 134a SGB V und pharmazeutische Unternehmen, §§ 130a, 130b SGB V. Selbst mit einzelnen Ärzten können Verträge über die Durchführung von Schutzimpfungen geschlossen werden, § 132e SGB V. Sog. **dreiseitige Verträge** für die sektorenübergreifende Versorgung schließt der GKV-Spitzenverband mit der Deutschen Krankenhausgesellschaft und der Kassenärztlichen Bundesvereinigung, §§ 39 Abs. 1a S. 11, 40 Abs. 2 S. 6, 115b Abs. 1, 115 f Abs. 1, 116b Abs. 6 S. 2 SGB V, oder dem Verband der Privaten Krankenversicherung, §§ 115d Abs. 2, 115e Abs. 4 SGB V, ab. Rahmenverträge werden auch über die Arzneimittelversorgung geschlossen, zu dem Apotheken mit Sitz im EU-Ausland beitreten können, § 129 Abs. 3 S. 1 Nr. 2 SGB V. In diesen Fällen wird ein Sektorübergreifendes Schiedsgremium nach Maßgabe des § 89a SGB V auf Bundes- bzw. Landesebene tätig. Die drei Vertragsparteien entsenden je zwei Mitglieder. Hinzu

---

58 BSG, Urt. v. 28.09.2005 – B 6 KA 71/04 R, JuS 2007, 93.
59 BSG, Urt. v. 12.2.2020 – B 6 KA 25/18 R, NZS 2020, 753, 754.

kommt neben einem weiteren unparteiischen Mitglied ein unparteiischer Vorsitzender. Durch die Regelung, dass das Gremium Beschlüsse mit einer Mehrheit von zwei Dritteln der Stimmen trifft, § 89a Abs. 3 S. 1 SGB V, wird erreicht, dass Beschlüsse gegen einen der Vertragspartner ohne Beteiligung der beiden Unparteiischen nicht möglich sind.[60]

Für den Krankenhausbereich sind ebenfalls zahlreiche Vereinbarungen nach   39
Maßgabe des Krankenhausfinanzierungsgesetzes (KHG), des Krankenhausentgeltgesetzes (KHEntgG) und der Bundespflegesatzverordnung (BPflV) zu treffen, auf die in § 9 des Lehrbuchs eingegangen wird. Das Konfliktlösungsgremium heißt dort Landes- bzw. **Bundesschiedsstelle**, § 18a KHG, § 114 SGB V, auf die z.B. §§ 112 Abs. 3, 120 Abs. 4 SGB V, § 18 Abs. 4 – 5 KHG, § 13 KHEntgG und § 13 BPflV Bezug nehmen. Neben Vertretern der jeweiligen Vertragspartner besteht die Schiedsstelle aus einem neutralen Vorsitzenden bzw. einem unparteiischen Vorsitzenden (Landesebene) und zwei weiteren unparteiischen Mitgliedern (Bundesebene). Letztgenanntes Modell findet man auch auf Landesebene bei der sozialen Pflegeversicherung, wobei die Parteien der Pflegesatzvereinbarung, § 85 Abs. 2 SGB XI, stattdessen eine unabhängige Schiedsperson bestellen können, § 87 Abs. 6 SGB XI.

Normsetzung durch einvernehmlichen oder durch Mehrheitsbeschluss erfolgt   40
seitens des **Gemeinsamen Bundesausschusses** (G-BA) in Richtlinien, die nach § 92 Abs. 8 SGB V Bestandteil der Bundesmantelverträge und daher für Vertragsärzte und Krankenkassen verbindlich sind, §§ 92, 136, 136a SGB V, und andere Normen. Zzt. gelten 104 Richtlinien, die auf der Webseite des G-BA (www.g-ba.de) verfügbar sind. Für das Angebot an vertragsärztlicher Versorgung werden auf der Grundlage der Bedarfsplanungs-Richtlinie des G-BA, § 101 SGB V, auf Landesebene **Bedarfspläne**, § 99 SGB V, erstellt.

III. Unionsrecht und weiteres internationales Recht

Das Medizinrecht wird durch die **Europäische Menschenrechtskonvention**   41
(EMRK) und ihre Zusatzprotokolle, soweit sie für die Bundesrepublik Deutschland in Kraft getreten sind, beeinflusst. Nach der Rechtsprechung des BVerfG haben sie den Rang eines Bundesgesetzes und besitzen daneben verfassungsrechtliche Bedeutung als Auslegungshilfe für die Bestimmung des Inhalts und der Reichweite der Gewährleistungen des Grundgesetzes.[61] Bspw. spielt das mit Art. 8 EMRK

---

60 Falls keine Beschlussfähigkeit besteht, setzen die beiden Unparteiischen den Vertragsinhalt fest, wobei bei Stimmengleichheit die Stimme des Vorsitzenden den Ausschlag gibt, § 89a Abs. 8 S. 4 – 5 SGB V.
61 BVerfG, Urt. v. 23.1.2024 – 2 BvB 2/19, MedR 2024, 645, 664.

adressierte Kindeswohl in Fällen der in Deutschland verbotenen Leihmutterschaft eine Rolle.[62] Bei der mehrtätigen Fesselung eines Sicherungsverwahrten während eines Krankenhausaufenthalts zog das BVerfG[63] u. a. Art. 3 EMRK heran.

42   Art. 35 GrCh gewährt jedem Menschen das Recht auf Zugang zur Gesundheitsvorsorge und auf ärztliche Versorgung nach Maßgabe der einzelstaatlichen Rechtsvorschriften und Gepflogenheiten. Zudem wird bestimmt, dass bei der Festlegung und Durchführung der Politik und Maßnahmen der Union in allen Bereichen ein hohes Gesundheitsschutzniveau sichergestellt wird. Insofern sind auch Art. 9, 168 Abs. 1 AEUV zu berücksichtigen. Neben Art. 168 AEUV (Gesundheitswesen) mit seiner Ausrichtung auf dasjenige, was man heute gemeinhin als **Public Health** bezeichnet, ergeben sich in Umsetzung des Prinzips der begrenzten Einzelermächtigung gesundheitspolitische Handlungsmöglichkeiten der Europäischen Union aus Art. 114 (Binnenmarkt) und Art. 153 (Sozialpolitik) AEUV. Nach Art. 168 Abs. 7 AEUV bleibt die Verantwortung der Mitgliedstaaten für die Festlegung ihrer Gesundheitspolitik sowie für die Organisation des Gesundheitswesens und die medizinische Versorgung sowie die Zuweisung der dafür bereitgestellten Mittel gewahrt.

43   Für das Medizinrecht wichtige sekundärrechtliche Vorschriften des Unionrechts enthalten die Richtlinie 2005/36/EG über die **Anerkennung von Berufsqualifikationen** und die auf Art. 114 AEUV gestützte Richtlinie 2011/24/EU über die Ausübung der **Patientenrechte in der grenzüberschreitenden Gesundheitsversorgung**. Letztere kodifiziert die Rechtsprechung des EuGH unter vorsichtiger Weiterentwicklung. Ausfluss dessen ist, dass Versicherte im Wege der Kostenerstattung auch Leistungserbringer im EU-Ausland in Anspruch nehmen können, § 13 Abs. 4 SGB V. Eine Ausnahme gilt nach § 13 Abs. 5 SGB V für die genehmigungspflichtige Krankenhausbehandlung, weil eine unabgestimmte Inanspruchnahme stationärer Leistungen im Ausland krankenhausplanerische Entscheidungen tangieren würde.[64]

44   Auch im Gesundheitsbereich hat die VO (EU) 2016/679 – **Datenschutz-Grundverordnung** trotz mehrerer Öffnungsklauseln, welche den Mitgliedstaaten nationale Regelungsspielräume belassen, zu einer erheblichen Harmonisierung des Datenschutzrechts bei der Verarbeitung von Gesundheitsdaten geführt. Die Verordnung setzt auch die Rahmenbedingungen für die deutsche Telematikinfrastruktur im Gesundheitswesen.[65] In einem **Europäischen Gesundheitsdatenraum** bzw. European Health Data Space (EHDS) sollen die Gesundheitssysteme der

---

62 BVerfG, Beschl. v. 30.8.2023 – 1 BvR 1654/22, NZFam 2023, 1071, 1073.
63 BVerfG, Beschl. v. 19.1.2023 – 2 BvR 1719/21, NJW 2023, 1117, 1118.
64 Vgl. dazu EuGH, Urt. v. 12.7.2001 – C-157/99, NJW 2001, 3391.
65 BSG, Urt. v. 6.3.2024 – B 6 KA 23/22 R, NZS 2024, 941, 944.

Mitgliedstaaten durch den sicheren und effizienten Austausch von Gesundheits-daten, z. B. e-Rezepte, stärker miteinander verknüpft werden. Zudem sollen aus der Patientenversorgung generierte Daten auch sekundär, d. h. in der Forschung und Entwicklung, länderübergreifend genutzt werden können. Dazu bedarf es europäischer Interoperabilitätsstandards.

Nach Art. 168 Abs. 4 AEUV trifft die Europäische Union Maßnahmen zur **45** Festlegung hoher Qualitäts- und Sicherheitsstandards für Organe und **Substanzen menschlichen Ursprungs** sowie für Blut und Blutderivate, wobei die Mitglied-staaten dadurch nicht daran gehindert sind, strengere Schutzmaßnahmen beizu-behalten oder einzuführen. Die zweite Kompetenz besteht danach für Maßnahmen zur Festlegung hoher Qualitäts- und Sicherheitsstandards für Arzneimittel und Medizinprodukte. Darauf basieren die Verordnungen (EU) 2017/745 über Medizin-produkte sowie (EU) 2017/746 über **In-vitro-Diagnostika.**

Die nationalen Regelungen haben daher in diesem Bereich an Bedeutung **46** verloren. An die Stelle des Medizinproduktegesetzes, mit welchem europäische Richtlinien in nationales Recht transformiert wurden, ist das **Medizinprodukte-Durchführungsgesetz** (MPDG) getreten, welches umfangreich die klinische Prü-fung von Medizinprodukte regelt. Im Bereich der Medizinprodukte gibt es kein Zulassungsverfahren; stattdessen wird in einem Bewertungsverfahren die Kon-formität der Produkte mit den für die jeweilige Produktart europäisch harmoni-sierten technischen Normen bestätigt. Dies führt zu der durch ein vom Hersteller angebrachtes **CE-Kennzeichen** nach außen dokumentierten Verkehrsfähigkeit des Medizinprodukts im Rahmen seiner Zweckbestimmung bei Erfüllung sämtlicher grundlegender europäischer Sicherheits- und Leistungsanforderungen. Unter-schiede ergeben sich je nach Klassifizierung des Medizinproduktes, die in vier Ri-sikoklassen erfolgt, nämlich I, IIa, IIb und III. Ab Klasse IIa muss der Hersteller eine sog. Benannte Stelle, d. h. eine privatrechtlich organisierte Prüfstelle, beteiligen, die von den Mitgliedstaaten benannt und überwacht wird, und zwar in Deutschland von der Zentralstelle der Länder für Gesundheitsschutz bei Arzneimitteln und Medizinprodukten. Die Benannten Stelle stellen als Ergebnis ihrer Tätigkeit ent-sprechende Zertifikate aus. In der Medizinprodukte-Betreiberverordnung (MPBe-treibV) wurden kürzlich[66] Regelungen zur Verwendung von Medizinprodukte-Software[67] sowie (digital) vernetzten Medizinprodukten aufgenommen. Ansonsten trifft sie u. a. Regelungen zur Aufbereitung von Produkten sowie zur Aufbereitung und Weiterverwendung von Einmalprodukten.

---

66 BGBl. I Nr. 38 v. 19. 2. 2025.
67 Zu rechtlichen Auseinandersetzungen um eine im Rahmen der dermatologischen Fernbe-handlung eingesetzten App vgl. OLG Hamburg, Urt. v. 20.06.2024 – 3 U 3/24, PharmR 2024, 451 und BKartA (2. Vergabekammer des Bundes), Beschl. v. 28.01.2025 – VK2–109/24, BeckRS 2025, 958.

47 Größtenteils ist auch das Arzneimittelrecht harmonisiert, bei dem nicht nur Aspekte der Qualität und der **Arzneimittelsicherheit**, sondern auch des freien Warenverkehrs im Binnenmarkt eine Rolle spielen. Bspw. ist das Arzneimittelwerberecht unionsweit durch die Richtlinie 2001/83/EG vereinheitlicht worden. Zuletzt sind auf Unionsebene Maßnahmen zur Beseitigung von Lieferengpässen bei Humanarzneimitteln hinzugekommen. Die Durchführung klinischer Prüfungen reguliert die Verordnung (EU) Nr. 536/2014.

48 Das **zentralisierte Zulassungsverfahren** für Humanarzneimittel führt die Europäische Arzneimittelagentur (EMA) mit Sitz in Amsterdam (vor dem BREXIT mit Sitz in London) unter Einbeziehung der nationalen Arzneimittelbehörden in einem Committee for Medicinal Products for Human Use (CHMP) durch. Zwei Mitgliedsländer übernehmen bei jedem Antrag als Rapporteur bzw. Co-Rapporteur die Federführung und erstellen einen Bewertungsbericht, der von den übrigen Mitgliedsländern kommentiert und danach im CHMP diskutiert und verabschiedet wird. Das auf dieser Basis erstellte wissenschaftliches Gutachten ist Basis der Entscheidung der Europäischen Kommission über die Zulassung des Arzneimittels oder deren Versagung. Bspw. sind Arzneimittel zur Behandlung seltener Erkrankungen, von Krebs- oder Autoimmunerkrankungen oder von Diabetes zwingend über diesen Verfahrensweg zuzulassen.

§ 3 Institutionen im Gesundheitswesen und ihre Aufgaben

Dieses Kapitel enthält einen Überblick über die wichtigsten Institutionen im Gesundheitswesen und ihre jeweiligen Aufgaben. Erläuterungen zu denjenigen, die medizinische Leistungen erbringen, finden sich in den Kapiteln zum Berufsrecht und zum Leistungserbringerrecht. 1

I. Bundesministerium für Gesundheit

Die wichtigste Institution im deutschen Gesundheitswesen ist das Bundesministerium für Gesundheit (BMG) mit Dienstsitzen in Bonn und Berlin (www.bmg.bund.de). Dessen Geschäftsbereich wird nach § 9 der Geschäftsordnung der Bundesregierung (GOBReg) in den Grundzügen vom Bundeskanzler in einem Organisationserlass festgelegt. Die Zuständigkeit für das Bürgerliche Gesetzbuch und damit das Recht des Behandlungsvertrages, §§ 630a ff. BGB, bzw. weite Teile der Patientenrechte liegt danach hingegen beim **Bundesministerium der Justiz und für Verbraucherschutz** (http://www.bmjv.de). 2

Die Bundesgesundheitsministerin handelt nicht autonom, sondern muss alle Gesetzentwürfe, alle Entwürfe von Rechtsverordnungen, über welche die Bundesregierung zu beschließen hat, sowie sonstige Verordnungsentwürfe, wenn sie von besonderer politischer Bedeutung sind, der Bundesregierung zur Beratung und Beschlussfassung vorlegen, § 15 Abs. 1 GOBReg. Dem ist die sog. **Ressortabstimmung** vorgeschaltet, d.h. die Gesetzentwürfe sind grundsätzlich vorher zwischen den beteiligten Bundesministerien zu beraten, § 16 Abs. 1 GOBReg. Bevor ein Gesetzentwurf die Bundesregierung erreicht, erfolgt nach Maßgabe des § 47 der Gemeinsamen Geschäftsordnung der Bundesministerien (GGO) die Beteiligung von Ländern, kommunalen Spitzenverbänden, Fachkreisen und Verbänden. Diese hat, was zunehmend nicht beachtet wird, rechtzeitig zu erfolgen, § 47 Abs. 3 S. 1 GGO. Die Beteiligung erfolgt schriftlich; stattdessen oder zusätzlich kann eine mündliche Anhörung durchgeführt werden (§ 47 Abs. 5 GGO). 3

Das Organigramm des BMG weist aus, dass es sowohl einen **Beauftragten** der Bundesregierung für **Sucht- und Drogenfragen** als auch einen für die **Belange der Patientinnen und Patienten** (https://patientenbeauftragter.de; zur Aufgabenbeschreibung → § 140h SGB V) gibt. Daneben wurde eine Bevollmächtigte der Bundesregierung für **Pflege** (www.pflegebevollmaechtigte.de) berufen. Im Zuge eines 4

https://doi.org/10.1515/9783111048543-006

Gesetzes zur Stärkung der Pflegekompetenz soll das Amt in § 10a SGB XI gesetzlich verankert werden.[1]

II. Bundesoberbehörden

5   Im Geschäftsbereich des BMG gibt es vier selbständige Bundesoberbehörden. Die Aufgaben der Prävention und Gesundheitsförderung nimmt auf Bundesebene die 1967 gegründete **Bundeszentrale für gesundheitliche Aufklärung** (www.bzga.-de) mit Sitz in Köln wahr,[2] die am 13.2.2025 in **Bundesinstitut für Öffentliche Gesundheit** (BIÖG; www.bioeg.de) umbenannt wurde. Das BIÖG, das sich als Fachbehörde versteht, ist in der Bevölkerung vor allem durch Öffentlichkeitskampagnen bekannt, z.b. zur Nutzung von Kondomen oder zur Erklärung der Bereitschaft, Organe zu spenden. Ihr sollte ab dem Jahr 2025 das **Bundesinstitut für Prävention und Aufklärung in der Medizin** (BIPAM) mit Hauptsitz in Köln nachfolgen, was angesichts der Beendigung der sog. Ampel-Koalition nicht mehr umgesetzt wurde. Die Pläne sehen vor, dass das Institut gesundheitsrelevante Faktoren und gesundheitliche Rahmenbedingungen beobachtet und die Gesundheitsberichterstattung des Bundes sowie die zielgruppenspezifische Kommunikation zwecks Stärkung der Gesundheitsförderung und der Gesundheitskompetenz in der Bevölkerung und wissenschaftliche Forschung einschließlich der Unterstützung von Institutionen bei der Entwicklung von Leitlinien und Standards übernimmt. Das neue Institut sollte vom **Robert-Koch-Institut** (www.rki.de) zudem die Trägerschaft des Zentrums für Krebsregisterdaten übernehmen.

6   Das RKI ist das **Bundesinstitut für Infektionskrankheiten und nicht übertragbare Krankheiten** und unterhält Geschäftsstellen u.a. für den Arbeitskreis Blut, § 24 TFG, die Gendiagnostik-Kommission (GEKO; § 23 GenDG), die Kommission für Krankenhaushygiene und Infektionsprävention (KRINKO; § 23 Abs. 1 IfSG), die Ständige Impfkommission (STIKO), den ständigen Arbeitskreis der Kompetenz- und Behandlungszentren für Krankheiten durch hochpathogene Erreger (STAKOB) und die Zentrale Ethikkommission für Stammzellenforschung (ZES; § 7 StZG). Das RKI kooperiert in Fragen der internationalen öffentlichen Gesundheit mit der Weltgesundheitsorganisation (www.who.int), einer Sonderorganisation der Vereinten Nationen mit Sitz in Genf. Nach zweijährigen Verhandlungen wurden die inter-

---

1 BR-Drs. 2/25, 6.
2 GMBl 1967, S. 374 f.

nationalen Gesundheitsvorschriften am 1.6.2024 mit dem Ziel geändert, Menschen besser vor ernsten Bedrohungen der Gesundheit zu schützen.[3]

Das **Paul-Ehrlich-Institut** (www.pei.de) ist das Bundesinstitut für Impfstoffe und biomedizinische Arzneimittel mit Sitz in Langen. Neben seiner Forschungstätigkeit hat es regulatorische Aufgaben bei der Zulassung von Impfstoffen und Impfsera, der Genehmigung dem vorgelagerter klinischer Prüfungen, der experimentellen Produktprüfung und staatlichen Chargenfreigabe sowie der Bewertung von Arzneimittelnebenwirkungen. Neben Impfstoffen betrifft die Zuständigkeit u. a. Gewebezubereitungen sowie Arzneimittel für neuartige Therapien (Gentherapeutika, somatische Zelltherapeutika und biotechnologisch bearbeitete Gewebeprodukte).

Für andere Arzneimittel ist das **Bundesinstitut für Arzneimittel und Medizinprodukte** (www.bfarm.de) mit Sitz in Bonn zuständig. Er kümmert sich um die Risikoerfassung und -bewertung von Arzneimitteln und Medizinprodukten sowie die Überwachung des Betäubungsmittel- und Grundstoffverkehrs. Die gemeinschaftsrechtliche und damit sodann europaweite Genehmigung zum Inverkehrbringen von Arzneimitteln, Art. 3 VO (EG) Nr. 726/2004, die eine zunehmende Bedeutung erlangt hat, erfolgt auf der Grundlage der durch die **European Medicines Agency** (EMA) mit Sitz in Amsterdam durchgeführten wissenschaftlichen Bewertung (→ § 2 Rn. 48). Mit der Eingliederung des Deutschen Instituts für Medizinische Dokumentation und Information (DIMDI) im Jahr 2020 ist das BfArM am Dienstsitz Köln auch für die Herausgabe medizinischer Kodiersysteme für das Gesundheitswesen wie der deutschen Ausgabe der Internationalen Klassifikation der Krankheiten (ICD) zuständig. Zudem ist es Kompetenzzentrum für medizinische Terminologie, § 355 Abs. 7 SGB V. Mit dem Gesetz zur verbesserten Nutzung von Gesundheitsdaten (GDNG) ist die Koordinierung des Datenzugangs im Gesundheitswesen für die forschungsbezogene Zusammenführung und Verknüpfung von Gesundheitsdaten hinzugekommen, § 1 Abs. 3 Nr. 7 BGA-NachfG)

Als Bundesoberbehörde im Geschäftsbereich des Bundesministeriums für Arbeit und Soziales nimmt das bis 2019 als Bundesversicherungsamt firmierende **Bundesamt für Soziale Sicherung** (www.bundesamtsozialesicherung.de) vielfältige Aufgaben im Bereich der gesetzlichen Krankenversicherung wahr. Über die bundesunmittelbaren Krankenkassen führt es die Rechtsaufsicht, § 90 Abs. 1 S. 1 SGB IV, verwaltet den Gesundheitsfonds, § 271 Abs. 1 SGB V, den bis Ende 2024 dotierten Krankenhausstrukturfonds (§ 12a KHG) sowie den früheren Krankenhauszukunftsfonds, § 14a KHG und demnächst den Krankenhaustransformationsfonds, § 12b KHG. Außerdem führt es den Risikostrukturausgleich zwischen den Kran-

7

8

9

---

3 Die Änderungen sind in BR-Drs. 147/24 nachzulesen.

kenkassen, § 266 SGB V, und den Finanzausgleich in der sozialen Pflegeversicherung, § 65 SGB XI, durch.

10   Die wissenschaftliche Beratung der Bundesregierung in Fragen des gesundheitlichen Verbraucherschutzes obliegt dem **Bundesinstitut für Risikobewertung** (www.bfr.bund.de), einer im Geschäftsbereich des Bundesministeriums für Ernährung und Landwirtschaft angesiedelten bundesunmittelbaren rechtsfähigen Anstalt des öffentlichen Rechts. Sie trägt auch Verantwortung für die Chemikaliensicherheit. Dazu ist es auf anonyme Meldungen der Ärzte über Krankheiten auslösende Stoffe angewiesen, § 16e Abs. 2 ChemG. Dem gleichen Ministerium ist das **Bundesamt für Verbraucherschutz und Lebensmittelsicherheit** (www.bvl.bund.de) mit Hauptsitz in Braunschweig zugeordnet.

11   Für den gesundheitlichen Bevölkerungsschutz trägt das **Bundesamt für Bevölkerungsschutz und Katastrophenhilfe** (www.bbk.bund.de) als Bundesoberbehörde im Geschäftsbereich des Bundesministeriums des Innern und für Heimat Verantwortung. Aufgaben sind der Aufbau sanitätsdienstlicher Fähigkeiten durch die Etablierung einer Medizinischen Task Force, das Erstellen von Verfahren und Prozessschritten für den Fall einer Vielzahl gleichzeitig Verletzter, das Erhöhen der Resilienz der Strukturen im Gesundheitswesen sowie die Vorhaltung zusätzlicher Ressourcen an Sanitätsmaterial.

12   Als Bundesoberbehörde im Geschäftsbereich des Bundesministeriums für Umwelt, Klimaschutz, Naturschutz und nukleare Sicherheit (www.bundesumwelt ministerium.de) hat das **Bundesamt für Strahlenschutz** (www.bfs.de) Kompetenzen im Bereich des Schutzes vor Gefahren ionisierender oder nicht-ionisierender Strahlen auch beim medizinischen Einsatz. Das Bundesumweltministerium wird darüber hinaus in den Angelegenheiten des Schutzes vor den Gefahren ionisierender und nichtionisierender Strahlen von der **Strahlenschutzkommission** (www.ssk.de) beraten, die auf Grundlage einer Satzung arbeitet.

III. Krankenkassen als Sozialversicherungsträger

13 Die Krankenkassen als Träger der Sozialversicherung sind nach § 29 Abs. 1 SGB IV, § 4 Abs. 1 SGB V rechtsfähige Körperschaften des öffentlichen Rechts mit **Selbstverwaltung**. Das heißt, dass sie ihre Aufgaben im Rahmen der Gesetze und des sonstigen für sie maßgeblichen Rechts in eigener Verantwortung erfüllen, § 29 Abs. 3 SGB IV, und lediglich einer Rechtsaufsicht unterliegen, § 87 Abs. 1 SGB IV. Die Selbstverwaltung wird durch die Versicherten und die Arbeitgeber ausgeübt, § 29 Abs. 2 SGB V, und zwar durch einen paritätisch besetzten Verwaltungsrat mit den in § 197 SGB V benannten Aufgaben. Besonderheiten gelten für das Selbstverwal-

tungsorgan bei Betriebskrankenkassen, § 44 Abs. 2 SGB IV. Bei den Ersatzkassen besteht der Verwaltungsrat nur aus Versichertenvertretern, § 44 Abs. 1 Nr. 3 SGB V.[4]

Entsprechende Regeln gelten nach § 46 SGB XI für die **Pflegekassen**, wobei bei 14 jeder Krankenkasse eine Pflegekasse errichtet wird und die Organe der Krankenkassen sogleich die Organe der Pflegekassen sind. Ebenso ist die Krankenkasse Arbeitgeber der für die Pflegekasse tätigen Beschäftigten.

Die gesetzliche Krankenversicherung verfügt als Besonderheit über mehrere 15 Sozialversicherungsträger, unter denen der Versicherte eingeschränkt auswählen kann.[5] Zzt. bestehen noch 94 **gesetzliche Krankenkassen.** Die vier Kassenarten nennt § 4 Abs. 2 SGB V. Jeweils bundeslandbezogen bestehen 11 Allgemeine Ortskrankenkassen (AOK). Von den sechs Innungskrankenkassen agieren vier bundesweit und zwei regional, bei den Betriebskrankenkassen sind 24 bundesweit und 24 regional für Nicht-Betriebsangehörige geöffnet. 21 geschlossene Betriebskrankenkassen stehen nur den Mitarbeitern bestimmter Betriebe offen. Neben der Sozialversicherung für Landwirtschaft, Forsten und Gartenbau und der Knappschaft gibt es sechs Ersatzkassen, nämlich die Barmer, die Techniker Krankenkasse als größte deutsche Krankenkasse, die DAK-Gesundheit, die KKH, die hkk und die HEK.

Die Krankenkassen nehmen für alle Sozialversicherungsträger zudem die 16 Aufgabe der **Einzugsstellen** für den Gesamtsozialversicherungsbeitrag, § 28d SGB IV, wahr, §§ 28h, 28i SGB IV. Der Anteil, der auf die Krankenkassenbeiträge entfällt, wird von der Einzugsstelle arbeitstäglich an den vom Bundesamt für Soziale Sicherung verwalteten Gesundheitsfonds, § 271 SGB V, weitergeleitet, § 252 Abs. 2 S. 3 SGB V. Von dort erhalten die Krankenkassen risikoadjustierte Zuweisungen, § 266 Abs. 1 SGB V und, wenn sie einen Zusatzbeitrag erheben, § 242 SGB V, diesen nach Durchführung eines Einkommensausgleichs zurück, § 270a SGB V.

Die Betriebs- und Innungskrankenkassen sind zu **Landesverbänden** zusam- 17 mengeschlossen. Diese sind ebenfalls Körperschaften des öffentlichen Rechts, § 207 Abs. 1 SGB V, und unterstützen die Mitgliedskassen bei der Erfüllung ihrer Aufgaben und der Interessenwahrnehmung, § 211 Abs. 2 SGB V. Die Allgemeinen Ortskrankenkassen nehmen nach § 207 Abs. 4 SGB V zugleich die Aufgaben eines Landesverbandes wahr. Gemeinsam und einheitlich schließen die Landesverbände zusammen mit den Ersatzkassen regionale Versorgungsverträge ab, wie z.B. die Gesamtverträge mit den Kassenärztlichen Vereinigungen, § 83 S. 1 SGB V. Die Ersatzkassen haben einen gemeinsamen Bevollmächtigten mit Vertragsabschluss-

---

4 Zum Hintergrund BeckOK SozR/Bünnemann, 73. Ed. 1.6.2024, SGB IV § 44 Rn. 8.
5 Siehe näher → § 6 Rn. 27.

kompetenz zu benennen. Dies übernimmt die Landesvertretung des Verbandes der Ersatzkassen e.V. (www.vdek.com).

18   Alle Krankenkassen bilden zudem den **Spitzenverband Bund der Krankenkassen**, der sich im Rechtsverkehr **GKV-Spitzenverband** nennt und eine unter der Rechtsaufsicht des Bundesministeriums für Gesundheit und in Teilen des Bundesministeriums für Arbeit und Soziales stehende Körperschaft des öffentlichen Rechts ist, §§ 217a, 217d SGB V. Der Verwaltungsrat ist abgesehen von einer Sonderreglung für die Vertreter der Ersatzkassen paritätisch besetzt und wird von der Mitgliederversammlung gewählt, § 217c SGB V. Durch Stimmengewichtung wird eine Stimmenparität zwischen den Stimmen der Versicherten- und der Arbeitgebervertreter hergestellt. Aus Vorstandsmitgliedern der Krankenkassen wird beim GKV-Spitzenverband zudem ein Lenkungs- und Koordinierungsausschuss gebildet. Der GKV-Spitzenverband schließt auf Bundesebene unter der Verantwortung seines dreiköpfigen Vorstands Verträge ab wie z.B. die Bundesmantelverträge mit den Kassenärztlichen Bundesvereinigungen, § 82 Abs. 1 SGB V, erlässt Richtlinien, vertritt die Interessen der Kranken- und Pflegekassen auf Bundesebene und nimmt nach § 219a SGB V die Aufgaben der Deutschen Verbindungsstelle Krankenversicherung – Ausland und damit auch der Nationalen Kontaktstelle nach der Richtlinie 2011/24/EU über die Ausübung der Patientenrechte in der grenzüberschreitenden Gesundheitsversorgung, § 219c SGB V, wahr.

19   Bei den Krankenkassen und dem GKV-Spitzenverband sind organisatorische Einheiten eingerichtet, welche **Verdachtsfällen auf Fehlverhalten im Gesundheitswesen** nachgehen, die zu einer rechtswidrigen oder zweckwidrigen Verwendung der Finanzmittel geführt haben können, § 197a SGB V. Entsprechende Einrichtungen bestehen bei den Kassenärztlichen Vereinigungen und Kassenärztlichen Bundesvereinigungen, § 81a SGB V. Bei den Ermittlungsbehörden bestehen z.T. Schwerpunktstaatsanwaltschaften wie z.B. die Bayerische Zentralstelle zur Bekämpfung von Betrug und Korruption im Gesundheitswesen (ZKG) bei der Generalstaatsanwaltschaft Nürnberg.

20   Neben dem GKV-Spitzenverband und dem bereits erwähnten vdek bestehen eigenständige Interessenvertretungen der anderen Kassenarten mit dem **AOK-Bundesverband** eGbR, dem **BKK Dachverband** e.V. und dem **IKK e.V.** – Gemeinsame Vertretung der Innungskrankenkassen (www.ikkev.de). Sie sind im Zusammenhang mit der Gründung des GKV-Spitzenverbandes aus den bis dahin in der jeweiligen Kassenart bestehenden Bundesverbänden durch gesetzliche Umwandlung entstanden, § 212 Abs. 1 S. 1 und 5 SGB V und verstehen sich als Arbeitsgemeinschaft i.S.d. § 94 Abs. 1a SGB X. Eigenständige wissenschaftliche Institute der Krankenkassen bestehen mit dem Wissenschaftlichen Institut der AOK (WIdO; www.wido.de) und dem BARMER Institut für Gesundheitssystemforschung (www.bifg.de).

Im Verband der **Privaten Krankenversicherung** e.V. (www.pkv.de) sind 42 21
Mitgliedsunternehmen zusammengeschlossen, von denen 35 eine Krankheitsvoll-
versicherung und die anderen lediglich Zusatzversicherungen anbieten. Unter
seinem Dach wird das Wissenschaftliche Institut der PKV (WIP; www.wip-pkv.de)
betrieben.

IV. Kassenärztliche Bundesvereinigungen und Kassenärztliche Vereinigungen

Nach § 77 Abs. 1 S. 1 SGB V bilden die Vertragsärzte bzw. Vertragszahnärzte, § 72 22
Abs. 1 S. 2 SGB V, für jeden Bereich eine Kassenärztliche und eine Kassenzahnärztliche Vereinigung. In Nordrhein-Westfalen bestehen in den beiden Landes-
teilen Nordrhein und Westfalen-Lippe zwei Vereinigungen. Mitglieder dieser
Körperschaften des öffentlichen Rechts sind zudem die in medizinischen Versor-
gungszentren und bei Vertragsärzten **angestellten Fachärzte** sowie zur Teilnahme
an der vertragsärztlichen Versorgung ermächtigte Ärzte, § 77 Abs. 3 SGB V. Die 17
Kassenärztlichen Vereinigungen sind ihrerseits Mitglieder der Kassenärztlichen
Bundesvereinigung bzw. der Kassenzahnärztlichen Bundesvereinigung, über welche das Bundesministerium für Gesundheit die Rechtsaufsicht führt, § 78 Abs. 1
SGB V. Die Vorstandsmitglieder der Kassenärztlichen Vereinigungen sowie andere
Delegierte nehmen über eine sog. Vertreterversammlung auf deren Verwaltungs-
tätigkeit und politische Grundsatzfragen Einfluss, § 79 Abs. 3 SGB V.

Ihre wichtigsten Aufgaben benennt § 75 Abs. 1 SGB V. Danach haben die Kas- 23
senärztlichen Vereinigungen die ambulante ärztliche Versorgung in dem in § 73
Abs. 2 SGB V genannten Umfang sicherzustellen (sog. **Sicherstellungsauftrag**) und
übernehmen den Krankenkassen und ihren Verbänden gegenüber die Gewähr,
dass die vertragsärztliche Versorgung den gesetzlichen und vertraglichen Erfordernissen entspricht (sog. **Gewährleistungsauftrag**). Die vertraglichen Vereinbarungen schließen sie mit den Krankenkassen in bundesweiten Bundesmantelver-
trägen und regionalen Gesamtverträgen ab, §§ 82, 83 SGB V. Gegenüber Ärzten, die
sich nicht an die Verträge halten, können sie Disziplinarmaßnahmen festsetzen,
§ 81 Abs. 5 SGB V, oder bei gröblicher Pflichtverletzung initiieren, dass ihnen deren
Zulassung entzogen wird, § 95 Abs. 6 SGB V. Zuständig sind für die Zulassung und
deren Entziehung paritätisch mit Vertretern der Ärzte und der Krankenkassen
besetzte **Zulassungsausschüsse**, § 96 SGB V, und im Falle des Widerspruchs ein um
Vorsitzende mit der Befähigung zum Richteramt ergänzte **Berufungsausschüsse**,
§ 97 SGB V. Der auf Grundlage einer als Satzung verabschiedeten Disziplinarordnung weisungsfrei entscheidende und zumeist unter Vorsitz eines Juristen stehende **Disziplinarausschuss** wird auf Antrag des Vorstands der Kassenärztlichen

Vereinigung oder der anderen in der Disziplinarordnung genannten Antragsberechtigten tätig.[6]

24 Die Kassenärztliche Bundesvereinigung ist wie die Bundesärztekammer mit 50 % an der Deutscher Ärzte-Verlag GmbH (www.aerzteverlag.de) beteiligt. Sie ist neben den Kassenärztlichen Vereinigungen Mitstifterin des **Zentralinstituts für die kassenärztliche Versorgung** in der Bundesrepublik Deutschland (www.zi.de). Tochterunternehmen, an denen alle Geschäftsanteile gehalten werden, sind die DSSG Dienstleistungs-, Support- & Service-Gesellschaft mbH, die kv.digital GmbH (www.kv.digital) und die mio42 GmbH (www.mio42.de). Letztere entwickelt medizinische Informationsobjekte, vgl. § 355 Abs. 4–4d SGB V, erstere eine Terminmeldeschnittstelle, Nr. 009 der Anlage 2 der GIGV.

V. Krankenhausgesellschaften

25 Die **Landeskrankenhausgesellschaften** werden in § 108a SGB V erwähnt. Sie sind, weil die christlichen Kirchen dies abgelehnt hatten,[7] keine Körperschaften des öffentlichen Rechts, sondern vereinsrechtlich strukturierte Zusammenschlüsse von Trägern zugelassener Krankenhäuser. Das geht mit einer freiwilligen Mitgliedschaft einher. Die 16 Landeskrankenhausgesellschaften haben sich mit 12 Spitzenverbänden[8] zur **Deutschen Krankenhausgesellschaft** (www.dkgev.de) zusammengeschlossen. Zusammen mit den Krankenkassen bilden sie Schiedsstellen, § 114 SGB V, § 18a KHG, und, insofern mit den Kassenärztlichen Vereinigungen, sektorenübergreifende Schiedsgremien, § 89a SGB V.

26 Obwohl sie keiner staatlichen Rechtsaufsicht unterliegen,[9] räumt der Gesetzgeber den Landeskrankenhausgesellschaften Kompetenzen zum Abschluss öffentlich-rechtlicher Verträge über die Krankenhausbehandlung, z. B. §§ 112, 115a Abs. 3 SGB V, und den Landesbasisfallwert, § 10 KHEntgG, ein. Auf Bundesebene vereinbart die Deutsche Krankenhausgesellschaft mit dem GKV-Spitzenverband und dem

---

6 LSG Niedersachsen-Bremen, Urt. v. 31.7.2013 – L 3 KA 41/12, MedR 2014, 129. Zum sog. In-Sich-Prozess, wenn der Ausschuss eines Verfahrenseröffnung ablehnt BSG, Urt. v. 28.1.2004 – B 6 KA 4/03 R, MedR 2004, 636.
7 Vgl. Rüfner NZS 1996, 49; Genzel NZS 1996, 359, 366.
8 Arbeiterwohlfahrt Bundesverband e.V., Bundesverband Deutscher Privatkliniken e.V., Deutscher Caritasverband e.V., Deutscher Landkreistag, Deutscher Paritätischer Wohlfahrtsverband e.V., Deutscher Städte- und Gemeindebund, Deutscher Städtetag, Deutsches Rotes Kreuz e.V., Deutsche Rentenversicherung Bund, Diakonie Deutschland e.V., Verband der Universitätsklinika e.V. und Zentralwohlfahrtsstelle der Juden in Deutschland e.V.
9 Wahl in: Schlegel/Voelzke, jurisPK-SGB V, 4. Aufl., § 108a SGB V Rn. 11 f.

PKV-Verband einen Fallpauschalenkatalog, der die einzelnen DRG-Fallpauschalen und die dazugehörigen Bewertungsrelationen sowie eine untere und obere Grenzverweildauer enthält, § 9 KHEntgG. Die operativen Aufgaben im Zusammenhang mit der Weiterentwicklung und Pflege des Vergütungssystems haben die Selbstverwaltungspartner dem **Institut für das Entgeltsystem im Krankenhaus** (InEK; www.g-drg.de) und damit einer GmbH mit Sitz in Siegburg übertragen.

Gemeinsam mit dem Verband Leitender Krankenhausärztinnen und Kran- 27 kenhausärzte und dem Verband der Krankenhausdirektoren Deutschlands trägt die Deutsche Krankenhausgesellschaft das **Deutsche Krankenhausinstitut** mit Sitz in Düsseldorf (www.dki.de). Träger der Deutschen Krankenhaus TrustCenter und Informationsverarbeitung GmbH (www.dktig.de) sind die Deutsche Krankenhausgesellschaft und die Landeskrankenhausgesellschaften.

VI. Gemeinsamer Bundesausschuss

Der Gemeinsame Bundesausschuss (www.g-ba.de) wird von **vier Trägerorgani-** 28 **sationen** gebildet, nämlich der Kassenärztlichen Bundesvereinigung, der Kassenzahnärztlichen Bundesvereinigung, der Deutschen Krankenhausgesellschaft und dem GKV-Spitzenverband, § 91 Abs. 1 S. 1 SGB V. Ihm wurde seitens des Gesetzgebers Rechtsfähigkeit verliehen, § 91 Abs. 1 S. 2 SGB V, woraus er selbst ableitet, juristische Person des öffentlichen Rechts[10] mit Sitz in Berlin zu sein. Er unterliegt der Rechtsaufsicht des Bundesministerium für Gesundheit, § 94 SGB V, und wird vom unparteiischen Vorsitzenden gerichtlich und außergerichtlich vertreten, § 91 Abs. 1 S. 3 SGB V.

Fall 3: Eingeschränkte Aufsichtsbefugnisse[11]
Nach § 137c SGB V überprüft der Gemeinsame Bundesausschuss (G-BA) auf Antrag des GKV-Spitzenverbandes, der Deutschen Krankenhausgesellschaft oder eines der drei Unparteiischen Untersuchungs- und Behandlungsmethoden daraufhin, ob sie für eine ausreichende, zweckmäßige und wirtschaftliche Versorgung der Versicherten unter Berücksichtigung des allgemein anerkannten Standes der medizinischen Erkenntnisse erforderlich sind. Der Ausschuss kommt zu dem Ergebnis, dass der Nutzen der Protonentherapie beim Mammakarzinom nicht hinreichend belegt ist und erlässt deshalb eine Richtlinie, wonach die Methode im Rahmen einer Krankenhausbe-

---

10 § 1 Abs. 2 der Geschäftsordnung des Gemeinsamen Bundesausschusses. Anders zu Bundesausschüssen der Ärzte und Krankenkassen, aus denen sich der Gemeinsame Bundesausschuss entwickelt hat, BSG, Urt. v. 20.3.1996 – 6 RKa 62/94, BeckRS 1996, 30760740, der darin eine Anstalt sah. Jedenfalls handelt es sich um ein rechtsfähiges besonderes Beschlussorgan im Bereich der gesetzlichen Krankenversicherung (Becker/Kingreen/Hollo, 9. Aufl. 2024, SGB V § 91 Rn. 11 mwN).
11 BSG, Urt. v. 6.5.2009 – B 6 A 1/08 R, MedR 2010, 347.

handlung nicht mehr zulasten der Krankenkassen erbracht werden darf. Das Bundesministerium für Gesundheit (BMG) beanstandet den Beschluss wegen erheblicher Bewertungsfehler, § 94 Abs. 1 S. 2 SGB V. Gegen die Beanstandung klagt der G-BA.

Die Beanstandung ist ein belastender Verwaltungsakt; für Klagen in Aufsichtsangelegenheiten ist nach § 29 Abs. 4 Nr. 3 SGG erstinstanzlich das LSG Berlin-Brandenburg zuständig; es handelt sich nach Ansicht des BSG um eine den Senat für Vertragsarztrecht zugewiesene Rechtsmaterie des Vertragsarztrechts. Die Klage hat aber keine aufschiebende Wirkung, § 94 Abs. 3 SGB V, § 86a Abs. 2 Nr. 4 SGG.

Das BMG darf Beschlüsse des G-BA nur aus Rechtsgründen beanstanden; ihm steht es nicht zu, sie aus Zweckmäßigkeitserwägungen heraus, die sich als Ausübung einer Fachaufsicht darstellen, zu beanstanden. Das lässt sich aus der Entstehungsgeschichte der Vorschrift ableiten, wonach erwogen worden war, eine Fachaufsicht zu begründen. Zudem führt das BSG die systematische Stellung der Vorschrift im Gefüge der sonstigen Aufsichtsregelungen und die Grundkonzeption an, dass der G-BA das fachkundig und interessenpluralistisch zusammengesetzte organisatorisch verselbständigte oberste Beschlussgremium der gemeinsamen Selbstverwaltung im Bereich des SGB V ist. Das Verfahren zur Normenkonkretisierung unter Aktivierung externen Sachverstands und die Verlagerung der mit der Normsetzung verbundenen Kosten auf die Versicherten und Beitragszahler würde ausgehöhlt und seiner Legitimation beraubt, wenn dem BMG eine Fachaufsicht zustünde. Diese bedarf stattdessen der gesetzlichen Anordnung im Einzelfall.

29 Wegen seiner weitreichenden **Normsetzungsbefugnis** und der ihm übertragenen zentralen Steuerungsfunktion für die ambulante und stationäre Versorgung der Versicherten wird der Gemeinsame Bundesausschuss als „kleiner Gesetzgeber" eingeordnet; die demokratische Legitimation wurde wegen der Befugnisse zur Konkretisierung des Leistungsumfangs in der gesetzlichen Krankenversicherung lange angezweifelt. Im Nachgang zu einem Beschluss des BVerfG[12] hat die Bundesregierung gleich drei rechtswissenschaftliche Gutachten in Auftrag gegeben, die zu unterschiedlichen Ergebnissen und Handlungsempfehlungen kamen. In der Entscheidung heißt es, dass es verfassungsrechtlich bedenklich ist, wenn eine vom Gemeinsamen Bundesausschuss erlassene Richtline nach §§ 31 Abs. 1 S. 2, 92 Abs. 1 Nr. 6 SGB V ein bestimmtes Medizinprodukt nicht enthält, so dass es nicht verordnungsfähig ist, wenn die Richtlinie mit hoher Intensität Angelegenheiten Dritter regelt, die an deren Entstehung nicht beteiligt waren und das Gesetz den Gemeinsamen Bundesausschuss nicht gleichzeitig für seine zu treffenden Entscheidungen gesetzlich deutlich anleitet. Aus einer späteren, lesenswerten Entscheidung des BVerfG zu einer Regelung im Bundesmantelvertrag Ärzte kann man allerdings ableiten, dass die im Hinblick auf das **Demokratie- und Rechtsstaatsprinzip** geltenden Anforderungen an die Anleitung der Träger funktionaler Selbstverwal-

---

12 BVerfG, Beschl. v. 10.11. 2015 – 1 BvR 2056/12, NJW 2016, 1505.

tung bei einer Delegation von Normsetzung nicht besonders hoch sind.[13] Dem Gesetzgeber steht es zudem stets frei, Entscheidungen des Gemeinsamen Bundesausschusses durch gesetzliche Regelungen[14] oder Verordnungsermächtigungen zu korrigieren. Inwieweit er davon Gebrauch macht, obliegt seiner politischen Entscheidung und der Bereitschaft, entsprechende Verantwortung selbst zu übernehmen.

Die Entscheidungen des Gemeinsamen Bundesausschusses fallen in einem von 30 den Trägerorganisationen paritätisch besetzten, um den unparteiischen Vorsitzenden sowie zwei weitere unparteiische Mitglieder erweiterten, öffentlich tagenden Plenum. Je nach Thematik wird die Leistungserbringerseite von allen oder einzelnen Leistungserbringerorganisationen vertreten. Zur Vorbereitung der Plenumsentscheidung wurden **Unterausschüsse** gebildet, die von einem der unparteiischen Mitglieder geleitet und ansonsten mit zwölf Personen paritätisch besetzt sind. Die Unterausschüsse spiegeln das Spektrum wider, in dem der Gemeinsame Bundesausschuss seiner Steuerungsfunktion nachkommt: Ambulante spezialfachärztliche Versorgung, Arzneimittel, Bedarfsplanung, Disease-Management-Programme, Methodenbewertung, Psychotherapie und psychiatrische Versorgung, Qualitätssicherung, Veranlasste Leistungen, Zahnärztliche Behandlung sowie aktuell zusätzlich Post-Covid und Erkrankungen mit ähnlicher Symptomatik).

Nach § 92 Abs. 1 SGB V beschließt der Gemeinsame Bundesausschuss die zur 31 Sicherung der ärztlichen Versorgung erforderlichen Richtlinien über die Gewähr für eine ausreichende, zweckmäßige und **wirtschaftliche Versorgung** der Versicherten; er kann dabei die Erbringung und Verordnung von Leistungen, Maßnahmen oder die Verordnung von Arzneimitteln einschränken oder ausschließen, wenn nach allgemein anerkanntem Stand der medizinischen Erkenntnisse der diagnostische oder therapeutische Nutzen, die medizinische Notwendigkeit oder die Wirtschaftlichkeit nicht nachgewiesen sind; bei Arzneimitteln geht das auch, wenn die Unzweckmäßigkeit des Arzneimittels erwiesen oder eine andere, wirtschaftlichere Behandlungsmöglichkeit mit vergleichbarem diagnostischen oder therapeutischen Nutzen verfügbar ist. Als Bestandteil der Bundesmantelverträge, § 92 Abs. 8 SGB V, sind die Richtlinien des Gemeinsamen Bundesausschusses für die Leistungserbringer ebenso verbindlich, §§ 81 Abs. 3 Nr. 1, 95 Abs. 3 S. 3 SGB V, wie die Beschlüsse des Gemeinsamen Bundesausschusses, § 91 Abs. 6 SGB V. Die Webseite www.g-ba.de gibt Auskunft über die zahlreichen Richtlinien und Beschlüsse, welche die Versorgung im Bereich der gesetzlichen Krankenversicherung steuern.

---

13 BVerfG, Beschl. v. 15. 8. 2018 – 1 BvR 1780/17, MedR 2019, 296, 297 hält § 72 Abs. 2 i.V.m. § 82 Abs. 1 S. 1 SGB V insofern für ausreichend.
14 In diesem Sinne bspw. der Entwurf eines Gesetzes zur Stärkung der Herzgesundheit (Gesundes-Herz-Gesetz – GHG) v. 30. 9. 2024, BT-Drs. 20/13094.

32   An der Beratung im Gemeinsamen Bundesausschuss nehmen mit eigenem Antrags-, jedoch ohne Stimmrecht sachkundige Vertreter des Deutschen Behindertenrats, der BundesArbeitsGemeinschaft der PatientInnenstellen, der Deutschen Arbeitsgemeinschaft Selbsthilfegruppen und der Verbraucherzentrale Bundesverband teil, § 2 Abs. 1 PatBeteiligungsV. Sie werden dazu von einer **Stabsstelle Patientenbeteiligung** (https://patientenvertretung.g-ba.de) professionell organisatorisch und inhaltlich unterstützt.

33   Im gesetzlichen Auftrag hat der Gemeinsame Bundesausschuss zwei fachlich unabhängige, wissenschaftliche Institute als rechtsfähige gemeinnützige Stiftungen des privaten Rechts gegründet. Das **Institut für Qualität und Wirtschaftlichkeit im Gesundheitswesen** (www.iqwig.de) mit Sitz in Köln untersucht den Nutzen und den Schaden von medizinischen Maßnahmen für Patienten, § 139a SGB V. Es betreibt die Webseite www.gesundheitsinformation.de, auf der allgemeinverständliche Gesundheitsinformationen bereitgestellt werden. Das **Institut für Qualität und Transparenz im Gesundheitswesen** (www.iqtig.de) in Berlin entwickelt Qualitätssicherungsverfahren, insbesondere Indikatoren, mit denen die Qualität der Gesundheitsversorgung gemessen werden kann, und beteiligt sich an der Durchführung von Qualitätssicherungsverfahren. Verantwortlich ist das IQTiG auch für den **Bundes-Klinik-Atlas** bzw. das nach § 135d SGB V zu veröffentlichende Transparenzverzeichnis zur Krankenhausbehandlung in Deutschland (https://bun des-klinik-atlas.de).

34   Zur Förderung von neuen Versorgungsformen, zur Weiterentwicklung der Versorgung und von Versorgungsforschung wurde beim Gemeinsamen Bundesausschuss im Jahr 2016 ein **Innovationsausschuss** eingerichtet, § 92b SGB V. Er fördert aus einem jährlich mit 200 Mio. EUR dotierten Innovationsfonds, § 92a Abs. 3 S. 1 SGB V, neue Versorgungsformen, die über die bisherige Regelversorgung hinausgehen und diese perspektivisch verbessern könnten.

VII. Weitere Gremien der gemeinsamen Selbstverwaltung

35 Für die Vereinbarung und laufende Anpassung des Abrechnungssystem haben die Partner der Bundesmantelverträge, also die Kassenärztlichen Bundesvereinigungen und der GKV-Spitzenverband, jeweils einen speziellen Vertragsausschuss, den sog. **Bewertungsausschuss** zu bilden, § 87 Abs. 1 S. 1 SGB V, der bei nicht einstimmigen Beschlüssen um einen unparteiischen Vorsitzenden und zwei weitere unparteiische Mitglieder, § 87 Abs. 4 SGB V, sowie bei einer Krankenhäuser betreffenden Fragestellung um Vertreter der Kassenärztlichen Bundesvereinigung ergänzt wird, § 87 Abs. 5a SGB V. Der Bewertungsausschuss Ärzte wird durch ein

Institut des Bewertungsausschusses GbR (https://institut-ba.de), § 87 Abs. 3b SGB V, unterstützt.

Kommen andere verpflichtend abzuschließende zweiseitige Verträge auf Bundes- oder Landesebene nicht zustande, kommt es zur Einschaltung des **Bundesschiedsamtes** oder des zuständigen **Landesschiedsamtes**. Sie bestehen aus jeweils vier Vertretern der Ärzte oder Zahnärzte sowie der Krankenkassen, einem unparteiischen Vorsitzenden und zwei weiteren unparteiischen Mitgliedern, § 89 Abs. 5 S. 1 SGB V. Geht es um Verträge, die unter Beteiligung der Landeskrankenhausgesellschaft oder der Deutschen Krankenhausgesellschaft zu schließen sind, entscheidet das bereits erwähnte **sektorenübergreifende Schiedsgremium**, § 89a SGB V. U. a. bei Modellvorhaben, § 64e Abs. 8 SGB V, und bei Verträgen über die hausarztzentrierte Versorgung, § 73b Abs. 4a SGB V, wird eine **Schiedsperson** bestimmt, welche den Inhalt des Vertrages als Vertragshelferin, § 69 Abs. 1 S. 1 SGB V i.V.m. § 317 BGB,[15] nach billigem Ermessen festlegt.[16] Auf Landesebene haben die **Landesausschüsse**, § 90 SGB V, unter Mitwirkung der obersten Landesgesundheitsbehörden Zuständigkeiten im Bereich der ambulanten Bedarfsplanung und unter Erweiterung um Vertreter der Krankenhäuser bei der ambulanten spezialfachärztlichen Versorgung, § 116b Abs. 3 SGB V. Quasi als Runder Tisch kann ein Gemeinsames Landesgremium gebildet werden, § 90a SGB V.

VIII. Weitere Verbände

Die 17 Landesapothekerverbände bzw. -vereine, alle in der Rechtsform des eingetragenen Vereins, haben sich auf Bundesebne zum **Deutschen Apothekerverband** e.V. zusammengeschlossen. Er schließt mit dem GKV-Spitzenverband bundeseinheitliche Arznei- und Hilfsmittelversorgungsverträge sowie sonstige Vereinbarungen ab. Die Bundesapothekerkammer ist der Zusammenschluss der Landesapothekerkammern. Diese sind wie die Landeapothekerverbände und -vereine zusätzlich Mitglieder der **ABDA**, der Bundesvereinigung Deutscher Apothekerverbände e.V., die als Spitzenorganisation die politischen Interessen der Apothekerschaft auf Bundesebene vertritt.

---

15 BSG. Urt. v. 25.11.2010 – B 3 KR 1/10 R, NJOZ 2011, 1659, 1662.
16 Statthafte Klageart gegen einen Schiedsspruch ist die Ersetzungsklage als besondere Form der allgemeinen Leistungsklage; sie richtet sich gegen die andere Vertragspartei; BSG, Urt. v. 23.6.2016 – B 3 KR 26/15 R, KrV 2016, 243, 246.

38   Im Bereich der **Heilmittelversorgung** gibt es für die Bereiche Physiotherapie, Sprech- und Sprachtherapie, Ergotherapie, Podologie und Ernährungstherapie jeweils spezielle und z.T. mehrere Verbände zur Interessenwahrnehmung.[17]

39   Die für die Wahrnehmung der Interessen der Leistungserbringer im **Hilfsmittelbereich** maßgeblichen Spitzenorganisationen auf Bundesebene, § 127 Abs. 9 S. 1 SGB V, wurden in einer Verfügung der Schiedsperson bestimmt. Zu diesem Kreis gehören u. a. die Bundesinnung der Hörakustiker als Körperschaft des öffentlichen Rechts, der Bundesinnungsverband für Orthopädie-Technik, der Bundesverband der Zweithaar-Spezialisten e.V., der Bundesverband Medizintechnologie e.V., SPECTARIS – Deutscher Industrie-Verband für optische, medizinische und mechatronische Technologie e.V., der Zentralverband der Augenoptiker und Optometristen und der Zentralverband Orthopädieschuhtechnik.

40   Eine zunehmende Rolle weist der Gesetzgeber der **Arbeitsgemeinschaft der Wissenschaftlichen Medizinischen Fachgesellschaften** (www.awmf.org) insbesondere bei der Leitlinienentwicklung, § 92b Abs. 2 S. 4, Abs. 7, § 139b Abs. 6 SGB V, und der Krankenhausplanung zu, § 135e Abs. 3 S. 4 SGB V.

IX. gematik GmbH

41   Die Gesellschaft für Telematik, § 310 SGB V, bzw. **gematik** GmbH (www.gematik.de) trägt Verantwortung für den Aufbau und Betrieb der Telematikinfrastruktur im Gesundheitswesen. Ihre geplante Fortentwicklung zur Digitalagentur Gesundheit konnte in der 20. Wahlperiode des Deutschen Bundestages nicht mehr realisiert werden. Mehrheitsgesellschafterin ist die Bundesrepublik Deutschland, vertreten durch das Bundesministerium für Gesundheit. 24,5 % der Gesellschaftsanteile entfallen zusammen auf den GKV-Spitzenverband und den PKV-Verband; zusammengenommen in gleicher Höhe werden die Leistungserbringer in der Gesellschaft durch die Kassenärztliche Bundesvereinigung, die Kassenzahnärztliche Bundesvereinigung, die Deutsche Krankenhausgesellschaft sowie den Deutschen Apothekerverband vertreten, §§ 306 Abs. 1 S. 1, 310 SGB V. Dass auch die Bundesärztekammer und die Bundeszahnärztekammer zu den Gesellschaftern gehören, weicht, wie die Zusammensetzung des Gemeinsamen Bundesausschusses zeigt, von den sonstigen Strukturen des Krankenversicherungsrecht ab, ist aber insbesondere angesichts der Verwendung der transferierten Daten zu außerhalb des Systems der gesetzlichen Krankenversicherung liegenden Zwecken sachgerecht.

---

17 Zusammengestellt wurden sie bei Becker/Kingreen/Butzer, 9. Aufl. 2024, SGB V § 125 Rn. 6

Die gematik ist für die digitale Infrastruktur des Gesundheitswesens, die sog. 42
Telematikinfrastruktur, verantwortlich und treibt die digitale Vernetzung der Akteure im Gesundheitswesen insbesondere über die Definition und Durchsetzung verbindlicher Standards voran. Hierzu gehören Konzeption, Spezifikation sowie Tests und Zulassung neuer digitaler Anwendungen. Zur Abwehr von Gefahren für die Funktionsfähigkeit und Sicherheit der Telematikinfrastruktur kann sie die notwendigen Anordnungen treffen. Bei der gematik wurde zudem ein unselbständiges **Kompetenzzentrum für Interoperabilität im Gesundheitswesen** errichtet, § 311 Abs. 1 S. 1 Nr. 8, Abs. 9, 385 Abs. 1 SGB V.

X. Medizinischer Dienst

In jedem Land wird ein Medizinischer Dienst als Körperschaft des öffentlichen 43
Rechts errichtet, § 278 Abs. 1 SGB V. Dem **Verwaltungsrat** gehören 16 Vertreter aus dem Bereich der Krankenkassen, fünf Vertreter, die von Verbänden und Organisationen der Selbsthilfe bzw. Interessenvertretern pflegebedürftiger und behinderter Menschen und deren Angehörigen sowie Verbraucherschutzorganisationen benannt werden, an. Jeweils einen weiteren Vertreter benennen die Vertreter der Pflegefachberufe sowie die Landesärztekammern, § 279 Abs. 4 und 5 SGB V. In gleicher Weise ist der Verwaltungsrat des **Medizinischen Dienstes Bund** (https://md-bund.de) zusammengesetzt. In dieser Körperschaft des öffentlichen Rechts sind alle Medizinischen Dienste Mitglied, § 281 Abs. 1 SGB V. Die Knappschaft hat einen eigenen Sozialmedizinischen Dienst, § 283a SGB V.

Die Medizinischen Dienste führen Prüfungen zu Qualitätskriterien, Struktur- 44
merkmalen und Qualitätsanforderungen in Krankenhäusern sowie zu deren Leistungsabrechnung durch, §§ 275a, 275c SGB V. Prüfaufgaben haben sie auch bei Leistungen der häuslichen Krankenpflege und außerklinischen Intensivpflege, § 275b SGB V. Von den Krankenkassen wird der Medizinische Dienst in Fragen der **Leistungsgewährung** oder bei Zweifeln an der **Arbeitsunfähigkeit** mit einer Gutachtenerstellung beauftragt, § 275 Abs. 1 S. 1 Nr. 1 und 3, Abs. 1a, 2 und 3 SGB V. Für die Pflegekassen prüfen die Medizinischen Dienste mit Hilfe eines pflegefachlich begründeten Begutachtungsinstruments, § 15 SGB XI, ob bei der zu begutachtenden Person die Voraussetzungen der **Pflegebedürftigkeit** erfüllt sind und welcher Pflegegrad vorliegt, § 18 Abs. 1 S. 1 SGB XI.

XI. Sachverständigenrat

45 Vom Bundesministerium für Gesundheit wird als Mittel der **wissenschaftlicher Politikberatung** ein siebenköpfiger interdisziplinärer Sachverständigenrat zur Begutachtung der Entwicklung im Gesundheitswesen und seit dem Jahr 2023 auch in der Pflege berufen, § 142 SGB V. Dieser legt in der Regel jährlich ein Gutachten vor, mit dem er die Entwicklung im Gesundheitswesen bewertet und Vorschläge zur Weiterentwicklung unterbreitet. Als Nachfolgegremium des Corona-ExpertInnenrates wurde daneben beim Bundeskanzleramt ein ExpertInnenrat Gesundheit und Resilienz eingerichtet; in ihn wurden keine Vertreter der verfassten Ärzteschaft berufen. Er hat elf Stellungnahmen erstellt.

XII. Deutscher Ethikrat

46 Auf Grundlage des am 1.8.2007 in Kraft getretenen Gesetz zur Einrichtung des Deutschen Ethikrats[18] wird ein 26-köpfiger Sachverständigenrat gebildet (www.ethirat.org), welcher mittels naturwissenschaftlicher, medizinischer, theologischer, philosophischer, ethischer, sozialer, ökonomischer und rechtlicher Perspektive u. a. Stellungnahmen und **Empfehlungen für politisches und gesetzgeberisches Handeln** erarbeiten und u. a. durch Veranstaltungen die Öffentlichkeit informieren soll. Stellungnahmen erstellt er entweder auf Grund eigenen Entschlusses oder im Auftrag des Deutschen Bundestags oder der Bundesregierung. Letztere benennen die Mitglieder des Ethikrats jeweils zur Hälfte. Seiner Aufgabe ist der Ethikrat in der Corona-Pandemie nur eingeschränkt gerecht geworden.[19] Wissenschaftliche Fachgesellschaft ist die 1986 gegründete Akademie für Ethik in der Medizin (https://aem-online.de).

XIII. Unabhängige Patientenberatung Deutschland

47 Eine wechselvolle Geschichte[20] liegt hinter der Stiftung Unabhängige Patientenberatung Deutschland (§ 65b SGB V; https://patientenberatung.de) in Trägerschaft des GKV-Spitzenverbandes. Sie soll die Gesundheitskompetenz der Patienten und die **Patientenorientierung im Gesundheitswesen** durch unabhängige Informa-

---

18 BGBl. I S. 1385.
19 Ebenso Taupitz MedR 2022, 181.
20 BeckOK SozR/Scholz, 77. Ed. 1.6.2025, SGB V § 65b Rn. 1 ff.

tion und Beratung stärken sowie Problemlagen im Gesundheitssystem thematisieren und Handlungsempfehlungen für Verbesserungen abgeben.

XIV. Landesministerien und Länderbehörden

In den Länder werden für das Gesundheitswesen zuständige Ministerinnen und **48** Minister bestellt, die u. a. als Aufsichtsbehörde über die Kassenärztlichen Vereinigungen und z. B. die Allgemeinen Ortskrankenkassen fungieren, § 274 Abs. 1 SGB V. Sie koordinieren ihre Arbeit in der **Gesundheitsministerkonferenz der Länder** (www.gmkonline.de); daran nimmt im Regelfall auch der jeweilige Bundesgesundheitsminister teil. Das Vorsitzland wechselt jährlich. Damit ist auch der Vorsitz in der Amtschefkonferenz sowie der Arbeitsgemeinschaft der Obersten Landesgesundheitsbehörden (AOLG) verbunden. Die AOLG bildet ihrerseits Arbeitsgruppen z. B. für den Bereich Berufe im Gesundheitswesen, welche sich u. a. mit Fragen der Anerkennung ausländischer Bildungsabschlüsse und Maßnahmen gegen den Fachkräftemangel befassen.

Für Gesetzgebungsverfahren gelten in den Ländern vergleichbare Regelungen **49** wie sie oben beim Bundesministerium für Gesundheit beschrieben wurden. In vielen Ländern wurden zudem ebenfalls Ansprechpartner für Patienten berufen. In Niedersachsen hat die **Patientenschutzbeauftragte** z. B. die Aufgabe, Patienten sowie deren Angehörige in grundsätzlichen Fragen der medizinischen Versorgung und deren Kostenübernahme im Sinne eines ganzheitlichen Patientenschutzes zu beraten und die Tätigkeiten der Patientenfürsprecher in den Krankenhäusern zu koordinieren und Handlungsempfehlungen für deren Tätigkeit zu geben. Ferner leitet sie die Beschwerdestelle Pflege.

Neben der Wahrung des Berufsgeheimnisses, welches strafrechtlich geschützt **50** und daher in → § 20 Rn. 1 ff. dieses Lehrbuchs behandelt wird, kommt dem Datenschutzrecht im Gesundheitswesen besondere Bedeutung zu. Gesundheitsdaten dürfen als besondere Kategorie personenbezogener Daten nach Art. 9 DS-GVO nur unter sehr eingeschränkten Voraussetzungen verarbeitet werden. Die **Landesdatenschutzbeauftragten** überwachen dies, gehen Hinweisen von Betroffenen nach und setzen datenschutzrechtliche Vorgaben ggf. auch durch und verhängen Bußgelder (vgl. Art. 57, 83 und 84 DS-GVO). **Landesmittelbehörden** wie die Bezirksregierung Münster mit der Zentralen Anerkennungsstelle für Gesundheitsberufe in Nordrhein-Westfalen oder die Regierung von Oberbayern sind für die Berufszulassung von Angehörigen der Gesundheitsberufe wie z. B. die Approbationserteilung für Ärzte zuständig.

In den Bundesländer sind als eigenständige Behörden **Landesgesundheitsäm-** **51** **ter** (vgl. etwa www.nlga.niedersachsen.de; https://hlfgp.de oder www.lzg.nrw.de)

oder Landesämter für Gesundheit und Soziales (vgl. etwa https://berlin.de/lageso) eingerichtet worden. Gesundheitsbezogene Zuständigkeiten im Bereich des Medizinprodukterechts bestehen auch bei **Staatlichen Gewerbeaufsichtsämtern.** Staatliche **Gewerbeärzte** sind Ansprechpartner in Fragen des medizinischen Arbeitsschutzes, wirken im Berufskrankheiten-Feststellungsverfahren der gesetzlichen Unfallversicherungsträger mit, beraten Betriebsärzte und Sicherheitsfachkräfte in arbeitsmedizinischen Fragestellungen und überwachen die Arbeitsschutzorganisation in den Betrieben.

52   Der öffentliche Gesundheitsdienst wird jedoch nach Maßgabe der Landesgesetze[21] vor allem durch die kommunalen **Gesundheitsämter** verantwortet, die im eigenen Wirkungskreis tätig sind, soweit ihnen vom Land keine zusätzlichen Aufgaben zur Erfüllung nach Weisung übertragen wurden. Mancherorts haben sich Landkreise zusammengeschlossen und betreiben das gemeinsame Gesundheitsamt als Zweckverband. Dort werden z. B. amtsärztliche Untersuchungen vor Berufungen in ein Beamtenverhältnis und Schuleingangsuntersuchungen durchgeführt und Gutachten erstattet. Gesundheitsämter führen Verfahren zur Erteilung von Heilpraktikererlaubnissen durch, überprüfen die Einhaltung von Hygienevorschriften in Gemeinschaftseinrichtungen, medizinischen Einrichtungen, Tattoo- und Piercingstudios, Friseur-, Kosmetik- und Fußpflegesalons, Saunen und Fitnessstudios und ordnen Maßnahmen nach dem Infektionsschutzgesetz wie z. B. Quarantäne an. Sie überwachen Trinkwasser und Badegewässer und werden in Baugenehmigungsverfahren wegen ihrer umweltmedizinischen Kompetenz einbezogen. Sie führen die in § 10 ProstSchG vorgesehene gesundheitliche Beratung für Menschen durch, die sexuelle Dienstleistungen anbieten.

53   Die Gesundheitsämter richten ihre Tätigkeit jedoch in erster Linie auf den Gesundheitsschutz der gesamten Bevölkerung aus. Sie engagieren sich in Fragen der **Prävention** und Gesundheitsförderung mit verschiedenen Beratungsangeboten in verschiedenen Lebenswelten und übernehmen die örtliche Gesundheitsberichterstattung. Bei Versorgungsdefiziten unterstützen sie ganz gezielt Personen, die wegen ihres körperlichen, geistigen oder seelischen Zustandes und aufgrund sozialer Umstände besonderer gesundheitlicher Fürsorge bedürfen und die Regelversorgung nicht im notwendigen Umfang erreichen. Menschen mit geistigen und seelischen Behinderungen, psychisch Kranke und Abhängigkeitskranke erhalten Unterstützung durch einen **Sozialpsychiatrischen Dienst.** Begutachtungen nehmen Amtsärzte vor, wenn Betroffene vorläufig in ein psychiatrisches Krankenhaus eingewiesen werden müssen.

---

21 Z. B. Gesetz über den öffentlichen Gesundheitsdienst des Landes Nordrhein-Westfalen (ÖGDG NRW); Hessisches Gesetz über den öffentlichen Gesundheitsdienst (HGöGD).

Als länderübergreifende Bildungseinrichtung haben 12 Länder mittels Staats- 54
vertrages die **Akademie für öffentliches Gesundheitswesen** als rechtsfähige
Anstalt des öffentlichen Rechts mit Sitz in Düsseldorf (www.akademie-oegw.de)
geschaffen;[22] Bayern betreibt eine eigene Akademie für Gesundheit und Lebensmittelsicherheit. Ebenfalls auf Grundlage eines Staatsvertrages wurde die
**Zentralstelle der Länder für Gesundheitsschutz bei Arzneimitteln und Me-
dizinprodukten** (www.zlg.de) mit Sitz in Bonn errichtet. Im Bereich der Medizinprodukte benennt bzw. anerkennt und überwacht sie die Benannten Stellen, die
Prüflaboratorien sowie Konformitätsbewertungsstellen für Drittstaaten und koordiniert die Medizinprodukteüberwachung. Für den Arzneimittelbereich ist sie
ebenfalls die zentrale Koordinierungsstelle.

XV. Heilberufskammern

Die Berufsaufsicht über Ärzte, die Anerkennungen von fachlichen Qualifizierungen 55
z. B. zum Facharzt im Rahmen der sog. Weiterbildung, und Regelungen zum Erhalt
der beruflichen Qualifikation durch die Teilnahme an zertifizierten Fortbildungsveranstaltungen haben die Landesgesetzgeber den **Landesärztekammern** überlassen. Sie unterliegen der Rechtsaufsicht der Landesgesundheitsministerien. In
ihnen sind alle Ärzte Pflichtmitglieder, sofern sie eine Tätigkeit ausüben, bei der ihre
im Medizinstudium erworbenen Fachkenntnisse angewendet, verwendet oder lediglich mitverwendet werden[23] bzw. eingesetzt werden oder auch nur eingesetzt
oder mit verwendet werden können.[24] Entsprechende Körperschaften des öffentlichen Rechts bestehen auch für die Apotheker, Zahnärzte und nicht-ärztliche Psychotherapeuten, wobei in den neuen Bundesländern durch Staatsvertrag eine
bundeslandübergreifende **Ostdeutsche Psychotherapeutenkammer** (https://opk-
info.de) mit Sitz in Leipzig errichtet wurde. Wie bei Rechtsanwälten bestehen auch
für die Heilberufsangehörigen spezielle **Versorgungswerke**, welche Alters- und
Berufsunfähigkeitsrenten gewähren. Angestellte Ärzte können sich auf Antrag von
der Versicherungspflicht in der gesetzlichen Rentenversicherung befreien lassen,
§ 6 Abs. 1 S. 1 Nr. 1 SGB VI.

Landespflegekammern wurden in Niedersachsen und Schleswig-Holstein 56
errichtet und später wieder aufgelöst. Zzt. bestehen solche nur in Nordrhein-
Westfalen und Rheinland-Pfalz.

---

22 Vgl. Niedersächsischer Landtag Drs. 19/5141.
23 § 1 Abs. 2 HeilberufsG Rheinland-Pfalz
24 § 2 Abs. 1 Nds. Kammergesetz für die Heilberufe,

57　　Den Kammern werden, etwa zur Anerkennung von Fachkunden nach §§ 47 ff. StrlSchV oder des Betriebes einer Ärztlichen Stelle zur Qualitätssicherung im Bereich des Strahlenschutzes, § 130 StrlSchV, **staatliche Aufgaben** übertragen, die sie unter Fachaufsicht wahrnehmen und daher auch Weisungen hinsichtlich der Zweckmäßigkeit ihres Handelns beachten müssen.[25] Der Staat bedient sich damit der besonderen Expertise, welche die Kammern durch die Einbeziehung beruflich tätiger Ärzte gewährleisten können. Bei den Ärztekammern sind auch die **Lebendspendekommissionen** eingerichtet, welche in Funktion einer präventiven Berufsaufsicht durch Anhörung der Beteiligten zu prüfen haben, ob begründete tatsächliche Anhaltspunkte dafür vorliegen, dass die Einwilligung in die Lebendorganspende nicht freiwillig erfolgt oder dass ein Organhandel betrieben werden soll, § 8 Abs. 3 S. 2 TPG.

58　　Ethische Fragestellungen werden hingegen in **Ethikkommissionen** zur Bewertung medizinischer Forschungsvorhaben am Menschen behandelt. Sie müssen insbesondere nach Maßgabe des Arzneimittel- und Medizinprodukteproduktrechts sowie des § 15 MBO-Ä vor Beginn des Forschungsvorhabens angerufen werden und sind sowohl bei den Ärztekammern als auch bei den medizinischen Fakultäten und zum Teil auch bei Landesbehörden angesiedelt. Kürzlich wurde beim Bundesinstitut für Arzneimittel und Medizinprodukte eine Spezialisierte Ethik-Kommission für besondere Verfahren genannte Bundeskommission eingerichtet, welche u. a. zuständig ist, wenn neue Arzneimittel erstmalig am Menschen geprüft werden sollen oder Arzneimittel für neuartige Therapien getestet werden, § 41c AMG. Eine solche Kommission könnte insbesondere bei einer Pandemie für schnelle Entscheidungen sorgen.

59　　Bei den Ärztekammern sind außerdem **Gutachterkommissionen und Schlichtungsstellen** eingerichtet, die auf Antrag eines gesundheitlich geschädigten Patienten klären, ob dem nachweisbar ein Behandlungsfehler zugrunde liegt und ggf. Schadenersatzansprüche begründet sind oder es sich um einen schicksalshaften Verlauf handelt (www.aerztekammer-schlichten.de). Koordiniert wird deren Tätigkeit über eine bei der **Bundesärztekammer**, der Arbeitsgemeinschaft der Ärztekammern, eingerichtete Ständige Konferenz. Die in der Rechtsform des Vereins ohne Rechtspersönlichkeit geführte Arbeitsgemeinschaft hat den Zweck des ständigen Erfahrungsaustausches unter den Kammern und die gegenseitige

---

25 Vgl. die Niedersächsische Verordnung über Zuständigkeiten auf den Gebieten des Arbeitsschutz-, Immissionsschutz-, Sprengstoff-, Gentechnik- und Strahlenschutzrechts sowie in anderen Rechtsgebieten (Nds. GVBl. 2009, 374; 2023, 343). Vgl. ferner die Niedersächsische Verordnung zur Übertragung von staatlichen Aufgaben auf die Kammern für die Heilberufe (Nds. GVBl. 2004, 516; 2022, 716). Die darin übertragenen Aufgaben nimmt weitgehend der Niedersächsische Zweckverband zur Approbationserteilung wahr (www.nizza.niedersachsen.de).

Abstimmung ihrer Ziele und Tätigkeiten, insbesondere auch auf eine möglichst einheitliche Regelung der ärztlichen Berufspflichten und der Grundsätze für die ärztliche Tätigkeit hinzuwirken. Im Bereich der Transplantations- und Transfusionsmedizin sowie bei der Substitutionstherapie stellt die Bundesärztekammer den Stand der Erkenntnisse der medizinischen Wissenschaft in Richtlinien fest (§§ 16, 16b TPG; § 12a TFG; § 5 Abs. 11 BtMVV).

§ 4 Berufsrecht

1 In diesem Kapitel werden Grundzüge des Berufsrechts der Heilberufe dargestellt. Die zwischen Bund und Ländern geteilte Gesetzgebungskompetenz wurde in → § 2 Rn. 9 f. erläutert.

I. Berufszugangsrecht

2 Der Bund hat von seiner ihm nach Art. 74 Abs. 1 Nr. 19 GG zustehenden konkurrierenden Gesetzgebungskompetenz bzgl. der Zulassung zu ärztlichen und anderen Heilberufen umfassend Gebrauch gemacht. Das **Berufszugangsrecht** zu ärztlichen und anderen **Heilberufen** einschließlich des Apothekerberufs regeln Bundesgesetze mit BÄO, ZHG, BApO und PsychThG, zu denen jeweils eine **Approbationsordnung** als Rechtsverordnung die Ausbildung und die abzulegenden Prüfungen festlegt.

3 Die Berufsgesetze der akademischen Heilberufe schützen sowohl den Berufszugang als auch die **Berufsbezeichnung.** Bspw. bestimmt § 2 Abs. 1 und 2 BÄO, dass wer den ärztlichen Beruf ausüben will, der Approbation als Arzt oder einer vorübergehenden oder auf eine bestimmte Tätigkeit beschränkten Erlaubnis zur Ausübung des ärztlichen Berufs bedarf. Nur diese Personen und solche, die im Rahmen der Dienstleistungsfreiheit, Art. 57 AEUV, Art. 37 EWR-Abkommen, vorübergehend und gelegentlich in Deutschland tätig sind, dürfen die Berufsbezeichnung „Arzt" oder „Ärztin" führen, § 2a BÄO, und den ärztlichen Beruf ausüben, d. h. die Heilkunde unter dieser Berufsbezeichnung ausüben, § 2 Abs. 5 BÄO.

> **Fall 4: Dienstleistungsfreiheit**
> Im Rahmen eines Champions League-Spiels in Dortmund bringt Real Madrid seinen Mannschaftsarzt mit. Ist das so einfach möglich? Was geschieht, wenn er während des Spiels einem Dortmunder Spieler zu Unrecht vorwirft, er simuliere eine Verletzung?
> Nach § 10 Abs. 2 BÄO muss sich der spanische Arzt vorher bei der Bezirksregierung Münster schriftlich melden und eine Bescheinigung vorlegen, dass er im Spanien rechtmäßig als Arzt niedergelassen ist. Auf Anforderung muss er auch einen Nachweis über einen Berufshaftpflichtversicherungsschutz beibringen. Unter den Begriff der Niederlassung fällt unionsrechtlich auch eine Tätigkeit als angestellter Arzt. Nach § 3 Abs. 2, 29 Abs. 1 S. 1, 58 ff. HeilBerG NRW kann ein Fehlverhalten während des Spiels berufsrechtlich durch die Kammer oder in einem berufsgerichtlichen Verfahren geahndet werden.

4 Die **Zugangsmöglichkeiten zum Arbeitsmarkt** unterscheiden sich jedoch. Dienstleistungserbringer können zur Teilnahme an der vertragsärztlichen Versorgung ermächtigt werden, § 8 BMV-Ä; eine Zulassung zur vertragsärztlichen Versorgung können hingegen nur in das Arztregister eingetragene Ärzte erhalten,

https://doi.org/10.1515/9783111048543-007

was wiederum das Innehaben einer Approbation voraussetzt, § 95a Abs. 1 Nr. 1 SGB V. Ärzten mit einer Berufserlaubnis steht auch weder die Teilnahme an der vertragsärztlichen Versorgung als angestellter Arzt in einem medizinischen Versorgungszentrum noch als Entlastungsassistent in einer Vertragsarztpraxis offen. Sie können dort ausschließlich zum Zweck der Weiterbildung beschäftigt werden.[1] Personen aus Drittstaaten benötigen daneben einen sie zur Ausübung einer Erwerbstätigkeit berechtigenden Aufenthaltstitel.

1. Einzelne Heilberufe

Basis für die ärztliche **Grundausbildung**, also das **Medizinstudium**, ist u. a. die 5
Richtlinie 2005/36/EG des Europäischen Parlaments und des Rates über die Anerkennung von Berufsqualifikationen, welche in Art. 24 zeitliche Mindestanforderungen an die Ausbildung aufstellt und gem. Art. 21 auch zur automatischen Anerkennung in anderen Mitgliedsstaaten erworbener Ausbildungsnachweise führt; letzteres begründet einen Rechtsanspruch auf Erteilung der Approbation, wenn neben den fachlichen die weiteren Anerkennungsvoraussetzungen vorliegen. Mithin bestimmt § 3 Abs. 1 S. 2 BÄO, dass eine Ausbildung im EU-Ausland dem deutschen Medizinstudium gleichgestellt wird. Bei Drittstaatenausbildungen werden deren **Gleichwertigkeit** bzw. wesentliche Unterschiede zu einer deutschen Referenzausbildung überprüft. Dazu bedarf es Nachweisen über die Studienfächer mit Angabe der Ausbildungsstunden und den genauen Inhalten der einzelnen Studienfächer. Wesentliche Unterschiede können ganz oder teilweise durch Kenntnisse und Fähigkeiten ausgeglichen werden, die im Rahmen ärztlicher Berufspraxis oder durch lebenslanges Lernen erworben wurden. Fällt die Gleichwertigkeitsprüfung negativ aus, kommt es zu einer **Kenntnisprüfung** nach Maßgabe des § 37 ÄApproO.[2]

Die ärztliche Approbation wird auf Antrag erteilt, wenn nach einem Studium 6
der Medizin, einem Praktischen Jahr von 48 Wochen Dauer, § 3 ÄApproO, und einer dreigeteilten ärztlichen Prüfung das **Staatsexamen** bestanden wurde, der Antragstellende über die für die Ausübung der Berufstätigkeit erforderlichen Kenntnisse der deutschen Sprache verfügt, sich nicht eines Verhaltens schuldig gemacht hat, aus dem sich seine Unwürdigkeit oder Unzuverlässigkeit zur Ausübung des ärztlichen Berufs ergibt und er nicht in gesundheitlicher Hinsicht zur

---

1 § 32 Abs. 2 Ärzte-ZV

2 Vgl. z. B. OVG Bautzen, Urt. v. 29.8.2023 – 2 A 370/22, BeckRS 2023, 28609. Vgl. zudem Nr. 3 der Entschließung des Bundesrats v. 5.7.2024, BT-Drs. 319/24, in der gefordert wird, die Kenntnisprüfung als Regelfall vorzusehen.

Ausübung des ärztlichen Berufs ungeeignet ist, § 3 Abs. 1 S. 1 BÄO. Letzteres wird durch eine ärztliche Bescheinigung nachgewiesen, die nicht älter als einen Monat sein darf, § 39 Abs. 1 Nr. 5 ÄApprO. Die Approbation ist eine umfassende Befugnis zur Ausübung der Heilkunde am Menschen und unteilbar, kann also z. B. nicht auf die Behandlung bestimmter Patientengruppen oder ärztlicher Tätigkeiten beschränkt oder mit Auflagen versehen werden.

Fall 5: Hinderungsgründe für die Approbationserteilung

Der Medizinstudent M fällt durch die mündliche Prüfung des Dritten Teils der ärztlichen Prüfung im November 1985. Kurz darauf trennt sich seine Lebensgefährtin endgültig von ihm und beginnt eine neue Beziehung mit einem Kommilitonen. M fährt mit einer Schrotflinte bewaffnet zur Wohnung des Kommilitonen und findet beide im Bett schlafend an. Er tötet den Studenten mit einem Schuss in die Brust und schlägt der ehemaligen Freundin das Gewehr ins Gesicht, wodurch diese eine Trümmerfraktur des Nasenbeins sowie eine Rissplatzwunde an Nase und Wangen erleidet. Die Verurteilung zu 10 Jahren Freiheitsstrafe, bei der berücksichtigt wurde, dass er bzgl. der Tötung objektiv heimtückisch gehandelt hat, wurde Ende 2018 aus dem Bundeszentralregister getilgt. Nach entsprechenden Anträgen aus den Jahren 2007 und 2014 beantragt M im Jahr 2021 erneut die Erteilung einer Approbation.

Am Ende ihres Medizinstudiums leidet F an einer Makuladegeneration, bei der es zur Herabsetzung der zentralen Sehschärfe kommt.

Aufgrund der Taten besitzt der Approbationsanwärter M auch unter Berücksichtigung des Gewichts der Berufsfreiheit und des Resozialisierungsinteresses nicht das Ansehen und Vertrauen in die Integrität der Ärzteschaft, das für die Ausübung des ärztlichen Berufes unabdingbar ist; dieses ist vielmehr besonders schwerwiegend erschüttert. Daher würde die Approbationserteilung zu einer erheblichen Gefährdung der Allgemeinheit, nämlich dem Schutz der Gesundheit der Bevölkerung, führen, sodass die Tat dabei auch nach Tilgung aus dem Register berücksichtigt werden darf, § 51 Abs. 1 Nr. 4 BZRG.[3]

Auch F kann keine Approbation erhalten. Die gesundheitliche Eignung muss sich grundsätzlich auf sämtliche Fachgebiete ärztlicher Tätigkeit erstrecken. In quantitativer Hinsicht muss eine Ärztin zumindest für den weit überwiegenden Teil der Gebiete ärztlicher Tätigkeit die gesundheitliche Eignung aufweisen; in qualitativer Hinsicht muss die gesundheitliche Eignung jedenfalls die Ausübung elementarer Tätigkeiten innerhalb des Arztberufs zulassen. Daran fehlt es bei einer Makuladegeneration mit Herabsetzung der zentralen Sehschärfe.[4] F kann allerdings eine Heilpraktikererlaubnis, und zwar selbst bei vollständiger Erblindung, erteilt werden;[5] denn diese ist im Gegensatz zur ärztlichen Approbation ggf. beschränkbar.

---

7 Die auf die Feststellung und Behandlung von Zahn-, Mund- und Kieferkrankheiten ausgerichtete Ausübung der Zahnheilkunde ist nach § 1 ZHG Zahnärzten vorbehalten, wobei als Krankheit jede von der Norm abweichende Erscheinung im Be-

---

3 OVG Lüneburg, Urt. v. 22.5.2024 – 8 LB 101/23, BeckRS 2024, 15421.
4 OVG Hamburg, Urt. v. 9.11.2023 – 3 Bf 64/21, MedR 2024, 602.
5 Vgl. BVerwG, Urt. v. 13.12.2012 – 3 C 26/11, NJW 2013, 1320.

reich der Zähne, des Mundes und der Kiefer anzusehen ist, einschließlich der Anomalien der Zahnstellung und des Fehlens von Zähnen. Ärzte dürfen nicht als Zahnärzte tätig werden.[6] Basis für die zahnärztliche **Grundausbildung**, also das **Zahnmedizinstudium**, ist wiederum die Richtlinie 2005/36/EG, welche in der Zahnheilkunde in Art. 34 neben zeitlichen Mindestanforderungen an die Ausbildung auch den Erwerb dort aufgeführter Kenntnisse und Fähigkeiten vorgibt. Dies umfasst seit Kurzem auch angemessene Kenntnisse der digitalen Zahnheilkunde und gute Kenntnis ihrer Nutzung und sicheren Anwendung in der Praxis. In § 1 Abs. 5–6 ZHG werden nicht abschließend („insbesondere") Tätigkeiten aufgeführt, welche der Zahnarzt bzw. Kieferorthopäde an von ihm kontrolliertes[7] qualifiziertes Praxispersonal delegieren kann. Weil es sich aus Sicht des Zahnarztes um eine Berufsausübungsregelung handelt, ist unklar, woraus der Bund seine Gesetzgebungskompetenz hergeleitet hat.

Psychotherapie dürfen sowohl approbierte Psychologische Psychotherapeu- 8 ten als auch Ärzte ausüben; letztere dürfen sich ärztliche Psychotherapeuten nennen, § 1 Abs. 1 S. 5 PsychThG. Ausübung der Psychotherapie ist jede mittels wissenschaftlich geprüfter und anerkannter psychotherapeutischer Verfahren oder Methoden ausgeübte Tätigkeit zur Feststellung, Heilung oder Linderung von Störungen mit Krankheitswert, bei denen Psychotherapie indiziert ist. Nicht-ärztliche Psychotherapeuten dürfen die Heilkunde daher nur dann als Psychotherapeuten ausüben, wenn eine Indikation für die Psychotherapie besteht und sie wissenschaftlich anerkannte Verfahren wie die Verhaltenstherapie, die tiefenpsychologisch fundierte und analytische Psychotherapie sowie die Systemische Therapie bei Erwachsenen anwenden.[8] Um entsprechende antizipierte Sachverständigengutachten zu erstatten, wurde ein Wissenschaftlicher Beirat in Trägerschaft der Bundesärztekammer und der Bundespsychotherapeutenkammer eingerichtet, § 8 S. 2 PsychThG (www.wbpsychotherapie.de). Mit einer, ggf. darauf beschränkten, Heilpraktikererlaubnis kann ebenfalls Psychotherapie ausgeübt werden; es muss dann aber eine insofern klarstellende Berufsbezeichnung angegeben werden.[9]

Auch die Pharmazie-Ausbildung sowie die Ausübung der Tätigkeiten des 9 Apothekers sind in den Art. 44 und 45 RL 2005/36/EG unionsrechtlich harmonisiert. Die BApoO wird neuerdings durch § 20c IfSG ergänzt, wonach ärztlich geschulte **Apotheker** zur Durchführung von Grippeschutzimpfungen bei Personen, die das

---

6 EuGH, Beschl. v. 17.10.2003 – C-35/02, BeckRS 2004, 76637.
7 BT-Drs. 12/3608, 154.
8 BVerwG, Urt. v. 30.4.2009 – 3 C 4/08, NJW 2009, 3593.
9 Spickhoff/J. Eichelberger, Medizinrecht, 4. Aufl. 2022, PsychThG § 1 Rn. 8; 32 ff.

18. Lebensjahr vollendet haben und zur Durchführung von Schutzimpfungen gegen das Coronavirus SARS-CoV-2 bei Personen, die das 12. Lebensjahr vollendet haben, berechtigt sind.[10] Entsprechend wurde der Katalog der apothekenüblichen Dienstleistungen ergänzt, § 1a Nr. 10 ApBetrO.

2. Widerruf der Approbation

10 Mittels Verwaltungsakt kann die **Approbation widerrufen** werden. Dazu trifft § 5 Abs. 2 BÄO eine von den Bestimmungen des VwVfG abweichende Sonderregelung. Die Approbation ist zu widerrufen, wenn sich aus einem späteren Verhalten die Unwürdigkeit oder Unzuverlässigkeit zur Ausübung des ärztlichen Berufs ergibt. Bei Ungeeignetheit in gesundheitlicher Hinsicht, etwa bei psychiatrischen oder Abhängigkeitserkrankungen, hat die Approbationsbehörde eine Ermessensentscheidung zu treffen. Bestehen insofern Zweifel, wird die Approbationsbehörde im Regelfall zwecks Sachverhaltsaufklärung, § 24 Abs. 1 S. 1–2 VwVfG i.V.m. dem jeweiligen Landes-VwVfG, zunächst anordnen, dass sich der Arzt einer amts- oder fachärztlichen Untersuchung unterzieht. Weigert sich der Arzt, dem Folge zu leisten, kann als weitere verwaltungsrechtliche Besonderheit im Rahmen einer Ermessensentscheidung das Ruhen der Approbation angeordnet werden, § 6 Abs. 1 Nr. 3 BÄO. Gleiches gilt, wenn gegen den Arzt ein Strafverfahren wegen einer Tat eingeleitet ist, aus der sich seine Unwürdigkeit oder Unzuverlässigkeit zur Berufsausübung ergeben kann, § 6 Abs. 1 Nr. 1 BÄO, oder sich ergibt, dass er entweder über keine hinreichenden deutschen Sprachkenntnisse oder über keinen ausreichenden Haftpflichtversicherungsschutz verfügt, § 6 Abs. 1 Nr. 4 und 5 BÄO. Letzteres kann im Einzelfall, z.B. bei Durchführung von anspruchsvollen, aber nicht versicherten Operationen in Vollnarkose, aber auch den Widerruf der Approbation rechtfertigen.[11] Bei der gerichtlichen Überprüfung einer Ruhensanordnung ist die materielle Sach- und Rechtslage im Zeitpunkt der letzten mündlichen Verhandlung vor dem Verwaltungsgericht maßgeblich.[12]

Fall 6: Rechtsfolgen approbationsrechtlicher Entscheidungen[13]
A ist deutscher Staatsangehöriger und verfügt in Deutschland über die Approbation als Arzt und als Zahnarzt. Seit 1978 verfügt er zusätzlich über eine belgische Approbation. Er arbeitete von 1981 bis 1989 sowohl in Deutschland als auch in Belgien. Seither erbringt er nur noch von seiner belgischen

---

10 Siehe ergänzend § 2 Abs. 3a ApBetrO.
11 VG München, Urt. v. 11.8.2017 – M 16 K 16.398, MedR 2018, 247.
12 BVerwG, Urt. v. 10.9.2010 – 3 C 13/19, NVwZ-RR 2021, 256.
13 BGH, Urt. v. 13.10.2005 – 3 StR 385/04, MedR 2006, 109.

Niederlassung aus Leistungen als Belegarzt in einer von ihm gegründeten Klinik in Wuppertal. Obwohl seine deutsche Approbation wegen Unwürdigkeit und Unzuverlässigkeit bestandskräftig zum Ruhen gebracht wurde, wird er weiter belegärztlich tätig-
Das Recht, den ärztlichen Beruf in Deutschland im Rahmen der Dienstleistungsfreiheit auszuüben, wird durch das Anordnen des Ruhens der Approbation nicht berührt, § 2 Abs. 3, § 10b Abs. 1 BÄO. Allerdings begeht ein solcher Arzt dann eine rechtswidrige Körperverletzung, wenn er seine Patienten nicht darüber aufgeklärt, dass wegen Unwürdigkeit das Ruhen seiner deutschen Approbation angeordnet worden war.

Unwürdig zur Ausübung des ärztlichen Berufs ist, wer durch sein (schuldhaftes) **11** Verhalten nicht mehr das Ansehen und Vertrauen besitzt, das für die Ausübung seines Berufs unabdingbar ist.[14] Es gelten objektive Maßstäbe; unerheblich sind individuelle Umstände wie das Lebensalter des Arztes, seine beruflichen Alternativen oder seine familiäre oder Vermögenssituation.[15] Der Betroffene muss ein schwerwiegendes Fehlverhalten gezeigt haben, das mit dem Berufsbild und den allgemeinen Vorstellungen von der Persönlichkeit eines (Zahn-) Arztes schlechthin nicht zu vereinbaren ist[16] und bei Würdigung aller Umstände wie etwa Art, Schwere und Dauer des Fehlverhaltens, verhängtes Strafmaß und zugrundeliegende Strafzumessungserwägungen zum Zeitpunkt des Abschlusses des Verwaltungsverfahrens die weitere Berufsausübung als untragbar erscheinen lässt. Insofern spielt das „Systemvertrauen" in den Arztberuf eine maßgebliche Rolle. Nur wenn man sicher sein kann, dass alle praktizierenden Ärzte die Grundsätze der ärztlichen Ethik beachten und ihren Beruf gewissenhaft ausüben, wird man sich in einer existenziellen Situation einem Arzt anvertrauen, der einem bislang unbekannt war. Zudem unterliegt die Arzt-Patienten-Beziehung wegen der ärztlichen Schweigepflicht nur der eingeschränkten Überprüfung seitens der Berufsaufsicht. Patienten bedürfen deshalb eines besonderen Schutzes.

Unzuverlässig ist, wer aufgrund seines bisherigen Verhaltens nicht mehr die **12** Gewähr dafür bietet, dass er in Zukunft seinen Beruf als Arzt ordnungsgemäß ausüben wird. Es müssen also Tatsachen vorliegen, welche die Prognose rechtfertigen, der Arzt werde unter Würdigung seiner gesamten Persönlichkeit die berufsspezifischen Vorschriften und Pflichten künftig nicht beachten.[17]

Die beiden unbestimmten Rechtsbegriffe unterliegen der **vollen verwal- 13 tungsgerichtlichen Kontrolle** und haben nach der Rechtsprechung jeweils eine

---

14 BVerwG, Beschl. v. 28.1.2003 – 3 B 149/02, BeckRS 2003, 21187.
15 BVerwG, Beschl. v. 14.4.1998 – 3 B 95.97, NJW 1999, 3425.
16 BVerwG, Beschl. v. 16.2.2016 – 3 B 68/14, BeckRS 2016, 43615 mit Zusammenfassung der Rechtsprechung des Gerichts zum gesamten Themenkomplex.
17 BVerwG, Urt. v. 16.9.1997 – 3 C 12.95, NJW 1998, 2756.

eigenständige Bedeutung. Die Unwürdigkeit bezieht sich auf einen in der Vergangenheit liegenden abgeschlossenen Zeitraum; das Tatbestandsmerkmal Unzuverlässigkeit verlangt eine Prognoseentscheidung. Das BVerfG[18] hat allerdings hinsichtlich des Merkmals der Unwürdigkeit Bedenken geäußert, insbesondere was das Fehlen eines prognostischen Elements betrifft. Dem kann aber hinreichend Rechnung getragen werden, wenn bei der Prüfung des Tatbestandsmerkmals der Unwürdigkeit etwaige veränderte Umstände berücksichtigt und deren Vorliegen hinreichend geprüft wird.

14   Anlass für approbationsrechtliche Maßnahmen, v. a. unter dem Aspekt der Unwürdigkeit, geben nicht nur schuldhafte Verfehlungen innerhalb der unmittelbaren Arzt – Patientenbeziehung, also dem sog. Kernbereich der ärztlichen Tätigkeit, sondern auch andere berufsbezogene schwerwiegende Verfehlungen. Selbst schwerwiegendes **außerberufliches Fehlverhalten**, insbesondere wenn das StGB die Verfehlung als Verbrechen einstuft[19] bzw. das Leben und die körperliche Unversehrtheit schützt, kann die Approbation kosten. Mögliche approbationsrechtliche Folgen sind bei der Strafzumessung zu berücksichtigen, wenn die Straftat unter Ausnutzen der beruflichen Stellung erfolgte.[20] Die Approbation kann später erneut erteilt werden. Das OVG Lüneburg erachtet – als Orientierungshilfe – einen Reifeprozess von regelmäßig mindestens fünf Jahren bei gravierenden Verfehlungen außerhalb des Wirkungskreises und von regelmäßig acht Jahren bei Verfehlungen im beruflichen Wirkungskreis als notwendig, und zwar gerechnet ab Einstellung der Verfehlungen. Zeiten der inneren Reifung unter dem Druck eines behördlichen Verfahrens kommt kein besonderer Wert, sondern ein geringeres Gewicht zu. Darüber hinaus sind die Art, Schwere und Zahl der Verfehlungen, das Nachtatverhalten, etwa die Mitwirkung bei der Aufklärung, das Bemühen um Wiedergutmachung, die Unrechtseinsicht und das Ausbleiben neuer Verfehlungen zu berücksichtigen.[21] Zwei Jahre vor Ablauf der Reifedauer kann eine **Berufserlaubnis** nach § 8 BÄO, ggf. beschränkt auf bestimmte Tätigkeiten und Beschäftigungsstellen, erteilt werden.

---

18 BVerfG, Urt. v. 8.9.2017 – 1 BvR 1657/17, medstra 2018, 33.
19 Vgl. etwa OVG Lüneburg, Beschl. v. 4.12.2009 – 8 LA 197/09, MedR 2010, 578 im Fall einer Steuerhinterziehung mit einem Schaden von 877.000 EUR.
20 BGH, Beschl. v. 15.3.2022 – 5 StR 497/21, NStZ 2022, 353.
21 OVG Lüneburg, Beschl. v. 29.7.2015 – 8 ME 33/15, BeckRS 2015, 49493; Beschl. v. 15.9.2015 – 8 LA 109/15, BeckRS 2015, 52568; Beschl. v. 15.12.2020 – 8 LA 80/20, BeckRS 2020, 35561.

3. Berufserlaubnis für andere Gesundheitsfachberufe

Deutschland hat im Gegensatz zu anderen Staaten ein **stark arztzentriertes** 15 **System**, d. h. die Steuerung des Behandlungsprozesses erfolgt durch den Arzt, der aber qualifiziertes und seinerseits hinreichend überwachtes Fachpersonal im Wege der Delegation zu seiner Unterstützung einsetzt. Deren Leistungen sind jeweils über ihn abrechenbar. Nach § 28 Abs. 1 S. 2 SGB V gehört zur ärztlichen Behandlung auch die Hilfeleistung anderer Personen, die von dem Arzt angeordnet und von ihm zu verantworten ist. Der Arzt trägt neben der sozialrechtlichen aber zumindest auch haftungsrechtliche Verantwortung, wenn den ihm Hilfeleistenden Fehler unterlaufen. Nach § 4 Abs. 2 S. 1 GOÄ kann der Arzt im privatärztlichen Bereich als eigene Leistungen nicht nur solche abrechnen, die er selbst erbracht hat, sondern auch solche, die unter seiner Aufsicht nach fachlicher Weisung erbracht wurden. Oben (→ Rn. 7) waren die seitens der Zahnärzte delegierbaren Leistungen erwähnt worden.

Eine Ausnahme von der Arztzentrierung bildeten bislang lediglich die **Heb-** 16 **ammen**, denen die Richtlinie 2005/36/EG in den Art. 40 ff. einen eigenen Abschnitt widmet. Er zwang Deutschland mWv 1.1.2020 zu einer Anpassung des HebG. Die Hebammenausbildung wurde vollständig akademisiert, wobei das Studium als duales Studium ausgestaltet ist und einen weiterhin hohen Praxisanteil aufweist. Dazu ist ein Vertrag zur akademischen Hebammenausbildung zu schließen, §§ 27 ff. HebG. Wie bisher enthält das Gesetz Vorbehaltsaufgaben. Danach sind neben Ärzten auch diejenigen, welche die Berufsbezeichnung Hebamme führen dürfen, zur Leistung von Geburtshilfe und damit zur Überwachung des Geburtsvorgangs von Beginn der Wehen an, zur Hilfe bei der Geburt und zur Überwachung des Wochenbettverlaufs berechtigt, § 4 HebG. Hebammen leiten eine physiologisch verlaufende Geburt, z. B. in Geburtshäusern oder hebammengeleiteten Kreißsälen, und helfen bei pathologischen Geburtsverläufen dem übernehmenden Arzt. Umgekehrt bestimmt § 4 Abs. 3 HebG, dass Ärzte verpflichtet sind, dafür Sorge zu tragen, dass bei einer Geburt eine Hebamme zugezogen wird.

Vorbehaltsaufgaben enthält nunmehr auch § 4 PflBerG. Wer eine berufliche 17 Ausbildung in der **Pflege**, §§ 5 ff. PflBerG, oder eine hochschulische Pflegeausbildung, §§ 37 ff. PflBerG, durchlaufen und die staatliche Abschlussprüfung bestanden hat,[22] erhält unter den weiteren Voraussetzungen, u. a. dass er sich keines Verhaltens schuldig gemacht hat, aus dem sich die Unzuverlässigkeit zur Ausübung des Berufs ergibt, die Erlaubnis zum Führen der Berufsbezeichnung Pflegefachfrau oder Pflegefachmann, ggf. ergänzt um den akademischen Grad, §§ 1, 2 PflBerG.

---

22 Vgl. auch Art. 31 ff. RL 2005/36/EG.

Ihnen vorbehalten sind nach § 4 Abs. 2 PflBerG die Erhebung und Feststellung des individuellen Pflegebedarfs, die Organisation, Gestaltung und Steuerung des Pflegeprozesses und die Analyse, Evaluation, Sicherung und Entwicklung der Qualität der Pflege. Arbeitgeber dürfen anderen von ihnen in der Pflege beschäftigten Personen keine dieser Aufgaben übertragen oder die Durchführung dieser Aufgaben durch nicht qualifizierte Personen dulden, § 4 Abs. 3 PflBerG. Im Zuge eines Gesetzes zur Stärkung der Pflegekompetenz sollen von den Pflegeeinrichtungen Delegationskonzepte für die Delegation von Aufgaben von Pflegefachpersonen auf Pflegeassistenzpersonen sowie auf Pflegehilfskräfte entwickelt werden.[23]

18   Zunehmend wird die **Substitution ärztlicher Leistungen** durch Angehörige anderer Gesundheitsfachberufe umgesetzt. Entsprechende Modellvorhaben zur Übertragung ärztlicher Tätigkeiten auf Pflegefachkräfte mit Zusatzqualifikation, § 64d SGB V, haben sich allerdings als zu schwerfällig erwiesen. Bis zum Eintreffen des Notarztes oder einer weiteren, auch teleärztlichen, Versorgung dürfen Notfallsanitäter heilkundliche Maßnahmen, und zwar auch invasiver oder medikamentöser Art, eigenverantwortlich durchführen und damit Heilkunde ausüben, wenn sie diese Maßnahmen in ihrer Ausbildung erlernt haben und (weiterhin) beherrschen und die Maßnahmen jeweils erforderlich sind, um von dem Patienten Lebensgefahr oder wesentliche Folgeschäden abzuwenden, § 2a NotSanG.[24]

19   In der **Physiotherapie** sehen die Überlegungen zu einem Reformgesetz eine Teilakademisierung vor. Neben einem berufsfachschulischen Beruf, dessen Absolventen zumindest die bisher von Physiotherapeuten abgedeckten Aufgaben wahrnehmen könne, sollen Physiotherapeuten mit Hochschulausbildung darüberhinausgehende Kompetenzen erhalten. Perspektivisch wäre ein Direktzugang der Patienten zur Behandlung durch diese Personengruppe möglich, d.h. ohne vorliegende Verordnung. Schon zzt. lässt das Sozialrecht zu, dass der Physiotherapeut aufgrund einer durch einen Vertragsarzt festgestellten Diagnose und der Indikation für eine Heilmittelanwendung selbst über die Auswahl und die Dauer der Therapie sowie die Frequenz der Behandlungseinheiten bestimmt und damit eine erweiterte Versorgungsverantwortung übernimmt, § 125a Abs. 1 S. 3 SGB V.

20   Aus der Praxis und späteren Empfehlungen der Deutschen Krankenhausgesellschaft heraus hat sich das Berufsbild der **Operationstechnischen und Anästhesietechnischen Assistenten** entwickelt, für die nunmehr §§ 1 und 2 ATA-OTA-G einen Berufsbezeichnungsschutz gewähren. Eine ähnliche Entwicklung zeichnet sich beim **Physician Assistant** ab. Dieser hat ohne entsprechende gesetzliche Regelung keine Befugnis zur eigenverantwortlichen Heilkundeausübung; die Dele-

---

23 BR-Drs. 2/25, 98 f.
24 Dazu u. a. Dörrenbächer/Singler MedR 2021, 505.

gation gefährlicher invasiver Maßnahmen,[25] etwa der Liquorentnahme, an diese Personengruppe ist daher wegen Verstoßes gegen § 5 HeilprG strafbar.

4. Heilpraktiker

Einer Erlaubnis bedarf nach § 1 Abs. 1 HeilprG, wer die Heilkunde am Menschen, **21** d. h. berufsmäßig eine Tätigkeit zur Feststellung, Heilung oder Linderung von Krankheiten, Leiden oder Körperschäden ausüben will, ohne Arzt zu sein. Er führt die Berufsbezeichnung „Heilpraktiker", § 1 Abs. 3 HeilprG. Keine Erlaubnis wird erteilt, wenn sich bei Überprüfung der Kenntnisse und Fähigkeiten des Antragstellers durch das Gesundheitsamt auf Basis dazu seitens des Bundesministeriums für Gesundheit bekanntgemachter Leitlinien[26] ergibt, dass mit der Heilkundeausübung durch den Bewerber eine **Gefahr für die Volksgesundheit** verbunden wäre, § 2 Abs. 1 lit. i HeilPraktGDV.

Die **Heilpraktikererlaubnis** ist grundsätzlich unbeschränkt, d. h. erlaubt **22** auch, (ästhetische) operative Eingriffe oder Narkosen, etwa an der Nase, den Ohren oder der Brust[27] durchzuführen. Wenn diese keinen Krankheitswert haben, dem also keine (vermutete) physische oder psychische Beeinträchtigung zugrunde liegt, werden die medizinisch nicht indizierten Behandlungen der Heilkundeausübung gleichgestellt,[28] sind aber wegen des strafrechtlichen Analogieverbots nicht sanktionierbar.[29] Punktuelle Beschränkungen ergeben sich aus Vorbehaltsaufgaben für Ärzte oder Zahnärzte, nämlich insbesondere bzgl. der Geburtshilfe, der Zahnheilkunde, § 6 HeilprG, und bei der Verschreibung von Arznei- und Betäubungsmitteln. In Niedersachsen unterliegt die Aufnahme der Heilpraktikertätigkeit einer Meldepflicht, § 7a NGöGD.

Unterschiedlich wird gehandhabt, ob einem Arzt – anders als einem Zahn- **23** arzt[30] – auf Antrag eine zusätzliche Heilpraktikererlaubnis erteilt wird oder ob es ihm nur untersagt ist, beide Berufe nebeneinander auszuüben.[31] Heilpraktiker binden sich allenfalls selbst an professionelle Standards und unterliegen, da sie keine „Angehörigen eines anderen Heilberufs sind, der für die Berufsausübung oder die Führung der Berufsbezeichnung eine staatlich geregelte Ausbildung er-

---

25 Vgl. Drs. 18/11114, 2 des Nds. Landtages.
26 BAnz AT 22.12.2017 B5.
27 BVerwG, Urt. v. 14.10.1958 – I C 25/56, NJW 1959, 833.
28 BVerwG, Beschl. v. 25.6.2007 – 3 B 82/06, NVwZ-RR 2007, 686 zu einer Faltenunterspritzung.
29 BGH, Beschl. v. 19.3.2024 – 3 StR 61724, medstra 2024, 312.
30 Vgl. z.B. OVG Münster, Beschl. v. 17.5.2017 – 13 A 168/16, BeckRS 2017, 110979.
31 Spickhoff/Schelling, 4. Aufl. 2022, HeilprG § 1 Rn. 2 ff.

fordert", nicht der Schweigepflicht nach § 203 Abs. 1 Nr. 1 StGB. Sie kann sich allenfalls aus den mit Patienten abgeschlossenen Behandlungsverträgen ergeben. Keiner Heilpraktikererlaubnis bedarf, wer als dritten Weg **geistiges Heilen**, etwa in Form des Handauflegens, zwecks Aktivierung der Selbstheilungskräfte anbietet.[32] Die Gewerbeaufsicht muss lediglich durch Kontrollen sicherstellen, dass der Heiler seine Kunden darüber aufklärt, dass seine rituelle Tätigkeit die ärztliche Behandlung nicht ersetzt.

24   Ausgehend von einer auf den Bereich der Psychotherapie beschränkten Heilpraktikererlaubnis werden als Ausfluss der Rechtsprechung des BVerwG inzwischen **sektorale Heilpraktikererlaubnisse** auch für die Bereiche Physiotherapie, Ergotherapie, Logopädie und Podologie erteilt.[33] Das Heilmittel kann dann ohne Vorliegen einer ärztlichen Verordnung angewendet werden. Auf Basis eines von Stock erstellten „Rechtsgutachten zum Heilpraktikerrecht"[34] aus dem April 2021 wird seit Längerem über eine Reform und u. a. den Fortfall sektoraler Erlaubnisse diskutiert.

II. Berufsausübungsrecht

25 Das Berufsausübungsrecht ist wie das Berufszugangsrecht berufsübergreifend ähnlich strukturiert. In den verkammerten Heilberufen werden gesetzlich einige **grundlegende Pflichten** postuliert, die von den Kammern in deren Satzungsrecht, nämlich in einer Berufsordnung, ausgestaltet werden können; sie dürfen „das Nähere" regeln. Daneben existiert ein Katalog von fakultativen Regelungsgegenständen. Insofern steht es im Ermessen der Beschlussgremien der Heilberufskammern, ob sie entsprechende Regelungen treffen und ob diese detailliert oder generalklauselartig ausfallen. Bei den nicht verkammerten Berufen müssen die Berufspflichten abschließend staatlicherseits festgelegt werden. Das geschieht durch Gesetz und ggf. ergänzend in einer Rechtsverordnung.

26   Berufsgruppenübergreifende Pflichten bei der Berufsausübung sind das Gebot, den **Beruf** entsprechend dem jeweiligen anerkannten Stand der medizinisch-wissenschaftlichen Erkenntnisse **gewissenhaft auszuüben** und dabei Qualitätssicherungsmaßnahmen durchzuführen. Das wird z.T. konkretisiert. So bestimmt § 2 Abs. 3 Nds. HebG, dass die Hebamme den Arzt darauf hinweisen muss und dies

---

32 BVerfG, Beschl. v, 2.3.2004 – 1 BvR 784/03, MedR 2005, 35.
33 BVerwG, Urt. v. 29.8.2024 – 3 C 4.23, BeckRS 2024, 31712; Spickhoff/Schelling, 4. Aufl. 2022, HeilprG § 1 Rn. 21 mwN.
34 www.bundesgesundheitsministerium.de/service/publikationen/details/rechtsgutachten-zum-heilpraktikerrecht.

auch zu dokumentieren hat, wenn eine ärztliche Maßnahme den anerkannten Regeln der Geburtshilfe widerspricht. Sie darf die Hilfeleistung nicht verweigern, wenn dadurch ein gesundheitlicher Schaden für die Gebärende, das ungeborene Kind oder das Neugeborene zu befürchten ist

Hinzu kommen berufsgruppenübergreifend Regelungen zur Dokumentation des Behandlungsgeschehens, zur Verschwiegenheit und zur Verpflichtung, sich über die für die Ausübung ihres Berufs geltenden Vorschriften zu unterrichten. Die Verpflichtung zum **Berufshaftpflichtversicherungsschutz** ergibt sich z.T. aus den Gesetzen, mit denen die Patientenmobilitätsrichtlinie der Europäischen Union in Landesrecht umgesetzt wurde.[35] Freiberufliche Hebammen sind in Niedersachsen nach § 6 Nds. HebG zusätzlich z.B. verpflichtet, auf ihre berufliche Niederlassung, insbesondere durch ein Praxisschild, hinzuweisen und dafür sorgen, dass ihnen jederzeit Nachrichten übermittelt oder hinterlassen werden können. Sind sie nicht unmittelbar zu erreichen, so muss eine Vertretung gewährleistet sein. Die fachliche Fortbildungspflicht wird unterschiedlich umschrieben, weicht in der Sache aber nicht voneinander ab. Am verständlichsten beschreibt sie § 14 Nds. Gesundheitsfachberufegesetz: „Pflegefachpersonen, Altenpfleger und Gesundheits- und Kinderkrankenpfleger haben sich so fortzubilden, dass sie mit der beruflichen Entwicklung so weit Schritt halten, wie dies für eine sichere und wirksame berufliche Leistung erforderlich ist." 27

1. Apothekenbetrieb

Davon, dass das Berufsausübungsrecht der ärztlichen und anderen Heilberufe Landesrecht ist, macht Art. 74 Abs. 1 Nr. 19 GG für „das Recht des Apothekenwesens" eine Ausnahme. Von rund 70.000 Apothekerinnen und Apothekern arbeiteten Ende 2023 rund 80 % in öffentlichen Apotheken oder Krankenhausapotheken. Maßgeblich ist das Gesetz über das Apothekenwesen (ApoG) und die auf Grundlage des § 21 ApoG erlassene Apothekenbetriebsordnung. Letztere begrenzt den Apotheker in § 1a Nr. 10 auf das Angebot apothekenüblicher Waren und dies im beschränkten Umfang, § 2 Abs. 4 ApBetrO, verlangt den Betrieb eines Qualitätsmanagementsystems und gibt die Beschaffenheit, Größe und Einrichtung der Apothekenbetriebsräume vor, §§ 2a, 4 ApBetrO. Zur Information und Beratung der Patienten, aber auch der Ärzte, macht § 20 ApBetrO Vorgaben. § 23 ApBetrO regelt die Dienstbereitschaft. Die abnehmende Zahl von Apotheken lässt erwarten, dass in dünner 28

---

35 Vgl. etwa für „Gesundheitsdienstleister, die medizinische Behandlungen zusagen", § 4 Sächsisches Patientenmobilitätsgesetz

besiedelten Regionen wieder mehr erlaubnispflichtige **Rezeptsammelstellen** eingerichtet werden. Sie dürfen nicht in Gewerbebetrieben oder bei Angehörigen der Heilberufe unterhalten werden, § 24 Abs. 2 ApBetrO.[36] In besonderen Einzelfällen, etwa bei vulnerablen Patienten, sind Ausnahmen möglich. Einer besonderen Erlaubnis bedarf der Versandhandel mit apothekenpflichtigen Arzneimitteln, § 11a ApoG.

> **Fall 7: Adventszeit**[37]
> Apotheker A betreibt in Oldenburg (Olbg) eine Apotheke. In der Adventszeit erweitert er das Sortiment um Weihnachtsartikel wie Filzengel, Keramiknikoläuse, Drahtweihnachtsbäume, Tee- und Windlichter, Holzfiguren und weihnachtliche Plüschtiere. Er wird auf Unterlassung in Anspruch genommen, weil es sich um keine apothekenüblichen Waren handele und nur solche in Apotheken verkauft werden dürften. Anders als in den USA dürften Medikament nicht in Drugstores abgegeben werden.
> Bei den Vorschriften der ApBetrO handelt es sich um abmahnfähige Marktverhaltensregelungen, § 3a UWG. Der Verstoß hiergegen ist aber jedenfalls wegen der Begrenztheit auf die Adventszeit und des ausschließlichen Angebots von Dekorationsartikeln aus dem unteren und untersten Preissegment, die hauptsächlich dazu dienten, in der Apotheke eine vorweihnachtliche Stimmung zu schaffen, nicht geeignet, das wirtschaftliche Verhalten des Verbrauchers wesentlich zu beeinflussen, § 3 Abs. 2 UWG.

29 Nach § 1 Abs. 2 ApoG bedarf unbeschadet seiner Approbation als Apotheker einer Erlaubnis, wer eine Apotheke und bis zu drei Filialapotheken betreiben will. Die Eröffnung setzt eine vorherige Abnahme durch die zuständige Behörde voraus, § 6 ApoG. Nach § 2 ApoG muss der Apotheker u.a. die für den Apothekenbetrieb erforderliche Zuverlässigkeit besitzen und nicht in gesundheitlicher Hinsicht ungeeignet sein, eine Apotheke ordnungsgemäß zu leiten. Mit dem Widerruf der Approbation als Apotheker erlischt auch die **Apothekenbetriebserlaubnis**; dies führt zur Schließung der Apotheke, § 3 Nr. 3, § 5 ApoG. Bei Verfehlungen mit starkem wirtschaftlichen Bezug kann es daher sachgerecht sein, dass der Apotheker als milderes Mittel zwar seine Betriebserlaubnis, nicht jedoch zusätzlich seine Approbation verliert.[38]

30 Filialapotheken können innerhalb desselben Kreises oder derselben kreisfreien Stadt oder in einander benachbarten Kreisen oder kreisfreien Städten betrieben werden; eine der Apotheken ist als Hauptapotheke persönlich zu führen; für die Filialapotheken sind qualifizierte Apothekenleiter zu bestellen, § 2 Abs. 4 und 5 ApoG. Die Erlaubnis zum Betrieb einer öffentlichen Apotheke verpflichtet

---

36 BGH, Urt. v. 17.10.1980 – I ZR 185/78, GRUR 1981, 280.
37 OLG Oldenburg, Urt. v. 22.11.2007 – 1 U 49/07, GRUR-RR 2008, 20.
38 VG Aachen, Urt. v. 10.1.2019 – 5 K 4827/17, MedR 2020, 57.

zur **persönlichen Leitung der Apotheke** in eigener Verantwortung durch den Apothekeninhaber, Apothekenleiter in der Filialapotheke oder angestellten Apotheker in der Krankenhausapotheke, § 7 ApoG, § 2 Abs. 2 ApBetrO. Mehrere Apotheker können gemeinsam eine Apotheke betreiben. Dass Apotheker einen gewerblichen freien Beruf ausüben und damit eine Zwitterstellung einnehmen,[39] wird daran deutlich, dass als Rechtsformen neben der rechtsfähigen Gesellschaft bürgerlichen Rechts die offene Handelsgesellschaft zugelassen ist, § 8 S. 1 ApoG; eine oHG ist nach § 105 Abs. 1 HGB auf den Betrieb eines Handelsgewerbes gerichtet.

Für Apotheken gilt ein vom EuGH[40] bestätigtes **Fremdbesitzverbot**; § 9 ApoG 31 schränkt Pachtverträge stark ein. Ausgeschlossen, für nichtig erklärt und mit einem Bußgeldtatbestand belegt werden Rechtsverhältnisse wie z. B. Beteiligungen in Form einer, auch atypischen, Stillen Gesellschaft, §§ 230 ff. HGB, mit denen sich Dritte die beruflichen und wirtschaftlichen Fähigkeiten des Apothekeninhabers zu Nutze machen und an den Erlösen der Apotheke partizipieren, §§ 8 S. 2, 12, 25 Abs. 1 Nr. 2 ApoG.[41] Das soll verhindern, dass die berufliche Verantwortung und Entscheidungsfreiheit des Apothekers durch unangemessene vertragliche Bedingungen, die ihn in wirtschaftliche Abhängigkeit bringen, beeinträchtigt werden.[42] Der umfassende § 11 ApoG verbietet es dem Offizinapotheker u. a., mit Ärzten Absprachen über die Zuführung von Patienten oder die Zuweisung von Verschreibungen zu treffen oder eine aus einer eingespielten Übung heraus entstandenen Praxis aufrechtzuerhalten.[43] Der Bußgeldtatbestand, § 25 ApoG, adressiert auch an Ärzte.[44] Ausnahmen, die allerdings das Recht der Patienten auf freie Apothekenwahl unberührt lassen, gelten insbesondere für Zytostatikazubereitungen, die durchgehend gekühlt sein müssen, und bei von der Apothekenaufsicht genehmigten Heimversorgungsverträgen, § 12a ApoG.

Neben dem Bundesrecht haben Apotheker, und zwar auch diejenigen, die in 32 Krankenhausapotheken, als Stationsapotheker oder in der pharmazeutischen Industrie tätig sind, landesrechtliche Bestimmungen in den Berufsordnungen der Apothekerkammern zu beachten. Aus kartellrechtlichen Gründen wird auf Bundesebene anders als bei den Ärzten und Zahnärzten keine Musterregelung erstellt. In Niedersachsen regelt z. B. § 4 die Pflicht, an Qualitätszirkeln sowie an Ringver-

---

39 BVerfG, Urt. v. 30.5.1956 – 1 BvF 3/53, NJW 1956, 1025.
40 EuGH, Urt. v. 19.5.2009 – C 171/07; C-172/07, EuZW 2009, 409.
41 Vgl. aber BGH, Urt. v. 4.5.2023 – IX ZR 157/21, A&R 2023, 318.
42 Spickhoff/Sieper, Medizinrecht, 4. Aufl. 2022, ApoG § 8 Rn. 3 mit umfassenden weiteren Nachweisen.
43 Spickhoff/Sieper, Medizinrecht, 4. Aufl. 2022, ApoG § 11 Rn. 3 mwN.
44 OVG Münster, Urt. v. 2.9.1999 – 13 A 3323/97, NVwZ-RR 2000, 216.

suchen zur Überprüfung der Rezepturqualität und der Blutmesswerte und an **Tests zur Kontrolle und Weiterentwicklung der Beratungsqualität** in Apotheken teilzunehmen sowie ein Qualitätsmanagementsystems entsprechend der Art und dem Umfang der pharmazeutischen Tätigkeit zu etablieren und zertifizieren zu lassen.

2. Berufsausübungsrecht der Ärzte

33 Die Länder haben durch Heilberufe- und Kammergesetze Heilberufskammern als Körperschaften des öffentlichen Rechts errichtet. Diese üben als Teil der **mittelbaren Staatsverwaltung** u.a. die Berufsaufsicht über die in ihrem Zuständigkeitsbereich tätigen Heilberufsangehörigen aus. Grundlage der Berufsaufsicht sind die in diesen Gesetzen und im Satzungsrecht, d.h. in den Berufsordnungen, enthaltenen Verhaltensnormen. Verfassungsrechtlich ist es geboten, dass der Gesetzgeber die wesentlichen Normen des Berufsausübungsrechts bzw. den Rahmen für berufsrechtliche Normen in einem Katalog möglicher Regelungsgegenstände selbst vorgibt.[45]

> **Fall 8: Mitarbeiterbeteiligung**[46]
> Die Berufsordnung der Landesärztekammer regelt unter der Überschrift Kollegiale Zusammenarbeit, dass einem Arzt, dem im Fall der Erbringung von privat zu vergüteten Wahlleistungen vom Krankenhausträger ein eigenes Liquidationsrecht eingeräumt ist, vom Nettobetrag mindestens 50 % abführen muss, wenn die liquidationsfähigen Leistungen vom Mitarbeiter auf Dauer überwiegend selbst erbracht werden. Ein Chefarzt will das nicht akzeptieren.
> Als von der Regelung Beschwerter kann der Chefarzt, sofern das Landesrecht dies zulässt, gegen die Satzungsbestimmung Normenkontrollklage erheben. Diese muss inzwischen binnen eines Jahres nach Bekanntmachung der Satzung erhoben werden, § 47 Abs. 2 S. 1 VwGO. Materiell ist gegen eine solche Regelung nichts einzuwenden; das ergibt sich aus der Rechtsprechung des BVerfG.[47] Der Landesgesetzgeber muss die Ärztekammer aber ermächtigen, eine entsprechende Berufspflicht zu regeln. Das hat der Gesetzgeber im Nachgang zum Urteil des OVG Lüneburg in § 33 Abs. 2 Nr. 16 Nds. Kammergesetz für die Heilberufe ermöglicht.

a) Materielles Berufsrecht

34 Die Berufspflichten greifen in die Berufsfreiheit ein und müssen sich wie alle Rechtsnormen an den verfassungsrechtlichen Vorgaben messen lassen. Verfas-

---

45 Vgl. BVerfG, Beschl. v. 9.5.1972, NJW 1972, 1504, 1507 – sog. Facharztbeschluss.
46 OVG Lüneburg Urt. v. 25.9.2003 – 8 K 3109/00, BeckRS 2003, 24659.
47 BVerfG, Beschl. v. 7.11.1979 – 2 BvR 513, 558/74, NJW 1980, 1327, 1329.

sungskonform sind sie, wenn sie **vernünftigen Zwecken des Gemeinwohls** dienen und den Berufstätigen nicht übermäßig oder unzumutbar treffen, also dem Grundsatz der Verhältnismäßigkeit genügen. Die Überprüfung, ob diese Maßstäbe eingehalten werden, erfolgte bisher primär im Rahmen der Rechtsaufsicht durch die für das Gesundheitswesen zuständigen Landesministerien. Da es sich bei den Satzungen der Heilberufskammern um unter dem Landesrecht stehende Rechtsvorschriften handelt, bestimmt das Landesrecht – soweit ersichtlich aller Bundesländer –, dass das jeweilige Oberverwaltungsgericht auf einen zulässigen Normenkontrollantrag hin binnen Jahresfrist dessen Gültigkeit überprüft, § 47 Abs. 1 Nr. 2, Abs. 2 VwGO. Eine Überprüfung findet aber auch im Einzelfall statt, wobei gegen berufsrechtliche Maßnahmen, welche unten dargestellt werden, Verfassungsbeschwerde beim BVerfG erhoben werden kann.

Nach Unionsrecht sind Vorschriften, welche die Ausübung eines Berufs oder **35** eine bestimmte Art seiner Ausübung beschränken, neuerdings nach Maßgabe der Richtlinie (EU) 2018/958 – sog. **Verhältnismäßigkeitsrichtlinie** – auf ihre Verhältnismäßigkeit zu überprüfen und so ausführlich zu erläutern, dass ihre Übereinstimmung mit dem Verhältnismäßigkeitsgrundsatz bewertet werden kann, insbesondere auch, dass sie nicht diskriminierend, durch Ziele des Allgemeininteresses gerechtfertigt und verhältnismäßig sind.[48]

Wenn im Folgenden jeweils auf die **(Muster-) Berufsordnung [MBO-Ä]** Bezug **36** genommen wird, muss beachtet werden, dass diese von der Bundesärztekammer, einer Arbeitsgemeinschaft der Landesärztekammern, erstellt wird und auf eine möglichst einheitliche Regelung der ärztlichen Berufspflichten durch die Landesärztekammern abzielt. Die MBO-Ä hat für diese nur Empfehlungscharakter. Rechtsverbindlich sind jeweils nur die von den Kammer- oder Delegiertenversammlungen beschlossenen Satzungen.

Zentrale Vorschrift in der MBO-Ä ist § 2 Abs. 2 S. 1. Danach haben Ärzte ihren **37** Beruf gewissenhaft auszuüben und dem ihnen bei ihrer Berufsausübung entgegengebrachten Vertrauen zu entsprechen. Diese aus den Heilberufe- und Kammergesetzen übernommene sog. **Generalpflichtenklausel** geht darauf zurück, dass es der Natur des Berufsrechts entspricht, dass die Berufspflichten der Berufsangehörigen nicht in einzelnen Tatbeständen erschöpfend umschrieben werden können. Die nähere Bestimmung der sich hieraus ergebenden einzelnen Pflichten bleibt vielmehr der **Aufsichtspraxis der Kammern** als Selbstverwaltungskörperschaften und der Rechtsprechung der Berufsgerichte überlassen. Bedenken im Hinblick auf Art. 103 Abs. 2 GG hat das BVerfG nicht.[49]

---

48 Vgl. z.B. Niedersächsische LT-Drs. 19/2959.
49 BVerfG Beschl. v. 9.5.1972 – 1 BvR 518/62 u. 308/64, NJW 1972, 1504, 1508.

38   Dass Ärzte dem ihnen bei ihrer Berufsausübung entgegengebrachten Vertrauen zu entsprechen haben, führt dazu, dass Gegenstand berufsrechtlicher
Maßnahmen auch **außerberufliches Fehlverhalten** sein kann, sofern dieses in
besonderem Maße einen Vertrauensverlust der Patienten in die Berufsausübung
der Ärzte zur Folge hat. Das Verhältnis der allgemeinen Berufspflicht der gewissenhaften Berufsausübung zu den speziellen Tatbeständen ist noch nicht
abschließend geklärt. Vielmehr ist im Einzelfall zu prüfen, ob eine spezifische
Berufsrechtsnorm bei negativem Subsumtionsergebnis den Rückgriff auf die Ge-
neralnorm sperrt.

39   Nach § 2 Abs. 5 MBO-Ä sind Ärzte verpflichtet, die **für die Berufsausübung
geltenden Vorschriften** zu **beachten.** Auch das geht auf eine entsprechende
Vorgabe in den Heilberufe- und Kammergesetzen zurück. Erfasst sind von dem
Blanketttatbestand nach dem Verständnis der Bundesärztekammer insbesondere
die Vorschriften des öffentlichen Rechts, also u. a. für die an der vertragsärztlichen
Versorgung teilnehmenden Ärzte diejenigen des Vertragsarztrechts[50] oder für alle
Ärzte des Infektionsschutzrechts. Dies erschien dem BVerfG[51] im Fall der berufsrechtlichen Ahndung einer Ärztin, welche die landesrechtliche Corona-Bekämp-
fungsverordnung in ihrer Arztpraxis nicht beachtet hatte, im Hinblick auf einerseits die tatbestandlich weit gefasste Berufsrechtsnorm i.V.m. der ebenfalls weit
gefassten in Bezug genommenen Norm und andererseits das Bestimmtheitsgebot
des Art. 103 Abs. 2 GG nicht unproblematisch. Eine Spezialregelung enthält § 12
Abs. 1 S. 1 MBO-Ä. Danach hat sich der Arzt an die GOÄ zu halten.

40   Als Ausfluss der Einordnung des Arztberufs als seiner Natur nach **freiem
Beruf**, §§ 1 Abs. 2 BÄO, 1 Abs. 1 S. 3 MBO-Ä, dürfen Ärzte hinsichtlich ihrer ärztlichen
Entscheidungen keine Weisungen von Nichtärzten entgegennehmen, § 2 Abs. 4
MBO-Ä. Folgerichtig wird im Sozialrecht für Krankenhäuser, § 107 Abs. 1 Nr. 2 SGB V,
und medizinische Versorgungszentren, § 95 Abs. 1 S. 2 SGB V, eine ärztliche Leitung
verlangt, welche die ärztliche Steuerung der Betriebsabläufe und die medizinische
Gesamtverantwortung übernimmt. Unter „Weisungen" versteht die MBO-Ä auch
direktive „Empfehlungen" oder mehr oder weniger subtil geäußerte Erwartungen,
deren Nichterfüllung ggf. zu Nachteilen für den Arzt führen würde. Organisatorische Weisungen werden durch die Berufsordnung nicht ausgeschlossen. Die Kli-
nikleitung darf die bei ihr tätigen Ärzte nicht daran hindern, ihre ärztlichen
Berufspflichten zu erfüllen.[52] Arbeitsrechtlich hat der Arzt ggf. ein Leistungsverweigerungsrecht nach § 275 Abs. 3 BGB: Die Leistung kann ihm, auch unter Ab-

---

50 VG Berlin, Beschl. vom 9.2.2015 – VG 90 K 6.13 T, BeckRS 2015, 44417.
51 BVerfG, Beschl. v. 9.11.2022 – 1 BvR 2263/21, COVuR 2023, 12.
52 BGH, Urt. v. 30.11.1977 – IV ZR 69/76, NJW 1978, 589, 591.

wägung mit dem Leistungsinteresse des medizinischen Versorgungszentrums oder Krankenhauses, wegen seiner berufsrechtlichen Bindungen, deren Nichtbeachtung mit Sanktionen belegt ist, nicht zugemutet werden. Das öffentlich-rechtliche Berufsrecht überlagert daher die zivilrechtlichen Rechte und Pflichten der Parteien des Arbeitsvertrages.

Verstärkend heißt es in § 2 Abs. 1 S. 2 MBO-Ä, dass Ärzte keine Grundsätze 41 anerkennen und keine Vorschriften oder Anweisungen beachten dürfen, die mit ihren Aufgaben nicht vereinbar sind oder deren Befolgung sie nicht verantworten können. In sensiblen Bereichen[53] wird das **Leistungsverweigerungsrecht** des Arztes zudem ausdrücklich benannt: § 12 SchKG bestimmt, dass, außer in Notfallsituationen, niemand verpflichtet ist, an einem Schwangerschaftsabbruch mitzuwirken. § 14 Abs. 1 S. 3 MBO-Ä normiert, dass Ärzte nicht gezwungen werden können, einen Schwangerschaftsabbruch vorzunehmen oder ihn zu unterlassen.[54]

In § 3 Abs. 2 MBO-Ä gebietet das Berufsrecht eine **Trennung heilkundlicher** 42 **und gewerblicher Tätigkeit**. Danach ist es Ärzten untersagt, im Zusammenhang mit der Ausübung ihrer ärztlichen Tätigkeit Waren und andere Gegenstände abzugeben oder unter ihrer Mitwirkung abgeben zu lassen sowie gewerbliche Dienstleistungen zu erbringen oder erbringen zu lassen, soweit nicht die Abgabe des Produkts oder die Dienstleistung wegen ihrer Besonderheiten notwendiger Bestandteil der ärztlichen Therapie sind. Unzulässig ist es bspw., wenn ein Plastischer Chirurg zwecks Finanzierung von medizinisch nicht indizierten Operationen als Kreditvermittler auftritt oder für ein Versicherungsunternehmen wirbt, welches mögliche Folgekosten nach § 52 Abs. 2 SGB V absichert.[55] Im Zusammenhang mit der Heilkundeausübung soll sich der Arzt ausschließlich von medizinischen Notwendigkeiten leiten lassen. Außerdem soll unterbunden werden, dass das besondere Vertrauen in den Arzt in wettbewerbswidriger Weise zum Zwecke der Verkaufsförderung bzw. gewerblicher Eigeninteressen eingesetzt wird.

Fall 9: Ernährungsberatung in den Räumen einer Arztpraxis[56]
HNO-Arzt H will seinen Patienten helfen, die unter Allergien leiden. Er hält es für sinnvoll, dass viele von ihnen abnehmen und andere ihre Ernährung umstellen sowie seines Erachtens empfehlenswerte Nahrungsergänzungsmittel einnehmen. § 3 Abs. 2 der für ihn geltenden Berufsordnung bestimmt aber, dass er im Zusammenhang mit seiner ärztlichen Tätigkeit keine Waren abgibt oder gewerbliche Tätigkeiten ausübt.

---

53 Vgl. § 3a Abs. 5 ESchG.
54 Zum Weigerungsrecht von Krankenhäusern, Schwangerschaftsabbrüche durchzuführen vgl. die Ausarbeitung der Wissenschaftlichen Dienste des Deutschen Bundestages v. 28.11.2019 – WD 9 – 3000 – 087/19 (recherchierbar über www.bundestag.de).
55 LG Düsseldorf, Urt. v. 19.8.2016 – 38 O 15/16, MedR 2017, 487.
56 BGH, Urt. v. 29.5.2008 – I ZR 75/05, NJW 2008, 2850.

Da das Trennungsgebot nicht unmittelbar bestehenden Gesundheitsgefahren begegnet, sondern lediglich langfristig negative Rückwirkungen auf die medizinische Versorgung eine Kommerzialisierung des Arztberufs verhindern soll, ist es grundsätzlich eng auszulegen. Wenn H eine gewerbliche Ernährungsberatung einschließlich des Verkaufs von Nahrungsergänzungsmitteln außerhalb der Praxisöffnungszeiten anbietet und sie außerdem in organisatorischer, wirtschaftlicher und rechtlicher Hinsicht trennt, ist dies nicht zu beanstanden. Entscheidend ist dabei die tatsächliche Organisation, wie sie sich für den Patienten darstellt. Der Patient darf beim Verlassen des Sprechzimmers z.B. nicht zwangsläufig an einem Stand mit Werbematerial vorbei geleitet werden.

43 Zudem muss der die eine gewerbliche Tätigkeit rechtfertigende Ausnahmetatbestand, dass die Warenabgabe notwendiger Bestandteil der ärztlichen Therapie ist, mit Blick auf Art. 12 Abs. 1 GG weit ausgelegt werden. Für das Berufsrecht ist maßgeblich, ob nach ärztlicher Einschätzung Einweisungen, Schulungen, Anpassungs- oder Kontrollleistungen oder eine Notfallversorgung erforderlich sind und die Abgabe der Ware im direkten Zusammenhang damit vorgenommen oder veranlasst wird.[57] Dabei muss gerade die Abgabe der Ware und nicht bloß deren Verwendung unter ärztlicher Aufsicht notwendiger Bestandteil der ärztlichen Therapie sein.[58] Unzulässig ist i.d.R. die Abgabe von in großem Umfang benötigten **Verbrauchsprodukten** wie Bandagen. Gleiches gilt für die Abgabe von Gutscheinen, mit denen Waren wie Versandarzneimittel bei einem bestimmten Anbieter billiger bezogen werden können.[59]

44 In den §§ 30 ff. MBO-Ä finden sich Regelungen zur Wahrung der ärztlichen Unabhängigkeit bei der Zusammenarbeit mit Dritten. § 30 MBO-Ä regelt den allgemeinen Grundsatz zur Wahrung der ärztlichen Unabhängigkeit. Ärzte sind danach verpflichtet, in allen vertraglichen und sonstigen beruflichen Beziehungen zu Dritten ihre ärztliche Unabhängigkeit für die Behandlung der Patientinnen und Patienten zu wahren. Mit Blick auf den Schutz von Leben und Gesundheit ist die Norm als **abstraktes Gefährdungsdelikt** abgefasst. Eine Ärztin darf keine Tätigkeit in einem Medical Beauty Center annehmen, welches einen Exklusivbezug mit Filler-Produkten für Faltenunterspritzungen vereinbart hat.[60] Als Marktverhaltensregel können Verstöße wettbewerbsrechtliche Unterlassungsansprüche nach § 3a UWG begründen.[61] Und nach § 23 Abs. 2 MBO-Ä darf ein Arzt in einem Arbeits- oder Dienstverhältnis i.ü. eine Vergütung nur so vereinbaren, dass ihn dies nicht in

57 BGH, Urt. v. 2.6.2005 - I ZR 317/02, GesR 2005, 456, 457.
58 OLG Koblenz, Urt. vom 22.2.2005 – 4 U 813/04, MedR 2005, 723, 725.
59 OLG Koblenz, Urt. vom 14.2.2006 – 4 U 1680/05, MMR 2006, 312.
60 OLG München, Beschl. v. 13.9.2012 – 7 U 2764/12, MedR 2013, 108.
61 BGH, Urt. v. 21.5.2015 – I ZR 183/13, GesR 2016, 56 zu der § 30 MBO-Ä im Kern entsprechenden Bestimmung des § 1 Abs. 5 BO Zahnärztekammer Nordrhein.

der Unabhängigkeit seiner medizinischen Entscheidungen beeinträchtigt. Das ist auch bei Zielvereinbarungen mit Chefärzten zu beachten. So darf eine solche Vereinbarung weder darauf abstellen, ob er einen bestimmten Anteil von Medizinprodukten eines bestimmten Herstellers verwendet[62] oder eine bestimmte Anzahl von Operationen, ggf. mit einer bestimmter Fallschwere, erreicht wird. Denn dies begründet die Gefahr, dass Patienten ohne Indikation oder in einer dafür nicht hinreichend ausgestatteten Klinik behandelt werden.

Der **berufsrechtliche Korruptionstatbestand** des Verbotes der Zuweisung 45 von Patienten oder Untersuchungsmaterial oder für die Verordnung oder den Bezug von Arznei- oder Hilfsmitteln oder Medizinprodukten gegen ein Entgelt oder andere Vorteile, § 31 MBO-Ä, der für den § 299a StGB erkennbar Pate stand, will das Vertrauen der Patienten in die Sachlichkeit ärztlicher Entscheidungen schützen und verhindern, dass sich Ärzte durch Vorteilsgewährungen ungerechtfertigte Wettbewerbsvorteile gegenüber ihren Berufskollegen verschaffen. Im Zuge eines Verkaufs einer Patientenkartei bei Praxisaufgabe kann die Zuweisung auch in einer Rufumleitung oder einem an Patienten gerichteten Empfehlungsschreiben liegen.[63]

Auch in einer **Vermögens- oder Gewinnbeteiligung** an einem Unternehmen, 46 wie z.B. einer Rehabilitationsklinik oder einem Sanitätshaus, kann ein berufsrechtlich missbilligter Vorteil liegen. Das gilt insbesondere dann, wenn der Gewinnanteil oder der sonstige Zahlungsrückfluss unmittelbar von der Anzahl der veranlassten Leistungen abhängt bzw. der Überweiser trotz nur geringer Einlage und vernachlässigbarem wirtschaftlichem Risiko durch sein Verordnungsverhalten im Wege der „Selbstbelohnung" maßgeblichen Einfluss ausübt und dabei eine überdurchschnittliche Rendite erwirtschaftet.[64] Ausdrücklich verboten sind in § 18 Abs. 1 S. 2–4 MBO-Ä Gesellschaftsgründungen, welche der Umgehung des Zuweisungsverbotes dienen.[65] Eine entsprechende Verbotsnorm findet sich in § 33 Abs. 2 S. 3–5 Ärzte-ZV auch im Vertragsarztrecht.[66]

Soweit Ärzte mit Krankenhäusern kooperieren, sind in vier Bundesländern 47 spiegelbildliche Normen zu beachten.[67] Zudem enthält das Vertragsarztrecht in

---

62 BÄK, DÄBl. 2004, A-1607, 1611.

63 BGH, Hinweisbeschl. v. 9.11.2021 – VIII ZR 362/19, medstra 2022, 183, 185.

64 Vgl. näher BÄK, Unternehmerische Betätigungen von Ärztinnen und Ärzten und Beteiligung an Unternehmen, DÄBl. 2013, A-2226.

65 Vgl. dazu aber BGH, Urt. v. 15.5.2014 – I ZR 137/12, MedR 2014, 807 und nachgehend OLG Karlsruhe, Urt. v. 25.2.2015 – 6 U 15/11, WRP 2015, 992.

66 BSG, Urt. v. 25.3.2015 – B 6 KA 24/14 R, GesR 2015, 617, 619.

67 § 31a Abs. 1 i.V.m. § 36 Abs. 2 KHGG NRW, § 32 Brem. KHG, § 27 Abs. 5 LKHG SchlH, § 25a Thür. KHG.

§ 73 Abs. 7 SGB V eine weitgehend identische Rechtsnorm. Sie erfasst allerdings im Gegensatz zum Berufsrecht nur die Gewährung **wirtschaftlicher Vorteile.**

48   Das Zuweisungsverbot wird in § 31 Abs. 2 MBO-Ä durch ein **Empfehlungs-verbot** ergänzt, wonach Ärzte ihren Patienten nicht ohne hinreichenden Grund bestimmte Ärzte, Apotheken, Heil- und Hilfsmittelerbringer oder sonstige Anbieter gesundheitlicher Leistungen empfehlen oder an diese verweisen dürfen. Der Patient hat nicht nur die freie Arztwahl, sondern soll auch unter den übrigen Leistungserbringer im Gesundheitswesen unbeeinflusst auswählen können; diese Entscheidung soll ihm nicht ohne ausdrücklichen Wunsch vom Arzt abgenommen werden.[68] Die ausdrücklich nachgefragte sachliche Information sowie die neutrale Darstellung von Vor- und Nachteilen von Angeboten auf dem Gesundheitsmarkt gehören hingegen zu den ureigensten ärztlichen Aufgaben und sind Nebenpflichten aus dem Behandlungsvertrag bzw. berufsrechtlich unbedenkliche Serviceleistungen. Durch einen Praxisaushang kann der Arzt Patienten darauf hinweisen, dass er auf deren gezielte Nachfrage hin einen bestimmten Anbieter empfehlen kann. Eine Praxisangestellte darf Patienten nicht unter Hinweis, „direkt nebenan" könne ein verschriebener Stützstrumpf „direkt mitgenommen" werden, auf ein Sanitätshaus verweisen.[69] Ein hinreichender Grund für eine ausnahmsweise Empfehlung kann sich aus der Qualität der Versorgung mit speziellen Vorteilen für den einzelnen Patienten, aus der Vermeidung von Wegen bei gehbehinderten Patienten und aus schlechten Erfahrungen ergeben, die Patienten bei anderen Anbietern gemacht haben.[70]

49   Nach (zutreffender) Ansicht des BVerfG werden Zweifel an der Integrität eines Arztes bereits durch den **„bösen Schein"** geweckt[71] Dem entsprechend ist es Ärzten nach § 32 Abs. 1 MBO-Ä nicht gestattet, von Patienten oder Anderen Geschenke oder andere Vorteile für sich oder Dritte zu fordern oder sich oder Dritten versprechen zu lassen oder anzunehmen, wenn hierdurch der Eindruck erweckt wird, dass die Unabhängigkeit der ärztlichen Entscheidung beeinflusst wird. Ob der Arzt die Zuwendung für seine Entscheidungen auf die Waagschale legt, ist unerheblich; es reicht, wenn dies auf der Grundlage konkreter Tatsachen bei wertender Betrachtung nahe liegt. Der Eindruck der Beeinflussung der Unabhängigkeit der ärztlichen Entscheidung durch einseitige unentgeltliche Zuwendungen – in diesem Fall von Patientenseite – muss sich für den **objektiven Beobachter** ergeben, der Kenntnis

68 BGH, Urt. v. 24.6.2010 – I ZR 182/08, MedR 2011, 158, 160; Urt. v. 24.6.2010 – I ZR 182/08, MedR 2011, 500, 502.
69 LG Köln, Urt. v. 30.4.2019 – 81 O 144/18, BeckRS 2019, 9883.
70 BGH, Urt. vom 13.1.2011 – I ZR 111/08, MedR 2011, 500, 503.
71 BVerfG, Beschl. v. 1.6.2011 – 1 BvR 233/10, 1 BvR 235/10, NJW 2011, 2636, 2637.

von allen Umständen des Falles hat.[72] So darf der Inhaber einer nahegelegenen Apotheke dem Arzt keine Umbau- oder Mietkostenzuschüsse zukommen lassen.[73] Die Abgabe von Ärztemustern ist arzneimittelrechtlich in § 47 Abs. 4 AMG limitiert.

Zu beachten ist, dass es nach § 7 HWG von dort benannten Ausnahmen ab- 50 gesehen verboten ist, als Angehöriger der Fachkreise Zuwendungen und sonstige Werbegaben anzunehmen. Eine Ausnahme regelt heilmittelwerberechtlich § 7 Abs. 2 HWG und berufsrechtlich § 32 Abs. 2 MBO-Ä für die Annahme von geldwerten Vorteilen in angemessener Höhe für die sog. **passive Teilnahme an wissenschaftlichen Fortbildungsveranstaltungen.** In den 1980er Jahren durften Reisekosten ins Ausland von Pharmaunternehmen hingegen nur für Referenten übernommen werden;[74] dies war auch im Hinblick auf die unionsrechtliche Dienstleistungsfreiheit nicht unbedenklich. Der Zweck der Fortbildung muss im Vordergrund stehen; daran fehlt es, wenn ein Tagungsort nicht aus sachlichen Gründen, sondern wegen der dort möglichen Freizeitaktivitäten ausgewählt wird. Einzelfälle aus der Spruchpraxis der Freiwilligen Selbstkontrolle für die Arzneimittelindustrie werden auf deren Webseite publiziert.[75] Werden die Fortbildungskosten als Gegenleistung für ein bestimmtes Verordnungsverhalten erstattet, verstößt das gegen § 31 und § 299b StGB.

Ein Vorteil kann bspw. auch darin liegen, dass ein Lieferant den Arzt hoch 51 dotierte Vorträge halten lässt;[76] die Gegenleistung des Vortrags ändert nichts an der Bewertung als der Sache nach einseitige Zuwendung und damit der Beurteilung anhand des § 32 Abs. 1 MBO-Ä. Ansonsten gilt: Übernimmt der Arzt auf der Veranstaltung einen aktiven Beitrag, etwa als Referent, Moderator oder Leiter eines Workshops, kann er neben den Teilnahmekosten gem. § 33 MBO-Ä eine **angemessene Vergütung** (Äquivalenzprinzip) als Entschädigung für seinen Zeitaufwand verlangen. Das gilt nicht, wenn mehrere Teilnehmer gleichzeitig Tagungsberichte erstellen oder mehrere Ärzte, die keine ausgewiesene Fachexpertise haben, zu Meetings zwecks angeblicher Beratung eines Medizinprodukteherstellers eingeladen werden. Solche Nebentätigkeiten können einem Oberarzt eines Universitätsklinikums untersagt werden.[77]

Während Ärzten sachliche berufsbezogene Informationen gestattet sind, un- 52 tersagt ihnen das Berufsrecht berufswidrige Werbung. Das soll eine dem Selbstverständnis des Arztes zuwiderlaufenden **Kommerzialisierung des Arztberufs**

---

72 LandesberufsG beim OVG Münster, Beschl. v. 6.11.2007 – 6t E 1292/06.T, GesR 2008, 316, 317.
73 Burgardt ApoR 2005, 124, 129.
74 DÄBl. 1985, 717; 1988, A-2726.
75 www.fsa-pharma.de/schiedsstelle/berichterstattung/fachkreise/.
76 Berufsgericht beim LG Nürnberg-Fürth, Urt. v. 29.11.2011 – BG-Ä 22/11.
77 LAG Schleswig-Holstein, Urt. v. 8.11.2016 – 5 SaGa 5/16, BeckRS 2016, 74941.

vermeiden; die ärztliche Berufsausübung soll sich nicht an ökonomischen Erfolgskriterien, sondern an medizinischen Notwendigkeiten orientieren. Berufswidrig ist nach § 27 Abs. 3 S. 2 MBO-Ä insbesondere eine anpreisende, irreführende oder vergleichende Werbung, die auch nicht geduldet werden darf, wenn sie durch Dritte erfolgt. Die Judikatur zu Werbebeschränkungen ist umfangreich. Nachdem das BVerfG[78] mit seiner Rechtsprechung zu einer erheblichen Liberalisierung des Werberechts beigetragen hat, ist heute vor allem irreführende Werbung Gegenstand berufsrechtlicher Auseinandersetzungen, etwa wenn der Eindruck einer tatsächlich nicht vorhandenen bzw. nicht förmlich anerkannten Qualifikation erweckt wird. Auch Fremdwerbung, § 27 Abs. 3 S. 4 MBO-Ä, im Zusammenhang mit der ärztlichen Tätigkeit ist nach Auffassung des BVerfG[79] im Regelfall Ausdruck eines rein geschäftsmäßigen, am Gewinn orientierten Verhaltens und daher berufswidrig.

53   Die MBO-Ä trifft des Weiteren in den §§ 8 und 10 Regelungen zur Aufklärungs- und Dokumentationspflicht sowie in § 9 MBO-Ä zur **ärztlichen Schweigepflicht.** Letztere Bestimmung hat gegenüber der strafrechtlichen Schweigepflicht eine eigenständige Bedeutung.[80] Sie dient neben der Wahrung der Privat- und Intimsphäre des einzelnen Menschen nach allerdings umstrittener Auffassung[81] auch dem Interesse der Allgeneinheit an einer funktionierenden Gesundheitspflege, indem sie das Vertrauensverhältnis zwischen Arzt und Patient stärkt. Über § 203 Abs. 1 Nr. 1 StGB hinausgehend erfasst sie nicht nur fremde Geheimnisse, sondern alle nicht allgemein bekannten Tatsachen[82] und fahrlässige Verstöße. Geahndet werden kann der ungerechtfertigte Bruch der Schweigepflicht berufsrechtlich auch dann, wenn der Betroffene keinen Strafantrag nach § 205 StGB stellt.

54   § 15 MBO-Ä widmet sich Ärzten, die sich an einem Forschungsvorhaben beteiligen. Sofern sie klinische Prüfungen durchführen, bei denen in die psychische oder körperliche Integrität eines Menschen eingegriffen wird, oder Körpermaterialien oder personenbeziehbare Daten verwendet werden, muss im Vorhinein eine **Beratung** durch eine öffentlich-rechtliche Ethik-Kommission erfolgen.

55   Zu den neueren berufsrechtliche Entwicklungen zählt einerseits, dass man im Nachgang zu der Entscheidung des BVerfG, wonach das Verbot der geschäftsmäßigen Förderung der Selbsttötung, § 217 StGB, verfassungswidrig war und in der die

---

78 U.a. BVerfG, Beschl. v. 22.5.1996 – 1 BvR 744/88 u.a., NJW 1996, 3067.
79 BVerfG, Beschl. v. 26.8.2003 – 1 BvR 1003/02, NZS 2004, 31. Vgl. auch VG Münster, Urt. v. 20.5. 1998 – 6 K 3821/97, MedR 1999, 146.
80 vgl. BT-Drs. 18/12940, 8 mit Blick auf § 43e BRAO.
81 aA Rehborn GesR 2017, 409, 412.
82 Ärztliches BerufsG Niedersachsen, Urt. v. 7.9.2005 – BG 2/05, GesR 2006, 37, 38.

Urteilsgründe auch Ausführungen zum ärztlichen Berufsrecht enthalten,[83] den bis dahin geltenden § 16 S. 3 MBO-Ä aufgehoben hat.[84] Danach durften Ärzte keine Hilfe zur Selbsttötung leisten. Zur Erläuterung der Konsequenzen wurden seitens der Bundeärztekammer Hinweise zum **ärztlichen Umgang mit Suizidalität und Todeswünschen** veröffentlicht.[85] Die Kammerversammlung der Ärztekammer Niedersachsen hat unter Hinweis auf die Verpflichtung der Ärzte gegenüber dem Leben festgestellt: „Die ergebnisoffene Begleitung von Menschen hinsichtlich eines möglichen assistierten Suizids ist eine ärztliche Aufgabe. Die unmittelbare Mitwirkung am Suizid ist keine ärztliche Pflicht."[86] Ärzte, die sich ggf. auch nur in Einzelfällen entscheiden, daran mitzuwirken, haben dieses nach § 2 Abs. 2 MBO-Ä gewissenhaft zu tun und sorgfältig zu prüfen, ob der Selbsttötungsentschluss freiverantwortlich gebildet wurde oder durch eine psychische Erkrankung bedingt ist.

Zum anderen hat der Deutsche Ärztetag das Verbot der ausschließlichen **56 Fernbehandlung** aufgehoben. Nunmehr bestimmt § 7 Abs. 4 MBO-Ä, dass sie, sofern ärztlich vertretbar, im Einzelfall erlaubt ist, wenn die erforderliche ärztliche Sorgfalt insbesondere durch die Art und Weise der Befunderhebung, Beratung, Behandlung sowie Dokumentation gewahrt wird und der Patient auch über die Besonderheiten der ausschließlichen Beratung und Behandlung über Kommunikationsmedien aufgeklärt wird. Auch hierzu hat die Bundesärztekammer Hinweise und Erläuterungen publiziert.[87]

b) Berufsrechtliche und berufsgerichtliche Verfahren

Die Heilberufe- und Kammergesetze verpflichten die Heilberufskammern, die Er- **57** füllung der Berufspflichten seitens der Kammermitglieder zu überwachen und vorsätzlichen oder fahrlässigen Pflichtverletzungen durch berufsaufsichtsrechtliche Maßnahmen nachzugehen bzw. zu unterbinden. Sie sind damit **Disziplinarbehörde.** Ausnahmen bzw. Einschränkungen gelten für die Aufsicht über beamtete oder als Angestellte im öffentlichen Gesundheitsdienst tätige Ärzte.

Besteht der Verdacht einer Berufspflichtverletzung, führen entweder Mitar- **58** beitende der Kammer mit juristischer Qualifikation oder in einigen Bundesländern in dieser Verfahrensstufe weisungsunabhängige Kammeranwälte[88] oder Untersu-

83 BVerfG, Urt. v. 26.2.2020 – 2 BvR 2347/15, NJW 2020, 905, 916, Rn. 289 ff.
84 Haserück/Richter-Kuhlmann DÄBl 2021, A-969.
85 DÄBl 2021, A-1428.
86 niedersächsisches ärzteblatt 12/2024, 11.
87 DOI: 10.3238/arztebl.2019.mbo.fernbehandlung
88 § 8 Berufsgerichtsordnung Ärzte in Baden-Württemberg.

chungsführer[89] die **Ermittlungen** durch. Aus der Aufgabenzuweisung ergeben sich aber noch keine Ermittlungsbefugnisse; diese müssen den Heilberufskammern kraft Gesetzes gesondert eingeräumt werden. Im Ermittlungsverfahren gilt regelmäßig das Legalitätsprinzip, während der Vorstand der Ärztekammer unter Berücksichtigung der Ermittlungsergebnisse und der Stellungnahme des beschuldigten Arztes von Maßnahmen absehen kann, wenn diese nicht angebracht sind. Behandlungsfehler werden disziplinarisch grundsätzlich nur dann aufgegriffen, wenn sie Ausdruck einer über den Einzelfall hinausreichenden nicht gewissenhaften Berufsausübung sind.

59   Bei leichteren Verstößen sehen viele Kammergesetze den Erlass eines dem Strafbefehl nachgebildeten **Rügebescheids** vor, der als Verwaltungsakt eingestuft werden kann.[90] In Nordrhein-Westfalen kann der Kammerpräsident, der dort eine eigene Organstellung hat, das Kammermitglied zudem abmahnen, § 58 Abs. 5 HeilBerG. Ansonsten kann die Kammer einen Antrag auf Eröffnung eines berufsgerichtlichen Verfahrens stellen. Dazu ist, z.T. bei den Verwaltungsgerichten, z.T. aber auch bei den Kammern, auf landesgesetzlicher Grundlage[91] eine zweizügige Berufsgerichtsbarkeit eingerichtet worden. An den Entscheidungen wirken neben Berufsrichtern Angehörige des Berufsstands als ehrenamtliche Richter mit. Eine nach § 187 Abs. 1 VwGO mögliche Revision ist nicht vorgesehen. Gegen Urteile der Berufsgerichte kann aber Verfassungsbeschwerde erhoben werden.

60   Als Maßnahmen können Verweise, **Geldbußen**, die Entziehung des aktiven und/oder passiven Berufswahlrechts oder die Feststellung der Berufsunwürdigkeit ausgeurteilt werden. In letzterem Fall handelt es sich um einen Appell an die Approbationsbehörde, die Approbation zu widerrufen. In besonders schwerwiegenden, für die Allgemeinheit bedeutsamen Fällen kann das Urteil des Berufsgerichts, wenn durch Landesrecht vorgesehen, unter Namensnennung im Mitteilungsblatt der Kammer veröffentlicht werden.[92] Als Maßnahmen sind in den letzten Jahren z.T. die Auflage, an einer bestimmten Maßnahme oder Fortbildung zur Qualitätssicherung teilzunehmen,[93] oder die Feststellung der Ungeeignetheit, junge Kollegen verantwortlich weiterzubilden,[94] hinzugekommen.

---

89 § 64 Heilberufekammergesetz Schleswig-Holstein. Vgl. auch § 62 Sächsisches Heiberufekammergesetz.
90 Vgl. Hamburgischer Heilberufsgerichtshof, Urt. v. 4.11.2020 – 15 Bf 63/20.HBG, MedR 2021, 591, 593.
91 BVerfG, Beschl. v. 21.10.1954 – 1 BvL 2/53, NJW 1955, 17.
92 LandesberufsG für Heilberufe beim OVG Münster, Urt. v. 6.2.2013 – 6 t A 1843/10.T., MedR 2013, 690; BVerfG, Beschl. v. 3.3.2014 – 1 BvR 1128/13, NJW 2014, 2019.
93 § 65 Abs. 2 Berliner Heilberufekammergesetz; § 70 Abs. 1 Nr. 3 Sächsisches Heilberufekammergesetz.

Zweck der berufsrechtlichen Maßnahme ist es, den Arzt zu einem berufs- 61
rechtskonformen Verhalten anzuhalten und/oder den **Ansehensverlust auszugleichen,** der durch sein Verhalten für die Ärzteschaft entstanden ist. Damit trägt
die Berufsaufsicht maßgeblich zum Erhalt des Vertrauens in den Berufsstand bei.
Nach einer strafrechtlichen Ahndung oder einem Bußgeldverfahren, aber auch
nach einer Verfahrenseinstellung unter Auflagen, § 153a StPO,[95] kann ein sog. **berufsrechtlicher Überhang** bestehen.[96] Dass bedeutet, dass eine zusätzliche berufsrechtliche Maßnahme möglich ist, wenn die Strafe oder das Bußgeld den Un-
rechtsgehalt der Berufspflichtverletzung noch nicht abgegolten hat. Die Kammer
und die Berufsgerichte sind dabei nach den heilberufskammerrechtlichen Regelungen an die im vorangegangenen Urteil des Strafgerichts und z.T. auch an die im
Strafbefehl getroffenen tatsächlichen Feststellungen[97] gebunden. Über Anklageer-
hebungen und den Ausgang von Strafverfahren gegen Ärzte werden die Kammern
nach Maßgabe der Anordnung über Mitteilungen in Strafsachen, Mistra Nr. 26 und
ggf. Nr. 29, informiert. Um widersprüchliche Entscheidungen sowie eine doppelte
Belastung des beschuldigten Arztes zu vermeiden, müssen berufsrechtliche bzw. –
gerichtliche Verfahren bis zum Abschluss des Strafverfahrens ausgesetzt werden.
Wie auch ansonsten im Disziplinarrecht werden mehrere, auch unterschiedliche
Verstöße gegen ärztliche Pflichten einer einheitlichen berufsrechtlichen Würdigung unterzogen und einheitlich geahndet.

Im Laufe der Jahre ist den Kammern in den meisten Landesgesetzen neben 62
diesen repressiven Maßnahmen sowie der stets vorrangig zu prüfenden Möglichkeit der berufsrechtlichen Beratung die zusätzliche Befugnis eingeräumt worden,
berufsrechtswidrige Zustände durch **Ordnungsverfügungen** zu unterbinden.[98]
Insbesondere bei irreführenden Werbeangaben oder unerlaubten Patientenzuweisungen mit Benachteiligung anderer Marktteilnehmer können die Kammern
gem. § 8 Abs. 3 Nr. 4 UWG auch **wettbewerbsrechtlich** gegen Kammermitglieder[99]
und Dritte vorgehen. Wettbewerber oder Patienten haben keinen Anspruch auf ein
Einschreiten der Kammer; diese wird grundsätzlich ausschließlich im Interesse des
Gemeinwohls tätig. Die Berufsaufsicht dient nicht dem Individualinteresse; über

---

94 § 63 Abs. 1 S. 1 Nr. 5 Kammergesetz für die Heilberufe Niedersachsen.
95 LandesberufsG beim OVG Münster, Beschl. v. 29.7.2020 – 6 t E 797/18.T, medstra 2021, 313.
96 BerufsG für Heilberufe beim VG Münster, Urt. v. 18.10.2017 – 17 K 5288/17.T, medstra 2028, 250
m. Anm. Prütting.
97 Keine Bindung nach LandesberufsG für Heilberufe beim OVG Münster, Urt. v. 23.11.2017 – 13 A
1126/15, A&R 2018, 35.
98 Vgl. z.B. OVG Münster, Urt. v. 8.9.2017 – 13 A 2979/15, MedR 2018, 337.
99 Nach BVerfG, Beschl. v. 26.10.2004 – 1 BvR 981/00, NJW 2004, 3765 ist stets zu prüfen, ob eine
berufsgerichtliche Klärung nicht das hinreichende mildere Mittel ist.

berufsrechtliche Maßnahmen können Beschwerdeführer jedenfalls in Niedersachsen keine Auskunft verlangen, es sei denn der Betroffene gibt dazu sein Einverständnis.[100]

Fall 10: Betrunkene Ärztin

Die Polizei ruft mittags bei der Ärztekammer Niedersachsen an. Ihr sei eine Schlangenlinien fahrende Autofahrerin aufgefallen. Offenbar sei sie stark alkoholisiert und habe angegeben, nachmittags in ihrer Hautarztpraxis Muttermale operativ entfernen zu wollen. Kann die Ärztekammer etwas tun?

Die Ausübung ärztlicher Tätigkeit im alkoholisierte Zustand ist mit dem Gebot gewissenhafter Berufsausübung nicht vereinbar. Die Ärztekammer wird versuchen, die Ärztin davon zu überzeugen. Gelingt ihr das nicht, kann sie zur Abwendung berufsrechtswidriger Zustände eine Untersagungsverfügung unter Anordnung des Sofortvollzugs erlassen. Von einer Anhörung kann nach § 28 Abs. 2 Nr. 1 VwVfG abgesehen werden, wenn das Landesrecht darauf verweist, § 1 Abs. 1 Nds. VwVfG. Nach § 51 Abs. 1 NPOG leistet die Polizei der Ärztekammer auf Ersuchen Vollzugshilfe, wenn unmittelbarer Zwang anzuwenden ist. Dass die Ärztekammer für die Gefahrenabwehrmaßnahme zuständig ist, folgt zumindest aus § 97 Abs. 1 NPOG. Entsprechendes gilt für die Approbationsbehörde, wenn ein Arzt tätig wird, obwohl das Ruhen seiner Approbation angeordnet wurde.

---

c) Ärztliche Weiterbildung

63 Bei den ärztlichen Qualifikationsregelungen wird zwischen der Grundkenntnisse vermittelnden und zur Approbation führenden, in der Bundesärzteordnung und der Approbationsordnung geregelten **Ausbildung** und der sich daran anschließenden **Weiterbildung**, d.h. dem geregelten und strukturierten Erlernen besonderer ärztlicher Kompetenzen bzw. Spezialitäten, z. B. der Facharztanerkennung, unterschieden. Dem Erhalt der Kompetenzen dient die in § 4 MBO-Ä und der (Muster-)Fortbildungsordnung MFBO geregelte **Fortbildung**. Weil an der vertragsärztlichen Versorgung grundsätzlich nur teilnehmen kann, wer über eine Facharztanerkennung verfügt und das Krankenhaus in jeder seiner Abteilungen rund um die Uhr den Facharztstandard gewährleisten muss, ist das Durchlaufen einer fachärztlichen Weiterbildung zum Regelfall geworden.

64 Die Weiterbildung erfolgt insbesondere in Krankenhausabteilungen und Arztpraxen, welche als **Weiterbildungsstätten** zugelassen werden müssen, und unter Anleitung dort tätiger erfahrener Ärzte, die zur Weiterbildung ihrer jungen Kollegen vermittels eines Verwaltungsakts der zuständigen Landesärztekammer befugt worden sind. Ärzte sind während ihrer Weiterbildung an der Weiterbildungsstätte angestellt; Grundlage der Weiterbildung ist aber ein zwischen Ausbil-

---

100 OVG Lüneburg, Beschl. v. 29.1.2008 – 11 LA 448/07, NVwZ-RR 2008, 746. § 6 Abs. 2 Berliner Heilberufekammergesetz gewährt dem Beschwerdeführer einen Anspruch auf Auskunft zum Sachstand und von Amts wegen darüber, ob eine Berufspflichtverletzung festgestellt wurde.

der und Assistenten begründetes öffentlich-rechtliches Weiterbildungsverhältnis. Die Facharztweiterbildung erstreckt sich, und zwar grundsätzlich ganztägig und hauptberuflich, über mehrere Jahre und wird am Ende mit einer etwa 30-minütigen Prüfung vor einem bei der Kammer gebildeten Prüfungsausschuss abgeschlossen.

Welche vertieften Kenntnisse, Erfahrungen und Fertigkeiten während der 65 Weiterbildung zu erwerben sind, um später eigenverantwortlich ein medizinisches Spezialgebiet vertreten zu können, regelt eine von der Ärztekammer erlassene Satzung, für welche die Bundesärztekammer wie bei der Berufsordnung ein Muster für die Landesärztekammern erstellt. In der **Weiterbildungsordnung** ist auch festgelegt, in welchen Gebieten und dazu gehörenden Schwerpunkten eine Weiterbildung stattfindet und wie sich die Gebiete voneinander abgrenzen.[101] Dazu geben die Heilberufe- und Kammergesetze vor, dass eine Arztbezeichnung neu einzuführen (oder aufzuheben) ist, wenn dies im Hinblick auf die wissenschaftliche Entwicklung und für eine angemessene Versorgung der Bevölkerung (nicht mehr) erforderlich ist. Das gilt auch für Zusatzbezeichnungen, deren Einführung z.T. auf sozialrechtliche Anforderungen zurückgeht. Bspw. wurde die Zusatzweiterbildung Homöopathie aufgehoben.[102]

Wer eine Gebietsbezeichnung führt, hat sich nach den Heilberufe- und Kam- 66 mergesetzen grundsätzlich auf eine Tätigkeit in diesem Bereich zu beschränken. Außerhalb seines Fachgebiets darf er nur noch in einem eingeschränkten Umfang tätig sein.[103] Dabei sind die Grenzen im Bereich der vertragsärztlichen Versorgung enger. Für ihn **fachfremde Leistungen** darf ein für ein bestimmtes Fachgebiet zugelassener Vertragsarzt weder erbringen noch abrechnen.[104] Maßgeblich ist für alle Ärzte grundsätzlich die aktuelle Fassung der Weiterbildungsordnung der für den Vertragsarztsitz örtlich zuständigen Ärztekammer[105] sowie das Fachgebiet, für das der Arzt über einen Versorgungsauftrag verfügt.[106] Sofern die Krankenhauspläne der Länder nach den Gebieten der Weiterbildungsordnung zugewiesen und noch nicht auf Leistungsgruppen umgestellt sind, umschreibt dies den Versorgungsauftrag des Krankenhauses und dürfen Krankenkassen Leistungen, die aus-

---

101 Nach BVerfG, 9.5.1972 – 1 BvR 518/62, 1 BvR 308/64, NJW 1972, 1504, 1508 müssen die Gebiete so gegeneinander abgegrenzt werden, dass der Facharzt in der auf sein Fachgebiet beschränkten Tätigkeit eine ausreichende wirtschaftliche Lebensgrundlage findet. Für die Abgrenzung sind die Gebietsdefinitionen maßgeblich.
102 BVerwG, Beschl. v. 11.1.2022 – 3 BN 6/21, MedR 2022, 849.
103 BVerfG, Beschl. v. 1.2.2011 – 1 BvR 2383/10, MedR 2011, 572.
104 BSG, Urt. v. 18.10.1995 – 6 RKa 52/94, MedR 1997, 136, 137.
105 BSG, Urt. v. 15.7.2020 – B 6 KA 19/19 R, MedR 2021, 174, 176.
106 BSG, Beschl. v. 17.3.2021 – B 6 KA 27/20 B, BeckRS 2021, 7965.

schließlich einem anderen Fachgebiet zugewiesen sind, außer in Notfällen nicht vergüten.[107]

Fall 11: Schwangerschaftsabbrüche

Frau Dr. H. ist Fachärztin für Allgemeinmedizin und stellt fest, dass in ihrer Region trotz der in § 13 Abs. 2 Schwangerschaftskonfliktgesetz enthaltenen Vorgabe, dass die Länder ein ausreichendes Angebot ambulanter und stationärer Einrichtungen zur Vornahme von Schwangerschaftsabbrüchen sicherstellen, ein Versorgungsdefizit besteht. Sie will daher den medikamentösen Schwangerschaftsabbruch als Behandlungsmethode in ihrer Praxis anbieten.

Die Rechtslage richtet sich nach Landesrecht. Der Schwangerschaftsabbruch ist eine Maßnahme, die zum Fachgebiet des Facharztes für Frauenheilkunde und Geburtshilfe gehört. In Sachsen-Anhalt schränkt das Führen einer Facharztbezeichnung die Befugnis, auch außerhalb des Gebiets, zu dem die Facharztbezeichnung gehört, tätig zu werden, nach dem Heilberufekammergesetz nicht ein. In den anderen Ländern[108] muss sich die Ärztin grundsätzlich auf Tätigkeiten beschränken, die dem Facharzt für Allgemeinmedizin zuzurechnen sind. So hat das BVerfG[109] entschieden, dass ein MKG-Chirurg jedenfalls im Umfang von bis zu 5 % seiner Tätigkeit nicht zu seinem Fachgebiet gehörende Operationen im Brust-, Bauch- und Oberarmbereich durchführen darf. Auch wenn die grundsätzliche Bindung des Arztes an sein Fachgebiet wegen der damit einhergehenden ständigen Übung dem Erhalt seiner besonderen Kenntnisse und Fähigkeiten und damit dem Ziel dient, die Qualität der fachärztlichen Tätigkeit zu sichern, wird die Qualität ärztlicher Tätigkeit bereits durch die Approbation sichergestellt. Der Patientenschutz erfordert es nicht, einem bestimmten Fachgebiet zugeordnete Behandlungen nur durch Ärzte dieses Fachgebiets durchführen zu lassen. Allein durch das Angebot medikamentöser Schwangerschaftsabbrüche wird die Grenze der zulässigen fachfremden Tätigkeit demnach nicht überschritten. In Bayern gab es über viele Jahre einen Facharztvorbehalt, den das BVerfG bestätigt hat.[110] Inzwischen können auch Hausärzte die Leistung anbieten, wenn sie sich entsprechend fortgebildet haben, § 23 Abs. 1 Bay. Gesundheitsdienstgesetz.[111] Einen Facharztvorbehalt enthält § 13c Abs. 1 der Berufsordnung der Ärztekammer Niedersachsen.[112]

---

107 BSG, Urt. v. 19.6.2018 – B 1 KR 32/17 R, GesR 2018, 742, 744.

108 Z.B. § 31 Abs. 3 Hamburgisches Kammergesetz für die Heilberufe.

109 BVerfG Beschl. v. 1.2.2011 – 1 BvR 2383/10, MedR 2010, 572.

110 BVerfG, Urt. v. 27.10.1998 - 1 BvR 2306/96 u.a., NJW 1999, 841.

111 Nach § 22 Abs. 3 S. 2 Bay. Gesundheitsdienstgesetz genügt es bei medikamentösen Schwangerschaftsabbrüchen, wenn eine ausreichende Notfallintervention durch die Einrichtung sichergestellt wird, wobei eine telemedizinische Intervention ausgeschlossen ist.

112 Nach § 33 Abs. 2 Nr. 17 des Nds. Kammergesetzes für die Heilberufe können in der Berufsordnung die Anforderungen an Kenntnisse und Erfahrungen für die Durchführung spezieller medizinischer Maßnahmen und Verfahren bestimmt werden.

§ 5 Privatärztliche Versorgung

Dieses Kapitel enthält einen Überblick über die für die privatärztliche Versorgung 1
zu beachtenden Vorschriften. Zwar gelten für die rein privatärztlich tätigen Ärzte
nicht die besonderen vertragsarztrechtlichen Vorgaben (→ § 8) wie Zulassungsbeschränkungen oder Mindestsprechstundenzeiten, die für die Behandlung von gesetzlich Versicherten einzuhalten sind. Jedoch muss auch der Privatarzt den Bestimmungen des **Patientenrechtegesetzes** und der **Berufsordnung** seiner
Landesärztekammer (→ § 3 Rn. 55 zur Pflichtmitgliedschaft) sowie den Vorgaben
des allgemeinen Gesundheitsrechts wie z.B. des IfSG oder des Arzneimittelrechts
nachkommen. Dabei ist es unerheblich, ob sich die privatärztliche Tätigkeit als
Hauptberuf oder als genehmigte Nebentätigkeit zur Beschäftigung als Krankenhausarzt darstellt.

I. Berufsrechtliche Rahmenbedingungen

Grundsätzlich ist auch die privatärztliche Tätigkeit an die **Niederlassung** in einer 2
oder je nach Landesrecht auch eigenen[1] Praxis gebunden. Es müssen also Räumlichkeiten vorgehalten werden, welche zur Behandlung von Patienten geeignet sind
und den bauordnungsrechtlichen Vorschriften des jeweiligen Landesrechts entsprechen. Arztpraxen müssen, sofern keine Besitzstandsregelungen gelten, bar-
rierefrei sein und auch entsprechende sanitäre Anlagen sowie genügend Pkw- und
ggf. Fahrradeinstellplätze vorhalten. Zudem sind die aktuellen Unfallverhütungs-
vorschriften der Berufsgenossenschaft für Gesundheitsdienst und Wohlfahrts-
pflege (www.bgw-online.de) zu beachten.

Außer in Notfällen, d.h. wenn beim Patienten gesundheitliche Schäden zu 3
befürchten sind, sofern er nicht unverzüglich behandelt wird, sind Ärzte nach § 7
Abs. 4 S. 2 MBO-Ä frei, eine Behandlung abzulehnen. Ein Kontrahierungszwang
kann sich nach allgemeinen zivilrechtlichen Grundsätzen aber in unterversorgten
Gebieten ergeben, in denen Patienten keine alternative Versorgungsmöglichkeit
haben. Eingegangene Behandlungsverträge dürfen, etwa bei chronisch Kranken,
zudem nicht zur Unzeit gekündigt werden, §§ 630b, 627 Abs. 2 BGB. Die Niederlassung ist durch ein **Praxisschild** mit Namen, (Fach-) Arztbezeichnung und ggf.
Zugehörigkeit zu einer Berufsausübungsgemeinschaft sowie der Rechtsform dieser

---

[1] Vgl. § 32 Abs. 1 Nds. Kammergesetz für die Heilberufe, worin stärker zum Ausdruck kommt,
dass der Arzt über die in der Praxis eingesetzten personellen und sachlichen Mittel entscheiden
muss.

https://doi.org/10.1515/9783111048543-008

Gemeinschaft kenntlich machen. Ferner müssen die Sprechzeiten, ggf. mit dem Hinweis „nach Vereinbarung", angeben werden. Von der Niederlassungspflicht befreit sind Anästhesisten, soweit sie keine Schmerztherapie durchführen und ihre Kernaufgabe beim Operateur in dessen ambulanten Operationszentrum erbringen.

4   Niedergelassene Privatärzte sind aufgrund der Heilberufe- und Kammergesetze verpflichtet, sich am Notfall- bzw. **Bereitschaftsdienst** und dessen Kosten zu beteiligen[2] und in diesem Rahmen gesetzlich Versicherte zu behandeln. Das gilt auch dann, wenn der Dienst in Abstimmung mit der Ärztekammer von der örtlichen Kassenärztlichen Vereinigung organisiert wird. Privatärzte sind dann sogar verpflichtet, den Dienst in einer zentralen Notfallpraxis abzuleisten und die Behandlung von gesetzlich Versicherten nach den Grundsätzen des Vertragsarztrechts abzurechnen.[3] In vielen Bereichen übernehmen allerdings ausschließlich Vertragsärzte den Bereitschaftsdienst. Privatärzte werden nicht herangezogen, können daran aber, worauf sie im Fall einer Niederlassung einen Anspruch haben,[4] freiwillig teilnehmen.

5   Immer wieder haben auf Naturheilverfahren oder Traditionelle Chinesische Medizin spezialisierte Ärzte, Psychotherapeuten oder Pathologen versucht, sich mit dem Argument befreien zu lassen, sie seien für die Anforderungen im Bereitschaftsdienst nicht hinreichend qualifiziert. Dem ist die Rechtsprechung mit dem Hinweis entgegen getreten, dass Kenntnislücken durch spezifische Fortbildungen sowie die Möglichkeit, einen **qualifizierten Vertreter** zu bestellen, geschlossen werden können und sich durch den Umstand relativieren, dass im Notfalldienst nur eine vorläufige Versorgung typischer Notfallsituationen, wenigstens mit Sofortmaßnahmen, geschuldet wird, die bis zur wiedereinsetzenden Normalversorgung oder dem Eintreffen des Notarztes im Rettungsdienst unvertretbare Gesundheitsschäden verhindert und unzumutbare Schmerzen lindert.[5]

6   Eine ergänzende Tätigkeit aus dem **Homeoffice** heraus wird durch das Niederlassungsgebot berufsrechtlich nicht ausgeschlossen; § 17 Abs. 2 MBO-Ä gestattet es, über den Praxissitz hinaus an zwei weiteren Orten ärztlich tätig zu sein. Ausnahmen von der Bindung der Tätigkeit an eine Praxisinfrastruktur gelten selbstverständlich für medizinisch notwendige Hausbesuche, aber auch bei der betriebsärztlichen Tätigkeit oder der Betreuung eines Sportvereins oder einer Koronarsportgruppe. Die ärztliche Tätigkeit in einem Fitnessstudio, einem ambulanten Rehabilitationszentrum oder in einem Zentrum für klinische Prüfungen

---

2 BSG, Urt. v. 25.10.2023 – B 6 KA 16/22 R, MedR 2024, 624 sowie B 6 KA 17/22 R, MedR 2024, 632.
3 BVerwG, Beschl. v. 17.9.2009 – 3 B 67/09, BeckRS 2009, 39245.
4 BSG, Urt. v. 28.9.2005 – B 6 KA 73/04 R, MedR 2006, 491.
5 Siehe genauer Spickhoff/Scholz, Medizinrecht, 4. Aufl. 2022, MBO-Ä § 26 mit umfassenden Nachweisen zur Rechtsprechung.

setzt – wie grundsätzlich jede andere Tätigkeit außerhalb einer Praxis – eine Ausnahmegenehmigung der Ärztekammer voraus. Geduldet wird die gelegentliche Behandlung naher Angehöriger oder Nachbarn, wobei diese nicht nach außen erkennbare Tätigkeit nicht vom Versicherungsschutz der privaten Krankenversicherung abgedeckt ist. Nach § 4 Abs. 2 S. 1 MB-KK steht der versicherten Person die Wahl (nur) unter den niedergelassenen approbierten Ärzten und Zahnärzten frei.[6]

Ärzte müssen Vorkehrungen für eine ordnungsgemäße Versorgung Ihrer Patienten an jedem Tätigkeitsort treffen und die Praxis, ausgelagerte Praxisstätten oder Zweigpraxen persönlich leiten sowie der Ärztekammer melden. Das Gebot, die **Praxis zu leiten**, bedeutet, dass der Arzt, wenn er andere Ärzte anstellt, die Verantwortung für den Praxisbetrieb nicht nur rechtlich tragen, sondern sie auch tatsächlich dadurch wahrnehmen muss, dass er die Praxisvorgänge durch sein eigenes Tätigwerden maßgeblich bestimmt und den Praxisbetrieb bei eigener Anwesenheit laufend überwacht.[7] Bei längerer Abwesenheit muss ein Vertreter benannt werden. Das Berufsrecht verpflichtet auch den Privatarzt, sich hinreichend gegen Haftpflichtansprüche im Rahmen seiner beruflichen Tätigkeit zu versichern, § 21 MBO-Ä. Auszustellende Privatrezepte müssen den formalen Anforderungen des § 2 AMVV genügen. 7

Für die privatärztliche Tätigkeit ist grundsätzlich die Approbation notwendig, aber auch ausreichend. Gleichwohl schuldet im Zweifel auch der Privatarzt eine Behandlung nach „**Facharztstandard**" und muss sich entsprechend fortbilden.[8] Wer eine Facharztbezeichnung führt, muss sich auch als Privatarzt grundsätzlich auf dieses Fachgebiet beschränken. 8

II. Privatärztliche Tätigkeit im Rahmen einer Vertragsarztpraxis

Die Zulassung zur vertragsärztlichen Tätigkeit schließt es nicht aus, dass der Arzt während des laufenden Praxisbetriebs oder zu besonderen Praxiszeiten Privatpatienten behandelt oder als Durchgangsarzt bei einem Arbeitsunfall Verletzte versorgt. Das folgt aus § 19a Abs. 1 S. 2 Ärzte-ZV, wonach der Arzt verpflichtet ist, im Rahmen seiner vollzeitigen vertragsärztlichen Tätigkeit mindestens 25 Stunden wöchentlich in Form von Sprechstunden für gesetzlich Versicherte zur Verfügung 9

---

6 Vgl. dazu aber AG Hamburg-Wandbeck, Urt. v. 8.1.2019 – 316 C 205/18, r+s 2019, 527.
7 Landesberufsgericht beim Hess. VGH, Urt. v. 2.10.2023 – 25 A 1775/21.B, DÖV 2024, 283.
8 Eine Ausnahme besteht im Saarland. Dort kann die Ärztekammer nur Regelungen zur Fortbildung für an der vertragsärztlichen Versorgung teilnehmende Kammermitglieder erlassen.

zu stehen. Dem Arzt steht es auch frei, nicht von der Krankenkasse finanzierte, sondern auf **Selbstzahlerbasis** zu begleichende Wunschleistungen in einer rein privatärztlichen Zweigpraxis oder Privatkrankenanstalt anzubieten. Unzulässig wäre es aber, wenn er die zum Leistungskatalog gehörenden Leistungen, die für seine Fachrichtung Kernleistungen darstellen, nur Privatpatienten anbietet.[9]

10   Vertragsärzte verstoßen hingegen gegen ihre vertragsärztlichen Pflichten, wenn sie Versicherte zur Inanspruchnahme einer privatärztlichen Versorgung anstelle der ihnen zustehenden Leistung der gesetzlichen Krankenversicherung beeinflussen, § 128 Abs. 5a Alt. 2 SGB V. Dies referiert noch einmal § 18 Abs. 8 BMV-Ä, der ergänzend bestimmt, dass (a.) der Vertragsarzt vom Versicherten nur dann eine Vergütung fordern darf, wenn und soweit der Versicherte vor Beginn der Behandlung ausdrücklich verlangt, auf eigene Kosten behandelt zu werden, und dieses dem Vertragsarzt schriftlich bestätigt,[10] oder (b.) wenn es um Leistungen geht, die nicht Bestandteil der vertragsärztlichen Versorgung sind. Auch im zweitgenannten Fall muss vorher die schriftliche Zustimmung des Versicherten eingeholt und dieser auf die Pflicht zur Übernahme der Kosten hingewiesen werden. Demzufolge darf die Vergabe eines zeitnahen Termins, z. B. in einer „Wahlleistungssprechstunde", nicht davon abhängig gemacht werden, dass sich der Versicherte verpflichtet, die Behandlungskosten selbst zu tragen und für Kassenpatienten ein Aufnahmestopp besteht.[11] Bei Leistungen, die zum Leistungskatalog der gesetzlichen Krankenversicherung gehören, muss die Initiative zur Privatbehandlung daher vom Patienten ausgehen und die Untersuchung oder Behandlung darf noch nicht begonnen haben. Wird die Privatbehandlung ordnungsgemäß vereinbart, wird die Leistung nicht über die Kassenärztliche Vereinigung vergütet, § 41 Abs. 4 BMV-Ä.

> **Fall 12: MRT beim Orthopäden**
> In der Radiologie hat die Zahl der angeforderten Kernspintomographien so stark zugenommen, dass es einen langen zeitlichen Vorlauf gibt. Mehrere Orthopäden kommen daher auf die Idee, gemeinsam einen MRT anzuschaffen und in einer gemeinsam betriebenen ausgelagerten Praxisstätte zunächst abends und am Wochenende MRT-Untersuchungen durchzuführen. Die Praxiserweiterung kommt so gut an, dass die Orthopäden bald 30 % ihrer Arbeitszeit MRT-Befundungen zu orthopädischen Fragestellungen vornehmen. Als ein Patient seine Rechnung zwecks Erstattung bei seiner privaten Krankenversicherung einreicht, hinterfragt diese, ob ein Orthopäde diese Leistung überhaupt erbringen oder abrechnen darf.

---

9 Vgl. BSG, Urt. v. 14. 3. 2001 – B 6 KA 36/00 R, MedR 2002, 42.

10 In § 8 Abs. 7 S. 2 und 3 BMV-Z ist, was die Schriftform betrifft, abweichend davon eine Ausnahmen zulassende Soll-Vorschrift enthalten. Vgl. aber auch Teil B der Ausfüllhinweise zum Heil- und Kostenplan, Anlage 14b BMV-Z.

11 SG München, Endurt. v. 23. 4. 2021 – S 28 KA 116/18, BeckRS 2021, 12199.

Nach fast allen Heilberufe- und Kammergesetzen muss sich ein Arzt grundsätzlich auf das Fachgebiet beschränken, aus dem er eine Fachgebietsbezeichnung führt. Die Orthopädie ist vor etwa 20 Jahren mit der Unfallchirurgie zu einer Facharztkompetenz im Gebiet Chirurgie zusammengefasst worden. Aufgrund einer zweijährigen Weiterbildung können Orthopäden und Unfallchirurgen bei ihrer Landesärztekammer nach Maßgabe der Weiterbildungsordnung die Zusatz-Weiterbildung Magnetresonanztomographie erwerben. Wenn sie die Methode erlernen können, wäre es widersinnig, wenn die Methode nicht zum Fachgebiet gehören würde. Daher ist die Gebietsdefinition in der Chirurgie offen formuliert, was die Methode der Erkennung chirurgischer Erkrankungen, Verletzungen und Verletzungsfolgen betrifft. Ein Orthopäde ist daher innerhalb seines Gebietes tätig, wenn er fachbezogen MRT-Untersuchungen durchführt. Das gilt auch dann, wenn er keine Zusatz-Weiterbildung erworben hat, da das Berufsrecht aktuell keine Regelung enthält, welche die privatärztliche Tätigkeit von deren Anerkennung der Zusatzbezeichnung abhängig macht; wollte man das erreichen, müssten die Heilberufe- und Kammergesetze den Ärztekammern entsprechende Befugnisse einräumen.[12] Die geregelte Weiterbildung ist auch nicht der einzige Weg, sich fachliche Kompetenz anzueignen. Die Qualifikation kann auch durch die Teilnahme an Fortbildungsmaßnahmen erworben werden. Allerdings muss der Orthopäde ggf. nachweisen, dass er dadurch einen Facharztstandard erreicht hat.
Unabhängig davon ist ein Behandlungsvertrag aber selbst dann nicht nichtig, wenn der Arzt außerhalb seines Fachgebiets tätig wird. Dafür ist u.a. maßgeblich, dass sich das Verbot, systematisch fachgebietsfremde Behandlungen vorzunehmen, nur an den Arzt und nicht auch an den Patienten als anderen Vertragspartner richtet.[13]

Rechnungen muss der gesetzlich Versicherte auch bei Leistungen der künstlichen **11** Befruchtung, § 18 Abs. 8a BMV-Ä i.V.m. § 27a Abs. 3 S. 3 SGB V, bei den Eigenanteilen an zahnärztlichen Leistungen und bei **Mehrkosten** für Zahnfüllungen, kieferorthopädischen Behandlungen oder Zahnersatzleistungen, die über die Regelversorgung hinausgehen, § 28 Abs. 2 S. 2, 55 Abs. 4 und 5, begleichen.

Der Vertragszahnarzt rechnet gegenüber dem Versicherten die **Eigenanteile** **12** an den Kosten der Versorgung mit Zahnersatz und Zahnkronen und der kieferorthopädischen Behandlung sowie die Mehrkosten für Zahnfüllungen nach § 28 Absatz 2 Satz 2 SGB V und für Zahnersatz und Zahnkronen nach § 55 Absatz 4 und 5 SGB V ab.

III. Privatkrankenanstalten

Insbesondere im Bereich der Plastischen und Ästhetischen Medizin bzw. sog. **13** Schönheitschirurgie haben sich nach § 30 GewO konzessionierte Privatkrankenanstalten etabliert. Die Vorschrift erfasst nur gewerbsmäßig, mithin mit Gewinn-

---

12 Eine Befugnisnorm findet sich in § 33 Abs. 2 Nr. 17 Nds. Kammergesetz für die Heilberufe.
13 OLG Frankfurt a.M, Urt. v. 14.7.2022 – 22 U 131/20, ZMGR 2023, 106.

erzielungsabsicht und nicht gemeinnützig betriebene Anstalten, die (auch) der stationären Versorgung nicht zwingend bettlägeriger Patienten dienen, daneben aber auch rein **ambulante Behandlungen** anbieten können. Entscheidend ist, dass ein Teil der Patienten in die Einrichtung eingegliedert wird und daher besonderen Schutzes durch das Gewerberecht bedarf.[14]

14   Die ärztliche Tätigkeit in Privatkrankenanstalten ist auf der Grundlage der Heilberufe- und Kammergesetze der Länder nach § 17 Abs. 1 MBO-Ä zulässig, setzt aber, sofern dieses nicht bereits über die Klinik erfolgt, einen hinreichenden Haftpflichtversicherungsschutz voraus, § 21 MBO-Ä. Für die in Erfüllung der ärztlichen Dokumentationspflicht, § 10 Abs 1. S. 1 MBO-Ä, geführten Patientenunterlagen fehlt im Fall der **Insolvenz** eine Regelung zu deren Verbleib. Motiv für die Gründung der Kliniken war früher, dass sie infolge des höheren sachlichen und personellen Aufwands und der laufenden Betriebskosten geringeren **Werbebeschränkungen** als niedergelassene Ärzte unterliegen.[15] Auch für die nur mit Belegärzten arbeitenden Kliniken gelten nicht die Beschränkungen des ärztlichen Berufsrechts, sofern die Klinik nicht nur als Vorwand betrieben wird.[16]

IV. Vergütung privatärztlicher Tätigkeit

15 Während für die Gerichten oder Staatsanwaltschaften gegenüber erbrachten Gutachten das JVEG gilt, ist verbindliche Rechtsgrundlage für die Abrechnung privatärztlicher Leistungen gegenüber Patienten – als Recht der Wirtschaft, Art. 74 Nr. 11 GG[17] – die „Gebührenordnung für Ärzte" (**GOÄ**) bzw. die „Gebührenordnung für Zahnärzte" (**GOZ**). Über § 1 Abs. 1 GOP (Gebührenordnung für Psychologische Psychotherapeuten und Kinder- und Jugendlichenpsychotherapeuten) gilt die GOÄ, soweit passend, auch für Psychologische Psychotherapeuten.

16   Bei den drei Gebührenordnungen handelt es sich um auf Grundlage der §§ 11 BÄO, 15 ZHG, 21 PsychThG mit Zustimmung des Bundesrates erlassene **Rechtsverordnungen**, die sich in den eigentlichen Verordnungstext mit den allgemeinen Liquidationsvorschriften (sog. Paragrafenteil) und in ein jeweils anliegendes Gebührenverzeichnis gliedern. Die Länder sind von den Gebührenordnungen als Beihilfeträger für die im Landesdienst beschäftigten Beamten in besonderer Weise betroffen. Ihren Interessen und denjenigen der anderen zur Zahlung der Entgelte Verpflichteten, also insbesondere denen der privat versicherten Patienten, ist beim

---

14 Näher HK-AKM/Scholz Nr. 4390 Rn. 2 mwN.
15 BVerfG, Beschl. v. 19.11.1985 – 1 BvR 38/78, NJW 1986, 1536.
16 BVerfG, Beschl. v. 4.7.2000 – 1 BvR 547/99, NJW 2000, 2734.
17 BVerfG, Beschl. v. 12.12.1984 – 1 BvR 1249/83, NJW 1985, 2185.

Erlass der Rechtsverordnung ebenso wie den berechtigten Interessen der Ärzte Rechnung zu tragen, § 11 S. 3 BÄO.

Die GOÄ findet auch dann Anwendung, wenn der Behandlungsvertrag mit einer juristischen Person, z. B. einer in Trägerschaft eines Krankenhauses gegründeten, ein **medizinisches Versorgungszentrum** betreibenden, GmbH abgeschlossen wird und ambulante Leistungen durch Ärzte erbracht werden, die lediglich im Rahmen eines Anstellungsverhältnisses in Erfüllung ihrer eigenen Dienstaufgaben tätig werden.[18] Keine Anwendung findet die GOÄ, wenn Ärzte als Konsiliarärzte für Krankenhäuser oder als Betriebsärzte für Unternehmen ärztliche Leistungen erbringen.[19] Die Vergütung kann sich gleichwohl an der GOÄ orientieren oder stundenweise berechnet werden. Für Privatgutachten werden meistens Festbeträge vereinbart. Erbringen Ärzte Leistungen für pharmazeutische Unternehmen oder Medizinproduktehersteller, muss die Vergütung der erbrachten Leistung entsprechen; insofern gilt das Äquivalenzprinzip, § 33 S. 1 MBO-Ä. 17

Die aktuell gültige GOÄ stammt im Wesentlichen aus dem Jahr 1982 und wurde in den Jahren 1996 und 2020 – letzteres betraf die Gebührenordnungspositionen zur Leichenschau – lediglich in geringem Umfang teilnovelliert. Obwohl auch nach Ansicht der Bundesregierung unbestritten ist, dass die GOÄ das aktuelle medizinische Leistungsgeschehen weder hinsichtlich der Leistungsbeschreibungen noch hinsichtlich der Bewertung der ärztlichen Leistungen adäquat abbildet und dadurch zunehmend das Risiko der Intransparenz und Streitanfälligkeit der Abrechnung privater Leistungen sowie eine tendenzielle Schieflage zugunsten technischer Leistungen besteht,[20] gab es im Bundesministerium für Gesundheit **keine konkreten Pläne für eine Novellierung** der GOÄ.[21] Demgegenüber sind die Vergütungen für Rechtsanwälte zum 1.1.2021 und 1.6.2025 angepasst worden. Den berechtigten Interessen der Ärzte wird nur dann Rechnung getragen, wenn auch bei ihnen die aktuelle Kostensituation Berücksichtigung findet und der Kalkulation eine aktuelle Bewertung des mit der Leistungserbringung verbundenen Aufwands zugrunde liegt. 18

Die GOÄ gibt den Rahmen für die Vergütung der beruflichen Leistungen der Ärzte vor, § 1 Abs. 1 GOÄ, und schafft in ihrem Anwendungsbereich **verbindliches Preisrecht**, und zwar auch für medizinisch nicht indizierte kosmetische Operationen.[22] Dahinter steht die Zielsetzung, zugunsten eines reinen Qualitätswettbe- 19

---

18 BGH, Urt. v. 4.4.2024 – III ZR 38/23, NJW 2024, 3513.
19 BGH, Urt. v. 12.11.2009 – III ZR 110/09, MedR 2010, 555.
20 BT-Drs. 20/3103, 3.
21 BT-Drs. 20/12558, 40. Erarbeitet wurde allerdings ein in einem mehrjährigen Prozess abgestimmter Entwurf zwischen der Bundesärztekammer und dem PKV-Verband.
22 BGH, Urt. v. 23.3.2006 – III ZR 223/05, MedR 2006, 424.

werbs keinen Preiswettbewerb zuzulassen und für transparente Liquidationen zu sorgen. Dementsprechend lässt die GOÄ **keine Pauschalhonorare** zu;[23] entsprechende Vereinbarungen sind wegen Verstoßes gegen ein gesetzliches Verbot, § 134 BGB, unwirksam.[24] In der Werbung sind allerdings Mindestpreisangaben bzw. Preisbeispiele (ab ... €) zulässig.[25]

20   Stattdessen hat der Arzt die Gebühr innerhalb des Gebührenrahmens, der grundsätzlich zwischen dem Einfachen und Dreieinhalbfachen des Gebührensatzes liegt, unter Berücksichtigung der Schwierigkeit und des Zeitaufwandes der einzelnen Leistung bzw. der Schwierigkeit des Krankheitsfalls sowie der Umstände bei der Ausführung **nach billigem Ermessen** zu bestimmen, § 5 Abs. 1 und 2 GOÄ. In der Regel rechnen Ärzte den 2,3fachen Gebührensatz, den sog. Schwellenwert, ab, weil es dazu keiner besonderen Begründung bedarf. Das hat die Rechtsprechung als unbedenklich angesehen.[26]

21   Daneben besteht die Möglichkeit einer abweichenden schriftlichen **Honorarvereinbarung** vor Beginn der Behandlung oder des Behandlungsabschnitts[27] im Rahmen einer persönlichen Absprache zwischen Arzt und Zahlungspflichtigem, § 2 GOÄ. Abdingbar ist nur die Höhe der Gebühren, d.h. der Gebührensatz. Die Anforderungen an das Vorliegen einer Individualvereinbarung müssen im Lichte des Art. 12 Abs. 1 GG gesehen werden und schließen die Verwendung teilweise vorformulierter Texte nicht aus.[28] Andererseits muss der Patient ausreichend Zeit zum Überlegen haben, ob er die Behandlung zu den angebotenen Konditionen durchführen lassen will.[29] Die Vereinbarung darf keine anderen Erklärungen, muss aber den Hinweis enthalten, dass eine Erstattung der Vergütung durch die kostenstattenden Stellen (privates Krankenversicherungsunternehmen, Beihilfestelle des öffentlichen Dienstes) möglicherweise nicht in vollem Umfang gewährleistet ist; auch das Einverständnis mit der Einschaltung einer Privaten Verrechnungsstelle muss auf freiwilliger Basis ohne Unterdrucksetzen erfolgen.

22   Im Bereich der privatärztlichen Behandlung gilt nicht das Sachleistungs- sondern das Kostenerstattungsprinzip; wenige gesetzliche Versicherte haben zudem von der Option Gebrauch gemacht, nach § 13 Abs. 2 S. 1 SGB V anstelle der Sach- oder Dienstleistungen Kostenerstattung zu wählen. Kostenerstattung bedeutet, dass die Abrechnung grundsätzlich zwischen Arzt und Patient erfolgt; An-

---

23 BVerfG, Beschl. v. 19.4.1991 – 1 BvR 1301/89, NJW 1992, 737.
24 BGH, Urt. v. 13.6.2024 – III ZR 279/23, NJW 2024, 3517.
25 VG Münster, Urt. v. 22.11.2017 – AZ: 5 K 4424/17, MedR 2018, 495.
26 BGH, Urt. v. 8.11.2007 – III ZR 54/07, MedR 2008, 90.
27 Vgl. aber BGH, Urt. v. 19.2.1998 – III ZR 106/97, NJW 1998, 1786, 1789.
28 BVerfG, Beschl. v. 25.10.2004 – 1 BvR 1437/02, NJW 2005, 1036.
29 LG Frankfurt, Urt. v. 15.5.2019 – 2–15 S 7/19, ZMGR 2019, 176.

spruchsgrundlage ist § 630a Abs. 1 BGB. Mit schriftlicher Einwilligung des Patienten kann der Arzt die Dienste einer **privaten Verrechnungsstelle** in Anspruch nehmen, § 10 Abs. 6 GOZ, § 12 Abs. 2 MBO-Ä.[30] Damit wird dem Umstand Rechnung getragen, dass die Tatsache der Behandlung und die vorgenommenen Behandlungen, die sich aus den abgerechneten Gebührenziffern ergeben, der Schweigepflicht unterliegen. Die Rechnung reicht der Patient dann an seine private Krankenkasse und, sofern er beihilfeberechtigt ist, an seine Beilhilfestelle weiter, welche nach Maßgabe des Versicherungstarifs bzw. der Beilhilfebestimmungen den Rechnungsbetrag ganz oder teilweise erstatten.

Die GOÄ enthält in § 12 eine Reihe von formalen Vorgaben, die Fälligkeits- 23 voraussetzungen sind. Damit der Rechnungs- und **Kostenerstattungsprozess digitalisiert** werden kann, schaffen die §§ 334 Abs. 1 S. 2 Nr. 8, 359a, 362 Abs. 1 SGB V die Voraussetzungen für die Einführung der elektronischen Rechnung als neue Anwendung der Telematikinfrastruktur. Nach § 192 Abs. 3 Nr. 5 VVG kann allerdings im Versicherungsverhältnis auch die unmittelbare Abrechnung der Leistungen mit den Leistungserbringern vereinbart werden. Das ist insbesondere für die allgemeinen stationären Krankenhausleistungen im Rahmen des sog. Klinik-Card-Verfahrens üblich. Der Versicherungsnehmer legt einen entsprechenden Ausweis vor und tritt seinen Erstattungsanspruch gegen die Versicherung, ggf. unwiderruflich, an den Krankenhausträger ab; zugleich willigt der Versicherungsnehmer in eine elektronische Datenübermittlung ein, § 17c Abs. 5 S. 2 und 4 KHG.[31] Im Fall unrichtiger, aber beglichener Abrechnungen geht der bereicherungsrechtliche Anspruch, § 812 Abs. 1 S. 1 1. Fall BGB, kraft Gesetzes auf den Versicherer über, § 194 Abs. 2 i.V.m. § 86 Abs. 1 S. 1 VVG.

Der Arzt darf Vergütungen ferner nur für Leistungen berechnen, die für eine 24 **notwendige ärztliche Versorgung** erforderlich sind. Gehen die Leistungen darüber hinaus, darf er sie nur berechnen, wenn sie auf Verlangen des Patienten, d.h. nach Absprache mit ihm, erbracht worden sind, § 1 Abs. 2 GOÄ. Sie sind als solche in der Arztrechnung zu kennzeichnen, § 12 Abs. 3 GOÄ.

Den Arzt trifft auch eine wirtschaftliche Aufklärungspflicht, wenn er Dritte wie 25 Laborärzte einschaltet, § 4 Abs. 5 GOÄ, oder neue, noch nicht allgemein anerkannte Behandlungsmethoden anwendet. Im zweiten Fall verpflichtet ihn im Zweifel sowohl § 630c Abs. 3 BGB[32] als auch § 12 Abs. 5 MBO-Ä, den Patienten über die voraussichtlichen Behandlungskosten in Textform zu informieren. Zusätzlich zur GOÄ bestimmt § 12 Abs. 1 S. 3 MBO-Ä, dass die Sätze der GOÄ nicht in unlauterer Weise

---

30 § 12 Abs. 2 MBO-Ä erfordert, Art. 7 Abs. 1 DS-GVO berücksichtigend, lediglich eine Nachweisbarkeit der Einwilligung.
31 Bach/Moser/Wiemer, 6. Aufl. 2023, VVG § 192 Rn. 144.
32 BGH, Urt. v. 28.1.2020 – VI ZR 92/19, MedR 2020, 575.

unterschritten werden dürfen. Lediglich Verwandten, Kollegen, deren Angehörigen und mittellosen Patienten kann das **Honorar** ganz oder teilweise **erlassen** werden, § 12 Abs. 3 MBO-Ä.

26   Die GOÄ enthält ein umfassendes Leistungsverzeichnis, an welches der Arzt gebunden ist. Dabei gilt das sog. **Zielleistungsprinzip**, § 4 Abs. 2a GOÄ. Leistungen, die Bestandteil oder eine besondere Ausführung einer anderen, im Gebührenverzeichnis aufgenommenen Leistung sind, können ebenso wenig gesondert berechnet werden wie die zur Erbringung der im Gebührenverzeichnis aufgeführten operativen Leistungen methodisch notwendigen operativen Einzelschritte. Mangels Aktualität der GOÄ kommt es häufig zu **Analogbewertungen**. Nicht in das Gebührenverzeichnis aufgenommene selbständige Leistungen werden entsprechend einer dort aufgenommenen, nach Art, Kosten- und Zeitaufwand gleichwertigen Leistung des Gebührenverzeichnisses berechnet und sind in der Rechnung entsprechend zu kennzeichnen, §§ 6 Abs. 2, 12 Abs. 4 GOÄ.

27   Berufsrechtlich kann ein Arzt belangt werden, der entgegen § 12 Abs. 1 S. 1 GOÄ eine **unangemessene Honorarforderung** geltend macht. Das ist sie nicht allein deshalb, weil sie zivilrechtlich umstritten ist,[33] sondern nur dann, wenn sie vorsätzlich fehlerhaft oder jedenfalls nicht mehr mit guten Gründen vertretbar ist.[34] Strafbar wegen Betruges ist es, wenn der Arzt in Kenntnis, dass die privaten Krankenversicherungen für eine einstündige osteopathische Behandlung nicht den 4fachen Gebührensatz erstatten, in der Rechnung zwecks Kompensation einen weiteren, fiktiven Behandlungstag abrechnet.[35]

---

33 Landesberufsgericht NRW beim OVG Münster, Urt. v. 3.5.2001 – 15 A 4950/98.T, NJW 2002, 912.
34 Landesberufsgericht NRW beim OVG Münster, Urt. v. 6.2.20213 – 6t A 1843/10.T, GesR 2013, 428, 431.
35 OLG München, Urt. v. 21.9.2016 – 15 U 979/15, medstra 2017, 224.

§ 6 Versicherungsschutz und Finanzierung der gesetzlichen Krankenversicherung und Pflegeversicherung

Dieses Kapitel enthält einen Überblick über den Krankenversicherungsschutz und 1 dessen Finanzierung. Dabei gibt es in Deutschland zwei nebeneinander bestehende Krankenversicherungssysteme, nämlich eine gesetzliche und eine private Krankenversicherung. Laut Statistischem Bundesamt waren im Jahr 2023 rund 74,3 Mio. Menschen gesetzlich und 8,7 Mio. Menschen privat versichert. Die beiden Systeme unterscheiden sich grundlegend voneinander und stehen nur für einen kleineren Teil der Bevölkerung in einem **Wettbewerbsverhältnis** zueinander. Gesetzlich Versicherte können zudem eine private Zusatzversicherung abschließen, welche z.B. Kosten für Zahnimplantate oder wahlärztliche Leistungen wie Chefarztbehandlung im Krankenhaus übernimmt. Auch die Finanzierung beider Krankenversicherungssysteme weist erhebliche Unterschiede auf.

Neben der Krankenversicherung wurde eine **gesonderte Pflegeversicherung** 2 für den Fall der Pflegebedürftigkeit eingerichtet. Eine solche Versicherung mit einem gleichwertigen Leistungskatalog, § 23 Abs. 1 S. 2 SGB XI, müssen auch die privaten Krankenversicherungsunternehmen anbieten, § 110 SGB XI.

I. Mitgliedschaft und Versicherteneigenschaft in der Gesetzlichen Krankenversicherung

Die Gesetzliche Krankenversicherung ist Teil des Sozialversicherungssystems und 3 daher öffentlich-rechtlich organisiert. § 1 S. 1 SGB V beschreibt sie als Solidargemeinschaft. Anders als in den anderen Sozialversicherungszweigen sind die Versicherten grundsätzlich keinem bestimmten Sozialversicherungsträger zugeordnet, sondern können zwischen mehreren, als rechtsfähige Körperschaften des öffentlichen Rechts errichteten, § 4 Abs. 1 SGB V, gesetzlichen Krankenkassen verschiedener Kassenarten wählen. Weite Teile der Bevölkerung, nämlich im Jahr 2023 35,2 Mio. Menschen, sind in den gesetzlichen Krankenkassen pflichtversichert, d.h. sie haben keine Option, sich anderweitig gegen das Versicherungsrisiko einer Krankheit abzusichern. Hinzu kommen 6,3 Mio. freiwillige Mitglieder und 17 Mio. gesetzlich versicherte Rentner. Über 16 Mio. Menschen waren im Jahr 2023 in der gesetzlichen Krankenversicherung beitragsfrei versichert, davon die meisten im Wege der Familienversicherung.

https://doi.org/10.1515/9783111048543-009

4   Historisch geht die Sozialversicherung vor allen auf das Gesetz betreffend die Krankenversicherung der Arbeiter v. 16.6.1983 (RGBl. S. 73) zurück. Anstoß gab die sog. **Kaiserliche Botschaft.** In dieser verlas Reichskanzler Bismarck im Zuge der Eröffnung des 5. Deutschen Reichstages am 17.11.1981 die Botschaft Kaiser Wilhelms I., welche ein Programm für den Aufbau einer Absicherung der arbeitenden Bevölkerung gegen Unfall, Krankheit und die Risiken des Alters auf Basis des Prinzips der Selbstverwaltung ankündigte. Am 19.7.1911 (RGBl. S. 509) wurde die **Reichsversicherungsordnung** (RVO) beschlossen, die durch das Gesetz zur Strukturreform im Gesundheitswesen v. 20.12.1988 (BGBl. I 2477) mit Änderungen in das SGB V überführt wurde.

5   Den **versicherten Personenkreis** legen heute die §§ 5–10 SGB V fest. Sie regeln, wer versicherungspflichtig, § 5, und wer versicherungsfrei ist, §§ 6, 7, sowie wer sich von der Versicherungspflicht befreien lassen kann, § 8, und wer berechtigt ist, sich freiwillig gesetzlich zu versichern, § 9. Die Familienversicherung regelt § 10 SGB V, für die § 188 Abs. 4 SGB V eine wichtige Ergänzung darstelt. Das Gesetz enthält auch Konkurrenzregeln, wenn sich ein Versichertenstatus aus mehreren Tatbeständen ergeben würde; die exakte Zuordnung hat für die Beitragsbemessung maßgebliche Bedeutung.

1. Versicherungspflicht

6   Die größte Gruppe der Pflichtversicherten sind die **gegen Arbeitsentgelt Beschäftigten**, § 5 Abs. 1 Nr. 1 SGB V, einschließlich derjenigen, die sich in einer betrieblichen Berufsausbildung befinden, § 7 Abs. 2 SGB IV, oder an dualen Studiengängen teilnehmen, § 5 Abs. 4a S. 1 Nr. 2 SGB V. Wann eine solche Beschäftigung vorliegt, ergibt sich aus § 7 Abs. 1 und 2 SGB IV. Beschäftigung ist die nichtselbständige Arbeit, insbesondere in einem Arbeitsverhältnis, wobei Anhaltspunkte für eine Beschäftigung einerseits eine Tätigkeit nach Weisungen und andererseits eine Eingliederung in die Arbeitsorganisation des Weisungsgebers sind. Über § 7 Abs. 1a SGB IV werden Altersteilzeitmodelle erfasst. Zur Versicherungsfreiheit derjenigen mit höherem Jahresarbeitsentgelt → Rn. 13.

7   Der Schutzfunktion der gesetzlichen Krankenversicherung entspricht es, dass während des Leistungsbezugs **Empfänger von Arbeitslosengeld** nach dem SGB III **und von Bürgergeld** nach dem SGB II ebenso versicherungspflichtig sind wie diejenigen, deren Leistungsanspruch nach dem SGB III wegen einer Sperrzeit oder einer Urlaubsabgeltung ruht, § 5 Abs. 1 Nr. 2 und 2a SGB V. Gleiches gilt für Rentner, § 5 Abs. 1 Nr. 11–11b SGB V, sowie Personen, die in Behindertenwerkstätten arbeiten, § 5 Abs. 1 Nr. 8 SGB V.

Die **Krankenversicherung der Rentner** beginnt, wenn die Voraussetzungen 8 für den Rentenbezug nach dem SGB VI erfüllt sind, bereits mit Rentenantragstellung, §§ 186 Abs. 9, 189 Abs. 1 S. 1 SGB V. Zusätzliche Voraussetzung ist eine gesetzlich vorgegebene Vorversicherungszeit. In der zweiten Hälfte des Arbeitslebens, d. h. der Zeit zwischen der erstmaligen Aufnahme einer Erwerbstätigkeit und der Stellung des Rentenantrages, muss der Rentner 9/10 der Zeit Mitglied der gesetzlichen Krankenversicherung oder Familienversicherter gewesen sein.[1] Hierauf angerechnet werden Kindererziehungszeiten und für Hinterbliebene kommt es auf die Vorversichertenzeiten des Verstorbenen an, § 5 Abs. 2 S. 2–3 SGB V.

Studierende,[2] nicht jedoch (reine) Doktoranden, sind versicherungspflichtig, 9 wenn sie an inländischen staatlichen oder staatlich anerkannten Hochschulen immatrikuliert sind. Liegen keine besonderen persönlichen oder familiären Gründe vor, welche von solcher Art und von solchem Gewicht sind, dass sie bei objektiver Betrachtungsweise die Aufnahme oder den Abschluss des Studiums verhindern oder als unzumutbar erscheinen lassen[3] und für den späteren Studienabschluss ursächlich sind, endet die studentische Krankenversicherung mit Vollendung des 30. Lebensjahres, § 5 Abs. 1 Nr. 9 SGB V. Die studentische Versicherung ist u. a. gegenüber der Familienversicherung nachrangig, § 5 Abs. 7 SGB V. Dass sog. Werkstudierende in einer entgeltlichen Beschäftigung, die sie während ihres Studiums ausüben und welche dem Studium nach Ort und Dauer untergeordnet ist, versicherungsfrei sind, ergibt sich aus § 6 Abs. 1 Nr. 3 SGB V.[4] Rechtsreferendare sind keine Praktikanten i. S. d. § 5 Abs. 1 Nr. 10 SGB V.

Ein besonderer Teil der gesetzlichen Krankenversicherung ist die **landwirt-** 10 **schaftliche Krankenversicherung** in Trägerschaft der Sozialversicherung für Landwirtschaft, Forsten und Gartenbau, § 5 Abs. 1 Nr. 3 SGB V, § 17 KVLG 1989.

Aufgrund des **Auffangtatbestandes** des § 5 Abs. 1 Nr. 13 SGB V,[5] der demge- 11 genüber vorrangigen Anschlussversicherung an die Familienversicherung, § 188 Abs. 4 SGB V, und der Verpflichtung zum Abschluss eines privaten Krankenversicherungsvertrages mit einem Selbstbehalt von höchstens 5.000 EUR im Jahr und Absicherung ambulanter und stationärer ärztlicher Heilbehandlung, § 193 Abs. 3

---

1 Mit Art. 3 Abs. 1 GG unvereinbar war die Regelung, dass als Vorversicherungszeiten nur solche der Pflichtversicherung, nicht jedoch solche der freiwilligen Versicherung berücksichtigt wurden, BVerfG, Beschl. v. 15. 3. 2000 – 1 BvL 16/96 NZS 2020, 450.
2 Zur Krankenversicherung der Studenten Felix KrV 2020, 45.
3 BSG, Urt. v. 30. 9. 1992 – 12 RK 40/91, NZS 1993, 111. 112.
4 Vgl. näher BSG, Urt. v. 10. 12. 1998 – B 12 KR 22/97 R, SozVers 1999, 305; 11. 11. 2003 – B 12 KR 24/03 R, SGb 2004, 440; Felix GesR 2021, 149.
5 Der Auffangcharakter ergibt sich eindeutig aus § 5 Abs. 8 S. 1 SGB V. Zum Leistungsausschluss beim beabsichtigten Leistungsmissbrauch s. § 52a SGB V.

VVG, soll in Deutschland grundsätzlich niemand ohne tatsächlichen Anspruch auf Schutz im Krankheitsfall sein. Pflichtversichert in der gesetzlichen Krankenversicherung sind diejenigen, denen aktuell eine anderweitige Absicherung fehlt, etwa auch nach § 264 Abs. 2 SGB V[6], nach § 4 AsylbLG oder als Strafgefangene, und die nicht zuletzt privat versichert waren.

12   Nicht versicherungspflichtig ist derjenige, der, z. B. als niedergelassener Vertragsarzt, **hauptberuflich selbständig erwerbstätig** ist, § 5 Abs. 5 SGB V; war dieser auch früher nicht gesetzlich versichert, greift nach dessen Buchstaben b) auch § 5 Abs. 1 Nr. 13 SGB V nicht ein. Ziel der Regelung ist es, dass sich ein Selbständiger nicht durch die Aufnahme einer gering vergüteten Nebentätigkeit einen umfassenden Krankenversicherungsschutz sichern kann, ohne durch sein geringes Arbeitseinkommen nachhaltig zur Finanzierung der Sozialversicherung beizutragen.[7] Hauptberuflich ist eine Tätigkeit, wenn sie von der wirtschaftlichen Bedeutung und dem zeitlichen Aufwand her die übrigen Erwerbstätigkeiten zusammen deutlich übersteigt und den Mittelpunkt der Erwerbstätigkeit darstellt.[8]

2. Versicherungsfreiheit

13   Versicherungsfrei sind mangels Schutzbedürftigkeit diejenigen Beschäftigten, deren regelmäßiges, d. h. bei normalem Lauf der Dinge geschuldetes,[9] Jahresarbeitsentgelt ohne Berücksichtigung von Familienzuschlägen prognostisch die jährlich angepasste und nach Maßgabe des § 14 Abs. 1 SGB IV zu bestimmende **Jahres(brutto)arbeitsentgeltgrenze** übersteigt. Im Jahr 2025 beträgt sie nach § 6 Abs. 6 SGB V i.V.m. § 2 Abs. 1 Sozialversicherungsrechengrößen-Verordnung 2025 grundsätzlich 73.800 EUR. Während die Versicherungspflicht bei bestehendem Beschäftigungsverhältnis und Gehaltserhöhungen grundsätzlich zum Ende des Kalenderjahres endet, § 6 Abs. 4 S. 1 SGB V, besteht bei Neuaufnahme eines hoch vergüteten Beschäftigungsverhältnisses sogleich Versicherungsfreiheit. Sinkt der Lohn bzw. die Lohnerwartung unter die ggf. angehobene Jahresentgeltgrenze, tritt unmittelbar Versicherungspflicht ein.

14   Nach § 8 Abs. 1 Nr. 1, Abs. 2 SGB V besteht die Möglichkeit, sich binnen drei Monaten von der wegen einer Erhöhung der Jahresarbeitsentgeltgrenze eingetretenen Versicherungspflicht gegen den Nachweis eines anderweitigen, nicht zwin-

---

6 BSG, Urt. v. 29.6.2021 – B 12 KR 33/19 R, NZS 2022, 496.
7 BT-Drs. 11/2237, 159.
8 Becker/Kingreen/Just, 9. Aufl. 2024, SGB V § 5 Rn. 76.
9 Becker/Kingreen/Just, 9. Aufl. 2024, SGB V § 6 Rn. 6 f.

gend gleichwertigen, Versicherungsschutzes **von der gesetzlichen Versiche-**
rungspflicht befreien zu lassen, § 8 Abs. 2 S. 4 SGB V.

Versicherungsfrei sind ferner **Beamte**, Richter, Soldaten auf Zeit, Berufssol- 15
daten und andere im öffentlichen Dienst oder bei den privatrechtlich organisierten
Spitzenverbänden von Körperschaften des öffentliche Rechts[10] Beschäftigte, wenn
sie nach beamtenrechtlichen Grundsätzen Anspruch auf Fortzahlung der Bezüge
und auf Beihilfe oder wie Polizeivollzugsbeamte Heilfürsorge haben, § 6 Abs. 1 Nr. 2
SGB V, und zwar auch dann, wenn sie später Ruhegehalt beziehen, § 6 Abs. 1 Nr. 6
SGB V.[11] Weil die Beihilfe nur einen Teil der Krankenkosten abdeckt, schließt sie
eine obligatorische Anschlussversicherung nach Maßgabe des § 188 Abs. 4 S. 1 SGB V
nicht aus.[12] In mehreren Ländern können Beamte aber dahingehend optieren, eine
pauschale Beihilfe in Form der Übernahme der Hälfte der Kosten der freiwilligen
gesetzlichen Krankenversicherung oder der privaten Krankenversicherung zu erhalten.[13]

Versicherungsfrei sind auch Ältere, die sich vorher für eine private Kranken- 16
versicherung entschieden hatten, wenn sie **nach Vollendung des 55. Lebensjahrs**
versicherungspflichtig werden und in den letzten fünf Jahren zuvor weder als
Mitglied noch als Familienversicherte gesetzlich versichert waren und sie selbst
oder ihr Ehegatte mindestens die Hälfte dieser Zeit versicherungsfrei, von der
Versicherungspflicht befreit oder aufgrund hauptberuflicher Selbständigkeit nicht
versicherungspflichtig waren, § 6 Abs. 3a SGB V. Ziel der Regelung ist es, die Solidargemeinschaft vor hohen Ausgaben im höheren Lebensalter zu schützen, denen
keine angemessenen Beitragseinnahmen gegenüberstehen.

Versicherungsfrei ist, wer einer **geringfügigen Beschäftigung**, sog. Minijob, 17
mit zzt. bis zu 556 EUR Monatsgehalt nachgeht, §§ 8 SGB IV. Man sieht diesen
Personenkreis deshalb als nicht schutzbedürftig an, weil der Lebensunterhalt
meistens anderweitig sichergestellt ist und geringe Beitragseinnahmen einen vollen Versicherungsschutz vermitteln würden.[14] Der Arbeitgeber hat pauschal 13 %
des Arbeitsentgelts aus der Beschäftigung zu tragen; für geringfügig Beschäftigte in
Privathaushalten beträgt er abweichend 5 %, § 249b SGB V. Einzugsstelle ist die
Deutsche Rentenversicherung Knappschaft-Bahn-See als Träger der Rentenversicherung (sog. Minijobzentrale), § 28i S. 5 SGB IV.

---

10 BT-Drs. 11/2237, 160. Vgl. u. a. § 213 SGB V.
11 Mangels Beihilfeberechtigung nach Ausscheiden aus der Bundeswehr werden Soldaten auf
Zeit nicht erfasst.
12 BSG, Urt. v. 10.12.2019 – B 12 KR 20/18 R, NZS 2020, 803.
13 Z.B. § 62 Abs. 6 LBG Brandenburg.
14 Becker/Kingreen/Just, 9. Aufl. 2024, SGB V § 7 Rn. 1.

3. Befreiung von der Versicherungspflicht

18 Die in § 8 Abs. 1 SGB V normierten Tatbestände zur Möglichkeit der **Befreiung von der Versicherungspflicht** erfassen u. a. Arbeitslose, Rentner, Erwerbstätige während der Elternzeit oder der Pflege- bzw. Familienpflegezeit und diejenigen, welche die Arbeitszeit auf die Hälfte oder weniger eines Vollzeitbeschäftigten reduzieren.

4. Freiwillige Versicherung

19 Das SGB V ermöglicht in den in § 9 abschließend genannten Fällen einigen als weniger schutzbedürftig einzustufenden Personen, und zwar grundsätzlich binnen einer Dreimonatsfrist, einen Beitritt zur damit **freiwilligen Versicherung** bzw. in der Mehrzahl der Fälle eine freiwillige Fortsetzung der Versicherung, vgl. § 2 Abs. 1 SGB IV. Wenn ein Pflichtversicherungstatbestand eintritt oder der Versicherte kündigt, endet die freiwillige Versicherung, § 191 Nr. 2 und 3 SGB V.

20 Ein Beitrittsrecht besteht vor allem bei Ausscheiden aus der Versicherungspflicht oder Familienversicherung und Erfüllung der geforderten Vorversicherungszeit. Diese beträgt alternativ zwei Jahre innerhalb der letzten fünf Jahre vor dem Beitrittsantrag oder ununterbrochene zwölf Monate unmittelbar vor dem Ausscheiden aus der Versicherungspflicht, § 9 Abs. 1 Nr. 1 und 2 SGB V. Allerdings hat die Vorschrift aufgrund der Anschlussversicherung nach § 188 Abs. 4 SGB V kaum noch Bedeutung. Freiwillig kann sich nach § 9 Abs. 1 Nr. 3 SGB V versichern, wer **erstmals eine Beschäftigung in Deutschland** aufnimmt, bei der die Vergütung über der Jahresarbeitsentgeltgrenze (→ Rn. 13) liegt.

5. Familienversicherung

21 Über den Stammversicherten sind nach Maßgabe des § 10 SGB V kraft Gesetzes auch seine Familienangehörigen akzessorisch, §§ 10 Abs. 5, 173 Abs. 6 SGB V, und beitragsfrei, § 3 S. 3 SGB V, bei der gewählten Krankenkasse mitversichert, ohne dabei Mitgliedschaftsrechte wie etwa das Wahlrecht bei den Sozialversicherungswahlen, §§ 47 Abs. 1 Nr. 1, 50 SGB IV, zu erwerben. Die Mitversicherung von Familienangehörigen wirkt auch nicht beitragserhöhend. Die **Familienversicherung** begründet ein eigenes Leistungsrecht, wobei derjenige, der das fünfzehnte Lebensjahr vollendet hat, grundsätzlich selbst Anträge auf Sozialleistungen stellen und verfolgen sowie Sozialleistungen entgegennehmen kann, § 36 SGB I. Ausgeschlossen ist lediglich der Anspruch auf Krankengeld, § 44 Abs. 2 S. 1 Nr. 1 SGB V.

Neben dem Wohnsitz oder gewöhnlichen Aufenthalt im Inland als Zugangs- 22
voraussetzung darf kein vorrangiger eigener Versicherungsschutz in der gesetzlichen Krankenversicherung bestehen. **Vorrangigkeit** besteht nach § 5 Abs. 7 SGB V
hingegen gegenüber der Krankenversicherung der Studierenden. Zudem ist die
Familienversicherung davon abhängig, dass der Begünstigte über kein über der
Einkommensgrenze liegendes Gesamteinkommen verfügt, welches zzt. bei 535 EUR
und bei geringfügig Beschäftigten zzt. bei 556 EUR liegt, § 10 Abs. 1 S. 1 Nr. 5 SGB V
i.V.m. § 18 Abs. 1 SGB IV, § 1 Abs. 1 Sozialversicherungsrechengrößen-Verordnung
2025. Das gilt auch für Studierende.

Von der Familienversicherung können der **Ehegatte**, der Lebenspartner nach 23
dem LPartG, § 33b SGB I, und die Kinder profitieren, also diejenigen, gegenüber
denen eine Unterhaltspflicht besteht. Mit der Rechtskraft des Scheidungsurteils
endet die Familienversicherung des Ehepartners, setzt sich aber als freiwillige
Versicherung fort, § 188 Abs. 4 SGB V; während des Getrenntlebens besteht die
Familienversicherung fort. In Verbindung mit der Beitragsbemessungsgrenze, § 6
Abs. 6 SGB V, führt die Familienversicherung dazu, dass ein Ehepaar, bei dem beide
Ehepartner knapp unter der Beitragsbemessungsgrenze verdienen, fast doppelt so
hohe Krankenkassenbeiträge wie derjenige bezahlt, der über der Beitragsbemessungsgrenze verdient und dessen nicht mitarbeitende Ehefrau von der beitrags-
freien Familienversicherung profitiert

Neben leiblichen erfasst die Familienversicherung auch **adoptierte Kinder**, 24
und zwar bereits dann, wenn vor Wirksamwerden der Adoption Verantwortung
für das Kind übernommen wird, § 10 Abs. 4 S. 2 SGB V. Im Rahmen der sog. gestaffelten Familienversicherung erfasst diese auch Enkelkinder, wenn Kind und
Enkelkind alle persönlichen Voraussetzungen erfüllen. Ebenso werden in den
Haushalt aufgenommene oder überwiegend unterhaltene Stiefkinder sowie Kinder,
die mit dem Stammversicherten durch ein auf längere Dauer angelegtes Pflege-
verhältnis mit häuslicher Gemeinschaft wie Kinder mit Eltern verbunden sind (sog.
Pflegekinder, § 56 Abs. 2 Nr. 2 SGB I) in die Versicherung einbezogen.

Für alle Kinder gelten **gestaffelte Altersgrenzen.** Grundsätzlich endet die 25
Familienversicherung mit Vollendung des 18. Lebensjahres. Sind die Kinder nicht
erwerbstätig, d.h. gehen sie aus welchem Grund auch immer weder einer mehr als
geringfügigen Beschäftigung oder einer selbständigen Tätigkeit nach, liegt die Altersgrenze bei der Vollendung des 23. Lebensjahres. Bis zur Vollendung des 25.
Lebensjahres sind Kinder familienversichert, die sich in einer Schul- oder Berufsausbildung, nicht jedoch in der Promotionsphase, befinden. Nach bestandener
Prüfung bleibt die Versicherung bis zum Semesterende bestehen. Ohne Altersgrenze bleiben Menschen mit Behinderungen familienversichert, wenn sie au-
ßerstande sind, für den eigenen Lebensunterhalt einschließlich der behinde-
rungsbedingten Aufwendungen zu sorgen.

26   Sind die Eltern bei unterschiedlichen gesetzlichen Krankenkassen versichert, bleibt die Zuordnung unklar, wenn die Eltern kein abgestimmtes Wahlrecht ausüben.[15] Ist **eines der Elternteile privat versichert**, wird das Kind von der Familienversicherung ausgeschlossen, wenn der privat Versicherte regelmäßig das höhere Gesamteinkommen erzielt und dieses über der Jahresentgeltgrenze liegt, § 10 Abs. 3 SGB V. Es kann aber als freiwilliges Mitglied beitreten, § 9 Abs. 1 Nr. 2 SGB V.

6. Wahlrecht unter den Krankenkassen und Mitgliedschaft

27   Unter den 94 gesetzlichen Krankenkassen können sowohl Pflichtversicherte als auch freiwillig Versicherte mit gewissen Einschränkungen auswählen, § 173 Abs. 2 SGB V. Allen zugänglich sind die Ersatzkassen und die Deutsche Rentenversicherung Knappschaft-Bahn-See. Ferner können die Ortskrankenkassen des **Wohn- oder Beschäftigungsorts**[16] bzw. des Studienorts, § 173 Abs. 3 SGB V, und diejenigen Betriebs- und Innungskrankenkassen gewählt werden, die sich in ihren Satzungen unumkehrbar[17] für alle gesetzlich Versicherten geöffnet haben, §§ 144 Abs. 2 S. 1, 145 Abs. 2 SGB V. Andernfalls ist eine Betriebskrankenkasse nur denjenigen Personen zugänglich, die in dem Betrieb beschäftigt werden, für den die Betriebskrankenkasse besteht. Sämtliche Innungskrankenkassen sind inzwischen auch für Innungsfremde, wenn auch z.T. nicht bundesweit, geöffnet. Bei regional geöffneten Betriebskrankenkassen muss der Beschäftigungs- oder Wohnort des Versicherten in dieser Region liegen. Ob bei mehreren Wohnsitzen ein erweitertes Wahlrecht besteht, ist umstritten.[18] Nach § 173 Abs. 2 Nr. 5 SGB V kann der Versicherte auch dann Mitglied der Krankenkasse bleiben, wenn er die Zugangsvoraussetzungen durch Wegzug oder Beendigung der Tätigkeit im Betrieb nicht mehr erfüllen könnte. Rentner können in die Betriebskrankenkasse ihres früheren Betriebs zurückkehren, § 173 Abs. 5 SGB V. Wählbar ist schließlich die Krankenkasse, in welcher der Ehegatte versichert ist, § 173 Abs. 2 Nr. 6 SGB V. Für Familienversicherte gilt

---

15 Becker/Kingreen/Just, 9. Aufl. 2024, SGB V § 7 Rn. 47.
16 Nach § 143 SGB V bestehen Ortskrankenkassen für begrenzte Regionen, die sich auch über mehrere Regionen erstrecken können, Dies sind die AOK Nordost für die Bundesländer Berlin, Brandenburg und Mecklenburg-Vorpommern, die AOK Nordwest für Schleswig-Holstein und den Landesteil Westfalen-Lippe, die AOK Plus für Sachsen und Thüringen, die AOK Rheinland/Hamburg und die AOK Rheinland-Pfalz/Saarland. Der Beschäftigungsort bestimmt sich nach Maßgabe der §§ 9 und 10 SGB IV.
17 BT-Drs. 15/1525, 136.
18 Becker/Kingreen/Just, 9. Aufl. 2024, SGB V § 173 Rn. 5 mwN.

nach § 173 Abs. 6 SGB V die Wahlentscheidung des die Versicherung vermittelnden Mitglieds.

Das Wahlrecht wird, ohne dass eine bestimmte Form vorgegeben wäre, durch 28 Erklärung gegenüber der gewählten Krankenkasse ausgeübt; diese darf die Mitgliedschaft weder ablehnen noch durch eine falsche oder unvollständige Beratung erschweren, § 175 Abs. 1 SGB V. Die gewählte Krankenkasse hat die bisherige Krankenkasse im **elektronischen Meldeverfahren** unverzüglich über die Ausübung des Wahlrechts zu informieren. Weil Krankenkassen in der Vergangenheit durch verschiedene unlautere Maßnahmen versucht haben, eine für sie günstigere Mitgliederstruktur zu erreichen, verpflichtet § 175 Abs. 2a SGB V die Aufsichtsbehörden, entsprechenden Verdachtsfällen nachzugehen und ggf., und zwar sogleich mit der Androhung eines Zwangsgeldes, einzugreifen, ohne dass dies in ihrem Ermessen steht.[19] Wird das Wahlrecht nicht ausgeübt, meldet der Arbeitgeber als nach § 198 SGB V meldepflichtige Stelle den Pflichtversicherten bei derjenigen Krankenkasse an, bei der zuletzt eine Versicherung bestand, ansonsten bei einer von ihm gewählten Krankenkasse, § 175 Abs. 3 SGB V.

An die Wahlentscheidung ist der Versicherte grundsätzlich zwölf Monate ge- 29 bunden und kann die Krankenkasse dann zum Ablauf des übernächsten Monats auch unterjährig wechseln, § 175 Abs. 4 S. 1 SGB V; längere Fristen gelten bei bestimmten Wahltarifen, § 53 Abs. 8 SGB V. Endet die Mitgliedschaft kraft Gesetzes, z. B. bei einem Arbeitgeberwechsel oder dem Wechsel von einer versicherungspflichtigen Beschäftigung in eine selbständige Tätigkeit,[20] besteht nach § 175 Abs. 4 S. 2 SGB V keine Bindungsfrist. Ein **Sonderkündigungsrecht** besteht, wenn die Krankenkasse erstmals einen Zusatzbeitrag nach § 242 Abs. 1 SGB V erhebt oder diesen erhöht; die Kündigungsfrist endet mit Ablauf des Monats, in welchem der Zusatzbeitrag erstmals erhoben oder erhöht wurde, § 175 Abs. S. 6 SGB V. Die Krankenkasse trifft insofern eine umfassende Informationspflicht, welche den expliziten Hinweis auf die Möglichkeit des Wechsels in eine günstigere Krankenkasse beinhalten muss, § 175 Abs. 4 S. 7 SGB V.

Das Ziel des **Krankenkassenwettbewerbs** benennt § 4a SGB V. Er soll unter 30 Berücksichtigung des Umstandes, dass die Krankenkassen nach § 4 Abs. 3 SGB V im Interesse der Leistungsfähigkeit und Wirtschaftlichkeit der gesetzlichen Krankenversicherung untereinander zur engen Zusammenarbeit verpflichtet sind, einen Beitrag dazu leisten, das Leistungsangebot und die Qualität der Leistungen zu verbessern sowie die Wirtschaftlichkeit der Versorgung zu erhöhen. Unzulässig sind zum einen Maßnahmen, die der Risikoselektion dienen oder diese unmittelbar

---

19 BT-Drs. 17/6906, 94 f.
20 BT-Drs. 19/14871, 103.

oder mittelbar fördern, und zum anderen unlautere geschäftliche Handlungen. Von der ihm in § 4a Abs. 4 SGB V eingeräumten Verordnungsermächtigung, das Nähere über die Zulässigkeit von Werbemaßnahmen der Krankenkassen zu regeln, hat das Bundesministerium für Gesundheit bisher keinen Gebrauch gemacht. Es können stattdessen die als Verwaltungsvorschriften einzustufenden „Gemeinsame Wettbewerbsgrundsätze der Aufsichtsbehörden der gesetzlichen Krankenversicherung" herangezogen werden.[21]

31   Den Beginn der Mitgliedschaft in einer gesetzlichen Krankenkasse und damit die Begründung des Versicherungsverhältnisses bestimmen die §§ 186–189 SGB V. Die Mitgliedschaft versicherungspflichtig Beschäftigter beginnt nach § 186 Abs. 1 SGB V mit dem Tag des Eintritts in das Beschäftigungsverhältnis, d. h. um 0.00 Uhr des Tages, an dem erstmals die Arbeit aufgenommen werden soll, und endet mit Ablauf des Tages, an dem das Beschäftigungsverhältnis endet, § 190 Abs. 2 SGB V. Der Tag, von dem an die Leistung bezogen wird bzw. der Ablauf des Tages des letzten Leistungsbezugs, ist bei Empfängern von Bürgergeld oder Arbeitslosengeld für den **Beginn bzw. das Ende der Mitgliedschaft** maßgeblich, §§ 186 Abs. 2, 190 Abs. 12 SGB V. Bei Studierenden beginnt die Mitgliedschaft mit Beginn des Semesters oder Trimesters, sofern die Einschreibung oder Rückmeldung nicht später erfolgt, § 186 Abs. 7 SGB V.[22] Für einen nahtlosen Übergang der Mitgliedschaft bei einem Kassenwechsel sorgt § 186 Abs. 10 SGB V.

Fall 13: Fortgesetzte Psychotherapie[23]
P ist bei der AOK Bayern versichert. Mit Genehmigung ihrer Krankenkasse beginnt sie eine psychotherapeutische Behandlung bei A mit 12 Therapieeinheiten. Auch eine Folgebehandlung mit wiederum 12 Therapieeinheiten wird genehmigt. Bevor diese beginnen, wechselt P zur BKK Linde. Ohne mit der Krankenkasse in Kontakt zu treten, wird die Therapie fortgesetzt. Von daher stellt sich die Frage, ob A die weiteren Therapiestunden abrechnen darf.
In der Genehmigung der psychotherapeutischen Behandlung liegt ein Verwaltungsakt, § 31 SGB X, und § 19 Abs. 2 S. 1 SGB V bestimmt, dass (nur) im Insolvenzfall die von der insolventen Krankenkasse getroffenen Leistungsentscheidungen mit Wirkung für die aufnehmende Krankenkasse fortgelten. Dementsprechend regelt § 13 Abs. 5 und 6 der Anlage 1 des BMV-Ä in der seit 1.1.2025 geltenden Fassung, dass bei der neuen Krankenkasse ein Antrag auf Fortführung des Verfahrens zu stellen ist und bei Beachtung von Fristen eine rückwirkende Anerkennung der Leistungspflicht ohne erneute fachlich-inhaltliche Überprüfung der Leistungsvoraussetzungen erfolgt.

32   Nach § 192 Abs. 1 Nr. 1 SGB V **besteht die Mitgliedschaft Versicherungspflichtiger fort**, solange sie sich in einem rechtmäßigen Arbeitskampf (Streik oder Aussper-

---

21 Recherchierbar über www.bundesamtsozialesicherung.de.
22 Zum Ende der Mitgliedschaft s. § 190 Abs. 9 SGB V.
23 SG München, Urt. v. 22.3.2023 – S 38 KA 125/22, GesR 2023, 650.

rung) befinden; ist der Streik unrechtmäßig, endet die Mitgliedschaft in der Krankenkasse mit Ablauf eines Verlängerungsmonats, § 7 Abs. 3 SGB IV. Entsteht während der Mitgliedschaft Versicherungspflichtiger ein Anspruch auf Kranken- oder Mutterschaftsgeld oder wird es während der Mitgliedschaft bezogen, führt dieses zum Fortbestand der Mitgliedschaft, § 192 Abs. 1 Nr. 2 SGB V. Gleiches gilt, solange Erziehungsgeld, Elterngeld oder Pflegeunterstützungsgeld bezogen oder Elternzeit in Anspruch genommen wird und ebenso während des Bezugs von Kurzarbeitergeld, § 192 Abs. 1 Nr. 4 SGB V.

Im Zusammenhang mit der Beendigung der Mitgliedschaft Versicherungs- 33 pflichtiger und Familienversicherter ist der **nachgehende Leistungsanspruch** nach § 19 Abs. 2 bzw. Abs. 3 SGB V zu beachten, der längstens für einen Anschlussmonat besteht.

Asylsuchende sind in Deutschland in den ersten drei Jahren, § 2 Abs. 1 S. 1 34 AsylbLG, nicht gesetzlich krankenversichert, sondern erhalten Leistungen nach Maßgabe der §§ 4, 6 AsylbLG. Das bedeutet eine Einschränkung auf die Behandlung akuter Erkrankungen und Schmerzzustände, empfohlene Schutzimpfungen und medizinisch gebotene bzw. für Kinder vorgesehene Vorsorgeuntersuchungen. Nach Verlassen der Erstaufnahmeeinrichtung ist die Kommune für die Leistungsgewährung zuständig, sofern nicht die Krankenkassen auf Basis einer auf Landesebene geschlossenen Vereinbarung zuständig sind, § 264 Abs. 1 S. 2 – 6 SGB V. Nach der dreijährigen Wartezeit geht die Zuständigkeit, ohne dass es zur Begründung eines Versicherungs- und Mitgliedsverhältnisses kommt,[24] als unechte Krankenversicherung auf eine Krankenkasse über, welche bis auf das Krankengeld den vollen Leistungskatalog, § 11 SGB V, gewährt und eine elektronische Gesundheitskarte ausstellt, § 264 Abs. 2 und 4 SGB V.

II. Versicherung in der Gesetzlichen Pflegeversicherung

Die Absicherung des Risikos der Pflegebedürftigkeit erfolgt in einem **eigenstän-** 35 **digen Zweig der Sozialversicherung.** Dabei bestimmt § 1 Abs. 2 SGB XI als Grundsatz, dass in den Schutz der sozialen Pflegeversicherung kraft Gesetzes alle einbezogen sind, die in der gesetzlichen Krankenversicherung versichert sind. Wer bei einem privaten Krankenversicherungsunternehmen versichert ist, muss hingegen eine private Pflegeversicherung abschließen.

Nach § 20 Abs. 1 S. 1, Abs. 3 SGB XI sind demnach sowohl die versicherungs- 36 pflichtigen als auch die freiwilligen Mitglieder der gesetzlichen Krankenversiche-

---

24 BSG, Urt. v. 29.6.2021 – B 12 KR 33/19 R, NZS 2022, 496, 497.

rung in der sozialen Pflegeversicherung versicherungspflichtig. Freiwillig Versicherte, die nachweisen, selbst hinreichend privat pflegeversichert zu sein und einen solchen Versicherungsschutz auch für die ansonsten Familienversicherten, § 25 SGB XI, abgeschlossen zu haben, können sich nach § 22 Abs. 1 S. 1 SGB XI von der Versicherungspflicht in der gesetzlichen Pflegeversicherung befreien lassen. Wer im Fall einer Pflegebedürftigkeit Beihilfeleistungen erhält, muss eine anteilige private Pflegeversicherung abschließen, § 22 Abs. 1 S. 3 SGB XI. Für den Versicherten ist jeweils die **Pflegekasse** zuständig, bei der er Pflichtmitglied oder freiwilliges Mitglied im Rahmen der gesetzlichen Krankenversicherung ist, § 48 Abs. 1 SGB XI. Das liegt daran, dass die Aufgaben der Pflegekassen nach § 1 Abs. 3 SGB XI von den Krankenkassen wahrgenommen werden.

37   Einen **Leistungsmissbrauch** soll § 20 Abs. 4 SGB XI verhindern. Danach soll der Umstand, dass in den letzten zehn Jahren keine Versicherungspflicht in der sozialen Pflege- oder Krankenversicherung bestand und dann, z. B. von einem Familienangehörigen, eine dem äußeren Anschein nach versicherungspflichtige Beschäftigung oder selbstständige Tätigkeit von nur untergeordneter Bedeutung aufgenommen wird, die widerlegbare Vermutung begründen, dass die die Versicherungspflicht begründenden Umstände tatsächlich nicht vorliegen.

III. Finanzierung der gesetzlichen Krankenversicherung

38 Ausweislich der Paragrafenüberschrift stuft der Gesetzgeber die Finanzierung der gesetzlichen Krankenversicherung als solidarische Finanzierung ein und benennt in § 3 SGB V die maßgeblichen Strukturprinzipien. Die gesetzliche Krankenversicherung ist – überwiegend – umlage- bzw. **beitragsfinanziert**, § 220 Abs. 1 S. 1 SGB V. Sonstige Einnahmen sind z. B. erfolgreich geltend gemachte Schadenersatzansprüche aus nach § 116 SGB X übergegangenem Recht. Beitragsanteile leisten neben den Mitgliedern die Arbeitgeber, wobei sie nach § 249 Abs. 1 SGB V grundsätzlich die Hälfte tragen. Der Beitrag richtet sich in der Regel nach der Höhe der beitragspflichtigen Einnahmen, wobei eine Beitragsbemessungsgrenze von zzt. 66.150 EUR besteht, §§ 6 Abs. 7, 223 Abs. 3, 240 Abs. 2 S. 5 SGB V, und für Familienversicherte keine Beiträge erhoben werden. Einzelheiten der Finanzierung regeln die §§ 220–274 SGB V i.V.m. dem allgemeinen Beitragsrecht der §§ 20–28, 28d–28n SGB IV. Wer die Beitragslast wirtschaftlich zu tragen hat, bestimmen die §§ 249–251 SGB V und wer sie als Beitragsschuldner zu zahlen bzw. abzuführen hat die §§ 252–256a SGB V. Hat sie der freiwillig Versicherte zu zahlen, erhält er ggf. einen Beitragszuschuss seines Arbeitgebers, § 257 SGB V.

39   Der **Krankenkassenbeitrag** ergibt sich aus der Multiplikation der beitragspflichtigen Einnahmen mit dem allgemeinen Beitragssatz von 14,4 %, § 241 SGB V,

und dem in der Satzung der Krankenkasse festzulegenden prozentualen Zusatz-beitragssatz, § 242 SGB V.[25] Bei Versicherungspflichtigen wird nach § 226 Abs. 1 SGB V vor allem das Arbeitsentgelt, § 14 Abs. 1 S. 1 SGB IV, und zwar grundsätzlich in der Höhe, in der es entstanden und nicht in der es dem Arbeitnehmer – z. B. aufgrund eines Lohnverzichts im Zuge einer Restrukturierung des Betriebes – tatsächlich zugeflossen ist, als beitragspflichtige Einnahme berücksichtigt. Es gilt das Brutto-prinzip. Hinzugerechnet wird der Zahlbetrag von Renten, §§ 228 SGB V, 33 SGB VI, oder Versorgungsbezügen, § 229 SGB V, und daneben über einer Bagatellgrenze, § 226 Abs. 2 S. 1 SGB V, erzieltes Arbeitseinkommen, § 15 SGB IV. Bei versiche-rungspflichtigen Rentnern werden die beitragspflichtigen Einnahmen nach § 237 SGB V abgesehen vom erzielten Arbeitsentgelt entsprechend berechnet. Für Stu-dierende beträgt der Beitragssatz bundeseinheitlich und kassenübergreifend 70 % des allgemeinen Beitragssatzes, § 245 SGB V.

Die **Beitragsbemessung bei freiwillig Versicherten** legt der GKV-Spitzen- **40** verband nach Maßgabe gesetzlicher Vorgaben fest, § 240 Abs. 1 S. 1 SGB V, um zu verhindern, dass von einzelnen Krankenkassen günstigere Einstufungen mit dem Ziel der Gewinnung neuer oder der Bindung von Bestandsmitgliedern vorgenom-men werden.[26] Die Grundsätze sind daher für die Krankenkassen und die Versi-cherten verbindlich, § 217e Abs. 2 SGB V.[27] Sie haben sicherzustellen, dass die ge-samte wirtschaftliche Leistungsfähigkeit des freiwilligen Mitglieds berücksichtigt wird und dass ein freiwilliges Mitglied bei der Beitragsbemessung nicht geringer als ein vergleichbarer versicherungspflichtig Beschäftigter belastet wird, § 240 Abs. 1 S. 1 Halbs. 1, Abs. 2 S. 1 SGB V. Zudem besteht nach § 240 Abs. 4 S. 1 SGB V eine Mindestbemessungsgrundlage in Höhe von zzt. 471 EUR (West) bzw. 462 EUR (Ost), § 1 Sozialversicherungsrechengrößen-Verordnung 2025 als Basis für die Beitrags-berechnung.

Es gelten aktuell „Einheitliche Grundsätze zur Beitragsbemessung freiwilliger **41** Mitglieder der gesetzlichen Krankenversicherung und weiterer Mitgliedergruppen sowie zur Zahlung und Fälligkeit der von Mitgliedern selbst zu entrichtenden Beiträge" (Beitragsverfahrensgrundsätze Selbstzahler) v. 27. 10. 2008 i. d. F. v. 20. 3. 3024.[28] Berücksichtigt werden **alle Einnahmenarten** wie z. B. aus Kapitalver-mögen oder Vermietung und Verpachtung, aber auch das Einkommen des nicht gesetzlich versicherten Ehegatten, sofern sie für den Lebensunterhalt verbraucht werden oder verbraucht werden können, jedoch ohne Rücksicht auf ihre steuer-

---

25 Ein ermäßigter Beitragssatz in Höhe von 14,0 % gilt nach §§ 243, 246 SGB V für diejenigen, die keinen Anspruch auf Krankengeld haben oder Bürgergeld nach § 19 Abs. 1 S. 1 SGB II beziehen.
26 BT-Drs. 16/3100, 163 f.
27 Das Regelungskonzept bestätigt BSG, Urt. v. 19. 12. 2012 – B 12 KR 20/11 R, NJOZ 2014, 104.
28 Sie sind über www.gkv-spitzenverband,de recherchierbar.

liche Behandlung. Werden trotz entsprechenden Verlangens der Krankenkasse keine Nachweise über die beitragspflichtigen Einnahmen vorgelegt, werden Beiträge nach einem **fiktiven Bemessungsentgelt** in Höhe der Beitragsbemessungsgrenze, § 223 Abs. 3 SGB V, festgelegt, § 240 Abs. 1 S. 2 Halbs. 2 SGB V, d.h. es ist der Höchstbeitrag zu zahlen. Später, zumindest aber in den nachfolgenden zwölf Monaten, kann es aber, ggf. auch von Amts wegen, zu einer rückwirkenden Neufestsetzung der Beiträge kommen, § 240 Abs. 2 S. 3–5 SGB V. Nach Maßgabe des § 240 Abs. 4a SGB V kommt es, bis die Höhe des Arbeitseinkommens und des Gewinns aus einer selbständigen Tätigkeit oder aus Vermietung und Verpachtung endgültig feststehen, zu einer vorläufigen Beitragsfestsetzung, § 240 Abs. 4a SGB V. Später ist das tatsächlich erzielte Einkommen durch Vorlage eines Einkommenssteuerbescheides nachzuweisen; von einem Steuerberater oder Wirtschaftsprüfer erstellte Gewinn- und Verlustrechnungen oder Bilanzen sind nicht ausreichend.[29] Abschließend regelt § 240 Abs. 5 SGB V Kinderfreibeträge.

42   Bei Versicherten, welche den Beitrag selbst zahlen müssen und mit zwei Monatsbeiträgen im Rückstand sind und trotz Mahnung nicht zahlen, **ruht der Leistungsanspruch** mit Ausnahme vor allem von zur Behandlung akuter Erkrankungen und Schmerzzuständen erforderlicher medizinischer Maßnahmen, § 16 Abs 3a S. 3 SGB V. Beitragsfrei sind Mitglieder, wenn sie Anspruch auf Krankengeld oder Mutterschaftsgeld haben oder Elterngeld beziehen, § 224 Abs. 1 SGB V.

43   Ein kassenindividueller, auf Grundlage der beitragspflichtigen Einnahmen zu bemessender, **Zusatzbeitragssatz** ist auf Grundlage einer entsprechenden Satzungsbestimmung zu erheben, soweit der Finanzbedarf einer Krankenkasse durch die Zuweisungen aus dem Gesundheitsfonds und der weiteren Einnahmen nicht gedeckt ist, § 243 Abs. 1 S. 1 und 3 SGB V. Der Verwaltungsrat, § 197 Abs. 1 Nr. 1 SGB V, hat dann keine Alternative; da keine Kredite aufgenommen werden dürfen, ist die voraussichtliche Deckungslücke durch den Zusatzbeitrag zu schließen. Als Berechnungsbasis muss die Einnahmenprognose des Schätzerkreises zugrunde gelegt werden, § 242 Abs. 1 S. 3 Halbs. 2 SGB V. Dabei handelt es sich um ein beim Bundesamt für Soziales Sicherung gebildetes Sachverständigengremium, § 220 Abs. 2 SGB V, das sich aus Fachleuten des Bundesministeriums für Gesundheit, des Bundesamtes für Soziale Sicherung und des GKV-Spitzenverbandes zusammensetzt und befugt ist, weitere Experten hinzuzuziehen.[30] Unterjährig ist der Zusatzbeitragssatz, notfalls durch den Vorstand, zu erhöhen, wenn nicht auf die Rücklage, § 261 SGB V, zurückgegriffen werden kann und sich die Prognose als fehlerhaft herausstellt, § 242 Abs. 3 SGB V. Bei Mitgliedern, deren Beiträge durch Dritte ge-

---

29 BSG, Urt. v. 2.9.2009 – B 12 KR 21/08 R, BeckRS 2010, 65020.
30 Seine Verfahrensgrundsätze sind über www.bundesamtsozialesicherung.de recherchierbar.

tragen werden, z. B. Beziehern von Bürgergeld, wird abweichend vom Regelfall von allen Krankenkassen der durchschnittliche Zusatzbeitragssatz erhoben, §§ 242 Abs. 3, 242a SGB V. Diese Regelung wird von Krankenkassenseite nachvollziehbarerweise immer wieder kritisiert. Über die Höhe der Zusatzbeitragssätze kann man sich beim GKV-Spitzenverband informieren, § 242 Abs. 5 SGB V.

Die **Beitragslast** versicherungspflichtig Beschäftigter tragen der Arbeitneh- 44 mer und der Arbeitgeber nach § 249 Abs. 1 S. 1 SGB V grundsätzlich zur Hälfte, und zwar auch hinsichtlich des kassenindividuellen Zusatzbeitrages. Geht der Arbeitnehmer mehreren Beschäftigungen nach, tragen die Arbeitsgeber den paritätischen Beitragsanteil anteilig. Allein trägt der Arbeitgeber die Beiträge, wenn Kurzarbeitergeld gezahlt wird, § 249 Abs. 2 SGB V, oder in pauschalierter Form im Fall einer geringfügigen Beschäftigung, § 249b SGB V. Die Bundesagentur für Arbeit trägt die Beiträge für Bezieher von Arbeitslosengeld nach dem SGB III, § 251 Abs. 4a SGB V, und der Bund trägt sie für versicherungspflichtige Bezieher von Bürgergeld nach § 19 Abs. 1 S. 1 SGB II, § 251 Abs. 4 S. 1 Halbs. 2 SGB V.

Die Beitragszahlung erfolgt im letztgenannten Fall allerdings durch die **Bun-** 45 **desagentur für Arbeit** oder in den Fällen des § 6a SGB II durch die zuständigen kommunalen Träger, § 252 Abs 1 S. 2 SGB V. Der Grundsatz, dass die Beiträge von demjenigen zu zahlen sind, der sie auch zu tragen hat, wird für versicherungspflichtige Beschäftigte in § 253 SGB V mit einem deklaratorischen Verweis auf das SGB IV durchbrochen. Die Beiträge aus dem Arbeitsentgelt, § 14 SGB IV, zahlt der Arbeitgeber im Zuge der Abführung des Gesamtsozialversicherungsbeitrages. Nach § 28e Abs. 1 S. 2 SGB IV gilt die Zahlung des vom Beschäftigten zu tragenden (hälftigen) Teils des Gesamtsozialversicherungsbeitrags als aus dem Vermögen des Beschäftigten erbracht. Dazu bestimmt § 28g SGB IV, dass der Arbeitgeber gegen den Beschäftigten einen Anspruch auf den von ihm zu tragenden Teil des Gesamtsozialversicherungsbeitrages hat und dieser nur durch Abzug vom Arbeitsentgelt geltend gemacht werden kann.

Die Aufgabe der **Einzugsstellen** für den vom Arbeitgeber abzuführenden 46 Gesamtsozialversicherungsbeitrag, § 28d SGB IV, nehmen die Krankenkassen für alle Sozialversicherungsträger wahr, §§ 28h, 28i SGB IV. Dieser umfasst auch die in der Pflege- und Rentenversicherung sowie die nach dem Recht der Arbeitsförderung zu leistenden Beiträge.

Der Anteil, der auf die Krankenkassenbeiträge entfällt, wird von der Ein- 47 zugsstelle arbeitstäglich an den vom Bundesamt für Soziale Sicherung verwalteten **Gesundheitsfonds**, § 271 SGB V, weitergeleitet, § 28k Abs. 1 S. 1 Halbs. 2, Abs. 2 SGB IV, § 252 Abs. 2 S. 3 SGB V. Dabei handelt es sich um ein vom Bundesamt für Soziale Sicherung verwaltetes Sondervermögen, in dem alle Beitragseinnahmen der gesetzlichen Krankenversicherung sowie Bundesmittel zunächst gesammelt werden.

48   Beim Gesundheitsfonds werden liquide Mittel als **Liquiditätsreserve** vorgehalten, um unterjährige Einnahmeschwankungen und ungeplante Einnahmeausfälle auszugleichen, § 271 Abs. 2 SGB V. Notfalls gewährt der Bund nach Maßgabe des § 271 Abs. 3 SGB V ein verzinsliches Liquiditätsdarlehen. Die Liquiditätsreserve dient aber zunehmend wie bereits während der Corona-Pandemie zur Finanzierung besonderer gesundheitspolitischer Vorhaben wie der Dotierung des nach § 92a SGB V aufgesetzten Innovationsfonds, § 271 Abs. 5 SGB V, des nach §§ 12, 12a und 13 KHG eingerichteten Strukturfonds für Umstrukturierungsmaßnahmen im Krankenhausbereich, § 271 Abs. 6 SGB V, des Krankenhaustransformationsfonds nach § 12b KHG oder des Krankenhauszukunftsfonds nach § 14a KHG. Im Gegenzug finden z.T. Mittelzuführungen wie im Jahr 2023 aus den Finanzreserven der Krankenkassen statt, § 272b SGB V.

49   Der Gesundheitsfonds, dessen Gesamteinnahmen im Jahr 2023 bei 260 Mrd. EUR lagen,[31] erhält „zur pauschalen Abgeltung der Aufwendungen der Krankenkassen für versicherungsfremde Leistungen" zzt. einen aus Steuermitteln finanzierten, in Monatsraten überwiesenen und nicht zweckgebunden **Bundeszuschuss** in Höhe von jährlich 14,5 Mrd. EUR, § 221 Abs. 1 SGB V. Was zu den versicherungsfremden Leistungen gehört, hat der Gesetzgeber nicht bestimmt und ist im Einzelnen umstritten. Im Jahr 2011 rechnete der GKV-Spitzenverband dazu Leistungen mit einem Ausgabevolumen von 33,9 Mrd. EUR. Ihnen kann man z. B. die Leistungen für die beitragsfreie Familienversicherung der Kinder sowie Maßnahmen der Kinderwunschbehandlung, § 27a SGB V, und Krankengeld bei der Betreuung erkrankter Kinder, § 45 SGB V, oder die Haushaltshilfe, § 38 SGB V,[32] zurechnen, für die es z.T. ergänzende Bundeszuschüsse gab, § 221a SGB V.

50   Im Zuge der aktuellen Krankenhausreform sollen nach Maßgabe des Krankenhausversorgungsverbesserungsgesetzes aus einem vom Bundesamt für Soziale Sicherung verwalteten **Transformationsfonds** Mittel zur Anpassung der Strukturen in der Krankenhausversorgung, z.B. Vorhaben zur standortübergreifenden Konzentration akutstationärer Versorgungskapazitäten einschließlich der erforderlichen Angleichung der digitalen Infrastruktur, bereitgestellt werden, § 12b KHG. Dabei wird wiederum auf die Liquiditätsreserve des Gesundheitsfonds zurückgegriffen. Insofern bestehen verfassungsrechtliche Bedenken im Hinblick auf die aus Art. 87 Abs. 2 GG abzuleitende strenge Zweckbindung von Sozialversicherungsbeiträgen.[33] Im für die 21. Wahlperiode des Deutschen Bundestages abge-

---

31 Die Gesamtausgaben der gesetzlichen Krankenkassen lagen im Jahr 2023 bei 298,5 Mrd. EUR.
32 BT-Drs. 18/6586, 101.
33 Felix, Gutachten; Der geplante Transformationsfonds nach § 12b KHG – Zu den rechtlichen Grenzen der Modifizierung des dualen Finanzierungssystems, April 2024; recherchierbar über www.vdek.com.

schlossenen Koalitionsvertrag heißt es auf S. 77, dass die Mittel stattdessen aus dem Sondervermögen Infrastruktur bereitgestellt werden.

Aus dem Gesundheitsfonds erhalten die Krankenkassen neben einer Grund- 51 pauschale und Zuweisungen für sonstige Aufgaben risikoadjustierte Zuweisungen zur Erfüllung ihrer Aufgaben, § 266 Abs. 1, 270 SGB V und, wenn sie einen einkommensabhängigen und paritätisch zu tragenden Zusatzbeitragssatz erheben, § 242 SGB V, diesen nach Durchführung eines Einkommensausgleichs, § 270a SGB V, zurück. Der über den Gesundheitsfonds durchgeführte **Risikostrukturausgleich** reagiert auf die unterschiedliche Zusammensetzung des Versichertenkreises der Krankenkassen, welcher zu unterschiedlich hohen Ausgaben für das Versichertenkollektiv führt. Mit an der Morbidität der Versicherten ausgerichteten Zuweisungen, § 266 Abs. 2 SGB V, entfällt der Anreiz, in dem durch das Krankenkassenwahlrecht, § 173 SGB V, ausgelösten Wettbewerb um Versicherte eine Risikoselektion zugunsten einer finanziell lukrativeren Versichertenstruktur vorzunehmen bzw. Versicherten, welche viele aufwändige Leistungen in Anspruch nehmen, unterhalb des medizinischen Standards zu versorgen.

IV. Finanzierung der gesetzlichen Pflegeversicherung

Nach § 1 Abs. 6 SGB XI werden die Ausgaben der Pflegeversicherung je zur Hälfte, 52 § 58 Abs. 1 S. 1 SGB XI, durch **Beiträge der Mitglieder und der Arbeitgeber** finanziert und richten sich nach den beitragspflichtigen Einnahmen der Versicherten, § 57 SGB XI. Für Familienversicherte werden keine Beiträge erhoben, § 56 Abs. 1 SGB XI. Zum Ausgleich der mit den Arbeitgeberbeiträgen verbundenen Belastungen wurde mit Einführung der Pflegeversicherung im Jahr 1995 vorgesehen, dass die Länder einen gesetzlichen landesweiten Feiertag, der stets auf einen Wochentag fällt, abschaffen, § 58 Abs. 2 SGB XI. Außer in Sachsen ist der Buß- und Bettag seither kein Feiertag mehr. Inzwischen wurden jedoch z.T. neue, aber nicht auf einen bestimmten Wochentag fallende, Feiertage wie der Reformationstag eingeführt

Der Beitragssatz beträgt zzt. – so die gesetzliche Regelung – 3,4 % der bei- 53 tragspflichtigen Einnahmen und kann unter den in § 55 Abs. 1a SGB XI genannten Voraussetzungen ausschließlich zur mittelfristigen Sicherung der Zahlungsfähigkeit durch Rechtsverordnung mit Zustimmung des Bundesrats angepasst werden, § 55 Abs. 1 S. 2 SGB V. Von dieser Verordnungsermächtigung wurde für das Jahr 2025 mit der Verordnung zur Anpassung des Beitragssatzes in der sozialen

Pflegeversicherung v. 20.12.2024 Gebrauch gemacht.[34] Mit ihr wurde der Beitragssatz zum 1.1.2025 auf 3,6 % der beitragspflichtigen Einnahmen der Mitglieder festgesetzt.

54 In der sozialen Pflegeversicherung gilt die gleiche Beitragsbemessungsgrenze wie in der gesetzlichen Krankenversicherung, § 55 Abs. 2 SGB XI. Die Besonderheit der Pflegeversicherung ist ein **Beitragszuschlag für Kinderlose** nach Vollendung des 23. Lebensjahres, und zwar grundsätzlich in Höhe von 0,6 Beitragssatzpunkten, § 55 Abs. 3 SGB XI. Die Regelung geht auf ein Urteil des BVerfG zurück[35] und berücksichtigt den Umstand, dass beitragspflichtige Elternteile mit der Betreuung und Erziehung ihrer Kinder im Gegensatz zu Kinderlosen einen generativen Beitrag zur Funktionsfähigkeit des Pflegeversicherung leisten. Bei der umlagefinanzierten Pflegeversicherung wird der „Generationenvertrag" ebenso deutlich wie bei der Rentenversicherung: Das Risiko der Pflegebedürftigkeit hat vor allem die ältere Generation, während die Beiträge maßgeblich aus dem Arbeitseinkommen der nachwachsenden Generation im erwerbsfähigen Alter finanziert werden. Wenn aber kindererziehende Versicherte die Funktionsfähigkeit der Pflegeversicherung sowohl durch ihre Beitragzahlung als auch durch die Betreuung und Erziehung von Kindern sichern, ist es mit dem allgemeinen Gleichheitssatz nicht vereinbar, wenn sie gleich hohe Beiträge zahlen müssen. Zudem, so das BVerfG in einer weiteren Entscheidung,[36] führt die bis dahin von der Kinderzahl unabhängige gleiche Beitragsbelastung von Eltern zu einer verfassungsrechtlich nicht gerechtfertigten Gleichbehandlung von wesentlich Ungleichem. Das unterscheidet sie von anderen Sozialversicherungszweigen, bei denen über die rentenrechtliche Anerkennung von Kindererziehungszeiten, § 56, 70 Abs. 2 SGB VI, bzw. die beitragsfreie Familienversicherung ein hinreichender Nachteilsausgleich erfolgt. In der Pflegeversicherung wird jetzt bei mehreren Kindern unter 25 Jahren ein Beitragsabschlag von jeweils 0,25 Beitragssatzpunkten für das zweite und jedes weitere Kind (bis maximal fünf Kinder) vorgenommen, § 55 Abs. 2 S. 4 SGB XI.

V. Private Krankenversicherung

55 Wer privat versichert ist, schließt mit einem privaten Versicherungsunternehmen, z.B. einem Versicherungsverein auf Gegenseitigkeit, einen zivilrechtlichen **Versicherungsvertrag** ab, mit dem ihm **Kostenerstattung** für die an einen Leis-

---

34 BGBl. I Nr. 446.
35 BVerfG, Urt. v. 3.4.2001 – 1 BvR 1629/93, NZS 2001, 309.
36 BVerfG, Beschl. v. 7.4.2022 – 1 BvL 3/18, NJW 2022, 2169.

tungserbringer gezahlte Vergütung gewährt wird. Der rechtliche Rahmen für die Krankheitskosten- und Kranken(haus)tagegeldversicherung sind die §§ 192–208 VVG; zudem hat der Verband der privaten Krankenversicherungen Musterbedingungen (MB/KK) erstellt.

Auch wenn § 192 VVG vorsieht, dass medizinisch notwendige Leistungen nur   56
im vereinbarten Umfang erstattet werden, ergibt sich der Mindestversicherungsumfang für die Mehrzahl der Versicherten faktisch aus § 257 Abs. 2 SGB V. Denn danach ist der Arbeitgeber nur dann verpflichtet, dem bei ihm Beschäftigten einen **Beitragszuschuss** zu zahlen, wenn Vertragsleistungen beansprucht werden können, die der Art nach den im SGB V gewährten Leistungen entsprechen und u. a. das Versicherungsunternehmen vertraglich auf das ordentliche Kündigungsrecht verzichtet. Der Beitragszuschuss erfolgt in der Höhe, die der Arbeitgeber zu tragen hätte, wenn der Beschäftigte gesetzlich versichert wäre, höchstens jedoch in der Höhe der Hälfte des von ihm tatsächlich zu zahlenden Beitrags.

Die Prämie kann reduziert werden, wenn der Versicherte einen **Selbstbehalt**   57
vereinbart, d. h. einen Teil der Kosten selbst trägt. Zudem kann vereinbart werden, dass der Versicherte Beiträge zurückerstattet bekommt, wenn er im Laufe eines Kalenderjahres um keine Kostenerstattung nachsucht. Um wettbewerbsfähig zu bleiben, hat der Gesetzgeber den gesetzlichen Krankenversicherungen in § 53 SGB V ermöglicht, ebenfalls **Wahltarife** anzubieten, bei denen er von Prämienzahlungen spricht. Im Übrigen mindern Beiträge zur Krankenversicherung als Sonderausgaben nach Maßgabe des § 10 Abs. 1 Nr. 3, 3a EStG die Einkommensteuer.

Ausgeschlossenen sind Aufwendungen für die Heilbehandlung, die in einem   58
auffälligen Missverhältnis zu den erbrachten Leistungen stehen, § 192 Abs. 2 VVG. Die Versicherungsprämien dürfen nicht mehr geschlechtsabhängig kalkuliert werden[37] und werden unter Zugrundelegung von **Alterungsrückstellungen** bemessen, § 341f Abs. 3 HGB, welche einschließlich der dafür erwirtschafteten Zinsen, § 160 Abs. 1 VAG, dazu dienen, Beitragsanpassungen ab dem 65. Lebensjahr abzumildern bzw. ganz zu finanzieren. Darüber hinaus wird in der Zeitspanne vom 21. bis 60. Lebensjahr ein zehnprozentiger Zuschlag erhoben, § 149 S. 1 VAG, welcher ebenfalls für eine Prämienermäßigung im Alter, §§ 149 S. 2, 150 Abs. 3 VAG, d. h. ab Vollendung des 65. Lebensjahres, verwendet wird. Beim Wechsel des Versicherungsunternehmens sind diese Alterungsrückstellungen insofern portabel. als sie für Leistungen kalkuliert wurden, die dem – nachfolgend dargestellten – Basistarif entsprechen, § 204 Abs. 1 S. 1 Nr. 2 lit. a VVG. Verbleibende Alterungsrückstellungen können einer Zusatzversicherung beim bisherigen Versicherer zugeführt werden, § 204 Abs. 1 S. 2 VVG.

---

37 EuGH, Urt. v. 1. 3. 2011 – C-236/09, NJW 2011, 907.

59   Dem Abschluss des Versicherungsvertrages geht voraus, dass sich der potenzielle Versicherte einer **Gesundheitsprüfung** unterziehen und dazu Fragen über
chronische Erkrankungen und psychische Leiden sowie in den letzten Jahren erfolgte Krankenhausaufenthalte und akute Erkrankungen beantworten muss. Nicht
jede Krankheit oder Vorerkrankung schließt den Abschluss eines Versicherungsvertrages aus; stattdessen kann ein Risikozuschlag erhoben werden oder der Versicherungsschutz wird für bestimmte Vorerkrankungen ausgeschlossen. Versicherungsprämien können im Übrigen nur dann angepasst werden, wenn die
Kalkulation von einem unabhängigen Treuhänder überprüft wurde, § 203 Abs. 2
VVG. Eine umfangreiche Regelung zum Tarifwechsel einerseits bei Wechsel zu einem gleichartigen Tarif unter Mitnahme erworbener Rechte und andererseits
hinsichtlich Risikozuschlägen und Wartezeiten bei Verabredung eines umfassen-
deren Versicherungsschutzes trifft § 204 VVG.

60   Nach §§ 152 Abs. 1 VAG, 193 Abs. 5 VVG muss das Versicherungsunternehmen im
Sinne eines Kontrahierungszwangs den brancheneinheitlichen **Basistarif** anbieten, dessen Versicherungsleistungen in Art, Umfang und Höhe den Leistungen der
gesetzlichen Krankenversicherung vergleichbar sind, aber nicht identisch sein
müssen, und in dem Selbstbehalte in unterschiedlicher Höhe vereinbart werden
können. Der Beitrag ist der Höhe nach auf den Betrag begrenzt, der sich für den
Versicherten in der gesetzlichen Krankenversicherung ergeben würde und darf
keine Risikozuschläge und Leistungsausschlüsse vorsehen. Zudem muss für Bei-
hilfeberechtigte ebenfalls ein angepasster Basistarif angeboten werden.

61   Nach § 75 Abs. 3a S. 1 SGB V haben die Kassenärztlichen Vereinigungen die
Versorgung der Basistarifversicherten sicherzustellen. Leistungserbringer können,
zumal eine Abrechnung auf Grundlage der Gebührenordnung für Ärzte mit niedrigen Steigerungssätzen erfolgt,[38] **unmittelbar mit der Krankenversicherung
abrechnen**, § 192 Abs. 7 S. 1 VVG und sich auf diese Weise das Bonitäts- und In-
kassorisiko abnehmen lassen; das kann aber auch für die „normale" Versicherung
ebenso wie die Unterstützung in Arzthaftungsfällen oder bei der Abwehr unbe-
rechtigter Honorarforderungen, § 192 Abs. 3 Nr. 2–5 VVG vereinbart werden. Zugang zur Basisversicherung haben u. a. Versicherungsnehmer nach Vollendung des
55. Lebensjahres, § 204 Abs. 1 S. 1 Nr. 1 Halbs. 5 VVG.

62   Werden die Versicherungsprämien und Säumniszuschläge trotz zweier Mah-
nungen nicht gezahlt, ruht der Versicherungsvertrag, § 193 Abs. 6 S. 4 VVG. So lange
gilt der Versicherte als im **Notlagentarif** nach § 153 VAG versichert, § 193 Abs. 7
VVG, und erhält Kostenerstattungen ausschließlich bei Behandlung von akuten

---

38 www.kbv.de/media/sp/Vereinbarung_Honorierung_Leistungen_PKV.pdf.

Erkrankungen und Schmerzzuständen sowie bei Schwangerschaft und Mutterschaft.

Tritt eine gesetzliche Versicherungspflicht ein, kann der privat Versicherte 63 gem. § 205 Abs. 2 VVG die bestehende private Versicherung kündigen. Nach Maßgabe der §§ 5 Abs. 9 SGB V, 193 Abs. 5 VVG bestehen Rückkehrmöglichkeiten in die Private Krankenversicherung. Um ohne erneute Risikoprüfung wieder versichert werden zu können, sollte für die Übergangszeit bei ansonsten ruhendem Versicherungsverhältnis ggf. eine Anwartschaftsversicherung mit geringer Prämie abgeschlossen werden, § 204 Abs. 5 VVG.

VI. Unfallversicherung

Aufgabe der Unfallversicherung ist es u. a., nach Eintritt von **Arbeitsunfällen** oder 64 **Berufskrankheiten**, §§ 8 und 9 SGB VII, die Gesundheit und die Leistungsfähigkeit der Versicherten mit allen geeigneten Mitteln wiederherzustellen, § 1 Nr. 2 SGB VII. Sie erfasst kraft Gesetzes u. a. Beschäftigte, steht aber auch Unternehmern als freiwillig Versicherten offen, §§ 2 Abs. 1 Nr. 1, 6 Abs. 1 S. 1 Nr. 1 SGB VII. Nach § 104 SGB VII haften Unternehmer für die bei ihnen Beschäftigten nur dann, wenn sie den Versicherungsfall, d. h. den Arbeitsunfall, vorsätzlich herbeigeführt haben. Bei vorsätzlichem und grob fahrlässigem Handeln haften sie gegenüber den Berufsgenossenschaften bzw. Gemeindeunfallversicherungsverbänden oder Unfallkassen, §§ 110, 111 SGB VII. Unternehmer haben nach Maßgabe des § 193 SGB VII Versicherungsfälle anzuzeigen. Ärzte haben den begründeten Verdacht des Bestehens einer Berufskrankheit dem Unfallversicherungsträger unverzüglich anzuzeigen, § 202 SGB VII.

Die Unfallversicherung ist gegenüber der Krankenversicherung **vorrangig**, 65 § 11 Abs. 5 SGB V, d. h. es können keine Leistungen beansprucht werden, soweit die Berufsgenossenschaft Versicherungsleistungen erbringt.

Die Unfallversicherung deckt nicht nur die **Erstversorgung** ab, sondern die 66 **Heilbehandlung** erfasst auch die ärztliche und zahnärztliche Behandlung einschließlich der Versorgung mit Zahnersatz, die Versorgung mit Arznei-, Verband-, Heil- und Hilfsmitteln, häusliche Krankenpflege, die Behandlung in Krankenhäusern und Rehabilitationseinrichtungen sowie Leistungen zur medizinischen Rehabilitation, § 27 Abs. 1 S. 1 SGB VII. Nach einem Arbeits- oder Wegeunfall sollte sich der Versicherte einem Durchgangsarzt vorstellen, der entscheidet, ob eine allgemeine Heilbehandlung durchgeführt werden kann oder ob eine besondere Heilbehandlung erforderlich ist. Kompliziertere Verletzungen werden in einer Berufsgenossenschaftlichen Unfallklinik oder einem anderen am Verletzungsartenverfahren teilnehmenden Krankenhaus versorgt.

67   Für die ambulante Versorgung haben die Deutsche Gesetzliche Unfallversicherung e.V. (DGUV) und die Sozialversicherung für Landwirtschaft, Forsten und Gartenbau als landwirtschaftliche Berufsgenossenschaft mit der Kassenärztlichen Bundesvereinigung nach Maßgabe des § 34 Abs. 3 SGB VII einen Vertrag über die Durchführung der Heilbehandlung, die Vergütung der Ärzte sowie die Art und Weise der Abrechnung der ärztlichen Leistungen (**Vertrag Ärzte/Unfallversicherungsträger**) abgeschlossen, dem als Anlage eine spezielle Gebührenordnung für Ärzte (UV-GOÄ) beigefügt ist.

§ 7 Leistungsrecht der gesetzlichen Krankenversicherung

Dieses Kapitel enthält einen Überblick über die von den gesetzlichen Kranken- **1** kassen den Versicherten nach Maßgabe der §§ 11 ff. SGB V gewährten Leistungen. Die gesundheitliche Versorgung der Bevölkerung wird durch Leistungen des öffentlichen Gesundheitsdienstes ergänzt, wobei auch die Krankenkassen die gesundheitliche Eigenkompetenz und Eigenverantwortung der Versicherten fördern sowie auf gesunde Lebensverhältnisse hinwirken sollen, § 1 S. 2 und 4 SGB V. Potenzial besteht insofern, als Gesundheitskompetenz auch stärker im Rahmen des Schulunterrichts vermittelt werden sollte. Die Aufgabe der Krankenversicherung umfasst neben der Krankenbehandlung bzw. Kuration auch die Prävention und die Rehabilitation mit den Ziel, eine Behinderung, § 2 Abs. 1 S. 1 SGB IX,[1] oder Pflegebedürftigkeit, § 14 Abs. 1 SGB XI, abzuwenden, zu beseitigen, zu mindern, auszugleichen, ihre Verschlimmerung zu verhüten oder ihre Folgen zu mildern, § 11 Abs. 2 S. 1 SGB V. Dabei deckt das SGB V keine Leistungen zur Sozialen Teilhabe und zur Teilhabe am Arbeitsleben ab.

I. Verfassungsrechtlicher Rahmen

Art. 1 Abs. 1 GG erklärt die Würde des Menschen für unantastbar und verpflichtet **2** alle staatliche Gewalt, sie zu achten und zu schützen. Daraus leitet das BVerfG ein **Grundrecht auf Gewährleistung eines menschenwürdigen Existenzminimums** und einen unmittelbaren verfassungsrechtlichen Leistungsanspruch bezüglich derjenigen Mittel, die zur Aufrechterhaltung eines menschenwürdigen Daseins unbedingt erforderlich sind. Dabei umfasst die physische Seite des Existenzminimums auch die Sicherstellung einer ausreichenden medizinischen Versorgung. Das Sozialstaatsgebot des Art. 20 Abs. 1 GG erteilt dem Gesetzgeber den Auftrag, jedem ein menschenwürdiges Existenzminimum zu sichern.[2] Dies geschieht für den Großteil der Bevölkerung durch die Mitgliedschaft in der gesetzlichen Krankenversicherung. Bei gesetzlich versicherten Beziehern von Bürgergeld, § 5 Abs. 1 Nr. 2a SGB V, werden deren Beiträge vom Bund getragen, § 251 Abs 4 SGB V. Privat Versicherte erhalten Zuschüsse zu Beiträgen zur Krankenversicherung und

---

1 Zum verfassungsrechtlichen Begriff der Behinderung BVerfG, Urt. v. 22.11.2023 – 1 BvR 2577/15 u. a., NJW 2024, 424 mit kritischer Anm. Fink/Bitter NVwZ 2024, 141.
2 BVerfG, Urt. v. 9.2.2010 – 1 BvL 1/09, NJW 2010, 505.

https://doi.org/10.1515/9783111048543-010

Pflegeversicherung, § 26 SGB II. Leistungen, die der Eigenverantwortung der Versicherten zuzurechnen sind, d.h. kein Bestandteil des Leistungskatalogs sind, werden durch die Regelleistung abgedeckt.[3] Daneben erfordert das Prinzip der Steuerfreiheit des Existenzminimums die Berücksichtigung von Beiträgen zur gesetzlichen oder privaten Kranken- und Pflegeversicherung als Sonderausgaben, § 10 Abs. 1 Nr. 3 und 3a EStG.[4]

3   Es liegt im Rahmen der grundsätzlichen Freiheit des Gesetzgebers, die Voraussetzungen für die Gewährung von Leistungen der gesetzlichen Krankenversicherung näher zu bestimmen. Auf dem Gebiet des Sozialversicherungsrechts gesteht das BVerfG dem Gesetzgeber wegen der fortwährenden schnellen Veränderungen des Arbeits-, Wirtschaft- und Soziallebens sogar eine besonders weite Gestaltungsfreiheit zu.[5] Das gilt auch in einem Grenzbereich zwischen Krankheit und solchen körperlichen und seelischen Beeinträchtigungen eines Menschen, deren Beseitigung oder Besserung durch Leistungen der gesetzlichen Krankenversicherung nicht von vornherein veranlasst ist.[6] Daher konnte ein Sondertatbestand für künstliche Befruchtungen geschaffen werden, bei dem es sich um einen eigenständigen Versicherungsfall handelt und bei dem sich damit die Frage nach der Einhaltung des Wirtschaftlichkeitsgebots (→ Rn. 14) nicht stellt.[7]

II. Allgemeine Grundsätze des Leistungsrechts

4   Die Krankenversicherung hat einen **gesetzlich vorgegebenen Leistungskatalog,** § 21 Abs. 1 SGB I, welchen die Krankenkassen nur im gesetzlich vorgegebenen Rahmen modifizieren oder auf Grundlage einer Satzungsregelung erweitern können, § 11 Abs. 6 SGB V. § 11 Abs. 1 und 2 SGB V ist als bloße Einweisungsvorschrift selbst keine Anspruchsgrundlage; dafür muss auf den besonderen Teil des Leistungsrechts, §§ 20 – 68b SGB V, und insbesondere auf den Anspruch auf Krankenbehandlung nach § 27 Abs. 1 SGB V zurückgegriffen werden. Das trägt § 31 SGB I Rechnung, wonach die Gewährung von Sozialleistungen unter einem Gesetzesvorbehalt steht. Sind die Voraussetzungen erfüllt, besteht ein Leistungsanspruch, § 38 SGB I, der in der vertragsärztlichen Versorgung grundsätzlich durch Vorlage der elektronischen Gesundheitskarte geltend gemacht wird, § 15 Abs. 2 SGB V.

---

3 BSG, Urt. v. 26.5.2011 – B 14 AS 146/10 R, BeckRS 2011, 77195.
4 Vgl. dazu BVerfG, Urt. v. 13.2.2008 – 2 BvL 1/06, NJW 2008, 1868.
5 BVerfG Beschl. v. 20.3.2023 – 1 Bv 172/22, BeckRS 2023.
6 BVerfG, Urt. v. 28.2.2007 – 1 BvL 5/03, NJW 2007, 1343, 1344.
7 BVerfG, Beschl. v. 27.2.2009 – 1 BvR 2982/07, NJW 2009, 1733. Kritisch z.B. Becker/Kingreen/Lang SGB V, 9. Aufl. § 27a Rn. 3 ff. mwN.

Leistungen erhalten nur die Versicherten, wobei Ausnahmen für die Mitaufnahme von Begleitpersonen, §§ 11 Abs. 3, 44b, 45 Abs. 1a SGB V, und Leistungen an Organspender, §§ 27 Abs. 1a, 44a SGB V, bestehen.

Dem Gesetzgeber ist es nicht möglich, detaillierte Regelungen darüber zu treffen, wie sich der Leistungsanspruch in der täglichen Praxis im Krankenhaus, in der Arztpraxis oder beim Logopäden konkretisiert. Auch im Rahmen von Rechtverordnungen lässt sich das nur in Einzelfällen bestimmen.[8] Man ging in der Rechtsprechung dementsprechend lange davon aus, dass das Leistungsrecht nur subjektiv-öffentlich-rechtliche **Rahmenrechte**, vor allem auf ärztliche Behandlung, gewährt.[9] D. h., dass insbesondere dem Vertragsarzt die Kompetenz verliehen sei, den Eintritt des Versicherungsfalls durch Diagnostik in medizinischer Hinsicht festzustellen sowie darauf aufbauend und unter Zugrundelegung der weiteren unbestimmten Rechtsbegriffe des SGB V die sowohl für den Versicherten als auch für die Krankenkasse verbindliche Entscheidung darüber zu treffen, welche Dienstleistungen oder Sachmittel zur Krankenbehandlung notwendig sind. Es bestehe demnach kein hinreichend konkretisierter, sondern nur ein Anspruch dem Grunde nach, zu dessen Konkretisierung allerdings die gesetzlichen Vorgaben eingehalten werden müssten.

Nach neuerer Rechtsprechung[10] haben Versicherte aus § 27 SGB V hingegen einen konkreten Individualanspruch, dessen Reichweite und Gestalt sich aus dem **Zusammenspiel mit weiteren gesetzlichen und untergesetzlichen Rechtsnormen** wie vor allem auch den Richtlinien des Gemeinsamen Bundesausschusses, § 92 SGB V, und anderen Vorgaben aus dem Leistungserbringerrecht konkretisiert. Während das Leistungsrecht die Voraussetzungen und den (grundsätzlichen) Inhalt der Leistungsansprüche bestimmt, hat das Leistungserbringerrecht eine dienende Funktion. Es bestimmt die Mittel und Methoden, mit denen die Leistungsansprüche erfüllt werden.[11] Dabei muss sich das Leistungserbringerrecht am Leistungsrecht ausrichten. Es gewährt dem einzelnen Leistungserbringer zudem einen Gestaltungsspielraum, innerhalb dessen er die Untersuchungen und Behandlungen des Patienten nach Maßgabe des Behandlungsstandard durchführt.

Soweit der Leistungsanspruch an das Vorliegen einer **Krankheit** anknüpft, muss ein regelwidriger Körper- oder Geisteszustand vorliegen, welcher einer ärztlichen Behandlung bedarf und / oder zugleich oder ausschließlich Arbeitsun-

---

8 So die Lungenkrebs-Früherkennungs-Verordnung v. 17. 5. 2024, BGBl. I Nr. 162.
9 BSG, Urt. v. 16.1.1993 – 4 RK 5/92, NZS 1994, 507, 508; BSG, Urt. v. 16.9.1997 – 1 RK 28/95, NJW 1999, 1805, 1807.
10 BSG, Urt. v. 2.9.2014 – B 1 KR 11/13 R, NZS 2015, 26, 27.
11 Axer GesR 2015, 641, 642; Hase MedR 2018, 1, 5 ff.

fähigkeit zur Folge hat.[12] Die Krankheitsursache ist unerheblich. Für nicht behandlungsbedürftige Erkrankungen bzw. geringfügige Gesundheitsstörungen wie Schnupfen oder kleinere Verletzungen muss der Versicherte selbst aufkommen; sie werden seiner **Eigenverantwortung** zugerechnet, § 2 Abs. 1 S. 2 Halbs. 2 SGB V. Innerhalb des Leistungskatalogs sieht das Gesetz einzelne Leistungsausschlüsse z. B. für Sehhilfen oder nicht verschreibungspflichtige Arzneimittel, §§ 33 Abs. 2, 34 SGB V, Leistungsbeschränkungen bei selbstverschuldeten Erkrankungen und hinsichtlich der Übernahme von Fahrtkosten, §§ 52, 60 SGB V, Festbeträge bei Arzneimitteln, Hörgeräten und anderen Hilfsmitteln, §§ 12 Abs. 2, 33 Abs. 7, 35, 36 SGB V, und Zuzahlungen,[13] §§ 23 Abs. 6, 24 Abs. 3, 31 Abs. 3, 32 Abs. 2, 33 Abs. 8, 61 SGB V, vor.

1. Qualität und Wirksamkeit der Leistungen

8 Nach § 2 Abs. 1 S. 2 und 3 SGB V haben, ohne dass Behandlungsmethoden, Arznei- und Heilmittel der zwar nicht von der Schulmedizin, jedoch von größeren Teilen der Ärzteschaft und weiten Bevölkerungskreisen akzeptierten besonderen Therapierichtungen, d. h. der Phytotherapie, Homöopathie und anthroposophische Medizin, ausgeschlossen wären, Qualität und Wirksamkeit der Leistungen dem allgemein **anerkannten Stand der medizinischen Erkenntnisse** zu entsprechen und den medizinischen Fortschritt zu berücksichtigen. Maßstab ist der von der großen Mehrheit der einschlägigen Fachleute akzeptierte Erkenntnisstand; über die Zweckmäßigkeit der Therapie muss von einzelnen, nicht ins Gewicht fallenden Gegenstimmen abgesehen, Konsens bestehen. Der Leistungskatalog umfasst daher nur ausreichend erprobte und geeignete Verfahren; Außenseitermethoden, die sich nicht bewährt haben, und noch in der Erprobung befindliche Verfahren sind grundsätzlich[14] keine Kassenleistung.[15]

9 Mit der Beschränkung auf wirksame Methoden, also solche, die generell geeignet sind, bei bestimmten Indikationen klinisch relevante Wirkungen zu erzielen, werden mehrere Ziele verfolgt: Es gilt leistungserbringerübergreifend ein gleicher Behandlungsstandard, Versicherte werden vor nicht qualitätsgesicherten Behandlungen geschützt und die Beschränkung sichert die **Finanzierbarkeit der**

---

12 BSG, Urt. v. 20.10.1972 – 3 RK 93/71, BSGE 35, 10, 12.

13 § 43c SGB V regelt die Einziehung der Zuzahlungen. Sie obliegt grundsätzlich dem Leistungserbringer, außer bei Krankenhäusern, und ersatzweise den Krankenkassen.

14 Ausnahmen finden sich in den §§ 35c, 137e, 137h Abs. 4 SGB V.

15 Nach BSG, Urt, v. 28.7.2008 – B 1 KR 5/08 R, MedR 2009, 353, 359 können Leistungserbringer abgelehnt werden, die ihren Schwerpunkt auf Außenseitermethoden legen, die nicht in die Leistungspflicht der Gesetzlichen Krankenversicherung fallen.

gesetzlichen Krankenversicherung. Abweichende Vereinbarungen von allgemein anerkannten fachlichen Standards, welche § 630a Abs. 2 BGB ermöglicht, sind bei Behandlungen im Rahmen der gesetzlichen Krankenversicherung nicht vorgesehen. Im Gegenteil werden im Leistungserbringerrecht z.T. Mindestmengen vorgesehen, d.h. bestimmte Prozeduren darf nur noch derjenige erbringen und abrechnen, der sie in einer gewissen Frequenz durchführt, § 136b Abs. 1 S. 1 Nr. 2, Abs. 3 SGB V.

2. Behandlungen außerhalb des allgemein anerkannten Standards

Von den nicht geringen Anforderungen an die Qualität und Wirksamkeit der 10 Leistungen entbindet § 2 Abs. 1a SGB V, wenn Versicherte an einer lebensbedrohlichen oder regelmäßig tödlichen Erkrankung oder an einer zumindest wertungsmäßig vergleichbaren Erkrankung leiden, für die eine allgemein anerkannte, dem medizinischen Standard entsprechende Leistung nicht zur Verfügung steht. Ihnen werden dann auch solche Leistungen gewährt, bei deren Anwendung eine auf Indizien gestützte, nicht ganz entfernt liegende Aussicht auf Heilung oder auf eine spürbar positive Einwirkung auf den Krankheitsverlauf besteht. Die Regelung geht auf die Rechtsprechung des BVerfG in dem ob seines Datums sog. **Nikolausbeschluss** zurück.[16] In extremen, notstandsähnlichen Situationen einer krankheitsbedingten, mit hoher Wahrscheinlichkeit bestehenden, zeitlich nahen Lebensgefahr ist es bei Bestehen eines Systems der beitragsfinanzierten Pflichtmitgliedschaft geboten, sich durch die Gewährung eines Leistungsanspruchs schützend und fördernd vor die Rechtsgüter des Lebens und der körperlichen Unversehrtheit, Art. 2 Abs. 2 S. 1 GG, zu stellen. Für die Wirksamkeit der eingesetzten Therapie muss aber, wenn auch nicht zwingend aus klinischen Studien, ein Mindestmaß an wissenschaftlicher Datenlage sprechen.[17] Die Rechtsprechung wird unter www.nikolaus-beschluss.de laufend dokumentiert.

3. Naturalleistungsprinzip

Als Leistungsträger sind die Krankenkassen verpflichtet, darauf hinzuwirken, dass 11 die zur Ausführung von Sozialleistungen erforderlichen sozialen Dienste und Einrichtungen rechtzeitig und ausreichend zur Verfügung stehen, § 17 Abs. 1 Nr. 2

---

16 BVerfG, Beschl. v. 6.12.2005 – 1 BvR 347/98, NZS 2006, 891.
17 BVerfG, Beschl. v. 25.9.2023 – 1 BvR 1790/23, MedR 2024, 339. 341.

SGB I. Nach § 140 SGB V dürfen sie Eigeneinrichtungen in nur sehr begrenztem Maße betreiben, so dass die Sozialleistungen im Bereich der gesetzlichen Krankenversicherung durch Dritte, das sind die sog. Leistungserbringer, ausgeführt werden. Mit denen bzw. mit deren Verbänden schließen die Krankenkassen zur Erfüllung ihrer Leistungsverschaffungspflicht entsprechende **Verträge**. Dies ist Gegenstand des sog. Leistungserbringerrechts, welches auch die Vergütung der Leistungen durch die Krankenkassen regelt und in den nachfolgenden Kapiteln dieses Lehrbuchs dargestellt wird.

12 Das Sachleistungsprinzip hat für alle Seiten Vorteile. Die Krankenkassen können die Versorgung durch die **Einwirkung auf die Leistungserbringer** steuern. Der Versicherte muss wegen der Unmittelbarkeit der Bedarfsbefriedigung weder das Risiko überhöhter und nicht erstattungsfähiger Vergütungsansprüche tragen noch in Vorleistung treten, was ihn vor mangelnder medizinischer Versorgung schützt. Die Leistungserbringer werden vom Risiko des Forderungsausfalls bei säumigen Patienten befreit. In Betonung des Naturalleistungsprinzips bestimmt § 13 SGB V, dass die Krankenkasse anstelle von Sachleistungen (z. B. Arznei- oder Hilfsmittel) oder Dienstleistungen (Behandlung durch Ärzte oder Angehörige anderer Gesundheitsfachberufe) Kosten nur erstatten darf, soweit dies im SGB V oder im SGB IX vorgesehen ist. Ergänzend regelt § 128 Abs. 5a SGB V, dass Vertragsärzte, die Versicherte zur Inanspruchnahme privatärztlicher Versorgung statt zustehender GKV-Leistungen beeinflussen, gegen vertragsärztliche Pflichten verstoßen. Dies kann nach Maßgabe des § 81 Abs. 5 SGB V disziplinarisch geahndet werden.

4. Wahlfreiheit hinsichtlich des Leistungserbringers

13 Das Sachleistungsprinzip hat für die Versicherten den Nachteil, dass sie nur diejenigen Leistungserbringer in Anspruch nehmen können, mit denen die Krankenkasse eine entsprechende Leistungserbringung vereinbart hat. Sofern diese – anders als z. B. Zahnärzte, für die es zzt. keine Bedarfsplanung gibt – keinen Rechtsanspruch auf Teilnahme an der Leistungserbringung haben, soll bei deren Auswahl deren Vielfalt beachtet werden. Dies trägt dem Umstand Rechnung, dass ein **Vertrauensverhältnis** zwischen Versichertem und Leistungserbringer häufig eine (mit-)entscheidende Voraussetzung für eine erfolgreiche Therapie ist. Speziell regelt § 76 Abs. 1 S. 1 und 2 SGB V die freie Arztwahl im Rahmen der vertragsärztlichen Versorgung. Übergeordnet bestimmt § 33 S. 2 SGB I, dass den Wünschen des Versicherten bei der Gewährung von Sozialleistungen entsprochen werden soll, soweit sie angemessen sind.

5. Wirtschaftlichkeitsgebot

In allen Leistungsbereichen ist sowohl von den Krankenkassen als auch von den 14
Leistungserbringern und Versicherten als Instrument der Rationalisierung und
nicht etwa der Rationierung das Wirtschaftlichkeitsgebot zu beachten. Dies beinhaltet die Vorgabe, dass die Leistungen wirksam und wirtschaftlich erbracht und
nur im notwendigen Umfang in Anspruch genommen werden, § 2 Abs. 1 S. 1, Abs. 4
SGB V. Dass es sich um ein übergreifendes, einheitliches **Grundprinzip der gesetzlichen Krankenversicherung** handelt, wird sowohl in § 12 Abs. 1 S. 2 SGB V als
auch in § 70 Abs. 1 S. 2 SGB V noch einmal betont: Leistungen, die nicht notwendig
oder unwirtschaftlich sind, können Versicherte nicht beanspruchen, dürfen die
Leistungserbringer nicht bewirken und die Krankenkassen nicht bewilligen. Die
Krankenkassenvorstände haben durch Compliance-Maßnahmen Verstöße gegen
das Wirtschaftlichkeitsgebot zu unterbinden, wie z. B. das Absehen von Prüfmaß-
nahmen oder das Zusprechen von Leistungen aus Kulanzgründen, um Mitglieder
von einem Krankenkassenwechsel abzuhalten. Dafür tragen die Vorstandsmitglieder auf Grundlage ihres Dienstvertrages auch persönliche finanzielle Verantwortung, vgl. §§ 12 Abs. 3. 106 Abs. 4, 197a Abs. 5 SGB V.

Das Wirtschaftlichkeitsgebot geht auf die Notverordnung zur Behebung fi- 15
nanzieller, wirtschaftlicher und sozialer Notstände v. 26.7.1930[18] zurück und ist
heute **verfassungsrechtlich geboten.**[19] Der mit der Beitragserhebung im Rahmen
der Pflichtversicherung verbundene Eingriff in die allgemeine Handlungsfreiheit,
Art. 2 Abs. 1 GG, muss auch bezüglich der Höhe des Beitrages auf das notwendige
Maß begrenzt werden; ansonsten ist der Grundrechtseingriff nicht gerechtfertigt.
Eine Übermaßversorgung würde zudem die finanzielle Stabilität der gesetzlichen
Krankenversicherung gefährden, eine Unterversorgung andererseits die Schutz-
pflicht des Staates zugunsten des Lebens und der Gesundheit der Versicherten.
Deshalb gibt § 12 Abs. 1 S. 1 SGB V vor, dass die Leistungen ausreichend sein müssen.

Der Staat schützt die Versicherten mit dem Wirtschaftlichkeitsgebot aber nicht 16
nur vor ungerechtfertigter finanzieller Belastung, sondern zugleich vor **unnötigen
Leistungen** bzw. Eingriffen in die körperliche Unversehrtheit. Indem andererseits
alle notwendigen Leistungen finanziert werden, gewährt er ein allgemeines Ver-
sorgungsniveau, welches erheblich über dem unmittelbaren verfassungsrechtlichen Leistungsanspruch auf Gewährleistung eines menschenwürdigen Existenzminimums liegt. Viele Vorschriften wirken mittelbar darauf ein, dass nur

---

18 RGBl. 1930 I, 311, 321.
19 Auch das Schweizer Krankenversicherungsrecht gibt vor, dass die Leistungen wirksam,
zweckmäßig und wirtschaftlich sein müssen. Vgl. Urt. des Bundesgerichts v. 4.10.2024 – 9C_340/
2024.

wirtschaftliche Leistungen erbracht werden. Das gilt bspw. für den Arzt- und die Verordnungsvorbehalte, §§ 15 Abs. 1 S. 1, 73 Abs. 2 S. 1 Nr. 5, 7, 7a, 8, 12 und 14 SGB V oder die Konzentration der Leistungserbringung wie z. B. durch § 135 Abs. 2 S. 4 SGB V. Unmittelbare Wirkung haben der Leistungserbringung nachgelagerte Wirtschaftlichkeits- und andere Prüfungen, z. B. §§ 106 ff. SGB V.

17 Als **unbestimmter Rechtsbegriff** unterliegt das Wirtschaftlichkeitsgebot uneingeschränkter gerichtlicher Kontrolle[20] und es kommt nicht darauf an, ob eine wirksame Leistung allgemein, sondern ob sie im konkreten Einzelfall wirtschaftlich ist. Dabei sind die im Gesetz genannten Kriterien in eine Gesamtbilanz einzustellen. **Notwendig** sind Leistungen, für die eine medizinische Indikation vorliegt, ohne dass es eine kostengünstigere Alternative gibt. Ausgeschlossen sind Leistungen, die allenfalls zu einer unwesentlichen Verbesserung der Erkrankung oder der Symptome beitragen. Es besteht kein Leistungsanspruch auf eine optimale Versorgung z. B. mit Hilfsmitteln, wohl aber eine solche, die einen wesentlichen Gebrauchsvorteil bietet. **Zweckmäßigkeit** der Leistung erfordert Effektivität, d. h. die ex ante betrachtete objektive medizinische Eignung der Leistung zur Erreichung des therapeutischen oder diagnostischen Ziels im konkreten Behandlungsfall, ohne dass Kontraindikationen bestehen. Die Leistung ist schließlich **ausreichend**, wenn sie den Grad des Genügenden weder über- noch unterschreitet, nicht qualitativ mangelhaft ist und nach Umfang und Qualität hinreichende Chancen für einen Heilerfolg bietet bzw. das Versorgungsziel wesentlich fördert.

6. Ansprüche bei Nichterfüllung des Leistungsanspruchs

18 Wenn die Krankenkasse eine unaufschiebbare Leistung nach vorangegangener Kontaktaufnahme mit ihr nicht so rechtzeitig erbringt, wie es nach deren Dringlichkeit geboten wäre,[21] oder sie eine Leistung zu Unrecht ablehnt, hat der Versicherte, der sich die notwendige Leistung daraufhin selbst beschafft hat, einen **Kostenerstattungsanspruch**, § 13 Abs. 3 S. 1 SGB V. Dabei handelt es sich um die Ausprägung des sozialrechtlichen Herstellungsanspruchs,[22] der daneben nicht ge-

---

20 BSG, Urt. v. 24.11.1983 – 8 RK 6/82, BeckRS 1983, 30719567.

21 Im Notfall kann für die ambulante Behandlung allerdings auch ein Privatarzt in Anspruch genommen werden, § 76 Abs. 1 S. 2 SGB V. Die Vergütung erfolgt auch dann über das Sachleistungssystem.

22 Der richterrechtlich entwickelte sozialrechtliche Herstellungsanspruch greift ein, wenn dem Berechtigten durch die Pflichtverletzung eines Sozialleistungsträgers ein sozialrechtlicher Nachteil oder Schaden entstanden ist. Der Träger muss dann einen Zustand herstellen, der bestehen würde, wenn die Pflichtverletzung nicht erfolgt wäre.

sondert geltend gemacht werden kann.[23] Anspruchsvoraussetzung ist neben dem Bestehen eines originären Sachleistungsanspruchs ein rechtswirksamer Vergütungsanspruchs für die außerhalb des Kassensystems erbrachte Leistung. Daran fehlt es bspw., wenn für ambulante ärztliche Leistungen entgegen den Vorgaben der GOÄ[24] ein Pauschalhonorar verlangt wird.[25] Über den Kostenerstattungsanspruch können von Versichertenseite Leistungsansprüche geltend gemacht werden, die aufgrund des Leistungserbringerrechts bisher ausgeschlossen sind. Wird der Kostenerstattungsanspruch gewährt, ist damit inzident geklärt, dass ein Sachleistungsanspruch besteht.[26]

Kostenerstattung wird auch in Fällen des sog. **Systemversagens** gewährt, d. h. 19 dann, wenn die Sachleistung aufgrund Fehlern des Gemeinsamen Bundesausschusses oder der Krankenkassen nicht gewährt wird, z. B. die Bewertung einer neuen Untersuchungs- und Behandlungsmethode nicht oder nicht ordnungsgemäß durchgeführt wurde bzw. sich zu Unrecht unangemessen verzögert. Gleiches gilt, wenn die Krankenkasse zu wenige Versorgungsverträge, bspw. im Rahmen der spezialisierten ambulanten Palliativversorgung, abschließt oder zu wenige Leistungserbringer zugelassen werden. Eine zeitnahe Bewertung innovativer Therapien wird jedoch erst dann erforderlich, wenn nach der vorhandenen Studienlage hinreichende Aussicht auf eine positive Bewertung besteht.[27] Ausnahmen gelten für selten auftretende Krankheiten, die praktisch nicht systematisch erforschbar sind.[28]

Im Zuge des Patientenrechtegesetzes wurde § 13 SGB V im Jahr 2013 um einen 20 Absatz 3a ergänzt und damit § 17 Abs. 1 Nr. 1 SGB I konkretisiert, wonach die Leistungsträger verpflichtet sind, darauf hinzuwirken, dass jeder Berechtigte die ihm zustehenden Sozialleistungen u. a. zügig erhält. Hängt die Inanspruchnahme einer Leistung von der **Genehmigung der Leistung durch die Krankenkasse** ab, muss diese spätestens bis zum Ablauf von drei Wochen nach Antragseingang oder in Fällen, in denen eine gutachtliche Stellungnahme, insbesondere des Medizinischen Dienstes, eingeholt wird, innerhalb von fünf Wochen nach Antragseingang entscheiden. Wird dem Versicherten nicht zuvor und unter Darlegung der Gründe mitgeteilt, dass die Frist nicht eingehalten werden kann, gelten die Leistungen gemäß § 13 Abs. 3a S. 6 SGB V als genehmigt.

---

23 BSG, Urt. v. 2.11.2007 – B 1 KR 14/07 R, GesR 2008, 371, 373.
24 BGH, Urt. v. 4.4.2023 – III ZR 38/23, NJW 2024, 3513, 3514; BGH, Urt. v. 13.6.2024 – III ZR 279/23, NJW 2024, 3517.
25 BSG, Urt. v. 27.3.2007 – B 1 KR 25/06R, NZS 2008, 147.
26 Becker/Kingreen/Kingreen, SGB V, 9. Aufl. § 13 Rn. 23.
27 BSG, Urt. v. 11.5.2017 – B 3 KR 1/16 R, BeckRS 2017, 128780.
28 BSG, Urt. v. 19.10.2004 – B 1 KR 27/02 R. NZS 2005, 589.

21   Die **Sanktionsfunktion** der Regelung besteht darin, dass alle Leistungen als genehmigt gelten, welche der Versicherte subjektiv für erforderlich halten darf und die nicht offensichtlich außerhalb des Leistungskatalogs der gesetzlichen Krankenversicherung liegen.[29] Hinsichtlich der Zugehörigkeit zum Leistungskatalog kommt es auf Vorsatz oder grobe Fahrlässigkeit des Versicherten an. Außerdem gilt: Sobald die für die Krankenkasse bestehende Entscheidungsfrist verstrichen ist, kann sich der Versicherte die Leistung so lange selbst beschaffen, bis die Krankenkasse doch noch entscheidet. Mit dem das Verwaltungsverfahren abschließenden Verwaltungsakt entfällt die Gutgläubigkeit des Versicherten. Für den Zeitraum seiner Gutgläubigkeit entsteht hingegen – als Anspruch sui generis – ein vorübergehender Anspruch auf Erstattung der in dieser Zeitspanne entstandenen Beschaffungskosten.[30] Dass es besser situierten Versicherten leichter fällt, sich die Leistung selbst zu beschaffen, weil sie das Risiko in Kauf nehmen können, die Kosten am Ende selbst tragen zu müssen, begründet keinen Verstoß gegen den allgemeinen Gleichheitssatz.[31]

7. Arztvorbehalt

22   Im Interesse der Qualität und Wirtschaftlichkeit der Versorgung bleibt die Behandlung grundsätzlich Ärzten, Zahnärzten und (Psychologischen) Psychotherapeuten im Sinne einer beruflichen Mindestqualifikation vorbehalten, § 15 Abs. 1 S. 1 SGB V. Dies schließt vor allem **Heilpraktiker** von der Versorgung der Versicherten und der Vergütung ihrer Leistungen aus den Mitteln der gesetzlichen Krankenversicherung aus.[32] Indem am Beginn des Behandlungsprozesses in jedem Fall ein Patientenkontakt mit dem Arzt als Inhaber der höchsten Qualifikation steht, wird die Zweckmäßigkeit und Effektivität der Behandlung gesichert und für eine sparsame Verwendung öffentlicher Mittel gesorgt.[33] Der ärztlichen Behandlung und ihrer Vergütung werden ferner die vom Arzt angeordneten und unter seiner Verantwortung erbrachten, delegierten Hilfsleistungen seines medizinischen Assistenzpersonals zugeordnet, § 15 Abs. 1 S. 2 SGB V. Diese sind von der eigenverant-

29 BSG, Urt. v. 6.11.2018 – B 1 KR 13/17 R, NZS 2019, 496, 498: Hautstraffungsoperationen an Brust und Bauch.
30 BSG, Urt. v. 26.5.2020 – B 1 KR 9/18 R, NJW 2020, 3267; BSG, Urt. v. 18.6.2020 – B 3 KR 14/18 R, NZS 2021, 219, 220.
31 BVerfG, Beschl. v. 20.3.2023 – 1 BvR 172/22, BeckRS 2023, 9979.
32 BSG, Urt. v. 18.12.2018 – B 1 KR 34/17 R, BeckRS 2018, 40930 Rn. 26 mwN.
33 BSG, Urt. v. 1.3.1979 – 6 RKa 13/77, NJW 1979, 2363, 2365.

wortlichen, aufgrund einer ärztlichen Verordnung erbrachten Tätigkeit der Heil-mittelerbringer, z. B. der Physio- oder Ergotherapeuten, abzugrenzen.

Fall 14: Nadelepilation³⁴

Z ist als Mann geboren; bei ihr wurden aufgrund der Diagnose Mann-zu-Frau-Transsexualismus geschlechtsangleichende Maßnahmen durchgeführt. In Rede steht nunmehr die Kostenüber-nahme für die Entfernung der Barthaare im Gesicht und am Hals mittels einer Nadelepilation bei einer als Elektrologistin ausgebildeten Kosmetikerin oder Heilpraktikerin. Bei den bisherigen Be-handlungen sind Kosten von 7.000 EUR angefallen.

Eine Epilation durch Elektrokoagulation im Gesicht bei krankhaftem und entstellendem Haarwuchs ist als Leistung in den Einheitlichen Bewertungsmaßstab aufgenommen, soll aber nur bis zu 5 Minuten dauern und wird lediglich mit 7,19 EUR vergütet. Dementsprechend bieten die Leistung, welche nicht zu den Kernleistungen des Fachgebiets gehört, zeitaufwendig ist und viel Konzen-tration erfordert, praktisch keine Ärzte an. Dem Arztvorbehalt des § 15 SGB V steht entgegen, dass die Leistung seitens der Krankenkassen erstattet wird, wenn sie von einer Epilogistin eigenver-antwortlich durchgeführt wird. Diese kann aber im Wege der Delegation durch einen Hautarzt abgerechnet werden, wenn sie in seinen Praxisräumen durchgeführt wird. Aufgrund des ihr übertragenen Sicherstellungsauftrages muss die zuständige Kassenärztliche Vereinigung die Versorgung sicherstellen und ggf. finanzielle Anreize schaffen.

III. Leistungskatalog

1. Prävention und Gesundheitsförderung, §§ 20 – 22a SGB V

Gesundheitspolitische Akteure fordern seit Jahren eine stärkere Ausrichtung des 23
Gesundheitssystems auf **vorbeugende Maßnahmen** zur Verhinderung und Ver-minderung von Krankheitsrisiken (primäre Prävention), darauf, bereits vorhan-dene Erkrankungen möglichst frühzeitig zu erkennen (sekundäre Prävention) und die Auswirkungen, insbesondere auch Folgeschäden chronischer Erkrankungen, abzuschwächen (tertiäre Prävention). Ziel ist es nicht nur, Krankheits- und Krankheitsfolgekosten zu senken, sondern auch die Lebensqualität zu verbessern und Pflegebedürftigkeit zu verhindern. Obwohl es sich dabei um eine gesamtge-sellschaftliche Querschnittsaufgabe handelt, werden die Krankenkassen durch § 1 S. 4 SGB V prominent in die Mitverantwortung genommen. U. a. fördern sie **Selbsthilfegruppen** und deren Kontaktstellen, § 20h SGB V, und die digitale Ge-sundheitskompetenz, § 20k SGB V.

Ob zwangsläufig punktuell bleibende Maßnahmen trotz des idealistischen 24
Engagements der Beteiligten, der sich auch im Gesetzestext widerspiegelt, wirklich maßgebliche **Verhaltensänderungen** bewirken sowie einen nachhaltigen Beitrag

---

34 BSG, Urt. v. 17.12.2020 – B 1 KR 28/20 R, BeckRS 2020, 46616.

zur Stabilisierung der Finanzen der gesetzlichen Krankenkassen leisten können, darf aber in einer stark von Sozialen Medien beeinflussten Gesellschaft auch mit Blick auf die wenig erfolgreichen Werbekampagnen der Bundeszentrale für gesundheitliche Aufklärung in der Corona-Pandemie bezweifelt werden. Der Gesetzgeber weist den Krankenkassen Aufgaben zu, die faktisch von einer Vielzahl von Akteuren wahrgenommen werden, im Kern aber dem öffentlichen Gesundheitsdienst auf kommunaler und Landesebene obliegen sollten: Mit diesem wird nunmehr auch eine Zusammenarbeit eingefordert, § 20a Abs. 1 S. 2 SGB V. Ziel ist es, dass Menschen gesünder alt werden und länger leben. Konsequenzen für das Rentenversicherungssystem werden allerdings kaum mitdiskutiert, was an der unterschiedlichen Ressortzuweisung in der Bundesregierung liegen kann.

25   Als mit Art. 87 Abs. 2 GG unvereinbar hat das BSG[35] eine Regelung des Präventionsgesetzes v. 17. 7. 2015 eingestuft, mit welcher der GKV-Spitzenverband verpflichtet worden war, sich zur Unterstützung bei den Aufgaben der Gesundheitsförderung und Prävention – gegen pauschale Vergütung – der Bundeszentrale für gesundheitliche Aufklärung zu bedienen.

26   Die primäre Prävention ist gemeinsam mit der Gesundheitsförderung in § 20 SGB V geregelt und hebt ein bisher vernachlässigtes Ziel hervor: die Verminderung sozial bedingter Ungleichheit von Gesundheitschancen. Der Krankenkassenwettbewerb führte früher zu einer Ausrichtung der Präventionsangebote auf diejenigen Versichertengruppen, die am wenigsten Nachholbedarf hatten.[36] Um dem zu begegnen, legt nunmehr der GKV-Spitzenverband nach Einbeziehung unabhängigen multidisziplinären und -professionellen Sachverstands in einem Leitfaden Prävention **prioritäre Handlungsfelder** unter Berücksichtigung von Gesundheitszielen wie der Reduzierung des Tabak- und Alkoholkonsums fest. Zudem wird in § 20 Abs. 6 SGB V ein Budget für die Maßnahmen vorgegeben. Präventionsmaßnahmen setzen in den Lebenswelten („für die Gesundheit bedeutsame, abgrenzbare soziale Systeme") wie z. B. die sozialen Systeme des Wohnens, des Studierens oder der Freizeitgestaltung („Setting-Ansatz"), § 20a Abs. 1 SGB V, oder bei der betrieblichen Gesundheitsförderung an, § 20b SGB V.

27   Betriebliche Maßnahmen in diesem Bereich werden in Zeiten des Fachkräftemangels zunehmend ein Wettbewerbsparameter, was die Frage nach der Notwendigkeit fortwährender Unterstützung durch die Krankenkassen aus arbeitgeberseitig mitfinanzierten Beitragsmitteln aufwirft. Ein unmittelbares Interesse haben Unternehmen daran, dass die für sie tätigen Betriebsärzte für die Beleg-

---

35 BSG, Urt. v. 18. 5. 2021 – B 1 A 2/20 R, NZS 2022, 57, 63. Dem Bund fehlt es an der Verwaltungskompetenz.
36 Becker/Kingreen/Welti, SGB V, 9. Aufl., § 20 Rn. 10.

schaft **Schutzimpfungen** anbieten dürfen, §§ 20i, 132e Abs 1 S. 3 Nr. 2 SGB V. Als wirksam hat sich auch die zahnmedizinische Gruppen- und Individualprophylaxe erwiesen, §§ 21–22a SGB V.

2. Vorsorgeleistungen, §§ 23, 24 SGB V

Die in den Leistungskatalog aufgenommenen Vorsorgeleistungen dienen der Stär- 28
kung der Gesundheit geschwächter Personen, der Verhütung von Krankheiten (sekundäre Prävention) sowie der Vermeidung deren Verschlimmerung (tertiäre Prävention) oder von Pflegebedürftigkeit, § 23 Abs. 1 SGB V. Die Leistungen werden im Rahmen der vertragsärztlichen Versorgung und in **Vorsorge- oder Rehabilitationseinrichtungen** erbracht, § 107 Abs. 2 SGB V. Reichen ambulante Leistungen nicht aus oder stehen dem besondere berufliche oder familiäre Umstände entgegen, werden sie grundsätzlich als ambulante Vorsorgeleistungen in nach Maßgabe landesgesetzlicher Bestimmungen anerkannten Kurorten durch Kur- bzw. Badeärzte und ggf. in stationären Vorsorgeeinrichtungen über einen Zeitraum von grundsätzlich drei Wochen erbracht, § 23 Abs. 2 S. 1, Abs. 4 und 5 SGB V. Leistungen in Mutter / Vater-Kind-Einrichtungen, § 11a SGB V, werden als lex specialis in § 24 SGB V geregelt. Entscheidend ist nicht die biologische Elternschaft, sondern ob Betreuungs- und Erziehungsleistungen für Kinder erbracht werden; die Mitnahme von Kindern ist eine Annexleistung.[37] Für die ambulante Versorgung gilt der sog. Kurarztvertrag als Anlage 25 des Bundesmantelvertrages Ärzte. Der Dienstleistungsfreiheit innerhalb der Europäischen Union und der Richtlinie 2011/24 (EU) trägt § 13 Abs. 4 SGB V Rechnung.

3. Leistungen im Zusammenhang mit Schwangerschaft und Mutterschaft, §§ 24a – 24i SGB V

Bis zum vollendeten 22. Lebensjahr haben Versicherte Anspruch auf Versorgung 29
mit verschreibungspflichtigen **empfängnisverhütenden Mitteln** und nicht verschreibungspflichtigen **Notallkontrazeptiva**, wobei zwischen dem 18. und 22. Lebensjahr eine Zuzahlung zu leisten ist, § 24a Abs. 2 SGB V.[38] Anspruch besteht auch auf eine durch Krankheit erforderliche Sterilisation, § 24b SGB V. Bei

---

37 BeckOK SozR/Hollo, 77. Ed. 1.6.2025, SGB V § 24 Rn. 5 ff.
38 Der Anspruch auf Notfallkontrazeptiva besteht ohne Altersbeschränkung, wenn Hinweise auf einen sexuellen Missbrauch oder eine Vergewaltigung vorliegen, § 24a Abs. 2 S. 3 SGB V.

Schwangerschaftsabbrüchen werden, wenn diese aufgrund einer medizinisch-sozialen oder kriminologischen Indikation nicht rechtswidrig sind, § 218a Abs. 2 und 3 StGB, umfassende Leistungen gewährt. In den Fällen, in denen der Schwangerschaftsabbruch nach vorangegangener Beratung in den ersten zwölf Wochen erfolgt, wird dieser als solcher nicht aus Beitragsmitteln finanziert, § 24b Abs. 4 SGB V. Bei Bedürftigkeit erfolgt gleichwohl eine Finanzierung des Abbruchs; insofern wird die Sachleistung ebenfalls durch die Krankenkassen, aber auf Kosten der Länder gewährt, §§ 21 Abs. 1, 22 SchKG.

30 Als Einweisungsvorschrift benennt § 24c SGB V, welche Leistungen bei Schwangerschaft und Mutterschaft zum Leistungskatalog der gesetzlichen Krankenversicherung gehören. Auch ohne Vorliegen einer Krankheit werden Leistungen wie insbesondere die ärztliche Betreuung nach Maßgabe der Mutterschafts-Richtlinien des Gemeinsamen Bundesausschusses, § 92 Abs.1 S. 1 Nr. 4 SGB V, sowie Hebammenhilfe, § 24d SGB V, gewährt. Sie sind zum Schutz des Lebens und der Gesundheit der Schwangeren, Mütter und Kinder erforderlich. Auch die **Entbindung** zahlt die Krankenkasse, unabhängig davon, ob sie ambulant oder stationär, im Krankenhaus einschließlich Unterkunft, Pflege und Verpflegung, in einem hebammengeführten Kreißsaal, in einem Geburtshaus oder als Hausgeburt erfolgt, § 24f SGB V.

4. Früherkennungsuntersuchungen, §§ 25 – 26 SGB V

31 Um bevölkerungsmedizinisch bedeutsame Zivilisationskrankheiten (Herz- und Kreislauferkrankungen; Diabetes) und Krebserkrankungen früh erkennen und damit einhergehende Behandlungskosten vermeiden zu können, umfasst der Leistungskatalog auch rein diagnostische Früherkennungs(labor)untersuchungen bei symptomlosen Versicherten. An sie können sich Präventionsempfehlungen anschließen. Die Krankenkasse kann den Teilnehmenden auf satzungsrechtlicher Grundlage einen **Bonus** gewähren, § 65a Abs. 1 S. 1 SGB V; zudem reduziert sich die Belastungsgrenze bei Zuzahlungen, § 62 Abs. 1 S. 2 SGB V.

32 Konkretisiert wird der Leistungsanspruch durch zwei Richtlinien des Gemeinsamen Bundesausschusses, und zwar für Gesundheitsuntersuchungen und für die Krebsfrüherkennung, § 92 Abs. 1 S. 2 Nr. 3, Abs. 4 SGB V. Bis zur Vollendung des 18. Lebensjahrs eines Versicherten gilt § 26 SGB V; danach werden in den ersten sechs Lebensjahren insgesamt zehn Untersuchungen angeboten, wobei die Länder z.T. Maßnahmen ergriffen haben, um die Inanspruchnahme zu befördern. Anschließend besteht bis zur Vollendung des 35. Lebensjahrs ein einmaliger Anspruch und danach alle drei Jahre jeweils ein weiterer Anspruch auf Gesundheitsuntersuchungen. Hinsichtlich der Krebserkrankungen wird geschlechtsspezifisch diffe-

renziert. Besondere Regelungen ermöglichen § 25 Abs. 4a und 5 SGB V hinsichtlich der Früherkennung von Lungenkrebs bei stark Rauchenden und – i.V.m. § 25a SGB V – beim Brustkrebs- und Darmkrebs-Screening mittels Mammographie bzw. Koloskopie.

Seit Kurzem können Krankenkassen, wenn der Versicherte nicht aufgrund seines Rechts auf Nichtwissen vorher widersprochen hatte, die bei ihnen vorhandenen Daten daraufhin auswerten, ob sich daraus **Anzeichen für Gesundheitsrisiken**, z.B. auf seltene Erkrankungen oder Krebserkrankungen, ergeben, § 25b SGB V. Versicherte können dann angeschrieben und zur weiteren Abklärung an geeignete Leistungserbringer verwiesen werden. Angesichts der inzwischen längeren Postlaufzeiten und zeitweise bestehenden Wartezeiten auf einen Facharzttermin wäre es zumindest geboten gewesen, entsprechende Programme vorher verpflichtend durch eine Ethikkommission bewerten zu lassen. 33

5. Krankenbehandlung und Zweitmeinung, §§ 27, 27b SGB V

Der § 27 Abs. 1 S. 1 SGB V ist die zentrale Vorschrift des Leistungsrechts, weil sie das maßgebliche Risiko erfasst, gegen welches das SGB V absichert: die aufgrund einer Krankheit notwendige Krankenbehandlung. Zugleich begrenzt ihre Auslegung den Leistungskatalog. Danach haben Versicherte Anspruch auf Krankenbehandlung, (nur) wenn sie notwendig ist, um eine Krankheit zu erkennen, zu heilen, ihre Verschlimmerung zu verhüten oder Krankheitsbeschwerden zu lindern. In der Gesetzesbegründung wurde hervorgehoben, dass der Leistungsanspruch von Beginn der Krankheit an besteht, also keine Karenzfrist gilt, und von einer Definition in Gesetz abgesehen werde, weil der Inhalt des Krankheitsbegriffs ständigen Änderungen unterliege.[39] Gleichwohl wurde festgehalten, dass auch nach dem Verständnis des Gesetzgebers kein medizinischer, sondern der tradierte spezifisch sozialversicherungsrechtliche **Krankheitsbegriff** gilt, d.h. ein regelwidriger körperlicher oder geistiger Zustand vorliegen muss, welcher einer ärztlichen Behandlung bedarf und / oder Arbeitsunfähigkeit zur Folge hat. **Behandlungsbedürftigkeit** setzt eine Regelwidrigkeit solchen Ausmaßes voraus, dass die Wiederherstellung oder deutliche Verbesserung des Normalzustandes der ärztlichen Mithilfe bedarf und durch sie auch erreichbar ist. Arbeitsunfähigkeit besteht, wenn der Versicherte seiner zuletzt ausgeübten Erwerbstätigkeit oder einer ähn- 34

---

39 BT-Drs. 11/2237, 170.

lich gelagerten Tätigkeit überhaupt nicht oder nur auf die Gefahr hin nachgehen kann, seinen Zustand zu verschlimmern.[40]

35   Abgesehen von den Fällen des Arbeits- oder Wegeunfalls und den in § 52 SGB V angeordneten Leistungsbeschränkungen bei Fremdverschulden kommt es auf die Krankheitsursache, etwa eine **ungesunde Lebensweise**, nicht an. Ggf. stehen der Krankenkasse Regressansprüche bei Drittverschulden nach Maßgabe der §§ 294a SGB V, 116 SGB X zu. Der Anspruch auf Krankenbehandlung endet mit dem Tod des Versicherten; es besteht daher kein postmortal wirkender Anspruch auf Kryokonservierung des Leichnams, um sich für den Fall des medizinischen Fortschritts die Chance auf eine Wiederauferstehung von den Toten zu wahren.[41]

36   Was die Krankenbehandlung vom Leistungsumfang her inhaltlich umfasst, benennt enumerativ § 27 Abs. 1 S. 2 und 3 SGB V unter der Klarstellung, dass dazu auch die palliative Versorgung der Versicherten gehört;[42] die näheren Voraussetzungen der **Leistungsarten** und der Leistungsumfang ergeben sich, was das Leistungsrecht betrifft, aus den §§ 28–43 SGB V. Erweiterungen des Leistungskatalogs finden sich in § 27 Abs. 1 S. 5 und 6 SGB V und betreffen Leistungen zur Herstellung der Zeugungs- oder Empfängnisfähigkeit, zur Spurensicherung u. a. bei Misshandlungen oder Vergewaltigungen. Als neue Versicherungsfälle wurden – quasi als Ausgleich für die damit verbundenen Aufopferungsschäden – umfassende Leistungen für Lebendorgan- und -gewebespender sowie Blutspender, § 27 Abs. 1a SGB V, aufgenommen.

37   Der **Eigenverantwortung** werden Maßnahmen zugerechnet, die primär der Körperpflege oder – wie etwa die Entfernung eines Tattoos[43] oder der Korrektur abstehender Ohren – der Körperverschönerung dienen. Gleiches gilt für die **Ernährung.** Das betrifft auch Mehraufwendungen für eine krankheitsbedingte Diät, auch wenn diese wesentlich zur Besserung des Gesundheitszustands oder dazu beiträgt, die Verschlimmerung einer Krankheit zu verhüten.[44] Erfasst sind nur solche regelwidrigen Körperzustände, die entweder mit einer Beeinträchtigung von Körperfunktionen einhergehen oder so auffällig sind, dass der Betroffene ständig viele Blicke auf sich zieht, zum Objekt besonderer Beachtung anderer wird und sich deshalb aus dem Leben in der Gemeinschaft zurückzuziehen und zu vereinsamen droht, so dass die Teilhabe am Leben in der Gesellschaft gefährdet

---

40 BSG, Urt. v. 15.11.1984 – 3 RK 21/83, NZA 1985, 373.
41 BSG, Beschl. v. 16.3.2022 – B 1 KR 29/21 B, BeckRS 2022, 6775 Rn. 9.
42 Nach § 70 Abs. 2 SGB V haben die Krankenkassen und die Leistungserbringer auf eine humane Krankenbehandlung der Versicherten hinzuwirken.
43 LSG Nordrhein-Westfalen, Beschl. v. 22.4.2008 – L 16 B 5/08 KR, BeckRS 2009, 51583.
44 BSG, Urt. v. 9.12.1997 – 1 RK 23/95, NZS 1998, 477.

ist.[45] Die **Entstellung** muss so ausgeprägt sein, dass sie sich schon bei flüchtiger Begegnung in alltäglichen Situationen quasi „im Vorbeigehen" bemerkbar macht, wie bspw. bei Narben im Lippenbereich oder bei einer Frau ohne natürliches Kopfhaar. Bei üblicherweise von Kleidung bedeckten Körperteilen muss die Auffälligkeit nach objektiven Maßstäben so evident abstoßend wirken, dass sie die Teilhabe im privaten Bereich, etwa der Sexualität, ausschließt.[46]

Eine übergroße weibliche Brust hat dann Krankheitswert, wenn mangels Alternativen eine Operation zur Beseitigung oder Linderung orthopädischer Krankheitsbeschwerden am muskulo-skelettalen System des Hals-Nacken-Schulterbereichs notwendig ist.[47] Bei **Adipositas** ist Maßstab, ob sie ein solches Ausmaß hat, dass es der Behandlung mit dem Ziel der Gewichtsreduktion bedarf, um einem erhöhten Risiko für das Auftreten von Begleit- und Folgeerkrankungen, nicht jedoch einer psychischen Störung, zu begegnen; als Ultima Ratio ist dann auch die Applikation eines Magenbandes eine zu gewährende Sachleistung.[48] Transidentität bzw. Geschlechtsinkongruenz, bei der das eigene Geschlechtsempfinden nachhaltig in Widerspruch zu dem nach den Geschlechtsmerkmalen zugeordneten Geschlecht steht, stellt an sich keine Krankheit dar; durch die Geschlechtsinkongruenz und dem damit verbundenen klinisch-relevanten Leidensdruck kann sich aber ein Behandlungsbedarf ergeben, für den seitens des Gemeinsamen Bundesausschusses zunächst eine Richtlinie zu erstellen ist.[49]

Anreizsysteme wie Fallpauschalen können dazu führen, dass die medizinische Indikation für operative Eingriffe zulasten konservativer Maßnahmen ausgedehnt wird. Versicherte haben daher vor einem planbaren Eingriff, „bei dem insbesondere im Hinblick auf die zahlenmäßige Entwicklung seiner Durchführung die Gefahr einer Indikationsausweitung nicht auszuschließen ist", nach Maßgabe des § 27b SGB V Anspruch auf eine unabhängige **ärztliche Zweitmeinung**. Damit verfolgt der Gesetzgeber einen hohen Anspruch: Versicherte sollen sich darauf verlassen können, dass nur noch solche Eingriffe durchgeführt werden, die auch tatsächlich medizinisch notwendig sind.[50] Inzwischen können Zweitmeinungen u.a. vor Mandeloperationen, Gebärmutterentfernungen, Eingriffen an der Wir-

---

45 BSG, Urt. v. 28.2.2008 – B 1 KR 19/07 R, NZS 2009, 95, 96.
46 BSG, Urt. v. 10.3.2022 – B 1 KR 3/21 R, BeckRS 2022, 14390 Rn. 18.
47 Vgl. z.B. LSG Baden-Württemberg, Urt. v. 10.12.2008 – L 5 KR 2638/07, BeckRS 2010, 72105.
48 BSG, Urt. v. 19.2.2003 – B 1 KR 1/02 R, NZS 2004, 140.
49 BSG, Urt. v. 19.10.2023 – B 1 KR 16/22 R, NZS 2024, 782.
50 BT-Drs. 20/4095, 52.

belsäule sowie vor der Implantation einer Knie- oder Hüft-Totalendoprothese eingeholt werden.[51]

40 Einbezogen in das Zweitmeinungsverfahren werden auch Privatärzte mit **besonderer Expertise**, die sich sowohl aus langjähriger praktischer Erfahrung mit dem jeweiligen Eingriff und einer spezifischen Gutachtertätigkeit ergeben sollte, § 27b Abs. 2 S. 3–5, Abs. 3 Nr. 5 SGB V. Obwohl die Leistung auch Krankenhäuser erbringen können, ist das Verfahren Teil der vertragsärztlichen Versorgung, § 73 Abs. 2 S. 1 Nr. 13 SGB V und kann ggf. auch telemedizinisch erfolgen, § 27b Abs. 2 S. 6 SGB V. Wer die Indikation für einen erfassten Eingriff stellt, muss den Versicherten in der Regel mindestens zehn Tage vor dem geplanten Eingriff über sein Recht auf Einholung einer Zweitmeinung informieren, § 27b Abs. 5 SGB V.

6. Ärztliche, psychotherapeutische und zahnärztliche Behandlung, §§ 28, 29, 55 SGB V

41 Was den Regeln der ärztlichen Kunst entspricht, kann der Vertragsarzt grundsätzlich alle Untersuchungs- und Behandlungsleistungen im Rahmen desjenigen Fachgebiets anbieten, für welches er eine Zulassung erhalten hat, § 28 Abs. 1 S. 1 SGB V. Als Dienst höherer Art muss er die Behandlung im Zweifel in Person, d. h. höchstpersönlich, durchführen, § 630b i.V.m. § 613 S. 1 BGB; eine Delegation an Assistenzpersonal hängt auch vom Einverständnis des Patienten ab. Deren Leistungen können dann abgerechnet werden, soweit die „Hilfeleistung" vom Arzt angeordnet und von ihm durch Überwachung und Anleitung hinreichend verantwortet wird, § 28 Abs. 1 S. 2 SGB V. In der Anlage 24 zum Bundesmantelvertrag-Ärzte sind in einem Beispielkatalog **delegierbare ärztliche Tätigkeiten** unter Angabe einer typischen Mindestqualifikation der ausführenden Person aufgeführt. Die Anlage 8 trifft darüber hinaus Regelungen zur Erbringung ärztlich angeordneter Hilfeleistungen in der Häuslichkeit der Patienten, in Alten- oder Pflegeheimen oder in anderen beschützenden Einrichtungen.[52] Deren Tätigkeit ist von der Heilmittelerbringung z. B. durch Physiotherapeuten oder Ergotherapeuten abzugrenzen, die auf Grundlage einer ärztlichen Verordnung, § 73 Abs. 2 S. 1 Nr. 7 SGB V, selbständig und aufgrund ihres Fachwissens eigenverantwortlich tätig werden.

42 Bestandteil des Leistungskatalogs sind auch homöopathische Erstanamnesen.[53] Die **Therapiefreiheit** des Vertragsarztes als berufsspezifische Ausprägung

---

51 Besonderer Teil der Richtlinie zum Zweitmeinungsverfahren des Gemeinsamen Bundesausschusses.
52 Der Regelungsauftrag hierzu ergibt sich aus § 87 Abs. 2b S. 5 SGB V.
53 BSG, Beschl. v. 17.5.2001 – B 6 KA 8/00 R, MedR 2003, 242.

der Berufsausübungsfreiheit[54] wird nur bei „neuen" Untersuchungs- und Behandlungsmethoden begrenzt, d. h. solchen, die bisher noch nicht als abrechnungsfähige Leistungen im Einheitlichen Bewertungsmaßstab (EBM) aufgenommen waren. Entsprechendes gilt, wenn die Indikation eine wesentliche Änderung oder Erweiterung erfährt.[55] Nach § 135 Abs. 1 S. 1 SGB V muss bei neuen Methoden zunächst eine Bewertung des diagnostischen und therapeutischen Nutzens der neuen Methode sowie deren medizinische Notwendigkeit und Wirtschaftlichkeit – auch im Vergleich zu bereits zu Lasten der Krankenkassen erbrachten Methoden – erfolgen, die zu einer positiven Empfehlung des Gemeinsamen Bundesausschusses führt. Sodann muss die Leistung in das Leistungsverzeichnis des EBM aufgenommen werden und kann dann, vielfach nur unter Beachtung von Qualitätssicherungsmaßnahmen, erbracht und abgerechnet werden.

Vergleichsweise umfangreich bestimmt das Gesetz den Leistungsumfang der **43** **zahnärztlichen Behandlung**; neueren Datums ist die systematische Behandlung von Parodontitis und anderen Paradontalerkrankungen, deren Leistungsumfang sich aus Richtlinien des Gemeinsamen Bundesausschusses nach § 92 Abs. 1 S. 2 Nr. 2 SGB V ergibt. Grundsätzlich gehören die kieferorthopädische Behandlung Erwachsener und Implantatversorgungen nicht zum Leistungskatalog, § 28 Abs. 2 S. 6, 7 und 9 SGB V. Bei Minderjährigen wird ein i. d. R. vorübergehender Eigenanteil verlangt, der nach erfolgreichem Abschluss der Behandlung zurückgezahlt wird, § 29 Abs. 2–3 SGB V. Der Leistungsanspruch ist nicht dadurch ausgeschlossen, dass Versicherte als Selbstzahler Mehrleistungen für Zahnfüllungen oder kieferorthopädische Behandlungen schriftlich vereinbaren; sie müssen dann die Differenz zur alternativen Kassenleistung nach Maßgabe der Vergütungsregelungen der GOZ tragen, §§ 28 Abs. 2 S. 2–3, 29 Abs. 5 SGB V. Die Kosten für einen nicht medizinisch notwendigen Austausch von Füllungen muss der Patient vollständig selbst tragen.[56] Abweichendes gilt, wenn der Versicherte nachweist, dass Amalgam-Füllungen gesundheitliche Beschwerden auslösen.[57]

Bei der Versorgung mit Zahnersatz, Zahnkronen und Suprakonstruktionen **44** ordnet zunächst der Gemeinsame Bundesausschuss jedem Befund eine Regelversorgung zu, § 56 Abs. 2 S. 2 SGB V; der Befund bezieht sich auf das vorgefundene Lückengebiss, wobei die Versorgung in Modifikation des Wirtschaftlichkeitsgebots die Funktionsdauer, die Stabilität und die Gegenbezahnung zu berücksichtigen hat

---

54 BVerfG, Beschl. v. 10.4.2000 – 1 BvR 422/00, NJW 2001, 883; BVerfG, Urt. v. 17.12.2002 – 1 BvL 28/ 95, NZS 2003, 144, 147.
55 BSG, Urt. v. 16.9.1997 – 1 RK 28/95, NZS 1998, 331, 333,
56 Becker/Kingreen/Niggehoff, SGB V, 9. Aufl. § 28 Rn. 50.
57 BSG, Urt. v. 6.10.1999 – B 1 KR 13/97 R, BeckRS 2000, 40258. Zur medizinisch alternativlosen Versorgung mit Goldinlays BSG, Urt. v. 2.9.2014 – B 1 KR 3/13 R, BeckRS 2014, 73297.

und damit langfristig helfen soll, § 56 Abs. 2 S. 3–4 SGB V. Der Versicherte erhält einen **befundbezogenen Festzuschuss**, der 60 % und bei regelmäßiger Zahnpflege und Inanspruchnahme von Vorsorgemaßnahmen 70 bzw. 75 % der für die jeweilige Regelversorgung festgesetzten Beträge beträgt, § 55 Abs. 1 SGB V. Dafür wird regelmäßig ein sog. Bonusheft geführt. Den Festzuschuss, der sowohl die zahnärztlichen als auch zahntechnischen Leistungen umfasst, rechnet der Vertragszahnarzt mit der für ihn zuständigen Kassenzahnärztlichen Vereinigung ab, § 87 Abs. 1a S. 7 SGB V. Die Vorschrift ergänzen in § 55 Abs. 2 und 3 SGB V Härtefallregelungen u. a. für Versicherte mit geringen Einnahmen oder Empfänger bestimmter Sozialleistungen; bei ihnen wird die Unzumutbarkeit der Belastung fingiert. Wird eine von der Regelversorgung abweichende, andersartige Versorgung durchgeführt, rechnet der Vertragszahnarzt mit dem Versicherten ab, welcher den Festzuschuss erstattet bekommt, § 55 Abs. 5 SGB V.

45 Wird die Regelversorgung in der nach Maßgabe des BMV-Z schriftlichen Absprache zwischen Versichertem und Zahnarzt durch zusätzliche Maßnahmen aufgewertet, sog. gleichartige Versorgung, bleibt es beim Festzuschuss; die Versicherten tragen die **Mehrkosten**, §§ 55 Abs. 4, 87 Abs. 1a S. 1 SGB V, und zwar auch für die durch die andersartige Versorgung notwendigen Begleitleistungen. Die Abgrenzung zwischen einer gleichwertigen und einer andersartigen Versorgung erfolgt im Vorfeld der Behandlung auf Basis eines vom Vertragszahnarzt kostenfrei zu erstellenden Heil- und Kostenplans, dem sich ggf. eine Begutachtung und schließlich eine Genehmigung seitens der Krankenkasse anschließt.

46 Zur **psychotherapeutischen Behandlung** krankhafter Störungen der Wahrnehmung, des Verhaltens, der Erlebnisverarbeitung, der sozialen Beziehungen und der Körperfunktionen, die der willentlichen Steuerung durch den Patienten nicht mehr oder nur zum Teil zugänglich sind, besteht für Versicherte auch zu Psychologischen Psychotherapeuten ein Direktzugang; spätestens nach Abschluss der sog. probatorischen Sitzungen muss jedoch ein ärztliches bzw. psychiatrisches Konsil zur Abklärung einer somatischen Erkrankung eingeholt werden, § 28 Abs. 3 S. 3 SGB V. Probatorisch sind mindestens zwei- und bis zu vierstündige Sitzungen, welche dem Ziel dienen, abzuklären, ob eine Krankheit vorliegt, welche psychotherapeutischer Behandlung durch ein bestimmtes Psychotherapieverfahren zugänglich ist. Bei akuten psychischen Krisen- und Ausnahmezuständen werden Akutbehandlungen zur kurzfristigen Verbesserung der Symptomatik ohne umfassende Bearbeitung der zugrundeliegenden ätiopathogenetischen Einflussfaktoren durchgeführt.

47 Leistungen der gesetzlichen Krankenversicherung sind nur die **wissenschaftlich anerkannten psychotherapeutischen Verfahren** und damit zzt. die tiefenpsychologisch-fundierte Psychotherapie, die Psychoanalyse, die Verhaltenstherapie und die systemische Therapie bei Erwachsenen. Sie erfolgt auf Antrag; der

Genehmigung einer Langzeittherapie durch die Krankenkasse ist – wie in Einzelfällen auch bei einer Kurzzeittherapie – ein Gutachterverfahren vorgeschaltet, das auf Basis eines fallbezogenen Behandlungsplans erfolgt. Ausgeschlossen sind Maßnahmen, die ausschließlich zur beruflichen Anpassung oder zur Berufsförderung bestimmt sind, zur Erziehungsberatung sowie für die Paar- und Familienberatung, die Sexualberatung, körperbezogene Therapieverfahren, darstellende Gestaltungstherapie sowie heilpädagogische oder ähnliche Maßnahmen. Bei einem Wechsel der Krankenkasse während einer laufenden Therapie bedarf es eines Antrages auf Fortsetzung der Therapie bei der neuen Krankenkasse; diese überprüft die bereits von der bisher zuständigen Krankenkasse genehmigten Therapiestunden nicht erneut, § 13 Abs. 6 Anlage 1 BMV-Ä, → Fall 13 § 6.

7. Arznei- und Verbandmittel

Zum (Sach-)Leistungskatalog gehört die Versorgung mit Arzneimitteln, § 2 AMG, **48** soweit diese die Gewähr für Qualität, Wirksamkeit und Unbedenklichkeit nach Maßgabe des allgemein anerkannten Standes der medizinischen Erkenntnisse bieten.[58] Das umfasst vom Vertragsarzt verordnete, § 73 Abs. 2 S. 1 Nr. 7 SGB V, nach § 48 AMG verschreibungs- oder **zumindest apothekenpflichtige Arzneimittel**, sog. OTC ("over the counter")-Präparate, § 43 AMG,[59] wenn diese nicht wie Viagra als sog. Lifestyle-Arzneimittel ausgeschlossen sind oder wie Abführmittel der Behandlung von Bagatellerkrankungen dienen, §§ 31 Abs. 1 S. 1, 34 Abs. 1 S. 6 – 9 SGB V. Verordnungsausschlüsse sind in der Anlage III der Arzneimittel-Richtlinie des Gemeinsamen Bundesausschusses zusammengefasst; Gegenausnahmen nach § 34 Abs. 1 S. 2 SGB V enthält die Anlage I der Richtlinie. Die Verschreibung von Medizinal-Cannabis ist gesondert in § 31 Abs. 6 SGB V geregelt.

Das **Arzneimittelrecht ist vorgreiflich**, d. h. grundsätzlich muss das Arznei- **49** mittel in dem Indikationsgebiet zugelassen sein, in dem es angewendet werden soll.[60] Das gilt auch im stationären Bereich.[61] Außerdem muss seine Anwendung im Einzelfall wirtschaftlich sein. Im Einzelfall, insbesondere in der Kinderheilkunde und der Onkologie, können Arzneimittel aber auch zulassungsüberschreitend verordnet werden; dafür ist der Begriff **"Off-Label-Use"** gebräuchlich. Dabei wird zwischen dem unabweisbaren Bedarf nach einer ausreichenden Arzneimittelthe-

---

58 BSG, Urt. v. 26. 2. 2021 – B 6 KA 37/08 R, MedR 2011, 108, 109.
59 Zum Ausschluss nicht verschreibungspflichtiger Arzneimittel vgl. BVerfG, Beschl. v. 12. 12. 2012 – 1 BvR 69/09, NJW 2013, 1220.
60 BSG, Urt. v. 13. 12. 2016 – B 1 KR 10/16 R. BeckRS 2016, 114895 Rn. 12.
61 BSG, Urt. v. 13. 12. 2016 – B 1 KR 1/16 R, BeckRS 2016, 120828 Rn. 26.

rapie und den Risiken abgewogen, die sich daraus ergeben, dass die Qualität, Wirksamkeit und Unbedenklichkeit des Arzneimittels, § 1 AMG, für den Anwendungsfall nicht geprüft wurde. Der Anspruch ist teilweise durch § 35c Abs. 1 SGB V abgedeckt, wenn sich eine Expertengruppe mit der zulassungsüberschreitenden Anwendung befasst hat. Ansprüche können sich bei lebensbedrohlichen oder regelmäßig tödlichen Erkrankungen auch aus § 2 Abs. 1a SGB V ergeben.

50   Von den Voraussetzungen des § 2 Abs. 1a SGB V unberührt bleibt der **richterrechtlich** entwickelte, nicht kodifizierte, Leistungsanspruch im Fall des Off-Label-Use. Er besteht, wenn es um die Behandlung einer schwerwiegenden, lebensbedrohlichen oder die Lebensqualität auf Dauer nachhaltig beeinträchtigenden, Erkrankung geht, z.B. einem Restless-Legs-Syndrom mit massiven Schlafstörungen, keine andere Therapie verfügbar ist und wenn aufgrund der im Zeitpunkt der Behandlung bestehenden Datenlage die begründete Aussicht besteht, dass mit dem betreffenden Präparat ein Behandlungserfolg kurativ oder palliativ erzielt werden kann.[62] Die Erkrankung muss sich durch ihre Schwere oder Seltenheit vom Durchschnitt der Erkrankungen abheben[63] und es müssen Forschungsergebnisse vorliegen, die erwarten lassen, dass das betroffene Arzneimittel für die relevante Indikation zugelassen werden könnte.[64] Geringere Anforderungen gelten, wenn das Krankheitsbild aufgrund seiner Singularität medizinisch nicht erforschbar ist und keine anderen Therapiemöglichkeiten zur Verfügung stehen.[65]

51   Kein Leistungsanspruch besteht im Hinblick auf Kosmetika oder (diätetische) Lebensmittel, § 2 Lebensmittel-Basis-VO, wobei die Abgrenzung nach der überwiegenden Zweckbestimmung anhand objektiver Kriterien erfolgt[66] und eine Ausnahme für bilanzierte Diäten zur enteralen Ernährung besteht, § 31 Abs. 5 SGB V. Z.T. ist der Anspruch auf Versorgung mit Arzneimitteln bis zur Höhe des festgesetzten Festbetrages beschränkt, §§ 31 Abs. 2, 35, 35a Abs. 4 SGB V; die Differenz zu einem höheren Abgabepreis muss der Versicherte in diesem Fall selbst zahlen. Daneben besteht bis zur Belastungsgrenze, § 62 SGB V, für volljährige Versicherte die Pflicht, eine Zuzahlung zwischen 5 und 10 EUR zu leisten, §§ 41 Abs. 3, 61 S. 1 SGB V. Hat die Krankenkasse Rabattverträge abgeschlossen, wird der Versicherte ggf. von den Mehrkosten über dem Festbetrag und z.T. von Zuzahlungen entlastet, § 31 Abs. 2 S. 2–5, Abs. 3 S. 5 SGB V.

52   Mit **Verbandmitteln** werden oberflächengeschädigte Körperteile bedeckt und / oder dadurch austretende Körperflüssigkeiten aufgesogen; Nebenzwecke wie das

---

62 BSG, Urt. v. 29.6.2023 – B 1 KR 35/21 R, MedR 2024, 201, 204.
63 BSG, Urt. v. 26.9.2006 – B 1 KR 1/06 R, NZS 2007, 489, 492.
64 BSG, Urt. v. 29.6.2023 – B 1 KR 35/21 R, MedR 2024, 201, 204.
65 BSG, Urt. v. 19.10.2004 – B 1 KR 27/02 R, NZS 2005, 589, 592.
66 Vgl. BSG, Urt. v. 4.4.2006 – B 1 KR 12/04 R, NZS 2007, 88.

Feuchthalten oder Reinigen der Wunde oder die Geruchsbindung sind unschädlich, § 31 Abs. 1a S. 1–2 SGB V. Sonstige Produkte zur Wundbehandlung wie z. B. silberhaltige und honighaltige Verbände oder Hydrogele gehören aber nach Auslaufen einer mehrfach und nunmehr bis zum 31.8.2025 verlängerten Übergangsfrist erst nach einer positiven Bewertung durch den Gemeinsamen Bundesausschuss auf Grundlage von Wirksamkeitsnachweisen zum Leistungskatalog. Bandagen gehören als Hilfsmittel dazu, Inkontinenzartikel nicht.

In der **stationären Versorgung** werden Arzneimittel den Patienten zur un- 53 mittelbaren Anwendung durch eine Krankenhausapotheke oder eine das Krankenhaus versorgende Apotheke zur Verfügung gestellt, § 39 Abs. 1 S. 3 SGB V, § 2 Abs. 1 S. 1 KHEntgG. Dabei sind deren Kosten grundsätzlich in der Krankenhausvergütung, also in der Fallpauschale, inkludiert. Für einen Übergangszeitraum können Arzneimittel seitens des Krankenhauses auch im Rahmen des Entlassmanagements verordnet, § 39 Abs. 1a S. 8–10 SGB V, und ggf. mitgegeben werden, wenn auf die Entlassung ein Wochenende oder ein Feiertag folgt, § 92 Abs. 7 S. 1 Nr. 3 SGB V, § 14 Abs. 7 S. 3 ApoG, § 8 Abs. 3a S. 4 der Arzneimittel-Richtlinie des Gemeinsamen Bundesausschusses.

Im Nachgang zur ambulanten Behandlung werden die Arzneimittel durch 54 **öffentliche Apotheken** abgegeben. Es muss ein preisgünstiges Arzneimittel abgegeben werden, wenn der verordnende Arzt entweder ein Arzneimittel nur unter seiner Wirkstoffbezeichnung verordnet oder die Ersetzung des Arzneimittels durch ein wirkstoffgleiches Arzneimittel nicht ausgeschlossen hat (sog. aut-idem-Regelung), § 129 Abs. 1 S. 1 Nr. 1 SGB V. Die Versicherten können jedoch das Originalpräparat erhalten, wenn sie die Mehrkosten tragen, § 129 Abs. 1 S. 6 SGB V. Zur Wirtschaftlichkeit der Arzneimittelversorgung trägt zudem bei, dass das Bundesministerium für Gesundheit in einer Rechtsverordnung therapiegerechte und wirtschaftliche Packungsgrößen festlegt, § 31 Abs. 4 SGB V.

8. Heilmittel, § 32 SGB V

Heilmittel sind ärztlich verordnete, persönlich und eigenverantwortlich erbrachte, 55 medizinische, ggf. auch telemedizinisch angebotene, Dienstleistungen, die entsprechend ausgebildete und berufserfahrene Personen, namentlich **Physiotherapeuten, Logopäden, Ergotherapeuten und Podologen** erbringen, um eine Krankheit zumindest mittelbar gezielt zu heilen oder deren Heilung zu sichern. Es ist eine Zuzahlung zu leisten, § 61 S. 3 SGB V. Ausgeschlossen hat der Gemeinsame Bundesausschuss in der Anlage 1 zur Heilmittel-Richtlinie u. a. die Hippotherapie, die Höhlentherapie, die Musik- und Tanztherapie und die Fußreflexzonen- und die Akupunktmassage sowie als Maßnahmen, die der persönlichen Lebensführung zuzuordnen sind, u. a. das Saunieren, das Baden in einem Thermalbad sowie Bodybuilding und Fitness-Training.

56   **Erstverordnungen** beschränken sich i. d. R. auf sechs oder zehn Therapiesitzungen, an die sich nach ärztlicher Beurteilung Folgeverordnungen anschließen können. Aus der Diagnose ergibt sich in Verbindung mit dem Heilmittel eine orientierende Behandlungsmenge; deren Überschreitung bedarf keiner Genehmigung der zuständigen Krankenkasse, § 32 Abs. 1b SGB V. Versicherte mit schweren Behinderungen oder chronisch Kranke erhalten eine langfristige Behandlung, § 32 Abs. 1a SGB V; diese Verordnungen unterliegen keiner Wirtschaftlichkeitsprüfung, § 106b Abs. 4 Nr. 1 SGB V. Wann ein Genehmigungsverfahren durchzuführen ist, regelt § 8 Abs. 2 und 3 der Heilmittel-Richtlinie des Gemeinsamen Bundesausschusses i.V.m. deren Anlage 2.

9. Hilfsmittel und digitale Gesundheitsanwendungen, §§ 33, 33a SGB V

57   Nach § 33 Abs. 1 S. 1 SGB V haben Versicherte Anspruch auf Versorgung mit Hörgeräten, Körperersatzstücken, orthopädischen und anderen Hilfsmitteln, die im Einzelfall erforderlich sind, um den Erfolg der Krankenbehandlung zu sichern, einer drohenden Behinderung vorzubeugen oder eine Behinderung auszugleichen, soweit die sächlichen Mittel nicht als allgemeine Gebrauchsgegenstände des täglichen Lebens anzusehen oder wegen ihres geringem oder umstrittenem therapeutischen Nutzens oder ihrer geringen Kosten wie z. B. Mundsperrer, Augenklappen, Brillenetuis, Batterien für Hörgeräte oder Gummihandschuhe nach § 34 Abs. 4 SGB V i.V.m. §§ 1 und 2 KVHilfsmV von der Versorgung ausgeschlossen sind. Der Versorgungsanspruch mit **Sehhilfen** ist für erwachsene Versicherte stark eingeschränkt, § 33 Abs. 2 – 4 SGB V. Da es sich um technische Geräte handelt, gehören zum Leistungskatalog auch Nebenleistungen wie die Instandsetzung und Ersatzbeschaffung von Hilfsmitteln, deren Wartung und technische Überprüfung sowie die Ausbildung im Gebrauch, § 33 Abs. 1 S. 5 SGB V. Es ist eine Zuzahlung zu leisten, § 33 Abs. 8 SGB V; Entsorgungskosten müssen selbst übernommen werden. Rollstühle und andere Hilfsmittel, die nicht angepasst werden müssen, können leihweise überlassen werden, § 33 Abs. 5 S. 1 SGB V. Bei einer Folgeversorgung bedarf es keiner erneuten ärztlichen Verordnung, § 33 Abs. 5a S. 1 SGB V. Die Krankenkasse kann das abweichend handhaben, wenn sie bei einer Erstverordnung auf ein Genehmigungsverfahren verzichtet hat, § 33 Abs. 5a S. 2 SGB V, § 30 Abs. 3 S. 1 BMV-Ä.

Kein Anspruch besteht auf die Versorgung mit Hüftprotektoren, weil sie nur 58
Frakturen als Folge eines möglichen Sturzes vorbeugen[67] und ebenso wenig auf
einen Rollstuhl oder einen schwenkbaren Autositz, der das Aufsuchen einer medizinischen Einrichtung ermöglichen soll.[68] Beim **unmittelbaren Behinderungsausgleich**, mit dem wie bei einer Beinprothese die ausgefallene oder beeinträchtigte Körperfunktion ersetzt werden soll, erfolgt eine optimale Versorgung, d.h. die
Beeinträchtigung wird möglichst so vollständig ausgeglichen, dass ein Zustand wie
beim gesunden Menschen erzielt wird. Das Hilfsmittel muss aber wesentliche
Gebrauchsvorteile erwarten lassen, die sich nicht auf einen bloß besseren Komfort
im Gebrauch oder eine bessere Optik beschränken.[69]

Beim **mittelbaren Behinderungsausgleich** soll dem behinderten Menschen, 59
dessen Beeinträchtigung durch medizinische Leistungen einschließlich des Einsatzes von Hilfsmitteln nicht weiter behoben werden kann, das Leben mit den
Folgen dieser Beeinträchtigung z.B. durch einen Rollstuhl, erleichtert werden. Das
Hilfsmittel ist nur zu gewähren, wenn es die Auswirkungen der Behinderung im
gesamten täglichen Leben beseitigt oder mindert und damit ein allgemeines
Grundbedürfnis des täglichen Lebens betrifft. Zu den allgemeinen Grundbedürf-
nissen des täglichen Lebens gehören danach das Gehen, Stehen, Sitzen, Liegen,
Greifen, Sehen, Hören, die Nahrungsaufnahme, das Ausscheiden, die elementare
Körperpflege, das selbstständige Wohnen sowie das Erschließen eines gewissen
körperlichen und geistigen Freiraums.[70] Der behinderte Mensch muss sich den
Nahbereich der Wohnung erschließen können; wenn dieser nur mit einer motor-
unterstützten Mobilitätshilfe zumutbar mit eigener Körperkraft erschlossen werden kann, ist es unerheblich, wenn dann weitere Ziele erreicht werden können als
ein gesunder Mensch üblicherweise zu Fuß zurücklegt.[71] Unberücksichtigt bleiben
berufliche Gebrauchsvorteile.[72]

Ohne dass dieses für den Leistungsanspruch abschließend wäre, bietet das 60
Hilfs- und Pflegehilfsmittel-Verzeichnis, § 139 Abs. 1 SGB V, mit der Sortierung
der Hilfsmittel zu 37 Produktgruppen eine gute Orientierungshilfe für verord-
nungsfähige Hilfsmittel. Die Hilfsmittelversorgung kann Folge einer Pflegebegut-
achtung durch den Medizinischen Dienst sein, § 18b Abs. 3 SGB XI. Den Versicherten steht es frei, wenn sie die Mehrkosten selbst tragen, eine höherwertige

---

67 BSG, Urteil vom 22.4.2009 – B 3 KR 11/07 R, NZS 2010, 325, 327.
68 BSG, Urt. v. 25.2.2015 – B 3 KR 13/13 R, BeckRS 2015, 69880,
69 BSG, Urt. v. 14.6.2023 – B 3 KR 8/21 R, MedR 2024, 375, 377.
70 BSG, Urt. v. 30.9.2015 – B 3 KR 14/14 R, BeckRS 2016, 65213 Rn. 18.
71 BSG, Urt. v. 18.4.2024 – B 3 KR 13/22 R, BeckRS 2024, 16486.
72 BSG, Urt. v. 24.1.2013 – B 3 KR 5–12 R, BeckRS 2013, 70363 Rn. 33.

Versorgung in Anspruch zu nehmen, § 33 Abs. 1 S. 9, Abs. 9 SGB V. Auch für Hilfsmittel können Festbeträge festgesetzt werden, § 36 SGB V.

61 Nach Maßgabe des § 33a SGB V haben Versicherte Anspruch auf Versorgung mit auf digitalen Technologien beruhenden Medizinprodukten, die sie u. a. in der Erkennung, Überwachung, Behandlung oder Linderung von Krankheiten unterstützen. **Digitale Gesundheitsanwendungen** als in eine Positivliste aufgenommene, § 139e SGB V, hilfsmittelähnliche Leistungen werden entweder ärztlich verordnet oder von den Krankenkassen genehmigt.

10. Häusliche Krankenpflege, Haushaltshilfe und Palliativversorgung, §§ 37 – 38, 39a SGB V

62 Die häusliche Krankenpflege flankiert die Krankenhandlung, indem sie entweder die Krankenhausbehandlung vermeidet, verkürzt oder ersetzt, § 37b Abs. 1 SGB V, bzw. diese im Nachgang durch krankheitsspezifische Maßnahmen der Behandlungspflege sichert, § 37 Abs. 2 SGB V. Die Leistung kann auch Menschen in betreuten Wohnformen zugutekommen. Sie setzt neben einer ärztlichen Verordnung, § 73 Abs. 2 S. 1 Nr. 8 SGB V, eine **Genehmigung seitens der Krankenkasse** voraus, § 6 Häusliche Krankenpflege-Richtlinie. Ausgeschlossen ist der Anspruch, wenn die Pflege durch eine andere im Haushalt lebende Person sichergestellt ist, § 37 Abs. 3 SGB V. Diese muss dazu im Einverständnis mit dem zu Pflegenden allerdings auch bereit sein.[73]

63 Die bis zu vierwöchige Vermeidungspflege umfasst, sofern jeweils erforderlich, sowohl die **Grundpflege**, d. h. die Unterstützung bei Grundverrichtungen des täglichen Lebens wie Betten, Lagern, Körperhygiene, Nahrungsaufnahme als auch die **Behandlungspflege**, d. h. krankheitsspezifische Pflegemaßnahmen, sowie die **hauswirtschaftliche Versorgung** des Versicherten, d. h. etwa das Einkaufens und Kochen oder Wäschewaschen. Ohne dass Behandlungspflege gewährt würde, erweitert § 37 Abs. 1a SGB V den Leistungsanspruch auf Versicherte mit einer schweren Krankheit oder akuter Verschlimmerung einer Krankheit, die insbesondere nach einem Krankenhausaufenthalt oder einer ambulanten Operation einen Bedarf an grundpflegerischer und hauswirtschaftlicher Versorgung haben, weil sie sich im Hinblick auf die erheblichen Auswirkungen der Behandlungen zuhause nicht selbst pflegen und versorgen können. Daneben regelt § 38 SGB V noch einmal gesondert die Haushaltshilfe für den Fall, dass die Weiterführung des

---

73 BSG, Urt. v. 30. 3. 2000 – B 3 KR 23/99 R, NZS 2001, 89, 91.

Haushalts, in dem jüngere oder aufgrund von Behinderung auf Hilfe angewiesene Kinder leben, infolge der Krankheit nicht gewährleistet ist.

Die Versorgung chronischer und schwer heilender Wunden kann auch in 64 spezialisierten Einrichtungen erfolgen, § 37 Abs. 7 S. 2 SGB V. Nach § 37 Abs. 8 SGB V können qualifizierte Pflegefachkräfte eine erweiterte Versorgungsverantwortung übernehmen, d. h. sie entscheiden innerhalb eines vom Vertragsarzt festgelegten Rahmens (sog. „Blankoverordnung") und auf Grundlage fachlicher Empfehlungen selbst über die erforderliche Häufigkeit und Dauer der Behandlung, müssen sich aber mit dem verordnenden Arzt regelmäßig abstimmen.

Zum Leistungskatalog gehört auch die **spezialisierte ambulante Palliativ-** 65 **versorgung**, § 37b SGB V. Sie betrifft Versicherte mit einer nicht heilbaren, fortschreitenden und weit fortgeschrittenen Erkrankung bei einer zugleich begrenzten Lebenserwartung und umfasst, als Komplexleistung, ärztliche und pflegerische Leistungen einschließlich ihrer Koordination, insbesondere zur Schmerztherapie und Symptomkontrolle, und zielt darauf ab, die Betreuung der Versicherten in der vertrauten Umgebung des häuslichen oder familiären Bereichs zu ermöglichen. Damit im Zusammenhang steht der Anspruch auf einen Zuschuss zu stationären Hospizleistungen, § 39a Abs. 1 SGB V. Außerklinische Intensivpflege wird nach Maßgabe des § 37c SGB V geleistet.

11. Krankenhausbehandlung, § 39 SGB V

Krankenhausbehandlung einschließlich Frührehabilitation wird in zugelassenen 66 Krankenhäusern, § 107 Abs. 1 SGB V, heute nicht mehr nur vollstationär, sondern auch stationsäquivalent im psychiatrischen Bereich, § 115d SGB V, tagesstationär, teilstationär, vor- und nachstationär sowie ambulant erbracht. Es handelt sich bei den ersten drei Versorgungsformen um einen subsidiären Leistungsanspruch, d. h. die Aufnahme bzw. die Versorgung muss nach Prüfung des Gesundheitszustands des Patienten durch das Krankenhaus erforderlich sein, weil das Behandlungsziel nicht durch „leichtere" und damit **kostengünstigere Versorgungsformen** wie insbesondere eine ambulante Behandlung erreicht werden kann. Allerdings kann eine ambulante Behandlung auch ineffizient sein, wenn sie nicht nachhaltig wirkt. Maßgeblich für die Erforderlichkeit der Behandlung sind nur medizinische Gründe, wobei der Schwerpunkt der Versorgung auf der ärztlichen Behandlung liegen muss; bedarf der Patient im Anschluss an die Krankenhausbehandlung vor allem Betreuung durch Fachpersonal, kommt eine allerdings nur teilfinanzierte Kurzzeitpflege von bis zu acht Wochen Dauer, § 37c SGB V, in Betracht. Scheitert eine Anschlussversorgung an Kapazitätsmängeln potenzieller Leistungserbringer, besteht ein Anspruch auf Übergangspflege in einer sektorenübergreifenden Versorgungseinrichtung, § 115g Abs. 1 S. 2 Nr. 4 SGB V, oder auch an einem anderen Krankenhausstandort von bis zu zehn Tagen Dauer, § 39e SGB V.

67   Das Krankenhaus kann neben vollstationären Leistungen alle ambulante Operationen erbringen, die in einen Katalog aufgenommen sind, § 115b Abs. 2 SGB V, und dem jeweiligen Versorgungsauftrag des Krankenhauses unterfallen. Die wesentlichen vom Versorgungsauftrag umfassten Leistungen darf ein Krankenhaus nicht regelmäßig und planvoll auf Dritte auslagern, die nicht in seine Organisation eingegliedert sind. **Leistungsfähig** (genug) ist ein Krankenhaus nur dann, wenn es dauerhaft selbst über die nach dem Stand der medizinischen Wissenschaft für ein Krankenhaus der betreffenden Art erforderliche personelle, räumliche und medizinisch-technische Ausstattung verfügt.[74]

68   Dass das Krankenhaus die Erforderlichkeit der Krankenhausaufnahme zu prüfen hat, was in der Regel noch in der Weiterbildung befindlichen Ärzten ohne Facharztanerkennung obliegt, ist deshalb zu betonen, weil die Verordnung von Krankenhausbehandlung nach § 73 Abs. 2 S. 1 Nr. 7 SGB V zur vertragsärztlichen Versorgung gehört und damit grundsätzlich Fachärzten obliegt. Krankenhausbehandlung beginnt mit der Aufnahme, d. h. der physischen und organisatorischen **Eingliederung des Patienten** in das spezifische Versorgungssystem des Krankenhauses, insbesondere auf einer Station. Maßgeblich ist das konkrete Behandlungskonzept, auch wenn sich dieses später als undurchführbar erweist. Umgekehrt verwandelt sich eine ambulante in einer stationäre Behandlung, wenn aufgrund von Komplikationen eine Eingliederung erforderlich wird. Unzulässig ist eine vorzeitige Verlegung oder Entlassung aus wirtschaftlichen Gründen, § 17c Abs. 1 S. 1 Nr. 2 KHG. Andererseits muss das Krankenhaus ein Entlassmanagement durchführen, mit dem eine hinreichende Anschlussversorgung im Anschluss an den Krankenhausaufenthalt sichergestellt werden soll, § 39 Abs. 1a SGB V. Das schließt ggf. ein, einen geeigneten Leistungserbringer ausfindig zu machen, welcher bereit ist, die Anschlussversorgung zu übernehmen.

69   Die stationäre Behandlung wird nur vergütet, wenn sie im Zeitpunkt der Erstellung der Diagnose erforderlich war. Das obliegt voller gerichtlicher Überprüfung; eine Einschätzungsprärogative kommt dem Krankenhausarzt nicht zu.[75] Damit geht einher, dass das Behandlungsgeschehen später Gegenstand einer sozialgerichtlichen Verhandlung sein kann, über deren Durchführung der Versicherte bedauerlicherweise keine Information erhält, sodass er nur Objekt des Vergütungsrechtsstreits ist. Dass das Krankenhaus nur bei **qualitätsgesicherter Behandlung** eine Vergütung erhält, setzt der Gesetzgeber als selbstverständlich

---

74 BSG, Urt. v. 26.4.2022 – B 1 KR 15/21 R, GesR 2022, 530, 532,
75 BSG, Beschl. v. 25.9.2007 – GS 1/06, MedR 2008, 231, 234.

voraus; eine Anspruchsgrundlage enthält das Gesetz nicht. Die Rechtsprechung leitet den Anspruch auf Vergütung der Krankenhausbehandlung aus § 109 Abs. 4 S. 3 SGB V i.V.m. § 7 KHEntgG und § 17b KHG her, wobei die Vergütung zzt. nachträglich gezahlt wird. Versicherte leisten bei vollstationärer Behandlung eine Zuzahlung von 10 EUR pro Kalendertag, § 61 S. 2 SGB V.

Stationär ist die Behandlung jedenfalls dann, wenn sie sich über mindestens 70 einen Tag und eine Nacht erstreckt; tagesstationäre Behandlungen, § 115e SGB V, erfordern eine täglich mindestens sechsstündige überwiegend ärztliche und pflegerische Behandlung, § 39 Abs. 1 S. 4 Halbs. 2 SGB V. Dass eine Behandlung stationär ist, kann sich aber auch aus der Inanspruchnahme einer besonderen Behandlungsinfrastruktur, namentlich einer Notaufnahme, ergeben. Stationär ist eine Behandlung auch dann, wenn ein Schlaganfallpatient in eine Stroke Unit aufgenommen und behandelt, aber nach einer Stunde verlegt wird.[76] Der Anspruch auf Krankenhausbehandlung umfasst auch neue Untersuchungs- und Behandlungsmethoden, sofern sie seitens des Gemeinsamen Bundesausschusses nicht ausgeschlossen wurden, weil sie schädlich oder unwirksam sind, § 137c Abs, 1 SGB V. Vorübergehend können auch Leistungen erbracht werden, die das **Potenzial einer Behandlungsalternative** bieten, § 137e SGB V.

12. Krankengeld, §§ 44 – 51 SGB V

Als Ersatz für das aufgrund **Arbeitsunfähigkeit** (→ Rn. 34)[77] entfallende Arbeits- 71 entgelt haben erwerbstätige Versicherte Anspruch auf Krankengeld, § 44 Abs. 1 – 2 SGB V, in der in § 47 SGB V geregelten Höhe, wobei die Mitgliedschaft während des Krankengeldbezuges fortbesteht, § 192 Abs. 1 Nr. 2 SGB V. Der Krankengeldanspruch entsteht erst, wenn die Arbeitsunfähigkeit ärztlich festgestellt wurde, § 46 S. 1 Nr. 2 SGB V; eine rückwirkende Feststellung ist für den Krankengeldanspruch unerheblich.[78] Er endet bei einer Lücke in den ärztlichen Arbeitsunfähigkeitsfeststellungen; Abweichendes gilt, wenn der Versicherte alles in seiner Macht Stehende und ihm Zumutbare getan hat und rechtzeitig versucht hat, eine weitere ärztliche Arbeitsunfähigkeitsfeststellung zu erhalten, und es zum persönlichen Arzt-Patienten-Kontakt aus dem Vertragsarzt und der Krankenkasse zurechenbaren Gründen erst nach Wegfall dieser Gründe gekommen ist.[79] Eine Lücke entsteht,

---

76 BSG, Urt. v. 29.8.2023 – B 1 KR 15/22 R, NZS 2024, 540.
77 Gleichgestellt ist die stationären Behandlung in einem Krankenhaus oder einer Vorsorge- oder Rehabilitationseinrichtung,
78 BSG, Urt. v. 26.6.2007 – B 1 KR 37/06 R, NZS 2008, 315, 316.
79 BSG, Urt. v. 7.4.2022 – B 3 KR 16/20 R, NJW 2023, 711, 712.

wenn die Folgefeststellung der Arbeitsunfähigkeit nicht am auf das Ende der vorherigen Feststellung folgenden Werktag erfolgt, § 46 S. 2 SGB V. Ausgeschlossen ist der Anspruch u. a. bei demjenigen, der eine Vollrente wegen Alters erhält, aber gleichwohl arbeitet, § 50 Abs. 1 S. 1 Nr. 1 SGB V. Gleiches gilt bei Bezug einer vollen Erwerbsminderungsrente. Erfüllt ein Versicherter die Voraussetzungen für den Bezug der Regelaltersrente, kann ihm die Krankenkasse eine Frist von zehn Wochen zur entsprechenden Antragsstellung setzen; solange der Versicherte dem nicht nachkommt, entfällt der Krankengeldanspruch, § 51 Abs. 2 und 3 SGB V. Das trägt dem Grundsatz der **Subsidiarität des Krankengeldes gegenüber der Rente** Rechnung.

72　　Nach § 275 Abs. 1 S. 1 Nr. 3 lit. b SGB V sind Krankenkassen, wenn es nach Art, Schwere, Dauer oder Häufigkeit der Erkrankung oder nach dem Krankheitsverlauf erforderlich ist, verpflichtet, zur Beseitigung von Zweifeln an der Arbeitsunfähigkeit eine gutachtliche Stellungnahme des **Medizinischen Dienstes** einzuholen. Das gilt auch für die Phase der sechswöchigen Entgeltfortzahlung durch den Arbeitgeber. In dieser Zeitspanne ruht der Anspruch auf Krankengeld, § 49 Abs. 1 Nr. 1 SGB V.

73　　Krankengeld wird ohne zeitliche Begrenzung gezahlt, für den Fall der Arbeitsunfähigkeit wegen derselben Krankheit jedoch für längstens **78 Wochen** innerhalb von je drei Jahren, gerechnet vom Tage des Beginns der Arbeitsunfähigkeit an. Tritt während der Arbeitsunfähigkeit eine weitere Krankheit hinzu, wird die Leistungsdauer nicht verlängert. Ob dieselbe oder eine andere Krankheit vorliegt, bestimmt sich nach der Krankheitsursache. Nach Maßgabe des § 48 Abs. 2 SGB V kann der Anspruch wiederaufleben, wenn der Versicherte zwischenzeitlich sechs Monate erwerbstätig war oder der Arbeitsvermittlung zur Verfügung stand. Maßstab für die Arbeitsunfähigkeit ist dann aber nicht mehr die ursprünglich ausgeübte, sondern eine leichtere Tätigkeit.[80]

74　　Wer **hauptberuflich selbstständig** tätig ist, kann mit einer dreijährigen Bindungsfrist dahingehend optieren, dass sein Versicherungsschutz den Krankengeldanspruch umfasst, § 44 Abs. 2 S. 1 Nr. 2, S. 2–4 SGB V.

75　　Sog. **Kinder- bzw. Pflegekrankengeld** wird nach § 45 SGB V auf Grundlage eines ärztlichen Zeugnisses, das sich auch zur Frage der Betreuungsbedürftigkeit verhält, gewährt, wenn sowohl die beaufsichtigende, betreuende oder pflegende Person als auch das Kind (familien-)versichert sind, das Kind aufgrund einer Behinderung hilfsbedürftig ist bzw. ansonsten das 12. Lebensjahr noch nicht vollendet hat und im Haushalt lebt. Das Kinderkrankengeld ist höher als das Krankengeld, § 45 Abs. 2 S. 3–5 SGB V. Mit dem Krankengeldanspruch geht ein Anspruch auf

---

80 Becker/Kingreen/Joussen SGB V, 9. Aufl. § 49 Rn. 7.

unbezahlte Freistellung von der Arbeitsleistung einher, der weder durch Tarif-
vertrag noch individualvertraglich abbedungen werden kann, § 45 Abs. 3 SGB V. Der
Anspruch besteht auch für Privatversicherte, § 45 Abs. 5 SGB V, wobei in diesem
Zusammenhang das PflegeZG zu berücksichtigen ist.

Die Betreuung muss der Grund sein, dass der Versicherte der Arbeit fernbleibt. 76
Der Anspruch besteht für jedes Kind für 10 bzw. im Jahr 2025 für 15 Tage und
verdoppelt sich bei Alleinerziehenden. Werden mehrere Kinder betreut, bestehen
Ansprüche bis zu 70 Arbeitstagen bei Alleinerziehenden, § 45 Abs. 2–2a SGB V.
Unbegrenzt wird das Pflegekrankengeld gezahlt, wenn das Kind palliativmedizi-
nisch behandelt wird und nur noch eine zeitlich begrenzte Überlebensprognose
hat, § 45 Abs. 4 SGB V. Damit wird auf eine humane Krankenbehandlung hingewirkt, § 70 Abs. 2 SGB V.

13. Leistungsbeschränkung bei selbstgesetzten Krankheitsursachen

Bei **Selbstverschulden**, d. h. dann, wenn sich der Versicherte eine Krankheit 77
vorsätzlich oder bei einem von ihm begangenen Verbrechen oder vorsätzlichen
Vergehen, § 12 StGB, zugezogen hat, kann die Krankenkasse sowohl das Krankengeld ganz oder teilweise versagen bzw. kürzen als den Versicherten auch an den
Behandlungskosten in angemessener Höhe beteiligen, § 52 Abs. 1 SGB V. Hiervon
erfährt die Krankenkasse nach Maßgabe des § 294a Abs. 2 SGB V ggf. von den behandelnden Ärzten; einer strafrechtlicher Verurteilung bedarf es nicht. Keine
bloße Ermessensentscheidung, sondern eine gebundene Entscheidung hat sie nach
§ 52 Abs. 2 SGB V zu treffen, wenn die Krankheit Folge einer der abschließend
genannten Maßnahmen ist: medizinisch nicht indizierte ästhetische Operation,
Tätowierung oder Piercing. Das ist mit Blick auf Art. 3 Abs. 1 GG nicht unbedenklich.

Der Gedanke, dass Versicherte finanziell Eigenverantwortung übernehmen 78
müssen, lässt sich aber jedenfalls ohne gesetzliche Anordnung nicht auf andere
riskante Lebensweisen übertragen. Am Vorsatz fehlt es sowohl bei **Sportverlet-
zungen** als auch beim starken Rauchen.[81] Zwischen Straftat und Krankheit muss
ein Kausalzusammenhang im Sinne einer wesentlichen Bedingung bestehen.[82]

---

81 Becker/Kingreen/Lang SGB V, 9. Aufl. § 52 Rn. 2 mwN.
82 LSG Sachsen, Urt. v. 9.10.2002 – L 1 KR 32/02, BeckRS 2002, 17099.

14. Weitere Leistungen

79 Schwer psychisch Kranke sind häufig gerade deswegen nicht in der Lage, ambulante ärztliche oder ärztlich verordnete Leistungen selbständig in Anspruch zu nehmen. Dies kann im Sinne eines Drehtüreffets zu wiederkehrenden stationären Aufenthalten führen.[83] Dem will **Soziotherapie** als Betreuungsleistung dadurch abhelfen, dass die Betroffenen angeleitet und motiviert werden, die Leistungsangebote zu nutzen, § 37a SGB V. Nichtärztliche sozialpädiatrische Leistungen und spezielle nichtärztliche Leistungen für Erwachsene mit geistigen Behinderungen oder schwersten Mehrfachbehinderungen erfassen die §§ 43a, 43b SGB V. (Komplex-)Leistungen der Rehabilitation, vgl. § 11 Abs. 2 S. 1 SGB V, soweit sie in und durch spezielle ambulante und stationäre Einrichtungen durchgeführt werden, regeln die §§ 40–43b SGB V. Die Krankenkassen sind aber gegenüber anderen Sozialversicherungsträgern, namentlich den Unfall- und Rentenversicherungsträgern, nur subsidiär zuständig, § 40 Abs. 4 SGB V. Das gilt auch für die Belastungserprobung und Arbeitstherapie, § 42 SGB V.

80 Die Krankenkassen schulden ihren Versicherten Aufklärung und Beratung, § 1 S. 4 SGB V. Dies wird durch die Vorgabe spezifiziert, dass sie ihre Versicherten in allgemeiner Form über die Möglichkeit informieren, durch eine Patientenverfügung oder eine Vorsorgevollmacht vorzusorgen, § 39b Abs. 2 SGB V. Die Krankenkassen beraten allerdings nicht nur selbst, sondern sie finanzieren auch die Stiftung **Unabhängige Patientenberatung Deutschland**, § 65b SGB V, welche eine unabhängige, qualitätsgesicherte und kostenfreie Information und Beratung von Patienten in gesundheitlichen und gesundheitsrechtlichen Fragen anbietet, insbesondere auch im Fall eines negativen Leistungsbescheids einer Krankenkasse. Letztere unterstützen ihre Versicherten selbst bei einem Verdacht auf Behandlungsfehler, insbesondere durch eine Bewertung der vorliegenden oder ergänzend eingeholten Behandlungsunterlagen durch den Medizinischen Dienst, § 66 SGB V. Fördermittel erhalten auch Krebsberatungsstellen, soweit sie an Krebs erkrankten Personen und ihren Angehörigen psychosoziale Beratung und Unterstützung gewähren, § 65e SGB V.

81 **Fahrtkosten** werden im Bereich der ambulanten Behandlung nur ausnahmsweise übernommen, z. B. bei Dialysebehandlung oder Strahlentherapie, § 60 Abs. 1 SGB V, und daneben insbesondere Rettungsfahrten und Krankentransporte, § 60 Abs. 2 Nr. 2 und 3 SGB V. Weitere Leistungsansprüche können sich für Versicherte aus Modellvorhaben ergeben, welche ihre jeweilige Krankenkasse nach §§ 63 Abs. 2, 64 Abs. 1 SGB V durchführt. Bspw. gibt es Modellvorhaben zur besseren

---

83 BT-Drs. 14/1245, 66.

Versorgung psychisch kranker Menschen, § 64b SGB V, oder zur Genomsequenzierung bei seltenen und onkologischen Erkrankungen, § 64e SGB V.

IV. Leistungen der privaten Krankenversicherung

In der privaten Krankenversicherung werden die Aufwendungen des Versicherten 82 gegen entsprechenden Nachweis für eine medizinisch notwendige Heilbehandlung wegen Krankheit oder Unfallfolgen erstattet, solange Behandlungsbedürftigkeit besteht. Ferner deckt sie Aufwendungen für gezielte Vorsorgeuntersuchungen sowie Untersuchungen und medizinisch notwendige Behandlungen wegen Schwangerschaft und die Entbindung ab. Analog zum Krankengeld in der gesetzlichen Krankenversicherung kann zusätzlich eine Kranken(haus)tagegeldversicherung abgeschlossen werden. Soweit nichts Abweichendes vereinbart wird, dürfen auch **Heilpraktiker** in Anspruch genommen werden. Letztlich richtet sich der Leistungsumfang nach dem Versicherungsschein und maßgeblich nach den Versicherungsbedingungen, für die seitens des PKV-Verbandes Musterbedingungen erstellt worden sind.

    Wartezeiten, d.h. Karenzmonate, in denen nach Versicherungsbeginn noch 83 kein Kostenerstattungsanspruch besteht, gelten für Aufwendungen bei Unfällen sowie für i.d.R. acht Monate bei Entbindungen, Psychotherapie, Zahnbehandlung, Zahnersatz und Kieferorthopädie. Vorversicherungszeiten in der gesetzlichen Krankenversicherung werden angerechnet. Leistungsausschlüsse bestehen bei auf Vorsatz beruhenden Krankheiten und Unfällen sowie für Entziehungsmaßnahmen. Das gilt auch für Behandlungskosten für Krankheiten, die bei Abschluss des Versicherungsvertrages bestanden und daher einzelvertraglich ausgeschlossen wurden sowie bis zur Höhe eines vereinbarten Selbstbehalts. Übersteigt eine Heilbehandlung das medizinisch notwendige Maß, kann der Versicherer seine Leistungen auf einen angemessenen Betrag herabsetzen. Stehen die Aufwendungen für die Heilbehandlung in einem auffälligen Missverhältnis zu den erbrachten Leistungen, ist der Versicherer insoweit nicht zur Leistung verpflichtet.

V. Leistungskatalog der Pflegeversicherung

In der Pflegeversicherung gibt es keinen Unterschied im Leistungskatalog der ge- 84 setzlichen und der privaten Versicherung; beide bieten gleichwertige Leistungen an, § 23 Abs. 1 S. 2 SGB XI, wobei die private Pflegeversicherung Zusatzleistungen anbieten kann. Leistungen werden für den Bedarf an **körperbezogenen Pflegemaßnahmen, pflegerische Betreuungsmaßnahmen und Hilfen bei der Haus-**

haltsführung gewährt, § 4 Abs. 1 SGB XI. Sie hängen vom Eintritt der Pflegebedürftigkeit ab, § 14 SGB XI, die voraussichtlich für mindestens sechs Monate bestehen und einen bestimmten Schweregrad erreicht haben muss, § 15 SGB XI. Pflegebedürftig ist, wer gesundheitlich bedingte körperliche, kognitive oder psychische Beeinträchtigungen oder gesundheitlich bedingte Belastungen oder Anforderungen nicht mehr selbständig kompensieren oder bewältigen kann und deshalb der Hilfe durch andere bedarf.

85 **Art und Umfang der Leistungen,** die § 28 Abs. 1 SGB XI als Überblick aufführt, richten sich nach der Schwere der in fünf Pflegegrade kategorisierten Pflegebedürftigkeit und danach, ob häusliche, teilstationäre oder vollstationäre Pflege in Anspruch genommen wird, § 4 Abs. 1 S. 2 SGB XI. Bei häuslicher und teilstationärer Pflege ergänzen die Leistungen der Pflegeversicherung die familiäre, nachbarschaftliche oder sonstige ehrenamtliche Pflege und Betreuung. Bei teil- und vollstationärer Pflege werden die Pflegebedürftigen von Aufwendungen entlastet, die für ihre Versorgung nach Art und Schwere der Pflegebedürftigkeit erforderlich sind; die Aufwendungen für Unterkunft und Verpflegung tragen die Pflegebedürftigen selbst, § 4 Abs. 2 SGB XI. Bei Leistungen im Pflegegrad 1 gibt es einen gesonderten Leistungskatalog mit dem Ziel der Erhaltung und Wiederherstellung der Selbstständigkeit und der Vermeidung schwererer Pflegebedürftigkeit, der überblicksmäßig in § 28a Abs. 1 SGB XI aufgeführt ist.

86 Der **Pflegegrad** wird mit Hilfe eines pflegefachlich begründeten und in sechs Module gegliederten **Begutachtungsinstruments** ermittelt, § 15 Abs. 1 S. 2, Abs. 2 S. 1 SGB XI. Damit sollen körperliche, kognitive und psychische Beeinträchtigungen sowie gesundheitlich bedingte Belastungen oder Anforderungen gleichrangig berücksichtigt werden. Näheres bestimmen die vom Medizinischen Dienst Bund erlassenen Richtlinien zur pflegefachlichen Konkretisierung des Begutachtungsinstruments sowie zum Verfahren der Feststellung der Pflegebedürftigkeit, § 17 SGB XI.

87 Der Leistungskatalog enthält neben Pflegesachleistungen und Pflegegeld bei selbst beschafften Pflegehilfen sowie der Kombination von Geld- und Sachleistungen, etwa auch bei Verhinderung eines Angehörigen, der als Pflegeperson tätig wird, §§ 36–39 SGB XI, u. a. Leistungsansprüche auf Pflegehilfsmittel und wohnumfeldverbessernde Maßnahmen, § 40 SGB XI. Pflegebedürfte, die ausschließlich Pflegegeld erhalten, haben in halb- bzw. sogar vierteljährlichen Intervallen **Beratungen** in der eigenen Räumlichkeiten, z. B. durch einen ambulanten Pflegedienst, abzurufen, § 37 Abs. 3 SGB XI. Dies soll die Qualität der häuslichen Pflege und der regelmäßigen Hilfestellung und praktischen pflegefachlichen Unterstützung sichern.

88 Im Rahmen der stationären Pflege deckt die Pflegeversicherung nur einen Teil der anfallenden Kosten ab, §§ 43, 43c SGB XI. Pflegepersonen werden dadurch

abgesichert, dass die Pflegekassen unter bestimmten Voraussetzungen Beiträge zur gesetzlichen Rentenversicherung an den zuständigen Träger bzw. an eine berufsständische Versorgungseinrichtung wie bspw. die Rechtsanwaltsversorgung entrichten, § 44 SGB XI. In **Pflegekursen** werden Angehörige und ehrenamtliche Pflegepersonen, die bereits tätig sind oder es werden könnten, mit Pflegetätigkeiten vertraut gemacht, § 45 SGB V. Stellen sich dabei Missstände heraus, lässt das Gesetz die Berater mit ihrem Konflikt allein, wie sie sich verhalten sollen.[84]

---

[84] BeckOK SozR/Giesbert, 75. Ed. 1.12.2024, SGB XI § 37 Rn. 84 f.

§ 8 Vertragsarztrecht

1   Dieses Kapitel stellt das sogenannte Vertragsarztrecht in seinen Grundzügen dar. Als **Teil des Leistungserbringungsrechts** der gesetzlichen Krankenversicherung beschäftigt es sich mit den Voraussetzungen und Formen der Teilnahme von Ärzten, Psychotherapeuten und Zahnärzten sowie von ermächtigten Einrichtungen an der ambulanten Versorgung sowie der Vergütung der in diesem Rahmen erbrachten Leistungen. Wichtig sind zudem die Regelungen zur Überprüfung der vertragsärztlichen Tätigkeit, die vornehmlich durch die Kassenärztlichen Vereinigungen erfolgt.

2   Bis 1993 nannte man das Vertragsarztrecht stattdessen **Kassenarztrecht.**[1] Die wissenschaftliche Fachgesellschaft nennt sich immer noch Deutsche Gesellschaft für Kassenarztrecht. Vor allem über den auf ihrer Webseite www.dg-kassenarzt recht.de eingestellten Rechtsprechungs-Informationsdienst[2] kann man sich einen guten Überblick über aktuelle Fragen des Vertragsarztrechts verschaffen. Die Rechtsprechung obliegt besonderen Kammern bzw. Senaten bei den Sozialgerichten und Landessozialgerichten, §§ 10 Abs. 2, 31 Abs. 2 SGG. Dies sind besondere Verwaltungsgerichte, bei denen in Angelegenheiten des Vertragsarztrechts als ehrenamtliche Richter Personen aus den Kreisen der Krankenkassen und der Vertragsärzte, Vertragszahnärzte und Psychotherapeuten mitwirken, §§ 1, 12 Abs. 3, 41 Abs. 5 S. 2 SGG. Beim Bundessozialgericht ist der 6. Senat der sog. „Kassenarztsenat", § 40 S. 2 SGG. Die Webseite www.bsg.bund.de informiert über die dort anhängigen Rechtsfragen.

3   Die historische Entwicklung des Vertragsarztrechts kann in diesem Lehrbuch nicht im Einzelnen nachgezeichnet, sondern nur angedeutet werden.[3] Wichtige Grundlagen des Vertragsarztrechts wurden durch das kurz vor Inkrafttreten des Zweiten Buches der Reichsversicherungsordnung (RVO) geschlossene **Berliner Abkommen** vom 23.12.1913 gelegt.[4] Darauf lassen sich noch heute bestehende Elemente des Vertragsarztrechts zurückführen, und zwar das Arztregister, in welches sich potenzielle Vertragsärzte eintragen lassen müssen und Verhältniszahlen für das Verhältnis von Ärzten zu Versicherten bzw. Einwohnern. Gleiches gilt für den seit 1.1.2004 bestehenden Gemeinsamen Bundesausschuss bzw. den für

---

1 Vgl. Art. 33 § 3a Abs. 1 des Gesundheitsstrukturgesetzes, BGBl. I S. 2266.
2 Entscheidungen der Sozialgerichtsbarkeit sind zudem über www.sozialgerichtsbarkeit.de unentgeltlich recherchierbar.
3 Eine sehr gute Zusammenfassung enthält Schnapp/Wigge, VertragsarztR-HdB/Schnapp, 3. Aufl. 2017, § 1.
4 RAnz. 1913 Nr. 285. Dazu Collin, VSSR 2014, 173 ff.; Käsbauer, Die Neuordnung der Rechtsbeziehungen zwischen Ärzten und Krankenkassen durch das Berliner Abkommen vom 23.12.1913, 2015.

https://doi.org/10.1515/9783111048543-011

das Leistungsverzeichnis zuständigen (erweiterten) Bewertungsausschuss. Diese haben sich aus dem damals vereinbarten Vertragsausschuss mit nachgeschaltetem Schiedsamt für kollektive Vereinbarungen über den Reichsausschuss für Ärzte und Krankenkassen,[5] den Bundesausschuss der Ärzte und Krankenkassen[6] und den Koordinierungsausschuss[7] heraus entwickelt. In der Nachkriegszeit wurde unter Stärkung des föderalen Prinzips mit dem Gesetz über das Kassenarztrecht v. 17.8. 1955[8] mit neugefassten §§ 368–368q RVO an das vorkonstitutionelle System angeknüpft. Auf dessen § 368c RVO beruht noch heute die allerdings mehrfach geänderte Zulassungsverordnung für Kassenärzte (Ärzte-ZV) v. 28.5.1957,[9] deren Regelungen inzwischen für Psychotherapeuten sowie medizinische Versorgungszentren und für die dort sowie bei Vertragsärzten angestellten Ärzten entsprechend gelten, § 1 Abs. 3 Ärzte-ZV.[10] Das SGB V trat am 1.1.1989 in Kraft und ist das am häufigsten geänderte deutsche Gesetz.

In der Rechtsprechung sowohl des Kassenarztsenats des BSG wie auch des 4 BVerfG ist anerkannt, dass soweit der Bundesgesetzgeber von seiner Kompetenz nach Art 74 Abs 1 Nr. 12 GG Gebrauch macht, er an berufsrechtliche Vorgaben nicht strikt gebunden ist und aus Gründen der **Sicherung der Qualität der vertragsärztlichen Versorgung** Regelungen treffen kann, die mit denen des ärztlichen Berufsrechts nicht notwendig übereinstimmen.[11] Im Vertragsarztrecht dürfen demnach Anforderungen an die Qualifikation von Ärzten für die Erbringung bestimmter ärztlicher Leistungen normiert werden, die über berufsrechtliche Anforderungen hinausgehen.[12]

---

5 Verordnung über die kassenärztliche Versorgung v. 14.1.1932, RGBl. I, S. 19.
6 § 91 SGB V i.d.F. des Gesundheits-Reformgesetzes v. 20.12.1988, BGBl. I 1988, S. 2477, 2505.
7 § 137e SGB V i.d.F. des GKV-Gesundheitsreformgesetzes 2000 v. 22.12.1999, BGBl. I S. 2626, 2640.
8 BGBl. I S. 513.
9 BGBl. I S. 572. Ein Referentenentwurf zur Änderung der Ärzte-ZV v. 10.11.2022 ist aus nicht bekannten Gründen während der 20. Wahlperiode des Deutschen Bundestages nicht weiterverfolgt worden. Entgegen der üblichen Transparenz ist er auf der Webseite des Bundesgesundheitsministeriums auch nicht mehr eingestellt.
10 Nach § 72 Abs. 1 S. 2 SGB V gelten die Vorschriften des SGB V zum Vertragsarztrecht für Zahnärzte, Psychotherapeuten und medizinische Versorgungszentren entsprechend, sofern nichts Abweichendes bestimmt ist.
11 BSG Urt. v. 28.10.2009 – B 6 KA 11/09 R, BeckRS 2010, 66261 Rn. 29.
12 BSG Urt. v. 23.6.2010 – B 6 KA 12/09 R, BeckRS 2010, 72461 Rn. 19.

I. Kassenärztliche Vereinigungen und deren Aufgaben

5 Im Sachleistungssystem haben die Krankenkassen den Versicherten die im Leistungskatalog enthaltenen Leistungen zu verschaffen. Diesen **Sicherstellungsauftrag** hat das SGB V für den Bereich der ambulanten ärztlichen Versorgung den Kassenärztlichen Vereinigungen und den Kassenärztlichen Bundesvereinigungen zugewiesen und ihn um einen **Gewährleistungsauftrag** ergänzt, § 75 Abs. 1 S. 1 SGB V. Danach haben die Vereinigungen die vertragsärztliche Versorgung in dem in § 73 Abs. 2 SGB V bezeichneten Umfang sicherzustellen und den Krankenkassen und ihren Verbänden gegenüber die Gewähr dafür zu übernehmen, dass die vertragsärztliche Versorgung den gesetzlichen und vertraglichen Erfordernissen entspricht. Dementsprechend überwachen sie die Erfüllung der den Vertragsärzten als ihren Mitgliedern, § 77 Abs. 2 SGB V, obliegenden Pflichten und haben sie, ggf. unter Einsatz von Disziplinarmaßnahmen, § 81 Abs. 5 SGB V,[13] zur Erfüllung der Pflichten anzuhalten, § 75 Abs. 2 S. 2 SGB V. Allerdings entbindet diese primäre Aufgabenzuweisung die Krankenkassen nicht davon, an der Sicherstellung der vertragsärztlichen Versorgung mitzuwirken, § 72 Abs. 1 S. 1 SGB V. Dies kommt etwa durch deren Beteiligung an gemeinsam getroffenen Zulassungsentscheidungen, § 96 Abs. 1–2 SGB V, zum Ausdruck.

6 Wie ernst es dem Gesetzgeber mit dem Sicherstellungauftrag ist, zeigt § 105 Abs. 1 SGB V mit einer schrankenlosen Öffnung der einsetzbaren Mittel. Danach haben die Kassenärztlichen Vereinigungen alle geeigneten finanziellen und sonstigen Maßnahmen zu ergreifen, um die Sicherstellung der vertragsärztlichen Versorgung zu gewährleisten, zu verbessern oder zu fördern. An der Ausgestaltung des Sicherstellungsauftrages sind allerdings auch die Krankenkassen unmittelbar beteiligt, nämlich durch den Abschluss entsprechender Verträge mit den Kassenärztlichen Vereinigungen im Rahmen der sog. **gemeinsamen Selbstverwaltung.** Nach § 72 Abs. 2 SGB V ist die vertragsärztliche Versorgung im Rahmen der gesetzlichen Vorschriften und der Richtlinien des Gemeinsamen Bundesausschusses durch schriftliche Verträge der Kassenärztlichen Vereinigungen mit den Verbänden der Krankenkassen so zu regeln, dass eine ausreichende, zweckmäßige und wirtschaftliche Versorgung der Versicherten unter Berücksichtigung des allgemein anerkannten Standes der medizinischen Erkenntnisse gewährleistet ist. Entsprechende Verträge sind auf Bundesebene der Bundemantelvertrag Ärzte mit seinen zahlreichen Anlagen und regional der Gesamtvertrag, § 82 Abs. 1 SGB V (→ § 2 Rn. 35), deren Inhalt bei fehlender Einigung in den Vertragsverhandlungen ggf.

---

13 Das Verfahren richtet sich nach einer Disziplinarordnung, in welcher von den Normen des SGB X abweichende Verfahrensregelungen getroffen werden, § 37 Satz 1 SGB I.

durch das Bundesschiedsamt bzw. das Landesschiedsamt unter Beteiligung unabhängiger Personen, § 89 SGB V, festgesetzt wird. Das Vertrags- und Schiedsamtssystem setzen das Aufeinander zugehen der Beteiligten und schließlich häufig einen Kompromiss voraus, der beide Seiten nur eingeschränkt zufrieden stellt. Die Schiedsämter unterstehen wie ihre Träger einer Rechtsaufsicht, § 89 Abs. 10 SGB V.

Der Sicherstellungsauftrag wird vom Gesetzgeber zunehmend selbst konkre- 7 tisiert. Nach § 73 Abs. 1a und 1b SGB V umfasst er insbesondere die angemessene und zeitnahe Zurverfügungstellung der vertragsärztlichen Versorgung in allen Regionen und die vertragsärztliche Versorgung zu den sprechstundenfreien Zeiten, heute Bereitschaftsdienst genannt. In der detaillierteren gesetzlichen Ausformung und der Vorgabe, seitens der Kassenärztlichen Vereinigungen Terminservicestellen einzurichten,[14] kommt die **Skepsis des Gesetzgebers** zum Ausdruck, ob die Kassenärztlichen Vereinigungen hinreichende Anstrengungen unternehmen, um die gleichwertige Versorgung unter Beachtung der geltenden rechtlichen Rahmenbedingungen sicherzustellen. Die Krankenkassen fordern aktuell ein, ebenfalls Termine vermitteln zu können; zzt. ist dies nicht ihre Aufgabe.[15]

Beobachtet wird, dass das suboptimale Versorgungsangebot Fehlsteuerungen 8 auslöst wie z.B. eine unnötige Wiedereinbestellung chronisch kranker, aber in ihrem Krankheitsbild stabiler Patienten oder die Inanspruchnahme der Notaufnahmen der Krankenhäuser wegen fehlender Verfügbarkeit des ambulanten Versorgungssystems zu den üblicherweise sprechstundenfreien Zeiten. Allgemein wird eine **stärkere Patientensteuerung** gefordert, welche eine unkoordinierte (Mehrfach-)Inanspruchnahme von ärztlichen Kapazitäten unterbinden soll.

Das in der 20. Wahlperiode des Deutschen Bundestages nicht mehr beschlos- 9 sene Gesetz zur Reform der **Notfallversorgung**,[16] welches u.a. die Einrichtung Integrierter Notfallzentren vorsah und den Sicherstellungsauftrag hin zu einer notdienstlichen Akutversorgung konkretisieren wollte, ist ein weiterer Beleg dafür, dass bei den politisch Verantwortlichen der Eindruck entstanden ist, dass den Versorgungsproblemen im ambulanten Bereich nicht nachdrücklich genug nachgegangen wird und anders als inzwischen in der Krankenhausplanung keine hinreichende Abstimmung der Leistungsangebote in der ambulanten Versorgung erfolgt. Durch digitale Terminvermittlungsplattformen werden neuerdings Diskriminierungen bei der Terminvergabe zulasten gesetzlich Versicherter transpa-

---

14 Die Ausführung einer von der Terminservicestelle vermittelten Behandlung sowie die erfolgreiche Vermittlung eines solchen Termins durch den Hausarzt wird nach Maßgabe des § 87 Abs. 2 S. 3 SGB V durch Zuschläge gefördert.
15 BSG, Beschl. v. 17.6.2024 – B 1 KR 5/24 BH, BeckRS 2024, 17049 Rn. 9.
16 BT-Drs. 20/13166. Nach § 76 Abs. 1 S. 2 SGB V dürfen in Notfällen auch Privatärzte oder Krankenhäuser in Anspruch genommen werden.

renter. Es werden Forderungen erhoben, dies sozialrechtlich zu regulieren;[17] vorzugswürdig wäre eine Lozierung im Antidiskriminierungsrecht, d. h. dem AGG.

10   Gründe für das Eingreifen des Gesetzgebers sind sicherlich auch, dass die
Kassenärztlichen Vereinigungen die **Rechte der Vertragsärzte gegenüber den
Krankenkassen wahrzunehmen** haben, § 75 Abs. 2 S. 1 SGB V, und die Einstellung
ihrer Mitglieder zur Work-Life-Balance mit Versorgungserfordernissen konfligie-
ren kann. Setzen sich die Krankenkassen in den Vertragsverhandlungen nicht
durch, können sie den Gesetzgeber auffordern zu entscheiden, ob er den nicht zum
Zuge gekommenen Versicherteninteressen durch eigene Regulierung nachkommt.
Die gemeinsame Selbstverwaltung ist nicht in der Weise rechtlich geschützt, dass
der Gesetzgeber nicht befugt wäre, eigene Entscheidungen an deren Stelle zu
treffen.

11   Als Ursache für Versorgungsmängel kommt der im Gesundheitswesen bereits
länger spürbare **Fachkräftemangel** hinzu. Insbesondere im hausärztlichen Bereich fehlen zunehmend Fachärzte für Allgemeinmedizin sowie Fachärzte für
Innere Medizin, die sich für eine Tätigkeit in der hausärztlichen Versorgung entscheiden, § 73 Abs. 1a S. 1 Nr. 3 SGB V. Das lag lange Zeit auch an der ungleichge-
wichtigen Honorarverteilung zwischen Haus- und Fachärzten, welcher u. a. durch
eine Trennung der Vergütungsanteile beider Arztgruppen, § 87b Abs. 1 S. 1 Halbs. 2
SGB V, und eine ausgleichende Stimmengewichtung in der Vertreterversammlung,
§ 77 Abs. 3a SGB V, begegnet wurde. Einen Anreiz, sich für die hausärztliche Versorgung zu entscheiden, ergibt sich nunmehr aus der am Ende der 20. Wahlperiode
des Deutschen Bundestages beschlossenen Entbudgetierung hausärztlicher Leistungen durch das Gesundheitsversorgungsstärkungsgesetz (GVSG).[18]

Fall 15: Getrennte Versorgungsbereiche
Dr. G ist Facharzt für Innere Medizin und hat nach früherer Rechtlage die Schwerpunktbezeichnung
Gastroenterologie erworben. Er plant, sich in einer hausärztlichen Gemeinschaftspraxis niederzulassen und zugleich als angestellter Arzt in einem im gleichen Gebäude angesiedelten medizinischen Versorgungszentrum tätig zu werden.
Nach § 73 Abs. 1a S. 1 Nr. 3 SGB V können an der hausärztlichen Versorgung Internisten ohne
Schwerpunktbezeichnung teilnehmen, die die Teilnahme an der hausärztlichen Versorgung gewählt haben. Dr. G kann sich also niederlassen, wenn er die Schwerpunktbezeichnung nicht führt
bzw. durch den Zusatz „(nur privat)" kennzeichnet. Daneben kann er in derselben Praxis nicht
gleichzeitig als Gastroenterologe an der fachärztlichen Versorgung teilnehmen; Ausnahmen regelt

---

17 Vgl. § 370c SGB V i. d. F. des in der 20. Wahlperiode des Deutschen Bundestages nicht verabschiedeten Gesundheits-Digitalagentur-Gesetzes – GDAG, BT-Drs. 20/13249, 25 und 56. Nunmehr
soll § 9 der Anlage 31c des BMV-Ä einen gleichberechtigten Zugang zur medizinischen Versorgung
gewährleisten.
18 BGBl. 2025 I Nr. 64.

§ 73 Abs. 1a S. 3–4 SGB V nur für Kinder- und Jugendärzte.[19] Es wird aber vertreten, dass die gleichzeitige Tätigkeit bei zwei verschiedenen Leistungserbringern wie im vorliegenden Fall möglich sein soll,[20] obwohl auch dies der Intention des Gesetzgebers widerspricht.

Auch innerhalb der Versorgungsbereiche können Leistungen durch eine höhere 12 Bewertung im Einheitlichen Bewertungsmaßstab gefördert bzw. attraktiver gemacht und erkannte **ökonomische Fehlanreize** für Leistungsausweitungen durch Abwertungen beseitigt werden. Das Leistungsverhalten der Vertragsärzte wird über die Definition sowie Bewertung der vertragsärztlichen Verrichtungen als mengen- oder fallzahlbegrenzende Maßnahmen, etwa auch Komplexgebühren, Gebührenpauschalen und Budgetierungen, gesteuert.[21] Bspw. ist es zur Sicherung der augenärztlichen Grundversorgung zulässig, nur denjenigen Augenärzten einen Zuschlag zur Grundpauschale zu gewähren, die ausschließlich konservativ tätig sind und keine ambulanten Kataraktoperationen durchführen.[22] Sollen Leistungen besonders gefördert werden, können sowohl im Einheitlichen Bewertungsmaßstab, § 87 Abs. 2b S. 1 Halbs. 2 SGB V, als auch in der regionalen Vergütungsvereinbarung, § 87a Abs. 2 S. 3 und 6 SGB V, bessere Bewertungen vorgenommen bzw. Zuschläge vereinbart werden.

Der Gesetzgeber hat den Kassenärztlichen Vereinigungen in neuerer Zeit zu- 13 dem die Befugnis eingeräumt, ihrem Sicherstellungsauftrag durch die Verwendung von Mitteln eines hälftig von ihnen und zur anderen Hälfte von den Landesverbänden der Krankenkassen und den Ersatzkassen finanzierten **Strukturfonds** nachzukommen, § 105 Abs. 1a SGB V. Danach können in unterversorgten oder von Unterversorgung bedrohten Gebieten Investitionskostenzuschüsse gezahlt werden, wenn Praxen oder Zweigpraxen neu eröffnet oder übernommen und dabei z. B. dem aktuellen Standard angepasst werden. Üblich sind auch Umsatzgarantien in den ersten Jahren der Niederlassung und häufig noch niedriger Patientenzahl. Bereits im Medizinstudium setzen Stipendien an, die gewährt werden, wenn die Verpflichtung eingegangen wird, später eine Landarztpraxis zu betreiben. Schließlich besteht die Möglichkeit, Eigeneinrichtungen zu betreiben, § 105 Abs. 1c SGB V.[23] In diesem Fall wird die Kassenärztliche Vereinigung selbst zum Anbieter

---

19 BSG, Urt. v. 13.2.2019 – B 6 KA 62/17 R, MedR 2020, 62.
20 BeckOGK/Rademacker, SGB V § 73 Rn. 7.
21 BSG, Urt. v. 16.5.2001 – B 6 KA 20/00 R, BSGE 88. 126, 129.
22 BSG, Urt. v. 28.10.2015 – B 6 KA 42/14 R, MedR 2017, 498, 501.
23 Näher BeckOK SozR/Bogan, 75. Ed. 1.12.2024, SGB V § 105 Rn. 10 ff.

vertragsärztlicher Leistungen, welche sie vermittels dort angestellter Ärzte erbringt. Diese sind dann sowohl ihre Angestellten als auch ihre Mitglieder.[24]

II. Teilnahme an der vertragsärztlichen Versorgung

14 In der vertragsärztlichen Versorgung wird die **Qualität der ambulanten Behandlung** maßgeblich dadurch gesichert, dass zu ihr grundsätzlich nur Ärzte mit abgeschlossener Facharztweiterbildung Zugang haben. Diese müssen sich nach Maßgabe des § 95d SGB V fachlich fortbilden und darüber hinaus Zusatzqualifikationen nachweisen, wenn sie bestimmte Spezialleistungen erbringen wollen. Die von der zuständigen Landesärztekammer bescheinigte Facharztqualifikation ist neben der Approbation gegenüber der Kassenärztlichen Vereinigung nachzuweisen und führt zur Eintragung im dort geführten Arztregister, § 95a SGB V, §§ 1–10 Ärzte-ZV. Ist dieser Zwischenschritt vollzogen, kann der Arzt beim Zulassungsausschuss für die vertragsärztliche Versorgung, einer gemeinsam von den Landesverbänden der Krankenkassen und den Ersatzkassen sowie der Kassenärztlichen Vereinigung errichteten und paritätisch besetzten Behörde, deren Geschäfte von der Kassenärztlichen Vereinigung geführt werden, § 96 SGB V, seine Zulassung beantragen. Mitberatungsrechte haben die Länder und z.T. auch Vertreter der Patienten sowie chronisch kranker und behinderter Menschen, §§ 96 Abs. 2a, 140 f Abs. 3 S. 1 Nr. 3–4 SGB V. Möchte ein medizinisches Versorgungszentrum einen Arzt anstellen, muss dieser ebenfalls im Arztregister eingetragen sein.

15 An der vertragsärztlichen Versorgung nehmen zugelassene Ärzte und zugelassene medizinische Versorgungszentren sowie ermächtigte Ärzte und ermächtigte Einrichtungen teil, § 95 Abs. 1 S. 1 SGB V. Bis zum Jahr 2004, als die Möglichkeit der Gründung medizinischer Versorgungszentren geschaffen wurde, war die Zulassung als Vertragsarzt nahezu die einzige Möglichkeit für Fachärzte, hauptberuflich an der ambulanten ärztlichen Versorgung gesetzlich Versicherter mitzuwirken. Zwar hatte das Gesundheitsstrukturgesetz mWv 1.1.1993 Vertragsärzten die – nur selten genutzte –[25] Option eröffnet, in einem nicht zulassungsbeschränkten Planungsbereich einen ganztags oder höchstens zwei halbtags beschäftigte **Ärzte anzustellen**, § 32b Abs. 1 Ärzte-ZV aF, wenn dieselbe Facharztqualifikation wie beim Praxisinhaber bestand.[26] Mit dem Zweiten GKV-Neuordnungsgesetz wurde diese Möglichkeit m.W.v. 1.7.1997 aber wieder einge-

---

24 § 77 Abs. 2 SGB V, der aufgrund eines redaktionellen Versehens auf Abs. 1a statt auf Abs. 1c des § 105 SGB V verweist.
25 BT-Drs. 17/7264, 65 f.
26 BSG, Urt. v. 19.6.1996 – 6 RKa 84/95, MedR 1997, 132.

schränkt. Möglich war nur noch das auch heute weiterhin zur Verfügung stehende Job-Sharing-Modell. Dabei muss sich der Vertragsarzt zu einer Leistungsbegrenzung verpflichten, die den bisherigen Praxisumfang nicht wesentlich überschreitet, § 101 Abs. 1 S. 1 Nr. 5 SGB V. Der bisherige Praxisumfang darf nur um höchstens 3 % ausgeweitet werden.[27]

Wenn dem keine Zulassungsbeschränkungen entgegenstehen, eröffnet § 95 **16** Abs. 9 SGB V dem Vertragsarzt seit 1.1.2007 wieder die Möglichkeit, Ärzte anzustellen, und zwar auch solche, die über eine andere Fachgebietsbezeichnung als der Praxisinhaber verfügen. Das bedarf der Genehmigung seitens des Zulassungsausschusses. Inzwischen steigt der Anteil der in medizinischen Versorgungszentren und bei Vertragsärzten angestellten Fachärzte kontinuierlich. Ende 2023 waren bundesweit knapp 52.500 Ärzte als Angestellte vertragsärztlich tätig, was gegenüber dem Vorjahr einer Steigerung um 7 % entspricht. Dagegen verringerte sich die Anzahl der Praxisinhaber leicht auf knapp 124.000.[28]

1. Zulassung als Vertragsarzt

Auf schriftlichen Antrag, § 18 Abs. 1 S. 1 Ärzte-ZV, wird ein Facharzt zur vertrags- **17** ärztlichen Versorgung zugelassen, wenn er im Arztregister eingetragen ist, keine Zulassungsbeschränkungen angeordnet sind, er einen ausreichenden Berufshaftpflichtversicherungsschutz durch eine Versicherungsbescheinigung nach § 113 Abs. 2 VVG nachweist, § 95e Abs. 3 S. 1 Nr. 1 SGB V, und über die notwendige Eignung verfügt. Die Zulassung erfolgt für einen konkreten Praxissitz und umfasst einen vollen oder einen auf die Hälfte oder drei Viertel beschränkten Versorgungsauftrag, § 19a Abs. 1 S. 1, Abs. 2 Ärzte-ZV.[29] Dieser **Vertragsarztsitz** wird in der Zulassungsentscheidung mit der postalischen Adresse angegeben. Soll die Praxis verlegt werden, bedarf dieses auch dann der vorherigen Genehmigung seitens des Zulassungsausschusses, wenn sich der neue Praxisstandort im Nachbarhaus mit anderer Hausnummer befindet.[30] Abzulehnen ist der Antrag, wenn dem Gründe

---

27 § 60 Abs. 1 i.V.m. § 42 der Bedarfsplanungs-Richtlinie des Gemeinsamen Bundesausschusses. Nach BT-Drs. 17/7274, 66 wollte man damit auch erreichen, dass sich der Charakter der Tätigkeit des Praxisinhabers als die eines Freiberuflers nicht ändert und die steuerrechtlichen Anforderungen an Einkünfte aus freiberuflicher Tätigkeit beachtet werden. Vgl. dazu BFH, Urt. v. 1.2.1990 – IV R 140/88, NJW 1991, 783.
28 Detaillierte Daten findet man bei www.kbv.de/html/gesundheitsdaten.php.
29 Daraus resultieren Mindestsprechstundenzeiten, § 19 Abs. 1 S. 2, 4–6 Ärzte-ZV, § 17 Abs. 1a BMV-Ä.
30 BSG, Urt. v. 31.5.2006 – B 6 KA 7/05 R, NZS 2007, 389.

der vertragsärztlichen Versorgung entgegenstehen, § 24 Abs. 7 S. 1 Ärzte-ZV. Das ist insbesondere der Fall, wenn innerhalb des sog. Planungsbereichs die Vertrags-arztsitze der dort praktizierenden Ärzte nicht mehr so verteilt wären wie es den Versorgungsbedürfnissen der Versicherten entspricht.

18   Spezielle Untersuchungs- und Behandlungsleistungen, etwa der Betrieb eines Kernspintomographen, können in räumlicher Nähe zum Vertragsarztsitz als sog. ausgelagerte Praxisräume getrennt vom Vertragsarztsitz ausgeübt werden, § 24 Abs. 5 Ärzte-ZV. Während dieses nur anzuzeigen ist, bedarf der Betrieb einer **Zweigpraxis**, in der die Patienten umfassender behandelt werden, einer Genehmigung. Sie erfolgt, wenn und soweit dies die Versorgung der Versicherten am Standort der Zweigpraxis verbessert und die ordnungsmäße Versorgung der Versicherten am Ort des Vertragsarztsitzes nicht oder nur geringfügig beeinträchtigt wird, § 24 Abs. 3 Ärzte-ZV. Zudem muss die Tätigkeit am Vertragsarztsitz alle Tätigkeiten außerhalb des Vertragsarztsitzes zeitlich insgesamt überwiegen, § 17 Abs. 1a S. 5 BMV-Ä.

19   Seit März 2024 können Videosprechstunden auch außerhalb des Vertrags-arztsitzes, d. h. aus dem sog. **Homeoffice** heraus, erbracht werden, wobei aber zumindest die sich aus § 19a Abs. 1 S. 2–3 Ärzte-ZV ergebende Mindestsprech-stundenzeit am Vertragsarztsitz abgeleistet werden muss, § 24 Abs. 8 Ärzte-ZV. Im BMV-Ä sind Vorgaben für die Sicherung der Versorgungsqualität, u. a. zur strukturierten Anschlussversorgung im Abschluss an die Videosprechstunde zu treffen, § 87 Abs. 2o Nr. 6 SGB V. Dies ist in § 10 der Anlage 31c zum BMV-Ä erfolgt.

a) Eignung als Vertragsarzt und Entziehung der Zulassung

20   Subjektive Voraussetzung für die Zulassung zur vertragsärztlichen Versorgung ist die Eignung des Bewerbers. Ein Vertragsarzt darf keiner anderweitigen Tätigkeit nachgehen, die ihn daran hindert, Sprechstunden im ausreichenden Maße sowie zu den üblichen Zeiten anzubieten. Gleichfalls darf eine weitere Tätigkeit ihrem Wesen nach, d. h. wegen der Gefahr einer **Interessen- und Pflichtenkollision**, nicht mit einer vertragsärztlichen Tätigkeit unvereinbar sein, § 20 Abs. 1 und 2 Ärzte-ZV. Die Zulassung kann jedoch unter der Bedingung der Beendigung oder Beschränkung der konträren Tätigkeit erfolgen. Unvereinbarkeit besteht bspw. mit der Beschäftigung in einer Studierenden offen stehenden Psychotherapeutischen Beratungsstelle einer Universität; denn es besteht die Gefahr, dass sich diese und die vertragsärztliche Tätigkeit unter Missachtung des Rechts auf freie Arztwahl vermischen und Leistungen aus nicht sachgerechten Gründen von dem einen in den anderen Arbeitsbereich verlagert werden.[31] Demgegenüber schließen sich eine

---

31 BSG, Urt. v. 30.1.2002 – B 6 KA 20/01 R, NZS 2003, 270.

Tätigkeit in der ambulanten und der stationären Versorgung nicht aus, § 20 Abs. 2 S. 2 Ärzte-ZV. Damit wird dem Interesse einer sektorenverbindenden Versorgung Rechnung getragen, auch wenn dabei die abstrakte Gefahr besteht, dass die stationäre Versorgung genutzt wird, um Patienten für die Arztpraxis zu akquirieren. Solche Patientenzuweisungen können aber gegen §§ 299a ff. StGB und § 31 MBO-Ä sowie § 73 Abs. 7 SGB V verstoßen. Orthopäden und Unfallchirurgen können gleichzeitig als Durchgangsärzte im Rahmen der gesetzlichen Unfallversicherung tätig werden.

Ungeeignet für die Ausübung der vertragsärztlichen Tätigkeit ist des Weiteren 21 ein Arzt, der aus gesundheitlichen oder sonstigen in seiner Person liegenden schwerwiegenden Gründen nicht nur vorübergehend unfähig ist, die vertragsärztliche Tätigkeit ordnungsgemäß auszuüben, § 21 S. 1 Ärzte-ZV. Das zielt insbesondere auf eine **Drogen- oder Alkoholabhängigkeit** und psychiatrische Erkrankungen ab. Bei Alkoholabhängigkeit kann die Eignung durch ärztliche Atteste, z. B. dahingehend, dass sich der Arzt mit günstiger Abstinenzprognose in psychotherapeutischer Behandlung befindet, nachgewiesen werden. Bei gesundheitlichen Problemen, etwa einer Krebserkrankung, kann der Vertragsarzt gem. § 95 Abs. 5 S. 1 SGB V das Ruhen seiner Zulassung beantragen. Das will allerdings wohlüberlegt sein, weil ein Teil der Patienten nach der Pause kaum zurückkehren wird. Vorzugswürdig ist es daher, sich seitens der Kassenärztlichen Vereinigung die Beschäftigung eines Praxisvertreters oder eines Entlastungsassistenten genehmigen zu lassen, § 32 Abs. 2 S. 2 Nr. 1 Ärzte-ZV.

Fällt die Eignung im Laufe der vertragsärztlichen Tätigkeit weg und ist damit 22 eine der Zulassungsvoraussetzungen nicht mehr gegeben, ist die **Zulassung zu entziehen**; das muss außerdem erfolgen, wenn der Vertragsarzt seine vertragsärztlichen Pflichten gröblich verletzt hat und er damit für das vertragsärztliche Versorgungssystem untragbar geworden ist, d. h. den Krankenkassen und Kassenärztlichen Vereinigungen mit ihm keine Zusammenarbeit mehr zuzumuten ist, § 95 Abs. 6 SGB V, § 27 Ärzte-ZV. Maßgeblich sind die Art, Schwere und Dauer des Fehlverhaltens, ob er sich nicht oder nicht ausreichend in das vertragsärztliche Leistungssystem einordnet oder auf vorangegangene Disziplinarmaßnahmen und sonstige Beanstandungen, mit denen er zur ordnungsgemäßen Erfüllung seiner vertragsärztlichen Pflichten angehalten werden soll, nicht reagiert.[32] Die **Anordnung einer sofortigen Vollziehung** kommt nur ausnahmsweise in Betracht.[33]

Anlass zur Zulassungsentziehung geben insbesondere **falsche Abrechnungen** 23 der Leistungen oder die Heranziehung von Assistenzärzten, ohne dass die dafür

---

32 BSG, Urt. v. 29.10.1986 – 6 RKa 32/86, MedR 1987, 254, 255.
33 BVerfG, Beschl. v. 8.11.2010 – 1 BvR 722/10, NZS 2011, 619.

erforderliche Genehmigung eingeholt wurde, aber auch das Verlangen privater Zuzahlungen etwa bei homöopathischer Behandlung von Kassenpatienten.[34] Wird das Verhalten nach einer Disziplinarmaßnahme nicht abgestellt, kann auch eine unwirtschaftliche Behandlungs- und Verordnungsweise eine Zulassungsentziehung rechtfertigen.[35] Die Zulassung kann auch verlieren, wer infektionshygienischen Anforderungen als Messie auch nur im Ansatz nicht entspricht[36], wer in zahlreichen Schreiben Mitarbeiter und Funktionsträger der Kassenärztlichen Vereinigung beleidigt,[37] wer Videos von Zahnmedizinischen Fachangestellten in den Umkleideräumen und Duschen aufnimmt und speichert[38] oder wer Versicherte zum eigenen Hausbau heranzieht, die er zuvor arbeitsunfähig geschrieben hatte.[39] Einen Sonderfall regelt § 95d Abs. 3 S. 6 SGB V, nämlich die Nichterfüllung der Fortbildungspflicht über einen extrem langen Zeitraum nach vorheriger Honorarkürzung.

24   Auf ein **Verschulden** des Vertragsarztes kommt es anders als bei der Verhängung von Disziplinarmaßnahmen nicht an; der Widerruf der Zulassung stellt keine Sanktion dar, sondern dient lediglich dazu, das System der vertragsärztlichen Versorgung vor Störungen zu bewahren und damit funktionsfähig zu erhalten. Maßgeblicher Zeitpunkt für das Bestehen der Eignung ist bei Entziehung der Zulassung die letzte Verwaltungsentscheidung, also die Entscheidung der Zulassungsgremien. Gegen die Entscheidung des Zulassungsausschusses kann der Berufungsausschuss angerufen werden, ohne dass dem ein Abhilfeverfahren vorgeschaltet wäre, § 96 Abs. 4 SGB V. Er wird von einem unabhängigen Vorsitzenden mit der Befähigung zum Richteramt geleitet, § 97 Abs. 2 S. 1 SGB V. Das Verfahren vor dem Berufungsausschuss gilt als **Vorverfahren** und ist damit als abweichende Bestimmung, § 62 SGB X, kein Widerspruchs-, sondern ein besonderes Verwaltungsverfahren. In einem sich anschließenden Sozialgerichtsverfahren ist ausschließlich der Bescheid des Berufungsausschusses Streitgegenstand. Die Zulassungsentziehung schließt eine spätere Wiederzulassung nicht aus. In der Regel ist eine **Wiederzulassung** nach einem mindestens fünfjährigen „Wohlverhalten" möglich.[40]

---

34 BSG, Beschl. v. 17.5.2001 – B 6 KA 8/00 R, MedR 2003, 242.
35 Vgl. BSG, Urt. v. 15.4.1986 – 6 RKa 6/85, NJW 1987, 1509.
36 SG Stuttgart, Urt. v. 29.11.2018 – S 5 KA 647/16, BeckRS 2018, 34384.
37 BSG, Urt. v. 20.10.2004 – B 6 KA 67/03 R, MedR 2005, 311, 314.
38 BSG, Urt. v. 3.4.2019 – B 6 KA 4/18 R, MedR 2020, 779.
39 LSG Niedersachsen, Beschl. v. 9.5.1975 – L 5 S (Ka) 50/74.
40 BSG Urt. v. 29.10.1986 – 6 RKa 32/86, MedR 1987, 254, 255.

Fall 16: Streikmaßnahmen[41] und kollektiver Verzicht auf die Zulassung[42]
Die Fachgruppe der Dermatologen ist empört, dass nur die Hausärzte alle Leistungen vergütet bekommen, während bei ihnen ab einem bestimmten Behandlungsumfang die Vergütung abgesenkt wird und ab einer weiteren Grenze gar keine weitere Vergütung mehr erfolgt. Dermatologen in Hamburg planen daher einen dreitägigen Warnstreik „zwischen den Jahren", um in der nachrichtenarmen Zeit breite Beachtung in den Medien zu erfahren. Dabei wird die Notfallversorgung durch einzelne geöffnete Praxen sichergestellt. In Niedersachsen soll ein Notar beauftragt werden, der Erklärungen zum Zulassungsverzicht einsammelt. Wird ein Quorum von 2/3 erreicht, sollen die Verzichtserklärungen gesammelt weitergeleitet werden. Ein Rechtsanwalt wird um rechtliche Beurteilung gebeten.
Die streikenden Ärzte müssen wegen Verletzung ihrer Präsenzpflicht, § 17 Abs. 1 BMV-Ä, zumindest mit einer Disziplinarmaßnahme rechnen. Der Warnstreik unterfällt nicht dem Schutz der Koalitionsfreiheit, Art. 9 Abs. 3 GG, sodass Disziplinarmaßnahmen am Maßstab des Art. 12 Abs. 1 GG zu messen sind.[43] Im System der vertragsärztlichen Versorgung obliegt die Sicherstellung der Versorgung den Kassenärztlichen Vereinigungen; daran wirken die zugelassenen Vertragsärzte mit der Folge mit, dass sie für den Gemeinwohlbelang der Funktionsfähigkeit der gesetzlichen Krankenversicherung Mitverantwortung zu tragen haben und daher keine Streikmaßnahmen ergreifen dürfen, zumal der Interessenausgleich durch Verträge erfolgt, welche die Kassenärztlichen Vereinigungen als ihre Interessenvertreter mit den Krankenkassenverbänden schließen.
Ein kollektiver Zulassungsverzicht in der beschriebenen Größenordnung führt nach § 72a SGB V zum Übergang des Sicherstellungsauftrages auf die Krankenkassen, die dann mit anderen Ärzten oder deren Gruppen, ggf. lukrative, Einzelverträge, und zwar ggf. auch mit Ärzten aus dem Ausland, schließen können. In dem kollektiven Verzicht auf die Zulassung liegt nach § 95b SGB V eine Verletzung vertragsärztlicher Pflichten mit der Rechtsfolge, dass die eine Verzichtserklärung abgebenden Ärzte frühestens nach sechs Jahren erneut zur vertragsärztlichen Versorgung zugelassen werden können. Solange erhalten die Ärzte, wenn sie in Anspruch genommen werden, eine geringe Vergütung nach dem Einfachsatz der GOÄ. Ein Versicherter darf sie aber nur in Anspruch nehmen, wenn die Krankenkasse die Versorgung nicht durch Ärzte gewährleistet, mit denen sie Verträge geschlossen hat. Des Weiteren ist in diesem Zusammenhang § 79a SGB V zu beachten, welcher bei den Kassenärztlichen Vereinigungen die Bestellung eines „Staatskommissars" ermöglicht.

Mit der Zulassung wird der Vertragsarzt **Mitglied der für seinen Vertragsarztsitz** 25 **zuständigen Kassenärztlichen Vereinigung** und ist zur Teilnahme an der vertragsärztlichen Versorgung im Umfang seines aus der Zulassung folgenden Versorgungsauftrages berechtigt und verpflichtet, § 95 Abs. 3 S. 1 SGB V. Damit ist z. B. das aktive und passive Wahlrecht zur Vertreterversammlung der Kassenärztlichen

---

41 BSG, Urt. v. 30.11.2016 – B 6 KA 38/15 R, NZS 2017, 539. Das Urteil enthält eine komprimierte Darstellung des Vertragsarztrechts und seiner Entwicklung.
42 BSG, Urt. v. 27.6.2007 – B 6 KA 37/06 R, NZS 2008, 666; BSG, Urt. v. 17.6.2009 – B 6 KA 16/08 R, BeckRS 2009, 73156.
43 BVerfG, Beschl. v. 24.10.2019 – 1 BvR 887/17, GesR 2020, 28.

Vereinigung verbunden, welche den Vorstand wählt und beaufsichtigt, §§ 79 Abs. 3 S. 1 Nr. 2, 80 Abs. 2 SGB V.

b) Bedarfsplanung und Zulassungsbeschränkungen

26 Die gesetzlich vorgeprägte und auf Landesebene umzusetzende und beständig fortzuschreibende Bedarfsplanung, §§ 99–101 SGB V, wird durch den Gemeinsamen Bundesausschuss in Bedarfsplanungs-Richtlinien für Ärzte und Zahnärzte konkretisiert, § 92 Abs. 1 S. 2 Nr. 9 SGB V. Dazu werden **Planungsbereiche** gebildet, in denen die Anzahl der an der vertragsärztlichen Versorgung teilnahmeberechtigten Ärzte zur Anzahl der Einwohner in ein Verhältnis gesetzt wird. Das geschieht fachgebietsbezogen, weil die Versicherten mehr hausärztliche als z.B. strahlentherapeutische Leistungen benötigen. Die Bedarfsplanung zielt darauf ab, den Versicherten auf Grundlage eines vermittels dieses Verhältnisses festgestellten Versorgungsgrades eine bedarfsgerechte und gleichmäßige, andererseits aber auch nicht über den Bedarf hinausgehende ärztliche Versorgung zu gewährleisten. Daher bleibt Raum für die Berücksichtigung regionaler Besonderheiten, etwa besondere Siedlungsstrukturen, viele Berufstätige, die ein- bzw. auspendeln oder geographische Bedingungen wie natürliche Barrieren durch Flüsse oder Berge, § 2 Bedarfsplanung-RL. Zudem wird ein Morbiditätsfaktor angewendet, der vor allem auch von der Altersstruktur der Versicherten oder dem Anteil von Arbeitsplätzen mit hoher Belastung und einer daraus resultierenden höheren Krankheitslast abhängt. Ist der Morbiditätsfaktor hoch, werden bei der Vergabe eines Vertragsarztsitzes Ärzte mit gerontologischer bzw. geriatrischer Zusatzqualifikation bevorzugt.

27 Im Rahmen der ärztlichen Bedarfsplanung werden **vier Versorgungsebenen**, nämlich die hausärztliche Versorgung, die allgemeine fachärztliche Versorgung, die spezialisierte fachärztliche Versorgung und die gesonderte fachärztliche Versorgung gebildet und der Versorgungsgrad im Bedarfsplan arztgruppenspezifisch dargestellt. Im Bereich der hausärztlichen Versorgung wird bspw. mit einem Hausarzt auf 616 Einwohner – dann liegt eine Versorgungsgrad von 100 % vor – und in Übernahme der Abgrenzung des Bundesinstituts für Bau-, Stadt- und Raumforschung mit Bezug auf die Mittelbereiche geplant. Planungsbereiche für die allgemeine fachärztliche Versorgung, bspw. durch Augen-, Haut- oder Frauenärzte, sind die kreisfreien Städte und Landkreise, wobei berücksichtigt wird, inwieweit sie, wie z.B. die Stadtstaaten, Umlandregionen mitversorgen. Die Bedarfsplanung für spezialisierte Fachärzte wie Anästhesisten oder Radiologen richtet sich nach den Raumordnungsregionen, wobei für Fachärzte für Innere Medizin mit ihrer Spezialisierung auf z.B. Rheumatologie oder Kardiologie Quoten bestehen, § 101 Abs. 1 S. 8 SGB V. Der ganze Bezirk einer Kassenärztlichen Vereinigung ist Planungsbe-

reich z. B. für Humangenetiker, Laborärzte und Neurochirurgen, wobei für 92.218 Einwohner ein Laborarzt mit vollem Versorgungsauftrag zur Verfügung stehen soll.

Ist in einem Zulassungsbezirk eine **Unterversorgung** eingetreten oder droht 28 sie aufgrund der Altersstruktur der Ärzte in absehbarer Zeit, sind Maßnahmen zur Sicherstellung der Versorgung zu ergreifen, § 100 SGB V. Unterversorgung liegt vor, wenn Vertragsarztsitze nicht nur vorübergehend nicht besetzt werden können und dadurch eine unzumutbare Erschwernis in der Inanspruchnahme vertragsärztlicher Leistungen eintritt, die auch durch die Ermächtigung von Krankenhausärzten oder ärztlich geleiteten Einrichtungen nicht behoben werden kann, § 28 Bedarfsplanungs-RL. Nach § 29 der Richtlinie ist Unterversorgung anzunehmen, wenn der Versorgungsgrad bei den Hausärzten oder Kinder- und Jugendärzten unter 75 % und bei Fachärzten unter 50 % des ermittelten Wertes für den Versorgungsbedarf liegt. Bei Überversorgung, d. h. wenn der Versorgungsgrad bei der ärztlichen und psychotherapeutischen Versorgung um mehr als 110 % ausgeschöpft ist, werden Zulassungsbeschränkungen angeordnet. Anträge auf Praxisneugründungen werden dann abgelehnt.

Steigt die Bevölkerungszahl, wird der Planungsbereich mit der Auflage geöff- 29 net, dass Zulassungen bis zur Grenze der Überversorgung erfolgen können. Unter mehreren Bewerbern entscheidet der Zulassungsausschuss nach **pflichtgemäßem Ermessen** u. a. unter Berücksichtigung der beruflichen Eignung, der Dauer der bisherigen ärztlichen Tätigkeit, der Bereitschaft, besondere Versorgungsbedürfnisse zu erfüllen, einen barrierefreien Praxiszugang zu ermöglichen oder sich in schlecht versorgten Ecken des Planungsbereichs niederzulassen. Im vertragsärztlichen Bereich gibt es seit 1.4.2017 keine Zulassungsbeschränkungen mehr.

Die Prüfung der Versorgungssituation kann aufgrund allgemeiner Vorgaben 30 ergeben, dass in einem nicht unterversorgten Planungsbereich, z. B. einem großem Neubaugebiet mit vielen jungen Familien, ein zusätzlicher lokaler Versorgungsbedarf besteht, § 100 Abs. 3 SGB V, § 35 Bedarfsplanungs-RL. Unabhängig davon kommt es darüber hinaus ausnahmsweise zu einer sog. **Sonderbedarfszulassung**, wenn im Einzelfall dauerhaft ein zusätzlicher lokaler oder qualifikationsbezogener, d. h. auf bestimmte Leistungen oder Leistungsbereiche bezogener, Versorgungsbedarf besteht, um die vertragsärztliche Versorgung zu gewährleisten, § 101 Abs. 1 S. 1 Nr. 3 SGB V, § 36 Bedarfsplanungs-RL. In den Richtlinien wird dem Zulassungsausschuss eine „besondere Ermittlungspflicht" auferlegt. Hintergrund dürfte sein, dass Sonderbedarfszulassungen in der Vergangenheit teilweise zu großzügig ausgesprochen und die Grundsätze der §§ 20 f. SGB X nicht genügend beachtet wurden. Bei einer Zulassung wegen qualifikationsbezogenem Sonderbedarf dürfen nur die Leistungen abgerechnet werden, welche den Ausnahmetatbestand begründen, also z. B. der Pneumologie oder Nephrologie. Begründet das keine tragfähige Praxis, wird eine sog. Ermächtigung erteilt (→ Rn. 48). Eine Unterversorgung rechtfertigt kein Tätigwerden eines ungeeigneten Arztes.[44]

31 Besteht aufgrund der Zulassungsbeschränkungen keine Möglichkeit, eine Zulassung zu erhalten, können jüngere Ärzte sich allerdings um die Übernahme einer bestehenden Vertragsarztpraxis bemühen. Das kommt in Betracht, wenn der Vertragsarzt verstirbt, ihm die Zulassung entzogen wird oder er etwa aus Alters- oder Krankheitsgründen auf seine Zulassung verzichtet. In letzteren Fällen kann auch auf die Hälfe der Zulassung verzichtet werden. Zwar liegt dem Erwerb einer Arztpraxis ein Kaufvertrag zugrunde;[45] dieser erstreckt sich aber nicht auf die vertragsärztliche Zulassung, bei der es sich um **ein höchstpersönliches, nicht übertragbares Recht** handelt und dieses daher bei Vermögensverfall auch nicht in die Insolvenzmasse fällt.[46] Über die Person des Praxisnachfolgers entscheidet vielmehr der Zulassungsausschuss.

32 Das sog. **Nachbesetzungsverfahren**, § 103 Abs. 3a, 4 SGB V,[47] wird dadurch eingeleitet, dass der Vertragsarzt dieses beantragt und der Zulassungsausschuss daraufhin entscheidet, ob die Nachbesetzung aus Versorgungsgründen erforderlich ist oder nicht. Letzteres kommt entgegen den Vorstellungen des Gesetzgebers auch aufgrund der Regelung, dass dem Nachbesetzungsantrag auch bei Stimmengleichheit entsprochen werden muss, selten vor. Außerdem ist in diesem Fall eine Entschädigung in Höhe des Verkehrswertes der Praxis zu zahlen und es besteht die Möglichkeit, die Praxis in eine bisher unterversorgte Region des Planungsbereichs zu verlegen. Eine Nachbesetzung setzt andererseits voraus, dass noch eine fortführungsfähige Praxis besteht.

33 Das eigentliche Nachbesetzungsverfahren beginnt, indem der Vertragsarztsitz von der Kassenärztlichen Vereinigung ausgeschrieben wird. Der Vertragsarzt erhält die **Liste der Bewerber**, mit denen er Vertragsverhandlungen führt. Die Entscheidung, wer die Praxis tatsächlich übernehmen kann, trifft allerdings der Zulassungsausschuss nach pflichtgemäßem Ermessen. Dabei werden einzelne Bewerber wie z.B. die Kinder des die Praxis abgebenden Arztes oder solche Ärzte bevorzugt, die fünf Jahre in einem unterversorgten Gebiet praktiziert haben. Die Praxisabgabe sollte durch im Medizinrecht erfahrene Rechtsanwälte und Steuerberater begleitet werden, um z.B. den Freibetrag des § 18 Abs. 1 S. 2 i.V.m. § 16 Abs. 4 EstG realisieren zu können.

44 SG München v. 15.9.2017 – S 38 KA 1276/15, BeckRS 2017, 126633.
45 BeckFormB MedR/Kirschner/Paulus-Ye, 2. Aufl. 2022, Form. G.III.2.
46 BSG, Urt. v. 10.5.2000 – B 6 KA 67/98 R, NZS 2001, 160, 161.
47 BeckFormB MedR/Specker, 2. Aufl. 2022, Form. G.V1 und G.V.2.

c) Gemeinschaftliche Berufsausübung

Früher war die Einzelpraxis die klassische Versorgungsform; heute sind Koope- 34
rationen üblich geworden. Wie bei Rechtsanwälten, die sich in einer Büroge-
meinschaft oder einer Sozietät zusammenschließen, können auch Ärzte entscheiden, ob sie sich in einer anzeigepflichtigen Praxisgemeinschaft oder zu einer früher
Gemeinschaftspraxis genannten **Berufsausübungsgemeinschaft** zusammenschließen. Letztere bedarf nach § 33 Abs. 3 Ärzte-ZV der vorherigen Genehmigung
seitens des Zulassungsausschusses. Dazu hat das BSG entschieden, dass im Genehmigungsverfahren der schriftlich abgefasste Vertrag über die gemeinsame
Berufsausübung vorzulegen ist.[48] Wird eine Berufsausübungsgemeinschaft fort-
geführt, obwohl eine Umwandlung in eine Praxisgemeinschaft angezeigt worden
war, liegt darin ein Verstoß gegen vertragsärztliche Pflichten.[49] Stellt sich dies
heraus, kann die Genehmigung allerdings nicht mit Wirkung für die Vergangenheit
aufgehoben werden, vielmehr kann das gezahlte Honorar zurückgefordert werden.[50]

Sollen nur einzelne Leistungen gemeinsam erbracht werden, muss das in die 35
Teilberufsausübungsgemeinschaft eingebrachte Leistungsspektrum bzw. müssen die gemeinsam behandelten Krankheitsbilder im Gesellschaftsvertrag konkretisiert werden.[51] Nach § 24 MBO-Ä soll er zudem der zuständigen Landesärztekammer vorgelegt werden, damit dort geprüft wird, ob die beruflichen Belange
gewahrt sind. Den Vertrag sollte ein Rechtanwalt mit Expertise im Medizinrecht
erstellen. Sowohl bei der Neugründung einer Berufsausübungsgemeinschaft als
auch beim Eintritt eines jüngeren Arztes in eine bestehende Praxis älterer Kollegen
können sich diffizile Probleme stellen. Das gilt besonders dann, wenn ein Vertragsarztsitz im Wege des Job-Sharings geteilt wird[52] oder es abzuwägen gilt, ob die
Möglichkeit der Gründung eines medizinischen Versorgungszentrums statt einer
Berufsausübungsgemeinschaft besteht und welche Vor- und Nachteile damit verbunden sind.

Genehmigt werden können auch überörtliche Berufsausübungsgemeinschaf- 36
ten mit mehreren Praxissitzen. Rechtsfolge der Genehmigung ist, dass die Gesellschafter ihre Leistungen unter einer gemeinsamen Abrechnungsnummer gegenüber der zuständigen Kassenärztlichen Vereinigung gemeinsam abrechnen.[53] Die

---

48 BSG, Urt. v. 16.7.2003 – B 6 KA 34/02 R, MedR 2004, 118, 120.
49 BSG, Urt. v. 22.3.2006 – B 6 KA 76/04 R, NZS 2006, 544, 545.
50 BSG, Urt. v, 23.6.2010 – B 6 KA 7/09 R, MedR 2011, 298, 304.
51 BSG, Urt. v. 25.3.2015 – B 6 KA 21/14 R, MedR 2016, 145, 148.
52 § 101 Abs. 1 S. 1 Nr. 4 SGB V. Die Zulassung des hinzutretenden Arztes „hängt" an der Zulassung
des bisherigen Alleininhabers und entfällt mit dieser automatisch.
53 BSG, Urt. v. 20.10.2004 – B 6 KA 41/03 R, MedR 2005, 421, 425.

Berufsausübungsgemeinschaft erwirbt der Kassenärztlichen Vereinigung gegenüber Honoraransprüche und ist ggf. zur Rückzahlung überzahlter Honorare verpflichtet. Behandeln in einem Quartal verschiedene Mitglieder einer Berufsausübungsgemeinschaft einen Patienten, ist das gleichwohl ein einziger Behandlungsfall, wobei Honorarzuschläge die gemeinsame Berufsausübung promovieren.[54] Verzichtet ein Arzt auf seine Zulassung, sind bei der Bewerberauswahl im Nachbesetzungsverfahren die Interessen des oder der in der Praxis verbleibenden Vertragsärzte angemessen zu berücksichtigen. Das gilt auch dann, wenn eine überörtliche Berufsausübungsgemeinschaft allein mit dem Ziel gegründet wurde, Einfluss auf das Nachbesetzungsverfahren zu nehmen; die Interessen der verbleibenden Gesellschafter haben dann aber geringeres Gewicht.[55]

d) Tätigkeit in freier Praxis

37 Das Vertragsarztrecht gibt in § 32 Abs. 1 S. 1 Ärzte-ZV vor, dass der Arzt die vertragsärztliche Tätigkeit persönlich in freier Praxis auszuüben hat. Dies wird vom BSG durch die Kriterien **individuelle Unabhängigkeit und Tragung des wirtschaftlichen Risikos** konkretisiert: Notwendig ist, dass der Arzt gegenüber seinen Patienten sowohl im Bereich der eigentlichen Behandlungstätigkeit als auch im tatsächlichen und rechtlichen Umfeld dieser Behandlung in vollem Umfang unmittelbar verantwortlich ist; das setzt zwingend voraus, dass er Inhalt und Umfang seiner ärztlichen Tätigkeit nach eigenem Ermessen gestaltet und den Einsatz der der Praxis zugeordneten sachlichen und persönlichen Mittel selbst bestimmt und insoweit keiner maßgeblichen bzw. als maßgeblich empfundenen Einflussnahme durch andere bzw. keiner Abhängigkeit von diesen unterliegt.[56] Wird das nicht beachtet, werden die Leistungen nicht ordnungsgemäß erbracht und die Kassenärztliche Vereinigung kann nachträglich das ausgezahlte Honorar nach Maßgabe des § 106d SGB V zurückfordern.

38 Damit ist z. B. eine stille Beteiligung Dritter an der Arztpraxis im Sinne eines Fremdbesitzverbots ausgeschlossen; Entsprechendes gilt für den Abschluss von Beherrschungs- und/oder Gewinnabführungsverträgen. **Umsatzbeteiligungen** als Gegenleistung für das Zurverfügungstellen von Praxisinfrastruktur sind unzulässig, wenn sie so ausgestaltet sind oder eine Höhe erreichen, aufgrund dessen die fachliche Unabhängigkeit des Arztes sowie die Einhaltung des Wirtschaftlichkeitsgebots nicht mehr gewährleistet sind oder wenn die Einkünfte des Vertragsarztes durch die Gewinnabschöpfung nicht mehr maßgeblich von seiner Arbeits-

---

54 Vgl. § 87 Abs. 2c S. 1 und 7 SGB V.
55 BSG, Urt. v. 22.10.2014 – B 6 KA 44/13 R, MedR 2015, 621, 623.
56 BSG, Urt. v. 19.3.1997 – 6 RKa 39/96, MedR 1997, 516, 517.

kraft abhängen. Einem Investor, der Praxisequipment zur Verfügung stellt, darf jedoch ein angemessener Unternehmergewinn verbleiben.

In einer Berufsausübungsgemeinschaft darf nicht in Wahrheit ein verstecktes **39** Anstellungsverhältnis eines der beteiligten Ärzte vorliegen. Dabei muss bedacht werden, dass die vertragsarztrechtlichen Anforderungen für eine Gesellschafterstellung höher als im Gesellschaftsrecht sind.[57] Jeder Arzt einer Berufsausübungsgemeinschaft muss das **wirtschaftliche Risiko der Praxis** mittragen; es muss also maßgeblich von seiner Arbeitskraft abhängen, in welchem Umfang seine vertragsärztliche Tätigkeit Einkünfte einbringt.[58] Vom Verlustrisiko kann er auch nicht für die Dauer einer Probezeit suspendiert werden.[59] Wie im Steuerrecht[60] sind Gesellschaftsverträge, nach denen der neu eintretende Gesellschafter nur eine nach dem eigenen Umsatz bemessene Vergütung bzw. einen fixen Prozentsatz des von ihm erwirtschafteten Honorarumsatzes erhält, häufig als (verdeckte) Anstellungsverträge einzustufen.[61]

2. Zulassung als medizinisches Versorgungszentrum

Medizinische Versorgungszentren (MVZ) nehmen wie Vertragsärzte an der ver- **40** tragsärztlichen Versorgung teil und erscheinen aus Patientensicht zunächst wie eine Berufsausübungsgemeinschaft. Denn mindestens zwei Ärzte sind in einem MVZ vertragsärztlich tätig. Wenn sich zwei Vertragsärzte zur gemeinsamen Berufsausübung zusammenschließen, haben sie ein Wahlrecht, ob sie die Praxis auf der Basis des § 33 Ärzte-ZV als Berufsausübungsgemeinschaft oder nach Maßgabe des § 95 SGB V als MVZ führen wollen. Im letzteren Fall erhält das MVZ eine eigene Zulassung und kann auch in der Rechtsform der GmbH betrieben werden, § 95 Abs. 1a S. 3 SGB V.[62] Es muss dann seitens der Gesellschafter eine selbstschuldnerische Bürgschaftserklärung oder eine andere Sicherheitsleistung für Forderungen der Kassenärztlichen Vereinigung und der Krankenkassen abgegeben werden, § 95

---

57 BSG, Urt. v. 23.6.2010 – B 6 KA 7/09 R, MedR 2011, 298, 302; BSG, Urt. v. 26.1.2022 – B 6 KA 2/21 R, GesR 2022, 518, 528.

58 BSG, Urt. v. 16.3.1973 – 6 RKa 23/7, NJW 1973, 1435, 1437.

59 BSG, Urt. v. 23.6.2010 – B 6 KA 7/09 R, MedR 2011, 298, 303,

60 BFH, Urt. v. 3.11.2015 – VIII R 63/13, medstra 2016, 183.

61 LSG Baden-Württemberg, Urt. v. 23.11.2016 – L 5 R 1176/15, medstra 2017, 301 m. Anm. Scholz/ Tsambikakis; LSG Niedersachsen-Bremen, Urt. v. 17.5.2017 – L 2 R 427/15, BeckRS 2017, 113065

62 Zugelassen sind daneben nur die Rechtsformen der Personengesellschaft und der eingetragenen Genossenschaft sowie für Kommunen eine öffentlich-rechtliche Rechtsform. Eine Trägergesellschaft kann auch mehrere MVZ an einem oder mehreren Vertragsarztsitzen gründen und für diese eine Genehmigung zur gemeinsamen Berufsausübung nach § 33 Ärzte-ZV beantragen.

Abs. 2 S. 6 SGB V; diese soll Honorarrückforderungen absichern. MVZ konnten erstmals im Jahr 2004 gegründet werden. Die gesetzlichen Vorgaben haben sich zwischenzeitlich mehrfach geändert. Die aktuell geltenden Regelungen zur Organisationsstruktur führen dazu, dass **ganz unterschiedlich ausgeprägte MVZ** an der vertragsärztlichen Versorgung teilnehmen.

41   Ursprünglich mussten MVZ **fachübergreifend** tätig sein. Das entsprach ihrem Vorbild, den in der DDR betriebenen Polikliniken. Sie finden noch heute in der Übergangsbestimmung des § 402 Abs. 2 SGB V als „im Beitrittsgebiet bestehende ärztlich geleitete kommunale, staatliche und freigemeinnützige Gesundheitseinrichtungen" Erwähnung. Es gab selbständige Polikliniken und verselbständigte Organisationseinheiten in Krankenhäusern mit einem hauptamtlichen Leiter und hauptamtlich tätigen Ärzten. Von diesem Leitbild der fachübergreifenden Ambulanzen löste sich der Gesetzgeber Mitte 2015. Seither können auch reine Hausarzt-, Zahnarzt oder spezialisierte facharztgruppengleiche MVZ gegründet und betrieben werden.

42   Nach der Legaldefinition des § 95 Abs. 1 S. 2 SGB V sind MVZ ärztlich geleitete Einrichtungen, in denen in das Arztregister eingetragene Fachärzte entweder als Angestellte oder im Status eines zugelassenen Vertragsarztes tätig sind. Weil in der zweiten Variante neben die Zulassung des Vertragsarztes diejenige des MVZ tritt, „überlagert" diese nach allgemeinem Verständnis die Zulassung des Vertragsarztes. Für das MVZ muss ein **ärztlicher Leiter** bestellt werden, der in medizinischen Fragen weisungsfrei ist. Das BSG hat im Laufe der Jahre dessen Funktion herausgearbeitet:[63] Er hat sicherzustellen, dass auch alle übrigen im MVZ arbeitenden Ärzte bei ihrer Tätigkeit keinen Weisungen von Nichtärzten unterworfen sind und dass ärztliche Entscheidungen unabhängig von sachfremden Erwägungen getroffen werden. Ihn trifft zwar keine fachliche Verantwortung für jede einzelne Behandlungsmaßnahme, wohl aber die Verantwortung für die ärztliche Steuerung der Betriebsabläufe und eine Gesamtverantwortung gegenüber der Kassenärztlichen Vereinigung. Regional kann vorgesehen werden, dass der Ärztliche Leiter die Abrechnungsunterlagen, d.h. die sog. Sammelerklärung, unterzeichnet. Um hinreichend in die Organisations- und Versorgungsstrukturen des MVZ eingebunden zu sein und auf die dortigen Abläufe einwirken zu können, muss der ärztliche Leiter selbst im MVZ tätig sein. Er kann auch in einer Nebenbetriebsstätte, d.h. Zweigpraxis, tätig sein, wenn eine ggf. kurzfristige persönliche Präsenz auch in der Hauptbetriebsstätte möglich ist.[64]

---

63 BSG, Urt. v. 13.12.2023 – B 6 KA 15/22 R, KrV 2024, 149, 151 mwN und Anm. Clemens.
64 SG Marburg, Urt. v. 3.5.2023 – S 17 KA 642/22, GesR 2024, 34.

Nach der Ursprungsfassung des § 95 SGB V konnten MVZ von allen Leis- 43
tungserbringern gegründet werden, die auf Grund einer Zulassung, einer Ermächtigung oder eines Vertrages an der medizinischen Versorgung gesetzlich
Versicherter teilnehmen. Daher war es trotz des offensichtlichen Interessenkon-
flikts z.B. einem Apotheker möglich, ein MVZ in räumlicher Nähe zu seiner Apotheke zu gründen und einen Großteil deren Verordnungen einzulösen. Entsprechendes galt für Sanitätshäuser.[65] Den Kreis derjenigen, welche MVZ gründen
können, hat der Gesetzgeber später beschränkt, dann jedoch wieder ausgeweitet.
Die wichtigsten **Gründungsberechtigten** sind nunmehr zugelassene Vertragsärzte, zugelassene Krankenhäuser, § 108 SGB V, und neuerdings Kommunen. Das ermöglicht allerdings über den Umweg des Aufkaufs eines Krankenhauses auch
Krankenhausinvestoren den Aufbau einer bundesweiten Kette z.B. allein auf die
Augenheilkunde und das Angebot lukrativer Katarakt-Operationen fokussierter
MVZ. Über von Bundesgesundheitsminister Karl Lauterbach angekündigte Beschränkungen konnte man in der 20. Wahlperiode des Deutschen Bundestages
offenbar kein Einvernehmen erzielen.[66] Sie wären verfassungsrechtlich an der
Berufsfreiheit potenzieller Investoren sowie der inneren Folgerichtigkeit der Regelungen zu messen.[67] Diskutiert werden u.a. Beschränkungen der Marktanteile
vom MVZ in Trägerschaft von Krankenhäusern, wie sie für zahnärztliche MVZ in
§ 95 Abs. 1b SGB V bereits vorgesehen sind. Auch anerkannte Praxisnetze sind
gründungsberechtigt. Das ermöglicht es, in einer Region aus einer Leistungserbringergemeinschaft heraus gemeinsam Versorgungslücken zu schließen.

Mit der Zulassung ist das MVZ berechtigt und verpflichtet, an der vertrags- 44
ärztlichen Versorgung teilzunehmen, § 95 Abs. 3 S. 2 SGB V. Es wird damit aber
keine Mitgliedschaft in der zuständigen Kassenärztlichen Vereinigung begründet;
Mitglieder werden nur die im MVZ tätigen (angestellten) Ärzte, die Mitglied der
Vertreterversammlung oder von beratenden Fachausschüssen, § 79c SGB V, werden
können oder in anderen Gremien wie Qualitätssicherungskommissionen mitwirken. Die Kassenärztlichen Vereinigungen sind im Gegensatz zu den Rechtsan-
waltskammern[68] reine Personalkörperschaften. U.a. auf den Honorarverteilungsmaßstab, einer von der Vertreterversammlung der Kassenärztlichen Vereinigung
beschlossenen Satzung, welche die Verteilung der Honorare unter den einzelnen

---

65 Bestandsschutz für diese Einrichtungen gewährt § 95 Abs. 1a S. 4 SGB V.
66 Vgl. dazu bspw. die Position der Bundesärztekammer: https://www.bundesaerztekammer.de/
themen/aerzte/gesundheitsversorgung/mvz.
67 Vgl. z.B. Burgi, Rechtsgutachten verfassungs- und europarechtliche Grenzen weiterer MVZ-Regu-
lierungen (www.bbmv.de/positionen/rechtsgutachten-mvz-regulierung); Prütting/Hügel/Sowa MedR
2022, 975.
68 Vgl. § 59f Abs. 5 BRAO.

Facharztgruppen regelt, haben die Träger von MVZ **keinen unmittelbaren Einfluss,** sondern allenfalls informelle Einflussmöglichkeiten. Und dies, obwohl ihnen andererseits die von den Ärzten im MVZ erwirtschafteten Honoraransprüche zustehen.

45 Bisher ist ungeklärt, ob angesichts der zunehmenden Etablierung der neuen Versorgungsform, die mit einem ständig steigenden Marktanteil einhergeht, für die Interessenvertretung seitens der Kassenärztlichen Vereinigungen noch eine hinreichende demokratische Legitimation besteht. Allerdings hat das BVerfG in seiner Entscheidung zum Lippeverband und zur Emschergenossenschaft entschieden, dass das entwicklungsoffene Demokratiegebot im Bereich der mittelbaren Staatsverwaltung keine lückenlose personelle demokratischer Legitimation aller Entscheidungsträger fordert.[69] Der Begründungsstrang, dass die funktionale Selbstverwaltung das demokratische Prinzip ergänze und verstärke und damit ein wirksames **Mitspracherecht der Betroffenen** geschaffen und verwaltungsexterner Sachverstand aktiviert werde, lässt an einem verfassungskonformen Zustand zweifeln. Da in einem MVZ die kaufmännische Verantwortung bei nichtärztlichen Geschäftsführern liegen kann, wird deren Sachverstand nicht unmittelbar eingebunden und die Trägerinteressen können nur mittelbar über die im MVZ tätigen Ärzte und damit gegenüber denjenigen der Vertragsärzte nur in abgeschwächter Form eingebracht werden.

46 Angesichts der vor allem im fachärztlichen Versorgungsbereich bestehenden Zulassungsbeschränkungen werden MVZ vor allem über den Weg des § 103 Abs. 4a SGB V gegründet. Danach kann ein Vertragsarzt in einem gesperrten Planungsbereich auf seine **Zulassung verzichten, um sich in einem MVZ anstellen zu lassen.** Mit seinem Ausscheiden kann das MVZ seine Stelle mit einem Arzt seiner Wahl nachbesetzen. Das ist aber in der Regel erst nach dreijähriger Tätigkeit des auf seine Zulassung verzichtenden Arztes im MVZ möglich.[70] Es ist aber auch der umgekehrte Weg möglich: Auf Antrag des MVZ ist die Anstellung in eine Zulassung des angestellten Arztes umzuwandeln, was sich aus dem für entsprechend anwendbar erklärten § 95 Abs. 9b SGB V ergibt. Besteht ein MVZ in der Rechtsform der GmbH, kann das Unternehmen ohne Beteiligung des Zulassungsausschusses an andere Gründungsberechtigte veräußert werden.

47 Auch einem MVZ kann die **Zulassung entzogen** werden, und zwar insbesondere dann, wenn es in dem primären Verantwortungsbereich des Trägers, nämlich den organisatorischen Abläufen der Leistungserbringung, d.h. bei der Auswahl und dem Einsatz der Ärzte, der Anzeige von Vertretungen sowie bei der Leis-

---

69 BVerfG, Beschl. vom 5.12.2002 – 2 BvL 5/98 u. a., NVwZ 2003, 974, 976.
70 BSG, Urt. v. 4.5.2016 – B 6 KA 21/15 R, MedR 2016, 1006, 1010.

tungsabrechnung, zu Fehlern kommt, die auf eine Sorglosigkeit im Umgang mit diesen Pflichten schließen lassen. Die Schwelle für Zulassungsentziehungen liegt bei einem MVZ niedriger als bei Vertragsärzten, weil die Kassenärztliche Vereinigung gegenüber dem Rechtsträger keine Disziplinargewalt hat; von § 81 Abs. 5 SGB V wird er nicht erfasst. Die Zulassungsentziehung ist daher mangels milderer Mittel die einzige nachdrückliche Sanktionsoption.[71] Daher ist der Aufbau eines Compliance Management Systems geboten.

3. Weitere Teilnahmeformen an der vertragsärztlichen Versorgung

Neben zugelassenen Vertragsärzten und zugelassenen MVZ nehmen nach § 95 **48** Abs. 1 S. 1 SGB V noch ermächtigte Ärzte, das sind i. d. R. **leitende Krankenhausärzte**, und ermächtigte Einrichtungen, zu denen etwa Sozialpädiatrische Zentren gehören, an der vertragsärztlichen Versorgung teil. Krankenhausärzte benötigen dazu die Zustimmung des Krankenhausträgers; ihre Abrechnung mit der Kassenärztlichen Vereinigung erfolgt über das Krankenhaus, §§ 116 S. 1, 120 Abs. 1 S. 3 SGB V, welches davon die ihm entstandenen Kosten für die Inanspruchnahme u. a. der Räume der Chefarztambulanz und der eingesetzten Ambulanzmitarbeiter einbehält. Der ermächtigte Arzt kann sich seitens der Kassenärztlichen Vereinigung keine Entlastungs- oder Weiterbildungsassistenten genehmigen lassen; § 32 Abs. 2 Ärzte-ZV findet keine Anwendung. Abgesehen von Krankheits- oder Urlaubszeiten, in denen ein qualifizierter Vertreter die Leistungen erbringen darf, muss der ermächtigte Arzt alle Leistungen höchstpersönlich erbringen. Ebenso ist es ausgeschlossen, Assistenz- oder Oberärzte Voruntersuchungen durchführen zu lassen und nur die schwierigen Behandlungsfälle persönlich zu übernehmen.[72]

Die Ermächtigung ist zu erteilen, soweit und solange eine ausreichende ärzt- **49** liche Versorgung der Versicherten ohne die besonderen Untersuchungs- und Behandlungsmethoden oder Kenntnisse von hierfür geeigneten Krankenhausärzten nicht sichergestellt wird, § 116 S. 2 SGB V. Deshalb gibt der Zulassungsausschuss in dem Ermächtigungsbescheid genau an, welche Leistungen bzw. Untersuchungs- und Behandlungsmethoden von der Ermächtigung umfasst sind, d. h. erbracht und abgerechnet werden dürfen. Weil sich das Angebot der niedergelassenen Ärzte und MVZ im Laufe der Zeit erweitern kann, ist es üblich, die Ermächtigung auf zwei Jahre zu befristen, § 31 Abs. 7 S. 1 Ärzte-ZV. Die **Subsidiarität** der Ermächtigung hat zur Folge, dass sie für den Chefarzt wegfallen kann, wenn seine Oberärzte eine

---

71 BSG, Urt. v. 21.3.2012 – B 6 KA 22/11 R, MedR 2013, 66, 68.
72 BSG, Urt. v. 21.3.2018 – B 6 KA 47/16 R, MedR 2019, 166.

Tätigkeit in dem an das Krankenhaus angegliederten MVZ aufnehmen. Außerdem bedarf es häufig einer Überweisung an den ermächtigten Arzt, § 31 Abs. 7 S. 2 Ärzte-ZV. Das bedeutet, dass der Patient den Krankenhausarzt nicht unmittelbar aufsuchen kann, sondern ihm Fachärzte derselben Fachrichtung als Filter vorgeschaltet sind. Aus der Nachrangigkeit leitet das BVerfG[73] ab, dass gegen eine Ermächtigung ein defensive Konkurrentenklage erhoben werden kann.

50   Neben den Hochschulambulanzen, die neben der Versorgung von Patienten mit schweren und komplexen Krankheitsbildern[74] auch Aufgaben in der Forschung und Lehre wahrnehmen, § 117 SGB V, sind in den letzten Jahren zunehmend Versorgungskonzepte für definierte Patientengruppen entwickelt worden, welche in speziellen ermächtigen Einrichtungen mit Fachpersonal umgesetzt werden. Psychiatrischen und psychosomatischen Krankenhäusern sowie psychiatrischen und psychosomatischen Abteilungen von Allgemeinkrankenhäusern wird die Teilnahme an der ambulanten Versorgung psychisch kranker Patienten ermöglicht, wobei die Psychiatrischen Institutsambulanzen (PIA) auch Außenstellen sein können, § 118 SGB V. Daneben bestehen geriatrische und pädiatrische Institutsambulanzen, §§ 118a, 118b SGB V, sozialpädiatrische Zentren, § 119 SGB V, und medizinische Behandlungszentren für Erwachsene mit geistiger Behinderung oder schweren Mehrfachbehinderungen, § 119c SGB V.

III. Pflichten der an der vertragsärztlichen Versorgung teilnehmenden Ärzte

51 Mit der Zulassung zur vertragsärztlichen Versorgung gehen eine Reihe von Pflichten einher. Diese sind teilweise schon angesprochen worden, werden nachfolgend jedoch noch einmal zusammengefasst, ergänzt und zum Teil vertieft. Der Gesetzgeber hat diese Pflichten nicht kategorisiert. Allerdings hat das BSG betont,[75] dass für die **Funktionsfähigkeit der vertragsärztlichen Versorgung** grundlegend insbesondere sind (1.) die Pflicht, vor Tätigkeitsbeginn einen statusbegründenden Verwaltungsakt des Zulassungsausschusses zu erwirken, (2.) die Pflicht zur persönlichen Leistungserbringung und (3.) die Pflicht zur peinlich genauen bzw. korrekten Leistungsabrechnung.

---

73 BVerfG, Beschl. v. 17.8.2004 – 1 BvR 378/00, NJW 2005, 273.
74 Vgl. https://www.kbv.de/media/sp/_117_Hochschulambulanzen.pdf.
75 BSG, Urt. v. 21.3.2012 – B 6 KA 22/11 R, MedR 2013, 66, 69.

1. Grundlegende Pflichten

Den hohen Stellenwert der letztgenannten **Pflicht zur peinlich genauen Ab-** 52
rechnung begründet das BSG damit, dass das Abrechnungs- und Honorierungs-
system der vertragsärztlichen Versorgung auf Vertrauen aufbaut. Der Honorierung
werden die Angaben der Leistungserbringer über die von ihnen erbrachten Leistungen zugrunde gelegt; eine Überprüfung erfolgt nur im Rahmen nachgelagerter
Prüfungen nach den §§ 106–106 d SGB V. Die Pflicht zur peinlich genauen Leistungsabrechnung bedeutet auch, dass der Vertragsarzt nicht auf die Abrechnung
von Leistungen verzichten darf, von denen er weiß, dass diese ihm nicht gesondert
vergütet werden. Andernfalls könnte er z. B. der Plausibilitätsprüfung anhand von
Zeitprofilen entgehen, § 106d Abs. 2 S. 2 SGB V und unvollständige Daten über das
Leistungsgeschehen können Fehlsteuerungen in der Versorgung auslösen.

Mit der Betonung der Pflicht, vor Tätigkeitsbeginn einen **statusbegründenden** 53
Verwaltungsakt der Zulassungsgremien zu erwirken, will das BSG sicherstellen,
dass im vertragsärztlichen System zu jedem Zeitpunkt ohne zusätzlichen verwal-
tungsmäßigen Aufwand klar ist, (a) welcher Arzt Versicherte der gesetzlichen
Krankenkassen zu deren Lasten behandeln und ihnen Leistungen verordnen darf
und b) ob insoweit ein Anspruch des Arztes besteht, wegen der von ihm erbrachten
Leistungen an der Verteilung des Honorars durch die Kassenärztliche Vereinigung
beteiligt zu werden. Nur dann könne sich der jeweils behandelte Versicherte darauf verlassen, dass sein Arzt in das vertragsärztliche System eingebunden ist, dass
keine Vergütung unmittelbar dem Arzt gegenüber zu zahlen ist und dass vorher die
spezifische Fachkunde des Arztes für qualitätsgebundene Leistungen festgestellt
wurde.[76] Die Rechtsprechung lässt sich auf Heilmittelbringer übertragen. Physiotherapeutische Leistungen werden seitens der Krankenkassen nur vergütet,
wenn sie in einer dafür zugelassenen Betriebsstätte erbracht werden.[77]

Die in § 15 BMV-Ä näher ausgestaltete **Pflicht zur persönlichen Leistungs-** 54
erbringung[78] sichert die hohe Qualität der vertragsärztlichen Versorgung. Diese
kann nur gewährleistet werden, wenn die Leistungen von demjenigen persönlich
erbracht werden, der vermittels der Statusentscheidung als befähigt angesehen
worden ist, qualitätsgerechte Leistungen zu gewährleisten. Ausnahmen gelten für
Praxisvertreter sowie vorher genehmigte Weiterbildungs- und Sicherstellungs-As-

---

76 BSG, Urt. v. 23.6.2010 – B 6 KA 7/09 R, MedR 2011, 298, 305.
77 BSG, Urt. v. 20.4.2016 – B 3 KR 23/15 R, BeckRS 2016, 70947.
78 Ausnahmen vom Grundsatz der persönlichen Leistungserbringung finden sich auch in § 15
Abs. 3 (sog. Leistungserbringergemeinschaft) und § 25 BMV-Ä (Laborleistungen; vgl. dazu BSG, Urt.
v. 8.8.2018 – B 6 KA 24/17 R, NZS 2019, 545, 548).

sistenten, § 32 Abs. 2 Ärzte-ZV. Eine persönliche Leistungserbringung wird in der Regel auch in sog. Selektivverträgen nach § 140a SGB V gefordert.[79]

55 Persönliche Leistungen sind ferner **Hilfeleistungen nichtärztlicher Mitarbeiter**, die der an der vertragsärztlichen Versorgung teilnehmende Arzt, der genehmigte Assistent oder ein angestellter Arzt anordnet und fachlich überwacht. Weitere Voraussetzung ist, dass der nichtärztliche Mitarbeiter zur Erbringung der jeweiligen Hilfeleistung qualifiziert ist, §§ 15 Abs. 1 S. 2, 28 Abs. 1 S. 2 SGB V, § 15 Abs. 1 S. 5 und 6 i.V.m. Anlage 8 zum BMV-Ä.

2. Weitergehendes Pflichtenprogramm

56 Die Zulassung verpflichtet Vertragsärzte und MVZ zur Teilnahme an der vertragsärztlichen Versorgung im Umfang des aus der Zulassung folgenden Versorgungsauftrages; die Einhaltung wird von den Kassenärztlichen Vereinigungen überprüft, § 95 Abs. 3 SGB V. Dies hat sowohl in zeitlicher als auch in inhaltlicher Hinsicht zu erfolgen. Die im Anhang 3 des Einheitlichen Bewertungsmaßstabes enthaltenen Angaben für den zur Leistungserbringung erforderlichen Zeitaufwand des Vertragsarztes lassen Rückschlüsse darauf zu, ob die in § 19a Abs. 1 BMV-Ä für den jeweiligen Versorgungsauftrag festgelegten **Mindestsprechstundenzeiten** eingehalten werden und damit die sog. Präsenzpflicht erfüllt wird. Die Sprechstunden sind grundsätzlich mit festen Uhrzeiten auf dem Praxisschild anzugeben; daneben können Sprechstunden „nach Vereinbarung" angekündigt werden, § 17 Abs. 1 S. 2–3 BMV-Ä. Um die vorhandenen Kapazitäten ausnutzen zu können, sind Vertragsärzte verpflichtet, der von der für sie zuständigen Kassenärztlichen Vereinigung eingerichteten Terminservicestelle freie Termine zu melden, § 75 Abs. 1a S. 17 SGB V, wohingegen die Meldung von freien Termine im Rahmen von Videosprechstunden freiwillig ist, § 75 Abs. 1a S. 20–21 SGB V.

57 Die Behandlung eines Versicherten darf seitens des Vertragsarztes nur in begründeten Fällen abgelehnt werden, § 13 Abs. 7 S. 3 BMV-Ä. Solche Gründe können sich nach Ansicht des BSG allenfalls aus einer **Störung des Vertrauensverhältnisses zwischen Arzt und Patient** oder einer besonderen, durch Verweisung der Patienten an andere Vertragsärzte kompensierbaren **Überlastungssituation des Vertragsarztes**, nicht jedoch aus finanziellen Gesichtspunkten[80] oder abweichenden politischen Einstellungen des Patienten ergeben. Die Störung des Vertrauensverhältnisses darf nicht vom Vertragsarzt provoziert sein und muss so stark

---

79 Vgl. OLG Brandenburg, Urt. v. 28.12.2017 – 6 U 40/16, GesR 2018, 430.
80 BSG, Urt. v. 14.3.2001 – B 6 KA 67/00 R, MedR 2002, 47, 50.

sein, dass die Weiterbehandlung aufgrund des Zerwürfnisses unzumutbar ist. Eine Überlastung ist auch anzunehmen, wenn der Patientenandrang keine qualitätsgesicherte Behandlung mehr zulässt. Denn nach § 70 Abs. 1 SGB V muss die Behandlung dem allgemein anerkannten Stand der medizinischen Erkenntnisse entsprechen und in der fachlich gebotenen Qualität erbracht werden.

Weggefallen ist für Vertragsärzte die Residenzpflicht, also die Wahl eines 58 Wohnsitzes in der Nähe des Vertragsarztsitzes. Anders ist es bei **Belegärzten.** Dies sind grundsätzlich[81] nicht am Krankenhaus angestellte Ärzte, die berechtigt sind, stationär aufgenommene Patienten unter Inanspruchnahme der Infrastruktur des Krankenhauses zu behandeln und die hierfür nach entsprechender Anerkennung als Belegarzt von der Kassenärztlichen Vereinigung aus der Gesamtvergütung heraus vergütet werden, § 39 Abs. 1 BMV-Ä. Um die unverzügliche und ordnungsgemäße Patientenversorgung gewährleisten zu können, muss das Krankenhaus sowohl von der Wohnung als auch von der Praxis des Belegarztes aus im Regelfall innerhalb von 30 Minuten erreichbar sein.[82] Die belegärztliche Tätigkeit geht auch angesichts der damit verbundenen Haftungsrisiken zurück. Sie bietet nach Maßgabe des § 103 Abs. 7 SGB V jedoch eine Möglichkeit, auch im gesperrten Planungsbereich eine Zulassung zu erhalten. Auch dann gilt § 39 Abs. 3 S. 1 BMV-Ä, wonach die stationäre Tätigkeit des Vertragsarztes nicht das Schwergewicht der Gesamttätigkeit des Vertragsarztes bilden darf.

Die Erfüllung des Versorgungsauftrags erfordert jedoch nicht nur eine aus- 59 reichende Anzahl an erbrachten Leistungen, sondern grundsätzlich auch, dass **alle wesentlichen Leistungen des Fachgebiets** angeboten und durchgeführt werden.[83] Das soll verhindern, dass sich Leistungserbringer auf einzelne, besonders lukrative, oftmals prozedurale Leistungen ihres Fachgebiets beschränken und die Versorgung im Übrigen vernachlässigen. Andererseits sind Spezialisierungen möglich, wenn dem keine sachfremden, sondern durch die örtliche Versorgungsituation begründete Umstände zugrunde liegen.[84] Dafür spricht zudem, dass an zahlreiche sog. genehmigungspflichtige Leistungen[85] besondere Qualitätsanforderungen gestellt werden und deren Durchführung einer speziellen Abrechnungsgenehmigung bedarf.

---

81 Durch § 121 Abs. 5 SGB V ist abweichend ein Honorarvertragsmodell möglich.
82 BSG, Urt. v. 17.3.2021 – B 6 KA 6/20 R, MedR 2021, 1115, 1118 in Auslegung des § 39 Abs. 5 Nr. 3 BMV-Ä.
83 BSG, Urt. v. 14.3.2001 – B 6 KA 54/00 R, MedR 2002, 37, 42.
84 BSG, Beschl. v. 21.3.2018 – B 6 KA 84/17 B, BeckRS 2018, 6175; jurisPK-SozR/Pawlita, SGB V, § 95 Rn. 886 f.
85 Eine Zusammenstellung findet sich auf den Webseiten der Kassenärztlichen Vereinigungen. Vgl. z. B. www.kvn.de/Mitglieder/Anträge/Genehmigungspflichtige+Leistungen.html.

60   Ärzte, die an der vertragsärztlichen Versorgung teilnehmen, müssen sich nicht nur fachlich, § 95d SGB V, sondern auch hinsichtlich der bürokratischen Vorgaben, etwa zur Anwendung der elektronischen Patientenakte, § 341 SGB V, oder zum **Formularwesen** fortbilden, § 81 Abs. 4 SGB V. Zentrale Norm ist als sog. Einweisungsvorschrift § 294 SGB V. Danach müssen Ärzte die für die Erfüllung der Aufgaben der Krankenkassen sowie Kassenärztlichen Vereinigungen notwendigen Angaben, die aus der Erbringung, der Verordnung sowie der Abgabe von ambulanten Leistungen entstehen, aufzuzeichnen und diesen oder den mit der Datenverarbeitung beauftragten Stellen nach Maßgabe der §§ 295 ff. SGB V mitteilen. Seitens der Ärzte werden allerdings keine Sozialdaten, § 67 Abs. 2 S. 1 SGB X, verarbeitet, da sie als Leistungserbringer, obwohl sie z.T. der Sache nach Verwaltungsaufgaben für die Krankenkassen übernehmen, nicht zu den in § 35 Abs. 1 SGB I ausdrücklich genannten Stellen gehören.

61   Zudem haben Vertragsärzte alle für die vertragsärztliche Versorgung abgeschlossenen Verträge sowie die vom Gemeinsamen Bundesausschuss oder der Kassenärztlichen Bundesvereinigung im Rahmen ihrer jeweiligen Zuständigkeit erlassenen Richtlinien zu beachten, § 81 Abs. 3 SGB V. Daraus, z. B. aus Qualitätssicherungsvereinbarungen oder Leistungspositionen im Einheitlichen Bewertungsmaßstab, ergeben sich weitere **Dokumentationspflichten**, die häufig nicht vorrangig der Therapiesicherung, sondern als Nachweis für erbrachte Leistungen dienen, also Rechnungslegungsfunktion haben.

62   Das deutsche Gesundheitswesen wird, wenn auch im internationalen Vergleich eher spät, digitalisiert. Daraus erwächst für Vertragsärzte nunmehr allerdings die Verpflichtung, im digitalen Format mit der Kassenärztlichen Vereinigung abzurechnen, § 295 Abs. 1 S. 1 SGB V, sich an die **Telematikinfrastruktur** anzuschließen und deren Pflichtanwendungen und Dienste wie z. B. das elektronische Rezept, die spezielle Kommunikationsinfrastruktur oder das Versichertenstammdatenmanagement, d. h. den Online-Datenabgleich der Versichertenstammdaten zur Überprüfung der Leistungspflicht der Krankenkasse, zu nutzen sowie für die dezentralen Komponenten wie Konnektoren die datenschutzrechtliche Verantwortung zu übernehmen.[86] Verweigert sich dem der Vertragsarzt, kommt es zu Vergütungsabschlägen, §§ 291b Abs. 5, 341 Abs. 6, 360 Abs. 17 SGB V. Eine Abrechnung bei den Kassenärztlichen Vereinigungen ist nur möglich, wenn ein Praxisverwaltungssystem eingesetzt wird, welches das in § 387 SGB V vorgesehene Konformitätsbewertungsverfahren erfolgreich durchlaufen hat, § 372 Abs. 3 SGB V.

63   Gegenüber dem Vertragsarzt weist sich der Versicherte mit der in § 291 SGB V geregelten **elektronischen Gesundheitskarte** aus, § 15 Abs. 2 S. 1 SGB V. Im Laufe

---

86 Vgl. dazu BSG, Urt. v. 6.3.2024 – B 6 KA 23/22 R, NZS 2024, 941.

des Jahres 2024 wurde eine elektronische Ersatzbescheinigung für den Fall entwickelt, dass der Versicherte die Karte vergessen hat oder es technische Probleme gibt, § 291 Abs. 9 SGB V. Sie wird bei der Krankenkasse digital angefordert und nach Prüfung über ein sicheres Übermittlungsverfahren, § 311 Abs. 6 SGB V, das sich „Kommunikation im Medizinwesen (KIM)" nennt, automatisch an die digitale Adresse des Vertragsarztes geschickt. Näheres regelt die Anlage 4a des BMV-Ä.

Besondere vertragsärztliche Pflichten begründet auch § 128 SGB V. Er soll u. a. **64** korruptive Verhaltensweisen verhindern. Danach dürfen Vertragsärzte Hilfsmittel aus bei ihnen eingerichteten Depots ausschließlich in Notfällen abgeben bzw. deren Abgabe dulden. Außerdem dürfen sie von Hilfsmittelanbietern keine **unzulässigen Zuwendungen** fordern oder annehmen, und zwar auch nicht in Form von Einkünften aus Unternehmensbeteiligungen. Desweitern dürfen sie Versicherte nicht zur Inanspruchnahme einer privatärztlichen Versorgung anstelle der ihnen zustehenden Kassenleistung beeinflussen.[87] Verstöße können disziplinarisch geahndet werden, § 81 Abs. 5 SGB V.

Zusätzliche Anforderungen wie etwa die Teilnahme an Qualitätszirkeln oder **65** an speziellen Fortbildungsmaßnahmen bzw. das zusätzliche Angebot von Abend- oder Samstagssprechstunden sind häufig zu erfüllen, wenn Vertragsärzte an der hausarztzentrierten Versorgung, § 73b SGB V, oder an einer integrierten Versorgung, d. h. einer verschiedene Leistungssektoren übergreifenden oder einer interdisziplinär fachübergreifenden Versorgung, § 140a Abs. 1 S. 2 SGB V, teilnehmen. Erstere sind wie die Bundesmantelverträge und die Gesamtverträge Normsetzungsverträge,[88] die nicht nur gegenüber den Vertragspartnern, sondern als Rechtsnorm auch gegenüber nicht am Vertrag Beteiligten Wirkung entfalten.[89] Das gilt nicht für Verträge über eine integrierte Versorgung.[90]

IV. Vergütung vertragsärztlicher Leistungen

1. Grundsatz: Abrechnung über die Kassenärztlichen Vereinigungen

Die Vergütung vertragsärztlicher Leistungen erfolgt grundsätzlich über die Kas- **66** senärztlichen und Kassenzahnärztlichen Vereinigungen. Nach §§ 85 Abs. 4 S. 1, 87b Abs. 1 S. 1 SGB V werden die mit den Krankenkassen vereinbarten Gesamtvergütungen seitens der Kassenärztlichen Vereinigungen an die an der vertragsärztli-

---

87 Vgl. näher BT-Drs. 16/10609, 58.
88 BSG, Urt. v. 21. 3. 2018, B 6 KA 59/17 R, NZS 2019, 140, 145.
89 BSG, Urt. v. 12. 2. 2020, B 6 KA 25/18 R, NZS 2020, 753, 759
90 Becker/Kingreen/Huster, 9. Aufl. 2024, SGB V § 140a Rn. 16.

chen Versorgung teilnehmenden Ärzte, Zahnärzte, Psychotherapeuten, medizinischen Versorgungszentren sowie ermächtigten Einrichtungen verteilt. Dabei handelt es sich um **zwei getrennte Rechtskreise**, nämlich die Berechnung und Anpassung der von den Krankenkassen an die Kassen(zahn)ärztlichen Vereinigungen zu zahlenden Gesamtvergütung, §§ 85 Abs. 1–2c, 3–3a, 87a SGB V, sowie die Verteilung dieser Vergütung an die Vertrags(zahn)ärzte und MVZ durch die Kassen(zahn)ärztlichen Vereinigungen, §§ 85 Abs. 2d und 4, 87b SGB V. Auch wenn beide Rechtskreise getrennt zu betrachten sind, bestehen zwischen ihnen so starke gegenseitige Abhängigkeiten, dass sie nachfolgend miteinander verwoben dargestellt werden.

67   Es erfolgt aber nicht stets eine Abrechnung über die Kassenärztliche Vereinigung. Nimmt ein Hausarzt an der hausarztzentrierten Versorgung teil, § 73b SGB V, kann durch deren Gemeinschaften, d. h. faktisch durch den Hausarztverband, als potenzieller Vertragspartner vereinbart werden, dass eine andere Institution, z. B. ein Wirtschaftsbetrieb des Hausärztinnen- und Hausärzteverbandes, die Abrechnung übernimmt, § 295a SGB V. Sog. Managementgesellschaften, die auch in § 140a Abs. 3 S. 1 Nr. 2 SGB V erwähnt werden und für die Vertragsärzte quasi als Subunternehmer tätig sind, können aufgrund der gleichen Bestimmung im Rahmen der besonderen Versorgung ebenfalls die Abrechnung übernehmen, § 73b Abs. 4 S. 3 Nr. 2 SGB V.

68   Soweit für operative Eingriffe bei niedergelassenen Ärzten und in Krankenhäusern eine spezielle sektorengleiche Vergütung vereinbart wurde, wird die Fallpauschale, gängig auch als **Hybrid-DRG** bezeichnet, seitens der Vertragsärzte grundsätzlich direkt mit der Krankenkasse abgerechnet, § 115f Abs. 3 S. 2 SGB V. Diese können als ihren Dienstleister aber auch ihre Kassenärztliche Vereinigung zwischenschalten. Die Hybrid-DRG darf nur von einem am Eingriff beteiligten Arzt, bspw. dem Operateur, abgerechnet werden. Weitere einbezogene Ärzte wie Anästhesisten oder Radiologen werden daran vom abrechnenden Arzt auf Basis einer bilateralen vertraglichen Vereinbarung beteiligt. Dabei muss die Beteiligung der Höhe nach angemessen sein, da dies andernfalls ein Indiz für eine verbotene Patientenzuweisung gegen Entgelt wäre, § 73 Abs. 7 SGB V.

69   Wie die Vergütung zwischen den einzelnen Vertragsärzten, MVZ sowie ermächtigten Ärzten und ermächtigten Einrichtungen aufgeteilt wird, richtet sich nach den gesetzlichen Vorgaben, §§ 85–87b SGB V, sowie Regelwerken, die sowohl auf Bundesebene (u. a. Einheitlicher Bewertungsmaßstab, Orientierungswert) als auch auf Landesebene (Gesamtvertrag, Honorarverteilungsmaßstab) verabschiedet werden. Das führt zu einem **komplizierten Vergütungsrecht**. Allein § 87 SGB V besteht inzwischen aus 33 Absätzen mit über 6.000 Wörtern. Hinzu kommen vom Bundessozialgericht entwickelte Grundsätze, die nur zum Teil Eingang in den Gesetzestext gefunden haben. Blickt man längere Zeit zurück, sind immer wieder

neue Ideen geboren worden, um das Honorar gerecht zu verteilen und mit jeweils mehr oder weniger passenden Namen von Begrenzungsmaßnahmen wie z.B. Praxisbudgets, Regelleistungsvolumina, qualitätsgebundenen Zusatzvolumina oder individuellen Leistungsbudgets zu versehen.

Eine große Diskussion in der Honorarpolitik ist wiederkehrend, wie hoch der 70 **Pauschalisierungsgrad der Vergütung** sein soll. Z.B. wird die hausärztliche Grundversorgung über Versichertenpauschalen vergütet. Im Einheitlichen Bewertungsmaßstab sind aber auch für andere Leistungen jeweils verpflichtende und fakultative Leistungsbestandteile angegeben; letztere führen zu keiner höheren Vergütung, müssen jedoch bei medizinischer Notwendigkeit erbracht werden. Zu beachten sind jeweils auch die Allgemeinen Bestimmungen des Bewertungsmaßstabes und bei den fachärztlichen Leistungen wird jeweils ausgewiesen, wer die Leistungen abrechnen darf. Somit kann für die einzelnen Fachgruppen ein deutlich übersichtlicherer Auszug aus dem umfangreichen Regelwerk erstellt werden. Er ist über die Webseite der Kassenärztlichen Bundesvereinigung (www.kbv.de) einsehbar.

Für die Auslegung vertragsärztlicher Vergütungstatbestände ist nach der 71 Rechtsprechung des BSG in erster Linie der **Wortlaut** maßgeblich.[91] Das Regelwerk sei das Ergebnis eines Austausches unterschiedlicher Interessen und so sei es vorrangig Aufgabe des Bewertungsausschusses und nicht der Rechtsprechung, ggf. Klarheit zu schaffen. Gebührenordnungstatbestände können, anders als im privatärztlichen Bereich, § 6 Abs. 2 GOÄ, nicht analog angewendet werden. Soweit der Wortlaut eines Leistungstatbestandes zweifelhaft ist, bleibt Raum für eine systematische Interpretation und ggf. eine entstehungsgeschichtliche Auslegung.

2. Beziehungsstruktur der Beteiligten und Vergütungsvereinbarungen

Der Erbringung ambulanter vertragsärztlicher Leistungen und deren Vergütung 72 liegt dabei ein **Vierecksverhältnis** zugrunde:[92] Zwischen dem Arzt und dem Versicherten als Leistungsempfänger wird ein zivilrechtlicher Behandlungsvertrag geschlossen, § 630a Abs. 1 BGB. Da die Zahlung ein Dritter übernehmen muss, nämlich aus Sicht des Versicherten seine gesetzliche Krankenkasse und aus Sicht des Arztes seine Kassenärztliche Vereinigung, muss der Patient dem Arzt ausweislich der gesetzlichen Regelung keine Vergütung zahlen. Soweit Versicherungsschutz besteht, ist er im „Erfüllungsverhältnis" nach § 630a BGB von einer

---

91 Ausführlich jurisPK-SGB V/Clemens, § 106d SGB V Rn. 182 ff.
92 Vgl. BSG, Urt. v. 28.8.2024 – B 6 KA 1/23 R, BeckRS 2024, 37840 Rn. 21 mWN.

Zahlungspflicht befreit. Er bezahlt die Leistungen also nicht unmittelbar, sondern indirekt durch Tragung der Krankenkassenbeiträge.

73 Der Versicherungsschutz ergibt sich aus der Mitgliedschaft oder der an sie gebundenen Familienversicherung in einer gesetzlichen Krankenkassen, §§ 10, 186 ff. SGB V. Damit geht ein Leistungsanspruch auf ärztliche Behandlung einher, § 28 SGB V. Dieses Rechtsverhältnis wird als **Versicherungs- oder Leistungsverhältnis** bezeichnet; die Versicherung begründet als Gegenleistung für die Beitragszahlung Leistungsansprüche. Der Versicherte kann die Leistungen bei einem Vertragsarzt oder MVZ in Anspruch nehmen, weil diese aufgrund ihrer Zulassung in das System der Erbringung von Sachleistungen durch medizinisches Fachpersonal eingebunden sind, § 2 Abs. 1 S. 1, Abs. 2 SGB V. Man spricht insofern von einem Leistungserbringungs- oder auch **Beschaffungs- und Bereitstellungsverhältnis**, innerhalb dessen die vom Versicherten in Anspruch genommenen Leistungen abgerechnet werden. Dieses geschieht im Bereich der vertragsärztlichen Versorgung abweichend vom Regelfall, über die zwischengeschaltete Kassenärztliche Vereinigung, sodass öffentlich-rechtliche Rechtsbeziehungen grundsätzlich nur in dem jeweiligen Verhältnis Versicherter-Krankenkasse, Krankenkasse-Kassenärztliche Vereinigung und Kassenärztliche Vereinigung-Vertragsarzt bestehen, hingegen keine unmittelbare Rechtsbeziehung zwischen den Krankenkassen und den Ärzten.[93] Aus dem Dreieck- wird dadurch ein Viereckverhältnis.

74 Der **Vergütungsanspruch des Vertragsarztes** oder medizinischen Versorgungszentrums ist Folge der Zulassung und daher öffentlich-rechtlicher Natur. Er folgt jeweils aus der konkreten Leistungserbringung, wird aber erst zusammen mit allen anderen in einem Quartal erbrachten Leistungen abgerechnet. Zuvor erhält der Vertragsarzt, grundsätzlich unter Zugrundelegung der in früheren Quartalen erlangten Vergütung, monatliche Abschlagszahlungen, welche ihm die Liquidität sichern. Zudem nimmt ihm die Überlagerung des Behandlungsvertrages durch sozialrechtliche Normen das Insolvenzrisiko ab, welches er bei einer privatärztlichen Behandlung selbst trägt. Es entstehen ihm daher keine Zahlungsausfälle.

75 Über die Höhe der Vergütung finden keine Verhandlungen zwischen dem Arzt und der Krankenkasse statt, bei welcher der Patient versichert ist. Die Vergütung wird für die Ärzte und Krankenkassen stattdessen sowohl auf Bundes- als auch auf Landesebene von den für die beiden Seiten jeweils zuständigen Verbände vereinbart, also den Kassenärztlichen Bundesvereinigungen und den regionalen Kassenärztlichen Vereinigungen sowie dem Spitzenverband Bund der Krankenkassen sowie den Landesverbänden der Krankenkassen und den Ersatzkassen. Dabei sind die regionalen Vertragspartner und das von ihnen möglicherweise

---

93 BSG, Urt. v. 20.3.2013 – B 6 KA 18/12 R, BeckRS 2013, 70812 Rn. 17.

angerufene Landesschiedsamt an die Entscheidungen auf **Bundesebene**, namentlich den dort mittels einer jährlichen Anpassungsrate festgesetzten bundeeinheitlichen Orientierungswert, § 87 Abs. 2e, 2g SGB V, und die vom Bewertungsausschusses „mitgeteilten" Veränderungsraten für die Anpassung des Behandlungsbedarfs gebunden.[94]

Die einzelnen Krankenkassen sind wiederum an das Verhandlungsergebnis   76
auf **Landesebene** gebunden. Sie müssen es z. B. hinnehmen, wenn im Hinblick auf regionale Besonderheiten bei der Kosten- und Versorgungsstruktur Zuschläge auf den Orientierungswert, ggf. auch einzelner, z. B. auch telemedizinischer Leistungen, vereinbart werden, § 87a Abs. 2 SGB V. Zuschläge liegen aufgrund offensichtlich höherer Kosten im Bereich der Kassenärztlichen Vereinigungen der Stadtstaaten nahe.[95] Zwischen den Krankenkassenverbänden sowie den Ersatzkassen und den Kassenärztlichen Vereinigungen werden des Weiteren unter Zugrundelegung des Einheitlichen Bewertungsmaßstabes (EBM) versichertenbezogene Punktzahlvolumina vereinbart, die den durchschnittlichen Behandlungsbedarf für Versicherte verschiedener Morbiditätsklassen zum Ausdruck bringen, § 87a Abs. 3 S. 2 SGB V. Daraus errechnet sich in Abhängigkeit von der voraussichtlichen, nach Versichertentagen bemessenen, § 87a Abs. 3a S. 3 SGB V, Zahl und Morbiditätsstruktur der in ihrem Bezirk wohnenden Versicherten durch Multiplikation mit dem regionalen Punktwert bzw. gesonderten Zuschlägen ein Gesamtvergütung genannter Zahlungsanspruch der Kassenärztlichen Vereinigungen gegen die einzelnen Krankenkassen. Abgezogen werden im Rahmen einer Bereinigung aber u. a. die im Rahmen eines Vertrages über eine integrierte Versorgung vergüteten Leistungen, § 140a Abs. 6 SGB V.

Die Zahlung der Gesamtvergütung erfolgt mit befreiender Wirkung, §§ 85   77
Abs. 1, 87b Abs. 3 S. 1 SGB V, d. h. grundsätzlich leisten die Krankenkassen bei einer unerwarteten erhöhten Leistungsinanspruchnahme keine Nachzahlung. Es können jedoch ausnahmsweise Nachzahlungsansprüche vereinbart werden, § 87a Abs. 5 S. 1 Nr. 1 SGB V. Dies erfolgt z. B. für den Fall, dass es zu einer Pandemie oder einer außerordentlichen Grippewelle kommt. Dass in den Stadtstaaten Umlandbewohner und in Urlaubsregionen Touristen behandelt werden, wird im sog. Fremdkassenzahlungsausgleich zwischen den Kassenärztlichen Vereinigungen ausgeglichen, § 75 Abs. 7 S. 1 Nr. 2, Abs. 7a SGB V. und führt dazu, dass die zu verteilende Gesamtvergütung entsprechend erhöht oder abgesenkt wird.

---

94 BSG, Urt. v. 10.5.2017 – B 6 KA 14/16 R, GesR 2018, 45, 47.
95 BSG, Urt. v. 10.5.2017 – B 6 KA 5/16 R, NZS 2017, 820, 825.

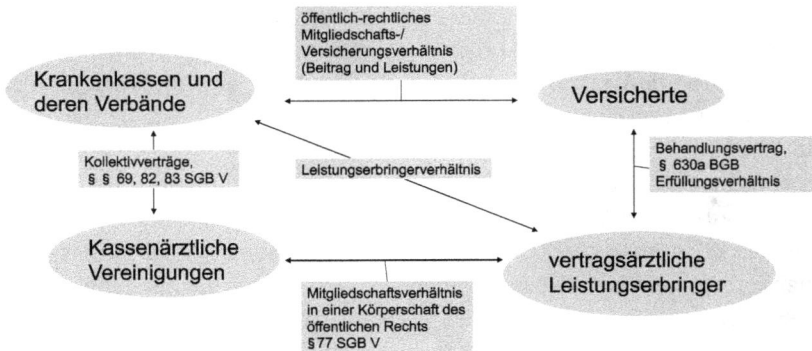

Abbildung 1: Rechtsbeziehungen zwischen Krankenkassen und deren Verbänden, Versicherten, vertragsärztlichen Leistungserbringern und Kassenärztlichen Vereinigungen im Vertragsarztrecht
Quelle: Eigene Darstellung

3. Honorarverteilung

78 Abgesehen von Stützungsmaßnahmen während der Corona-Pandemie (sog. „Rettungsschirm"), z. B. für Zahnärzte, § 85a SGB V, sind die Vergütungsregelungen seit Jahren weitgehend konstant, sodass sich das BSG in den letzten Jahren nur noch selten mit Honorarverteilungsfragen beschäftigen musste bzw. Nichtzulassungsbeschwerden nach § 160a SGG ganz überwiegend abgelehnt hat. Das dürfte auch daran liegen, dass zuletzt ein zunehmender Teil der fachärztlichen **Leistungen „extrabudgetär"**, d. h. ohne Mengenbegrenzung vergütet wurde und dieses vom Gesetzgeber zur Förderung der kinder- und jugendärztlichen Versorgung, wenn auch unter Anwendung von Regelungen zur sog. Honorarbereinigung, für diesen Versorgungsbereich ebenfalls angeordnet wurde.

79 Pläne, Entsprechendes, nämlich das Absehen von mengenbegrenzenden oder honorarmindernden Maßnahmen mit dem Gesundheitsversorgungsstärkungsgesetz – GVSG auch im **hausärztlichen Bereich** einzuführen,[96] konnten nach dem Ende der sog. Ampel-Koalition doch noch umgesetzt werden Opfer. Das Gesetz sieht in diesem Fall im Grundsatz jeweils vor, dass die Krankenkassen die Mehrkosten bzw. die durch die sog. Entbudgetierung mutmaßlich ausgelöste Leistungsmengenausweitung im Rahmen der sog. extrabudgetären Gesamtvergütung refinanzieren. Mit einer solchen Vergütung wird aber auch im fachärztlichen Bereich ein Anreiz geschaffen, Leistungen wie z. B. ambulante Operationen oder die zeitnahe

---

96 BT-Drs. 20/11853, 34; BT-Drs. 20/14771.

Behandlung nach der Vermittlung durch die Terminservicestelle, § 87 Abs. 2b S. 3 SGB V, zusätzlich oder vorrangig zu erbringen. Extrabudgetär werden für zunächst jeweils zwei Jahre auch neu in den Leistungskatalog der gesetzlichen Krankenversicherung aufgenommene Leistungen vergütet, weil deren Inanspruchnahme anfangs kaum kalkulierbar ist. Hat der Gemeinsame Bundesausschuss die **Einführung neuer Untersuchungs- und Behandlungsmethoden** beschlossen, § 92 Abs. 1 S. 2 Nr. 5 SGB V, sind diese binnen sechs Monaten mit einer Bewertung in den einheitlichen Bewertungsmaßstab aufzunehmen, § 87 Abs. 5b SGB V.

Grundsätzlich zahlen die Krankenkassen jedoch eine sog. **morbiditätsbe-** 80 **dingte Gesamtvergütung.** Das bedeutet: Wenn es dazu kommt, dass die Vertragsärzte aufgrund der demographischen Entwicklung oder einer z. B. durch Umweltfaktoren oder Ernährungsgewohnheiten verursachten höheren Krankheitslast bzw. Morbidität mehr Leistungen erbringen müssen, erhöht sich die von den Krankenkassen zu zahlende Gesamtvergütung. Es steht dann mehr Geld zur Verfügung, das an die Vertragsärzte verteilt werden kann. Dabei sieht das Gesetz vor, dass bei der Vereinbarung der Steigerungsrate an das Vorjahr angeknüpft wird und nicht im Nachhinein über mögliche Fehlannahmen in früheren Jahren verhandelt wird.

Die Morbiditätsentwicklung ist als Maßstab an die Stelle des **Grundsatzes der** 81 **Beitragssatzstabilität** getreten, § 71 SGB V. Dieser besagt als Ausfluss einer einnahmenorientierten Ausgabenpolitik, dass sich die Ausgaben grundsätzlich an der konjunkturabhängigen Grundlohnsummenentwicklung ausrichten müssen. Das ist mit der Vorstellung verbunden, dass höhere Vergütungen für Leistungserbringer keine Beitragssatzerhöhung auslösen. Die Vorgabe ist kein unverbindlicher Programmsatz. Sofern das Gesetz, wie bei der vertragsärztlichen Vergütung, keine Sonderregelung trifft, begründet die Vorschrift eine rechtlich verbindliche Obergrenze für alle Vergütungsvereinbarungen einschließlich der ihnen zugrunde liegenden Bemessungsfaktoren.[97] Ausnahmen greifen nur ein, wenn die notwendige medizinische Versorgung auch nach Ausschöpfung von Wirtschaftlichkeitsreserven nicht zu gewährleisten ist.

Während die Vertragsärzte über viele Jahre von der **Morbiditätsorientierung** 82 **der Vergütung** profitiert haben, sind zuletzt Faktoren hinzugekommen, die sie infrage stellen. Die Corona-Pandemie hatte zunächst zu einer Zurückhaltung bei der Inanspruchnahme von ärztlichen Leistungen geführt und die Zuwanderung jüngerer Menschen senkt die durchschnittliche Morbiditätslast pro Versicherten. Hinzu kommt, dass inflationsbedingte Kostenentwicklungen bei den Honorarverhandlungen erst im Nachhinein berücksichtigt werden und dies im Grundsatz auch

---

97 BSG, Urt. v. 10.5.2000 – B 6 KA 20/99 R, BeckRS 2000, 41338.

für Lohnkostensteigerungen beim medizinischen Assistenzpersonal gilt, § 87 Abs. 2g Nr. 1 SGB V. Anpassungsbedarf würde auch bestehen, wenn zunehmende Regelungen zur Patientensteuerung die Anzahl der Arzt-Patienten-Kontakte absenkten, dies aber zugleich mit intensiveren und damit zeitaufwändigeren Arzt-Patienten-Kontakten verbunden wäre.

83 Die Hürde, gegen eine aus Sicht des Arztes unzureichende Vergütung vorzugehen, liegt hoch. So hat das BSG entschieden, dass Vertragsärzte die Kernleistungen ihres Fachgebietes auch dann zu erbringen haben, wenn die Leistungserbringung für sie unwirtschaftlich ist.[98] Das Gericht weist darauf hin, dass es sich bei der vertragsärztlichen Vergütung um eine Mischkalkulation handelt und allein entscheidend ist, dass mit dem Honorarbescheid eine angemessene Vergütung ausgezahlt wird, § 72 Abs. 2 SGB V. Wie diese sich zusammensetzt, sei unerheblich. Auch wenn einzelne Leistungen durch Abstaffelungsregelungen kaum mehr vergütet würden, sei dies hinzunehmen, wenn die Leistungsgruppe insgesamt **angemessen vergütet** wird. Der Umstand, dass nach wie vor Niederlassungsbereitschaft bestehe und viele fachärztliche Planungsbereiche überversorgt seien, zeige, dass in der gesetzlichen Krankenversicherung insgesamt eine angemessene Vergütung gezahlt wird.

84 Gleichwohl soll die gesetzliche Vorgabe des § 72 Abs. 2 SGB V eine Vergütung gewährleisten, die jedenfalls nicht wesentlich unter den üblichen Vergütungen vergleichbarer Tätigkeiten wie insbesondere der Funktion des Oberarztes an einer Klinik liegen darf.[99] Dementsprechend basiert die betriebswirtschaftliche Kalkulation des Einheitlichen Bewertungsmaßstabes (EBM) mittels des Standardbewertungssystems auf der Annahme einer Modellpraxis mit einem in Vollzeit tätigen Praxisinhaber, der in dieser Zeit ausschließlich gesetzlich Versicherte behandelt. Der EBM ist so kalkuliert, dass die Modellpraxis aus den Erlösen ihre Kosten vollständig deckt und einen Überschuss in Höhe des **kalkulatorischen Arztlohnes** erzielt. Dieser entspricht dem Oberarztgehalt und wurde Ende 2019 in Höhe von 117.060 EUR angenommen.[100] Steuerungsmaßnahmen innerhalb des EBM und Honorarverteilungsregeln sowie besondere Praxiskonstellationen führen aber dazu, dass die individuelle Vergütung davon stark abweichen kann.[101] Zudem wird die zunehmend eingeforderte Delegation ärztlicher Leistungen an qualifiziertes Fachpersonal wie z. B. sog. Physician Assistants dazu führen, dass Vergütungstat-

---

98 BSG, Urt. v. 14.3.2001 – B 6 KA 36/00 R, MedR 2002, 42.
99 BSG, Urt. v. 15.5.1991 – 6 RKa 22/90, NJW 1991, 2989, 2991.
100 BT-Drs. 20/14810, 60.
101 Näher Scholz GesR 2017, 545.

bestände abgewertet werden.[102] Für den vertragszahnärztlichen Bereich besteht i. Ü. ein gesonderter Einheitlicher Bewertungsmaßstab für zahnärztliche Leistungen (BEMA)

Leistungen oder Leistungskomplexe, die von den Krankenkassen vermittels der extrabudgetären Gesamtvergütung beglichen werden, erhält der Vertragsarzt als **Einzelleistung** vollständig bezahlt. Alle andere Leistungen unterliegen unterschiedlichsten Begrenzungen, die dazu führen, dass die Leistungen im Ergebnis häufig nicht mit dem Betrag vergütet werden, der sich aus dem Einheitlichen Bewertungsmaßstab in Anwendung des auf Basis des bundeseinheitlichen Orientierungswertes vereinbarten regionalen Wertes ergeben. Hinzukommt, dass bereits in den Vergütungspositionen Steuerungsmaßnahmen integriert sind. D. h. es werden bestimmte Leistungen besser oder schlechter bewertet als es sich bei einer rein betriebswirtschaftlichen Bewertung darstellen würde. **85**

Zur innerärztliche Honorarverteilung können hier nur einige Aspekte angesprochen werden. Insbesondere bestimmt § 87b Abs. 2 SGB V, dass im Honorarverteilungsmaßstab, den die Kassenärztliche Vereinigung nach Herstellung des Benehmens mit den Krankenkassen als Satzung erlässt, Regelungen vorzusehen sind, die verhindern, dass die Tätigkeit des Arztes über seinen ihm im Zulassungsverfahren erteilten, z. B. halben, Versorgungsauftrag hinaus übermäßig ausgedehnt wird. Auch wird als wichtiges Prinzip vorgegeben, dass der Arzt oder das MVZ eine Kalkulationssicherheit hinsichtlich der Höhe des zu erwartenden Honorars hat. Denn eine Arztpraxis ist trotz der Stellung des Arztes als Angehöriger eines freien Berufs ein Wirtschaftsunternehmen mit finanziellen Verpflichtungen gegenüber den Praxisangestellten oder Kreditgebern, dessen Ausfall die medizinische Versorgung gefährden kann. Weitere, z. T. gegenläufige Grundsätze für die Honorarverteilung sind derjenige der leistungsgerechten Vergütung und der **Honorarverteilungsgerechtigkeit**. Dieser aus Art. 12 Abs. 1 und Art. 3 Abs. 1 GG abzuleitende Grundsatz ist verletzt, wenn vom Prinzip der gleichmäßigen Vergütung abgewichen wird, obwohl zwischen den betroffenen Ärzten bzw. Arztgruppen keine Unterschiede von solcher Art und solchem Gewicht bestehen, die eine unterschiedliche Behandlung rechtfertigen.[103] **86**

Es können daher **Honorarbegrenzungen** vorgesehen werden, die sich an der im Vorjahr erbrachten und vergüteten Leistungsmenge orientieren. Für ein vorher zumindest weitgehend festgelegtes Leistungsvolumen erhält der Vertragsarzt bei **87**

---

102 Vgl. § 87 Abs. 2a S. 9 SGB V. Die Beschäftigung lohnt sich allerdings eher in größeren Praxen und hängt von der Verfügbarkeit des Personals ab. Die immer weiter gehende Ausdifferenzierung des Angebots ambulanter Leistungen erschwert die Steuerung des Leistungsgeschehens über das Vergütungssystem.
103 BSG, Beschl. v. 4.11.2021 – B 6 KA 14/20 B, BeckRS 2021, 39863 Rn. 11.

gleichbleibendem Leistungsverhalten in diesem Fall eine feste und bei Mehrleistungen eine abgestaffelte Vergütung ausgezahlt. Ein solches Vergütungssystem setzt aber zusätzlich voraus, dass Ärzte, die eine Praxis neu eröffnen (sog. Jungärzte), diese in den ersten fünf Jahren ausbauen können. Ihnen müssen dann zumindest so viele Leistungen vergütetet werden, wie ihre Facharztgruppe im Durchschnitt erbringt. Allein schon diese Ausnahme führt wegen der budgetierten Gesamtvergütung dazu, dass es ggf. **Quotierungen** bedarf, d. h. dass nicht alle Leistungen vollständig, sondern ab einer bestimmten Leistungsmenge niedriger vergütet werden. Weil die Kalkulationssicherheit demnach nur ein relatives Ziel sein kann, ist es sogar möglich, im Einheitlichen Bewertungsmaßstab mit Eurobeträgen angegebene Kostenpauschalen zu quotieren.[104] Für die einzelnen Arztgruppen wird das zu verteilende Honorar meistens in sog. Fachgruppentöpfe aufgeteilt, wobei bei größeren Verwerfungen ggf. Stützungsmaßnahmen erforderlich sind.

88   Die heterogener gewordene Versorgungslandschaft erfordert neben einer Härtefallklausel z. T. kleinteilige Regelungen etwa dazu, wann und inwiefern sich Ärzte bei der Gründung oder Erweiterung eines MVZ auf die Jungärzteregelung berufen können.[105] Wer eine Vertragsarztpraxis übernimmt, muss sich zudem vergewissern, welche Regelungen regional für die Weiterführung von z. B. Regelleistungsvolumina bestehen. Zurzeit werden alle Leistungen quartalsweise abgerechnet. Jedenfalls für Hausärzte wird zukünftig eine quartalsübergreifende Versorgungspauschale eingeführt. Damit hängt die fortdauernde **quartalsweise Vergütung** nicht mehr davon ab, dass der chronisch kranke Patient ohne intensiven Betreuungsaufwand einmal im Quartal behandelt wird. Das soll medizinisch unnötige Arzt-Patienten-Kontakte verhindern und neue Behandlungskapazitäten schaffen. Vorbild hierfür sind die sog. Hausarztverträge in Baden-Württemberg, in denen dies für im Rahmen der hausarztzentrierten Versorgung nach § 73b SGB V vereinbart wurde.

4. Leistungsabrechnung

89 Nach Quartalabschluss übermittelt der Vertragsarzt, die Berufsausübungsgemeinschaft oder das MVZ der Kassenärztlichen Vereinigung eine Abrechnung auf elektronischem Wege. Dabei werden alle Daten in einer Datei zusammengefasst und daneben, und zwar noch in Papierform, eine unterschriebene und mit dem

---

104 BSG, Urt. v. 19. 8. 2015 – B 6 KA 34/14 R, BeckRS 2016, 65458 Rn. 53.
105 BSG, Urt. v. 19. 7. 2023 – B 6 KA 22/22 R, GesR 2023, 797, 799.

Vertragsarztstempel versehene, § 37 BMV-Ä, sog. **Sammelerklärung** hinzugefügt, § 35 Abs. 2 BMV-Ä. Mit der Unterschrift wird u. a. bestätigt, dass die abgerechneten Leistungen entsprechend den vertragsarztrechtlichen Vorgaben, u. a. zur persönlichen Leistungserbringung, erbracht wurden, die Angaben sachlich richtig und vollständig sind und zugelassene EDV-Programme eingesetzt wurden. Der Text wird regional festgelegt. Anzugeben sind auch Tage ohne Praxisbetrieb oder die Beschäftigung von Vertretern. Mahnend heißt es z. B.: „Uns ist bewusst, dass die Abgabe unrichtiger Angaben in dieser Erklärung einen Verstoß gegen vertragsärztliche Pflichten darstellt, der unter Umständen strafrechtliche und berufsrechtliche Konsequenzen – bis zum Entzug der vertragsärztlichen Zulassung – zur Folge haben kann." In der Abgabe einer falschen Sammelerklärung liegt eine Täuschungshandlung gegenüber der Kassenärztlichen Vereinigung (→ § 23 Rn. 14).

In einer Berufsausübungsgemeinschaft kann die Abrechnung intern einem **90** Arzt übertragen werden; dann trifft den anderen Arzt aber eine **Überwachungspflicht**, die über die reine Prüfung der rechnerischen Richtigkeit der Abrechnung hinausgeht und von Zeit zu Zeit Stichproben hinsichtlich Art und Umfang der abgerechneten Leistungen umfassen muss.[106] Eine Delegation der Abrechnung an private Dienstleistungsunternehmen ist nicht möglich.[107] Zwecks eindeutiger Zuordnung der vertragsärztlichen Leistungen sind die jeweils abgerechneten Ziffern, und zwar auch bei angestellten Fachärzten, mit der Arztnummer des behandelnden Arztes zu kennzeichnen, § 44 Abs. 7 BMV-Ä. Diese können dadurch auch bei kooperativer Berufsausübung auf sachlich-rechnerische Richtigkeit, Plausibilität, Einhaltung der Fachgebietsgrenzen und Wirtschaftlichkeit geprüft werden.[108]

Wird die Abrechnung nach der vorgegebenen Frist abgegeben, können pro- **91** zentuale Vergütungsabschläge festgelegt und schließlich auch **Ausschlussfristen** vorgesehen werden, um eine möglichst quartalsgleiche Vergütung unter Anwendung der mengenbegrenzenden Regelungen zu ermöglichen.[109] Die Abrechnungen aller Leistungserbringer werden dann computergestützt ausgewertet, berichtigt und unter Zugrundelegung des regionalen Honorarverteilungsmaßstabes vorläufige Honorarbescheide erstellt. Damit erhält der Arzt eine zeitnahe Rückmeldung über die Höhe seines Honorars. Durch die Vorläufigkeit ist es nicht ausgeschlossen, dass sich die Kassenärztliche Vereinigung die Abrechnung einzelner Ärzte oder einer ganzen Fachgruppe später noch einmal genauer ansieht und es zu Korrekturen kommt.

---

106 BSG, Beschl. v. 28.9.2016 – B 6 KA 14/16 B, GesR 2016, 779.
107 BSG, Urt. v. 10.12.2008 – B 6 KA 37/07 R, NJOZ 2009, 2959. Vgl. aber Thüsing NZS 2025, 321, 325.
108 BSG, Beschl. v. 1.3.2023 – B 6 KA 10/22 B, BeckRS 2023, 7615.
109 BSG, Beschl. v. 12.12.2018 – B 6 KA 38/18 B, BeckRS 2018, 35542.

V. Prüfverfahren

92 Die Funktionsfähigkeit der vertragsärztlichen Versorgung hängt entscheidend mit davon ab, dass die Kassenärztlichen Vereinigungen und die Krankenkassen auf die ordnungsgemäße Leistungserbringung und auf die peinlich genaue Abrechnung der zu vergütenden Leistungen **vertrauen** können. Denn beide Institutionen können dies nur in einem beschränkten Umfang überprüfen;[110] zudem setzt die ärztliche Schweigepflicht der Kontrolle Grenzen.

93 Aufgrund ihres Gewährleistungsauftrages, § 75 Abs. 1 S. 1 SGB V, ist es grundsätzlich **Aufgabe der Kassenärztlichen Vereinigungen**, Hinweisen auf Nichtbeachtung vertragsärztlicher Bestimmungen nachzugehen und eigene, ggf. mithilfe datengestützter Verfahren zur Erkennung von Mustern, d. h. mithilfe künstlicher Intelligenz, Analysen anzustellen, aus denen sich Anhaltspunkte für Normverstöße ergeben können. Dies geschieht vornehmlich im Rahmen der nachgelagerten Prüfung der erbrachten Leistungen auf materielle Rechtmäßigkeit, d. h. auf Übereinstimmung mit den gesetzlichen, vertraglichen und satzungsrechtlichen Vorgaben. Rechtsgrundlage ist § 106d SGB V. Nach dessen Absatz 2 findet daneben die sog. **Plausibilitätsprüfung** statt. Dabei wird die Schlüssigkeit der Menge der abgerechneten Leistungen im Hinblick auf den damit verbundenen Zeitaufwand geprüft.

94 Den **Krankenkassen** verbleibt die Prüfung der Abrechnung unter versichertenbezogenen Aspekten, § 106d Abs. 3 SGB V, wobei es dann den Kassenärztlichen Vereinigungen obliegt, Honorarrückforderungen gegenüber dem Vertragsarzt geltend zu machen, wenn sie von den Krankenkassen unterrichtet werden, dass kein Honoraranspruch bestand. Der Umfang der Leistungserbringung im Hinblick auf Notwendigkeit und Effizienz ist hingegen Gegenstand der **Wirtschaftlichkeitsprüfung**, für die eigenständige Prüfungsstellen bestehen, § 106c SGB V.

95 Die Leistungserbringung ist häufig mit besonderen Dokumentationspflichten verknüpft. Die Dokumentationen werden nach näherer Maßgabe der jeweiligen **Qualitätssicherungsvereinbarung** z.T. in Stichproben angefordert und können bei schlechter Qualität zum Widerruf der Abrechnungsgenehmigung führen. Näheres ergibt sich aus der Anlage 3 des BMV-Ä.

---

110 BSG, Urt. v. 24.11.1993 – 6 RKa 70/91, NJW 1995, 1636, 1637,

1. Prüfung auf sachlich-rechnerische Richtigkeit

Nachdem im Vorfeld des Erlasses des Honorarbescheids in einem elektronischen 96
Prüfprogramm offensichtliche Fehler und Unstimmigkeiten oder z. B. Ziffern herausgefiltert werden, für deren Abrechnung es dem Arzt an einer erforderlichen
Genehmigung fehlt, werden die abgerechneten Leistungen im Nachgang dazu
eingehender geprüft. Grundlage ist eine auf Landesebene abgeschlossene **Prüfvereinbarung**, deren Bestandteil wiederum eine auf Bundesebene beschlossene
Prüfrichtlinie ist, § 106d Abs. 5 S. 4 SGB V. Ergänzend ist eine Verfahrensordnung
der jeweiligen Kassenärztlichen Vereinigung zu berücksichtigen. Obwohl die Prüfungen von Amts wegen durchgeführt werden, bestehen gegenseitige Antragsrechte
der Kassenärztlichen Vereinigungen und Krankenkassen auf Durchführung der
Prüfungen. Die Abweisung eines Antrags erfolgt durch Verwaltungsakt[111] und kann
unmittelbar beklagt werden, § 78 Abs. 1 S. 2 Nr. 3 SGG. Bescheidet die Kassenärztliche Vereinigung Prüfanträge nicht binnen sechs Monaten, kann die Krankenkasse
den geltend gemachten Betrag auf die Gesamtvergütung mit der Folge anrechnen,
dass sich die an die Vertragsärzte auszuzahlende Summe entsprechend reduziert,
§ 106d Abs. 4 S 4 SGB V. Die Vorstandsmitglieder der Kassenärztlichen Vereinigungen haften dafür, dass die Prüfungen in dem vorgesehenen Umfang und entsprechend den für ihre Durchführung geltenden Vorgaben stattfinden.

Die Prüfung auf sachlich-rechnerische Richtigkeit der Abrechnungen des 97
Vertragsarztes zielt auf die Feststellung, ob die Leistungen materiell rechtmäßig,
also im Einklang mit den gesetzlichen, vertraglichen oder satzungsrechtlichen
Vorschriften des Vertragsarztrechts – mit Ausnahme des Wirtschaftlichkeitsgebots
-, erbracht und abgerechnet worden sind.[112] Alle sozialrechtlichen Anspruchsvoraussetzungen, und zwar sowohl formaler als auch inhaltlicher Art, müssen erfüllt
sein, weil diese sonst ihre Steuerungsfunktion verlören.[113] Diese sog. **streng formale Betrachtungsweise** im Leistungserbringerrecht führt dazu, dass der Wert
der ordnungsgemäß erbrachten ärztlichen Leistung nicht gegengerechnet werden
kann. Dass die medizinische Leistung erbracht wurde, genügt allein nicht, sondern
sie muss im Interesse der Funktionsfähigkeit der gesetzlichen Krankenversicherung alle an sie gestellten sozialrechtlichen Anforderungen erfüllen.

Grundsätzlich muss die Kassenärztliche Vereinigung die Fehlerhaftigkeit der 98
Honorarabrechnung belegen und begründen; bei begründeten Zweifeln, ob der
Tatbestand einer EBM-Ziffer erfüllt ist, ist der Arzt als Anspruchsteller, insbeson-

---

111 BSG, Urt. v. 19.10.2011 – B 6 KA 30/10 R, NZS 2012, 276, 277.
112 BGH, Beschl. v. 28.9.1994 – 4 StR 280/94, NStZ 1995, 85, 86.
113 BSG, Urt. v. 23.6.2010 – B 6 KA 7/09 R, MedR 201, 298, 306.

dere wenn er sich auf für ihn günstige Tatsachen berufen will, die allein ihm bekannt sind oder nur unter seiner Mithilfe aufgeklärt werden können, bei der Feststellung des Vergütungsanspruchs insbesondere durch Vorlage der Befunde mitwirkungspflichtig. Rechnet der Arzt nicht erbrachte (Luft-)Leistungen ab oder gibt er grob fahrlässig bei der Abrechnung eine falsche Sammelerklärung ab, ist die Kassenärztliche Vereinigung zur umfassenden Berichtigung und Schätzung des dem Vertragsarzt überhaupt noch zustehenden Honorars berechtigt. Beruhen unrichtige Angaben lediglich auf leichter Fahrlässigkeit, bleibt es bei der grundsätzlichen **Garantiefunktion der Sammelerklärung** und es werden nur die feststehenden Abrechnungsfehler rechnerisch und sachlich richtiggestellt.[114]

99 Einziges Tatbestandsmerkmal für die sachlich-rechnerische Richtigstellung ist die **Rechtswidrigkeit des Honorarbescheids.** Außer in den Fällen, in denen sich die Honorarrückforderung auf die unrichtige Sammelerklärung stützt, setzt diese kein Verschulden des Vertragsarztes oder MVZ voraus.[115] Als Spezialregelung verdrängt § 106d SGB V z.T. die allgemeine Bestimmung über die Rücknahme eines rechtswidrigen begünstigenden Verwaltungsakts im Sozialversicherungsrecht, § 45 SGB X.[116] Der Honorarbescheid kann seit Mitte 2019 nur noch binnen zwei Jahren zurückgenommen werden, soweit das Vertrauen nicht nach § 45 Abs. 2 S. 3 i.V.m. Abs. 4 S. 1 SGB X ausgeschlossen ist.[117] Zudem muss der Honoraränderungs- und -rückforderungsbescheid seitens der Kassenärztlichen Vereinigung binnen eines Jahres seit Kenntnis der Tatsachen erfolgen, welche die Rücknahme rechtfertigen. Die Kenntnis liegt vor, wenn mangels vernünftiger objektiv gerechtfertigter Zweifel eine hinreichend sichere Informationsgrundlage bezüglich sämtlicher für die Rücknahmeentscheidung notwendiger Tatsachen besteht, § 45 Abs. 4 S. 2 SGB X.[118] Durch den Honorarrückforderungsbescheid entsteht ein öffentlich-rechtlicher Erstattungsanspruch der Kassenärztlichen Vereinigung gegen den Vertragsarzt, § 50 Abs. 1 S. 1 SGB X. Verschiedene Ansatzpunkte für Honorarberichtigungen können in getrennten Bescheiden aufgegriffen werden.[119]

100 Die **Prüfungsgegenstände** sind umfangreich. Beispielsweise umfasst die Prüfung auch, ob der Vertragsarzt Leistungen unter Einhaltung der Vorschriften

---

114 Zusammenfassung der Rechtsprechungslinie bei BSG, Urt. v. 13.5.2020 – B 6 KA 6/19 R, MedR 2021, 840, 842.
115 BSG, Urt. v. 22.3.2006 – B 6 KR 76/04 R, NZS 2006, 544, 549.
116 BSG, Urt. v. 24.8.1994 – 6 RKa 20/93, NZS 1995, 187, 188 zu den seinerzeit noch im Bundesmantelvertrag-Ärzte und im Ersatzkassenvertrag-Ärzte getroffenen Regelungen zur sachlich-rechnerischen Richtigstellung.
117 BT-Drs. 19/8351, 196 zu § 106d Abs. 3 S. 3 SGB V.
118 BSG, Urt. v. 27.7.2000 – B 7 AL 88/99 R, NJOZ 2001, 121, 125.
119 LSG Berlin-Brandenburg, Urt. v. 13.6.2018 – L 7 KA 84/13, MedR 2019, 826., 829.

über spezielle[120] oder sogar allgemeine[121] Dokumentationspflichten nach § 57 Abs. 1 BMV-Ä oder unter Überschreitung des seiner Zulassung entsprechenden Versorgungsbereichs[122] bzw. der Fachgebietsgrenzen erbracht hat. Auch die Missachtung von Hygienevorschriften[123] kann ebenso wie die Leistungserbringung aufgrund einer unzulässigen Patientenzuweisung[124] zu einer sachlich-rechnerischen Richtigstellung bzw. zu einem Honorarrückforderungsbescheid führen. Stellt der Vertragsarzt Rezepte nicht selbst mit eigenhändiger Unterschrift aus, ist dies ein Indiz, dass der Grundsatz der persönlichen Leistungserbringung missachtet wurde, was zur Honorarberichtigung führt.[125] Berichtigt wird auch die Abrechnung der Behandlung von mehr Belegpatienten als Betten im Krankenhausbedarfsplan ausgewiesen sind[126] oder bei Überschreitung des Überweisungsauftrages nach § 24 Abs. 7 S. 2 BMV-Ä.[127]

2. Plausibilitätsprüfung

Nach § 106d Abs. 2 S. 2 – 4 SGB V haben die Kassenärztlichen Vereinigungen einen Prüfungsschwerpunkt auf **zeitaufwandsbezogene Plausibilitätsprüfungen** zu legen.[128] Prüfungsgegenstand dieser Unterkategorie der Prüfung auf sachlich-rechnerische Richtigkeit ist die Schlüssigkeit der Menge der abgerechneten Leistungen im Hinblick auf den damit verbundenen Zeitaufwand. Falsch ist eine Abrechnung, wenn die Prüfung der vom Arzt an einem beliebigen Tag oder in einem Quartal abgerechneten Leistungen erkennen lässt, dass diese unter Berücksichtigung des für die einzelnen Leistungen erforderlichen zeitlichen persönlichen Arbeitsaufwands so, wie sie abgerechnet worden sind, nicht ordnungsgemäß erbracht wurden. Als Routineprüfung wird bei allen Ärzten durch das Erstellen von Tages- und Quartalszeitprofilen (an mindestens drei Tagen im Quartal mehr als zwölf Stunden oder im Quartal mehr als 780 Stunden) die Plausibilität des abgerechneten Leistungsumfangs ermittelt. Diese Prüfung wird nach den Prüfrichtlinien entweder um weitere Aufgreifkriterien, wie z.B. das gehäufte Abrechnen einzelner Zif-

101

---

120 LSG Niedersachsen-Bremen, Urt. v. 6.9.2017 – L 3 KA 108/14, medstra 2018, 294.
121 BSG, Beschl. v. 7.9.2022 – B 6 KA 8/22 B, BeckRS 2022, 28795.
122 BSG, Urt. v. 14.12.2011 – B 6 KA 31/10 R, MedR 2012, 826.
123 SG Schwerin, Urt. v. 19.2.2020 – S 3 KA 35/18, GesR 2020, 534.
124 LSG Niedersachsen-Bremen, Urt. v. 8.6.2016 – L 3 KA 6/13, NZS 2016, 754.
125 BSG, Beschl. v. 28.6.2017 – B 6 KA 73/16 B, BeckRS 2017, 118789.
126 BSG, Urt. v. 29.11.2017 – B 6 KA 33/16 R, GesR 2018, 379.
127 LSG Nordrhein-Westfalen, Urt. v. 9.7.2014 – L 11 KA 142/11, BeckRS 2014, 73827.
128 BSG, Urt. v. 2.4.2014 – B 6 KA 20/13 R, BeckRS 2014, 70364 Rn. 13

fern an bestimmten Tagen oder auffällig hoher Anteile bestimmter Abrechnungsblöcke, ergänzt.

102   Das **Zeitprofil** ergibt sich, weil entweder die Leistungslegende einer EBM-Ziffer eine Mindestbehandlungsdauer als Abrechnungsvoraussetzung festlegt oder der Ziffer – mit normativem Charakter – eine Prüfzeit zugeordnet ist, § 87 Abs. 2 S. 1 Halbs. 2 SGB V, die ausweist, wie viel Zeit ein erfahrener, geübter und zügig sowie ordnungsgemäß arbeitender Arzt für die Leistungserbringung mindestens benötigt, so dass der Einwand, man könne Befundungen schneller als Kollegen vornehmen, unerheblich ist.[129] Unplausibel sind im Sinne eines Aufgreifkriteriums auch Abrechnungen, bei denen die **Patientenidentität** bei einer versorgungsbereichsidentischen bzw. -übergreifenden Praxisgemeinschaft 20 bzw. 30 % beträgt.[130]

103   Das Prüfverfahren, welches auf Grundlage des mit der Honorarabrechnung angeforderten Punktzahlvolumens ohne Anwendung von Honorarbegrenzungsregelungen im Rahmen der Honorarverteilung erfolgt, § 106d Abs. 2 S. 6 SGB V, dient der Feststellung, ob die sich aus den Zeitprofilen oder der hohen Patientenidentität ergebenden Auffälligkeiten bzw. Indizien auf einer falschen Abrechnung beruhen oder sich erklären lassen.[131] Für eine **gezielte Patientensteuerung** sprechen z. B. „freie Tage", zeitlich versetzte Sprechstunden oder „bedacht" gelegte Fortbildungen. Jedenfalls wenn mehr als 50 % der Patienten in demselben Fachgebiet gemeinsam behandelt werden, ist ein Gestaltungsmissbrauch ohne Weiteres anzunehmen.[132] Das Honorar kann vollständig, teilweise oder bis zu der Höhe zurückgefordert werden, in der es ohne Gestaltungsmissbrauch, d. h. wenn die formal gewählte Rechtsform den tatsächlichen Gegebenheiten entsprochen hätte, verdient worden wäre.[133]

3. Wirtschaftlichkeitsprüfungen

104 Gegenstand der Wirtschaftlichkeitsprüfung ist nicht die Frage, ob der Arzt falsch abgerechnet oder jedenfalls nicht alle für die Abrechnung notwendigen Voraussetzungen erfüllt hat, sondern ob ihm vorgehalten werden kann, Leistungen in einem unwirtschaftlichen Ausmaß erbracht zu haben. Was ihm vorgeworfen wird, muss eindeutig mitgeteilt werden. Als Ausfluss einer sog. **Annexkompetenz** hat es

---

129 BSG, Urt. v. 21.3.2018 – B 6 KA 47/16 R, MedR 2019, 166, 170.
130 BSG, Beschl. v. 8.12.2010 – B 6 KA 46/10 B, BeckRS 2011, 67726,
131 BSG, Beschl. v. 17.8.2011 – B 6 KA 27/11 B, BeckRS 2011, 76381.
132 BSG, Beschl. v. 11.5.2011 – B 6 KA 1/11 B, BeckRS 2011, 74045.
133 BSG, Beschl. v. 17.2.2016 – B 6 KA 50/15 B, BeckRS 2016, 66980.

das BSG allerdings zugelassen, dass die Prüfgremien im Zuge der Wirtschaftlichkeitsprüfung auch sachlich-rechnerische Richtigstellungen vornehmen, solange diese neben der eigentlichen Wirtschaftlichkeitsprüfung von untergeordneter Bedeutung sind. Stellt sich umgekehrt heraus, dass die zunächst einer Prüfung auf sachlich-rechnerische Richtigkeit unterzogenen Leistungen in einem unwirtschaftlichen Ausmaß erbracht worden sind, ist das Verfahrens abzubrechen und ein solches der Wirtschaftlichkeitsprüfung zu veranlassen.[134] Diese wird bei einer eigens eingerichteten **Prüfungsstelle** und bei einer zweiten eigenständigen Verwaltungsinstanz, dem Beschwerdeausschuss,[135] durchgeführt, § 106c SGB V.[136] Gesondert regelt das Gesetz einerseits die arztbezogene Prüfung der ärztlichen Leistungen, § 106a SGB V, und andererseits die Prüfung der ärztlich verordneten Leistungen, § 106b SGB V. Mit der Trennung wollte der Gesetzgeber erreichen, dass passgenauere Prüfungsarten angewendet werden.[137] Daten erhält die Prüfungsstelle nach Maßgabe der §§ 296 – 298 SGB V. Fristen, innerhalb derer die Prüfungen durchzuführen sind, enthält § 106 Abs. 3 S. 3 und 4 SGB V.

Die Wirtschaftlichkeit der ärztlichen Leistungen der an der vertragsärztlichen 105 Versorgung teilnehmenden Ärzte und deren Verordnungsverhalten wird erst nachgelagert auf Grundlage einer **regionalen Vereinbarung** geprüft, §§ 106 Abs. 1 S. 2, 106a Abs. 3 S. 2, 106b Abs. 1 SGB V, die auf bundeseinheitlichen Rahmenempfehlungen bzw. Rahmenvorgaben, §§ 106a Abs. 3, 106b Abs. 2 SGB V, basiert. In den Rahmenvorgaben für die Prüfung verordneter Leistungen ist insbesondere festlegen, in welchem Umfang Wirtschaftlichkeitsprüfungen mindestens durchgeführt werden sollen, § 106b Abs. 2 S. 2 SGB V. Die Gremien können mit präventiven und repressiven Maßnahmen (Beratungen bzw. Regressen) auf eine von ihnen festgestellte unwirtschaftliche Behandlungsweise oder übermäßiges Verordnungsverhalten reagieren (→ Rn. 117).

---

134 BSG, Urt. v. 6.9.2006 – B 6 KA 40/05 R, GesR 2017, 174, 176 mwN.
135 Der Beschwerdeausschuss als ehrenamtliches Gremium ist paritätisch mit Vertretern der Krankenkassen und der Kassenärztlichen Vereinigungen sowie einem unparteiischen Vorsitzenden und ersatzweise einem Stellvertreter besetzt, § 1 Abs. 1 S. 3 WiPrüfVO. Er überprüft die Entscheidung der Prüfungsstelle vollumfänglich, kann andere Prüfungsmethoden nutzen und Ermessenserwägungen anstellen; sein Bescheid ersetzt den ursprünglichen Verwaltungsakt der Prüfungsstelle: BSG, Urt. v. 11.5.2011 – B 6 KA 13/10 R, MedR 2012, 691, 692.
136 Die Wirtschaftlichkeit der Arzneimittelverordnungen durch Hochschulambulanzen, Psychiatrische Institutsambulanzen, Sozialpädiatrische Zentren und medizinische Behandlungszentren wird gemäß § 113 Abs. 4 S. 1 SGB V von den Krankenkassen geprüft. Regional kann jedoch abweichend vereinbart werden, dass auch diese Prüfungen stattdessen die Prüfungsstelle vornimmt, § 106 Abs. 1 S. 3 SGB V.
137 BT-Drs. 18/4095, 138.

106   Die Prüfung liegt in der gemeinsamen Verantwortung der Krankenkassen und der Kassenärztlichen Vereinigungen, § 106 Abs. 1 S. 1 SGB V. Erfolgen keine dem vorgesehenen Umfang und den für ihre Durchführung geltenden Vorgaben entsprechenden Wirtschaftlichkeitsprüfungen, haften dafür wie bei der sachlich-rechnerischen Richtigstellung deren Vorstandsmitglieder, § 106 Abs. 4 SGB V. Dementsprechend hat das BSG stets den hohen Stellenwert der Wirtschaftlichkeitsprüfung betont und die Prüfgremien – auch im Hinblick auf den allgemeinen Gleichheitssatz des Art. 3 Abs. 1 GG –[138] für verpflichtet gehalten, notfalls eine **passende Prüfmethode** zu entwickeln.[139] Einem Vertragsarzt, der nach dem Ergebnis der Prüfung in großem Ausmaß unwirtschaftlich handelt, dürfen ohne Hinzutreten besonderer Umstände nicht die Früchte der von ihm zu verantwortenden unwirtschaftlichen Behandlungsweise verbleiben.[140] Eine Ausnahme gilt für erstmalig zugelassene Vertragsärzte in den ersten beiden Prüfzeiträumen nach der Zulassung,[141] um die Niederlassungsbereitschaft in ländlichen Regionen zu erhöhen. Ansonsten treffen den Vertragsarzt besondere Mitwirkungspflichten. Zudem ist er mit nicht spätestens gegenüber dem Beschwerdeausschuss vorgebrachten Tatsachen im gerichtlichen Verfahren zum Teil präkludiert.[142]

107   Nach § 48 Abs. 1 BMV-Ä wird auch der „**sonstige Schaden**", der einer Krankenkasse aus der unzulässigen Verordnung von Arzneimitteln entsteht, durch die Prüfungseinrichtungen nach § 106c SGB V festgestellt. Während der Verordnungsregress nach § 106b SGB V die Fälle betrifft, dass vom Vertragsarzt Arzneimittel verordnet wurden, auf die kein Leistungsanspruch besteht, ergibt sich der sonstige Schaden aus der Art und Weise der Ausstellung der Verordnung.[143] Zudem setzt dessen Festsetzung im Gegensatz zur gesetzlich vorgegebenen Wirtschaftlichkeitsprüfung ein Verschulden des Vertragsarztes voraus. Ein solcher Schaden entsteht, wenn das (elektronische) Verordnungsblatt vom Vertragsarzt nicht eigenhändig unterzeichnet[144] bzw. elektronisch signiert wird, gegen das Verbot der vertragsärztlichen Parallelbehandlung verstoßen wird, d.h. ein Vertragsarzt während einer laufenden, die Arzneimitteltherapie umfassenden, stationären Behandlung in der Apotheke einzulösende Rezepte ausstellt[145] oder die längere unbegründete Verordnung von Arzneimitteln mit Abhängigkeitspotenzial eine sta-

---

138 BSG, Urt. 30.11.1994 – 6 RKa 14/93, NVwZ-RR 1996, 39, 40.
139 BSG, Urt. v. 2.11.2005 – B 6 KA 63/04 R, BeckRS 2006, 41408 Rn. 61.
140 BSG, Urt. v. 28.4.2004 – B 6 KA 24/03 R, MedR 2004, 577, 578.
141 § 6 Abs. 5 S. 1 der Rahmenvorgaben nach § 106b Abs. 2 SGB V.
142 BSG, Urt. v. 21.3.2012 – B 6 KA 17/11 R, BeckRS 2012, 71592.
143 BSG, Urt. 29.6.20211 – B 6 KA 16/10 R, MedR 2012, 473, 474.
144 BSG, Urt. v. 20.3.2013 – B 6 KA 7/12 R, GesR 2013, 540, 541.
145 BSG, Urt. v. 5.5.20210 – B 6 KA 5/09 R, MedR 2011, 381, 383.

tionäre Entzugsbehandlung erforderlich macht. In letztem Fall muss der Arzt die Kosten der stationären Behandlung tragen.

a) Prüfungsarten

Für die eigentliche Wirtschaftlichkeitsprüfung gibt es eine Reihe von Prüfverfah- 108 ren, deren Anwendung sich nach der regionalen Prüfvereinbarung richtet. Die klassische Prüfmethode ist die **statistische (Horizontal-) Vergleichsprüfung**, bei der die Verordnungen oder Behandlungsmaßnahmen des Vertragsarztes mit den Durchschnittswerten seiner Fachgruppe bzw. ggf. auch einer nach verfeinerten Kriterien gebildeten engeren Subgruppe im selben Verordnungsquartal verglichen werden.[146] Es wird zunächst festgestellt, ob die Überschreitung im Streubereich bzw. in der Übergangszone liegt oder ein offensichtliches Missverhältnis besteht, was unterschiedliche Vorgehensweisen auslöst.[147] Wenn die statistische Auswertung durch die sog. intellektuelle Betrachtung, bei der medizinisch-ärztliche Gesichtspunkte berücksichtigt werden, ergänzt wird, ist sie nach jedenfalls früherer Ansicht des BSG diejenige Methode, die typischerweise die umfassendsten Erkenntnisse erbringt.[148] Ab einer gewissen Größenordnung der Abweichung wird dann geprüft, ob einen höheren Behandlungsaufwand rechtfertigende Umstände, sog. Praxisbesonderheiten, im Vergleich zu den anderen Praxen vorliegen. Dagegen wurde seitens des Gesetzgebers eingewendet, dass das Prüfungsverfahren ausschließlich auf statistischen Auffälligkeiten basiert und **verdeckte Unwirtschaftlichkeiten** oder auch Untermaßbehandlungen nicht erkennbar werden. Zudem könne ein abgestimmtes Leistungs- und Verordnungsverhalten innerhalb einer Facharztgruppe die Höhe der Durchschnittswerte und damit der Kriterien zur Beurteilung der Wirtschaftlichkeit nachhaltig beeinflussen.[149]

Stattdessen wurden zwischenzeitlich **Richtgrößenprüfungen** eingeführt, bei 109 denen die Verordnungsmenge des Arztes mit einem zentral festgelegten Richtgrößenvolumen verglichen wurde. Dieses ergab sich aus einer Multiplikation der Anzahl der vom Arzt behandelten Patienten mit einem arztgruppenspezifischen Verordnungsvolumen. Lag der Arzt um mehr als 25 % über dem so errechneten Verordnungsvolumen, hatte er den Mehraufwand, wenn er ihn nicht durch Praxisbesonderheiten erklären konnte, zu erstatten. **Praxisbesonderheiten** sind aus dem Patientenkollektiv bzw. dessen nachweisbar höherer Morbidität herrührende,

---

146 Zur anzuwendenden statistischen Methode BSG, Urt. 5.8.1992 – 14a/6 RKa 4/90 BeckRS 1992, 30419925.
147 BSG, Urt. v. 18.6.1997 – 6 RKa 52/96, NZS 1998, 298, 299.
148 BSG, Urt. v. 22.4.2002 – B 6 KA 7/01 R, BeckRS 2002, 40654.
149 BT-Drs. 15/1525, 113.

i. d. R. in Wechselbeziehung zu einer besonderen Qualifikation des Arztes stehende, signifikante Umstände, welche für die Fachgruppe von der Art oder dem Umfang her atypisch sind und kausal einen erhöhten Verordnungsaufwand hervorrufen.

110   Daneben gab es **qualitätsorientierte Zufälligkeitsprüfungen.** Dabei werden bei zufällig ausgewählten Ärzten deren verordnete Leistungen auf Grundlage der zusammengeführten behandlungsfallbezogenen Daten einer umfassenden Qualitäts- und Wirtschaftlichkeitsprüfung auf Indikationsstellung sowie Effektivität, Qualität und Angemessenheit der Verordnung unterzogen. Bevor die Prüfungsstelle an den Arzt herantritt, werden in einer Vorab-Prüfung z. B. Verordnungen für Arznei- oder Heilmittel herausgerechnet, bei denen von vornherein keine Anhaltspunkte für unwirtschaftliches Verhalten bestehen. Solche in der Prüfvereinbarung kollektiv festgelegten Praxisbesonderheiten hindern den Vertragsarzt nicht, im sich anschließenden eigentlichen Prüfverfahren individuelle Besonderheiten geltend zu machen. Sind diese aufgrund früherer Prüfverfahren bekannt, werden sie allerdings ebenfalls bereits in der Vorab-Prüfung berücksichtigt.

111   Nachfolgend kam es verstärkt zu einer Prüfung der vom Arzt bei der Arzneimittelverordnung getroffenen Auswahl von **Wirkstoffen und deren verordneter Menge.** Damit sollten Ärzte, die überwiegend die für ihr Verordnungsspektrum von den Krankenkassen und den Kassenärztlichen Vereinigungen in Vereinbarungen vorgegebenen Einsparziele erreichen bzw. bezogen auf die Wirkstoffmenge hinreichend sog. Leitsubstanzen verordnen, von weiteren Wirtschaftlichkeitsprüfungen befreit werden. Solche Versorgungs- und Wirtschaftlichkeitsziele und konkrete, auf die Umsetzung dieser Ziele ausgerichtete Maßnahmen, insbesondere Verordnungsanteile für Wirkstoffe und Wirkstoffgruppen im jeweiligen Anwendungsgebiet, sind in regionalen Arzneivereinbarungen zu treffen, § 84 Abs. 1 S. 2 Nr. 2 SGB V, die grundsätzlich verbindlich die auf Bundesebene getroffenen Rahmenvorgaben[150] umsetzen müssen, § 84 Abs. 6 S. 3 SGB V.

112   Diese Ausrichtung der Prüfungen steht im Zusammenhang damit, dass die Krankenkassen durch die Option, mit pharmazeutischen Unternehmen Rabattverträge abzuschließen, § 130a Abs. 8 SGB V, die **Preisverantwortung im Arzneimittelbereich** übernommen haben und ihnen darüber hinaus das **Morbiditätsrisiko** zugewiesen ist, sie also die Kosten tragen müssen, wenn eine steigende Krankheitslast zu höheren Arzneimittelkosten führt.[151] Der Vertragsarzt muss bei der Prüfung auf Wirkstoffauswahl und -menge lediglich Mehrkosten einer medizinisch oder pharmakologisch nicht begründbaren Verordnung zu teurer Medikamente tragen. Diese können sich insbesondere aus einer zu niedrigen Quote an

---

150 https://www.kbv.de/media/sp/Rahmenvorgaben_Wirtschaftlichkeitspruefung.pdf.
151 BT-Drs. 17/2413, 28.

Originalpräparaten mit Rabattverträgen und Generika, also günstiger Nachahmer-Präparate oder reimportierter Arzneimittel, ergeben. Die Prüfung muss aber so angelegt sein, dass dem Arzt noch ein Spielraum für individuelle, aus zwingenden medizinischen Gründen (z. B. Nebenwirkungen) gebotene und entsprechend dokumentierte Therapieentscheidungen verbleibt.[152]

Aktuell schreibt § 106 Abs. 1 S. 2 SGB V nur noch die Durchführung von **Einzelfallprüfungen** vor, wobei regional Bagatellgrenzen gelten. Der Wirtschaftlichkeitsprüfung entzogen ist die Verordnung essenzieller, aber wegen Lieferengpässen ggf. nicht verfügbarer Arzneimittel für Kinder, § 106b Abs. 1c SGB V. Ob neben den Einzelfallprüfungen weitere Prüfungsarten wie die oben dargestellten oder andere bzw. neu entwickelte Prüfmethoden vereinbart werden, obliegt der Entscheidung der Vertragspartnern auf Landesebene. Damit kann z. B. auch auf Marketingstrategien der Pharmaindustrie reagiert werden.[153] Dafür kommt etwa ein Vertikalvergleich in Betracht, bei dem das aktuelle Verordnungsverhalten des Arztes mit seinen Verordnungen in früheren Quartalen verglichen wird und der Einfluss einer Teilnahme an Anwendungsbeobachtungsstudien der Pharmaindustrie überprüft wird. Weil die Prüfungen neben repressiven Maßnahmen auf **Verhaltensänderungen** abzielen, ist es effektiv, sich vor allem diejenigen Ärzte näher anzuschauen, die durch ein im Vergleich zu ihren Kollegen hohes oder hochpreisiges Verordnungsverhalten auffallen. 113

Werden dementsprechend **statistische Prüfungsmethoden** vereinbart, soll vorrangig eine Auffälligkeitsprüfung vorgesehen werden, § 3 Abs. 2 S. 1 der Rahmenvorgaben nach § 106b Abs. 2 SGB V. Nr. 3 Abs. 1 der Rahmenvorgaben nach § 84 Abs. 6 SGB V für das Jahr 2025[154] empfehlen, im Falle der Fortführung der Richtgrößenprüfung in der regionalen Prüfvereinbarung vorzusehen, diejenigen Ärzte, welche die für das Verordnungsspektrum auf regionaler Ebene gesetzten Ziele bei indikationsgerechtem Einsatz und adäquater Verordnungsmenge hinsichtlich des Anteils von z. B. Leitsubstanzen überwiegend erreicht haben, insofern **von der Wirtschaftlichkeitsprüfung zu befreien.** Damit treten statistische Prüfungen weiterhin hinter Prüfungen auf Wirkstoffauswahl und -menge zurück. 114

Einzelfallprüfungen können sich sowohl auf einen einzelnen Behandlungsfall als auch auf alle Verordnungen eines bestimmten Präparats beziehen.[155] Je nachdem, ob auch die Indikationsstellung überprüft oder als zutreffend zugrunde gelegt wird, bezeichnet man sie als strenge oder eingeschränkte **Einzelfallprüfung.** Bei einer umfassenden Einzelfallprüfung wird jeder Behandlungsfall anhand versi- 115

152 BSG, Urt. v. 28.9.2016 – B 6 KA 43/15 R, MedR 2017, 740, 745.
153 Vgl. BSG, Urt. v. 15.7.2015 – B 6 KA 30/14 R. MedR 2016, 154, 158.
154 https://www.kbv.de/media/sp/Rahmenvorgaben_Arzneimittel.pdf.
155 BSG, Beschl. v. 3.11.2010 – B 6 KA 35/10 B, BeckRS 2010, 75454 Rn. 14.

chertenbezogener Daten, § 298 SGB V, gesondert und umfassend geprüft; dazu ist eine versichertenbezogene Datenübermittlung zulässig, § 298 SGB V. Hingegen werden zufällig oder nach abstrakt festgelegten Kriterien ausgewählte Behandlungsfälle einer repräsentativen Einzelfallprüfung mit anschließender Hochrechnung unterzogen. Die Rechtsprechung hat eine Untergrenze für die einbezogenen Behandlungsfälle festgelegt und fordert bei der Festsetzung des Regressbetrages einen Sicherheitsabschlag von 25 %.[156]

116   Hauptsächlich dienen die Einzelfallprüfungen jedoch der Feststellung, ob der Vertragsarzt **Verordnungseinschränkungen und -ausschlüsse**, z.B. nach der Arzneimittel-Richtlinie des Gemeinsamen Bundesausschusses, § 92 Abs. 1 S. 2 Nr. 6 SGB V, nicht beachtet, kontraindizierte Arzneimittel verordnet oder für die verordneten Medikamente einen zu teuren Bezugsweg[157] ausgewählt hat. Außerdem wird im Rahmen der Einzelfallprüfung geklärt, ob Arzneimittel als **Sprechstundenbedarf** bezogen werden konnten[158] oder ob die Voraussetzungen für einen ausnahmsweise gerechtfertigten Off-label- oder Unlicensed Use, also eine Verordnung über die Zulassung des Arzneimittels hinaus, vorlagen oder ein Leistungsanspruch nach § 2 Abs. 1a SGB V bestand (→ § 7 Rn. 10).

b) Rechtsfolgen der Prüfung

117   Hat die Prüfungsstelle, festgestellt, dass gegen das Wirtschaftlichkeitsgebot verstoßen wurde, muss sie gleichzeitig entscheiden, welche Maßnahmen zu treffen sind, § 106 Abs. 3 S. 1 SGB V. Sanktionen sind die gezielte bzw. individuelle **Beratung** als immaterielle Maßnahme[159] oder mit finanzieller Komponente die Festsetzung einer Nachforderung oder Kürzung, § 106 Abs. 3 S. 2 SGB V, allgemein als (Verordnungs-)**Regress** bezeichnet. Dabei sollen gezielte Beratungen weiteren Maßnahmen in der Regel vorgehen, § 106 Abs. 3 S. 6 SGB V. Das gilt insbesondere bei statistischen Prüfungen verordneter Leistungen und erstmaliger Auffälligkeit, nicht jedoch für Einzelfallprüfungen, § 106b Abs. 2 S. 3 SGB V. Wann eine erstmalige Auffälligkeit vorliegt, spezifiziert § 5 Abs. 2 der Rahmenvorgaben nach § 106b Abs. 2 SGB V dahingehend, dass bisher entweder keine individuelle Beratung erfolgt ist oder die zuletzt festgesetzte Maßnahme länger als fünf Jahre zurückliegt.

118   Die Beratung zielt nach § 106 Abs. 3 S. 7 SGB V darauf ab, die Ärzte durch kompetente Prüfgremien auf der Grundlage von Übersichten über die von ihnen verordneten oder veranlassten Leistungen über Fragen der Wirtschaftlichkeit und

---

156 BSG, Urt. v. 8.4.1992 – 6 RKa 27/90, NJW 1993, 1549, 1550.
157 BSG, Urt. v. 17.2.2016 – B 6 KA 3/15 R, MedR 2016, 920.
158 BSG, Urt. v. 11.12.2019 – B 6 KA 23/18 R, MedR 2020, 856.
159 BSG, Urt. v. 5.6.2013 – B 6 KA 40/12 R. MedR 2014, 432, 433.

Qualität der Versorgung zu beraten und so **Verhaltensänderungen** auszulösen. Dem wird am ehesten ein persönliches Beratungsgespräch gerecht. Allerdings liegt die Durchführung und konkrete Ausgestaltung der Beratung vorbehaltlich von Vorgaben in der Prüfvereinbarung im Ermessen der Prüfungsstelle bzw. des Beschwerdeausschusses. Sie kann daher auch schriftlich, ggf. unter dem Angebot einer ergänzenden mündlichen Beratung sowie unter Hinzuziehung von in Arzneimittelfragen versierten Mitarbeitenden der Krankenkassen und der Kassenärztlichen Vereinigungen, erfolgen.

Beim **Regress** handelt es sich um einen besonderen, verschuldensunabhän- 119 gigen Typus von Schadenersatzanspruch,[160] ohne dass ein konkreter Schaden bei der Krankenkasse vorliegen muss.[161] Bei statistischen Prüfungen schätzen die Prüfgremien den durch das unwirtschaftliche Verordnungsverhalten verursachten Mehraufwand, wobei die Grundlagen der Schätzung und die aus ihnen gezogenen Schlussfolgerungen nachvollziehbar darzulegen sind.[162] Auf dieser Basis ist, anders als bei Einzelfallregressen, denen unzulässige Verordnungen zugrunde liegen,[163] die Höhe der Nachforderung im Wege einer Ermessensentscheidung festzusetzen.[164] Auf die Differenzkosten ist der Regress nur begrenzt, § 106b Abs. 2a SGB V, wenn er auf unwirtschaftliche Verordnungen im engeren Sinne, wie zum Beispiel Verordnungen von unnötig teuren Medikamenten zurückzuführen ist, nicht hingegen auf unzulässige Verordnungen.[165] Der Regressanspruch wird durch Aufrechnung mit dem Vergütungsanspruch des Vertragsarztes realisiert und seitens der Kassenärztlichen Vereinigung an die jeweiligen Krankenkassen ausgekehrt.

Der Erhebung der sozialgerichtlichen Klage ist grundsätzlich die Anrufung des 120 Beschwerdeausschusses mittels Widerspruch vorgeschaltet; das dortige Verfahren gilt nach § 106c Abs. 3 S. 4 SGB V als **Vorverfahren** im Sinne des § 78 SGG ohne vorherige Abhilfeprüfung. Legt nur der Vertragsarzt Widerspruch ein, gilt das Verbot der reformatio in peius; der Beschwerdeausschuss darf die Maßnahme nicht „verbösern".[166] In statistischen Prüfverfahren wirkt der Widerspruch einer Krankenkasse auch für die anderen.[167] Das Vorverfahren entfällt im Rahmen von Einzelfallprüfungen bei unmittelbar und eindeutig durch Gesetz, z. B. §§ 24a Abs. 2,

---

160 BSG, Urt. v. 27.4.2005 – B 6 KA 1/04 R, NZS 2006, 163, 164.
161 BSG, Beschl. v. 15.8.2012 – B 6 KA 94/11 B, BeckRS 2012, 72998 Rn. 10. Anders im Falle des bloßen Differenzkostenregresses nach § 106b Abs. 1 S. 2 SGB V.
162 BSG, Beschl. v. 13.8.2014 – B 6 KA 14/14 B, BeckRS 2014, 72564 Rn. 12.
163 BSG, Urt. v. 30.10.2013 – B 6 KA 2/13 R, MedR 2014, 527, 528.
164 BSG, Urt. v. 21.5.2003 – B 6 KA 32/02 R, BeckRS 2003, 41375 Rn. 21.
165 BSG, Urt. v. 5.6.2024 – B 6 KA 5/23 R, BeckRS 2024, 16007.
166 BSG, Urt. v. 15.8.2012 – B 6 KA 27/11 R, BeckRS 2012, 75720 Rn. 34.
167 BSG, Urt. v. 13.8.2014 – B 6 KA 38/13 R, BeckRS 2014, 74201 Rn. 22.

34 Abs. 1 S. 1, 6 – 8, Abs. 4 SGB V, oder die Arzneimittel-Richtlinie des Gemeinsamen Bundesausschusses, § 92 Abs. 1 S. 2 Nr. 6 SGB V, aus dem Leistungskatalog ausgeschlossenen medikamentösen Therapien, § 106c Abs. 3 S. 6 SGB V.[168] Das gilt u. a. nicht bei einem Regress im Zusammenhang mit einem Off-label-Use.

4. Qualitätsprüfungen

121   Über Maßnahmen zur Qualitätssicherung und Qualitätsprüfungen kann man sich im jährlichen **Qualitätsbericht der Kassenärztlichen Bundesvereinigung** informieren. Einige Prüfungen sind der Erteilung einer Abrechnungsgenehmigung vorgeschaltet, wie bei der kurativen Mammographie und der Zervix-Zytologie, bei welcher der Aspirant anhand einer Fallsammlung oder einer Präparateprüfung seine Fähigkeiten nachweisen muss. Bei der Sonographie der Säuglingshüfte werden die Dokumentationen der ersten zwölf Untersuchungen nach Genehmigungserteilung geprüft; ähnlich ist es z. B. bei der Schmerztherapie. Gibt es Mängel, kann zu einem Kolloquium bei einer Qualitätssicherungskommission geladen werden. Zum Widerruf der Abrechnungsgenehmigung kommt es, wenn die in den Qualitätssicherungsvereinbarungen wie z. B. bei der interventionelle Radiologie, der invasiven Kardiologie, der Vakuumbiopsie der Brust oder der Koloskopie vorgesehenen Mindestmengen nicht eingehalten werden oder an vorgeschriebenen Fortbildungen, bspw. in Form von Qualitätszirkeln, nicht teilgenommen wurde. Bei Koloskopien durchführenden Ärzten werden zweimal jährlich Hygienekontrollen durchgeführt.

122   Für einige Untersuchungsmethoden gilt die Qualitätsprüfungs-Richtlinie vertragsärztliche Versorgung des Gemeinsamen Bundesausschusses, welche **Stichprobenprüfungen** vorschreibt; die Kriterien im Einzelnen ergeben sich aus leistungsbereichsbezogenen Qualitätsbeurteilungs-Richtlinien wie z. B. bei der Arthroskopie. Bei der Computertomographie und der Kernspintomographie konnten die Prüfungen wegen der guten Qualität ausgesetzt werden. Die Datenverarbeitung zu Zwecken der Qualitätssicherung regelt § 299 SGB V. Im vertragszahnärztlichen Bereich finden Prüfungen zzt. nur bei Überkappungen der Pulpa statt.

---

[168] BSG Urt. v. 11. 5. 2011 – B 6 KA 13/10 R, MedR 2012, 691, 692.

§ 9 Stationäre Versorgung

Dieses Kapitel enthält einen Überblick über die Leistungserbringung durch Kran- 1
kenhäuser. Sie wird, wie es in § 39 Abs. 1 S. 1 SGB V heißt, vollstationär, stationsäquivalent, tagesstationär, teilstationär, vor- und nachstationär sowie ambulant
nach Maßgabe der konkreten Regelungen des Leistungs- und Leistungserbringungsrechts erbracht. Abzugrenzen ist sie von der im Heimrecht sowie dem SGB XI
geregelten stationären pflegerischen Betreuung, § 5 Abs. 1 Nr. 3 lit. a KHG. Krankenhausbehandlung findet immer dann statt, wenn die **Eingliederung des Patienten** in das spezifische Versorgungssystem des Krankenhauses notwendig ist,
weil die anderen, kostengünstigeren Versorgungsangebote nicht ausreichend sind.

Im Jahr 2023 wurden über 17,2 Mio. Patienten in 1.874 Krankenhäusern bzw. 2
knapp 477.000 Betten behandelt. Würden Patienten nicht mehrfach behandelt
werden, wäre dies jeder fünfte Einwohner. Die durchschnittliche **Verweildauer** im
Krankenhaus betrug 7,2 Tage.

Krankenhäuser lassen sich in mehrfacher Hinsicht **kategorisieren.** Differen- 3
ziert man nach unterschiedlichen Versorgungsstufen, gibt es neben Krankenhäusern der Grund- und Regelversorgung solche der Schwerpunkt- sowie der
Maximalversorgung. Dieses sind Allgemeinkrankenhäuser, neben denen Fach-
krankenhäuser bestehen, deren Versorgungsauftrag sich auf ein oder wenige be-
nachbarte Fachgebiete wie insbesondere die Psychiatrie und Psychosomatik beschränken. Bei mehr als 30.000 vollstationären Fällen pro Jahr gehören
Krankenhäuser zu den kritischen Infrastrukturen.[1] Der Trägerschaft[2] nach unterscheidet man öffentliche, freigemeinnützige und private Krankenhäuser, von
denen nur letztere eine Konzession als Privatkrankenanstalt nach § 30 GewO benötigen,[3] sofern die entsprechende Prüfung nicht zugleich im Rahmen der Krankenhausplanung erfolgt. Privatkliniken fallen allerdings dann aus den Regelung

---

1 Zur Verpflichtung aller Krankenhäuser, nach dem Stand der Technik angemessene organisatorische und technische Vorkehrungen zur Vermeidung von Störungen der Verfügbarkeit, Integrität und Vertraulichkeit ihrer informationstechnischen Systeme, Komponenten oder Prozesse
zu treffen, siehe § 391 SGB V.
2 Im Hinblick auf den Zuwendungsempfänger bei Investitionsmitteln regelt z. B. § 2a LKHG BW,
dass Krankenhausträger der Betreiber des Krankenhauses ist. Betreiber und Eigentümer des
Krankenhauses können personell auseinanderfallen. Lauf Statistischem Bundesamt standen im
Jahr 2023 200.462 Betten in öffentlichen, 144.715 in freigemeinnützigen und 83.613 Betten in privaten Krankenhäusern.
3 Zu den Voraussetzungen für eine Konzession vgl. BayVGH, Beschl. v. 26.2.1976 – 251 VI 75,
GewArch 1976, 162.

https://doi.org/10.1515/9783111048543-012

zur Krankenhausfinanzierung heraus, wenn sie nach § 5 Abs. 1 Nr. 2 KHG i.V.m. § 67 AO nicht förderungsfähig sind.

4 Eine Grundversorgung an stationären Leistungen muss der Staat gewährleisten. Aus Art. 2 Abs. 2 S. 1 GG folgt seine objektivrechtliche Pflicht, sich schützend und fördernd vor die Rechtsgüter des Lebens und der körperlichen Unversehrtheit zu stellen, wobei die staatlichen Stellen eine **weite Gestaltungsfreiheit** haben, die nach der Rechtsprechung des BVerfG nur völlig ungeeignete oder unzulängliche Maßnahmen ausschließt.[4] Da mithin nur ein Untermaßverbot besteht, können Bürger die Umwandlung eines Krankenhauses in ein regionales Gesundheitszentrum oder eine sektorenübergreifende Versorgungseinrichtung nach § 115g SGB V nicht verhindern.[5] Die Länder haben den Sicherstellungsauftrag, d. h. die Verpflichtung, Krankenhäuser zu betreiben, wenn sich kein anderer geeigneter Träger, mithin freigemeinnütziger oder privater Träger, findet, den Gemeinden und Landkreisen übertragen.[6] Umstritten ist der Defizitausgleich durch die kommunalen Träger öffentlich-rechtlicher Krankenhäuser, den der BGH im Jahr 2016 für zulässig erachtet hat. Er führt aber ggf. zu Wettbewerbsverzerrungen, wenn u. a. freigemeinnützige Träger keine Subventionen erhalten.[7]

5 Was **Krankenhäuser** sind, definiert § 107 Abs. 1 SGB V für den Bereich der gesetzlichen Krankenversicherung in Abgrenzung zu anderen Versorgungseinrichtungen. Danach ist kennzeichnend, dass sie entweder der Krankenhausbehandlung oder Geburtshilfe dienen, im Gegensatz zu Vorsorge- und Rehabilitationseinrichtungen fachlich-medizinisch nicht nur unter ständiger ärztlicher Verantwortung, sondern darüberhinausgehend unter ärztlicher Leitung stehen, über ausreichende, ihrem Versorgungsauftrag entsprechende diagnostische und therapeutische Möglichkeiten verfügen und nach wissenschaftlich anerkannten Methoden arbeiten. Zudem müssen sie mit Hilfe von jederzeit verfügbarem ärztlichem, Pflege-, Funktions- und medizinisch-technischem Personal darauf eingerichtet sein, vorwiegend durch ärztliche und pflegerische Hilfeleistung Krankheiten der Patienten zu erkennen, zu heilen, ihre Verschlimmerung zu verhüten, Krankheitsbeschwerden zu lindern oder Geburtshilfe zu leisten und in der Lage sein, Patienten unterzubringen und zu verpflegen, d. h. sog. Hotelleistungen anzubieten. Eine deckungsgleiche, wenn auch schlankere Definition enthält § 2 Nr. 1 des Krankenhausfinanzierungsgesetzes. Für Planungs- und Finanzierungsfragen

---

4 BVerfG, Beschl. v. 5. 3. 1997 – 1 BvR 1071/95, NJW 1997, 3085.
5 OVG Lüneburg, Beschl. v. 28. 9. 2023 – 14 ME 75/23, NVwZ 2024, 93,
6 Vgl. z. B. § 3 LKHG BW und § 1 Abs. 3 S. 2 KHGG NRW.
7 BGH, Urt. v. 24. 3. 2016 – I ZR 263/14, NJW 2016, 3176 und daran anschließend OLG Stuttgart, Urt. v. 23. 3. 2017 – 2 U 11/14, NZBau 2017, 504; Brosius-Gersdorf, Funktionsgerechte Krankenhausfinanzierung und Krankenhausreform, 2023, 124 ff. (recherchierbar über www.bdpk.de).

hat die Zuordnung von mehreren Gebäuden zu einem Krankenhausstandort Bedeutung; diese werden daher nach Maßgabe des § 2a KHG definiert und in ein
bundesweites Verzeichnis aufgenommen, § 293 Abs. 6 SGB V.

Nach § 108 SGB V dürfen Krankenkassen Krankenhausbehandlung als Ausfluss 6
des Sachleistungsprinzips nur in **zugelassenen Krankenhäusern** erbringen lassen, zu denen neben 34 Hochschulkliniken und 5 Bundeswehrkrankenhäusern
einerseits sog. Plankrankenhäuser gehören, d.h. solche, welche das Land dazu im
Rahmen der Krankenhausplanung bestimmt hat, und andererseits 104 Vertrags-
krankenhäuser, d.h. solche, mit denen die Krankenkassen einen Versorgungsver-
tag abgeschlossen haben.

Bei Plankrankenhäusern wird der Abschluss eines Versorgungsvertrages von 7
Gesetzes wegen fingiert, § 109 Abs. 1 S. 2 SGB V. Sie sind dadurch in das **Kollek-
tivvertragssystem** der gesetzlichen Krankenversicherung eingebunden. Denn
nach § 109 Abs. 1 S. 3, Abs. 3 SGB V ist der Versorgungsvertrag nicht nur für alle
Krankenkassen verbindlich und sie sind verpflichtet, mit dem Krankenhausträger
Pflegesatzverhandlungen zu führen, sondern das Krankenhaus ist im Rahmen
seines Versorgungsauftrages zur Krankenhausbehandlung der Versicherten verpflichtet, d.h. es unterliegt einem Kontrahierungszwang.[8] Im Gegenzug hat das
Plankrankenhaus Anspruch auf Investitionskostenförderung und Finanzierung der
Betriebskosten nach Maßgabe der landes- und sozialrechtlichen Bestimmungen
zur Krankenhausfinanzierung. Die Bindung an den Versorgungsauftrag[9] regelt
vergütungsrechtlich § 8 Abs. 1 S. 3 KHEntgG. Eine Ausnahme gilt nur für Notfall-
patienten.

Daneben können Krankenkassen über vom Gemeinsamen Bundesausschuss 8
festgelegte Leistungen oder Leistungsbereiche sog. **Qualitätsverträge** als Selektivverträge abschließen, § 110a SGB V. Dabei hätte es sich im Rahmen der Diskussion um das Krankenhausversorgungsverbesserungsgesetz angeboten, insofern
über ein Moratorium nachzudenken. Denn die Reform hat eine gleichgerichtete
Zielrichtung und Qualitätsverträge haben sich ohnehin nicht durchsetzen können.

Die **Universitätsklinika** stehen in der Trägerschaft des Länder und werden 9
zum Teil im Kooperationsmodell unter organisatorischer Trennung von Klinikum
und Fakultät und teilweise im Integrationsmodell betrieben, in dem Forschung,
Lehre, Krankenversorgung und Wirtschaftsführung in organisatorischer und
rechtlicher Einheit durch Klinikum und Fakultät bewältigt werden. Dabei haben

---

8 Vgl. z.B. § 21 Abs. 1 Brem. KHG.
9 Der Versorgungsauftrag ist nicht nur fachlich, sondern dann, wenn das Planungsrecht Betten
ausweist, auch quantitativ beschränkt. Vgl. BVerwG, Urt. v. 20.12.2007 – 3 C 53/06, NZS 2008, 595,
598.

die Landesgesetzgeber neben dem Schutz der Wissenschaftsfreiheit, Art. 5 Abs. 3 S. 1 GG, und dem Grundrecht der Berufsfreiheit, Art. 12 Abs. 1 GG, auch den Schutz der Gesundheit, Art. 2 Abs. 2 S. 1 i. V. m. Art. 20 Abs. 1 GG zu berücksichtigen. Als wissenschaftsrelevante Entscheidungen stuft das BVerfG auch solche über die Organisationsstruktur, den Haushalt und über die Krankenversorgung ein.[10]

10   Ein **Akademisches Lehrkrankenhaus** ist ein Krankenhaus, an dem für einen Großteil der Studierenden ein Teil ihres Medizinstudiums, nämlich das Praktische Jahr, stattfindet und mit dem die Universität eine entsprechende Vereinbarung geschlossen hat, § 3 Abs. 2 ÄApprO. Praxiswissen in der Hausarztmedizin wird in Lehrpraxen vermittelt; aber auch Gesundheitsämter können Teile des Praktischen Jahrs anbieten, § 3 Abs. 2a ÄApprO.

I. Krankenhausplanung

11   Die Zulassung von Plankrankenhäusern richtet sich wie die Krankenhausorganisation nach bisher sehr unterschiedlich ausgestaltetem **Landesrecht**, bestimmt sich aber überall nach dem Bedarf und hängt von der Erfüllung von Qualitätskriterien ab. Dabei wird in vielen Ländern auf die Abgrenzung der Fachgebiete nach den Weiterbildungsordnungen der Landesärztekammern abgestellt und den Krankenhäusern darauf bezogene Versorgungsaufträge unter Angabe einer Planbettenzahl bzw. der Behandlungsplätze in teilstationären Tages- und Nachtkliniken erteilt. Während es detaillierte Planungen und solche für bestimmte Versorgungsschwerpunkte gibt, etwa die Versorgung von Schlaganfallpatienten auf einer sog. Stroke-Unit oder die Behandlung seltener Erkrankungen, konnten sich die Länder auch auf eine Rahmenplanung beschränken, welche den Krankenhäuern größere Spielräume belässt, auf welche Behandlungsangebote sie sich im Wettbewerb mit anderen Krankenhäusern konzentrieren. Die Steuerung des Leistungsgeschehens verlagerte sich in diesem Fall stärker auf die Budgetverhandlungen zwischen den Krankenhäusern und den Kostenträgern.

12   Über die zugelassenen Plankrankenhäuser geben die laufend fortgeschriebenen und in größeren Abständen neu aufgestellten **Krankenhauspläne der Länder**, § 6 Abs. 1 KHG, Auskunft, in denen neben den Zielen der Krankenhausplanung wie Erreichbarkeitszeiten (Krankenhauszielplanung) der landesweite Versorgungsbedarf in räumlicher, fachlicher und struktureller Gliederung beschrieben wird (Bedarfsanalyse), in dem des Weiteren die zur Bedarfsdeckung geeigneten Krankenhäuser verzeichnet werden (Krankenhausanalyse) und in denen schließlich

---

10 BVerfG, Beschl. v. 24.6.2014 – 1 BvR 3217/07, NVwZ 2014, 1370, 1371 mAnm Hufen JuS 2015, 378.

festgelegt wird, mit welchen dieser Krankenhäuser der beschriebene Bedarf gedeckt werden soll (Versorgungsentscheidung). Erarbeitet und angepasst wird der Plan unter Beteiligung eines Planungsausschusses, in dem neben Krankenkassen je nach Landesrecht auch die kommunalen Spitzenverbände, die Landesärztekammern, die Kassenärztlichen Vereinigungen oder Vertreter aus dem Bereich der Pflege als „unmittelbar Beteiligte" mitwirken, da sie eine fachliche oder finanzielle Mitverantwortung für die stationäre Versorgung haben und durch deren Einbindung Konflikte ausgeräumt werden können.[11] Mit ihnen sind bei der Krankenhausplanung einvernehmliche Regelungen anzustreben, § 7 S. 2 KHG. Der Krankenhausplan, der in Flächenländern nach Versorgungsregionen unterteilt ist, kommt nach der Rechtsprechung des BVerwG aber lediglich die Rechtswirkung einer innerdienstlichen Weisung zu, welche die konkreten Planungsentscheidungen nach landesweit einheitlichen Gesichtspunkten steuert. In deren Folge ist der Plan ggf. anzupassen.[12]

Konstitutiv für den Träger, der ein Krankenhaus betreiben will, ist der **Feststellungbescheid der zuständigen Landesbehörde**, mit dem ein Krankenhaus für ein darin konkret benanntes Versorgungsangebot in den Krankenhausplan aufgenommen und damit der Status eines Plankrankenhauses verliehen wird. Sein konkreter Versorgungsauftrag ergibt sich aus den Festlegungen des Krankenhausplans in Verbindung mit den Bescheiden zu seiner Durchführung. Die Entscheidung hängt insbesondere von der Bedarfsgerechtigkeit und der an Qualitätskriterien zu messenden Leistungsfähigkeit des Krankenhauses ab. Dazu wird der Krankenhausträger ein hinsichtlich seines Inhalts und seiner Realisierbarkeit hinreichend konkretisiertes schlüssiges und prüffähiges (Finanzierungs-)Konzept als Entscheidungsgrundlage für die Behörde erstellen, welches Gewähr für die Dauerhaftigkeit des Angebots der erforderlichen Leistungen bietet.[13] Denn zum Zeitpunkt der Antragstellung kann weder Personal eingestellt noch können Investitionen auf Verdacht getätigt werden. 13

Die Planungsbehörde ermittelt den Bedarf an stationären Leistungen im Einzugsgebiet des Krankenhauses im Vergleich zu konkurrierenden Krankenhäusern, und zwar auch aus benachbarten, ggf. in anderen Ländern liegenden, Regionen. 14

---

11 BT-Drs. 10/2095, 22. Zu den Grenzen aus Sicht der Monopolkommission BT-Drs. 20/2725, Rn. 177. Ausnahmetatbestände finden sich in § 187 Abs. 9–10 GWB für die Ende 2024 angestoßene Krankenhausreform.
12 BVerwG, Urt. v. 14. 4. 2011 – 3 C 17.10, MedR 2012, 144.
13 OVG Münster Beschl. v. 5. 10. 2020 – 13 A 3752/19, BeckRS 2020, 26978. Auch um als Weiterbildungsstätte zugelassen werden zu können, muss der rechtliche und wirtschaftliche Bestand einer Krankenhausabteilung auf absehbare Zeit gesichert sein: OVG Lüneburg, Beschl. v. 12. 3. 2012 – 8 ME 159/11, MedR 2012, 533, 535.

Begehren mehrere Krankenhäuser die Aufnahme in den Krankenhausplan, identifiziert die zuständige Behörde zunächst, ohne dass ihr ein Beurteilungsspielraum
zukäme, die ihr anhand der Kriterien der Bedarfsgerechtigkeit, Leistungsfähigkeit
und Wirtschaftlichkeit als geeignet erscheinenden Krankenhäuser.[14] Auf einer
zweiten Entscheidungsstufe wählt sie unter Berücksichtigung der öffentlichen Interessen und der Vielfalt der Krankenhausträger nach pflichtgemäßem Ermessen[15]
dasjenige Krankenhaus aus, welches den Zielen der Krankenhausplanung am
besten gerecht wird. Die **Vielfalt der Krankenhausträger** ist dabei nur dann zu
berücksichtigen, wenn die Qualität der erbrachten Leistungen der Einrichtungen
gleichwertig ist, § 8 Abs. 2 S. 2 KHG. Als Ziele der Krankenhausplanung lassen sich
aus § 1 Abs. 1 KHG die Leistungsfähigkeit und Kostengünstigkeit ableiten.

15   **Bedarfsgerecht** ist ein Krankenhaus dann, wenn es nach seinen objektiven
Gegebenheiten in der Lage ist, einem vorhandenen Bedarf gerecht zu werden.[16]
Dieser kann sich nicht nur aus einem im Einzugsbereich aktuell ungedeckten
Betten- bzw. Versorgungsbedarf, sondern im Hinblick auf Art. 12 Abs. 1 GG auch aus
einem fiktiven Bedarf ergeben, d. h. wenn das einen Versorgungsauftrag anstre-
bende Krankenhaus neben oder an Stelle eines anderen Krankenhauses geeignet
wäre, den vorhandenen Bedarf zu decken. Das Planungsrecht ist auf diese Weise
für die Prüfung der Eignung von potenziellen Neuzugängen offen. Dementsprechend ist auch in einem Vergütungssystem, welches Fallpauschalen kennt, zu
prüfen, ob sich ein deutlich sparsamer als die derzeit zugelassenen Plankrankenhäuser wirtschaftender Krankenhausträger beworben hat.[17] Damit berücksichtigt
das BVerfG zutreffend, dass eine kostengünstigere Leistungserbringung in die
Kalkulation der Fallpauschalen in den Folgejahren eingeht.

16   **Leistungsfähig** ist eine Klinik, wenn auf Dauer gewährleistet ist, dass sie in
sächlicher und personeller Hinsicht den Anforderungen entspricht, die nach dem
Stand der medizinischen Wissenschaft sowohl im ärztlichen als auch im pflegerischen Bereich an ein Krankenhaus dieser Art zu stellen sind.[18]

17   Infolge des Krankenhausversorgungsverbesserungsgesetzes[19] stellen die Länder derzeit ihre Krankenhausgesetze und damit die Krankenhausplanung sukzes-
sive um. Krankenhäusern werden wie zukünftig bereits seit Anfang des Jahres 2025

---

14 BVerwG, Urt. v. 14.11.1985 – 3 C 41/84, BeckRS 1985, 31369694.
15 Zur Überprüfung der Entscheidung auf Auswahlermessensfehler und zur Drittanfechtungs-
befugnis BVerfG, Beschl. v. 14.1.2004 – 1 BvR 506/03, NZS 2004, 199.
16 BVerwG, Urteil vom 18.12.1986 – 3 C 67/85, NJW 1987, 2318, 2320,
17 BVerfG, Beschl. v. 4.3.2004 – 1 BvR 88/00, NJW 2004, 1648, 1649.
18 BVerwG, Urt. v. 25.3.1993 – 3 C 69/90, NJW 1993, 3008.
19 BGBl. 2024 I Nr. 400 v. 11.12.2024.

in Nordrhein-Westfalen[20] **Leistungsgruppen** und nicht mehr die sich an den Weiterbildungsordnungen der Landesärztekammern orientierenden medizinischen Fachrichtungen zugewiesen. Auch wird auf Planbetten zugunsten einer Orientierung an Fallzahlen verzichtet.[21]

Rechtsfolge der Verwaltungsentscheidung ist – wie oben bereits erläutert – 18 einerseits die Fiktion eines Versorgungsvertrages, § 109 Abs. 1 S. 2 SGB V, und andererseits der Anspruch auf Investitionskostenförderung und Finanzierung der Betriebskosten nach Maßgabe der landes- und sozialrechtlichen Bestimmungen zur Krankenhausfinanzierung. Eine explizite Anspruchsgrundlage für die Vergütung der Krankenhausbehandlung enthalten die gesetzlichen Regelungen nicht. Man kann den Anspruch aber aus § 109 Abs. 4 S. 3 SGB V, §§ 7 Abs. 1, 9 Abs. 1 KHEntgG, § 17b KHG und der jährlichen Fallpauschalenvereinbarung ableiten.

Zum **Ausscheiden aus dem Krankenhausplan** kommt es, wenn nicht der 19 Träger ohnehin selbst den Betrieb einstellen will, entweder auf Initiative der Krankenhausplanungsbehörde oder der Krankenkassen. Die Krankenkassen können bei Vorliegen entsprechender, nicht nur vorübergehend vorliegender Gründe, z. B. bei immer wieder offenbar werdenden Qualitätsmängeln, nach Maßgabe des § 110 SGB V eine Kündigung aussprechen. Sie wird allerdings grundsätzlich erst mit Genehmigung seitens der Landesplanungsbehörde wirksam, § 110 Abs. 2 S. 1 SGB V.

Alternativ zum Bemühen um die Aufnahme in den Krankenhausplan kann 20 sich ein Krankenhausträger um den **Abschluss eines Versorgungsvertrages** mit den Krankenkassen bemühen. Lehnen diese den Abschluss ab, sah das BSG darin einen Verwaltungsakt, gegen den nach Durchführung eines Widerspruchsverfahrens eine kombinierte Anfechtungs- und Leistungsklage erhoben werden konnte. Nunmehr hat das Gericht entschieden,[22] dass ein solcher Versorgungsvertrag jedenfalls nicht durch einen Verwaltungsakt, sondern nur durch eine einseitige öffentlich-rechtliche Willenserklärung gekündigt werden kann. Hiergegen kann der Krankenhausträger mit einer Feststellungsklage Rechtsschutz erlangen. Ein Anspruch auf Abschluss eines Versorgungsvertrages besteht, wenn das Krankenhaus zur bedarfsgerechten Versorgung von gesetzlich krankenversicherten Patienten erforderlich ist. Wird der Bedarf bereits durch ein anderes Krankenhaus gedeckt

---

20 Nach § 16 Abs. 1 Nr. 6 und 7 KHGG NRW enthält der Feststellungsbescheid u. a. den Versorgungsauftrag nach Leistungsbereichen und Leistungsgruppen sowie die je Leistungsgruppe durch die durchschnittliche jährliche Fallzahl oder durch andere qualitative oder quantitative Parameter angegebene Versorgungskapazität im Ist und Soll und nur noch nachrichtlich die Zahl der Planbetten und Behandlungsplätze.
21 Nds. Landtag Drs. 19/6319, 2 f.
22 BSG, Urt. v. 13. 12. 2022 – B 1 KR 37/21 R, KrV 2023, 78, 80 mwN zur früheren Rechtsprechung. Die Zuständigkeit der Sozialgerichtsbarkeit ergibt sich aus § 51 Abs. 1 Nr. 2 SGG.

und will der Krankenhausträger erreichen, dass sein Krankenhaus an dessen Stelle tritt, kann er nur den Weg über die Aufnahme in den Krankenhausbedarfsplan gehen.[23] Bis zur Genehmigung des Vertrages durch die Krankenhausplanungsbehörde, § 109 Abs. 3 S. 2 SGB V, ist der Versorgungsvertrag schwebend unwirksam. Versorgungskrankenhäuser erhalten keine Investitionsmittel nach dem Krankenhausfinanzierungsgesetz, § 5 Abs. 1 Nr. 6 KHG, so dass sie allein („monistisch") von den Krankenkassen finanziert werden.

21   Infolge des Ende 2024 in Kraft getretenen Krankenhausversorgungsverbesserungsgesetz können Standorte von Plankrankenhäusern seitens der Planungsbehörde zu **sektorenübergreifenden Versorgungseinrichtungen** bestimmt werden, § 6c Abs. 1 KHG. Die Einrichtungen werden nach Maßgabe einer zwischen der Deutschen Krankenhausgesellschaft und dem GKV-Spitzenverband geschlossenen Vereinbarung stationäre Leistungen, ggf. auch belegärztlich, vor allem in der Inneren Medizin und der Geriatrie sowie von kooperierenden Krankenhäusern höherer Versorgungsstufe telemedizinisch unterstützte stationäre Leistungen erbringen, § 115g Abs. 3 SGB V. Hinzu kommen ambulante Operationen sowie Leistungen der Übergangs- und Kurzzeitpflege, § 115g Abs. 1 S. 2 SGB V.

II. Weitere landesrechtliche Regelungen

22 Über das Planungsrecht hinausgehend finden sich im Landesrecht z.T. weitergehende Regelungen für Krankenhäuser. Während in Nordrhein-Westfalen ein spezielles Gesundheitsdatenschutzgesetz gilt, enthalten in anderen Ländern die Landeskrankenhausgesetze Bestimmungen zum **Datenschutz.** Unterschiedlich detailliert sind die Regelungen zur Aufsicht über die Krankenhäuser ausgestaltet. Bspw. erlaubt es § 31a KHGG NRW der oberen Aufsichtsbehörde, Vereinbarungen zu untersagen, in denen ein Krankenhaus Vorteile für die Patientenzuweisung verspricht, bzw. das Krankenhaus in besonders schweren Fällen sogar aus dem Krankenhausplan herauszunehmen.[24] Weitere Bestimmungen betreffen Vorgaben für die Leitungsebene des Krankenhauses wie die Beteiligung der Ärztlichen Direktion und der Pflegedienstleitung, die Einrichtung einer Arzneimittelkommission, die Bestellung von Stationsapothekern[25] und von Patientenfürsprechern und

---

23 BSG, Urt. v. 16.5.2012 – B 3 KR 9/11 R, GesR 2013, 95, 100.
24 Entsprechende Verbotstatbestände enthalten auch § 32 Brem. KHG, § 27 Abs. 5 LKHG SchlH und § 25a Thür. KHG.
25 § 26 Nds. Krankenhausgesetz.

die Krankenhauseelsorge. Der Krankenhausaufsichtsbehörde ist auf Verlangen ein ausreichender Haftpflichtversicherungsschutz nachzuweisen.[26]

Die Unterbringung in einem psychiatrischen Krankenhaus als Maßregel der 23 Besserung und Sicherung nach § 63 StGB findet in speziellen **Einrichtungen des Maßregelvollzuges** statt, in denen Ärzte mit einer speziellen Qualifikation in der Forensischen Psychiatrie tätig sind. Die gesetzlichen Rahmenbedingungen des Vollzug werden wie im Strafvollzug durch Landesrecht geschaffen. Im Rahmen ihrer Organisationshoheit hat die Mehrzahl der Länder den Vollzug der Maßregeln im Wege der Beleihung privaten Krankenhausträgern übertragen. Grundrechtseinschränkende Maßnahmen dürfen allerdings nur solche Beschäftige anordnen und vollziehen, die über die erforderliche Sachkunde und Zuverlässigkeit verfügen und persönlich widerruflich mit hoheitlichen Befugnissen beliehen worden sind.[27]

Vielfach wird die notärztliche Versorgung im Rettungsdienst von Seiten der 24 Krankenhäuser personell sichergestellt. Die Aufgaben nehmen bereits Assistenzärzte mit klinischer Erfahrung wahr, denen zum Erwerb der Zusatz-Weiterbildung **Notfallmedizin** bei ihrer Landesärztekammer in einem Kurs Kenntnisse und im Rahmen von begleiteten Notarzteinsätzen, ggf. auch in Skills Labs, Erfahrungen vermittelt werden, die sie befähigen, drohende oder eingetretene Notfallsituationen zu erkennen, Notfälle zu behandeln sowie die akut bedrohte Vitalfunktionen aufrechtzuerhalten oder wiederherzustellen. Zzt. wird der Rettungsdienst durch Landesrecht geregelt. Dabei werden in den Ländern zunehmend telemedizinische Strukturen aufgebaut, d.h. der Notfallsanitäter, der mit dem Rettungsmittel vor Ort ist, erhält aus einer Zentrale ärztlichen Support, so dass Notarzteinsätze reduziert oder bereits vorbereitet werden können, bis der Notarzt vor Ort ist.

III. Krankenhausfinanzierung

Die Finanzierung der Krankenhäuser erfolgt in Deutschland seit dem Jahr 1972 25 nicht mehr monistisch, d.h. allein durch die Krankenkassen und andere Kostenträger, sondern **dualistisch**, d.h. durch die Kostenträger nur insofern, als sie die Betriebskosten übernehmen, und andererseits durch die Länder, die für Investitionsmaßnahmen zuständig sind. Die begrenzten staatlichen Mittel haben allerdings dazu geführt, dass alle Bundesländer nur unzureichende Haushaltmittel zur Verfügung stellen, sodass die Krankenhäuser auf Eigenmittel zurückgreifen müssen oder Investitionen aus Betriebsmitteln quer finanzieren. Um das Manko aus-

---

26 Z.B. § 34b KHGG NRW.
27 StGH Niedersachsen, Urt. v. 5.12.2008 – StGH 2/07, GesR 2009, 146.

zugleichen, hat der Bund in den letzten Jahren mehrfach die Kofinanzierung von **speziellen Investitionsprogrammen**, etwa zu Strukturverbesserungen wie dem Abbau von Überkapazitäten, der Konzentration von Versorgungsangeboten und Standorten sowie der Umwandlung von Krankenhäusern in ambulante Versorgungseinrichtungen oder zur Digitalisierung im Krankenhaus, mit einem Strukturfonds, §§ 12, 12a KHG, oder einem Krankenhauszukunftsfonds, § 14a KHG, übernommen. Die Mittelverwaltung obliegt jeweils dem Bundesamt für Soziale Sicherung.

26   Mit dem Krankenhausversorgungsverbesserungsgesetz wird für die Jahre 2026 bis 2035 ein **Transformationsfonds** geschaffen, § 12b KHG, der aus der Liquiditätsreserve des Gesundheitsfonds dotiert und damit anteilig durch Beitragsmittel finanziert wird. Weil es sich um eine spezifische Form der Daseinsvorsorge und damit um eine gesamtgesellschaftliche Aufgabe handele, die aus Steuern zu finanzieren sei, werden gegen die Finanzierungsregelung wegen der strengen Zweckbindung der Sozialversicherungsbeiträge für das Binnensystem der Sozialversicherung[28] verfassungsrechtliche Bedenken erhoben.[29] Eine finanzielle Beteiligung der Unternehmen der privaten Krankenversicherung, deren Versicherten die Fördermittel ebenfalls zu Gute kommen,[30] ist nur freiwilliger Natur, § 12b Abs. 1 S. 3 KHG. Der Koalitionsvertrag für die 21. Wahlperiode des Bundestages sieht nunmehr vor, dass dafür Mittel aus dem Sondervermögen zur Stärkung der Infrastruktur verwendet werden sollen.

27   Hinsichtlich der Investitionskostenfinanzierung bestehen in den Ländern unterschiedliche Systeme für Baumaßnahmen. Das lässt § 10 Abs. 1 S. 5 KHG zu. Während die Krankenhausträger in Nordrhein-Westfalen leistungsorientierte **Investitions- bzw. Baupauschalen** erhalten, § 18 Abs. 1 Nr. 1 KHGG NRW,[31] die auch zur Tilgung von Darlehen verwendet werden können, legen die meisten Bundesländer Investitionsprogramme auf, mit denen sie neben einer Pauschalförderung kurzfristiger Anlagegüter nach Prüfung etwa durch die Staatlichen Hochbauämter aus dem Landeshaushaltsplan **konkrete einzelne Baumaßnahmen** fördern und auf diese Weise den Strukturwandel im Krankenhausbereich steuern. Dies geht allerdings mit erheblichem bürokratischen Aufwand einher. An der zweckgebundenen Finanzierung werden je nach Landesrecht die Kommunen beteiligt.[32]

---

28 BSG, Urt. v. 18.5.2021 – B 1 A 2/20 R, NZS 2022, 57, 62.

29 Felix GesR 2024, 545, 549.

30 BT-Drs. 20/11854, 190.

31 Vgl. dazu BVerwG, Urt. v. 30.8.2012 – 3 C 17.11, MedR 2013, 311,

32 Vgl. etwa § 8 Nds. Krankenhausgesetz. Zur Vorgängerregelung des § 17 S. 3–4 KHGG NRW VerfGH NRW Beschl. v. 13.1.2004 – VerfGH 16/02, BeckRS 2004, 21234.

Die Pflegesätze, so das KHG, bzw. die Entgelte, so das KHEntgG, als Vergütung 28
für den einzelnen Behandlungsfall sind **für alle Benutzer des Krankenhauses**,
d. h. sowohl für gesetzlich als auch für privat versicherte Patienten und Beihilfe-
berechtigte, nach § 17 Abs. 1 KHG einheitlich und zudem im Voraus zu bemessen.
Abweichende Vereinbarungen sind unwirksam. Das Gesetz gibt dort ferner vor,
dass bei der Ermittlung der Pflegesätze der Grundsatz der Beitragssatzstabilität
nach Maßgabe des in § 10 Abs. 6 KHEntgG geregelten Orientierungswertes zu beachten ist und dass Überschüsse dem Krankenhaus verbleiben, während es Ver-
luste zu tragen hat. Darin kommt die Abkehr von dem von 1972 bis 1995 geltenden,
zunächst retrospektiven und ab 1984 mit einem flexiblen Budget verknüpften
prospektiven Selbstkostendeckungsprinzip zum Ausdruck, welches den falschen
Anreiz setzte, die Verweildauer über das medizinisch Notwendige hinaus, z. B. über
das Wochenende, auszudehnen.

> **Fall 17: Privatklinik auf dem Gelände eines Plankrankenhauses[33]**
> In dem Gebäudekomplex eines Plankrankenhauses wird als abgetrennte Einheit eine Sportklinik
> betrieben, die keine öffentlichen Fördergelder erhält. Sie bestand bereits, als das Allgemein-
> krankenhaus einen stationären Versorgungsauftrag erhielt und von da an öffentlich gefördert
> wurde. Beide Kliniken unterhalten einen gemeinsamen Internetauftritt und nutzen bestimmte
> Räume und Einrichtungen gemeinsam. Ist die Sportklinik bei der Vereinbarung der Kranken-
> hausentgelte frei?
> Nach § 17 Abs. 1 S. 5 KHG darf eine Einrichtung, die in räumlicher Nähe zu einem Krankenhaus liegt
> und mit diesem organisatorisch verbunden ist, für allgemeine, dem Versorgungsauftrag des
> Krankenhauses entsprechende Krankenhausleistungen keine höheren Entgelte verlangen, als sie
> nach den Regelungen des für Plankrankenhäuser geltenden Vergütungsrechts als Fallpauschale zu
> leisten wären. Abweichende Vereinbarungen sind nach § 134 BGB nichtig. Die Regelung be-
> schränkt sich nicht nur auf spätere Ausgründungen von Privatkliniken aus Plankrankenhäusern.

Dem Selbstkostendeckungsprinzip folgte ein Mischsystem aus fortbestehenden 29
tagesbezogenen Pflegesätzen und neu eingeführten leistungsbezogenen Fallpauschalen und Sonderentgelten. Es wurde im Jahr 2004 durch ein **System diagno-
sebezogener Fallpauschalen**, sog. DRGs (Diagnosis Related Groups), abgelöst.
Deren Einführung entsprach einem internationalen Trend, wobei in Deutschland
abweichend von anderen Ländern die Betriebskosten zzt. vollständig über DRGs
refinanziert werden. Das deutsche System baut auf dem australischen DRG-Modell
auf und wurde später seinerseits Grundlage des Schweizer Systems. Mit Beginn des
Jahres 2020 wurden die Personalkosten der Krankenhäuser für die unmittelbare
Patientenversorgung auf bettenführenden Stationen durch qualifiziertes Pflege-

---

33 BGH, Urt. v. 17. 5. 2008 – III ZR 195/17, NJW 2009, 368. BVerfG, Beschl. v. 20. 8. 2013 – 1 BvR 2402/
12 und 1 BvR 2684/12, NVwZ-RR 2013, 985.

personal aus den DRG-Fallpauschalen ausgegliedert. Sie werden seit dem Jahr 2020 über ein **krankenhausindividuelles Pflegebudget** nach dem Selbstkostende-ckungsprinzip finanziert, § 6a KHEntgG. Für das Krankenhausmanagement liegt der Nachteil darin, dass sie steigende Sachkosten nicht mehr durch Senkung der Personalkosten im Pflegebereich ausgleichen können und daher der ärztliche Dienst stärker in den Blick gerät, um Deckungsbeiträge zu erwirtschaften. Seit Mitte Dezember 2024 sind Krankenhäuser nach § 137m SGB V verpflichtet, eine bedarfsgerechte ärztliche Personalausstattung für die ärztliche Behandlung im Krankenhaus sicherzustellen und zusätzlich, sofern darin vorgegeben, die in Richtlinien des Gemeinsamen Bundesausschusses, ggf. auch bereits zuvor, enthal-tenen Mindestvorgaben für die ärztliche Personalausstattung einhalten, § 137m Abs. 1 S. 1, Abs. 4 SGB V. Vorgeschrieben ist eine schrittweise Anpassung der Ist-Personalstärke an die Soll-Personalstärke, § 137m Abs. 1 S. 4 SGB V. Zunächst muss allerdings ein Konzept abgestimmt und dieses dann erprobt werden.

30   Davon abweichend werden hingegen die Betriebskosten psychiatrischer Ein-richtungen finanziert, § 17d KHG. Als **pauschalierende Entgelte Psychiatrie und Psychosomatik** (PEPP) erhalten die Krankenhäuser Tagespauschalen. In einer Richtlinie über die Ausstattung der stationären Einrichtungen der Psychiatrie und Psychosomatik mit dem für die Behandlung erforderlichen therapeutischen Per-sonal hat der Gemeinsame Bundesausschuss auf Grundlage des § 136a Abs. 2 S. 1 SGB V als Konkretisierung des Qualitätsgebots, § 2 Abs. 1 S. 3 SGB V, Personalun-tergrenzen festgelegt. Werden sie nicht eingehalten, erfolgt ab 2026 aus Gründen der Verhältnismäßigkeit statt eines vollständigen Vergütungswegfalls ein Vergü-tungsabschlag.[34]

31   Mit der Ende 2024 beschlossenen **Krankenhausreform** wird ein größerer Teil der Betriebskosten ab dem Jahr 2027 über sogenannte Vorhaltebudgets vergütet, § 6b KHEntgG, während die DRGs auf 40 % abgesenkt werden. Die Vorhaltevergü-tung knüpft allerdings an frühere Behandlungsfälle an und wird reduziert, wenn das Krankenhaus deutlich weniger Patienten behandelt. Kritiker erwarten daher den strategische Abbau von Behandlungsfällen und demzufolge Wartezeiten für Patienten. Das Vorhaltebudget wird zudem nur für Leistungsgruppen gewährt, die dem Krankenhaus durch die Krankenhausplanungsbehörde zugewiesen wurden und deren Qualitätskriterien das Krankenhaus erfüllt. Zudem muss eine Min-destzahl an Behandlungsfällen erbracht werden; die Regelung zu den Mindest-vorhaltezahlen enthält § 137e SGB V. Die Zahlen werden nicht vom Gemeinsamen Bundesausschuss, sondern durch eine Rechtsverordnung mit Zustimmung des Bundesrats festgelegt. Dabei sind die Notwendigkeit der Gewährleistung des

---

[34] BSG, Urt. v. 19.12.2024 – B 1 KR 16/23 R, BeckRS 2024, 37315.

Facharztstandards, das Ziel der Sicherstellung einer bedarfsgerechten und flächendeckenden stationären Versorgung sowie das Wirtschaftlichkeitsgebot in praktische Konkordanz zu bringen. Die Rechtsverordnung basiert auf einem durch das Bundesministerium für Gesundheit und die obersten Landesgesundheitsbehörden gemeinsam geleiteten sog. Leistungsgruppenausschuss, § 135e Abs. 3 SGB V.

1. Finanzierung der Investitionskosten

Die Fördertatbestände im Krankenhausfinanzierungsrecht umfassen auch För- 32 dermittel zur Erleichterung der Schließung von Krankenhäusern oder zur Umstellung von Krankenhäusern oder Krankenhausabteilungen auf andere Aufgaben, insbesondere zu ihrer **Umwidmung** in Pflegeeinrichtungen, § 9 Abs. 1 Nr. 5 und 6 KHG, oder Investitionen in Ausbildungsstätten für Gesundheitsfachberufe wie z. B. Pflegefachkräfte oder anästhesietechnische oder operationstechnische Assistenten nach dem ATA-OTA-G, §§ 2 Nr. 1a, 8 Abs. 3 KHG.

Die **Zweckbindung der Investitionskosten** führt dazu, dass sie nicht für 33 Bereiche eingesetzt werden dürfen, in denen ein Krankenhaus ein medizinisches Versorgungszentrum betreibt. Denn ambulante Leistungen werden monistisch, nämlich mittelbar allein aus Beitragsmitteln, finanziert. Das gilt auch für vor- und nachstationäre Leistungen und ambulante Operationen, §§ 115a, 115b SGB V sowie Leistungen, für welche einen sektorengleiche Vergütung bzw. eine sog. Hybrid-DRG gezahlt wird, § 115f SGB V. Über den Einsatz der Fördermittel sind daher Verwendungsnachweise beizubringen.

2. Finanzierung der Betriebskosten allgemeiner Krankenhausleistungen

Rechtsgrundlage für die Einführung eines „**pauschalierenden Entgeltsystems für** 34 **DRG-Krankenhäuser**" sind § 17b Krankenhausfinanzierungsgesetz (KHG) und das Krankenhausentgeltgesetz (KHEntgG). Letzteres trifft Regelungen zur Vergütung somatischer Krankenhausleistungen, während psychiatrische, psychotherapeutische und psychosomatische Leistungen nach Maßgabe der Bundespflegesatzverordnung (BPflV) vergütet werden. Grundlage für das pauschalierende Vergütungssystem in diesem Bereich ist § 17d KHG. Weitere übergreifende Regelungen zum Pflegesatzrecht treffen die §§ 16 ff. KHG.[35] Dabei unterscheiden die Finan-

---

35 Zur Pflegesatzfähigkeit von Schadensersatzleistungen bei Behandlungsfehlern und unzureichender Aufklärung BVerwG, Urt. v. 26.11.1992 – 3 C 36/89, NJW 1993, 2394.

zierungsregeln zwischen allgemeinen Krankenhausleistungen, § 2 Abs. 2 KHEntgG, § 2 Abs. 2 BPflV und wahlärztlichen Leistungen, § 17 Abs. 1 KHEntgG, § 16 S. 2 BPflV. Nicht abschließend wird durch § 2 Abs. 1 S. 1 KHEntgG verdeutlicht, dass Krankenhausleistungen Komplexleistungen sind und z. B. auch die Arzneimittelversorgung mit Dauermedikamenten des Patienten umfassen. Ausgenommen sind über abgesenkte Fallpauschalen die Leistungen der Belegärzte, § 39 BMV-Ä, welche ihre Leistungen über ihre Kassenärztliche Vereinigung abrechnen, §§ 2 Abs. 1 S. 2, 18 Abs. 1 und 2 KHEntgG.

35 Nach der Legaldefinition des § 2 Abs. 2 S. 1 KHEntgG sind **allgemeine Krankenhausleistungen** diejenigen Krankenhausleistungen, die unter Berücksichtigung der – aufgrund der z. B. auf eine Regelversorgung beschränkten Struktur des Krankenhaues ggf. eingeschränkten –Leistungsfähigkeit des Krankenhauses im Einzelfall nach Art und Schwere der Krankheit für die medizinisch zweckmäßige und ausreichende Versorgung des Patienten notwendig sind, also dasjenige, auf das der Versicherte nach dem Leistungsrecht Anspruch hat. Stellt sich bei einem in der Chirurgie aufgenommenen Patienten z. B. ein Atemwegsinfekt ein, ist auch dieser zu behandeln, ohne dass dies gesondert vergütet wird.

36 Erfasst werden auch die vom Krankenhaus **veranlassten Leistungen Dritter,** also z. B. Leistungen der Labormedizin oder radiologische Untersuchungen, für die ein Krankenhaus niedergelassene Ärzte oder medizinische Versorgungszentren in die Behandlung einbezieht, § 2 Abs. 2 S. 2 Nr. 2 KHEntgG. Auch diese ergänzenden und unterstützenden Leistungen sind mit den Fallpauschalen abgedeckt. Gesondert vergütet werden nur sog. interkurrente Leistungen der Dialyse und der Strahlentherapie, § 2 Abs. 2 S. 3 Nr. 1 und 2 KHEntgG.[36] Allerdings darf ein Krankenhaus wesentliche, in den vom Versorgungsauftrag umfassten Fachabteilungen notwendige Leistungen nicht regelmäßig und planvoll auf Dritte auslagern, die nicht in seine Organisation eingegliedert sind.[37]

37 Nimmt ein Krankenhaus überregionale Aufgaben der stationären Versorgung wahr, etwa die telekonsiliarische Unterstützung von Krankenhäusern niedrigerer Versorgungsstufen, erhält es dafür Zuschläge, §§ 2 Abs. 2 S. 2 Nr. 4 und S. 4, §§ 5 Abs. 3, 14 Abs. 1 S. 2 KHEntgG. **Sicherstellungszuschläge** zu den Fallpauschalen erhalten nach entsprechender Prüfung durch die zuständige Landesbehörde bei nachgewiesenen Defiziten auch Krankenhäuser, die in dünn besiedelten Regionen zur Versorgung der Bevölkerung notwendige und nicht durch andere Kranken-

---

36 Mit der Ausgliederung der Strahlentherapie reagierte der Gesetzgeber Ende 2024 auf zwei Entscheidungen des BSG (BT-Drs. 20/13407, 306).
37 BSG, Urt. v. 26.4.2022 – B 1 KR 15/21 R, GesR 2022, 530, 533. Zur nicht abschließend geklärten Rechtslage beim Einsatz von Fremdpersonal BeckOK KHR/Köbler, Ed. 1.12.2024, KHEntgG § 2 Rn. 24 mwN.

häuser erbringbare Leistungen vorhalten, welche jedoch auf Grund des geringen Versorgungsbedarfs mit den auf Bundesebene vereinbarten Fallpauschalen und Zusatzentgelten nicht kostendeckend finanzierbar sind, § 5 Abs. 2 KHEntgG. Dabei sind die Sicherstellungszuschlags-Regelungen des Gemeinsamen Bundesausschusses nach § 136c Abs. 4 SGB V zu beachten. Daneben gibt es zusätzliche Finanzmittel für sog. Sicherstellungskrankenhäuser und Zuschläge zur Förderung der geburtshilflichen Versorgung, § 5 Abs. 2a-2c KHEntgG sowie von im Krankenhausplan ausgewiesenen Zentren zur Wahrnehmung besonderer Aufgaben unter Berücksichtigung der vom Gemeinsamen Bundesausschuss nach § 136c Abs. 5 SGB V beschlossenen Zentrums-Regelungen, § 5 Abs. 3 KHEntgG. Ein Anreiz, entsprechende Qualitätssicherungsmaßnahmen durchzuführen, ist der Zuschlag für klinische Sektionen, § 5 Abs. 3b KHEntgG.

Der Fallpauschalenkatalog wird jährlich vom Institut für das Entgeltsystem im **38** Krankenhaus gGmbH (IneK) weiterentwickelt und dann vom GKV-Spitzenverband und dem PKV-Verband mit der Deutschen Krankenhausgesellschaft vereinbart, § 9 Abs. 1 Nr. 1 KHEntgG, § 17b Abs. 1 S. 4 KHG. Die einzelnen DRGs werden eng am Wortlaut orientiert und allenfalls unterstützt durch systematische Erwägungen ausgelegt.[38] Für die Abrechnung hat das Krankenhaus die Diagnosen nach dem ICD-GM (Internationalen Klassifikation der Krankheiten) und die durchgeführten Operationen und Prozeduren nach dem OPS (Operationen- und Prozedurenschlüssel) zu verschlüsseln, § 301 Abs. 2 SGB V. Jährlich werden dazu Deutsche **Kodierrichtlinien** veröffentlicht, die über www.g-drg.de recherchierbar sind. Werden diese und andere Daten in ein zertifizierten EDV-Programm, den sog. **Grouper**, eingegeben, ermittelt dieser automatisiert die DRG.

Muss der Patient aufgrund einer nachfolgenden Komplikation innerhalb einer **39** sog. oberen Grenzverweildauer erneut stationär aufgenommen werden, kommt es zu einer sog. Fallzusammenführung, § 8 Abs. 5 KHEntgG. Liegen für aus Sicht des IneK **neue Untersuchungs- und Behandlungsmethoden** einschließlich innovativer Arzneimittel noch keine validen Kalkulationsdaten vor, werden nach Maßgabe des § 6 KHEntgG und unter Beachtung bundesweiter Empfehlungen vorübergehend krankenhausindividuelle, sachgerecht kalkulierte Entgelte vereinbart (sog. NUB-Vereinbarung).

Alle stationären Behandlungsfälle werden mittels eines **Patientenklassifi-** **40** **kationssystems** einer bestimmten Fallgruppe, einer DRG, zugeordnet, wobei vergleichbar aufwändige Behandlungsanlässe unter Berücksichtigung von Komorbiditäten bzw. Nebendiagnosen zu größeren Abrechnungspositionen zusammengefasst werden. Für die Zuordnung eines Behandlungsfalls kommt es maß-

---

38 BSG, Urt. v. 14.11.2024 – B 1 KR 29/23 R, BeckRS 2024, 37832.

geblich auf die Hauptdiagnose an, die nicht der Einweisungs- oder Aufnahmediagnose entsprechen muss;[39] daneben sind aber auch der Schweregrad der Erkrankung, Nebendiagnosen, Komplikationen und andere Kriterien wie z. B. das Alter, das Geschlecht und das Gewicht des Patienten maßgeblich.

41 Die einzelnen DRGs werden bei der Abrechnung einer Bewertungsrelation bzw. einem **Relativgewicht** zugeordnet, § 17b Abs. 1 S. 5 Halbs. 1 KHG. Auf diese Weise kann man die Leistungen in ein Bewertungsverhältnis zu einem Referenzwert setzen. Für Leistungen, bei denen in erhöhtem Maße wirtschaftlich begründete Fallzahlsteigerungen eingetreten oder zu erwarten sind, sind die Beträge gezielt abzusenken oder in Abhängigkeit von der Fallzahl bei diesen Leistungen abgestuft vorzugeben, § 17b Abs. 1 S. 5 Halbs. 2 KHG. Vorübergehend werden „besondere Einrichtungen" aus dem pauschalierenden Entgeltsystem ausgenommen, § 17 Abs. 1 S. 10 KHG, und mit krankenhausindividuellen Entgelten vergütet, § 6 Abs. 1 S. 1 KHEntgG. Die für das Jahr 2025 getroffene Vereinbarung sieht vor, dass dies z. B. bei Palliativstationen mit mindestens fünf Betten sowie Fachabteilungen für Kinder- und Jugend-Rheumatologie erfolgen kann. Gleiches gilt bei Fachabteilungen, die schwerpunktmäßig Patienten mit Multipler Sklerose, Morbus Parkinson oder Epilepsie behandeln. Ein Zuschlag für Vorhaltekosten wird z. B. für Einrichtungen für Schwerbrandverletzte gewährt.

42 Damit das IneK die Fallpauschalen kalkulieren kann, haben repräsentativ ausgewählte und in einem Losverfahren bestimmte Krankenhäuser[40] Übermittlungspflichten betreffend Struktur- und Leistungsdaten, § 17b Abs. 2 S. 5 KHG, § 21 KHEntgG.[41] Kommt das Krankenhaus dem nicht nach, erfolgen Vergütungsabschläge, § 17b Abs. 3a KHG. Strukturdaten müssen aber auch zu anderen Zwecken, nämlich vor allem für das **Transparenzverzeichnis** nach § 135d SGB V, übermittelt werden.

43 Um anschließend Beträge in der Währung Euro zu erhalten, benötigt man einen entsprechenden Multiplikator. Das ist der prospektiv bestimmte **Landesbasisfallwert**. Er wird auf Landesebene zwischen der Krankenhausgesellschaft und den Verbänden der Krankenkassen nach § 10 Abs. 1 KHEntgG jährlich im Sinne der Festlegung eines Veränderungswertes verhandelt und von den Krankenhausaufsichtsbehörden genehmigt. Dabei werden die allgemeine Kostenentwicklung und, seit 2024 vollständig, Tariferhöhungen für Löhne und Gehälter ebenso berücksichtigt wie die Veränderungsrate der beitragspflichtigen Einnahmen aller Mit-

---

39 Lungstras/Bockholdt NZS 2021, 1, 8.
40 VG Lüneburg Urt. v. 31.7.2023 – 6 A 207/20, BeckRS 2023, 30559.
41 Für die unter das pauschalierende Entgeltsystems für psychiatrische und psychosomatische Einrichtungen (PEPP) fallenden Einrichtungen gilt § 17d Abs. 9 S. 1 KHG.

glieder der gesetzlichen Krankenkassen bzw. eines vom Statistischen Bundesamt ermittelten Orientierungswertes.

Hält das Krankenhaus Verpflichtungen zur Qualitätssicherung nicht ein, er- **44** folgt ein **Vergütungsabschlag**, § 8 Abs. 4 S. 1 KHEntgG. Kein Entgelt erhält das Krankenhaus, wenn die Leistungserbringung aufgrund des Beschlusses des Gemeinsamen Bundeausschusses bei planbaren Eingriffen in einem bestimmten Mindestumfang erbracht werden muss, § 136b Abs. 1 S. 1 Nr. 2 SGB V, und das Krankenhaus die Mindestmenge nicht erfüllt, § 8 Abs. 4 S. 2 KHEntgG. Seinem seit 1.1.2016 bestehenden Auftrag, ein gestuftes System von Folgen der Nichteinhaltung von Qualitätsanforderungen festzulegen, § 137 Abs. 1 S. 1 SGB V, ist der Gemeinsame Bundesausschuss in den einzelnen Richtlinien nicht nachgekommen mit der Folge, dass der Vergütungsanspruch des Krankenhauses allenfalls wegen Nichtbeachtung des Qualitätsgebots entfallen ist.[42]

> **Fall 18: Falscher Arzt[43]**
> Im Krankenhaus wird ein Arzt beschäftigt, der seine Approbation aufgrund gefälschter Unterlagen erhalten hat. Die zuständige Approbationsbehörde nimmt die Approbation später bestandskräftig zurück. Hat das Auswirkungen auf die Vergütung der Krankenhausbehandlungen?
> Wird an der Behandlung ein Nicht-Arzt beteiligt, haben die Krankenkassen öffentlich-rechtliche Erstattungsansprüche aus § 69 Abs. 1 S. 3 SGB V i.V.m. §§ 812 ff. BGB, weil das Krankenhaus damit gegen das in § 2 Abs. 1 S. 3 SGB V geregelte Qualitätsgebot und den Arztvorbehalt nach § 15 Abs. 1 S. 1 SGB V verstoßen und damit unwirtschaftlich gehandelt hat.

Mit den Krankenkassen bzw. deren Arbeitsgemeinschaften, von denen sich solche **45** an den Verhandlungen beteiligen können, auf deren Versicherte mehr als 5 % der Belegungs- und Berechnungstage des Krankenhauses entfallen, § 18 Abs. 2 KHG, vereinbaren die Krankenhausträger ein prospektives **Erlösbudget**, das ihnen über die vereinbarte Art und Menge der erbringbaren DRG-Fallpauschalen sowie der Zusatzentgelte Planungssicherheit verschafft, §§ 4 Abs. 1 und 2, 11 Abs. 1 KHEntgG. Später erfolgt dann ein Ausgleich anhand der Ist-Zahlen, § 4 Abs. 3 KHEntgG. Vorliegende Ist-Zahlen sind wiederum Basis für die nächste Prognose. Auch die zu erwartende Fallzahlsteigerung muss von Krankenkassenseite vergütet werden. Allerdings werden die zusätzlich prognostizierten Leistungen bis zum Jahr 2026 unter Berücksichtigung zahlreicher Ausnahmetatbestände und einer auf Bundesebene getroffenen Vereinbarung, § 9 Abs. 1 Nr. 6 KHEntgG, nicht voll, sondern nur mit einem auf die Fallpauschale anzuwendenden sog. **Fixkostendegressionsab-**

---

42 BSG, Urt. v. 12.6.2025 – B 1 KR 26/24 R (Terminbericht).
43 BSG, Urt. v. 26.4.2022 – B 1 KR 26/21 R, medstra 2022, 396.

schlag vergütet, wobei der Abschlag auf alle Fallpauschalen umgelegt wird, § 4 Abs. 3 KHEntgG.

46   Das Erlösbudget und die sog. Erlössumme, § 6 Abs. 3 KHEntgG, werden zu einem Gesamtbetrag zusammengefasst, § 4 Abs. 3 KHEntgG. Kommt es zu einer negativen Abweichung der abgerechneten Leistungen vom Gesamtbetrag, erhält das Krankenhaus einen Mindererlösausgleich, der einen Teil der Vorhaltekosten abdecken soll. Mehrerlöse sind hingegen zu einem überwiegenden Anteil zurückzuerstatten. Der Ausgleich findet über Zu- bzw. Abschläge auf die abgerechnete Höhe der DRG-Fallpauschalen und Zusatzentgelte statt, § 5 Abs. 3 KHEntgG. Ein weiterer Abschlag erfolgt nach Maßgabe einer auf § 9 Abs. 1a Nr. 5 KHEntgG gestützten Notfallstufenvergütungsvereinbarung, wenn das Krankenhaus nicht an der Notfallversorgung teilnimmt, § 4 Abs. 6 KHEntgG. Das Krankenhaus kann beantragen, dass Leistungen für **ausländische Patienten**, die zum Zweck der Krankenhausbehandlung einreisen, nicht im Rahmen des Erlösbudgets vergütet werden, § 4 Abs. 4 KHEntgG. Auch für sie ist jedoch für allgemeine Krankenhausleistungen die DRG-Fallpauschale zu berechnen.

47   Die **Ausbildung** medizinischer Fachberufe wird über einen **Ausgleichsfonds** finanziert, wobei die sich an der Ausbildung beteiligenden Krankenhäuser ein Ausbildungsbudget erhalten, § 17a KHG. Für die Pflegefachpersonen, die eine generalistische Ausbildung durchlaufen,[44] wird auf Landesebene ein besonderer Ausgleichfonds durch die Krankenhäuser, stationäre und ambulante Pflegeeinrichtungen, die Länder und die soziale und private Pflegeversicherung dotiert, § 26 Abs. 3 PflBerG. Für Niedersachsen übernimmt z. B. die dazu gegründete Pflegeausbildungsfonds Niedersachsen GmbH die Umsetzung des Finanzierungsverfahrens. Die an den Umlageverfahren teilnehmenden Krankenhäuser erhalten für die auf sie entfallenden Umlagebeträge Ausbildungszuschläge, § 28 Abs. 2 Halbs. 1 PflBerG.

48   Für die zahlreich zu treffenden Vereinbarungen bedarf es einen **Konfliktlösungsmechanismus**. Hinsichtlich des Fallpauschalenkatalogs und der Zusatzentgelte erlässt das BMG ggf. im Wege der Ersatzvornahme eine Rechtsverordnung; in den übrigen Fällen entscheidet auf Antrag einer der Vertragsparteien die Bundesschiedsstelle, § 18a Abs. 6 KHG. Hiergegen ist der Verwaltungsrechtsweg eröffnet, wobei kein Vorverfahren stattfindet und die Klage keine aufschiebende Wirkung hat, § 18a Abs. 6 S. 11 – 12 KHG. Die von den Landeskrankenhausgesellschaften und den Landesverbänden der Krankenkassen gebildeten Landesschiedsstellen mit einem neutralen Vorsitzenden sind in § 18a Abs. 1 – 5 KHG geregelt.

---

44 Dazu umfassend Opolony GuP 2019, 64.

3. Wahlleistungen

Soweit die allgemeinen Krankenhausleistungen dadurch nicht beeinträchtigt 49 werden, können Patienten mit dem Krankenhaus nach vorheriger Unterrichtung über den Inhalt der Leistungen und deren Kosten[45] die besondere Berechnung vom Wahlleistungen schriftlich oder in Textform vereinbaren, § 17 Abs. 1 S. 1, Abs. 2 KHEntgG. Ärztliche Wahlleistungen sind die Behandlung durch Chefärzte, nicht ärztliche Wahlleistungen insbesondere die Unterbringung in **Ein- oder Zweibettzimmern** oder eine Wahlverpflegung. Solche Leistungen gehören aber dann zu den allgemeinen Krankenhausleistungen, wenn sie im Einzelfall medizinisch erforderlich sind. Zur Bemessung der Wahlleistung Unterkunft schreiben der Verband der Privaten Krankenversicherung und die Deutsche Krankenhausgesellschaft jährlich ihre Gemeinsame Empfehlung zur Bemessung der Entgelte für die Wahlleistung Unterkunft fort, § 17 Abs. 1 S. 4 KHEntgG.

Bei den **ärztlichen Wahlleistungen**, die nach Maßgabe der Gebührenordnung 50 für Ärzte (GOÄ)[46] abgerechnet werden, besteht die sog. Wahlarztkette, d. h. der Patient hat nicht die Möglichkeit, sich nur durch einzelne Chefärzte behandeln zu lassen, sondern wenn er sich für Wahlleistungen entscheidet, muss er sich umfassend, d. h. z. B. einschließlich der Anästhesie, von allen am Krankenhaus angestellten Chefärzten[47] behandeln lassen und eine Zusatzvergütung auch für die von den Chefärzten veranlassten Leistungen von Ärzten und ärztlich geleiteten Einrichtungen außerhalb des Krankenhauses, z. B. in der Labormedizin, zahlen, § 17 Abs. 3 S. 1 KHEntgG. Bei den Wahlleistungen ist eine Vertretung des Chefarztes durch einen Stellvertreter nicht ausgeschlossen, wenn die dazu von der Rechtsprechung aufgestellten Anforderungen erfüllt werden[48] und die Verhinderung des Chefarztes nicht bereits absehbar ist. Dann bedarf es einer individuellen Abrede. Qualifikationsbezogen können mehrere Oberärzte für verschiedene Tätigkeitsschwerpunkte benannt werden. Auch die Delegation von Leistungen an nachgeordnete Ärzte ist möglich, wobei der Chefarzt der Behandlung durch sein eigenes

---

45 Die Anforderungen an die Unterrichtung hat die Rechtsprechung entwickelt. Vgl. BGH, Urt. v. 4.11.2004 – III ZR 201/04, NJW-RR 2005, 419.
46 Zur Honorarminderung vgl. § 6a GOÄ.
47 Nicht liquidierbar sind die von sog. Honorarärzten erbrachte Leistungen: BGH, Urt. v. 16.10. 2014 – III ZR 85/14, NJW 2015, 1375; BVerfG, Beschl. v. 3.3.2015 – 1 BvR 3226/14, NZS 2015, 502). Dies sind in der Regel niedergelassene Ärzte, die punktuell für z. B. bestimmte Operationen hinzugezogen werden. Sozialversicherungsrechtlich besteht mit diesen zumeist ein Beschäftigungsverhältnis i. S. d. § 7 SGB IV: BSG, Urt. v. 4.6.2019 – B 12 R 11/18 R, MedR 2020, 773.
48 BGH, Urt. v. 20.12.2007 – III ZR 144/07, NJW 2008, 987; Urt. v. 13.3.2025 – III ZR 40/24, NJW 2025, 1407.

Tätigwerden bei Kernleistungen wie der Operation und grundlegenden Therapie-entscheidungen weiterhin sein persönliches Gepräge gibt.

51   Früher erhielten alle Chefärzte ein **eigenes Liquidationsrecht**, d. h. konnten die Leistungen selbst gegenüber dem Patienten abrechnen, mussten an das Krankenhaus aber einen Teil des Liquidationserlöses für anfallende Kosten und zudem in der Regel einen Vorteilsausgleich abgeben, § 19 Abs. 2 und 5 KHEntgG. Inzwischen liquidieren fast alle Krankenhäuser selbst und beteiligen die Ärzte zusätzlich zu deren Festgehalt an diesen Einnahmen. Bedenken gegen diese Praxis hat der BGH kürzlich ausgeräumt.[49]

4. Prüfungen durch die Krankenkassen und den Medizinischen Dienst

52   Die Abrechnung der stationären Leistungen erfolgt im Rahmen einer verdachts-abhängigen **Einzelfallprüfung**, § 275 Abs. 1 S. 1 Nr. 1 i.V.m. § 275c SGB V, unter Einschaltung des Medizinischen Dienstes und mit einer krankenhausindividuellen Prüfquote, die sich in Abhängigkeit von dem Anteil unbeanstandeter Abrechnungen je Krankenhaus bemisst, § 275c Abs. 2 S. 2 SGB V. Liegt der Anteil unbeanstandeter Abrechnungen unterhalb von 60 %, müssen die Krankenhäuser nicht nur die Differenz zwischen dem ursprünglichen und dem geminderten Abrechnungs-betrag zurückzahlen, sondern als Sanktion zusätzlich einen Aufschlag auf diese Differenz, § 275c Abs. 3 SGB V. Besteht über das Ergebnis der Prüfung kein Einvernehmen, ist einem Klageverfahren als Prozessvoraussetzung eine einzelfallbe-zogene Erörterung vorgeschaltet, die zudem dazu führt, dass Einwendungen und Tatsachen, die nicht Gegenstand der Erörterung waren, präkludiert sind, § 17c Abs. 2b KHG.

53   Führt die Einzelfallprüfung zu keiner Minderung des Abrechnungsbetrages, muss die Krankenkasse dem Krankenhaus, wenn ihm durch die Prüfungsanfor-derung infolge erneuter Befassung mit dem Behandlungs- und Abrechnungsfall ein zusätzlicher Aufwand entstanden ist, eine Aufwandspauschale in Höhe von 300 EUR zahlen, § 275c Abs. 1 S. 2 SGB V, sofern das Prüfverfahren nicht durch ein Fehlverhalten des Krankenhauses veranlasst worden war.[50] Führt die Prüfung zu dem Ergebnis, dass keine vollstationäre Behandlungsbedürftigkeit bestand (sog. **primäre Fehlbelegung**, § 17c Abs. 1 S. 1 Nr. 1 KHG), wird die Leistung entweder als

---

49 BGH, Urt. v. 13.3.2025 – III ZR 426/23, NJW 2025, 1400.
50 BSG, Urt. v. 22.6.2010 – B 1 KR 1/10 R, ZMGR 2010, 384. Seit dem 1.1.2016 erfasst die Regelung nicht nur Auffälligkeitsprüfungen, sondern auch solche auf sachlich-rechnerische Richtigstel-lungen: BT-Drs. 18/6586, 110. Dies war eine Reaktion auf BSG, Urt. v. 14.11.2024 – B 1 KR 29/23 R, BeckRS 2024, 37832.

ambulante oder vorstationäre Leistung vergütet, § 8 Abs. 3 KHEntgG. Im DRG-System hat die Prüfung auf **sekundäre Fehlbelegung**, § 17c Abs. 1 S. 1 Nr. 2 KHG, nur noch Bedeutung, wenn nach Überschreitung der oberen Grenzverweildauer Zusatzentgelte abgerechnet werden konnten. Geprüft werden kann auch, ob der Patient aus wirtschaftlichen und nicht aus medizinischen Gründen vorzeitig entlassen wurde. Die Krankenkasse kann dann einen verschuldensabhängigen Schadensersatzanspruch aus § 69 Abs. 1 S. 3 SGB V i.V. m. § 280 Abs. 1 BGB haben, denn zwischen der Krankenkasse und dem Krankenhausträger besteht ein öffentlich-rechtliches Schuldverhältnis.[51]

Mit der Krankenhausreform sollten die bisherigen Einzelfallprüfungen ab 2027 durch eine **strukturierte Stichprobenprüfung** seitens des Medizinischen Dienstes ersetzt werden; dieser hätte dazu ein Konzept erstellen sollen. Im Zuge des Gesetzgebungsverfahrens kam man zu der Erkenntnis, dass die Auswirkungen der Einführung einer Stichprobenprüfung unklar wären und bestehendes Entbürokratisierungspotenzial in der Abrechnungsprüfung zielgenauer durch eine Weiterentwicklung der bereits etablierten Einzelfall- und Strukturprüfungen gehoben werden könne.[52] Die bestehenden Qualitätskontrollen und die bisher in § 275d SGB V geregelten Strukturprüfungen sollen, soweit möglich, vereinheitlicht bzw. zusammengeführt werden. Das kommt im neu gefassten § 275a SGB V zum Ausdruck, der Prüfungen zu den in einer Rechtsverordnung für die einzelnen Leistungsgruppen festgelegten Qualitätskriterien, daneben aber auch landesrechtlich vorgesehene Qualitätsanforderungen, die Strukturanforderungen, die im OPS (Operationen- und Prozedurenschlüssel nach § 301 Abs. 2 SGB V) festgelegt sind und schließlich Qualitätsanforderungen erfasst, die in verschiedenen Bestimmungen zur Qualitätssicherung vorgegeben werden. 54

Die bis zum 11.12.2024 in § 275d SGB V geregelte verpflichtende **Strukturprüfung** schaffte zum Jahr 2020 die Rechtsgrundlage für isolierte Prüfungen des Medizinischen Dienstes in Bezug auf die Einhaltung von Strukturmerkmalen des OPS, die bis dahin nur im Rahmen von Einzelfallprüfungen möglich waren. Das Begutachtungsverfahren regelt die auf § 283 SGB V gestützte Richtlinie „Regelmäßige Begutachtungen zur Einhaltung von Strukturmerkmalen von OPS-Kodes nach § 277d SGB V" (StrOPS-RL). Damit sollte, wenn auch mit dem Nachteil des erheblichen, damit verbundenen Aufwands, im Vorhinein Rechtssicherheit über die Abrechenbarkeit von Leistungen geschaffen werden.[53] Dementsprechend regelte § 285d Abs. 1 S. 1 SGB a.F., dass die Prüfung mit einem Bescheid abgeschlossen 55

51 BSG Urt. v. 7.3.2023 – B 1 KR 4/22 R, MedR 2023, 843, 845 zum Fall einer Verlegung, die eines sachlichen Grundes bedarf.
52 BT-Drs. 20/11854, 120 und 20/13407, 303.
53 BT-Drs, 19/13397, 67.

wird. Die bei positivem Ergebnis ausgestellte Bescheinigung des Medizinisches Dienstes über die Einhaltung der Strukturmerkmale, etwa zur personellen und sachlichen Ausstattung und zu implementierten Qualitätssicherungsmaßnahmen wie institutionalisierten Teambesprechungen, war von den Krankenhäusern an die Krankenkassen zu übermitteln. Am 15.1.2025 hat der Medizinische Dienst Bund die StrOPS-RL 2025 veröffentlicht, welche den Zeitraum bis zum Inkrafttreten der Richtlinie für die Prüfung von Leistungsgruppen und OPS-Strukturmerkmalen (LOPS-RL) auf Basis des KHVVG überbrückt.

IV. Ambulante Behandlungsformen

56 Die Separierung von stationärer und ambulanter Versorgung wird zunehmend durchbrochen. Nachfolgend werden Bereiche dargestellt, welche die stationäre Behandlung vor- oder nachbereiten bzw. diese mit dem Ziel eines **besseren Ressourceneinsatzes** durch ambulante Behandlungsformen ersetzen, also ohne Übernachtung im Krankenhaus auskommen.

1. Vor- und nachstationäre Behandlung

57 Die vorstationäre Behandlung dient nach § 115a Abs. 1 S. 1 SGB V zwei Zwecken, nämlich entweder dazu, die Erforderlichkeit einer vollstationären Krankenhausbehandlung zu klären oder die **vollstationäre Krankenhausbehandlung vorzubereiten.** Mit der nachstationären Behandlung soll der Behandlungserfolg im Anschluss an eine vollstationäre Behandlung gesichert oder gefestigt werden. Beide Behandlungsformen sind zeitlich und hinsichtlich der Behandlungsfrequenz begrenzt, § 115a Abs. 2 S. 1–3 SGB V. Nach § 8 Abs. 2 S. 3 Nr. 3 KHEntgG ist eine vorstationäre Behandlung neben einer DRG auch bei Privatpatienten nicht berechnungsfähig, soweit sie keine Wahlleistungsvereinbarung abgeschlossen haben. Gleiches gilt für nachstationäre Behandlungen, soweit die Summe aus den stationären Belegungstagen und den vor- und nachstationären Behandlungstagen die Grenzverweildauer der Fallpauschale übersteigt.

2. Ambulantes Operieren

58 Ambulante Operationen, aber auch sonstige stationsersetzende Eingriffe und Behandlungen, sollen nicht notwendige vollstationäre Krankenhausbehandlungen vermeiden. Krankenhäuser können sie in allen Leistungsbereichen durchführen,

in denen sie entsprechend ihres **Versorgungsauftrags** auch stationäre Krankenhausbehandlung erbringen. In der Regel sollen die Leistungen nur auf Veranlassung eines niedergelassenen Vertragsarztes oder eines medizinischen Versorgungszentrums unter Verwendung eines Überweisungsscheins durchgeführt
werden.

In einem Vertrag, dem sog. **AOP-Vertrag**,[54] sind im Interesse gleicher Wett- 59
bewerbsbedingungen einheitliche Vergütungen für Krankenhäuser und Vertragsärzte vorzusehen, § 115b Abs. 1 S. 1 Nr. 2 SGB V. Grundsätzlich werden die ambulanten Operationen und die damit im Zusammenhang stehenden Leistungen
einschließlich der prä-, intra- und postoperativen Leistungen, §§ 4 – 6 AOP-Vertrag,
nach der für den Krankenhausstandort geltenden regionalen Euro-Gebührenord-
nung, wie sie auch für Vertragsärzte gilt, vergütet, § 9 Abs. 1, 2 und 6 AOP-Vertrag.
Gleiche Wettbewerbsbedingungen gelten auch hinsichtlich der Einhaltung des
Facharztstandards und der Beachtung der im Rahmen der vertragsärztlichen
Versorgung geltenden Qualitätssicherungsmaßnahmen, §§ 12 und 13 AOP-Vertrag.

3. Sektorengleiche Vergütung

Aus den im AOP-Katalog festgelegten ambulanten Operationen und sonstigen sta- 60
tionsersetzenden Eingriffen und Behandlungen, aber auch darüber hinaus, werden
Leistungen ausgewählt, die mit einer speziellen Fallpauschale vergütet werden, die
unabhängig davon gilt, ob die Leistung ambulant oder stationär erbracht wird,
§ 115f Abs. 1 S. 1 Nr. 1 SGB V. Die Vergütung, allgemein auch als **Hybrid-DRG** bezeichnet, soll der Höhe nach zwischen dem ambulanten und dem stationären Ni-
veau (EBM bzw. DRG) liegen und gilt sowohl für Krankenhäuser als auch für
Vertragsärzte und medizinische Versorgungszentren, § 115f Abs. 3 S. 1 SGB V.
Krankenhäuser haben die Hybrid-DRG auch Privatpatienten in Rechnung zu stellen, § 1 Abs. 3 S. 3 KHEntgG, und können daneben, sofern vereinbart, Wahlleistungen abrechnen.

Die Regelung sollte zunächst insbesondere Leistungen mit einer kurzen Ver- 61
weildauer und einem geringen klinischen Komplexitätsgrad erfassen, die gleichwohl in hoher Fallzahl im Krankenhaus erbracht werden, § 115f Abs. 2 S. 1 SGB V
a.F. Nunmehr wird stattdessen eine Zielgröße vorgegeben: Ab dem Jahr 2030 soll die
Ambulantisierung der Versorgung so weit fortgeschritten sein, dass jährlich
2 Millionen Behandlungsfälle vom stationären in den ambulanten Bereich verlagert worden sind, § 115f Abs. 2 S. 2 SGB V. Die Umsetzungsphase berücksichtigt, dass

---

54 DÄBl 2024, A 130.

eine Umstellung auf eine ambulante Leistungserbringung neben häufig erforderlichen baulichen Maßnahmen eine Anpassung der Prozesse erfordert, mit denen die Personalkosten reduziert werden können.

Fall 19: Zusammenarbeit bei Hybrid-DRGs

Der kaufmännische Geschäftsführer G. des Krankenhauses K. erkennt die Chancen, die in der Ambulantisierung liegen. Er will daher das Angebot ambulanter chirurgischer Operationen ausdehnen, hat aber sowohl in der Anästhesie als auch in der Radiologie offene Personalstellen. Er überlegt, niedergelassene Ärzte und den Geschäftsführerkollegen aus einem medizinischen Versorgungszentrum anzusprechen, ob sie aushelfen können.

Hybrid-DRGs sind Komplexleistungen und werden entsprechend vergütet. Nimmt ein Krankenhaus einen Eingriff unter Beteiligung externer Ärzte vor, muss das Honorar aufgeteilt werden.[55] Als Orientierungswert haben die Berufsverbände der Deutschen Anästhesistinnen und Anästhesisten sowie der Deutschen Chirurgie für ambulante Operationen in Vertragsarztpraxen empfohlen, dass der Chirurg grundsätzlich 64 % des Netto-Honorars erhält, wenn er selbst den Aufwachraum betreibt. Das lässt aber unberücksichtigt, dass das Krankenhaus das Personal, das Instrumentarium und die Sterilisation stellt. Außerdem können die Kostenquoten je nach erbrachtem Eingriff deutlich abweichen. Bei diesen Vereinbarungen ist zu berücksichtigen, dass die ihr zugrunde gelegten Annahmen sorgfältig dokumentiert werden sollten, um sie später nachvollziehen zu können. Denn nur so kann sichergestellt werden, dass kein Anschein entsteht, dass Vergütungsanteile nicht als Gegenleistung für die Zuweisung von Patienten gezahlt werden.

---

55 Zur Aufteilung bei ärztlichen Leistungen für die Berufsgenossenschaften vgl. BGH, Urt. v. 9.5.1985 – X ZR 99/84; OLG Hamm, Urt. v. 16.1.1995 – 3 U 109/94, MedR 1995, 405.

§ 10 Sonstiges Leistungserbringerrecht

Während in den vorherigen Kapiteln das Vertragsarztrecht und das Leistungser- 1
bringerrecht der stationären Versorgung dargestellt wurde, widmet sich dieses
Kapitel dem Leistungserbringerrecht ausgewählter sonstiger Anbieter gesundheitlicher Leistungen, die zum Leistungskatalog der gesetzlichen Krankenversicherung gehören und die diesen gegenüber abgerechnet werden können. Maßgeblich sind die §§ 69 – 71, 111 – 111d, 124 – 134a sowie 140a, 140e SGB V.

I. Heilmittelerbringer

Wie Ärzte müssen Heilmittelerbringer, die Physiotherapie, Stimm-, Sprech-, Sprach- 2
und Schlucktherapie, Ergotherapie, Podologie oder Ernährungstherapie ambulant
als nicht-ärztliche medizinische Dienstleistung erbringen wollen, dafür zunächst
zugelassen werden. Da sie anders als die Vertragsärzte keiner Körperschaft des
öffentlichen Rechts angehören, die Vertreter in einen gemeinsam mit den
Krankenkassen gebildeten Zulassungsausschuss entsenden könnten, wird die Zulassungsentscheidung allein von den Krankenkassen getroffen. Deren Landesverbände und die Ersatzkassen haben sich zu diesem Zweck zu einer Arbeitsgemeinschaft zusammenzuschließen, § 124 Abs. 2 SGB V.[1] Dadurch entfallen parallele
Zulassungsverfahren[2] und mehrfache Überprüfungen der Praxisräumlichkeiten,
die nach § 124 Abs. 3 SGB V zulässig sind. Eine Bedarfsprüfung findet nicht statt,
d. h. es gibt keine Zulassungsbeschränkungen; bei Erfüllung der persönlichen und
sachlichen Voraussetzungen und wenn der für das jeweilige Heilmittel geltende
Versorgungsvertrag nach § 125 Abs. 1 SGB V anerkannt wird, gibt es einen **Zulas-
sungsanspruch**, § 124 Abs. 1 SGB V.

 Über Weg der **Anerkennung des Vertrages** und möglicher Vertragsanpas- 3
sungen wird dessen Erstreckung auch auf diejenigen Heilmittelerbringer bewirkt,
die keine Mitglieder ihres privatrechtlich organisierten Berufsverbandes sind. In
den Verträgen sind als vorrangig geltendes Recht die Heilmittel-Richtlinien des
Gemeinsamen Bundesausschusses für den ärztlichen sowie zahnärztlichen Bereich
zu berücksichtigen, §§ 92 Abs. 1 S. 2 Nr. 6, 125 Abs. 1 S. 4 SGB V. Die Verträge sehen vor,
dass ein zugelassener Leistungserbringer im Rahmen seiner räumlichen und personellen Kapazitäten verpflichtet ist, ärztlich verordnete Heilmittel entsprechend
der Leistungsbeschreibung zu erbringen. Ferner muss der Therapeut die Verord-

---

1 Vgl. dazu § 197b SGB V und § 94 Abs. 2 S. 1 SGB X.
2 BT-Drs. 19/8351, 197.

https://doi.org/10.1515/9783111048543-013

nung vor Abgabe des Heilmittels auf formale Vollständigkeit und Plausibilität prüfen. Hilfestellung gibt ihm dabei eine dem Vertrag beigefügte Tabelle, in der aufgeführt ist, wann die Verordnung nur mit erneuter Unterschrift des Verordners und Datumsangabe oder mit dessen Einvernehmen ohne erneute Unterschrift des Verordners erfolgen kann oder wann die bloße Information des verordnenden Arztes ausreichend ist. Davon hängt sein Vergütungsanspruch ab.

4   Berufsrechtlich wird für die Zulassung eine abgeschlossene Ausbildung oder ein vergleichbarer akademischer Abschluss und die **Berechtigung zum Führen der Berufsbezeichnung** gefordert; letztere setzt die Zuverlässigkeit des Berufsangehörigen voraus. Wurden in der Physiotherapie erfolgreich Weiterbildungen wie z.B. für die Manuelle Therapie oder die Manuelle Lymphdrainage durchlaufen, § 125 Abs. 2 S. 1 Nr. 3 SGB V,[3] wird dafür neben der Zulassung eine **Abrechnungserlaubnis** erteilt, § 124 Abs. 2a SGB V. Zugelassen werden können als Heilmittelerbringer neben natürlichen allerdings auch juristische Personen oder Personengesellschaften. Diese müssen aber einer fachlich qualifizierten Person die verantwortliche Leitung der Praxis übertragen. Zudem dürfen die Leistungen nur qualifizierte Leistungserbringer durchführen.

5   Ein Heilmittelerbringer benötigt eine Praxis, welche den in den Verträgen vorgegebenen **räumlichen Anforderungen** entspricht;[4] eine reine Hausbesuchstätigkeit ist nicht vorgesehen, wohl aber die Möglichkeit, dass sich einzelne Angestellte des Anbieters ausschließlich darauf spezialisieren. Für Zweigniederlassungen muss eine weitere Zulassung beantragt werden. Werden Leistungen an anderen als im Zulassungsbescheid genannten Betriebsstätten erbracht, besteht kein Vergütungsanspruch bzw. nach bereits erfolgter Zahlung kann die Krankenkasse die Vergütung auf Grundlage eines öffentlich-rechtlichen Erstattungsanspruchs zurückfordern.[5]

6   Vertragspartner der öffentlich-rechtlichen (Rahmen-)Verträge zur Heilmittelversorgung sind einerseits die für die Wahrnehmung der Interessen der Heilmittelerbringer maßgeblichen Spitzenorganisationen auf Bundesebene, welche, wenn es für ein Heilmittel wie bspw. in der Physiotherapie mehrere Interessenverbände gibt, gemeinsam verhandeln müssen, und andererseits der GKV-Spitzenverband, § 125 Abs. 1 S. 1–2 SGB V. Den im sog. Partnerschaftsmodell geschlossenen **Kol-**

---

3 BSG, Urt. v. 22.7.2004 – B 3 KR 12/04 R, GesR 2005, 91.
4 Bspw. sieht die Anlage 5 des für die Physiotherapie geltenden Vertrages vor, dass eine physiotherapeutische Praxis insgesamt eine Therapiefläche von mindestens 23 m² braucht, wobei ein Behandlungsbereich mindestens 15 m² und ein Behandlungsbereich mindestens 8 m² umfassen muss. Sie dürfen eine Deckenhöhe von 2,40 m – lichte Höhe – nicht unterschreiten und angemessen be- und entlüftbar sowie beheizt sein und müssen beleuchtet werden können.
5 BSG, Urt. v. 20.4.2016 – B 3 KR 23/15 R, BeckRS 2016, 70947.

lektivverträgen, welche für die Leistungserbringer normative Wirkung haben,[6] kommt im Hinblick auf die Sicherstellung der Versorgung eine Ordnungsfunktion zu; andererseits sollen sie den einzelnen Leistungserbringer durch die gebündelte Interessenvertretung schützen.[7] Einige Vertragsbestimmungen sind z.B. im Bereich der Physiotherapie durch einen Schiedsspruch der durch Vertreter des GKV-Spitzenverbandes und der Verbände,[8] einen unparteiischen Vorsitzenden sowie zwei weitere unabhängige Mitglieder besetzten Schiedsstelle festgesetzt worden, § 125 Abs. 5–6 SGB V.[9]

Dass die Verträge auf Bundesebene abgeschlossen werden, führt trotz unterschiedlicher Kostenstrukturen in städtischen und ländlichen Regionen zu **bundesweit einheitlichen Preisen**, die den vereinbarten Leistungspositionen und den dazu genannten Regelbehandlungszeiten zugeordnet sind. Sie sind an die Preisentwicklung anzupassen, § 125 S. 2 SGB V, und werden den Heilmittelerbringern von den an den Vertrag gebundenen Krankenkassen gezahlt. Der Patient selbst muss daher keine Behandlungskosten tragen, § 630a Abs. 1 BGB, wohl aber die Zuzahlung.[10] Die maximale Verordnungsmenge für Erst- und Folgeverordnungen ergibt sich aus dem Heilmittelkatalog als Teil der Heilmittel-Richtlinie des Gemeinsamen Bundesausschusses. Recht umfangreich sind die Regelungen zur beruflichen Fortbildung als jeweilige Anlage zum Vertrag, § 125 Abs. 1 Nr. 2 SGB V.[11] 7

Über die Behandlung ist z.B. in der Physiotherapie eine **Verlaufsdokumentation** zu führen und 5 Jahre nach Abschluss der Behandlungsserie aufzubewahren. Lässt sich bei der Durchführung der Behandlung erkennen, dass das Therapieziel voraussichtlich nicht erreicht werden kann, ist der verordnende Arzt darüber unverzüglich zu informieren und die Therapie zu unterbrechen. Erkennt der Therapeut, dass ein anderes Heilmittel besser geeignet wäre, gilt Entsprechendes. 8

Neu eingeführt wurde eine „Heilmittelverordnung mit erweiterter Versorgungsverantwortung", die gemeinhin als **„Blankoverordnung"** bezeichnet wird. Der Therapeut entscheidet bei ihr auf Grundlage einer vom Vertragsarzt festgestellten Diagnose und der Indikation über die Auswahl und Dauer der Therapie 9

---

6 LSG Berlin-Brandenburg, Beschl. v. 16.7.2024 – L 1 KR 121/24 B ER, BeckRS 2024, 25126 Rn. 40.
7 BSG, Urt. v. 30.9.2015 – B 3 KR 2/15 R, NZS 2016, 183, 186.
8 Diese variieren je nach betroffenem Heilmittelbereich.
9 Vgl. LSG Berlin-Brandenburg Urt. v. 19.4.2024 – L 1 KR 9/23 KL, BeckRS 2024, 10892.
10 Die Zuzahlung bei Heilmitteln beträgt für Versicherte, die das 18. Lebensjahr vollendet haben, zehn Prozent der Kosten des Heilmittels zuzüglich 10 EUR je Verordnung, wobei diese mehrere Anwendungen umfassen kann.
11 Vgl. bspw. die Anlage 4 zum Vertrag nach § 125 Absatz 1 SGB V über die Versorgung mit Leistungen der Physiotherapie und deren Vergütung.

sowie die Behandlungsfrequenz, § 125 Abs. 1 S. 3 SGB V. Der für die Physiotherapie erst mit deutlicher zeitlicher Verzögerung geschlossene Vertrag datiert vom 1.11. 2024; bisher gibt es nur eine indikationsspezifische Anlage für Erkrankungen im Bereich des Schultergelenks.

II. Leistungserbringer von Hilfsmitteln

10 Hilfsmittel dürfen an Versicherte nach § 126 Abs. 1 S. 1 SGB V nur auf Grundlage eines Vertrages abgegeben werden; die damit verbundene Einschränkung des Auswahlrechts der Versicherten auf die Vertragspartner seiner Krankenkasse soll den Preiswettbewerb[12] jedenfalls bei standardisierten Hilfsmitteln fördern und damit einen Beitrag zur Finanzierbarkeit des Systems der gesetzlichen Krankenversicherung leisten. Zudem besteht in diesem Bereich eine im Vergleich zum Arzt deutlich geringer einzustufende Vertrauensbeziehung.[13] Dabei ist geeigneten Leistungserbringern von den Krankenkassen über Vertragsverhandlungen die Möglichkeit der Beteiligung an der Versorgung nach Maßgabe sachgerechter, vorhersehbarer und transparenter Kriterien im Rahmen der gesetzlichen Vorgaben einzuräumen, § 127 Abs. 1 S. 3 SGB V.[14] **Geeignet** ist, wer die Voraussetzungen für eine ausreichende, zweckmäßige und funktionsgerechte Herstellung, Abgabe und Anpassung der Hilfsmittel erfüllt, § 126 Abs. 1 S. 2 SGB V.

11 An den hinreichend ausgestatteten Betriebsstätten, die auch bei Filialbetrieben jeweils für sich genommen leistungsfähig sein müssen, müssen Personen tätig sein, welche über eine hinreichende Ausbildung zur selbständigen Betriebsführung verfügen. Das ist vielfach eine **bestandene Meisterprüfung** in einem Gesundheitshandwerk. Sie gewährleistet vor allem auch die Befähigung zur Anpassung der von Dritten bezogenen Hilfsmittel an besondere Bedürfnisse der Versicherten, deren individueller und i.Ü. zu dokumentierender Beratung, § 127 Abs. 5 SGB V, sowie Ausbildung im ordnungsgemäßen Gebrauch der abgegebenen Hilfsmittel, § 33 Abs. 1 S. 5 SGB V. Bei der Eignungsfeststellung sind Empfehlungen des GKV-Spitzenverbandes zu beachten, die auch über Fortbildungserfordernisse Auskunft geben, § 126 Abs. 1 S. 3 SGB V. Diese sog. Präqualifizierungsanforderungen werden laufend fortgeschrieben und enthalten auch produktgruppenspezifische Anforderungen sowie Grundsätze für Betriebsbegehungen.

---

12 Das gilt auch bei Festbeträgen, die nur eine Preisobergrenze begründen, § 127 Abs. 4 SGB V.
13 Becker/Kingreen/Lungstras, 9. Aufl. 2024, SGB V § 126 Rn. 3.
14 Zuvor bereits BSG, Urt. v. 10.3.2010 – B 3 KR 26/08 R, BeckRS 2010, 69711 Rn. 24.

Die eigentlichen Vertragsverhandlungen werden durch ein dem vorgeschal- 12
tetes **Präqualifizierungsverfahren** entlastet, in welchem durch die Deutsche Akkreditierungsstelle GmbH (DAkkS)[15] akkreditierte Stellen die persönlich-fachlichen
und die sächlich-unternehmensbezogenen Voraussetzungen für die Patientenversorgung prüfen, § 126 Abs. 1a SGB V. Dazu holen die potenziellen Leistungserbringer
bei der akkreditierten Präqualifizierungsstelle ein grundsätzlich auf fünf Jahre zu
befristendes Zertifikat ein, im Einzelfall erfolgt die Feststellung abweichend von
einer Krankenkasse. Damit nimmt die Zertifizierungsstelle den Krankenkassen die
Vorauswahl der Leistungserbringer ab. Ausgenommen sind Apotheken, soweit sie
apothekenübliche Hilfsmittel wie z. B. Milchpumpen, Spritzen und Pens abgeben,
§ 126 Abs. 1b SGB V, denn für diese enthält die Apothekenbetriebsordnung vergleichbare qualitätssichernde Vorgaben. Eine hiergegen erhobene Verfassungsbeschwerde hat das BVerfG nicht zur Entscheidung angenommen.[16]

Die Verträge können von den Krankenkassen, ihren Landesverbänden oder 13
dafür gebildeten Arbeitsgemeinschaften mit einzelnen Leistungserbringern, deren
Verbänden oder sonstigen Zusammenschlüssen abgeschlossen werden, § 127 Abs. 1
S. 1 SGB V. Grundmodell[17] ist, auch wenn ihn eine Krankenkasse mit nur einem
Leistungserbringer schließt, ein ausgehandelter **Rahmenvertrag**, zu dem anschließend, und zwar bedarfsunabhängig, durch einseitige empfangsbedürftige
Willenserklärung seitens anderer Leistungserbringer ein Beitritt erklärt werden
kann, § 127 Abs. 2 SGB V. In nachfolgenden Verträgen können aber für die Krankenkasse oder den Leistungserbringer im Vergleich zum Rahmenvertrag günstigere Konditionen hinein verhandelt werden. Zu diesem ist dann als neuem Rahmenvertrag wiederum ein Beitritt von denjenigen möglich, die sich bisher nicht
vertraglich gebunden haben.

Die Verhandlungsposition der Leistungserbringer wird dadurch gestärkt, dass 14
bei Nichteinigung trotz intensiver Bemühungen, auf dem Verhandlungswege zu
einem Vertragsabschluss zu kommen, eine **unabhängige Schiedsperson** angerufen werden kann. Diese legt den Vertragsinhalt dann anstelle der Vertragspartner
nach billigem Ermessen als öffentlich-rechtliche Leistungsbestimmung eines Ver-
tragshelfers und nicht als Behörde[18] fest, § 127 Abs. 1a SGB V.

In den Verträgen können z. B. Regelungen zur leihweisen Überlassung der 15
Hilfsmittel, zu kostenfreien Wartungsmaßnahmen und zur Konkretisierung der

---

15 Vgl. dazu auch das Gesetz über die Akkreditierungsstelle. Diese steht für den hier vorliegenden Bereich als Beliehene unter der Fachaufsicht des Bundesministeriums für Gesundheit,
§ 126 Abs. 2 S. 7 SGB V.
16 BVerfG, Beschl. v. 9.12. 2024 – 1 BvR 839/24, BeckRS 2024, 38479.
17 Zu Vereinbarungen im Einzelfall siehe § 127 Abs. 3 SGB V.
18 Vgl. BSG, Urt. v. 25.11.2010 – B 3 KR 1/10 R, GesR 2011, 756, 759.

den Versicherten gegenüber zu erbringenden Beratungen, insbesondere zu mehrkostenfreien Produkten, sowie deren Dokumentation enthalten, § 127 Abs. 5 S. 3 SGB V. Den Versicherten müssen genügend Versorgungsalternativen ohne Mehrkosten angeboten werden; zudem ist eine **wohnortnahe Versorgung** sicherzustellen, welche es ausschließt, dass die Hilfsmittelabgabe bei solchen mit fortlaufendem Wartungsbedarf, sofern kein Filialunternehmen betrieben wird, z. B. am Urlaubsort des Versicherten erfolgt, § 127 Abs. 1 S. 4 SGB V.

16   Nach Vertragsschluss und Aufnahme der Hilfsmittelversorgung führen die Krankenkassen unter Zugrundelegung der vom GKV-Spitzenverband abgegebenen Rahmenempfehlungen **Auffälligkeits- und Stichprobenprüfungen** u. a. zu den dokumentierten Beratungsgesprächen und Verlaufsdokumentationen durch, § 127 Abs. 6 – 7 SGB V. Bei Verstößen kommen bei entsprechender Vereinbarung Vertragsstrafen in Betracht. Auffälligkeitsprüfungen sind bspw. bei wiederholten Beschwerden der Versicherten oder einer überdurchschnittlich hohen Reparaturquote sowie dann veranlasst, wenn vermehrt Hilfsmittel abgegeben werden, bei denen der Versicherte Mehrkosten zu tragen hat.[19] Die Rahmenempfehlungen benennen 27 Auffälligkeiten. Als weitere Überwachungsinstrumente führen sie u. a. Testkäufe bei Leistungserbringern oder schriftliche oder telefonische Versichertenbefragungen an. Anders als bei den Prüfungen im Vertragsarztrecht, §§ 106 ff. SGB V, hängt die Übermittlung versichertenbezogener Daten zur Auswertung im Rahmen der Prüfungen von der entsprechenden informierten Einwilligung der Versicherten ab, § 127 Abs. 7 S. 4 SGB V, Art. 14 DS-GVO.

17   Fehlentwicklungen in der Zusammenarbeit von Hilfsmittelerbringern und Vertragsärzten, bspw. sog. Kick-back-Geschäften, will die recht unübersichtlich geratene Vorschrift des § 128 SGB V begegnen. Ist das nicht aufgrund eines medizinischen Notfalls erforderlich,[20] dürfen Hilfsmittel nicht aus bei Vertragsärzten unterhaltenen Depots des Hilfsmittelerbringers, also eines Sanitätshauses, abgegeben werden. Das **Depotverbot** in § 128 Abs. 1 SGB V sichert die freie Wahl des Lieferanten.[21] Daneben besteht ein **Zuwendungsverbot**, § 128 Abs. 2, 5a SGB V. Die Beteiligung von Ärzten an der Abgabe von Hilfsmitteln, z. B. im Rahmen einer telemedizinischen Anbindung an einen Hörakustikerbetrieb, ist nur auf Basis einer Vereinbarung des Akustikers mit den Krankenkassen möglich, § 128 Abs. 4 – 4b SGB V. Berufsrechtlich bestehen gegen diesen sog. verkürzten Versorgungsweg

---

19 BT-Drs. 18/10186, 34.

20 Dazu hat der GKV-Spitzenverband am 31. 3. 2009 Hinweise veröffentlicht, die über dessen Webseite recherchierbar sind.

21 Zur berufsrechtlichen Bewertung s. BGH, Urt. v. 2. 6. 2005 – I ZR 317/02, GesR 2005, 456.

unter Berücksichtigung der einschlägigen Rechtsprechung des BGH[22] keine Bedenken, wenn der Arzt auf Versorgungsalternativen hinweist und lediglich eine angemessene Vergütung erhält. Unzulässige wirtschaftliche Zuwendungen wurden in der Vergangenheit mehr oder weniger geschickt durch z. B. Personalgestellungen oder Mieten für Räume und Regale sowie Rückflüsse aus Unternehmensbeteiligungen,[23] etwa in Form stiller Gesellschaften, zu kaschieren versucht. Das unterbindet nunmehr § 128 Abs. 2 S. 3 SGB V durch entsprechende Regelbeispiele.

III. Apotheken

Zurecht wird das krankenversicherungsrechtliche Arzneimittelrecht als „unübersichtliches und wildwüchsiges Dickicht" bezeichnet.[24] Speziell im Leistungserbringungsrecht regelt § 129 SGB V die Abgabe von verordneten Arzneimitteln durch Apotheker und nimmt sie in die Pflicht, durch die Abgabe kostengünstiger, bspw. rabattierter oder reimportierter, Arzneimittel einen maßgeblichen Beitrag zur Wirtschaftlichkeit der Arzneimittelversorgung zu leisten. In den auf Bundesebene vom GKV-Spitzenverband und Deutschen Apothekerverband e.V. als Beliehener geschlossenen und durch landesrechtliche Regelungen ergänzbaren Rahmenvertrag werden durch notwendigen Beitritt neben inländischen Apothekern auch **ausländische Versandapotheken** eingebunden, § 129 Abs. 3 S. 2 SGB V.[25] Die Möglichkeit der Abrechnung der abgegebenen Arzneimittel entsteht ansonsten auch durch Mitgliedschaft im Landesapothekerverband. Zur Konfliktlösung wird auch in diesem Bereich eine Schiedsstelle gebildet, § 129 Abs. 7–10 SGB V. 18

Bei gröblichen und wiederholten Verstößen gegen den Rahmenvertrag können Apotheken von der Versorgung der Versicherten bis zu zwei Jahren ausgeschlossen und ansonsten eine **Vertragsstrafe** geltend gemacht werden, § 129 Abs. 4 S. 3–5 SGB V.[26] Berufsrechtliche Verstöße können die Landesapothekerkammern nach Maßgabe des jeweiligen Heilberufe- und Kammergesetzes ahnden. 19

---

22 BGH, Urt. v. 29.6.2000 – I ZR 59/98, NJW 2000, 2745; BGH, Urt. v. 15.11.2001 – I ZR 275/99, NJW 2002, 962.

23 Entscheidend ist, ob es sich um Unternehmen handelt, die Vertragsärzte durch ihr Verordnungs- oder Zuweisungsverhalten maßgeblich beeinflussen. Vgl. dazu BGH, Urt. v. 13.1.2011 – I ZR 111/08, NJW 2011, 2211, 2217; BGH, Beschl. v. 25.7. 2017 – 5 StR 46/17, medstra 2018, 160, 165 zum vollständigen Wegfall des Zahlungsanspruchs.

24 Becker/Kingreen/Axer, 9. Aufl. 2024, SGB V § 129 Rn. 1.

25 Vgl. hierzu BT-Drs. 19/21732 als Reaktion auf EuGH, Urt. v. 19.10.2016 – C-148/15, NZS 2017, 182.

26 Zur rechtlichen Einordnung vgl. BSG, Urt. v. 29.6.2017 – B 3 KR 16/16 R, NZS 2018, 37,

20   Zwischen den Apotheken, für welche der Rahmenvertrag Geltung hat, kann der Versicherte **frei wählen**, § 31 Abs. 1 S. 5 SGB V. Löst der Versicherte die vertragsärztliche Verordnung ein, wird damit der Sachleistungsanspruch gegenüber der Krankenkasse geltend gemacht und der Vergütungsanspruch des Apothekers begründet: § 129 SGB V mit der öffentlich-rechtlichen Leistungsverpflichtung und -berechtigung bei Einbindung in den Rahmenvertrag setzt die Vergütungspflicht der Krankenkassen als selbstverständlich voraus.[27] Darauf wird ein Apotheken- und ein Herstellerrabatt gewährt, §§ 130, 130a SGB V; daneben besteht eine Regelung zu Rabattvereinbarungen mit pharmazeutischen Unternehmern, § 130b SGB V.

21   Ein öffentlich-rechtlicher Erstattungsanspruch besteht grundsätzlich, wenn die Verordnung fehlerhaft ist und das Arzneimittel nicht hätte abgegeben werden dürfen; man spricht dann von **Retaxation** auf Null, d. h. der Apotheker kann nicht einwenden, dass der Versicherte das benötigte Medikament erhalten hat. Ausgeschlossen ist die Retaxation in den in § 129 Abs. 4 S. 2, Abs. 4d SGB V von Gesetzes wegen oder durch Vereinbarung im Bundesrahmenvertrag ausgeschlossenen Fällen. Ein gesonderter Normenvertrag besteht über die Preisbildung für Stoffe und Zubereitungen aus Stoffen wie etwa Zytostatika, § 129 Abs. 5c SGB V; hierfür wird der Begriff „**Hilfstaxe**" verwendet.[28] Daran lehnt sich die Regelung des § 129 Abs. 5d SGB V für die Abgabe von medizinischem Cannabis an. Zwischen dem Apotheker und dem Versicherten dürfte daneben ein einseitig verpflichtender Vertrag zustande kommen, auf den Verbrauchsgüterkaufrecht Anwendung findet.

22   Apotheken dürfen zudem Botendienstzuschläge abrechnen und pharmazeutische Dienstleistungen sowie solche der assistierten Telemedizin anbieten, § 129 Abs. 5e, 5g und 5h SGB V. Als **pharmazeutische Dienstleistungen** wurden u. a. die standardisierte Risikoerfassung hoher Blutdruck, die erweiterte Medikationsberatung bei Polymedikation sowie die pharmazeutische Betreuung bei oraler Antitumortherapie vereinbart. Insbesondere ältere Versicherte sollen in der Apotheke zu ambulanten telemedizinischen Leistungen beraten und bei der Inanspruchnahme angeleitet werden. Außerdem können sie bei der Durchführung einfacher medizinischer Routineaufgaben während einer ärztlichen telemedizinischen Leistung unterstützt werden.

---

27 BSG, Urt. v. 17.12.2009 – B 3 KR 13/08 R, GesR 2010, 693, 695.
28 BSG, Urt. v. 22.2.2023 – B 3 KR 7/21 R, GesR 2023, 460.

§ 11 Behandlungsverhältnis

I. Vorbemerkungen – Chronologie

Das Arzt-Patient-Verhältnis lässt sich zivilrechtlich mittels der Chronologie der 1
Begegnung der Beteiligten nachvollziehen. Der/Die Leser/in möge sich selbst in die
Situation medizinischer Hilfsbedürftigkeit versetzen und die verschiedenen Ge-
gebenheiten durchdenken, in denen Arzt und Patient einander gegenübertreten.

1. Die Zufallssituation oder allgemein: „Die Begegnung außerhalb des Vertrages"

Der Patient sieht sich mit Blick auf die konkrete Situation überfordert und kann 2
zunächst schlicht zufällig in die Hände eines Arztes geraten, ohne dass es zum
Abschluss eines Behandlungsvertrages käme (der Arzt, der im Zug, im Flugzeug
oder auf der Straße einer Person zur Hilfe eilt, die zusammengebrochen ist etc.).
Sofern der Patient in besagter Situation nicht in der kognitiven Verfassung ist, ad
hoc einen Vertrag abzuschließen, greifen die gesetzlichen Regelungsregime (Geschäftsführung ohne Auftrag (GoA) nach den §§ 677–687 BGB und das Recht der
Zufallsbegegnungen, insbesondere das Deliktsrecht nach den §§ 823 ff. BGB) ein.
Handelt der Arzt in dieser Situation allerdings im Rahmen eines hoheitlich ge-
stalteten Notfalldienstes, als Amtsarzt, im Truppendienst oder als Durchgangsarzt,[1]
so wird das Haftungsregime von GoA und § 280 Abs. 1 BGB sowie das allgemeine
Deliktsrecht nach den §§ 823 ff. BGB durch die Amtshaftung des § 839 BGB i.V.m.
Art. 34 GG verdrängt.[2] Es haftet dem Patienten in diesen Fällen mithin grundsätzlich nur noch die Anstellungskörperschaft, wodurch der handelnde Arzt eine
weitreichende Privilegierung erfährt. Wie genau die Abgrenzung der tatsächlichen
Verhältnisse verläuft und dementsprechend zwischen allgemein bürgerlich-
rechtlicher Haftung und jenen Konstellationen funktioniert, in denen besagte
Privilegierung greift, ist vom BGH mit einer partiell durchaus streitbaren Rechtsprechung besetzt.[3]

---

1 Vgl. etwa BGH VersR 2014, 374.
2 MüKo-*Wagner*, BGB, 9. Aufl. 2023, § 630a Rn 50 f.
3 Vgl. die Übersicht bei *Greiner*, in: *Greiß/Greiner* Arzthaftpflichtrecht, 8. Aufl. 2022, A. Rn 85 ff.
m.w.N.

https://doi.org/10.1515/9783111048543-014

2. Der Behandlungsvertrag

3 Sodann kommt der klassische Fall, in welchem der Patient mit seinem gesundheitlichen Problem in die Praxis des Arztes oder in ein Krankenhaus geht und um
Hilfe ersucht. Hierbei ergibt sich regelmäßig die Möglichkeit zum Abschluss eines
Behandlungsvertrages, wobei rechtlich genau zu qualifizieren ist, welche Rechtssubjekte jeweils vertraglich berechtigt und verpflichtet werden. Im Einzelnen
werden wir zwischen dem direkten Gegenübertreten von Arzt und Patient in der
kleinen Praxis oder Praxisgemeinschaft, dem Patienten in einer Gemeinschaftspraxis (Berufsausübungsgemeinschaft) und dem Patienten im Medizinischen
Versorgungszentrum (MVZ) oder in einem Krankenhaus unterscheiden. Soweit der
konkret behandelnde Arzt dabei einmal nicht als Vertragspartner erkannt werden
kann, bleibt eine etwaige deliktische Verantwortlichkeit stets möglich. Wie im
Rahmen der materiellen Arzthaftung deutlich werden wird, ergeben sich hieraus
keine ernstzunehmenden Unterschiede gegenüber dem vertraglichen Haftungs-
korsett. Lediglich im Bereich des Entgeltrechts und mit Blick auf die richtigen
Ansprechpartner, wenn es um Gewährleistungsfragen und Informationsbedürf-
nisse geht, ist es im Endeffekt von zentraler Bedeutung, wer auf Behandlungsseite
der Vertragspartner geworden ist. Insolvenzrisiken bestehen typischerweise kaum,
da jedenfalls der Arztfehlerbereich durch eine berufsrechtlich angeordnete Haftpflichtversicherung für ärztliches Handeln abgesichert ist (vgl. § 21 MBO-Ä; zusätzlich in den Landesheilberufsgesetzen regelmäßig vorgegeben). Das Vorliegen
einer entsprechend angeordneten Versicherung ist, wenn auch tatsächlich mit
vereinzelten Ausfällen, der praktische Regelfall.

4 Auf Patientenseite kommt als Vertragspartner stets zunächst der Patient selbst
in Betracht. Ausnahmen ergeben sich allem voran bei Minderjährigen. Wir werden
noch mit näherer Begründung lernen, dass bei dieser Personengruppe regelmäßig
die sorgeberechtigten Eltern oder der jeweilige Vormund einen echten Vertrag zu
Gunsten Dritter i. S. d. § 328 BGB schließen.[4] Demgegenüber wird bei geschäftsun-
fähigen Personen das Vertretungsrecht genutzt und der eingesetzte Betreuer agiert
qua §§ 1814, 1815, 1823 BGB für den Betreuten, der selbst rechtsgeschäftlich berechtigt und verpflichtet wird.[5] Ehegatten werden rein haftungsrechtlich gemäß
§ 1357 Abs. 1 BGB im Rahmen ihrer Leistungsfähigkeit und erkennbaren Lebensumstände mitverpflichtet.[6] § 1357 Abs. 1 BGB begründet jedoch keine Stellvertre-
tungsmacht. Vertragsrechtlich ist demgegenüber das zum 1.1.2023 in Kraft getre-

---

4 Grundlegend RGZ 152, 175. Zur Übersicht MüKo-*Wagner*, BGB, 9. Aufl. 2023, § 630a Rn 28. S.a.
BGH NJW 1984, 1400; 2005, 2069.
5 BeckOK-*Katzenmeier*, BGB, 74. Ed. 2025, § 630a Rn 86.
6 Vgl. BGH NJW 2005, 2069; 1992, 909; OLG Saarbrücken NJW 2001, 1798.

tene Ehegattennotvertretungsrecht in § 1358 BGB. Es dürfte in praxi vielfach bewirken, dass die Bestellung eines Betreuers obsolet wird, sofern der Betroffene zeitnah die Einwilligungsfähigkeit wiedererlangt. Im Übrigen bestehen Möglichkeiten der frühzeitigen Vorsorge durch Erteilung einer Vorsorgevollmacht, § 1820 BGB.

Abschließend sei an dieser Stelle bemerkt, dass es für den Vertragsschluss 5 entgegen überkommener sozialrechtlicher Sichtweisen, die insbesondere auf § 76 Abs. 4 SGB V basieren,[7] keine Rolle spielt, ob der Patient gesetzlich, privat oder nicht krankenversichert ist.

Ein zivilrechtlicher Behandlungsvertrag entsteht in jedem Fall.[8] Dieser mag 6 allenfalls mit Blick auf die Entgeltzahlungspflicht vom Sozialrecht überlagert sein, so dass den gesetzlich versicherten Patienten keine Pflichten gemäß § 630a Abs. 1 letzter HS. BGB treffen, solange er nur sozialversicherungsrechtlich gedeckte Leistungen beansprucht (§§ 1, 12, 27 ff. SGB V). Geht er darüber hinaus, ohne dass dies aufgrund der Art der Leistung für den Patienten offensichtlich wäre, bedarf es seitens des Arztes einer Belehrung über die eintretende Entgeltzahlungspflicht in Textform, § 630c Abs. 3 S. 1 BGB. Die in § 3 Abs. 1 S. 3 BMV-Ä geforderte Vereibarung in Schriftform stellt keine Formerfordernis iSd § 125 S. 1 BGB dar, da der Bundesmantelvertrag keine Rechtsnorm iSd Art. 2 EGBGB ist.[9] Darüber hinaus gibt es in Sonderkonstellationen weitergehende Erfordernisse iSd § 630c Abs. 3 S. 2 BGB, wie etwa die Wahlarztvereinbarung im Krankenhaus (§ 17 Abs. 2 S. 1 KHEntgG), mit der sich der Patient eine Chefarztbehandlung durch Zusatzentgelt sichert. Besonders wichtig ist auch die Formvorgabe abweichender Vereinbarungen vom Regelsatz der Privatliquidation, vgl. §§ 2 Abs. 2 GOÄ, 2 Abs. 2 GOZ.

3. Die Behandlungsabschnitte (von Anamnese bis Nachsorge)

Nach diesem formell juristischen Ausgangspunkt, der in der Rechtspraxis vielfach 7 mit konkludenten Handlungen wie der schlichten Behandlungsübernahme oder dem Einlesen der Krankenversicherungskarte startet, steigt der Arzt in das medizinische Geschehen ein. Klassischerweise wird der Patient zunächst nach seiner relevanten Vorgeschichte befragt (**Anamnese**). Dabei werden insbesondere die entsprechenden Leiden geschildert, wegen derer der Gang zum Arzt angetreten worden ist. Sodann beginnt der Arzt mit diagnostischen Maßnahmen und versucht

---

7 BeckOK-*Katzenmeier*, BGB, 74. Ed. 2025, § 630a Rn 17.
8 BGH NJW 2000, 3429, 3431.
9 *Voigt*, Individuelle Gesundheitsleistungen im Rechtsverhältnis zwischen Arzt und Patient, 2013, 164 ff.; abw. ohne Begründung BT-Drs. 17/10488, S. 22.

eine möglichst präzise Diagnose zu erarbeiten (**Befunderhebung und Diagnostik**). Anhand der ermittelten Diagnose folgt die **Aufklärung des Patienten,** welches Krankheitsbild erkannt worden ist und welche Schritte angezeigt erscheinen (**§ 630c Abs. 2 S. 1 BGB**[10]). Soll es zu einer Therapie kommen, die in irgendeiner Form auf Körper und Gesundheit des Patienten übergreift, muss der Arzt über diese allgemeine Beschreibung seiner Erkenntnisse hinaus eine besonderen Regeln unterworfene **Selbstbestimmungsaufklärung** leisten (**§ 630e BGB**), auf deren Basis der Patient eine **informierte Einwilligung** zur Therapie erteilen kann (**§ 630d BGB**). In den Fällen des ohnmächtigen oder anderweitig kognitiv nicht einwilligungsfähigen Patienten ist ein Betreuer zu bestellen, der die Entscheidung trifft (§§ 630d Abs. 1 S. 2, 1821, 1827 ff. BGB und ggfls. sogar ein Entscheidungsvorbehalt des Betreuungsgerichts zu beachten, §§ 1829 ff. BGB). Reicht die Zeit dafür nicht, muss der Arzt versuchen, aus den Umständen den tatsächlichen und hilfsweise den hypothetischen Willen des Patienten zu ersehen und dementsprechend zu agieren. Dabei hilft das äußerlich objektiv erkennbare Interesse der Gesundung und Gesundhaltung, welches bei den meisten Patienten vorliegt.[11] Stimmt der Patient der Therapie zu respektive kann seine Zustimmung unterstellt oder durch Dritte beigebracht werden, so geht der Arzt zur **Therapie** über. Dabei hat er gemäß der §§ 630a Abs. 2, 276 Abs. 2 BGB die **im Verkehr erforderliche Sorgfalt** zu wahren, was im Arztrecht primär bedeutet, dass die **standardgerechte Behandlung (nicht der Heilungserfolg!)** geschuldet wird. Was sich dahinter verbirgt, werden wir im Einzelnen unter IV.1. beim ärztlichen Vorgehen klären. Glückt die Therapie, sichert der Arzt noch die **Nachsorge.** Dies geschieht einerseits durch eigene Maßnahmen, die therapeutischen Charakter haben können, und andererseits durch Erläuterungen für den Patienten, wie er mit der Krankheit, der Behandlung und ihren Folgen sowie mit etwaigen Konsequenzen umgehen sollte (**Sicherungsaufklärung** als zentraler Teil standardgerechter Behandlung, § 630c Abs. 1, 2 S. 1 BGB). Kann das Behandlungsziel nicht erreicht werden, wird die Therapie entweder auf Basis neuer Diagnostik oder erweiterter Therapie bis hin zu – wegen denkbarer Behandlungsfehler – gebotener Nacherfüllung wiederaufgenommen. Dabei ist allerdings zu berücksichtigen, dass ein Abbruch gemäß **§§ 630b i.V.m. 627 BGB** ohne Angabe von Gründen jederzeit möglich ist, da der Arzt nach h.M. **Dienste höherer Art** i. S. d. dieser Vorschrift erbringt.[12]

10 Monographisch mit Blick auf Gegenstand und Reichweite untersucht bei *Stubenrauch,* Das informatorische Gespräch im ärztlichen Behandlungsverhältnis – Eine Untersuchung der Reichweite des § 630c Abs. 2 S. 1 BGB mit besonderem Blick auf den Indikationsbegriff, 2024 passim.
11 Zur Ausnahme des „unvernünftigen Patienten" unter II 2.
12 BGH NJW-RR 2015, 687.

Nach dieser einleitenden Übersicht wollen wir uns nunmehr den rechtlich 8
relevanten Details widmen. Bleiben Sie dabei gedanklich im Rahmen rechtlich
bekannter Denkschemata (Anspruchsziel bestimmen – Anspruchsgrundlage ex-
trapolieren – Tatbestandsvoraussetzungen via Definition und Subsumtion abar-
beiten – Ergebnis bestimmen und Konsequenzen ziehen). Die erste Durchdringung
des zivilrechtlichen Arztrechts gelingt mit diesem Instrumentarium wunderbar, da
der zivilrechtliche Kern, der in den §§ 630a – h BGB kodifiziert worden ist, Haftungsrecht darstellt.

II. Vorfeld zum Behandlungsvertrag und Zufallsbegegnung

1. Anwendungsbereich der GoA, Entgeltanspruch und Schadensersatz

Fall 20:
In der beliebten Fernsehserie Scrubs kommt ein Moment, in welchem Dr. Turk an der Würst-
chenbude steht, als plötzlich ein armer Kerl fast an etwas zu ersticken droht. Dr. Turk reagiert sofort
mit einem gekonnten Luftröhrenschnitt (natürlich nicht, ohne sich zwischendurch noch einen
Hotdog zu bestellen) und rettet dem Patienten das Leben. Es sei einmal unterstellt, dass die zugehörige Krankenbehandlung in der Privatpraxis 100 € gekostet hätte. Zudem soll angenommen
werden, dass die Hose von Dr. Turk mit Blut grob verunreinigt wird und entsorgt werden muss.
Ansprüche von Dr. Turk gegen den Patienten? (Wir denken uns den Fall nach Deutschland und
unterstellen deutsches Sachrecht. Eine Prüfung des internationalen Privatrechts bleibt hier und
auch bei den übrigen Fällen außer vor).

Ein Behandlungsvertrag ist zwischen den Parteien mangels Willenserklärung des 9
nahezu bewusstlosen Patienten nicht entstanden, so dass aufgrund fehlender
Anerkennungsfähigkeit faktischer Verträge[13] nur ein Anspruch gemäß §§ 677, 683
S. 1, 670 BGB anzudenken ist. Die Fremdheit des Geschäfts der Gesundheitsfürsorge
einer dritten Person dürfte kaum zu bezweifeln sein. Der damit durch eine tatsächliche Vermutung gestützte Fremdgeschäftsführungswille[14] von Dr. Turk kann
in praxi auch nicht widerlegt werden. Die allgemeine Hilfspflicht, die sich aus
§ 323c StGB ergibt, kann im Übrigen weder einen Auftrag noch eine sonstige Berechtigung i. S. d. §§ 677 ff. BGB ergeben, da das gegenteilige Ergebnis der Teleologie
der allgemeinen Hilfspflicht zuwiderlaufen würde.[15] Letztlich sollen alle Menschen
animiert werden, in einer nach § 323c StGB beschriebenen Situation helfend ein-

---

13 Ausführlich *J. Prütting*, AcP 2016, 459 ff. m.w.N.
14 Vgl. BGHZ 65, 354, 357; 70, 389, 396.
15 MüKo-*Schäfer*, BGB, 9. Aufl. 2023, § 677 Rn 96 m.w.N.

zugreifen.[16] Es wäre abträglich, würde dies mit einer Sperre denkbarer Ersatzpflichten sanktioniert. Daneben handelte Dr. Turk mit dem erkennbaren mutmaßlichen Willen sowie im objektiven Interesse des erstickenden Patienten, der andernfalls verstorben wäre, so dass auch § 683 S. 1 BGB zur Anwendung kommt. Problematisch erscheint allerdings die Rechtsfolge des **§ 670 BGB**, in der ausschließlich **Aufwendungsersatz, also Ersatz freiwilliger Vermögensopfer** gewährt wird. Ein **Entgeltanspruch**, wie Dr. Turk diesen hier geltend machen möchte, ist dort dem Wortlaut nach nicht vorgesehen. Es ist jedoch in der Judikatur anerkannt, dass im Fall des Einsatzes **besonderen beruflichen Könnens § 1877 Abs. 3 BGB analog** herangezogen werden kann.[17] Dem steht nicht entgegen, dass das Auftragsrecht der §§ 662 ff. BGB im Vergleich zur Geschäftsbesorgung nach § 675 BGB unentgeltlich ausgestaltet ist, da § 670 BGB aus der GoA heraus zur Anwendung kommt und daher nicht die Teleologie des Auftragsrechts in sich aufnimmt, sondern dessen Anspruchsgrundlagen über die §§ 681 S. 2 und 683 S. 1 BGB entlehnt werden.[18] Daneben erscheint es im Vergleich zum Vormundschaftsrecht tatsächlich kaum erklärlich, weshalb derjenige, der nach den §§ 677 ff. BGB im Sinne eines anderen einspringt und dabei besondere Fähigkeiten einsetzt, keine Vergütung erhalten soll, während gegenüber dem Mündel ein entsprechender Anspruch durchgreift. Es dürfte sich bei § 1877 Abs. 3 BGB vielmehr um einen verallgemeinerungsfähigen Rechtsgedanken handeln.[19] Der Vergütungsanspruch bei geschlossenem Vertrag hätte sich an den **§§ 630b i.V.m. 612 Abs. 1, 2 BGB i.V.m. der GoÄ** orientiert, so dass Dr. Turk eben jene Vergütung verlangen kann (für den Fall eines gesetzlich versicherten Patienten wird man auch im Rahmen der Ärzte-GoA mit Blick auf § 630a Abs. 1 lz. HS BGB auf die sozialversicherungsrechtlichen Ansprüche nach dem SGB V verweisen müssen, da dies exakt der vertraglichen Situation entspricht, die bei Vertragsschluss in der Arztpraxis eingetreten wäre). Hinzu tritt über § 670 BGB ein Anspruch auf Schadensersatz wegen der zerstörten Hose. Zwar ersetzt diese Vorschrift ihrem Wortlaut nach nur Aufwendungen (freiwillige Vermögensopfer), jedoch ist es h.M., dass **typische mit der Geschäftsführung verbundene Begleitschäden** unter Heranziehung des Rechtsgedankens des §§ 716 Abs. 1 BGB a.F., ebenfalls ersatzfähig sein sollen.[20]

10   Zum Abschluss der GoA-Erwägungen sei noch ein Blick auf **§ 680 BGB** geworfen. Diese Vorschrift ist im Bereich der GoA grundsätzlich dazu gedacht, den Hilfswillen des Bürgers beim Eingreifen zum Schutz fremder Interessen zu stär-

---

16 Vgl. NK-BGB-*Schwab*, 4. Aufl. 2021, § 677 Rn 69 m.w.N.
17 Jauernig/*Mansel*, BGB, 19. Aufl. 2023, § 683 Rn 6 m.w.N.
18 Ausführlich MüKo-*Schäfer*, BGB, 9. Aufl. 2023, § 683 Rn 36 ff. m.w.N.
19 Vgl. PWW-*Fehrenbacher*, BGB, 19. Aufl. 2024, § 683 Rn 8.
20 Vgl. BeckOGK-*Riesenhuber*, BGB, Stand März 2025, § 670 Rn 63 m.w.N.

ken.[21] Ob diese Privilegierung jedoch auch dem professionellen Hilfeleister zu Gute kommen kann, ist seit jeher umstritten.[22] Allerdings hat dieser Streit nahezu keine praktische Bedeutung für den Bereich der Arzthaftung. Vom Arzt wird auch in der Situation außerhalb des Heilbehandlungsvertrages die Sorgfalt erwartet, die seinem beruflichen Können für die jeweilige Behandlung zu entsprechen hat (sog. **Facharztstandard**[23]). Weicht der Arzt hiervon ohne ersichtliche Begründung ab, so ist die Grenze zur groben Fahrlässigkeit rasch überschritten. Für den Bereich einfacher, also erklärlicher Sorgfaltspflichtenverstöße, könnte aber freilich ein Anwendungsfeld für § 680 BGB verbleiben. Insofern liegt es durchaus nahe, denjenigen nicht zu privilegieren, der etwa auf Basis des ärztlichen Notfalldienstes ohnehin zur Rettung in der Situation verpflichtet ist und nicht als unbeteiligter Dritter zur Hilfe animiert werden muss/soll.[24] Demgegenüber erscheint es durchaus vertretbar, dem sonntäglich des Weges kommenden Arzt § 680 BGB zu Gute kommen zu lassen, wenn er einem Verletzten auch unter Anwendung seines professionellen Könnens hilft, wobei hiergegen eingewendet wird, dass dem Arzt auch die vertragsgerechte Vergütung zustehe, was mit uneingeschränkter Sorgfaltsschuld gegenüber dem Patienten einhergehen müsse.[25] Allerdings wird es gleichfalls in diesem Anwendungsbereich keine erheblichen praktischen Auswirkungen geben, da der vorab beschriebene ärztliche Standard sich in der zufälligen Situation auf eben das beschränken muss, was der Arzt in der konkreten Situation an Hand seiner Möglichkeiten nur leisten kann. Er schuldet dann nicht zwingend die fachärztlichen Notfallstandards, sondern eben das, was er persönlich außerhalb des ärztlichen Notfalldienstes an Kompetenzen (gerade auch mit Blick auf verfügbare Materialien und Gerätschaften sowie vorhandene Medikamente) anbieten kann. Ein Blick durch die Rechtsprechung zeigt, dass § 680 BGB keine ernstzunehmende Rolle in der Rechtspraxis spielt und mehr eine Spielwiese des theoretischen Diskurses ist.

2. Der (un-)vernünftige und der minderjährige Patient

Ärzte und sonstiges Rettungspersonal sehen sich ab und an der Situation ausgesetzt, mit Blick auf gesundheitliche Belange uneinsichtigen und unvernünftigen 11

---

21 MüKo-*Schäfer*, BGB, 9. Aufl. 2023, § 680 Rn. 1.
22 Zum Streitstand *Brennecke*, Ärztliche Geschäftsführung ohne Auftrag, 2010, S. 131 f.
23 *J. Prütting*, NJW 2022, 3465 f.; Ratzel/Lissel/*Kern*, Handbuch des Medizinschadensrechts, 2013, § 2 Rn 14.
24 Näher *Brennecke*, Ärztliche Geschäftsführung ohne Auftrag, 2010, S. 131 f.
25 Vgl. Laufs/Katzenmeier/Lipp/*Lipp*, Arztrecht, 8. Aufl. 2021, Kap. III Rn 55 ff.

Patienten gegenüberzustehen. Es gilt der verfassungsrechtlich verbürgte und in die Privatrechtsordnung ausstrahlende Grundsatz, dass jeder selbst über seinen Körper und seine Gesundheit bestimmt, vgl. die Ausstrahlungswirkung der Art. 2 Abs. 2 S. 1 sowie Art. 2 Abs. 1 i.V.m. 1 Abs. 1 GG nach den **Lüth**-Grundsätzen.[26] Dementsprechend ist – von medizinischer Seite bewertete – **Unvernunft beim Patienten grundsätzlich zu akzeptieren.**[27] Um es deutlich zu formulieren: Der Arzt hat eine blutende Person, die aus freier Willensentscheidung nicht angefasst werden will, notfalls sogar verbluten zu lassen.[28] Allerdings ist, was in der Theorie zunächst einleuchtend klingen mag, in der Rechtspraxis ein schwieriges Problem. Vom Berufsbild des verantwortungsvoll handelnden Arztes wird in rechtlicher Übersetzung verlangt, dass er Leben und Gesundheit schützt und wiederherstellt; lesen Sie hierzu die Fundstelle bei einem der herausragendsten Medizinrechtler, den Deutschland je hervorgebracht hat, *Adolf Laufs.*[29] Dementsprechend soll der Arzt Einwirkungs- und Überredungsversuche beim unvernünftigen Patienten unternehmen.[30] Zudem steht bei jeder objektiv nicht nachvollziehbaren Zurückweisung einer medizinisch gebotenen Maßnahme auch rasch die Vermutung im Raum, der Patient handele möglicherweise aufgrund der Situation, wegen einer dauerhaften Störung der Geistestätigkeit oder wegen altersbedingter Mängel der Einsichtsfähigkeit nicht freiverantwortlich und letztlich gegen seinen eigenen „wahren Willen". Dann aber müsste der Patient vor sich selbst geschützt werden. Dieser, in manchen Situationen sicherlich angezeigte Paternalismus, kann den fachkundigen Mediziner jedoch rasch dazu verleiten, bei aus objektiv medizinischer Sicht betrachteter Unvernunft vom Regelfall des nicht einsichtsfähigen Patienten auszugehen und die Autonomie der Person zu überspielen. Auf der anderen Seite erscheint gleichermaßen der helfende Arzt in hohem Maße schutzwürdig, darf es doch nicht die Konsequenz der geltenden Rechtslage sein, dass der beherzt Helfende für seine Rettungsanstrengungen zivil-, straf- und berufsrechtliche Verfolgung fürchten muss. Passen wir die Problematik erneut in eine rechtspraktisch bedeutsame Fallkonstellation ein.

---

26 Grundlegend BVerfGE 7, 198 (Lüth) = NJW 1958, 257.
27 Hierzu aus der strafrechtlichen Judikatur BGHSt 11, 111 = NJW 1958, 267.
28 BVerfG NJW 2020, 905 (Recht auf Sterben).
29 Ausführlich und herausragend dargestellt bei Laufs/Katzenmeier/Lipp/*Laufs/Katzenmeier*, Arztrecht, 8. Aufl. 2021, Kap. I Rn 23 ff. Der Autor ist leider am 3. Januar 2014 verstorben. Seine akademischen Nachfahren, in deren Tradition der Verfasser steht, ehren sein Andenken.
30 So mit Recht Laufs/Katzenmeier/Lipp/*Lipp*, Arztrecht, 8. Aufl. 2021, Kap. IV Rn 17.

Fall 21:
Stellen wir uns die – in Scrubs nie zum Zuge gekommene – Konstellation vor, in der unser Held John Dorian zur Nothilfe eines verletzten 16jährigen Kindes herbeigerufen wird. Dr. D muss sofort Notmaßnahmen ergreifen, zu denen auch eine Bluttransfusion im nahe gelegenen Sacred Heart zählt. Die Eltern des Kindes sind zwar nicht zugegen, aber Freunde am Unfallort berichten nebst Unfallhergang, dass (was zutrifft) es sich bei der gesamten Familie um streng gläubige Zeugen Jehovas handelt, bei denen bekannt ist, dass Bluttransfusionen strikt abgelehnt werden. Dr. D entscheidet sich gleichwohl, das Kind in seiner Lebensgefahr mit einer Transfusion zu retten. Dabei geht er davon aus, dass in einer solchen Situation der Wille zur Kindesrettung sowohl bei der 16jährigen als auch bei den Eltern der religiösen Überzeugung überwogen hätte. Ist diese Entscheidung rechtmäßig?

Mangels Abschlussmöglichkeit eines Arztvertrages kann die Rechtmäßigkeit nur 12 nach gesetzlichen Vorgaben beurteilt werden. Es ist aber zu beachten, dass der ärztliche Heileingriff, sei dieser auch altruistisch motiviert und medizinisch indiziert, stets als tatbestandsmäßige Körperverletzung im Sinne des § 823 Abs. 1 BGB gewertet wird,[31] sog. Körperverletzungsdoktrin.[32] Eine Rechtfertigung kommt vorliegend aber über das Institut einer echten berechtigten GoA[33] sowie über den Ansatz einer mutmaßlichen Einwilligung (§ 630d Abs. 1 S. 2 BGB) in Betracht. Das Vorliegen einer echten berechtigten GoA i.S.d. §§ 677, 681, 683 S. 1 BGB verlangt dabei nach heute h.M., dass ein objektiv fremdes oder auch fremdes Geschäft mit Fremdgeschäftsführungswillen, ohne Auftrag oder sonstige Berechtigung und einhergehend mit dem wirklichen oder mutmaßlichen Willen und dem objektiven Interesse des Geschäftsherrn verläuft.[34] Alle Merkmale bis auf die Frage des wirklichen oder mutmaßlichen Willens sind vorliegend unproblematisch. Der wirkliche Wille ist durch Dr. D nicht zu ermitteln gewesen, so dass ein Rückgriff auf den mutmaßlichen Willen statthaft ist. Da es sich um eine minderjährige Patientin handelt, ist zudem fraglich, wessen Wille hier Gültigkeit beansprucht. Die erste zentrale Feststellung hierzu ist, dass das Konstrukt der Einwilligung zum tatsächlichen, per Realakt erfolgenden Übergriff Dritter auf eigene Interessen und

---

31 A.A. mit dem Vorschlag eines persönlichkeitsrechtlich zentrierten Modells *Katzenmeier*, Arzthaftung, 2002, S. 118 ff.
32 BGHZ 106, 391, 397 f. = NJW 1989, 1533, 1535.
33 Ob die echte berechtigte GoA einen Rechtfertigungsgrund i.S.d. Deliktsrechts bildet, ist streitig, aber wohl zu bejahen. Man beachte, dass sich der Streit letztlich nicht auswirken kann, wenn ohnehin die Voraussetzungen einer Einwilligung vorliegen (ausdrücklich oder mutmaßlich). Kritisch ist somit allein jener Fall, in dem etwa gemäß § 679 BGB der wirkliche oder mutmaßliche Wille, der entgegenstehen könnte, gesetzlich überspielt wird. Eben dies kann sodann aber im Deliktsrecht nicht als rechtswidrig erkannt werden, wird es doch gerade im Recht der GoA gefordert.
34 Vgl. BeckOK-*Gehrlein*, BGB, 74. Ed. 2025, § 683 Rn 4.

Rechtsgüter keine Frage rechtsgeschäftlicher Handlungsfähigkeit ist und somit nicht nach den §§ 106–113, 1643 i.V.m. 1850 ff. BGB bewertet wird. Vielmehr ist im Gesetz nicht festgelegt, wie genau die Einwilligung rechtlich funktioniert. Auch der Blick in die strafrechtliche Vorschrift des § 228 StGB bringt keinen Aufschluss, da es sich nur um eine äußere Grenzziehung, nicht jedoch um eine inhaltliche Erläuterung handelt. Daher haben sich hierzu Rechtsprechungsregeln gebildet, die allerdings eine Einzelfallbeurteilung vielfach schwierig gestalten, weil sie gerade nicht auf feste Grenzen rekurrieren. Es soll zentral auf die **Einsichtsfähigkeit** des Minderjährigen ankommen,[35] so dass Einwilligungsfähigkeit bei medizinischen Eingriffen durchaus auch schon unterhalb der Schwelle der Vollendung des 18. Lebensjahres beginnen kann. **Einsichtsfähigkeit soll dabei drei Elemente** umfassen: (1) **Entwicklungsstand** des Minderjährigen; (2) **Komplexität der ärztlichen Maßnahme und denkbare Konsequenzen**, die aus dieser hervorgehen können (sowohl wenn sie funktioniert als auch bei vorstellbaren Fehlschlägen und Komplikationen); (3) **konkret erkennbares Verständnis des Minderjährigen** für die avisierte Maßnahme.[36] Die Bestimmung fällt im Einzelfall freilich häufig schwer. Es gibt allerdings ein paar Weichenstellungen, die die rechtspraktische Bewertung erleichtern.

13 So wird unterhalb der Schwelle des 14. Lebensjahres vermutet, dass der Minderjährige keine Einsichtsfähigkeit besitzt, medizinische Interventionen und deren Konsequenzen hinreichend überblicken zu können, um eine eigene Entscheidung in selbstverstandener und wohlüberlegter Ratio zu treffen.[37] Hier entscheiden die Erziehungsberechtigten also grundsätzlich allein.

14 Zwischen dem 14. und dem 18. Lebensjahr soll der Minderjährige aber auch nur ausnahmsweise ein Alleinentscheidungsrecht über seinen Körper und die Gestattung externer Eingriffe in denselben haben.[38] Dieses Alleinentscheidungsrecht beschränkt sich auf einfach gelagerte medizinische Interventionen (sog. Routineeingriffe, wobei nach wie vor nicht klar ist, wo die Grenzen zum „normalen" Heileingriff verlaufen sollen)[39], die grundsätzlich keine weitreichenden Gefahren in sich bergen. In Betracht kommt etwa eine sportmedizinische Untersuchung mit den zumeist nicht invasiven leichten Tests an der Körperoberfläche zur Feststellung der Sportgesundheit. Ebenso kann der Minderjährige im Zweifel seine Zustimmung zu einer geringen Blutabnahme für einen simplen Test abgeben, bei

---

35 BGH NJW 1959, 811.

36 NK-BGB-*Katzenmeier*, 4. Aufl. 2021, § 823 Rn 399 m.w.N. Beachte hierzu auch die Gesetzesbegründung, BT-Drucks. 17/10488, S. 23.

37 J. Prütting/*J. Prütting/Friedrich*, Medizinrecht, 7. Aufl. 2025, § 630d BGB Rn. 26 ff. m.w.N.

38 J. Prütting/*J. Prütting/Friedrich*, Medizinrecht, 7. Aufl. 2025, § 630d BGB Rn. 26 ff. m.w.N.

39 BGHZ 105, 45, 48 = NJW 1988, 2946.

welchem nicht nach einer Erkrankung gesucht wird, deren Kenntnis das Leben der Person grundlegend zu ändern geeignet erscheint. Für alles, was darüber hinausgeht, bedarf es aber bereits wenigstens der Zustimmung der Erziehungsberechtigten, die dieselbe nur dann erteilen müssen, wenn Gegenteiliges i. S. d. § 1666 BGB von einem Familiengericht als missbräuchlich erkannt werden würde.[40]

Vorliegend steht eine lebensrettende Behandlung mit Bluttransfusion in Rede. 15 Soweit das Kind hätte gefragt werden können, wäre wegen der Tragweite etwaiger Entscheidungen sein Wille mit Blick auf die Einsichtsfähigkeit allenfalls zu berücksichtigen gewesen, jedoch erschiene ein Alleinentscheidungsrecht kaum angemessen. Übertragen auf die Mutmaßlichkeit bedeutet dies, dass jedenfalls auch der mutmaßliche Wille der Eltern in Betracht gezogen werden muss. Hier lagen Dr. D Informationen zur Hand, wonach er davon ausgehen musste, dass die Eltern im Zweifel glaubensbedingt eher den Tod des Kindes als die erforderliche und lebensrettende Bluttransfusion akzeptieren würden. Mit Blick auf den Kindeswillen ist es in der Situation der Lebensrettung dagegen – jedenfalls unter Berücksichtigung des begrenzten Erkenntnishorizonts eines Dritten, welcher spätestens bei der Verschuldensfrage zum Zuge kommen muss – wahrscheinlicher, anzunehmen, dass die vom Tode bedrohte Person eigene Überzeugungen über Bord werfen wird, als sterben zu müssen. Im Übrigen sind unvernünftige Entscheidungen bei Minderjährigen nicht äquivalent beachtlich, da der Gesetzgeber in den §§ 1626 ff. BGB deutlich zum Ausdruck gebracht hat, dass unterhalb der Schwelle des 18. Lebensjahres ein weitreichender und durch die Erziehungsberechtigten im Sinne des Kindeswohls, § 1697a BGB, gesteuerter Paternalismus zulässig ist. Insoweit muss das Persönlichkeitsrecht des Kindes regelmäßig zurücktreten, solange es mit Blick auf eine gute Entwicklung nur Berücksichtigung findet, vgl. §§ 1626 Abs. 2, 1627 BGB.

Nun wäre den erwachsenen Eltern in eigenen Angelegenheiten freiverant- 16 wortliche Unvernunft im Umgang mit ihrer Gesundheit erlaubt. Mit Blick auf das Kindeswohl ist aber auch die elterliche Entscheidungsfreiheit im Missbrauchsfall beschränkbar, vgl. § 1666 BGB. Vor diesem Hintergrund ist auch § 679 BGB zu lesen, wonach der entgegenstehende Wille unbeachtlich ist, wenn der Geschäftsherr hierdurch eine Unterhaltspflicht verletzen würde. Gleichermaßen ist das in der Erziehung stets von vordringlichem Interesse anerkannte Kindeswohlprinzip nach § 1697a BGB zu beachten. Daher darf der Arzt in der Notfallsituation davon ausgehen, dass die Kindesrettung auch gegen etwaige religiöse Überzeugungen gewollt sein muss und gegenteilige Aussagen im Zweifel judikativ als missbräuchlich er-

---

40 Ausführlich MüKo-*Volke*, BGB, 9. Aufl. 2024, § 1666 Rn 8, 56 ff. m.w.N.

kannt werden würden.[41] Selbst wenn man – entgegen jeder juristischen Vernunft – aber annehmen wollte, dass die ärztliche Lebensrettung tatsächlich als rechtswidrig einzustufen sei, kann der Patient hieraus im Zweifel keinen Schadensersatz herleiten, da der abwägende Arzt mit seiner Entscheidung, das Leben des Kindes zu retten, jedenfalls verschuldensfrei handelt. Dies gilt mit Blick auf das Übernahmeverschulden nach § 678 BGB ebenso wie mit Blick auf das Verschulden i. S. d. § 823 Abs. 1 BGB. Hinzu treten die Ausführungen des BGH zur Problematik ungewollter und damit rechtswidriger Lebensverlängerung, nach welchen jedenfalls ein Schmerzensgeldanspruch vor dem Hintergrund verfassungsrechtlicher Wertentscheidungen auszuscheiden habe.[42]

17 Im Ergebnis ist somit davon auszugehen, dass der lebensrettende Eingriff von Dr. D durch eine echte berechtigte GoA sowie eine mutmaßliche Einwilligung gerechtfertigt gewesen ist und bei gegenteiliger Ansicht jedenfalls verschuldenslos erfolgte. Das Konstrukt des unvernünftigen Patienten ist also im Bereich der Behandlung Minderjähriger mit Blick auf Kindeswohlinteressen stark zurückgedrängt.

18 Als Ergänzung zu diesem Part sei angemerkt, dass die Situation auch umgekehrt sein kann. So sind Fälle denkbar und praxisrelevant, in denen die Eltern eine medizinische Maßnahme gegen den Wunsch des Kindes für erforderlich halten. In diesen Fällen stellt sich die Frage nach einem Vetorecht des Minderjährigen (mit Blick auf die oben genannten Grundsätze freilich oberhalb des 14. Lebensjahres). Diese Frage ist nach wie vor ungeklärt und in manchen Fällen hoch brisant (man denke nur an die schwierigen Gemengelagen, die tagtäglich in der Jugendpsychiatrie auftreten). In der Literatur wird teilweise vertreten, ein solches Vetorecht könne grundsätzlich früher als eine aktive Entscheidungsbefugnis für die Durchführung einer Maßnahme angenommen werden.[43] Dahinter scheint der Gedanke zu stehen, dass jede Art von Aufschiebbarkeit einer Maßnahme letztlich die Möglichkeit eröffnet, den Minderjährigen in die eigenverantwortliche Entscheidungsrolle hineinwachsen zu lassen und dass im Fall aufschiebbarer Maßnahmen das Selbstbestimmungsrecht des Kindes als durchsetzungsfähigeres Rechtsgut erscheinen sollte. Dem kann allerdings entgegengehalten werden, dass – sofern keine Nähe zu § 1666 BGB besteht – die erzieherische Entscheidung durchaus auch mit Blick auf die Personensorge nicht nach einem stets überwachenden Staat verlangt (man denke parallel an das Erlauben oder Verbieten verletzungsträchtiger Sportarten etc.) und das Kind auch mit Blick auf den Umgang mit Körper und Gesundheit

---

41 Hierzu OLG Celle NJW 1995, 792.
42 BGHZ 221, 352 = NJW 2019, 1741 und dazu *J. Prütting* ZfL 2018, 94 ff.; *ders.* BTPrax 2019, 185 ff.
43 Zum Ganzen Laufs/Katzenmeier/Lipp/*Katzenmeier*, Arztrecht, 8. Aufl. 2021, Kap. V Rn 51 ff.

nach den Maximen der Eltern erzogen werden kann und soll. Jedenfalls eine Feststellung erscheint aber zwingend:

Wenn der jeweilige Arzt nach ordnungsgemäßer Anhörung des Kindes 19 **und der Eltern die medizinisch indizierte Maßnahme jedenfalls nicht als Fall der Misshandlung einzustufen vermag und zudem die erkennbaren Indizien einer freiverantwortlichen und hinreichend einsichtsfähigen Entscheidungsfindung durch das Kind abgewogen (und diese Abwägung auch dokumentiert) hat, kann eine Haftung nicht mehr in Betracht kommen.**

Selbst wenn man im Einzelfall zu dem Ergebnis gelangen sollte, dass die erteilte 20 Einwilligung der Eltern gegen den Kindeswillen unwirksam wäre, träfe den Arzt jedenfalls kein Verschulden.[44] Dies ist insbesondere auch deshalb zwingend, weil der Arzt in solchen Fällen nicht beliebig auf ein geordnetes Verfahren vor den Familiengerichten zurückgreifen kann. Vorsicht ist allerdings geboten, wenn die medizinische Maßnahme nur relativ indiziert ist und der Minderjährige nach ordnungsgemäßer Gewissensanstrengung als urteilsfähig erkannt wird. In diesem Fall ist das Vetorecht zu akzeptieren.[45]

Welch unfassbare Höhenlagen die gesamte Minderjährigenproblematik bei 21 medizinischen Entscheidungen mit sich bringt, wird endgültig offensichtlich, wenn es um die Entscheidung des Schwangerschaftsabbruchs bei einer einsichtsfähigen Minderjährigen geht. Die Rechtsprechung erkennt in diesen Fällen nach sorgfältiger Beratung teilweise ein Entscheidungsrecht der Minderjährigen an,[46] da deren Konfliktlage auch durch die Eltern wohl kaum ausgeräumt werden kann und es sich daher um einer außergewöhnliche Entscheidungssituation im höchstpersönlichen Bereich handelt.[47] Einen Vorschlag für eine prozedurale Lösung de lege ferenda unterbreiten *J. Prütting/Friedrich*.[48]

III. Behandlungsvertrag

Vertragsrechtlich gilt vom Grundsatz dasselbe Herangehen, welches der juristisch 22 versierte Leser bereits aus anderen Bereichen des Vertragsrechts kennt. Es bedarf Überlegungen zur Begründung, zur Durchführung und zur Beendigung. Überblickt

---

44 Vgl. hierzu BGH NJW 1971, 1887.
45 BGH NJW 2007, 217 f.
46 Zentral eine Alleinentscheidung befürwortend OLG Hamm FamRZ 2020, 340. Hierzu mit ausführlicher Diskussion *J. Prütting/Friedrich*, JZ 2020, 660 ff.
47 AG Schlüchtern NJW 1998, 832; LG Köln GesR 2009, 43; LG München I NJW 1980, 646. Dagegen OLG Hamburg FamRZ 2014, 1213; OLG Hamm NJW 1998, 3424 f.
48 *J. Prütting/Friedrich*, JZ 2020, 660 ff.

der Jurist diese Bereiche und kennt ihre Regelungen, können die einzelnen Lebenssachverhalte hierrunter subsumiert werden. Vorausgeschickt sei einzig noch, dass die §§ 630a ff. BGB letztlich **nicht** dazu geschaffen worden sind, das **gesamte Vertragsverhältnis** zwischen Patient und Behandlungsseite abzubilden, **sondern** sich überwiegend auf den Pflichtenkatalog und die **Haftung** der Behandlungsseite konzentrieren. Über **§ 630b BGB** werden zusätzlich die **Rahmenregeln** des **Dienstvertragsrechts** gemäß **§§ 611 ff. BGB** herangezogen (so insbesondere die Pflicht zur persönlichen Leistungserbringung nach § 613 S. 1 BGB und das Recht zur außerordentlich fristlosen Kündigung sowie den sich daraus ergebenden Abwicklungsfolgen nach den §§ 627, 628 BGB). Außerdem gibt es ein Korsett sondergesetzlicher Anordnungen, die im Verhältnis von Arzt und Behandlungsseite relevant werden können. Dieses kann vorliegend nicht erschöpfend behandelt werden, was aber für ein fundiertes Grundverständnis der bürgerlich-rechtlichen Arzt-Patient-Beziehung auch nicht erforderlich ist. Ergänzende Details können mit dem hier angeeigneten Wissen ohne Weiteres durch Handbücher und Kommentierungen zugezogen werden. Dabei soll die nachfolgende Übersicht zu wichtigen, auf das privatrechtliche Behandlungsverhältnis partiell einwirkenden Spezialgesetzen eine Hilfestellung sein.

23 Neben dem klassischen Behandlungsverhältnis sei erwähnt, dass unter die §§ 630a ff. BGB auch wunschmedizinische Maßnahmen gefasst werden, deren Sinn und Zweck nicht Heilung und Leidenslinderung, sondern kundenzentrierte Verbesserung des menschlichen Körpers oder der Psyche sind.[49] Dies sind alle Arten von Schönheits-OPs, aber auch pharmakologische und technische Mittel zur Steigerung der physischen und kognitiven Fähigkeiten.[50] Dieser Bereich bringt mangels medizinischer Indikation des körperlichen Eingriffs ein gewisses rechtliches Legitimationsdefizit mit sich, dessen Ausgleich in der Jurisprudenz nach wie vor umstritten ist (näher hierzu unter § 23 II 3).

24 Als letztes Wort der Vorrede ist noch anzumerken, dass es auch medizinische Eingriffe am Menschen aus Forschungsinteresse gibt.[51] In geordneter Form handelt es sich regelmäßig um klinische Studien, denen ein breit angelegtes Regelwerk zu Grunde liegt. Auch diese basieren auf einem Vertrag, dem sog. Probandenvertrag.[52] Dieses Vertragswerk kann jedoch nicht mehr mit leichten Modifikationen unter die §§ 630a ff. BGB gefasst werden, da bereits der Grundansatz und die Zielrichtung

---

49 BT-Drs. 17/10488, S. 17.
50 Analytisch vorgeführt am Beispiel der Tiefen Hirnstimulation, vgl. *J. Prütting*, Die rechtlichen Aspekte der Tiefen Hirnstimulation, 2014, S. 179 ff.
51 Hierzu näher Laufs/Katzenmeier/Lipp/*Lipp*, Arztrecht, 8. Aufl. 2021, Kap. XIII mit sauberer Abgrenzung zum individuellen Heilversuch.
52 Geigel/*Bacher*, Haftpflichtprozess, 29. Aufl. 2024, 28. Kapitel Rn 121.

sich wesentlich vom Behandlungsvertrag unterscheiden.[53] Es geht im Probandenvertrag um die Verwirklichung von Forschungsinteresse im humanmedizinischen
Bereich, was besondere Gefährdungen für den Probanden und besondere
Schutzvorkehrungspflichten für die Forschungsseite bedeutet. Zudem können
nicht beliebig Leistung und Gegenleistung vereinbart werden, da den Möglichkeiten der „Verkäuflichkeit" und „Zurverfügungstellung" des eigenen Körpers
durch die aktuelle Verständnislage der Verfassung mit Blick auf Menschenwürde,
Persönlichkeits-, Gesundheits- und Lebensschutz Grenzen gesetzt sind, die zivilrechtlich mit den §§ 134, 138 BGB, strafrechtlich mit den §§ 226, 227, 228, 216 StGB
und berufsrechtlich mit den §§ 2 Abs. 1, 3 Abs. 1, 2 und § 15 MBO-Ä Ausdruck gefunden haben.[54] Daneben existieren eine Reihe spezialgesetzlicher Regelungen und
Verbote, die die Forschung in ein enges Korsett zwängen, so die Strafvorschriften
des ESchG und die scharfen Bindungen des StZG sowie die §§ 40 ff. AMG und die
Art.. 62 ff. 2017/745/EU (Medizinprodukteverordnung, kurz MDR). Der Bereich der
klinischen Forschung wird als im täglichen Gebrauch unübliche Sondermaterie in
diesem Buch nicht weitergehend erläutert. Er ist nur in Abgrenzung zum individuellen Heilversuch noch einmal zu bedenken, insbesondere wenn es um die
unzulässige(!) Verbindung von therapeutischem und Forschungsinteresse geht.[55]
Bei näherem Interesse wird als erste Übersicht die Darstellung von *Lipp*[56] empfohlen.

1. Parteien

a) Der Blick auf den Patienten

Im Zentrum des Ganzen treten sich Arzt und Patient gegenüber. Diese schließen,   25
ungeachtet § 76 Abs. 4 SGB V,[57] nach den §§ 630a ff. BGB einen Vertrag. Hierfür
bedarf es der Geschäftsfähigkeit i. S. d. §§ 104 ff. BGB. Soweit die Geschäftsfähigkeit
fehlt, kommt entweder ein Vertragsschluss durch Vertretung oder ein echter Vertrag zu Gunsten Dritter (§ 328 BGB) in Betracht. Nach heute h.M. wird im Fall des
Minderjährigen zwischen Behandelndem und Eltern ein echter Vertrag zu Gunsten
Dritter (zu Gunsten des Kindes) geschlossen,[58] so dass der Minderjährige mit sei-

---

53 Vgl J. Prütting/*J. Prütting*/*Friedrich*, Medizinrecht, 7. Aufl. 2025, § 630a BGB Rn 11.
54 Näher Laufs/Katzenmeier/Lipp/*Lipp*, Arztrecht, 8. Aufl. 2021, Kap. XIII Rn 41 ff. m.w.N.
55 *Laufs*, VersR 1978, 385, 388; *Kratz*, VersR 2007, 1448, 1450.
56 Laufs/Katzenmeier/Lipp/*Lipp*, Arztrecht, 8. Aufl. 2021, Kap. XIII Rn 41 ff. m.w.N.
57 Zum sozialrechtlichen Verständnis, welches teilweise ein Vertragsverhältnis bestreitet, Hauck/
Noftz/*Klückmann*, SGB V, Stand: 3/17, § 76 Rn 23 ff.
58 J. Prütting/*J. Prütting*/*Friedrich*, Medizinrecht, 7. Aufl. 2025, § 630a BGB Rn 22.

nem Vermögen nicht verpflichtet, aber mit Blick auf die ärztliche Leistung eigenständig berechtigt wird. Dies entspricht nach Auslegung der Erklärungen von Eltern und Arzt gemäß §§ 133, 157 BGB der erkennbaren Interessenlage und dem nach objektivem Empfängerhorizont feststellbaren Erklärungswert, da die Eltern – aus ärztlicher Sicht, sofern überhaupt Zahlungspflichten bestehen – regelmäßig ohnehin über eine höhere Bonität verfügen dürften und ihrerseits dem Kind zu Unterhalt und Gesunderhaltung verpflichtet sind, so dass das Kindesvermögen hierfür nicht eingesetzt werden soll, wenn es vermieden werden kann. Ist das Kind noch im Mutterleib als heranwachsender Embryo, so erstreckt sich der Schutz des Behandlungsvertrages zwischen Mutter und betreuenden Gynäkologen in Form des Vertrags mit Schutzwirkung zu Gunsten Dritter auf das Kind,[59] wobei bürgerlich-rechtliche Ansprüche des Kindes nur möglich sind, wenn dieses wenigstens für eine Sekunde lebend geboren wird.[60]

26   Anders ist dies beim Betreuten, der durch Vertretung seines Betreuers nach den §§ 1814, 1815, 1823 BGB selbst verpflichtet wird. Weder aus Sicht des Betreuers noch des Arztes gibt es hier einen tragfähigen Grund, weshalb der Betreuer Kostenschuldner des Vertrages werden sollte.

27   Zum 1.1.2023 hat der Gesetzgeber mit § 1358 BGB zusätzlich ein spezielles Ehegattenvertretungsrecht in Angelegenheiten der Gesundheitssorge eingefügt (für die eingetragene Lebenspartnerschaft über § 21 LPartG entsprechend anwendbar, jedoch keine Regelung für ehegleiche, aber rechtlich nichteheliche Lebenspartnerschaften[61]; es steht zu erwarten an, dass die zu § 1362 BGB ergangene Rechtsprechung auch hier fortgesetzt werden wird).[62] Bei der Eheschließung hat das Stadesamt nunmehr auf das Ehegattenvertretungsrecht hinzuweisen (§ 12 Abs. 4 PStG). Das noch im Gesetzgebungsverfahren als „Not-„Vertretungsrecht angedachte Instrument[63] ist letztlich zu einem allgemeinen Vertretungsrecht unter der Voraussetzung der Bewusstlosigkeit oder krankheitsbedingten Unfähigkeit zur Verfolgung der gesundheitlichen Belange des Betroffenen avanciert. Da der Aspekt des „Not-„Vertretungsrechts ausdrücklich Gegenstand der Diskussionen gewesen ist, dürfte eine teleologische Reduktion nicht in Betracht kommen, da diese contra legem erfolgen würde, so dass der Verweis typische Akut-Fälle in der Gesetzbegründung nicht als abschließend zu interpretieren sein dürfte,[64] wenn freilich anzuerkennen ist, dass es gerade auch Bestrebung der Vorschrift ist, vorläufige

---

59 BGH NJW 2008, 2847. Für den Krankenhausvertrag vgl. OLG Karlsruhe BeckRS 1998, 12728.
60 Allg.M. vgl. BeckOK-*Poseck*, BGB, 74. Ed. 2025, § 1 Rn 31.
61 Hierzu *Lugani*, MedR 2022, 91, 93.
62 BGH NJW 2007, 992.
63 Vgl. BR-Drs. 564/20, S. 196, 232, 235.
64 BT-Drs. 19/24445, S. 179 und hierzu *Lugani*, MedR 2022, 91, 93; *Kemper*, FamRB 2021, 260, 261.

Betreuungen nach § 300 FamFG vielfach hinfällig werden zu lassen. Der vertretende Ehegatte soll abschließend 1. in Behandlungsmaßnahmen einwilligen oder diese untersagen können (Vertretung im Rahmen des Zustimmungsrechts bei körperlichen Interventionen, so dass dieser Ehegatte auch korrekter Adressat der Selbstbestimmungsaufklärung ist, §§ 630d, e BGB), 2. zugehörige Rechtsgeschäfte schließen können (mit Blick auf die Unfähigkeit des Vertretenen nach den §§ 104 Nr. 2, 105 Abs. 1 BGB), 3. bis zu einer maximalen Zeitspanne von 6 Wochen in freiheitsentziehende Maßnahmen einwilligen können und 4. über Ansprüche gegen Dritte aus Anlass der Erkrankung verfügen dürfen. Zur sinnhaften Ermöglichung der Rechteausübung sind Behandelnde gegenüber dem Vertreter von der Schweigepflicht befreit, § 1358 Abs. 2 BGB. Was allerdings fehlt, ist die Festlegung eines Rechts zur Öffnung der Post, um einen Verstoß gegen § 202 Abs. 1 StGB auszuschließen. Man mag dem Problem mit Hinweis auf eine sachgerechte Befugnis iSd Vorschrift bei Fällen des § 1358 Abs. 1 BGB begegnen oder grundsätzlich eine mutmaßliche Einwilligung bestimmungsgemäßer Kenntnisnahme des Vertreters erwägen. Das erscheint jedoch nur bedingt überzeugend, da durchaus die Möglichkeit im Einzelfall besteht, dass nicht jegliche Post des Vertretenen vom Vertreter wahrgenommen werden soll und ärztliche Post oder Post anderer Behandelnder nicht ohne Weiteres stets ad hoc erkannt werden kann. Mit Blick auf das hohe Gut eines rechtssicheren Vertretungsrechts im Rahmen der gesetzten Zeitspanne wäre eine gesetzgeberische Entscheidung auch über ein Postöffnungsrecht sinnvoll gewesen.

Unschärfen im Tatbestand lassen sich zwar ausmachen, dürften jedoch nur **28** wenig rechtspraktische Bedeutung erlangen. Der Begriff der „Krankheit" ist äußerst ungenau, jedoch dessen kausale Verbindung zur Unfähigkeit der rechtlichen Besorgung eigener gesundheitlicher Belange wird in aller Regel deutlich hervortreten. Bei Grenzfällen (etwa anhaltender erheblicher Verwirrtheit, jedoch partiell auch lichter Momente) wird ein nachvollziehbarer Irrtum des Vertreters folgenlos bleiben, da der Behandelnde entweder den Irrtum erkennt und die Vertretung zurückweist oder aber verschuldensfrei von der sachgerechten Rechtewahrnehmung des Vertreters nach § 1358 Abs. 1 BGB ausgeht. Es kommt hinzu, dass mit § 1358 Abs. 4 S. 1 Nr. 1 BGB und 3 eine Gegenprüfung mit Dokumentation ausdrücklich zum Pflichtenkatalog des Behandelnden erhoben worden ist. Hinsichtlich eines etwaig unwirksamen Vertragsschlusses greifen im Fall sachgerechter Leistungserbringung zu Gunsten des Behandelnden bei der Entgeltfrage die §§ 677, 683 S. 1, 670 iVm 1877 Abs. 3 analog sowie ein Bereicherungsausgleich ein. Im Übrigen haftet der unvorsätzlich vollmachtlose Vertreter nach § 179 Abs. 2 BGB. § 1357 Abs. 1 BGB dürfte demgegenüber eher ein unsicherer normativer Ansatz sein, da der Vertreter in den Vertretungsfällen regelmäßig als Vertreter im Rechtssinne zu verstehen sein wird, der sich auf das Vertretungsrecht nach § 1358 Abs. 1 Nr. 2 BGB als Parallelwertung in der Laienspähre beruft. Auch ein echter Vertrag zu Gunsten Dritter nach § 328 BGB, wie dieser im Eltern-Kind-Verhältnis beim Gang zum Arzt angenommen wird, entspricht regelmäßig nicht der erkennbaren Interessenlage der Parteien.

29   Das Vertretungsrecht findet seine Grenze in den Vorgaben des § 1358 Abs. 3, 5 und 6 BGB. Es ergibt sich eine Subsidiarität hinter einer bestehenden und auf den Behandlungsfall erstreckten Vorsorgevollmacht wie auch Betreuung. Beide Fälle sind nach § 1358 Abs. 4 S. 1 BGB vom Behandelnden gegenzuprüfen und deren Nichtvorliegen zu dokumentieren. Auch das Erkennen eines mutmaßlichen Willens mit der Folge einer mutmaßlichen Einwilligung geht dem Vertretungsrecht aus § 1358 Abs. 1 Nr. 1 BGB vor, was sich aus dem Verweis in §§ 1358 Abs. 6 iVm 1821 Abs. 2, 3 und 1827 BGB ergibt.

30   Eine Ablehnung der Vertretung durch den vertretenen Ehegatten muss erkennbar hervortreten, § 1358 Abs. 3 Nr. 2 lit. a BGB, wobei auch schlüssiges Verhalten genügt.[65] Liegt eine Betreuungsverfügung vor, in der eine andere Person als wunschgemäßer Betreuer für Gesundheitsangelegenheiten benannt ist, so dürfte dies in aller Regel als Ablehnung zu werten sein.[66] Gemäß § 78a S. 1 BNotO besteht die Möglichkeit der Eintragung in das zentrale Vorsorgeregister. Jedoch verlangt § 1358 Abs. 3 Nr. 2 lit. a BGB positive Kenntnis des Vertreters, so dass selbst ein solcher Eintrag keine absolute Sicherheit bietet und dem Ehegatten aktiv bekannt gemacht werden sollte.

31   § 1358 BGB bietet belastbare Ansätze für eine sachgerechte Vertretung im Bedarfsfall, birgt jedoch auch beachtliche Missbrauchs- und Fehlergefahren. Der Gesetzgeber ist dringend dazu aufgerufen, nach einigen Jahren in eine Evaluation bekannt gewordener Praxisfälle einzutreten. So erscheint es keineswegs stets sicher, dass Ehegatten sinnvolle Vertreter in Gesundheitsangelegenheiten sind. Diese können zu alt, selbst erkrankt oder psychologisch nicht in der Lage sein, das fremdnützige Vertretungsrecht sachgerecht auszuüben. Dieser Einwand ist jedoch vergleichsweise zurückhaltend zu betrachten, da das Vertretungsrecht ohnehin nur das letzte Mittel bei Fehlen jeglicher sonstiger Vertretung ist und der Vertretungsberechtigte auch die Alternative hat, so rasch wie möglich nach adäquater Vertretung zu suchen. Problematischer erscheint die Konfliktlage bei erheblich zerstrittenen, jedoch (noch) nicht in Trennung lebenden Ehegatten zu sein. Hier könnte schlimmstenfalls die Aussicht auf eine Erbschaft zu mangelhafter Vertretung verleiten.

---

65 Zutr. *Götsche*, FuR 2022, 506, 508.
66 *Lugani*, MedR 2022, 91, 93; *Kemper*, FamRB 2021, 260, 262.

Im Fall des Minderjährigen existiert eine sozialrechtliche Ausnahme ab dem 32
15. Lebensjahr. Nach **§ 36 Abs. 1 SGB I** ist ab diesem Alter der gesetzlich versicherte Patient berechtigt, selbstständig Sozialversicherungsleistungen entgegenzunehmen. Gemäß § 36 Abs. 2 SGB I sollen hiervon allerdings die Erziehungsberechtigten in Kenntnis gesetzt werden, die sodann ein Beschränkungsrecht haben. Auch im Übrigen sollte diese Vorschrift weder den Juristen noch den Mediziner zu unüberlegtem Verhalten veranlassen. § 36 Abs. 1 SGB I trifft keine Aussage darüber, ob der Minderjährige auch selbstständig in eine medizinische Intervention einwilligen kann, ob er also die nötige Reife und Einsichtsfähigkeit besitzt,[67] wie wir dies in Fall 21 diskutiert haben. Daraus folgt, dass der Arztvertrag vielleicht noch geschlossen werden kann, aber sofern es um irgendwelche Formen von ärztlichen Eingriffen geht, die über bloße Routine hinausgehen, bedarf es vorab typischerweise der informierten Einwilligung der gesetzlichen Vertreter (lesen Sie hierzu **§§ 630d Abs. 1 S. 2, 630e Abs. 4, 5 BGB**). Daher ist der rechtspraktische Anwendungsbereich des § 36 Abs. 1 SGB I eher eng zu verstehen. Das Klassikerbeispiel ist die Verschreibung von Kontrazeptiva (insbesondere der Antibabypille) auf alleinigen Wunsch der Minderjährigen. Die überwiegende Ansicht geht davon aus, dass die Minderjährige dies in aller Regel wird allein entscheiden können, aber der Arzt muss im Rahmen eines Gesprächs ergründen, ob er Reifeprobleme erkennt.

Einen beachtlichen Sonderfall stellt schließlich der Laborvertrag dar. 33

Fall 22:
Der Patient geht wegen seltsamer Bläschen auf seinem Arm zum Arzt; in diesem Fall wollen wir einmal vom Dermatologen (Hautarzt) ausgehen. Der Dermatologe entnimmt Flüssigkeit aus einem Bläschen und klärt den Patienten darüber auf, dass eine Laboruntersuchung notwendig sei. Der Patient nimmt dies als schlichte Information unkommentiert hin. Wer hat die Laborrechnung zu bezahlen, nachdem die Flüssigkeit dort im Auftrag des Dermatologen untersucht worden ist?

An dieser Stelle wäre es rechtspraktisch natürlich sinnvoll, wenn ein Laborvertrag, 34
ausgerichtet auf sachkundige Analyse unter Nutzung aller anerkannten und indizierten Prüfverfahren, zwischen Patient und Laborant vereinbart worden wäre – insofern dann als Werkvertrag gemäß § 631 BGB.[68] Da diese Parteien sich aber nie begegnet sind, kommt allenfalls ein Vertrag in Stellvertretung oder ein echter Vertrag zu Gunsten Dritter zwischen Arzt und Laborant gemäß § 328 BGB in Betracht. Letzteres wird klar ausscheiden, da der Arzt, wenn er nicht vorab vom Patienten hierfür bezahlt worden ist oder Vergleichbares mit dem Patienten ver-

---

67 Lesenswert hierzu Staudinger/*Klumpp*, BGB, Neub. 2021, Vorb. §§ 104 ff. Rn 141 m.w.N.
68 Vgl. hierzu OLG Düsseldorf MDR 1985, 1028; D. Prütting/*J. Prütting*/*Friedrich*, Medizinrecht, 6. Aufl. 2022, § 630a BGB Rn 3 ff.

einbart hat, eine solche Erklärung nicht abgeben und der Laborant sie auch nicht entsprechend erwarten wird. Daher liegt eine Stellvertretung des Patienten durch den Arzt gegenüber dem Laboranten gemäß § 164 Abs. 1, 3 BGB nahe. Diesen Weg beschreitet auch die Rechtsprechung.[69] Das rechtspraktische Problem, dass der Patient nur selten explizit Vollmacht erteilen wird, da Arzt und Patient zumeist nicht größer über derartige Rechtsverbindungen sprechen, löst der BGH dadurch, dass eine konkludente Vollmachtserteilung sehr weitreichend und einfach angenommen wird. Die Rechtsprechung geht davon aus, dass der Patient dem Arzt **mit Übertragung der gesamten Behandlung konkludent Vollmacht für Laborbeauftragungen** erteilt, die bezüglich dieser Behandlungen zu erwarten waren oder bezüglich derer der Arzt **aufgeklärt** und der Patient **nicht widersprochen** hat.[70] Das schlüssige Patientenverhalten wird also letztlich schlicht darin gesehen, dass der Patient sich vertrauensvoll in die Hände des Arztes begibt und diesen damit beauftragt, alles Notwendige in die Wege zu leiten.

b) Der Blick auf die Behandlungsseite
aa) Erfasster Personenkreis des § 630a BGB

35 § 630a Abs. 1 BGB trifft keine Aussage darüber, wer auf Behandlungsseite mit seinem Angebot zu subsumieren ist. Ein Blick in die Gesetzesbegründung hilft aber weiter. Der Gesetzgeber hat dort Ärzte, Heilpraktiker, Physiotherapeuten, Psychologische Psychotherapeuten, Psychiater und Hebammen erfasst.[71] Nicht dagegen sollen Apotheker und Veterinärmediziner (Tierärzte) unter den Behandlungsvertrag fallen.[72] Haftungsrechtlich ist dies ein Ansatz, der bei rechtlicher Würdigung eines Falles leicht in die Irre führen kann, da für Veterinärmediziner ein ähnliches Pflichtenprogramm mit Blick auf ärztliche Aufklärung gilt,[73] wie dies in der Humanmedizin der Fall ist, und im Behandlungsfehlerbereich soll zudem die Beweislastregel bei grobem Pflichtenverstoß nach § 630h Abs. 5 S. 1 BGB gelten.[74] Aber auch der Apotheker muss spätestens seit der Johanniter-Entscheidung[75] des III. Zivilsenats damit rechnen, die Beweislastregel des § 630h Abs. 5 S. 1 BGB im Fall eines groben Pflichtenverstoßes gegen sich angewendet zu sehen.

---

69 BGHZ 184, 61 = NJW 2010, 1200.
70 BGHZ 184, 61 = NJW 2010, 1200.
71 BT-Drs. 17/10488, S. 11.
72 BT-Drs. 17/10488, S. 18.
73 Hierzu OLG Koblenz VersR 2013, 513, 514.
74 BGH NJW 2016, 2502.
75 BGH NJW 2017, 2108. Zum zweifelhaften Hintergrund der Rechtsprechung zum groben Behandlungsfehler *J. Prütting*, GesR 2017, 681 ff. und die nähere Erörterung des Ursachenzusammenhangs außerhalb der Arzthaftung *J. Prütting*, NJW 2019, 2661 ff.

bb) Einzelarzt, Ärztegesellschaft, Krankenhaus

Kehren wir nun zum klassischen Behandlungsbild durch den Arzt zurück. Dieser **36** kann in Form der Einzelpraxis dem Patienten gegenübertreten, so dass weitere Besonderheiten bei der Frage der Vertragsparteien nicht entstehen. Agieren mehrere Ärzte mit gemeinsamen Räumen und zumeist auch geteilten Ressourcen, aber beruflich unabhängig voneinander, so liegt eine einfache Praxisgemeinschaft vor.[76] Dieses Vorgehen ist zulässig, wobei mit Blick auf Patientengeheimnisse streng darauf zu achten ist, dass diese nur dem behandelnden Arzt und dessen Hilfspersonal zugänglich sind, während jede Weitergabe an Dritte ohne Zustimmung des Patienten den Tatbestand des § 203 StGB erfüllen kann. Im Fall der Praxisgemeinschaft bleibt der einzelne Arzt auch alleiniger Vertragspartner des Patienten, solange Dritte nicht bewusst hinzugezogen werden.

Ein anderer Fall liegt vor, wenn mehrere Ärzte sich zu einer Gemeinschafts- **37** praxis/Berufsausübungsgemeinschaft zusammenschließen. In diesem Fall tritt die Gemeinschaft in der jeweils gewählten Gesellschaftsform dem Patienten als Behandelnder gegenüber und die einzelnen Ärzte führen die Behandlungsschritte durch, ohne selbst Vertragspartner zu sein.[77] Haftungsrechtlich sind die handelnden Ärzte dem Patienten deliktisch nach den §§ 823 ff. BGB verantwortlich. Daneben tritt eine ordnungsgemäße gesellschaftsrechtliche Bewertung. Ist der Träger eine GbR, so wird auch die vertragliche Haftung über § 721 BGB zugerechnet. Da personengesellschaftsrechtlich oHG und KG ausscheiden, denn diese verlangen zwingend die Kaufmannseigenschaft, die den Freiberufler bereits definitorisch ausschließt,[78] kommt im Übrigen noch eine Organisation in Form der PartG in Betracht. Vertragspartner ist auch in diesem Fall die PartG, während die Partner nach § 8 PartGG einer Haftungszurechnung unterliegen. Im Einzelnen bedeutet dies, dass grundsätzlich nach § 8 Abs. 1 PartGG alle Partner persönlich und gesamtschuldnerisch haften. Jedoch sieht § 8 Abs. 2 PartGG eine Beschränkung dieser weiten Haftung auf jene Partner vor, die mit dem konkreten Auftrag befasst gewesen sind, so dass die anderen Partner im Fall der Zahlungsunfähigkeit der PartG und des handelnden Partners nicht um ihr Privatvermögen fürchten müssen. Soll die Haftung insgesamt auf die PartG beschränkt werden, so ist dies über eine PartG mbB gemäß § 8 Abs. 4 PartGG zu erreichen. Dieser Vorteil wird allerdings mit dem Preis einer Mindesthaftpflichtversicherungssumme erkauft, die ihrerseits nicht unerhebliche Prämien auslöst. Im Medizinalwesen erscheint dies allerdings kaum als relevanter Aspekt, da auch für den einzelnen Arzt die gebotene Haftpflicht-

---

76 J. Prütting/*J. Prütting*/*Friedrich*, Medizinrecht, 7. Aufl. 2025, § 630a BGB Rn 20.
77 Näher Quaas/Zuck/Clemens/*Quaas*, Medizinrecht, 4. Aufl. 2018, § 15 Rn 4 ff.
78 Vgl. *Koch*, GesR 2005, 241, 244.

versicherung je nach Fachbereich einer hohen Deckungssumme bedarf. Letztlich ist zudem zu beachten, dass der jeweils behandelnde Arzt sich haftungsrechtlich ohnehin nicht hinter der PartG verstecken kann, auch nicht im Fall des § 8 Abs. 4 PartGG, da er selbst immer deliktisch für erfolgreich geltend gemachte Behandlungsfehler und/oder Aufklärungsrügen einzustehen hat und sich somit einer eigenständigen Verbindlichkeit ausgesetzt sieht, die er nicht gesellschaftsrechtlich verhindern kann.[79]

38 Vergleichbare Erwägungen, wie sie bei der PartG mbB angestellt worden sind, gelten auch bei der zulässigen Ärzte-GmbH. Obgleich die GmbH gemäß § 13 Abs. 3 GmbHG Formkaufmann i. S. d. § 6 HGB ist, dürfen Ärzte unter dem Dach derselben freiberufliche Leistungen erbringen.[80] Die GmbH wird zwar Vertragspartner, erbringt aber nicht selbst die ärztlichen Leistungen. Auf dieser Linie sind nunmehr auch Ärzte-oHGs und Ärzte-KGs denkbar (§ 107 Abs. 1 S. 3 HGB), sofern das Berufsrecht diese im jeweiligen Bundesland zulassen sollte. Es müssen stets die besonderen berufsrechtlichen Vorgaben der §§ 23a ff. MBO-Ä[81] beachtet werden, so dass die gesellschaftsrechtliche Gestaltungsfreiheit wieder weitreichende Einschränkungen erfährt.

39 Sollen mehrere ärztliche Fachbereiche kombiniert werden, so ist dies grundsätzlich berufsrechtlich ebenfalls möglich, wie sich aus §§ 18, 23a MBO-Ä ergibt. Sozialrechtlich ist jedoch zu beachten, dass diese Gesellschaft nicht selbst Inhaberin eines Vertragsarztsitzes sein kann.[82] Hierin liegt eine der Besonderheiten des Medizinischen Versorgungszentrums (MVZ), welches selbst an der vertragsärztlichen Versorgung nach dem SGB V teilzunehmen vermag,[83] (lesen Sie § 95 SGB V). Die Gesellschaftsform ist gemäß § 95 Abs. 1a SGB V auf Personengesellschaften, eingetragene Genossenschaften, GmbHs und öffentlich-rechtliche Strukturen beschränkt. Da oHG und KG ohnehin nicht in Betracht gekommen wären, sollte hier also insbesondere die AG ausgeschlossen werden.

40 Als letzte bedeutsame Form sind Krankenhäuser zu nennen. Diese werden ebenfalls regelmäßig in der Rechtsform der GmbH geführt. Sofern sie steuerbe-

---

79 Hierzu J. Prütting/*Kilian*, Medizinrecht, 7. Aufl. 2025, § 8 PartGG Rn 24 ff.
80 Hierzu Ratzel/Lippert/J. Prütting/*Ratzel*, MBOÄ, 8. Aufl. 2022, § 23a Rn 1.
81 Vorsicht: Die MBO-Ä ist kein Gesetz, sondern ein Vorschlagskonvolut vom Deutschen Ärztetag. Rechtlich verbindlich ist das kammerrechtliche Satzungsrecht der jeweiligen Berufsordnungen der Ärztekammern der Länder auf Basis landesrechtlicher Satzungsermächtigung. In den Berufsordnungen finden sich partiell relevante Abweichungen von der MBO-Ä, so dass in der Praxis durchaus je nach Bundesland und Kammerbezirk kontrolliert werden muss.
82 BSG, GesR 2013, 91 f.
83 Ausführlich Ratzel/Luxenburger/*Remplik/Flasbarth*, Handbuch Medizinrecht, 4. Aufl. 2021, S. 712 ff. m.w.N.

günstigt handeln, firmieren sie als gGmbH, um ihre Gemeinnützigkeit zu verdeutlichen. Kommt der Patient in ein Krankenhaus, so gibt es nach heute h.M. drei Arten der Aufnahme, die zu unterschiedlichen rechtlichen Bewertungen bezüglich des Vertragsschlusses nach § 630a BGB führen.[84]

Der Regelfall ist der **totale Krankenhausvertrag**.[85] Der Patient wird aufge- 41 nommen und das Krankenhaus verspricht vertraglich bei Aufnahme das gesamte Behandlungsprocedere einschließlich aller Leistungen, die hiermit tatsächlich zusammenhängen, also Pflege, Einrichtung, ärztliche Betreuung. Jede Person, die dem Patienten im Weiteren gegenübertritt, wird somit nicht Vertragspartner, sondern kann allenfalls deliktisch haften, aber auch kein Entgelt verlangen.

Eine Ergänzung zur Grundsatzkonstellation ist der **totale Krankenhausver-** 42 **trag mit Arztzusatzvertrag**.[86] Der Patient wählt neben dem Vertragsschluss bei Aufnahme oder später auch noch bestimmte Ärzte, die die Behandlung durchführen sollen. Sie werden zusätzlich Vertragspartner und schulden im Zweifel Behandlung in Person, §§ 630b i.V.m. 613 S. 1 BGB.[87] Klassischer Praxisfall ist die patientenseitige Sicherung der Chefarztbehandlung oder der Behandlung durch einen bestimmten Spezialisten, wegen dem gerade diese medizinische Einrichtung aufgesucht worden ist.

Als dritte Variante ist der **gespaltene Arzt-/Krankenhausvertrag** zu nen- 43 nen.[88] Dabei handelt es sich regelmäßig um Belegkrankenhäuser, aber es sind auch andere Konstellationen denkbar. Das Krankenhaus verspricht in diesem Fall ausschließlich die Rahmenbedingungen: Pflege, Material, Unterkunft etc. Daneben tritt ein nicht dem Krankenhaus zugehöriger Arzt, der die Behandlung übernommen hat. Ausschließlich er hat die Behandlung i.S.d. § 630a BGB versprochen und zu leisten.[89] Es wird überwiegend davon ausgegangen, dass diese rechtliche Spaltung auch ohne Kenntnis des Patienten bei Aufnahme durch schlichten Hinweis in den AGB des Krankenhauses denkbar sein soll.[90] Dem ist jedoch entgegenzuhalten, dass § 309 Nr. 7a BGB und das Überraschungsverbot nach § 305c Abs. 1 BGB[91] entge-

---

84 Im praktischen Procedere ergeben sich hieraus bei Haftungsfällen auch unterschiedliche Probleme der Passivlegitimation. Eine prägnante Übersicht bietet D. Prütting/*J. Prütting*, 3. Aufl. 2023, Formularhandbuch des Fachanwalts Medizinrecht, Kap. 2 Rn 35 m.w.N.
85 Vgl. BeckOGK-*Walter*, BGB, Stand Feb. 2025, § 630a Rn 57 ff. m.w.N.
86 MüKo-*Wagner*, BGB, 9. Aufl. 2023, § 630a Rn 44 ff.
87 Vgl. OLG Koblenz NJW 2008, 1679, 1680.
88 MüKo-*Wagner*, BGB, 9. Aufl. 2023, § 630a Rn 40.
89 J. Prütting/*J. Prütting*/*Friedrich*, Medizinrecht, 7 Aufl. 2025, § 630a BGB Rn 21.
90 Hierzu OLG Koblenz NJW 1998, 3425 f.; *Thüsing*, in: Graf von Westphalen, Vertragsrecht und AGB-Klauselwerke, 50. EL 2024, Krankenhausaufnahmevertrag, Rn 14. So letztlich dann wohl auch der BGH, wenn das Überraschungsmoment vermieden wird, vgl. BGHZ 121, 107 = NJW 1993, 779.
91 BGHZ 121, 107 = NJW 1993, 779.

genstehen, so dass ein vollständiges Verwehren ärztlicher Leistungen bei einer primärvertraglichen Vereinbarung, die wie ein totaler Krankenhausvertrag wirkt, keinesfalls durch AGB zur Spaltung führen darf, da somit sämtliche Haftungsansprüche in Umgehung des § 309 Nr. 7a BGB ausgeschlossen würden. Hinzuzufügen ist, dass das Krankenhaus im Rahmen der Aufnahme und im Fall der Belegkrankenhauseigenschaft ohne Weiteres organisatorisch dazu in der Lage sein sollte, den Patienten sofort explizit darauf hinzuweisen, dass man nur Belegkrankenhaus ist und die hieraus folgenden rechtlichen Konsequenzen. Dementsprechend wird der Patient sich dann ausschließlich an den ihn behandelnden Arzt halten. In jedem Fall, in welchem der Patient bei Einlieferung nicht in der Lage ist, eine entsprechende Vertragsabrede einzugehen, kann eine Beschränkung durch AGB ohnehin nicht in Betracht kommen, so dass im notärztlichen Procedere ein Verweis auf ein Belegarztmodell haftungsrechtlich unerheblich sein dürfte.

2. Vertragsgegenstand und Rechtsnatur

44 Der Behandlungsvertrag ist seit jeher von der h.M. als **Dienstvertrag** im Sinne der §§ 611 ff. BGB eingeordnet worden. Seit Inkrafttreten des Patientenrechtegesetzes im Jahre 2013 und der Einordnung des Behandlungsvertrages in die §§ 630a-h BGB ist nunmehr auch systematisch klar, dass der Gesetzgeber die dienstvertragsrechtlichen Grundsätze für anwendbar erachtet. So verweist § 630b BGB explizit auf die Vorschriften über das Dienstvertragsverhältnis.[92] Der **Arzt schuldet** demnach **„nur" das standardgemäße Vorgehen**, also das Bemühen um die Genesung des Patienten. Der Erfolg dieser Bemühungen kann nach dem gegenwärtigen Stand von Wissenschaft und Technik grundsätzlich ob der natürlichen Unwägbarkeiten des menschlichen Körpers und der Unvorhersehbarkeit biologischer Abläufe und Reaktionen nicht zugesagt werden.[93] Dies gilt unabhängig davon, ob es sich um eine Heilbehandlung, einen Forschungseingriff mit Heilcharakter oder eine wunschmedizinische Maßnahme handelt, da die §§ 630a ff. BGB insofern keine Unterscheidung vorsehen und nicht auf die Heilbehandlung beschränkt sind. Jedoch dürfen die Vertragspartner bei wunschmedizinischen Eingriffen bestimmte Erfolge vereinbaren und damit die Natur des Vertrages abändern. Dies gilt mit Blick auf die Vertragsfreiheit auch für Heilbehandlungen, soweit der Arzt einen bestimmten Erfolg verspricht. Anderes soll lediglich für unheilbare Krankheiten

---

92 Eine nähere Darstellung des Verweisungsinhalts von § 630b BGB findet sich bei J. Prütting/J. Prütting/Friedrich, Medizinrecht, 7. Aufl. 2025, § 630b BGB.
93 MüKo-*Wagner*, BGB, 9. Aufl. 2023, § 630a Rn 4.

zutreffen, bei denen die Zusage eines Behandlungserfolgs gerade nicht möglich ist[94] (vgl. § 11 Abs. 2 S. 2 MBOÄ respektive dessen jeweiliges Pendant in der jeweils einschlägigen BO des Landes; diese Vorschrift dürfte als Verbotsgesetz i. S. d. § 134 BGB zu werten sein und zur Nichtigkeit der konkreten Absprache führen).[95]

Nach hier vertretener Auffassung sollte eine Erfolgszusage im Rahmen einer 45 Heilbehandlung sogar generell und nicht nur im Fall unheilbarer Erkrankungen als nichtig erachtet werden, da der Arzt nur sehr selten mit gutem Gewissen einen Erfolg seiner Heilbehandlung garantieren kann und dies auch nicht sollte. Derartige Zusicherungen entgegen der tatsächlichen Machbarkeit nach dem Stand von Wissenschaft und Technik sind geeignet, das Bild des vertrauenswürdigen Arztes erheblich zu beschädigen und diesen im schlimmsten Fall mehr als marktschreierisch, denn als aufrichtig informierend wahrzunehmen. Zudem muss der Patient vor übersteigerten Hoffnungen geschützt werden. Dementsprechend sieht auch § 11 Abs. 2 S. 2 MBO-Ä den Fall der unheilbaren Erkrankung nur als Regelbeispiel vor, formuliert aber genau betrachtet ein deutlich weitergehendes Verbot von etwaigen Erfolgsversprechen.

Ein werkvertragsrechtlicher Aspekt im Bereich der Heilbehandlung kann sich 46 allenfalls für von der eigentlichen Behandlung gesonderte ärztliche Leistungen finden. So ist die Herstellung einer Prothese oder die bloße Erstellung eines Zahnabdrucks, ohne damit verbundene weitere ärztliche Leistungen, als Werkvertragszusicherung im Sinne der §§ 631 ff. BGB zu verstehen.[96] In diesem Bereich kann der Arzt oder der jeweilige Werkunternehmer die Situation auch technisch vollumfänglich beherrschen.

Aus der erkannten Rechtsnatur des Behandlungsvertrages ergeben sich wichtige 47 haftungsrechtliche Folgerungen. Zentral ist die Erkenntnis, dass das Ausbleiben des gewünschten Heilerfolgs grundsätzlich keinerlei Pflichtverletzung des Arztes indiziert.[97] Der Patient kann im Rahmen etwaiger Arzthaftung nur Vorwürfe konkret standardwidrigen Verhaltens erheben, nicht jedoch sich generell darauf zurückziehen, dass ein spezifischer Heilungserfolg erwartet worden sei, der ausgeblieben ist. Das ist in der Rechtspraxis wichtig, da es viele Situationen gibt, in denen die Wissenschaft bislang nicht erklären kann, weshalb eine bestimmte Heilung oder Leidenslinderung nicht eingetreten oder eine Krankheit oder eine bestimmte Verschlimmerung des bisherigen Leidens nach der Therapie zu verzeichnen ist. Wäre der Arzt für all jene Situationen hinzunehmender Unsicherheiten nach dem

---

94 Hierzu J. Prütting/*Rehborn*, Medizinrecht, 7. Aufl. 2025, § 11 MBOÄ Rn 5.
95 Zum Thema der Verbotsgesetzeigenschaft berufsrechtlicher Vorschriften *Ratzel*, MedR 2002, 492 ff.
96 BGH NJW 1975, 305, 306.
97 Vgl. BGH NJW 2011, 1672; VersR 2003, 1256.

gegenwärtigen Stand von Wissenschaft und Technik haftbar, wäre endgültig der Wechsel zu einem System der allgemeinen Schadensversicherung für geschädigte Patienten vollzogen, in welchem es nicht auf pflichtgerechtes vs. pflichtwidriges Verhalten, sondern lediglich auf den Aspekt einer gesundheitlichen Negativfolge ankäme, für die die Gemeinschaft der Prämienzahler einzustehen hätte.

3. Pflichtenspektrum und Gewährleistungsrecht

a) Behandlungsseite
aa) Medizinischer Standard vs. individueller Heilversuch – Schulmedizin, Neuland- und Außenseitermethode

48 Gemäß § 276 Abs. 2 BGB schuldet der behandelnde Arzt die im Verkehr erforderliche Sorgfalt, konkretisiert durch **§ 630a Abs. 2 BGB**, also den **ärztlichen Standard**.[98] Woran dieser sich genau bemisst, ist einzelfall- und krankheitsabhängig. Grundsätzlich ist die Einhaltung des ärztlichen Standards daran zu messen, ob der Arzt diejenigen Maßnahmen ergriffen hat, „die von einem gewissenhaften und aufmerksamen Arzt aus beruflicher Sicht seines Fachbereichs vorausgesetzt und erwartet werden"[99] können. In der sachverständigen Praxis wird dies unter dem Grundsatz der fachgleichen Beurteilung[100] von einem gerichtlich zu berufenen Gutachter aus eben jenem Fachgebiet heraus festgestellt, welches für den medizinischen Eingriff in dieser Situation zu erwarten gewesen ist. Als Definition des Standards hat sich Folgendes durchgesetzt: „Standard in der Medizin repräsentiert den jeweiligen Stand der naturwissenschaftlichen Erkenntnisse und der ärztlichen Erfahrungen, der zur Erreichung des ärztlichen Behandlungsziels erforderlich ist und sich in der Erprobung bewährt hat."[101]

49 In diesen definitorischen Grunderwägungen zeigt sich bereits, worin das Besondere des Standardbegriffs liegt. Es handelt sich um eine **dynamische Größe**, die sich von Fall zu Fall und je nach Erkenntnisstand in Wissenschaft und Technik verändern kann und auch immer wieder verändert.[102] Dementsprechend ist der Standardbegriff, der letztlich zentral über die Frage entscheidet, ob eine Behandlung pflichtgemäß oder pflichtwidrig erfolgt, **nicht einfach mit dem schulmedi-**

---

98 MüKo-*Wagner*, BGB, 9. Aufl. 2023, § 630a Rn 139.

99 BGH NJW 1999, 1778; BGH NJW 1995, 776.

100 Eine gute Übersicht findet sich bei *Martis/Winkhart*, Arzthaftungsrecht, 6. Aufl. 2021, S. 1252 ff. m.w.N.

101 Eingehend Laufs/Katzenmeier/Lipp/*Katzenmeier*, Arztrecht, 8. Aufl. 2021, Kap. X Rn 7 ff. m.w.N.

102 J. Prütting/*J. Prütting/Friedrich*, Medizinrecht, 7. Aufl. 2025, § 630a BGB Rn 69 m.w.N.

zinischen Wissen gleichzusetzen, das an den Hochschulen gelehrt wird. Auch können grundsätzlich bereichsadäquate Leitlinien der ärztlichen Fachgesellschaften und deren Vorgaben nicht blind mit dem medizinischen Standard gleichgesetzt werden.[103] Vielmehr kann es je nach Einzelfall sogar geboten sein, hiervon abzuweichen, weil die spezifische Situation beim Patienten oder mit Blick auf die konkreten äußeren Umstände dies erfordern. Für die Feststellung im Prozess bedeutet dies gleichsam, dass der berufene Sachverständige nicht einfach ein aktuelles Lehrwerk oder die zuständige Leitlinie zitieren darf und sich im Anschluss nicht weiter äußern müsste. Vielmehr ist der Gutachter vom Gericht sowie von den Parteien dazu anzuhalten, die konkreten Besonderheiten dieses Patienten und dieser Situation zu berücksichtigen und ggfls. auch abweichendes Verhalten als standardgerecht anzuerkennen.[104]

Nun gibt es immer wieder Methoden und Medikamente in der Medizin, die sich **50** **erst in der Erprobung** befinden, über die vielleicht noch **erheblicher Streit in der Fachwelt** herrscht und die das Potential haben können, in Zukunft einmal als Standard anerkannt zu werden. Solche Vorgehensweisen werden **Neulandmethoden** genannt.[105] Der behandelnde Arzt ist **grundsätzlich** dazu **verpflichtet,** den Patienten **standardgerecht zu behandeln,** solange eine Standardtherapie existiert. Gibt es eine solche aber in der jeweiligen Situation nicht mehr, weil der Patient insoweit austherapiert ist, oder verspricht eine neue noch nicht als Standard anerkannte Methode erhöhten Nutzen, so hat der Arzt im Rahmen pflichtgemäßen Verhaltens auch diese Alternative dem Patienten im Bereich der Aufklärung vorzustellen und anzubieten.[106] Der Arzt bietet in diesem Fall somit keine Standardbehandlung, sondern einen sog. **individuellen Heilversuch.**[107] Dabei ist von erheblicher Bedeutung, dass der Arzt im Rahmen eines solchen Vorgehens **stets therapeutische Zwecke und Motive** verfolgen muss, selbst wenn Forschungsinteressen naheliegen könnten.[108] Ein **Forschungseingriff bedeutet** für den Patienten (dann Probanden) ganz erhebliche **Zusatzgefahren,** die ohne informierte Einwilligung und ordnungsgemäß gesichertes Forschungsprocedere

---

103 Hierzu *Taupitz,* AcP 2011, 352, 371 ff.; *Frahm,* GesR 2005, 529; *Hart,* MedR 1998, 8, 12 f.
104 J. Prütting/*J. Prütting/Friedrich,* Medizinrecht, 7. Aufl. 2025, § 630a BGB Rn 69 Zum Prozessrecht s. u. § 24.
105 Hierzu BGHZ 168, 103 (Robodoc) = NJW 2006, 2477 m.Anm. *Buchner* VersR 2006, 1460 ff.; BGHZ 172, 1 (Medikament ohne Zulassung) = NJW 2007, 2767 m.Anm. *Katzenmeier* JZ 2007, 1108 ff.
106 BGHZ 168, 103, 108 (Robodoc) = NJW 2006, 2477 f. – m.Anm. *Katzenmeier* NJW 2006, 2738.
107 Näher Laufs/Katzenmeier/Lipp/*Lipp,* Arztrecht, 8. Aufl. 2021, Kap. XIII Rn 28 ff.
108 Lies *Laufs,* VersR 1978, 385, 388. S.a. die zugehörigen Ausführungen in der Deklaration von Helsinki.

nicht zumutbar sind.[109] Ein besonders spannendes Beispiel für die Diskussion um ein neuartiges Verfahren ist die Robodoc-Entscheidung[110] des BGH gewesen (unbedingt lesen!), in welcher ein neuartiges Verfahren in Gestalt einer robotischen Hilfe beim Operieren zur Diskussion stand.

51   Schließlich gibt es auch Methoden in der Medizin (und Paramedizin), die weithin bekannt, aber **nicht anerkannt** sind, da ihre Wirksamkeit bezweifelt wird und/oder ihr Risikospektrum untragbar groß erscheint. Diese Techniken und Verfahren werden **Außenseitermethoden** genannt.[111] Mit diesen erfüllt der Arzt den medizinischen Standard grundsätzlich nicht und begeht ggfls. einen Behandlungsfehler, wenn er sie gleichwohl einsetzt. Sofern der Patient ausdrücklich darüber aufgeklärt wird, dass eine solche Methode bei ihm eingesetzt werden soll und er zudem exakt vor Augen geführt bekommt, dass etwa – wie es dann auch der Realität entsprechen muss – alle anderen denkbaren Alternativen bereits wirkungslos versucht worden sind, ist der Einsatz einer Außenseitermethode denkbar.[112] Diese kann sogar auch bei denkbaren Alternativen in Betracht kommen, wenn der Patient um dieselben weiß und seine Entscheidung vollständig informiert versteht. Der Arzt darf jedoch niemals eine kontraindizierte Maßnahme anwenden, mit der er dem Patienten lediglich Schaden zufügt, ohne ernsthaften Nutzen noch verfolgen zu können, oder indem er den Patienten damit von einer sinnvollen Therapiealternative abhält.[113] Ob dieses Ergebnis in den genannten Fällen dogmatisch darüber erreicht wird, dass die patientenseitige Einwilligung für sittenwidrig gemäß § 138 Abs. 1 BGB erachtet oder die gewählte Therapie als generell sorgfaltswidrig i. S. d. §§ 630a Abs. 2, 276 Abs. 2 BGB eingestuft wird, ist für die zivilrechtlichen Konsequenzen bei erkannter haftungsbegründender Kausalität nahezu irrelevant, da in beiden Fällen eine Haftungsklage regelmäßig in vollem Umfang Erfolg hätte. Allenfalls die Schmerzensgeldhöhe und die Frage eines etwaig zu berücksichtigenden Mitverschuldens nach § 254 BGB könnten im Fall eines sittenwidrigen Eingriffs schärfer zu beurteilen sein. Ein interessantes Beispiel aus der Rechtsprechung ist die Zahnextraktionsentscheidung.[114] In dieser ging es um einen Zahnarzt, welcher der Patientin ohne jede medizinische Indikation auf deren konkret formulierten Willen hin eine ganze Reihe von Zähnen gezogen hatte. Die Rechtsprechung hat trotz patientenseitiger Einwilligung in Kenntnis aller Um-

---

109 Hierzu *Kratz*, VersR 2007, 1448; *Deutsch*, VersR 2005, 1609.
110 BGHZ 168, 103 (Robodoc) = NJW 2006, 2477.
111 BGH NJW 2007, 2774, 2775.
112 J. Prütting/*J. Prütting*/*Friedrich*, Medizinrecht, 7. Aufl. 2025, § 630a BGB Rn. 67 f.
113 Jeder Heileingriff muss also eine medizinische Legitimation aufweisen, vgl. BGHZ 168, 103 (Robodoc) = NJW 2006, 2477.
114 BGH NJW 1978, 1206.

stände das ärztliche Vorgehen als mit dem Sittenwidrigkeitsverdikt nicht mehr vereinbar erachtet. Eine äußere Grenze möglicher Einwilligung wird im Übrigen stets durch gesetzliche Verbote gezogen (zentral sind die §§ 216, 226–228 StGB sowie Restriktionen nach dem EschG, dem TPG und dem TFG zu nennen; beachte für die strafrechtlichen Grenzen der §§ 226, 227 StGB, dass deren Grenzen als überschritten erkannt werden, wenn ein therapeutisches Vorgehen ärztlicherseits in eine unkontrollierbare Situation mündet, in welcher der Behandelnde die schwere Körperverletzung oder Todesfolge respektive deren Verhütung nicht zu beherrschen vermag).

bb) Nacherfüllungspflicht – Nacherfüllungsrecht?

Wird der Behandlungserfolg vom behandelnden Arzt aufgrund eines Behand- 52 lungsfehlers verfehlt, obgleich er gemäß des ärztlichen Standards noch erreichbar wäre, besteht ein Anspruch auf Nacherfüllung.[115] Ein solcher Anspruch ist jedoch, anders als etwa im Kauf- und Werkvertragsrecht mit den §§ 439 Abs. 1 und 635 Abs. 1 BGB, nicht gesondert normiert. Es gilt schlicht der vertragliche Primäranspruch auf eine standardgerechte Leistung fort, der sich nunmehr auch in einer ggfls. vorzunehmenden Beseitigung eines fehlerbedingten Behandlungsfeldes manifestieren kann. Spitzfindig gedacht, mag man zunächst erwägen, dass nach einer fehlerbedingten Veränderung der Situation der ursprüngliche Anspruch auf standardgerechte Tätigkeit ohne diese Verschlechterung sowohl zeitlich als auch veränderungsbedingt unmöglich i.S.d. § 275 Abs. 1 BGB geworden sein könnte. Da jedoch ein zeitlich und inhaltlich allenfalls durch den Tod des Patienten oder dessen endgültige Behandlungsverweigerung eintretendes vollkommenes Desinteresse an einem Behandlungserfolg anzunehmen ist, erscheint davor die Unmöglichkeitswertung fehl am Platz.[116]

Die ärztliche Leistung kann jedoch auch bei einem anderen Arzt in Anspruch 53 genommen werden, was dogmatisch nicht auf § 281 Abs. 2 BGB zu stützen ist.[117] Vielmehr hat der Patient jederzeit ohne Angabe von Gründen ein Recht zur außerordentlich fristlosen Kündigung gemäß §§ 630b i.V.m. 627 BGB aufgrund des besonderen und herausgehobenen Vertrauensverhältnisses zwischen Arzt und Patienten, welches für eine erfolgreiche Heilbehandlung unverzichtbar ist.[118] Dementsprechend gilt der Grundsatz des „Rechts zur zweiten Andienung" im Behandlungsvertrag nicht, wie dies aus dem allgemeinen Schuldrecht mit § 323 Abs. 1

115 MüKo-*Wagner*, BGB, 9. Aufl. 2023, § 630a Rn 120.
116 Treffend dargestellt bei MüKo-*Wagner*, BGB, 9. Aufl. 2023, § 630a Rn 111 ff.
117 A.A. *Ballhausen*, NJW 2011, 2694 ff.; *Spickhoff*, NJW 2011, 1651, 1653.
118 BGH NJW 2011, 1674. Hierzu auch MüKo-*Wagner*, BGB, 9. Aufl. 2023, § 630a Rn 120.

BGB als Voraussetzung für eine Lösung vom Vertrag durch Rücktritt im Fall von Schlecht- oder Nichtleistung der Fall ist. Die Kosten des nachbehandelnden Arztes sind im Wege des Schadensersatzes von dem Arzt, der einen Behandlungsfehler begangen hat, zu erstatten. Für die Abwicklung gelten im Übrigen die Grundsätze des § 628 BGB.

cc) Patientenseitiges Minderungsrecht?

54 Ein Minderungsrecht steht dem Patienten nach h.M. allerdings nicht zu.[119] Dies gilt nicht nur für den Fall des Ausbleibens des Behandlungserfolgs, sondern auch, wenn unstreitig der ärztliche Standard nicht eingehalten worden ist. Dies soll bereits aus der Einordnung des Behandlungsvertrags als Dienstvertrag folgen, da das spezielle Dienstvertragsrecht der §§ 611 ff. BGB eine Vorschrift für Minderung entsprechend der §§ 441, 638 BGB gerade nicht kennt und das allgemeine Schuldrecht im Bereich des qualitativen Teilrücktritts nach den §§ 326 Abs. 1 S. 2, Abs. 5, 323 BGB auf Dauerschuldverhältnisse nicht anwendbar sein soll.[120] Dem verfehlten Signal an die Behandlerseite, dass trotz Behandlungsfehlers der Honoraranspruch nicht gekürzt werden kann, soll nach h.M. der Weg über § 628 BGB entgegenwirken, wonach der Patient den Behandlungsvertrag aufkündigen und seine Schäden ersetzt verlangen darf.[121] Dies überzeugt aber nicht, sind doch die dogmatischen Erwägungen gegen eine Anwendung des allgemeinen Schuldrechts nicht zwingend und es ist auch nicht ersichtlich, weshalb Dienstleister im Fall der erkannten Schlechterfüllung nur im Wege des Schadensersatzes mit Aufrechnungsmöglichkeiten angegriffen werden können. Insbesondere ist dabei zu beachten, dass die relevanten Schadenssummen insofern unzulässig um das dem Arzt richtigerweise nicht zustehende Honorar gekürzt werden. Wo der wertungsmäßig überzeugende Unterschied zur Situation im Kauf- und Werkvertrag liegen soll, erschließt sich auch mit Blick auf die Charakterisierung als Dauerschuldverhältnis nicht, da ohne Weiteres Situationen medizinischer Behandlungen vorstellbar sind, in denen Arzt und Patient einander vergleichbar kurz wie in Austauschverhältnissen gegenübertreten (Konsultation des Hausarztes wegen Grippesymptomen), gleichermaßen aber auch Austauschverhältnisse in erheblichem Maße Dauerschuldverhältnischarakter annehmen können (Lieferverträge über längere Zeiträume, komplexe Warenübertragung mit großem Nebenpflichtaufkommen etc.).[122] Zudem kennen auch Dauerschuldverhältnisse wie das Miet- und Pachtvertragsrecht mit § 536 BGB

---

119 MüKo-*Wagner*, BGB, 9. Aufl. 2023, § 630a Rn 116. S.a. *Peukert*, AcP 2005, 430.
120 BGH NJW 2011, 1674 Rn 15.
121 MüKo-*Wagner*, BGB, 9. Aufl. 2023, § 630a Rn 122.
122 Mit ähnlicher Kritik ebenso MüKo-*Wagner*, BGB, 9. Aufl. 2023, § 630a Rn 118.

eine Minderung (hier allerdings ipso iure). Letztlich sei noch angemerkt, dass sozialrechtlich die Kassen sich nach aktueller BSG-Rechtsprechung durchaus mit Blick auf standardwidriges Vorgehen weigern dürfen, eine Maßnahme zu bezahlen,[123] was dem Patienten regelmäßig erst bei völliger Sinn- und Gegenstandslosigkeit der ärztlichen Intervention zugebilligt wird (vgl. §§ 326 Abs. 1 S. 1 und 628 Abs. 1 BGB; partiell auch akzeptiert bei einem Verstoß gegen § 1 Abs. 2 GOÄ, wobei dessen Grenzen schwer zu bestimmen sind)[124]. Daher sollte – und sei es de lege ferenda – ein Minderungsrecht auch für freie Dienstvertragsverhältnisse erwogen werden (anderes kann demgegenüber wegen der weitreichenden Besonderheiten des Arbeitsrechts sicherlich für den Fall unselbstständiger Dienste gelten).

Ein Minderungsrecht dürfte demgegenüber auch nach der h.M. in jenen Fällen 55 kaum zu bestreiten sein, in denen werkvertragsrechtliche Erfolgsversprechen abgegeben werden (reine Prothesenanfertigung ohne Einpassung am Patienten, reine Laboruntersuchung von Blut- oder Gewebeproben, ohne zugehörige Behandlung etc.). Hier kommt § 638 BGB zum Zuge. Auch an dieser Stelle zeigt sich, dass die obige Einschätzung der h.M. zum Dienstvertragsrecht nicht frei von Zweifeln sein kann, da Abgrenzungsfragen nicht hinreichend Berücksichtigung finden. Sofern eine umfassende Behandlung mit Prothesenanfertigung und Einpassung am Menschen erfolgt, soll nämlich haftungsrechtlich insgesamt Dienstvertragsrecht gelten,[125] was eine Minderung wiederum selbst für den werkvertragsrechtlichen Anteil aus pauschalierenden Gesamtbetrachtungserwägungen ausschlösse. Dies ist kaum nachvollziehbar und wohl nur noch damit zu bekämpfen, dass bei einheitlicher Vertragsbetrachtung im werkvertragsrechtlichen Untersegment partiell eben doch wieder werkvertragsrechtliches Gewährleistungsrecht angewendet wird.

dd) Schadensersatzansprüche

Diese Fragen werden in § 23 ausführlich behandelt, da sie den Kern der Arzthaf- 56 tung bilden und es hier ein Konvolut zu beachtender Aspekte zu erlernen gibt.

---

123 Vgl. BSGE 99, 111 = SozR 4–2500 § 39 Nr. 10; BSGE 115, 87 = BeckRS 2014, 67310; s.a. Terminbericht BSG Nr. 52/17, Sitzung v. 7.11.2017 – B 1 KR 2/17 R.
124 Lies hierzu *J. Prütting*, GesR 2023, 554 ff. mit eingehender Erörterung und Gegenüberstellung der Systeme von GKV- und Privatpatienten.
125 BGHZ 63, 306, 309 = NJW 1975, 305 ff.

b) Patientenseite
aa) Gesetzlich versicherter Patient

57 Der weit überwiegende Teil der Bevölkerung ist gesetzlich krankenversichert. Gemäß § 5 SGB V besteht insofern eine Versicherungspflicht. Versicherungsfrei ist der in § 6 SGB V aufgezählte Personenkreis, wie z. B. Beamte, Richter und Soldaten. Zudem kann die Befreiung von der Versicherungspflicht beantragt werden, insbesondere, wenn gemäß § 8 Abs. 1 Nr. 1 SGB V eine für jedes Jahr gemäß § 6 Abs. 6 S. 2, Abs. 7 SGB V neu zu berechnende Jahresarbeitsentgeltgrenze überschritten worden ist. Unter der Familienversicherung sind grundsätzlich auch Ehepartner, Lebenspartner und Kinder gemäß § 10 SGB V mitversichert. Auch Patienten, die Anspruch auf Sozialhilfe oder Asyl haben, genießen automatisch einen Anspruch auf vertragsärztliche Leistungen, vgl. §§ 48 SGB XII, 4 Asylbewerberleistungsgesetz.

58 In der GKV gilt das **Sachleistungsprinzip**,[126] nach dem der gesetzlich versicherte Patient zwar einen Behandlungsvertrag mit dem Arzt schließt, die Behandlungsleistung jedoch **schon ab dem Zeitpunkt der Erkrankung**, soweit deren Behandlung unter den Leistungskatalog der §§ 1, 2 Abs. 1 S. 3, 12, 27 ff. SGB V fällt, von dem Krankenkassenträger gefordert werden kann, bei welchem der Patient Mitglied ist. Der Patient kann mit Abschluss des zivilrechtlichen Behandlungsvertrages sodann die Behandlung auch gegenüber dem beauftragten Arzt beanspruchen, schuldet selbst aber gemäß § 630a Abs. 1 lz. HS kein Entgelt. Die Krankenkassen schütten im ambulanten Bereich wiederum auf Gesamtvertragsbasis an die kassenärztlichen Vereinigungen aus und Letztere sind gegenüber ihren Mitgliedern (den Ärzten) zur schlüsselgerechten Verteilung verpflichtet.

59 Bei stationären Behandlungen ist die jeweilige Krankenkasse direkt gegenüber dem Krankenhaus zahlungspflichtig, da die kassenärztlichen Vereinigungen ausschließlich im ambulanten Sektor agieren.

60 Bezüglich Leistungen, welche nicht im Leistungskatalog der gesetzlichen Krankenversicherung aufgezählt sind (insbesondere IGeL- (individuelle Gesundheitsleistungen), aber auch wunschmedizinische Leistungen) greift der § 630a Abs. 1 lz. HS BGB nicht ein, so dass ein direkter Zahlungsanspruch des Arztes gegenüber dem Patienten entsteht, §§ 630a Abs. 1, 630b i.V.m. 612 Abs. 2 BGB i.V.m. GOÄ. Weiß der Arzt, dass die Kosten einer bestimmten Behandlungsmaßnahme nicht von der Kasse erstattet werden und ist dies für den Patienten nicht unmittelbar offensichtlich (etwa bei wunschmedizinischen Maßnahmen), so muss er den Patienten gemäß **§ 630c Abs. 3 S. 1 BGB vor Beginn** der Behandlung darüber aufklären. Unterlässt er dies, so entsteht seitens des Patienten ein Schadensersatzanspruch gemäß § 280 Abs. 1 BGB in Höhe der Behandlungskosten, mit welchem der

---

126 BeckOK-*Joussen*, SGB V, 76. Ed. 2025, § 2 Rn 5 ff.

Patient aufrechnen kann.[127] Zu den besonderen Problemen mit dieser Vorschrift sogleich noch näher (s. u. dd.(4)).

bb) Privat versicherter Patient

Der privaten Versicherung können die in § 9 Abs. 1 SGB V aufgezählten Personen 61 beitreten. Beim Privatpatienten kommt der Grundsatz des gegenseitigen Vertrages § 630a Abs. 1 BGB zum Tragen. Die Parteien schließen einen Behandlungsvertrag und sind selbst zur Erbringung der jeweils versprochenen Leistung verpflichtet (**Äquivalenzprinzip**[128]). Gegen die private Versicherung besteht seitens des Patienten ein Kostenersatzanspruch gemäß § 192 VVG i.V.m. dem Versicherungsvertrag und entsprechend nach dessen Konditionen. In der Praxis werden Kosten häufig auch im Wege der Vorleistung direkt von der privaten Versicherung an den Arzt gezahlt, hierauf besteht aber seitens des Patienten grundsätzlich kein Anspruch, solange dieser nicht vertraglich zugesichert ist. Anderes ist dann angenommen worden, wenn der Patient nachweislich finanziell nicht in der Lage ist, die aktuell anstehenden Behandlungskosten zu tragen und die angerufenen Ärzte eine dringend erforderliche Behandlung aus diesem Grund nicht durchführen wollen.[129] Es sei allerdings beachtet, dass dieser Fall praktisch höchst selten sein dürfte, da je nach drohender Gesundheitsfolge die ärztliche Verweigerung sich als unterlassene Hilfeleistung darstellen und zudem berufsrechtswidrig sein könnte, so dass ein solches Verhalten ärztlicherseits eher unwahrscheinlich erscheint, wenn jedenfalls das Bestehen einer privaten Krankenversicherung dargelegt worden ist und der Arzt somit wohl auch auf Bezahlung hoffen kann. Im Übrigen kann die ärztliche Einrichtung notfalls auch auf das gebotene Einspringen von Sozialversicherungsträgern zurückgreifen, vgl. § 25 SGB XII (diese Vorschrift wird jedoch sehr restriktiv angewendet, so dass ein begründeter Fall der Unaufschiebbarkeit – selbst einer telefonischen Rückfrage – unbedingt schriftlich festzuhalten ist).

cc) Nichtversicherter Patient

Der Fall des nichtversicherten Patienten kommt eher selten vor. Personen, die aus 62 finanziellen oder sonstigen Gründen aus der gesetzlichen Versicherung aussteigen können und sich hierfür entscheiden, nehmen zumeist einen gewissen auf sie angepassten Versicherungsschutz in der PKV in Anspruch, der bei Bestehen eines

---

127 *J. Prütting*, Rechtsgebietsübergreifende Normenkollisionen, 2020, S. 175 m.w.N.
128 Hierzu Beckmann/Matusche-Beckmann/*Rogler*, Versicherungsrechtshandbuch, 4. Aufl. 2025, § 53 Rn 8 ff.
129 OLG Hamm VersR 2006, 826 ff.

Wohnsitzes im Inland auch verpflichtend ist, vgl. § 193 Abs. 3 VVG. Der nichtversicherte Patient ist für alle ärztlichen Leistungen freilich selbst zahlungspflichtig.

dd) Sonderprobleme des Entgeltrechts
(1) Versäumung eines Termins durch den Patienten

63 Erscheint der Patient, ohne seinen vereinbarten Termin abzusagen, zu diesem nicht, gilt nach h.A. der Grundsatz, dass ein Honoraranspruch immer dann entsteht, wenn der Arzt den Termin nur für diese Behandlung angesetzt hat und dieser nicht mit einem anderen Patienten besetzt werden kann.[130] So liegt der Fall grundsätzlich bei Operationsterminen, nicht aber, wenn das Wartezimmer des Arztes so gut besetzt ist, dass einfach der nächste Patient aufgerufen werden kann. Sollte der Patient zu einem „Bestelltermin"[131] nicht erscheinen, so gerät er in Annahmeverzug gemäß § 615 S. 1, 293 ff. BGB und der Arzt kann sein Honorar abzüglich dessen verlangen, was er durch die Behandlung anderer Patienten in der Zeit erworben oder zu erwerben böswillig unterlassen hat (§ 615 S. 2 BGB). Eine Regelung in den allgemeinen Geschäftsbedingungen des Arztes, die eine Vergütung bei Nichtabsage des Termins 24 Stunden vorher festlegt, soll weder gegen den § 308 Nr. 7 BGB noch gegen 307 Abs. 1, 2 BGB verstoßen.[132] Mit Blick auf die Wertungen der §§ 627, 628 Abs. 1 BGB ist diese Sichtweise aber nicht frei von Zweifeln.

64 Selbstverständlich ist, dass die Kosten, die durch das Versäumen des Termins entstehen, nicht von der Krankenkasse getragen werden müssen. Es fehlt insofern an der sozialrechtlich gebotenen Notwendigkeit der Kostenentstehung.

(2) Versäumung eines Termins durch den Arzt

65 Der Arzt hat seinerseits die Pflicht, zum Termin zu erscheinen. Es wird teilweise angenommen, dass er dann in Schuldnerverzug gerät, wenn der Patient länger als 30 Minuten auf seine Behandlung warten muss.[133] Ob eine solche Pauschalierung tragen kann, erscheint aber durchaus zweifelhaft und möglicherweise ist auch je nach Situation die besagte Zeitspanne zu kurz bemessen. Im Fall des Verzuges gelten die allgemeinen Regeln der §§ 286, 287 BGB. So kann der Patient einen etwaigen Arbeitsausfall beim Arzt liquidieren, den Behandlungsvertrag fristlos kündigen (was mit Blick auf § 627 BGB freilich ohnehin immer möglich ist, hier aber im Bereich des § 628 BGB zu einer verbesserten Rechtsposition führt) und

---

130 MüKo-*Wagner*, BGB, 9. Aufl. 2023, § 630a Rn 85.
131 MüKo-*Wagner*, BGB, 9. Aufl. 2023, § 630a Rn 84–88.
132 AG Bremen NJW-RR 1996, 818 f.; *Wertenbruch*, MedR 1994, 394, 395 ff.; *Poelzig*, VersR 2007, 1608, 1613.
133 AG Burgdorf NJW 1985, 681; Spickhoff/*Spickhoff*, Medizinrecht, 4. Aufl. 2022, § 630b Rn 5.

schlicht gehen, ohne dass ein Vergütungsanspruch des Arztes entstünde. Zudem haftet der Arzt in diesem Fall nach § 287 S. 2 BGB auch für Zufall, was mit Blick auf akute Verschlimmerung der patientenseitigen Befindlichkeit von Interesse sein kann.

(3) Abtretung des Honoraranspruches an ein Inkassobüro

In der Praxis ist es an vielen Stellen üblich geworden, vom Patienten eine Einwil- 66 ligung zur Abtretung der Honorarforderungen an eine Kosteneinzugsstelle zu erbitten. Da der Honoraranspruch im Zusammenhang mit der ärztlichen Tätigkeit steht, die der strafbewährten Schweigepflicht unterliegt, ist die Abtretung nach § 398 BGB gemäß §§ 134 BGB i.V.m. 203 Abs. 1 Nr. 1 StGB nichtig, sollte die erforderliche Einwilligung fehlen oder unwirksam sein.[134] Vor der Zeit der DSGVO war in § 4a Abs. 1 S. 3 BDSG ein Schriftformerfordernis i. S. d. § 126 BGB für die Zustimmung zur Weitergabe personenbezogener Daten angeordnet, dessen Nichtbeachtung die Rechtsfolge des § 125 S. 1 BGB nach sich zog. Nunmehr greifen die Art. 6 Abs. 1 lit. a, 7, 9 Abs. 1, 2 lit. a DSGVO. Der deutsche Gesetzgeber hat über die vorgesehene Öffnung in der DSGVO mit § 22 BDSG keine Verschärfung vorgesehen, so dass die rechtliche Bewertung sich ausschließlich nach den DSGVO-Vorgaben richtet. Diese sehen für die Einwilligung in die Verwendung von Gesundheitsdaten keine Schriftform vor, allerdings verlangt Art. 9 Abs. 2 lit. a DSGVO **Ausdrücklichkeit**. Zudem muss gemäß Art. 7 Abs. 1 DSGVO der Verantwortliche stets den Nachweis über die Abgabe einer wirksamen Einwilligung führen können, was mit Blick auf die Art. 6 Abs. 1 lit. a und 9 Abs. 2 lit. a DSGVO zwingend den Nachweis über eine sachgerechte Zweckerläuterung einschließt. Daraus folgt, dass die Rechtspraxis zwar den Weg über die rein mündliche Einholung beim Patienten gehen kann, dies aber nicht ratsam ist. Zu beachten ist, dass der Weg über Art. 6 Abs. 1 lit. b DSGVO für eine Inkassozession nicht gangbar ist, da eine solche Abtretung für die Vertragsdurchführung nicht als erforderlich angesehen werden kann. Einen generellen Vertragsvorbehalt ist in der DSGVO gerade nicht normiert worden.

(4) Sondererwägungen zu § 630c Abs. 3 S. 1 BGB

Ein praktisch bedeutsames Problem wird mit § 630c Abs. 3 S. 1 BGB geregelt. Der 67 Patient hat typischerweise keine Kenntnis davon, ob ärztliche Leistungen für ihn Kosten bedeuten und in welcher Höhe diese bei welchem Vorgehen anfallen (andernfalls greift § 630c Abs. 4 BGB, auch bei unaufschiebbaren Maßnahmen und bei Aufklärungsverzicht durch den Patienten). Dieses Problem tritt allem voran bei

---

134 BGHZ 115, 123 (127 f.) = NJW 1991, 2955 (2956 f.); BGH NJW 2010, 2509.

GKV-Versicherten auf, da diese a priori davon ausgehen, dass ihr Krankenversicherungsträger ihnen die gebotenen medizinischen Leistungen schuldet. Dass es insoweit jedoch zahlreiche Beschränkungen gibt, ist den meisten Patienten nicht bekannt. So erbringt die gesetzliche Krankenversicherung „nur" die ausreichende, notwendige und wirtschaftliche Krankenbehandlung, die durch Gesetz und Zulassungskatalog des GBA festgelegt ist (§§ 1, 2 Abs. 1 S. 3, 12, 27 ff. SGB V). Wann eine Leistung aber nicht mehr hierunter zu subsumieren, insbesondere ggf als qualitativ überschießend oder unwirtschaftlich eingestuft ist, wird der Patient üblicherweise nicht erkennen, wenn dieselbe therapeutische Zwecke verfolgt. Im Fall des privat Versicherten ist dem Patienten zwar bewusst, dass er selbst Entgeltschuldner ist und von seiner Kasse nur Kostenerstattung verlangen kann, jedoch gibt es auch hier ein klassisches Wissensgefälle zum behandelnden Arzt, der weithin darüber informiert sein wird, welche Leistungen üblicherweise (etwa im Rahmen des von privaten Trägern mittlerweile zwingend anzubietenden sog. Basistarifs) vertraglich zugesichert sind.

68   Aufgrund dieses Dilemmas hat früher schon die Rechtsprechung[135] und nunmehr der Gesetzgeber dem Arzt eine gewisse vermögensrechtliche Betreuungspflicht auferlegt, was mit Blick auf das behandlungsseitig versprochene Leistungsspektrum sowohl nach dem patientenseitigen als auch ärztlichen Erwartungshorizont als atypisch bezeichnet werden muss. Insoweit sahen sich Judikatur und Gesetzgeber aber augenscheinlich berufen, ein erkanntes Marktversagen im Rahmen klassischer vertraglicher Abreden zu korrigieren, was auf den ersten Blick durchaus akzeptabel erscheint. Problematisch kann dies bei näherer Betrachtung gleichwohl deshalb sein, weil das Thema Entgeltverpflichtung im Arzt-Patient-Verhältnis stets zu Vertrauensverlusten führen kann. Andererseits droht dies in weitreichender Form, wenn nach teilweiser oder vollständiger Therapiedurchführung plötzlich eine unerwartete Rechnung beim Patienten eingeht. Mithin erscheint die Grundsatzentscheidung für eine wirtschaftliche Aufklärungspflicht durchaus nachvollziehbar.

69   Problematisch sind jedoch die Tatbestandsdetails sowie die Rechtsfolge des heutigen § 630c Abs. 3 S. 1 BGB. Die Behandlungsseite muss wissen oder klare Anhaltspunkte dafür haben, dass eine bestimmte Maßnahme der Behandlung mit Blick auf die Kosten nicht durch einen Dritten gesichert ist. Ist dies der Fall, so muss in Textform hierauf hingewiesen werden. Diese Vorgaben lassen zahlreich Fragen offen, für die ein Klärungsversuch unternommen werden muss.

70   Zunächst ist noch als weithin gesichert herauszustellen, dass – wie oben schon angeklungen – sowohl der GKV- als auch der PKV/Beihilfe-Patient von dieser Re-

---

135 Vgl. BGHZ 157, 87 = NJW 2004, 684.

gelung geschützt sein kann.[136] Das Gewicht dürfte aber beim GKV-Patienten liegen, da dieser generell von einer Kostenübernahme ausgeht. Für den PKV-Patienten ist dagegen nicht klar geregelt, ob generell von einem überlegenen Wissen der Behandlungsseite mit Blick auf den etwaigen Kostenerstattungsanspruch und dessen Reichweite gegen die Versicherung ausgegangen werden darf. So ist der Patient aufgrund des Äquivalenzprinzips und mit Blick auf den selbst abgeschlossenen Vertrag in mancher Hinsicht näher an der Informationsquelle für den Erstattungsumfang. Andererseits ist die rechtspraktische Erfahrung nicht zu leugnen, dass Versicherungsnehmer sich regelmäßig weder die Verträge mit den seitenlangen Versicherungsbedingungen durchsehen noch eine nähere Beschäftigung mit der Materie insgesamt beweisen, solange kein akuter Bedarf besteht. Dagegen hat die Behandlungsseite im Bereich der Abrechnung nach GOÄ/GOZ täglich mit der Frage zu tun, in welchem Umfang typischerweise von einem patientenseitigen Kostenerstattungsanspruch ausgegangen werden kann (oder jedenfalls die hierfür eingesetzten Sprechstundenhilfen). Das Gesetz geht mit § 630c Abs. 3 S. 1 BGB grundsätzlich von einer überlegenen Wissensposition der Behandlungsseite aus, so dass besondere Fälle entweder durch § 630c Abs. 4 BGB oder im Rahmen des Mitverschuldens nach § 254 Abs. 1 BGB zu erfassen sind.

Der zeitliche Aspekt der Aufklärung ist mit dem Hinweis auf „vor dem Beginn" 71 partiell geklärt. Anders als im Rahmen der Selbstbestimmungsaufklärung[137] wird man hier dem Patienten allerdings zumuten können, dass er – gleich einer rasch gefassten Kaufentscheidung – auch dann als zeitlich korrekt aufgeklärt zu betrachten ist, wenn die Information nur Minuten vor der Behandlung erfolgt, es sei denn, die Umstände – etwa die Reichweite der Vorbereitungshandlungen oder die konkrete Situation des Patienten (schon begonnene Sedierung etc.) – verlangen in wertender Betrachtung ein anderes Ergebnis. Jedenfalls wird ein bestimmter zeitlicher Abstand zum Behandlungsbeginn durch das Gesetz nicht geklärt.

Rätsel gibt das Formerfordernis auf. Es dürfte zwar zunächst eindeutig sein, 72 dass bei Verstoß keine Nichtigkeitsfolge nach § 125 S. 1 BGB eintreten kann, da die wirtschaftliche Aufklärung keine Wirksamkeitsfrage des Behandlungsvertrages bedeuten darf, jedoch ist in die Gegenrichtung auch nicht gesagt, dass dieses Erfordernis eine materiellrechtliche Konsequenz zeitigen muss. Eingedenk der Teleologie einer informierten wirtschaftlichen Patientenentscheidung dürfte diese Sichtweise wohl auch zutreffen, da hierfür eine mündliche Information ohne

---

136 Vgl. J. Prütting/*J. Prütting/Friedrich*, Medizinrecht, 7. Aufl. 2025, § 630c BGB Rn 35 ff.
137 Hier gilt der Grundsatz, dass – sofern es nicht um unaufschiebbare oder marginale Routinemaßnahme geht – jedenfalls ein Abstand von 24 Stunden einzuhalten ist, vgl. BGH VersR 2003, 1441. Zu den Durchbrechungen dieses Grundsatzes Bergmann/Pauge/Steinmeyer/*Wever*, Gesamtes Medizinrecht, 4. Aufl. 2024, § 630e BGB Rn 40 ff. m.w.N.

Weiteres hinreicht. Das Fehlen der Textform wäre demnach in einem etwaigen Zivilprozess ein sicherlich nicht unerhebliches Indiz für den patientenseitigen Vortrag, nicht ordnungsgemäß wirtschaftlich belehrt worden zu sein. Nähme man dagegen den Gesetzestext in materiellrechtlicher Hinsicht als wörtlich unumstößlich, müsste die wirtschaftliche Aufklärung, die nicht in Textform erfolgt, hinfällig sein. Dem dürfte allerdings letztlich auch die Wertung des § 630c Abs. 4 BGB entgegenstehen, da der wissende Patient hierunter zu subsumieren ist.[138]

73 Sodann ist zu bemerken, dass § 630c Abs. 3 BGB keine Rechtsfolge im Fall des Verstoßes anordnet. Insoweit gilt die alte Rechtsprechung fort, wonach der Patient in eben jenem Umfang, in welchem er nicht über die negativen finanziellen Folgen belehrt worden ist, einen Schadensersatzanspruch auf Basis des § 280 Abs. 1 BGB hat, mit welchem er gemäß §§ 387 ff. BGB die Aufrechnung erklären kann.[139] Dies dürfte konkludent immer schon dann anzunehmen sein, wenn der Patient mit Verweis auf fehlende wirtschaftliche Erläuterungen die Zahlung verweigert. Dagegen entfällt die Entgeltzahlungspflicht gemäß § 630a Abs. 1 BGB nicht ipso iure.

74 Schließlich ist ergänzend anzumerken, dass es auch andere Formvorschriften gibt, die für die Frage der Entgeltzahlungspflicht beachtlich sein können. Eben von diesen ist in § 630c Abs. 3 S. 2 BGB die Rede. Als Beispiel seien §§ 17 Abs. 2 S. 1 KHEntgG und 28 Abs. 2 S. 4 SGB V genannt. In den Fällen von Wahlleistungen im Krankenhaus und Zahnfüllungen sind danach vorab schriftliche Vereinbarungen über die Vergütung zu schließen. Ein Verstoß gegen diese Vorschriften führt, anders als der weichere § 630c Abs. 3 S. 1, bei dem es keine gesonderte Entgeltabrede gibt, zur Nichtigkeit der Entgeltvereinbarung gemäß § 125 S. 1 BGB.[140] Nur in besonderen Ausnahmefällen kann der Arzt trotz Verletzung solcher Formvorschriften gleichwohl die volle Vergütung mit dem Einwand der unzulässigen Rechtsausübung gemäß § 242 BGB verlangen. Dies ist von der Rechtsprechung dann bejaht worden, wenn das Ergebnis schlechthin untragbar erscheint,[141] wenn also der Dienstverpflichtete (die Behandlungsseite) ohne ihren Anspruch in ihrer Existenz gefährdet wäre[142] oder dem Patienten ein besonders schwerer Treupflichtverstoß anzulasten ist.[143]

75 Die Nichtigkeit der Entgeltabrede nach § 125 S. 1 BGB kommt allerdings nicht bei bloßen Verstößen gegen Formvorschriften der Bundesmantelverträge in Betracht, da es sich hierbei nicht um Rechtsnormen im Sinne des § 2 EGBGB handelt,

138 Vgl. BeckOK-*Katzenmeier*, BGB, 74. Ed. 2025, § 630c Rn 22.
139 BGH NJW 2000, 3429, 3431; OLG Köln MedR 2014, 317, 319 f.
140 BGHZ 138, 91, 93 und hierzu *Peris*, MedR 1998, 363 f.
141 BGH NJW 2016, 1391.
142 BGH NJW 1987, 1069.
143 BGH NJW-RR 2017, 596; NJW 2005, 3633, 3636.

sondern um gesetzlich vorgesehene Inhalte von Gesamtverträgen mit besonderer Reichweite.[144]

IV. Vertragsdurchführung

1. Verlaufsschritte und ärztliches Vorgehen

Die medizinische Leistung ist beim Behandlungsvertrag grundsätzlich von dem 76 Arzt in Person zu erbringen, der sie vertraglich versprochen hat. Dies folgt aus § 630b i.V.m. § 613 S. 1 BGB. Dieser Grundsatz ist unproblematisch, wenn der Behandlungsvertrag mit einem niedergelassenen Arzt geschlossen wird. Besonderheiten ergeben sich hingegen bei der stationären Versorgung. Hier ist zwischen dem Behandlungsvertrag, der mit einem Belegarzt für beispielsweise eine Operation abgeschlossen worden ist, welche in einem Belegkrankenhaus durchgeführt wird, und dem totalen Krankenhausvertrag zu unterscheiden. In ersterem Fall ist und bleibt der Belegarzt der Verpflichtete zur Erbringung der ärztlichen Maßnahmen. In zweiterem Fall wird der Behandlungsvertrag mit einer juristischen Person geschlossen. Der Krankenhausträger selbst kann die Behandlungsleistung jedoch nicht durchführen, so dass dieselbe durch angestellte Ärzte, welche die entsprechende Fachrichtung aufweisen, erbracht wird.[145] Anders ist es lediglich im Fall der Zusatzvereinbarung der Chefarztbehandlung (Arztzusatzvertrag). In diesem Fall darf die Leistung grundsätzlich nur vom Chefarzt erbracht werden, es sei denn, in der Vereinbarung ist geregelt, dass im Falle der Verhinderung des Chefarztes ein Ersatz einspringen darf.[146]

Unabhängig hiervon ist es selbstverständlich, dass nicht jede Art von ärztlicher 77 Leistung von ein und demselben Arzt erbracht werden kann. Zwei Formen von Arbeitsteilung sind an diesem Punkt zu unterscheiden, die Horizontale und die Vertikale.[147] Rechtlich zulässig können derartige Kooperationsformen zwischen Ärzten jedoch nur sein, wenn stets ein ausreichendes Maß an Kommunikationsaustausch und Koordination zwischen den zusammenarbeitenden Behandlern gewährleistet ist. Dieser Grundsatz wird daher an dieser Stelle bewusst vor die

---

144 So zutreffend *Voigt*, Individuelle Gesundheitsleistungen, 2013, S. 37 ff. m.w.N. A.A. in offenkundiger Verkennung des fehlenden Normcharakters AG Siegburg 102 C 231/15.

145 Hierzu BeckOGK-*Walter*, BGB, Stand Feb. 2025, § 630a Rn 58–58.2.

146 Näher hierzu MüKo-*Wagner*, BGB, 9. Aufl. 2023, § 630a Rn 100–102.

147 Zur Übersicht vgl. *Gehrlein*, Grundwissen Arzthaftungsrecht, 4. Aufl. 2022, S. 60 ff. Monographisch zur vertikalen Arbeitsteilung *Achterfeld*, Aufgabenverteilung im Gesundheitswesen, 2014.

Klammer gezogen. Im Folgenden nunmehr zu den Spezifika der Arbeitsteilungs-
modelle:

a) Horizontale Arbeitsteilung

78 Bei der horizontalen Arbeitsteilung handelt es sich um den Fall, dass Ärzte unterschiedlicher Fachgebiete die Behandlung eines Patienten aus bestimmten
Gründen gemeinsam übernehmen müssen, so z. B., wenn bei einer Operation der
Anästhesist und der Chirurg zusammenarbeiten, oder eine Bildgebung durch den
Radiologen stattfindet, dessen Befund dann an den behandelnden Arzt weitergeleitet wird. In solchen Fällen stellt bereits die unterschiedliche Fachrichtung selbst
die natürliche Grenze zur Behandlung des anderen Arztes dar. Der fachfremde Arzt
hat grundsätzlich keine Überwachungspflicht gegenüber der Befunderhebung und
der Behandlung des anderen Arztes.[148] Es kann ihm allerdings zugemutet werden,
eine gewisse Plausibilitätskontrolle durchzuführen.[149] So sind offensichtliche
Fehler oder Widersprüche in der Befunderhebung nicht ungeprüft hinzunehmen,
sondern es muss im Zweifelsfall eine Rücksprache mit dem jeweiligen Vorbe-
handler erfolgen oder die zweifelhafte Maßnahme muss erneut durchgeführt und
der Zweifel dadurch ausgeräumt werden.

Fall 23: Scrubs reloaded
Elliot hat zwei Urinproben (eine auffällig helle und eine recht dunkle) von zwei weiblichen Patienten
ins Labor zur Untersuchung gebracht. Durch eine Verwechslung werden die Proben vertauscht,
wodurch für die falsche Patientin die Diagnose gestellt wird, sie sei schwanger. Elliot hatte in der
Folge aber bemerkt, dass ihre nun fälschlicherweise als schwanger geltende Patientin immer eine
große Wasserflasche mit sich herumträgt und viel mehr trinkt, als es für eine erwachsene Frau
üblich ist, wodurch ihr Urin sehr viel heller ist, als der anderer Leute. So fiel ihr auf, dass die Probe
mit dem helleren Urin zu ihrer nicht schwangeren Patientin gehören musste und fehletikettiert
worden ist, da die dunkle Probe das Ergebnis der Schwangerschaft geliefert hatte.

---

79 Unser Beispielsfall zeigt die Situation, dass der nachfolgende Arzt auf der Diagnose
seines in horizontaler Arbeitsteilung agierenden Vorgängers aufbaut, sodann aber
aus eigener fachlicher Expertise Zweifel an dem erkannten Ergebnis gewinnt. Eben
hierrüber darf im Rahmen der Plausibilitätskontrolle nicht hinweggegangen werden. Dasselbe gilt auch, wenn die Unstimmigkeiten jedem Arzt – fachrichtungs-
unabhängig – hätten auffallen müssen.

---

148 MüKo-*Wagner*, BGB, 9. Aufl. 2023, § 630a Rn 133.
149 Vgl. BGH NJW 2002, 2944; 1999, 2731; 1989, 1536.

Sollten hingegen keine offensichtlichen Mängel der Behandlung des anderen 80
Arztes vorliegen, so kann sich der Arzt nach dem „Vertrauensgrundsatz" auf die
Parallelbehandlung und dessen Befunde verlassen.[150]

Einen Sonderfall der horizontalen Arbeitsteilung bilden schließlich Beleg- 81
krankenhäuser und Belegärzte. Hier gilt zwar auch der „Vertrauensgrundsatz" und
das Erfordernis der Plausibilitätskontrolle, jeder Leistungserbringer ist aber für
seinen eigenen Leistungsbereich zuständig, was bedeutet, dass der Belegarzt allein
die medizinischen Leistungen schuldet, während das Krankenhaus „nur" Einrichtung, Pflege, Unterkunft etc. anzubieten hat. Allerdings sind Querschnittskon-
stellationen in vielerlei Form denkbar, die letztlich schuld- und haftungsrechtlich
zu einer Verantwortung des einen oder anderen Teils für a priori nicht übernommene Aufgaben führen können.[151] So sind Patienten mit Dekubitusanfälligkeit
oder schon bestehenden Verletzungen dieser Art in besonderer Weise pflegerisch
zu betreuen. Diese Patienten können sich zumeist nicht selbst hinreichend bewegen und dementsprechend ihre körperliche Positionierung nicht adäquat verändern. Daher muss es zur Sicherstellung einer ordnungsgemäßen pflegerischen
Tätigkeit in diesen Fällen einen ärztlicherseits aufgestellten oder wenigstens geprüften Pflegeplan geben, der die Besonderheiten von Therapie und Pflegenot-
wendigkeit zusammenbringt.

Andere Konstellationen spielen sich im Bereich der Notfallversorgung (etwa 82
Herz-Kreislaufstillstand mit akuter Reanimationsbedürftigkeit) oder bei der gezielten Zuhilfenahme von ärztlichem Personal durch den Belegarzt ab.

b) Vertikale Arbeitsteilung

Bei der vertikalen Arbeitsteilung handelt es sich um die Fälle, in denen Behand- 83
lungstätigkeiten an ärztliches oder nichtärztliches Personal delegiert werden. Hier
ist grundsätzlich zu unterscheiden, ob die Arbeiten von übergeordneten – (Chefarzt, Oberarzt) an untergeordnete Ärzte (Assistenzärzte) oder an nichtärztliches
Personal (Pflegepersonal) delegiert werden.

Im ersten Fall muss der übergeordnete Arzt sicherstellen, dass der Unterge- 84
ordnete bei Erbringung der ärztlichen Leistungen in der Lage ist, den Facharztstandard einzuhalten.[152] Dies setzt zunächst voraus, dass der untergeordnete Arzt
gewährleisten kann, die ärztliche Behandlung standardgerecht durchzuführen,

---

150 BGH NJW 2002, 2944 = VersR 2002, 1026; BGH NJW 1999, 1779 = VersR 1999, 579.
151 Wegen organisatorischer Überschneidung BGH NJW 1999, 1779.
152 Das gilt für ärztliches (BGHZ 88, 248 ff.) wie auch nicht-ärztliches Personal, vgl. BGH NJW
1975, 2245 f.; 1983, 1374; 1986, 776; 1990, 759. Selbst der nicht-ärztliche Helfer muss den Facharztstandard gewährleisten, vgl. *Spickhoff/Seibl*, MedR 2008, 463 ff.

z. B. weil er in seiner praktischen Ausbildung den Eingriff oder die Behandlung hinreichend erlernt und geübt hat. Zudem hat der übergeordnete Arzt dies zu kontrollieren. Dabei besteht keine Pflicht, den Nachgeordneten auf Schritt und Tritt zu überwachen. Vielmehr genügt es, wenn im Rahmen des Lernvorgangs eine unmittelbare Oberaufsicht zur Verfügung steht, während nach dieser Zeit die Ruf- und Anwesenheitsmöglichkeit eines Aufsichtsarztes in angemessener Zeit hinreicht.[153] Grundsätzlich darf auch die Selbstbestimmungsaufklärung gemäß § 630e Abs. 1, 2 BGB vom therapierenden/operierenden Arzt auf anderes ärztliches Personal delegiert werden, solange gewähleistet ist, dass die aufklärende Person über hinreichend theoretische Expertise verfügt, um sachgerecht den Patienten zu informieren, § 630e Abs. 2 S. 1 Nr. 1 2. Alt. BGB. Kritisch wird es dann, wenn physiologische oder psychologische Besonderheiten beim Patienten auftreten, die im Rahmen der Selbstbestimmungsaufklärung besonders hätten berücksichtigt werden müssen und über die der aufklärende Arzt nicht im Bilde gewesen ist. Es liegt in der Verantwortung des delegierenden Arztes jeglichen erforderlichen Informationsfluss sicherzustellen und in der Verantwortung des aufklärenden Arztes, ggf. vorbereitende Fragen zu stellen. Die Aufklärung wäre in solchen Fällen unzureichend, was zu einem rechtswidrigen Eingriff führen kann, § 630d Abs. 1 S. 1, Abs. 2 BGB.

85   Der untergeordnete Arzt darf sich auf die Weisung und Diagnosen des übergeordneten Arztes verlassen und muss diese nicht erneut nachprüfen. Jedoch ist auch hier eine Plausibilitätskontrolle zu fordern, wenn z. B. dem Assistenzarzt auffällt, dass eine Maßnahme, die angeordnet worden ist, bereits durchgeführt wurde und deshalb zu einer Doppelung führen könnte oder wenn ohne erkennbaren Sachgrund gegen den medizinischen Standard verstoßen werden könnte, wobei die Rechtsprechung dem Anfänger grundsätzlich mit Blick auf seine eigene Haftung einen reduzierten Sorgfaltsmaßstab zubilligt.[154]

86   Inwieweit die Übertragung ärztlicher Maßnahmen auf nichtärztliches Personal möglich ist, ist umstritten.[155] Klar dürfte sein, dass es sich nicht um pflegerische Maßnahmen handeln kann, da diese originär in den Aufgabenbereich der Pflegekräfte fallen. Anders ist es bei ärztlichen Anordnungen zu pflegerischen Maßnahmen, die vom Pflegepersonal genauso umgesetzt werden müssen, wie z. B. ein Lagerungsplan bei körperlich schwer behinderten Patienten, mit denen ein bestimmtes Therapiekonzept verfolgt wird. Hier umfasst die ärztliche Leistung auch die pflegerische Maßnahme und die fehlende ärztliche Anordnung fällt in den

---

153 BGHZ 88, 248 ff.; NJW 1992, 1560 f.
154 BGHZ 88, 248, 258; BGH NJW 1992, 1560 f.; 1993, 2989, 2992.
155 MüKo-*Wagner*, BGB, 9. Aufl. 2023, § 630a Rn 132.

Verantwortungsbereich des Arztes. Bei Maßnahmen wie dem Setzen einer Spritze muss unterschieden werden, ob diese intravenös oder muskulär erfolgt, da der Arzt zur Verabreichung intravenöser Spritzen selbst verpflichtet ist.[156] Dass dies in der Praxis oft von Hilfspersonal durchgeführt wird, stellt einen tatsächlichen Fall der Übertragung ärztlicher Aufgaben an nichtärztliches Personal dar, der rechtlich nicht abgesichert ist.

2. Patientenseitige Mitwirkung – Compliance

Das in § 630c Abs. 1 BGB formuliere Erfordernis einer Zusammenarbeit beider 87 Vertragsparteien ist im Grundsatz eine Selbstverständlichkeit, da der Patient den Arzt aufsucht, um eine Behandlung zur Gesundung zu erhalten und aus diesem Grund den Anordnungen und Ratschlägen seines Arztes Folge leisten sollte. Aber gerade weil die Norm als Soll-Vorschrift formuliert ist, wird sie nicht für beide Parteien als Zusammenwirkungs**pflicht** ausgelegt.[157] Die Pflicht soll allein den Arzt treffen. Der Patient hat lediglich eine Obliegenheit zur Zusammenarbeit. Die patientenseitige Compliance sollte vom Arzt für eine erfolgreiche Behandlung angemahnt, kann aber nicht eingefordert werden.

Patientenseitig bedeutet dies insbesondere, dass im Rahmen der Anamnese die 88 notwendigen Informationen zur Verfügung gestellt und bei der Befunderhebung durch Ermöglichung von Diagnosemaßnahmen geholfen wird, indem der Patient z. B. ein MRT durchführen lässt, bei der Aufklärung und Einwilligung, indem er versucht, die Ausführungen zu verstehen und kommuniziert, wenn dies nicht der Fall ist, im Laufe der Therapie sich an die Medikation des Arztes hält und dessen Anweisungen befolgt und letztlich in der Phase der Nachsorge die Empfehlungen des Arztes hierzu, z. B. die Widervorstellung bei Schmerzen, wahrnimmt.

V. Vertragsbeendigung und Abwicklung

Der Patient kann das Behandlungsverhältnis jederzeit außerordentlich ohne An- 89 gabe von Gründen gemäß § 627 BGB aufkündigen, da zwischen Arzt und Patient ein besonderes Vertrauensverhältnis i. S. d. Norm herrscht.[158] Die ordentliche Kündi-

---

156 Ausführlich *Achterfeld*, Aufgabenverteilung im Gesundheitswesen, 2014, S. 48 ff. m.w.N.
157 BT-Drs. 17/10488, S. 21.
158 BGH NJW 2011, 1674.

gung nach den §§ 630b i.V.m. 620–622 BGB und die Kündigung aus wichtigem Grund gemäß § 626 BGB haben daneben keine praktische Relevanz.

1. Voraussetzungen des § 627 BGB

90 Eine außerordentlich fristlose Kündigung gemäß § 627 BGB setzt zunächst das Vorliegen eines Dienstverhältnisses, welches kein Arbeitsverhältnis ist, voraus, was beim Behandlungsvertrag gegeben ist. Zudem muss es sich um Dienste höherer Art handeln.[159] Dies ist der Fall, wenn der Dienstpflichtige sich aufgrund eines „überdurchschnittlichen Maßes an *Fachkenntnissen, Kunstfertigkeit* oder *wissenschaftlicher Bildung,* eine *hohe geistige Phantasie* oder *Flexibilität*"[160] in einer herausgehobenen Stellung befindet. Dies wird für freie Berufe, zu denen auch die Heilberufe zu rechnen sind, regelmäßig angenommen.[161]

91 Darüber hinaus müssen die Dienste aufgrund eines besonderen Vertrauens des Dienstberechtigten zum Dienstverpflichteten übertragen worden sein. Dieses besondere Vertrauen zeichnet sich insbesondere dadurch aus, dass persönliche oder finanzielle Aspekte des Dienstberechtigten betroffen und dem Dienstverpflichteten hierauf weitreichender Zugriff gewährt ist.[162] Ein Indiz für das Vorliegen eines besonderen Vertrauensverhältnisses ist das Erfordernis einer Schweigeverpflichtung des Dienstverpflichteten. Es muss ein persönliches Vertrauen zu der Person im Einzelnen und nicht zu der Institution als solche begründet werden, was jedoch bereits der Fall sein kann, wenn lediglich eine Empfehlung ausgesprochen wurde, aufgrund derer der Arzt konsultiert worden ist. Im Übrigen bedarf es – anders als im Fall des § 626 BGB – gerade keines wie auch immer gearteten Grundes. Eine willkürliche Kündigung ist ohne Weiteres rechtmäßig. Grenzen sind allenfalls in Fällen der Treuwidrigkeit, insbesondere bei einer Kündigung zur Unzeit anzunehmen,[163] was nur die Behandlungsseite betreffen kann, da es für den Patienten im Rahmen der Heilbehandlung keinen tragfähigen Grund geben dürfte, bei einem ihm nicht genehmen Arzt in Behandlung zu bleiben.

159 Hierzu BGH NJW-RR 2015, 686 Rn 12.
160 MüKo-*Henssler*, BGB, 9. Aufl. 2023, § 627 Rn 22.
161 MüKo-*Henssler*, BGB, 9. Aufl. 2023, § 627 Rn 24.
162 Vgl. BGH NJW 2011, 3575 Rn 9.
163 BGH NJW 2013, 1591 Rn 14; OLG Karlsruhe NJW-RR 1994, 1084.

2. Rechtsfolge

Infolge der Kündigung des Behandlungsvertrags nach Beginn der Behandlung – die 92
Kündigung wirkt selbstverständlich auch hier nur ex nunc – steht dem Arzt nur
noch eine seiner Leistung entsprechende Teilvergütung nach § 628 Abs. 1 S. 1 BGB
zu. Diese steht ihm gemäß § 628 Abs. 1 S. 2 BGB auch dann zu, wenn die Kündigung
auf eine von dem Behandelnden zu vertretende Vertragsverletzung zurückzuführen ist, aber nur, wenn der Patient an der Teilleistung noch ein eigenständiges
Interesse hat.[164] Dies gilt gemäß § 628 Abs. 1 S. 3 BGB auch dann, wenn die Vergütung bereits erbracht worden ist. Sie kann im Wege des Rücktrittsfolgenrechts,
oder bei fehlendem Verschulden nach den Grundsätzen der ungerechtfertigten
Bereicherung gemäß § 818 Abs. 1, 2 BGB herausverlangt werden.

Die Vertragsverletzung als solche muss von dem Patienten nachgewiesen 93
werden und ist bei einem groben Behandlungsfehler immer zu bejahen. Liegt jedoch nur ein geringfügiger Pflichtenverstoß vor, reicht dies unter Umständen nicht
aus.[165] Nach der Rechtsprechung des BGH ist darüber hinaus noch ein „Vertre-
tenmüssen" der Vertragsverletzung auf Seiten des Arztes erforderlich.[166] Demgegenüber ist es h.Lit., dass ein „schuldhaftes Verhalten" nicht mehr gesondert geprüft werden muss, da dieses immer in einem objektiven Pflichtenverstoß im
Behandlungsvertrag gegeben sein soll.[167] Dies dürfte zwar in der überwiegenden
Zahl der Fälle zutreffen, jedoch übersehen die Autoren nach hier vertretener Ansicht den letzten Restanwendungsbereich des Verschuldenskriteriums, den dieses
selbst in tätigkeitsbezogenen Verträgen haben kann. So dürfte eine objektive Ver-
tragswidrigkeit auch bei einer rechtswidrigen Behandlung im sittenwidrigen Bereich gegeben sein, die jedoch vom Arzt aufgrund eines unvermeidbaren Irrtums
nicht als sittenwidrig erkannt worden ist (angelehnt an die Entscheidung des LG
Köln zur Zirkumzision[168]).

Wie bereits oben erwähnt, kann bei einem schuldhaften vertragswidrigen 94
Verhalten, welches Anlass der außerordentlichen Kündigung durch den Patienten
gewesen ist, dem Anspruch des Arztes auf Teilvergütung ein Schadensersatzanspruch des Patienten gemäß § 628 Abs. 2 BGB entgegengesetzt werden, wenn der
Patient etwa aufgrund eines groben Behandlungsfehlers die Behandlung erneut bei
einem anderen Arzt in Anspruch nehmen muss, so dass die Behandlungskosten bei
diesem erneut anfallen.

---

164 Vgl. BeckOK-*Horcher*, BGB, 74. Ed. 2025, § 628 Rn 7.
165 BGH NJW 2011, 1674 Rn 14 f.; OLG Köln VersR 2013, 1004, 1005.
166 BGH NJW 2011, 1674 Rn 14 f.
167 MüKo-*Wagner*, BGB, 9. Aufl. 2023, § 630a Rn 119. So wohl auch LG Berlin MedR 2015, 139 f.
168 LG Köln NJW 2012, 2128.

3. Nachvertragliches Pflichtenspektrum

a) Herausgabe der Patientenunterlagen

95 Der Patient hat während dem Bestehen und auch nach Beendigung des Vertragsverhältnisses einen Anspruch auf Herausgabe seiner vollständigen Patientenunterlagen gemäß Art. 12, 15 Abs. 1, 3 S. 1 DSGVO, § 630g Abs. 1 BGB.

96 Dem Herausgabeanspruch liegt zunächst einmal die Dokumentationspflicht des Arztes zugrunde, welche sich aus § 630 f Abs. 1 BGB ergibt. Hiernach muss der Arzt nicht nur zur eigenen Gedächtnisstütze, sondern auch für nachbehandelnde Ärzte seine Behandlung und die damit verbundenen und in § 630 f Abs. 2 BGB aufgezählten Unterlagen anfertigen und diese Dokumentation gemäß § 630 f Abs. 3 BGB zehn Jahre (aus eigenem Interesse im Fall möglicher Haftungsansprüche sogar bis zur Höchstverjährungsdauer nach § 199 Abs. 2 BGB von 30 Jahren) verwahren.

97 Entgegen der vorangegangenen Rechtspraxis, welche dem Patienten die Einsicht in persönliche Eindrücke des Arztes verwehrte, umfasst der Anspruch seit dem Inkrafttreten des Patientenrechtegesetzes Einsicht in sämtliche Unterlagen, einschließlich subjektiver Bewertungen des Arztes.[169] Sogar Korrespondenz mit dem Haftpflichtversicherer soll jetzt erfasst sein; eine äußerst fragwürdige Judikatur.[170] Die Einsichtnahme kann jedoch vom Arzt verweigert werden, wenn erhebliche therapeutische Gründe oder sonstige Rechte Dritter entgegenstehen (Art. 15 Abs. 4 DSGVO), die im Einzelfall Vorrang genießen, Art. 23 Abs. 1 lit. i i.V.m. § 630g Abs. 1 BGB.[171] An das Erfordernis der Darlegung erheblicher therapeutischer Gründe werden jedoch hohe Anforderungen geknüpft.[172] So reicht es nicht aus, dass der Arzt dem Patienten möglichen Ekel oder Erschrecken ersparen möchte. Vielmehr muss der Arzt eine Abwägung treffen, bei welcher das Vorliegen erheblicher therapeutischer Gründe nur bejaht werden kann, wenn etwa das Therapieziel nach der Einsichtnahme nicht mehr zu erreichen oder der Patient durch die Einsichtnahme selbstmordgefährdet ist.[173] Dies kann insbesondere im Bereich psychischer Erkrankungen vorkommen. Gemäß § 630g Abs. 1 S. 2 BGB muss der Arzt die Ablehnung der Einsichtnahme begründen. In der Praxis wird der Verweigerung

---

169 BGHZ 85, 327 (334 ff.) = NJW 1983, 328; BGHZ 85, 339 (342 ff.) = NJW 1983, 330.

170 So aber OLG Köln, MDR 2023, 1385 f.; GesR 2023, 580.

171 Ob die Vorgaben des Art. 23 Abs. 2 DSGVO im Rahmen der §§ 630f, g BGB vollständig im unionsrechtlichen Sinne beachtet werden, mag man bestreiten, jedoch werden mE in der Zusammenschau von Gesetz und Gesetzesbegründung die zentralen Aspekte erfasst, so dass nicht von einer Unionsrechtswidrigkeit auszugehen sein dürfte.

172 BT-Drs. 17/10488, S. 26 f. Vgl. hierzu die Rechtsprechungsgenese BGHZ 106, 146, 149 = NJW 1989, 764.

173 Vgl. BT-Drs. 17/10488, S. 26; BeckOGK-*Walter*, BGB, Stand Feb. 2025, § 630g Rn 16.

der Herausgabe ein einfaches Mittel entgegengesetzt. Der Patient kann die Herausgabe seiner Patientenunterlagen an einen vertrauenswürdigen Dritten (z.B. einen Familienangehörigen, nachbehandelnden Arzt oder Anwalt) verlangen, wenn dieser eine Erklärung abgibt, dem Patienten keine Einsicht zu gewähren.

Etwaige Kosten, welche durch die Vervielfältigung der Patientenakte zur Ein- 98 sichtnahme entstehen, sind entgegen § 630g Abs. 2 S. 2 BGB für die erste Anforderung nicht vom Patienten zu erstatten, da Art. 15 Abs. 3 S. 1, 2 DSGVO hier eine klare Sprache spricht und eine Abweichung nicht von Art. 23 Abs. 1 DSGVO gedeckt wird. Anderes gilt de lege lata freilich für jene Fälle, in denen die DSGVO nicht greift, namentlich der Anspruch von Angehörigen und Erben nach § 630g Abs. 3 BGB.

Der Anspruch auf Herausgabe der Patientenunterlagen kann gesondert ein- 99 geklagt werden. Hierfür braucht es keine Begründung, wie das Vorbereiten eines Arzthaftungsprozesses. Vielmehr kann der Patient die Unterlagen schlicht verlangen, weil er sie sehen möchte. Gemäß Art. 15 Abs. 3 S. 1, 3 DSGVO kann der Patient durch seine Antragstellung bestimmen, ob er eine elektronische oder eine Papierkopie wünscht.

b) Nachvertragliche Schweigepflicht

Die ärztliche Schweigepflicht erstreckt sich über die Behandlungszeit hinaus. Auch 100 wenn das Vertragsverhältnis endet oder der Patient verstirbt, besteht die Schweigepflicht des Arztes weiter.[174] Sie umfasst alle Informationen, die der Arzt im Rahmen der Behandlung über den Patienten erfährt. Dies bezieht nicht nur Gesundheitsdaten ein, sondern auch Informationen über Finanzen, Familienverhältnisse usw. Ein Verstoß ist gemäß § 203 StGB strafbewehrt.

Der Arzt kann von dem Patienten gegenüber Dritten von der Schweigepflicht 101 entbunden werden, wie es in Haftungsprozessen stets der Fall sein wird. Darüber hinaus können öffentliche Interessen für eine Aufhebung der Schweigepflicht sprechen; so z.B. bei meldepflichtigen Krankheiten oder zum Schutz eines höheren Rechtsguts (HIV-Kranker könnte seinen Sexualpartner anstecken).

c) Recht auf Vergessen werden (right to be forgotten)

Gemäß Art. 17 Abs. 1 EU – DSGVO besteht ein Recht auch gegen den Verantwortli- 102 chen, dass personenbezogene Daten nach Aufforderung der berechtigten Person unverzüglich gelöscht werden. Dies bedeutet für den Arzt, dass er patientenbezogene Daten löschen muss, wenn er vom Berechtigten dazu aufgefordert wird und keine Ausnahmen nach Art. 17 Abs. 3 DSGVO vorliegen (insbesondere lit. e kommt

---

174 Vgl. Ratzel/Lippert/J. Prütting/*Lippert*, MBOÄ, 8. Aufl. 2022, § 9 Rn 23.

hier mit Blick auf eventuell noch ausstehende Rechtsstreitigkeiten in Betracht). Der Patient kann nach Löschung seinen Anspruch aus Art. 15 DSGVO, § 630g BGB nicht mehr geltend machen, da dieser nunmehr gemäß § 275 Abs. 1 BGB unmöglich ist. Jedoch ist eine Haftungsklage gegen den Arzt theoretisch weiterhin denkbar, der nach Löschung der Daten vor einem Darlegungsproblem steht, da im Medizin-haftungsprozess die Darlegungslast über die behandlungsimmanenten Tatsachen zu Lasten des Arztes umgedreht ist (sog. sekundäre Darlegungslast in Kombination mit anerkannt niedrigen Anforderungen an die patientenseitige Last des haf-tungsbegründenden schlüssigen Vortrags).[175] Für den Fall, dass der Patient die Vernichtung verlangt hat, wird man künftig davon ausgehen müssen, dass die se-kundäre Darlegungslast bezüglich der Inhalte der vernichteten Akten nicht mehr greifen kann. Zum selben Ergebnis wird man kommen, wenn die Regeln der Be-weisvereitelung auf das Recht der Tatsachendarlegung analog angewendet werden (§§ 427, 444 ZPO analog), was jedenfalls dann wird greifen müssen, wenn der Pa-tient gerade mit Blick auf Art. 17 Abs. 3 lit. e DSGVO zunächst den Eindruck erweckt, eine Haftungsklage sei nicht mehr zu erwarten, um sich später anders zu ent-scheiden. Ob es insoweit tatsächlich – wie es § 444 ZPO dem Grunde nach fordert – auf vorsätzliche Vereitelung ankommen kann oder ob nicht vielmehr mit dem Vernichtungsverlangen grundsätzlich nach einer Sphärenabgrenzung jegliche prozessuale Gefahr fehlender späterer Vorlagefähigkeit auf den Patienten wech-seln muss, wird in der Zukunft noch zu klären sein. Nach hier vertretener Ansicht dürfte der zuletzt genannte Weg in die richtige Richtung weisen, sofern der Patient nicht besondere Gründe im Einzelfall vortragen kann, weswegen ein Vernich-tungsverlangen der über ihn angelegten Aufzeichnungen von besonderem Inter-esse im Einzelfall gewesen ist.

---

175 Zur Übersicht *Martis/Winkhart*, Arzthaftungsrecht, 6. Aufl. 2021, S. 1365 ff. m.w.N.

§ 12 Materielle Arzthaftung

I. Übersicht und erstes Verständnis – Haftungstatbestände

Die zentralen Anspruchsgrundlagen der Arzthaftung sind die §§ 280 Abs. 1, 823 **1**
Abs. 1 und 831 Abs. 1 BGB. Die wesentlichen Merkmale dieser Vorschriften sollen zu
Beginn mit Blick auf Arzthaftungsfälle vorgeführt werden, um folgende vertiefte
Ausführungen gezielt den jeweiligen Prüfaspekten und Strukturen zuordnen zu
können. Dies erleichtert das Verständnis und hilft bei der Nachvollziehbarkeit et-
waiger Regelungen zu Darlegungs- und Beweislast. Zugleich kann die vorliegende
Lektüre auch jederzeit als Nachschlagewerk genutzt werden.

Im Fall hoheitlicher Tätigkeit sind die genannten Vorschriften durch § 839 BGB **2**
i.V.m. Art. 34 GG verdrängt,[1] was allem voran für den Bereich des ärztlichen Not-
dienstes (je nach landesrechtlicher Regulierung) und die Fälle des Durchgangs-
arztes (D-Arzt) für den Bereich der Unfallversicherung nach SGB VII relevant ist.
Dieses spezielle besondere Problemfeld wird in diesem Buch nicht erörtert.

1. §§ 280 Abs. 1 BGB (ggfls. i.V.m. 278 BGB, 31 BGB analog)

a) Schuldverhältnis

Dies ist üblicherweise der Behandlungsvertrag, kann im Rahmen der vorvertrag- **3**
lichen Begegnung aber gleichermaßen die culpa in contrahendo aus § 311 Abs. 2
BGB oder die GoA und somit normativ angeknüpft § 677 BGB sein. Für den Minderjährigen kommt ein echter Vertrag zu Gunsten Dritter gemäß § 328 BGB und für
den Fötus im Mutterleib der Vertrag mit Schutzwirkung zu Gunsten Dritter (Einbeziehung in den Schutz des Vertrages zwischen Mutter und betreuendem Gynäkologen) in Betracht.[2]

b) Pflichtverletzung

Der Arzt kann mit Blick auf die konkrete Behandlung entweder einen Behand- **4**
lungsfehler, also eine nicht zu rechtfertigende Standardabweichung begehen, oder
er verstößt gegen seine Pflicht zur ordnungsgemäßen Selbstbestimmungsaufklärung gemäß § 630e BGB.

---

1 Vgl. BGH NJW 2002, 3172; BGHZ 78, 274, 279 = NJW 1981, 675.
2 Hierzu OLG Brandenburg NJW-RR 2003, 1383.

https://doi.org/10.1515/9783111048543-015

5   Ist die Pflichtverletzung nicht von demjenigen begangen worden, der die Behandlung versprochen hat (Krankenhausträger im Rahmen des totalen Krankenhausvertrages, MVZ, ärztliche Berufsausübungsgemeinschaft), sondern von einer hierzu berufenen Hilfsperson, so bedarf es der Heranziehung entsprechender Zurechnungsvorschriften (§§ 278 BGB, 31 BGB analog). Dabei ist zu beachten, was der jeweilige Vertragspartner tatsächlich versprochen hat. Im hierfür haftungsrechtlich kritischen Fall des gespaltenen Arzt-Krankenhaus-Vertrages (Belegkrankenhaus) hat der Krankenhausträger gerade nicht die ärztliche Leistung zugesagt.[3] Behandlungsfehler und Aufklärungsmängel des behandelnden Arztes sind in diesem Fall nicht zurechenbar, da das Krankenhaus sich des Arztes nicht zur Erfüllung etwaiger Verbindlichkeiten bedient. Anders ist dies im Fall von Fehlern durch Pflegekräfte, da diese zum versprochenen Pflichtenprogramm gehören.

c) Rechtsgutsverletzung

6   Entgegen der im juristischen Studium üblicherweise bekannten Struktur des § 280 Abs. 1 BGB, die den Ersatz primärer Vermögensschäden zulässt, was gesetzgeberisch gewollt ist (die erlernte Prüfungsstruktur ist also nichts anderes als der Versuch einer erschöpfenden Handhabung des gesetzgeberischen Willens), soll der Kernbereich der Arzthaftung, also Ersatzansprüche, die auf dem Verhalten des Behandlers selbst beruhen, nur im Falle einer Rechtsgutsverletzung ersatzfähig sein.[4] Es bedarf ebenso wie in § 823 Abs. 1 BGB einer Körper- oder Gesundheitsverletzung. Freilich fällt hierrunter im Grunde auch die Verletzung des Lebens, jedoch spielt dies im vertraglichen Bereich allenfalls dann eine Rolle, wenn Dritte in den Vertrag einbezogen sind, die ihrerseits einen vertraglichen Anspruch bei der Lebensverletzung geltend machen. § 280 Abs. 1 BGB ist somit in der Arzthaftung zum Ebenbild des § 823 Abs. 1 BGB geworden, was **Strukturgleichheit von Vertrag und Delikt** genannt wird.[5] Hintergrund ist die Entwicklung der Arzthaftung aus dem Deliktsrecht heraus, welches mit § 847 BGB a.F. (aufgehoben zum 01.08.2002)[6] einzig einen Schmerzensgeldanspruch gekannt hat. Mit dem aktuellen § 253 BGB werden immaterielle Ersatzansprüche auch im rechtsgeschäftlichen Bereich gewährt.

---

3 BGH NJW 1996, 2429.
4 BGH NJW 1989, 767; 1987, 705.
5 BGH NJW 1987, 705.
6 BGBl I S. 2674, 2675.

d) Haftungsbegründende objektive Zurechnung

Die festgestellte Rechtsgutverletzung muss kausal und objektiv zurechenbar auf die 7
behandlungsseitige Pflichtverletzung zurückzuführen sein. Hier liegt in den Arzt-
haftungsprozessen regelmäßig das größte Prozessrisiko der zunächst darlegungs-
und beweisbelasteten Patientenseite. Während der Defekt einer Kaufsache mit der
Folge eines Brandes sich zumeist gesichert sachverständig feststellen oder mit
bloßem Auge erkennen lässt, ist es mit den Reaktionen des menschlichen Körpers
bei einer Begutachtung im Nachhinein oft kaum noch möglich, mit einer Zweifeln
Schweigen gebietenden Sicherheit (Beweismaß des § 286 ZPO)[7] Aussagen über die
Verbindung von ärztlichem Verhalten und spezifischen gesundheitlichen Problemen des Patienten herzustellen. Dementsprechend ist vielfach prozessentscheidend, wer letztlich die Darlegungs- und Beweislast trägt und ob diese Elemente je
nach Fall zu modifizieren sind, was allem voran eine Frage des § 630h Abs. 5 S. 1
und 2 BGB ist. Ebenfalls beachtenswert, wenn auch rechtspraktisch eher selten
prozessentscheidend, ist in diesem Zusammenhang die sog. Anfänger-Behandlung,
die heute in § 630h Abs. 4 BGB erfasst wird.

In seltenen Fällen kann eine fehlende Mitwirkung oder kontraindiziertes pa- 8
tientenseitiges Verhalten (Compliance-Verstoß) dazu führen, dass der Zurechnungszusammenhang zu Gunsten der Behandlungsseite als unterbrochen anzusehen ist. An Darlegung und Beweis werden jedoch extrem hohe Anforderungen
geknüpft[8] (vgl. hierzu sogleich die Ausführungen zum Mitverschulden).

e) Rechtswidrigkeit

Behandlungsfehlerhaftes Verhalten ist stets rechtswidrig. Der Patient willigt nicht 9
in einen Behandlungsfehler ein. Auch eine vorangegangene Aufklärung über
Fehler, die passieren könnten, ändert hieran nichts.[9]

Bei der Aufklärungsrüge geht es demgegenüber um eine fachgerechte Be- 10
handlung, die aber wegen der Körperverletzungsdoktrin[10] der Rechtsprechung,
welche jede ärztliche Maßnahme, auch die Standard- und damit Fachgerechte, zu
einer tatbestandsmäßigen Körperverletzung erklärt und somit nach einer rechtfertigenden Einwilligung verlangt. Eine Einwilligung muss jedoch im Bereich
ärztlicher Eingriffe durch eine ordnungsgemäße Aufklärung i. S. d. § 630e BGB getragen sein, um Wirkung entfalten zu können, § 630d Abs. 2 BGB. Greift die Aufklärungsrüge durch, ist somit – unabhängig von der kurativen Motivation – auch

---

7 BGH NJW 2015, 2111 Rn 11; 2013, 790 Rn 17.
8 Hierzu BGH NJW 2005, 2072 f.; 1997, 796.
9 Vgl. BGH NJW 2005, 888; 1992, 1558 f.
10 Grundlegend insbesondere BGHZ 29, 176, 181; BVerfG NJW 1979, 1925, 1931.

der fachgerechte Eingriff eine tatbestandsmäßige und rechtswidrige Körperverletzung, die zum Ersatz kausal entstandener Schäden verpflichtet.

f) Vertretenmüssen

11 Garantien i. S. d. § 276 Abs. 1 BGB werden im ärztlichen Bereich generell nicht erteilt. Mit Blick auf § 11 Abs. 2 S. 2 MBO-Ä wäre dies im kurativen Bereich zudem höchst fragwürdig. Daher kommt es auf vorsätzliches oder fahrlässiges Verhalten an. Hierdurch wird gegenüber dem Aspekt der Pflichtverletzung aber im Gros aller Fälle kein Mehr eingeführt, da es sich um eine tätigkeitsbasierte Pflicht handelt, bei der grundsätzlich jede objektiv bestehende Pflichtverletzung zugleich fahrlässiges Verhalten bedeutet[11] (Verschulden wird im Zivilrecht aus Verkehrsschutzgründen objektiv (Gruppenfahrlässigkeit) und nicht an Hand der individuellen Vorwerfbarkeit oder Einsicht des Täters bestimmt, wie dies im Strafrecht auf der Schuldebene Berücksichtigung finden kann – anders ist dies interessanterweise vom Gesetzgeber des PatRG mit Blick auf § 280 Abs. 1 S. 2 BGB[12] angedeutet worden[13]). An dieser Stelle kann also als Merkpunkt gelten, dass bei Bejahung einer Pflichtverletzung stets auch das Außerachtlassen der im Verkehr erforderlichen Sorgfalt anzunehmen ist. Die Vermutung des § 280 Abs. 1 S. 2 BGB hat insofern keine rechtspraktische Relevanz. Ob diese in der Arzthaftung Anwendung findet, was zum § 282 a.F. (Vorgängervorschrift des § 280 Abs. 1 S. 2 BGB) früher verneint worden ist,[14] kann als im Wesentlichen dogmatischer Streit dahingestellt bleiben. Die Gesetzesbegründung scheint jedenfalls, ohne nähere Reflexion, die Vermutungsregel für anwendbar zu halten.[15] Anders soll der Fall nur dann liegen, wenn der Patient dem Arzt Untätigkeit vorwirft (Nichterfüllung des Arztvertrages).[16] Eine Exculpation wird beim erwiesenen Behandlungsfehlervorwurf auch nicht gelingen, allerdings ist eine solche bei der Aufklärungsrüge denkbar, etwa wenn der Behandelnde einwendet, er habe das patientenseitige Unverständnis, bspw. auf Basis von Sprachschwierigkeiten, nicht erkannt.

g) Objektiv zurechenbarer (Sekundär-)Schaden

12 Aus dem verletzten Rechtsgut muss in kausalem und zurechenbarem Zusammenhang auch ein materieller oder immaterieller Schaden hervorgegangen sein, der

---

11 Vgl. MüKo-*Wagner*, BGB, 9. Aufl. 2023, § 630h Rn 9.
12 Vgl. BT-Drs. 17/10488, S. 28.
13 Dagegen die h.M. vgl. MüKo-*Wagner*, BGB, 9. Aufl. 2023, § 630h Rn 9 m.w.N.
14 Lies hierzu BGH NJW 1991, 1540 f.
15 BT-Drs. 17/10488, S. 28.
16 BGHZ 83, 260, 267 = NJW 1982, 1516, 1517; BGH NJW 1981, 2002, 2004.

sich an Hand der §§ 249–253 BGB bestimmen lässt. Hier ist für den gesetzlich versicherten Patienten zunächst stets zu beachten, dass die im Folgenden ggfls. notwendige Heilbehandlung von seiner Krankenkasse getragen wird und der zugehörige Regressanspruch **bereits im Zeitpunkt der Schädigung gemäß § 116 Abs. 1 SGB X auf den jeweiligen Träger der gesetzlichen Krankenversicherung übergegangen** ist, bei dem der Verletzte sein Versicherungsverhältnis unterhält. Für privat Versicherte gilt dies erst, wenn die Versicherung konkret Leistungen bezahlt hat, **§ 86 Abs. 1 S. 1 VVG.** In diesen Fällen entfällt insoweit also der patientenseitige Schaden (Heilbehandlungskosten).

Den im Übrigen zu konkretisierenden Schaden muss der Patient zur vollen   13 richterlichen Überzeugung nach § 286 ZPO beweisen, während dessen spezifischen Umfang und wie dieser auf die eingetretene Rechtsgutverletzung zurückzuführen ist, kann nach der Erleichterung des § 287 ZPO unter Zuhilfenahme von Schätzungen mit überwiegenden Wahrscheinlichkeiten bewiesen werden. Das gilt aber natürlich nur, wenn und soweit der Schadensumfang sich nicht mit zumutbaren Mitteln präzise errechnen lässt.[17] Im Übrigen sind die Besonderheiten des allgemeinen Schadensrechts bei Personenschäden von herausragender Bedeutung. Im Bereich materieller Schäden ist neben etwaig beim Patienten verbleibenden Behandlungskosten an folgende Positionen zu denken: Beförderungskosten, entgangener Gewinn (§ 252 BGB)/Arbeitsentgeltverlust (nach 6 Wochen Entgeltfortzahlung gemäß EZFG kommt es zur Krankengeldzahlung, die grundsätzlich 70 % der Regelvergütung entspricht (§ 47 Abs. 1 S. 1 SGB V), während es bei einer Privatversicherung auf die jeweilige Krankentagegeldversicherung ankommt, sofern eine solche abgeschlossen ist), Haushaltsführungsschäden, vermehrte Bedürfnisse (eingetretene Behinderung und Konsequenzen für die Lebensführung etc.) bis hin zur Position des „Kind[es] als Schaden"[18].[19] Daneben ist stets an Schmerzensgeld gemäß § 253 BGB zu denken, das es nunmehr auch als Angehörigenschmerzensgeld wegen Todesverursachung gibt, § 844 Abs. 3 BGB[20]. Die rechtswidrige Lebensverlängerung hat der BGH im immateriellen Bereich nicht als Schaden anerkannt und hinsichtlich denkbarer materieller Schäden die Ersatzfähigkeit für möglich, aber letztlich unbeantwortet gelassen, da im Fall nach Ansicht des Senats der Schutzzweck der relevanten betreuungsrechtlichen Vorschriften, gegen die verstoßen

---

17 Zur Konkretisierungslast BGH NJW-RR 2007, 569 Rn 21 mit den Grenzen die BGH NJW 1981, 1454 aufzeigt.
18 Hierzu zuletzt BGH NJW 2023, 983.
19 Zu Schadensposten umfassend Münch-Anw-Hdb.-MedR/*J. Prütting*, § 2 passim.
20 Lies hierzu *Katzenmeier,* JZ 2017, 869 ff.

worden ist, einen solchen Ersatz nicht decken würden.[21] Sowohl die Begründung als auch in Teilen das Ergebnis sind erheblichen Zweifeln ausgesetzt.[22]

h) Mitverschulden

14 Abschließend muss erwogen werden, ob der Patient seine Situation durch mangelnde Compliance (Mitwirkung gegen das Krankheitsgeschehen durch Beachtung ärztlichen Rats, Einnahme von verordneten Medikamenten etc.) bei der Haftungsbegründung nach §§ 254 Abs. 1, 630c Abs. 1 BGB oder nach Schädigung mittels ausbleibender Geringhaltung nach § 254 Abs. 2 S. 1 BGB selbst verursacht oder verschlimmert hat, so dass der Anspruch zu mindern sein könnte. Zu beachten ist insbesondere im Bereich der Mitwirkung bei der Haftungsbegründung allerdings, dass die Rechtsprechung wegen der Informationsasymmetrie zwischen Behandlungsseite und Patient sowie der stets weitreichend beachteten leidensbedingten Unfähigkeit (oder eingeschränkten Fähigkeit), auf die eigenen Belange zu achten, sehr hohe Anforderungen an Darlegung und Beweis eines solchen Obliegenheitsverstoßes stellt,[23] so dass sich hierauf in der Rechtspraxis nur mit großen Schwierigkeiten eine belastbare Verteidigung stützen lässt.

i) Verjährung

15 Die Einrede gemäß § 214 Abs. 1 BGB mit dem Hintergrund der §§ 194 ff. BGB nimmt im Medizinschadensprozess eine besondere Stellung ein, da denkbare Behandlungsfehler und Aufklärungsmängel vielfach nicht sogleich als solche erkannt werden und es viele Jahre später erst zu einer Überprüfung oder gerichtlichen Geltendmachung kommt. Dann steht die Frage an, ab welchem Moment die Voraussetzungen des § 199 Abs. 1 BGB vorgelegen haben, wodurch herausgefunden werden kann, am Schluss welchen Jahres die 3-Jahresfrist des § 195 BGB zu laufen begonnen hat. Mit Blick auf die in diesen Fällen geltende Höchstfrist von 30 Jahren gemäß § 199 Abs. 2 BGB ist dies von großer Bedeutung. Die Rechtsprechung ist mit der Annahme von Kenntnis oder grob fahrlässiger Unkenntnis von Behandlungsfehlern und Aufklärungsmängeln (sofern diese nicht vollständig ausgeblieben ist) zu Lasten des betroffenen Patienten in vielerlei Hinsicht zurückhaltend.[24] Von zentraler Bedeutung ist dabei, dass der Verjährungsbeginn für Behandlungsfehler

---

21 BGHZ 221, 352 = NJW 2019, 1741.
22 Näher *J. Prütting* ZfL 2018, 94 ff.; *ders.* BTPrax 2019, 185 ff.; *ders.* GesR 2020, 681 ff.
23 Vgl. hierzu BGH NJW 1997, 1635; OLG Köln VersR 2013, 237 f.
24 Vgl. BGH VersR 2010, 214 f.; NJW 2007, 217, 220; OLG Koblenz MedR 2012, 400; Thüringer Oberlandesgericht KHE 2012, 170.

und Aufklärungsrügen jeweils gesondert zu prüfen ist, (lies hierzu *J. Prütting* zu § 199 BGB).[25]

Im Behandlungsfehlerbereich ist erneut die bestehende Informationsasym- 16 metrie von großer Bedeutung. Der Patient kann in den meisten Fällen nicht beurteilen, ob ein unerwünschtes Behandlungsergebnis auf ein standard-widriges Verhalten zurückzuführen ist. Nach der Rechtsprechung muss es dem Patienten aber jedenfalls zumutbar sein, Klage auf Feststellung einer solchen Haftungsbegründung erheben zu können.[26] Zugleich ist dem Patienten grundsätzlich keine grob fahrlässige Unkenntnis allein deshalb anzulasten, weil er von einem negativen Ergebnis nicht auf eine möglichen Fehler zurückschließt und eine etwaige Fehlerhaftigkeit nicht durch einen Fachexperten zur Aufklärung bringt (**keine generelle Nachforschungsobliegenheit**).[27]

Bei der Aufklärungsrüge kann im Fall vollständig unterbliebener Selbstbe- 17 stimmungsaufklärung vielfach sofort von positiver Kenntnis i. S. d. § 199 Abs. 1 BGB ausgegangen werden.[28] Demgegenüber wird es auch hier der Patient vielfach nicht erfassen können, wenn bspw. Alternativdarstellungen gefehlt haben oder Risikospektren unvollständig gewesen sind. Allerdings kann diese Erkenntnismöglichkeit im Bereich der Risikoaufklärung freilich mit dem Eintritt des unerwähnt gelassenen Risikos einhergehen. Auch insoweit sollten an die Erkenntnismöglichkeiten des Patienten keine übersteigerten Anforderungen gestellt werden.

Ein besonderes Problem tritt zudem auf, wenn Krankenkassen im Wege des 18 Regresses aufgrund Anspruchsübergangs nach den §§ 116 Abs. 1 SGB X oder 86 VVG vorgehen. Hier stellt sich insbesondere die Frage, ob die Kenntnis der Leistungsabteilung, die die Behandlungsansprüche des versicherten Patienten umsorgt, als Kenntnis der Versicherungsgesellschaft zugerechnet werden darf, oder ob es Kenntnis oder grob fahrlässige Unkenntnis der zuständigen Regressabteilung braucht. Die Rechtsprechung steht – unter einem gewissen Bruch mit der herrschenden Dogmatik der Wissenszurechnung[29] – auf letzterem Standpunkt.[30]

---

25 J. Prütting/*J. Prütting*, Medizinrecht, 7. Aufl. 2025, § 199 BGB Rn 9 ff., 28 ff.
26 Vgl. BGH VersR 2010, 214.
27 Vgl. BGH NJW 2007, 217, 220.
28 J. Prütting/*J. Prütting*, Medizinrecht, 7. Aufl. 2025, § 199 BGB Rn 29.
29 Zurechnung von aktenkundigem und nach ordnungsgemäßer Organisation zugriffsbereitem Wissen in arbeitsteiligen Organisationen, vgl. MüKo-*Schubert*, BGB, 10. Aufl. 2025, § 166 Rn 72 ff. m.w.N.
30 Hierzu BGH MedR 2013, 31.

2. §§ 823 Abs. 1, 831 Abs. 1 BGB

19 Die obigen Ausführungen zu § 280 Abs. 1 BGB gelten, mit Ausnahme des Erfordernisses eines Schuldverhältnisses und der fehlenden Anwendbarkeit des § 278 BGB, an dessen Stelle die Haftung aus § 831 Abs. 1 BGB mit Exculpationsmöglichkeit nach § 831 Abs. 1 S. 2 BGB tritt, auch im Deliktsrecht für die Prüfung des § 823 Abs. 1 BGB (Strukturgleichheit von Vertrag und Delikt). Folgende Aspekte sind jedoch zusätzlich von Interesse:

a) Künftiger Gleichlauf oder Abweichungsmöglichkeit

20 Nach der Gesetzesbegründung des PatRG von 2013 soll bewusst an der Anspruchskonkurrenz von Vertrag und Delikt festgehalten werden.[31] Daraus könnte für die Zukunft folgen, dass im Bereich des Deliktsrechts andere Entwicklungen stattfinden mögen, die partiell vom nunmehr geregelten Vertragsrecht wegführen, auch wenn dies eher unwahrscheinlich sein dürfte. Das Deliktsrecht muss insoweit aber als denkbares Entwicklungstool stets im Auge behalten werden, da es ein gespaltenes Arzthaftungsrecht hervorzubringen geeignet ist.

b) Erweiterter Schuldnerkreis

21 Der deliktische Anspruch wirkt immer gegen den konkret Handelnden oder gegen denjenigen, der eine Rechtspflicht zum Handeln gehabt hätte. Somit sind auch Personen der Behandlungsseite haftbar, mit denen kein Schuldverhältnis geschlossen worden ist, die aber an der Behandlung des Patienten teilgenommen haben. Dieser Kreis wird mit den §§ 830, 831 Abs. 1 und 31 BGB analog erweitert. Gegen den deliktischen Anspruch hilft auch keine gesellschaftsrechtliche Haftungsbegrenzung,[32] so dass der ärztliche Verbund in einer PartG mbB oder in einer GmbH letztlich die konkret Handelnden nicht gegen derartige Ansprüche schützt und es auch insoweit – neben dem vertraglich Haftenden – einer hinreichenden Haftpflichtversicherung bedarf.

c) Erweiterter Gläubigerkreis

22 Im Rahmen deliktischer Ansprüche können Dritte, die keinen Behandlungsvertrag mit dem Arzt oder der medizinischen Einrichtung haben, je nach Art des eingetretenen Schadens auf Haftungsansprüche zurückgreifen. Zentral sind insofern der

---

[31] BT-Drs. 17/10488, S. 17 f.
[32] Allg.M. vgl. nur J. Prütting/*Kilian*, Medizinrecht, 7. Aufl. 2025, § 8 PartGG Rn 31.

eigene Anspruch eines Dritten wegen Schockschadens,[33] Ansprüche im Fall der Tötung oder Körperverletzung und damit einhergehender Beerdigungskosten oder etwaiger Unterhaltsentziehung (§§ 842 – 845 BGB) sowie das Angehörigenschmerzensgeld in § 844 Abs. 3 BGB.

d) Sonderfall: § 830 Abs. 1 S. 2 BGB

§ 830 Abs. 1 S. 2 BGB: Es ist die Sondersituation denkbar, dass im Rahmen eines 23 Behandlungsgeschehens mehrere Personen beteiligt sind, die alle einen Beitrag leisten, der behandlungsfehlerhaft ist und kausal für die festgestellte Rechtsgutsverletzung sein könnte. Zudem greift § 830 Abs. 1 S. 2 BGB nur dann ein, wenn nicht eine der Personen oder ein bestimmter Teil des betroffenen Kreises schon definitiv als Haftungsschuldner feststeht.[34] Folgender Merksatz hilft, um § 830 Abs. 1 S. 2 BGB richtig zu prüfen respektive zu verstehen: „Jeder kann es gewesen sein. Einer war's auf jeden Fall. Fraglich ist, wer."

Fall 24: Als Anschauungsbeispiel
Zu denken ist etwa an die Situation, in der zwei Ärzte bei einer Behandlung unabhängig voneinander ein Medikament applizieren und der Patient in der Folge hierauf einen allergischen Schock erleidet, wobei nicht mehr geklärt werden kann, auf welche der Applikationen dieser zurückzuführen ist, jedoch Drittursachen sicher auszuschließen sind (hoch anfallsgefährdeter Patient befindet sich beispielsweise in einem Reinraum). Die Fälle sind selten, wie schon das Beispiel zeigt.

3. Abschluss der Vorrede und Übersicht

Die oben dargestellte Übersicht zeigt die zentralen Haftungsgrundlagen, auf welche 24 Patienten einen Schadensersatzanspruch gegen die Behandlungsseite stützen können. Dabei sei daran erinnert, dass es letztlich im Kern des Geschehens, also mit Blick auf den Körper- und Gesundheitszustand des Patienten, nur zwei rechtserhebliche Vorwürfe gibt: Den **Behandlungsfehler** und die **Aufklärungsrüge**. Aus dem Behandlungsfehler muss sodann für sich genommen kausal ein haftungsrechtlich relevanter Primärschaden (Rechtsgutsverletzung) hervorgehen und diese Schädigung muss ihrerseits kausal für zivilrechtlich erfasste Sekundärschäden im Sinne der §§ 249 – 253 BGB sein. Die Aufklärungsrüge folgt der Idee, dass hierdurch die für die Rechtsgemäßheit des medizinischen Eingriffs erforderliche Einwilligung entfällt, so dass jeder kausale Schaden, der sich aus dem Eingriff ergibt, ob dieser

---

33 BGHZ 172, 263 = NJW 2007, 2764 Rn 12; BGH NJW 2014, 2190 Rn 8.
34 Vgl. zum Grundsatz BGHZ 72, 355, 358 = NJW 1979, 544.

nun schicksalhaft oder fehlerbedingt auftritt, in seiner Folge der Behandlungsseite zivilrechtlich angelastet werden kann. Unter dem Regime des § 630e BGB ist die Selbstbestimmungsaufklärung zwar zu einer echten Vertragspflicht erstarkt, die auch als eigenständiger Fehleransatz verstanden werden könnte, jedoch wäre dies allenfalls dazu geeignet, die Regeln von Darlegungs- und Beweislast mit Blick auf die Einordnung als anspruchsbegründendes Merkmal auf die Patientenseite zu verschieben, wogegen der Gesetzgeber mit § 630h Abs. 2 S. 1 BGB Vorsorge getroffen hat. Mithin ist die dogmatische Einordnung – als haftungsauslösende vertragliche Nebenpflicht oder ausschließlich als notwendiges Element einer wirksamen patientenseitigen Einwilligung (so jedenfalls im Deliktsrecht) – haftungsrechtlich nicht von Belang. Eine eigenständige Klage auf Durchführung der Selbstbestimmungsaufklärung, selbst wenn dies dogmatisch möglich erschiene, ist fern ab jeder Lebenspraxis. Es sei zur Aufklärungsrüge abschließend angemerkt, dass mit der Rechtswidrigkeit des Eingriffs einhergeht, dass dem Patienten teilweise selbst im Fall vollumfänglichen Behandlungserfolgs und keinerlei Nachwirkungen ein geringes Schmerzensgeld wegen der verbleibenden Selbstbestimmungsrechtsverletzung zustehen soll.[35] Nach hier vertretener Auffassung ist dies mit der Teleologie des immateriellen Schadensersatzrechts nicht zu vereinbaren, da dies auf eine Pönalisierung hinausliefe.[36] Demgegenüber ist im straf- und berufsrechtlichen Bereich durchaus zu erwägen, ob Sanktionen angebracht sind.[37] Durch die zuletzt genannten Mechanismen ist die Wahrung der Rechtsordnung und das Selbstbestimmungsrecht des Patienten insoweit auch effektiv zu verteidigen.

II. Behandlungsfehlerhaftung und Organisationsverschulden

25 Die Behandlungsfehlerhaftung möge man sich zunächst in der klassischen Form vorstellen, in welcher der Arzt bei der Therapie schlicht etwas falsch macht. Dies können ebenso eine falsche Bewegung mit dem Skalpell wie eine verfehlte Medikamentendosierung oder unzureichende oder gar kontraindizierte Hinweise für das Verhalten vor oder nach einem Eingriff sein. Daneben tritt das sog. Organisationsverschulden, welches all jene Fälle benennen will, in denen die Fehlbehandlung auf einem organisatorischen Versehen respektive auf Misswirtschaft basiert. Haftungsgrund ist und bleibt natürlich auch hier der Vorwurf, dass der letztlich zum Primärschaden führende Behandlungsfehler nicht hätte passieren dürfen.

---

35 Dafür *Voigt*, Individuelle Gesundheitsleistungen, 2013, 137 ff.; *Hart*, MedR 2013, 159, 161.
36 In diese Richtung auch OLG Köln VersR 2008, 982.
37 Zur Diskussion um die zutreffende Erfassung des zivilrechtlichen Schadensersatzrechts in Abgrenzung zu Strafzwecken vgl. *J. Prütting*, AcP 2016, 459 ff. m.w.N.

Gleichwohl kann der Vorwurf des Organisationsverschuldens eigenständige Bedeutung erlangen. Dieser ist dazu geeignet, standardwidriges Verhalten erstmalig aufzudecken, gestützt auf prozessuale Hilfsmittel im Bereich der Darlegungslast (sog. sekundäre Darlegungslast der Behandlungsseite, s. u. § 24 III 1 b) den patientenseitigen Angriff zu vertiefen, Beweiserleichterungen nach gesetzlichen oder Rechtsprechungsregeln tatbestandlich zu begründen (so insbesondere die Schwelle des groben Behandlungsfehler i. S. d. § 630h Abs. 5 S. 1 BGB zu überschreiten) und eine eigenständige Haftungsgrundlage gegen vertraglich oder deliktisch anderweitig nicht in Anspruch zu nehmende Rechtssubjekte über § 823 Abs. 1 BGB zu schaffen.[38]

Die folgende Darstellung des Behandlungsfehlerbereichs – wie auch der nachfolgend zu besprechenden Aufklärungsrüge – orientiert sich an der zentralen Materie der Heilbehandlung. Im Anschluss gibt es aber auch Hinweise zu wunschmedizinischen Eingriffen und deren Beurteilung. In diesem Zusammenhang ist letztlich das entscheidende Ziel, dass die Ausführungen den geneigten Leser in die Lage versetzen sollen, mit den Regeln aus Gesetz und Rechtsprechung an Hand einer möglichst klar geordneten Prüfstruktur arzthaftungsrechtliche Problemlagen rechtlich bewerten zu können. Die rechtspraktische Umsetzung bedarf im Anschluss der Kombination mit dem zugehörigen prozessualen und anwaltlichen Wissen. Dies wird in § 24 mit Blick auf wichtige Aspekte dargestellt. | 26

1. Heilbehandlung

Als Anfangsbemerkung dieser Thematik sei daran erinnert, was wir im Bereich der vertragsrechtlichen Einordnung gelernt haben. Der Behandlungsvertrag ist ein besonderer Dienstvertrag i. S. d. §§ 611 ff. BGB (§ 630b BGB). Daraus folgt, dass nicht der Heilungserfolg, sondern die standardgerechte Behandlung geschuldet ist und ein Misserfolg für sich genommen nicht einmal einen Behandlungsfehler oder etwaig darauf gründende Kausalität zwischen einer eingetretenen Körper- oder Gesundheitsschädigung und einem behandlungsseitigen Verhalten indiziert.[39] Letztlich ist es somit am Patienten, den gesamten haftungsbegründenden Tatbestand darzulegen und zu beweisen. Je nach streitigem Merkmal gibt es hiervon aber Abweichungen, die seitens der Rechtsprechung in den letzten Jahrzehnten entwickelt und nunmehr vom Gesetzgeber in § 630h BGB übernommen worden | 27

---

38 Hierzu *J. Prütting*, GesR 2017, 681, 685 f.
39 Allg.M. vgl. *Martis/Winkhart*, Arzthaftungsrecht, 6. Aufl. 2021, S. 559 m.w.N.

sind. Der korrekte Umgang und ein fundiertes Wissen zu diesen Elementen sind für den Arzthaftungsrechtler unerlässlich.

a) Der grobe Behandlungsfehler

Fall 25:
In der Welt von Dr. House ereignet es sich, dass dieser bei einem Patienten eine Therapie anordnet, ohne die vorab erforderliche Diagnostik vorgenommen zu haben. Da Dr. House sich aber – und das passiert sogar ihm – im Irrtum befindet, erleidet der Patient wegen des tatsächlich kontraindizierten Medikaments einen schweren Kreislaufzusammenbruch mit weitreichenden gesundheitlichen Folgen. Problematisch ist allerdings, dass gleichermaßen die Grunderkrankung des Patienten dermaßen erhebliche gesundheitliche Probleme verschiedenster Formen zeigt, dass der später zur Begutachtung berufene Sachverständige sich nicht in der Lage sieht, die gesundheitlichen Beschwerden auf die fehlerhafte Medikation oder die Grunderkrankung zurückzuführen. Beide Ursachenbereiche sind möglich. Ansprüche des Patienten?

28   Es sei unterstellt, dass Dr. House und der Patient einen eigenständigen Arztvertrag miteinander geschlossen haben. Andernfalls ergäben sich die folgenden Ausführungen aber auch gleichermaßen im Deliktsrecht über § 823 Abs. 1 BGB (s. o. zur Strukturgleichheit von Vertrag und Delikt). In Betracht kommt also ein Anspruch gegen Dr. House aus § 280 Abs. 1 BGB, wobei das Schuldverhältnis in Form eines Vertrages nach § 630a BGB vorliegt. Eine Rechtsgutsverletzung hat der Patient mit der Zuführung der Medikation und den schweren gesundheitlichen Folgen erlitten. Daneben hat Dr. House mit der kontraindizierten Medikation auch eine ärztliche Pflichtverletzung und damit einen Behandlungsfehler, also ein nicht begründetes Unterschreiten oder sonstiges vorwerfbares Abweichen vom fachärztlichen Standard begangen.

29   Allerdings konnte der Sachverständige die Kausalität zwischen Pflicht- und Rechtsgutsverletzung nicht klären (klassisches Problem des Arzthaftungsprozesses!). Für diese ist als anspruchsbegründendes Merkmal nach der Rosenbergschen Normentheorie[40] der Gläubiger des Haftungsanspruchs, hier also der Patient darlegungs- und beweisbelastet. Ein entsprechender Vortrag ist erfolgt, jedoch konnte der Beweis im Sinne des § 286 ZPO nicht geführt werden, da es hierfür eines für den praktischen Gebrauch erforderlichen Maßes an Gewissheit beim erkennenden Gericht bedarf, welches Zweifeln Schweigen gebietet, ohne diese vollständig aus-

---

[40] Jede Partei hat das tatsächliche Vorliegen der Voraussetzungen der ihr günstigen Norm darzulegen und zu beweisen. Theorie nach Leo Rosenberg, vgl. *Rosenberg*, Beweislast, 4. Aufl. 1956, 11 ff., 98 ff., 112 ff.

zuschließen (richterliche Überzeugung im Maßstab des Vollbeweises).[41] Da es sich bei der in Streit stehenden Kausalität um ein haftungsbegründendes Merkmal handelt, kommt dem Patienten auch nicht die Erleichterung des § 287 ZPO zu Gute, der sich ausschließlich auf die haftungsausfüllende Kausalität und somit die spezifische Bezifferung eines Haftungsumfangs bezieht.[42] Allerdings könnte gleichwohl zu Gunsten des Patienten im vorliegenden Fall nach Beweislastgrundsätzen zu entscheiden sein, sofern die Beweislast ausnahmsweise auf den Beklagten Arzt gekehrt wäre. In Betracht kommt die Anwendung des § 630h Abs. 5 S. 1 BGB, in welchem die Rechtsprechung zum sog. groben Behandlungsfehler kodifiziert worden ist.[43] Begeht der Arzt einen groben Behandlungsfehler, so wird zu Gunsten des Patienten die haftungsbegründende Kausalität vermutet, wobei die konkreten Erwägungen, auf denen diese Beweislastregel fußt, bis heute streitig sind.[44] Hintergrund soll nach der Rechtsprechung im Wesentlichen sein, dass der Kausalitätsnachweis dem Patienten in diesem Fall nicht mehr zugemutet werden könne, da derartige Fehler grundsätzlich dazu geeignet seien, die Vorgänge und Unwägbarkeiten des Behandlungsgeschehens noch zu durchschauen, mithin eine sachverständige Aufklärung noch zu ermöglichen.[45] Daneben wird auch ein allgemeines Billigkeitsargument bei grober Pflichtwidrigkeit ins Feld geführt.[46] Zudem hat *von Pentz* (Richterin am BGH, Mitglied des VI. Zivilsenats – uA. Arzthaftungssachen) betont, dass der Patient durch grobe Behandlungsfehler im Rahmen der Behandlung einer besonderen zusätzlichen Gefahr ausgesetzt werde, aus der sich ebenfalls beweisrechtliche Folgen schließen lassen müssten.[47] Aus den Begründungserwägungen der Rechtsprechung, auf deren Historie sich der Gesetzgeber mit Schaffung des § 630h Abs. 5 S. 1 BGB berufen hat respektive an ihr nichts verändern wollte,[48] lässt sich folgern, dass die Beweislastumkehr bei Vorliegen einer entsprechend groben Pflichtverletzung wohl nur dann noch ausscheiden kann, wenn diese schlicht nicht dazu geeignet ist, die Aufklärung der Kausalität in irgendeiner Form zu verschleiern oder zu erschweren, denn in diesem Fall wäre der Patient nach der Rechtsprechungsansicht wohl nicht schutzwürdig. Daneben kann der

---

41 BGH NJW 1970, 946, 948.
42 MüKo-*H. Prütting*, ZPO, 7. Aufl. 2025, § 287 Rn 9 ff.
43 Zum Hintergrund MüKo-*Wagner*, BGB, 9. Aufl. 2023, § 630h Rn 77 ff. m.w.N.
44 Zum Hintergrund *J. Prütting*, GesR 2017, 681 ff. mit entsprechender Kritik und w.N. sowie einem Vorschlag für einen Rettungsversuch der Legitimation.
45 BGH NJW 1967, 1508.
46 Vgl. BGH VersR 1959, 598.
47 *Von Pentz*, MedR 2011, 222, 223 f.
48 BT-Drs. 17/10488, S. 9, 13.

Arzt auch nach Beweislastumkehr versuchen, den Beweis des Gegenteils (§ 292 S. 1 ZPO) anzutreten. Allerdings gelingt dies zumeist nicht.

30   Im vorliegenden Fall ist mit Blick auf die haftungsbegründende Kausalität nur noch zu fragen, ob Dr. House auch tatsächlich einen groben Behandlungsfehler begangen und den Vermutungstatbestand des § 630h Abs. 5 S. 1 BGB ausgelöst hat. Ein grober Behandlungsfehler ist ein ärztliches Fehlverhalten, das „aus objektiver ärztlicher Sicht bei Anlegung des für einen Arzt geltenden Ausbildungs- und Wissensmaßstabes nicht mehr verständlich und verantwortbar erscheint, weil ein solcher Fehler dem behandelnden Arzt aus dieser Sicht schlechterdings nicht unterlaufen darf".[49] Wendet der Arzt eine Therapie an, deren Sinnhaftigkeit er diagnostisch ohne Weiteres hätte abklären können, ohne die erforderliche Gewissheit vorab erlangt zu haben, und stellt sich diese Therapie als kontraindiziert heraus, begeht der Arzt unbestreitbar einen Fehler, der fachmedizinisch nicht mehr zu erklären ist. Dabei kann an dieser Stelle offenbleiben, ob auf die grob fehlerhaft unterlassene Befunderhebung oder auf die Diagnostik im Vorfeld der fehlerhaften Therapie oder letztlich auf die kontraindizierte Therapie selbst abgestellt werden sollte, da hier nach jedem Ansatz ein grober Behandlungsfehler zu bejahen ist (die Abgrenzung von Diagnoseirrtümern und Befunderhebungsmängeln wird noch gesondert behandelt werden, s. u. (b.)). Da die übrigen Voraussetzungen einer Haftung zu unterstellen sind und die patientenseitige Einwilligung in eine Therapie niemals das Begehen eines Behandlungsfehlers abzudecken vermag (die Einwilligung deckt stets nur das standardgerechte Vorgehen!), ist die Behandlung auch rechtswidrig und die Haftung gegeben.

31   Mit denselben Begründungslinien und Prüfstrukturen ist sodann auch eine Haftung gemäß § 823 Abs. 1 BGB gegen Dr. House zu bejahen. Zudem lässt sich ebenfalls eine Haftung nach §§ 823 Abs. 2 BGB i.V.m. 229 StGB erwägen, jedoch wird diese am Kausalitätsnachweis scheitern, da Beweislastverschiebungen des Zivil- und Zivilprozessrechts keinen Einfluss auf das Strafrecht haben. Daraus erklärt sich letztlich auch die Bedeutungslosigkeit der strafrechtlichen Körperverletzungstatbestände im klassischen zivilrechtlichen Haftungsrecht über § 823 Abs. 2 BGB, während im Übrigen das Medizinstrafrecht freilich eine erhebliche praktische Bedeutung hat (dies gilt sowohl für die Körperverletzungstatbestände der §§ 223 ff., 229 StGB bei nachweislich gegebener Kausalität als auch für andere Bereich wie die §§ 203, 263 und 299 a, b StGB sowie BtM-Delikte und Taten nach dem ESchG (Embryonenschutzgesetz); die Aufzählung ist selbstredend nicht abschließend).

---

49 Vgl. nur BGH NJW 1983, 2080 f.

b) Diagnoseirrtum vs. Befunderhebungsmangel

Von herausragender Bedeutung für die Arzthaftung sind die zwei Seiten der fol- 32
genden Medaille: Die Rechtsprechung hat erkannt, dass es der Ärzteschaft nicht
zuzumuten ist, wegen jeder fehlerhaft gestellten Diagnose und darauf aufbauend
fehlerhaft durchgeführten oder unterlassenen Therapie zu haften. Daher ist eine
der stärksten Verteidigungslinien des beklagten Arztes gegen den Behandlungsfehlervorwurf der Einwand, dass nach fachmedizinischem Standard auch jeder
andere Kollege typischerweise diesem Irrtum erlegen wäre, es sich mithin um einen
nach fachmedizinischem Standard **nachvollziehbaren Diagnoseirrtum** gehandelt
habe. Die Rechtsprechung erkennt in solchen Irrtümern **keine Pflichtverletzung**,
so dass trotz darauf basierender fehlerhafter Therapie der haftungsbegründende
Tatbestand vertraglich wie deliktisch immer am Punkt der Pflichtverletzung respektive des vorwerfbaren Verhaltens scheitert.[50] Dieser weitreichende Schutz ist
für die Ärzteschaft von höchster Wichtigkeit, da der menschliche Körper jedenfalls
nach gegenwärtigem Stand von Wissenschaft und Technik keine vollständig kon-
trollier- und in seinen Reaktionen antizipierbare Maschine ist. Vielmehr sind
zahlreiche Symptome mehrdeutig, viele diagnostische Verfahren sind invasiv oder
gefährlich und daher mit Zurückhaltung einzusetzen, manche Menschen verfügen
über eine ärztlicherseits ungeahnte Prädisposition, es können Informationen in der
Anamnese fehlen und vieles mehr. Bürdete man vor diesem Hintergrund dem Arzt
auf, für jede objektiv unrichtige Diagnose einstehen zu müssen, so wäre das Haftungssystem vollständig auf ein Versorgungssystem Betroffener umzustellen, bei
welchem es nicht um individuelle Vorwürfe gegen den Behandelnden, sondern um
garantierten Ausgleich für Geschädigte ginge. Dies wird in anderen Ländern partiell
praktiziert, entspricht allerdings in Deutschland nicht der Gesetzeslage. Die dahinterstehende und seit Jahren geführte öffentliche Debatte ist spannend; sie kann
jedoch vom Umfang her an dieser Stelle nicht vertieft werden.[51]

Die Kehrseite dieser Medaille ist der patientenseitige Vorwurf **mangelhafter** 33
Befunderhebung, durch welche der Patient bei Darlegung und Beweis der Tatbestandsvoraussetzungen in den Genuss der Beweislastverlagerung des **§ 630h
Abs. 5 S. 2 i.V.m. S. 1 BGB** kommen kann. Der Vorwurf des Patienten lautet in
diesem Fall, dass der Arzt sich nach fachmedizinischem Standard nicht hätte
diagnostisch irren dürfen, sofern er im Rahmen der fachärztlich anzusetzenden
diagnostischen Maßnahmen korrekt gearbeitet hätte. Der Vorwurf geht also dahin,
dass der Arzt falsche Entscheidungen getroffen hat, die ein anderer objektiv
standardgerecht handelnder Facharzt deshalb im Zweifel vermieden hätte, weil

---

50 BGH VersR 1981, 1033.
51 Zur Übersicht MüKo-*Wagner*, BGB, 9. Aufl. 2023, vor § 630a Rn 42 ff. m.w.N.

dieser beispielsweise weitere oder andere Diagnostik betrieben hätte. Man stelle sich vor, ein Röntgenbild der Halswirbelsäule zeigt ein klinisches Bild, welches der Facharzt bei der Auswertung nicht einzuordnen vermag. Eine Kernspintomographie hätte mit überwiegender Wahrscheinlichkeit den Nachweis erbracht, dass ein Bruch der Halswirbelsäule vorgelegen hat. Der Arzt klärt dieses Bild jedoch nicht weiter ab, da er davon ausgeht, der Patient habe möglicherweise schlicht unruhig gelegen. Wenn nunmehr ein Sachverständiger aus dem entsprechenden fachärztlichen Bereich darüber aufklärt, dass in einer solchen Konstellation vom Mediziner zu erwarten ist, dass auch kleine Verschattungen etc. weiter abgeklärt werden müssen, da diese – wie hier gegeben – besonders schwere Gefahren bedeuten können, kann sich der Arzt nicht auf einen diagnostischen Irrtum zurückziehen, da sein Fehlverhalten zu diesem Irrtum erst geführt hat. Nun ist die Trennung dieser beiden Ansätze allerdings in der Praxis wie in der Theorie von erheblichen Schwierigkeiten gekennzeichnet und bis heute nicht befriedigend für jede denkbare Konstellation gelöst, obgleich sich über diesen Punkt ein Großteil aller Arzthaftungsprozesse entscheidet. Nachfolgend wird eine kleine Liste der gängigen Lösungsvorschläge für das Dilemma geboten:

aa) Schwerpunkt der Vorwerfbarkeit[52]

34 Es soll hiernach darauf ankommen, ob der erkannte Befunderhebungsmangel nach Berücksichtigung aller Umstände des Einzelfalls den schützenden diagnostischen Irrtum überschattet oder hinter demselben zurücktritt. Bei diesem Ansatz wird weithin auf die fachmedizinische Beurteilung des Sachverständigen zurückgegriffen, um diese logisch zu prüfen und in die juristische Abwägung einzustellen.

bb/cc) Sperrwirkung des diagnostischen Irrtums und/oder des einfachen Diagnosefehlers[53]

35 Geht einem Befunderhebungsmangel ein diagnostischer Irrtum oder sogar ein einfacher diagnostischer Fehler voraus und basiert die fehlerhafte Befundung auf diesen diagnostischen Erkenntnissen, so soll der Vorwurf des Befunderhebungsmangels gesperrt sein. Die naheliegende für die Ärzteseite schärfere Variante ist dementsprechend, eine Sperrwirkung nur beim diagnostischen Irrtum anzunehmen, nicht mehr jedoch beim diagnostischen Fehler.

---

52 In diese Richtung BGH NJW 2017, 888; 2016, 1447; VersR 2010, 72 f.; OLG Jena OLGR 2009, 419 f.
53 Hierzu *Ramm*, GesR 2011, 513, 516 f.; *Karmasin*, VersR 2009, 1200, 1202; *Hausch*, MedR 2012, 231, 235 ff.

dd) Diagnostische Fehler als potentielle Befunderhebungsmängel[54]

Vereinzelt ist auch vorgeschlagen worden, diagnostische Fehler ihrerseits noch 36 einmal fachmedizinisch auf den Prüfstand zu stellen, ob dieselben nach ärztlichem Standard nicht aufgrund hinzutretender Umstände für sich genommen auch als Befunderhebungsmängel zu betrachten sein könnten.

ee) Lösung über Tatfrage[55]

Es ist auch vorgeschlagen worden, die Abgrenzung nicht als Rechts-, sondern als 37 Tatfrage aufzufassen und vollständig auf die Aufklärung und Bewertung des Sachverständigen zurückzugreifen.

ff) Parallelwirkung[56]

Letztlich gibt es in der Rechtsprechung gewisse Anzeichen dafür, in Grenzfällen 38 nicht mehr davon auszugehen, dass diese zwei Systemebenen relevanten Einfluss aufeinander haben, sondern dieselben vermeintlich „schlicht" unabhängig voneinander zu bewerten.

Stellungnahme: An dieser Stelle kann eine nur knappe Bewertung erfolgen. 39 Welchen Weg die Rechtsprechung auch künftig beschreiten wird, es ist zentral darauf zu achten, den Pflichtenkanon des Arztes im geltenden Haftungssystem, welches vom Wesen des vorwerfbaren Pflichtverstoßes geprägt ist, nicht zu überspannen. Der Arzt gibt kein Werkvertragsversprechen ab und kann dies in aller Regel in der Umsetzung auch nicht leisten, selbst wenn er wollte oder eine solche Aussage träfe, wobei mit Blick auf § 630a Abs. 2 BGB auch anderes vertretbar ist. Diagnostische Fehler zu begehen und hierfür nicht mit begründeten Haftungsansprüchen überzogen werden zu können, ist dabei aus den schon oben genannten Gründen ein elementarer Schutz, dessen Aufhebung eine Erosion des Arzthaftungsrechts de lege lata bedeutete. Daraus folgt aber zugleich, dass dieser Schild nicht mit anderen Konstruktionen umgangen werden darf, soweit derselbe seiner Teleologie nach reichen muss. Dementsprechend dürfte der letzte Ansatz einer Nichtberücksichtigung diagnostischer Irrtümer oder Fehler bei der Frage nach einem Befunderhebungsmangel keine Zukunft haben. Ob daneben allerdings

---

54 In diese Richtung *Greiner*, in: *Geiß/Greiner*, Arzthaftpflichtrecht, 8. Aufl. 2022, B. Rn 64.

55 Vgl. *Kniepert/Moeller*, MedR 2019, 464. Monographisch *Kniepert*, Befunderhebung oder Diagnose?, 2020, 106 ff.

56 Jüngst möglicherweise BGH NJW 2016, 1447; 2011, 1672. Diese Judikate können sowohl als ein striktes Nebeneinander als auch als Einpassung in die Schwerpunkttheorie verstanden werden, wobei Ersteres nach der Darstellung näherläge, während Zweiteres zu BGH NJW 2017, 888 passen würde.

Sperrwirkungen oder Abwägungsmechanismen gelten sollen, ob es sich mehr um eine Tat- denn eine Rechtsfrage oder insgesamt um einen nicht hinreichend präzisen Abgrenzungsmechanismus handelt, den es auf eine neue, verbesserte Grundlage zu stellen gelten könnte, ist nach wie vor offen. Aktuell dürfte insoweit vieles vertretbar sein. Die gerichtliche Praxis scheint dabei allerdings weniger um die abschließende Lösung der dargelegten Streitigkeit denn vielmehr um interessengerechte Entscheidungen im Einzelfall bemüht. Das ist dem zur Entscheidung berufenen Spruchkörper kaum vorzuwerfen, birgt allerdings gleichwohl die bereits vielfach in den letzten Jahrzehnten zu beobachtende Gefahr divergierender Lösungsmodelle, ohne dass der BGH dem beigekommen wäre.

Fall 26:
Die klinische Praxis kennt leider vielfach die Konstellation, in der sich ein Patient mit Übelkeit, Bauchkrämpfen, Erbrechen und Durchfall vorstellt. Im Zweifel hat dieser Patient eine Gastroenteritis (Magen-Darm-Grippe). Manchmal kombinieren sich diese Symptome aber auch mit einer empfindlichen und angespannten Bauchdecke und statt Durchfall ist dann eher Verstopfung zu beobachten. Dann hat der Patient möglicherweise eine Appendizitis (Blinddarmentzündung). Gleichwohl ist das klinische Bild häufig auf den ersten Blick sehr ähnlich, obgleich ein Experte den bedeutsamen Unterschied zumeist erkennt. Die Appendizitis ist allerdings sehr gefährlich (geht bis zum Platzen des Blinddarms und kann letal verlaufen), während die Gastroenteritis typischerweise keine ernsten therapeutischen Sorgen bereitet. Es sei nun angenommen, dass ein Arzt einen Patienten mit Verdacht auf Gastroenteritis nach Hause schickt, dieser dann einige Stunden später mit Appendizitis ins Krankenhaus eingeliefert und notoperiert wird. Hätte der Arzt in der etwas unklaren Situation nebst Abtasten des Bauchraumes einen Ultraschall durchgeführt, wäre die Appendizitis mit überwiegender Wahrscheinlichkeit aufgefallen und es kann ebenfalls mit überwiegender Wahrscheinlichkeit gesagt werden, dass die gesundheitlichen Schäden des Patienten bei einer viele Stunden früheren Operation deutlich geringer ausgefallen wären. Haftung des Arztes?

40 An Hand dieses Falles wollen wir uns nunmehr ohne den breiten Theorienstreit ansehen, wie mit dem Befunderhebungsmangel juristisch umzugehen ist. Das für einen Anspruch aus § 280 Abs. 1 BGB erforderliche Schuldverhältnis liegt in Form eines Behandlungsvertrages nach § 630a BGB vor. Der Arzt hat mit seinem Unterlassen der gebotenen operativen Therapie (oder jedenfalls Überstellung an einen geeigneten Chirurgen) den objektiv in dieser Situation gebotenen medizinischen Standard unterschritten und somit eine Pflicht verletzt. Mit der nichtbehandelten, fortschreitenden Appendizitis und dem weitergehenden Schadensumschlag liegt auch eine Gesundheitsschädigung des Patienten vor. Allerdings kann der Patient nicht beweisen, dass und welcher Teil der Gesundheitsschädigung auf das standardwidrige Verhalten des Arztes zurückgeht. Da der Patient für die Kausalitätsfragen darlegungs- und beweisbelastet ist, müsste er an dieser Stelle den Rechtsstreit verlieren. Allerdings könnte die Beweislastregel nach § 630h Abs. 5 S. 1 BGB eingreifen. Jedoch ist vorliegend nicht ersichtlich, dass der Arzt einen groben Be-

handlungsfehler begangen hätte. Es sei auch davon ausgegangen, dass der im Prozess berufene medizinische Sachverständige die Diagnose des Arztes zwar als fehlerhaft, jedoch nicht als sog. Fundamentalirrtum (grober Behandlungsfehler im Diagnosebereich) eingestuft hat. Das Unterlassen weiterer ärztlicher Maßnahmen ist mithin aus fachärztlicher Sicht noch nachvollziehbar gewesen. Allerdings kann die Rechtsfolge des § 630h Abs. 5 S. 1 BGB auch über das Vorliegen der Voraussetzungen des § 630h Abs. 5 S. 2 BGB ausgelöst werden. Danach gilt, dass das Nichterheben relevanter Befunde auch schon unterhalb der Schwelle grober Pflichtwidrigkeit dann zur Annahme eines groben Behandlungsfehlers führen kann, wenn mit überwiegender Wahrscheinlichkeit (50 % + 1 und damit keine richterliche Überzeugung notwendig!) davon auszugehen ist, dass bei Befunderhebung sich ein medizinischer Sachverhalt gezeigt hätte, auf den der Arzt hätte reagieren müssen, um keinen groben Behandlungsfehler zu begehen. Auf den Fall gewendet bedeutet dies: Stuft man das Unterlassen der diagnostischen Maßnahme Ultraschall und die Auswertung der dort gefundenen Erkenntnisse als (einfachen) Befunderhebungsmangel ein, so muss nach § 630h Abs. 5 S. 2 BGB gefragt werden, ob sich hierdurch (hypothetisch) in der ex ante – Sicht mit überwiegender Wahrscheinlichkeit ein medizinischer Sachverhalt ergeben hätte (Appendizitis), dessen Nichtbehandlung einen groben Behandlungsfehler i. S. d. § 630h Abs. 5 S. 1 BGB bedeutete. Diese Voraussetzungen sind hier erfüllt. Der Ultraschall hätte – nach sachverständiger Aussage – mit erheblicher Wahrscheinlichkeit die Appendizitis zu Tage gefördert. Auf diesen Befund hin hätte jeder fachlich ordnungsgemäß handelnde Arzt sofort zur Operation geraten respektive alles für eine solche ins Werk gesetzt. Dies nicht zu tun, wäre ärztlich nicht mehr nachvollziehbar und mithin als grober Behandlungsfehler zu werten. Somit hätte der Arzt nunmehr zu beweisen, dass und inwieweit die gesundheitlichen Folgen für den Patienten nicht auf sein fehlerhaftes Unterlassen zurückzuführen sind, was nach sachverständiger Aussage nicht gelingen wird. Mithin ist die haftungsbegründende Kausalität gegeben und weitere Probleme stellten sich nach dem Sachverhalt hier nicht.

Als abschließende Anmerkung sei ergänzt, dass in Klausur und rechtspraktischer Prüfung an eben jenem Punkt, an welchem oben ein Befunderhebungsmangel lapidar angenommen worden ist, die zuvor aufgerissene Diskussion darum geführt werden muss, ob der in Haftung genommene Arzt sich mit einem nachvollziehbaren diagnostischen Irrtum verteidigen kann/darf, was je nach Sachlage in den Fällen von Gastroenteritis vs. Appendizitis nicht ausgeschlossen erscheint, aber überwiegend dünnes Eis sein dürfte, da eine Appendizitis durch den Fachexperten doch recht rasch und überwiegend sicher heute ausgeschlossen werden kann. 41

c) Das voll beherrschbare Risiko

42 Eine weitere rechtliche Besonderheit ist die Fehlervermutung im Rahmen des voll beherrschbaren Risikobereichs,[57] die in § 630h Abs. 1 BGB ihren Niederschlag gefunden hat. Dahinter verbirgt sich die Idee, dass es auch im Behandlungsprocedere Tätigkeitsfelder, Vorbereitungsmaßnahmen und technische Hilfsmittel gibt, bei denen die Behandlungsseite sich nicht auf das Argument zurückziehen kann, ein unerwünschter Verlauf sei schicksalhaft gewesen und ein Misserfolg könne keinen Fehler indizieren. Rechtsprechung und Gesetzgeber erkennen mit dieser Fallgruppe dementsprechend an, dass es auch im Behandlungsgeschehen zustands- und erfolgsbezogene Komponenten gibt, bei denen die Haftung der Behandlungsseite einen werkvertragsrechtlichen Charakter hat,[58] wobei die Regeln des Werkvertragsrechts als solche weiterhin nicht zur Anwendung kommen. Zentral ist jedoch im Vermutungstatbestand die Feststellung, dass der Patient darlegen und beweisen muss, dass sich ein gefährlicher Zustand aus dem behandlungsseitigen Organisationsbereich bei ihm ausgewirkt, also kausal zu einer Rechtsgutsverletzung geführt hat.[59] Und genau hieran scheitern die meisten Ansätze, die sich haftungsrechtlich auf die Beweislastregel des § 630h Abs. 1 BGB zu stützen versuchen.

Fall 27:

Wieder einmal in der Welt von Scrubs angekommen, muss konstatiert werden, dass in zahlreichen Folgen die Ärzte, Pfleger und Schwestern – bedingt durch Verspätung oder wieder einmal durch einen Streich des Hausmeisters[60] – die Behandlung und Versorgung der Patienten in Straßenklamotten, mit unsauberen Händen oder anderweitig hygienisch unvorbereitet durchführen. Besonders tragisch ist jener Fall, in dem der junge Assistenzarzt, der von JD lernen soll, letztlich wegen seiner Fehler gefeuert werden muss, an seinem letzten Tag dann aber noch einen schmutzigen Handschuh aufhebt und einer alten Dame im Anschluss die Hand gibt, die später an der so übertragenen Infektion verstirbt. Wenn wir einmal unterstellen, dass sich – wie es häufig der Fall ist – nicht mehr genau klären lässt, ob tatsächlich eine solche Verfehlung wie oben beschrieben geschehen ist, so führt dies zu der Frage, ob die Patientin – oder nach ihrem Versterben die Angehörigen – erfolgreich Ansprüche mit dem Vortrag geltend machen können, dass Keimfreiheit nach Krankenhaushygienestandards zwingend anzunehmen sei und eine solche Infektion (MRSA, Pseudomonas etc.) im Krankenhaus generell nicht geschehen dürfe.

---

43 Haftungsrechtlich könnten Angehörige erwägen, gemäß § 823 Abs. 1 BGB wegen eventuell eingetretener Schockschäden oder gemäß §§ 842 ff. BGB wegen Schäden gegen die Klinik vorzugehen, die aus der eingetretenen Lebensverletzung folgen

---

57 BGHZ 171, 358 Rn 11 = NJW 2007, 1682. Lies auch BGH, Beschl. v. 26.09.2017 – VI ZR 529/16.
58 Hierzu MüKo-*Wagner*, BGB, 9. Aufl. 2023, § 630h Rn 22 m.w.N.
59 BGHZ 171, 358 Rn 9 = NJW 2007, 1682.
60 Wussten Sie, dass dieser anfangs nur als Hirngespinst von JD angedacht gewesen ist, sich sodann aber als Figur so gut gemacht hat, dass man ihn beibehalten wollte?!

(etwa Geltendmachung eines Angehörigenschmerzensgeldes gemäß § 844 Abs. 3 BGB). Auch ein ererbtes Schmerzensgeld ist denkbar, §§ 1922 i.V.m. 280 Abs. 1, 831 Abs. 1 i.V.m. 253 Abs. 1, 2 BGB. Wir wollen an dieser Stelle einmal die letzte Idee als verfolgt ansehen und nur die Haftungsbegründung klären. Es sei aber vorab noch darauf hingewiesen, dass der zuerst genannte Schockschaden eine eigenständige Gesundheitsverletzung bei den Angehörigen gewesen wäre,[61] während es sich bei allen anderen Positionen um Folgen aus dem Versterben oder den vorab zugefügten Leiden der Patientin handelt. Vorsicht: Der Tod einer Person ist für sich genommen kein Umstand, aus dem vererbliche Schmerzensgeldansprüche hervorgehen.

Die relevante Rechtsgutsgutsverletzung mit Blick auf ein ererbtes Schmer-   44 zensgeld wäre somit die Gesundheitsschädigung, die mit dem Infektionsbefall vor dem Tod der Patientin eingetreten ist und dieser Beschwerden bereitet hat. Es kann aber nach der Fallfrage nicht mehr geklärt werden, ob ein Fehlverhalten der Behandlungsseite, wie dies etwa bei unserem jungen Assistenzarzt vorgekommen ist, auch tatsächlich vorgelegen hat. Hierfür sind die Erben entsprechend der Verteilung zu Lasten der Erblasserin darlegungs- und beweisbelastet. Kann die Begehung eines Fehlverhaltens (Behandlungsfehler) wie etwa mangelhafte Hygiene nicht im Nachhinein sachverständig oder durch andere Mittel aufgeklärt werden, so würden die Erben den Prozess verlieren. Jedoch könnte zu ihren Gunsten die Vermutung des § 630h Abs. 1 BGB eingreifen. Dieser verlangt im Vermutungstatbestand den Vollbeweis dafür, dass ein bestimmtes Risiko während des Behandlungszeitraums in der Sphäre der Behandlungsseite bestanden hat, das voll beherrschbar gewesen ist und das sich gerade in Form der gerügten Rechtsgutsverletzung realisiert hat. In diesem Fall wird zu Lasten der Behandlungsseite vermutet, dass diese auch einen vorwerfbaren Fehler begangen hat. Nun ist der Nachweis aller Voraussetzungen des Vermutungstatbestandes in der Rechtspraxis allerdings von großen Schwierigkeiten für die Patientenseite geprägt. Bestimmte Bereiche, die voll beherrschbar erscheinen (so die Einhaltung der Krankenhaushygienestandards, sterile OP-Instrumente, unversehrte Blutkonserven, keine Kontaminationen bei Medikamenten und Einrichtungsgegenständen, korrekte Lagerung des Patienten auf dem OP-Tisch etc.), sind noch recht gut auszumachen. Abstrakt definiert handelt es sich um alle Einrichtungselemente und Verhaltensweisen, bei denen unter Wahrung der geforderten Sorgfalt ein Schaden für den Patienten gesichert vermieden werden kann. Problematisch ist demgegenüber der geforderte Kausalitätsnachweis zwi-

---

61 BGHZ 172, 263 = NJW 2007, 2764 Rn 12; BGH NJW 2014, 2190 Rn 8. Der BGH hat sein früher verlangtes Erfordernis aufgegeben, wonach die gesundheitliche Beeinträchtigung über das Maß des üblicherweise Erwartbaren hinausgehen müsste, vgl. BGH NJW 2023, 983.

schen Risiko und Realisation mit Blick auf die konkret eingetretene Rechtsguts-verletzung (Körper- und Gesundheitsschaden). Der vorliegend angesprochene Fall der Hygiene in Einrichtungen ist dabei ein besonderer rechtspraktischer Zankap-fel.[62] In zahlreichen Gerichtsgutachten haben medizinische Experten bekundet und sauber belegt, dass nach derzeitigem Erkenntnisstand die klassischen Kran-kenhausinfektionen vielfach auch von außerhalb durch den Patienten selbst mit in die Einrichtung getragen werden können. Diese finden sich allem voran in tiefer liegenden Haut- und Gewebeschichten und kommen bspw. bei operativen Ein-griffen an die Oberfläche. Das führt regelmäßig zu dem Ergebnis, dass die Kausa-lität zwischen patientenseitigem Verweilen in der medizinischen Einrichtung und Infektion nicht mit Sicherheit festgestellt werden kann und der Vermutungstat-bestand des § 630h Abs. 1 BGB nicht greift. Auch ein Blick in § 23 Abs. 3 IfSG (In-fektionsschutzgesetz) hilft nicht weiter, da dort nur normiert ist, dass eine medi-zinische Einrichtung, die sich an alle Hygienevorgaben des Robert-Koch-Instituts hält, eine Vermutung auf ihrer Seite hat, dass die Hygienestandards eingehalten worden sind. Werden diese Vorgaben jedoch nicht beachtet, indiziert dies noch kein organisatorisches Versagen.[63] Zudem sind die Einrichtungen nach bislang h.M. nicht verpflichtet, die Dokumentation der Hygienemaßnahmen nach den §§ 23 Abs. 4, 5 IfSG an den Patienten herauszugeben.

45   Allerdings offenbart die vorliegende Problematik auch das wunderbare Zu-sammenspiel von prozessualer Taktik und materiellrechtlichen Regelungen. Im Zivilprozess, so werden wir an späterer Stelle noch näher lernen, ist die Behand-lungsseite auf der Ebene der Darlegung von einer sog. sekundären Darlegungslast[64] betroffen. Sie muss mit Blick auf alle Umstände, die für die konkrete Behandlung relevant sind, elaboriert vortragen und das Vorgehen sowie – falls geboten – die Umstände beschreiben. Nun mag es zwar sein, dass der Patient de lege lata nicht beliebig Vorlage der allgemeinen Einrichtungsdokumentation verlangen kann. Werden jedoch im Prozess für die konkrete Behandlung dieses Patienten die äu-ßeren Umstände gezielt angegriffen, ist es nach richtiger, aber durchaus nicht unbestrittener Auffassung an der Behandlungsseite, auch Hygienemaßnahmen und entsprechende Organisationsstandards offenzulegen.[65] Ein geschickter Pati-entenanwalt kann mit zielführendem Vortrag daher letztlich beinahe das errei-chen, was die vollständige Offenlegung der Dokumentation nach § 23 Abs. 4, 5 IfSG gebracht hätte.

---

62 OLG München BeckRS 2013, 11185.
63 *Klein*, HygMed 2010, 361 ff.
64 Näher *J. Prütting*, GesR 2017, 681, 685 ff. Vgl. zu den Grundsätzen der sekundären Darle-gungslast die Erwägungen bei BGH NJW-RR 2016, 1360, 1361 ff.
65 *J. Prütting*, GesR 2017, 681, 685 ff.

d) Die Anfänger-Behandlung / Das Übernahmeverschulden

Auch die persönliche Befähigung des konkreten Behandlers (Operateur etc.) ist für 46
den Patienten von großer Bedeutung. Wie in jedem Beruf sind persönliche Fertigkeiten und Erfahrungsschatz zentrale Aspekte, wenn es um die Sicherung guter Leistungsqualität geht.

Fall 28:

In der vierten Staffel macht Dr. House Bekanntschaft mit einer Ärztin vom Militär. Sie ist in theoretischen Fragen vielfach fit, jedoch bei zahlreichen praktischen Interventionen noch sehr unerfahren. Dr. House stellt sie unter Verkennung dieser Umstände ein und überlässt ihr zahlreiche Behandlungen, für die sie nur im Rahmen ihrer theoretischen Kenntnisse, nicht jedoch mit Blick auf Erfahrung und praktische Fertigkeiten ausgebildet ist (der Fall ist nicht ganz seriengetreu). Es sei unterstellt, dass sich nach einem solchen Eingriff bei einem Patienten eine gesundheitliche Verschlechterung einstellt, deren Ursprung jedoch nicht sicher nachvollzogen werden kann. Allerdings hat die Ärztin nachweislich die Eingriffstechnik mangelhaft (leicht fahrlässig) umgesetzt und es liegt durchaus im Bereich des Möglichen, dass die Zustandsverschlechterung hierauf zurückzuführen ist. Allerdings wäre auch ein progressives Fortschreiten der Grunderkrankung denkbar. Wer gewinnt den Prozess, wenn sowohl gegen die Ärztin als auch gegen das Krankenhaus geklagt wird, die Ärztin sich aber nachweislich zutreffend mit dem Argument verteidigt, sie habe auch bei ordnungsgemäßer Gewissensanstrengung nach ärztlichen Standards nicht vorab erkennen können, dass dieser Eingriff ein solch erhebliches zusätzliches Erfahrungswissen benötigt hatte und sie dem nicht gewachsen gewesen ist?

Der Patient hat mit dem Krankenhaus einen Vertrag und somit ein Schuldver- 47
hältnis gemäß § 280 Abs. 1 BGB, während gegen die Ärztin nur eine Haftung nach deliktischen Grundsätzen in Betracht kommt. Die erforderliche Rechtsgutsverletzung im Sinne der §§ 280 Abs. 1[66] und 823 Abs. 1 BGB ist mit der Zustandsverschlechterung gegeben. Auch liegt auf Basis der mangelhaften Durchführung ein Behandlungsfehler vor, der dem Krankenhaus gemäß § 278 2. Alt. BGB (direkt oder analog) zugerechnet werden kann (eine Zurechnung über § 831 Abs. 1 BGB ist ebenfalls denkbar, jedoch scheitert diese häufig an Darlegung und Beweis eines ordnungsgemäß ausgesuchten und überwachten Arztes im Anstellungsverhältnis). Jedoch ist die haftungsbegründende Kausalität zwischen Fehler und Primärschädigung nicht geklärt und die Umkehr der Beweislast nach § 630h Abs. 5 S. 1 BGB greift mangels grober Pflichtwidrigkeit nicht ein. Allerdings handelt es sich um eine Situation, in welcher die behandelnde Ärztin mit Blick auf den konkreten Eingriff den erforderlichen Standard gemäß § 630a Abs. 2 BGB noch nicht gesichert anbieten konnte. Dabei kommt es in keiner Form darauf an, ob die jeweilige Person der Behandlungsseite Assistenz-, Ober- oder gar Chef- oder irgendein spezifischer

---

66 Strukturgleichheit von Vertrag und Delikt in der Arzthaftung, vgl. BGH NJW 1989, 767.

Facharzt ist. Vielmehr ist zu prüfen, ob für den konkreten Eingriff sowohl die theoretischen Kenntnisse als auch der nach medizinischen Standards zu fordernde Erfahrungsschatz im Zeitpunkt der Behandlung gegeben gewesen ist (anders als dies bei der Delegation der Selbstbestimmungsaufklärung (§ 630e Abs. 1, 2 Nr. 1 BGB) auf einen Arzt, der noch nicht über den praktischen Erfahrungsschatz verfügt, allerdings die theoretischen Kenntnisse hat, der Fall ist, da es für die Aufklärung regelmäßig nur der Theoriekenntnisse bedarf!). Die Anfänger-OP bezieht sich mithin auf den „Anfänger" für die konkrete medizinische Intervention, nicht auf eine bestimmte Menge an Dienstjahren oder eine bestimmte Position in der medizinischen Einrichtung. Freilich ist die Wahrscheinlichkeit, dass ein Assistenzarzt in seinem Gebiet eher noch unerfahren sein wird, als dies bei einem langgedienten Arzt oder Oberarzt der Fall ist, regelmäßig signifikant höher, so dass hier im Prozess seitens des Patienten verstärkt nachgefragt werden sollte. Auf der Darlegungsebene ist es an der Behandlungsseite, hierrüber ordnungsgemäß Auskunft zu erteilen. Andernfalls droht mit Blick auf den Vorhalt mangelhafter Erfahrung im Sinne des § 630h Abs. 4 BGB die Unterstellung als wahr (mangelhaftes substantiiertes Bestreiten mit Blick auf sekundäre Darlegungslast entsprechend § 138 Abs. 3 ZPO). Für die konkrete Situation ist mithin zu konstatieren, dass aufgrund der Erfüllung der Vermutungsvoraussetzungen des § 630h Abs. 4 BGB das Vorliegen des streitigen Kausalzusammenhangs zu Lasten des Krankenhauses vermutet wird, welches den Beweis des Gegenteils (§ 292 S. 1 ZPO) nicht führen kann. Da die anderen Haftungsvoraussetzungen vorliegen, haftet das Krankenhaus gemäß §§ 630a, 280 Abs. 1, 278 2. Alt. BGB. Da eine Exculpation in diesem Bereich nicht vorgesehen ist, kann sich das Krankenhaus auch nicht damit verteidigen, dass die Ärztin ihr Übernahmeverschulden nach ihrem Ausbildungsstand nicht korrekt hatte erkennen können, da es Sache der Krankenhausorganisation ist, dafür Sorge zu tragen, dass eine solche Situation nicht entstehen kann. Mithin trifft das Krankenhaus eine eigenständige vertragliche Vorwerfbarkeit, selbst wenn der Standpunkt eingenommen würde, dass es kein vorwerfbares Versagen der konkret handelnden Ärztin gäbe. Im Bereich des § 831 Abs. 1 BGB ist ebenso zu entscheiden, da der Nachweis ordnungsgemäßen Aussuchens und Überwachens gerade mit Blick auf die Pflicht, besagte Situation im Entstehen zu hindern, das erforderliche Verschulden begründet.

48 Grundsätzlich müsste man nunmehr davon ausgehen, dass – gerade mit Blick auf den stets in der Rechtsprechung hoch gehaltenen Gleichlauf von vertraglicher und deliktischer Haftung – dasselbe Ergebnis gemäß § 823 Abs. 1 BGB gegen die behandelnde Ärztin zu erzielen wäre. Tatsächlich bricht die Rechtsprechung an dieser Stelle jedoch mit dem eigens geschaffenen System der Arzthaftung, welches im Behandlungsfehlerbereich rein standardorientiert und nach objektiven Grundsätzen entscheidet. Es wird zu Gunsten des behandelnden Anfängers, der sein

Übernahmeverschulden situationsbedingt nicht erkennen konnte, kein Verschuldensvorwurf gemacht, obgleich eine Pflichtverletzung mit Blick auf die konkrete Behandlungstätigkeit (Standardwidrigkeit) nicht von der Hand zu weisen ist.[67] Dieser nachvollziehbare Schutzgedanke zu Gunsten des ärztlichen Anfängers, der mit höchster Gewissensanstrengung gleichwohl nicht erkennen konnte, dass er der Aufgabe nicht gewachsen gewesen ist, bringt ein im Rahmen reiner zivilrechtlicher Tätigkeitspflichten unbekanntes subjektives Vorwerfbarkeitskriterium ein, was auch der BGH erkannt und die Frage später offen gelassen hat.[68] Allerdings sollte dieser Komplex – soweit derselbe nicht möglicherweise in eine dogmatische Grundsatzdebatte des Zivilrechts hinsichtlich der Vorwerfbarkeit verletzter Verhaltenspflichten mündet – in der Arzthaftung auch nicht überwertet werden, da der jeweilige Behandlungsanfänger stets von der Haftpflichtversicherung seiner Einrichtung geschützt ist und diese wegen der vertraglichen Haftung (s. o.) ohnehin für die entstandenen Schäden einzustehen hat. Rechtspraktisch handelt es sich daher eher um ein marginales Problem.

e) Unterbrechung des Kausalzusammenhangs

Die medizinische Praxis kennt viele Konstellationen, in denen eine Verkettung von 49 unglücklichen Umständen und begangenen Fehlern letztlich zu einem Gesamtschadensbild führt, welches kaum präzise auf das eine oder andere Verhalten zurückgeführt werden kann. Dabei stellen sich grundsätzlich zwei besondere Problemlagen. Einerseits muss der Patient darlegen und beweisen, dass ein bestimmter Behandlungsfehler einen zu benennenden Primärschaden hervorgerufen hat (haftungsbegründende Kausalität) und andererseits muss mit Blick auf diese Kausalitätsfrage kritisch nachgefasst werden, wenn im Anschluss an einen Behandlungsfehler eine dritte Person (ein nachbehandelnder Arzt, ein Apotheker etc.) ebenfalls einen Fehler begeht, der ebenso primärschadenskausal sein kann.

Wie schon im Rahmen des Abschnitts zum groben Behandlungsfehler aufge- 50 zeigt, wird der Patient sowieso häufig den Vollbeweis der haftungsbegründenden Kausalität nicht erbringen können. Daher entscheidet regelmäßig die Beweislast, die nach den Regeln des groben Behandlungsfehlers, des Befunderhebungsmangels und der Anfängeroperation auf den Arzt gekehrt sein kann. Hat der Patient die Vermutungsbasis einer dieser Möglichkeiten dargelegt und bewiesen, stellt sich nunmehr für die oben genannten Zusatzkonstellationen des Dazwischentretens eines Dritten die Frage, ob der vermutete Zurechnungszusammenhang hierdurch widerlegt ist. Die Rechtsprechung verneint dies selbst in dem Fall, in welchem auch

---

67 BGHZ 88, 248, 258 = NJW 1984, 655, 657.
68 BGH NJW 1988, 2298, 2299 f.

der Nachfolgebehandler einen groben Behandlungsfehler begangen hat und lässt vielmehr sämtliche Behandelnde als Gesamtschuldner in voller Höhe haften, sofern noch ein adäquater Kausalzusammenhang zu bejahen ist.[69] Der tragende Gedanke liegt darin, dass der Verletzer grundsätzlich nicht darauf vertrauen kann und darf, dass ein Dritter nicht möglicherweise ebenso pflichtwidrig handeln wird. Gerade behandlungsfehlerhaftes Verhalten bringt regelmäßig die Notwendigkeit mit sich, dass der Patient sich weiteren Behandlungen unterziehen muss. All diese Folgebehandlungen sind aber riskant (was sie vielfach schon bei standardgerechter Durchführung wären, man denke nur an weitere notwendige Operationen).

51   Die Grenze wird jedenfalls dort gezogen, wo ein Dritter vorsätzlich schädigt. Dies ist nach allg.M. einem Vorschädiger nicht mehr zuzurechnen.[70] Zudem soll nach der treffenden Zusammenstellung von BGH-Ausführungen seitens *Martis/ Winkhart*[71] der Zurechnungszusammenhang dann entfallen, wenn

– „das Schadensrisiko der Erstbehandlung im Zeitpunkt der Weiterbehandlung schon gänzlich abgeklungen war, sich der Behandlungsfehler des Erstbehandlers auf den weiteren Krankheitsverlauf nicht mehr ausgewirkt hat oder
– es um die Behandlung einer Krankheit geht, die mit dem Anlass für die Erstbehandlung in keiner Beziehung steht bzw.
– die Nachbehandlung einer Krankheit oder Komplikation in keinem inneren Zusammenhang mit therapeutischen oder diagnostischen Maßnahmen des Erstbehandlers steht oder
– der die Zweitschädigung herbeiführende Arzt in außergewöhnlich hohem Maß die an ein gewissenhaftes ärztliches Verhalten zu stellenden Anforderungen außer Acht gelassen und derart gegen alle ärztlichen Regeln und Erfahrungen verstoßen hat, dass der eingetretene Schaden seinem Handeln haftungsrechtlich-wertend allein zugerechnet werden muss".

52 Als abschließende Bemerkung sei darauf hingewiesen, dass diese Zurechnungsproblematik auch außerhalb des Medizinrechts, aber vielfach mit Bezügen hierzu von großem Interesse ist. Wenn etwa im Rahmen eines sportlichen Wettkampfs ein Spieler den anderen in Form einer massiven Regelwidrigkeit fault und dabei so schwer verletzt, dass eine Organtransplantation notwendig wird, so hat der Verletzer gleichermaßen dafür einzustehen, wenn der Krankenwagen beim Transport in das Krankenhaus einen Unfall und der Verletzte hierdurch weitere Schäden

---

69 Vgl. BGH NJW 2012, 2024; 2003, 2311, 2314.
70 Vgl. OLG Saarbrücken NJW 2012, 324.
71 *Martis/Winkhart, Arzthaftungsrecht*, 6. Aufl. 2021, S. 1119 f. m.z.N.

erleidet,[72] wie auch für die durch Vater oder Mutter initiierte Organspende zu Gunsten ihres Kindes[73] (Herausforderungsfall) und den anschließenden groben Behandlungsfehler des Arztes während der Implantations-OP, der weitreichende Folgen haben kann.

f) Ancheins- und Indizienbeweis

Anscheins- und Indizienbeweise spielen im Medizinschadensprozess innerhalb der   53 Behandlungsfehlerdogmatik eine untergeordnete Rolle. Dieser Umstand rührt daher, dass in den meisten Situationen keine allgemeine Lebenserfahrung oder hinreichend starke Indizien existieren, wonach auf eine bestimmte zu beweisende Haupttatsache zurückgeschlossen werden kann. Zur Erinnerung: Der Anscheinsbeweis ist nach wohl herrschender, jedoch verfehlter Auffassung[74] ein Fall der Reduktion der in § 286 ZPO vorausgesetzten Messlatte des Vollbeweises und greift dann, wenn ein bestimmter Sachverhalt nach allgemeiner Lebenserfahrung mit hinreichender Typizität auf eine bestimmte Ursache zurückgeführt werden kann.[75] Der Indizienbeweis bietet lediglich eine Verkettung von Umständen, die ihrerseits nur dann zur richterlichen Überzeugung nach § 286 ZPO mit Blick auf die zu beweisende Haupttatsache führen, wenn dieselben den zwingenden Rückschluss erlauben.[76] Dies gelingt höchst selten, da jeder ansatzweise ernsthaft zu erwägende Alternativverlauf diese Beweisführung zu zerstören vermag.

    Der Umstand also, dass nach einer Blutung während einer OP Lähmungser-   54 scheinungen beim Patienten auftreten, kann regelmäßig ebenso wenig fraglos auf ein bestimmtes behandlungsfehlerhaftes Verhalten zurückgeführt werden, wie eine unerwünschte Reaktion des Patienten auf eine spezifische medikamentöse Therapie. Im Gros aller Fälle bestehen zahlreiche Erklärungsvarianten, etwa eine Verschlimmerung der Grunderkrankung, eine schicksalhafte Verschlechterung wegen Eintritts eines behandlungsimmanenten Risikos, über welches vorab aufgeklärt worden ist uVm. Gleichwohl hat es der BGH als möglich erachtet, dass

---

72 Vgl. BeckOK-*Förster*, 74. Ed. 2025, BGB, § 823 Rn 599 mit vielen Beispielen aus dem Sport. Zur Dogmatik s.a. BGH VersR 2013, 599 Rn 12.

73 Vgl. BGHZ 101, 215, 219 ff. = NJW 1987, 2925.

74 Vgl. zur Übersicht Musielak/Voit/*Foerste*, ZPO, 22. Aufl. 2025, § 286 Rn 24 f. Dagegen MüKo-*H. Prütting*, ZPO, 7. Aufl. 2025, § 286 Rn 54 f. mit dem zutreffenden Hinweis, dass das Beweismaß nicht betroffen ist, sondern vielmehr der jeweilige Anschein ausreichen kann und für eine entsprechende Entscheidung im Einzelfall muss, um die richterliche Überzeugung nach § 286 ZPO zu stützen. Dementsprechend ist die Stärke des jeweiligen Erfahrungssatzes genau zu hinterfragen. S.a. *J. Prütting*, NJW 2019, 2661 ff.

75 Vgl. BGH VersR 2005, 1238; NJW 2006, 2262.

76 Vgl. BGH NJW 1983, 2034, 2035; 1993, 935, 938; 2004, 3423, 3424; 2012, 2427, 2431.

Anscheinsbeweise zur Annahme der haftungsbegründenden Kausalität führen können. Der BGH führt aus: „Kann ein festgestelltes Krankheitsbild (theoretisch) die Folge verschiedener Ursachen sein, liegen aber nur für eine dieser möglichen Ursachen konkrete Anhaltspunkte vor, so spricht der Beweis des ersten Anscheins für diese Ursache, selbst wenn sie im Vergleich zu den anderen möglichen Ursachen relativ selten ist und das festgestellte Krankheitsbild nur eine zwar mögliche, aber keine typische Folge dieser Ursache ist."[77] Der BGH lässt insoweit also außer Acht, dass auch ein bislang unerkanntes Nebenwirkungsspektrum für die negative Folge verantwortlich zeichnen könnte. Nun möge man sich auf diese Judikatur allerdings im rechtspraktischen Gebrauch nicht übermäßig verlassen, da die Gerichte mit der Annahme der hierfür gebotenen Typizität sehr zurückhaltend sind. Zur Veranschaulichung mögen folgende Beispiele dienen:

55 Wenn eine Blutkonserve, die mit dem HI-Virus kontaminiert ist, einer Person verabreicht wird, die nicht zu einer Risikogruppe gehört und wird anschließend bei diesem Empfänger HIV diagnostiziert, so spricht ein Anscheinsbeweis für die Rückführung auf die erhaltene Bluttransfusion.[78] Auch die Folgeansteckung des Ehepartners soll von diesem Anscheinsbeweis erfasst sein.[79] Dem wird jedoch sogleich sinnvoll die Entscheidung gegenübergestellt, wonach eine erhebliche zeitliche Nähe von beim Patienten auftretender Infektion und Gabe einer Injektion für einen etwaigen Anscheinsbeweis nicht ausreichen soll.[80]

56 Interessant ist ebenfalls die Annahme eines Anscheinsbeweises für die haftungsbegründende Kausalität, wenn ein mit Hepatitis B infizierter Arzt bei der Behandlung seine Hände nicht durch Handschuhe o.Ä. schützt und mehrere Patienten in kurzem zeitlichen Zusammenhang erkranken.[81] Für eine beachtenswerte Liste den Anscheinsbeweis ablehnender Rechtsprechung sei an dieser Stelle auf die Sammlung bei *Martis/Winkhart* verwiesen.[82]

2. Wunschmedizin

a) Vorbemerkungen

57 Der Einsatz medizinischen Wissens kann neben der Heilbehandlung auch für andere Ziele in Betracht kommen. Darunter fallen alle Formen, bei denen es keine

---

77 BGH NJW 2007, 2767 Rn 14.
78 BGH VersR 2005, 1238.
79 BGH VersR 2005, 1238.
80 BGH VersR 2012, 363, 365. S.a. BGH GesR 2010, 255.
81 OLG Köln MedR 1986, 200; OLG Oldenburg MedR 1991, 203; OLG Celle VersR 1998, 1023.
82 *Martis/Winkhart*, Arzthaftungsrecht, 6. Aufl. 2021, S. 44 ff.

medizinische Indikation der Intervention gibt. Dementsprechend ist auch sinn-vollerweise nicht mehr vom Patienten, sondern vielmehr vom **Kunden** zu spre-chen. Als Beispiel sind etwa die Schönheitschirurgie und alle Arten der Leis-tungssteigerung (Doping etc.) zu nennen. Soweit es für Verbesserungen und Wunscherfüllung beim eigenen Körper keiner ärztlichen Intervention bedarf (Kaffee, Sport, Schönheitspflege etc.), ist das Recht der medizinischen Behandlung irrelevant. Wünscht der Kunde jedoch ein Lifting, eine Brust-OP oder gar die Steigerung kognitiver Fähigkeiten durch verschreibungspflichtige Pharmazeutika (Ritalin etc.) oder Neurobionik (etwa Tiefe Hirnstimulation[83]), ist das Vertrags-verhältnis rechtlich zu kategorisieren und ein treffendes Haftungsregime für den Fall etwaiger Streitigkeiten zu bestimmen.

b) Wissenswertes im Überblick

Die §§ 630a ff. BGB sowie die hergebrachten vertraglichen und deliktischen 58 Grundsätze des Arzt-Patient-Verhältnisses sind auf den wunschmedizinischen Be-reich anwendbar, soweit diese übertragbar erscheinen. Mithin gilt, dass ein Be-handlungsvertrag zwischen Arzt und Kunde (oder Einrichtung und Kunde nach den oben dargestellten Grundsätzen) entsteht. Darüber hinaus bleibt es dabei, dass auch in diesem Feld grundsätzlich kein Werkvertragsrecht herangezogen wird, da die Behandlungsseite selbst in der Wunschmedizin „nur" standardgerechtes Vor-gehen verspricht und schuldet.[84] Allerdings ist es nicht ausgeschlossen, bestimmte Erfolge vertraglich zuzusagen. § 11 Abs. 2 S. 2 MBO-Ä ist hierauf nicht anwendbar und – sofern keine besonderen Umstände vorliegen – dürfte auch § 138 Abs. 1 BGB regelmäßig nicht allein wegen einer Erfolgszusicherung entgegenstehen.

aa) Indikation

Die erste zentrale Problematik für den Behandlungsfehlerbereich ergibt sich dar- 59 aus, dass keine medizinische Indikation ersichtlich ist, die den ärztlichen Eingriff legitimieren würde. Daraus folgen weitere Überlegungen. Erstens ist streitig, ob es einer derartigen Legitimation im Recht bedarf oder ob ausschließlich eine infor-mierte Einwilligung des Kunden vorliegen muss.[85] Sofern eine weitergehende Le-gitimation gefordert wird, ist umstritten, welcher Inhalt dieser anhaften sollte.

Laufs hat noch die Ansicht vertreten, dass wunschmedizinische Maßnahmen 60 mit dem ärztlichen Beruf nicht zu vereinbaren seien und mangels medizinischer

---

[83] Ausführlich hierzu *J. Prütting*, Die rechtlichen Aspekte der Tiefen Hirnstimulation, 2014, S. 179 ff.
[84] Näher *J. Prütting*, Die rechtlichen Aspekte der Tiefen Hirnstimulation, 2014, S. 191 f. m.w.N.
[85] Für Letzteres *Lorz*, Arzthaftung bei Schönheitsoperationen, 2007, S. 93 f.

Indikation stets abzulehnen wären.[86] Dem ist die Rechtsprechung und h.L. augenscheinlich nicht gefolgt und hat der Wunschmedizin in den vergangenen Jahren weithin freien Lauf gelassen.[87] Dabei ist allerdings nie präzise geklärt worden, ob und inwieweit eine Enhancement-Indikation[88] vorliegen muss, um nicht a priori von einem nicht zu legitimierenden Eingriff auszugehen. Es kristallisiert sich mehr und mehr ein Bild heraus, wonach sowohl auf der Ebene des standardgerechten Vorgehens (also der Behandlungsfehlerebene) als auch auf der Ebene der Wirksamkeit der Einwilligung mit Blick auf deren etwaige Sittenwidrigkeit und den Umfang gebotener Aufklärung der Aspekt der Indikation eine Rolle spielen soll. Dabei ist seitens des Behandlers stets zuerst zu prüfen, ob Kontraindikationen vorliegen, ob also bestimmte Gründe mit Blick auf die Gesetzeslage (Verbot von Doping, unzulässige Medikamentennutzung etc.) die wunschmedizinische Maßnahme a priori ausschließen. Kontraindikationen können sich darüber hinaus insbesondere aus der gesundheitlichen und sozialen Situation des Kunden und aus ethischen Erwägungen zur Art und Weise der Durchführung oder mit Blick auf Dritte oder den ärztlichen Berufsstand insgesamt ergeben.[89] Soweit Aspekte der für den wunschmedizinischen Eingriff erforderlichen Behandlungsdurchführung oder des Gesundheitszustands des Kunden wesentlich entgegenstehen, sind diese unmittelbar im Behandlungsfehlerbegriff dergestalt erfasst, dass jede andere Reaktion als die Zurückweisung der Behandlung für sich genommen fehlerhaft wäre (Übernahmefehler). Alle sonstigen entgegenstehenden Aspekte sind im Bereich von Aufklärung, Einwilligung und Sittenwidrigkeitsgrenze erfasst (s. u. bei der Aufklärungsrüge). Schließlich könnte noch erwogen werden, dass es stets einer vernunftgeleiteten Prüfung im Rahmen der Enhancementindikation bedürfte, die für die Umsetzung sprechen könnte.[90] In Betracht kämen Schönheitsoperationen zur Angleichung an einen Zustand, der psychische Leiden oder ein Unwohlsein des Kunden dämpft. Leistungssteigerungsmittel könnten der Idee vorbehalten sein, körperlich oder geistig benachteiligte Menschen zu unterstützen, um im Wettbewerb mithalten zu können, während andere hiervon ausgeschlossen sein sollten.

---

86 *Laufs*, Der ärztliche Heilauftrag aus juristischer Sicht, 1989; *ders.* MedR 1986, 163 ff.; *ders.* in: Laufs/Katzenmeier/Lipp/*Laufs/Katzenmeier*, Arztrecht, 8. Aufl. 2021, Kap. I. Rn 9.
87 Einen interessanten Überblick bieten die Beiträge in Wienke/Eberbach/Kramer/Jahnke (Hrsg.), Die Verbesserung des Menschen, 2009.
88 Dafür eintretend *J. Prütting*, Die rechtlichen Aspekte der Tiefen Hirnstimulation, 2014, S. 198 f.; *Stock*, Die Indikation in der Wunschmedizin, 2009, S. 219 f.
89 Vgl. *J. Prütting*, medstra 2016, 78 ff.
90 Vgl. *Stock*, Ist die Verbesserung des Menschen rechtsmissbräuchlich?, in: Wienke/Eberbach/Kramer/Jahnke (Hrsg.), Die Verbesserung des Menschen. Tatsächliche und rechtliche Aspekte der wunscherfüllenden Medizin, 2009, S. 145, 150 ff.

Dieser Weg ist in Gesetzgebung und Rechtsprechung bislang nicht eingeschlagen worden. Mit der Abschaffung des § 6a AMG a.f. dürfte eher das Gegenteil der Fall sein. Aktuell werden Mittel zur Leistungssteigerung im Sport nur direkt von den Verbänden sanktioniert. Für Prüfungen erledigt dies das spezifische Prüfungsrecht, das je nach Prüfinstitution anders ausgestaltet ist. Eine Grundsatzvorschrift oder Generalrechtsprechung, die bereits bei der medizinischen Intervention ansetzte und diese untersagen würde, ist demgegenüber nicht ersichtlich und rechtspolitisch aktuell auch nicht ernsthaft verfolgt. Allerdings bereinigt die Judikatur dieses fehlende Element der Gewissensanstrengung durch besonders hohe Anforderungen an die Ordnungsgemäßheit der Selbstbestimmungsaufklärung, die ohne akzeptable Kunden-Anamnese nicht gelingen kann (s. u.).

bb) Standards

Für den Bereich wunschmedizinischer Maßnahmen existieren vielfach keine eigenständigen Behandlungsstandards. Nur teilweise verfassen die medizinischen Fachgesellschaften in diesem Sektor Leitlinien, so etwa für den Bereich der Nasenkorrektur[91]. Zentraler Anknüpfungspunkt für etwaig fehlerhaftes Vorgehen ist mithin zuvörderst, ob Methodiken genutzt und Alternativen erwogen wurden, die bei entsprechend gelagerten Interventionen in der Heilbehandlung angezeigt wären. So hat etwa die Brustvergrößerungs-OP in jeder Form chirurgischen Facharztstandards zu genügen. Es gelten entsprechende Regeln für Organisation und OP-Team etc. Sodann ist zu hinterfragen, ob sich für die spezifische wunschmedizinische Intervention besondere Standards – ungeachtet der Erkenntnisse aus der Heilbehandlung – herausgebildet haben, die ebenfalls zu beachten sind. Mangels medizinischer Indikation sind zutreffende Methodik und denkbare Alternativen nur am Kundenwunsch und der ordnungsgemäßen Möglichkeit, diesem gerecht zu werden, zu messen. Normativ gelten die §§ 276 Abs. 2, 630a Abs. 2 BGB. 61

cc) Entgeltfragen und Haftung

Der Kunde hat den Eingriff gemäß § 630a Abs. 1 BGB selbst zu bezahlen. Es bedarf vor Beginn der Behandlung einer entsprechenden Honorarvereinbarung. Die wirtschaftliche Aufklärungspflicht gemäß § 630c Abs. 3 BGB ist auf diesen Bereich aber nicht anzuwenden, da bei wunschmedizinischen Interventionen kein Kunde davon ausgehen kann, dies würde von seiner Versicherung getragen. Selbst wenn dies einmal in einer privaten Krankenversicherung als besonderer Vertragsge- 62

---

91 Vgl. https://register.awmf.org/assets/guidelines/017-070l_S2k_Formstoerungen-innere-aeussere-Nase_2022-06.pdf (Abrufdatum: 04.06.2025).

genstand in einem bestimmten Umfang miterfasst wäre, müsste es der Arzt nicht wissen, der insoweit nicht über überlegene Kenntnisse verfügt. Einen Grenzfall bilden jene Situationen, in denen wunschmedizinische Eingriffe auf der Schwelle zur Heilbehandlung liegen (Schönheitsoperation zur partiellen Wiederherstellung des Äußeren nach schweren Verbrennungen etc.). Da der Arzt insofern allerdings regelmäßig nicht über ein besonderes Wissen mit Blick auf Einstandspflichten der Versicherung verfügen wird, dürfte mit einem Hinweis, der Kunde möge seine Versicherung vorab gezielt darauf ansprechen, der Informationspflicht Genüge getan sein, wollte man § 630c Abs. 3 BGB auf diese Konstellation entsprechend anwenden.

dd) Behandlungsfehlerhaftung

63 Es sei zuletzt noch klargestellt, dass für den Bereich der materiellen Haftung sämtliche Grundsätze gelten, die zur Heilbehandlung ausgeführt worden sind. Dies gilt sowohl für die Haftungsgrundlagen der §§ 280 Abs. 1, 823 ff. BGB als auch für die Darlegungs- und Beweisregeln sowie für den noch zu erörternden Bereich des Schadensumfangs.

III. Aufklärungsrüge (Selbstbestimmungsaufklärung)

1. Heilbehandlung

64 Der Haftungsansatz der Aufklärungsrüge wird in der Prüfungsstruktur der §§ 280 Abs. 1 und 823 Abs. 1 BGB deutlich, wenn vorab noch einmal hervorgehoben worden ist, was unter der Körperverletzungsdoktrin in der Arzthaftung zu verstehen ist.

a) Körperverletzungsdoktrin

65 Die Rechtsprechung sieht jede ärztliche Intervention, die auf Körper oder Gesundheit des Patienten einwirkt, als einen Fall tatbestandlicher Körperverletzung/Gesundheitsschädigung.[92] Das ist nicht selbstverständlich! Der im Optimalfall vom Hilfsziel beseelte Arzt verschreibt Medikamente nicht zum Schaden des Patienten, sondern um seine Leiden zu lindern, Infektionen zu bekämpfen und Gesundheit wiederherzustellen. Auch ist der Skalpellschnitt des Chirurgen, der den Bauchraum öffnet, kein Akt roher Gewalt, sondern getragen von der Notwendigkeit, den darunterliegenden Tumor zu entfernen. Es ließe sich also durchaus hören, den indi-

---

92 RGSt 25, 375 ff.

zierten und standardgerecht durchgeführten Heileingriff definitionsgemäß aus dem Körperverletzungsbegriff der Jurisprudenz zu verbannen.[93] Die Rechtsprechung hat sich dagegen entschieden und hierbei spezifische Erwägungen verfolgt. Begeht jeder Arzt bei jedem auf den Körper wirkenden Eingriff eine Körperverletzung i.S.d. Rechtsordnung, so ist es am Behandelnden, für jede Intervention vorab einen Rechtfertigtatbestand sicherzustellen, sollen nicht alle Konsequenzen der tatbestandsmäßigen und rechtwidrigen Körperverletzung über den Arzt hereinbrechen. Genau an dieser Schnittstelle kommt die rechtfertigende Einwilligung ins Spiel, die nach dem Grundsatz volenti non fit iniuria (dem Willigen geschieht kein Unrecht) Garant dafür sein soll, dass jeder Mensch auch in der schwierigen Situation angegriffener Gesundheit selbstbestimmt mit seinem Körper verfahren können soll. Der Arzt soll ihm als Helfer und Bewahrer zur Seite springen und im Team die Krankheit bekämpfen, nicht jedoch Richter oder Herrscher über die Situation werden.[94] Freilich verbleiben dem Arzt neben der Einwilligung auch andere Zugriffstatbestände (Nothilfe, rechtfertigender Notstand, hoheitliche Ausnahmerechte im Seuchenschutzfall etc.), jedoch liegen deren Voraussetzungen entsprechend selten vor und sind im Fall der Fälle von jedem Menschen im Staat zu akzeptieren. Die Körperverletzungsdoktrin ist mithin Dreh- und Angelpunkt von Schutz und Machterhaltung der eigenen körperlichen und gesundheitlichen Interessen eines jeden Patienten.

b) Aufklärung und Einwilligung

Ist einmal akzeptiert, dass jeder Heileingriff für sich genommen bereits den haftungsbegründenden Tatbestand der §§ 280 Abs.1 und 823 Abs.1 BGB einschließlich der objektiven Zurechnung erfüllt, stellt sich die Frage der Rechtswidrigkeit. Die Körperverletzungsdoktrin entpuppt sich spätestens hier aber nur als die halbe Wahrheit. Der Patient ist gegenüber dem Arzt aus mehreren Gründen regelmäßig weit unterlegen. Er verfügt typischerweise nicht über fachmedizinisches Know-How und er kann seine eigene Situation vielleicht allenfalls anamnestisch, aber nicht diagnostisch oder gar therapeutisch einschätzen. Zudem weiß der Patient meistens wenig über seinen Arzt. Das gilt für dessen konkrete Verfassung (gut geschlafen, akute Verärgerung, leidet der Arzt selbst an einer Erkrankung(?)) wie auch für abstrakte Aspekte, die jedoch für die konkrete Entscheidung interessant wären (welche Ausbildung hat der Arzt genossen, ist er fachmedizinisch gerade für

66

---

93 Mit diesem Ansatz *Katzenmeier*, Arzthaftung, 2002, S. 356 ff. mit einem Lösungsvorschlag über das allgemeine Persönlichkeitsrecht. Das ist MM. geblieben.
94 Hierzu sehr lesenswert Laufs/Katzenmeier/Lipp/*Laufs/Katzenmeier*, Arztrecht, 8. Aufl. 2021 Kap. I. Rn 1 ff.

die Behandlung dieser Krankheit der Richtige, handelt es sich um eine Person mit Hilfswillen oder stehen pekuniäre Interessen an erster Stelle(?) uVm). Hinzu tritt erschwerend der Umstand, dass der Patient ob seiner Erkrankung vielfach andere Sorgen hat, als sich um die Angleichung des vorgenannten Wissensgefälles zu kümmern oder dass er möglicherweise kaum noch dazu in der Lage sein wird, da kognitive Fähigkeiten bereits in Mitleidenschaft gezogen sind.

67   Die Rechtsprechung hat anerkennen müssen, dass ein Arzt im täglichen Ablauf keine vernunftgeleitete und effiziente Behandlung anbieten kann, wenn er über all diese Aspekte und vieles mehr Auskunft erteilen und jedes Gefälle vorab abmildern oder gar negieren müsste. Allerdings sind über die Zeit allem voran behandlungsspezifische Elemente extrapoliert worden, die der Arzt dem Patienten vor der Behandlung zu erläutern hat, um das bestehende Wissensgefälle an wesentlichen Stellen zu verringern und dem Patienten eine ernstzunehmende Chance der Selbstbestimmung über gesundheitliche Interessen einzuräumen. Diese Aspekte sind heute in § 630e Abs. 1 BGB überwiegend aufgezählt. Zugleich finden sich in § 630e Abs. 2 BGB formelle Anforderungen, die ebenfalls für eine wirksame Einwilligung vom Arzt erfüllt werden müssen. Dementsprechend nimmt § 630d Abs. 1, 2 BGB explizit Bezug auf die Anforderungen an die Aufklärung in § 630e BGB.

Fall 29:
Im Rahmen der Aufklärungsrüge noch einmal zu Dr. House zurückzukehren, bietet sich geradezu an, da dieser – ausweislich vieler spannender Folgen – mit größter Freude das patientenseitige Selbstbestimmungsrecht ignoriert. Dr. House schickt nunmehr den etwas vertrottelten, aber stets gutmütigen Dr. Wilson zum Patienten, um sich eine Einwilligung für eine gefährliche therapeutische Methode besorgen zu lassen. Dr. Wilson bekommt auch die Zustimmung, jedoch ist später – nach erfolgtem Eingriff – streitig, welchen exakten Inhalt das Gespräch gehabt hat. Der Prozess wird erst Jahre später geführt und die Akten sind nicht mehr vollständig. Dr. Wilson kann sich an das konkrete Gespräch nicht mehr erinnern, trägt aber vor Gericht vor, dass er stets in diesen Fällen auf bestimmte, hier streitige Gefahren hinweise. Zudem kann Dr. House aufzeigen, dass der Eingriff ohne nennenswerte Alternativen gewesen ist und der Patient andernfalls vermutlich statt der nunmehr eingetretenen Lähmung eines Arms verstorben wäre. Der Patient hält entgegen, er hätte bei richtiger Aufklärung wenigstens einen weiteren Spezialisten aufgesucht und eine zweite Meinung gefordert. Sind Ansprüche des Patienten gegen Dr. House wegen rechtswidriger Behandlung und kausaler Lähmungserscheinungen begründet? (Es ist davon auszugehen, dass die Behandlung einwandfrei durchgeführt worden und die Lähmung schicksalhaft eingetreten ist).

68 Für die denkbaren Ansprüche gemäß §§ 280 Abs. 1 sowie 823 Abs. 1 BGB sind alle Elemente unstreitig gegeben. Es bleibt nur die Frage, ob die therapeutische Intervention von einer patientenseitigen, rechtfertigenden Einwilligung getragen ist. Für den Anspruch aus § 280 Abs. 1 BGB sind in diesem Fall die §§ 630d und e BGB direkt anwendbar, während im Deliktsrecht dieselben Grundsätze über anerkanntes Richterrecht im Rahmen der deliktischen Einwilligung als ungeschriebene Tatbe-

standsmerkmale der Rechtfertigung gelten.[95] Mithin wäre die Einwilligung des Patienten nur wirksam, wenn dieser vorab ordnungsgemäß aufgeklärt worden wäre. Für die Aufklärung gilt, dass der Patient über alle eingriffsspezifischen Risiken im „Großen und Ganzen"[96] im Bilde sein muss und die echten Entscheidungsalternativen vorab erläutert erhält. Formal muss hinreichend zeitlicher Abstand zum Eingriff bestehen, um Bedenkzeit zu haben,[97] und es bedarf in jedem Fall eines Aufklärungsgesprächs[98] (Verschriftlichung ist demgegenüber nach ständiger Rechtsprechung nicht entscheidend, sondern „nur" beweisrechtlich von Relevanz). Aufklärung und Einwilligung sind nun vom Juristen wie folgt abzuarbeiten:

Erster Abschnitt: Die Wirksamkeit von Aufklärung und Einwilligung   69

i. Richtiger Aufklärungsadressat: Es ist zu ergründen, ob alle für die Entscheidung relevanten Personen informiert sind, was bei betreuungsbedürftigen und minderjährigen Menschen relevant ist.

ii. Aufklärungsschuldner: Grundsätzlich hat die Aufklärung durch den Arzt zu erfolgen, der den Eingriff vornimmt. Allerdings kann die Aufklärung auch an andere Personen delegiert werden, wenn bei diesen sichergestellt ist, dass die hinreichende Kompetenz zur Aufklärung vorhanden ist.[99] Kritisch zu prüfen ist dies nicht nur in der klassischen Assistenzarztsituation, sondern auch dann, wenn der aufklärende Arzt aus einem anderen Fachgebiet stammt.

iii. Formalia: Die Aufklärung muss mündlich erfolgen und kann durch Aushändigung von Formularen und Texten ergänzt werden. Diese können das persönliche Gespräch jedoch nicht ersetzen, solange es sich nicht um marginale Routineeingriffe handelt und der Patient die Möglichkeit zu Rückfragen hat.[100] Entsprechende Formulare sind dem Patienten zwar auszuhändigen (§ 630e Abs. 2 S. 2 BGB), jedoch führt ein Verstoß gegen diese Vorschrift nach h.M. nicht zur Unwirksamkeit der Aufklärung.[101] Es sei beachtet, dass Aufklärungsformulare der klassischen AGB-Prüfung weithin entzogen sind.[102]

---

95 Müko-*Wagner*, BGB, 9. Aufl. 2023, vor § 630a Rn 18, § 630e Rn 97.
96 BGHZ 29, 176, 181; BGH NJW 1988, 763, 764.
97 § 630e Abs. 2 Nr. 2 BGB; *Greiner*, in: Geiß/Greiner, Arzthaftpflichtrecht, 8. Aufl. 2022, C. Rn 97 f. mit ausführlicher Rechtsprechungsübersicht.
98 § 630e Abs. 2 Nr. 1 BGB.
99 Die Details der Delegation der Aufklärung sind komplex und können hier nicht näher dargestellt werden. Zur Vertiefung *Greiner*, in: Geiß/Greiner, Arzthaftpflichtrecht, 8. Aufl. 2022, Kap. C. Rn 106 ff. mit ausführlicher Rechtsprechungsübersicht.
100 BGHZ 144, 1, 13 f. = NJW 2000, 1784, 1787 f.
101 J. Prütting/*J. Prütting/Friedrich*, Medizinrecht, 7. Aufl. 2025, § 630e Rn 71.
102 BGH NJW 2021, 3528 m.Anm. *Friedrich*; JZ 2022, 93 m.Anm. *J. Prütting*. Lies hierzu § 24 Rn. 27.

iv. Inhalt der Aufklärung: Alle Details in der Aufzählung des § 630e Abs. 1 BGB sind zu benennen und dem Patienten in verständlicher Sprache „im Großen und Ganzen"[103] nahezubringen. Bei Sprachschwierigkeiten ist es am Arzt, für das korrekte Verständnis zu sorgen oder notfalls einen Übersetzer hinzuzuziehen.[104]

v. Keine Anwendbarkeit des § 630h Abs. 3 BGB: Obwohl die Aufklärung gemäß § 630f Abs. 2 S. 1 BGB in der Patientenakte festzuhalten ist, stellt sie keine wesentliche medizinische Maßnahme i.S.d. § 630h Abs. 3 BGB dar, so dass das Fehlen einer Aufzeichnung hierrüber keine Vermutung der unterbliebenen Aufklärung nach sich zieht. Allerdings kommt der Behandlungsseite somit auch nicht der Vorteil zu Gute, wonach bei vorliegendem patientenseitig unterschriebenem Aufklärungsformular die ordnungsgemäße Durchführung indiziert ist.[105]

vi. Zeitpunkt der Aufklärung (wunderbar beschrieben in jüngerer BGH-Judikatur): „§ 630e II 1 Nr. 2 BGB nimmt die bisherige Rechtsprechung auf, der zufolge der Patient vor dem beabsichtigten Eingriff so rechtzeitig aufgeklärt werden muss, dass er durch hinreichende Abwägung der für und gegen den Eingriff sprechenden Gründe seine Entscheidungsfreiheit und damit sein Selbstbestimmungsrecht in angemessener Weise wahrnehmen kann. Die Bestimmung sieht keine vor der Einwilligung einzuhaltende „Sperrfrist" vor, deren Nichteinhaltung zur Unwirksamkeit der Einwilligung führen würde; sie enthält kein Erfordernis, wonach zwischen Aufklärung und Einwilligung ein bestimmter Zeitraum liegen müsste. Zu welchem konkreten Zeitpunkt ein Patient nach ordnungsgemäßer – insbesondere rechtzeitiger – Aufklärung seine Entscheidung über die Erteilung oder Versagung seiner Einwilligung trifft, ist seine Sache. Sieht er sich bereits nach dem Aufklärungsgespräch zu einer wohlüberlegten Entscheidung in der Lage, ist es sein gutes Recht, die Einwilligung sofort zu erteilen. Wünscht er dagegen noch eine Bedenkzeit, so kann von ihm grundsätzlich erwartet werden, dass er dies gegenüber dem Arzt zum Ausdruck bringt und von der Erteilung einer – etwa im Anschluss an das Gespräch erbetenen – Einwilligung zunächst absieht. Eine andere Beurteilung ist – sofern medizinisch vertretbar – allerdings dann geboten, wenn für den Arzt erkennbare konkrete Anhaltspunkte dafür gegeben sind, dass der Patient noch Zeit für seine Entscheidung benötigt."[106]

---

103 BGHZ 29, 176, 181; BGH NJW 1988, 763, 764.
104 Laufs/Katzenmeier/Lipp/*Katzenmeier*, Arztrecht, 8. Aufl. 2021, Kap. V. Rn 56.
105 Vgl. BGH NJW 2014, 1527 f.
106 BGH NJW 2023, 1435.

Zweiter Abschnitt: Prüfung bei fehlerhafter, unzureichender oder unterlassener 70
Aufklärung

i. Notsituation und mutmaßliche Einwilligung: Insbesondere im Bereich der
    Operationserweiterung besteht ärztlicherseits vielfach die Möglichkeit, sich
    mit dem Vorhalt zu verteidigen, dass das Vorgehen vom mutmaßlichen Willen
    des Patienten getragen gewesen ist. Wird etwa im Rahmen eines operativen
    Vorgehens im Bauchraum nebst des Operationsziels ein weiteres Leiden ent-
    deckt, welches mit an Sicherheit grenzender Wahrscheinlichkeit der operati-
    ven Entfernung bedarf, und kann der Chirurg durch sein beherztes Eingreifen
    eine weitere Operation samt Narkose etc. verhindern, so gehen die Gerichte
    vielfach von einer mutmaßlichen Einwilligung aus,[107] selbst wenn der Patient
    diese ex post dementiert. Allerdings ist zu beachten, dass Mutmaßlichkeit
    grundsätzlich von einem möglichst erkennbaren Patientenwillen getragen sein
    muss und nur bedingt dem Argument vernunftgeleiteten Verhaltens zugäng-
    lich sein kann, da der Patient im Umgang mit seinem Körper auch eine Freiheit
    zur Unvernunft genießt,[108] wie Millionen von Rauchern und Drogenkonsu-
    menten tagtäglich unter Beweis stellen. Der Arzt ist notfalls über das Institut
    des unvermeidbaren Verbotsirrtums geschützt und aus dem Verschuldens-
    vorwurf zu entlassen.[109]

ii. Ärztlicher Einwand der hypothetischen Einwilligung, § 630h Abs. 2 S. 2 BGB: Die
    Behandlungsseite kann im Fall fehlender oder unwirksamer Einwilligung
    einwenden, dass der Patient, hätte man ihn vorab hinreichend aufgeklärt,
    seine Einwilligung erteilt hätte. Dieser Einwand ist immer dann eine starke
    Verteidigung, wenn die Maßnahme medizinisch indiziert und weithin alter-
    nativlos gewesen ist. Zudem kommt es erheblich darauf an, ob eine akute
    Notwendigkeit zur Durchführung oder die Möglichkeit des Abwartens be-
    standen hat.[110]

iii. Patientenreplik gegen den Einwand hypothetischer Einwilligung: Der Patient
    kann sich gegen den Einwand der hypothetischen Einwilligung verteidigen,
    indem er einen ernsthaften Entscheidungskonflikt aufzeigt, dem er in einer
    hypothetisch aufgeklärten Situation unterlegen sein will.[111] Dabei ist ein pro-
    zessuales Element von herausragender Bedeutung: Der Patient muss das
    Vorliegen eines solchen hypothetischen Entscheidungskonflikts nicht bewei-

---

107 OLG Frankfurt NJW 1981, 1322, 1323 f.
108 Roxin/Schroth/*Schroth*, Handbuch des Medizinstrafrechts, 4. Aufl. 2010, S. 40.
109 So etwa im Fall der Zirkumzision vor der Einführung des § 1631d BGB, vgl. LG Köln NJW 2012,
2128, 2129.
110 Ausführlich MüKo-*Wagner*, BGB, 9. Aufl. 2023, § 630h Rn 46 ff. m.w.N.
111 BGH NJW 1984, 1397, 1399.

sen. Er muss einen solchen „nur" glaubhaft darlegen.[112] Dies funktioniert so, dass das Gericht mit dem klagenden Patienten eine Erörterung darüber führt, wie der Patient sich bei Kenntnis der gesamten Sachlage, also bei hypothetisch ordnungsgemäßer Aufklärung mit Blick auf den streitgegenständlichen therapeutischen Eingriff entschieden hätte. Der Patient muss bei behaupteter hypothetischer Ablehnung des Eingriffs seine Gründe nennen und diese aus seinem Blickwinkel erhärten, soweit es geht. Das Gericht prüft daraufhin, ob die vorgetragenen Gründe des Patienten glaubhaft und tragfähig erscheinen, wobei das Gericht etwa besondere Ängste des Patienten oder andere diesen spezifisch treffende Prädispositionen zu berücksichtigen hat.

71 Werfen wir nun einen Blick auf Fall 25. Obgleich Dr. House den Eingriff vorgenommen hat, konnte Dr. Wilson an Hand seiner fachlichen Expertise die Aufklärung durchführen. Problem ist hier einzig, dass der Inhalt streitig geblieben ist. Nach der Darstellung von Dr. Wilson kann er sich nicht mehr erinnern, aber er gibt zu Protokoll, dass er stets die relevanten Risiken aufzählt. Der Patient behauptet demgegenüber, dass die Aufklärung unvollständig gewesen sei. Grundsätzlich erhebt das Gericht insbesondere dadurch Beweis, dass es die Patientenunterlagen zu Rate zieht. Die Rechtsprechung geht davon aus, dass einer sauberen und ordnungsgemäßen sowie lückenlosen Dokumentation regelmäßig Glauben zu schenken ist.[113] Für die Aufklärung gilt allerdings diese starke Vermutung nicht in vollem Umfang; es soll ausschließlich bei einer Indizwirkung verbleiben.[114] Da aber Dr. House und Dr. Wilson eine solche nicht vorlegen können, bleibt nur die Vernehmung von Dr. Wilson als Zeugen. Dem Arzt ist neben einem konkreten Zeugnis über die Situation allerdings vom BGH auch die Möglichkeit eröffnet, die Ordnungsgemäßheit einer Aufklärung durch einen sogenannten „immer-so-Beweis" beizubringen.[115] Indem dem aufklärenden Arzt vor Gericht als Zeuge (oder im Rahmen der Parteianhörung als Partei, was prozessrechtswidrig in der Praxis wie ein Zeugenbeweis innerhalb der Beweiswürdigung nach § 286 ZPO gewertet wird) glaubhaft vortragen kann, dass er eine bestimmte Aufklärungspraxis stetig hegt, die den streitigen Aspekt miteinschließt, soll das Gericht – also sofern keine weiteren besonderen Umstände ersichtlich sind, die dagegen sprechen könnten – davon ausgehen, dass auch im streitigen Einzelfall die Aufklärung ordnungsgemäß durchgeführt worden ist. Dogmatisch ist der „Immer-so-Beweis" ein prozessual

---

112 BT-Drs. 17/10488, S. 29.
113 Übersicht bei *Martis/Winkhart*, Arzthaftungsrecht, 6. Aufl. 2021, S. 765 ff.
114 BGH NJW 2014, 1527.
115 Saalfrank/*Dautert/Jorzig*, Handbuch des Medizin- und Gesundheitsrechts, 10. EL. 2022, § 2 F II 2.

schwer erträgliches Instrument,[116] aber in der Gerichtspraxis ständige und unangefochtene Rechtsprechung. Im vorliegenden Fall werden Dr. House und Dr. Wilson daher den Beweis der tatsächlich erfolgten ordnungsgemäßen Aufklärung führen können.

2. Wunschmedizin

Im Bereich der Wunschmedizin ist der Aspekt der Selbstbestimmungsaufklärung 72 ein besonders heißes Eisen. Da dem Eingriff die Legitimation der medizinischen Indikation fehlt, ist die Rechtsprechung darum bemüht, einen Ausgleich im Bereich der Aufklärung zu gewährleisten. Dies kann man sich wie zwei Enden einer Waage vorstellen. Rechtsprechung und Gesetzgeber gehen zwar nicht davon aus, dass medizinisch nicht indizierte Eingriffe, die unterhalb der Schwelle der §§ 228 StGB, 138 BGB stattfinden, zu verbieten wären, jedoch ist der Übergriff in die persönliche und körperliche Sphäre des Kunden mit abnehmender medizinischer Legitimation im Bereich der Selbstbestimmung auszugleichen. Dies ist mit Blick auf das aus Art. 2 Abs. 2 S. 1 und 2 Abs. 1 i.V.m. 1 Abs. 1 GG fließende staatliche Schutzerfordernis für die Rechtsunterworfenen auch verfassungsrechtlich unmittelbar verständlich. Im Grunde werden also die §§ 630d, e BGB sowie die erlernten Prinzipien der deliktischen Einwilligung auf den wunschmedizinischen Bereich angewendet, jedoch gilt für die Selbstbestimmungsaufklärung das Erfordernis der sog. Brutalaufklärung.[117] Dem Kunden sind – gerade weil er ohne Not seine Gesundheit riskiert – die denkbaren Negativfolgen besonders deutlich und plakativ (unter Einsatz von Hilfsmitteln wie Bildern etc.) vor Augen zu führen. Es ist nicht erforderlich, dem Kunden Angst einzujagen, jedoch soll er sich überdeutlich des Umstands bewusst werden, dass es medizinisch nicht geboten ist, was er verlangt, und dass gleichwohl erhebliche Risiken zu akzeptieren wären, die möglicherweise in keinem Verhältnis zum Nutzen stehen. Dieses Aufklärungsgespräch kann jedoch nur dann sinnvoll geführt werden, wenn der Kunde vorab im Rahmen einer ordnungsgemäßen Anamnese und mit Blick auf denkbare Kontraindikationen dezidiert befragt worden ist und der jeweilige Behandelnde auch hinterfragt hat, was die Beweggründe für den gewünschten Eingriff sind. Andernfalls kann eine Aufklärung insbesondere

---

116 Ausführlich *J. Prütting*, in: FS Dahm, 2017, S. 359 ff.
117 BGH NJW 1991, 2349; OLG Hamburg MDR 1982, 580 f.; OLG Oldenburg VersR 1998, 1421, 1422; OLG Köln VersR 1997, 115, 116; OLG Düsseldorf NJW 2001, 900, 901; LG Köln NJW-RR 2006, 1614; OLG Oldenburg VersR 1998, 854, 855; OLG Hamburg VersR 1983, 63.

über etwaige psychische Risiken, die mit dem Eingriff oder seinen Folgen verbunden sein könnten, nicht erläutert werden. Diese sind aber einzubeziehen.[118]

73 Schließlich spielen die Grenzen der Sittenwidrigkeit in der Wunschmedizin eine Rolle. Dabei ist zu erwähnen, dass das strafrechtliche Sittenwidrigkeitsverdikt dem des Zivilrechts nicht gleicht, sondern enger ist. So ist Sittenwidrigkeit i. S. d. § 228 StGB nur dann anzunehmen, wenn Art und Reichweite des konkreten körperlichen Übergriffs als sittenwidrig erscheinen, also insbesondere wenn die Grenze der §§ 226, 226a, 227 oder 216 StGB erreicht ist.[119] Demgegenüber nimmt der zivilrechtliche Begriff des § 138 Abs. 1 BGB, der gleichsam auch die anerkannte Grenze der Einwilligung in bürgerlich-rechtlichen Angelegenheiten bezeichnet, äußere Umstände, Motive und Ziele in sich auf. So ist eine wunschmedizinische Maßnahme als sittenwidrig zu erachten, wenn sie nur den Zweck haben kann, als unzulässiges Doping im Sport oder als Betrug in einer Prüfung zu dienen.[120] Ebenso ist eine Maßnahme sittenwidrig – und auch schon behandlungsfehlerhaft, da eine medizinische Kontraindikation zu erkennen ist – wenn sie den kundenseitig avisierten Nutzen keinesfalls haben kann und auf einer für den Arzt offenkundigen Fehl-/Wahnvorstellung beruht[121] (sofern man in diesen Fällen den Kunden überhaupt für einwilligungsfähig halten will). Allerdings muss mit einem vorschnellen Verweis auf das Sittenwidrigkeitsurteil vorsichtig umgegangen werden. Solange ein Verhalten nicht kraft gesetzgeberischer Anordnung verboten ist und dieses Gesetz seinerseits mit der Verfassung in Einklang steht (respektive jedenfalls noch nicht im Verfahren der konkreten oder abstrakten Normenkontrolle oder in Form der Gesetzesverfassungsbeschwerde für ungültig erklärt worden ist), gilt der Grundsatz in dubio pro libertate. Sittenwidrigkeit ist kein Instrument, um judikativ das Verhalten der Menschen im Staat nach Belieben in eine richterseitig erkannte vernünftige Richtung zu steuern. Vielmehr soll das sozialethische Minimum gewahrt werden, welches für ein gedeihliches Zusammenleben der Menschen unverzichtbar erscheint. Daher bedarf es einer weitreichenden Begründung, wenn ein Verhalten als sittenwidrig erkannt werden soll. Diese Begründung muss sich mit den Werten der Verfassung (Ausstrahlungswirkung), den erkennbaren Wertungen des einfachen Gesetzes (insbesondere § 138 Abs. 2 BGB und jeglicher, für den jeweiligen

---

118 Zum plakativen Beispiel der THS vgl. *J. Prütting*, Die Rechtlichen Aspekte der Tiefen Hirnstimulation, 2014, S. 202 ff.

119 Vgl. BGHSt 4, 88 = NJW 1953, 912; BGHSt 49, 34, 41 ff. = NStZ 2004, 1054; BGHSt 58, 140 = NJW 2013, 1379.

120 Ausführlich *J. Prütting*, Die rechtlichen Aspekte der Tiefen Hirnstimulation, 2014, S. 219 ff. m.w.N.

121 Dieser Grundsatz lässt sich zwanglos aus dem Sittenwidrigkeitsverständnis des BGH im Zahnextraktionsfall folgern, vgl. BGH NJW 1978, 1206.

Einzelfall naheliegender Restriktionen) auseinandersetzen und dabei stets den Blick dafür behalten, dass die Menschen mit ihren Belangen freiheitsrechtlich gerade auch unvernünftig umgehen dürfen. Insofern sei abschließend bemerkt, dass spätestens die Untersuchungen der modernen Ökonomie die Erkenntnis gebracht haben sollten, dass Präferenzerwägungen anderer Menschen nicht durch vermeintlich wohlwollendes patriarchalisches Verhalten überspielt werden dürfen, da Dritte stets ein Informationsdefizit hinsichtlich der wahren Wünsche und Bedürfnisse des Anderen haben werden (methodologischer Individualismus und Konsumentensouveränität). Fragen Sie sich selbst: Können Sie präzise benennen, wie genau Ihre Präferenzordnung zwischen allen denkbaren Verhaltensweisen aussieht, die Ihnen möglich sind? Könnten Sie dies sogar auf einer Skala von 1–100 ordnen? Sicherlich ist dies nicht möglich und wenn Sie es schon nicht bei sich selbst schaffen, wie wollen Sie es dann korrekt für andere bestimmen? Aus einer gut gemeinten Idee wird im Recht schnell ein diktatorengleiches Verhalten der zur Entscheidung berufenen Instanzen. Dies sollte gerade bei Generalklauseln wie Treu und Glauben sowie Sittenwidrigkeit niemals vergessen werden!

IV. Schadensumfang/Haftungsausfüllung

Die Haftungsausfüllung bezeichnet im Rahmen der Prüfung der Haftungsvoraus- 74
setzungen bei den §§ 280 Abs. 1 und 823 ff. BGB jenen Part, der sich mit den Elementen jenseits der Tatbestands- und Verschuldensfrage, also mit dem Schaden, der haftungsausfüllenden objektiven Zurechnung (äquivalente Kausalität zwischen Rechtsgutsverletzung und Schaden, Adäquanz und Schutzzwecklehre) sowie der Berücksichtigung der Regeln des allgemeinen Schadensrechts einschließlich eines etwaigen Mitverschuldens (§§ 249–254 BGB) und denkbaren Kürzungen nach den Grundsätzen der gestörten Gesamtschuld[122] befasst. Und hier zeigt sich auch sogleich das zentrale Problem, soll dieser Bereich präzise erlernt werden: Es ist das gesamte Recht der Personenschäden erfasst, welches ein nur schwer überschaubares Konvolut von Problemlagen mit sich bringt.[123] Im Folgenden wollen wir den Versuch einer Systematisierung und einer Erfassung der relevanten Besonderheiten unternehmen. Ein Anspruch auf Vollständigkeit kann dabei unmöglich erhoben werden, jedoch ist dies auch nicht notwendig, da an Hand des nachfolgend erlernten Wissens unter Zuhilfenahme der jeweiligen Kommentierungen, Tabellen

---

122 Lies hierzu ausführlich BeckOGK-*Kreße*, BGB, Stand März 2025, § 426 Rn 20 ff.
123 Detailliert Münch-Anw-Hdb.-MedR/*J. Prütting*, § 2 passim.

und Regelwerke die gebotenen Ergänzungen selbst erarbeitet werden können. Eine gute Übersicht zum Recht der Personenschäden bieten *Küppersbusch/Höher*.[124]

1. Relevante Schadenspositionen

75 Nehmen wir einmal die anwaltliche Perspektive des Patientenvertreters ein und stellen die Frage, welche materiellen und immateriellen Einbußen der Mandant erlitten haben könnte, die unsere Rechtsordnung bei Personenschäden für er- ersatzfähig erklärt.

a) Materielle Schäden

76 Im Rahmen materieller Schäden nach den §§ 249–252 BGB gilt im Grundsatz nach h.M. die Differenzhypothese, so dass das Vermögen des Geschädigten mit dem schädigenden Ereignis zu einer hypothetisch gedachten Vermögenslage ohne das schädigende Ereignis ins Verhältnis zu setzen ist.[125] Dabei geht es nicht um den früheren Zustand vor dem schädigenden Ereignis, sondern um die Frage, wie die aktuelle Vermögenslage wäre, wenn das schädigende Ereignis ausgeblieben wäre. Daher ist auch ein entgangener Gewinn ersatzfähig.[126]

aa) Behandlungskosten

77 Insofern kann zunächst an alle Arten Behandlungskosten zur Wiederherstellung des Gesundheitszustands gedacht werden, die, sofern eine Wiederherstellung nicht unmöglich ist, als Unterfall der Naturalrestitution nach § 249 Abs. 2 S. 1 BGB durch Zahlung der hierfür erforderlichen Geldsumme eingeordnet werden.[127] Eine Wiederherstellung durch den Schädiger selbst kommt im Bereich der Personenschäden regelmäßig nicht in Betracht. Allerdings fällt diese Schadensposition beim gesetzlich krankenversicherten Geschädigten regelmäßig nur eine juristische Sekunde an, da mit Eintritt der Schädigung etwaige Ersatzansprüche sofort kraft cessio legis gemäß § 116 Abs. 1 SGB X auf den Träger der gesetzlichen Krankenversicherung übergehen. Im Gegenzug schuldet besagter Krankenversicherungsträger in Form des Sachleistungsprinzips vom Zeitpunkt der Schädigung die erforderliche Krankenbehandlung nach den §§ 1, 2 Abs. 1 S. 3, 12, 27 ff. SGB V. Es ist in diesen Fällen also allein der Krankenversicherungsträger, der Regress gegen den

---

124 *Küppersbusch/Höher*, Ersatzansprüche bei Personenschaden, 14. Aufl. 2024.
125 BGHZ 193, 297 Rn 42 = NJW 2012, 3165.
126 BGH NJW 2015, 1373 Rn 7.
127 Zur Übersicht MüKo-*Oetker*, BGB, 9. Aufl. 2022, § 249 Rn 417 ff. m.w.N.

Schädiger (in der Arzthaftung gegen die Behandlungsseite) geltend machen kann. Anders liegt der Fall, wenn Behandlungskosten anfallen, die im Rahmen der gesetzlichen Versicherung etwa nach dem Wirtschaftlichkeitsgrundsatz des § 12 SGB V nicht geschuldet sind, die jedoch in der konkreten Situation durchaus Erfolgschancen versprechen. Der Schädiger muss dann auch für solche Kosten, hier wiederum dem geschädigten Patienten selbst einstehen, da dieser nunmehr zum Selbstzahler geworden ist.[128] Dasselbe gilt für Zuzahlungspflichten.[129] Ist der Patient dagegen privat versichert, so gehen Regressansprüche gemäß § 86 Abs. 1 VVG erst in dem Zeitpunkt kraft Gesetzes auf die Versicherungsgesellschaft über, in welchem Kostenerstattung durch die Krankenkasse an den Patienten erfolgt. Bis zu diesem Zeitpunkt ist somit der Patient für solche Regressansprüche aktivlegitimiert. Besteht keine Krankenversicherung, so entstehen diese Rechtsprobleme nicht und der Patient muss sich vollständig um den Regress kümmern.

Vorsicht: Anders als dies aus dem Bereich fiktiver Reparaturkosten bei KFZ-Schäden bekannt ist,[130] können fiktive Heilungskosten nach h.M. nicht verlangt werden.[131] 78

bb) Nebenkosten der Heilbehandlung

Häufig vergessen wird der Umstand, dass Heilbehandlung mit aller Hand Nebenkosten einhergeht. Diese sind – soweit erforderlich, was im Wesentlichen üblich bedeutet – ebenfalls ersatzfähig. Darunter fallen Beförderungskosten, Besuchskosten von Angehörigen, Verpflegung im Krankenhaus, angemessene Trinkgelder etc.[132] Allerdings muss sich der Geschädigte auch etwaige Ersparnisse anrechnen lassen, so etwa die unterbliebene Selbstverpflegung, wenn er Krankenhauskost bekommen hat[133] (wobei dieselbe häufig eher für sich genommen schmerzensgeldpflichtig erscheint, aber dies ist kein rechtlich anerkanntes Argument). 79

128 Vgl. BGH VersR 1965, 439; OLG Karlsruhe NZV 1999, 210; OLG Oldenburg NJW-RR 2015, 863. Zum Streit des gesetzlich Versicherten, der nicht zwingend erforderliche privatärztliche Leistungen in Anspruch nimmt und diese vom Schädiger ersetzt verlangt, *Küppersbusch/Höher*, Ersatzansprüche bei Personenschaden, 14. Aufl. 2024, Rn 230 ff.
129 *Küppersbusch/Höher*, Ersatzansprüche bei Personenschaden, 14. Aufl. 2024, Rn 254 ff.
130 Ausführlich MüKo-*Oetker*, BGB, 9. Aufl. 2022, § 249 Rn 367 ff. m.w.N.
131 BGH NJW 1986, 1538; OLG Köln VersR 2000, 1021.
132 Zu den Details vgl. die Ausführungen bei *Küppersbusch/Höher*, Ersatzansprüche bei Personenschaden, 14. Aufl. 2024, Rn 236 ff. m.w.N.
133 Vgl. BGH VersR 1984, 583.

cc) Entgangener Gewinn/Erwerbsausfall

80 Gemäß § 252 S. 1 BGB sind im Bereich des materiellen Schadensersatzes auch entgangene Gewinne zu ersetzen. Dies ist bei Körper- und Gesundheitsschäden von höchstem Interesse, da Krankheit regelmäßig Erwerbs- und Arbeitsausfall bedingt. In der Rechtspraxis gibt es bei der Schadensberechnung nunmehr viele Fallstricke zu beachten, die hier nicht erschöpfend aufgezählt werden können. Wesentlich sollte aber beachtet werden, dass der Geschädigte detailliert seinen Erwerb und seine Erwerbsaussichten darzulegen und zu beweisen hat, soweit dies möglich ist. Insbesondere im Bereich des entgangenen Arbeitsentgelts kann sich der Patient dabei nicht einfach mit Verweis auf § 287 ZPO auf etwaige Schätzungen zurückziehen, sondern muss an Hand seines Arbeitsvertrages und unter Offenlegung etwaig erhaltener Entgeltfortzahlung (§ 3 EFZG), Krankengeld (§ 44 SGB V) oder sonstiger kompensierender Leistungen durch Dritte (wobei freiwillige Leistungen, wie Versorgung durch Freunde und Verwandte nicht anrechenbar sind) den genauen Verlust gegenüber einer Situation aufzeigen, in der er vollständig arbeitsfähig gewesen wäre. Dabei können aber zu erwartende Gehaltserhöhungen, entgangene Gratifikationen uÄ eingerechnet werden, wenn diese im Sinne des § 252 S. 2 BGB als hinreichend wahrscheinlicher Verlauf dargelegt und bewiesen werden können.[134] Für Arbeitnehmer ist im Übrigen darauf zu achten, dass der Schädiger auch für entgangene/nicht entrichtete Beiträge zur Altersversorgung einzustehen hat.

81 Interessant sind Zwischenstellungen, bei denen ein förmlich vergütetes Anstellungsverhältnis fehlt, nach üblichen Marktkonditionen aber ein solches vereinbart worden wäre (unentgeltliche Mitarbeit im Familienbetrieb). Begrenzt auf die tatsächliche Ertragslage kann hier der übliche Arbeitnehmernettolohn verlangt werden.[135]

82 Für selbstständig gewerblich und freiberuflich Tätige sind die Konkretisierungsmaßgaben des § 252 S. 1 BGB aufgrund der Unmöglichkeit entsprechend präzisen Nachweises aufgeweicht, so dass entgangene Gewinne auch unter Darlegung und Nachweis einer rationalen Prognose der Geschäftsentwicklung ohne das schädigende Ereignis, also insbesondere unter Zugrundelegung bestimmter Geschäfte und Einnahmen der Vergangenheit mit Blick auf eine repräsentative zeitliche Periode geltend gemacht werden können.[136] Mithin ist insofern die Möglichkeit zu einer Schadensberechnung eröffnet, die auf Basis von dargelegten und nachgewiesenen Anknüpfungstatsachen eine richterliche Schätzung nach § 287

---

134 BGH NJW 1996, 2296; VersR 1965, 489.
135 OLG München NJW-RR 1993, 1179.
136 BGH VersR 2004, 874; 1992, 973.

ZPO erlaubt.[137] Andernfalls hätten geschädigte Anwälte, niedergelassene Ärzte, Berufssänger etc. keine Möglichkeit, ihren entgangenen Erwerb anzusetzen, da regelmäßig detailliert nachweisbare und gefestigte Erwerbsaussichten im Sinne des § 252 S. 1 BGB noch nicht oder nicht in hinreichender Art und Weise vorliegen werden. Dies würde den Schädiger einer solchen Person unbillig begünstigen respektive den Geschädigten unbillig benachteiligen. Allerdings lässt der BGH keine rein abstrakte Schadensschätzung, ohne hinreichende Anknüpfungstatsachen zu, also auch keinen „Mindestschaden", bei vollkommen unsicherer Zukunftsprognose.[138] Beweisrechtlich kann dem Geschädigten über § 287 Abs. 1 S. 3 i.V.m. 448 ZPO in Form der Parteivernehmung von Amts wegen geholfen werden.[139]

Schließlich muss noch auf eine besonders problematische, weil von der **83** Schädigung aus gesehen regelmäßig zeitlich weit entfernte Frage hingewiesen werden. Es sei unterstellt, eine ärztliche Behandlung führt zu einer erheblichen Schädigung eines 10jährigen Kindes, welches aufgrund dieses Schadens erst deutlich später die Schule und die Berufsausbildung abschließen kann oder aufgrund von Dauerschäden vollkommen von der Berufswelt ausgeschlossen bleibt. Insofern stellt sich die Frage, ob Verzögerungen oder vollständiger Erwerbsausfall liquidiert werden können, da diese selbst im Bereich etwaiger Anknüpfungstatsachen aufgrund der unüberschaubaren Vielfalt denkbarer Kausalverläufe im Leben dieses Menschen nicht ernsthaft konkret antizipiert werden können. Gleichwohl werden auch in diesem Bereich mit Blick auf Darlegungs- und Beweislast beim geschädigten Kind Anknüpfungstatsachen wie die Aussichten innerhalb der Erziehung (Elternhaus), bisherige schulische Laufbahn etc.[140] gesucht, um eine Schätzgrundlage zu erhalten. Gelingt dies in keiner Form, erkennt die Rechtsprechung in dieser extremen und unbilligen Beweisnot aber dann doch die Unterstellung eines abstrakt zu erwartenden durchschnittlichen Erfolgs an.[141]

dd) Haushaltsführungsschaden/Haushaltshilfe

Juristen, die üblicherweise nicht im Recht der Personenschäden unterwegs sind, **84** übersehen vielfach eine in der Rechtsprechung anerkannte Schadensposition, die für den Mandanten von großem Interesse sein kann, den Haushaltsführungsschaden (lies hierzu auch §§ 842, 843 BGB und beachte, dass der Einsatz der Ar-

---

137 BGH VersR 2010, 550.
138 BGH VersR 2004, 874.
139 Hierzu auch KG VersR 2004, 483.
140 LG Stuttgart VersR 1999, 630; OLG Frankfurt VersR 1989, 48; OLG Köln VersR 1972, 406; OLG Karlsruhe VersR 1989, 1101.
141 BGH VersR 2010, 1607; 2000, 233.

beitskraft im Haushalt nach st. Rspr. ein sinnvoller und geldwerter Einsatz der eigenen Arbeitskraft ist, was sich auf die Ehegattengemeinschaft bezogen hat;[142] dies ist jedoch mittlerweile ohne Weiteres auch für Alleinstehende als Unterfall vermehrter Bedürfnisse anerkannt[143]). Es handelt sich um eine materielle Einbuße, die daraus resultiert, dass der Geschädigte aufgrund seiner Verletzung den eigenen Haushalt nicht (vollständig) führen kann.[144] Das mag man sich plastisch so vorstellen, dass mit zwei verletzten Händen Fenster nicht geputzt, Böden nicht gewischt und nicht eingekauft werden kann, etc. Nun gibt es zwei Möglichkeiten. Entweder es wird eine zu akzeptablen ortsüblichen Sätzen hinzugeholte Hilfskraft beschäftigt und deren Gehalt beim Schädiger liquidiert[145] oder der Schädiger macht einen Haushaltsführungsschaden geltend, berechnet also eine Schadensposition, die gewissermaßen dem Haushaltsarbeitswert entspricht. Diese kann er dann als fiktive materielle Kosten geltend machen. Um eine solche Berechnung zu leisten, sind Tabellenwerke entwickelt worden, die hierfür herangezogen werden können, da dieselben als taugliche Schätzgrundlage i. S. d. § 287 ZPO akzeptiert werden.[146] Als ergänzender Hinweis sei hinzugefügt, dass das jeweilige Begehren der betroffenen Patienten in praxi vielfach an versuchten Prozessbetrug grenzt. So wird nicht selten vorgetragen, der Betroffene begehre nebst Ausfalls seiner Vollzeitarbeit auch Haushaltsführungsschaden für 65 und mehr Wochenstunden. Es ist schon beeindruckend, in welchem Umfang bei Personenschäden die Betroffenen plötzlich eine langjährig gehegte Liebe zur unaufhörlichen Haushaltstätigkeit anbringen. Noch ärgerlicher erscheinen jedoch jene Anwälte, die diesen Vortrag mit Inbrunst vertreten oder gar erstmalig auf den Mandanten einwirken, er möge bei der Nennung einer Stundenzahl nicht zurückhaltend sein.

ee) Sonstige vermehrte Bedürfnisse

85 Mit dem Haushaltsführungsschaden haben wir genau genommen bereits einen Fall vermehrter Bedürfnisse kennengelernt, wobei dieser im Rahmen einer ehelichen Gemeinschaft vielfach anders begründet wird. Daneben gibt es aber auch noch bedeutsame andere Aspekte, die zu erheblichen finanziellen Mehrbelastungen führen können. Ausgangspunkt ist § 843 Abs. 1 BGB. Es muss sich um verletzungsbedingte Bedürfnisse handeln, die nicht bereits im Rahmen der obigen

---

142 BGH VersR 1972, 1075; 1974, 1016.
143 BGH NJW 2009, 2060.
144 Ausführlich mit zahlreichen Beispielen und Nachweisen *Küppersbusch/Höher*, Ersatzansprüche bei Personenschaden, 14. Aufl. 2024, Rn 180 ff.
145 Hier ist der Bruttolohn zu zahlen, da dieser an die Haushaltskraft entsprechend entrichtet werden muss. Hierzu auch BGH VersR 1989, 1273.
146 Vgl. BGH VersR 2012, 905; NJW 2009, 2060.

Punkte erfasst sind und die über die ohnehin notwendige übliche Lebenshaltung hinausgehen.[147] Wie vorab schon einmal betont, sind fiktive Kosten dabei – anders als im Fall von Sachschäden – nicht ansatzfähig. Interessanterweise macht die Rechtsprechung jedoch eine wichtige Ausnahme. Bieten Dritte unentgeltlich Pflegeleistungen an, die andernfalls teuer hätten erkauft werden müssen, so ist ein fiktiver Pflegekostenansatz als eigenständiger Schadensersatzposten des Geschädigten zugestanden worden.[148] Es muss aber beachtet werden, dass nicht die Kosten einer professionellen Pflegekraft verlangt werden können, sondern „nur" ein angemessener Ausgleich für die übernommenen Mühen bereitzustellen ist.[149] Im Übrigen können vermehrte Bedürfnisse alle Erfordernisse sein, die ohne die Schädigung nicht eingetreten wären (Rollstuhl,[150] behindertengerechter Wohnungsumbau,[151] tatsächliche professionelle Pflegekraftkosten,[152] etc.).

b) Immaterielle Schäden

Das Schmerzensgeld ist im Medizinschadensprozess von großer Bedeutung, allerdings muss dieses möglichst präzise von materiellen Ansätzen getrennt werden. Zum einen kann der immaterielle Ersatz zusätzlich beansprucht werden, sofern einer der Rechtsgüter des § 253 Abs. 2 BGB betroffen ist, und zum anderen rechtfertigt sich eine Schmerzensgelderhöhung auch gerade mit Blick auf bestimmte Umstände, die materielle Schadenspositionen begründen (belastender Mehrbedarf etc.). Da Schmerzensgelder grundsätzlich nur im Sinne des § 287 ZPO geschätzt werden können, dreht sich der Prozess letztlich um Darlegung und Bewertung schmerzensgeldbegründender Faktoren. Diese müssen stets vor dem Hintergrund der Funktionalität des immateriellen Schadensrechts erörtert werden.

aa) Funktionen des Schmerzensgeldes

Zentral wird nach wie vor die Ausgleichsfunktion genannt. Diese Erwägung führt **87** aber – logisch präzise betrachtet – erst einmal zu keinerlei Erkenntnis. Ausgleich kann stets nur für einen bestimmten rechtlich zu problematisierenden Sachverhalt geschuldet sein, so dass die Ausgleichsfunktion einzig darauf hinweist, dass der

86

---

147 So zutreffend *Küppersbusch/Höher*, Ersatzansprüche bei Personenschaden, 14. Aufl. 2024, Rn 262.

148 Ausführlich *Küppersbusch/Höher*, Ersatzansprüche bei Personenschaden, 14. Aufl. 2024, Rn 265 ff.

149 Ansatz einer vergleichbaren Hilfskraft, vgl. BGH VersR 1999, 252.

150 OLG Stuttgart Zfs 2012, 198.

151 LG Münster SP 2009, 62.

152 *Küppersbusch/Höher*, Ersatzansprüche bei Personenschaden, 14. Aufl. 2024, Rn 265.

Betroffene schmerzensgeldbegründende Faktoren wird beibringen müssen, für die immaterieller Ausgleich beansprucht werden kann. Die legitimatorisch aber ausstehende Frage, ob ein genannter Faktor auch tatsächlich ausgleichspflichtig im Sinne der Rechtsordnung sein soll, wird mit dem pauschalen Hinweis auf die Ausgleichsfunktion gerade nicht beantwortet. Daher ist dieses zentrale Element des immateriellen Schadensersatzes um eine banale Selbstverständlichkeit, die mit Leben zu füllen ist (s. u. bb).

88   Es werden aber auch andere Legitimationsmuster diskutiert und in der Rechtsprechung herangezogen. Es soll beim Schmerzensgeld auch um Genugtuung gehen können.[153] Dem Geschädigten soll also die Möglichkeit gegeben sein, das Gleichgewicht wegen Übergriffs auf seine Sphäre auch mit Blick auf die eigene Befindlichkeit und die gezielte Störung der Schädigerbefindlichkeit wieder ins Lot zu bringen. Diese Idee ist jedoch in der Arzthaftung mit Vorsicht zu genießen. Aufgrund des regelmäßig kurativen Ziels und der entsprechenden ärztlichen Motivation, die – unterhalb der Grenze vorsätzlicher Patientenschädigung – stets unterstellt werden darf, erscheint es höchst zweifelhaft, ob Genugtuung und damit verbundene Sühne beim Schädiger eine tragfähige Legitimation sein darf.[154] In der Arzthaftung ist in jedem Fall – vorbehaltlich etwaiger Besonderheiten des Einzelfalls – Zurückhaltung geboten.

89   Eine noch über die bisherigen Erwägungen hinausgehende Straffunktion darf das Zivilrecht seiner gesamten Systematik entsprechend nicht erfüllen, so dass dies als Legitimationsbasis nicht taugt.[155] Zwar kommt mit Blick auf den durchaus auch handlungsleitenden Charakter des Zivilrechts eine Präventionsfunktion in Betracht, jedoch ist diese allenfalls Beiwerk und nicht primärer Sinnansatz des Schmerzensgeldes.

90   Schließlich kann in besonders gelagerten Fällen ein schmerzensgelderhöhender Umstand noch aus den Vorgaben der Verfassung als „Würdefunktion" abgeleitet werden.[156] Dies ist dann der Fall, wenn ein erheblicher Verlust von Wahrnehmungs- und Empfindungsfähigkeit beim Geschädigten eingetreten ist.[157]

---

153 KG Berlin VersR 2005, 372.
154 In diese Richtung OLG Bremen NJW-RR 2003, 1255; OLG Düsseldorf VersR 1996, 1508. Hier kann allerdings keinesfalls von einer ständigen oder gesicherten Rechtsprechung ausgegangen werden, da die Land- und Oberlandesgerichte mit der Frage unterschiedlich umgehen.
155 Die dahinterstehende Begründung ist hoch komplex und erst dann vollends verständlich, wenn hierzu tiefenanalytische Erwägungen des Zusammenspiels der einzelnen Facetten der Rechtsordnung vorgenommen werden. Dies kann vorliegend nicht geleistet werden. Es sei zur näheren Debatte verwiesen auf Ebert, Pönale Elemente im deutschen Privatrecht, 2004. S.a. *J. Prütting/Kniepert*, ZfPW 2017, 458 ff.
156 Hierzu Bergmann/Pauge/Steinmeyer/*Wenker*, Gesamtes Medizinrecht, 4. Aufl. 2024, BGB § 253 Rn 7.

Aus diesen Erwägungen folgt, dass die Legitimationsansätze des immateriellen   91
Schadensersatzes kaum als belastbare Grundlage für ein transparentes Scha-
densersatzrecht hinzureichen vermögen. Dementsprechend basiert die Rechtspraxis weithin auf Einzelfallerwägungen, die mit Erfahrungswerten kombiniert
und an Tabellen angelegt sind. Dieser status quo ist dogmatisch und rechtsstaatlich
keineswegs unbedenklich, jedoch mangels Ersichtlichkeit einer tauglichen Pro-
blemlösung aktuell nicht zu ändern.

bb) Faktoren

Zentral sollte für die korrekte Bestimmung des Schmerzensgeldumfangs zunächst   92
beachtet werden, welche direkten Leiden (Art, Dauer, Intensität) die Primärschädigung kausal und zurechenbar verursacht hat. Dabei sind alle klassischen Konsequenzen zu berücksichtigen wie insbesondere weitere Behandlungen etc. Sodann ergeben sich zahlreich psychische Leiden, die einerseits direkt mit der
Primärverletzung zusammenhängen (Angstzustände, Depressionen etc.) und die
andererseits mittelbar aus den Verletzungsfolgen hervorgehen (keine Teilhabe
mehr am sozialen Leben, Rückschläge durch krankheitsbedingten Arbeitsausfall
etc.).

Eine taugliche Hilfestellung bieten Schmerzensgeldtabellen, die auch von den   93
Gerichten beachtet werden, wobei der entsprechend professionelle Anwaltsvortrag
sich auf judikative Referenzentscheidungen, nicht auf die Tabellen beziehen sollte.

2. Sonderfall: Leben als Schaden

a) Hintergrund und Diskussionsaufriss

Die Gynäkologie und Geburtsmedizin hat tagtäglich mit außergewöhnlichen Ver-   94
antwortlichkeiten für ihre Patienten und entsprechend extremen Haftungsrisiken
zu kämpfen, da Fehler in diesem Bereich vielfach zu schwersten irreversiblen
Schäden bei den Neugeborenen und zu lebenslangem Mehrbedarf führen. Nun gibt
es haftungsrechtlich eine Vielzahl von Judikaten, Leit- und Richtlinien, Fehler-
spektren und problematischen Grenzfällen, die an dieser Stelle nicht im Einzelnen
ausgeführt werden sollen. Letztlich können all diese Bereiche mit dem hier erlernten Handwerkszeug und unter Zuhilfenahme der fallspezifischen Spezialite-
ratur erfasst und bearbeitet werden. Eine Besonderheit ist gleichwohl herauszustellen: Die Frage, ob das lebend geborene Kind ein zum Ersatz verpflichtender
Schaden sein kann.

---

157 Vgl. BGH NJW 1993, 781.

95   Zunächst wollen wir uns plastisch vorstellen, woher diese Überlegung stammt und weshalb sie von großer Bedeutung ist. Wenn eine Frau keine Kinder bekommen möchte und eine Sterilisation vornehmen lässt, gleichwohl dann aber schwanger wird, so kann die ärztliche Durchführung fehlerhaft gewesen sein. Ebenso ist es denkbar, dass eine Frau schwanger wird, das Kind aber hätte abtreiben lassen, wenn sie gewusst hätte, dass das Kind mit einer schweren Behinderung auf die Welt kommen wird und für die Mutter ein Fall der medizinischen Indikation im Sinne des § 218a Abs. 2 StGB gegeben ist. Diese Vorschrift ist dann erfüllt, wenn die Embryopathie, die für sich genommen heute kein Abtreibungsgrund mehr ist, die werdende Mutter dermaßen physisch und/oder psychisch belastet, dass diese in schwerer Gesundheits- oder gar Lebensgefahr schwebt.[158] Und schließlich sind Fälle denkbar, in denen ein gesunder Fötus durch ärztliche Fehlbehandlung im Mutterleib Schaden nimmt und hierdurch ein behindertes Kind zur Welt kommt oder derartige Behinderungen durch Fehler beim Geburtsvorgang oder in der postpartalen Versorgung entstehen.

96   In all diesen Fällen ist die Frage zu klären, ob Ersatz dafür verlangt werden kann, dass das behinderte Kind erheblichen Bedarf aufweist, und wer Berechtigter von Ersatzansprüchen sein soll. Die Frage kann im Wesentlichen in zwei Kategorien unterteilt werden. So kann die Existenz für sich mit all ihren materiellen und immateriellen Konsequenzen als Schaden begriffen werden und es kann die gewünschte Existenz des Kindes gegen die tatsächlich eingetretene Situation im Einzelfall bestehender körperlicher oder geistiger Behinderungen abgewogen werden. Hierrüber ist in Literatur und Rechtsprechung ein flammender Streit entbrannt, der insbesondere mit Blick auf verfassungsrechtliche Bedenken darum ausgefochten worden ist, ob es möglich sein kann, das Kind als Person mit seiner Menschenwürde, seinem Recht auf Leben und seinen Persönlichkeitsrechten von der wirtschaftlichen Belastung (Unterhaltsbelastung als reiner trennungsfähiger Rechnungsposten) zu unterscheiden. Während das BVerfG hieran zunächst doch erhebliche Zweifel angemeldet hatte,[159] ist die verfassungsrechtlich zulässige Schadensberechnung unerwünschter Unterhaltsleistungen zu Gunsten der Eltern letztlich akzeptiert worden.[160] Dementsprechend ist es st. Rspr. des BGH, dem Grunde nach solche Schäden für ersatzfähig zu halten.[161]

---

158 Vgl. BGH NJW 2003, 3411; 2002, 2639.
159 BVerfG NJW 1993, 1751.
160 Vgl. BVerfG NJW 1998, 519.
161 Vgl. BGH NJW 2008, 2846 f.; 1994, 788.

b) Aktivlegitimation und Haftungsumfang

Im Detail ist zunächst die Frage zu stellen, wer anspruchsberechtigt sein kann. 97
Insofern kommen regelmäßig die betroffenen unterhaltsverpflichteten Eltern und
das lebendgeborene Kind in Betracht.

Wenn zunächst das Kind in den Blick genommen wird, so ist es von zentraler 98
Bedeutung, die Differenzhypothese präzise anzuwenden. Es ist somit der hypothetische Zustand ohne das behandlungsfehlerhafte Verhalten des Arztes zu erfragen. Das bedeutet, dass jede standardgerechte Behandlung, die zur Nichtexistenz des Kindes geführt hätte, keinen Schadensersatzanspruch des Kindes auslösen
kann, da die Variante stets kein gesundheitlich unbelastetes, sondern gar kein
Leben wäre,[162] (anders konnte allerdings der Ansatz des OLG München aufgefasst
werden, wonach die Lebenserhaltung eines Sterbewilligen zu Schadensersatz
verpflichten können soll,[163] was jedoch der BGH in der Revision mit Verweis auf
vermeintliche verfassungsrechtliche Unzulässigkeit kassiert hat[164]).[165] Im Fall des
nicht der Behandlungsseite zurechenbaren Versterbens verbleiben dem Kind
mithin keinerlei Ansprüche,[166] was vielfach angegriffen worden ist,[167] aber de lege
lata nicht gegenteilig begründet werden kann.[168] Das Kind kann somit nur solche
Ansprüche geltend machen, die darauf zielen, dass ein behandlungsfehlerfreies
Verhalten gerade kausal zu einer unbelasteten Existenz geführt hätte. Daher bestehen Ansprüche wegen erst entstandener Behinderung durch fehlerhafte Medikation bei der Schwangerschaftsbetreuung ebenso wie etwaige Sauerstoffunter-
versorgung bei fehlerhafter Geburtseinleitung. Diese Ansprüche stehen bürgerlich-
rechtlich jedoch unter der Voraussetzung, dass das Kind lebend geboren wird (§ 1
BGB).[169]

Die Eltern haben – verheiratet oder als nichteheliche Lebenspartner – im Fall 99
der Nichtexistenz des Kindes bei standardgerechtem Verhalten einen vollständigen
Unterhaltsanspruch (nicht „nur" den Mehrbedarf).[170] Daneben kann jedoch kein

---

162 Vgl. BGHZ 86, 240, 250 ff. = NJW 1983, 1371.

163 Vgl. OLG München Urt. v. 21.12. 2017, Az. 1 U 454/17.

164 Vgl. BGHZ 221, 352 = NJW 2019, 1741 und dazu *J. Prütting* ZfL 2018, 94 ff.; *ders.* BTPrax 2019,
185 ff.; *ders.* GesR 2020, 681 ff.

165 Zur Debatte *J. Prütting/Heyn/Stubenrauch* NJW 2023, 321 ff. unter dem beuwsst provokaten
Titel „Eltern als Schaden".

166 BGH NJW 1983, 1371, 1374.

167 *Stoll*, Haftungsfolgen im bürgerlichen Recht, 1993, S. 284 ff.; *Picker*, Schadensersatz für das
unerwünschte eigene Leben „wrongful Life", 1995, S. 116 f.

168 Übersicht bei Laufs/Katzenmeier/Lipp/*Katzenmeier*, Arztrecht, 8. Aufl. 2021, Kap. X.
Fn 522 m.w.N.

169 BGHZ 129, 297, 305 = NJW 1995, 2028, 2030.

170 Vgl. BGH NJW 2008, 2846 f.; 2007, 989; 2000, 1782; 1995, 2407; 1994, 788.

Verdienstausfall beansprucht werden, da dies vom Schutzbereich der übernommenen Behandlungsverpflichtung des schwangerschaftsbetreuenden Arztes nicht übernommen ist.[171] Bei Schwangerschaft trotz Sterilisation entfällt der Anspruch der Eltern, wenn diese sich nachträglich dafür entscheiden, das Kind zu bekommen, weil sich nunmehr doch ein Kinderwunsch ergeben hat.[172]

3. Schäden bei Dritten im Überblick

100 Nicht immer kommt als Geschädigter und Anspruchsberechtigter nur die unmittelbar getroffene Person in Betracht. Es gibt mehrere rechtlich geschützte Bereiche, in denen die Schädigung einer Person zu Ansprüchen bei einer anderen führt. Zu beachten ist aber, dass Schockschäden, den nahestehende Personen bei Miterleben einer Schädigung und bei Benachrichtigung vom Unglücksfall erleiden, nicht in diese Kategorie zählen. Es handelt sich vielmehr um Körper- und Gesundheitsschäden, die diesen Dritten im Wege psychisch vermittelter Kausalität zugefügt werden und die, sofern der Schock ernsten Krankheitswert hat und über das hinausgeht, was jedermann nach allgemeinem Lebensrisiko an Betroffenheit und Traurigkeit über den Verlust oder die schwere Verletzung einer nahestehenden Person in Kauf zu nehmen hat.[173] Der BGH hat in jüngerer Zeit betont, dass bei Eintritt einer klinisch feststellbaren Gesundheitsschädigung es nicht erforderlich ist, dass diese ein besonderes, über das normale erwartbare Maß hinausgehende Maß erricht.[174]

101 In die Kategorie der liquidationsfähigen Schäden Dritter fallen demgegenüber Beerdigungskosten gemäß § 844 Abs. 1 BGB, entzogene Unterhaltsansprüche gemäß § 844 Abs. 2 BGB, soweit und solange der unmittelbar Betroffene voraussichtlich hätte Unterhalt leisten müssen, das Angehörigenschmerzensgeld gemäß § 844 Abs. 3 BGB, welches einen immateriellen Ausgleich für Dritte bieten soll, auch wenn diese „nur" im üblichen Maß trauern und Ersatz für entgangene Dienste gemäß § 845 BGB, sofern und soweit diese einem Dritten geschuldet gewesen wären.

---

171 Vgl. BGH NJW 1997, 1638.
172 Vgl. BGH NJW 2007, 989 f.
173 Vgl. BGHZ 93, 351, 354 f. = NJW 1985, 1390 f.
174 BGH NJW 2023, 983.

§ 13 Medizinschadensprozess und seine Vorbereitung

Die vorab erlernten materiellrechtlichen Grundsätze sind letztlich für den 1
Rechtspraktiker (vornehmlich Anwalt und Gericht, aber auch andere Teilnehmer,
die sogleich kurz vorgestellt werden) natürlich nur die halbe Wahrheit. Das Recht
muss in der Praxis umgesetzt respektive durchgesetzt werden, wozu zahlreiche
Erwägungen zählen. An dieser Stelle sollen ausschließlich Spezifika des Medizinschadensprozesses aufgegriffen werden, da freilich kein grundlegendes Anwaltshandbuch zur Führung eines Zivilprozesses angeboten werden kann. Der geneigte
Leser wird deshalb darum gebeten, eventuell fehlende Grundbegriffe des Zivilprozesses durch die einschlägige Literatur aufzuarbeiten.

I. Vorfeldmaßnahmen und außergerichtliche Streitbeilegung

Erwägt ein Patient, die Behandlungsseite in Haftung zu nehmen, so sind unter- 2
schiedliche Überlegungen anzustellen. Bereits mit Blick auf die Vielfalt denkbarer
Vorgehensweisen und ihrer unterschiedlichen Fallstricke ist die Führung eines
geordneten Streits durch eine versierte Rechtsvertretung sehr zu empfehlen.

Der Patient, der Ansprüche geltend machen möchte, sollte zunächst sein Ziel 3
der Rechtsverfolgung sorgfältig überlegen. Vielfach geht es nicht zwingend um
größere finanzielle Kompensation, sondern vielmehr darum, dass die Behandlungsseite die patientenseitigen Sorgen ernst nehmen und sich hierzu äußern soll.
Teilweise ist es sogar der Wunsch von Patienten, andere vor einem vermeintlich
unfähigen Arzt zu schützen oder es wird Bestrafung für ein bestimmtes Verhalten
angestrebt. Selbstverständlich sollte jede nähere Überprüfung einer möglicherweise nicht ordnungsgemäß abgelaufenen Behandlung mit dem Herausgabeverlangen der gesamten den Patienten betreffenden Dokumentation begonnen werden, § 630g f. BGB, Art. 15 Abs. 1, 3 S. 1 DSGVO, deren sorgfältige Ansicht im Zweifel
stets den ersten Schritt zu bilden hat. Folgende Herangehensweisen stehen dem
Patienten sodann unmittelbar zu Gebote:

1. Berufsrechtliches Vorgehen

Der Patient kann Defizite des Behandlungsgeschehens der zuständigen (Zahn-) 4
Ärztekammer melden und eine berufsrechtliche Untersuchung verlangen. Die
(Zahn-)Ärztekammer wird die Stellungnahme des Betroffenen einholen und sich

https://doi.org/10.1515/9783111048543-016

sodann mit den Vorwürfen nach ärztlichem Berufsrecht (jeweils anwendbare Berufsordnung der (Zahn-)Ärzte) auseinandersetzen. Wird ein Verstoß gegen Berufsrecht, welcher gerade auch in Form von Behandlungs- und Aufklärungsfehlern nach den §§ 7, 8 der jeweiligen Berufsordnung[1] möglich ist, festgestellt, so kommt ein berufsrechtliches Verfahren in Betracht, durch welches dem betroffenen Arzt Sanktionen drohen. Gedankliches Positivum für den Patienten: Die Verfahrenseinleitung führt zur Amtsermittlung und kostet den Patienten nichts. Anwaltliche Vertretung ist nicht erforderlich. Gedankliches Negativum: Strebt der Patient Ersatzansprüche an, wird er hiermit nicht glücklich, da dieses Verfahren keine Bindungswirkung für einen etwaigen Zivilrechtsstreit zeitigt. Hinzu kommt die rechtspraktische Beobachtung, dass nur wenig Eingaben bei der Kammer mit besonderer Sorgfalt verfolgt werden. Man gewinnt dort rasch den Eindruck, dass die Verfolgung von ärztlichem Fehlverhalten eher Sache der Straf- und Zivilgerichtsbarkeit sein soll.

2. Der strafrechtliche Ansatz

5 Will der Patient die Bestrafung im kriminalstrafrechtlichen Sinne erreichen, kann er Strafantrag/Strafanzeige stellen. Ob ein Strafantrag im Einzelfall erforderlich ist, hängt vom jeweiligen Delikt ab (vgl. etwa § 230 für §§ 223, 229 StGB). Zum Arztstrafrecht wird ausführlich im 6. Kapitel dieses Buches berichtet. Zivilrechtlich ist dieser Weg insoweit interessant, als der Patient wähnt, dass er bestimmter Personen oder bestimmter Informationen/Materialien im üblichen Zivilverfahren nicht habhaft werden wird. Sofern etwa die Vermutung der Verfälschung oder Unterdrückung von Behandlungsdokumentation im Raum steht, könnte es sich anbieten, auf die Erkenntnisse der Staatsanwaltschaft nach erfolgter Beschlagnahme gemäß §§ 94 ff. StPO zurückzugreifen. Auch ist es denkbar, im Rahmen eines Adhäsionsverfahrens nach den §§ 403 ff. StPO die Früchte strafrechtlicher Ermittlungen für ein Zivilverfahren vor dem Strafgericht zu nutzen. In der Praxis ist dieses Vorgehen höchst selten zu beobachten, was nach hier vertretener Ansicht nicht zuletzt darauf zurückgehen dürfte, dass der klassische zivilrechtliche Haftungsfall nur eher selten auch zum Strafgericht getragen wird und

---

1 Es gilt zu beachten, dass Berufsrecht kompetenziell Landesrecht ist und daher die Musterberufsordnung der Ärzte und Zahnärzte nur einen Vorschlag der jeweiligen Bundesvereinigung bildet, nicht aber geltendes Recht ist. Allerdings entsprechen die 17 Berufsordnungen in Deutschland der MBO-Ä/MBO-Z. Die Zahl 17 kommt dadurch zu Stande, dass in NRW zwei Ärztekammern existieren (Nordrhein und Westfalen-Lippe).

zudem den Anwälten die Vorzüge eines im Einzelfall zu erwägenden Adhäsionsverfahrens häufig nicht unmittelbar vor Augen stehen.

3. Gutachterliche Bewertung

Zur Vorbereitung denkbarer zivilrechtlicher Anspruchsgeltendmachung kann der 6
Patient aber auch Wege einschlagen, in denen vorab das ärztliche Verhalten gut-
achterlich auf den Prüfstand gestellt wird. Vier Wege sind insoweit denkbar.

Der Patient kann einen Privatgutachter beauftragen. Er sucht also nach einem 7
Mediziner mit passendem Expertenwissen und bittet um die (kostenpflichtige)
Erstattung eines Gutachtes zu seinem Fall. Dabei ergeben sich häufig interessante
Aspekte und Angriffspunkte, da der Patient nunmehr selbst einen medizinischen
Experten auf seiner Seite hat, der die Dinge erläutern und die sachlichen Streit-
details bewerten kann. Allerdings muss dem Patienten klar sein, dass jegliche
Aussagen des Privatgutachters in einem denkbaren späteren Prozess nicht mehr
als qualifizierter Parteivortrag sind. Damit kann ein Beweis im Sinne des Sach-
verständigenbeweises nach den §§ 402 ff. ZPO nicht erbracht werden. Allerdings
können richterlich eingeholte Gutachten mittels dezidierter Auseinandersetzung
seitens des Privatgutachters durchaus wirksam angegriffen und hinterfragt werden, so dass im Falle des drohenden Unterliegens im Prozess diese Form von
Parteivortrag durchaus einen rettenden Anker zum Obergutachten bilden kann.
Auch ist die Befragung des gerichtlich berufenen Sachverständigen in anderer
Tiefe möglich, wenn der Patient selbst einen medizinischen Experten neben sich
hat. Zentraler Vorteil dürfte aber zunächst sein, dass die Patientenseite in die Lage
versetzt wird, elaboriert vorzutragen und damit sowohl die Behandlungsseite potentiell in Erklärungsnot zu bringen als auch einen ggfls. zu bestellenden gerichtlichen Sachverständigen auf die Fährte von möglichen Fehlern zu bringen.
Nachteilig sind jedoch die regelmäßig hohen Kosten der Privatbegutachtung zu
bedenken. Insofern ist es von großer Bedeutung, ob der Patient für Fälle dieser Art
eine Rechtsschutzversicherung hat, die im Rahmen zweckentsprechender Rechtsverfolgung auch für eine Privatbegutachtung in Vorleistung tritt.

Als zweite und dritte Erwägung kann ein Gutachten bei der Schlichtungsstelle 8
der zuständigen Ärztekammer oder beim medizinischen Dienst (MD) erbeten
werden. Letzteres ist allerdings nur möglich, wenn der betroffene Patient gesetzlich krankenversichert ist. Beide Varianten führen dazu, dass die patientenseitigen
Vorwürfe durch medizinische Experten begutachtet und bewertet werden. Der
Patient erhält im Anschluss ein Gutachten mit konkreter Synthese zu seinen Vorwürfen. Für den klugen Anwalt gibt es hier aber doch das ein und andere zu bedenken. Zwar sind beide Wege für den Patienten kostenfrei, aber insbesondere die

Schlichtungsstellen der Ärztekammern unterliegen einer hohen Arbeitsbelastung und benötigen vielfach 15 Monate und mehr, bis ein Gutachten mit Abschlussbericht vorliegt und dem Patienten übersandt wird. Je nach Situation ist es dem Patienten aber nicht beliebig zumutbar, zu warten. Demgegenüber ist der MD zwar regelmäßig deutlich schneller, jedoch sind dessen Gutachten und Bewertungen häufig weniger belastbar. Der MD weist in aller Regel eine hohe Belastungstendenz gegen die Behandlungsseite auf und erkennt erhebliche Fehler vielfach sogar dort, wo ein gerichtlicher Sachverständiger später bereits Schwierigkeiten hat, einen vorwerfbaren Irrtum auszumachen. Hintergrund ist folgender Umstand: Die Krankenkasse, deren Dienst mit dem MD angerufen wird, ist auch nach Schädigung ihres Versicherten respektive des im Fall betroffenen Patienten weiterhin für diesen zuständig und einstandspflichtig. Ist der Patient erheblich geschädigt, so benötigt er nach dem Sachleistungsprinzip auch weiterhin Krankenbehandlung und alle Umfeldmaßnahmen (Krankengeld, Reha etc.), die sehr kostspielig sein können. Hat die Behandlungsseite diese Folgen zivilrechtlich zu ersetzen, so geht der Anspruch des Patienten im Zeitpunkt der Schädigung ipso iure auf die Krankenkasse über, § 116 Abs. 1 SGB X (lesen!). Das bedeutet konsequent, dass, wenn der MD etwas Vorwerfbares finden sollte, das sich durchsetzen ließe, die Krankenkasse im Anschluss selbst Regress gegen die Behandlungsseite nimmt, da sie hinsichtlich der dem Patienten geschuldeten weiteren Behandlung den patientenseitigen Schadensersatzanspruch im Wege der Legalzession (ein Fall der §§ 412, 401 ff. BGB) erworben hat. Da auch der mittlerweile weithin spezialisierten Zivilrechtsrechtsprechung besagter Hintergrund geläufig ist, muss der Wert von MD-Einschätzungen mit einer gewissen rechtspraktischen Vorsicht genossen werden, selbst wenn man dem MD zu Gute halten will, dass er auf dem Papier unabhängig sein soll. MD-Bewertungen sind jedoch ein guter Anhaltspunkt dafür, ob eine Rechtsverfolgung Sinn ergeben kann, denn wenn schon der MD keinen Fehler wähnt, ist die Wahrscheinlichkeit eher gering, dass später ein solcher aufgedeckt wird (vorbehaltlich natürlich der Möglichkeit, dass der jeweilige MD-Gutachter schlicht etwas übersieht).

9   Die letzte Möglichkeit ist die Einleitung eines selbstständigen Beweisverfahrens nach den §§ 485 ff. ZPO. Die Nutzbarkeit in Arzthaftungsverfahren ist lange Zeit weithin umstritten, aber überwiegend kritisch betrachtet gewesen. Seit einer Entscheidung des BGH aus dem Jahre 2013 besteht jedoch Einigkeit, dass im Behandlungsfehlerbereich ein solches Verfahren mit Erfolg durchgeführt werden kann.[2] Für die Details zur ordnungsgemäßen Durchführung und zur möglichen

---

2 BGH NJW 2013, 3654.

Antragsreichweite muss an dieser Stelle auf die entsprechende Kommentar-, Handbuch- und prozessuale Lehrliteratur verwiesen werden.

4. Interaktion mit der Behandlungsseite

Der Patient kann außergerichtlich in Verhandlungen mit der Behandlungsseite **10** eintreten. Sofern zivilrechtliche Ansprüche geltend gemacht werden sollen, ist dies bereits mit Blick auf § 93 ZPO erforderlich, wobei es in Arzthaftungsverfahren kaum einmal zu einem direkten Anerkenntnis kommen wird. Je nach Situation und zu überprüfendem Vorwurf werden einige Schadensfälle von der Behandlungsseite oder wahlweise ihrer Haftpflichtversicherung außergerichtlich freiwillig reguliert. Für Behandlungsseite und Haftpflichtversicherer ist dabei von besonderer Wichtigkeit, dass der Fall im Rahmen eines umfassenden, auch alle eventuellen Zukunftsschäden erfassenden Vergleichs mit Einmalzahlung erledigt wird. Da gerade Gesundheitsschäden nicht selten die Gefahr von Spätfolgen aufweisen, ist eine Zukunftsfeststellung, in deren Rahmen bislang noch nicht erkannte materielle oder immaterielle Einbußen über den Einigungsbetrag hinaus zu ersetzen wären, für Behandlungsseite und Haftpflichtversicherung ein kaum zu kalkulierendes Risiko. Der Ausgleich mit den patientenseitigen Interessen muss daher in einer gewissen Risikokompensation gefunden werden, in deren Rahmen der Patient sich einen entsprechenden Unsicherheitsaufschlag ausbedingt. In welcher Größenordnung dieser anzusetzen ist, hängt von einer Gesamtbetrachtung der jeweiligen Umstände ab (Gesundheitszustand des Patienten und Aussichten, Art der Erkrankung und spezifische Risiken, Erfolgsaussichten einer denkbaren Klage etc.).

II. Zulässigkeit einer Klage

Geht der Patient zu einem förmlichen Medizinschadensprozess über, müssen **11** selbstverständlich alle gesetzlichen Vorgaben einer ordnungsgemäßen zivilprozessualen Klagerhebung eingehalten werden. Dabei sollte auch auf ein paar Kleinigkeiten zur Zuständigkeit geachtet werden, da die beliebteste erste Frage eines Richters üblicherweise lautet: „Warum ich?!". Folgende Punkte sind besonders bedeutsam und sollten bekannt sein.

1. Rechtsweg

12 Wird ein Medizinschadensprozess der einer gesetzlichen Krankenkasse gegen eine Behandlungsseite mit Blick auf gesetzlich übergeleitete Haftung nach § 116 Abs. 1 SGB X eröffnet, ist zu beachten, dass es sich gleichwohl um eine privatrechtliche Streitigkeit handelt, die gemäß § 13 GVG vor die ordentlichen Gerichte zu bringen ist. § 51 SGG ordnet insoweit keine Spezialzuständigkeit der Sozialgerichtsbarkeit an. Interessanterweise ist dies bei recht ähnlichen Konstellationen etwa im Bereich behördlicher Regresse im Recht der Sozialhilfe partiell anders. Da § 93 SGB XII, anders als § 116 Abs. 1 SGB X keine cessio legis, sondern eine Haftungsüberleitung durch behördlich zu initiierenden Hoheitsakt vorsieht, kann dieser Haftungsüberleitungsbescheid eigenständig mit Blick auf eine eventuelle Rechtswidrigkeit vor den Sozialgerichten angefochten werden. Demgegenüber sind in der Folge die bürgerlich-rechtlichen Ansprüche, etwa eine Schenkungsrückforderung wegen Verarmung nach § 528 BGB oder Steuererstattungsansprüche, vor den Zivilgerichten zu verfolgen. Das Sozialrecht ist somit allein über die Regelungstechnik der cessio legis oder der Erforderlichkeit eines Überleitungsbescheids in seiner Rechtswegzuweisung gespalten. Dies ist in Theorie wie auch Rechtspraxis ein bedenklicher Zustand, der jedoch nur Stück für Stück erst abgeschafft wird (Tendenz zur Ersetzung der Notwendigkeit von Überleitungsbescheiden hin zur Nutzung der cessio legis in allen diesen Bereichen).

2. Gerichtsstand

13 Mit Blick auf die örtliche Zuständigkeit des angerufenen Gerichts ist es aus Patientensicht potentiell interessant, dass dieser seine Ansprüche gleichermaßen auf § 29 ZPO wie auch auf § 32 ZPO stützen kann. Dies ist insbesondere zu erwägen, wenn der Patient therapeutische Empfehlungen für die Anwendung zu Hause erhält und sein Wohnort in einem anderen Landgerichtsbezirk als die Praxis oder das Krankenhaus der beklagten Behandlungsseite liegt. Ist das angerufene Gericht einmal mit Blick auf rechtsgeschäftliche oder deliktische Ansprüche örtlich zuständig, so entscheidet es mit Blick auf den Rechtsgedanken des § 17 Abs. 2 S. 1 GVG über alle denkbaren materiellrechtlichen Anspruchsansätze.[3] Dogmatisch sei dabei betont, dass § 17 Abs. 2 S. 1 GVG sich auf die Rechtswegzuständigkeit bezieht und daher nicht in direkter Anwendung für die örtliche Zuständigkeit herangezogen werden kann.

---

3 BGHZ 153, 173 = JZ 2003, 687.

Für privatärztliche Klagen auf Honorarzahlung ist es bedeutsam, dass die 14
Rechtsprechung einen einheitlichen Erfüllungsort gemäß §§ 29 Abs. 1 ZPO, 269
Abs. 1 BGB am Ort der vertragscharakteristischen Leistung, also der Heilbehandlung am Praxissitz respektive Krankenhaus annimmt.[4] Obgleich also Geldschulden
nach h.M. Schickschulden[5] sind, bei denen der Leistungsort i.S. d. § 269 Abs. 1 BGB
(Vorsicht: § 270 Abs. 1 BGB hat wegen § 270 Abs. 4 BGB für die Frage des Leistungsortes keine Relevanz!) am Wohnort des Absenders liegt,[6] kann der Arzt seine
Zahlungsklage gleichwohl am Praxissitz zulässigerweise anhängig machen und
verfolgen.

3. Sachliche Zuständigkeit

Im Bereich der sachlichen Zuständigkeit nach den §§ 1–11 ZPO sowie 23, 71 GVG 15
muss gedanklich insoweit auf die Begründetheit vorgegriffen werden, als zu erwägen ist, dass ein klassischer Haftungsantrag im Medizinschadensprozess eine
Leistungskomponente aufweist, welche die konkrete Erfassung der sofort einklagbaren materiellen und eine welche die konkreten immateriellen Schäden beziffert. Sodann kommt regelmäßig ein Feststellungsantrag für etwaige Zukunftsschäden hinzu. Die jeweiligen Werte, die den Zuständigkeitsstreitwert im Rahmen
des richterlichen Ermessens nach § 3 ZPO für die 5.000 € – Grenze der §§ 23, 71 GVG
statuieren, ergeben sich einzeln aus dem nachvollziehbaren klägerischen Vortrag
und dem daraus abzuleitenden objektiven Klägerinteresse, wobei der klägerischen
Sichtweise im Bereich von Schätzungswerten wie beim Schmerzensgeld eine Indizwirkung zukommt.[7] Die Einzelwerte sind sodann nach § 5 1. HS ZPO zusammenzurechnen. In dieser Rechnung ist das Feststellungsbegehren, sofern es nicht
deutlich konkreter mit Argumenten unterlegt werden kann, regelmäßig in der
Rechtspraxis mit 20 % des Leistungsstreitwerts angesetzt (wird aber nicht einheitlich gehandhabt und kann je nach Gericht erheblich abweichen). Beide Parteien sind letztlich trotz höheren Kostenrisikos und Anwaltszwang nach § 78 ZPO
rechtspraktisch gut beraten, wenn ihre Streitigkeit vor dem Landegericht und
damit oberhalb von 5.000 € ausgefochten wird, da an den Landgerichten für
Arzthaftungssachen mittlerweile gemäß § 348 Abs. 1 Nr. 2 lit. e ZPO Spezialkammern für Arzthaftung eingerichtet sind, welche die Besonderheiten dieses Ver-

---

4 OLG Düsseldorf GesR 2005, 189; OLG Celle MDR 2007, 604.
5 Dagegen und wohl für eine generelle Einstufung als Bringschuld *Schulze*, BGB, 12. Aufl. 2024,
§ 270 Rn 6 m.w.N.
6 Vgl. BeckOK-*Lorenz*, BGB, 74. Ed. 2025, § 269 Rn 4.
7 BayObLG JurBüro 1995, 27; OLG Stuttgart OLGR 2007, 640.

fahrens beherrschen. Vor Amtsgerichten droht demgegenüber in ärgerlicher Regelmäßigkeit mangelnde Rechtskunde des Gerichts, so dass vom Grundsatz iura novit curia keinesfalls mehr ausgegangen werden darf. Vielmehr besteht bei den Amtsgerichten die Notwendigkeit, umfangreiche Rechtsausführungen mit Rechtsprechungsfundstellen anzubieten, um das Gericht auf Linie zu halten. Sollten natürlich die bereits angerissenen Kosteninteressen in der Einzelfallbetrachtung überwiegen, kann auch das Einklagen eines geringen Betrages beim Amtsgericht eine sinnvolle Entscheidung sein.

4. Näheres zum Feststellungsbegehren

16 Vielfach kann zum Zeitpunkt der Klageerhebung seitens des Patienten noch nicht übersehen werden, welche künftigen materiellen und immateriellen Schäden drohen. Daher wird auch die Feststellung der ärztlichen Eintrittspflicht für diese Schäden begehrt. Hierbei sind allerdings mehrere Fallstricke zu beachten. Erstens muss der Feststellungsantrag wegen der gesetzlichen Überleitungsvorschriften der §§ 116 Abs. 1 SGB X und 86 VVG dahingehend beschränkt werden, dass eine Feststellung nur insoweit begehrt wird, als Ansprüche nicht bereits auf Dritte übergegangen sind oder noch übergehen werden.[8] Zweitens muss darauf geachtet werden, dass für künftige immaterielle Schäden in den meisten Fällen kein Feststellungsinteresse besteht, da der Grundsatz von der Einheit des Schmerzensgeldes zu beachten ist.[9] Dieser besagt, dass immaterielle Schäden einheitlich auch für die Zukunft in Form einer Schätzung als Leistungsanspruch geltend gemacht werden müssen. Eine Ausnahme gilt nur für künftig unerwartete Verläufe, die mangels Schätzgrundlage nicht in eine vernunftgeleitete Schätzung zur Zeit der Klageerhebung eingestellt werden können.[10] Dieser Ansatz ist regelmäßig dann zulässig, wenn etwa der Heilungsverlauf des Patienten unsicher erscheint. Schließlich ist drittens beim Feststellungsbegehren darauf zu achten, dass das schädigende Ereignis hinreichend präzise benannt wird, um dem notwendigen Feststellungsinteresse des § 256 Abs. 1 ZPO zu genügen und zugleich die korrekte Grundlage für spätere Leistungsansprüche zu bieten.[11]

---

8 Formulierungsbeispiel bei Terbille/Clausen/Schroeder-Printzen/*Müller*, Münchner Anwaltshandbuch Medizinrecht, 3. Aufl. 2020, § 2 Rn 242.
9 Terbille/Clausen/Schroeder-Printzen/*Müller*, Münchener Anwaltshandbuch Medizinrecht, 3. Aufl. 2020, § 2 Rn 233 f.; *Slizyk*, Handbuch Schmerzensgeld, 21. Aufl. 2025, Rn 384, 390.
10 BGH NJW-RR 2006, 712, 713 m.w.N.
11 BGH NJW 1988, 1202.

5. Bestimmtheit des Schmerzensgeldantrags

§ 253 Abs. 2 Nr. 2 ZPO verlangt vom Kläger, einen hinreichend bestimmten Klage- 17 antrag zu stellen. Im Schmerzensgeldbereich ist dies selbst näherungsweise vielfach kaum möglich, da es um eine Schätzung auf Basis der Berücksichtigung aller Umstände des Einzelfalls geht. Auch die rechtspraktisch gern herangezogenen Schmerzensgeldtabellen lösen das Problem natürlich nicht, da kein Fall zu hundert Prozent dem anderen gleicht. Die Rechtsprechung lässt es mit Blick auf § 287 ZPO und auf das Billigkeitserfordernis des § 253 Abs. 1 BGB zu, dass der Kläger die Höhe entweder vollständig in das Ermessen des Gerichts stellt oder lediglich einen Mindestbetrag beziffert. Letzteres ist anzuraten, da im Fall gegebener Haftungsbegründung das Gericht der Höhe nach andernfalls auch 1 € zusprechen könnte, ohne dass der Kläger im Sinne des § 511 ZPO bezüglich einer etwaig zu erhebenden Berufung formell beschwert wäre. Der Kläger hätte vielmehr in der Hauptsache vollumfänglich obsiegt. Die Mindestschranke verhindert dies.

6. Sondererwägungen zu Klagegegner und Streitverkündung

Der Patient wird gegen jedes mit seiner Behandlung befassten Rechtssubjekts 18 Ansprüche erwägen, um Opportunitäten nicht zu vergeben. Bei der Wahl der Klagegegner sollten aber ein paar Umstände Berücksichtigung finden. So bestehen mit Blick auf die Begründetheit stets Chancen, wenn das Rechtssubjekt verklagt wird, welches vertraglich mit der Behandlung befasst worden ist (konkreter Arzt, gesellschaftsrechtlich korrekt bestimmter Praxis- respektive Krankenhausträger). Ob daneben die anderen Ärzte und das nichtmedizinische Personal als Gesamtschuldner in die Klage einzubeziehen sind, ist allem voran an den Erfolgsaussichten in der Begründetheit zu messen. Zentral muss überlegt werden, ob gegen Dritte die spätere Wirkung der §§ 74, 68 ZPO benötigt wird und ggf. Verjährungshemmung zu sichern ist (§ 204 Abs. 1 Nr. 6 BGB). Erwägen Beklagte einen späteren Regress gegen Dritte, so müssen auch diese den Streit nach den §§ 72 ff. ZPO verkünden. Dies gilt auch dann, wenn der etwaige Regressgegner selbst beklagte Partei ist.[12]

---

12 BGH NJW 2019, 1751.

III. Begründetheit einer Klage

1. Darlegungslast

a) Patientenseite

19 Eine Besonderheit des Arzthaftungsprozesses ergibt sich daraus, dass der Patient mit Blick auf das bestehende fachliche Wissensgefälle nebst des materiell-rechtlichen Schutzes innerhalb des Behandlungsgeschehens (insbesondere §§ 630c Abs. 2 und 630e BGB) auch durch niedrige Substantiierungs-(Vortrags-)lasten geschützt wird.[13] Im Klartext bedeutet das, dass der Patient dem Gericht grundsätzlich nur das Behandlungsgeschehen aus seiner Perspektive schildern und auf seine daraus resultierenden Schäden hinweisen muss. Soweit dies geschehen ist, liegt regelmäßig schlüssiger Klägervortrag in Bezug auf die Haftungsbegründung vor. In der Haftungsausfüllung kommen dem Patienten dagegen wiederum keine gegenüber anderen Schadensersatzprozessen helfenden Besonderheiten zu Gute, da er wie jeder andere dazu verpflichtet ist, Rechnungen vorzulegen, eine Grundlage für die Schätzung immaterieller Schäden zu erbringen, Erwerbsausfall dezidiert aufzuzeigen oder Haushaltsführungsschäden zu substantiieren. Korrespondierende Hilfestellungen im Beweisrecht ergeben sich aus den Möglichkeiten der Sachverständigenbeauftragung.

b) Behandlungsseite – sekundäre Darlegungslast

20 Auf Behandlungsseite kommt es mit Blick auf das vorgenannte Wissensgefälle ebenfalls zu einer Verschiebung der Darlegungslast.[14] Soweit der Patient eine Behandlung und denkbare Schädigungen, die daraus resultieren könnten, beschrieben hat, ist es an der Behandlungsseite, dezidiert die angegriffene medizinische Intervention offenzulegen, zu beschreiben und zu erklären. Die Darlegungslast geht somit weit über diejenige des Patienten hinaus. Kommt die Behandlungsseite dieser verschärften Darlegungslast unzureichend nach, droht die richterliche Unterstellung des patientenseitigen Vortrags entsprechend § 138 Abs. 3 ZPO als wahr.[15] Dem Patienten würde in diesem Fall schlicht Glauben geschenkt, ohne dass es zu einer Beweisaufnahme über die streitige Fragestellung käme. Dies geschieht in der Praxis freilich selten, da die anwaltlich vertretene Behandlungsseite zwar durchaus ab und an keine allumfassenden Informationen liefert, allerdings regelmäßig ge-

---

13 BGH NJW 2004, 2825, 2827.

14 BGH NJW-RR 2019, 1360; 2020, 720; Bergmann/Pauge/Steinmeyer/*Simmler*, Gesamtes Medizinrecht, 4. Aufl. 2024, § 138 ZPO Rn 5.

15 Bergmann/Pauge/Steinmeyer/*Simmler*, Gesamtes Medizinrecht, 4. Aufl. 2024, § 138 ZPO Rn 8.

nug anbietet, um seitens des Gerichts die Klärung durch Sachverständigengutachten herbeiführen zu lassen. Die Patientenseite kann dieses Momentum jedoch
geschickt für sich nutzen, indem der relevante Behandlungsablauf möglichst
weitreichend in seine Einzelteile zerlegt und hinterfragt wird. So ist es im Fall von
Lagerungsschäden bei einer Operation sinnvoll, das OP-Umfeld zu analysieren,
Vorbereitungsmaßnahmen und ärztliche Weisungen für die OP und für den Ein-
richtungsbereich insgesamt zu hinterfragen und hierdurch bewusst die sekundäre
Darlegungslast auszulösen. Eine gute anwaltliche Vorbereitung auf Patientenseite
ist dabei durch Zuhilfenahme einschlägiger Leitfäden und Handbücher zum jeweiligen medizinischen Bereich möglich. Insbesondere sollten – soweit für den Fall
relevant – einschlägige Leitlinien zu Rate gezogen werden.

2. Beweisrecht

a) Vorerwägungen

Der Medizinschadensprozess erscheint auch beweisrechtlich zunächst als klassi- 21
scher Zivilprozess. Bei näherer Betrachtung fallen jedoch ein paar Besonderheiten
auf, deren Gegenstand und Hintergrund es zu beachten gilt.

Die Prozessführung durch das Gericht erinnert insbesondere in der Arzthaf- 22
tung mehr an den Amtsermittlungsgrundsatz, denn weniger an die Beibrin-
gungsmaxime. Schon im Bereich der Darlegung ist dies auf Patientenseite deutlich
geworden. Im Beweisrecht macht das erkennende Gericht mit Blick auf die wis-
senstechnisch unterlegene Stellung des Patienten selbst bei Fehlen eines Antrags
auf Sachverständigenbegutachtung regelmäßig von der Beweiserhebungsmög-
lichkeit von Amts wegen gemäß § 144 ZPO Gebrauch. Hinzu kommt, dass das Gericht im Rahmen der Parteierörterung und bei der Sachverständigenanhörung
regelmäßig möglichst umfassende Situationsaufklärung verlangt und betreibt,
selbst wenn der klagende Patient entsprechende Detailfragen nicht gestellt hat.
Auch wird davon ausgegangen, dass sich die klagende Patientenseite unerwartete,
aber für sie günstige Erkenntnisse eines berufenen Sachverständigen konkludent
zu eigen macht, so dass eine Verurteilung hierauf gestützt werden kann.

b) Beweisführung
aa) Der Sachverständige i. S. d. §§ 402 ff. ZPO

Die Beweisführung geschieht durch die Strengbeweismittel der ZPO. 23

Dem medizinischen Sachverständigen kommt dabei eine zentrale Rolle zu. Er 24
stellt das wesentliche Beweismittel des fachlich zumeist unkundigen Patienten dar,
um das Behandlungsgeschehen durch einen unabhängigen Experten überprüfen

zu lassen. Zugleich ist auch das Gericht vom Sachverständigen mangels Knowhows abhängig und kann überwiegend nur eine Logikkontrolle vornehmen.[16] Hinzu tritt der Umstand, dass es zulässig ist, dem Sachverständigen seitens des Gerichts auch aufzugeben, die Behandlung nebst der konkreten Vorwürfe des Patienten auch im Übrigen im angegriffenen Behandlungsstrang nach Fehlern suchen zu lassen.

25   Zum Umgang mit dem Sachverständigen und zur Bewertung seiner Aussagen sind folgende Aspekte besonders zu beachten:

26   (1) Der Sachverständige ist ausschließlich dazu berufen, fachmedizinische Einschätzungen abzugeben. Mithin sind alle Rechtsbegriffe wie etwa der grobe Behandlungsfehler nach wie vor überprüfbar, so dass eine Einschätzung des Sachverständigen in diesem Bereich zwar höchst interessant und auch stark indiziell wirkt, nicht aber endgültig bindend für das Gericht ist und von diesem auch nicht unreflektiert übernommen werden darf. Gerade qualifizierter Parteivortrag – etwa gestützt auf ein Privatgutachten oder mit Blick auf andere Quellen medizinisch fundiert – muss entsprechend Beachtung finden[17] und kann als Urkundsbeweis auch beweisrechtlich eingebracht werden.[18] Bei gegnerischer Zustimmung kann ein Privatgutachten sogar als gerichtliches Sachverständigengutachten zu werten sein.[19] Auch hat sich das Gericht in seiner Urteilsbegründung explizit mit konfligierenden Darstellungen auseinanderzusetzen, wenn es ohne Obergutachten dem Sachverständigen trotz aufgezeigter Zweifel, die das Gericht selbst mit der Sachverständigenbefragung nicht gegenüber der belasteten Partei ausräumen konnte, einer bestimmten Linie im Ergebnis folgen will, da andernfalls eine Verletzung des rechtlichen Gehörs gemäß Art. 103 Abs. 1 GG vorliegt.[20]

27   (2) Im Bereich der Begutachtung sind unterlegene Parteien darauf angewiesen zu erlernen, wie Sachverständigengutachten und Aussagen in der mündlichen Befragung im Falle von Mängeln prozessual wirksam angegriffen werden können. Wesentliche Spielfelder sind der Vorwurf der Besorgnis der Befangenheit, wozu ein Konvolut an Rechtsprechung existiert,[21] und der Grundsatz fachgleicher Be-

---

16 Ausführlich zum Sachverständigen Laufs/Katzenmeier/Lipp/*Katzenmeier*, Arztrecht, 8. Aufl. 2021, Kap. XII Rn 1–57.

17 BGH VersR 2013, 1045, 1047; NJW-RR 2011, 609.

18 KG VersR 2006, 794.

19 BGH NJW 1993, 2382; VersR 1987, 1007 f.

20 BGH NJW 2008, 2846, 2848; NJW 2004, 1871.

21 Fallbeispiele: OLG Celle MedR 2007, 229 (Freundschaft oder näherer Bekanntschaft); OLG München VersR 1968, 207 (Feindschaft oder Spannungen); OLG Köln VersR 1993, 72, 73 und OLG Oldenburg MedR 2007, 716 (LS) (wirtschaftlicher und persönlicher Zusammenhang); BGH NJW 1972, 1133, 1134 (Vorbefassung durch Privatgutachten); OLG Saarbrücken MedR 2007, 484, 485 (einseitige Sachverhaltswürdigung); BGH NJW-RR 2013, 851 (Abweichung vom Begutachtungsauftrag).

urteilung,[22] nach welchem für die jeweilige Behandlungssituation der fachärztlich korrekte Mediziner zur Befragung heranzuziehen ist.

(3) Der Sachverständige eines vorausgegangenen Verfahrens kann gemäß § 41 **28** Nr. 8 ZPO nicht zum gerichtlichen Sachverständigen berufen werden. Solange diese Vorschrift nicht abgeschafft oder angepasst wird, ist das frühere Gutachten allenfalls als Urkunde gemäß §§ 415 ff. ZPO in den Prozess einzubringen. Dieses dokumentiert aber zunächst „nur" eine qualifizierte Sachverständigenansicht, ersetzt jedoch nicht die eigenständige gerichtliche Einholung eines Sachverständigengutachtens. Soweit sich die Parteien übereinstimmend auf das vorgerichtliche Gutachten beziehen, bedarf es mangels Streitigkeit des Umstands keines Beweisverfahrens.

bb) Die Behandlungsdokumentation
(1) Grundlagen zu Beweiserhebung und -würdigung

Ein weiteres zentrales Beweismittel bildet die gesamte Behandlungsdokumentati- **29** on. Sie ist Privaturkunde i.S.d. § 416 ZPO, so dass streng prozessual betrachtet durch ihre Vorlage die dort festgehaltenen Inhalte nicht nachgewiesen werden, solange die Gegenseite die Richtigkeit dieser Informationen nicht anerkennt. Allerdings hat das Gericht im Rahmen der Beweiswürdigung nach § 286 ZPO weitreichende Spielräume, die besondere Prozesssituation des Medizinschadensprozesses einzubeziehen. Danach befindet sich regelmäßig nicht nur der Patient wegen seines vielfach fehlenden medizinischen Wissens in einer unverschuldet problematischen Situation, sondern auch die Behandlungsseite sieht sich Umständen ausgesetzt, die unbillig belastend erscheinen. So werden sich die patientenseitigen Vorwürfe häufig auf Geschehen beziehen, die viele Jahre zurückliegen. Auch muss die Behandlungsseite tagtäglich mit einer Vielzahl von Patienten umgehen und hat keine ernsthafte Chance, die Details über jeden Einzelnen in Erinnerung zu behalten. Diese Umstände hat der BGH in seine ständige Rechtsprechung aufgenommen und folgenden Grundsatz aufgestellt: Vertrauenswürdigen ärztlichen Unterlagen, die ordentlich und schlüssig geführt sind und das Behandlungsgeschehen nach ärztlichen Dokumentationsstandards sorgfältig wiedergeben, soll bis zum Beweis ihrer Unrichtigkeit Glauben geschenkt werden.[23] Das Tatgericht ist hierdurch nicht von seiner Aufgabe befreit, die vorgelegte Dokumentation im Einzelfall kritisch mit Blick auf alle Begleitumstände und vor dem Hintergrund des gegnerischen Vortrags zu würdigen.[24] Sofern jedoch keine erheblichen Zweifel

---

22 Vgl. BGH VersR 2009, 1405 f.
23 BGH NJW 1978, 1681 f.
24 BGH NJW 2024, 445.

gegen die ärztliche Dokumentation vorgebracht werden können, hat ihr Inhalt Überzeugungskraft für die Annahme des Vollbeweises nach § 286 ZPO, wobei der BGH jüngst betonte, dass dies nur auf Basis einer sehr starken Indizwirkung prozessual geschehe.[25] Vorsicht: Das bedeutet aber nicht, dass mit einem Aufklärungsbogen, der vom Patienten unterschrieben ist und bei den Akten liegt, auch schon der Beweis ordnungsgemäßer Selbstbestimmung erbracht wäre. Vielmehr handelt es sich beweisrechtlich um eine privatschriftliche Urkunde, die zunächst nach § 416 ZPO nur den Beweis dafür erbringt, dass diese von den Ausstellern stammt. Anders als bei einem auch vom Unterzeichner verfassten Inhalt, etwa im Rahmen einer selbst aufgesetzten Kaufvertragsurkunde,[26] kann hier aber kein Anscheinsbeweis für die Richtigkeit des Inhalts gelten. Vielmehr handelt es sich um ein Indiz, dass dieser Inhalt auch vom Patienten zur Kenntnis genommen worden sein könnte und dass mit ihm darüber gesprochen worden ist, sofern dies ebenfalls in der Urkunde vermerkt worden ist.[27] Die Indizwirkung wird gemäß st. Rspr. zudem dadurch verstärkt, dass der aufklärende Arzt handschriftliche auf die spezifische Behandlungssituation zugeschnittene Ergänzungen vorgenommen, die der Patient mit abgezeichnet hat.[28] Weiter ist das OLG Hamm gegangen, das einem unterzeichneten Aufklärungsbogen die Vermutung der Vollständigkeit und Richtigkeit beimessen will.[29] Dieser Ansatz hat der BGH widersprochen.[30] Beachte: Der Umstand, dass Aufklärungsbögen wie vorformulierte Vertragsbedingungen, also wie AGB wirken mögen, unterwirft diese keineswegs beliebig der AGB-Kontrolle nach dem Regime der §§ 305–310 BGB, da das vom Gesetzgeber bewusst übernommene Sonderrecht solcher Patienteninformationen auch unter der Schaffung des § 630e BGB Fortgetung beansprucht.[31]

(2) Vorlagerecht und Vorlagepflicht – Beweisvereitelung

30 Der Patient kann die Behandlungsdokumentation materiellrechtlich von der Behandlungsseite gemäß Art. 15 Abs. 1, 3 DSGVO, § 630g Abs. 1 BGB jederzeit vollständig herausverlangen und nach Belieben im Prozess vorlegen. Da es sich um seine eigenen gesundheitsbezogenen Daten handelt, bestehen keinerlei Hinderungsgründe. Ein solches Herausgabeverlangen geschieht, wie schon oben zum vorprozessualen Vorgehen erläutert, grundsätzlich außergerichtlich, um die De-

---

25 BGH NJW 2024, 445.

26 BGH NJW 2002, 3164 f.; NJW-RR 1989, 1323; 1998, 1470.

27 BGH NJW 2014, 1527.

28 Hierzu OLG Koblenz BeckRS 2012, 24762 und hierzu der NZB des BGH VersR 2013, 462 f.

29 OLG Hamm MedR 2011, 339 f.

30 BGH NJW 2014, 1527.

31 BGH NJW 2021, 3528 m.Anm. *Friedrich*; JZ 2022, 93 m.Anm. *J. Prütting*.

tails der Behandlung zu überprüfen und ggfls. Erstmalig eine Klageschrift zu erstellen, jedoch ist dies, wenn auch sinnvoll, doch nicht zwingend. Innerprozessual kann der Patient dementsprechend gemäß §§ 422, 424 ZPO ebenfalls jederzeit Vorlegung durch die Behandlungsseite verlangen. In der Rechtspraxis ist dies – jedenfalls bei den Spezialkammern für Arzthaftung i. S. d. § 348 Abs. 1 Nr. 2e ZPO – nicht erforderlich, da das Gericht auch hier mehr i. s. d. Amtsermittlungsgrundsatzes sogleich mit Klagezustellung an die Behandlungsseite per richterlicher Verfügung der Patientenseite aufgibt, eine umfassende Schweigepflichtentbindung vorzulegen, während die Behandlungsseite sämtliche Behandlungsunterlagen beizubringen hat.

(3) Die Beweislastregel des § 630h Abs. 3 BGB

Die Behandlungsseite muss alle wesentlichen medizinischen Maßnahmen in der Patientenakte dokumentieren. Ist dies nicht erfolgt, so wird gegen die Behandlungsseite vermutet, dass diese Maßnahmen nicht getroffen worden sind. Was medizinisch wesentlich ist, bestimmt sich nach medizinischen Standards, die jedoch einer rechtlichen Plausibilitätskontrolle unterworfen sind.[32] Dabei ist stets zu beachten, dass die Dokumentation primär der ordnungsgemäßen Patientenversorgung dient und darauf gerichtet ist, die bisherige Behandlung nachvollziehen zu können, doppelte Maßnahmen zu verhindern und eine standardgerechte Nachversorgung zu gewährleisten. Als Beweis in einem etwaigen Rechtsstreit mag die Dokumentation zwar vielfach dienen, jedoch ist dies nicht die entscheidende Teleologie und somit auch nicht der Ansatz, nach dem diese zu führen ist.[33] Die juristische Plausibilitätskontrolle verhindert jedoch, dass die Behandlungsseite logisch unverständliche Standards mangelhafter Dokumentation schafft oder beibehält, die für eine Nachvollziehbarkeit von dritter Seite, insbesondere aus Sicht eines erkennenden Gerichts, nicht vernunftgeleitet erklärlich erscheint. 31

Die Beweislastregel bezieht sich nur auf medizinische Maßnahmen, wozu die Selbstbestimmungsaufklärung nicht gehört. Mithin ist das Fehlen einer Aufzeichnung über die Aufklärung nach § 630e BGB kein Fall des § 630h Abs. 3 BGB.[34] Allerdings kommt der Behandlungsseite auch nicht die oben genannte Indizienwirkung zu Gute und sie muss den Vollbeweis der Durchführung der von ihr behaupteten Aufklärung erbringen, da sie ohnehin gemäß § 630h Abs. 2 S. 1 BGB bezüglich Aufklärung und Einwilligung beweisbelastet ist. 32

---

32 Vgl. BGH NJW 1999, 863.
33 BT-Drucks. 17/10488, S. 25. Aber S. 26 nimmt auch Beweis- und Schutzfragen auf.
34 A.A. MüKo-*Wagner*, BGB, 9. Aufl. 2023, § 630h Rn 64. Eine Diskussion hierum dürfte sich mit Blick auf die Darlegungs- und Beweislast bzgl. Aufklärung und Einwilligung erübrigen.

c) Beweismaß – richterliche Überzeugung

33 Zum Abschluss der Verfahrensfragen wollen wir noch ein paar Gedanken darauf aufwenden, welche Umstände erforderlich sind, damit das Gericht einen streitigen und entscheidungserheblichen Umstand als bewiesen anerkennt. Dieses Beweismaß folgt den Vorschriften der §§ 286 und 287 ZPO, die schon vielfach nebenbei Gegenstand der Erläuterungen gewesen sind. Dabei gilt das strenge Maß des Vollbeweises nach § 286 ZPO für alle Fragen der Haftungsbegründung einschließlich des konkreten Schadens, soweit dieser entsprechend konkret erfassbar ist, während der Haftungsumfang respektive der Zurechnungszusammenhang zwischen Rechtsgutverletzung und Schaden der erleichterten Möglichkeiten des § 287 ZPO unterliegt. Dabei ist jedoch die jeweilige Schätzungsgrundlage nach § 286 ZPO zu bewerten.[35]

34 Bewiesen ist ein Umstand nach § 286 ZPO zur richterlichen Überzeugung dann, wenn vernünftigen Zweifeln Schweigen geboten wird, ohne diese vollständig auszuschließen.[36] Dies kann nunmehr auf verschiedenen Wegen erreicht werden, wobei zuletzt insbesondere das medizinische Sachverständigengutachten ins Auge gefallen sein sollte. Daneben sind je nach Situation auch alle anderen Strengbeweismittel (Parteivernehmung, Zeugenvernehmung, Urkunden und Augenschein) zu erwägen. Im Übrigen sei an die oben ebenfalls kurz angesprochenen Anscheins- und Indizienbeweise erinnert, die in der Arzthaftung freilich eine untergeordnete Rolle spielen. Nun wird dieses Bild noch um besondere Vortragsmöglichkeiten ergänzt, die Besonderheiten im Medizinschadensprozess darstellen und von einem guten Anwalt zu erwarten sind.

35 So existieren zu vielen medizinischen Verfahren und Behandlungssituationen respektive Krankheitsbildern ärztliche Leitlinien, die regelmäßig den Anspruch verfolgen, den ärztlichen Standard in diesem Bereich abzubilden. Freilich dürfen sie keinesfalls mit der Standardbehandlung in der jeweiligen Situation gleichgesetzt werden,[37] was zahlreichen Umständen geschuldet ist. So kann die Leitlinie bereits veraltet sein, da sich der Standard seit seiner schriftlichen Niederlegung schon wieder verändert hat. Auch kann die Leitlinie den spezifischen Fall mit Blick auf den konkreten Befund beim Patienten ggfls. nicht erfassen, weil das Krankheitsbild aufgrund besonderer Begleitumstände anders zu therapieren ist. Die Leitlinie selbst muss ebenfalls stets kritisch hinterfragt werden, da Leitlinien schon je nach Evidenzstufe in ihrer Qualität divergieren (es gibt S-1, S-2k, S-2e und S-3 –

---

35 Hierzu Musielak/Voit/*Foerste*, ZPO, 22. Aufl. 2025, § 287 Rn 3 ff. m.w.N.
36 BGH NJW 2015, 2111 Rn 11; 2013, 790 Rn 17.
37 Hierzu BGH NJW-RR 2014, 1053.

Leitlinien)³⁸; aber selbst mit Blick auf S-3 Leitlinien³⁹ ist häufig Vorsicht geboten, wenn es um die Frage der Validität und Reliabilität geht. Diese Kritik ist nicht abschließend, doch soll dieser Auszug genügen. Zu merken ist also, dass Leitlinien nicht blind als medizinischer Standard übernommen werden können. Gleichwohl sind sie für die Prozessparteien ein bedeutsames Kampfmittel, da sowohl der gerichtliche Sachverständige als auch das Gericht und der Gegner mit deren Inhalt konfrontiert werden können. Will das Gericht ohne besondere fachärztliche Begründung mit Blick auf erfolgte Begutachtung von einer passenden Leitlinie abweichen, so trifft dieses ein erhöhter Begründungsaufwand.⁴⁰

Im Übrigen sei noch überblicksweise darauf hingewiesen, dass es neben den 36 ärztlichen Leitlinien auch aller Hand andere Informationsquellen zur Annäherung an den ärztlichen Standard und somit zur Nutzung qualifizierter Argumentation gibt, die richterliche Überzeugung begründen können. Genannt seien beispielhaft Qualitätsrichtlinien nach den §§ 136 ff. SGB V und Vorgaben des Robert-Koch-Instituts.

Kann das Gericht nicht überzeugt werden, ergeht eine Beweislastentscheidung 37 nach den oben erlernten Grundsätzen.

---

38 Lies hierzu https://www.awmf.org/regelwerk/stufenklassifikation-nach-systematik (Abrufdatum 04.06.2025).
39 Vgl. OLG Jena GuP 2011, 36; OLG Köln VersR 2012, 1305.
40 Hierzu BGH GesR 2008, 361; OLG Naumburg GesR 2010, 73, 75; BeckRS 2007, 3103.

§ 14 Überblick zum Medizinstrafrecht

1 Das Medizinrecht hat früh aus dem Strafrecht wesentliche Impulse erfahren. Bereits das Reichsgericht hatte den Bedarf nach einer rechtlichen Einhegung insbesondere der **Heilbehandlung** betont, indem es am 31. Mai 1894 die indizierte Behandlung auf der Tatbestandsebene als einen Fall der Körperverletzung nach dem RStGB einordnete.[1] Heute ist weit über die Patientenbehandlung hinaus anerkannt, dass dem Strafrecht im Gesundheitswesen eine zentrale Bedeutung zukommt.[2] Dies ist an der wachsenden Zahl spezieller Strafrechtsnormen,[3] an gestiegenen Compliance-Anforderungen und zahlreichen Publikationen abzulesen, wenngleich sich die Aufmerksamkeit nicht stets in vielen Strafverfahren oder Verurteilungen niederschlägt.

2 Die Verhaltensmaßstäbe, die Heilberufsangehörige zum Schutz der Gesundheit der Patienten und zugunsten anderer Rechtsgüter wie des Vermögens zu beachten haben, sind oft strafrechtlich abgesichert. Das Strafrecht geht weit über Behandlungsfehler oder Verletzungen der Verschwiegenheitspflicht hinaus. Vor allem kennt das ökonomisch bedeutsame Gesundheitswesen heute eine ausgeprägte **medizinwirtschaftsstrafrechtliche Säule. Begrifflich** lässt sich das **Medizinstrafrecht** damit als derjenige Ausschnitt des Strafrechts definieren, der spezifische Fragestellungen des Gesundheitswesens und hier vor allem des Wirkens der Heilberufe thematisiert. Nach einem stetigen Ausbau des Medizinstrafrechts, den die Rechtsprechung bisweilen zu pauschal befeuert hat (dazu krit. § 23 Rn. 15 ff. und 36 ff.), ist für die Zukunft Vorsicht anzuraten. Das oft prozessual anspruchsvolle Strafrecht erweist sich auch im Gesundheitswesen nicht als Allheilmittel; es ist nicht perfektionistisch auszudehnen.[4]

3 Die medizinstrafrechtlich relevanten Vorschriften machen im Kern allgemeines Strafrecht aus, das nach den Regeln des AT des StGB, aber auch der Gesamtsystematik der strafrechtlichen Delikte[5] zu entfalten ist. Sowohl Delikte, die wie §§ 203, 216 oder 299a und 299b dem StGB entstammen, als auch solche, die wie §§ 1 ff. EStG oder §§ 18 f. TPG im Nebenstrafrecht geregelt sind, unterfallen den **allgemeinen Lehren des Strafrechts.** Ihre Auslegung darf daher nicht von einer

---

1 RGSt 25, 375; einordnend *Tag*, Der Körperverletzungstatbestand im Spannungsfeld zwischen Patientenautonomie und lex artis, 2000, S. 6 ff.
2 Zur Ausweitung m.w.N. Ulsenheimer/Gaede/*Ulsenheimer/Gaede* Einl. Rn. 4 ff.; zu Anfängen und Wegmarken der Entwicklung knapp *Kraatz* Rn. 2 ff. und 25; *Waßmer* § 1 Rn. 7 ff.
3 Siehe etwa die §§ 299a und 299b StGB oder die §§ 1 ff. ESchG und §§ 18 f. TPG.
4 Siehe auch krit. zur Pandemie *Jahn/Schmitt-Leonardy/Wenglarczyk* JZ 2022, 63; zur Korruption anders aber etwa *Kubiciel*, jurisPR-Compl 3–2016; *Jansen* medstra 2024, 207, 213.
5 Zum Kohärenzanspruch des sog. BT m.w.N. *Gaede*, Der Steuerbetrug, 2016, S. 45 ff.

https://doi.org/10.1515/9783111048543-017

vermeintlichen Eigengesetzlichkeit geprägt sein. Z. B. dürfe weder die Betroffenheit des Arztberufs noch ein unterstellter Bedarf, gerade Patienten besonders stark zu schützen, die Praxis gesetzesfern steuern (dazu auch § 16 Rn. 13 ff.).

Zu beachten bleibt aber, dass spezifische **Normen** des Medizinrechts die im AT 4 und BT verbreiteten **Maßstäbe modifizieren** können. Strafrechtliche Regelungen wie § 19 Abs. 5 TPG und § 95 Abs. 4 AMG können z. B. von der grundsätzlichen Beschränkung auf vorsätzliches Tatverhalten (§ 15 StGB) abkehren, indem sie eine Fahrlässigkeitsstrafbarkeit anordnen. Eigenständige neue Delikte können den allgemeinstrafrechtlichen Schutz übersteigen, was etwa die §§ 299a und 299b StGB belegen (§ 22 Rn. 5). Vorschriften des zivil- und öffentlich-rechtlichen Medizinrechts können z. B. die Reichweite von Rechtfertigungsgründen beeinflussen, was viele Stimmen z. B. für Aufklärungspflichten des § 630e BGB zur Einwilligung (§ 15 Rn. 25 f.) und für das Verbot der Ex post-Triage durch § 5c Abs. 2 S. 3 IfSG (§ 17 Rn. 33 ff.) bejahen. Schließlich stellen sich einige Rechtsfragen allgemeiner Strafrechtsnormen allein oder vornehmlich im Gesundheitswesen. Leitbeispiel ist die Grundfrage nach der Einordnung des Heileingriffs im Rahmen der Körperverletzung (§ 15 Rn. 13 ff.). Zum Teil wirken medizinstrafrechtliche Rechtsanwendungen dann vorbildgebend für die allgemeine Auslegung der betroffenen Normen.[6]

Eine kennzeichnende Besonderheit der medizinstrafrechtlichen Rechtsan- 5 wendung besteht ferner darin, dass sie eine **juristische Querschnittsmaterie** betrifft: Das Medizinstrafrecht kann oft nur unter präziser Durchdringung der anderen Felder des Medizin- und Gesundheitsrechts bewältigt werden. Nicht selten sind zivil- und öffentlich-rechtliche Rechtsmaßstäbe vorentscheidend. Das Recht des Behandlungsvertrages (§§ 630a ff. BGB) und das Recht der Leistungserbringung im Sozialrecht (§§ 69 ff. SGB V) sind besonders geeignete Beispiele. Z. B. lassen sich bei der Prüfung eines sog. Abrechnungsbetruges schwerlich abschließende Aussagen treffen, bevor nicht die Anspruchslage geklärt ist (näher dazu § 23 Rn. 16 ff.).

Klausurhinweis: Es bleibt aber jeweils zu prüfen, ob und wie weit ein Merkmal 6 wie z. B. der Vermögensschaden des Betruges oder die rechtfertigende Einwilligung *akzessorisch* auf das vorausliegende zivile oder öffentliche Medizinrecht verweist. Das Strafrecht kann mit einer autonomen Begriffsbildung vom Zivil- oder Sozialrecht auch bewusst abweichen.[7]

Herausforderung und Reiz des Medizinstrafrechts zugleich werden durch den 7 Umstand vermehrt, dass die **Evolution der Medizin** ständig neue Konstellationen

---

6 Siehe z. B. zur Normativierung des Betruges *Gaede*, in: Duttge, Das Medizinstrafrecht – Bloßer Anwendungsfall oder Innovationsmotor der allgemeinen Strafrechtslehren, 2024, S. 79.
7 Siehe zum Betrug näher § 23 Rn. 41 ff.; aus der Rspr. siehe BGHSt 62, 223.

schafft, die, wie z.B. der Einsatz Künstlicher Intelligenz in der Behandlung des Patienten, stets auch strafrechtliche Fragen aufwerfen. Ferner müssen der Rechtsanwender und zuvor das – nicht selten ohne Fraktionszwang entscheidende – Parlament für die Beantwortung von Rechtsfragen **einen ethisch komplexen Hintergrund** und wirkmächtige religiöse und weltanschauliche Haltungen bedenken. Der ärztliche Heilberuf kennt verhaltensprägende tradierte Lehren, die sowohl das Strafrecht als auch das Berufsrecht aufgreifen. Gerade dann, wenn im Strafrecht dilemmatische Wertkonflikte oder Allokationsprobleme zu lösen sind, sollte die Bedeutung der medizinethischen Lehren reflektiert werden, um das Verhalten der Beteiligten angemessen bewerten und steuern zu können. Das Recht kann den Heilberufsangehörigen aber nicht zusichern, dass verbreitete ethische Intuitionen stets maßgeblich sind. Etwa der in der Medizinethik starken Hinwendung zu einer utilitaristischen Denkweise setzen das Grundgesetz und das Strafrecht Grenzen. Z.B. treten die Kriterien des § 5c Abs. 1 und 2 IfSG (§ 17 Rn. 31 f.) medizinethisch zum Teil vertretenen Positionen bei der Zuweisung knapper Ressourcen der Intensivmedizin entgegen.

8   Die im Folgenden behandelten Delikte und Probleme decken die wesentlichen Fragestellungen des Medizinstrafrechts ab. Jede einzelne seiner Regelungen soll hier nicht behandelt werden. Das Gegenteil ist angesichts des Prüfungsgeschehens an den Universitäten nicht erforderlich. Z.B. für das Medizinproduktstrafrecht[8], das Arzneimittelstrafrecht (siehe aber § 15 Rn. 140)[9], das Betäubungsmittelstrafrecht (siehe aber § 15 Rn. 141)[10] und die Strafnorm des § 31 TFG[11] ist auf andere Erläuterungswerke zu verweisen.

---

8 Zu diesem m.w.N. Saliger/Tsambikakis/*Gierok* § 17 Rn. 1 ff.
9 Zu diesem m.w.N. Ulsenheimer/Gaede/*Ulsenheimer/Dießner* Rn. 1158 ff.
10 Im Überblick zu diesem Ulsenheimer/Gaede/*Ulsenheimer/Dießner* Rn. 1144 ff.
11 Zu diesem Saliger/Tsambikakis/*Gierok* § 18 Rn. 3 ff.

§ 15 Schutz der körperlichen Integrität

Der Schutz der körperlichen Unversehrtheit ist seit langem ein zentrales Anliegen 1
des Medizinstrafrechts. Sowohl für Heil- als auch für Wunschbehandlungen sind,
von den Tötungsdelikten abgesehen (§ 16), vor allem die Körperverletzungsdelikte
zu prüfen (siehe ergänzend Rn. 139 ff.).

Ausgangspunkt ist das Grunddelikt des § 223 StGB, das die Heilbehandlung 2
erfasst (Rn. 13 ff.). Zu ihm sind besonders wichtige Rechtfertigungsgründe und
Strafunrechtsausschlüsse zu behandeln (Rn. 24 ff.). Zunehmend bedeutsam sind
qualifizierende Tatbestände (vor allem §§ 224, 226 und 227 StGB, Rn. 46 ff.). Zudem
sind Sonderkontexte wie die Schönheitsoperationen oder die Sterilisation anzusprechen (Rn. 62 ff.). Schließlich ist die praktisch dominierende Fahrlässigkeitsstrafbarkeit zu erörtern (§ 229 StGB, Rn. 67 ff.).

Nach dem überzeugenden Aufbau ist jede Straftat eine tatbestandsmäßige, 3
rechtswidrige und schuldhafte Handlung. Zunächst wird ermittelt, ob die Merkmale des **objektiven Tatbestandes** vorliegen. Bei Vorsatztaten wie § 223 StGB wird
der **subjektive Tatbestand,** also der gem. § 15 StGB notwendige Vorsatz des Täters,
geprüft. I.R.d. **Rechtswidrigkeit** ist zu fragen, ob im konkreten Fall Gründe für eine
Rechtfertigung (z.B. Einwilligung nach Aufklärung) oder einen hinreichenden
Unrechtsausschluss (Rn. 39 ff.) existieren. Ist die Tat rechtswidrig, ist auf **Schuld-
debene** zu prüfen, ob die Tat dem Handelnden (oder Unterlassenden, dazu § 17)
persönlich und situativ vorgeworfen werden kann. Hierfür ist auf die Schuldfähigkeit (§§ 19 f. StGB), jedenfalls potentiell bestehendes Unrechtsbewusstsein (§ 17
StGB) und auf Entschuldigungsgründe (etwa §§ 33 und 35 StGB) zu achten.

Darüber hinaus können **besondere Strafbarkeitsausprägungen** wie die 4
Versuchsstrafbarkeit (z.B. § 223 Abs. 2 StGB) **oder Strafbarkeitsausschlüsse** wie
der Rücktritt (§ 24 StGB) zu beachten sein. Zu den §§ 223 und 229 StGB ist gem. § 230
StGB zu beachten, dass ihre Verfolgung grundsätzlich einen Strafantrag voraussetzt.[1] Soweit kein Antrag nach den Bedingungen der §§ 77– 77d, 230 Abs. 1 S. 2 und
Abs. 2 StGB vorliegt, kann die Staatsanwaltschaft von Amts wegen einschreiten,
wenn sie im Einzelfall ein **besonderes öffentliches Interesse an der Strafverfolgung** erkennt.

Fall 30: Bandscheibe (in Anlehnung an BGH NStZ-RR 2004, 16)
Wegen eines Bandscheibenvorfalls war O in der Klinik des Chefarztes A. Ein schwerer Vorfall sollte
behandelt werden, ein leichterer unbehandelt bleiben. Oberärztin K operierte nach ordnungsgemäßer Aufklärung und Einwilligung unbemerkt den leichten Vorfall. A erkannte dies und riet K, O

---

1 Dazu und auch zur Privatklage näher Saliger/Tsambikakis/*Gaede* § 2 Rn. 461 ff.

https://doi.org/10.1515/9783111048543-018

den Fehler zu verschweigen und ihr die Notwendigkeit einer zweiten OP mit einem Frührezidiv, einem erneuten Vorfall im selben Fach, zu erklären. Sie solle bei der zweiten OP den schweren Vorfall operieren. Im zweiten OP-Bericht solle sie angeben, sie habe ein Frührezidiv und bei dieser Gelegenheit auch den kleinen Vorfall entfernt. Entsprechend wahrheitswidrig aufgeklärt, erteilte O die erneute Einwilligung. Auch in Kenntnis des wahren Sachverhalts hätte O in die indizierte zweite OP eingewilligt. Die OP entsprach sowohl ihrem Willen als auch ihrem Interesse. K und A gingen aber nicht davon aus, dass O in die OP *durch K* eingewilligt hätte. **Strafbarkeit von A und K?** Zur Lösung Rn. 20, 26, 40 und 43 ff.

I. Tatbestand der Vorsatztat (§ 223 StGB)

5 Die Körperverletzungsdelikte schützen die **körperliche Unversehrtheit** (zur Selbstbestimmung Rn. 14 ff. und 28 f.). T.d.L. sehen darüber hinaus die *Psyche* als geschützt an, um diese ebenso wesentliche Sphäre menschlicher Gesundheit aufzuwerten.[2] Die h.A. tritt dem aber überzeugend entgegen: Ausweislich der Abschnittsüberschrift („Straftaten gegen die körperliche Unversehrtheit") und des naheliegenderweise auf die körperliche Schädigung bezogenen Wortlautes („körperlich misshandelt oder an der Gesundheit schädigt") obliegt es dem Gesetzgeber, über einen erweiterten Schutz der Psyche zu entscheiden. Dies überzeugt auch deshalb, weil sich kausale psychische Folgen in einem für § 223 StGB gebotenen Maße selten hinreichend sicher feststellen lassen; die Gegenansicht dürfte daher – will man die Versuchsstrafbarkeit nicht überdehnen – den Schutz kaum verbessern. I. E. sind nur körperlich wirkende, somatisch feststellbare Beeinträchtigungen tatbestandsmäßig.[3]

6 Der **Versuch** ist gem. § 223 Abs. 2 StGB strafbar. Deliktsspezifische Besonderheiten bestehen nicht (zum Vorsatz aber Rn. 21 f.).

1. Deliktstruktur und Taterfolg

7 Der vorsätzlich zu verwirklichende objektive Tatbestand setzt die körperliche Misshandlung oder Gesundheitsschädigung eines geborenen Menschen voraus. Die Selbstschädigung ist straflos („eine andere Person", beachte aber § 25 Abs. 1 Var. 2 StGB). Dies führt zu folgender **Prüfungsstruktur:**

---

2 Hierzu siehe mit ausf. Kritik *Bublitz* RW 2011, 28, 42 ff.
3 M.w.N. BGHSt 48, 34, 36 f.; m.w.N. AnwK/*Zöller/Petry* § 223 Rn. 10 und 14.

Die einfache Körperverletzung (§ 223 StGB)

I. Tatbestand
    1. Objektiver Tatbestand
       a) Körperl. Misshandlung und oder Gesundheitsschädigung anderer Person – Heileingriff?
       b) Kausalität und objektive Zurechnung
    2. Subjektiver Tatbestand = Vorsatz
II. Rechtswidrigkeit – ggf. Einschränkung der Einwilligung: § 228 StGB
III. Schuld
IV. Strafe: prinzipiell Strafantragserfordernis gemäß § 230 StGB zu beachten

Eine **körperliche Misshandlung** ist jede üble und unangemessene Behandlung, **8** die das Wohlbefinden des Opfers nicht nur unerheblich beeinträchtigt.[4] Darunter fallen insbesondere Substanzverletzungen wie der Verlust eines Körperteils bei der Beschneidung (zur Rechtfertigung § 1631d BGB) oder der heilende Schnitt durch einen Chirurgen. Eine Verletzung der Psyche ist nur erfasst, wenn sie sich physisch niederschlägt (Rn. 5). Das Zufügen nicht unerheblicher Schmerzen genügt zumeist. Da die Beeinträchtigung objektiv **mehr als nur unerheblich** sein muss, werden Bagatellfälle ausgeschlossen.[5] Allerdings soll etwa ein ausgelöster Durchfall nach der jüngeren Rspr. genügen.[6] Die **Röntgenbestrahlung** mit einer erhöhten Dosis ist, auch wenn manifeste Schäden fehlen, eine Körperverletzung, da das Risiko schädlicher Nebenwirkungen steigt und ihr Eintritt oft erst längere Zeit nach Abschluss der Behandlung erkennbar wird. Nicht indizierte Röntgenaufnahmen sind regelmäßig erfasst, selbst wenn sie die vorgesehenen Höchstdosen nicht überschreiten.[7]

Eine **Gesundheitsschädigung** ist das Hervorrufen, Steigern oder Aufrechter- **9** halten eines nicht nur unerheblichen pathologischen Zustandes.[8] Erforderlich ist eine erhebliche Abweichung von den normalen körperlichen Funktionen. Beispiele: Erkrankungen innerer oder äußerer Organe[9], Knochenbrüche, Hämatome oder Wunden. Schmerzen sind keine zwingende Voraussetzung.[10] Nach h.A. ist die

---

4 BGHSt 14, 269, 271; 25, 277, 278; BGH MedR 1994, 113; AnwK/*Zöller/Petry* § 223 Rn. 7.
5 Siehe für eine entbehrliche, sexuell motivierte gynäkologische Untersuchung, die keine Verletzungen oder Schmerzen verursacht hat, OLG München NStZ 2008, 632.
6 So, aber zum Vorsatz zur Vorsicht mahnend, im Einzelfall BGH NStZ-RR 2020, 212.
7 BGHSt 43, 306, 308 ff. unter Freistellung kurzzeitiger geringfügiger Bestrahlungen m. Anm. *Jerouschek* JuS 1999, 746; abl. etwa m.w.N. *Kraatz* Rn. 33.
8 BGHSt 36, 1, 6 f.; 36, 262, 265; 43, 346, 354; AnwK/*Zöller/Petry* § 223 Rn. 12.
9 Zur Tablettensucht etwa m.w.N. BayObLG MedR 2003, 577, 579.
10 Hierzu BGHSt 25, 277, 278; wohl auch OLG München NStZ 2008, 632.

Infizierung mit einem besonders schädlichen Virus (z. B. HIV) eine Gesundheitsschädigung, da sie den Normalzustand (konkret: die Immunabwehr) bereits mit der Anlage zu einem Krankheitsausbruch und der eigenen Infektiosität verändert.[11] Dies muss aber, jenseits von Risikopatienten, auf Viren beschränkt bleiben, die *regelmäßig* eine erheblichere Erkrankung auslösen, was bei heutigen SARS-CoV-2-Varianten fehlen dürfte. Bagatellfälle wie die Ansteckung mit einem Schnupfen genügen nicht.[12]

10 **Klausurhinweis:** Trotz Überschneidungen stehen beide Erfolgsvarianten eigenständig nebeneinander – sie sollten beide, ggf. knapp, subsumiert werden.

11   Ein Arzt kann sich gem. §§ 223 ff. StGB nach h.A. auch strafbar machen, wenn er in den Körper integrierte **Implantate beschädigt**, die Bestandteil des Körpers geworden sind und ihre Sacheigenschaft verloren haben.[13]

12   Die Tathandlung (regelmäßig: die Behandlung) muss die Körperverletzung **kausal und zurechenbar** herbeigeführt haben. Während der Erfolg die eingetretene Zustandsveränderung beschreibt und bewertet, ist zur Kausalität und objektiven Zurechnung zu zeigen, dass der Erfolg auch auf der Behandlung beruht (näher auch Rn. 71 ff., 116 ff.).

2. Einordnung des Heileingriffs

13 Nicht indizierte Schönheitsoperationen und andere sog. Enhancement-Eingriffe, die das körperliche Wohlbefinden oder die körperliche Gesundheit beeinträchtigen, sind unstreitig tatbestandsmäßig (Rn. 65 f.). Streitig ist, ob der Gesundheit dienende, medizinisch indizierte und *lege artis* ausgeführte Heileingriffe (und Diagnosemaßnahmen[14]) die §§ 223 ff. StGB erfüllen. Dies ist zentral, weil kein Tatbestand der eigenmächtigen Heilbehandlung existiert.

14   Die **Rechtsprechung** erfasst die *lege artis* durchgeführte indizierte Heilbehandlung, die in den Körper eingreift, als tatbestandliches Geschehen, unabhängig vom ggf. erreichten (Fern-)Ziel der Heilung. Dies geht auf eine Entscheidung des Reichsgerichts vom 31. Mai 1894 zurück, in der es die erfolgreiche Amputation des

---

11 BGH MedR 1998, 326, 329; BGHSt 36, 1, 6, 7; 36, 262, 265; *Hardtung* JuS 2008, 864, 867; für das HI-Virus aus der Literatur auch *Kraatz* Rn. 33; aber a.A. für eine SARS-CoV-2-Infektion z. B. *Lorenz/Wenglarczyk* GA 2023, 337; bejahend m.w.N. *Rengier* BT/II § 13 Rn. 17b.
12 *Rengier* BT/II § 13 Rn. 19.
13 M.w.N. *Rengier* BT/II § 13 Rn. 4; einschränkend aber auch zu Prothesen *Valerius* medstra 2015, 158, der für eine Zuordnung zum Schutz über Eigentumsdelikte wirbt.
14 Siehe etwa zur Blutabnahme Ulsenheimer/Gaede/*Ulsenheimer/Gaede* Rn. 565 ff.

Fußes eines Kindes gegen den erklärten Willen des – an der Naturheilkunde orientierten – Vaters trotz absoluter Indikation als Körperverletzung qualifizierte.[15] Das Gericht betonte, dass weder der Heilzweck noch der Erfolg des Eingriffs den Arzt dazu befugten, in den Körper eines Patienten einzugreifen; vielmehr sei regelmäßig der Wille des Kranken maßgeblich. Seit 130 Jahren stellt damit jede mit einer Einwirkung auf die körperliche Integrität verbundene Behandlung eine Körperverletzung dar, die eines rechtfertigenden Grundes bedarf, der regelmäßig in der Einwilligung liegt (sog. **Rechtfertigungslösung**).[16] Bei der Applikation schmerzlindernder Medikamente verlangt die Rspr. aber einschränkend feststellbare nachteilige Wirkungen, sofern nicht die Injektion als solche hinreichend erheblich ist.[17]

Nicht nur in der Ärzteschaft wird diese Judikatur als unverständliche Gleich- 15 setzung ärztlichen Wirkens mit dem Tun eines „Messerstechers" angegriffen.[18] Den §§ 223 ff. StGB werde verfehlt ein anderes Rechtsgut, nämlich die Selbstbestimmung des Patienten, unterstellt;[19] eine Lösung könne allein *de lege ferenda* in einem Tatbestand der eigenmächtigen Heilbehandlung liegen.[20] Im **Schrifttum** werden in diesem Sinne verschiedene Formen der sog. **Tatbestandslösung** vertreten:

Vor allem anfänglich wurde eingewandt, dass gerade eine erfolgreiche, die 16 körperliche Unversehrtheit fördernde Behandlung wegen des geschützten Rechtsguts keinen tatbestandlichen Erfolg ausmache. Nicht der Einzelakt, sondern das Gesamtergebnis der Behandlung sei entscheidend (sog. **Erfolgstheorie**)[21]: Jedenfalls wenn sich der Gesundheitszustand des Patienten verbessere, liege keine tatbestandliche Körperverletzung vor.

Eine ergebnisbezogene und damit von zufälligen Entwicklungen abhängende 17 Bewertung der Handlung überzeugt aber nicht. Heute wird deshalb primär eingewandt, dass nach dem sozialen, dem Rechtsgut dienenden Sinn der Heilbehandlung keine „üble und unangemessene Behandlung" vorliege. Selbst wenn der Eingriff misslingt, es dem Patienten also schlechter geht, werde kein rechtlich

---

15 RGSt 25, 375 ff.
16 Siehe später entsprechend z.B. BGH NStZ 1996, 34, 35; NJW 2011, 1088, 1089.
17 BGH NStZ 2020, 29, 30 m. insoweit abl. Anm. *Magnus*; zur mangelnden Tat bei einer unterstützend aufgetragenen Salbe *Waßmer* § 4 Rn. 4.
18 *Ulsenheimer*, Arztstrafrecht in der Praxis, 5. Aufl. (2015), Rn. 328; *Rengier* BT/II § 13 Rn. 26.
19 Siehe so noch TK/*Sternberg-Lieben* § 223 Rn. 30 f.; siehe ferner auch zivilrechtlich *Katzenmeier*, Arzthaftung, 2002, S. 111 ff., 116 ff.
20 Dafür vor allem *Kriminalpolitischer Kreis* medstra 2021, 65 ff. m.w.N.
21 LK/*Lilie*[11] Vor § 223 Rn. 3.

missbilligtes Risiko gesetzt, weil der Heileingriff den Interessen des Betroffenen entspreche (sog. **Körperinteressentheorie**)[22].

18   Im Ergebnis ist der Rspr. allerdings mit der nun wohl h.L. zu folgen, weil die auslegungsleitende **körperliche Unversehrtheit ein höchstpersönliches Rechtsgut** ist, das mit der Selbstdefinition der Körperinteressen durch den Patienten verbunden ist:[23] Anders als etwa beim Vermögen verbietet sich jede externe Saldierung der Körperinteressen, die eine Fremdbestimmung hinsichtlich des Körpers eröffnet. Die Tatbestandsmäßigkeit des Heileingriffs folgt daraus, dass er zunächst die Integrität des Körpers beeinträchtigt. Dieser körperliche Bezug und nicht nur die Berührung der Selbstbestimmung begründet die Tatbestandsmäßigkeit. Jene Betrachtung entspricht auch dem heutigen ärztlichen Berufsrecht und -ethos: Die Ärzte versprechen ihrem Patienten angesichts der Eigengesetzlichkeit des menschlichen Körpers keinen sicheren Erfolg der indizierten Heilbehandlung; sie behaupten nicht, stets nur förderliche Ergebnisse zu erzielen (zum Vertragsrecht schon § 11 Rn. 44 ff.).

19   Damit steht die Strafbarkeit aber noch nicht fest.[24] Sie darf insbesondere nicht durch exzessive Anforderungen an eine wirksame Einwilligung ausufern (Rn. 29 ff.). Im Fall des RG wäre heute zudem die Zustimmung des Vaters gem. § 1666 III Nr. 5 BGB zugunsten der Rechte des Kindes zu ersetzen.

20   **Klausurhinweis:** Die Tatbestandsmäßigkeit ist nicht zu diskutieren, wenn es zu Behandlungsfehlern kommt oder die medizinische Indikation fehlt, wie z.B. bei den meisten Schönheitsoperationen oder im Fall der Sterilisation. Im **Fall 30: Bandscheibe** verwirklichen beide Operationen den objektiven Tatbestand in beiden Tatvarianten. Für die zweite Operation ist die Tatbestandsmäßigkeit aber in Auseinandersetzung mit der Tatbestandslösung zu begründen.

3. Vorsatz

21   Für den Vorsatz gelten die allgemeinen Maßstäbe. Ein Arzt muss jedenfalls die Verwirklichung des Körperverletzungserfolgs infolge seines Wirkens als ernsthaft möglich erkennen und diese billigend in Kauf nehmen bzw. sich um des erstrebten Zieles willen wenigstens mit ihr abfinden (*dolus eventualis*). Bewusste Fahrlässig-

---

22 M.w.N. Prütting/*Duttge/Gierok* § 223 StGB Rn. 13 ff. und 24; *Krell* medstra 2017, 3, 6 f.
23 M.w.N. AnwK/*Zöller/Petry* § 223 Rn. 16 und 18; Matt/Renzikowski/*Engländer* § 223 Rn. 18, 21; *Waßmer* § 3 Rn. 9; *Magnus*, Patientenautonomie im Strafrecht, 2015, S. 149 ff.
24 Die Tatbestandsmäßigkeit gem. § 239 StGB müssen z.B. auch Richter hinnehmen, wenn sie z.B. eine Untersuchungshaft auslösen, es kommt auf eine Rechtfertigung an.

keit liegt vor, wenn der Täter mit der als möglich erkannten Tatverwirklichung nicht einverstanden ist und er ernsthaft – nicht nur vage – auf das Ausbleiben des Erfolgs vertraut.[25] Da der Vorsatz und die bewusste Fahrlässigkeit nahe beieinanderliegen können, „müssen bei der Annahme bedingten Vorsatzes beide Elemente der inneren Tatseite, also sowohl das Wissenselement als auch das Willenselement, in jedem Einzelfall besonders geprüft und durch tatsächliche Feststellungen belegt werden"; es ist eine umfassende Gesamtwürdigung auch der sog. vorsatzkritischen Umstände notwendig (näher auch § 16 Rn. 14 ff.).[26]

Klausurhinweis: Für die Subsumtion ist entscheidend, dass Sie sich den Bezugs- 22 punkt klarmachen. Lässt man objektiv keine Folgensaldierung zu, bezieht sich der nötige Vorstellungsinhalt nur auf die **Behandlung an sich** (Rn. 18), z. B. den in den Körper eingreifenden Schnitt während der Operation. Dessen unmittelbare Wirkung werden die Behandelnden stets reflektieren – sie handeln vorsätzlich. Eine vorsätzliche Körperverletzung kann so auch bei einer erfolgreichen Behandlung vorliegen, wobei die Rechtswidrigkeit dieser Tat zu prüfen bleibt.

In besonderen Fällen können auch spezifisch **schädigende Folgen der Be-** 23 **handlung** vom Vorsatz umfasst sein. Z. B. dürften Ärzte oder Apotheker, die einen Patienten über die Minderwertigkeit eines selbst hergestellten Arzneimittels täuschen, die infolgedessen eintretende Verschlechterung bzw. mangelnde Erhaltung der Gesundheit hinnehmen.[27] I.d.R. weist ein Arzt im Rahmen tauglicher Therapien aber zumindest kein Willenselement auf. Der BGH betont selbst für grob fehlerhafte Behandlungen, dass die „Erörterung der Frage, ob der Arzt den Patienten vorsätzlich an Leben oder Gesundheit geschädigt hat, nur unter besonderen Umständen geboten ist"[28] (§ 16 Rn. 14 f.). Eine Prüfung kann aber z. B. bei übermäßigem Profitstreben geboten sein.[29]

II. Rechtfertigung und Schuld

Zur Rechtswidrigkeit und Schuld gelten die allgemeinen Maßstäbe. Fragen der 24 Schuld sind kaum relevant (vgl. aber Rn. 131 ff.). Erachtet man den Heileingriff als tatbestandsmäßig, kommt der Frage, ob kompensierende Umstände einen **Rechtfertigungsgrund** oder **Unrechtsausschluss** bedingen, zentrale Bedeutung zu. Hier

---

25 Zum Maßstab jeweils z. B. BGHSt 36, 1, 10; zur Anwendung auf SARS-CoV-2 *Kraatz* Rn. 39.
26 Hierzu anhand des Tötungsvorsatzes m.w.N. BGHSt 56, 277, 284 ff.
27 Vgl. etwa zum „Bottroper Apothekerfall" instruktiv *Ast/Lorenz* medstra 2018, 135 ff.
28 BGH NStZ 2004, 35, 36; siehe auch skrupulös BayObLG MedR 2003, 577, 578 f.
29 Für die Prüfung bei einer eintretenden Suchterkrankung aber BayObLG MedR 2003, 577.

entscheidet sich, ob das Strafrecht im Übermaß Anwendung findet. Konkret sind die oft maßgeblichen Erlaubnissätze der Einwilligung (Rn. 25 ff.) und der mutmaßlichen Einwilligung (Rn. 32 ff.) zu behandeln. Weitere Erlaubnissätze in Sonderkontexten sind zu erwähnen (Rn. 37 f.). Im Anschluss sind der Erlaubnistatbestandsirrtum (sog. ETI, Rn. 39 ff.) und die hypothetische Einwilligung vorzustellen (Rn. 43 ff.).

Fall 31: Operationserweiterung (in Anlehnung an BGHSt 45, 219)
A betreute P während der Geburt ihres zweiten Kindes. Während der Geburt verweigerte die überforderte P eine aktive Mitwirkung. Als die Gesundheit des Kindes in Gefahr geriet, entschloss sich A für eine Entbindung mittels Kaiserschnitts. Eine vorherige Aufklärung war gescheitert, da P nicht hinreichend ansprechbar war. Vor Einleitung der Narkose schlug A der schon im OP-Saal befindlichen P vor, sie im Rahmen des Kaiserschnitts direkt zu sterilisieren, da sie sicher keine Kinder mehr haben wolle. P lehnte dies aber ab. Während der OP kam es zu Komplikationen. Aufgrund dieser Komplikationen führte A bei P eine Tubensterilisation durch, um eine erneute Schwangerschaft der P sicher zu vermeiden, bei der er das Risiko eines Gebärmutterrisses mit lebensgefährlichen Folgen für Mutter und Kind befürchtete. Objektiv lag das Risiko hierfür bei unter 4 %. Es war durch geeignete Diagnosemittel beherrschbar. P war mit der Sterilisation im Nachhinein nicht einverstanden und hätte im einwilligungsfähigen Zustand nicht eingewilligt. **Strafbarkeit des A?** Zur Lösung Rn. 34 ff.

---

1. Einwilligung einschließlich Patientenverfügung

25 An der Rechtswidrigkeit der Tatbestandsverwirklichung kann es fehlen, wenn der Patient (oder sein Vertreter, dazu Rn. 35) der Behandlung im Vorhinein zustimmt. In seiner Einwilligung wird ein **Akt der Patientenautonomie** gesehen, der nach herrschender und angesichts der Formulierung des § 228 StGB („nicht rechtswidrig") gesetzesnäheren Ansicht als Rechtfertigungsgrund wirkt.[30] Die Voraussetzungen der Einwilligung sind in § 228 StGB nur sehr partiell geregelt. Insoweit füllen die §§ 630d, 630e (zu diesen Normen eingehend § 11 Rn. 7, § 12 Rn. 9 f., 66 ff.) und 1827 BGB zum Teil eine Lücke. Konkret ist folgende **Prüfungsstruktur** anzuraten:

Einwilligung

I. Einwilligungssachverhalt
1. Mindestens konkludente Erklärung (hM) hinsichtlich des Sachverhalts
2. Vor der Tat und nicht widerrufen

---

30 BGH NJW 2011, 1088, 1089; *Fischer* § 228 Rn. 2; *Waßmer* § 4 Rn. 80; *Kraatz* Rn. 40; für einen Tatbestandsausschluss *Rönnau* Jura 2002, 595 ff.; *Roxin/Greco* AT/I § 13 Rn. 12 ff.

II. Wirksamkeitsvoraussetzungen
1. Allgemeine Disponibilität für den Einwilligenden
2. Einwilligungsfähigkeit
3. Freiheit von beachtlichen Willensmängeln
4. Keine objektive Einwilligungsschranke (vor allem §§ 216, 228 StGB)

III. Subjektives Rechtfertigungselement – Handeln auf Grund der Einwilligung

Handeln in Unkenntnis der Einwilligung? Versuchslösung nach nun allg.M.

Die Einwilligung kann nur **bei Handeln in Kenntnis und auf Grund derselben** 26 (subjektives Rechtfertigungselement) als vollständiger Erlaubnissatz wirken.[31] Sie bedarf zunächst eines **Einwilligungssachverhalts**. Als Anknüpfungspunkt verlangt die zutreffende Willenserklärungstheorie eine zumindest konkludente Äußerung der Patientin (z. B. Nicken auf eine konkrete Frage). Entgegen der Willensrichtungstheorie genügt eine bloß innere Zustimmung nicht: Die ihr zufolge relevante Fehlvorstellung (zum Erlaubnistatbestandsirrtum Rn. 39 ff.), man sei von der inneren Zustimmung ausgegangen, dürfte die Selbstbestimmung konterkarieren.[32] Zudem muss sich die Einwilligung – von Irrtümern im Detail abgesehen – auf den verwirklichten Sachverhalt beziehen (Gegenbeispiel: Einwilligung hinsichtlich des anderen Fachs im **Fall 30: Bandscheibe** oder beschränkt auf einen konkreten Behandler[33]). Die Einwilligung muss explizit **vor der Behandlung erklärt** worden sein. Mit der **Patientenverfügung** können weit im Vorfeld liegende Erklärungen maßgeblich sein (§ 16 Rn. 22 ff.).[34] Ferner muss die Einwilligung zur Tatzeit fortbestehen – ein zwischenzeitlich erklärter **Widerruf** ist beachtlich.

Die Einwilligung muss **Wirksamkeitserfordernissen** genügen. Zunächst muss 27 eine **allgemein zur Disposition befugte Person** die Einwilligung erklären. Dies meint vornehmlich den Patienten als Rechtsgutinhaber. Zusätzlich können gesetzliche oder gewillkürte Vertretungen ein Recht zur – fremdbestimmenden – Einwilligung verleihen; dies betrifft insbesondere das Verhältnis von Minderjährigen zu ihren Eltern (§ 11 Rn. 11 ff.; zum Sonderkontext der Beschneidung § 1631d BGB). Soweit der **Patient** einwilligt, muss er **einsichts- und urteilsfähig**, also nach seiner geistigen und sittlichen Reife imstande sein, die Tragweite seiner Ent-

---

31 Mit einem Verzicht auf ein Handeln „auf Grund" der Einwilligung LK/*Rönnau* Vor § 32 Rn. 211 m.w.N.; zur heute anerkannten Versuchslösung bei einem lediglich fehlenden subjektiven Rechtfertigungselement TK/*Sternberg-Lieben* Vor §§ 32 Rn. 80.
32 Hierzu m.w.N. zum Streit TK/*Sternberg-Lieben* Vor §§ 32 ff. Rn. 69.
33 Dazu BGH NJW 2010, 2580; m.w.N. Ulsenheimer/Gaede/*Ulsenheimer/Gaede* Rn. 564; a.A. *Amelung* ZStW 115 (2003), 704, 716: „überzüchteter Personalismus".
34 Zur Patientenverfügung schon *Kraatz* Rn. 41, 202, 212.

scheidung zu erkennen und zu beurteilen.[35] Hieran kann es infolge geistiger Erkrankungen dauerhaft oder auch zeitweise z. B. infolge einer Alkoholintoxikation[36] fehlen. In der Praxis ist die Feststellung oft schwierig. Bei alledem gilt **keine strikte und allgemeine Altersgrenze**, soweit nicht spezifische Regelungen wie § 8 Abs. 1 Nr. 1a TPG (Organspende erst ab 18) oder § 2 Abs. 1 Nr. 3 KastrG (Kastration erst ab 25) einschlägig sind. Es bedarf einer Einzelfallbewertung (§ 11 Rn. 12 ff.).[37]

28   Da die Einwilligung auf Selbstbestimmung beruht, können **Willensmängel** zur Unwirksamkeit führen. Dies ist anzunehmen, wenn die Einwilligung durch Drohung oder Gewalt erzwungen[38] oder der Patient überrumpelt wurde (§ 12 Rn. 69).[39] Auch täuschungsbedingte Irrtümer können zur Unwirksamkeit führen. Entscheidend ist, ob der Patient **gem. § 630e BGB** über den Eingriff ordnungsgemäß aufgeklärt wurde (§ 12 Rn. 65 ff.).[40] Verletzt der Arzt einschlägige Aufklärungspflichten, wird der Patient regelmäßig einen beachtlichen Irrtum erleiden.[41] Zudem ist die Einwilligung unwirksam, wenn der Patient denjenigen, dem er einen nicht gänzlich einfachen Heileingriff gestattet, irrtümlich für einen approbierten Arzt hält, während dieser in Wirklichkeit ein Medizinstudent ist.[42]

29   Im Licht der heutigen Reichweite der Aufklärungspflichten ist allerdings nach richtiger Ansicht – auch als Ersatz für die hypothetische Einwilligung (Rn. 43 ff.) – die implizit vorherrschende **akzessorische Übernahme** der zivilrechtlichen **Aufklärungspflichten zu limitieren:**[43] Notwendig ist ein engerer Rechtsgutsbezug. Nur wenn der Aufklärungsmangel den konkreten Eingriff und damit die Wirkungen hinsichtlich des Körpers betrifft oder der Arzt aktiv durch Falschin-

---

35 Hierzu BGHSt 23, 4; zur jüngeren Rspr. auch *Kraatz* NStZ-RR 2016, 233, 234.
36 Siehe insoweit auch bei einer verbleibender Schuldfähigkeit verneinend z. B. BGHSt 4, 88, 90 f.; zu den Auswirkungen einer Alkohol- und Medikamenteneinnahme *Kraatz* Rn. 41.
37 Streitbar verneint wurde die Einwilligungsfähigkeit im Zahnextraktionsfall, in dem eine Patientin trotz mehrfacher Aufklärung nicht von der Vorstellung abzubringen war, dass die Extraktion ihre Schmerzen beseitigen würde, BGH NJW 1978, 1206; *Rogall* NJW 1978, 2345; *Horn* JuS 1979, 31. Hier ließ sich auch ein unbeachtlicher Motivirrtum erwägen.
38 Siehe näher aber m.w.N. *Rönnau* Jura 2002, 665, 672 ff.
39 So mag es liegen, wenn dem Patienten die erstmalige Einwilligung auf dem Weg zum Operationssaal und unter dem Einfluss einer Beruhigungsspritze abgerungen wird.
40 Siehe aus dem Strafrecht hier nur BGH NJW 2011, 1088, 1089 f. („Zitronensaftfall").
41 Hierzu einschränkend *Gaede*, Limitiert akzessorisches Medizinstrafrecht, 2014, S. 46 ff.
42 BGHSt 16, 309, 310 f.; *Roxin/Greco* AT/I § 13 Rn. 101: bei allzu einfacher Tätigkeit; *Rönnau* Jura 2002, 665, 673; bei nicht völlig ungefährlichen Eingriffen BGH NStZ 1987, 174.
43 *Gaede*, Limitiert akzessorisches Medizinstrafrecht, 2014, S. 48 ff.; *Sternberg-Lieben*, Die objektiven Schranken der Einwilligung im Strafrecht, 1997, S. 532 ff.; a.A. für die Akzessorietät *Nestler* medstra 2018, 330, 334 (mit zu weitem Verweis auf BGHSt 16, 111, 116); *Kraatz* Rn. 45 („Leitlinie"). *De lege ferenda* begrenzend *Kriminalpolitischer Kreis* medstra 2021, 65, 71 ff.: Beschränkung auf Leichtfertigkeit (§ 241a Abs. 3 StGB-E).

formationen den Patienten instrumentalisiert,[44] sollte die Einwilligung unwirksam sein. Hat der Patient hingegen eine hinreichende Vorstellung davon, was mit seinem Körper geschehen wird oder kann, und wird er nicht getäuscht, handelt er insoweit autonom.

Die Wirksamkeit der Einwilligung kann ferner in seltenen Fällen an **objekti-** 30 **ven Schranken** scheitern. Neben bereichsspezifischen Regelungen ist § 228 StGB bedeutsam. Er versagt die Rechtfertigung, wenn die Tat – nicht der mit ihr verfolgte Zweck – **sittenwidrig** ist. Der konturenlose Begriff der „guten Sitten" genügt aber nur dann dem Bestimmtheitsgebot (Art. 103 Abs. 2 GG), wenn er auf seinen fassbaren Kern beschränkt wird.[45] Eine frühere, die Anforderungen an die Auslegung von Generalklauseln missachtende Orientierung am „Anstandsgefühl der billig und gerecht Denkenden" wurde aufgegeben.[46] Maßgeblich ist auch für die Rechtsprechung – jenseits des hier irrelevanten § 231 StGB – die Art und das Gewicht der drohenden Gefahren für den Körper und das Leben des Einwilligenden (sog. [enge] Rechtsgutslösung).[47] Hiernach lässt sich die Sittenwidrigkeit nicht mehr aus (vermeintlich) verwerflichen Motiven ableiten; hinsichtlich des Rechtsguts positiv besetzte Motive können nur das Maß an zulässiger Gefährdung vergrößern. Auf dieser Basis greift die Sittenwidrigkeit i.E. erst bei **drohenden konkret-lebensgefährlichen Verletzungen** ein, wobei der für das Rechtsgut positive Heilzweck für lebensgefährliche Behandlungen streiten kann.[48] Dem ist entgegen Literaturstimmen zuzustimmen, welche die guten Sitten weit subsumieren wollen, um – von den §§ 223 ff. StGB nicht geschützte – Rechtsgüter wie die „standesrechtliche" ärztliche Zurückhaltung zu fördern.[49] Ein derartiger Ansatz verunklarte die Auslegung des § 228 StGB aber im Übermaß, weil er wieder beliebige Zwecke in die Prüfung einstellen würde.

Kasuistik: Ein gewünschter Kaiserschnitt ist auch ohne Indikation klar zu- 31 lässig,[50] gleiches gilt für Schwangerschaftsabbrüche nach § 218a StGB. Selbst individuelle Heilversuche, bei denen keine regelmäßig eintretende Heilungserwartung

---

44 Vgl. z.B. Ulsenheimer/Gaede/*Ulsenheimer/Gaede* Rn. 560: „Arzt mit reichlich Erfahrung"; ferner den „Bohrerspitzenfall" BGH NStZ 2004, 442, in dem ein Arzt eine abgebrochene Bohrerspitze unter einem Vorwand bergen wollte; zum Turboentzug BGH NStZ 2008, 150, 151.
45 So i.E. wegweisend BGHSt 49, 34, 41; ohne diese dann gerade BGHSt 49, 166, 169 ff. Für die Verfassungswidrigkeit aber noch immer etwa m.w.N. *Rostalski* HRRS 2020, 211 ff.
46 Dies geschah in der Sache durch BGHSt 49, 34.
47 In diesem Sinne später etwa BGH NStZ 2013, 342, 343; 2020, 29, 31 f.
48 BGHSt 49, 23, 43 f.; 49, 166, 169 ff.; *Gaede* ZIS 2014, 489, 491 f.; siehe aber auch mit der Erfassung der drohenden schweren Gesundheitsschädigung BGH medstra 2020, 170, 172.
49 S. in diese Richtung etwa *Magnus*, Patientenautonomie im Strafrecht, 2015, S. 332 ff., 342 f.; dagegen *Gaede* medstra 2018, 88, 89 f.
50 M.w.N. Ulsenheimer/Gaede/*Ulsenheimer/Gaede* Rn. 571.

besteht, können durch die Einwilligung gerechtfertigt sein.[51] Erst bei einer greifbaren objektiven Aussichtslosigkeit bei gleichzeitiger Lebensgefahr dürfte im Lichte des § 216 StGB Sittenwidrigkeit anzunehmen sein. Ferner ist z. B. das (nicht lebensgefährliche) Injizieren von Dopingmitteln durch einen Arzt entgegen einer Lehransicht nicht sittenwidrig, da das einschlägige Verbot primär die Integrität des Sports schützt.[52] Der BGH hat auch eine palliativ bestimmte Injektion von Morphin durch eine Pflegerin im Wege der mutmaßlichen Einwilligung gerechtfertigt, obschon sie zugleich gegen § 29 Abs. 1 S. 1 Nr. 6 lit. b BtMG und damit gegen ein paternalistisch die Gesundheit bewahrendes Gesetz verstoßen hatte.[53] **Vorsicht** ist geboten, wenn im Einzelfall einer nicht indizierten Behandlung **Folgen von der Schwere des § 226 StGB** drohen, da viele Stimmen in diesem Fall die Sittenwidrigkeit annehmen wollen und nicht auf die hier für maßgeblich erachtete Lebensgefahr abstellen.[54] Dieser Maßstab reduziert § 228 StGB aber nicht auf einen Kern; er greift übermäßig in die grundrechtlich geschützte Selbstbestimmung ein.

2. Mutmaßliche Einwilligung

32   Die mutmaßliche Einwilligung ist ein gewohnheitsrechtlich und in §§ 630d Abs. 1 S. 4 und § 1827 Abs. 2 S. 1 Alt. 2 BGB für die Medizin gesetzlich anerkannter Rechtfertigungsgrund.[55] Als **Einwilligungssurrogat** zieht er den absehbaren Willen des Patienten zur Legitimation heran. Deshalb unterliegt die mutmaßliche Einwilligung den §§ 216 und 228 StGB. Sie soll zeitlich akute Entscheidungssituationen bei einer nicht ausübbaren Selbstbestimmung bewältigen (§ 630d Abs. 1 S. 4 BGB). Im Kontext der Behandlung ist ein Handeln auf Grund einer medizinischen Indikation im Interesse des Patienten zu prüfen. Dies kann von klaren Fällen, wie der Behandlung des ohnmächtig eingelieferten Unfallopfers bis hin zu einem Patienten im Wachkoma reichen, bei dem keine Hoffnung auf Besserung besteht. Streng genommen liegt angesichts der durch Dritte angestellten, fehleranfälligen Mutmaßung eine Fremdbestimmung vor.[56] Entsprechend ist die mutmaßliche

---

51 Roxin/Schroth/*Oswald* S. 687 ff.; aus jüngerer Zeit *Krell* medstra 2017, 3 ff. und 90 ff.

52 Matt/Renzikowski/*Engländer* § 228 Rn. 7; *Ellbogen,* Arztrecht, 2013, 145, 147; TK/*Sternberg-Lieben* § 228 Rn. 19; NK-StGB/*Paeffgen/Zabel* § 228 Rn. 110 ff.; a.A. *Fischer* § 228 Rn. 23b bei schwerwiegenden Schädigungen.

53 Sehr instruktiv BGH medstra 2020, 170, 172 m. Bespr. *Hardtung* medstra 2020, 137.

54 So etwa *Fischer* § 228 Rn. 23b; Wenzel/*Bernsmann/Geilen* Kap. 4, Rn. 454; ohne konkreten Verweis AnwK/*Zöller/Petry* § 223 Rn. 21 und BGH medstra 2020, 170, 172.

55 Dafür etwa BGHSt 35, 246 und 45, 219, 221.

56 Hierzu m.w.N. *Linoh* medstra 2017, 216 ff., allerdings mit übermäßigen Folgerungen.

Einwilligung subsidiär und an strenge Anforderungen gebunden. Konkret gilt folgende **Prüfungsstruktur:**

Mutmaßliche Einwilligung

1. **Nichteinholbarkeit der Einwilligung** = Subsidiarität zur Einwilligung
2. **Tat entspricht mutmaßlichem Willen des Rechtsgutsinhabers**
   Maßstab: Grundsätzlich „subjektiv" = nach individuellen Haltungen und Interessen (vgl. § 1827 Abs. 2 S. 2 und 3 BGB), nur subsidiär Bestimmung nach allg. Wertvorstellungen
3. **Erfolgte Einwilligung wäre wirksam** = keine objektiven Disponibilitätsschranken bzgl. der Tat einschlägig gemäß §§ 216 und 228 StGB
4. **Subjektives Rechtfertigungselement** = primär Handeln in Kenntnis von 1.–3.

Die **Subsidiarität** ist beachtet, wenn die Einholung einer Einwilligung unmöglich 33 ist, weil der Patient gar nicht befragt werden kann[57] oder nicht zu einer eigenverantwortlichen Entscheidung in der Lage ist.[58] Die Behandlung muss dem – nur hypothetisch feststellbaren – **Patientenwillen entsprechen.** § 1827 Abs. 2 S. 2 und 3 BGB (lesen!) spricht vorbildgebend aus, worin der Maßstab und die Indizien liegen. Maßgebend ist nicht die Sicht des Arztes, Ehepartners, Lebensgefährten, naher Angehöriger und auch nicht der Standpunkt eines „vernünftigen Dritten". Für das Einwilligungssurrogat leitend sind vielmehr die persönlichen Interessen, Wünsche, Bedürfnisse und Wertvorstellungen des Patienten.[59] Von zentraler Bedeutung ist, welche Informationen zum Patienten vorliegen und beschafft werden können. Fehlen individuelle Anhaltspunkte, wie z. B. regelmäßig in der Situation eines zu einem Unfall geeilten Notarztes, dürfen objektive Kriterien wie die Einstufung einer Behandlung als vernünftig oder den Interessen eines verständigen Patienten üblicherweise entsprechend herangezogen werden. Ist Zeit vorhanden, müssen die Grundlagen des mutmaßlichen Willens umso sorgfältiger und umfassender recherchiert werden, je schwerwiegender die zu treffende Entscheidung ist. Dabei kommt es auf das in der jeweiligen Situation *ex ante*[60] bei zumutbarer Anstrengung erreichbare Indizienmaterial an.[61]

Eine **medizinisch indizierte Behandlung,** die ohne Nachteil oder Risiko für 34 den Patienten **aufschiebbar** ist, muss demzufolge – von einer Entscheidung durch gesetzliche Vertreter abgesehen – aufgeschoben werden, bis sich der Patient auf-

---

57 BGHSt 16, 309, 312; Wenzel/*Bernsmann/Geilen* Rn. 455; *Roxin/Greco* AT/I § 18 Rn. 10.
58 Dazu etwa BGHSt 45, 219, 223 f.
59 Dazu und zum Folgenden schon m.w.N. BGHSt 45, 219, 221 f.
60 Zu diesem Aspekt BGHSt 45, 219, 225, 226: gebotener Schutz der Ärzte.
61 M.w.N. Ulsenheimer/Gaede/*Ulsenheimer/Gaede* Rn. 581.

geklärt und einwilligungsfähig geäußert hat. Gem. § 630d Abs. 1 S. 4 BGB und laut BGH kommt die mutmaßliche Einwilligung nur dann in Frage, wenn ohne einen Eingriff eine erhebliche Gefahr für Leben oder Gesundheit des Patienten besteht.[62] Es ist davon auszugehen, dass ein Patient über Heileingriffe selbst entscheiden möchte; Eingriffserweiterungen sind nicht voreilig zu befürworten.[63] Dasselbe gilt für elektive Eingriffe bei dauerhaft nicht einwilligungsfähigen Patienten, die keinen Betreuer haben, ihn aber rechtzeitig bekommen können. Im **Fall 31: Operationserweiterung** war der Kaiserschnitt angesichts der von P absehbar nicht hingenommenen Gefahr für das Kind gerechtfertigt. Die Sterilisation lag aber trotz der wahrgenommenen Überforderung bei dieser Geburt nicht in ihrem Willen. Denn die Lebensgefahr bei einer weiteren Geburt war unwahrscheinlich und beherrschbar, eine Sterilisation im Anschluss wäre ohne wesentliche Beeinträchtigungen möglich gewesen und es ging um eine zentrale Frage der Lebensgestaltung. Zudem hatte P – wenn auch im einwilligungsunfähigen Zustand – die Sterilisation abgelehnt.

35 **Klausurhinweis:** Bedenken Sie ferner, dass die mutmaßliche Einwilligung nach den §§ 630d Abs. 1 S. 2 und 4 sowie 1827 BGB nicht nur gegenüber einer einholbaren Einwilligung des Patienten subsidiär ist, sondern auch gegenüber einer Patientenverfügung nach § 1827 Abs. 1 S. 1 BGB (siehe ferner § 1827 Abs. 2 S. 1 Alt. 1 BGB). Ohne diese ist gem. § 630d Abs. 1 S. 2 BGB die Entscheidung eines Berechtigten, z. B. des gesetzlichen Vertreters, einzuholen.

36   Nimmt eine Ärztin irrig eine mutmaßliche Einwilligung an, hat der BGH[64] darin früher großzügig einen ETI erkannt, der den Vorwurf des Vorsatzes analog § 16 Abs. 1 StGB ausräumt (Rn. 39 ff.). In Frage kommt aber auch ein Verbotsirrtum über die Reichweite der mutmaßlichen Einwilligung gem. § 17 StGB.[65] War der Irrtum vermeidbar, bliebe es bei der Vorsatzstrafbarkeit (§ 17 S. 1 StGB). Nur wenn der Arzt allein über Tatsachen irrt, aus denen er den Willen des Patienten schließt (z. B. wird eine akute Lebensgefahr [v]erkannt), liegt klar ein ETI vor. Ein Arzt, der hingegen aus medizinischen Gründen meint, entgegen den erkannten oder zu vermutenden Haltungen des Patienten besser zu wissen, was für diesen richtig ist, begeht regelmäßig eine Körperverletzung.[66]

---

62 BGHSt 45, 219, 223; mit anderem Ansatz auch *Siqueira* medstra 2018, 153, 158 f.
63 In diesem Sinne wieder BGH NStZ 2012, 205, 206; zur Sterilisation BGHSt 45, 219, 221 ff.
64 Sehr weit noch BGHSt 35, 246, 250 f.; krit. schon BGHSt 45, 219, 224 ff.
65 Dafür etwa m.w.N. *Kraatz* Rn. 76 und 91 f.
66 Siehe so letztlich auch BGHSt 45, 219, 226 f.

3. Weitere Rechtfertigungsgründe

Grundsätzlich sind alle Rechtfertigungsgründe denkbar und damit auch **spezial-** 37
gesetzliche Befugnisnormen im Amtskontext.[67] Z. B. legitimieren die §§ 81a ff.
StPO die Mitwirkung von Ärzten bei der strafprozessualen Beweisermittlung (z. B.
Entnahme einer Blutprobe), soweit nach gründlicher Anamnese keine ernsthaften
Gesundheitsnachteile drohen.[68] Ebenso kommen familienrechtliche Regelungen
zum Schutz des Kindeswohls in Betracht, mit denen die Zustimmung der Eltern zu
medizinischen Maßnahmen ersetzt werden kann (§ 1666 Abs. 3 Nr. 5 BGB, zum
Betreuer siehe z. B. § 1832 BGB).

Der rechtfertigende Notstand kommt grundsätzlich nicht zum Zuge, weil der 38
Patient autonom über Behandlungen entscheidet – eine objektive Interessenab-
wägung scheidet aus, Einwilligung und mutmaßliche Einwilligung sind vorrangig.
Ist die Autonomie wie im Fall des § 216 StGB aber beschränkt, kommt im Gesundheitswesen der **rechtfertigende Notstand** in Betracht, solange die Konfor-
mität mit den subjektiven Präferenzen des Patienten gewahrt wird (zu einem
Beispiel § 16 Rn. 33).[69] Teilweise wird i. E. verfehlt erwogen, in engen Grenzen gem.
§ 34 StGB eine zwangsweise ärztliche Blutentnahme zur Rettung eines anderen zu
rechtfertigen.[70] Ferner kann die **rechtfertigende Pflichtenkollision** bedeutsam
sein (§ 17 Rn. 27 ff.).

4. Erlaubnistatumstandsirrtum

Über Rechtfertigungsgründe hinaus sind **Unrechts- bzw. Schuldausschluss-** 39
gründe zu beachten. Sie geben zwar *kein Recht*, das tatbestandsmäßige Verhalten
zu verwirklichen. Sie lassen aber das die Strafe legitimierende Unrecht bzw. die
Schuld hinsichtlich des Vorsatzdelikts entfallen.

Leitbeispiel ist der Erlaubnistatumstandsirrtum: Ihn charakterisiert, dass der 40
Täter bei der Tat infolge eines Tatsachenirrtums meint, auf der Basis eines
Rechtfertigungsgrundes zu handeln, den die Rechtsordnung für den Fall des vor-
gestellten Sachverhalts tatsächlich anerkennt. So liegt es, wenn ein Arzt meint, der
Patient sei vollständig und erfolgreich aufgeklärt worden und habe wirksam in die

---

67 Siehe etwa zu Zwangsbehandlungen im Überblick m.w.N. *Kraatz* Rn. 84 f.
68 Zu dem nun unstreitig unzulässigen Brechmitteleinsatz aber nur BGHSt 55, 121 ff.
69 Siehe auch für die Anwendung des § 34 StGB, wenn ein Minderjähriger entgegen der religiös
motivierten Weigerung seiner Eltern eine Bluttransfusion benötigt und das Familiengericht nicht
rechtzeitig angerufen werden kann, m.w.N. MüKo-StGB/*Hardtung* § 223 Rn. 65.
70 Zu diesem Problem wie hier m.w.N. NK-StGB/*Neumann* § 34 Rn. 118 f.

Behandlung eingewilligt. Dies gilt auch im **Fall 30: Bandscheibe** für die erste OP, weil die Ärztin dachte, sie würde das Fach der Bandscheibe versorgen, für welche die Einwilligung erklärt wurde. Sie war zwar nicht infolge des Irrtums berechtigt, das andere Fach der Bandscheibe zu operieren. Die Sachverhaltsannahme, auf der Basis eines anerkannten Rechtfertigungsgrundes zu handeln, lässt aber in jedem Falle die Vorsatzstrafbarkeit entfallen. Die Ärztin hatte mindestens kein Unrechtsbewusstsein, welches das Gesetz in § 17 StGB als Frage der Schuld behandelt. Hier entfällt die Vorsatzstraftat sogar unabhängig von der Vermeidbarkeit des Irrtums gem. § 17 S. 1 StGB nach der sog. eingeschränkten Schuldtheorie. Dies folgt nach richtiger Ansicht aus einem Unrechtsausschluss analog § 16 Abs. 1 S. 1 StGB, weil die tatsächliche Vorstellung eines Rechtfertigungsgrundes den Tatvorsatz kompensiert und insofern auf der subjektiven Ebene das Unrecht neutralisiert.[71] Nach der wohl überwiegenden Ansicht entfällt das für die Schuld notwendige potenzielle Unrechtsbewusstsein in Anlehnung an die Wertung des § 16 Abs. 1 S. 1 StGB, da die Norm hiermit Wahrnehmungsfehler hinsichtlich Tatsachen privilegiert (sog. rechtsfolgenverweisende Variante). Zu prüfen bleibt eine fahrlässige Begehung (§§ 16 Abs. 1 S. 2, 229 StGB).

41 **Klausurhinweis:** Liegt möglicherweise ein ETI vor, ist zuerst zu prüfen, ob nach der Fehlvorstellung des Arztes tatsächlich eine Rechtfertigung eingetreten wäre, also z. B. eine wirksame Einwilligung vorgelegen hätte. Nur in diesem Fall sind Rechtsfolgen des ETI zu erörtern. Der Streit ist dort zu verorten, wo die von Ihnen vertretene Ansicht das Problem lösen will (z. B. nach der hier vertretenen Lehre am Ende der Rechtswidrigkeit unter „Unrechtsausschluss"). Ein Streit ist nur dann zu entscheiden, wenn der Irrtum vermeidbar war. Der auf § 17 StGB beharrenden sog. strengen Schuldtheorie ist vorzuhalten, dass sie die Besonderheit einer Korrumpierung durch Tatsachenannahmen nicht hinreichend erkennt. Sie verkennt, dass es bei Wahrnehmungsfehlern nicht um die von § 17 StGB angestrebte Zurückdrängung von Rechtsfahrlässigkeit geht. Nur wenn eine Teilnehmerstrafbarkeit von der exakten Einordnung des ETI abhängt, ist die Variante der herangezogenen eingeschränkten Schuldtheorie zu begründen.

42 Soweit dem Akteur aus anderen Gründen das aktuelle Unrechtsbewusstsein fehlt, er also z. B. schlicht meint, eine Operation sei auch ohne Einwilligung oder ohne eine nähere Aufklärung rechtmäßig, hängt die Lösung gem. **§ 17 StGB** davon ab, ob der Irrtum vermeidbar war. Dies wird bei paternalistischen Vorstellungen regelmäßig der Fall sein.

---

71 Zur dogmatischen Einordnung näher m.w.N. Matt/Renzikowski/*Gaede* § 16 Rn. 33 ff.

5. Hypothetische Einwilligung

Einen weiteren Unrechtsausschlussgrund – nach Deutung mancher sogar einen 43
Rechtfertigungsgrund – hat die strafgerichtliche Rspr. in Anlehnung an das Zivilrecht (zu § 630h Abs. 2 S. 2 BGB siehe § 12 Rn. 70)[72] mit der hypothetischen Einwilligung insbesondere bei der zweiten OP im **Fall 30: Bandscheibe** anerkannt:[73]
Die Rechtswidrigkeit eines ärztlichen Heileingriffs soll entfallen, wenn der Patient
bei wahrheitsgemäßer Aufklärung in den Eingriff eingewilligt hätte. Ein Aufklärungsmangel soll nur zur Strafbarkeit wegen vollendeter Körperverletzung führen,
wenn die Einwilligung bei ordnungsgemäßer Aufklärung unterblieben wäre. Das
Unrecht der Körperverletzung soll nicht schon in einer Heilbehandlung gesehen
werden, die völlig im Interesse des konkreten Patienten liegt. Nach dem BGH ist das
Fehlen einer hypothetischen Einwilligung im Einzelfall nachzuweisen; anderenfalls sei sie *in dubio pro reo* zugrunde zu legen.[74] Hierbei kommt es darauf an, wie
der konkrete Patient entschieden hätte. Es ist unerheblich, dass er sich ohnehin
hätte operieren lassen müssen oder ob ein vernünftiger Patient eingewilligt hätte.

Mit der hypothetischen Einwilligung soll die Lehre von der objektiven Zu- 44
rechnung auf die Rechtswidrigkeit übertragen werden. Der Körperverletzung fehle
der für das Erfolgsunrecht des § 223 StGB nötige Pflichtwidrigkeitszusammenhang.
Dieser Ansatz begründet aber keinen Rechtfertigungsgrund, weil die hypothetische
Einwilligung bereits im Zivilrecht nur die haftungsausfüllende Kausalität ausschließt – das Vorgehen bleibt rechtswidrig.[75] Dem BGH in Strafsachen geht es um
die These, dass das Erfolgsunrecht der Körperverletzung entfalle, wenn der Erfolg
ohnehin wegen einer Einwilligung hypothetisch eingetreten wäre. Strafbar bleibt
der Versuch (§ 223 Abs. 2 StGB), wenn der Arzt nicht von der hypothetischen Einwilligung des Patienten ausgeht.[76] Erst recht kann die hypothetische Einwilligung
keine unter Verstoß gegen die *lege artis* ausgeführte Behandlung rechtfertigen.[77]

---

72 Siehe allerdings auch zu § 8 Abs. 2 TPG abl. BGH NJW 2019, 1076.
73 BGH NStZ-RR 2004, 16, 17; zuvor schon BGH NStZ 1996, 34, 35; zust. und weithin nachträglich
begründend z. B. *Kuhlen*, FS Roxin, S. 331 ff.; *ders.* JR 2002, 227 ff.
74 BGH NStZ-RR 2004, 16, 17; stark auf der Tatbestands- bzw. Indizienebene eindämmend aber
BGH NStZ 2012, 205 f.; NStZ-RR 2007, 340 f.; NJW 2013, 1688 f.; AG Moers medstra 2016, 123 ff.;
aufgebend auch *Rönnau* JuS 2014, 882; *Roxin* medstra 2017, 129, 130 ff.
75 Näher dazu m.w.N. *Gaede*, Limitiert akzessorisches Medizinstrafrecht, 2014, S. 16 ff., 35.
76 Hierfür insbesondere *Kuhlen* JR 2004, 227, 229 f.; *Gercke/Leimenstoll/Stirner* Rn. 108; zur beschränkten Reichweite *Gaede*, Limitiert akzessorisches Medizinstrafrecht, 2014, S. 42 ff.; mehrdeutig BGH NJW 2013, 1688, 1689; a.A. *Rosenau*, FS Maiwald, S. 683, 691.
77 Allerdings findet sich in BGH NStZ 2012, 205, 206, die These, die Grundsätze des ETI seien auf
die Vorstellung einer hypothetischen Einwilligung anwendbar. Zumal der BGH im ETI keinen
Rechtfertigungsgrund erkennt, kann dies nur meinen, dass er den notwendig auf die Vollendung

45   Ob die hypothetische Einwilligung sogar auf aktive Patiententäuschungen anwendbar ist, wie es der BGH im **Fall 30: Bandscheibe** noch anerkannt hat, ist nach seinen jüngeren Urteilen unsicher.[78] Jedenfalls ist die **hypothetische Einwilligung im Strafrecht** ohnehin **abzulehnen.**[79] Zwischen dem Erfolgsunrecht und den Voraussetzungen eines Rechtfertigungsgrundes besteht kein normativ erforderlicher Kausalzusammenhang. Das Ausbleiben eines Erlaubnissatzes ist keine Voraussetzung für ein dem Täter zurechenbares Werk. Die hypothetische Einwilligung untergräbt das körperbezogene Selbstbestimmungsrecht. Sie repaternalisiert das Arzt-Patienten-Verhältnis, da Ärzte wieder eigenmächtig entgegen der Subsidiarität der mutmaßlichen Einwilligung über das Patientenwohl befinden können. Ferner wäre der Pflichtwidrigkeitszusammenhang überdehnt: Er gestattet nur das Hinzudenken des rechtmäßigen Alternativverhaltens, nicht aber weitere Abwandlungen des Sachverhalts und damit keine spekulative Mutmaßung über den Patientenwillen.[80] Ohnehin läge das rechtmäßige Alternativverhalten in der Unterlassung der Behandlung, da der Vorwurf in der *Durchführung* der Behandlung besteht.[81] Mit der Beschränkung der strafrechtlich relevanten Aufklärungspflichten und dem Schutzzweckzusammenhang existieren Alternativen zur Abmilderung des strafrechtlichen Drucks (Rn. 29 f. und 123 ff.).[82]

III. Qualifizierende Delikte

46   Eine Erörterung ist zur gefährlichen Körperverletzung (Rn. 47 ff.), schweren Körperverletzung (Rn. 52 ff.) und Körperverletzung mit Todesfolge geboten (Rn. 56 ff.). Bei einer übernommenen Fürsorge und Obhut für minderjährige oder gebrechliche Personen ist zudem die Misshandlung von Schutzbefohlenen anwendbar (§ 225 StGB). Die Verstümmelung weiblicher Genitalien ist gem. § 226a StGB strafbar. Körperverletzungen, die ein Amtsträger (§ 22 Rn. 49 ff.) im amtlichen Kontext be-

---

bezogenen Tatentschluss des Versuchs als kompensiert betrachtet, wenn die Behandelnden von einem – laut BGH mangelnden – Erfolgsunrecht ausgegangen sind.

78 Hierzu mehrdeutig BGH NJW 2013, 1688 f. zu einer Neulandmethode bei der Leberzelltransplantation; für den Ausschluss etwa AnwK/*Zöller/Petry* § 228 Rn. 18.

79 Näher *Gaede*, Limitiert akzessorisches Medizinstrafrecht, 2014, S. 16 ff., 37 ff.; zum abl. Schrifttum statt vieler *Albrecht*, Die hypothetische Einwilligung im Strafrecht, 2010, S. 225 ff., 385 ff., 499 ff.; *Duttge*, FS Schroeder, 2006, S. 179, 183 ff.; *Eisele*, FS Strätz, S. 163, 171 ff.; *Jäger*, FS Jung, 2007, S. 345 ff.; eher bewahrend aber *Beulke* medstra 2015, 67 ff.

80 Dazu statt vieler m.w.N. *Gaede*, Limitiert akzessorisches Medizinstrafrecht, 2014, S. 20 ff.

81 *Jäger* JA 2012, 70, 72; *Gaede*, Limitiert akzessorisches Medizinstrafrecht, S. 20 ff.

82 Siehe m.w.N. *Gaede*, Limitiert akzessorisches Medizinstrafrecht, 2014, S. 48 ff. und die hypothetische Einwilligung abwandelnd *Roxin* medstra 2017, 129.

geht, erfasst **§ 340 StGB**. Die Heilbehandlung selbst ist allerdings keine dienstliche Tätigkeit i.S. der Norm.[83]

1. Gefährliche Körperverletzung

Gem. § 224 StGB muss der Behandelnde vorsätzlich den Körper mittels einer von den Nr. 1 bis 5 erfassten **qualifiziert gefährlichen Handlung** verletzen. Der Versuch ist strafbar (§ 224 Abs. 2 StGB). Im Gesundheitsweisen sind die Nr. 1, 2 und 5 von Bedeutung. Die auf gemeinschaftliches Handeln abstellende Nr. 4 ist bei arbeitsteiligen Operationen nicht verwirklicht, weil das abgestimmte Zusammenwirken der Eindämmung und nicht der Steigerung der Gefahr dient.[84] Ein hinterlistiger Überfall nach Nr. 3 liegt selbst bei einer bewusst unrichtigen Aufklärung vor einem Heileingriff nicht vor, weil die unverdeckte Absicht im Kern noch immer in der Heilung des Patienten liegt.[85] 47

§ 224 Abs. 1 Nr. 1 StGB setzt das **Beibringen von Gift oder anderen gesundheitsschädlichen Stoffen** voraus. Ein Gift ist jeder Stoff, der unter bestimmten Bedingungen, durch chemische oder chemisch-physikalische Wirkung nach seiner Art und der vom Täter eingesetzten Menge generell geeignet ist, ernsthafte gesundheitliche Schäden zu verursachen.[86] Andere gesundheitsschädliche Stoffe sind primär Substanzen, deren Schädlichkeit auf einer mechanischen, thermischen oder biologisch-physiologischen Wirkung beruht. Beispiele sind gefährliche Krankheitserreger wie Viren oder Bakterien. Beibringen bedeutet das Einführen des Stoffes in oder das Auftragen auf den Körper, so dass er seine schädigende Wirkung entfalten kann.[87] Das Beibringen von Arzneimitteln, die nach der konkreten Indikation primär gesundheitsfördernd wirken, wird regelmäßig noch keine erhebliche Gefahrsteigerung bedeuten. Auch Narkosemittel sollen trotz ihrer betäubenden Wirkung auszunehmen sein, weil sie Schmerzen vermeiden und so der Gesundheit dienen.[88] Anderes gilt, wenn in der Betäubung, etwa bei vulnerableren Patienten, eine erhebliche Gefahrsteigerung liegt, zumal die gesamte Operation einer Rechtfertigung bedarf (Rn. 13 ff.). 48

83 OLG Karlsruhe NJW 1983, 352, 353; *Fischer* § 340 Rn. 2: innerer Zusammenhang fehlt.
84 Ulsenheimer/Gaede/*Ulsenheimer/Gaede* Rn. 627; zu § 13 StGB *Eisele* JuS 2023, 881.
85 Zum Maßstab der planmäßigen Verdeckung der wahren Absicht *Fischer* § 224 Rn. 23.
86 Dazu mit der Einbeziehung alltäglicher Stoffe BGHSt 51, 18 ff.; krit. m.w.N. *Fischer* § 224 Rn. 7: konkrete Gefahr einer erheblichen Gesundheitsschädigung notwendig.
87 Dazu mit der Forderung, dass eine Wirkung *von innen* erforderlich ist, m.w.N. AnwK/*Zöller/Petry* § 224 Rn. 6; für die abl. h.M. etwa *Rengier* BT/II § 14 Rn. 20.
88 So etwa Wenzel/*Bernsmann/Geilen* Kap. 4 Rn. 486.

49   Eine größere Bedeutung kommt der Nr. 2 zu, welche die Tatbegehung **mittels eines gefährlichen Werkzeugs** betrifft. Allgemein ist ein gefährliches Werkzeug jeder bewegliche[89] Gegenstand, der nach seiner Beschaffenheit und der konkreten Art seiner Verwendung dazu geeignet ist, erhebliche Verletzungen herbeizuführen.[90] Mittels eines Werkzeugs ist die Körperverletzung begangen, wenn sie gerade „durch" dieses und nach Ansicht des BGH durch den unmittelbaren physischen Kontakt mit dem Opfer verursacht wurde.[91] Dieser konkrete, unmittelbar wirkende Einsatz des Werkzeugs ist beim Zufügen von (jedenfalls größeren) Schnitten mit Operationsinstrumenten nach zutreffender Ansicht erfüllt. Nur dann, wenn professionelles Geschick und die eingesetzte Absicherung eine erhebliche, über die betroffene Körperstelle hinausgehende Gefährdung im Einzelfall vermeiden, ist § 224 Nr. 2 StGB abzulehnen.[92] Beispiel: eine mit nur geringfügigen Schnitten einhergehende, *lege artis* durchgeführte Entfernung einer kleinen Hautstelle.

50   Ausgehend von einer früheren Gesetzesfassung, welche das gefährliche Werkzeug als Unterfall der Waffe erfasst hatte, forderte der **BGH** bei approbierten Ärzten – nicht aber für Kompetenzen vortäuschende Heilpraktiker[93] – den Einsatz zu Angriffs- oder Verteidigungszwecken.[94] Hiernach schieden etwa das *zur Heilbehandlung eingesetzte* Skalpell oder die Spritze bei der Blutentnahme aus. Diese Judikatur ist aber abzulehnen. Sie wurde für die Fallgruppen der mangelnden medizinischen Indikation[95] und der mangelnden Ausführung *lege artis*[96] bereits aufgegeben. Die Ratio des § 224 StGB, der nun die Waffe als Fall des gefährlichen Werkzeugs sieht, besteht in der Erfassung erheblicher Gefahrsteigerungen. Einem Ärzte begünstigenden Sonderrecht lässt sie keinen Raum. Es kann – auch bei medizinisch indizierten Maßnahmen – nur darauf ankommen, ob der konkreten Art und Weise der Behandlung eine erhebliche Gefahr innewohnt.[97]

51   Nr. 5 qualifiziert die **mittels einer das Leben gefährdenden Behandlung** verwirklichte Tat. Sie liegt nach fast allg.M. vor, wenn sich die Verletzungs*handlung* im konkreten Einzelfall objektiv zur Lebensgefährdung eignet (sog. Eignungsde-

---

89 Zu diesem z.T. bestrittenen Erfordernis m.w.N. BGHSt 22, 235 ff.; *Fischer* § 224 Rn. 12; zur Gegenansicht m.w.N. LK/*Grünewald* § 224 Rn. 21.

90 BGHSt 3, 105, 109; 14, 152, 154; 30, 375, 377; AnwK/*Zöller/Petry* § 224 Rn. 8.

91 BGH StV 2013, 438 m. abl. Anm. *Jäger* JA 2013, 472; BGH BeckRS 2017, 115067.

92 Wie hier i.E. etwa auch *Gercke/Leimenstoll/Stirner* Rn. 137.

93 BGH NStZ 1987, 174; dazu näher Ulsenheimer/Gaede/*Ulsenheimer/Gaede* Rn. 624.

94 BGH NJW 1978, 1206; NStZ 1987, 174; Wenzel/*Bernsmann/Geilen* Kap. 4 Rn. 484.

95 OLG Karlsruhe medstra 2022, 254, 255; BGH NStZ 2024, 355, 357 f.; medstra 2023, 44 f.

96 Hierzu BayObLG medstra 2024, 179, 181 m. zust. Bespr. *Valerius* medstra 2024, 275.

97 So etwa *Kraatz* Rn. 94; Prütting/*Duttge/Gierok* § 224 Rn. 3; *Fischer* § 224 Rn. 15a.

likt).[98] Eine Gegenansicht, die den Eintritt einer konkreten Lebensgefährdung verlangt, um eine uferlose Generalklausel zu vermeiden,[99] überzeugt schon systematisch nicht. Keine andere Variante des § 224 Abs. 1 StGB verlangt eine konkrete Lebensgefahr. Vielmehr bedeutet gerade die im Einzelfall relevante abstrakte Lebensgefährlichkeit eine erhebliche Gefahrsteigerung, welche die Nr. 5 auch beschränkt. Diese ist bei Routineoperationen, deren Gefahren durch das arbeitsteilige Wirken *lege artis* abgeschirmt werden, zu verneinen.[100] Bejaht wurde Nr. 5 StGB für nicht indizierte Röntgenaufnahmen.[101] Der Vorsatz verlangt, dass der Täter die abstrakte Lebensgefährlichkeit aktuell erfasst und akzeptiert.[102]

2. Schwere Körperverletzung

Die Tatstruktur der schweren Körperverletzung beruht darauf, dass der Verletzungserfolg das Unrecht der Tat gravierend vertieft und damit zu einem Verbrechen heraufstuft (z. B. Verlust eines wichtigen Körperglieds, des Sehvermögens oder der Fortpflanzungsfähigkeit). Der Versuch ist strafbar. **§ 226 Abs. 1 StGB** sieht ein erfolgsqualifiziertes Delikt vor (§ 18 StGB, näher zu seinen Erfordernissen Rn. 56 ff.). Insbesondere muss sich die spezifische Gefährlichkeit der Tathandlung in der schweren Folge niedergeschlagen haben (sog. Unmittelbarkeitszusammenhang); der Erfolgseintritt muss voraussehbar gewesen sein.[103] **§ 226 Abs. 2 StGB** sieht bei wissentlichem oder absichtlichem Handeln eine die Strafe zusätzlich schärfende Qualifikation (§ 15 StGB) vor. Die bedingt vorsätzliche Herbeiführung einer schweren Körperverletzung unterfällt damit § 226 Abs. 1 StGB. |52

Ein qualifizierender Taterfolg liegt nach **Nr. 1** darin, dass die Patientin das Sehvermögen auf einem oder beiden Augen, das Gehör, das Sprechvermögen oder die Fortpflanzungsfähigkeit (z. B. aufgedrängte Sterilisation, Rn. 63) verliert. Ein Verlust liegt vor, wenn das Opfer eine der Fähigkeiten im Wesentlichen einbüßt, der Ausfall für einen längeren Zeitraum besteht und eine Heilung auf unbestimmte Zeit nicht absehbar ist.[104] Dies ist nach richtiger Ansicht zu verneinen, wenn sich |53

---

98 BGH NStZ 2004, 618; BGHSt 22, 235 ff.; LK/*Grünewald* § 224 Rn. 34; instruktiv zur Hyaluronspritze durch eine Influencerin BGH BeckRS 2020, 41320.
99 Für diese Ansicht NK-StGB/*Paeffgen/Böse/Eidam* § 224 Rn. 28.
100 Ulsenheimer/Gaede/*Ulsenheimer/Gaede* Rn. 627 ff.; zurückhaltend BGH NStZ-RR 2021, 109, 110; weiter als hier *Waßmer* § 4 Rn. 32; ferner *Ziemann/Ziethen* HRRS 2011, 394, 396 f.
101 BGHSt 43, 346, 354 ff. Zur notwendigen Einzelfallprüfung aber *Waßmer* § 4 Rn. 33.
102 Näher etwa BGH NStZ 2009, 92, 93 und im Sonderfall BGH NStZ 2024, 355, 356 f.
103 Großzügig etwa BGH NStZ 2008, 686 f.: auch medizinische Rarität unschädlich.
104 Dazu RGSt 72, 321, 322; Matt/Renzikowski/*Engländer* § 226 Rn. 3.

die Beeinträchtigung durch einen zumutbaren Eingriff beseitigen lässt, z.B. durch das Annähen des Daumens oder das Einsetzen eines Implantats (siehe aber Rn. 54 am Ende).[105]

54 Nach der **Nr. 2** kann der qualifizierende Erfolg darin liegen, dass der Patient ein wichtiges Körperglied verliert oder *dauernd* nicht mehr gebrauchen kann. **Glied** des Körpers ist jeder steuerbare Körperteil mit besonderer Funktion im Gesamtorganismus, der nach außen in Erscheinung tritt. Beispiele sind der Daumen oder der Zeigefinger. Von einem Glied soll auch dann gesprochen werden können, wenn es wie die Nase nicht durch Gelenke mit dem Körper verbunden wird.[106] Innere Organe wie die Niere scheiden aber aus, da sie nicht gebraucht werden, sondern vegetativ funktionieren.[107] Ein Glied ist **wichtig**, wenn sein Verlust zu einer wesentlichen Beeinträchtigung des Körpers in seinen regelmäßigen Verrichtungen führt.[108] Nach der infolge des höchstpersönlichen Rechtsguts überzeugenden Rechtsprechung[109] sind für die Beurteilung der Wichtigkeit individuelle Körpereigenschaften und dauerhafte körperliche (Vor-)Schädigungen des Verletzten zu berücksichtigen, nicht hingegen soziale Faktoren wie der Beruf des Opfers. Damit sind unmittelbar körperliche Aspekte einzubeziehen (z.B. versteifter Finger bei Vorversteifung eines anderen Fingers). Als **verloren** gilt das Glied, wenn es vom Körper abgetrennt und nicht wieder erfolgreich angefügt wurde. Das Körperglied ist **unbrauchbar**, wenn seine Funktionsfähigkeit weitgehend aufgehoben ist.[110] Ein künstlicher Gliedersatz oder Prothesen schließen die Gebrauchsunfähigkeit nicht aus. **Dauernd** ist der Zustand nicht, wenn er durch zumutbare Maßnahmen wieder rückgängig gemacht werden kann (z.B. eine Operation oder Physiotherapie). Ist dies der Fall, wird eine verbleibende schwere Folge dem Täter nicht zugerechnet (dazu näher Rn. 130). Der BGH will dies im Lichte der **Patientenautonomie** allerdings nur noch bei einer böswilligen Verweigerung der Behandlung gelten lassen.[111]

55 **Nr. 3** erfasst Fälle, in denen die Patientin in erheblicher Weise *dauernd* entstellt wird oder in Siechtum, Lähmung oder geistige Krankheit oder Behinderung *verfällt*. **Entstellt** ist eine Person, wenn ihre äußere Gesamterscheinung in unäs-

105 Matt/Renzikowski/*Engländer* § 226 Rn. 3.
106 BGH MDR 1957, 267; a.A. z.B. m.w.N. Wessels/*Hettinger/Engländer* BT/I Rn. 246.
107 BGHSt 28, 100; SSW/*Momsen* § 226 Rn. 11; a.A. *Rengier* BT/II § 15 Rn. 9.
108 MüKo-StGB/*Hardtung* § 226 Rn. 27; Matt/Renzikowski/*Engländer* § 226 Rn. 4.
109 BGHSt 51, 252 ff.; *Jesse* NStZ 2008, 605 ff.; noch weiter *Rengier* BT/II § 15 Rn. 11.
110 BGHSt 51, 252, 255 f.; *Fischer* § 226 Rn. 8.
111 So BGHSt 62, 36, 39 ff.; zuvor schon BGH NStZ 1994, 394; wie hier etwa AnwK/*Zöller* § 226 Rn. 3; *Grünewald* NJW 2017, 1764, 1765; *Hardtung* medstra 2018, 37 ff.

thetischer Weise erheblich verändert wird.[112] Sie ist erheblich, wenn die Verunstaltung in ihrer Bedeutung mit den Erfolgen der Nr. 1 und 2 vergleichbar ist (Beispiel: auffällige Narbe im Gesicht).[113] Dauernd ist die Entstellung, wenn das Aussehen endgültig oder für einen unbestimmt fortwährenden Zeitraum beeinträchtigt ist. Dies scheidet aus, wenn die Verunstaltung durch übliche und zumutbare medizinische oder kosmetische Korrekturen behoben werden kann (dazu aber Rn. 54).[114] **Siechtum** ist ein chronischer Krankheitszustand von nicht absehbarer Dauer, der den Gesamtorganismus in Mitleidenschaft zieht und allgemeine Hinfälligkeit zur Folge hat.[115] Lähmung ist eine erhebliche Beeinträchtigung der bestimmungsgemäßen Bewegungsfähigkeit eines Körperteils, die den ganzen Körper in Mitleidenschaft zieht.[116] Die geistige Krankheit beschreibt eine krankhafte seelische Störung, die geistige Behinderung eine erhebliche Störung der Gehirntätigkeit.[117] Das Verfallen verlangt eine Beeinträchtigung von längerer Dauer (vgl. erneut Rn. 54).[118]

3. Körperverletzung mit Todesfolge

Mit § 227 StGB tritt ein erfolgsqualifiziertes Delikt mit einer Mindeststrafe von drei Jahren (!) hinzu. § 227 StGB stuft vorsätzliche Körperverletzungen zu Verbrechen hoch, die unmittelbar und mindestens fahrlässig zum Tod des Opfers führen. Gem. **§ 18 StGB** genügt hinsichtlich des Eintritts der strafschärfend wirkenden Folge des Todes Fahrlässigkeit, weshalb es sich um eine Vorsatz-Fahrlässigkeits-Kombination handelt. Ein erfolgsqualifizierter Versuch ist möglich, wenn § 223 Abs. 1 StGB versucht wurde und der konkret eingetretene Verletzungserfolg nicht vom Vorsatz umfasst war.[119] **56**

Klausurhinweis: Um diese Kombination zu bewältigen, empfiehlt es sich, zunächst das Grunddelikt des § 223 StGB (ggf. i.V.m. § 224 StGB) vollständig zu prüfen. Liegt dieses vor und ist der Tod möglicherweise infolgedessen eingetreten, ist der – die **57**

---

112 BGHSt 17, 163; zur Narbe am Bauch aber enger BGH NStZ-RR 2020, 136, 137 f.
113 Dazu *Rengier* BT/II § 15 Rn. 18 ff.; Matt/Renzikowski/*Engländer* § 226 Rn. 5.
114 *Fischer* § 226 Rn. 9a; *Rengier* BT/II § 15 Rn. 22 f.
115 *Fischer* § 226 Rn. 11; näher begrenzend BGH NStZ 2018, 102, 103.
116 BGH NJW 1988, 2622; Matt/Renzikowski/*Engländer* § 226 Rn. 6.
117 Zu beidem siehe *Fischer* § 226 Rn. 13; *Rengier* BT/II § 15 Rn. 26.
118 BGH NStZ 2018, 102, 103; 2023, 247, 248; Matt/Renzikowski/*Engländer* § 226 Rn. 6.
119 Siehe z. B., aber mit einem problematisch weiten Verständnis der nötigen Unmittelbarkeit, BGHSt 48, 34, insoweit abl. etwa *Hardtung* NStZ 2003, 261, 262.

§§ 222, 223 StGB verdrängende – § 227 StGB nach der folgenden **Prüfungsstruktur** gesondert zu behandeln, zu der besonders der ungeschriebene Unmittelbarkeitszusammenhang verinnerlicht werden muss:

Die Körperverletzung mit Todesfolge (§ 227 StGB)

I. Tatbestand
  1. **Verwirklichung des § 223 StGB** (ggf. mit §§ 224-226 StGB) – im Gutachten: Verweis nach oben
  2. **Tod des Opfers**
  3. **Kausalität der Verletzungshandlung**
  4. **Sog. Unmittelbarkeitszusammenhang** = spezifischer Gefahrzusammenhang zwischen Grundtatbestand und Tod als schwere Folge
  5. **Mindestens Fahrlässigkeit hinsichtlich des Todes** = Sorgfaltswidrigkeit und Vorhersehbarkeit
II. Rechtswidrigkeit
III. Schuld – nach hM mit sog. individueller Fahrlässigkeit

---

58 Nachdem der Grundtatbestand belegt wurde, ist der Tod des Patienten als schwere Folge festzuhalten. Im Anschluss ist die **Kausalität** zwischen der Verwirklichung des Grunddelikts und dem Eintritt des Todes festzustellen. Unstreitig muss die Beziehung zwischen dem Todeseintritt und der Körperverletzung aber enger sein. Angesichts der im Vergleich zu § 222 StGB deutlich höheren Strafdrohung ist bei § 227 StGB unumstritten ein engerer **Unmittelbarkeitszusammenhang** erforderlich.[120] Hiernach muss der Körperverletzung selbst die spezifische Gefahr anhaften, zum Tode des Opfers zu führen; gerade diese Gefahr muss sich im tödlichen Ausgang niedergeschlagen haben.[121] Dies wird aber weit gedeutet und vornehmlich darauf bezogen, ob den Körperverletzungshandlungen eine Todesgefahr eigen war.[122] Der Zusammenhang wird verneint, wenn sich im Erfolg eine eigenverantwortliche Selbstschädigung niederschlägt[123] oder er auf einem Dazwischentreten Dritter beruht. So fehlt es an der Unmittelbarkeit, wenn der Patient gegen den klaren ärztlichen Rat das Krankenhaus verlässt und hierdurch zu Tode kommt.

---

120 BGH NJW 1971, 152 f. (sog. Rötzelfall); zur Begründung des ungeschriebenen Merkmals etwa auch TK/*Sternberg-Lieben* § 227 Rn. 3.
121 BGHSt 31, 96, 98 ff., mit der Zurechnung von Behandlungsfehlern im Rahmen eines im Anschluss nötigen Krankenhausaufenthalts; BGH NStZ 1992, 333, 334; 1997, 341.
122 Bewusst gegen die Letalitätsthese BGHSt 31, 96 ff.: Anwendung, wenn Tod nicht außerhalb jeder Lebenswahrscheinlichkeit liegt; weit zum Opferverhalten BGH NStZ 1992, 335.
123 Siehe etwa BGHSt 59, 150.

Versteht man den Unmittelbarkeitszusammenhang so, dass er nach der Ver- 59
wirklichung eines Risikos fragt, das mit der Tathandlung verbunden ist, leistet er
kaum eine Restriktion gegenüber § 222 StGB,[124] der die objektive Zurechenbarkeit
des Todeserfolges voraussetzt. Daher kann auch die sog. **Letalitätsthese** erwogen
werden, nach der die tatbestandsspezifische Gefahr gerade aus dem Erfolg der
Körperverletzung resultiert, also z.B. Folge der entstandenen Wunde ist.[125] Für
diese Lehre spricht zwar, dass sie eine effektive Eingrenzung leisten kann. Sie
konnte sich aber nicht durchsetzen, weil § 227 Abs. 1 StGB heute auch auf die nur
versuchte Tat verweist und die Restriktion der Norm kaum einen nennenswerten
Raum lässt.[126] Im Ergebnis sichert das Unmittelbarkeitsmerkmal damit nur ab,
dass für § 227 StGB eine Restriktion durch die objektive Zurechnung stattfindet.
§ 227 StGB drückt aus, dass der Gesetzgeber die mit einer vorsätzlichen Körperverletzung verbundene Gefahr des Todes als qualifiziertes Unrecht betrachtet.

Nach dem weiten Verständnis kommt § 227 StGB auch bei Behandlungen in 60
Betracht, in denen Komplikationen zum **Tod des Patienten** führen.[127] Beispiel: Der
Arzt setzt bei einer Operation gefahrsteigernd eine angebrochene Flasche Narko-
semittel ein und der Patient verstirbt infolge dieses Fehlers.[128] Problematisch ist die
Anwendung, wenn allein auf eine vorsätzlich **unzureichende oder fehlende
Aufklärung** abgestellt wird.[129] Teilt man die Tatbestandsmäßigkeit des Heileingriffs, wird § 227 StGB überdehnt, weil sich die zugrunde gelegte Gefahr in einer
nicht hinreichend lebensspezifischen Missachtung der Patientenautonomie er-
schöpft (siehe zum Schutzzweckzusammenhang Rn. 123 ff.). Es ist eine nähere
Ableitung aus der Art und Weise nötig, wie bei der Heilbehandlung auf den
fremden Körper eingewirkt wird.[130] In diesem Sinne – nicht nur im Behandlungskontext – kann nur eine Behandlung, die i.S.d. § 224 Abs. 1 Nr. 5 StGB le-

---

124 Siehe zum Gleichlauf mit der objektiven Zurechnung *Roxin/Greco* AT/I § 10 Rn. 114 ff.; *Rengier*
BT/II § 16 Rn. 5 ff., 11 ff.; krit. dazu z.B. *Küpper* ZStW 111 (1999), 795 f.
125 *Jakobs* JR 1986, 380; eng auch *Tag*, S. 436 ff. Streng aber auch noch BGH NJW 1971, 152.
126 Zur Ablehnung BGHSt 14, 112; 31, 96, 98 ff.; 48, 34, 37; *Sowada* Jura 2003, 549, 553.
127 Dazu näher krit. m.w.N. Ulsenheimer/Gaede/*Ulsenheimer/Gaede* Rn. 638 ff.
128 BGH NStZ 2008, 278 f. (aber zur Folge knapp) und in der Sache BGHSt 56, 277, 286 f.
129 Dazu BGH NStZ 2008, 150; zur mangelnden Einwilligungsfähigkeit BGH NStZ 2012, 205, 206.
Siehe ferner den in der Pressemitteilung des BGH 141/2024 geschilderten Fall, der zunächst u.a.
nach § 153a StPO eingestellt worden war. Für den allgemeinen Verweis auf das Grunddelikt OLG
Düsseldorf MedR 1984, 28, 29 f.
130 *Ulsenheimer*, FS Steinhilper, 2013, S. 225, 231 f.; Prütting/*Duttge/Gierok* § 227 StGB Rn. 2 und 4;
i.E. auch bezüglich der Aufklärung *Sternberg-Lieben/Reichmann* MedR 2012, 97, 98; sehr weitgehend *Hardtung* NStZ 2011, 635, 636.

bensgefährlich ist, einen hinreichenden Gefahrverwirklichungszusammenhang begründen.[131]

61 Hinzutreten müssen sodann mindestens (§ 18 StGB) die übrigen Merkmale der Fahrlässigkeit (zu diesen Rn. 67 ff.): Die Sorgfaltswidrigkeit folgt grundsätzlich schon aus der tatbestandlichen und nicht gerechtfertigten Verwirklichung des Grunddelikts (begrenzend aber schon Rn. 60).[132] Die Vorhersehbarkeit des Todeseintritts fehlt, wenn die Todesgefahr außerhalb der Lebenserfahrung lag oder mit ihr nicht gerechnet werden musste.[133]

IV. Sonderkontexte

62 Es existieren ergänzende Spezialtatbestände oder spezifische Regelungen zu Rechtfertigungsgründen. Beispielhaft werden die Kastration (Rn. 63), die Sterilisation (Rn. 64), die Schönheitsoperation und weitere Formen des Enhancement angesprochen (Rn. 65 f.). Besonderheiten gelten aber z.B. auch für geschlechtsangleichende bzw. -ändernde Operationen: **§ 1631e BGB** verbietet Personensorgeberechtigten weithin, in Behandlungen einzuwilligen, mit denen Minderjährige mit einer Variante der Geschlechtsentwicklung an das männliche oder weibliche Geschlecht angeglichen werden.[134] Ferner sind sog. **Konversionsbehandlungen** strafrechtlich geregelt.[135]

1. Kastration und Sterilisation

63 Eine **Kastration** und bestimmte vergleichbare Maßnahmen (§ 4 KastrG) unterstehen angesichts ihrer tiefgreifenden und dauerhaften Wirkung Sonderregelungen.[136] Zusätzlich zur Einwilligung gelten für die Rechtfertigung die in §§ 2 und 3 KastrG geregelten Anforderungen; ebenso werden notstandsnahe Befugnisse von

---

131 In diese Richtung *Widmaier*, FS Roxin, 2011, S. 439, 445; Matt/Renzikowski/*Engländer* § 227 Rn. 5; Ulsenheimer/Gaede/*Ulsenheimer/Gaede* Rn. 641.

132 M.w.N. BGH NJW 2012, 2453, 2454; nur für eine indizielle Bedeutung des § 223 StGB m.w.N. AnwK/Zöller/*Petry* § 227 Rn. 6; krit. Prütting/*Duttge/Gierok* § 227 StGB Rn. 2, 4 ff.

133 Zur Rspr. BGHSt 51, 18; m.w.N. krit. TK/*Sternberg-Lieben* § 227 Rn. 7.

134 Hierzu mit dem Gebot zu einer sehr fallkonkret differenzierenden Betrachtung m.w.N. *Schrott* MedR 2024, 314; *dies.* medstra 2021, 358; *Tolmein* medstra 2019, 131 ff.

135 Siehe zum Schutz vor solchen Behandlungen insbesondere durch die Strafnormen der §§ 2 und 5 KonvBehSchG näher *Dorneck* medstra 2022, 282.

136 Zu diesem Kontext näher m.w.N. Ulsenheimer/Gaede/*Ulsenheimer/Gaede* Rn. 981 ff.

Betreuern geregelt (§§ 3 Abs. 3, Abs. 4 KastrG). Die entgegen diesen Befugnissen erzwungene Kastration ist regelmäßig nach den §§ 223, 226 Abs. 2 StGB strafbar.[137] Außerdem stellt § 7 **KastrG** die vorsätzlich unterlassene Einschaltung der vom KastrG vorgeschriebenen Gutachterstelle oder des Betreuungsgerichts unter Strafe.[138] Sonstige triebbeeinflussende Eingriffe wie Krebsoperationen im Genitalbereich können nach den allgemeinen Regeln der Einwilligung gerechtfertigt werden.

Für die **Sterilisation**, bei der anders als bei der Kastration die Keimdrüsen   64 nicht entfernt werden, sondern der Samenstrang oder der Eileiter undurchgängig wird, liegen bei fehlender Rechtfertigung die §§ 223, 226 Abs. 1 Nr. 1 oder Abs. 2 StGB nahe. Eine gewillkürte gerechtfertigte Sterilisation scheidet bei **Minderjährigen** aus (§ 1631c BGB). Bei **betreuten Personen** ist die Sterilisation nur nach den einschränkenden Maßgaben des § 1830 (zuvor § 1905 a.F.) BGB gestattet.[139] Eine allgemein wirksame **Einwilligung** (Rn. 27 ff.) rechtfertigt die Sterilisation auch bei mangelnder medizinischer Indikation. Für den BGH folgt dies aus der bewussten Aufhebung des nationalsozialistischen Verbots der Sterilisation.[140] Für die Prüfung der Sittenwidrigkeit (§ 228 StGB) gilt nach der Rechtsgutslösung (Rn. 30 f.) gleiches, weil regelmäßig keine konkrete Lebensgefahr droht und die verfassungsrechtlich geschützte reproduktive Autonomie der Sittenwidrigkeit entgegensteht.[141] Angesichts dieser Autonomie ist wiederum die **mutmaßliche Einwilligung** an strenge Anforderungen gebunden (Rn. 33 f.).

2. Schönheitsoperationen und übriges Enhancement

Wie im Kontext des § 228 StGB festgehalten, widerstreiten nicht indizierte sog.   65 Schönheitsoperationen nicht per se der Rechtsordnung; vielmehr untersagt § 228 StGB i.E. nur noch in besonders gefährlichen Fällen die medizinische Wunschbehandlung (Rn. 30 f.). Gleiches gilt nach richtiger Ansicht für medizinische Maßnahmen, welche die (körperliche) Leistungsfähigkeit verbessern sollen, wie z.B. Doping (Rn. 30 f.).

Es muss aber beachtet werden, dass nicht indizierte Behandlungen zivil-   66 rechtlich **besonderen Aufklärungspflichten** unterliegen (siehe z.B. § 8 Abs. 2 TPG zu Lebendorganspenden)[142]: Die hinreichende Selbstbestimmung soll eine Bru-

---

137 Dazu siehe auch für die Gebärmutterentfernung m.w.N. BGHSt 45, 219, 225 ff.
138 Näher dazu Ulsenheimer/Gaede/*Ulsenheimer/Gaede* Rn. 982.
139 Dazu näher Ulsenheimer/Gaede/*Ulsenheimer/Gaede* Rn. 991 ff.
140 BGHSt 20, 81 ff.
141 M.w.N. Ulsenheimer/Gaede/*Ulsenheimer/Gaede* Rn. 989 f.
142 Siehe auch zum Doping *Ellbogen*, Arztrecht, 2013, S. 145, 146.

§ 15 Schutz der körperlichen Integrität

talaufklärung voraussetzen (§ 12 Rn. 72). Strafrechtlich relevant sollten diese Anforderung aber, entgegen einer anderen Ansicht,[143] nicht sein. Entsprechende Pflichten zielen weniger auf eine Kenntnisabsicherung, sondern darauf, dem Einwilligenden nicht indizierte Eingriffe auszureden. Enhancements, die Vorteile gegenüber anderen vermitteln, können zum Schutz anderer Rechtsgüter strafbar sein. Z. B. Doping ist **nicht nur unter dem Aspekt der körperlichen Unversehrtheit zu betrachten,** die bei eigenverantwortlichem Handeln kaum berührt ist, sondern wird zur Sicherung der Integrität des Sports und der Chancengleichheit eigenständig bestraft, §§ 1, 4 AntiDopG.

V. Fahrlässige Tat (§ 229 StGB)

67 Angesichts der Einwilligung und des ETI (Rn. 25 ff. und 39 ff.) lösen problembeladene Behandlungen oft nur den Vorwurf der *fahrlässigen* Körperverletzung (§ 229 StGB) und ggf. der fahrlässigen Tötung (§ 222 StGB) aus. Nach der Rspr. handelt fahrlässig, „wer eine objektive Pflichtwidrigkeit begeht, sofern er diese nach seinen subjektiven Kenntnissen und Fähigkeiten vermeiden konnte, und wenn gerade die Pflichtwidrigkeit objektiv und subjektiv vorhersehbar den Erfolg gezeitigt hat"[144]. Dies führt im Gesundheitswesen primär zu der Frage, ob den Akteuren ein Behandlungsfehler unterlaufen ist (Rn. 75 ff.), was auch unterstützende Heilberufe und patientenferne Entscheider betreffen kann. Es muss gezeigt werden, dass die Körperverletzung auf dem Behandlungsfehler kausal (Rn. 71 ff.), vorhersehbar (Rn. 114 f.) und objektiv zurechenbar beruht und damit durch sorgfältiges Verhalten zu vermeiden gewesen wäre (Rn. 118 ff.). Im Gegensatz zur Rechtfertigung[145] bedarf die Schuld oft einer Analyse (Rn. 131 ff.). Das Strafantragserfordernis des § 230 StGB ist zu beachten (dazu schon Rn. 4).

68 § 229 StGB tritt neben die zivilrechtliche Arzthaftung.[146] Strafbar ist jede leichte Fahrlässigkeit.[147] Der Täter muss den Erfolgseintritt im Zeitpunkt der Tathandlung nicht aktuell erkannt haben (bewusste Fahrlässigkeit) – schon die unbewusste Fahrlässigkeit ist strafbar. Beispiel: Ein Arzt vergisst, einen aufklärungsbedürftigen Umstand zu erwähnen, und operiert dennoch. Gleichwohl muss jede missachtete Sorgfaltsanforderung begründet werden. Es muss ein **lebensadäquat und *ex ante* bestimmter Maßstab** gelten; Unrecht und Schuld dürfen nicht

---

So etwa *Nestler* medstra 2018, 336 f.; dagegen auch *Vogelbusch* medstra 2024, 91, 93 ff.
St.Rspr., vgl. m.w.N. BGHSt 49, 1, 5; 64, 217, 222 f.; BayObLG NStZ-RR 2002, 152, 153.
Näher erläuternd Saliger/Tsambikakis/*Gaede* § 2 Rn. 369 ff.
Näher auch zu vielen Verschränkungen Saliger/Tsambikakis/*Gaede* § 2 Rn. 30 ff.
M.w.N. *Gercke/Leimenstoll/Stirner* Rn. 288; speziell für Ärzte *Fischer* § 222 Rn. 9a.

vorschnell aus dem Erfolg des § 229 StGB (§ 222 StGB) im Wege eines Rückschau-fehlers abgeleitet werden.[148] Gerade aus der Tatsituation müssen sich wahrge-nommene oder pflichtgemäß wahrzunehmende Warnsignale in Richtung des Er-folges ergeben.[149]

Fall 32: Diagnose (in Anlehnung an LG Memmingen NJW-RR 2014, 850)
V kam nach einem Fahrradunfall in ein Krankenhaus. Die verantwortliche Oberärztin O stellte nach der Schilderung des Unfalls eine Erstdiagnose, die den Verdacht einer Lendenwirbelsäulenprellung enthielt. Zur näheren Klärung wurde die Wirbelsäule geröntgt. Auf den Bildern war eine deutliche Höhenminderung zweier Brustwirbel erkennbar. Dies deutet bei Fahrradunfällen auf eine frische Verletzung hin, kann bei jungen Erwachsenen wie V aber auch auf eine anlagebedingte Höhen-minderung der Wirbel zurückzuführen sein. O bewertete den Befund in diesem Sinne als unauf-fällig. Sie veranlasste keine CT-Untersuchung, was zur zuverlässigen Diagnostik erforderlich gewesen wäre. Bei einer späteren CT-Untersuchung wurde ein behandlungsbedürftiger Bers-tungsbruch beider Brustwirbel festgestellt, der zweifelsfrei auf den Unfall zurückzuführen war. V erlitt durch die Verzögerung der Behandlung, die mit an Sicherheit grenzender Wahrscheinlichkeit gelungen wäre, erhebliche Schmerzen und Bewegungseinschränkungen. **Strafbarkeit der O?** Zur Lösung Rn. 93 ff.

Fall 33: Myokarditis (in Anlehnung an BGHSt 21, 59)
Zahnarzt Z zog X zwei Zähne unter einer psychogen indizierten Vollnarkose. Obwohl X ihm sagte, sie habe „etwas mit dem Herzen", zog er entgegen dem aktuellen Standard keinen Internisten hinzu. X verstarb infolge der Narkose und ihrer chronischen Entzündung des Herzmuskels (Myo-karditis). Es konnte nicht ausgeschlossen werden, dass X auch nach Konsultation des Internisten verstorben wäre, da die Konsultation zu keiner anderen OP führen musste. Jedenfalls hätte die Konsultation die OP aber verzögert. **§§ 222 bzw. 227 StGB?** Zur Lösung Rn. 124 f.

---

1. Tatstruktur

§ 229 StGB prägt das Fahrlässigkeitsdelikt. Trotz vertretbarer abweichender Auf-bauvorschläge[150] ist folgende, an der Rspr. (Rn. 67) orientierte **Prüfungsstruktur** zu empfehlen (zur Individualisierung aber Rn. 105 f.):   69

---

148 Hierzu näher m.w.N. Saliger/Tsambikakis/*Gaede* § 2 Rn. 15 ff., 82 ff.; siehe krit. auch bereits MüKo-StGB/*Duttge* § 15 Rn. 2 ff.; für Einschränkungsvorschläge *de lege ferenda* m.w.N. *Rosenau*, Der medizinische Behandlungsfehler, 2008, S. 215, 225 ff.; partiell der *Kriminalpolitische Kreis* medstra 2021, 65, 71 ff. zu Aufklärungsfehlern.
149 Siehe hierfür schon Saliger/Tsambikakis/*Gaede* § 2 Rn. 94; unter dem Aspekt der Erkenn-barkeit i.S. eines sog. Veranlassungsmoments MüKo-StGB/*Duttge* § 15 Rn. 113, 121 f.; vorbildgebend etwa BGHSt 6, 193, 197; 13, 169, 175; krit. *Roxin/Greco* AT/I § 24 Rn. 47 ff.
150 So orientiert sich ein T.d.L. an der erforderlichen Setzung oder Steigerung einer rechtlich missbilligten Gefahr bzw. der Übertretung des erlaubten Risikos, *Jakobs* AT 9/6 ff.; *Roxin* StV 2004,

---

Die fahrlässige Körperverletzung (§ 229 StGB)

---

70 Eine Tat nach § 229 StGB kann nur demjenigen vorgehalten werden, der alle Tatmerkmale eigenständig verwirklicht. Es gilt eine sog. **Einheitstäterschaft,** das Gesetz kennt keine Abstufung nach Beteiligungsformen (dazu Rn. 72).[151] Dies bedeutet aber nicht, dass für einen Taterfolg nur eine Person verantwortlich sein könnte. Eine sog. **Nebentäterschaft** ist möglich, wenn die Mitwirkung verschiedener Personen bei der objektiven Zurechnung nicht zu einem wechselseitigen Ausschluss führt. Beispiel: Ein Anästhesist leistet eine offensichtlich unzureichende Abschirmung und die dies bemerkende Chirurgin setzt die Operation dennoch gefahrsteigernd fort.

71   Die Behandlung muss die **Taterfolge** der körperlichen Misshandlung und der Gesundheitsschädigung empirisch **kausal ausgelöst** haben. Da die Kausalität nur einen notwendigen, nicht aber hinreichenden Filter bedeutet, muss sie ein wertender Zurechnungsschritt ergänzen.[152] Im Übrigen wird sie überwiegend nach der sog. **Äquivalenztheorie** mit der *Conditio-sine-qua-non*-Formel bestimmt. Nach der Rspr. ist als kausal entsprechend „jede Bedingung anzusehen, die nicht hinweggedacht werden kann, ohne dass der Erfolg entfiele"[153]. Diese Formel zielt trotz ihres Rückgriffs auf eine hypothetische Ursachenelimination darauf ab, festzustellen, was tatsächlich geschehen ist. Dementsprechend ist die Kausalitätsprüfung auf den

---

485, 487 f.; *Gropp* GA 2009, 265 ff.; dagegen z. B. BeckOK-StGB/*Kudlich*, § 15 Rn. 37.3 ff. Zur Orientierung an der Erkennbarkeit des Erfolges MüKo-StGB/*Duttge* § 15 Rn. 108 ff.
151 *Gropp* GA 2009, 265, 273 f.; Saliger/Tsambikakis/*Gaede* § 2 Rn. 23.
152 Saliger/Tsambikakis/*Gaede* § 2 Rn. 49 f.; TK/*Eisele* Vor §§ 13 ff. Rn. 71 f., 90 ff.; anders im Ansatz Matt/Renzikowski/*Renzikowski* Vor § 13 Rn. 95 f., 99 ff.
153 Vgl. m.w.N. zur fahrlässigen Tat BGHSt 49, 1, 3 ff. m. abl. Anm. *Puppe* NStZ 2004, 554 ff.; *Frister* AT § 9 Rn. 5 ff.; zu Kritik und Alternativen m.w.N. *Roxin/Greco* AT/I § 11 Rn. 11 ff.

Erfolg in seiner konkreten Gestalt zu beziehen. Unerheblich ist, ob der Erfolg (später) auf eine andere Art und Weise ebenfalls hätte eintreten können.[154] Die Beschleunigung des Erfolgseintritts genügt, wenn der Tod, der ohnehin eingetreten wäre, infolge eines Behandlungsfehlers früher eintritt. Wenn eine Kranken- schwester einen Patienten infolge mangelnder Hygiene mit SARS-CoV-2 infiziert, der demnächst an seiner Herzinsuffizienz gestorben wäre, bleibt der infolge von COVID-19 eintretende Tod maßgeblich. Hypothetische Ersatzursachen spielen keine Rolle. Beachtlich sind hingegen hypothetische Rettungsverläufe – sie sind gerade keine Ersatzursachen.

Der Äquivalenztheorie genügt auch die **kumulative Kausalität**, bei der sich 72 mehrere von verschiedenen Personen gesetzte Bedingungen zugleich im Erfolg niederschlagen. So wird die Kausalität im Behandlungskontext nicht durch ein Dazwischentreten eines weiteren vorwerfbar Behandelnden unterbrochen. Die Kausalität entfällt nicht, wenn der unsorgfältige Schnitt eines Chirurgen eine Fol- geoperation erzwingt, die ein anderer Arzt bei sorgfältiger Vorgehensweise hätte bewältigen können, tatsächlich aber fehlerhaft durchgeführt (zur objektiven Zu- rechnung aber Rn. 128). **Alternative Kausalität** genügt. Beispiel: zwei Ärzte ap- plizieren dem Patienten unabhängig voneinander zeitgleich eine jeweils für sich genommen tödlich wirkende Menge eines Medikaments. Jede dieser Applikationen kann alternativ, nicht aber kumulativ hinweggedacht werden, ohne dass der Erfolg entfiele. Die jeweils andere Dosis würde nach dem vorhandenen Wissen unver- ändert zum Tod führen. Nach allg.A. sind beide Handlungen kausal, da sie „tat- sächlich in dem eingetretenen Erfolg wirksam geworden sind".[155]

Bleibt z.B. unklar, ob der Tod wegen einer aspirationsbedingten Lungenent- 73 zündung oder eines hämorrhagischen Lungenödems eintrat und beruht Letzteres nicht auf der Behandlung, scheidet Kausalität *in dubio pro reo* aus.[156] Sie fehlt auch, wenn nach einem Behandlungsfehler durch einen anderen Arzt weiterbe- handelt und sodann eine Todesursache mit einem Behandlungsfehler gesetzt wird, auf die sich der Fehler des Erstbehandelnden nicht auswirkte (**Abbruch des Kausalverlaufs**).[157] Dies ist aber nach der Conditio-Formel kaum anzunehmen, wenn es zur Folgebehandlung erst auf Grund des ersten Behandlungsfehlers ge- kommen ist.

---

154 Dafür nur für die Rechtsprechung BGHSt 45, 270, 294 f.
155 BGH NJW 1993, 1723 m.w.N.; gut begründend *Samson* Strafrecht I, 7. Aufl., 1988, S. 22.
156 So BGH NStZ 2008, 150, 151.
157 Hierzu näher BGH (Z) NJW 1986, 2367; allgemeiner etwa BGH NStZ 2016, 721, 722.

74   Die Kausalität muss **unzweifelhaft bewiesen** sein. Wertende Zurechnungen, die sich auf hypothetische Kausalverläufe stützen, genügen nicht.[158] Wenn einer von zwei Behandlungsschritten kausal sein muss, aber unklar bleibt, welcher es war, kann die Kausalität bei der fahrlässigen Tat auch nicht über die Mittäterschaft begründet werden,[159] weil § 25 Abs. 2 StGB angesichts der Gesamtanlage der §§ 25 ff. StGB und der geltenden Einheitstäterschaft *de lege lata* nicht auf die Fahrlässigkeit angewendet werden darf.

2. Sorgfaltswidrigkeit

75 Ist die Kausalität belegt, stellt sich die Frage, ob ein Behandlungsfehler vorlag. Dogmatisch wird dafür die Missachtung eines zur Tatzeit etablierten Sorgfaltsstandards in den Blick genommen. Im Einzelnen lassen sich Fallgruppen sorgfaltswidrigen Verhaltens ausmachen. Sog. **Behandlungsfehler im engeren Sinne** sind vielfältig ausdifferenzierbare Standardabweichungen, die bei der unmittelbaren Behandlung auftreten können.[160] Die Bandbreite reicht von Fehlern bei der Anamnese, der Befunderhebung, der Diagnose, der Therapie bis hin zu solchen bei der Nachsorge und der therapeutischen Aufklärung (Sicherungsaufklärung gem. § 630c Abs. 2 S. 1 BGB). Die Fehler können die vorausliegende Organisation und die Abschirmung von Behandlungen betreffen (Rn. 111 ff.). Schließlich ist denkbar, dass **Fehler bei der nach §§ 630d und 630e BGB erforderlichen Aufklärung** eintreten. Sie beziehen sich mittelbar auf die Behandlung, weil sie die selbstbestimmte Autorisierung durch den Patienten betreffen und sind sog. Behandlungsfehler i.w.S.

76   Der Unwert des sorgfaltswidrigen Verhaltens muss über den kausalen Verursachungsbeitrag hinausgehen. Seine Feststellung ist anspruchsvoll, weil die Fahrlässigkeit einer Konkretisierung bedarf. Die Strafgerichte und das überwiegende Schrifttum[161] setzen für die Fahrlässigkeit daran an, dass der Täter eine ihm obliegende Pflicht verletzt hat. Art und Maß der anzuwendenden Sorgfalt ergeben sich aus den Anforderungen, die bei Betrachtung der Gefahrenlage *ex ante* an einen besonnenen und gewissenhaften Menschen **in der konkreten Lage und**

---

158 M.w.N. *Roxin/Greco* AT/I § 11 Rn. 11, 15 ff.; *Rengier* AT § 13 Rn. 20; zum prozessualen Aspekt und dem zulässigen Alternativenausschlussverfahren siehe aber m.w.N. näher BGHSt 37, 106 ff.; 41, 206, 216 ff.; Saliger/Tsambikakis/*Gaede* § 2 Rn. 56 f.
159 Saliger/Tsambikakis/*Gaede* § 2 Rn. 58 ff.; a.A. Matt/Renzikowski/*Haas* Vor § 25 Rn. 28 f.
160 Zu seinen Ausprägungen näher Saliger/Tsambikakis/*Gaede* § 2 Rn. 64 ff.
161 Dafür etwa Wessels/Beulke/*Satzger* AT Rn. 939 und BeckOK-StGB/*Kudlich* § 15 Rn. 31 f.

sozialen Rolle des Handelnden zu stellen sind.[162] Die Pflichten sind anhand der konkreten Situation in Abhängigkeit vom Rechtsgut des einschlägigen Tatbestandes zu konkretisieren (siehe schon Rn. 67). Dazu ist i.d.R. eine – indes objektiv zu bewertende – verkehrsübliche Übung festzustellen, um zu sichern, dass der Rechtsanwender die betroffene Lebenspraxis nachvollziehen kann. Bedeutsam ist die Ableitung aus erfolgsbezogenen Sondernormen, die verkehrsgerechtes Verhalten vorschreiben (Rn. 96 ff.). Ferner können Pflichten aus Standards bestimmter Verkehrsbereiche abzuleiten sein. BGH und T.d.L. orientieren sich an „objektiven Maßstabspersonen" des Verkehrsbereichs und definieren deren situativ erwartetes Verhalten.[163]

a) Grundmaßstab des Facharztstandards

Bei der medizinischen Behandlung ist der Facharztstandard entscheidend. Maß- 77 geblich ist, **wie sich ein umsichtiger und erfahrener Facharzt in der Situation verhalten hätte.** Dieser sog. Facharztstandard etabliert einen Qualitätsstandard für Behandlungen, der jenseits von unvermeidbaren Notsituationen „rund um die Uhr" gelten soll[164] und deshalb auch an Notfall- oder Bereitschaftsdienste anzulegen ist.[165] Von Allgemeinmedizinern ist aber nicht der Facharztstandard für spezifische Einzelfächer der Medizin zu erwarten.[166] Der Standard ist **dynamisch**, wobei der Maßstab *ex ante* wesentlich ist.[167] Der Facharzt muss sich über Fortschritte und Erkenntnisse über die von ihm angewandten Heilverfahren unterrichten. Ökonomische Faktoren finden nur sehr beschränkt Eingang.[168] Der Maßstab ist für andere Heilberufe entsprechend zu konkretisieren.[169]

---

162 St.Rspr.; BGH NJW 2000, 2754, 2758; TK/*Schuster* § 15 Rn. 137.
163 Wie hier *Fischer* § 15 Rn. 16, 23; zu Beispielen s. BGH NJW 2000, 2754, 2758.
164 OLG Düsseldorf v. 20.10.1985 – 8 U 100/83; OLG Stuttgart (Z) NJW-RR 1997, 1114, 1116; zur Anwendung auf die Facharztpraxis m.w.N. *Gercke/Leimenstoll/Stirner* Rn. 237.
165 Zu den resultierenden Problemen aber m.w.N. Saliger/Tsambikakis/*Gaede* § 2 Rn. 267 ff.
166 Hierzu und zur sodann resultierenden Pflicht zur Hinzuziehung von Spezialisten BGHSt 10, 133, 135; m.w.N. Saliger/Tsambikakis/*Gaede* § 2 Rn. 102.
167 Auch zur Fortbildungspflicht näher m.w.N. Saliger/Tsambikakis/*Gaede* § 2 Rn. 105 ff.
168 Zur grundsätzlichen Ablehnung nur BGH (Z) NJW 1984, 655. Auch zu dieser Debatte eingehend m.w.N. Saliger/Tsambikakis/*Gaede* § 2 Rn. 134 ff.; *Streng-Baunemann*, Strafrechtliche Grenzen der Rationierung medizinischer Leistungen, 2016.
169 *Fischer* § 222 Rn. 11 f.; Matt/Renzikowski/*Safferling* § 222 Rn. 7. Insofern können sich Probleme vor allem ergeben, wenn eine Behandlung durch Heilpraktiker zu beurteilen ist, deren Behandlung kaum durch evidenzbasierte Anforderungen strukturiert ist, vgl. etwa zu einer fahrlässigen Tötung durch einen Heilpraktiker LG Krefeld medstra 2021, 51; siehe ferner zur Maßstabsübertragung beim Einsatz invasiver Behandlungsmethoden BGHZ 113, 297, 304. Zur Pflege m.w.N. Prütting/*J. Prütting/Friedrich* § 630a BGB Rn. 79 ff.

78   Konkret ist auf den „**Standard eines erfahrenen Facharztes**"[170] des jeweiligen Fachs abzustellen. Die erforderliche Sorgfalt bestimmt sich nach den mit der Behandlung verbundenen Gefahren aus der Sicht *ex ante* und den in der konkreten Fachrichtung zu erwartenden Kenntnissen und Fähigkeiten.[171] Der „Standard" meint das **zum Behandlungszeitpunkt in der ärztlichen Praxis und Erfahrung bewährte**, nach **medizinwissenschaftlicher Erkenntnis gesicherte** und damit von einem durchschnittlich befähigten Facharzt zu verlangende **Maß an Kenntnis und Können.**[172] Dies bedeutet, dass man in einem *ersten Schritt* empirisch feststellen muss, welche Behandlungsanforderungen existieren.[173] Dies zielt auf die wissenschaftlich gesicherten Erkenntnisse und kumulativ auf die faktische Anerkennung in der Praxis. Entsprechend ist der Facharztstandard nicht kurzerhand mit der weltweit feststellbaren *best practice* gleichzusetzen.[174] Erst ist einem *zweiten Schritt* sind die empirischen Befunde aus der Perspektive des Rechtsgutsschutzes zu bewerten. Dieser Schritt muss absichern, dass nicht verbreitete Unsitten oder barsche Ablehnungen vermeintlich zu teurer Modernisierung die §§ 229, 222 StGB und §§ 630a ff. BGB leerlaufen lassen.[175]

79   **Klausurhinweis:** Zu warnen ist vor dem Fehlverständnis, es müsse immer eine Ärztin behandeln, die bereits den Facharzttitel trägt. Der Facharztstandard ist ein materielles Kriterium, welches auf die Facharztqualität und damit auf einen bestimmten Wissens- und Erfahrungsstand des Arztes abstellt.[176] Maßgeblich ist die konkrete Behandlung. Eine junge Ärztin in Weiterbildung kann in der Lage sein, standardgerecht zu behandeln. Will sie jedoch eine Behandlung übernehmen, bei der sie noch der Anleitung und Beaufsichtigung bedarf, muss sie gerade eine Fachärztin im formellen Sinne überwachen.[177] Die mit der Aus- und Weiterbildung verbundenen höheren Gefahren müssen von den Ausbildern durch besondere Maßnahmen ausgeglichen werden, damit gegenüber dem Patienten der Standard

---

170 So etwa m.w.N. BGHSt 43, 306, 311; BGH NJW 2000, 2754, 2758.

171 BGH (Z) MedR 1998, 26; BGH NJW 2000, 2754.

172 OLG Hamm MedR 2006, 358, 359; m.w.N. *Fontaine* medstra 2021, 203, 205; zu § 630a BGB BT/ Drs. 17/10488, S. 19: Ausrichtung auf bereits befolgte Verhaltensmuster.

173 Dazu näher m.w.N. Saliger/Tsambikakis/*Gaede* § 2 Rn. 105 ff.

174 Dafür OLG Hamm MedR 2006, 111, 112; BGH (Z) NJW 1994, 1596, 1597 f.; 1988, 763, 764; m.w.N. Ulsenheimer/Gaede/*Ulsenheimer/Gaede* Rn. 66 f.

175 In der Sache so etwa schon RGSt 39, 2, 5; *Frahm et al* MedR 2018, 447, 450; näher dazu Saliger/ Tsambikakis/*Gaede* § 2 Rn. 109 ff.

176 *Gercke/Leimenstoll/Stirner* Rn. 209; *Opderbecke/Weissauer* MedR 1993, 449.

177 Grundlegend BGH (Z) NJW 1992, 1560; *Frister/Lindemann/Peters* Kap. 1 Rn. 98 f.

eines Facharztes gewahrt bleibt und kein zusätzliches Risiko entsteht.[178] Übernimmt ein Nichtfacharzt die Aufsicht über die fehlgehende Operation eines Berufsanfängers, liegt darin i.d.R. ein Übernahmeverschulden (Rn. 134).

Für die medizinische Praxis gilt nach der Rspr. ein **grundsätzlich strenger** 80 **Maßstab**[179], was angesichts der Rechtsgüter der körperlichen Unversehrtheit und des Lebens überzeugt. Hierfür streitet auch, dass der Patient regelmäßig keine Gegenmaßnahmen ergreifen kann und auf die Behandlung angewiesen ist.[180] Etwa für die Transfusionsmedizin, bei der Fehler nicht selten zum Tode führen, sollen „erst recht [...] hohe [...] Sorgfaltsanforderungen" gelten.[181] Der Arzt schulde „dem ihm anvertrauten Patienten die schnellstmögliche Anwendung der wirksamsten Therapie"[182]. Derartige Beschreibungen, die nicht mit der allgemeinen, auch begrenzenden Formulierung des Facharztstandards vereinbar sind, zeigen zugleich, dass Übersteigerungen zu besorgen sind. Zur Vermeidung von Rückschaufehlern, die bei tragischen Gesundheitsschäden naheliegen, sind daher folgende begrenzende Gesichtspunkte jeweils einzubeziehen, damit § 229 StGB (und zugleich § 222 StGB) für die oft gefährliche medizinische Behandlung nicht gesetzeswidrig als Totalvermeidegebote ausgelegt wird:[183]

Zunächst ist ein **Abstandsgebot** zu wahren: Die Sorgfaltswidrigkeit darf nicht 81 aus dem Behandlungsmisserfolg hergeleitet werden. Das Strafrecht kann die Erwartungshaltung an den Arzt angesichts menschlicher Leistungsgrenzen nicht zu einer Erfolgsgarantie ausbauen, die schon dem Zivilrecht fremd[184] ist. Auch der BGH betont zu Recht, dass gerade „wegen der Eigengesetzlichkeit und weitgehenden Undurchschaubarkeit des lebenden Organismus [...] ein Fehlschlag oder Zwischenfall nicht allgemein ein Fehlverhalten oder Verschulden des Arztes indizieren" kann.[185]

---

178 Dazu näher m.w.N. und Zweifeln hinsichtlich der vollständigen Realisierbarkeit Ulsenheimer/Gaede/*Ulsenheimer/Gaede* Rn. 106.
179 Dazu etwa BGH NJW 2000, 2754, 2758; OLG Hamm MedR 2006, 358, 359.
180 Dazu BGHSt 6, 282, 288; m.w.N. OLG Hamm MedR 2006, 358, 359.
181 BGH NJW 2000, 2754, 2758; BGH (Z) NJW 2005, 2614, 2617: „höchstmögliche Sorgfalt".
182 OLG Koblenz MedR 1994, 405, 407.
183 Dazu bereits m.w.N. und Argumenten Saliger/Tsambikakis/*Gaede* § 2 Rn. 111 ff. und auch zu den Möglichkeiten der Verteidigung *Vogel/Berndt* medstra 2020, 271 ff.
184 Dazu nur BT/Drs. 17/10488, S. 17 und m.w.N. Prütting/*J. Prütting/Friedrich* § 630a BGB Rn. 1 ff., auch zu diskutierten Ausnahmen wie der Herstellung eines Laborbefundes.
185 BGH (Z) NJW 1977, 1102, 1103; BT/Drs. 17/10488, S. 17. Er erkennt, dass sich die Vorgänge im lebenden Organismus nicht so sicher beherrschen lassen, „dass ein Misserfolg der Behandlung bereits den Schluss auf ein Verschulden zuließe", BGH (Z) VersR 1991, 467, 468.

82   In diesem Sinne ist es unverzichtbar, die Beurteilung des Standards aus der Sicht *ex ante*[186] nach den konkret eröffneten Handlungsmöglichkeiten zu bestimmen. Dies bedarf der Betonung, weil in der oft mühsamen Rekonstruktion früherer Verhältnisse der Anschluss an die aktuell festzustellende Beurteilung verführerisch sein kann. Es sind nur die Richtlinien, Leitlinien und Empfehlungen der Fachgesellschaften etc. heranzuziehen, die zur Tatzeit die Praxis steuern konnten. Entsprechend rügte der BGH z.B. für die Beurteilung eines Geburtsverlaufs und Schadensereignisses aus dem Jahre 1990 die konstitutive Bezugnahme auf Mutterschaftsrichtlinien aus dem Jahre 1999.[187] Nachträglich bekannt gewordene Umstände, klinische Entwicklungen sowie wissenschaftliche Erkenntnisse können allein zugunsten des Arztes wirken, indem sie seine therapeutischen Maßnahmen als sorgfaltsgemäß ausweisen.[188] Ferner sind **limitierende Faktoren der konkreten Behandlungssituation** aufzunehmen. So ist z.B. das Zurücklassen von kleinen Fremdkörpern im Operationsgebiet zwar grundsätzlich eine durch gebotene (Zähl-)Routinen zu vermeidende Sorgfaltswidrigkeit; etwa bei schweren Komplikationen kann das Zurücklassen angesichts des situativen Drucks anders zu beurteilen sein.[189]

83   Bei der Konkretisierung der Sorgfaltsanforderungen ist der **Vertrauensgrundsatz** zu beachten. Er stellt einen anerkannten **Anwendungsfall des erlaubten Risikos** dar.[190] Wer sich verkehrsgemäß verhält, darf darauf vertrauen, dass auch andere Verkehrsteilnehmer ihre Verkehrspflichten erfüllen.[191] Bei einer rechtlich vorrangig zu bewertenden Verantwortung anderer Beteiligter kann ihre Befähigung, ein gefährliches Tun abzuschirmen, entlastend wirken. Dies betrifft im Gesundheitswesen insbesondere **das arbeitsteilige Zusammenwirken** in Operationen, wenn die Aufgaben klar verteilt sind.[192] Dem Vertrauensgrundsatz kommt im Kontext der medizinischen Behandlung erhebliches Potential zu, zu realistischen Verhaltensmaßstäben etwa bei der Beurteilung von Berufsanfängern beizutragen (zur strafbegründenden Bedeutung des Organisationsverschuldens aber Rn. 111 ff.):

---

186 BGH (Z) VersR 2003, 858; *Vogel/Berndt* medstra 2020, 271 ff.
187 BGH (Z) GesR 2004, 132, 133 f.
188 BGH (Z) VersR 2003, 858; *Gercke/Leimenstoll/Stirner* Rn. 223.
189 Hierzu eingehend m.w.N. *Saliger/Ulsenheimer/Gaede* § 2 Rn. 207 ff.; siehe aber zivilrechtlich streng etwa OLG München BeckRS 2013, 14712.
190 Zur Anerkennung BGHSt 7, 118; OLG Stuttgart NStZ 1997, 190; *Eidam* JA 2011, 912 ff.; zum erlaubten Risiko im Allgemeinen z.B. BGHSt 49, 1, 5 f. m. Anm. *Saliger* JZ 2004, 977 ff.
191 So z.B. BGHSt 12, 81, 83; näher dazu *Duttge* ZIS 2011, 349, 350 ff.
192 M.w.N. BGHSt 43, 306, 310; TK/*Schuster* § 15 Rn. 151.

Konkret dürfen sich bei Arbeitsteilung unter gleichrangig und prinzipiell 84 weisungsfrei Beteiligten (**horizontale Arbeitsteilung**) alle darauf verlassen, dass die von anderen übernommenen Tätigkeiten sorgfältig ausgeführt werden. Dies gilt, soweit eine klare Trennung der Aufgaben verabredet ist, um die Pflichtversäumnisse durch irrtümliche Fehlzuordnungen zu verhindern.[193] Allerdings gelten Besonderheiten, wenn das berufliche Zusammenwirken infolge der jeweiligen Wahl der eingesetzten Methoden Gefahren erst begründen kann:[194] Fördert z. B. der Rückgriff auf reinen Sauerstoff bei der Narkose das Auftreten von Stichflammen durch den Einsatz eines Thermokauters, verlangt der Facharztstandard, dass die beteiligten Ärzte verschiedener Fachrichtungen ihre Methoden gefahreindämmend abstimmen.

In Fällen der Delegation durch eine weisungsbefugte Person in einem Über- 85 und Unterordnungsverhältnis (**vertikale Arbeitsteilung**) darf der Delegierende auf die pflichtgemäße Mitwirkung des Delegationsempfängers vertrauen, wenn er eine klare risikoabschirmende Anweisung gegeben hat und nach der Auswahl, der Bewährung und der etwaig nötigen Information des Angewiesenen sowie nach einer ausreichenden Gesamtorganisation Grund zu diesem Vertrauen bestand.[195] Der Angewiesene tritt in die Aufgabe der Risikoabschirmung und der situativ zu erfüllenden Pflichten ein. Der Anweisende muss die Wahrnehmung der Aufgabe aber gerade dann angemessen überwachen, wenn er auf nichtärztliche Berufe delegiert.

Die **Delegation** auf nichtärztliches Personal oder noch in der Ausbildung be- 86 findliche Personen muss **zulässig** sein.[196] Die Durchführung einer Maßnahme, für die ärztliches Wissen und Erfahrung erforderlich sind, um die Patientensicherheit zu gewährleisten, darf nicht auf Nichtärzte delegiert werden.[197] Grenzen sind damit auch gegenüber Assistenzärzten und erst recht gegenüber Studierenden im Praktischen Jahr zu beachten.

Nicht zu übersehen ist bei der vertikalen Arbeitsteilung, dass sie auch bei der 87 nachrangig und oft auf der Basis einer verminderten Befähigung oder Erfahrung **mitwirkenden Person Vertrauen begründen** kann.[198] So ist der in Weiterbildung befindliche Arzt für einen intraoperativen Fehler nicht verantwortlich, wenn er

---

193 Hierfür BGHSt 47, 224, 231 f.; m.w.N. *Duttge* ZIS 2011, 349, 350 ff.; zur Kasuistik auch der sukzessiven Arbeitsteilung näher Saliger/Tsambikakis/*Gaede* § 2 Rn. 250 ff.
194 Siehe entsprechend zur Ketanest-Narkose BGH (Z) NJW 1999, 1779, 1781.
195 Dazu näher m.w.N. Saliger/Tsambikakis/*Gaede* § 2 Rn. 237.
196 Im Überblick zu den Anforderungen m.w.N. Saliger/Tsambikakis/*Gaede* § 2 Rn. 243 ff.
197 Zu diesem Grundmaßstab BGH (Z) NJW 1975, 2245.
198 Dazu etwa OLG Zweibrücken (Z) VersR 2000, 728, 729; Ulsenheimer/Gaede/*Bock* Rn. 267; ferner m.w.N. Saliger/Tsambikakis/*Gaede* § 2 Rn. 264, 266, 392 und 401.

unter Aufsicht einer (Fach-)Oberärztin operiert und er weder gegen für ihn bereits sicher beherrschbare elementare medizinische Grundsätze verstößt noch eigenmächtig handelt.[199] Zumal ein assistierender Facharzt nicht jeden Fehler des Operateurs zu verhindern oder auszugleichen vermag, muss der operierende Arzt in Weiterbildung aber seine elementaren Fähigkeiten zugunsten des Patienten standardisiert abrufen. Hat er basale Kenntnisse und Fertigkeiten noch nicht erlangt, muss er dies offenlegen oder durch Nachfragen bei dem assistierenden Facharzt Zweifel ausräumen.[200]

88   Der **Vertrauensgrundsatz endet**, wenn im konkreten Fall nennenswerte tatsächliche Anhaltspunkte erkennbar waren, nach denen die Beteiligten ihren Aufgaben und Pflichten nicht nachkommen,[201] also etwa ein Anästhesist erkennbar fehlerhaft arbeitet. Gleiches gilt, wenn die mitwirkende Person in der konkreten Situation erkennbar infolge Trunkenheit, Überforderung oder Erschöpfung ihre Aufgaben nicht ordnungsgemäß erfüllen kann. Aus der Mitwirkung an gefahrträchtigen Vorgängen entspringen in diesem Sinne **sekundäre Sicherungspflichten**, die sich auf die Abschirmung der ursprünglich von anderen zu bewältigende Gefahr richten.[202] Beispiele: Hinweise auf unterbliebene Gefahrenvorsorgemaßnahmen und neu aufgetretene Gefahren. Ggf. ist die eigene gefährliche Behandlung abzubrechen.

89   Auch der **Grundsatz der** Therapiefreiheit setzt der Sorgfaltswidrigkeit Grenzen. Hiernach darf dem Arzt weder die Behandlung an sich noch eine seiner Ansicht widersprechende Methode oder Arzneimitteltherapie aufgezwungen werden.[203] Stehen mehrere anerkannte Heilmethoden zur Verfügung oder haben sich noch keine Behandlungsregeln durchgesetzt, die einen Standard ausprägen, muss der Arzt zwar gemäß § 630e BGB über Behandlungsalternativen aufklären; er darf sich aber eigenständig entscheiden.[204] Entsprechend folgt eine Sorgfaltswidrigkeit nicht daraus, dass eine andere Behandlungsmethode möglich gewesen wäre; es genügt, dass der Arzt „unter Einsatz der von ihm zu fordernden medizinischen Kenntnisse und Erfahrungen im konkreten Fall **vertretbare Entscheidungen** über die diagnostischen sowie therapeutischen Maßnahmen getroffen [...] hat"[205].

---

199 OLG Zweibrücken (Z) VersR 1997, 833; OLG Hamm MedR 2006, 358, 360.
200 OLG Hamm MedR 2006, 358, 360.
201 BGHSt 14, 97, 99 ff.; 43, 306, 310 f.; TK/*Schuster* § 15 Rn. 150.
202 Hierzu näher mit Begrenzungsansätzen Saliger/Tsambikakis/*Gaede* § 2 Rn. 238 ff.
203 Dazu RGSt 67, 12, 22; m.w.N. Saliger/Ulsenheimer/*Gaede* § 2 Rn. 123 ff.
204 Gegen abl. Verfolgungstendenzen etwa BGHSt 37, 383, 385 ff. zur Abweichung von der „Schulmedizin" und einer Stellungnahme der BÄK; RG HRR 1938 Nr. 936; zur Bedeutung der Therapiefreiheit ferner *Laufs* NJW 2000, 1757, 1758.
205 BGH (Z) NJW 1987, 2291, 2292; BGH GesR 2007, 483.

Grundsätzlich ermöglicht die Therapiefreiheit auch **Neuland- oder Außen-** 90
seitermethoden.[206] Begründet wird dies regelmäßig mit dem gesellschaftlichen
Interesse, medizinischen Fortschritt zu ermöglichen und die Medizin nicht durch
starre juristische Vorgaben zum Stillstand zu bringen. Auch die Patientenautonomie gestattet es, Behandlungsmethoden zu verfolgen, die vom aktuellen Standard
bzw. der sog. Schulmedizin abweichen.

Auf der Basis einer spezifischen Aufklärung kommt – bei einer hinreichenden 91
Verlaufskontrolle – ebenso ein **individueller Heilversuch** z.B. mit einem noch
nicht in Deutschland zugelassenen Medikament in Betracht.[207] Allerdings gilt insoweit der Maßstab eines „vorsichtigen" Arztes.[208] Der BGH betont, dass neue
Verfahren nur dann sorgfaltsgemäß seien, „wenn die verantwortliche medizinische Abwägung oder ein Vergleich der zu erwartenden Vorteile dieser Methode
und ihrer abzusehenden und zu vermutenden Nachteile mit der standardgemäßen
Behandlung unter Berücksichtigung des Wohles des Patienten die Anwendung der
neuen Methode rechtfertigt"[209]. Zudem wird regelmäßig verlangt, dass ein Arzt, der
Neuland betritt und dem das neue Instrumentarium bzw. die neue Technik noch
ungewohnt sind, zuvor alle patientenfernen Übungsmöglichkeiten ausschöpfen
muss.

Die Therapiefreiheit gilt – über die Notwendigkeit einer Einwilligung hinaus – 92
nicht grenzenlos: Es kann im Einzelfall an der medizinisch vertretbaren Diagnose-
und Therapieentscheidung fehlen.[210] So muss ein Arzt unter mehreren medizinisch
anerkannten Heilverfahren dasjenige wählen, welches die geringste Gefahr für den
Patienten mit sich bringt und ihm die wenigsten Schmerzen bereitet. Der Arzt
verletzt das Prinzip des sichersten Wegs, wenn unter Abwägung aller Umstände
„ein weniger gefährliches Vorgehen den Zweck in etwa gleicher Weise"[211] erfüllt
hätte. Es gilt ein Verbot der Risikoerhöhung. Übersteigt der Behandlungsbedarf
seine Fähigkeiten und Kenntnisse, muss er, namentlich bei gefährlichen Krankheiten, die Behandlung ändern bzw. aufgeben und einen besser qualifizierten Arzt
hinzuziehen.[212] Ferner endet die Therapiefreiheit, wenn die Überlegenheit eines
anderen Verfahrens allgemein anerkannt ist.[213] Gleichwohl ist auch hier die An-

---

206 BGH (Z) NJW 1991, 1535, 1536; Ulsenheimer/Gaede/*Ulsenheimer/Gaede* Rn. 90 f.
207 Hierzu siehe m.w.N. BGH (Z) NJW 2007, 2767, 2768.
208 M.w.N. BGH (Z) NJW 2007, 2767; KG GuP 2012, 32.
209 M.w.N. BGH (Z) NJW 2006, 2477 m. Anm. *Katzenmeier* NJW 2006, 2738.
210 Aus der Rspr. RGSt 67, 12, 22; BGH (Z) medstra 2018, 45 (zu einer Zahnbehandlung); ferner
BSG MedR 2003, 591, 593.
211 Dazu und zum Vorhergehenden schon BGH (Z) NJW 1968, 1181, 1182.
212 RGSt 67, 12, 23, 24; 64, 263, 270 f.; Ulsenheimer/Gaede/*Ulsenheimer/Gaede* Rn. 96.
213 M.w.N. BGH (Z) MedR 1992, 214, 215; RGSt 74, 60 ff.; ferner BGH NJW 1960, 2253.

wendung medizinischer Methoden auf einen konkreten Fall zu beurteilen; insoweit kann eine prima facie naheliegende Standardbehandlung bei näherer Betrachtung gerade nicht geboten sein.[214]

93 Im **Fall 32: Diagnose**, in dem es infolge der andauernden bruchbedingten Schmerzen und Bewegungsbeeinträchtigungen um die unterlassene Abwendung einer körperlichen Misshandlung und zugleich einer Gesundheitsschädigung geht (zur Unterlassung § 17), sind zwei verschiedene Ansätze für eine Verletzung des Facharztstandards denkbar: die Fehldiagnose auf Basis der Röntgenbilder und die mangelnde CT-Untersuchung.

94 Zur Vermeidung eines **Diagnosefehlers** schuldet der Behandelnde z.B. die sorgfältige Auswertung des Röntgenbefundes.[215] Waren allerdings verschiedene Interpretationen des Befundes vertretbar, ist kein Sorgfaltsverstoß festzustellen.[216] Vielmehr gilt, dass ein *ex post* erkannter **Diagnoseirrtum** nicht mit einem Diagnosefehler i.S. einer Sorgfaltswidrigkeit gleichzusetzen ist.

95 Im **Fall 32: Diagnose** ist im Rahmen einer vollständigen Fallprüfung aber weiter zu erwägen, ob O zur Erhebung eines weiteren Befundes gehalten war, der – wie hier mit an Sicherheit grenzender Wahrscheinlichkeit – zu einer anderen Behandlung geführt und die Leiden des Patienten vermieden hätte.[217] Hiervon ist auszugehen, weil die Röntgenaufnahme nur eine unsichere Differentialdiagnostik ermöglichte und angesichts des Unfalls ein Bruch nahelag. Dies stellt einen sog. **Befunderhebungsfehler** als Unterfall der Sorgfaltswidrigkeit dar.

b) Erkenntnisinstrumente der Maßstabsbestimmung

96 Der Facharztstandard ist eine normative Prüfung. Der Rechtsanwender muss aber eingangs das zum Behandlungszeitpunkt bewährte, nach wissenschaftlicher Erkenntnis gesicherte und damit erwartete Maß an Kenntnis und Können für die Subsumtion der Sorgfaltswidrigkeit aufnehmen (dazu schon Rn. 78 und 82). Hier sind folgende Erkenntnisinstrumente einzubeziehen:

97 Dies meint zunächst seltene **staatliche Sondernormen**, mit denen der Gesetzgeber – regelmäßig nicht abschließende[218] – Standards für das sorgfaltsgemäße

214 Zu dieser Rückausnahme näher m.w.N. Saliger/Tsambikakis/*Gaede* § 2 Rn. 130.

215 Zur Anerkennung des sog. Diagnosefehlers, der zu einer unzureichenden Behandlung führt, BGH GesR 2011, 153, 155; zum verkannten Herzinfarkt BGH NJW 1996, 1589.

216 Dazu m.w.N. BGH MedR 1983, 107, 108; OLG Koblenz MedR 2006, 726 (zur i.E. nicht zutreffenden Indikation einer Operation); *Kraatz* NStZ-RR 2015, 97, 102.

217 Dazu allgemein *Kraatz* Rn. 138.

218 Zu dieser für die Medizin nicht gleichermaßen bedeutsamen Debatte siehe entsprechend BGHSt 4, 182, 185; 37, 184, 189; OLG Bamberg NStZ-RR 2008, 10; zur gebotenen Prüfung der möglicherweise abschließenden Wirkung aber Saliger/Tsambikakis/*Gaede* § 2 Rn. 91.

Verhalten setzt. Beispielsweise hat der Gesetzgeber mit dem Transfusionsgesetz auf Missstände in der Transfusionsmedizin reagiert. So bestimmt § 13 Abs. 1 S. 3, Abs. 2 TFG, dass Ärzte, die im Zusammenhang mit der Anwendung von Blutprodukten Laboruntersuchungen durchführen oder anfordern, besonders sachkundig sein und für die eigenverantwortliche Anwendung von Blutprodukten eine ausreichende Erfahrung haben müssen.[219] Entgegenstehende Standards können sich hier *de lege lata* nicht herausbilden. Sondernormen, die verkehrsgerechtes Verhalten vorschreiben, um Taterfolge zu verhindern, sind als indizielle Konkretisierung aufzugreifen.[220] Sie legen bei Verstößen zugleich die Vorhersehbarkeit des Erfolgs nahe, weil sich in ihnen Erfahrungen über zu vermeidende Gefährdungen ausdrücken.[221] Im konkreten Fall bleibt aber weiterhin z. B. der Schutzzweckzusammenhang (Rn. 123 ff.) und die individuelle Vorhersehbarkeit zu prüfen.

Mittelbar kann der Gesetzgeber auf den Standard einwirken, indem er die **BÄK** 98 ermächtigt, den Stand der medizinischen Wissenschaft (und Technik) in **Richtlinien** festzustellen.[222] Dies ist insbesondere in § 13 Abs. 1 TFG für die Therapie mit Blutprodukten geschehen. Wird die einschlägige Hämotherapie-Richtlinie befolgt, indiziert dies, dass die Therapie nach dem notwendigen medizinischen Standard erfolgt ist (§ 18 Abs. 2 TFG, siehe auch § 12a Abs. 2 TFG). Allerdings ist selbst die Hämotherapie-Richtlinie nicht in jeder Hinsicht abschließend und daher nur indiziell bedeutsam. Z. B. bleibt eine Behandlung unter Alkoholeinfluss standardwidrig, obschon die Richtlinie diese nicht hämotherapiespezifische Frage ausblendet. Ein weiterer Anwendungsfall findet sich in den nach § 16 Abs. 1 TPG erlassenen Richtlinien zur Transplantationsmedizin. Regeln Richtlinien über die gesetzliche Ermächtigung hinaus Inhalte bzw. Vorgaben, kann die Abweichung von der Richtlinie eine Strafbarkeit nicht tragen (zu den Grenzen zum TPG § 19 Rn. 23).

Nach der überwiegenden Rechtsprechung sollen auch die gem. § 92 Abs. 1 99 SGB V erlassenen **Richtlinien des G-BA** (§ 91 Abs. 6 SGB V) den Standard in der ambulanten Versorgung von Patienten der GKV vorzeichnen können.[223] Tatsächlich dürften die Richtlinien angesichts der enormen Verbreitung der GKV we-

---

219 Siehe dazu und zu § 5 Abs. 3 TFG schon m.w.N. Ulsenheimer/Gaede/*Bock* Rn. 312.
220 Für die Berücksichtigung von Sondernormen m.w.N. Saliger/Tsambikakis/*Gaede* § 2 Rn. 87 ff.; unter Einbeziehung von Verwaltungsvorschriften Matt/Renzikowski/*Safferling* § 222 Rn. 7; Beck-OK-StGB/*Kudlich* § 15 Rn. 39 f.; krit. gegen übermäßige Schlüsse aus der Verletzung von Sondernormen etwa HK-GS/*Duttge* § 15 Rn. 31; für die Einordnung als regelmäßig durchschlagendes Indiz BGHSt 4, 182, 185; 49, 1, 5 f.; *Fischer* § 15 Rn. 26.
221 BGHSt 4, 182, 195 f.; 12, 75, 78 ff.; OLG Karlsruhe NStZ-RR 2000, 141, 142 f.
222 Siehe auch gem. § 5 Abs. 11 BtMVV die Richtlinie der BÄK vom 8.4.2023 (Substitution).
223 BGH (Z) GesR 2008, 361; weithin KG VersR 1996, 332; NJW 2004, 691; abl. aber OLG Düsseldorf VersR 1987, 414; Prütting/*J. Prütting/Friedrich* Vor § 630a BGB Rn. 16.

sentlich auf den Praxisstandard einwirken. Sie werden aber erlassen, um eine den Ansprüchen des SGB V genügende, wirtschaftliche ambulante ärztliche Versorgung zu gewährleisten. Sie sind nicht vor Fehlbewertungen gefeit. In diesem Sinne haben sie – auch wegen Bedenken hinsichtlich der demokratischen Legitimation des G-BA – lediglich indizielle Wirkung.[224]

100   Große Bedeutung haben **Leitlinien von ärztlichen Fachgremien** wie den medizinischen Fachgesellschaften oder von Verbänden wie der BÄK.[225] Sie können im Optimalfall den aktuellen medizinischen Erkenntnis- und Praxisstand wiedergeben. Zu denken ist insbesondere an die **Leitlinien der AWMF**, der Arbeitsgemeinschaft der Wissenschaftlichen Medizinischen Fachgesellschaften e.V. Zu unterscheiden sind S1-, S2- und S3-Leitlinien, die einen voneinander abweichenden Evidenzgrad aufweisen: Bei der S1-Leitlinie handelt es sich um eine von einer repräsentativ zusammengesetzten Expertengruppe der Fachgesellschaft im informellen Konsens erarbeitete Empfehlung und damit um eine erste Entscheidungshilfe.[226] Eine S2-Leitlinie stellt eine in einem formalen Abstimmungsprozess wissenschaftlicher Fachgesellschaften stärker evidenzbasierte Leitlinie dar. Die S3-Leitlinie ist eine evidenzbasierte Konsensus-Leitlinie auf wissenschaftlicher Grundlage.

101   Bei alledem sind auch Leitlinien der AWMF **keine verbindlichen Rechtsnormen**. Selbst in der S3-Leitlinie liegt allein eine wichtige Entscheidungshilfe.[227] Zu Recht heben die Leitlinien selbst routinemäßig hervor, dass weder die Befolgung noch die Abweichung von einer bestehenden Leitlinie stets eine Strafbarkeit begründet oder ausschließt.

102   Die **Wirkung** von Leitlinien, Empfehlungen und sonstigen Handreichungen liegt primär **auf der prozessualen Ebene:**[228] Wurden einschlägige Leitlinien oder Empfehlungen eingehalten, bedeutet dies ein beträchtliches Indiz gegen einen Behandlungsfehlervorwurf. Die Staatsanwaltschaft müsste darlegen, dass die S3-Leitlinie veraltet oder im Einzelfall nicht anwendbar war. Ist der Behandelnde von der fachlich einschlägigen Leitlinie abgewichen, begründet dies zwar keine Vermutung für die Sorgfaltswidrigkeit der Behandlung,[229] wohl aber einen Anhaltspunkt dafür. StA und Strafgericht bleiben verpflichtet, unter Berücksichtigung abweichender Stellungnahmen der Wissenschaft in jedem Einzelfall weiter zu

---

224 *Hart* MedR 2012, 453, 454; Prütting/*J. Prütting/Friedrich* Vor § 630a BGB Rn. 17.
225 Einschränkend aber BGHSt 37, 383, 385 f.; Saliger/Tsambikakis/*Gaede* § 2 Rn. 149.
226 M.w.N. *Gercke/Leimenstoll/Stirner* Rn. 212; entsprechend zur BÄK BGHSt 37, 383, 385 ff.
227 *Weller* MedR 2008, 511; m.w.N. Saliger/Tsambikakis/*Gaede* § 2 Rn. 150 ff.
228 Näher m.w.N. Saliger/Tsambikakis/*Gaede* § 2 Rn. 153 ff.
229 OLG Köln (Z) GesR 2013, 411, 412; *Gercke/Leimenstoll/Stirner* Rn. 214.

prüfen, ob eine Sorgfaltswidrigkeit vorliegt.[230] Z. B. muss abgesichert werden, dass die in einer Leitlinie festgehaltene Regel zum Zeitpunkt der Behandlung nicht veraltet war. Es kann zwingend geboten sein, von älteren Leitlinien abzuweichen.

Zudem entwickeln Leitlinien allgemeine Maßgaben, schreiben aber keine konkrete Behandlung für einen bestimmten Patienten vor. Es bleibt die **medizinische Anwendung** der Leitlinien **auf den konkreten Patienten** zu leisten.[231] Juristinnen und Juristen müssen sich klar machen, dass eine Festlegung auf die einfach festzustellende Leitlinienabweichung defizitär sein kann. Bis auf exzeptionelle Sonderfälle ist es **geboten, einen fachlich versierten Sachverständigen der Medizin hinzuzuziehen**, da Richtlinien, Leitlinien und Empfehlungen keine vorweggenommenen Sachverständigengutachten für eine konkrete Behandlung darstellen. Der Sachverständige hat die für das jeweilige Sachgebiet erstellten Sammlungen inhaltlich in seinem Gutachten aber zu erörtern.[232] 103

Fehlen solche Erkenntnisquellen, sind mit schwächerer Indizwirkung ggf. vorhandene **klinikinterne Leitlinien bzw. SOPs** (*standard operating procedures*) auszuwerten. Diese ersetzen aber erst recht keine detaillierte tatbestandliche Bewertung nach den dargelegten Maßstäben, zumal die SOPs eher auf eine Absicherung zugunsten der Leitungsebene gerichtet sein können. Nicht selten fehlen solche einrichtungsinterne Orientierungspunkte. Dann ist **mit Hilfe einer sachverständigen Person** die verkehrsübliche medizinische Praxis festzustellen.[233] Hierbei können die empirischen Ergebnisse, die ohne die Unterstützung konkretisierender Leitlinien und ähnlicher Dokumentationen erzielt werden, insbesondere infolge der subjektiven Abstützung auf oft einen einzigen Sachverständigen aber fragil bleiben. Es ist erforderlich, dass Gerichte die vom BGH geforderte „Betrachtung der Gefahrenlage ex ante [...] in der konkreten Lage und sozialen Rolle des Handelnden" unter Einrechnung der geltend gemachten Schranken (Rn. 82) leisten und nicht allein die Wertung des nur medizinisch überlegenen Sachverständigen übernehmen. 104

c) Sonderfaktoren

Besondere Sachverhaltsfaktoren können den Facharztstandard steigern oder abschwächen. Stehen Ärzten in der spezifischen Situation ihrer Praxis oder ihres 105

---

230 Grundlegend und klar so BGHSt 37, 383, 385; *Gercke/Leimenstoll/Stirner* Rn. 214.

231 OLG Köln (Z) GesR 2013, 411, 412; m.w.N. Saliger/Tsambikakis/*Gaede* § 2 Rn. 157 ff., zur Hinzuziehung des Sachverständigen Rn. 185 ff.

232 Zu dieser und weiteren Anforderungen an die Tätigkeit als Sachverständiger sowie bestehenden Gefahren m.w.N. Saliger/Tsambikakis/*Gaede* § 2 Rn. 170 ff.

233 Hierzu und zum Folgenden schon Saliger/Tsambikakis/*Gaede* § 2 Rn. 161 ff.

(Universitäts-)Krankenhauses bessere Optionen zur Verfügung, müssen sie diese nutzen.[234] Konkret kann der Chefärztin an einer Spezial- oder Universitätsklinik, die nahezu alle verfügbaren technischen, diagnostischen und therapeutischen Möglichkeiten zur Hand hat, eine andere Befunderhebung abzuverlangen sein. Allerdings scheidet eine pauschale Maßstabssteigerung aus; die Therapiefreiheit muss gewahrt bleiben (Rn. 89 ff.); Vereinbarungen zwischen dem Behandelnden (seiner Einrichtung) und dem Patienten sind nach § 630a Abs. 2 Hs. 2 BGB von Bedeutung.

106   Nach einer oft abgelehnten,[235] aber überzeugenden, Ansicht kann der Versicherungsstatus den Standard beeinflussen, wenn eine Behandlung bzw. der Einsatz eines Arznei- oder Heilmittels bei einem **gesetzlich Versicherten** in Rede steht, die der G-BA als nicht erstattungsfähig eingestuft hat. In dieser von der Rspr. noch nicht entschiedenen Konstellation steht die Versorgungspraxis bei den über 90 % GKV-Versicherten dem standardgemäßen Einsatz des nicht erstatteten Arzneimittels entgegen. Allein aus dem Umstand, dass ein Arzt einen nicht zur Kostenübernahme bereiten Patienten nicht mit einem solchen Arzneimittel behandelt hat, folgt noch keine Sorgfaltswidrigkeit.[236] Ärzte (Einrichtungen) übernehmen und versprechen die Behandlung nur nach den Maßstäben des Vertragsrechts (der tatsächlichen Übernahme). Anderes kann allein gelten, wenn der Behandelnde in besonderer Weise Leistungen versprochen oder er den Bedarf nach einer nicht gedeckten Leistung sehenden Auges ohne vorherige Chance der Übernahme durch die GKV geschaffen hat. Zudem bleibt es notwendig, den GKV-Patienten in die Entscheidung einzubinden:[237] Existiert ein über das Sozialrecht hinausgehender Standard oder befürwortet der Arzt selbst eine andere Behandlung, muss er den Patienten über die ökonomisch bedingten Einschnitte in der Versorgung informieren, damit der Patient den Standard ggf. privat finanzieren kann. Will der aufgeklärte Patient weiter den GKV-Standard zugrunde legen, fordert er keine sorgfaltswidrige Behandlung.

107   **Klausurhinweis:** Abzugrenzen ist diese Konstellation von Rationalisierungsmaßnahmen bzw. impliziten Rationierungen in der GKV, die nicht an einer einzelnen Behandlung ansetzen, sondern durch Regelleistungsvolumina die Vergütung ärztlicher Leistungen begrenzen:[238] Hier darf der Arzt nicht clandestin eine vom

234 BGH (Z) NJW 1983, 2080, 2081; NJW 1989, 2321, 2322.
235 So für das Zivilrecht *Frahm et al.* MedR 2018, 447, 451 ff., 456 f.; *Kern* GesR 2002, 5.
236 *Ulsenheimer*, FS Kohlmann, 2003, S. 319, 332; *Dannecker/Streng-Baunemann* in: Kudlich/Jäger (Hrsg.), Aktuelle Fragen des Medizinstrafrechts, 2017, S. 117 ff., 125 ff.
237 Dazu schon m.w.N. Ulsenheimer/Gaede/*Ulsenheimer/Gaede* Rn. 117.
238 Hierzu näher m.w.N. Saliger/Tsambikakis/*Gaede* § 2 Rn. 188.

Versorgungsauftrag umfasste Leistung, die der konkrete Patient benötigt, auf Grund drohender Punktabschläge zurückhalten und ökonomisch bedingt eine andere oder keine Behandlung durchführen.

I. E. unstreitig führen **Sonderkenntnisse und -fähigkeiten**[239] zu einer „nach 108 oben" gerichteten individualisierten Erhöhung des Standards, weil der Behandelnde den zumutbaren Einsatz seiner Leistungspotentiale und nicht nur die abstrakte Ausfüllung einer Rolle schuldet. Die praxisleitende Ansicht verweist auf die Definition (immer) speziellerer Verkehrskreise bzw. Gruppen, etwa von besonders befähigten Chirurgen. **Beispiele:** Ein Arzt muss seine besondere Kenntnis über seltene Symptome möglicher Erkrankungen bei der Differentialdiagnose einsetzen. Ein Chirurg muss noch nicht verbreitete, aber von ihm standardisiert beherrschte OP-Technik bei Bedarf anwenden.[240] Bei **Minderkenntnissen oder Minderfähigkeiten** will die in der Praxis h.A. „nach unten" generalisieren, also die konkreten Umstände des Einzelnen ausblenden.[241]

Allerdings sollte zur konsequenteren Begründung auch der maßstabssteigernden Faktoren nicht länger auf scheinbar generalisierende Verkehrskreise 109 abgestellt werden. Vorzugswürdig ist ein einheitlicher Ansatz nach dem sog. **individualisierenden Fahrlässigkeitsbegriff.**[242] Nach ihm sind geringere Kenntnisse und Fähigkeiten schon im Tatbestand bei der Bestimmung der Sorgfaltsanforderungen zu berücksichtigen, weil eine Verhaltensanforderung die Möglichkeit zur Handlung mitdenken muss; anderenfalls stellte das Recht *ex ante* unerfüllbare Rechtspflichten auf.[243] Entsprechend stünde bei der Durchführung einer überfordernden Operation durch einen Assistenzarzt die Unmöglichkeit der Pflichterfüllung wie beim Unterlassen (§ 17 Rn. 5) schon dem tatbestandlichen Sorgfaltsverstoß entgegen, der sich auf die fehlerhafte Durchführung bezieht. Allerdings kommt ein Übernahmeverschulden wegen der Übernahme der Operation in Frage (Rn. 134).

Klausurhinweis: Folgt man dem zweistufigen Aufbau (Rn. 69), würde die Tat 110 hinsichtlich der überfordernden Operation erst in der Schuld scheitern. Vertretbar ist es, mit den genannten Gründen schon den Tatbestand „einstufig" hinsichtlich

---

239 Biologische Besonderheiten und Zufälligkeiten dürfen nicht zu diskriminierenden Rechtspflichten führen; es wird regelmäßig um bewusst erworbene Fähigkeiten gehen, näher Saliger/Tsambikakis/*Gaede* § 2 Rn. 195 f.

240 Siehe aber zu Umständen wie der Übermüdung und der freizustellenden schrittweisen Steigerung der Fähigkeiten Saliger/Tsambikakis/*Gaede* § 2 Rn. 195 f.

241 Dafür mustergültig *Roxin/Greco* AT/I § 24 Rn. 57 ff.

242 *Stratenwerth*, FS Jescheck, 1985, S. 285 ff.; HK-GS/*Duttge* § 15 Rn. 29 ff.; abl. aber etwa *Schünemann*, FS Schaffstein, 1975, S. 159, 161 ff.

243 Dazu m.w.N. auch zu Gegenargumenten Matt/Renzikowski/*Gaede* § 15 Rn. 33 f.

des Behandlungsfehlers zu verneinen. Ob es zulässig ist, die Verortung auf Tatbestands- oder Schuldebene bei unterschiedlichen Ergebnissen offen zu lassen, wird unterschiedlich beurteilt. Sicher möglich ist eine Bearbeitung, die sich begründet – egal für welche Ansicht – entscheidet. Bei Zeitnot kann die Frage offengelassen werden, indem man ausführt, dass jedenfalls die Schuld ausscheidet. Regelmäßig relevanter ist das Übernahmeverschulden.

d) Bedeutung des Organisationsverschuldens

111 Bei der Analyse misslungener Behandlungen darf sich der Blick nicht nur auf die unmittelbar behandelnden Personen wie Chirurginnen, Anästhesisten oder Pflegekräfte richten.[244] Insbesondere die **Einhaltung des Facharztstandards** hängt nicht selten davon ab, dass der Inhaber oder die Verantwortlichen die notwendigen Prämissen schaffen (sog. **primäre Organisationspflichten**). Ferner sind Kontroll- und Überwachungspflichten anerkannt (sog. **sekundäre Organisationspflichten**). Etwa muss eine Klinik so organisiert sein, dass mit der zur Verfügung stehenden Infrastruktur rund um die Uhr eine Behandlung nach Facharztstandard geleistet werden kann.[245] Bei der Verletzung dahingehender Pflichten kommt für patientenferne Entscheider ein **Organisationsverschulden** in Betracht, das sich als Behandlungsfehler in einem weiteren Sinne deuten lässt. Allerdings müssen auch alle weiteren Anforderungen der fahrlässigen Tat verwirklicht sein, was bei Tatbeiträgen verschiedener Personen eine nähere Prüfung der objektiven Zurechnung gebietet. Eine schlichte Unterstellung der Nebentäterschaft wäre unzureichend.[246] Allerdings trifft es zu, dass ein unzureichend organisierender Praxisinhaber nicht darauf vertrauen darf, dass Behandelnde Mängel durch überobligatorisches Wirken kompensieren.

112 In Betracht kommen z.B. ungeeignete Dienstpläne oder (tolerierte) Verstöße gegen Hygienebestimmungen durch den Einsatz eines unzureichenden Mittels für die präoperative Haut- und Händedesinfektion[247]. Ein niedergelassener Arzt, der **ambulante Operationen** durchführen lässt, muss eine hinreichende Ausstattung bereitstellen.[248] Eine hinreichende Organisation muss verhindern, dass die Arbeitsteilung die Gefahren für die Patienten steigert. Es bestehen Anforderungen an

244 Dazu näher m.w.N. Saliger/Tsambikakis/*Gaede* § 2 Rn. 211 ff.; früh zum Thema *Neelmeier* ArztRecht 2011, 256 und *Kudlich/Schulte-Sasse* NStZ 2011, 241.
245 In diesem Sinne schon m.w.N. Ulsenheimer/Gaede/*Bock* Rn. 209; *Kraatz* Rn. 141.
246 M.w.N. Saliger/Tsambikakis/*Gaede* § 2 Rn. 231 f.; a.A. *Neelmeier*, Organisationsverschulden patientenferner Entscheider und einrichtungsbezogener Aufklärung, 2014, S. 142 ff., 296 ff.
247 BGH (Z) NJW 2007, 1682; Prütting/*J. Prütting/Friedrich* § 630a BGB Rn. 85.
248 Dazu etwa BVerfG medstra 2020, 361, 366 ff. m. Anm. *Hehr*; Folge-Entscheidung LG Hamburg, Urt. v. 8.6.2023 – 604 Ks 10/21; AG Limburg a. d. Lahn ArztRecht 2011, 232.

die Personalauswahl, Koordination, Anleitung, Kommunikation und Kompetenzabgrenzung. Konkret müssen angestellte Ärzte so eingesetzt werden, dass keine zu unerfahrenen Assistenzärzte oder übermüdeten Ärzte tätig werden.[249]

„Zum Schwur" kommt es bei den Anforderungen an den **Bereitschaftsdienst** **113** **in Krankenhäusern.**[250] Hier entscheidet sich, welche Versorgung tatsächlich „rund um die Uhr" gewährleistet wird. In der Praxis dominiert ein fachübergreifender und dünn besetzter Bereitschaftsdienst. Dies ist problematisch, weil es oft darauf ankommt, die richtigen therapeutischen Maßnahmen *schnell* einzuleiten. Deshalb müssen nicht fachspezifisch besetzte Bereitschaftsdienste *mindestens* in bestimmten Fachgebieten und Kliniken unzulässig bleiben. Dies gilt insbesondere für die Anästhesiologie und Geburtshilfe, weil hier zügig besonders folgenträchtige Entscheidungen zu treffen sind. Im Übrigen kann der fachübergreifende Bereitschaftsdienst nur unter drei Bedingungen greifen: *Erstens* müssen eingesetzte Ärzte hinsichtlich ihres Einsatzes eine spezielle Fortbildung absolvieren. *Zweitens* müssen die Patienten einem fachübergreifenden Dienst besonders ausführlich, sorgsam und vorausschauend übergeben werden. *Drittens* muss für jede Abteilung ein fachspezifischer Hintergrunddienst besetzt sein, der spätestens 20 Minuten nach seiner Verständigung einsatzbereit beim Patienten sein muss. *Viertens* müssen schriftliche Anweisungen vorliegen, nach denen die Diensthabenden erkennen und verinnerlichen können, bei welchen Indikationen der rufbereite Facharzt zu informieren und wie bei bestimmten Krankheitsbildern konkret vorzugehen ist. Ferner sind möglichst keine Berufsanfänger einzusetzen.

3. Vorhersehbarkeit

Der Erfolgseintritt muss für den Behandelnden vorhersehbar gewesen sein.[251] **114** Nach der **Rechtsprechung** ist auf der Schuldebene (siehe aber Rn. 108 f.[252]) zu zeigen, dass der Behandelnde den Erfolgseintritt individuell erkennen konnte und musste (Rn. 132). Die objektive Vorhersehbarkeit bejahen die Gerichte, wenn der Eintritt des Erfolgs und damit der Kausalverlauf *ex ante* nach dem gewöhnlichen Gang der Dinge und der vorhandenen Erfahrungen zu erwarten war.[253] Dies ist zu verneinen, wenn er „so sehr außerhalb aller Lebenserfahrung liegt, dass der Täter auch bei der nach den Umständen des Falles gebotenen Sorgfalt **nicht mit ihm zu**

---

249 Vgl. BGH NJW 1984, 655, 656 und grundlegend BGH NJW 1986, 776.
250 Hierzu eingehend m.w.N. Saliger/Tsambikakis/*Gaede* § 2 Rn. 267 ff.
251 BGH NJW 2018, 961, 962; TK/*Schuster* § 15 Rn. 180.
252 Zur gebotenen Individualisierung aber m.w.N. HK-GS/*Duttge* § 15 Rn. 30.
253 Zum Maßstab BGHSt 12, 75, 78; 48, 34, 39.

rechnen brauchte"[254]. Z. B. waren die embryonalen Schädigungen, die das Medikament *Contergan* ausgelöst hatte, vor der Entdeckung der kausalgesetzlichen Zusammenhänge unvorhersehbar. Das abstrakte Bewusstsein, dass Medikamente unbekannte Folgen zeitigen könnten, genügt nicht. An der Vorhersehbarkeit mangelt es für den BGH, wenn der Erfolg gerade durch das „gänzlich vernunftwidrige Verhalten" des an sich entscheidungsfähigen Patienten eintritt, mit dem nach der Lebenserfahrung nicht gerechnet werden musste. Er tendiert aber dazu, die Vorhersehbarkeit nur bei sehr außergewöhnlichen Vorgängen zu verneinen.[255] Die Vorhersehbarkeit muss sich nach dem BGH zwar nicht auf alle Einzelheiten des Kausalverlaufs erstrecken,[256] aber das Zusammenwirken der Umstände, die einen Erfolg bedingen, muss vorhersehbar gewesen sein: Die „Art und Weise, wie der Erfolg zustande gekommen ist, muss auf der Linie der Befürchtungen liegen, welche die [...] Sorgfaltspflicht begründen."[257]

115   Diese Judikatur greift zu Recht auf, dass die Vorhersehbarkeit – wie der Vorsatz – kein Bewusstsein hinsichtlich aller Einzelheiten des Kausalgeschehens voraussetzt.[258] Sie neigt aber dazu, die Vorhersehbarkeit in der Prüfung der allgemeinen Lebenserfahrung zu erschöpfen. Der Umstand, dass danach nahezu alles vorausgesehen werden kann, darf nicht Anlass sein, im Wege des Rückschaufehlers *ex post* Maßstäbe aufzustellen, die zur Tatzeit als fernliegende Verkettung von Umständen zurückgewiesen worden wären. Es ist zu gewährleisten, dass nicht jede abstrakt denkmögliche Verursachung als vorhersehbar eingestuft wird. Die Vorhersehbarkeit ist vielmehr normativ als Ausprägung der objektiven Zurechnung zu begreifen.[259]

4. Objektive Erfolgszurechnung

116   Der Tatterfolg muss dem Behandelnden – über die Kausalität hinaus – als sein Werk zurechenbar sein. Schon das Gesetz (auch § 222 StGB) verlangt die **Erfolgsver-**

---

254 So m.w.N. OLG Stuttgart JZ 1980, 618, 620; treffend auch OLG Stuttgart NJW 1982, 295, 296; sachlich entsprechend BGHSt 64, 217, 231 ff.: zu bewertende Rechtsfrage.
255 Dazu BGH NStZ 2008, 686; 2001, 478; 1994, 394; m.w.N. *Duttge* NStZ 2006, 266, 273.
256 BGHSt 39, 322, 324; zust. m.w.N. Matt/Renzikowski/*Gaede* § 15 Rn. 51.
257 So ist es unvorhersehbar, wenn ein Lockerungen missbrauchender Strafgefangener, der wegen Fahrens ohne Führerschein verurteilt worden war, bei der Verfolgungsjagd nach einer während einer Vollzugslockerung entdeckten KFZ-Fahrt als – wegen Mordes bestrafter – Geisterfahrer einen Unfall verursacht, bei dem eine Frau verstirbt, BGHSt 64, 217, 231 ff.
258 Dazu und zum Folgenden schon näher m.w.N. Saliger/Tsambikakis/*Gaede* Rn. 292 ff.
259 So z. B. *Rengier* AT § 52 Rn. 25, § 13 Rn. 25, 57 ff.; *Kühl* AT § 17 Rn. 41, § 4 Rn. 60 ff.; anwendend bereits OLG Celle StV 2002, 366, 367 und in der Sache BGHSt 64, 217, 231 ff.

wirklichung „**durch Fahrlässigkeit**". Dies führt zu weiteren Erfordernissen, die ohne Beweiserleichterungen strikt nachzuweisen sind. Konkret bedarf es einer in Fallgruppen präzisierten Prüfung, ob der Erfolg dem Behandlungsfehler **objektiv zuzurechnen**[260] ist (zur Vorhersehbarkeit Rn. 114 f.). Dies setzt voraus, dass die Behandlung ein rechtlich missbilligtes Risiko setzt oder erhöht, und dass sich dieses Risiko im Taterfolg verwirklicht.[261] Funktional wird die rechtliche Missbilligung mit der Sorgfaltswidrigkeit aufgezeigt (Rn. 75 ff.). In der Zurechnung sind Fallgruppen der Erfolgsrealisierung zu prüfen. Hier ist in einer wertenden Betrachtung zu fragen, ob sich der Erfolg als Werk des sorgfaltswidrig Behandelnden, Folge des Zufalls oder als primäres Werk eines Dritten bzw. des Opferverhaltens darstellt.

Klausurhinweis: Zentral sind der Pflichtwidrigkeits- (Rn. 118 ff.) und Schutz- 117 zweckzusammenhang (Rn. 123 ff.). Sie sollten in der Klausur stets behandelt werden, auch wenn keine Probleme bestehen: Das Merkmal „durch Fahrlässigkeit" bedarf einer Subsumtion. Zu anderen Fallgruppen wie der eigenverantwortlichen Selbstgefährdung/-schädigung (Rn. 126 f.) und Drittverantwortung (Rn. 128 ff.) ist nur etwas auszuführen, wenn der Sachverhalt Probleme aufwirft. Achten Sie aber darauf, dass mehrere Fallgruppen anzusprechen sein können. Z. B. kann die Zurechnung sowohl wegen einer atypischen Fallentwicklung als auch wegen einer eigenverantwortlichen Selbstschädigung fraglich sein. Dann sind beide Fallgruppen des Zurechnungsausschlusses zu prüfen, weil sie verschiedene Wertungen hervorheben.

a) Pflichtwidrigkeitszusammenhang
Eine Behandlung verwirklicht den § 229 StGB (bzw. § 222 StGB) nur, wenn mit an 118 Sicherheit grenzender Wahrscheinlichkeit feststeht, dass der Behandelnde den Erfolg durch ein sorgfaltsgemäßes Alternativverhalten hätte verhindern können (**Pflichtwidrigkeitszusammenhang**).[262] Die Prüfung des rechtmäßigen Alternativerhaltens sichert, dass das Strafrecht nur greift, wenn die Beachtung des Sorgfaltsgebots das Rechtsgut tatsächlich geschützt hätte.

---

260 M.w.N. Wessels/Beulke/*Satzger* AT Rn. 253 ff.; *Gaede*, FS Roxin II, 2011, S. 967.
261 Vgl. näher *Roxin/Greco* AT/I § 11 Rn. 44 ff.; sie prüfen aber erst in einem dritten Schritt, ob der Tatbestand vor dem eingetretenen Erfolg schützen sollte.
262 BGHSt 11, 1, 3 ff.; 49, 1, 4; m.w.N. Matt/Renzikowski/*Renzikowski* Vor § 13 Rn. 108.

119   Bei der Subsumtion sind **Grenzen der Hypothesenbildung** zu beachten:[263] Nach der Rspr. hat die Prüfung an der konkreten Tatsituation anzusetzen, die unmittelbar zu dem schädigenden Ereignis geführt hat. Welches Verhalten pflichtgemäß gewesen wäre, ist im Hinblick auf den Pflichtenverstoß zu bestimmen, der als (unmittelbare) Schadensursache in Betracht kommt. Für eine unzureichend durchgeführte Operation ist ihr Beginn und die in der Operation notwendige und gebotene medizinische Praxis maßgeblich. Hinwegzudenken und durch das korrespondierende sorgfaltsgemäße Verhalten zu ersetzen ist nur der dem Täter vorwerfbare Tatumstand. Darüber hinaus darf von der konkreten Tatsituation weder etwas weglassen noch etwas hinzugedacht werden. In die hypothetische Prüfung sind nur alternative Verhaltensweisen des Täters einzubeziehen, die im realen Tatgeschehen selbst unmittelbar angelegt sind,[264] um gänzlich fernliegendes Alternativverhalten auszuschließen und den Täter nicht durch hypothetische Zufälle oder hypothetisch abweichendes Drittverhalten zu entlasten.[265] Z.B. die Möglichkeit, dass ein Patient aus einem maroden psychiatrischen Klinikum entweichen könnte, schließt den Pflichtwidrigkeitszusammenhang nicht aus, wenn der Patient während eines psychiatrisch unsorgfältig begründeten Freigangs Taten begeht.[266] Dies schließt aber die Einbeziehung von Behandlungen, die andere Ärzte hätten vollziehen müssen, nicht aus. Wird einem Arzt z.B. eine nicht indizierte Lebertransplantation vorgehalten und wäre der Patient ohne diese zu einer gefährlichen Milzentfernung gezwungen gewesen, sind deren Risiken einzubeziehen, weil die Indikation und die Entscheidung des Patienten für eine Behandlung eine Verankerung im Sachverhalt bieten.[267]

120   Für den Nachweis des Pflichtwidrigkeitszusammenhang muss belegt sein, dass das rechtmäßige Alternativverhalten den Erfolg mit an Sicherheit grenzender Wahrscheinlichkeit hätte vermeiden können (**Vermeidbarkeitstheorie**). Steht z.B. nicht zur Überzeugung des Richters fest, dass die Einhaltung des im Straßenverkehr gebotenen Seitenabstandes bei einem Überholvorgang die Tötung eines Radfahrers verhindert hätte, der sein Rad schwer alkoholisiert gelenkt hatte, genügt die bloße Möglichkeit, dass die sorgfaltsgemäße Einhaltung die Überlebenschancen des Radfahrers verbessert hätte, nicht für eine fahrlässige Tat. Allein die empirische Kausalität der Fahrt und der Sorgfaltsverstoß füllen das Fahrlässig-

---

263 Zum Folgenden etwa m.w.N. BGHSt 49, 1, 3 ff. m. Anm. *Saliger* JZ 2004, 977 ff.; BGH MedR 1988, 149, 150; m.w.N. Saliger/Tsambikakis/*Gaede* § 2 Rn. 316 ff.
264 M.w.N. BGHSt 24, 31, 34; 49, 1, 3 ff.; 11, 1; *Roxin* StV 2004, 485, 486.
265 Dies hervorhebend MüKo-StGB/*Duttge* § 15 Rn. 165 ff.; *Roxin* StV 2004, 485, 486.
266 BGHSt 49, 1 ff., 5 m. Anm. *Saliger* JZ 2004, 977 ff.
267 LG Leipzig medstra 2020, 178, 183; bestätigend OLG Dresden medstra 2020, 177.

keitsunrecht nicht aus.[268] Angesichts der Unwägbarkeiten des menschlichen Körpers und infolge nicht selten konkurrierender anderer (Todes-)Ursachen sind hinreichend klare und substantiierte Feststellungen oft nicht zu erwarten. Zahlreiche Verfahren „scheitern" daher am Pflichtwidrigkeitszusammenhang.[269] Dies gilt auch dann, wenn eine schwere Pflichtwidrigkeit vorliegt.

Klausurhinweis: Der Pflichtwidrigkeitszusammenhang darf nicht allzu schnell 121 verworfen werden. Nicht jede abstrakt denkbare Möglichkeit, dass der Erfolg gleichermaßen eingetreten sein könnte, schließt den Pflichtwidrigkeitszusammenhang aus, es bedarf vielmehr konkreter Anhaltspunkte dafür. Ferner ist zu beachten, dass der mangelnde Pflichtwidrigkeitszusammenhang hinsichtlich einer Sorgfaltsanforderung die Rechtsordnung nicht hindert, an eine etwaig zusätzlich verwirklichte andere Sorgfaltswidrigkeit anzuknüpfen.[270] Z.B bleibt ein Arzt verantwortlich, wenn sich bei einem unsorgfältigen Schnitt der Zusammenhang nicht nachweisen lässt, er aber die Operation z. B. wegen Alkoholkonsums von vornherein nicht durchführen durfte.

Da das Medizinstrafrecht reich an Fällen ist, in denen die Kausalität einer 122 Fehlbehandlung, nicht aber der Pflichtwidrigkeitszusammenhang nachgewiesen werden kann, wendet sich ein T.d.L. mit der **Risikoerhöhungslehre** gegen die sog. Vermeidbarkeitstheorie. Nach dieser Lehre soll zugunsten eines kriminalpolitisch erwünschten größeren Rechtsgutsschutzes genügen, dass der Täter eine Sorgfaltswidrigkeit verwirklicht hat, die sich möglicherweise im Erfolg realisiert hat.[271] Die staatliche Nachweispflicht sei unverletzt, da die empirische Kausalität belegt sei und lediglich der materiell-rechtliche Gehalt des nachgewiesenen wertenden Zurechnungszusammenhangs verändert werde. Steht sicher fest, dass der Erfolg auch bei einem sorgfaltsgemäßen Verhalten eingetreten wäre, scheidet eine Zurechnung aber auch nach der Risikoerhöhungslehre aus. Dem ist mit der Rspr. **nicht zu folgen:**[272] Die konstitutive Beziehung zwischen der Sorgfaltswidrigkeit und dem Taterfolg ist angesichts der gesetzlichen Forderung („durch Fahrlässig-

---

268 BGHSt 11, 1.

269 Dazu näher Ulsenheimer/Gaede/*Ulsenheimer/Gaede* Rn. 510 und 523; beispielhaft etwa auch BGH NJW 2000, 2754, 2757.

270 So auch schon BGHSt 24, 31, 36; BayObLG NStZ 1997, 388, 389 m. abl. Anm. *Puppe*; zust. m.w.N. zu abl. Stimmen Matt/Renzikowski/*Gaede* § 15 Rn. 57; zur Abgabe von BtM fortführend BGHSt 53, 288 m. abl. Bespr. *Walther* HRRS 2009, 560 ff.

271 Grundlegend *Roxin* ZStW 74 (1962), 411, 430 ff.; aus jüngerer Zeit mit zum Teil abweichender Begründung auch *Roxin/Greco* AT/I § 11 Rn. 88 ff.; *Ladwig* medstra 2021, 285.

272 Siehe etwa m.w.N. BGH NJW 2000, 2754, 2757; *Fischer* Vor § 13 Rn. 26 ff.; m.w.N. Matt/Renzikowski/*Gaede* § 15 Rn. 55 ff.; *Schatz* NStZ 2003, 581 ff.

keit") nur gegeben, wenn die Umstände, welche die Pflichtverletzung des Arztes ausmachen, für den Erfolg zulasten des Patienten wirksam geworden sind. Selbst wenn man für die Fahrlässigkeit auf die Setzung oder Steigerung eines rechtlich missbilligten Risikos abstellen wollte, müsste sich gerade dieses Risiko bewiesenermaßen und nicht nur möglicherweise im Erfolg niedergeschlagen haben. Die Fahrlässigkeitsdelikte wären anderenfalls zur Behebung von Beweisschwierigkeiten in Gefährdungsdelikte umgedeutet. Der Nachweis, dass ein Arzt unerlaubt gefährlich gehandelt hat, soll den Nachweis ersetzen, dass sein sorgfaltswidriges Verhalten den Erfolg ins Werk gesetzt hat.

b) Schutzzweckzusammenhang

123 Die Erfolgszurechnung setzt voraus, dass die missachtete Sorgfaltsanforderung gerade vor dem eingetretenen Erfolg schützen sollte (**Schutzzweckzusammenhang**).[273] Aus dem oft herangezogenen Leitfall, in dem ein Autofahrer zu schnell fährt und deshalb Minuten später in der Situation unvermeidbar mit zulässiger Geschwindigkeit eine auf die Straße laufende Person verletzt, erhellt, dass der Pflichtwidrigkeitszusammenhang allein die Anforderung „durch Fahrlässigkeit" nicht hinreichend substantiiert. Ein Sorgfaltsverstoß trägt den Tatbestand nur, wenn die von ihm betroffene Sorgfaltsanforderung vor Gefahrsetzungen oder -erhöhungen schützen will, die sich im eingetretenen Erfolg niedergeschlagen haben.[274] Allerdings ist der Schutzzweck der Sorgfaltsnorm oft erst durch eine **Auslegung** zu bestimmen, die mangels Kodifikation der Schutzrichtungen diffizil sein kann.[275]

124 Am Schutzzweckzusammenhang fehlt es insbesondere im **Fall 33: Myokarditis**:[276] Nimmt man an, dass der Zahnarzt zu weiteren Untersuchungen der Patientin hinsichtlich ihrer Narkosetauglichkeit verpflichtet war, wäre der Tod bzw. die tatsächlich durchgeführte Operation jedenfalls nicht am gleichen Tag eingetreten; am Pflichtwidrigkeitszusammenhang würde es nicht fehlen. Die Pflicht, die Narkosefähigkeit prüfen zu lassen, verfolgt aber nicht den Zweck, die Operation zeitlich hinauszuschieben,[277] weshalb der BGH die Zeitspanne, die zwischen der Zahnextraktion und der hypothetischen Behandlung nach Einholung eines solchen

---

273 Hierfür z. B. BGHSt 21, 59; 33, 61, 64; *Fischer* § 15 Rn. 29.
274 Dafür etwa *Otto*, GS Schlüchter, 2002, S. 77, 83 f.; *Fischer* § 15 Rn. 29.
275 Dazu näher m.w.N. Saliger/Tsambikakis/*Gaede* § 2 Rn. 326 f.; für eine Prüfung als Teil der Sorgfaltswidrigkeit HK-GS/*Duttge* § 15 Rn. 49; ganz abl. aber vor diesem Hintergrund etwa NK-StGB/*Puppe/Große-Wilde* Vor § 13 Rn. 230 ff.: Leerformel.
276 Siehe BGHSt 21, 59 m. Anm. *Hardwig* JZ 1968, 289 und *Ulsenheimer* JZ 1969, 364.
277 I. E. so BGHSt 21, 59, 61 f.; m.w.N. Matt/Renzikowski/*Renzikowski* Vor § 13 Rn. 109.

Gutachtens gelegen hätte, strafrechtlich für unbeachtlich hielt. Die Beschleunigung des Erfolgseintritts fiel nicht in den Schutzbereich der (etwaig) verletzten Sorgfaltsnorm; der Erfolg war dem Zahnarzt nicht zurechenbar. Anderes würde gelten, wenn pflichtgemäße weitere Untersuchungen schon die Indikation zur riskanten Operation ausgeräumt hätten.[278]

Große Bedeutung hat der Schutzzweckzusammenhang bei **Aufklärungsfeh-** **lern.** Wie auch der BGH richtigerweise betont, genügt die Verletzung einer Aufklärungspflicht nicht, um Behandlungsfolgen zuzurechnen, die mit dem konkret betroffenen Aufklärungsinhalt nicht in einer spezifischen Verbindung stehen.[279] Aufklärungspflichten sollen die Selbstbestimmung im Umgang mit dem Körper schützen; sie bezwecken nicht, den indizierten Heileingriff als solchen zu verhindern, zu verschieben bzw. den Patienten von unvermeidbaren Risiken zu entlasten. Führt ein Arzt eine Behandlung *lege artis* durch, hinsichtlich derer ein Aufklärungsfehler vorliegt,[280] und realisiert sich ein Behandlungsrisiko, das nicht in den Schutzbereich der verletzten Aufklärungspflicht fällt, fehlt es an einem zurechenbaren Taterfolg.[281] **Beispiel:** Fehlt ein Hinweis auf Narkoserisiken und stirbt der Patient infolge von Komplikationen, die aus dem chirurgischen Eingriff resultieren, ist eine der Anästhesistin zurechenbare Tat bei *lege artis* durchgeführter Narkoseabsicherung strafrechtlich unbegründet.[282] Insoweit ist aber eine **Grenze** zu bedenken: Inhalten der Grundaufklärung muss man einen weiten Schutzzweck zusprechen.[283] Wurde der Patient pflichtwidrig nicht auf das schwerste mit dem Eingriff verbundene Risiko hingewiesen, kann er regelmäßig die Schwere und Tragweite des Eingriffs und der für ihn möglichen Belastungen und Folgen nicht

125

---

278 So etwa schon TK/*Schuster* § 15 Rn. 160.

279 BGH NStZ 1996, 34, 35 mit Verweis auf BGH (Z) NJW 1991, 2346, 2347, mit der im Zivilrecht vorherrschenden Begrenzung auf eine stets notwendige Grundaufklärung; BSG MedR 2011, 456, 459 f.; BGHSt 56, 277, 286; *Ulsenheimer* NStZ 1996, 132, 133; m.w.N. *Gaede,* Limitiert akzessorisches Medizinstrafrecht, 2014, S. 31 f.; *Kraatz* Rn. 45; krit. aber *Rigizahn* JR 1996, 72, 74; ganz abl. *Sternberg-Lieben/Reichmann* MedR 2012, 97, 98.

280 Zu den Überprüfungspflichten des Arztes bei einer Delegation nur m.w.N. BGH NJW 2011, 1088, 1089: Durchführung der Aufklärung obliegt grundsätzlich dem Behandelnden.

281 Gleichsinnig BGH NStZ 1996, 34, 35; BSG MedR 2011, 456, 459 f.; so auch mit der Rückgrenze der erfolgten Grundaufklärung BGH NJW 1991, 2346, 2347.

282 Dazu schon Ulsenheimer/Gaede/*Ulsenheimer/Biermann* Rn. 484 und ferner zum Surgibone-Dübel-Fall (BGH NStZ 1996, 34) *Kuhlen,* FS Roxin, 2001, S. 331, 340, 343 f.; *Gaede,* Limitiert akzessorisches Medizinstrafrecht, 2014, S. 31 f., 68.

283 Siehe vorzeichnend aus dem Zivilrecht BGH NJW 1989, 1533, 1535; 1991, 2346, 2347; 1996, 777, 779; beispielgebend OLG Köln MedR 2012, 121 m. Anm. *Steffen.*

erfassen. In diesem Fall ist schon in dem durchgeführten Eingriff unabhängig von weiteren Entwicklungen ein zurechenbarer Erfolg zu erblicken.[284]

c) Selbstschädigung und Dazwischentreten Dritter

126 Eine weitere Fallgruppe des Zurechnungsausschlusses liegt in der **eigenverantwortlichen Selbstschädigung oder Selbstgefährdung.**[285] Realisiert sich im Erfolg das mit der Gefährdung vom Patienten eigenverantwortlich selbst eingegangene Risiko, das der „Täter" lediglich veranlasst, ermöglicht oder fördert, liegt kein tatbestandsmäßiger Vorgang vor.[286] In diesem Fall wird ein sorgfaltswidriges Verhalten (rechtlich missbilligtes Risiko) durch den Patienten überlagert – die Tatfolge ist seiner Eigenverantwortung zuzuschreiben.[287] Damit die Fallgruppe eingreift, muss es sich *erstens* um eine Selbstschädigung handeln, was nur gegeben ist, wenn allein der Patient die Herrschaft über den schädigenden Akt wie die Einnahme eines Medikaments besitzt.[288] *Zweitens* muss der Patient eigenverantwortlich und damit auf Basis einer vorhandenen Einsichts- und Urteilsfähigkeit ohne durchgreifende Willensmängel gehandelt haben.[289]

127 Ein Beispiel liegt im eigenverantwortlich durchgeführten Patientensuizid. Auch wenn ein eigenverantwortlich handelnder Drogenkonsument sich selbst eine Spritze mit einer Überdosis setzt, die ihm infolge einer sorgfaltswidrigen Substitutionsbehandlung zur Verfügung steht, scheidet die Zurechnung aus.[290] Der Konsument muss die Wirkweisen der Stoffe dafür aber nicht so exakt begreifen wie der Arzt, sondern es genügt, dass der Patient das Risikopotential hinreichend erkennt.[291] Dies ist zu verneinen, wenn der Patient versehentlich ein anderes BtM zur Einnahme erhält und daher das Risikopotential des eingenommenen BtM nicht zutreffend erfasst.[292]

---

284 I. E. BGH NJW 2011, 1088, 1089 f.; m.w.N. Saliger/Tsambikakis/*Gaede* § 2 Rn. 334 f.

285 Grundlegend BGHSt 32, 262, 263 ff.; 24, 342; BGH NJW 2000, 2286, 2287.

286 Zur heute st.Rspr. BGHSt 46, 279, 288 f.

287 Dazu m.w.N. auch zum sog. Teilnahmeargument *Renzikowski* JR 2001, 248 ff.; Saliger/Tsambikakis/*Gaede* § 2 Rn. 339 ff.; im Suizidkontext nun BGHSt 64, 121 und 64, 135.

288 Näher auch zur gegenteiligen Einordnung m.w.N. BGHSt 53, 55, 60 ff. Ein weitergehender Zurechnungsausschluss ist aber zu befürworten, wenn das „Opfer" den Akteur durch Täuschungen als Werkzeug instrumentalisiert; hier fehlt es am Schutzzweckzusammenhang, siehe daher unrichtig entschieden BGHSt 43, 346 (sog. Zivi-Fall), wie hier m.w.N. *Roxin/Greco* AT/I § 11 Rn. 126 f.; zu alledem m.w.N. Saliger/Tsambikakis/*Gaede* § 2 Rn. 343 ff.

289 Zur Debatte näher Wessels/Beulke/*Satzger* AT Rn. 272 ff.

290 Hierzu BGH NStZ 2011, 341, 342; BGHSt 59, 150; grundlegend BGHSt 32, 262, 264 ff.

291 So klärend BGH NStZ 2011, 341; BGHSt 59, 150; BGH StV 2014, 601.

292 BGHSt 53, 288 m. abl. Bespr. *Walther* HRRS 2009, 560 ff.; zum unrichtigen Abwiegen BGH NStZ 2011, 341 m. krit. Anm. *Puppe* ZIS 2011, 911 f.

Eine weitere Fallgruppe stellt das **eigenverantwortliche Dazwischentreten** 128
Dritter dar. Andere Personen können über eigene vorherige oder anschließende
Behandlungen Ursachen für den Taterfolg setzen, die bei wertender Betrachtung
vorrangig sind und den Beitrag des ursprünglich fahrlässig agierenden Behandlers
verdrängen. Auch Patienten können nach ihrer fahrlässigen Behandlung mit Fol-
geentscheidungen einen Grund setzen, den später eintretenden Erfolg allein ihnen
zuzurechnen. Die **Rspr.** ist aber **zurückhaltend:** Sie schließt den Zugriff auf
frühere Verursachungsbeiträge nicht pauschal aus, nur weil andere Personen anschließend weitere Beiträge erbringen.[293] Fahrlässiges Handeln bleibe „ursächlich", wenn ein später handelnder Dritter durch ein auf denselben Erfolg gerichtetes Tun vorsätzlich zu dessen Herbeiführung beiträgt, sofern er an das vorherige
fahrlässige Handeln anknüpft. Mehr noch erkennt die Rspr. in Problemfällen nur
eine Frage der Vorhersehbarkeit (Rn. 114 f.). Bei Behandlungsfehlern, die sich an
eine fahrlässige Erfolgsverursachung anschließen, verneint das OLG Stuttgart die
Erfolgszurechnung zum ersten Verhalten – unabhängig vom Verschuldensgrad –
nur dann, wenn die Behandlungsfehler ein gänzlich neues Risiko geschaffen haben, das sich im Erfolg realisiert.[294] Auch bei entscheidungsfähigen Patienten soll
nur das „gänzlich vernunftwidrige Verhalten" die Vorhersehbarkeit ausschließen
(Rn. 114).

Die Forderung nach einem eigenen Werk schließt die parallele Verantwortung 129
mehrerer Personen damit nicht zwingend aus (zur Nebentäterschaft Rn. 70). Ein
überforderter Arzt, der einen Brechmitteleinsatz unsorgfältig an einem bereits
geschwächten Beschuldigten durchführt, kann sich nicht darauf berufen, dass ein
zwischenzeitlich gerufener Notarzt die Fortführung der Drogenexkorporation
nicht unterbrochen habe.[295] Das **Prinzip der Eigenverantwortlichkeit** schließt
die Zurechnung aus, wenn deliktische Handlungen Dritter eine solche Bedeutung
erlangen, dass sie den ursprünglichen Verursachungsbeitrag eines Arztes verdrängen.[296] Nach richtiger Ansicht muss das spätere Verhalten auch nicht zwingend ein gänzlich neues Risiko schaffen, weil niemandem fremde Tatbeiträge be-
gründungslos untergeschoben werden dürfen.[297] Dem entspricht es nicht, wenn

---

[293] Mustergültig insofern BGHSt 55, 121, 134 f. zum Brechmitteleinsatz.

[294] So zu einer unzureichenden ärztlichen Versorgung auf Grund einer Fehldiagnose/im Ergebnis unrichtigen Diagnose m.w.N. OLG Stuttgart JZ 1980, 618, 620; *Roxin/Greco* AT/I § 11
Rn. 141 ff.: Frage nach einer verdrängenden Gefahr.

[295] BGHSt 55, 121, 134 ff. = BGH NJW 2010, 2595 m. Anm. *Eidam*.

[296] Näher zum Folgenden m.w.N. Saliger/Tsambikakis/*Gaede* § 2 Rn. 360 ff.

[297] Für diesen Maßstab schon vereinzelt OLG Rostock NStZ 2001, 199, 200; ferner *Frisch* JuS 2011,
205, 208 f.; Matt/Renzikowski/*Renzikowski* Vor § 13 Rn. 128 f.; *Roxin/Greco* AT/I § 11 Rn. 142 f.; zum
Patienten TK/*Eisele* Vor §§ 13 ff. Rn. 102b.

fremde Verantwortungsanteile allein mit dem Verweis auf die Begehung einer eigenen pflichtwidrigen und äquivalent kausalen Handlung für unbeachtlich erklärt werden. Die Zurechnung eines Erfolges, zu dem mehrere Personen beigetragen haben, erfordert eine hinreichende Grundlage. Die wohl **h.L.** differenziert daher bei Folgebehandlungen nach dem Verschuldensgrad des mitwirkenden Dritten.[298] Tritt der Taterfolg infolge eines anschließenden deliktischen Verhaltens eines verantwortlich handelnden Dritten ein, sollte die objektive Zurechnung nur bejaht werden, wenn die vorangegangene sorgfaltswidrige Risikosetzung das Verhalten des Dritten spezifisch begünstigt oder provoziert hat oder Rechtsnormen die Verantwortung für das Handeln Dritter vorschreiben.[299] Verletzungen infolge schwer beherrschbarer Anschlussbehandlungen dürften die Zurechnung regelmäßig begründen, wenn sie wegen der Erstschädigung notwendig waren.

130   Auch hinsichtlich des eigenverantwortlich handelnden **Patienten**, der sich im Anschluss an eine fremdbeherrschte pflichtwidrige Behandlung selbstgefährdend oder -schädigend verhält, ist der Maßstab der Rspr. fortzuentwickeln, zumal er kaum über die Kausalität hinaus geht. Der Verantwortungsgrundsatz darf zwar weder aktuelle noch in einer Patientenverfügung[300] niedergeschriebene Entscheidungen des Patienten verdrängen.[301] Wenn der Eingriff, der durch den vorherigen Fehler nötig geworden ist, aber keine wesentlichen Risiken birgt und zumutbar erscheint, wird man bei Ablehnung eines solchen Eingriffs für die daraus folgenden Schäden ein Werk des Täters ablehnen müssen. Verletzungserfolgsdelikte wie §§ 229, 222 StGB schützen nicht die Patientenautonomie als solche. Die körperliche Unversehrtheit kann in diesen Fällen zumutbar gefördert werden.[302] Zur Operation gezwungen wird der betroffene Patient damit nicht. Selbst die Rspr. erkennt mit dem Ausschluss eines gänzlich „törichten" Verhaltens keine kategorische Schranke an (Rn. 114). Der Zurechnungszusammenhang bleibt hingegen, wenn ein fahrlässiges Täterverhalten zu einem vom Opfer nicht eigenverantwortlich verursachten Unfall führt und das Opfer die weitere Behandlung ablehnt, weil sie mit einer Mortalitätsquote von 5–15 % verbunden gewesen wäre.[303] Anders liegt es, wenn

---

298 Siehe gerade zu anschließenden Fehlern m.w.N. *Frisch* JuS 2011, 205, 208 f.
299 Siehe wie hier schon Ulsenheimer/Gaede/*Ulsenheimer/Gaede* Rn. 551.
300 Siehe insofern auch m.w.N. BGH NJW 2020, 3669, 3670 f. m. zust. Anm. *Mitsch*: Ablehnung der Weiterbehandlung durch eine Patientenverfügung unterbricht den Risikozusammenhang des § 251 StGB nicht; krit. aber *Pohlreich* HRRS 2021, 207, 212 f.
301 Siehe auch zu § 226 StGB hart BGHSt 62, 36, 39 ff.; zu Recht differenzierend hingegen m.w.N. TK/*Eisele* Vor §§ 13 ff. Rn. 102c.
302 So schon näher m.w.N. Saliger/Tsambikakis/*Gaede* § 2 Rn. 366 f.
303 OLG Celle StV 2002, 366, 367.

eine Patientenverfügung intensivmedizinische Maßnahmen, die das Leben des Patienten sicher gerettet hätten, untersagt.

5. Schulderfordernisse

Der Behandelnde muss schuldhaft gehandelt haben. Hierfür muss er schuldfähig 131 sein (§§ 19, 20 StGB). Zudem muss das Unrecht der Tat dem Behandelnden individuell vorwerfbar sein, weil er eine ihm mögliche und zumutbare (Rn. 136 ff.) Handlungsalternative hat verstreichen lassen. Anders als im Zivilrecht muss ein Arzt angesichts des **Schuldgrundsatzes** nach seinen individuellen Fähigkeiten und Kenntnissen imstande gewesen sein (Rn. 132 und 134), den drohenden Erfolg und die von ihm selbst verlangte Sorgfalt zu erkennen (dazu Rn. 133) und die Tat durch sorgfaltsgemäßes Verhalten zu vermeiden. Die hierfür gem. § 17 StGB erforderliche faire Chance, das Unrecht einer unsorgfältigen Behandlung zu erkennen (sog. potenzielles Unrechtsbewusstsein), ist angesichts der sich i. d. R. aufdrängenden Vermeidbarkeit aber oft anzunehmen (vgl. aber Rn. 39 ff.).[304]

Nach dem zweistufigen Aufbau der Rspr. muss die Schuldebene zeigen, dass 132 der Behandelnde den Taterfolg durch ein sorgfaltsgemäßes Verhalten hätte vermeiden können, ihm also das sorgfaltswidrige Verhalten vorzuhalten ist. An dieser **subjektiven Sorgfaltswidrigkeit** fehlt es *grundsätzlich* (siehe aber Rn. 134), wenn ein Behandelnder die zur Durchführung erforderlichen Kenntnisse und/oder Fähigkeiten nicht besitzt, er also der Sorgfaltsanforderung gar nicht nachkommen konnte. Hierfür kommen mangelnde Erfahrung und intellektuelle Defizite, aber auch körperliche Mängel wie ein plötzlich eintretender Schwächeanfall in Frage.[305]

Auf der Schuldebene muss dargestellt werden, dass der Behandelnde die 133 körperliche Misshandlung/Gesundheitsschädigung bei der nach den Umständen gebotenen und ihm nach seinen persönlichen Kenntnissen und Fähigkeiten abzuverlangenden sorgfältigen Überlegung hätte vorhersehen können.[306] Weist der Behandelnde keine geminderten Fähigkeiten oder -kenntnisse auf, wird die Schuld an der **individuellen Vorhersehbarkeit** nicht scheitern. Sie kann aber fehlen, wenn z. B. eine Erkrankung die nötige Voraussicht einschränkt,[307] also ein Arzt nach seinem individuell-persönlichen Wissens- und Erfahrungsstand nicht in der

---

304 Näher m.w.N. Saliger/Tsambikakis/*Gaede* § 2 Rn. 377 ff.

305 Näher m.w.N. Saliger/Tsambikakis/*Gaede* § 2 Rn. 382 und 385 ff.

306 Zusf. BGH NStZ 2008, 686; 1995, 287, 288; BGHSt 51, 18, 21; 48, 34, 39.

307 Hierzu und zum Folgenden auch schon Ulsenheimer/Gaede/*Ulsenheimer/Gaede* Rn. 591; zur nötigen Prüfung instruktiv *Sternberg-Lieben* medstra 2021, 332, 335 f.

Lage gewesen ist, sich den Erfolg als Folge seiner Handlung vorzustellen.[308] Maßgebend ist die Sicht *ex ante*, die auf die jeweilige Lage und Person des Arztes im
Behandlungszeitpunkt auszurichten und objektiv zu bewerten ist. Nicht erforderlich ist, dass der Behandelnde den exakten Kausalverlauf vorhersehen konnte. Erst
recht muss er den Erfolgseintritt nicht aktuell vor Augen gehabt haben (Rn. 67).

134 Die tatausschließende Wirkung der subjektiven Fahrlässigkeit (Rn. 132 f.) ist
durch das **Übernahmeverschulden** begrenzt. Nicht selten wird ein auch subjektiv
sorgfaltswidriges Verhalten und die Vorhersehbarkeit aus einer vorverlagernden
Betrachtung resultieren: Begibt sich der Behandelnde ohne Not in die überfor-
dernde Situation z. B. einer schwierigen Operation und scheitert er an den Sorgfaltsanforderungen, liegt schon im Antritt zur Operation regelmäßig eine individuell vermeidbare Sorgfaltswidrigkeit.[309] Gleiches gilt, wenn ein Arzt infolge einer
Infektion nicht mehr in der Lage ist, eine an sich beherrschte Operation ohne
vermeidbare Gesundheitsrisiken zu übernehmen.[310]

135 **Klausurhinweis:** Der Gedanke des Übernahmeverschuldens führt aber nicht stets
zu schuldhaftem Handeln: Voraussetzung bleibt, dass der Arzt seinen Mangel an
Kenntnissen und Fertigkeiten kennt oder erkennen kann.[311] Z. B. kann es für Assistenzärzte oder Studierende mangels Erfahrung nicht zu erfassen sein, dass eine
Aufgabenzuweisung nach ihrem Ausbildungsstand verfrüht war (zum Vertrauensgrundsatz Rn. 83 ff.).[312] Kann selbst der Facharzt eine besondere Komplikation
nicht erkennen, ist auch dem „Anfänger" kein Vorwurf zu machen. Schließlich
müssen in plötzlich auftretenden und unvermeidbaren **Notsituationen** auch nicht
sicher vorhandene Kenntnisse und Fähigkeiten genutzt werden, um die bestehenden Rettungschancen zu ergreifen.

136 Es dürfen ferner **keine Entschuldigungsgründe** greifen. Während § 35 StGB
kaum anwendbar sein dürfte, kommt dem für die Fahrlässigkeit anerkannten
Einwand der **Unzumutbarkeit normgemäßen Verhaltens** größere Bedeutung
zu.[313] Da die Unzumutbarkeit über die in § 35 StGB aufgestellten engen gesetzlichen
Kriterien hinausgeht, wird sie jedoch nur für exzeptionelle Sonderlagen akzeptiert.
Unzumutbar soll die Befolgung der Sorgfaltsanforderungen nur bei **außergewöhnlichen Umständen** sein, die den Zuständen der §§ 20, 33 und 35 StGB ähneln

308 Zum Maßstab BGHSt 31, 96, 101; BGH NStZ 1995, 287, 288.
309 Zur Anerkennung des Übernahmeverschuldens etwa BGHSt 55, 121, 133 f.; 10, 133; 43, 306, 311; *Weigend*, FS Gössel, 2002, S. 129, 138 f.; m.w.N. *Frister* AT § 12 Rn. 10 f.
310 Dazu i.E. zutreffend BGH NStZ 2003, 657.
311 Zu den Grenzen näher m.w.N. Saliger/Tsambikakis/*Gaede* § 2 Rn. 388 f.
312 Dazu eingehend m.w.N. Saliger/Tsambikakis/*Gaede* § 2 Rn. 390 ff.
313 BGHSt 4, 20, 23; RGSt 30, 25; für die h.L. etwa *Roxin/Greco* AT/I § 24 Rn. 122 ff.

und die Erfüllung der bestehenden Sorgfaltspflichten ganz besonders erschweren.[314]

Bisher hat noch keine publizierte medizinstrafrechtliche Entscheidung eine 137
Unzumutbarkeit bejaht; bei Personalmangel oder zu langen Diensten finden sich
aber milde Rechtsfolgen und Verfahrenseinstellungen. So wurde eine junge Assistenzärztin wegen fahrlässiger Tötung verurteilt, die über Tage hinweg als einzige
Ärztin für über 40 Patienten auf einer Station zuständig war und bei einem Patienten nicht für einen ausreichenden Flüssigkeitshaushalt sorgte.[315] Die Rspr. bekräftigt den **umfassenden Facharztstandard** i. S. d. Patientensicherheit. Sie hütet
sich davor, unzumutbare Zustände im Gesundheitswesen anzuerkennen. Patientenschäden werden mit vermeidbaren Fehlern einzelner, nicht mit systembedingten Mängeln erklärt.

Angesichts der zunehmenden Arbeitsverdichtung („Pflegenotstand") ist aber 138
fraglich, ob z. B. ein Berufsanfänger hinreichende Schuld trägt, wenn er sich – am
Ende einer Kette den Mangel verwaltender Entscheidungen – nach Kräften erfolglos bemüht, Patienten zu behandeln.[316] Berufsanfängern ist zwar eine eigenverantwortliche Entscheidung abzuverlangen, weil das Gegenteil Verantwortungslosigkeit im Umgang mit höchst bedeutsamen Rechtsgütern bedeuten könnte.
Die bisherige Lösung verdeckt aber, dass Differenzierungen nach der Art und
Weise des Fehlers und der betroffenen Rechtsgüter (§§ 222 oder 229 StGB) denkbar
sind, ferner die Notsituation (Rn. 134) und der Vertrauensgrundsatz materiellrechtliche Lösungen bieten.

VI. Überblick: Schutz durch das Nebenstrafrecht

Die körperliche Unversehrtheit wird auch durch das oft vorverlagernde **Neben-** 139
strafrecht geschützt (z. B. § 31 TFG für die mangelnde Untersuchung einer Blutspende auf Infektionsmarker). Hervorzuheben sind **Delikte des Infektions-**
schutzrechts. Zunächst will der Gesetzgeber über Ordnungswidrigkeiten
zahlreiche auf Prävention bedachte Regelungen des IfSG absichern (§ 73 IfSG). In
den §§ 74, 75 und 75a IfSG stellt er Verhaltensweisen unter Strafe, welche die
Verbreitung besonders gefährlicher Krankheitserreger und Krankheiten begünstigen oder zu derselben führen. Z. B. ist die vorsätzliche Verbreitung eines nach § 7

314 HK-GS/*Duttge* § 15 Rn. 52; zur damit schwindenden praktischen Bedeutung auch AnwK/
Schaefer § 15 Rn. 59; zur Unterlassung NK-StGB/*Gaede* § 13 Rn. 17 f.
315 AG Augsburg v. 1. 2. 2013 – 12 Ls 200 Js 143464/10 (2).
316 Siehe krit. bereits Saliger/Tsambikakis/*Gaede* § 2 Rn. 138 f., 398 und 400; m.w.N. TK/*Schuster*
§ 15 Rn. 204.

IfSG meldepflichtigen Krankheitserregers strafbar, die entgegen Vorschriften des IfSG geschieht (§ 74 Abs. 1 IfSG). Neben Fälschungs- und Dokumentationsdelikten (zu §§ 74 Abs. 1 und 75a IfSG § 21 Rn. 19) ist etwa die Missachtung bestimmter Absonderungen (vgl. § 75 Abs. 1 Nr. 1, Abs. 2 und Abs. 4 IfSG) oder der Umgang mit Krankheitserregern (§ 44 IfSG) ohne Erlaubnis (§ 75 Abs. 1 Nr. 3 IfSG) strafbewehrt.

140   Weitere Delikte finden sich im AMG, das die Sicherheit im Arzneimittelverkehr und die Unbedenklichkeit von Arzneimitteln gewährleisten will (§ 1 AMG). Die zum Teil fahrlässig begehbaren **Strafnormen §§ 95, 96 AMG** wollen Anforderungen absichern, die präventiv vor der Schädigung z. B. durch das Verbot der Abgabe bedenklicher Arzneimittel (§ 95 Abs. 1 Nr. 1 und Abs. 2, 5 Abs. 1 und 2 AMG) schützen. Gem. § 5 Abs. 2 AMG sind Arzneimittel bedenklich, wenn nach dem Stand der wissenschaftlichen Erkenntnisse der begründete Verdacht besteht, dass auch der bestimmungsgemäße Gebrauch schädliche Wirkungen haben kann, die über ein nach den Erkenntnissen der medizinischen Wissenschaft vertretbares Maß hinausgehen. Ebenso strafbewehrt ist die Abgabe eines Arzneimittels an Verbraucher, das nicht von einem Arzt verschrieben wurde (§§ 96 Nr. 1, 48 Abs. 1 S. 1 Nr. 1 und 2 AMG).

141   Ferner kann das Betäubungsmittelrecht ergänzend wirken. Über den problematischen Schutz der sog. Volksgesundheit treten die **§§ 29 – 30b BtMG** der Verbreitung besonders gefährlicher gesundheitsschädigender Stoffe entgegen, obwohl diese oft eigenverantwortlich konsumiert werden. Die eigenverantwortliche Selbstgefährdung ist aber von § 30 Abs. 1 Nr. 3 BtMG zu Recht nicht erfasst.[317] Zu beachten ist ferner, dass Cannabis über das Medizinal-Cannabisgesetz (**MedCanG**) aus dem BtMG ausgenommen wurde, das aber weiter eine eigene, spürbare Strafbewehrung aufbietet.[318]

---

317 So schon BGHSt 46, 279, 288 ff.
318 Siehe einführend *Kraatz* medstra 2024, 343 ff.

§ 16 Schutz des geborenen Lebens – die Tötungsdelikte

Sehr bedeutsam sind die Tötungsdelikte (§§ 211 ff. StGB). In der Praxis steht die 1 Fahrlässigkeit im Vordergrund. Vorsatzdelikte (Rn. 3 ff.) sind v. a. bei der Sterbehilfe (Rn. 17 ff.) und der Suizidassistenz (Rn. 53 ff.) zu prüfen.

Der Gesetzgeber weist den **Lebensschutz** nicht nur den §§ 211 ff. StGB zu. Er 2 unterscheidet Phasen menschlichen Lebens, die **abstufend wirkende spezielle Delikte** schützen. Während sich die §§ 211 ff. StGB auf das geborene Leben beziehen (dazu Rn. 6 ff.), schützen die §§ 218 ff. StGB das ungeborene Leben in der Schwangerschaft. Vor der Schwangerschaft strebt insbesondere das ESchG an, Embryonen und Keimzellen zu schützen (dazu näher § 18).

I. Anwendbarkeit der Tötungsdelikte

Die Delikte der §§ 211 ff. StGB können auch durch Unterlassen begangen werden 3 (dazu aber § 17 und Rn. 36). Rechtsgut ist das Leben. Die Delikte gliedern sich in die vorsätzliche Tötung gem. §§ 211, 212 (ggf. i.V.m. 213 StGB) und 216 StGB sowie in die fahrlässige Tötung gem. § 222 StGB. Hinzu tritt die Aussetzung (§ 221 StGB); sie ist aber in der Medizin kaum bedeutsam. **Grundtatbestand der Vorsatztat** ist nach der überzeugenden Lehre,[1] aber entgegen der Rechtsprechung,[2] der **Totschlag** (§ 212 StGB). Hinzu kommt ggf. der Mord (§ 211 StGB) als Qualifikation: Über subjektive oder objektive Merkmale, die verfassungskonform restriktiv auszulegen sind, wird das Unrecht vertieft.[3] Mordmerkmale wie die Heimtücke oder die sonst niedrigen Beweggründe können im Gesundheitswesen vorliegen.[4] Spezifisch bedeutsam ist aber die **Tötung auf Verlangen** (§ 216 StGB, dazu Rn. 34 ff.). Sie ist als privilegierende und damit die §§ 211 und 212 StGB sperrende Norm[5] vor allen anderen Tötungsdelikten zu prüfen, wenn ihre Anwendung denkbar erscheint.

---

1 AnwK/*Mitsch* § 211 Rn. 2; Wessels/*Hettinger/Engländer* BT/I Rn. 25.
2 Für die Einordnung der §§ 211, 212 und 216 StGB als *delicta sui generis* BGHSt 1, 368, 370; 22, 375, 377; absetzend schon m.w.N. BGH NJW 2006, 1008, 1012 f.
3 BVerfGE 45, 187 ff., 262 ff.; m.w.N. Wessels/*Hettinger/Engländer* BT/I Rn. 38 f. und konkret zur Restriktion der Heimtücke 61 f.
4 Siehe aber auch zu einer möglichen Verdeckungsabsicht BGHSt 56, 277, 287 ff.
5 Hierfür auf verschiedenen Wegen BGHSt 13, 162, 165 und *Rengier* BT/II § 6 Rn. 4.

https://doi.org/10.1515/9783111048543-019

4 Zur Auslegung der fahrlässigen Tötung kann auf die Darstellung zu § 229 StGB verwiesen werden (§ 15 Rn. 67 ff.).[6] Erneut sind die objektive Zurechnung und vor allem der Pflichtwidrigkeitszusammenhang zentral.

5 **Klausurhinweis:** Beachten sie auch erfolgsqualifizierte Delikte (§ 18 StGB) anderer Deliktsgruppen. Verletzt ein Arzt vorsätzlich den Körper seiner Patientin, die deshalb verstirbt, muss die **Körperverletzung mit Todesfolge (§ 227 StGB)** vor § 222 StGB geprüft werden (zu ihr § 15 Rn. 56 ff.).

1. Tatstruktur und allgemeine Merkmale

6 Sowohl für die objektive Erfolgsverwirklichung als auch für den Vorsatz des Totschlages gelten die allgemeinen Regeln. Objektiv kann eine, dann zentrale, Abgrenzung der strafbaren Fremdtötung von der straflosen Mitwirkung an einem Suizid zu leisten sein (Rn. 41 ff.). Subjektiv können bei der Subsumtion Besonderheiten zu beachten sein (Rn. 13 ff.). Der Versuch ist strafbar, §§ 212, 22, 23 Abs. 1, 12 Abs. 1 StGB. Es gilt folgende **Prüfungsstruktur:**

Totschlag (§ 212 StGB)

I. Tatbestand
    1. Objektiver Tatbestand
        a) **Tod eines anderen Menschen**
        b) Töten = **Kausalität und objektive Zurechnung jenseits eines Suizides**
        Evtl. Qualifikation zum Mord nach § 211 II Var. 5-7 StGB?
    2. Subjektiver Tatbestand = **Vorsatz** (*Besondere Hemmschwelle der Medizin?*)
        Evtl. Qualifikation zum Mord nach § 211 II Var. 1-4 und 8-9 StGB?
II. Rechtswidrigkeit / III. Schuld
IV. Strafe → Minder schwerer Fall bei Regelbeispielen des § 213 StGB?

---

2. Beginn und Ende des geborenen Lebens

Fall 34: Berliner Zwillinge (in Anlehnung an BGHSt 65, 163)
Bei S wurde eine risikobehaftete Zwillingsschwangerschaft diagnostiziert und später bei einem der Zwillinge eine Hirnschädigung festgestellt. S suchte die Geburtsmedizinerin R auf, um sich zu einem selektiven Schwangerschaftsabbruch beraten zu lassen. R empfahl, entgegen der üblichen Methode, den beeinträchtigten Fetus mittels einer Kaliumchloridinjektion während der Kaiser-

---

[6] Zu Gemeinsamkeiten und Unterschieden Saliger/Tsambikakis/*Gaede* § 2 Rn. 26 ff.

schnittgeburt des gesunden Kindes zu töten, um den gesunden Fetus bestmöglich zu schützen. S willigte ein. Eine Indikation gem. § 218a Abs. 2 StGB wurde durch andere Ärzte zu Recht bescheinigt. Als bei S die Wehen einsetzten, führte R den Kaiserschnitt durch. Erst wurde der gesunde Zwilling entbunden und unmittelbar danach der beeinträchtigte Zwilling mittels Injektion getötet. R war bewusst, dass sie durch diese von den medizinischen Fachkreisen nicht vorgesehene Methode einen Menschen töten würde. Dies nahm sie in Kauf, um ein gesundes Kind zu entbinden. Der getötete Fetus wäre mit schweren Behinderungen lebensfähig gewesen. Das gängige Verfahren für einen selektiven Fetozid hätte höhere Risiken für den gesunden Zwilling bedeutet. **Strafbarkeit der R?** Zur Lösung Rn. 9 ff.

Das Tatobjekt muss ein Mensch sein. Wie die §§ 218 ff. StGB verdeutlichen, meint dies nicht jede Phase menschlichen Lebens.[7] Das Leben wird zwar im Sinne der **Lebenswertindifferenz** ohne eine unterschiedliche Bewertung einzelner z. B. erkrankter oder behindert geborener Menschen geschützt. In diesem Sinne ist auch eine kurzfristige Lebensverkürzung ein Taterfolg.[8] Es bedarf aber der Bestimmung, ab wann das **Menschsein** der §§ 211 ff. StGB erfüllt ist, und wann der Tod eintritt, der menschliches Leben beendet. 7

Maßgeblich ist der Zeitpunkt, in dem die Handlung auf das Tatobjekt einwirkt (siehe § 18 Rn. 10). So scheiden die §§ 211–222 StGB z. B. aus, wenn ein Arzt einen Fetus vor der Geburt fehlerhaft behandelt und das Kind zwar zur Welt kommt, sodann aber infolge des Fehlers verstirbt.[9] Hat der Arzt während der Behandlung nicht den Vorsatz, den Fetus sterben zu lassen, greifen auch die §§ 218 ff. StGB nicht ein, da sie keine Fahrlässigkeit erfassen. 8

Den **Beginn** des Menschseins markiert die **Geburt**. Streitig ist, ob auf ihre Vollendung abgestellt werden sollte, oder auf ihren Beginn. Im **Fall 34: Berliner Zwillinge** hat der BGH bekräftigt, dass die Geburt bei der natürlichen Geburt schon mit dem Einsetzen der Eröffnungswehen zu bejahen sei.[10] Bei einem Kaiserschnitt soll die Geburt beginnen, wenn der Uterus gerade mit dem Ziel der Beendigung der Schwangerschaft hinsichtlich des betreffenden Fetus geöffnet wird.[11] Diese Ansicht macht geltend, dass während der Geburt ein besonders erhöhter Schutzbedarf bestehe, dem die §§ 218 ff. StGB z. B. angesichts der mangelnden Fahrlässigkeitstat 9

---

7 M.w.N. AnwK/*Mitsch* Vor § 211 Rn. 6; für lebensfähige Embryonen a.A. *Gropp* GA 2000, 1.
8 Dafür etwa BGH StV 1994, 425 m. Anm. *Puppe* JR 1994, 515; zu praktischen Problemen und Zurechnungsgrenzen aber m.w.N. Ulsenheimer/Gaede/*Ulsenheimer/Gaede* Rn. 523 ff.
9 M.w.N. BGH NStZ 2008, 393; *Wessels/Hettinger/Engländer* BT/I Rn. 15.
10 Siehe eingehend wieder BGHSt 65, 163, 168 ff. (aber offenlassend zur Bedeutung von wehenhemmenden Medikamenten); zuvor etwa BGHSt 10, 5; 32, 194; ebenso für die h.L. z. B. Matt/Renzikowski/*Safferling* § 212 Rn. 8; am Fall etwa auch *Eisele* JuS 2021, 272.
11 BGHSt 65, 163, 167 ff.; Matt/Renzikowski/*Safferling* § 212 Rn. 10.

nicht gerecht werden könnten, weshalb eine weite Auslegung geboten sei.[12] Überdies löse sich der werdende Mensch mit den Eröffnungswehen aus der Verbindung zur Mutter.

10   Dies **bestreiten Teile der Lehre:**[13] Eine frühere Privilegierung, die i.R.d. Tötungsdelikte geregelt war und für die Phase der laufenden Geburt galt, § 217 StGB a.F., wurde gestrichen. Solange der *Nasciturus* im Körper der Frau verbleibe, die Geburt unvollendet sei, handele es sich nicht um einen eigenständigen Menschen; vielmehr seien systematisch weiter die §§ 218 ff. StGB einschlägig. Schließlich wäre die Lösung rechtsübergreifend einheitlich (§ 1 BGB). Auch ein Wertungswiderspruch zu § 218a Abs. 2 StGB wäre vermieden.

11   **Klausurhinweis zum Fall 34: Berliner Zwillinge:** Für den Fall ist vorentscheidend, ob die Geburt vollendet sein muss. Lehnt man dies ab, zumal die Streichung des § 217 StGB a.F. nicht die Gegenansicht durchsetzen sollte und die Schwangerschaft für die Medizin mit dem Beginn der Geburt endet, ist der objektive Tatbestand des § 212 StGB verwirklicht. Auch der Vorsatz war festgestellt, wenngleich ein Tatbestandsirrtum hinsichtlich der rechtlichen Dimension des Menschseins zu durchdenken war.[14] Weil nach Entbindung des gesunden Zwillings keine Gefahrenabwehr nötig war, greifen die §§ 34 und 35 StGB nicht ein. Ein unvermeidbarer Verbotsirrtum scheitert, weil es möglich gewesen wäre, Rechtsrat einzuholen. Fraglich bleibt, ob infolge eines Wertungswiderspruchs zu § 218a Abs. 2 StGB (§ 18 Rn. 21 ff.)[15] und infolge des zur Gefahrenabwehr vollzogenen Aufschubs eine übergesetzliche Entschuldigung zu befürworten war. Dies ist diskutabel, weil sich die Gefährdung des gesunden Zwillings für die Ärzte offenbar als unzumutbar darstellte.[16]

12   Das Leben **endet** mit der **Feststellung des Todes.** Für den Lebensschutz ist auf den in § 3 Abs. 2 Nr. 2 TPG aufgegriffenen Gesamthirntod abzustellen, also auf den vollständigen und irreversiblen Ausfall aller Gehirnfunktionen.[17] Es kommt nicht auf den sog. Herztod an, weil der Kreislauf extern aufrechterhalten werden kann.

---

12 Dafür etwa m.w.N. BGHSt 65, 163, 169 f.; ferner BGH medstra 2024, 110, 111 f.
13 Dafür etwa *Hoven* medstra 2020, 65 f.; für das Erfordernis, dass die Leibesfrucht den Körper der Mutter teilweise verlassen haben muss, NK-StGB/*Neumann* Vor §§ 211–217 Rn. 8 ff.
14 Siehe auch anerkennend BGHSt 65, 163, 174: normative Grenzbereiche des Menschen.
15 Zu Recht lehnt BGHSt 65, 163, 175 f. aber eine Analogie ab: die planwidrige Lücke fehlt.
16 Siehe auch zur Schuldebene krit. etwa *Schweiger* medstra 2022, 225, 232 f.; zum Gefahrenaspekt auch NK-StGB/*Neumann* Vor §§ 211–217 Rn. 12.
17 Hierzu nur Matt/Renzikowski/*Safferling* § 212 Rn. 14; *Rengier* BT/II § 3 Rn. 9; a.A. *Dencker* NStZ 1992, 311, 314 f.; ausführlich zum Thema MüKo-StGB/*Tag* § 3 TPG Rn. 16 ff.

3. Tötungsvorsatz jenseits der Sterbehilfe

Heilberufsangehörige können auch im medizinischen Kontext Tötungsvorsatz 13 aufweisen. Dies verdeutlichen Sachverhalte der auf Verdeckung gerichteten Verzögerung von Behandlungen,[18] der Triage, des mangelnden Einschreitens gegen Morde eines Krankenpflegers (Niels Högel)[19] und potentiell tödliche Manipulationen der Organvergabe (§ 19 Rn. 13 ff.). Anzuwenden sind die **allg. materiellrechtlichen und strafprozessualen Maßstäbe.**[20]

Als **Besonderheit** ist jedoch zu bedenken, dass das regelmäßig erfahrbare 14 Handeln, um Patienten zu heilen, einer allzu schnellen Erwägung eines Vorsatzdeliktes entgegensteht.[21] So hält auch der BGH selbst bei einer grob fehlerhaften Behandlung die Frage, ob der Arzt den Patienten vorsätzlich an Leben oder Gesundheit geschädigt hat, nur unter besonderen Umständen für geboten.[22] Ergeben sich solche besonderen Anhaltspunkte, etwa durch unerklärlich häufige und ausgeprägte Behandlungsfehler, ist aber auch im Gesundheitswesen die **nach § 261 StPO allgemein gebotene vorsichtige Gesamtwürdigung** aller be- und entlastenden Vorsatzindizien zu leisten.

Nicht überzeugend wäre es hingegen, besonderen Indizien für einen Tö- 15 tungsvorsatz (etwa: Verdeckungsmotive aus wirtschaftlichen Gründen[23]) gar nicht erst nachzugehen, indem man von einer Einzelfallprüfung absieht. Leitet man besondere Indizien nicht schon aus oft unvermeidbaren Gefahren medizinischer Behandlungen ab, ist auch eine besondere Gefahrneigung der Heilberufe kein Grund, Ärzte pauschal freizustellen.[24]

Bei alledem ist zu bedenken, dass die Einzelfallprüfung im Wege der Ge- 16 samtwürdigung gerade zum *dolus eventualis* eine **Tatfrage** ausmacht, die nicht abstrakt aus der Ferne beurteilt werden kann. Insoweit kommen Fälle vor, die in unterschiedliche Richtungen entschieden werden können. Soweit der BGH etwa im sog. Schönheitschirurgenfall (lesen!) dem Tötungsvorsatz entgegengetreten ist,

---

18 BGHSt 56, 277; BGH NJW 2012, 2898; NStZ 2004, 35.
19 Hierzu LG Oldenburg medstra 2023, 122 und 129; OLG Oldenburg medstra 2019, 101; näher dazu *Hillenkamp* MedR 2023, 529 und *Gaede* medstra 2023, 73.
20 Zu diesen BGHSt 63, 88, 93 ff.; m.w.N. Matt/Renzikowski/*Gaede* § 15 Rn. 4, 8, 15 ff., 24 ff.
21 BGH NStZ 2004, 35, 36 und näher schon zum Verfahren *Gaede* medstra 2023, 73, 77 f.
22 Dazu und zum Folgenden BGH NStZ 2004, 35, 36; um Präzisierung bemüht: *Gaede* medstra 2023, 73, 78 ff.; grundsätzlich *Sternberg-Lieben/Reichmann* MedR 2012, 97, 99.
23 So wurde im Fall Högel gewähnt, dass vermeintlich „wegsehende" andere Mitarbeiter und insbesondere die Leitungsebene zur Erhaltung des Krankenhauses gehandelt hätten.
24 Näher *Gaede* medstra 2023, 73, 80 f. Verfehlt anwendend aber AG Limburg, 3 Js 7075/08 – 52 Ls, Urt. v. 25.3.2011; OLG Braunschweig NStZ 2013, 593, 594.

obschon in ihm eine andere Indizienwürdigung möglich blieb, ist daraus nicht abzuleiten, dass das Strafrecht Ärzte begünstige.[25]

II. Sterbehilfe

17 Seit langem steht die Sterbehilfe im Fokus. Darunter kann im weitesten Sinne jede Hinwirkung auf die Tötung eines anderen verstanden werden, womit Konstellationen des freiverantwortlichen Suizides eingeschlossen wären. In einem engeren Sinn sind Fremdtötungen gemeint, bei denen nicht der Suizident, sondern Dritte die Tötung beherrschen. Vorwiegend geht es um Fallgruppen, in denen die Unterstützung eines **vorhandenen oder zu mutmaßenden Todeswunschs** in Rede steht. Der nicht legaldefinierte Begriff der Sterbehilfe verengt sich insoweit regelmäßig auf lebensverkürzende Handlungen, die einem schwer und oft unheilbar erkrankten Menschen mit dessen ausdrücklicher oder mutmaßlicher Einwilligung zur Ermöglichung eines menschenwürdigen Todes täterschaftlich geleistet werden.[26]

18 Zum Umfeld der so verstandenen Sterbehilfe zählen Konstellationen, in denen z. B. Ärzte gezielt sog. **Mitleidstötungen** verüben, um Patienten vermeintlich zu erlösen. Fehlt aber die Übereinstimmung mit dem Willen des Getöteten, ist mindestens von einem Totschlag auszugehen, da Ärzten kein Recht zukommt, das Wohl anderer eigenmächtig zu definieren.[27] In diesem Sinne ist mitzuführen, dass zur Pervertierung des Rechts im Nationalsozialismus ein sog. **Euthanasieprogramm** gezählt hat, in dem „lebensunwertes Leben" im Namen vermeintlicher Sterbehilfe grausam genommen wurde.[28]

19 Auch bei der Sterbehilfe ist zu prüfen, **in welchem Tatbestand** sich die einschlägigen Fragen stellen. Primär ist auf den privilegierenden § 216 StGB (Rn. 3) abzustellen, wenn ein Tötungsverlangen des Opfers im Raum steht (Rn. 48 ff.). Anderenfalls ist § 212 StGB und selten auch § 211 StGB zu prüfen.

20 Lange Zeit wurden drei Formen der Sterbehilfe unterschieden: *Erstens* die passive Sterbehilfe, bei der mangels eines aktiven Eingriffs in fremdes Leben eine Rechtfertigung durch den erklärten oder gemutmaßten Patientenwillen[29] bzw. die

---

25 BGHSt 56, 277, 278 ff., 284 ff. und BGH NJW 2012, 2898 f.; näher *Gaede* medstra 2023, 73, 77 ff.; a.A. *Neelmeier* ArztR 2011, 256, 263; *J. Krüger* HRRS 2016, 148.
26 Zur Begriffsbildung schon näher m.w.N. Saliger/Tsambikakis/*Saliger* § 4 Rn. 1.
27 Zur Behandlung im Rahmen der Heimtücke m.w.N. NK-StGB/*Saliger* § 211 Rn. 73.
28 Dazu m.w.N. *Hilgendorf* Kap. 3 Rn. 1 ff.
29 Ein Leitfall für eine entsprechende Mutmaßung im Kontext schwerer Leiden ist der früh vom BGH entschiedene sog. Kemptener Fall, siehe lesenswert BGHSt 40, 257.

Entlassung aus einer Garantenstellung bejaht werden konnte; hierzu wurde in wertender Betrachtung die Abschaltung lebenserhaltender Medizintechnik gezählt (§ 17 Rn. 11).[30] *Zweitens* wurde die indirekte Sterbehilfe als rechtmäßig akzeptiert; sie besteht in einer Schmerzlinderung, die den Todeseintritt als Nebenfolge beschleunigen kann (Rn. 32 f.). *Drittens* sollte eine aktive Sterbehilfe stets strafbar bleiben (Rn. 34 ff.). Im Folgenden wird der weiterentwickelte Stand wiedergegeben (dazu vor allem Rn. 26 ff.).

1. Verfassungs- und zivilrechtliche Ausgangspunkte

Wenn staatliches Recht das freiwillige Verhalten von Behandelnden und Patienten, das bei der Sterbehilfe vorliegt (dazu Rn. 17 f.), mit einer paternalistischen Zielrichtung unter Strafe stellt, bedarf dies in einer freiheitlichen Rechtsordnung der verfassungsrechtlichen Rechtfertigung. Schon das Grundgesetz erkennt die **Autonomie des Patienten im Umgang mit Erkrankungen** an; Zwangsbehandlungen, die ihn vor sich selbst schützen sollen, kann der mündige Patient ablehnen, auch wenn Dritte dies unvernünftig nennen mögen.[31] Mehr noch ist die grundlegende Entscheidung des BVerfG zur Nichtigkeitserklärung des § 217 StGB a.F. zu bedenken.[32] Sie hat unter Zustimmung des Schrifttums ein **Recht auf selbstbestimmtes Sterben** aus dem allgemeinen Persönlichkeitsrecht gem. Art. 2 Abs. 1 i.V.m. 1 Abs. 1 GG abgeleitet.[33] Dieses Recht schließt die Freiheit ein, sich das Leben zu nehmen, bei Dritten hierfür Hilfe zu suchen und angebotene Hilfe in Anspruch zu nehmen; diese Freiheit muss jeder Person letztlich durchsetzbar verbleiben. Zu dieser Hilfe kann jedoch niemand verpflichtet werden. Zugleich erkennt das BVerfG eine **Pflicht des Staates** an, die Autonomie des Suizidenten und **das „hohe Rechtsgut Leben" zu schützen**; sie kann auch den Rückgriff auf das Strafrecht grundsätzlich rechtfertigen.[34] Demzufolge scheidet es aber aus, die (Patienten-)Autonomie mit einer religiös begründeten „Heiligkeit des Lebens" zu verdrängen.

    Einen zentralen Beitrag zur Aufwertung der Patientenautonomie hat die **Regelung der Patientenverfügung und der Vorsorgevollmacht im BGB** geleistet.[35] Der Patient kann mit der Patientenverfügung auch solche Untersuchungen oder

21

22

---

30 Siehe im Rückblick dazu m.w.N. BGHSt 55, 191, 201; *Brunhöber* JuS 2011, 401.
31 Zur sog. Freiheit zur Krankheit m.w.N. BGHSt 64, 135, 142 – Rn. 28 ff.
32 BVerfGE 153, 182, 308.
33 BVerfGE 153, 182, 259 ff.
34 BVerfGE 153, 182, 309.
35 Dazu BGHSt 55, 191, 198 ff.; m.w.N. *Gaede*, in: Duttge/Tadaki, Menschenwürde und Selbstbestimmung in der medizinischen Versorgung am Lebensende, S. 109, 114 ff.

ärztliche Heileingriffe beherrschen, die noch nicht unmittelbar bevorstehen. § 1827 Abs. 1 S. 1 BGB erklärt eine im Voraus abgegebene Einwilligung oder Untersagung als bindend. Um eine verbindliche Patientenverfügung handelt es sich indes nur, wenn ein einwilligungsfähiger Volljähriger seinen Willen für den Fall seiner Einwilligungsunfähigkeit schriftlich[36] zu bestimmten Maßnahmen festlegt. Sind diese Voraussetzungen erfüllt, kann der Patient auch lebensverlängernde Maßnahmen der Medizin untersagen. Gem. § 1827 Abs. 1 S. 3 BGB kann die Patientenverfügung jederzeit widerrufen werden. Nach richtiger, aber bestrittener Ansicht setzt der Widerruf Einwilligungsfähigkeit voraus – ein natürlicher Wille genügt nicht.[37]

23   Mit dem Bestimmtheitserfordernis (§ 1827 Abs. 1 S. 1 BGB) setzt das Gesetz **hinreichend konkrete Vorgaben** voraus. Der Patient muss den Ärzten z. B. bestimmte Untersuchungen seines Gesundheitszustands oder Heilbehandlungen untersagen.[38] Hierfür genügt es nicht, wenn er ein „würdevolles Sterben" einfordert.[39] Der Patient kann nur konkrete therapeutische Maßnahmen ausschließen.[40] Ist die Klippe der Bestimmtheit genommen, sind Verfügungen aber auch dann verbindlich, wenn die Erkrankung keinen irreversibel tödlichen Verlauf nehmen muss – § 1827 Abs. 3 BGB versagt sich einer sog. Reichweitenbegrenzung. Z. B. kann ein Patient für den Zustand späterer Demenz verfügen, dass eine Lungenentzündung unbehandelt bleibt.[41]

24   Fehlt eine Verfügung, sind gem. § 1827 Abs. 2 S. 1 BGB **Behandlungswünsche** maßgeblich. Dies meint *bestimmte* Äußerungen, die Festlegungen für eine konkrete Lebens- und Behandlungssituation enthalten, aber etwa mangels Schriftform keine Patientenverfügung darstellen.[42] Liegen auch diese nicht vor, entscheidet der **mutmaßliche Wille** (§ 1827 Abs. 2 S. 1 a.E. BGB). Maßgeblich sind mündliche oder schriftliche Äußerungen, ethische oder religiöse Überzeugungen und sonstige Wertvorstellungen des konkreten Patienten (§ 1827 Abs. 2 S. 2 f. BGB). Allgemeine Vorstellungen sind subsidiär.

---

36 Näher § 126 BGB und zur Geltung der Andeutungstheorie BGH NJW 2019, 600, 603.

37 So etwa auch m.w.N. *Steenbreker* NJW 2012, 3207; a.A. m.w.N. *Magnus* NStZ 2013, 1, 5 f.

38 Nach BGH MedR 2017, 802, 804: Sowohl die konkrete Behandlungssituation als auch die betroffenen ärztlichen Maßnahmen sind genau zu bezeichnen (sog. zweigliedriger Bestimmtheitsgrundsatz); im Detail abschwächend BGH NJW 2019, 600, 601 ff.

39 So die heute st. Rspr., dafür etwa BGH MedR 2017, 36, 41.

40 Dies kommt vornehmlich für Krankheiten mit einem vorhersehbaren Verlauf in Frage, Spickhoff/*Spickhoff* § 1827 Rn. 8. Siehe verständig im Vergleich zur Einwilligung in bevorstehende Behandlungen BGH NJW 2014, 3572, 3576; krit. *Duttge* JZ 2015, 43, 44 f.

41 BT/Drs. 16/8442, 18; BeckOK-BGB/*Müller-Engels* § 1827 Rn. 40; BeckOGK-BGB/*Diener* § 1827 Rn. 113 ff.; a.A. aber i.E. Spickhoff/*Spickhoff* § 1827 Rn. 12.

42 BGH NJW 2014, 3572, 3575 f.; 2017, 36, 41; 2017, 802, 805.

In Anwendungsfällen ist zu ermitteln, ob die Patientenverfügung auf die Le- 25 benssituation des Patienten zutrifft (sog. **Kongruenzprüfung**). Sie ist gerade bei einem abweichenden natürlichen Willen bedeutsam (Rn. 22). Die Subsumtion vertraut § 1827 BGB grundsätzlich dem Betreuer (Abs. 1) oder dem Bevollmächtig- ten (Abs. 6 und § 1358 BGB) des Patienten an.[43] Beide haben kein Recht, frei zu entscheiden.[44] Grundlage der Entscheidung ist die medizinische Indikation des Arztes, mit dem etwa der Betreuer die Behandlungen erörtern muss (§ 1828 Abs. 1 BGB). Nahen Angehörigen und sonstigen Vertrauenspersonen des Patienten soll Gelegenheit zur Äußerung gegeben werden (§ 1828 Abs. 2 BGB). Stellen Arzt und Betreuer einvernehmlich fest, dass der Patient die lebensverlängernde Therapie nicht wünscht, müssen sie keine gerichtliche Bestätigung einholen (§ 1829 Abs. 4 BGB).

2. Straffreier Behandlungsabbruch

Fall 35: Putz (in Anlehnung an BGHSt 55, 191)
Die 71-jährige O war 2002 in ein Wachkoma gefallen. Sie wurde in einem Altenheim künstlich über eine Sonde ernährt. Nachdem 2006 ihr linker Arm amputiert worden war, wollten die Betreuerin B, die sich zu Recht auf den vor dem Koma mündlich geäußerten Willen von O berief, und der behandelnde Arzt, der keine medizinische Indikation für eine Weiterbehandlung sah, die künstliche Ernährung einstellen. Nachdem die Heimleitung zunächst zugestimmt hatte, und B mit der Einstellung der Ernährung begann, widerrief sie die Zustimmung. Sie drohte B Hausverbot an und nahm die Ernährung erneut auf. Daraufhin schnitt B auf Anraten ihres RA Putz (P) den Schlauch der Sonde durch. O verstarb deshalb. **Strafbarkeit nach § 212 StGB?** Zur Lösung Rn. 26 ff.

Im **Fall 35: Putz** war nach der klassischen Sicht auf die Sterbehilfe B Täterin eines 26 aktiven Totschlages. Der Ansatz, von einer straflosen Unterlassung auszugehen, wenn *Ärzte* z. B. einen Respirator abschalten, um nicht länger zu behandeln (sog. Unterlassen durch Tun, § 17 Rn. 11), schied für den Schnitt der *Betreuerin* aus. Allerdings handelte B mindestens schuldlos, da ihr ratbedingt ein unvermeidbarer Verbotsirrtum unterlief. Strafbar blieb aber P nach dem Prinzip der limitierten Akzessorietät: Er sollte Anstifter der Tat (§ 26 StGB) sein und angesichts eines für ihn unbeachtlichen Rechtsirrtums (§ 17 StGB) schuldhaft handeln.

---

43 Dies wirft die Frage auf, ob die Patientenverfügung verbindlich ist, wenn die Genannten fehlen; für Suspendierung bis zur Bestellung *Boemke* NJW 2013, 1412, 1414; auf die „Eindeutigkeit" stellen ab BT/Drs. 17/10488, S. 23; *Prütting/J. Prütting/Winter* § 1827 Rn. 13.
44 M.w.N. BGH NJW 2019, 600, 601.

a) Anerkennung und Ratio

27 Der **Fall 35: Putz** zeigte auch für den BGH, dass die Lösung nicht allein in dem Ansatz liegen konnte, nicht strafwürdig erscheinende Fälle in ein Unterlassen umzudeuten, bei dem eine mangelnde Garantenstellung zur Straflosigkeit führen konnte.[45] Der BGH unterstrich, dass ein Patient im Umgang mit einer eigenen Erkrankung ausweislich des damals in den §§ 1901a ff. BGB a.f. geregelten Rechts der Patientenverfügung berechtigt sein müsse, nicht nur neue Behandlungen abzulehnen; vielmehr müsse er zur Wahrung seiner Patientenautonomie verlangen können, dass Therapien, soweit erforderlich, durch aktive Schritte abgebrochen würden. In diesem Sinne erachtete der BGH die Sterbehilfe durch Unterlassen, Begrenzen oder Beenden einer begonnenen medizinischen Behandlung (**Behandlungsabbruch**) für gerechtfertigt, wenn dies dem tatsächlichen oder mutmaßlichen Patientenwillen entspricht und dazu dient, einem Krankheitsprozess seinen Lauf zu lassen. Damit ist die **Behandlungsbezogenheit** des auf die Tötung gerichteten Verhaltens Voraussetzung:[46] Gezielte Eingriffe in das Leben eines Menschen, die nicht im Zusammenhang mit einer medizinischen Behandlung stehen, sollen strafbar bleiben. Der BGH gesteht im Fall der Behandlungsbezogenheit den Behandlungsabbruch aber auch **Dritten** wie der Betreuerin B zu.

28 Der BGH erkannte damit im Wege einer systematischen Auslegung bzw. verfassungskonformen teleologischen Reduktion einen Sonderbereich an, in dem die Patientenautonomie im Strafrecht trotz der an § 216 StGB *de lege lata* abzulesenden Einwilligungssperre und der implizierten aktiven Tötung rechtfertigend wirkt. Im Fall selbst wurde der Patientenwille über die mutmaßliche Einwilligung (§ 1827 Abs. 2 BGB) festgestellt. Die Judikatur gilt aber auch für Patientenverfügungen gem. § 1827 Abs. 1 S. 1 BGB (Rn. 22 f.).

29 Fraglich bleibt, ob die Judikatur mit der Einwilligungssperre des § 216 StGB vereinbar ist: Etwa unter dem Aspekt der Bestimmtheit kann man den Rückgriff auf den rechtfertigenden Willen für ausgeschlossen erachten, zumal § 216 StGB bei der Schaffung der §§ 1901a ff. BGB a.F. unberührt bleiben sollte. Im Zuge dieser Problematik begründet die Lehre den straflosen Behandlungsabbruch oft anders.[47] Oft wird schon die **objektive Zurechnung verneint**; auf die Einwilligung soll es nicht ankommen. Der Abbruch stelle sich nur als risikoverringernde, neutrale Handlung dar. Denn: Bei einem mangelnden Behandlungswillen des Patienten bedürfte jede in den Körper eingreifende Behandlung einschließlich der Zwangs-

---

45 Hierzu und zum Folgenden BGHSt 55, 191, 203 ff.

46 BGHSt 55, 191, 205; siehe zur Konkretisierung näher m.w.N. *Schneider*, Deaktivierung von Implantaten am Lebensende, 2024, S. 60 ff. und 121 ff.

47 Dazu etwa m.w.N. *Schneider*, Deaktivierung von Implantaten am Lebensende, 2024, S. 85 ff.; wohl auch *Rengier* BT/II § 7 Rn. 5 und 15; andenkend *Gaede* NJW 2010, 2925, 2927.

ernährung einer hier nicht ersichtlichen Rechtfertigung – die Zwangsbehandlung selbst ist das rechtlich missbilligte Risiko, das der Abbruch im Sinne des Rechts allein vermeidet.

b) Praxis und Folgeproblem – Bindung an die §§ 1827 – 1829 BGB?

Die Feststellung des mutmaßlichen Willens ist schwierig. Oft sind nur mündliche 30 Äußerungen oder Eindrücke der Angehörigen die Basis für die Entscheidung, soweit nicht eine klar fehlende medizinische Indikation die Entscheidung vorzeichnet. Entsprechend sind die Verfahrensschritte der §§ 1827 ff. BGB, wie die Einbeziehung der Angehörigen (§ 1828 Abs. 2 BGB), die eine zutreffende Ermittlung des Patientenwillens sichern sollen, bedeutsam.

Im Wissen darum kam – auch durch Formulierungen des BGH[48] – die Frage 31 auf, ob eine Rechtfertigung ausgeschlossen sei, wenn der Abbruch zwar dem mutmaßlichen Patientenwillen entsprach oder dies *in dubio pro reo* zu unterstellen ist, die im BGB **vorgeschriebenen Schritte zur Feststellung des Willens** aber **nicht vollständig beachtet** worden sind. Etwa bei mangelnden Erkundigungen könnte der Abbruch strafbar bleiben.[49] Hierfür könnte man den hohen Rang des Lebens geltend machen. Überzeugend ist es *de lege lata* hingegen, die **Rechtfertigung weiter allein an die Subsumtion des Patientenwillens zu binden:**[50] Die Patientenautonomie greift bei einem anderweitig festgestellten oder anzunehmenden Patientenwillen nach wie vor ein. Überdies verlangen die §§ 211 ff. StGB ein Verletzungsunrecht; sie sind nicht auf Gefährdungsfälle zugeschnitten. Der Gesetzgeber müsste entscheiden, ob er die Verletzung der Verfahrensanforderungen gesondert unter Strafe stellt.

3. Straffreie indirekte Sterbehilfe

Die Praxis erkennt ferner die Zulässigkeit einer sog. indirekten Sterbehilfe an. Von 32 ihr spricht man, wenn eine indizierte und vom tödlich erkrankten oder sterbenden Patienten (mutmaßlich) **gewünschte schmerzlindernde oder bewusstseinsdämpfende Medikation** als unbeabsichtigte, aber unvermeidliche Nebenfolge den Todeseintritt beschleunigt oder beschleunigen kann.[51] Z.B. ein Arzt, der in der terminalen Phase einer Erkrankung ein besonders starkes Schmerzmittel verab-

---

48 BGHSt 55, 191, 200 u. 205; BGH NJW 2010, 2963 ff.; richtig nun BGH NJW 2021, 326, 329.
49 So erwägend *Dölling* ZIS 2011, 345, 348; *Walter* ZIS 2011, 76, 81.
50 *Verrel* NStZ 2010, 671, 674; *Rissing-van Saan* ZIS 2011, 544, 548; *Merkel* MedR 2017, 1, 2.
51 Hierzu BGHSt 42, 301, 305; *Fischer* Vor §§ 211 – 216 Rn. 56.

reicht, wird oft eine Verkürzung des Lebens infolge der palliativen Behandlung billigend in Kauf nehmen (müssen).

33   Es besteht Einigkeit, dass diese aktive Sterbehilfe zulässig ist. Streitig ist die **Begründung:** Zunächst wird ein Ausschluss der Tat mit dem Argument der mangelnden rechtlichen Missbilligung der Schmerzlinderung verfochten. Dies ist hingegen mit dem Gesetz nicht vereinbar, das die Einwilligung als Frage der Rechtfertigung begreift,[52] zumal hier kein rechtlich missbilligter Akt zurückgewiesen wird. Auch ein direkter Rekurs auf die ggf. gemutmaßte Einwilligung auf der Rechtfertigungsebene vermag daher nicht zu überzeugen.[53] Die beste Lösung besteht darin, eine **einwilligungsspezifische Rechtfertigung über § 34 StGB** für den hier vorliegenden intrapersonalen Rechtsgutkonflikt zuzulassen:[54] Der Behandelnde will regelmäßig die akute und damit gegenwärtige Gefahr der unnötigen und schweren Leiden abwenden und greift deshalb in das Leben ein; hierbei wägt er auch nicht unzulässig das Leben des einen gegen das Leben einer anderen ab – vielmehr setzt er die eigenen Präferenzen des Patienten[55] auf angemessene Art und Weise um. Das Recht auf einen menschenwürdigen Tod ist insoweit ein höheres Rechtsgut als die Aussicht, unter Qualen noch eine – nach der eigenen (gemutmaßten) Einschätzung – geringe Zeit länger zu leben.

4. Strafbare aktive Sterbehilfe – Tötung auf Verlangen

Fall 36: Insulin (in Anlehnung an BGHSt 67, 95)
Krankenschwester A war fast 50 Jahre mit E verheiratet. E war infolge schwerer Erkrankungen seit längerem arbeitsunfähig. Seit 2019 war er bettlägerig. Bereits mehrmals hatte E ausgeführt und schriftlich festgehalten, dass er nicht weiterleben wolle. E hatte A bereits erfolglos um Unterstützung gebeten. Nachdem sich sein Zustand noch weiter verschlechtert hatte, musste E verstärkt gepflegt werden. Die Schmerzen ließen sich auch mit sehr starken Schmerzmitteln kaum noch bekämpfen. Die Tabletten drückte A aus dem Blister, da Arthrose in den Händen E Schmerzen bereitete. Zudem spritzte sie ihm regelmäßig Insulin, um seinen Diabetes zu behandeln. Am 7. August 2019 entschloss der eigenverantwortlich agierende E endgültig und ausdrücklich, so nicht weiterleben zu wollen. Auf seine Bitte hin trug A alle vorrätigen Schmerz-, Schlaf- und Beruhigungsmedikamente zusammen. E nahm diese selbstständig ein. Da er besorgt war, dass die Medikamente nur dauerhafte Schäden verursachen könnten, bat er A zudem, ihm alle im Haus befindlichen Insulinspritzen zu setzen. A kam dem nach und injizierte das verfügbare Insulin. Der zunächst bewusstseinsklare E verbot A nochmals ausdrücklich, einen Arzt zu holen. Als A davon

---

52 M.w.N. NK-StGB/*Neumann* § 34 Rn. 37; vgl. BGHSt 42, 301, 305; a.A. aber etwa *Rengier* BT/II § 7 Rn. 5; über den Schutzzweck MüKo-StGB/*Schneider* Vor § 211 ff. Rn. 107.
53 Siehe erneut NK-StGB/*Neumann* § 34 Rn. 37; a.A. aber BGH HRRS 2019 Nr. 1006 Rn. 18.
54 M.w.N. NK-StGB/*Neumann* § 34 Rn. 37; offenbar auch BGHSt 42, 301, 305.
55 Hierzu m.w.N. NK-StGB/*Neumann* § 34 Rn. 37.

ausging, dass ihr Mann tot sei, rief sie den Rettungsdienst, der den Tod feststellte. Hätte A den Rettungsdienst gerufen, sobald E das Bewusstsein verloren hatte, wäre er mit an Sicherheit grenzender Wahrscheinlichkeit gerettet worden. Kausal für den Tod waren die Insulinspritzen. Die vom Verstorbenen selbst eingenommenen Wirkstoffe hätten seinen Tod zu einem späteren Zeitpunkt herbeigeführt. A hatte in Kauf genommen, dass das Insulin den Tod verursachen könnte. **Strafbarkeit der A nach § 216 StGB?** Zur Lösung Rn. 41 ff.

§ 216 StGB bekräftigt, dass selbst eine qualifizierte Einwilligung die aktive Sterbe- 34 hilfe nicht legitimiert. Die Tötung soll nur ein vermindertes Unrecht verwirklichen. Wenn z. B. ein bewusstseinsklarer, aber unheilbar erkrankter Patient seine Ärztin um eine „erlösende Spritze" anfleht und sie dem entspricht, ist § 216 StGB maßgeblich. Allerdings ist § 216 StGB nicht in jedem Fall aktiver Sterbehilfe anzuwenden: Sind seine Merkmale nicht zumindest subjektiv (§ 16 Abs. 2 StGB) erfüllt, können die §§ 211 f. StGB maßgeblich sein.

Mit § 216 StGB verfolgt das Gesetz einen harten indirekten Paternalismus: Dem 35 Sterbewilligen wird die Unterstützung Dritter entzogen, ohne dass die Eigenverantwortlichkeit Ausnahmen gestattet. Dies wird verfassungsrechtlich bedingt (Rn. 21) als mindestens einschränkungsbedürftig erachtet (Rn. 43 ff.). Überwiegend wird eine verfassungskonforme Auslegung für möglich erachtet, zum Teil indes die Verfassungswidrigkeit der Norm vertreten.[56] Schutzgut ist die **abstrakt gebotene Aufrechterhaltung des Lebens als Rechtswert** bzw. die Stabilisierung der Achtung vor menschlichem Leben.[57] Sie soll im Angesicht von Beweisschwierigkeiten ein **Fremdtötungstabu** legitimieren, das schon der Gefahr unfreiwilliger Tötungen entgegentritt.[58] Nicht selten wird die „Hemmschwellenthese" bemüht, nach der ein Sterbewilliger, der Dritte für die Tötung bemüht, einen unzureichend freiverantwortlichen Entschluss zur Selbsttötung offenbare.[59] Ein solcher Übereilungsschutz ist der Norm aber nicht zu unterlegen, weil der Wortlaut die Tat trotz eines unzweifelhaft eigenverantwortlichen Sterbewillens vorsieht.[60]

---

56 M.w.N. näher *Ibold* GA 2024, 16, 30 ff.; *Gaede*, in: Eidam/Gaede, Symposium Frank Saliger, 2024; für die Nichtigkeit *Rostalski/Weiss* MedR 2023, 179, 182 ff.; *Seifert* HRRS 2023, 13, 16.
57 M.w.N. Saliger/Tsambikakis/*Saliger* § 4 Rn. 84; *Sternberg-Lieben* ZfL 2023, 23, 30.
58 Matt/Renzikowski/*Safferling* § 216 Rn. 2 f.; näher *Roxin* FS Fischer, S. 509, 510 f.
59 So etwa noch im Sinne eines „weichen" Paternalismus m.w.N. *Roxin* FS Fischer, S. 509, 511 f., mit inkonsequenter Ausnahme über § 34 StGB (S. 518); *Murmann* ZfIStW 2022, 530, 537.
60 Dazu *Hirsch/Neumann* GA 2007, 671, 679 ff.; *Rostalski/Weiss* MedR 2023, 179, 182 ff.; Saliger/ Tsambikakis/*Saliger* § 4 Rn. 83 f.: Der Ansatz ist keine Auslegung.

36 § 216 StGB ist **nicht durch Unterlassen** zu verwirklichen:[61] Der Getötete darf zwar nicht über Fremdtötungen verfügen. Suizidiert er sich eigenverantwortlich oder gibt er sich eigenverantwortlich der Tötung hin, steht sein Wille aber einer Garantenstellung entgegen, selbst wenn eine fremde aktive Tat nicht aufgehalten wird (siehe Rn. 21). Ebenso wenig existiert eine Garantenstellung zugunsten objektiver Güter.

a) Tatstruktur und Tatversuch

37 § 216 Abs. 1 StGB setzt eine Fremdtötung voraus (Rn. 41 ff.). Hinzutreten muss, dass den Täter das ausdrückliche und ernstliche Verlangen des Getöteten zur Tat bestimmt. Es ergibt sich folgende **Prüfungsstruktur:**

Die Tötung auf Verlangen (§ 216 StGB)

I. Tatbestand (Versuch strafbar, § 216 II StGB)
  1. Objektiver Tatbestand
    a) Anderen Menschen getötet (≠ Suizid) = Tatbestand § 212 StGB
    b) Verlangen des Getöteten
    c) Ausdrücklich und ernstlich
    d) Täter selbst dadurch zur Tötung bestimmt
  2. Subjektiver Tatbestand = **Vorsatz**
  Beachte: Nach **§ 16 II StGB** kann allein die Vorstellung zur Anwendung führen!
II. Rechtswidrigkeit – Einwilligung (-), Behandlungsabbruch/indirekte Sterbehilfe?
III. Schuld

---

38 Das Delikt verlangt **vorsätzliches Handeln.** Tötet der Täter vorsätzlich, geht er aber nicht von den privilegierenden Umständen aus, gelten die §§ 211 f. StGB. Nimmt er bei der Tötung irrig Sachverhaltsumstände an, welche die privilegierenden Merkmale verwirklichen, ist er gem. **§ 16 Abs. 2 StGB** nach § 216 StGB zu bestrafen. Hierfür muss der Täter eine Vorstellung aufweisen, die tatsächlich kumulativ ein ernstliches und ausdrückliches Verlangen i. S. d. § 216 StGB impliziert, das für ihn handlungsbestimmend war.

39 **Klausurhinweis:** In einem Fall, der § 16 Abs. 2 StGB betrifft, sollte zuerst § 216 StGB objektiv subsumiert und mit dem ggf. ersten fehlenden Merkmal verneint werden. Dann sollte eine getrennte weitere Prüfung beginnen, welche die Anwendung des § 216 StGB i.V.m. § 16 Abs. 2 StGB erörtert.

---

[61] M.w.N. so auch Saliger/Tsambikakis/*Saliger* § 4 Rn. 86; zur mangelnden Abwendung einer Tat nach § 216 StGB aber wohl noch a.A. m.w.N. AnwK/*Mitsch* § 216 Rn. 5.

Der **Versuch** ist gem. § 216 Abs. 2 StGB **strafbar.** Auf Konkurrenzebene ist zu 40
beachten, dass die privilegierende Wirkung bei zugleich verwirklichten vollendeten §§ 224 und/oder 226 StGB angesichts des höheren Strafrahmens dieser Delikte
bei Annahme von Tateinheit konterkariert wäre. Daher ist eine Sperrwirkung zu
bejahen, die entweder den Tenor auf § 216 Abs. 2 StGB beschränken, jedenfalls aber
den Strafrahmen an ihm ausrichten muss.[62] Tritt der Täter vom Versuch zurück,
müssen auch die §§ 223 ff. StGB gesperrt sein, zumal sonst ein Impuls zur Vermeidung des Rücktritts gesetzt wäre.[63]

b) Abgrenzung Suizid und Fremdtötung

Die Tötung gem. § 216 Abs. 1 StGB meint eine täterschaftlich verwirklichte Fremd- 41
tötung und damit nicht auch die Mitwirkung an einem Suizid. Zu fragen ist daher
z.B. im **Fall 36: Insulin**, ob Handlungen eine strafbare Fremdtötung darstellen oder
lediglich als Beteiligung an einer – bei eigenverantwortlichem Handeln – straflosen
Selbsttötung erscheinen. Insoweit sind Fälle eindeutig, in denen **der Sterbewillige**
den entscheidenden Akt der Zuführung eines tödlich wirkenden (Tat-)Mittels **eigenhändig ausführt:** Hat allein er die Herrschaft über den todbringenden Akt,
scheidet § 216 StGB aus.

In Fällen wie dem **Fall 36: Insulin** kann sich aber die Frage stellen, ob es den 42
§ 216 StGB auch ausschließt, wenn der Sterbewillige selbst z.B. die Einnahme eigenständig tödlich wirkender Medikamente beherrscht, er aber eine fremde und
für sich genommen ebenfalls tötungstaugliche Unterstützung in Anspruch nimmt,
die seinen Suizid sichern bzw. beschleunigen soll. Insoweit sind frühere Entscheidungen des BGH davon ausgegangen, dass sich die Annahme einer straflosen
Mitwirkung an einem Suizid verbietet, wenn nicht allein der Suizident die **Tatherrschaft** über das zum Tode führende Geschehen innehatte: Beherrscht eine
andere Person einen unmittelbar todbringenden Kausalakt, unterfalle dies stets
den §§ 211–216 StGB.[64] So war im bekannten sog. **Gisela-Fall** zwar die getötete
Gisela die treibende Kraft hinter einem geplanten „Doppelsuizid"; sie hatte eine
Tötung durch die Einleitung von Abgasen in ein Auto befürwortet und selbst eine
Tür verschlossen und Luftritzen verstopft. Es kam aber einem anderen zu, im
Anschluss dauerhaft das tödliche Gas über den Gashebel einzuführen.

Nach diesem Maßstab wäre im **Fall 36: Insulin** § 216 StGB anzuwenden, da A 43
mit der kausalen Insulininjektion einen Tötungsakt beherrschte. Der 6. Strafsenat
des BGH hat § 216 StGB aber enger interpretiert. Er vertritt nun eine betont **nor-**

---

62 Hierzu siehe nur *Fischer* § 216 Rn. 15; für minder schwere Fälle *Jäger* BT § 1 Rn. 27.
63 Dazu *Gerhold* JuS 2010, 113, 115.
64 Hierfür siehe BGHSt 19, 135, 139 f. (sog. Gisela-Fall); grundsätzlich BGHSt 67, 95, 98.

mative **Gesamtplanbetrachtung,** nach der er eine vorrangige Tatherrschaft des E bejaht.[65] Die Gabe des Insulins sei Teil eines Gesamtplans gewesen, mit dem sich E in erster Linie selbst über die Medikamente das Leben nehmen sollte, während dem Insulin eine absichernde Funktion zukam. Zudem habe E nach der Verabreichung des Insulins durchgängig die Möglichkeit gehabt, rettende Maßnahmen einzuleiten.[66] Ferner bedürfe § 216 StGB infolge des Rechts auf einen unterstützten selbstbestimmten Tod (Rn. 21) einer Einschränkung, wenn der Sterbewillige sich nicht selbst töten könne.

44   Diese Einschränkung des § 216 StGB wird **oft kritisiert:** Der BGH habe die Abgrenzung der Selbst- von der Fremdtötung mit dem „Kunstgriff" der Gesamtplanbetrachtung unbestimmt werden lassen.[67] Die Entscheidung sei mit dem Gesetz unvereinbar, da § 216 StGB die tatherrschaftliche kausale Setzung der Todesursache durch Dritte stets unterfallen müsse; nach der Ansicht des BGH könnten ihm nur Taten unterfallen, die den Tod oder doch die Bewusstlosigkeit des Opfers unmittelbar bewirken.[68] Eine konsistente Abgrenzung von Täterschaft und Teilnahme sei nicht mehr möglich.[69]

45   Dem **BGH ist im Ergebnis aber zu folgen:**[70] Die Hauptkritik, aus Kausalität und Tatherrschaft müsse bei § 216 StGB stets die Täterschaft folgen, verfängt nicht, weil es um die BT-Frage der Abgrenzung von Suizidmitwirkung und Fremdtötung geht, nicht hingegen um die Verteilung von Beteiligtenrollen im AT.[71] Im Rahmen der objektiv-teleologischen Auslegung ist zentral, dass E mit seiner eigenen tötungstauglichen Handlung den Kontext eines Suizides eröffnet hat,[72] der durch das Recht auf einen unterstützten Suizid aufgewertet wurde. Insoweit überzeugt es gerade in einem Fall, in dem der Suizident zur Setzung der Spritzen nur unter schwersten Schmerzen in der Lage war, die Unterstützung nicht zu verwehren,

---

65 Dazu und zum Folgenden BGHSt 67, 95, 98 ff.

66 BGHSt 67, 95, 100 über die ihm folgende A – ohne Beleg der tatsächlich möglichen Hilfe!

67 *Wörner/Windsberger* ZfL 2023, 43, 47 f.; *Frister* medstra 2022, 390 f.; *Walter* JR 2022, 621, 625 f.; zum Kunstgriff *Sternberg-Lieben* ZfL 2023, 23, 34.

68 *Jansen* medstra 2023, 4; *Walter* JR 2022, 621, 624 f.; *Murmann* ZfIStW 2022, 530, 532.

69 *Pauli* HRRS 2022, 281 f.; *Sternberg-Lieben* ZfL 2023, 23, 33 f.

70 *Neumann* medstra 2022, 341; *Saliger* MedR 2023, 222, 223; über § 34 StGB *Sternberg-Lieben* ZfL 2023, 23, 38 f. näher *Gaede*, in: Eidam/Gaede, Symposium Frank Saliger, 2024.

71 Siehe schon NK-StGB/*Neumann* Vor §§ 211–217 Rn. 53; *Rostalski/Weiss* MedR 2023, 179 f.

72 Siehe ähnlich den Scophedal-Fall, BGH NJW 1987, 1092, dazu auch wieder m.w.N. *Roxin* FS Fischer, S. 509, 519 ff.; *Saliger* MedR 2023, 222, 223 f. Entsprechend wird man noch den Gashahnfall deuten können, weil das von einem anderen eingeleitete Gas offenbar nur durch die von der Getöteten verstopften Zimmerritzen tödlich wirken konnte und sie sich weiter bewusst im Raum aufgehalten hatte, i.E. wie hier BGHSt 67, 95, 101; BGHSt 19, 135, 138 f.; für die Strafbarkeit noch RG JW 1921, 579 und heute MüKo-StGB/*Schneider* § 216 Rn. 47 und 52.

zumal das Verfassungsrecht einen sicheren Suizid gewähren will.[73] Eine Mitwirkung am Suizid sollte daher tatbestandsausschließend bejaht werden, wenn der Sterbewillige einen tauglichen Suizidakt übernommen hat und eine fremde todbringende Handlung der Absicherung dient; sie fügt sich dann zeitlich-räumlich in den Suizid ein.[74]

Allerdings darf die vom BGH ebenso herangezogene Möglichkeit, im Anschluss 46 an die fremde Tathandlung rettende Gegenmaßnahmen einzuleiten oder zu erbitten, allein nicht zur Ablehnung des § 216 StGB führen.[75] Anderenfalls wäre jede fortgesetzte Hinnahme der fremden Tat ein Grund, § 216 StGB auszuschließen. In der Sache würde sich – ohne dass der Versterbende eine taugliche Suizidhandlung übernehmen müsste – das fortgesetzte Verlangen im Nachgang der aktiven Tat durchsetzen, solange man nur eine Tatstruktur wählt, in der im Anschluss eine Abwendungsmöglichkeit verbleibt. Fälle wie der Gisela-Fall sind daher weiter eine Tötung auf Verlangen, da hier kein eigenständig tötungstauglicher Akt des Opfers festzustellen war.[76]

Ferner ist § 216 StGB nur durch eine **verfassungskonforme Reduktion** als 47 Norm zu erhalten, soweit er Menschen, die sich nicht selbst oder, wie im Insulin-Fall, nur unter unzumutbaren Umständen töten können, jede Unterstützung durch Dritte abschneidet.[77] In diesem Fall würde die bisherige Interpretation zu einem unverhältnismäßigen Grundrechtseingriff führen. Bereits jetzt ist die aktive Sterbehilfe unserem Recht nicht kategorisch fremd (Rn. 27 f. und 32). Niemand darf in eine Lebensform gezwungen werden, die seinem Selbstbild und -verständnis unauflösbar widerspricht (Rn. 21).

c) Privilegierende Merkmale

Ein bestimmendes Verlangen des Opfers muss die vom Gesetzgeber vorgesehene 48 Privilegierung begründen. Dieses **Verlangen** ist mehr als eine bloße Einwilligung: Der Getötete muss auf den Willen des Täters zielgerichtet eingewirkt haben.[78]

---

73 Dazu BVerfGE 153, 182 – Rn. 213, 218, 280 ff. (vor allem 285) und 341 f.
74 Vergleichbar schon *Franzke/Verrel* JZ 2022, 1116, 1119 f. und *Neumann* medstra 2022, 341, 342 mit möglichen Beschränkungen.
75 *Saliger* MedR 2023, 222, 223; MüKo-StGB/*Schneider* § 216 Rn. 47 und 52; *Rostalski/Weiss* MedR 2023, 179, 182 f.: verkappte Einwilligungslehre.
76 Dazu näher *Gaede*, in: Eidam/Gaede, Symposium Frank Saliger, 2024; MüKo-StGB/*Schneider* § 216 Rn. 52 f.; a.A. m.w.N. *Saliger* MedR 2023, 222, 223 f.
77 BGHSt 67, 95, 102 f.; *Lindner* NStZ 2020, 505, 507 f.; Saliger/Tsambikakis/*Saliger* § 4 Rn. 99; *Ibold* GA 2024, 16, 27 f.; TK/*Sternberg-Lieben/Weißer* § 216 Rn. 142 ff.: § 34 StGB; a.A. MüKo-StGB/*Schneider* § 216 Rn. 60; Matt/Renzikowski/*Safferling* § 212 Rn. 39.
78 M.w.N. vertiefend NK-StGB/*Saliger* § 216 Rn. 10 ff.; Lackner/Kühl/Heger/*Heger* § 216 Rn. 2.

Überdies muss das Verlangen **ausdrücklich** geäußert worden sein. Dies bedeutet, dass der Sterbewillige sein Verlangen in eindeutiger, unmissverständlicher Weise an den Täter gerichtet haben muss.[79] Im Rahmen einer eindeutigen Äußerung ist auch der Fall erfasst, dass der Sterbewillige die Tötung vom Misslingen eines eigenen Suizidversuchs abhängig macht.[80]

49   Ferner muss das Verlangen **ernstlich** sein. Dies meint zunächst wie bei der Einwilligung, dass der Sterbewille nicht auf Willensmängeln beruht.[81] Insoweit wird ein strenger Maßstab angelegt, der über die Maßstäbe der Einwilligung (§ 15 Rn. 27 ff.) hinausgeht und Motivirrtümer berücksichtigt.[82] Zudem wird ein überlegter Entschluss vorausgesetzt, der die Freiverantwortlichkeit unterstreicht.[83] Dies klammert insbesondere einen Tötungswunsch aus, der einer situativen depressiven Verstimmung entspringt.[84] Indes verhindern Schmerzen, auf die der Sterbewillige reagiert, die Ernstlichkeit nicht per se, solange sie nicht durchgreifende Willensmängel bedeuten.

50   Schließlich muss der Täter **durch das Verlangen zur Tötung bestimmt** worden sein. Das Bestimmtsein scheidet unstreitig aus, wenn der Täter zuvor zur Tötung entschlossen war. Das Merkmal, das im Schrifttum zum Teil als Frage des subjektiven Tatbestandes eingeordnet wird,[85] bezeichnet eine spezifische psychische Kausalität, die sich bei mehreren mitschwingenden Motiven (sog. Motivbündel) nach h.A. auch im Vergleich als handlungsleitend erweisen muss: Das Verlangen muss **bewusstseinsdominant** gewesen sein.[86] Es dürfen z. B. nicht etwaige Vermögensinteressen des Täters überwiegen, die anderenfalls oft zur Annahme der Habgier und damit zum Mord führen.[87] Gerade hierdurch findet eine Abgrenzung zum Mord statt.

---

79 BGH NStZ 2012, 85, 86; Matt/Renzikowski/*Safferling* § 216 Rn. 8.
80 Hierfür beispielgebend BGH NJW 1987, 1092; NK-StGB/*Saliger* § 216 Rn. 12.
81 BGH NJW 1981, 932; Matt/Renzikowski/*Safferling* § 216 Rn. 9.
82 So schon NK-StGB/*Saliger* § 216 Rn. 14; MüKo-StGB/*Schneider* § 216 Rn. 22.
83 BGH NJW 1981, 932; NK-StGB/*Saliger* § 216 Rn. 14.
84 BGH NStZ 2012, 85, 86; NK-StGB/*Saliger* § 216 Rn. 14.
85 Wessels/Hettinger/*Engländer* Rn. 109; wie hier hingegen *Rengier* BT II § 6 Rn. 9 f.
86 M.w.N. zur Rspr. NK-StGB/*Saliger* § 216 Rn. 16; MüKo-StGB/*Schneider* § 216 Rn. 27; a.A. etwa TK/*Sternberg-Lieben/Weißer* § 216 Rn. 152: Mord stets verdrängt.
87 So für die h.M. *Fischer* § 216 Rn. 10.

5. Sog. Früheuthanasie

Neugeborene können schwersten Schädigungen unterliegen, ihre Lebenserwar- 51 tung kann sehr kurz sein. Lebt ein Kind aber auch nur kurze Zeit unabhängig von der Mutter, ist ein aktiver Eingriff den §§ 211 ff. StGB unterstellt. Mangels Tötungsverlangens gem. § 216 StGB liegt grundsätzlich ein Totschlag vor, wenn z. B. ein Tuch auf die Atemwege des Kindes gedrückt wird.[88] Eine **Vernichtung scheinbar lebensunwerten Lebens** ist **ausgeschlossen**.

Gleichwohl ist unter Umständen die indirekte Sterbehilfe zu prüfen, wenn der 52 Sterbeprozess begonnen hat (Rn. 32 f.).[89] Ferner ist klärungsbedürftig, ob und ggf. wann Ärzte in Fällen eines absehbar frühen Todes oder schwerster Leiden verpflichtet sind, das Leben durch **intensivmedizinische Maßnahmen** zu erhalten.[90] Grundsätzlich ist eine solche Indikation im Sinne der Lebenswertindifferenz zu bejahen, soweit der Sterbeprozess nicht bereits begonnen hat. Dies gilt insbesondere, wenn die Erkrankungen des Neugeborenen seine kurzfristige Überlebensfähigkeit nicht in Frage stellen. Jedenfalls bei einem absehbaren Todeseintritt ist aber zu erwägen, dass Eltern i.R.d. **mutmaßlichen Einwilligung** ärztlich beraten den Schluss ziehen, dass eine fortgesetzte Therapie nicht im Sinne des Kindes sei.[91]

III. Suizid und assistierter Suizid

Gerade Heilberufsangehörige sind mit Suizidwünschen und der Bitte um Unter- 53 stützung konfrontiert. In dieser sog. Suizidassistenz lag lange ein Tabuthema, das auch das Selbstverständnis der Ärzte berührt, welche die Unterstützung von Tötungen nicht zu ihren Berufsaufgaben zählen.[92] Lange Zeit hatte das Postulat der Rechtswidrigkeit[93] jedes Suizides die Entwicklung von Maßstäben erschwert, nach denen eine Unterstützung rechtssicher geleistet werden kann. Im Folgenden ist zu schildern, inwiefern der Suizid und seine Unterstützung strafbar sein können (Rn. 54 ff.). Näher wird die vorentscheidende Freiverantwortlichkeit behandelt (Rn. 60 ff.). Ein Rück- und Ausblick zum sog. organisierten Suizid schließen das Kapitel ab (Rn. 66 ff.).

---

88 Dazu BGH ZfL 2003, 83 ff.; Ulsenheimer/Gaede/*Ulsenheimer/Biermann* Rn. 738.
89 Mit dem Begriff der indirekten Euthanasie Saliger/Tsambikakis/*Saliger* § 4 Rn. 81.
90 Zu dieser Debatte m.w.N. Ulsenheimer/Gaede/*Ulsenheimer/Biermann* Rn. 832 ff.
91 Näher zum Thema BÄK DÄBl 2011, A 346, 348; NK-StGB/*Neumann* Vor §§ 211–217 StGB Rn. 136 ff.; für § 34 StGB mangels individueller Präferenzen *Merkel* JZ 1996, 1145.
92 Hierzu etwa BVerfGE 153, 182, 221 – Rn. 74 ff.
93 Siehe im Rückblick fortwirkend BGHSt 6, 147, 154.

1. Straffreier Suizid und strafbare Fremdtötung

54 Ausgangspunkt ist die **Straflosigkeit der „Tat" des Suizidenten**. Die §§ 211 ff. StGB werden unstreitig so ausgelegt, dass die Wendung „Wer einen Menschen" auf zwei verschiedene Personen verweist und daher ein anderer Mensch das Opfer sein muss.[94] Es kommt bestätigend hinzu, dass die Autonomie des Suizidenten der Bestrafung eines eigenverantwortlichen Suizides entgegensteht.[95] Allerdings schließt dies eine Bestrafung nach den §§ 211 ff. StGB nicht aus, wenn der – selbst scheiternde – Suizident etwa gezielt einen Autounfall herbeiführt und damit andere Menschen tötet.

55 Die Tatbestandslosigkeit des Suizides ist auch für Mitwirkende folgenreich, die z. B. Medikamente oder Apparaturen zur Verfügung stellen. Ihre Straflosigkeit ergibt sich schon daraus, dass eine Teilnahme nach den §§ 26 f. StGB eine **rechtswidrige Haupttat** nach den §§ 211 ff. StGB voraussetzt, die hier **fehlt**. Eine unmittelbare Täterschaft scheidet nach dem restriktiven Täterbegriff des StGB aus, weil der todbringende Akt in den Händen des Suizidenten liegt. Im Wege eines Erst-recht-Schlusses nimmt ferner auch die Rechtsprechung an, dass hinsichtlich eines eigenverantwortlichen Suizides **keine fahrlässige Tötung** möglich ist.[96] In der Sache schließt die Autonomie des Suizidenten die Zurechnung aus (siehe erneut Rn. 21).

56 Die Straflosigkeit nach den Tötungsdelikten (zum BtMG Rn. 59) setzt allerdings voraus, dass ein eigenverantwortlicher Suizid und nicht eine Willensmängel ausnutzende Fremdsteuerung vorlag. Eine Tat in **mittelbarer Täterschaft** gem. §§ 211 oder 212 i.V.m. § 25 Abs. 1 Var. 2 StGB greift hingegen, wenn der Mitwirkende infolge einer Willens-, Wissens- oder Organisationsherrschaft „durch" den Suizidenten handelte. Dieser wird dann als „Werkzeug gegen sich selbst" missbraucht. Dies setzt voraus, dass der Suizid nicht als eigenverantwortliche Handlung bewertet werden kann und der Mitwirkende demzufolge das Geschehen in den Händen hält (näher Rn. 60 ff.).

57 Hierbei darf nicht übersehen werden, dass der **Tatvorsatz** in Fällen der mittelbaren Täterschaft der **besonderen Feststellung** bedarf: Stellt sich etwa ein Arzt, der Medikamente zugunsten eines Suizides beisteuert, Tatsachen vor, nach denen der Sterbende eigenverantwortlich handelt, fehlt es am Vorsatz hinsichtlich täterschafts- und hier deliktsbegründender Sachverhaltsumstände.[97] Zu prüfen

---

94 BGHSt 2, 150; 32, 367; MüKo-StGB/*Schneider* Vor § 211 Rn. 30.
95 Hierfür etwa heute nur BVerfGE 153, 182 – Freiheit, sich das Leben zu nehmen.
96 BGHSt 24, 342, 343 f.; LG Gießen NStZ 2013, 43.
97 Siehe BGH NStZ 2011, 341; m.w.N. Matt/Renzikowski/*Gaede* § 15 Rn. 4.

bleibt § 222 StGB, wenn die zur Mitwirkung führende, verfehlte Annahme der Eigenverantwortlichkeit sorgfaltswidrig war.[98]

Ferner hängt auch eine **Unterlassungsstrafbarkeit** weithin von der Eigen- 58
verantwortlichkeit ab: Tötet sich eine Person eigenverantwortlich, muss dies auch ein Garant respektieren.[99] Er ist mit dem Suizid aus der Garantenstellung entlassen bzw. zielen Garantenstellungen schon nicht darauf, Leben aufzuzwingen. Eine frühere Rechtsprechung, nach der – etwa im lange leitenden **Fall Wittig** („Peterle Fall") – der zu einem freien Suizid hinzutretende Hausarzt infolge eines abstrakt denkbaren Sinneswandels des bewusstlosen Suizidenten und eines damit vermeintlich eintretenden Taterrschaftswechsels verpflichtet gewesen sein sollte, den Willen seiner Patientin ins Gegenteil zu verkehren,[100] hat die Rechtsprechung mit Recht im Licht der Verfassung aufgegeben.[101] Nur bei unfreien Suiziden ist eine Tat durch Unterlassen im Fall einer Garantenstellung gem. den §§ 211 ff., 13 StGB (näher § 17 Rn. 12 ff.), im Übrigen nach § 323c Abs. 1 StGB möglich (näher § 17 Rn. 42).

Die Straflosigkeit nach den §§ 211 ff. StGB bedeutet aber bisher keinen voll- 59
ständigen Rückzug des Strafrechts, soweit Ärzte zur Ermöglichung eines Suizides BtM verschreiben oder zur Verfügung stellen: Die Abgabe von Natrium-Pentobarbital soll gem. § 29 Abs. 1 Nr. 1 und 6 BtMG strafbar bleiben, selbst wenn es für einen eigenverantwortlichen Suizid bestimmt ist.[102] Eine erweiternde Auslegung der Befugnisse nach § 13 BtMG für krankheitsbedingte Suizidwünsche lehnen die Fachgerichte bedenklicherweise ab.[103]

2. Feststellung der Freiverantwortlichkeit de lege lata

Die Freiverantwortlichkeit des Suizidenten ist damit von zentraler Bedeutung, 60
wenn Mitwirkungshandlungen zu beurteilen sind: Sie ist Prämisse des Rechts auf Suizidassistenz. **Mangelt es an der Freiverantwortlichkeit**, kann dem Mitwirkenden oft **eine mittelbare Täterschaft** im Hinblick auf die defizitäre Willensbildung des Suizidenten zukommen (zum Vorsatz schon Rn. 57). Dies führt auch

---

98 Beispiel: Ein Arzt gibt ein gefährliches BtM an einen Patienten irrig in falscher Dosis ab, der an der Einnahme ohne hinreichendes Gefahrbewusstsein verstirbt, BGH NStZ 2011, 341.
99 BGHSt 64, 121, 129; BGHSt 64, 135, 143.
100 Dazu BGHSt 13, 162, 166; zum Wittig-Fall mit Durchbrechungen BGHSt 32, 367.
101 BGHSt 64, 121, 129 ff.; BGHSt 64, 135, 141.
102 Zum Problem z. B. BT/Drs. 20/904, S. 10 und 17; vgl. aber auch knapp BVerfG NJW 2021, 1086, 1087: Ärzte seien zur Verschreibung befugt. Immerhin wird § 30 Abs. 1 Nr. 3 BtMG einschränkend interpretiert, da der Erfolg nicht zurechenbar ist, BGHSt 46, 279, 287 f.
103 M.w.N. BVerwG medstra 2024, 248; siehe krit. *Lindner* medstra 2023, 341.

jüngst zu Verurteilungen[104] und einer beträchtlichen Unsicherheit bei der Suizidassistenz (Rn. 65). Der Maßstab ist umstritten:

61 Zunächst könnte man mit der **Schuld- oder Exkulpationslösung**[105] für die mittelbare Täterschaft nach einem gesetzlichen Verantwortungsdefizit suchen. Fraglich wäre, ob der Sterbewillige – im Falle einer hypothetisch von ihm verübten Fremdtötung – schuldlos gehandelt hätte (§§ 19, 20, 35 StGB und § 3 JGG). Dann wäre die Eigenverantwortlichkeit zu verneinen und eine korrelierende mittelbare Täterschaft anzunehmen; der Suizident agiere ohne eigene Verantwortung als Werkzeug gegen sich selbst. Insbesondere Motivirrtümer können die Freiverantwortlichkeit nicht entfallen lassen. Entscheidend ist, ob der Suizident im Allgemeinen einsichts- und steuerungsfähig ist.

62 Die Lehre vertritt überwiegend die naheliegendere **Einwilligungslösung**.[106] Nach ihr ist ein nicht eigenverantwortlicher Suizid gegeben, wenn der Sterbewille nicht die Anforderungen an eine wirksame Einwilligung erfüllt (dazu § 15 Rn. 27 ff.); in diesem Fall ist der Suizid als Fremdschädigung seitens des Dritten zu werten.[107] Dieser Ansatz ist strenger, da er sich an § 216 StGB anlehnt und Freiverantwortlichkeit schon ausschließt, wenn der Suizident einem beachtlichen Willensmangel unterliegt. Dies liegt nahe, weil es nicht um die Exkulpation einer Fremdschädigung, sondern um die Bewertung einer Fremdmitwirkung bei der Preisgabe eigener Rechtsgüter geht.[108] Auch täuschungsbedingte Motivirrtümer schließen danach freies Handeln aus.

63 Die Rechtsprechung hat sich nicht auf eine der beiden Lehren festgelegt, lehnt sich aber an die Einwilligungslösung an (Rn. 62). Die **mangelnde Eigenverantwortlichkeit** sieht sie zu Recht nur als **notwendige Bedingung** mittelbarer Täterschaft. In einem zweiten Schritt muss zusätzlich festgestellt werden, dass der die Selbsttötung Fördernde das **Geschehen infolge der Defizite des Suizidenten steuernd in der Hand gehalten** habe.[109] Sie stellt vornehmlich auf die Tragweite des beim Suizidenten wirkenden Defizits und auf Art und Ausmaß der steuernden Einwirkung des Hintermanns ab. Sie setzt nicht voraus, dass letzterer den Wissens-

---

104 LG Berlin, Urt. v. 8.4.2024 – 540 Ks 2/23; LG Essen, BeckRS 2024, 7777.

105 Zum folgenden Ansatz *Roxin* GA 2013, 313, 319; MüKo-StGB/*Schneider* Vor § 211 Rn. 54 ff.

106 *Rengier* BT/II § 8 Rn. 5 f.; NK-StGB/*Neumann* Vor §§ 211–217 Rn. 55 ff., 65; Krey/*Esser* AT § 27 Rn. 913 ff.; Wessels/Beulke/*Satzger* AT Rn. 272 ff.

107 *Fischer* Vor §§ 211–216 Rn. 21; Wessels/*Hettinger/Engländer* BT/I Rn. 117 f.

108 So handelt ein Suizident z.B. nicht freiverantwortlich, wenn ihm der Charakter seiner Handlung als Tötungsakt verschleiert wird, zum Sirius-Fall etwa BGHSt 32, 38.

109 M.w.N. BGH HRRS 2024 Nr. 691 und nach Abschluss des Manuskripts streitbar fortführend BGH GesR 2025, 369.

oder Willensmangel des Opfers selbst hervorgerufen hat, solange er ihn kennt und **ausnutzt.**

Bei der Eigenverantwortlichkeit geht der BGH in Anlehnung an das BVerfG von 64 **folgenden kumulativ zu beachtenden (Maximal-)Kriterien** aus, die sich an § 216 StGB ausrichten:[110] Ob ein Suizidentschluss als freiverantwortlich zu bewerten ist, hängt davon ab, ob der Suizident über die **natürliche Einsichts- und Urteilsfähigkeit** verfügt und seine Entscheidung autonom und auf der Grundlage einer realitätsbezogenen Abwägung der für und gegen die Lebensbeendigung sprechenden Umstände treffen konnte. Der Rechtsgutinhaber muss insbesondere die Bedeutung und Tragweite seines Entschlusses verstandesmäßig überblicken, woran es z. B. bei akuten psychischen Störungen, intoxikationsbedingten Defiziten oder bei Minderjährigen fehlen kann. Des Weiteren müssen ihm **alle entscheidungserheblichen Gesichtspunkte bekannt** sein. An einer freiverantwortlichen Entscheidung kann es ferner infolge der **Ausübung von Zwang, Drohung oder Täuschung und aufgrund sonstiger Formen unzulässiger Einflussnahme** fehlen, sofern diese eine reflektierende, abwägende Entscheidung orientiert am eigenen Selbstbild verhindern oder wesentlich beeinträchtigen können. Schließlich kann von der Freiverantwortlichkeit nur ausgegangen werden, wenn der Entschluss eine **gewisse „Dauerhaftigkeit" und „innere Festigkeit"** aufweist, also nicht nur einer depressiven Augenblicksstimmung entspringt.

Diese Verschärfung der Kriterien ist vor dem Hintergrund der Entscheidung 65 des BVerfG verständlich. Gleichwohl ist der derzeitige Katalog auch angesichts drohender Ermittlungsverfahren zugleich eine **Gefahr, das Grundrecht auf Suizidassistenz im Keim zu ersticken.** Solange eine helfende Prozeduralisierung fehlt (Rn. 68), wird es – über die Vorsatzprüfung hinaus (Rn. 57) – notwendig sein, Vorwürfe mangelnder Freiverantwortlichkeit nur sehr vorsichtig bei ernsthaften Anhaltspunkten im konkreten Sachverhalt zu erheben. Überdies ist das zweite Kriterium der Tatsteuerung eigenständig zu prüfen.

3. Organisierter assistierter Suizid

Die Mitwirkung auch an autonomen Suiziden war zeitweise eine Straftat, soweit sie 66 aus organisierten Angeboten resultierte. Organisierten Angeboten wurde eine unzulässige Normalisierung des Suizidwunschs und pauschal eine Beeinträchtigung des Willens der Suizidenten vorgehalten. § 217 Abs. 1 StGB a.F. bewehrte mit Strafe,

---

110 M.w.N. BGH HRRS 2024 Nr. 691; vorzeichnend BVerfGE 153, 182 – Rn. 240 ff.; für die Übernahme z. B. auch *Cording/Saß* NJW 2020, 2695; *Frister* ZfmE 2021, 537, 540.

wer die Selbsttötung eines anderen absichtlich fördert, indem er geschäftsmäßig eine Gelegenheit zum Suizid eröffnet. Geschäftsmäßiges Handeln sollten schon wiederholte Angebote erfüllen.[111]

67 Das BVerfG hat § 217 StGB a.F. für nichtig erklärt (Rn. 21) und hiermit die in den Rn. 54 ff. geschilderte Rechtslage bekräftigt:[112] Die Entscheidung des Einzelnen, seinem Leben ein Ende zu setzen, ist als Akt autonomer Selbstbestimmung von Staat und Gesellschaft zu respektieren. Der legitime Zweck, das Rechtsgut Leben zu schützen, könne zwar ein strafbewehrtes Verbot gefährlicher Formen der Suizidhilfe grundsätzlich rechtfertigen. Der Gesetzgeber hatte mit § 217 StGB a.F. aber nicht sichergestellt, dass ein hinreichender Zugang zu einer freiwilligen Suizidassistenz eröffnet bleibt. § 217 I StGB a.F. ließ vielen keinen Raum, das Recht auf assistierte Selbsttötung zu nutzen.

68 Im Nachgang gab es **Gesetzesinitiativen**, welche das Recht weiterentwickeln wollten. Einige Abgeordnete versuchten, § 217 StGB a.F. unter Zulassung einer engen Ausnahme für autonome Suizide zu erhalten.[113] Andere wollten das Recht auf selbstbestimmtes Sterben stärken und Mindestbedingungen für organisierte Angebote aufstellen, ohne das Strafrecht nennenswert zu erweitern.[114] Beide Ansätze fanden keine Mehrheit. Damit fehlt weiter eine prozedurale Abstützung des Lebens- und Autonomieschutzes. Die Hürden des BtMG wirken fort, welche das Recht auf ein selbstbestimmtes Sterben schmälern (Rn. 59). Verantwortungsbewussten Sterbehelfern fehlt ein rechtssicherer Rahmen, zumal jüngere Verurteilungen Sorgen nähren (Rn. 60).

111 Dazu BT/Drs. 18/5373, S. 17; MüKo-StGB/*Brunhöber,* 3. Aufl. (2017), § 217 Rn. 58.
112 BVerfGE 153, 182; zur Gefahreneinschätzung krit. *Gaede* ZRP 2022, 73, 74 f.
113 BT/Drs. 20/904.
114 Es existierten zwei später vereinigte Entwürfe BT/Drs. 20/2332 und BT/Drs. 20/2293.

§ 17 Strafbare Unterlassung – mit unterlassener Hilfeleistung

Im Medizinstrafrecht spielt die Unterlassung eine große Rolle. Insbesondere die §§ 223–227 StGB und die §§ 211–213 StGB (zu § 216 StGB § 16 Rn. 34) können gem. § 13 StGB als unechtes Unterlassungsdelikt geahndet werden (beachte aber § 13 Abs. 2 StGB). Da es dann vor allem auf eine Beherrschung dieses Deliktstyps ankommt, wird seine Behandlung in diesem Kapitel gebündelt (Rn. 2 ff.). Ferner ist das echte Unterlassungsdelikt der unterlassenen Hilfeleistung nach § 323c Abs. 1 StGB bedeutsam (dazu Rn. 39 ff.). 1

I. Vorsätzlich verwirklichte unechte Unterlassungsdelikte

Ein Unterlassen des medizinischen Personals kann nach § 13 Abs. 1 StGB eine Strafbarkeit begründen, wenn das Personal bereits die Verantwortung für die Abwendung einer Körperverletzung bzw. des Todes übernommen hat (Garantenstellung) und die mangelnde Erfolgsabwendung dem aktiven Tun entspricht (sog. Entsprechungsklausel bzw. Modalitätenäquivalenz). 2

1. Überblick: Struktur der Deliktsform

Das unechte Unterlassungsdelikt ergibt sich aus einer Kombination der Merkmale des konkreten Tatbestandes und der aus § 13 Abs. 1 StGB resultierenden Adaption der Merkmale des Begehungsdelikts. Liegen die gem. § 13 StGB notwendigen **Gleichstellungsmerkmale** der Garantenpflicht und der Entsprechungsklausel vor, steht das Nichtstun der aktiven Tat gleich. 3

Erste Prüfungsschritte sind die Identifizierung des **Taterfolgs** (zum Versuch Rn. 8) und, sofern ein aktives Tun in Betracht kommt, die **Abgrenzung des Unterlassens vom Tun** (Rn. 9 ff.). Dann ist zu bestimmen, welche **gebotene Erfolgsabwendungshandlung** unterblieben ist. Es ist zu prüfen, welche rettende bzw. heilende Behandlung in Betracht kam. Kommen mehrere Behandlungen in Frage, sind alle einzubeziehen, weil sich im Folgenden z.B. das Ergebnis zur Quasikausalität unterscheiden kann. Geboten ist grundsätzlich die Handlung, welche die Erfolgsabwendung am sichersten erwarten lässt.[1] Danach ist zu fragen, 4

---

[1] *Roxin* AT/II § 31 Rn. 179 f.; zur Reichweite Saliger/Tsambikakis/*Gaede* § 2 Rn. 444 ff.

https://doi.org/10.1515/9783111048543-020

ob der Täter zur *prima facie* rettenden Handlung infolge einer Garantenpflicht verpflichtet war, die hier mit dem üblichen Begriff der Garantenstellung bezeichnet wird (dazu Rn. 12 ff.).

5 Ferner muss gefragt werden, ob dem Täter die erfolgsabwendende Handlung physisch möglich gewesen ist, da er sonst als sinnvoller Adressat der Verhaltenspflicht zur Erfolgsabwendung ausscheidet (sog. **Tatmacht**). Eine unterlassene Behandlung ist strafrechtlich nur relevant, wenn der Arzt in der Lage gewesen wäre, die gebotene Behandlung durchzuführen oder zu ermöglichen. Dies ist der Fall, wenn er die in Rede stehende Behandlung selbst ggf. mit anderen gemeinsam (Beispiel: arbeitsteilig zu bewältigende Operation) ausführen oder ihre Ausführung durch andere veranlassen konnte. Dass der Täter mit der Behandlung eine andere ihm obliegende Pflicht verletzen würde, steht der Tatmacht nicht entgegen (zur Lösung über die rechtfertigende Pflichtenkollision Rn. 28 ff.).[2] Die Tatmacht fehlt z.B., wenn die notwendigen Hilfsmittel nicht verfügbar sind oder der Betreffende diese nicht anwenden kann. Allerdings gilt nach Ansicht der Rechtsprechung anderes, wenn sich der Täter durch ein pflichtwidriges Vorverhalten aktiv die Möglichkeit genommen hat, einer später aktuellen Handlungspflicht zu genügen; dann soll die Unterlassung weiter vorliegen (sog. *omissio libera in causa*).[3]

6 Besteht die Tatmacht, ist zu prüfen, ob die gebotene Handlung den Erfolg verhindert hätte (sog. **Quasikausalität**, näher Rn. 21 ff.). Ferner können Ausschlussfallgruppen der **objektiven Zurechnung** zu prüfen sein (Rn. 24). Auch insoweit schlägt sich die **Entsprechungsklausel** nieder: Als Gleichstellungsmerkmal hinterfragt sie, ob die Übertragbarkeit aktiv formulierter Begehungsdelikte auf das Unterlassen gerade bei dem konkret geprüften Delikt im konkreten Fall besteht. Dies ist bei reinen Erfolgsdelikten wie z.B. den §§ 212 und 223 StGB klar zu bejahen, weil mit den bereits genannten Merkmalen der Unterlassung gesichert wird, dass sich der Erfolg als Werk des Täters darstellt. Diese Erfordernisse sind i.S. der Entsprechungsklausel so zu bestimmen, dass die vom Begehungsdelikt bekannten Anforderungen wertungsgleich für die Unterlassung rekonstruiert werden.[4] Beachtet man dies, kann die Entsprechung am Ende des objektiven Tatbestandes knapp festgehalten werden. Besonderheiten bestehen bei verhaltensgebundenen Delikten (§ 23 Rn. 20).

7 **Wenn** die Unterlassung gerade darin besteht, eine **andere Person nicht davon abgehalten** zu haben, eine **Straftat aktiv zu begehen**, ist – was allzu oft

---

2 LK/*Weigend* § 13 Rn. 64; *Kühl* AT § 18 Rn. 34; a.A. MüKo-StGB/*Freund* § 13 Rn. 195 ff.
3 BGHSt 47, 318, 320; BGH NJW 2011, 3733, 3734; enger m.w.N. NK-StGB/*Gaede* § 13 Rn. 13.
4 Näher zum zugrunde gelegten Verständnis m.w.N. NK-StGB/*Gaede* § 13 Rn. 19 f.

übersehen wird – zu fragen, wie sich die Beteiligung des aktiv Handelnden zu der des lediglich unterlassend Beteiligten verhält: Der Unterlassende könnte dann neben dem aktiv Tatmächtigen nur Gehilfe sein. Während die Rechtsprechung primär subjektiv danach abgrenzt, ob sich der Unterlassende die aktive Tat zu eigen macht oder sich ihr nur unterordnet,[5] sollte angesichts der Tatherrschaft vermittelnden vorausgesetzten Tatmacht (Rn. 5) mit der sog. Pflichttheorie Täterschaft des Unterlassenden angenommen werden, solange es sich nicht um ein eigenhändiges Delikt handelt oder ein besonderes subjektives Unrechtsmerkmal nicht verwirklicht wurde[6]. Insgesamt ergibt sich folgende **Prüfungsstruktur:**

Das vorsätzliche vollendete unechte Unterlassungsdelikt

I. Tatbestand
 1. Objektiver Tatbestand
  a) **Erfolgseintritt** – z.B. Tod oder Körperverletzung zulasten eines anderen Menschen
  b) **Unterlassung der gebotenen Erfolgsabwendung** *Ggf. nötige Abgrenzung Tun und Unterlassen vornehmen, wenn aktives Tun nicht schon in gesonderter Prüfung verneint.*
  c) **Garantenstellung (§ 13 I Hs. 1 StGB)**
  d) **Tatmacht** = aktuelle Fähigkeit des konkreten Täters zur Erfolgsabwendung
  e) **Quasikausalität der gebotenen Erfolgsabwendungshandlung**
  f) *Objektive Zurechnung (soweit nicht durch andere Merkmale geprüft)*
  g) **Entsprechungsklausel (§ 13 I Hs. 2 StGB)**
  h) *Ggf. Täterschaft neben Begehungstäter begründen oder verneinen.*
 2. Subjektiver Tatbestand – Vorsatz bezogen auf diesen obj. Tatbestand
II. Rechtswidrigkeit → **Evtl. Besonderheit der rechtfertigenden Pflichtenkollision**
III. Schuld

Zu beachten ist ferner, dass die unechte Unterlassung gem. §§ 13, 22 f. StGB nach allgemeinen Regeln auch im **Versuch** verwirklicht werden kann. Das unmittelbare Ansetzen ist hierbei differenziert nach der Dringlichkeit der wahrgenommenen Gefahrenlage zu bejahen.[7] 8

---

5 Für die Rechtsprechung, die auch die Tatherrschaft als Differenzierungskriterium ohne Erläuterung anspricht, lehrreich BGH NStZ 2009, 321 m. krit. Bespr. *Becker* HRRS 2009, 242; BGH BeckRS 2018, 33407; dazu *Hecker* JuS 2019, 400.
6 Für diese Lehre *Roxin* AT/II § 31 Rn. 140 ff.; ebenso und auch zu weiteren, einschränkenden Lehren m.w.N. NK-StGB/*Gaede* § 13 Rn. 26; für eine Differenzierung nach den Obhuts- und Sicherungsgarantenstellungen TK/*Heine/Weißer* Vor § 25 Rn. 97 ff.
7 Dazu m.w.N. BGHSt 40, 257, 271; 38, 356, 360; NK-StGB/*Gaede* § 13 Rn. 22.

2. Abgrenzung Tun und Unterlassen

9 Die Begehung durch aktives Tun ist gegenüber der Unterlassung vorrangig (§ 13 Abs. 2 StGB). Steht neben einem Unterlassen ein aktives Tun im Raum,[8] ist zu klären, ob das aktive Tun den Ansatzpunkt der Straftat darstellt. Für die Abgrenzung stellt die überwiegende Ansicht auf den sog. **Schwerpunkt der Vorwerfbarkeit** ab.[9] Es soll um eine „Wertungsfrage" gehen, „die nicht nach rein äußeren oder formalen Kriterien zu entscheiden ist, sondern eine normative Betrachtung unter Berücksichtigung des sozialen Handlungssinns verlangt"[10]. Ein Unterlassen soll vorliegen, wenn die Gründe dafür überwiegen, dem Heilberufsangehörigen (lediglich) das Ausbleiben einer rettenden Behandlung und nicht die aktive Herbeiführung des Todes durch eine vollzogene (Be-)Handlung vorzuhalten. Ein Ansatz am aktiven Tun wird hingegen verfolgt, wenn sich der sozialethische Vorwurf schon gegen das zu beobachtende aktive Verhalten richtet. So hat der BGH einem Schönheitschirurgen, der seine Patientin nach einer fehlerhaften Operation nicht umgehend in ein Krankenhaus bringen ließ, sondern ihr lediglich kreislaufstabilisierende Medikamente gab, das Unterlassen der Verlegung der Patientin und nicht die unzureichende, aber für sich genommen erwünschte Abgabe der Medikamente vorgehalten.[11] Ferner kann z. B. die Nichteinleitung von Maßnahmen zur Linderung von Atemnot eine Tat durch Unterlassen beinhalten. Unterbricht eine Ärztin eine von anderen eingeleitete sicher rettende Behandlung, ist das aktive Tun maßgeblich (**Abbruch rettender Kausalverläufe**).[12]

10 Diesem Ansatz wird oft seine Willkür ermöglichende Unbestimmtheit vorgehalten. Nach einem Teil des Schrifttums ist vorrangig ein strafbares aktives Tun zu prüfen, wenn eine kausale/energieaufwendende Handlung festgestellt werden kann, und nur wenn dies nicht der Fall ist, auf das Unterlassen abzustellen.[13] In der Sache lässt sich die Schwerpunktformel aber weithin als vorweggenommene Prüfung der objektiven Zurechnung rekonstruieren, weil mit ihr offengelegt werden kann, dass über die Kausalität der aktiven Handlung hinaus die Setzung eines

---

8 Es ist z. B. nur eine Unterlassungsprüfung geboten, wenn eine Hausärztin einen ihrer Patienten gar nicht behandelt und er an seiner Erkrankung verstirbt. Die Abgrenzung vom aktiven Tun ist hingegen notwendig, wenn sie nur unzureichende Untersuchungen einleitet.
9 BGHSt 6, 46, 59; BGH NJW 2010, 3458; 2010, 1087, 1089 f.; NStZ 2003, 657.
10 BGH NStZ 2003, 657; grds. zust. Ulsenheimer/Gaede/*Ulsenheimer/Gaede* Rn. 146.
11 Dazu BGHSt 55, 266, 286.
12 So für die g.h.M. LK/*Weigend* § 13 Rn. 8; m.w.N. Saliger/Tsambikakis/*Gaede* § 2 Rn. 415.
13 Zur Kritik an der Schwerpunktformel MüKo-StGB/*Freund* § 13 Rn. 5; *Roxin* AT II § 31 Rn. 79 ff.

rechtlich missbilligten Risikos notwendig wäre, an der es z. B. im Schönheitschirurgenfall fehlt.[14]

Das Hauptbeispiel für die Prüfung der Schwerpunktformel lag lange in der 11 Einordnung der empirisch als aktives Verhalten zu identifizierenden **Abschaltung eines Respirators** bei einer ausbleibenden medizinischen Indikation bzw. einem ablehnenden Patientenwillen – sie sollte nur den Vorhalt der unterbliebenen Weiterbehandlung tragen und damit ein **Unterlassen durch Tun** darstellen.[15] Heute kommt es aber auf diese Frage für die Sterbehilfe nicht mehr an, wenn der weitergehende Lösungsansatz des Behandlungsabbruch die Straflosigkeit begründet (dazu § 16 Rn. 26 ff.). Jenseits der Sterbehilfe grenzt die Praxis weiter nach der Schwerpunktformel ab.[16]

3. Garantenstellungen im Gesundheitswesen

Die Garantenstellung ist das in Praxis und Klausur dominierende Gleichstel- 12 lungsmerkmal. Nach welchen Kriterien eine Rechtspflicht i.S. des § 13 StGB entsteht, klärt das Gesetz aber bedenklicherweise nicht näher.[17] Da die Generalklausel des § 13 Abs. 1 StGB lediglich bestehende Rechtspflichten voraussetzt, ist eine restriktive Anwendung des Merkmals i.S. des aus Art. 103 Abs. 2 GG folgenden Eingrenzungs- und Präzisierungsgebotes erforderlich.[18]

Ärzte sind nicht schon infolge ihres Berufs Garanten. Eine Ärztin, die z.B. 13 die Aufgabe einer Suizidberatung annimmt, ist nicht notwendig zugleich Garant hinsichtlich der lebenserhaltenden Behandlung.[19] Für die Garantenstellung medizinischen Personals muss vielmehr fallbezogen ein „besonderer Rechtsgrund nachgewiesen werden, wenn jemand ausnahmsweise" für ein Unterlassen „verantwortlich gemacht werden soll"[20]. So muss etwa jede Heilberufsangehörige eine besondere, über die allgemeine Hilfspflicht des § 323c Abs. 1 StGB hinausgehende Pflichtenstellung innehaben, die ihr die Abwendung tatbestandlicher Erfolge ge-

---

14 Dazu näher m.w.N. NK-StGB/*Gaede* § 13 Rn. 7 ff.; ferner *Ransiek* JuS 2010, 490, 493 f.
15 Dafür etwa *Czerner* JR 2005, 94, 98; *Roxin* AT II § 31 Rn. 115 ff.; reformulierend *Frister*, FS Samson, S. 19 ff.; abl. etwa schon *Samson*, FS Welzel, S. 580 ff.; krit. auch BGHSt 55, 191, 202.
16 Dazu etwa BGHSt 55, 266, 286 und BGHSt 59, 292, 296 f.
17 Die Bestimmtheit daher verneinend *Köhler* AT S. 213 f.; *Seebode* JZ 2004, 305 ff.; anders hingegen BVerfG NJW 2003, 1030; zust. etwa *Bung* ZStW 120 (2008), 526, 540.
18 M.w.N. NK-StGB/*Gaede* § 13 Rn. 3; *Herbertz*, Die Ingerenz, 2020, S. 201 ff.
19 BGHSt 64, 121, 129; zur Schwangerschaftsberatung BGH NJW 1983, 350, 351.
20 BGH NJW 2010, 1087, 1090; vertiefend *Saliger/Tsambikakis/Gaede* § 2 Rn. 425.

bietet.[21] Für die Konkretisierung der notwendigen Rechtspflicht herrscht heute zu Recht ein materielles Begründungsmuster vor, das die tradierte „Garantentrias" (Gesetz, Vertrag und Ingerenz) als Fallgruppen aufnimmt und erfragt, ob sie zu einem qualifizierten Vertrauen auf eine Gefahrabwendung berechtigen.[22] Auch der BGH hat sich dazu bekannt, dass alle Garantenstellungen „auf dem Grundgedanken [beruhen], dass eine bestimmte Person in besonderer Weise zum Schutz des gefährdeten Rechtsguts aufgerufen ist und dass sich alle übrigen Beteiligten auf das helfende Eingreifen dieser Person verlassen und verlassen dürfen".[23] Fehlt die Garantenstellung, kann § 323c Abs. 1 StGB einschlägig sein (zu ihm Rn. 39 ff.).

14   Inhalt und Umfang der Garantenpflicht bestimmen sich aus dem Pflichtenkreis, den der Verantwortliche übernommen hat.[24] Die **Reichweite** und die **Schutzrichtung** der Garantenpflicht muss deshalb konkret bestimmt werden. Berechtigte Schutzerwartungen bestehen auch im Gesundheitswesen i. d. R. nur für bestimmte Rechtsgüter und/oder Angriffsrichtungen. So trifft einen Arzt, der einen Patienten angenommen hat, zwar eine Pflicht, Krankheiten zu behandeln oder zu verhüten. Die Abwendung einer eigenverantwortlichen Selbstgefährdung/-schädigung zählt aber nicht zum Programm der Garantenpflicht.[25] Über den Behandlungsabbruch (§ 16 Rn. 26 ff.) hinaus darf ein mündiger **Patient** insbesondere entscheiden, **auf indizierte und lebensnotwendige Behandlungen zu verzichten.** Eingangs behandelnde Ärzte sind aber regelmäßig zu einer eingehenden (und zu dokumentierenden) Aufklärung verpflichtet (sog. **informed refusal**), welche die Autonomie des Patienten erst absichert bzw. herstellt. Ferner ist der zur Behandlung verpflichtete Arzt z. B. nicht gehalten, Körperverletzungen von seinen Patienten abzuhalten, die diesen etwa aus einem im Wartezimmer einer Arztpraxis entstandenen Streit heraus zugefügt werden (zu weiteren Fällen § 20 Rn. 37 f.).[26] Zu bedenken ist, dass z. B. die Stellung als Stationsleiter eines Krankenhauses dazu

---

21 Dazu BGH NJW 2000, 2754, 2755; StV 2020, 373, 375 ff.; *Ruppert* HRRS 2020, 250.
22 Näher zur streitigen Begründung der Garantenstellung m.w.N. NK-StGB/*Gaede* § 13 Rn. 30 ff.
23 Dazu auch unter Berufung auf die Umstände des Einzelfalles m.w.N. BGH NJW 2000, 3013.
24 Dazu und zum Folgenden schon m.w.N. Saliger/Tsambikakis/*Gaede* § 2 Rn. 422 f.; aus jüngerer Zeit zur Präsidentin der Landesärztekammer OLG Saarbrücken medstra 2023, 397.
25 Zu beachten ist aber, dass der BGH die Reichweite der eigenverantwortlichen Selbstgefährdung begrenzen will: Nur dann, wenn das Opfer auch den Eintritt der *Verletzung* will, soll eine vorsätzlich, im Wissen um die drohende Verletzung eingegangene Gefahr dem Opfer zuzurechnen sein. Hofft das eigenverantwortlich handelnde Opfer, das die Risiken z. B. eines Drogenmissbrauchs einging, es werde schon gut gehen, und droht sich die Gefahr zu realisieren, soll der Garant weiter verpflichtet sein, den Erfolg abzuwenden, so fernab des Gesundheitswesens BGH NStZ 2012, 319, 320; BGHSt 61, 21, 25 ff.; *Kuhli* HRRS 2012, 331, 332 f.; dagegen etwa *Eisele* JuS 2016, 276 f.; *Roxin* StV 2016, 428 f.; NK-StGB/*Gaede* § 13 Rn. 47.
26 Zum Wohnungsinhaber BGHSt 30, 391 ff.; m.w.N. NK-StGB/*Gaede* § 13 Rn. 47.

verpflichtet, Schäden von Patienten auf seiner Station abzuwenden, die aus einem bewusst gefährdenden und medizinisch indiskutablen Mitarbeiterverhalten resultieren.[27] Allerdings gilt diese aus einer Delegation der sog. Geschäftsherrenhaftung erwachsende Garantenstellung nur für betriebsbezogene Gefahren.[28]

Eine **Garantenpflicht endet** grundsätzlich erst mit ihrer Erfüllung. Eine **15** Ärztin wird erst dann aus ihrer Verantwortung entlassen, wenn der Schutz des Patienten anderweitig sichergestellt oder nicht mehr notwendig ist.[29] Allerdings folgt aus der prinzipiellen Annahme als Patient in einer Praxis nicht, dass der Arzt diese unbegrenzt fortführen muss. Auch wenn Dritte, wie etwa ein angestellter Arzt, die Behandlung im Wege der Delegation mitübernehmen, bleibt die Garantenstellung des Delegierenden unberührt; er muss lediglich die Gefahr nicht mehr notwendigerweise eigenhändig beseitigen, sondern vielmehr für eine sorgfältige Auswahl und eine hinreichende Kontrolle einstehen (dazu § 15 Rn. 85 ff.). Die Pflichtenstellung des Arztes endet, wenn der Patient ihn explizit mit einer eigenverantwortlichen Entscheidung aus seiner Garantenstellung entlässt (dazu anhand des Suizides § 16 Rn. 58).

Das Hauptbeispiel für eine Garantenstellung liegt in der **tatsächlichen 16 Übernahme von Schutzfunktionen** zugunsten eines konkreten Patienten, welche sich insbesondere im Abschluss von Behandlungsverträgen nach §§ 630a ff. BGB niederschlägt.[30] Für diese Obhutsgarantenstellung, die auf die Abwendung von Krankheiten und Leiden gerichtet ist, ist ein wirksamer Behandlungsvertrag aber keine zwingende Voraussetzung; angesichts des anderen Schutzzwecks der strafrechtlichen Garantenstellung kommt es vielmehr auf die tatsächliche Übernahme der Vertrauen begründenden medizinischen Aufgabe an.[31] An einer tatsächlichen Übernahme kann es **fehlen**, wenn eine Verantwortlichkeit explizit abgelehnt wird, also etwa ein neuer, nicht akut erkrankter Patient in einer Vertragsarztpraxis abgewiesen wird. Die Übernahme scheidet regelmäßig auch für konsiliarisch hinzugezogene Fachärzte aus, da diese lediglich einen pflichtgemäßen Ratschlag zusichern, nicht aber die Behandlung als solche.[32] Hingegen begründet die Annahme als Patient in einer Praxis die tatsächliche Übernahme. Dazu reicht es aus, wenn der Patient sich vorstellt, nicht abgewiesen wird und er im Wartezimmer

---

27 Zum Fall Högel OLG Oldenburg medstra 2019, 101 und *Dann* medstra 2019, 1 f.
28 Dazu jenseits des Gesundheitswesens BGHSt 54, 44; 57, 42; NK-StGB/*Gaede* § 13 Rn. 53.
29 BGHSt 47, 224, 230; BGH NStZ 1984, 163, 164; LK/*Weigend* § 13 Rn. 35.
30 Dazu näher m.w.N. Saliger/Tsambikakis/*Gaede* § 2 Rn. 427 ff.
31 M.w.N. BGHSt 47, 224, 229; BGH (Z) NJW 1979, 1248, 1249.
32 *Frister/Lindemann/Peters* Kap. 1 Rn. 157.

Platz nimmt.[33] Gleiches gilt, wenn sich der um Hilfe Gebetene per Telefon auf das vorgebrachte Anliegen sachlich einlässt.[34]

17   Die Verantwortlichkeit kann im Wege einer **Delegation** vom ursprünglich Verpflichteten auf eine andere Person übergehen, soweit diese die Aufgabe annimmt.[35] Ein Arzt etwa kann einem Pfleger bestimmte Schritte der Behandlung übertragen (siehe aber u.a. zu den Auswahl- und Kontrollpflichten schon § 15 Rn. 85). Übernimmt ein Krankenhaus die Behandlung eines Patienten, sind die für ihn zuständigen Mitarbeiter im Dienst strafrechtlich zur Behandlung verpflichtet. Ein im Krankenhaus angestellter Arzt ist aber nicht ohne weiteres verpflichtet, für die Patienten aller Abteilungen einzutreten.[36]

18   Praktische Bedeutung hat auch die **Ingerenz**, also das pflichtwidrige Vorverhalten, das eine nahe Gefahr der Erfolgsverwirklichung schafft.[37] So liegt es etwa, wenn die Nachsorge für einen sedierten Patienten unzureichend organisiert war, dieser infolgedessen verfrüht am Straßenverkehr teilnimmt, obwohl seine Situationseinschätzung beeinträchtigt war, und er sich im Verkehr verletzt.[38] Das Vorverhalten muss generell oder nach der allgemeinen Lebenserfahrung geeignet sein, den tatbestandsmäßigen Erfolg herbeizuführen.[39] Damit muss das Vorverhalten eine das normale Lebensrisiko übersteigende Gefahr begründen, gegen die nicht jeder selbst schon Vorsorge trifft oder zu treffen hat. Darüber hinaus ist im Sinne der objektiven Zurechnung darauf abzustellen, ob es sich bei dem mit dem vorhergegangenen Verhalten verbundenen Risiko um ein rechtlich missbilligtes Risiko handelt.[40] Aus diesem Grund ist z.B. im o.g. Beispiel nicht auf die gestattete Sedierung des Patienten, sondern auf die unzureichende Nachsorge und Sicherung abzustellen. Eine Ingerenz ist insbesondere zu verneinen, wenn der Patient seinerseits eigenverantwortlich Sonderrisiken geschaffen hat (Beispiel: Suizid).[41]

19   Zwischen der pflichtwidrigen Gefahrbegründung und dem Erfolgseintritt muss ein spezifischer Zusammenhang bestehen. Die missachtete Sorgfaltsnorm

---

33 *Frister/Lindemann/Peters* Kap. 1 Rn. 158; *Kraatz* NStZ-RR 2016, 297, 299.

34 BGH NJW 1961, 2068 (zu Hausbesuchen); OLG Düsseldorf NJW 1991, 2979, 2980.

35 Zur Delegation im Übrigen BGHSt 52, 159; 47, 224, 229 ff.; NK-StGB/*Gaede* § 13 Rn. 41.

36 Laufs/Kern/Rehborn/*Ulsenheimer* § 150 Rn. 14; *Altenhain* NStZ 2001, 189, 190, dort auch zu den Umständen einer möglichen Erstreckung auf andere Abteilungen.

37 Dazu näher m.w.N. Saliger/Tsambikakis/*Gaede* § 2 Rn. 433 ff.; begründend und begrenzend insbesondere *Herbertz*, Die Ingerenz, 2020, S. 32 ff., 85 ff., 282 ff.

38 Strenger sogar noch BGH (Z) NJW 2003, 2309, 2311; wie hier OLG Frankfurt a.M. MedR 2003, 222; *Laufs* NJW 2003, 2288 f.; Saliger/Tsambikakis/*Gaede* § 2 Rn. 435.

39 BayObLG NJW 1953, 556; OLG Oldenburg NJW 1961, 1938.

40 LK/*Weigend* § 13 Rn. 43; *Rengier* AT § 50 Rn. 98 ff. Das Verhalten muss aber nicht rechtswidrig gewesen sein, BGHSt 37, 106, 115 ff., 118; zum Streit NK-StGB/*Gaede* § 13 Rn. 43 ff.

41 In diesem Sinne etwa BGHSt 64, 121, 129 ff.; BGH StV 2020, 373, 375 ff.

muss gerade den Gesundheitsgütern der Patienten dienen (**Pflichtwidrigkeits-bzw. Schutzzweckzusammenhang**).[42] So ist ein Arzt, der durch die unsachge-mäße Behandlung von Blutkonserven deren bakterielle Verunreinigung ermög-licht, auch dazu verpflichtet, die auf Grund dieses pflichtwidrigen Verhaltens drohenden Erfolge für ihm selbst unbekannte Patienten durch entsprechende Rettungsmaßnahmen entgegenzutreten.[43] Die leitende Stellung in einem Kran-kenhaus soll jedoch keine Garantenstellung gegenüber Patienten vermitteln, die später in einer anderen Einrichtung durch einen Pfleger verletzt werden, der das eigene Haus infolge gefährlicher Unregelmäßigkeiten mit einem unzutreffenden Zeugnis verlassen musste.[44]

Garant ist auch der Arzt, der den Dienst als **Notarzt** übernommen hat und von einem Patienten in Not gerufen wird. Gleiches gilt für Rettungsassistenten. Eine tatsächliche Übernahme ist ebenso für dringliche Erkrankungsfälle im Antritt ei-ner Tätigkeit als **Bereitschaftsärztin** zu erkennen, da dies gegenüber allen um Behandlung bittenden Patienten im Rahmen der Daseinsfürsorge ein berechtigtes Vertrauen auf medizinische Hilfe begründet.[45]   20

4. Erfolgszurechnung – Quasikausalität

Auch die Prüfung der unechten Unterlassung muss absichern, dass sich der Erfolg als **Werk des Täters** darstellt (Rn. 6). Da aber ein gesetzter empirischer Kausal-verlauf im Fall der Unterlassung fehlt, muss die Zurechnung des Taterfolgs adap-tiert begründet werden. Mit dem Erfordernis der **Quasikausalität** wird in einer hypothetischen Betrachtung *ex post* ermittelt, ob die pflichtgemäße Handlung des Garanten den Taterfolg vermieden hätte. Dies ist nach der h.A. nur zu bejahen, wenn die gebotene Behandlung den Gesundheits- bzw. Lebensschaden **mit an Si-cherheit grenzender Wahrscheinlichkeit** verhindert hätte.[46] Entsprechend wirft die Erfolgszurechnung auch in Unterlassungsfällen Probleme bei der forensischen Feststellung auf (dazu schon § 15 Rn. 122). Dies verteidigt die Rechtsprechung zu   21

---

42 BGH NStZ 2008, 276, 277; OLG Oldenburg medstra 2022, 325, 331.
43 BGH NJW 2000, 2754, 2756; Ulsenheimer/Gaede/*Ulsenheimer/Gaede*, Rn. 154.
44 So aber auch angesichts der auf den Arbeitnehmer zielenden Pflicht zur Zeugniserteilung OLG Oldenburg medstra 2022, 325, 328; siehe aber für eine Ingerenz hinsichtlich des Zeugnisses *Hillenkamp* MedR 2022, 637, 643 ff.; *Brüning* ZJS 2022, 119, 126.
45 BGHSt 7, 211, 212; *Fischer* § 13 Rn. 22; m.w.N. NK-StGB/*Gaede* § 13 Rn. 39; enger aber etwa m.w.N. *Frister/Lindemann/Peters* Kap. 1 Rn. 158; *Roxin* AT/II § 32 Rn. 75.
46 Dazu m.w.N. BGHSt 37, 106, 127; BGH NJW 2000, 2754, 2757; *Ransiek* JuS 2010, 490, 495 ff.; Matt/Renzikowski/*Haas* § 13 Rn. 35.

Recht gegen die sog. Risikoverminderungslehre, nach der es, kriminalpolitisch motiviert, genügt, dass die gebotene Behandlung das Risiko des Erfolgseintritts vermindert hätte.[47] Abermals deutet dies aber Erfolgsdelikte in Gefährdungsdelikte um (dazu schon § 15 Rn. 122). Nur die h.A. trägt dem Umstand Rechnung, dass mangels einer strikt empirischen Kausalität nur die Bewertung der zu erwartenden hypothetischen Sachverhaltsentwicklung eine Verbindung von Taterfolg und Unterlassen verbürgen kann.[48] Demzufolge ist bei der Unterlassung erst recht auf eine Lockerung zu verzichten. An der Quasikausalität mangelt es z. B., wenn Eltern eines tödlich erkrankten Kindes auf den gebotenen ärztlichen Beistand verzichten, das Eingreifen der Ärzte im konkreten Fall aber nicht sicher mindestens zu einer Verzögerung des Todeseintritts geführt hätte.[49]

22   Bei alledem muss die Prüfung der Quasikausalität nicht darauf ausgerichtet werden, ob der Täter den Erfolg in seiner konkreten Gestalt hätte verhindern können. Es ist von vornherein zu fragen, ob die pflichtgemäße Behandlung den **Körperverletzungs- oder Tötungserfolg überhaupt vermieden** hätte. Die Trennung in eine empirische Kausalitätsprüfung und eine normative Prüfung des Pflichtwidrigkeitszusammenhangs[50] ist entbehrlich, weil es von vornherein um einen normativen Zusammenhang geht. Daher ist nur zu erfragen, ob die vom Recht gebotene Behandlung den Taterfolg mit an Sicherheit grenzender Wahrscheinlichkeit verhindert oder vermindert hätte.[51] Die Quasikausalität ist damit nicht schon zu bejahen, wenn eine gebotene Behandlung nur die Todesart verändert hätte (Beispiel: Tod infolge einer Operation statt des Todes infolge der voranschreitenden Erkrankung).

23   Besondere Probleme stellen sich, wenn der Patient nur über eine Kette mehrerer Handlungen verschiedener Personen vor dem Tod oder einer Körperverletzung zu bewahren war (sog. **drittvermitteltes Rettungsgeschehen**). Bleiben infolge einer pflichtwidrig unterlassenen Behandlung weitere erforderliche Rettungs- bzw. Vorsichtsmaßnahmen anderer Personen aus, kommt es für die Quasikausalität auch auf das hypothetische Verhalten anderer Personen an. Ist z.B. eine Überweisung zu einem Spezialisten zu Unrecht unterblieben, muss feststehen, dass der Spezialist den Taterfolg mit an Sicherheit grenzender Wahrscheinlichkeit abgewendet hätte. Soweit es um die tatsächliche Vornahme einer sicher rettenden

---

47 Hierfür etwa *Otto* NJW 1980, 417, 423 f.; *Roxin* AT/II § 31 Rn. 54 ff.; einschränkend auch *Greco* ZIS 2011, 674 ff.
48 Zur vorliegenden „Rechtskausalität" siehe nicht nur im Behandlungskontext BGHSt 37, 106, 126 ff.; BGH NStZ 1985, 26, 27; *Fischer* § 13 Rn. 4; NK-StGB/*Gaede* § 13 Rn. 14 f.
49 Dazu BGH NStZ 1981, 218, 219 m. Anm. *Wolfslast*; m.w.N. *Roxin* AT II § 31 Rn. 49.
50 So aber etwa SSW/*Kudlich* § 13 Rn. 12; Wessels/Beulke/*Satzger* AT Rn. 1207.
51 BGH JZ 1973, 173; NJW 2000, 2754, 2757 zur Transfusion; *Frister* AT § 22 Rn. 24.

Handlung geht, lehnen es die Gerichte gegen eine Literaturansicht ab, die hypothetische Vermeidung des Erfolges durch den Dritten normativ für jeden Fall ggf. kontrafaktisch etwa auf Grund einer Rettungspflicht des Dritten zu unterstellen.[52] Dem ist zuzustimmen, weil der Quasikausalität überhaupt erst die Aufgabe zukommt, das Unterlassen mit dem Taterfolg zu verbinden; sie ist insoweit schon der Ersatz für die fehlende Kausalität. Zu beachten ist aber, dass ein nur theoretisch denkbares pflichtwidriges Verhalten des Weiterbehandelnden die Zurechnung nicht ausschließt. Die Quasikausalität ist nur dann zu verneinen, wenn es entsprechende Anhaltspunkte für rechtswidriges Drittverhalten gibt.

Auch das Unterlassungserfolgsdelikt setzt voraus, dass der Erfolg objektiv zurechenbar ist.[53] Über die Prüfung der Quasikausalität (Pflichtwidrigkeitszusammenhang) und anderer Merkmale (etwa Zurechnungsfragen bei der Garantenstellung) hinaus kann es geboten sein, **Ausschlussfallgruppen der objektiven Zurechnung** direkt anzusprechen. Entsprechend ist z.B. auf ein eigenverantwortliches Dazwischentreten eines Dritten oder eine eigenverantwortliche Selbstschädigung zu achten. So entfällt mindestens die Zurechnung des Erfolges, wenn der Patient eine taugliche Behandlung zur Schadensabwendung in voller Kenntnis der Gefahr z.B. aus religiösen Gründen ablehnt (sog. **informed refusal**) und der Arzt die Behandlung sodann unterlässt. Auch insoweit ist indes auf etwaige Beeinträchtigungen der Einsichts- und Urteilsfähigkeit bei dem betroffenen Patienten zu achten.[54]

5. Vorsatz

Bei der Vorsatzprüfung ist jenseits bereits besprochener Punkte (§ 15 Rn. 21 f. sowie § 16 Rn. 13 ff.) zu beachten, dass sich der Vorsatz auf die **besonderen Merkmale der Unterlassungstat** beziehen muss. Mit Unterlassungsvorsatz handelt, wer in Kenntnis seiner Garantenstellung und im Bewusstsein der Möglichkeit einer Erfolgsabwendung den Willen fasst, bezüglich der Erfolgsabwendung untätig zu bleiben. Der Vorsatz muss zum Zeitpunkt des garantenpflichtwidrigen Untätigbleibens vorliegen. *Dolus eventualis* genügt. Auch hinsichtlich der Quasikausalität

---

52 So außerhalb der Medizin BGHSt 52, 159, 164 f. m. zust. Anm. *Kühl* NJW 2008, 2899; BGH NJW 2010, 1087, 1091 ff. m. insoweit zust. Anm. *Kudlich* JA 2010, 552, 554. A.A. hingegen MüKo-StGB/ *Freund* § 13 Rn. 224; *Kahlo* GA 1987, 66 ff.; *Frister* AT § 22 Rn. 22 f.
53 Dafür etwa BayObLG NStZ-RR 1998, 328, 329 f.; SSW/*Kudlich* § 13 Rn. 12.
54 Siehe etwa streng zum Alkoholmissbrauch eines Patienten BGH NStZ 1994, 394.

muss kein sicheres Wissen hinsichtlich der rettenden Wirkung vorliegen (näher § 19 Rn. 28).[55]

26 Von der besonderen Pflichtbegründung (Rn. 12 ff.) muss der Täter nach der h.A. nur die Garantenstellung i.S. der tatsächlichen Voraussetzungen der **Rechtspflicht zur Erfolgsabwendung** kennen.[56] Die aus diesen Voraussetzungen folgende Rechtspflicht (Garantenpflicht) soll nur eine Frage des Unrechtsbewusstseins sein, ein entsprechender **Irrtum** über das Gebot einen Verbotsirrtum nach § 17 StGB darstellen.[57] Nach zutreffender Ansicht stellt § 13 Abs. 1 Hs. 1 StGB aber ein konkretes, ersichtlich normatives Tatbestandsmerkmal auf („rechtlich dafür einzustehen hat, daß der Erfolg nicht eintritt"), das schon die Konstruktion des Tatbestandes (Tatunrechts) und nicht nur sein allgemeines Verbotensein betrifft. Entsprechend ist eine sog. Parallelwertung in der Laiensphäre hinsichtlich der tatbestandlichen Rettungspflicht erforderlich.[58]

6. Besonderheiten der Rechtfertigung und des Schuldausschlusses

27 Zu Rechtswidrigkeit und Schuld gelten allgemeine Maßstäbe. Besonderheiten sind die rechtfertigende Pflichtenkollision (zur Triage Rn. 28 ff.) und die entschuldigende Unzumutbarkeit (zu ihr Rn. 32). Ferner ist die Rechtsprechung bei Irrtümern über die Garantenpflicht (dazu aber Rn. 26) etwas geneigter, einen unvermeidbaren Verbotsirrtum anzuerkennen, weil seltener bestehende Handlungspflichten schwieriger zu erkennen seien.[59]

28 In pandemischen Notlagen, bei katastrophalen Unfällen, infolge unzureichender Ausstattung und alltäglich im Rahmen der Notaufnahme können **mehrere Behandlungspflichten nicht sofort gleichzeitig zu bewältigen** sein. So liegt es etwa bei der **ex ante-Triage**, bei der z. B. zu entscheiden ist, welcher von zwei nicht verlegbaren, gleich dringend beatmungsbedürftigen und gleichzeitig eintreffenden Covid-Erkrankten das letzte freie Intensivbett erhalten soll. Da der Behandelnde die für den einzelnen Patienten notwendige Hilfe leisten könnte, mangelt es nicht an der Tatmacht.[60] Infolge der höchstpersönlich ausgerichteten Rettungspflicht

---

55 BGH NJW 2021, 326, 327; BGH medstra 2023, 114 sowie *Eisele* JuS 2022, 1175.

56 BGHSt GS 16, 155 ff.; BGHSt 46, 373, 379; *Fischer* § 16 Rn. 17, § 13 Rn. 87.

57 M.w.N. BGHSt 19, 295, 299; LK/*Vogel/Bülte* § 16 Rn. 44; *Fischer* § 13 Rn. 88.

58 Wie hier z. B. *Jakobs*, FS Rudolphi, S. 107, 115 f.; m.w.N. NK-StGB/*Gaede* § 13 Rn. 20.

59 Zu diesem „Kompromissangebot" schon BGHSt GS 16, 155, 160; *Fischer* § 17 Rn. 10.

60 U.U. ist die mangelnde Tatmacht aber zu erwägen. Beispiel: A ist (physisch) überfordert – er kann sich nicht zwischen der Behandlung seiner Mutter oder seines Vaters entscheiden.

lässt sich nicht schon die Garantenpflicht im Tatbestand verneinen. Ebenso scheidet der Notstand gem. § 34 StGB aus, weil die Nichtrettung der unbehandelt bleibenden Patienten nicht zugleich die Gesundheitsgefahr vom behandelten Patienten abwendet, dies geschieht durch die Behandlung. Die Lösung bietet der ungeschriebene, aber *in praxi* anerkannte, Rechtfertigungsgrund der **rechtfertigenden Pflichtenkollision:**[61]

Diese wirkt rechtfertigend, wenn der Behandelnde mit seinem Tun eine höherrangige oder gleichrangige Behandlungspflicht erfüllt, während er zugleich eine andere Behandlungspflicht verstreichen lässt, weil er diese nicht kumulativ erfüllen kann. Darin schlägt sich nieder, dass ein freiheitliches Recht seinen Bürgern keine im Ergebnis nicht erfüllbare Pflicht abverlangen darf. Bedenken, dass die Tötung eines Unschuldigen unter Verkennung der Lebenswertindifferenz gerechtfertigt würde, weshalb nur eine entschuldigende Pflichtenkollision anzuerkennen sei,[62] überzeugen nicht: Das Recht würde in der mangelnden Rettung noch immer ein rechtswidriges Verhalten sehen und eine Nothilfe von Angehörigen nahelegen. Zum anderen verstößt die Rechtfertigung nicht gegen die Lebenswertindifferenz, weil sie nicht an einer unterschiedlichen Wertigkeit der Patienten ansetzt. Erfüllt der Täter keine der kollidierenden Pflichten, macht er sich hinsichtlich der Nichterfüllung der höherwertigen Pflicht oder einer gleichwertigen Pflicht strafbar. 29

Für den Rang[63] der Behandlungspflichten ist primär die **Dringlichkeit** von Belang. Die unmittelbar notwendige Abwendung einer Lebensgefahr geht der Vermeidung einer (voranschreitenden) Körperverletzung vor. Darüber hinaus wird überwiegend eine gleichwertige Behandlungspflicht hinsichtlich aller gleich dringlichen hilfsbedürftigen Patienten angenommen, da die Lebenswertindifferenz Abstufungen ausschließe. Der Behandelnde habe damit ein **Wahlrecht**, also die Freiheit, zu retten, wen er retten möchte.[64] Insoweit werden auch Entscheidungen, die auf diskriminierenden Gründen wie der Hautfarbe oder des Geschlechts beruhen, als rechtmäßig behandelt. 30

---

61 Zu ihrer Anerkennung etwa BGHSt 47, 318, 322; LK/*Rönnau* Vor § 32 Rn. 116; zur Anwendbarkeit im Gesundheitswesen m.w.N. Ulsenheimer/Gaede/*Gaede* Rn. 1775 ff.; zur Bedeutung für elektive Eingriffe m.w.N. *Gerson* medstra 2021, 142.

62 So aber *Fischer* Vor § 32 Rn. 11 f.; mit weiteren Argumenten NK-StGB/*Paeffgen/Zabel* Vor § 32 Rn. 171 ff.; dagegen schon m.w.N. NK-StGB/*Neumann* § 34 Rn. 133.

63 Der Vorrang einer Garantenpflicht (§ 13 StGB) vor § 323c Abs. 1 StGB, zur h.M. LK/*Rönnau* Vor § 32 Rn. 125, krit. etwa *Kühl* AT § 18 Rn. 137, spielt im Gesundheitswesen kaum eine Rolle, weil regelmäßig alle Patienten bereits zur Behandlung angenommen sein werden.

64 Für das Wahlrecht etwa LK/*Rönnau* Vor § 32 Rn. 116; *Engländer* medstra 2023, 142, 144.

31   Allerdings hat im Zuge der Corona-Pandemie auch das BVerfG[65] anerkannt (dazu aber Rn. 33 ff.), dass die unmittelbare Erfolgsaussicht konkurrierender Behandlungen ein verfassungsrechtlich zulässiges und insbesondere nicht diskriminierendes Merkmal ist, das über die Vergabe knapper Ressourcen der Allgemeinheit entscheiden kann, wenn man sie als aktuelle und kurzfristige Überlebenswahrscheinlichkeit der betroffenen Patientinnen und Patienten versteht.[66] In diesem Sinne hat der Gesetzgeber die unmittelbare Erfolgsaussicht für die Allokation pandemiebedingt knapper intensivmedizinischer Ressourcen in § 5c Abs. 2 S. 1 IfSG vorgeschrieben und mit § 5c Abs. 1 IfSG die Diskriminierungsverbote des Verfassungsrechts bekräftigt. Hier sind Mediziner im Besonderen gehalten, insbesondere Diskriminierungen zu meiden.[67] Allerdings soll § 5c IfSG das Strafrecht nicht berühren, weshalb eine Fortgeltung des Wahlrechts bzw. die Ausblendung der Diskriminierung bei den §§ 211 ff. StGB weiter im Raum steht.[68] Geboten wäre es indes, dass der Gesetzgeber die Pflichtenkollision über die Pandemie hinaus regelt und erwägt, ob er ein Delikt schafft, das ein Diskriminierungsunrecht aufgreift.[69]

32   Wie schon bei fahrlässig begangenen Delikten (dazu § 15 Rn. 136 ff.) kann für das vorsätzliche Unterlassen der **Einwand der mangelnden Zumutbarkeit** entschuldigend wirken. Dies hat tendenziell eine größere Bedeutung, weil es hier darum geht, eine unverhältnismäßige Belastung durch die nur ausnahmsweise anerkannten Garantenpflichten zu vermeiden. Entsprechend existiert eine Literaturansicht, welche die Unzumutbarkeit als Frage des Tatbestandes begreift.[70] Nach der h.A. sind hingegen auf der Schuldebene das Gewicht und der Grad der drohenden Gefahr für die widerstreitenden Interessen abzuwägen.[71] Zu berücksichtigen sind die Gefahren für die Rechtsgüter der zu rettenden Patienten und des Garanten und die Erfolgsaussichten der gebotenen Behandlung.[72] Um die Unzumutbarkeit zu bejahen, müssen außergewöhnliche Umstände vorliegen, die den Lagen der §§ 20, 33 und 35 StGB ähneln und dem Normadressaten die Wahrung seiner Pflicht besonders erschweren. Eine Pflicht zum Tätigwerden entfällt z.B.

65 BVerfG medstra 2022, 108; a.A. etwa statt vieler *Walter* NJW 2022, 363.
66 Dazu *Gaede/Kubiciel/Saliger/Tsambikakis* medstra 2020, 129; *Taupitz* MedR 2020, 1; m.w.N. NK-StGB/*Neumann* § 34 Rn. 139; a.A. z.B.: *Engländer/Zimmermann* NJW 2020, 1398, 1402.
67 Vgl. schon *de lege ferenda Gaede/Kubiciel/Saliger/Tsambikakis* medstra 2020, 129, 132 f.
68 BT/Drs. 20/3877, S. 20; *Kubiciel/Wachter* medstra 2023, 86, 89; zum unzureichenden Diskriminierungsunrecht m.w.N. auch zu abw. Stimmen NK-StGB/*Neumann* § 34 Rn. 139; a.A. zur Bedeutung der Erfolgsaussicht *Engländer* medstra 2023, 142, 145.
69 Siehe schon Ulsenheimer/Gaede/*Gaede* Rn. 1775 ff.
70 M.w.N. NK-StGB/*Gaede* § 13 Rn. 17 f.; für die h.M. aber BGHSt 47, 8, 12 ff.; BGH NStZ 1984, 164.
71 BGH NStZ 1984, 164; BGH wistra 2017, 437, 441; m.w.N. *Roxin* AT/II § 31 Rn. 233 f.
72 BGHSt 4, 20, 23; BGH NStZ 1994, 29; m.w.N. Matt/Renzikowski/*Haas* § 13 Rn. 30 ff.

dann, wenn der Behandelnde sein Leben konkret gefährden müsste. Eine drohende strafrechtliche Selbstbelastung ist grundsätzlich kein Grund, weiteres Unrecht entschuldigt begehen zu können, wenn gerade ein vorheriges Fehlverhalten die Rettungspflicht begründet.[73]

7. Exkurs: Ex-post-Triage

Im Zuge der Pandemie wurde auch die **Ex-post-Triage** näher erörtert, die das aktive Tun betrifft: Ist es zulässig, einem Patienten, der z.B. in einer pandemiebedingten Ressourcenknappheit ein Intensivbett mit Beatmungsgeräten erhalten hat, dieses Bett trotz eines fortbestehenden dringlichen Bedarfs wieder zu entziehen, um damit einem später eingelieferten, ebenso dringlich bedürftigen Patienten eine Behandlung zu ermöglichen, der eine **signifikant bessere Erfolgsaussicht** (dazu schon Rn. 31) aufweist? 33

Das **überwiegende Schrifttum** lehnt dies ab, weil der Akt der Entziehung nur nach § 34 StGB behandelt werden dürfe: Die Kollision einer Handlungspflicht mit einer Unterlassungspflicht, bei der in das fremde Gut des versorgten Patienten aktiv eingegriffen werden soll, sei an ein überwiegendes Rettungsinteresse gebunden; ein solches ließe sich bei gleich schutzbedürftigen Menschen aber nur unter Verstoß gegen die Lebenswertindifferenz feststellen.[74] Die Vertreter dieser Ansicht halten selbst die aktuelle und kurzfristige Überlebenswahrscheinlichkeit für ein diskriminierendes Kriterium, da sie mittelbar aus den Erkrankungen und Zuständen des Patienten folge. Allein der zeitliche (Beispiel: ein Patient erreicht die Klinik früher) oder gewillkürte Zufall (Beispiel: das Los) dürfe bei gleicher Dringlichkeit entscheiden. Auftrieb gibt dieser Ansicht für **pandemiebedingt knappe Intensivressourcen § 5 Abs. 2 S. 4 IfSG**, der eine Neuzuweisung bereits vergebener, weiterhin benötigter Ressourcen untersagt.[75] Ein gegenteiliges Verhalten soll bei einem (drohenden) Tod nach den §§ 211 ff. StGB strafbar sein; nur noch selten wird ein übergesetzlicher entschuldigender Notstand erwogen.[76] 34

Nach der überzeugenden **Gegenansicht in der Lehre** ist bei einer signifikant besseren Erfolgsaussicht eine Neuevaluation der Zuweisung öffentlicher Gesundheitsressourcen jedoch geboten und jedenfalls außerhalb des pandemischen Kon- 35

---

73 Dazu etwa BGHSt 48, 77.
74 Dazu *Rönnau/Wegner* JuS 2020, 403 ff.; *Engländer/Zimmermann* NJW 2020, 1398, 1400 f.; *Merkel/Augsberg* JZ 2020, 704 ff.; *Jansen* ZIS 2021, 155.
75 Dazu etwa *Engländer* medstra 2023, 142, 147.
76 Dazu abl. m.w.N. *Rönnau/Wegner* JuS 2020, 403, 405; m.w.N. NK-StGB/*Neumann* § 34 Rn. 145.

texts für zulässig zu erachten.[77] Erachtet man die unmittelbare Erfolgsaussicht zu Recht mit dem BVerfG als nicht diskriminierend, weil sie keine wertende Aussage über die betroffen Personen bedeutet, sondern vielmehr in einer diverse persönliche Umstände vermittelnden Art und Weise die Effizienz des staatlichen Ressourceneinsatzes erfragt, sollte auch dem vom zeitlichen Zufall nicht begünstigte Teilhaber unseres Gesundheitssystems eine Behandlungschance eröffnet werden. Der notwendige Entzug des nicht etwa als dauerhaftes Eigentum dem ersten Patienten zugewiesenen Beatmungsgeräts greift nicht in ein absolutes Recht ein. Auch im Kontext des § 5 Abs. 2 S. 4 IfSG wollte der Gesetzgeber das Strafrecht unberührt lassen. Dennoch führt die Regelung dazu, dass das aus der Gegenansicht folgende Strafbarkeitsrisiko jedenfalls für Fälle des IfSG erhöht ist.

II. Fahrlässig verwirklichte unechte Unterlassungsdelikte

36 Bedeutsam ist ferner, dass auch die §§ 222 und 229 StGB gem. § 13 StGB durch Unterlassung begangen werden können. Danach ist die sorgfaltswidrige Unterlassung einer zur Erfolgsvermeidung tauglichen Behandlung strafbar.

37 Die Prüfung ergibt sich aus einer Kombination der von den §§ 222 und 229 StGB und vom unechten Unterlassungsdelikt (Rn. 3 ff.) vorausgesetzten Merkmale. Kommt es auf die Unterlassung an (zur Abgrenzung Rn. 9 ff.), setzt eine Strafbarkeit *erstens* einen Taterfolg voraus. *Zweitens* muss der Täter eine gebotene Behandlung unterlassen haben (zu ihr Rn. 4) und *drittens* gem. § 13 Abs. 1 Hs. 1 StGB „rechtlich dafür einzustehen" haben, dass der Tod des Patienten oder die Schädigung seiner Gesundheit nicht eintritt (zur Garantenstellung Rn. 12 ff.). Die Behandlung muss ihm *viertens* möglich gewesen sein (dazu Rn. 5). *Fünftens* muss die Unterlassung der Behandlung wie bei der Begehung sorgfaltswidrig gewesen sein (dazu § 15 Rn. 75 ff.). *Sechstens* muss zwischen dem Erfolg und der sorgfaltswidrig ausgebliebenen Behandlung die Quasikausalität bestehen, womit in der Sache der Pflichtwidrigkeitszusammenhang eingefordert wird (dazu Rn. 21 ff.). *Siebtens* muss der Taterfolg darüber hinaus objektiv zurechenbar und damit vorhersehbar gewesen sein. Wird dem Genüge getan, entspricht das Unterlassen bei den §§ 222 und 229 StGB dem aktiven Tun (§ 13 Abs. 1 Hs. 2 StGB, Rn. 6). Ferner muss die Tat rechtswidrig und schuldhaft geschehen (zu der gerade insoweit zu beachtenden Unzumutbarkeit siehe bereits Rn. 32).

---

77 *Gaede/Kubiciel/Saliger/Tsambikakis* medstra 2020, 129; *Taupitz* MedR 2020, 1; m.w.N. Ulsenheimer/Gaede/*Ulsenheimer/Gaede* Rn. 1765 ff.; z.T. NK-StGB/*Neumann* § 34 Rn. 141 ff.; zur Bedeutung des § 5c IfSG *Kubiciel/Wachter* medstra 2023, 86 und *Hörnle* medstra 2023, 139.

In jedem Fall bedarf das sorgfaltswidrige Verhalten Aufmerksamkeit. Es muss 38
sich um eine aus der Garantenpflicht abzuleitende Pflicht handeln, welcher der
Heilberufsangehörige nicht nachgekommen ist. Hierfür ist zu prüfen, welche berechtigten Erwartungen der Patient aus der Garantenstellung etwa eines Arztes
ableiten durfte und ob gerade die nun vermisste Behandlung geboten war. Es muss
geprüft werden, ob der **Facharztstandard** dem Arzt trotz seiner Therapiefreiheit
ein bestimmtes Vorgehen vorgab, wie z. B. die Verlegung in eine Spezialklinik oder
die Erhebung eines weiteren Befundes. Weitreichende Pflichten erwägen die Gerichte, wenn der Verdacht besteht, dass z. B. ein **Klinikmitarbeiter vorsätzlich
Patienten schädigt oder gar tötet** (zum Fall Högel Rn. 14). Hier soll es zur Abwendung der Gefahr nicht genügen, dass die stellvertretende Leiterin einer Klinikstation ihren Stationsvorsitzenden über die Gefahrenlage vollständig informiert
hat; wendet der Vorgesetzte die Gefahrenlage nicht ab, soll ein erneutes Handeln
und damit jedenfalls die Information der nächstvorgesetzten Stelle geboten sein.[78]

III. Unterlassene Hilfeleistung (§ 323c Abs. 1 StGB)

Gerade dann, wenn ein unechtes Unterlassungsdelikt nicht belegt ist, ist im Ge- 39
sundheitswesen auch eine unterlassene Hilfeleistung gem. § 323c Abs. 1 StGB zu
beachten. Die Norm erfasst Fälle, in denen jemand in einer Notsituation die zur
Abwendung drohender Rechtsgutsverletzungen erforderliche Hilfe nicht leistet,
obwohl ihm diese möglich und zumutbar ist. Das Delikt setzt weder einen zurechenbaren Taterfolg noch eine Garantenstellung voraus. Es wird auf eine zwischenmenschliche Solidaritätspflicht gestützt und schützt die Rechtsgüter des z. B.
vom Unglücksfall betroffenen Patienten.[79] Eine größere Bedeutung für das Gesundheitswesen folgt daraus, dass in Notsituationen insbesondere die Hilfe der
Heilberufsangehörigen gesucht wird (dazu Rn. 43). Zudem strebt die Praxis zu
Unrecht an, das Delikt im Kontext komplikationsreicher Behandlungen z. B. bei
einer fehlenden Quasikausalität als Auffangdelikt zu nutzen (vgl. Rn. 47). Im Einzelnen gilt folgende **Prüfungsstruktur:**

---

78 So in der Sache OLG Oldenburg medstra 2019, 101, 102 f.; einschr. aber *Eufinger* MedR 2019, 547,
549 f. und sodann LG Oldenburg medstra 2023, 129, 135, 136.
79 Hierzu und zur rechtsphilosophischen Rechtfertigung m.w.N. NK-StGB/*Gaede* § 323c Rn. 1 ff.

---

§ 323c Abs. 1 StGB – Unterlassene Hilfeleistung

I.   Tatbestand
   1.   Objektiver Tatbestand
      a)   **Unglücksfall** oder gemeine Gefahr / Not
      b)   **Hilfeleistung** *ex ante* **erforderlich und dem Täter möglich**
      c)   **Hilfeleistung** *nach den Umständen* **zumutbar** – beachte die gesetzlichen Beispiele!
      d)   **Keine Hilfe geleistet**
   2.   Subjektiver Tatbestand = Vorsatz
II. Rechtswidrigkeit / III. Schuld

---

40   Während die Notlagen der gemeinen Gefahr und Not kaum eine praktische Relevanz erlangen,[80] ist gerade für das Gesundheitswesen der **Unglücksfall** von zentraler Bedeutung. Ein Unglücksfall ist jedes mit einer gewissen Plötzlichkeit eintretende Ereignis, das einen Zustand geschaffen hat, auf Grund dessen erhebliche Gefahr für ein Individualrechtsgut droht.[81] Unter „plötzlich" ist die Notwendigkeit eines sofortigen Eingriffs zur Abwendung der Gefahren zu verstehen. Damit ist **nicht jede Erkrankung** ein Unglücksfall. Vielmehr muss eine akute Krise gegeben sein, die ein sofortiges Eingreifen erforderlich macht.[82] Hiervon ist insbesondere bei schweren Blutungen oder bei Bewusstlosigkeit auszugehen. Zu beachten ist ferner, dass auch Straftaten einen Unglücksfall auslösen können – die „Plötzlichkeit" wird aus der Perspektive der Betroffenen bestimmt.

41   Zur Beurteilung des Unglücksfalles stellt die Rechtsprechung auf die objektivierte Sicht *ex ante* ab.[83] Eine weite Interpretation des Unglücksfalles läuft jedoch Gefahr, Fälle in den Tatbestand einzubeziehen, in denen ein Schutz der Rechtsgüter des Betroffenen gar nicht mehr möglich war.[84] Zur Vermeidung dessen ist zu differenzieren: *Ex post* muss belegt sein, dass tatsächlich Umstände vorgelegen haben, die eine Gefahr für Individualrechtsgüter begründet haben. Entsprechend ist von einem Unglücksfall nicht mehr auszugehen, wenn der Verletzte bereits tot ist, da dann kein weiterer Schaden droht. Lediglich nach einer objektivierten Beurteilung *ex ante* ist zu bestimmen, wie sich die Gefahr entwickelt und ob sie zu einer Hilfeleistung zwingt.[85]

---

80 Hierzu aber unter dem Aspekt von Pandemien m.w.N. *J. Krüger* medstra 2020, 212; Saliger/Tsambikakis/*Schweiger* § 3 Rn. 12 ff.; Ulsenheimer/Gaede/*Gaede* Rn. 1774.
81 BGHSt 2, 150, 151; 3, 65, 66; m.w.N. Saliger/Tsambikakis/*Schweiger* § 3 Rn. 9.
82 M.w.N. BGH NStZ 1985, 122; OLG Düsseldorf NJW 1991, 2979; 1995, 799.
83 BGHSt 14, 213, 216; 17, 166, 169 ff.
84 *Seelmann* JuS 1995, 281, 284; AnwK/*Conen* § 323c Rn. 16; LK/*Popp* § 323c Rn. 46 f.
85 NK-StGB/*Gaede* § 323c Rn. 7; z.T. BGH NStZ 2021, 236; a.A. MüKo-StGB/*Freund* § 323c Rn. 35 f.

Umstritten ist die Behandlung des **Suizid(-versuchs)**. Die **h.L.** erkennt nur im 42
unfreien Suizid, nicht aber auch im freiverantwortlichen Suizid einen Unglücksfall.[86] So ist ein Unglücksfall gegeben, wenn auf Grund konkreter Umstände erkennbar wird, dass der Suizidversuch allein an die Hilfe anderer appelliert. Der
BGH erkennt demgegenüber trotz seiner Korrektur der Wittig-Rechtsprechung
(dazu § 16 Rn. 58 und hier Rn. 14) noch immer auch in einem freiverantwortlichen
Suizid einen Unglücksfall.[87] Vor allem für Ärzte verneint der BGH nun aber regelmäßig die Zumutbarkeit der Hilfeleistung.[88] Im Ergebnis kommen bei einem
autonomen Suizid zwar beide Ansichten dazu, den Tatbestand zu verneinen. Es
bleibt jedoch ein indiskutabler Widerspruch zur Patientenautonomie, Ärzte weiter
unter dem Druck einer von der Beurteilung der Zumutbarkeit im Einzelfall (!)
abhängigen Strafnorm dazu anzuhalten, den Patientenwillen zu missachten.[89]

Erforderlich ist eine Hilfeleistung, wenn sie nach dem Urteil eines verstän- 43
digen Beobachters *ex ante* geeignet ist, drohende weitere Schäden abzuwenden,
und Hilfe nicht anderweitig geleistet wird.[90] Sie soll nicht örtlich auf Personen
beschränkt sein, die sich in der Nähe des Unglücksortes aufhalten, was insbesondere den telefonisch benachrichtigten Arzt betrifft.[91] Die Erforderlichkeit ist schon
zu bejahen, wenn ein drohender Schadenseintritt erheblich gemindert werden
kann. Der Hilfspflichtige muss die Hilfe erbringen, mit der die Notsituation wirksam behoben werden kann, was aber auch in der Heranziehung Dritter bestehen
kann. Welche Maßnahmen erforderlich sind, richtet sich nach den Umständen des
konkreten Unglücksfalles und nach den Fähigkeiten des jeweiligen Hilfspflichti-
gen.[92] Demzufolge unterliegen **Angehörige von Heilberufen und insbesondere
Ärzte** im Ergebnis **besonderen Anforderungen:** Sie müssen, soweit im Hinblick
auf vorhandene Hilfsmittel und Technik möglich, grundsätzlich ihre Spezialfähig-
keiten und -kenntnisse einsetzen und ggf. eine wirksamere Hilfe leisten, also z.B.
besondere Griffe anwenden. Man wird aber – auch i.S. der Zumutbarkeit – nur die
sichere Beherrschung der Tätigkeiten verlangen dürfen, die auch ohne planmäßige
Einstimmung auf Maßgaben des Facharztstandards *ad hoc* zu bewältigen sind.[93]

Eine offensichtlich nutzlose Hilfe kann unterbleiben. Eine Hilfspflicht besteht 44
auch dann nicht, wenn sich der in Not Geratene selbst hinreichend helfen kann,

---

86 M.w.N. Saliger/Tsambikakis/*Schweiger* § 3 Rn. 31 ff.; LK/*Popp* § 323c Rn. 63 ff.
87 BGHSt 64, 121, 133 ff.; 64, 135, 145 und etwa schon BGHSt 6, 147, 152 ff.; 32, 367, 375 f.
88 BGHSt 64, 121, 133 ff.; 64, 135, 145; einordnend dazu *Kudlich* JA 2019, 867.
89 Zur Kritik m.w.N. NK-StGB/*Gaede* § 323c Rn. 5; Saliger/Tsambikakis/*Schweiger* § 3 Rn. 12 ff.
90 BGHSt 14, 213, 216; 17, 166, 169 und 172; krit. LK/*Popp* § 323c Rn. 48.
91 Dazu *Rengier* BT II § 42 Rn. 8; ferner Ulsenheimer/Gaede/*Bock* Rn. 661 f.
92 BGHSt 2, 296, 298; MüKo-StGB/*Freund* § 323c Rn. 76 ff.; *Fischer* § 323c Rn. 14.
93 NK-StGB/*Gaede* § 323c Rn. 9; vgl. auch *Ruppert* medstra 2017, 284.

Dritte die Hilfe bereits leisten oder hierfür eine sichere Gewähr besteht. Eine Ärztin kann sich aber grundsätzlich nicht darauf berufen, dass eine Person, die sich in Lebensgefahr befindet, bereits von einem Laien Unterstützung erfährt, soweit sie eine wirksamere Hilfe erbringen könnte.[94] Dem eigenverantwortlichen Hilfsbedürftigen steht es frei, Hilfe abzulehnen.[95]

45   Dem Täter muss die **Hilfe möglich** sein. Etwa der Arzt, der im Zeitpunkt des Unglücks betrunken ist und nicht agieren kann, scheidet als Täter nach h.M. aus, da § 323c Abs. 1 StGB keine Pflicht zugrunde liegt, sich zur Hilfe im Stande zu halten.[96] Wird die mögliche und *ex ante* geeignete **Hilfe geleistet**, gelingt die Rettung aber nicht, ist der **Tatbestand nicht verwirklicht**.

46   Dem Täter muss die Hilfe **zumutbar** sein. Dieses Merkmal des objektiven Tatbestands soll den Umfang der Beistandspflicht ernsthaft auf sozialethisch unerträgliche Unterlassungen reduzieren. Schon der Gesetzeswortlaut verweist beispielhaft auf zwei Fälle der Unzumutbarkeit: die **erhebliche eigene Gefahr** und die **Verletzung anderer wichtiger Pflichten**, welche durch die Hilfe eintreten würden. Im Übrigen kommt es notgedrungen auf eine wenig bestimmte **Abwägung** der betroffenen Interessen in Anlehnung an positivierte Wertungen an.[97] Insbesondere sind der Grad der Gefährdung für den Verunglückten ebenso wie für den potenziellen Helfer, der Umfang des drohenden (Gesundheits-)Schadens, die Rettungschancen und ggf. eine Verantwortlichkeit für den Eintritt des Unglücksfalls zu berücksichtigen. Die Zumutbarkeit entfällt nicht erst dann, wenn die Interessen des potenziellen Helfers die des Hilfsbedürftigen überwiegen. Es reicht aus, dass anzuerkennende Interessen der Hilfspflicht entgegenstehen.[98]

47   Der Versuch ist straflos. Das Delikt ist aber schon vollendet, wenn der Täter nicht handelt, obwohl er hätte handeln müssen. Sind die gebotenen Hilfsmaßnahmen sofort erforderlich, ist die Vollendung gegeben, wenn der Täter nicht unverzüglich, also ohne schuldhaftes Zögern, handelt.[99]

48   Die Tat kann nur **vorsätzlich** begangen werden (§ 15 StGB). Ein Tatbestandsirrtum liegt z.B. vor, wenn der Täter über die Notsituation irrt oder er fälschlicherweise denkt, das Erforderliche getan zu haben. Zu **Rechtswidrigkeit und**

---

94 Dazu schon BGHSt 2, 296, 298.
95 Für die h.M. NK-StGB/*Gaede* § 13 Rn. 10; a.A. *Fischer* § 323c Rn. 32: Frage der Rechtfertigung.
96 *Dehne-Niemann* GA 2009, 150; NK-StGB/*Gaede* § 323c Rn. 3; a.A. *Fischer* § 323c Rn. 11b.
97 MüKo-StGB/*Freund* § 323c Rn. 93; SSW/*Schöch* § 323c Rn. 17 f.; AnwK/*Conen* § 323c Rn. 38; krit. zur Bestimmtheit aber *Seebode*, FS Kohlmann, S. 279, 290 ff.; zum Sonderkontext *nemo tenetur*: BGHSt 11, 135, 137 f.; m.w.N. NK-StGB/*Gaede* § 323c Rn. 12; *Fischer* § 323c Rn. 16.
98 Dazu MüKo-StGB/*Freund* § 323c Rn. 95 f.; NK-StGB/*Gaede* § 323c Rn. 11.
99 BGHSt 14, 213, 216; 17, 166, 169 ff.; näher Saliger/Tsambikakis/*Schweiger* § 3 Rn. 25.

Schuld bestehen keine Besonderheiten. Die Unzumutbarkeit ist aber schon eine Tatbestandsfrage.

Klausurhinweis: Liegt eine Strafbarkeit wegen eines aktiv begangenen Delikts oder eines unechten Unterlassungsdelikts (§ 13 StGB) nahe, ist beides angesichts der **Subsidiarität** des § 323c Abs. 1 StGB vorrangig zu prüfen. Greift eine Strafbarkeit ein, sind die Ausführungen zu § 323c Abs. 1 StGB knapp zu halten, weil der Tatbestand hinter dem Verletzungsdelikt zurücktritt.[100] Überdies sollte bekannt sein, dass **§ 323c Abs. 2 StGB** (lesen!) ein zusätzliches Tätigkeitsdelikt vorsieht, das die Behinderung erforderlicher Hilfen in den Notlagen des § 323c Abs. 1 StGB zum Gegenstand hat. Dies kann die Beeinträchtigung medizinischer Rettungsmaßnahmen betreffen. Schwerere Beeinträchtigungen, z. B. durch den Einsatz von Gewalt, sind aber primär von Delikten wie den §§ 223 ff. StGB oder § 240 StGB zu erfassen.

49

---

100 Dazu näher m.w.N. NK-StGB/*Gaede* § 323c Rn. 16: identische Rechtsgüter geschützt.

§ 18 Schutz des ungeborenen Lebens

1   Das menschliche Leben umfasst mit der Schwangerschaft eine Phase, die das
BVerfG als einen zwingenden Bestandteil des strafrechtlichen Schutzes ausgemacht
hat (Rn. 5, 25 f. und 39).[1] Auch für die Phasen vor der Geburt sieht der Gesetzgeber
Delikte vor, die der menschlichen Fortpflanzung und der medizinischen Forschung
Grenzen setzen. Der Schutz ist abgestuft gestaltet, wächst also mit der Nähe
zur Geburt (zur Abgrenzung § 16 Rn. 8 f.): Geht es um einen **Embryo** oder um
menschliche **Keimzellen**, schützt das Embryonenschutzgesetz (**ESchG**) vor ausgewählten Formen der Reproduktionsmedizin und jeder verbrauchenden Forschung (Rn. 26 ff.). Menschliche Stammzellen schützt das Stammzellgesetz (**StZG**,
Rn. 43 ff.). Mit Abschluss der Einnistung des Embryos in die Gebärmutter (**Nidation**) wird der Fetus durch Delikte des Schwangerschaftsabbruchs umfassend, aber
mit bedeutsamen Einschränkungen geschützt (**§§ 218 ff. StGB**, hierzu näher Rn. 2 f.,
7 und Rn. 20 ff.).

I. Überblick: Schutz des ungeborenen Lebens vor Abtreibung

2   Die Regelung des Schwangerschaftsabbruchs gehört zu den „ewigen" und derzeit
viel diskutierten Kernthemen des Medizinstrafrechts und der Medizinethik, zumal
gerade Ärzte Schwangerschaften auf eine auch für die Schwangere sichere Art und
Weise beenden können. Geschildert wird die geltende Rechtslage unter Berücksichtigung der verfassungsrechtlichen Kritik.

3   Das geltende **Recht** geht von der Schutzwürdigkeit des Fetus aus und sieht in
jeder der Frau aufgedrängten oder von ihr ausgehenden **Beendigung der
Schwangerschaft einen Schwangerschaftsabbruch** nach § 218 StGB. Zugleich
gelangt das StGB zu einer **Kompromisslösung**, indem es für den von der Frau
gewünschten Abbruch Straffreistellungen vorsieht. Das StGB
– stellt gem. § 218a Abs. 1 StGB über die **Beratungslösung** (§ 219 StGB, sog. mo-
  difizierte Fristenlösung mit Beratungspflicht) den Abbruch **tatbestandslos**,
  um damit ohne eine explizite Rechtfertigung die strafrechtliche Pönalisierung
  in einer Vielzahl von Fällen zurückzuziehen[2],

---

1 Siehe ferner zum Schutz der Leiche als Rückstand der Persönlichkeit durch das TPG § 30 Rn. 2
ff., 9 und zur Störung der Totenruhe Matt/Renzikowski/*Kuhli* § 168 Rn. 1 ff.
2 Zur Kritik an der Konstruktion etwa *Hilgendorf* § 6 Rn. 23; NK-StGB/*Merkel* § 218a Rn. 52 ff.;
lobend und verteidigend etwa m.w.N. Saliger/Tsambikakis/*Schweiger* § 7 Rn. 44 ff. Die Rechtswidrigkeit unterstreicht *Duttge* medstra 2018, 129, 130.

https://doi.org/10.1515/9783111048543-021

– **rechtfertigt** nach der **medizinisch-sozialen Indikation** (§ 218a Abs. 2 StGB) und der **kriminologischen Indikation** (§ 218a Abs. 3 StGB)
– und stellt die **schwangere Frau** darüber hinaus nach den §§ 218a Abs. 4, 218b Abs. 1 S. 3, 218c Abs. 2 und 219b Abs. 2 StGB **straffrei.**

Den Schutz des § 218 StGB flankiert das StGB durch Delikte, die insbesondere Ärzte   4 betreffen. Der gegenüber § 218 StGB subsidiäre § 218b Abs. 1 S. 1 StGB sieht Strafe vor, wenn eine Schwangerschaft **ohne** die nach § 218a Abs. 2 oder 3 StGB **erforderliche ärztliche Feststellung** abgebrochen wird. Das subsidiäre Sonderdelikt des § 218b Abs. 1 S. 2 StGB bestraft den Arzt, der *wider besseres Wissen* eine unrichtige Feststellung über die Voraussetzungen des § 218a Abs. 2 oder 3 StGB trifft. Der ebenfalls subsidiäre § 218c Abs. 1 StGB pönalisiert die **Verletzung ärztlicher Pflichten**, die im Kontext des Schwangerschaftsabbruches vor allem zum Schutz des ungeborenen Lebens aufgestellt sind (Beispiel: Pflicht, die Schwangere über die Bedeutung des Eingriffs zu beraten). § 219b StGB untersagt das **Inverkehrbringen von Mitteln zum Abbruch der Schwangerschaft**, soweit dies in der Absicht geschieht, rechtswidrige Taten nach § 218 StGB zu fördern. Das frühere Verbot der Werbung für den Schwangerschaftsabbruch (§ 219a StGB) wurde abgeschafft.[3] Sog. Gehsteigbelästigungen will der Gesetzgeber mit Bußgeldtatbeständen eindämmen.[4]

Dieses Recht setzt **den verfassungsrechtlichen Mehrheitsstandpunkt des**   5 **BVerfG** um. Das Gericht erkennt den *Nasciturus* als schutzfähige Entität an, der bereits Menschenwürde und ein nicht erst von der Mutter abzuleitendes Lebensrecht zukomme.[5] Aus der objektiven Bedeutung des Rechts auf Leben gem. Art. 1 Abs. 1 und 2 Abs. 2 S. 1 GG folge sogar, dass der Staat ungeborenes Leben durch den Einsatz des Strafrechts schützen müsse („Untermaßverbot"). Insoweit erkennt das BVerfG eine grundsätzliche Pflicht zur Austragung der Schwangerschaft an[6], berücksichtigt aber, dass es Gründe geben kann, in denen dies von der Frau von Rechts wegen nicht verlangt werden darf, die Rechtspflicht der Frau ausnahmsweise unzumutbar ist.[7] Darüber hinaus akzeptiert das Gericht die Strategie, nach

---

3 Zur Gesetzgebung BT/Drs. 20/1635, S. 11 f., krit. *Duttge* medstra 2022, 207, 210 ff.; für eine Evaluation der früheren, bereits 2019 novellierten, Norm, *Luciano* medstra 2023, 367, 367 f. und Ulsenheimer/Gaede/*Ulsenheimer/Dießner* Rn. 972 ff., dort auch zum Fall Hänel.
4 Hierzu BT/Drs. 20/10861, S. 1 ff. und näher *Schweiger* medstra 2024, 159.
5 Grundlegend zum Folgenden BVerfGE 39, 1 und 88, 203; ergänzend BVerfGE 98, 265. Hieran sind frühere „Fristenlösungen", die zu einer Rechtfertigung führen sollten, gescheitert, zur Historie *Fischer* Vor §§ 218–219b Rn. 3 ff.; Saliger/Tsambikakis/*Schweiger* § 7 Rn. 2 ff.
6 BVerfGE 88, 203, 253 ff.
7 BVerfGE 88, 203 f., 255 ff., 257; 39, 1, 48 ff.: Belastungen, die ein solches Maß an Aufopferung eigener Lebenswerte verlangen, dass dies von der Frau nicht erwartet werden kann.

der das Schutzziel letztlich *mit* der schwangeren Frau erreicht werden muss; es stehe dem Gesetzgeber in der Frühphase der Schwangerschaft frei, über eine Beratungslösung die Entscheidung der Frau für die Austragung zu fördern, zugleich aber bei einer Entscheidung gegen die Schwangerschaft von der Strafbarkeit – nicht aber von der Rechtswidrigkeit des Abbruchs – abzusehen.[8]

6   Diese Position sieht sich **wachsender Kritik ausgesetzt**.[9] Straf- und grundrechtlich ist eine Pflicht zur Pönalisierung schon grundsätzlich voraussetzungsvoll. Bereits die Anerkennung eines vollwertigen Grundrechtsschutzes des ungeborenen Lebens, der sodann Freiheitsrechte geborener Menschen beschneidet, steht in Frage.[10] In jüngerer Zeit wird vermehrt geltend gemacht, dass das BVerfG mit der Austragungspflicht eine auch international anerkannte reproduktive Freiheit der Frau missachte und der Rechtsvollzug nicht gendergerecht sei.[11] Eine von der sog. Ampel-Regierung eingesetzte Kommission empfiehlt eine Entkriminalisierung des von der Schwangeren gewünschten Abbruchs; ein entsprechender Entwurf wurde vom Bundestag noch diskutiert.[12] Dies dürfte aber allein dann tragen, wenn das BVerfG – zu Recht – anerkennt, dass das Mittel der Austragungspflicht selbst einer eingehenderen und nicht im bisher angenommenen Umfang verfügbaren Begründung bedürfte – der angedachte Schutz der Würde des Fetus ist dem Recht nicht schon wegen eines regelmäßig freiwilligen Sexualverkehrs verfügbar. Siehe insoweit krit. die Stellungnahmen *Brosius-Gersdorf* und *Gaede*; zust. aber weiter die Stellungnahmen *Kubiciel* und *Rostalski*.

7   Zu beachten ist, dass die **Leibesfrucht** nach den §§ 218 ff. und 15 StGB **allein gegen vorsätzliches Verhalten geschützt** ist. Ist der Status des geborenen Menschen nicht erreicht (zur Abgrenzung § 16 Rn. 7 ff.), besteht weder ein Schutz des Fetus vor sorgfaltswidrigem Verhalten der Schwangeren (z. B. Konsum von BtM) noch vor einem fahrlässigen Umgang durch Dritte. Auch dies ist zum Teil Gegenstand einer rechtspolitischen Kritik, die in unterschiedlichem Ausmaß einen Ausbau des Schutzes fordert.[13]

---

8 BVerfGE 88, 203, 264 ff.

9 Siehe schon die abl. Voten in BVerfGE 39, 1, 69 ff. und BVerfGE 88, 203, 338 ff.

10 Hierzu statt vieler m.w.N. NK-StGB/*Merkel* Vor §§ 218–219b Rn. 14 ff., § 218 Rn. 90 ff.

11 Dazu statt vieler m.w.N. *Schuchmann* medstra 2024, 10.

12 Siehe den Bericht unter www.bmfsfj.de/Kom-rSF, 2024, S. 165 und den Entwurf BT/Drs. 20/13775.

13 Dazu etwa NK-StGB/*Neumann* Vor §§ 211–2017 StGB Rn. 15; *Luciano* medstra 2023, 367.

II. Strafbarkeit des Schwangerschaftsabbruchs (§ 218 StGB)

Der Tatbestand des Schwangerschaftsabbruchs wird in § 218 Abs. 1 StGB aufgestellt 8
(Rn. 9 ff.), in § 218a Abs. 1 StGB begrenzt (Rn. 16 ff.) und in § 218a Abs. 2 und 3 StGB
(Rn. 20 ff.) zwei besonderen Rechtfertigungsgründen unterworfen. Das Delikt kann
gem. § 13 Abs. 1 StGB durch **Unterlassen** begangen werden, *wenn* jemand die Betreuung des *Nasciturus* als Garant übernommen hatte (zu den Voraussetzungen
§ 17 Rn. 12 ff., zu Problemfällen Rn. 11 und Rn. 23). Der Versuch ist für Dritte gem.
§ 218 Abs. 4 StGB strafbar.

1. Deliktsstruktur und Tatmerkmale

§ 218 StGB schützt das Leben des Fetus, zudem vorgeblich die Autonomie und die 9
Gesundheit der Schwangeren.[14] Es gilt folgende **Prüfungsstruktur:**

Schwangerschaftsabbruch (§ 218 Abs. 1 StGB)

I.   Tatbestand *(Versuch strafbar, § 218 Abs. 4 StGB, aber nicht für die Schwangere!)*
   1.   Objektiver Tatbestand
      a)   Schwangerschaft = Leibesfrucht (ab Nidation, vgl. § 218 I 2 StGB)
      b)   Abbruch der Schwangerschaft
      c)   Kein Tatbestandsausschluss nach § 218a Abs. 1 StGB
   2.   Subjektiver Tatbestand = Vorsatz
II. Rechtswidrigkeit
   Rechtfertigung bei medizinisch-sozialer/kriminolog. Indikation (§ 218a Abs. 2 f. StGB)
   Ggf. allg. Rechtfertigungsgründe (z.B. selten § 34 StGB für Hebamme)
III. Schuld
IV. Strafe
   Strafausschließung für die Schwangere nach § 218a Abs. 4 S. 1 oder 2 StGB
   Ggf. auch besonders schwere Fälle, § 218 Abs. 2 StGB

Tatobjekt des § 218 StGB ist der Fetus einer Schwangerschaft. Im Rückschluss aus 10
§ 218 Abs. 1 S. 2 StGB ist die festgestellte Nidation des Embryos in der Gebärmutter
Voraussetzung. Die Nidation ist im Regelfall nach dem 13. Tag seit der Empfängnis
abgeschlossen.[15] Handlungen, deren Wirkung vor der Nidation eintreten, sind § 218
StGB also nicht zu subsumieren (z. B. die „Pille danach"). Geschützt ist bei Mehr-

---

14 Dazu m.w.N. Tsambikakis/Rostalski/*Henking* § 218 Rn. 15.
15 Näher auch zur Berechnung Prütting/*Duttge/Kessler* § 218a StGB Rn. 7.

lingsschwangerschaften jeder einzelne Fetus.[16] Der Fetus darf aber, wie sich systematisch aus den §§ 211 ff. StGB ergibt, noch nicht geboren sein (zum Begriff § 16 Rn. 8 ff.) und muss nach dem Telos der Norm leben, woran es bei der mangelnden Ausbildung eines Gehirns fehlt.[17] Für die **Abgrenzung der Tatobjekte** der §§ 211 ff. StGB und des § 218 StGB ist gem. § 8 StGB auf den **Zeitpunkt der Wirkung der Tathandlung** abzustellen:[18] Verstirbt das später geborene Kind bei Einleitung einer Frühgeburt, die in der Annahme der mangelnden Überlebensfähigkeit des Fetus unternommen wurde, ist tatbestandlich ein Schwangerschaftsabbruch anzunehmen.[19] Überlebt das Kind, ist ein Versuch zu prüfen.

11   Einen Grenzfall bildet der **Fall des sog.** *Erlangener Babys.*[20] Nach wohl h.A. erfasst der Tatbestand auch Konstellationen, in welchen die austragende Frau bereits verstorben ist, die Körperfunktionen aber extern aufrechterhalten werden, um eine Geburt zu ermöglichen.[21] Teleologisch liegt dies wegen der Schutzwürdigkeit menschlichen Lebens nahe. Allerdings beschreibt die vom Gesetz genannte „Schwangerschaft" die Eigenschaft einer lebenden Frau. Die extern gesteuerte Weiterentwicklung des Fetus ist ethisch und rechtlich zwar geboten,[22] soweit die Frau zuvor nichts Gegenteiliges verfügt hatte. Von einer menschlichen Schwangerschaft lässt sich aber in einem Art. 103 Abs. 2 GG genügenden Sinn nicht sprechen.[23]

12   Eine **Schwangerschaft bricht ab**, wer den Fetus abtötet (zum Erfolgseintritt nach der Geburt Rn. 10). Aus § 218 Abs. 1 und 3 StGB ist im Umkehrschluss zu folgern, dass sowohl Dritte als auch die Schwangere Täter sein können. Ein Abbruch liegt auch vor, wenn die Tat die Schwangere tötet.[24]

13   Schließlich gehört es schon zur Verwirklichung des Tatbestandes, dass **kein Fall des § 218a Abs. 1 StGB** vorliegt, also die Voraussetzungen der sog. Bera-

---

16 Zur möglichen sog. Mehrlingsreduktion aber NK-StGB/*Merkel* § 218a Rn. 113 ff.

17 Hierzu m.w.N. MüKo-StGB/*Gropp/Wörner* § 218 Rn. 6; zum nötigen Leben des Fetus BGHSt 31, 348, 352; a.A. m.w.N. SK/*Rogall* § 218 Rn. 8; TK/*Eser/Weißer* § 218 Rn. 6.

18 BGHSt 31, 348, 351 ff.; BGH NStZ 2008, 393, 394; OLG Karlsruhe NStZ 1985, 314, 315; NK-StGB/*Neumann* Vor §§ 211–217 Rn. 14 ff.; TK/*Sternberg-Lieben* § 223 Rn. 3.

19 BGHSt 31, 348, 351 f.: m.w.N. näher zur zeitlichen Reichweite *Rengier* BT/II § 11 Rn. 8.

20 Zu diesem Fall AG Hersbruck NJW 1992, 3245 und NK-StGB/*Merkel* § 218 Rn. 28 und 118 ff.

21 Für eine Strafbarkeit im Fall der unterlassenen Weiterentwicklung des Kindes MüKo-StGB/*Gropp/Wörner* § 218 Rn. 7, 57; m.w.N. NK-StGB/*Merkel* § 218 Rn. 118 ff.

22 Anders für den Fall, in dem das Kind noch nicht lebensfähig ist, MüKo-StGB/*Gropp/Wörner* § 218 Rn. 9; dagegen NK-StGB/*Merkel* § 218 Rn. 119 f.; auch zur Erhaltung der Schwangerschaft bei Komplikationen Ulsenheimer/Gaede/*Ulsenheimer/Dießner* Rn. 928.

23 Siehe aber zur deutlich überwiegenden Gegenansicht m.w.N. NK-StGB/*Merkel* § 218 Rn. 119.

24 BGH NStZ-RR 2016, 109; zur möglichen Tateinheit mit § 224 StGB BGH NJW 2007, 2565.

tungslösung nicht eingreifen. In der Sache hat der Gesetzgeber damit ein **negatives Tatbestandsmerkmal** geschaffen (dazu Rn. 16 ff.).

Die Tatmerkmale müssen **vorsätzlich** verwirklicht werden. Der Vorsatz setzt 14 v. a. auch die Vorstellung voraus, nicht im Rahmen des Tatbestandsausschlusses des § 218a Abs. 1 StGB zu handeln. Anderenfalls liegt ein vorsatzausschließender Irrtum gem. § 16 Abs. 1 S. 1 StGB vor.

Ggf. sind besonders schwere Fälle zu beachten: Wird der Schwangerschafts- 15 abbruch *vorsätzlich* gegen den Willen der Schwangeren vorgenommen (§ 218 Abs. 2 S. 2 Nr. 1 StGB) oder verursacht der Täter *leichtfertig* die Gefahr des Todes oder der schweren Gesundheitsschädigung der Schwangeren (§ 218 Abs. 2 S. 2 Nr. 1 StGB), wird die Strafe regelmäßig geschärft.

2. Straffreiheit nach der sog. Beratungslösung

Der Tatbestandsausschluss des § 218a Abs. 1 StGB, nach dem das Gros der Abbrüche 16 straffrei werden,[25] setzt voraus, dass die **Schwangere** den Schwangerschaftsab- bruch **verlangt**, dem Arzt durch eine Bescheinigung nach § 219 Abs. 2 Satz 2 nachgewiesen hat, dass sie sich mindestens drei Tage vor dem Eingriff hat beraten lassen (zu dieser **Beratung** näher § 219 StGB), ein **Arzt den Schwangerschafts- abbruch vornimmt** und seit der Empfängnis **nicht mehr als zwölf Wochen** vergangen sind.[26]

Das Verlangen setzt eine ausdrückliche, an den Arzt gerichtete Aufforderung 17 voraus. § 219 Abs. 1 StGB hält fest, dass die Beratung dem Schutz des ungeborenen Lebens und damit der Ermutigung dienen muss, die Schwangerschaft fortzusetzen. Ob dies in der Praxis Verwirklichung findet, wird bezweifelt.[27] Die Norm zeigt, dass es um eine Entscheidung der Frau geht (§ 219 Abs. 1 S. 2 StGB am Ende) und die Beratung eine Not- und Konfliktlage der Frau adressiert (§ 219 Abs. 1 S. 4 StGB). Vor allem § 5 SchKG gebietet eine ergebnisoffene, auf die Verantwortung der Frau setzende Beratung.

Wird § 218a Abs. 1 StGB eingehalten, verwehrt dies trotz der fortbestehenden 18 Rechtswidrigkeit des Abbruchs vor allem dem Vater das Nothilferecht gem. § 32 StGB – das Beratungskonzept schließt die Gebotenheit aus.[28]

---

25 Zum aktuellen Wert von 95 % Destatis, PM Nr. 237 vom 19. Juni 2024, abrufbar unter https://sh orturl.at/u3paN.
26 Während die Dauer medizinisch regelmäßig bereits von der letzten Regelblutung an bestimmt wird, zählt das Gesetz allein die nach der *Empfängnis* verstrichene Zeit.
27 *Duttge* medstra 2022, 207, 209 f.; s. zu den Normen selbst aber NK-StGB/*Merkel* § 219 Rn. 4 ff.
28 BVerfGE 88, 203, 279; NK-StGB/*Kindhäuser* § 32 Rn. 42 f.; mit Kritik *Fischer* § 218a Rn. 4.

19   Soweit die Anforderungen des § 218a Abs. 1 StGB grundsätzlich vorliegen, die Schwangere jedoch die Frist von zwölf Wochen nicht wahrt, indes den Schwangerschaftsabbruch innerhalb von 22 Wochen durchführen lässt, stellt § 218a Abs. 4 S. 1 StGB sie von Strafe frei. In Fällen einer sog. Spätabtreibung kann das Gericht von Strafe absehen, wenn die Schwangere sich zur Zeit des Eingriffs in besonderer Bedrängnis befunden hat (§ 218a Abs. 4 S. 2 StGB).

3. Rechtfertigung durch Indikationen

20 Zumal der Fetus eine fremde Existenz ausmacht, ist eine Einwilligung der Schwangeren *de lege lata* allein kein Rechtfertigungsgrund. Vornehmlich sind Rechtfertigungen anhand von § 218a Abs. 2 und 3 StGB zu prüfen. Sie stellen spezielle Ausprägungen des rechtfertigenden Notstands dar. Indes wird man eine vollständige Verdrängung des § 34 StGB nicht annehmen können, weil atypisch zeitlich zugespitzte Notlagen denkbar sind, in denen etwa eine Hebamme als Nichtärztin zur Gefahrenabwehr auf Basis einer parallelen Einwilligung handeln dürfte.[29]

21   Das StGB erkennt mit § 218a Abs. 2 StGB an, dass die Rechtspflicht zur Austragung der Schwangerschaft ausnahmsweise ausgeschlossen und ein von der Schwangeren gewünschter und ärztlich durchgeführter Schwangerschaftsabbruch auf der Basis einer Einwilligung der Schwangeren[30] rechtmäßig sein kann. Dies gilt, wenn der Abbruch der Schwangerschaft angezeigt ist, um eine „**Gefahr für das Leben oder die Gefahr einer schwerwiegenden Beeinträchtigung des körperlichen oder seelischen Gesundheitszustandes der Schwangeren** abzuwenden, und die Gefahr nicht auf eine andere für sie zumutbare Weise abgewendet werden kann."

22   § 218a Abs. 2 StGB ermöglicht, die Austragung des Kindes auf Basis einer medizinischen Indikation unter Berücksichtigung der Lebensumstände der Schwangeren im konkreten Fall als unzumutbar zu erachten. **Nicht die allgemeine Belastung**, die stets in der Schwangerschaft liegt, sondern besondere Gründe sollen die Abkehr von der Rechtspflicht legitimieren können (siehe dazu aber Rn. 6).[31] Die Indikationsvoraussetzungen muss ein Arzt in einem schriftlichen Gutachten

---

29 M.w.N. Matt/Renzikowski/*Safferling* § 218a Rn. 24; *Gropp*, FS Schreiber, S. 113 ff.; tendenziell enger aber noch BVerfGE 88, 203, 272; BGHSt 38, 144, 158.

30 Zur Einwilligung durch einen Betreuer und bei Minderjährigen weiterführend m.w.N. Ulsenheimer/Gaede/*Ulsenheimer/Dießner* Rn. 953 ff.; leitend zur individuell zu prüfenden Befähigung OLG Hamm NJW 2020, 1373 m. Anm. *Lugani* NJW 2020, 1330.

31 TK/*Eser/Weißer* § 218a Rn. 34; siehe schon BVerfGE 88, 203.

(§ 218b Abs. 1 S. 1 StGB) feststellen, der nicht zugleich der abbrechende Arzt sein darf (sog. Indikationsarzt). Der die Schwangerschaft abbrechende Arzt muss die Einschätzung teilen. Die **ärztliche Erkenntnis** ist allein darauf überprüfbar, ob die Indikationsstellung *ex ante* vertretbar war; es ist ein Beurteilungsspielraum anzuerkennen, der wertende Aspekte erfasst.[32] Beispiele sind Gebärmutterkrebs oder eine Suizidgefahr. Voraussetzung ist ferner, dass keine anderen, für das ungeborene Leben milderen Mittel die Notlage der Frau abwenden können.[33]

Die Problematik des § 218a Abs. 2 StGB, der in ca. 5 % der Abbrüche ange- 23 wendet wird[34] und **keiner Frist unterworfen** wurde, liegt insbesondere darin, dass die Norm der Austragungspflicht oft zu einem späten Zeitpunkt der Schwangerschaft entgegenhalten wird, nachdem ein **embryopathischer Befund** vorliegt und eine Behinderung des Kindes erwartet wird.[35] Die Beurteilung der **einzig entscheidenden medizinisch-sozialen Gefahrenlage für die Schwangere** ist hier in der Praxis sehr fordernd. Eine embryopathische Indikation wurde vom Gesetzgeber gestrichen.[36] Das Gesetz lässt es aber zu, eine untragbare psychosoziale Problemlage im Hinblick auf die erwarteten zusätzlichen Herausforderungen zu bejahen.[37] Diese Fallgruppe steht indes in der Kritik, die insbesondere für **Spätabtreibungen** Einschränkungen des § 218a Abs. 2 StGB verlangt.[38] Betont werden etwa die Fortschritte der medizinischen Versorgung von Frühgeborenen.[39] Bisher ist die Lebensfähigkeit außerhalb der Gebärmutter, die ca. in der 22. bis 24. Woche eintritt, aber keine strikte Grenze der Norm, die sich an der Lage der Frau ausrichtet.[40] Vielmehr kommt die Rechtfertigung eines gezielten **Fetozids** im Mutterleib in Frage.

§ 218a Abs. 3 StGB fügt an, dass die von § 218a Abs. 2 StGB anerkannte 24 Rechtfertigung infolge einer Unzumutbarkeit der Austragung des Kindes eingreift, wenn ein Arzt mit Einwilligung der Schwangeren einen Abbruch durchführt, weil

---

32 In diesem Sinne schon zum früheren Recht BGHSt 38, 144, 150 ff.
33 Insbesondere ist hier die Zumutbarkeit der Freigabe zur Adoption oder zur dauernden Heimunterbringung streitig geblieben, dafür AG Celle NJW 1987, 2307, 2310; z.T. SK/*Rogall* § 218a Rn. 47; dagegen LG Memmingen NStZ 1989, 227, 228; NK-StGB/*Merkel* § 218a Rn. 128 f.
34 Siehe Destatis, PM Nr. 237 vom 19. Juni 2024, abrufbar unter https://shorturl.at/u3paN.
35 Zur Problematik näher m.w.N. Ulsenheimer/Gaede/*Ulsenheimer/Dießner* Rn. 939 ff.
36 BT/Drs. 13/1850, S. 26: Behinderung selbst könne den Lebensschutz nie mindern.
37 M.w.N. Ulsenheimer/Gaede/*Ulsenheimer/Dießner* Rn. 940 f.: die Norm lässt – entgegen zivilrechtlichen Entscheidungen, siehe m.w.N. OLG Stuttgart GesR 2016, 371, 372 – keine allgemeine Güterabwägung, sondern sie gebietet eine Prüfung ihrer Voraussetzungen.
38 Zur Kritik etwa näher, selbst zurückweisend, m.w.N. NK-StGB/*Merkel* § 218a Rn. 95 ff., 106 ff.
39 M.w.N. Ulsenheimer/Gaede/*Ulsenheimer/Dießner* Rn. 939: 500 Gramm können genügen.
40 Hierfür etwa auch BGH (Z) NJW 2002, 2636. Siehe aber zur besonderen Beratungspflicht des Arztes bei der Spätabtreibung § 2a SchKG (lesen!) und NK-StGB/*Merkel* § 219 Rn. 3.

erstens nach ärztlicher Erkenntnis an der Schwangeren eine **rechtswidrige Tat** (§ 11 Abs. 1 Nr. 5 StGB) **nach den §§ 176 bis 178 StGB** (insbesondere: Vergewaltigung) begangen worden ist, *zweitens* dringende Gründe für die Annahme sprechen, dass die Schwangerschaft auf der Tat beruht, und *drittens* **seit der Empfängnis nicht mehr als zwölf Wochen vergangen** sind (sog. kriminologische Indikation). Dringende Gründe bestehen, wenn die Empfängnis infolge der Sexualstraftat hoch wahrscheinlich ist.

III. Strafbarkeit nach dem Embryonenschutzgesetz

25 Bereits zum 1.1.1991 hat der Gesetzgeber menschliches Leben mit dem Embryonenschutzgesetz schon vor der Nidation strafrechtlichem Schutz unterstellt. Er wollte auch im Vorgriff auf denkbare – und als bedrohlich erachtete – Techniken der Fortpflanzungsmedizin und der Forschung die Menschenwürde und das Leben weiträumig absichern.[41] Erlassen wurde auch aus Kompetenzgründen kein ausgleichendes Fortpflanzungsmedizingesetz, sondern ein Strafgesetz. Dieses schützt das pränidative Leben *in vitro* bis heute weitgehend. Dieser Problemzugang unterliegt zunehmender Kritik, die konkret anhand einzelner Regelungen wie der Eizellspende (Rn. 32 ff.), aber auch im Grundsätzlichen zur Öffnung für die fremdnützige Forschung, für eine Liberalisierung eintritt.[42] Dem ist insbesondere infolge einer oft zweifelhaften verfassungsrechtlichen Rechtfertigung der strafrechtlichen Verbote, aber auch im Hinblick auf eine nicht allein entkriminalisierend zu verarbeitende Weiterentwicklung der Medizin, Aufmerksamkeit zu schenken. Bisher hat der Gesetzgeber allein zur Präimplantationsdiagnostik (PID) nachgesteuert (Rn. 36 ff.).

26 Die Basis des ESchG liegt in der Annahme, dass der **Embryo** am Schutz der Menschwürde teilhat bzw. ihm bereits ein Lebensrecht zukommen könnte.[43] Einfachgesetzlich wird der Schutz des Embryos über eine Art **Legaldefinition** in § 8 Abs. 1 ESchG vermittelt. Sie begreift den Embryo als eine befruchtete, entwicklungsfähige menschliche Eizelle nach der Kernverschmelzung, ebenso wie jede dem Embryo entnommene teilungsfähige totipotente Zelle, die sich zu einem In-

---

41 Zur Begründung BT/Drs. 11/5460, S. 10 f., 14 ff.

42 Zur Forderung nach dem Fortpflanzungsmedizingesetz *Dorneck*, Das Recht der Reproduktionsmedizin de lege lata und de lege ferenda, 2018, S. 257 ff.; *Leopoldina*, Ein Fortpflanzungsmedizingesetz für Deutschland, Diskussion Nr. 13 (2017); *Frister* medstra 2016, 321 f.; *Gaede* medstra 2020, 321 f.; mit anderer Richtung *Müller-Terpitz* ZRP 2016, 51.

43 BT/Drs. 11/5460 S. 6; Spickhoff/*Müller-Terpitz* Vor § 1 ff. ESchG Rn. 2.

dividuum entwickeln kann.[44] Insbesondere wendet sich das Gesetz gegen die Schaffung überzähliger, also nicht zur Schwangerschaft führender Embryonen. Gerade § 2 ESchG schließt eine verbrauchende Forschung aus. Neben dem Embryo sollen zum Teil andere Rechtsgüter wie der selbstbestimmte Umgang mit Keimzellen geschützt und die gespaltene Mutterschaft vermieden werden.[45]

Bei **vorsätzlichem Verhalten** (§ 15 StGB) **strafbar** ist nach dem ESchG ins- 27
besondere:

– die Übertragung einer fremden Eizelle auf eine andere Frau (§ 1 Abs. 1 Nr. 1 ESchG),
– die medizinische Ermöglichung der Ersatz-/Leihmutterschaft (§ 1 Abs. 1 Nr. 1, 7 ESchG),
– die Erzeugung eines Embryos, die nicht zur Herbeiführung einer Schwangerschaft bei der Frau führen soll, von der die Eizelle stammt (§ 1 Abs. 1 Nr. 2 ESchG),
– die Übertragung von mehr als drei Embryonen (§ 1 Abs. 1 Nr. 3 ESchG, sog. Dreierregel) bzw. die Befruchtung von mehr als drei Eizellen (§ 1 Abs. 1 Nr. 4 ESchG) innerhalb eines Zyklus,
– die extrakorporale Befruchtung von mehr Eizellen, als innerhalb eines Zyklus übertragen werden sollen (§ 1 Abs. 1 Nr. 5 ESchG),
– die Extraktion eines Embryos vor Abschluss der Nidation zur Übertragung auf eine andere Frau oder zu einem nicht seiner Erhaltung dienenden Zweck (§ 1 Abs. 1 Nr. 6 ESchG),
– das künstlich bewirkte Eindringen einer Samenzelle in eine Eizelle oder das sonstige Verbringen derselben in eine Eizelle, ohne den Willen, eine Schwangerschaft der Frau zu erzielen, von der die Eizelle stammt (§ 1 Abs. 2 ESchG),
– jegliche missbräuchliche Verwendung eines Embryos, die nicht seiner Erhaltung oder einer Schwangerschaft dient, einschließlich der Abgabe, des Erwerbs, der Veräußerung und der extrakorporalen Weiterentwicklung des Embryos (§ 2 ESchG),[46]
– die verbotene Geschlechtswahl durch die Selektion der herangezogenen Samenzelle (§ 3 S. 2 ESchG), es sei denn, sie dient der Vermeidung einer schwerwiegenden Erbkrankheit (§ 3 S. 2 ESchG),

---

44 Allerdings wird schon an dieser Definition Kritik geübt, da sie medizinische Weiterentwicklungen nicht mitdenkt und das Vorkernstadium ausblende, siehe *Hilgendorf* Kap. 7 Rn. 27 und Rn. 53 f.; *Günther*, FS Krey, 2010, S. 105 ff.: Zellkerntransfer schwerlich erfasst.
45 Zum zwh. Schutz vor der gespaltenen Mutterschaft BT/Drs. 11/5460, S. 7 f.; zum Schutz des selbstbestimmten Umgangs mit Eizellen und Samen BT/Drs. 11/5460, S. 10.
46 Zur weiten, aber nicht unbegrenzten Auslegung des Verwendens BGHSt 55, 206, 217 ff.

- die Präimplantationsdiagnostik jenseits der geschaffenen Rechtfertigungstatbestände (siehe § 3a Abs. 1 und 2 ESchG),
- die eigenmächtige künstliche Befruchtung oder Embryoübertragung und die wissentliche künstliche postmortale, d. h. nach dem Tod des genetisch beteiligten Mannes erfolgende Befruchtung (§ 4 ESchG),
- der Gentransfer in Keimzellen und die Verwendung künstlich veränderter Keimzellen, soweit keine Ausnahme greift (§ 5 ESchG),
- das reproduktive und therapeutische Klonen[47] einschließlich der Übertragung eines geklonten Embryos auf eine Frau[48] (§ 6 ESchG),
- die Erzeugung von Chimären- und Hybridwesen einschließlich der Übertragung eines entgegen § 7 Abs. 1 ESchG geschaffenen Embryos sowie der Übertragung jedes Embryos auf ein Tier (§ 7 ESchG).
- Hinzu kommt gemäß § 11 Abs. 1 ESchG die Strafbarkeit desjenigen, der den in § 9 Nr. 1, 2 und 3 ESchG unterstrichenen Arztvorbehalt für die künstliche Befruchtung, die PID und die Übertragung eines Embryos auf eine Frau durch die Ausübung dieser Tätigkeiten missachtet.

28   Obschon das ESchG die Fortpflanzungsmedizin erheblich beschränkt, bleiben **viele Methoden** wie die In-vitro-Fertilisation (IVF, Ei- und Samenzelle vereinigen sich außerhalb des menschlichen Körpers), die intrazytoplasmatische Spermatozoeninjektion mit Embryotransfer (ICSI, Injektion des Samenfadens in die Eizelle) und die Samenspende **gestattet.** Gleiches gilt zur Kryokonservierung, soweit sie ausschließlich der menschlichen Fortpflanzung, insbesondere nicht Forschungszwecken, dient. Das Absterbenlassen von Embryonen, die durch zulässige In-vitro-Fertilisationen geschaffen, aber dann nicht mehr übertragen worden sind, ist straflos. Die Mitwirkung an diesen und weiteren Tätigkeiten der Reproduktionsmedizin bleibt für Ärzte und sonstige Beteiligte gem. § 10 und § 3a Abs. 5 ESchG aber freiwillig.

29   Gerade bei Fortpflanzungstechniken, die 1990 nicht näher bekannt waren, aber auch allgemein, ist angesichts einer oft verfassungsrechtlich begründeten Normkritik häufig zu klären, ob die **Strafnormen einer einschränkenden Auslegung zugeführt** werden sollten, oder ob dies eine gesetzgeberische Intervention bzw. eine Entscheidung des BVerfG voraussetzt.[49] Hier dürfte es überzeugen, eine

---

47 Zur Kritik dieser Strafnorm siehe u. a. *Joerden* JahrbRechtEthik 14 (2006), 407 ff., mit differenzierender Neubegründung; die Norm verteidigend Dreier/*Dreier*, GG, Art. 1 Rn. 110.
48 Dagegen richtig BeckOK-GG/*Hillgruber* Art. 1 Rn. 23: grob verfassungswidrig.
49 Siehe beispielhaft zur Spende von imprägnierten Eizellen *Taupitz* NJW 2019, 337 ff.

in der Vergangenheit[50] – jedenfalls außerhalb Bayerns[51] – erkennbare Linie einer skrupulösen Auslegung des ESchG fortzuführen, die das Anwendungsfeld des Gesetzes nicht erweitert.[52]

Ein **Leitbeispiel** findet sich im Verbot, mehr Eizellen einer Frau zu befruchten, 30
als ihr innerhalb eines Zyklus übertragen werden sollen (§ 1 Abs. 1 Nr. 5 ESchG). Es soll die Entstehung überzähliger und damit in ihrer Lebenschance besonders gefährdeter Embryonen verhindern.[53] Das Verbot ließe sich mit § 1 Abs. 1 Nr. 3 ESchG zusammenlesen, der die Übertragung von mehr als drei Embryonen ausschließt (sog. Dreierregel).[54] Dies wird aber nach dem sog. deutschen Mittelweg abgelehnt, weil die eigenständige Formulierung des § 1 Abs. 1 Nr. 5 ESchG keine zahlenmäßige Beschränkung aufstellt, die Nr. 3 einen anderen Zweck (Gesundheit der Frau) verfolgt und in der Regel für eine erfolgreiche Behandlung die Befruchtung von mehr als drei Eizellen notwendig ist.[55] Noch immer muss die konkrete Zahl der befruchteten Eizellen aber auf einer sorgfältigen individuellen Prognose der für maximal drei transferierbare Embryonen erforderlichen Befruchtungen beruhen.

Die Verbote setzen im Kontext der Fortpflanzung regelmäßig daran an, den 31
interessierten Paaren durch eine Strafbarkeit des Arztes die notwendige medizinische Unterstützung zu entziehen. Der Gesetzgeber hat aber Strafbefreiungsgründe vorgesehen, die insbesondere eine **denkbare Teilnahme der vom Kinderwunsch bestimmten Frau**, bedenklicherweise nicht stets ihres Partners/ihrer Partnerin, ausschließen (§ 1 Abs. 3, § 4 Abs. 2, § 11 Abs. 2 ESchG).[56] Kritisch ist die Rechtslage hinsichtlich einer möglichen **Teilnahme, die Ärzte in Deutschland** an Angeboten des Auslands **verwirklichen** können. Hier ist neben § 5 Nr. 12 StGB vor allem **§ 9 Abs. 2 S. 2 StGB** zu beachten, der selbst bei einer im Ausland straflosen „Tat" die Anwendung deutschen Strafrechts auf die im Inland geleistete Teilnahme vorgibt.[57] Dies betrifft das reproduktive Reisen, welches sich wegen der im Ausland liberaleren Regelungen eingestellt hat. Einem Arzt, der in Deutschland den Kontakt zu Kollegen im Ausland herbeiführt, zu den ausländischen Angeboten fördernd

---

50 Siehe zu § 4 Abs. 1 Nr. 3 ESchG OLG Rostock MedR 2010, 874; zu §§ 1 Abs. 2, 2 Abs. 1 ESchG BGHSt 55, 206; zu § 1 Abs. 1 Nr. 2 ESchG LG Augsburg medstra 2019, 186.
51 Siehe BayObLG medstra 2021, 386 und BayVGH medstra 2020, 52 (dazu korrigierend BVerwG medstra 2021, 239, 244 f.).
52 Näher schon m.w.N. *Gaede* medstra 2019, 252, 252.
53 M.w.N. BFH NJW 2017, 3022, 3023 f.; BT/Drs. 11/5460, S. 9.
54 *Beckmann* ZfL 2012, 123, 124 f.; weithin Spickhoff/*Müller-Terpitz* § 1 ESchG Rn. 17 f.
55 Näher m.w.N. Ulsenheimer/Gaede/*Ulsenheimer/Gaede Rn.* 1005; AG Wolfratshausen ZfL 2008, 121, 122 f. m. abl. Anm. *Beckmann*. Dies nähert unser Recht Rechtsordnungen an, die sogar den Einzeltransfer eines spezifisch ausgewählten Embryos gestatten.
56 Zur PID für eine str. Analogie Ulsenheimer/Gaede/*Ulsenheimer/Gaede* Rn. 1000, 1026.
57 Zum Problem schon näher Ulsenheimer/Gaede/*Ulsenheimer/Gaede* Rn. 1001 ff.

berät oder für diese wirbt, kann sich daher z.B. wegen Beihilfe (§ 27 StGB) strafbar machen, soweit die Reproduktionshandlung später vorgenommen wird. Z.B. Ärzten, die unterstützend (§ 27 StGB) oder anstiftend (§ 26 StGB) tätig sind, drohen hier Ermittlungsverfahren und Verurteilungen. Einschränkungen sind aber geboten, wenn Ärzte über medizinische Möglichkeiten informieren, ohne dies mit Empfehlungen zu verbinden. Gleiches sollte für Ärzte gelten, zu denen hilfsbedürftige Patientinnen kommen, um weitere Beratung zu konkreten Fortpflanzungsmethoden zu erbitten, welche die Patientengesundheit im Zuge ausländischer Angebote sichern sollen.[58]

1. Eizellspende

32 Die **Spende männlichen Samens** unterliegt keiner Strafbarkeit. Auch die **Spende eines *in vitro* befruchteten (ungeplant) überzähligen Embryos** zur Herbeiführung der Schwangerschaft bei einer anderen Frau ist straflos, da geschütztes Leben erhalten wird, keine Verwertung eintritt (§ 2 Abs. 1 ESchG) und keine Strafnorm existiert (siehe aber § 1 Abs. 1 Nr. 6 ESchG).[59]

33 Strafbewehrt ist aber die Eizellspende, da sie zu einer **gespaltenen Mutterschaft** und damit zum Auseinanderfallen der primären genetischen Mutter und der Mutter qua Geburt führe, die für die Kindesentwicklung Risiken berge.[60] Ferner sei die Eizellspende mit **Gesundheitsrisiken für die Frau** verbunden. Konkret verbietet **§ 1 Abs. 1 Nr. 1 ESchG** die Übertragung einer fremden, unbefruchteten Eizelle. **§ 1 Abs. 1 Nr. 2 ESchG** bestraft, wer es unternimmt, eine Eizelle zu einem anderen Zweck künstlich zu befruchten, als eine Schwangerschaft der Frau herbeizuführen, von der die Eizelle stammt.

34 Diese Verbote stehen, soweit sie der Eizellspende entgegenstehen, insbesondere auf Grund gegenteiliger Erkenntnisse zur Entwicklung von Kindern, die auf der Basis einer sog. gespaltenen Mutterschaft aufgewachsen sind, zu Recht verfassungsrechtlich in der Kritik.[61] Auch eine Diskriminierung entgegen Art. 3 Abs. 2

---

58 Zur PID insoweit Ulsenheimer/Gaede/*Ulsenheimer/Gaede* Rn. 1026; zu einem anderen Einschränkungsansatz AG Augsburg medstra 2016, 383 f.; *Frister* medstra 2016, 321, 322.
59 *Deutscher Ethikrat*, Embryospende, Embryoadoption und elterliche Verantwortung, 2016, S. 34 f.; *Schumann* MedR 2014, 736, 738; *Dorneck* medstra 2018, 259, 260; a.A. nur *Schleissing* Recht und Ethik in der Fortpflanzungsmedizin, 2014, S. 69.
60 Siehe BT/Drs. 11/5460, S. 7 f. und noch bestätigend BT/Drs. 19/12407, S. 1 f.
61 M.w.N. *Dorneck*, Das Recht der Reproduktionsmedizin de lege lata und de lege ferenda, 2018, S. 131 ff.; Spickhoff/*Müller-Terpitz* § 1 ESchG Rn. 7; verteidigend aber etwa KG MedR 2014, 498, 499;

S. 1 GG ist der Norm vorzuhalten, zumal die Frau frei ist, über die sie betreffenden beherrschbaren Gesundheitsrisiken zu disponieren.

Aktuell ist von besonderem Interesse, ob Vorstadien des Embryos *de lege* 35 *lata* gespendet werden dürfen oder insbesondere § 1 Abs. 1 Nr. 2 ESchG dem entgegensteht. Im Rahmen der künstlichen Befruchtung kommt es angesichts der Grenzen des § 1 Abs. 1 Nr. 5 ESchG in Deutschland oft vor, dass eine Eizelle, die mit der Samenzelle bereits imprägniert wurde, zunächst kryokonserviert wird, um sie für eine spätere Übertragung auf die Spenderin bereitzuhalten. Mit der imprägnierten Eizelle ist bereits eine sog. Eizelle im **Vorkernstadium** (sog. 2-PN-Zelle) entstanden. Wenn die imprägnierten Eizellen für eine Schwangerschaft der Frau, von der die Eizellen stammen, nicht mehr erforderlich sind, stellt sich die Frage, ob sie gespendet werden dürfen. Derartige Eizellen sterben anderenfalls ab. Das **BayObLG** hat entschieden, dass auch hier angesichts des mit dem Auftauen fortgeführten Befruchtungsprozesses ein Fall des § 1 Abs. 1 Nr. 2 ESchG vorliege,[62] zumal die Norm bei einer einschränkenden Auslegung anderenfalls ausschließlich die schon in § 1 Abs. 2 ESchG geregelte Strafbarkeit von Vorstufen des Befruchtungsprozesses erfasse.[63] Hiermit korrigiert das Gericht eine frühere Entscheidung des LG Augsburg.[64] **Überzeugender** wäre es gewesen, die **restriktive Auslegungslinie** (Rn. 29) zu § 1 Abs. 1 Nr. 2 ESchG fortzusetzen.[65] § 1 Abs. 1 Nr. 2 ESchG erfasst immer noch anders als § 1 Abs. 2 ESchG gezielt den Täter, der nicht nur die in § 1 Abs. 2 ESchG beschriebenen Zwischenstadien verwirklichen, sondern tatsächlich einen überzähligen Embryo durch Befruchtung entstehen lassen will.[66] Zudem richtet sich § 1 Abs. 1 Nr. 2 ESchG allein auf das Unternehmen des Befruchtens. Dem unrechtsprägenden Element der Norm wird man nicht gerecht, wenn man schon jedes kausale Bewirken einer Vollendung des eigentlichen Befruchtungsaktes zu einem tatbestandlichen Befruchten erklärt. Ein Verständnis, das die Tathandlung des Befruchtens um den Kernakt der Zusammenführung von Samen- und Eizelle entkleidet, gerät mindestens in die Nähe einer auch systematisch zu bestimmenden Übertretung der

---

Taupitz NJW 2019, 337, 340. Zur Eizellspende auch anhand der EMRK krit. m.w.N. *Wollenschläger* MedR 2011, 21 ff.; bestätigend aber EGMR [GK] MedR 2012, 380 ff.

62 BayObLG medstra 2021, 386, 388 ff.; gleichsinnig etwa *Taupitz/Hermes* NJW 2015, 1802, 1804 ff.; *Frister* Journal für Reproduktionsmedizin und Endokrinologie 2015, 42, 53 f.

63 Dafür vor allem m.w.N. *Taupitz* NJW 2019, 337, 338 f.

64 LG Augsburg medstra 2019, 186 m. Anm. *Gaede* medstra 2019, 252.

65 Ulsenheimer/Gaede/*Ulsenheimer/Gaede* Rn. 1009 f.; früh schon für Einschränkungen *Frommel* Rechtsgutachten Netzwerk Embryonenspende (Fassung v. 22.11.2014).

66 Siehe zur Bedeutung der Norm und ihrer Begründung in den Materialien *Gaede* medstra 2019, 252 sowie BT/Drs. 11/5460, S. 9; i.E. auch *Dorneck* medstra 2018, 259, 261.

Wortlautschranke des Art. 103 Abs. 2 GG.[67] Überdies führt die lebensfeindliche gegenteilige Auslegung zum Absterben menschlicher Zellen.

2. Präimplantationsdiagnostik

36 Unter der Präimplantationsdiagnostik (PID) versteht man **Diagnoseverfahren**, mit deren Hilfe der Embryo *in vitro* vor dem intrauterinen Transfer in den Mutterleib auf genetische Schädigungen untersucht werden kann.[68] Auf der Basis der Diagnose sollen die **Embryonen**, bei denen der genetische Defekt vorliegt, **ausgesondert** und nicht mehr auf die Frau übertragen werden. Dies weckt Sorgen vor einer Diskriminierung behinderter Menschen und vor „Designerbabys". Zur Zeit der Gesetzgebung ging man davon aus, dass hierzu totipotente und damit voll entwicklungsfähige Zellen erforderlich wären, deren Gewinnung mit der Gefahr einer fortbleibenden Schädigung des Embryos verbunden wäre. Heute ist bekannt, dass auch eine im Folgenden allein behandelte PID an pluripotenten Zellen, die den Embryo nicht schädigt oder gefährdet, möglich ist.[69] Für die sog. Blastozystenbiopsie war der BGH im Jahre 2010 im Wege einer restriktiven Auslegung zur Straflosigkeit der PID gelangt.[70] Dies veranlasste den Gesetzgeber, die nun kaum mehr strafrechtlich geregelte PID mit der seit dem 8.12.2011 geltenden **Neuregelung in § 3a ESchG** aufzugreifen, die auf eine grundsätzliche Strafbarkeit mit anerkannten Ausnahmen setzt.[71] Die zur straflosen Umsetzung gemäß § 3a Abs. 3 S. 3 ESchG nötige PID-Verordnung ist erst zum 1.2.2014 in Kraft getreten.[72]

37 Die Regelung des § 3a ESchG führt zu folgender **Prüfungsstruktur:** Der Täter muss zur Verwirklichung des **Tatbestandes** (§ 15 StGB) gem. § 3a Abs. 1 ESchG *erstens* Zellen eines Embryos *in vitro* verwenden, indem er diese *zweitens* vor seinem intrauterinen Transfer genetisch untersucht. Notwendig ist vorsätzliches Handeln (§ 15 StGB).[73] Zur **Rechtswidrigkeit** sind gem. § 3a Abs. 2 ESchG zwei Ausnahmefälle zu beachten. Besteht auf Grund der genetischen Disposition des Paares für deren Nachkommen das hohe Risiko einer schwerwiegenden Erb-

67 Näher *Gaede* medstra 2019, 252, 255 f.; i.E. auch *Dorneck* medstra 2018, 259, 261 f.
68 § 3a Abs. 1 S. 1 ESchG; näher *Bögershausen*, Präimplantationsdiagnostik, 2016, S. 27 ff.
69 Siehe dazu und zum Vorhergehenden näher BGHSt 55, 206, 213 – Rn. 23 f.
70 BGHSt 55, 206, vor allem zu den §§ 1 Abs. 1 Nr. 2 und 2 Abs. 1 ESchG; LG Berlin ZfL 2009, 93; a.A. früher etwa m.w.N. zur Strafbarkeit KG ZfL 2009, 25.
71 Siehe BT/Drs. 17/5451; Ulsenheimer/Gaede/*Ulsenheimer/Gaede* Rn. 1017.
72 Zur Kritik *Pestalozza* MedR 2013, 343; Ulsenheimer/Gaede/*Ulsenheimer/Gaede* Rn. 1024.
73 Zu etwaigen Irrtümern Ulsenheimer/Gaede/*Ulsenheimer/Gaede* Rn. 1025.

krankheit, handelt nicht rechtswidrig, wer zur Herbeiführung einer Schwangerschaft mit schriftlicher Einwilligung der Frau, von der die Eizelle stammt, nach dem allgemein anerkannten Stand der medizinischen Wissenschaft und Technik Zellen des Embryos *in vitro* vor dem intrauterinen Transfer auf die Gefahr dieser Krankheit genetisch untersucht (§ 3a Abs. 2 S. 1 ESchG). Nicht rechtswidrig handelt ebenso, wer eine PID mit Einwilligung der betreffenden Frau zur Feststellung einer schwerwiegenden Schädigung des Embryos vornimmt, die mit hoher Wahrscheinlichkeit zu einer Tot- oder Fehlgeburt führen wird (§ 3a Abs. 2 S. 2 ESchG).

§ 3a Abs. 3 ESchG stellt **weitere bußgeldbewehrte Anforderungen** (§ 3a Abs. 4 38 ESchG) auf, ohne die eine PID in Deutschland nicht durchgeführt werden darf. Dies umfasst insbesondere die Aufklärung und Beratung zu den Folgen der PID, die vor der Einwilligung zu erfolgen hat, die zustimmende Bewertung der gem. § 3a Abs. 3 S. 3 ESchG einzurichtenden Ethikkommission und die Durchführung durch einen qualifizierten Arzt in einem für die PID zugelassenen und hinreichend ausgestatteten Zentrum.

Die Gesetzgebung ist ein **valider Kompromiss.**[74] Prämisse hierfür ist aber, 39 dass dem Embryo auch unter Berücksichtigung der **SKIP-Argumente** (= **S**pezies, **K**ontinuität, **I**dentität, **P**otential) keine volle Subjektqualität und Grundrechtsträgerschaft, sondern lediglich ein abstufungsfähiger Schutz im Hinblick auf das Lebensrecht (Art. 2 Abs. 2 S. 2 GG) zukommt.[75] Eine herabwürdigende Instrumentalisierung eines Würdeträgers, die ihn als Sache behandelt, liegt nicht vor. Vielmehr steht die Regelung im Einklang mit der medizinisch-sozialen Indikation des § 218a Abs. 2 StGB.[76] Das Postulat eines vollen Subjektanspruchs würde tatsächlich die Freiheit existenter Menschen zugunsten einer impliziten Gattungs- bzw. Ordnungsvorstellung negieren. Damit der Kompromiss greifen kann, ist aber eine **Auslegung** des § 3a ESchG **geboten, welche die geringe Bestimmtheit** der letztlich nur generalklauselartig geregelten Strafbarkeit **kompensiert:**[77]

---

74 Ebenso m.w.N. *Dorneck*, Das Recht der Reproduktionsmedizin de lege lata und de lege ferenda, 2018, S. 108 ff.; zum bestimmungsbedürftigen Strafgrund *Kubiciel* NStZ 2013, 382, 383 ff.; zur Begründung Ulsenheimer/Gaede/*Ulsenheimer/Gaede* Rn. 1022 f.

75 Statt vieler so auch etwa *Merkel* FAZ vom 3. 8. 2010, S. 30; *Kubiciel* NStZ 2013, 382, 383, 384; zur Menschenwürde *Kingreen/Torbohm* Jura 2013, 632, 635 f. Siehe demgegenüber widersprüchlich insbesondere BVerfGE 88, 203 ff.: Schutzpflicht aus Art. 1 Abs. 1 GG, die jedoch ein bestimmungsbedürftiges „Maß" kennt. Abl. aber zu diesen Prämissen etwa *Duttge* GA 2002, 241, 244 ff.; *Hillgruber* ZfL 2011, 47 ff.; *Beckmann* ZfÄ 1999, 65, 67.

76 Siehe bereits *Schreiber*, FS Roxin, 2001, S. 891, 898: § 218a Abs. 2 StGB vorverlagert; *Kubiciel* NStZ 2013, 382, 383; a.A. etwa m.w.N. Spickhoff/*Müller-Terpitz* Vor § 1 ESchG Rn. 5.

77 Dazu schon Ulsenheimer/Gaede/*Ulsenheimer/Gaede* Rn. 1024 f.

40   Insoweit ist die gem. **§ 3a Abs. 2 S. 1 ESchG** vorausgesetzte „schwerwiegende Erbkrankheit" zunächst in monogen bedingten Erkrankungen und Chromosomenstörungen zu erblicken.[78] Schwerwiegend sollen diese „insbesondere" sein, wenn sie sich durch eine geringe Lebenserwartung oder Schwere des Krankheitsbildes und schlechte Behandelbarkeit von anderen Erbkrankheiten wesentlich unterscheiden. Klar erfasst ist die in § 3 S. 2 ESchG aufgegriffene Muskeldystrophie des Typs Duchenne, die meist im jungen Erwachsenenalter zum Tod führt. Aus § 3 S. 2 ESchG ist indes kein Maßstab zu folgern[79]; das Gesetz will allen Paaren helfen, die „schwere Krankheiten" für ihr Kind rational befürchten und dies als Teil ihres Fortpflanzungsrechts aus Art. 6 Abs. 2 GG vermeiden wollen.[80] Die kumulativ erforderliche „hohe Wahrscheinlichkeit" der schwerwiegenden Erbkrankheit ist nach den hilfreichen Materialien bei einer 25- bis 50-prozentigen Wahrscheinlichkeit gegeben.[81]

41   Für die gem. **§ 3a Abs. 2 S. 2 ESchG** erforderliche Feststellung einer „schwerwiegenden Schädigung" des Embryos, die mit hoher Wahrscheinlichkeit zu einer Tot- oder Fehlgeburt führen wird, sind Reifestörungen der Keimzelle, bereits erlittene Fehl- oder Totgeburten oder die unerklärliche Erfolglosigkeit früherer IVF-Behandlungen Anwendungsfälle. Das Down-Syndrom fällt nicht hierunter. Was unter der hohen Wahrscheinlichkeit der Tot- oder Fehlgeburt zu verstehen ist, wird nicht konkretisiert. Auch die Abkehr vom Begriff des Risikos bleibt offen. Nahe liegt es, von einer gewünschten parallelen Auslegung auszugehen, zumal der Gesetzgeber keine abweichende Konkretisierung angeboten hat und nach seinen bisherigen Ausführungen offenbar das Nötige für gesagt erachtet hat.[82] Bei alledem hat der Gesetzgeber versäumt, das Erfordernis einer medizinischen Indikation für die schwerwiegende Schädigung in dem nach Art. 103 Abs. 2 GG maßgeblichen Wortlaut aufzunehmen. Insofern kann eine PID, die auf Feststellungen nach § 3a Abs. 2 S. 2 ESchG zielt, auch bei einer mangelnden Indikation nicht bestraft werden.[83]

---

78 Dazu und zum Folgenden BT/Drs. 17/5451, S. 8. Weitergehend für alle Fälle, die einen späteren Schwangerschaftsabbruch rechtfertigen würden, *Frommel* JZ 2013, 488, 491 f.
79 Dazu klärend BVerwG medstra 2021, 239, 244 f. gegen BayVGH medstra 2020, 52.
80 BT/Drs. 17/5451, S. 2; *Frister* medstra 2019, 323, 327 ff.
81 BT/Drs. 17/5451, S. 8.
82 Siehe anders für die Forderung nach einer konkreten Gefahr *Kubiciel* NStZ 2013, 382, 385; konkrete Anhaltspunkte verlangen *Frister/Lehmann* JZ 2012, 659, 662.
83 Siehe so schon richtig *Frister/Lehmann* JZ 2012, 659, 662 f.; a.A. ohne Angabe strafrechtlicher Gründe aber Spickhoff/*Müller-Terpitz* § 3a ESchG Rn. 15.

Die Ethikkommission hat allein dem geschilderten Rechtsmaßstab des § 3a 42
Abs. 2 ESchG zu folgen (zur Zustimmungspflicht § 6 Abs. 4 PIDV). Ihr steht kein
breiter **Beurteilungsspielraum** oder gar Ermessen zu.[84]

IV. Überblick: Stammzellengesetz

Mit dem StZG wird eine Schutzlücke geschlossen, die aus der auf Deutschland 43
beschränkten Geltung des ESchG folgt: Da nicht nur in Deutschland embryonale
Stammzellen gewonnen werden und das ESchG für Stammzellen selbst nicht gilt,
könnte über einen Zellimport nach der Zerstörung von Embryonen im Ausland
auch in Deutschland eine verbrauchende Forschung an embryonalen Stammzellen
stattfinden. Das StZG will die Kultivierung zugunsten eines in Deutschland ausgelösten Bedarfs verhindern. Es statuiert in **§ 13 StZG** eine **Strafnorm**, in § 14 StZG
Ordnungswidrigkeiten.

Die §§ 4 ff. StZG unterwerfen die Einfuhr embryonaler Stammzellen und die 44
Verwendung bereits in Deutschland befindlicher Stammzellen einer Genehmi-
gungspflicht. Die Genehmigung ist nach Konsultation der Zentralen Ethik-Kommission für Stammzellforschung (§§ 8 f. StZG) zu erteilen, wenn die in der Norm
genannten und in den §§ 4 und 5 StZG konkretisierten Voraussetzungen erfüllt
sind. Werden embryonale Stammzellen ohne Genehmigung **eingeführt oder
verwendet**, ist dies gem. § 13 Abs. 1 S. 1 StZG strafbewehrt. Verwendung ist jeder
zweckmäßige Gebrauch embryonaler Stammzellen. Gem. § 13 Abs. 1 S. 2 StZG ist
zu bestrafen, wer sich die nach § 6 Abs. 1 StZG erforderliche Genehmigung mit
Hilfe vorsätzlich falscher Angaben erschlichen hat. § 13 Abs. 1 S. 3 StZG ordnet die
Versuchsstrafbarkeit an. § 13 Abs. 2 StZG bestraft denjenigen milder, der entgegen einer nach § 6 Abs. 6 S. 1 oder S. 2 StZG vollziehbaren Auflage der erteilten
Genehmigung handelt.

Das StZG will einen Kompromiss zwischen dem Rechtsgutschutz und For- 45
schungsinteressen ausmachen,[85] weshalb eine etwaige Anwendung des § 13 StZG
auf Sachverhalte im Ausland ausgeschlossen wurde. Eine Genehmigung ist allein
für hochrangige Forschungsziele in der Grundlagenforschung oder medizinische
Anwendungen am Menschen zulässig und gegenüber anderen Forschungsme-
thoden subsidiär (§ 5 StZG). Betroffene embryonale Stammzellen müssen in

---

84 BayVGH medstra 2020, 52; BVerwG medstra 2021, 239; für die volle Überprüfung im Straf-
prozess *Frister/Lehmann* JZ 2012, 659, 661 (a.A. nun *Frister* medstra 2019, 323, 329 f.).
85 Dafür § 1 StZG und BT/Drs. 14/8394, S. 3, 7 f. Krit. Ulsenheimer/Gaede/*Ulsenheimer/Gaede*
Rn. 1027 ff.; *Frister* medstra 2016, 321, 322; zur unstimmigen Unzulässigkeit der Forschung mit
embryonalen Stammzellen, die bei der PID entstehen, *Kreß* ZRP 2011, 68, 69.

Übereinstimmung mit der Rechtslage im Herkunftsland dort vor dem 1. Mai 2007 im Rahmen einer In-vitro-Fertilisation gewonnen und in Kultur gehalten oder im Anschluss daran kryokonserviert gelagert worden sein. Sie dürfen nicht gegen geldwerten Vorteil gewährt oder versprochen worden sein. Der Einfuhr oder Verwendung embryonaler Stammzellen dürfen andere gesetzliche Vorschriften (z. B. ESchG) und offensichtlich verletzte tragende Grundsätze unseres Rechts nicht entgegenstehen.

§ 19 Strafrechtlicher Schutz im Kontext der Transplantationsmedizin

Die Transplantationsmedizin beruht seit 1997 auf dem Transplantationsgesetz 1 (TPG),[1] das Strafnormen beinhaltet. Das **StGB** ist ebenfalls anwendbar.[2] Erläutert werden Kernregelungen des Transplantationsrechts und ihre strafrechtliche Abstützung (Rn. 2 ff.).[3] Näher werden das Organhandelsverbot (Rn. 9 ff.) und die Manipulationen der Organvergabe behandelt (Rn. 13 ff.).

I. Überblick: Transplantationsrecht und Strafbewehrungen

Die Regelung der **vom TPG umfassten Organe und Gewebe**[4] ist für den Gesetz- 2 geber anspruchsvoll, weil sie ethisch streitige Festlegungen zum Todesbegriff, zur Organentnahme und zur Allokation der knappen Organe erfordert (zur hier mangelnden Klärung Rn. 19, 23 ff.).[5] Der Gesetzgeber hat wiederholt versucht, das Spendenaufkommen zu steigern (siehe §§ 1, 2, 2a und 9b TPG).[6] In der Sache liegt aber eine restriktive Regelung vor, die vor allem den Spender auch unter Rückgriff auf das Strafrecht schützen will.

Die **Lebendspende** ist nur nach den §§ 8–8c TPG zulässig, was rechtspolitisch 3 hinterfragt wird.[7] **§ 8 TPG** setzt für die an eine freiwillige Einwilligung gebundene Entnahme eine formell und materiell aufgeladene Aufklärung voraus (§ 8 Abs. 2

---

1 Zur Gesetzgebung *Taupitz* JuS 1997, 203.
2 Dazu auch Ulsenheimer/Gaede/*Ulsenheimer/Gaede* Rn. 843 f., 859 ff., 871, 889 ff. und 905.
3 Zu ausgeklammerten Verstößen gegen die gebotene Verschwiegenheit/den Datenschutz anhand von § 19 Abs. 3 TPG *Kraatz* Rn. 225; Ulsenheimer/Gaede/*Ulsenheimer/Gaede* Rn. 905 f., zum unsachgemäßen Umgang mit Organen durch Garantenpflichtige Rn. 844.
4 Siehe näher zu Organteilen §§ 1 Abs. 1, 1a Nr. 4 TPG, exkludierend § 1 Abs. 3 TPG.
5 Zur Problematik der vorbereitenden intensivmedizinischen Behandlung *Höfling* medstra 2019, 65 f.; zum Streit über das Hirntodkonzept *Höfling* MedR 2013, 407; *ders.* MedR 2020, 14 ff. und MüKo-StGB/*Tag* § 3 TPG Rn. 16 ff.; zur wiederholten Debatte um die Widerspruchslösung etwa BT/Drs. 19/11096 und *Höfling* medstra 2019, 65; *Duttge* medstra 2019, 66; *Scheinfeld* medstra 2018, 321. Zu beachten ist der erneute Vorstoß für eine Widerspruchslösung durch den Bundesrat, BR/Drs. 278/24.
6 Siehe etwa zur sog. Informations- und Entscheidungslösung BT/Drs. 19/11087.
7 Für eine Kritik der Regelung und zu Reformpotenzialen *Lindner/Schlögl-Flierl* GesR 2020, 83; ferner den Entwurf der Bundesregierung vom 17.07.2024, dazu medstra 2024, R7.

https://doi.org/10.1515/9783111048543-022

TPG).[8] Sie soll wie die nötige Prüfung durch die Lebendspendekommission (§ 8 Abs. 3 TPG) insbesondere kommerziellen Motiven entgegenwirken. Die Einwilligung ist nur einwilligungsfähigen Volljährigen, die als Spender geeignet sind und sich nicht weitergehend gesundheitlich gefährden (näher § 8 Abs. 1 S. 1 Nr. 1 lit. c TPG), auf Basis einer eigenen Erklärung wirksam möglich (§ 8 Abs. 1 S. 1 Nr. 1 lit. a und b TPG, zur Knochenmarkspende Minderjähriger aber § 8a TPG). Die Organentnahme muss durch eine schwerwiegende Erkrankung des Empfängers begründet sein, die nicht mithilfe der Organe toter Spender behandelt werden kann (§ 8 Abs. 1 S. 1 Nr. 2 und 3 TPG). Sie unterliegt einem Arztvorbehalt (§ 8 Abs. 1 S. 1 Nr. 4 TPG).

4   **Strafrechtlich** werden viele der Maßgaben des § 8 TPG durch §§ 19 Abs. 1 und 4 TPG abgestützt. Die nur vorsätzlich zu begehenden Delikte überschneiden sich vielfach mit den §§ 211 ff., 223 ff. StGB.[9]

5   Für die Entnahme **nicht regenerationsfähiger Organe** setzt § 8 Abs. 1 S. 2 TPG voraus, dass die Übertragung „auf Verwandte 1. oder 2. Grades, Ehegatten, eingetragene Lebenspartner, Verlobte oder andere Personen, die dem Spender in besonderer persönlicher Verbundenheit offenkundig nahe stehen", ausgerichtet ist. Die vorsätzliche Missachtung stellt **§ 19 Abs. 1 Nr. 2 TPG** bei Erfassung des Versuchs (§ 19 Abs. 4 TPG) unter Strafe. Diese Vorfeldkriminalisierung reicht aber entgegen einer Entscheidung des BVerfG zu weit.[10] Mindestens ist – nach zutreffender Ansicht *de lege lata* – die sog. **Überkreuz-Lebendspende** unter Ehepaaren analog zu den in § 8 Abs. 1 S. 2 TPG benannten Verhältnissen zuzulassen.[11]

6   Die **Entnahme bei Verstorbenen** regeln die §§ **3 ff. TPG**. Primär kommt die Extraktion von Organen infolge einer **Einwilligung des Spenders** gem. § 3 Abs. 1 Nr. 1 TPG in Betracht, soweit sein **Tod nach dem Stand der Erkenntnisse der medizinischen Wissenschaft in einem geregelten Nachweisverfahren festgestellt** worden ist (§ 3 Abs. 1 Nr. 2, Abs. 2 Nr. 2 TPG i.V.m. § 5 TPG) und ein Arzt die Entnahme durchführt (§ 3 Abs. 1 Nr. 3 TPG, zu Geweben aber § 3 Abs. 1 S. 2 TPG). §§ 4 f. TPG etablieren die sog. erweiterte Zustimmungslösung, die eine **Zustimmung durch nahe Angehörige** genügen lässt. Der „nächste Angehörige" oder eine bevollmächtigte Person (§§ 1a, 4 Abs. 2 u. 3 TPG) können nach dem mutmaßlichen

---

8 Krit. *Deutsch/Spickhoff* Rn. 886: geradezu abschreckend voluminöse Anforderungen; zur Zurückweisung der hypothetischen Einwilligung BGH NJW 2019, 1076, 1077 ff.

9 Näher Ulsenheimer/Gaede/*Ulsenheimer/Gaede* Rn. 854 ff.

10 Insb. werden Freiheiten und Bedürfnisse frei handelnder Menschen zu stark zurückgesetzt, m.w.N. *Scheinfeld*, Organtransplantation und Strafrechtspaternalismus, S. 90 ff.; siehe auch zur Rechtspolitik die Fn. 7; a.A. noch BVerfG NJW 1999, 3399, 3401 ff.

11 Dazu m.w.N. Ulsenheimer/Gaede/*Ulsenheimer/Gaede* Rn. 853 f. und 858; zur Praxis, die auf die besondere persönliche Verbundenheit im Einzelfall abstellt, BSG MedR 2004, 330.

Willen des Verstorbenen (§ 4 Abs. 1 S. 4 TPG) zustimmen. Sein Widerspruch sperrt die Entnahme (§ 3 Abs. 2 Nr. 1 TPG).

Der Tod des Spenders wird nicht definiert. § 3 Abs. 2 Nr. 2 TPG setzt aber die 7 Feststellung des **Gesamthirntodes** voraus. Nach § 5 TPG müssen die notwendigen Feststellungen durch zwei qualifizierte Ärzte nach jeweils unabhängiger Untersuchung getroffen werden (§ 5 Abs. 1 S. 1 TPG). Ein Arzt genügt, wenn ein irreversibler Herz- und Kreislauftod seit drei Stunden eingetreten ist (§ 5 Abs. 1 S. 2 TPG). Feststellende Ärzte dürfen weder an der Entnahme noch an der Übertragung der Transplantate beteiligt sein (§ 5 Abs. 2 und 3 TPG). Die BÄK darf gem. § 16 Abs. 1 S. 1 TPG die medizinischen Kriterien und Methoden in einer Richtlinie präzisieren.

Strafrechtlichen Schutz leisten vor allem § 19 Abs. 2 und 5 TPG. Der Versuch 8 ist nach § 19 Abs. 4 TPG, die fahrlässige Begehung nach § 19 Abs. 5 TPG strafbar.[12] Die Normen erfassen **formelle Verstöße gegen das gebotene Feststellungsverfahren** hinsichtlich des Todes, selbst wenn der Tod tatsächlich eingetreten war oder dies nicht ausgeschlossen werden kann (§ 3 Abs. 1 Nr. 2, Abs. 2 Nr. 2 TPG). Verstöße gegen die in § 5 TPG geregelten Verfahrensanforderungen zum Nachweis des Hirntodes bleiben straflos, solange der Feststellungsstandard nach § 3 Abs. 1 Nr. 2 TPG gewahrt wurde. Verletzungen der § 5 Abs. 2 S. 3 und Abs. 3 S. 3 TPG sind gem. § 20 Abs. 1 Nr. 1 TPG Ordnungswidrigkeiten. Das StGB ist mit der Störung der Totenruhe (§ 168 StGB)[13] und den Eigentumsdelikten[14] anwendbar. Wenn Mediziner das Fortleben des Patienten verkennen, sind die §§ 211 ff., 223 ff. StGB entscheidend.

II. Organ- und Gewebehandel

§ 18 TPG soll das Organ- und Gewebehandelsverbot (§ 17 TPG) mit einer erhebli- 9 chen Strafandrohung sichern. §§ 17 f. TPG will **die Ausnutzung gesundheitlicher Notlagen potentieller Empfänger und wirtschaftlicher Notlagen potentieller Spender verhindern**, zudem die körperliche Integrität und Menschenwürde der Spender sowie das Pietätsgefühl der Allgemeinheit schützen.[15] Die Norm umfasst nicht nur das **Verbot, mit Organen oder Geweben Handel zu treiben**, die zu

---

12 Ob eine mutmaßliche Einwilligung des Spenders ggf. *in dubio pro reo* rechtfertigend wirkt, ist bisher ungeklärt, bejahend *Schroth* JZ 1997, 1149, 1152; MüKo-StGB/*Tag* § 19 TPG Rn. 13 f., allerdings mit Zweifeln infolge der mit dem Tod entfallenen Einwilligungsfähigkeit.
13 Zu ihrer Auslegung m.w.N. Ulsenheimer/Gaede/*Ulsenheimer/Gaede* Rn. 867.
14 Zu Goldzähnen siehe etwa OLG Bamberg NJW 2008, 1543 f.
15 BT/Drs. 13/4355, S. 29, 31. Zur Kritik dieser Zielsetzung z. B. *Schroth* JZ 1997, 1149 ff. und *Scheinfeld*, Organtransplantation und Strafrechtspaternalismus, S. 57 ff., 332 ff., 552 f.

einer Heilbehandlung eines anderen zu dienen bestimmt sind (§ 18 Abs. 1 Var. 1 TPG). Sie untersagt in den § 18 Abs. 1 Var. 2–4 StGB ebenso, **gehandelte Organe oder Gewebe** entgegen § 17 Abs. 2 TPG **zu entnehmen, zu übertragen oder sich übertragen zu lassen.** Der Versuch ist gem. § 18 Abs. 3 TPG strafbar. §§ 17 f. TPG wollen auch eine Ausbeutung von Menschen aus Entwicklungs- und Schwellenländern verhindern, weshalb § 5 Nr. 17 StGB die Anwendbarkeit des deutschen Strafrechts vorsieht, soweit ein deutscher Staatsbürger handelt.

10   § 18 Abs. 1 Var. 1 TPG weist folgende **Prüfungsstruktur** auf: Er setzt voraus, dass jemand mit einem nach § 1a Nr. 1 und 4 TPG erfassten **Organ oder Gewebe entgegen § 17 Abs. 1 S. 1 TPG Handel treibt.** Entgegen § 17 Abs. 1 S. 1 TPG handelt aber gem. § 17 Abs. 1 S. 2 Nr. 1 TPG nicht, wer, z. B. als Arzt, ein angemessenes Entgelt für die zur Transplantation gebotenen Maßnahmen gewährt oder annimmt.[16] Der Tatbestand scheidet aus, wenn Arzneimittel betroffen sind, die nach dem AMG zulässig aus oder unter Verwendung von Organen oder Geweben hergestellt worden sind (§ 17 Abs. 1 S. 2 Nr. 2 TPG). Der Täter muss **vorsätzlich** handeln. § 18 Abs. 2 TPG sieht für gewerbsmäßiges Handeln (§ 23 Rn. 64) mindestens ein Jahr Freiheitsstrafe vor.

11   Das BtMG versteht unter Handeltreiben jede **eigennützige Tätigkeit**, die auf Umsatz gerichtet ist bzw. den Umsatz fördert, selbst einmalige und vermittelnde Tätigkeiten.[17] Folgte man diesem Verständnis für das TPG, würde die Strafnorm z. B. schon den „Naturalhandel" der Überkreuz-Lebendspende erfassen. Indessen ist das Handeltreiben mit dem BSG transplantationsspezifisch **restriktiv auszulegen:**[18] Es muss die Gefahr einer Ausbeutung in sich tragen. Hieran fehlt es bei der Überkreuz-Lebendspende fernab von tatsächlich geleisteten Zahlungen. Der immaterielle Nutzen in Gestalt der verbesserten Gesundheit des Partners fällt nicht unter Wortlaut und Schutzzweck der §§ 17 f. TPG. Schon der notwendige Eigennutz liegt bei dem altruistischen Handeln für den jeweiligen Partner nicht vor.

12   Der hilfsbedürftige **Empfänger** (§ 18 Abs. 1 Var. 4 TPG) und selbst der „Spender" können sich **strafbar** machen. Es kann aber an einem schuldhaften Verhalten fehlen. Gem. § 18 Abs. 4 TPG ist zudem ein Absehen von einer Bestrafung oder eine Milderung nach § 49 Abs. 2 StGB zu prüfen.

---

16 Würde der Arzt ein Entgelt gerade für das Organ fordern, wäre der Tatbestand des § 18 Abs. 1 Var. 1 TPG allerdings erfüllt, siehe Roxin/Schroth/*Schroth* S. 466, 497.
17 Zu diesem vorherrschenden Begriffsverständnis z. B. Roxin/Schroth/*König* S. 501, 513 ff.
18 BSG MedR 2004, 330, 331; m.w.N. Ulsenheimer/Gaede/*Ulsenheimer/Gaede* Rn. 876.

III. Manipulationen der Organallokation

Forensisch bedeutsam war bisher nicht der Organhandel, sondern die Manipula- 13
tion der Organzuteilung.[19] Dies hat die Organknappheit über eine sinkende Spen-
denbereitschaft[20] verschärft. Der Gesetzgeber hat darauf zum 1. August 2013 mit
der Einführung des **§ 19 Abs. 2a TPG** reagiert (Rn. 17 ff.).[21] Es könnten aber auch die
§§ 211 ff., 223 ff. StGB anzuwenden sein (Rn. 20 ff.), die schon in früheren Fällen in
Frage kamen.

Bezugspunkt der Manipulationen ist das Allokationsrecht: Die **Stiftung Eu-** 14
rotransplant mit Sitz in Leiden (NL) weist im Rahmen eines transnationalen
Systems die Organe nach einer einheitlichen Warteliste zu (§§ 10 und 12 TPG). Die
Aufnahme auf die Warteliste ist „insbesondere" von der „Notwendigkeit und Er-
folgsaussicht einer Organübertragung" abhängig (§ 10 Abs. 2 S. 1 Nr. 2 TPG); die
Vergabe „insbesondere" von der **„Erfolgsaussicht und Dringlichkeit"** (§ 12 Abs. 3
TPG). Die Entscheidung sowie die einzubeziehenden Kriterien sollen auf dem Stand
der Erkenntnisse der medizinischen Wissenschaft beruhen (§ 12 Abs. 3 TPG).
Praktisch entscheiden konkretisierende **Richtlinien (RL) der BÄK** (§ 16 Abs. 1 S. 1
Nr. 2 u. 5, Abs. 3 TPG).

Konkret stellt etwa die RL zur Vergabe gespendeter Lebern im Standardver- 15
gabeverfahren[22] auf den MELD-Score (= Model for Endstage Liver Disease) ab. Er
modelliert anhand dreier Blutwerte die Überlebenswahrscheinlichkeit ohne
Transplantation. Je höher der Score, desto wahrscheinlicher ist es, dass der Patient
innerhalb von drei Monaten versterben wird. Dialyse-Patienten wird ein höherer
Score und somit ein besserer Wartelistenplatz zugebilligt.[23] Hiermit betont die BÄK
die Dringlichkeit der Organvergabe zulasten der Erfolgsaussicht (Lebensdauer,
Lebensqualität).[24] Lange wurden Patienten mit alkoholinduzierter Leberzirrhose,
die keine Alkoholabstinenz von mind. sechs Monaten aufwiesen, ausgenommen.[25]

---

19 Zur Erhärtung der Vorwürfe in tatsächlicher Hinsicht LG Göttingen, Urt. v. 6.5.2015 – 6 Ks 4/13
(zusf. *Vieser* medstra 2016, 249) sowie der Tätigkeitsbericht der Überwachungs- und der Prü-
fungskommission 2016/2017, www.baek.de/TB17/PUEK2017.
20 Siehe auch zur Entwicklung der Organspende den Jahresbericht 2017 der Deutschen Stiftung
Organtransplantation, S. 65. Die postmortalen Organspenden gingen von 3511 (2012) stetig auf 3035
(2013) und auf 2594 (2017) zurück.
21 BT/Drs. 17/13947, S. 21, 40 f. Zum Rechtsgut *Hofmann*, Die Legitimation des § 19 Abs. 2a TPG,
2019. S. 86 ff., 489 ff.: Schutz des derivativen Teilhaberechts auf Organzuteilung.
22 Zu Sonderfällen wie der sog. High-Urgency-Liste siehe BGHSt 62, 223 – Rn. 6 und 9.
23 BGHSt 62, 223 – Rn. 10, 14.
24 Siehe aber zur eingeschränkten Modellierung der Dringlichkeit BGHSt 62, 223 – Rn. 7.
25 BGHSt 62, 223 – Rn. 13 zu Ziffer II 2.1 S. 1 RLBÄK 2009, siehe auch Rn. 19 f. etwa zu einem
extrahepatischen Tumorwachstum.

16   Diese Maßstäbe wurden missachtet, indem Ausschlusskriterien verschwiegen (sog. Wartelistenfälle)[26] oder z. B. Blutwerte so eingetragen wurden, dass ein erhöhter MELD-Score entstand (sog. Manipulationsfälle).[27]

Fall 37: Leber (in Anlehnung an BGHSt 62, 223)
Transplantationschirurg T gibt wahrheitswidrig in einer Meldung nach §§ 10 Abs. 3 S. 1, 13 Abs. 3 S. 3 TPG gegenüber Eurotransplant an, dass sein Patient P1 bereits zwei Nierenersatztherapien durchgeführt hatte, um P1 einen besseren Wartelistenplatz zu vermitteln. P1 erhält tatsächlich einen bevorzugten Listenplatz. T ist bewusst, dass dadurch in Wahrheit vorrangige Patienten in die Gefahr geraten könnten, nicht mehr rechtzeitig ein passendes Organangebot zu erhalten und deshalb zu versterben. Er vertraut darauf, dass der womöglich an höchster Stelle übersprungene Patient P2 rechtzeitig ein anderes passendes Organ bekommen und aufgrund der fehlerhaften Organzuteilung keinen gesundheitlichen Schaden erleiden werde. Tatsächlich erhalten Patienten mit sehr hohem MELD-Score oft eine Vielzahl von Organangeboten. Hinsichtlich der danach folgenden überholten Patienten P3 usw. vermochte T aufgrund der Unwägbarkeiten des Verteilungsverfahrens schon den tatsächlichen Verlauf in seinen wesentlichen Zügen nicht vorauszusehen. P2 und P3 sterben. Es ist weder feststellbar, ob P2 oder P3 die Leber erhalten hätten, noch, ob sie mit der Leber mit an Sicherheit grenzender Wahrscheinlichkeit überlebt hätten. **Strafbarkeit des T?** Zur Lösung Rn. 17 ff.

---

1. Spezialtatbestand des § 19 Abs. 2a TPG

17   In der Debatte über den **Fall 37: Leber** wurde früh gesehen, dass die falsche schriftliche Dokumentation nicht als Urkundenfälschung (§ 267 StGB) zu erfassen war, weil die Angaben lediglich eine schriftliche Lüge waren.[28] Auch § 278 StGB a. F. war unanwendbar, weil sie nur Falschangaben gegenüber Behörden oder Versicherungen und nicht Eurotransplant erfasste.[29]

18   Seit dem 1. August 2013 droht § 19 Abs. 2a TPG jedem, der entgegen § 10 Abs. 3 S. 2 TPG durch Falschangaben in der erforderlichen Meldung gem. §§ 10 Abs. 3 S. 1, 13 Abs. 3 S. 3 TPG den Zugang zur Warteliste für Organe oder den Listenplatz positiv beeinflussen will, mit Strafe. Der Versuch ist strafbar (§ 19 Abs. 4 TPG). Im **Fall 37: Leber** verschaffte T dem P1 mit Falschangaben gezielt einen besseren Listenplatz und verwirklichte somit das Delikt.

19   Täter kann nur der **in § 10 Abs. 3 S. 1 TPG genannte Arzt** des Transplantationszentrums oder eine von ihm beauftragte Person sein.[30] Zu berücksichtigen ist

---

26 BGHSt 62, 223 – Rn. 12 ff.
27 BGHSt 62, 223 – Rn. 10, 15 ff.
28 Dazu etwa *Kudlich* NJW 2013, 917, 919.
29 Zum Ungenügen des privaten Vereins statt vieler *Schroth* NStZ 2013, 437, 446 f.
30 Zum Charakter als Sonderdelikt MüKo-StGB/*Tag* § 19 TPG Rn. 20.

§ 278 StGB n.F., der von § 19 Abs. 2a TPG als *lex specialis* verdrängt wird. Der Gesetzgeber hat mit § 10 Abs. 3 S. 2 TPG die Allokationskriterien allerdings noch immer nicht hinreichend geklärt, weshalb sich die Probleme des Parlamentsvorbehalts weiter stellen.[31] Jedenfalls, wenn § 10 Abs. 3 S. 2 TPG über die in Bezug genommenen RL auf verfassungswidrige Ausschlusskriterien verweisen sollte, wäre § 19 Abs. 2a TPG unanwendbar.

2. Anwendung der Tötungsdelikte

Ein Patient könnte versterben, wenn er ein ihm nach den Richtlinien zustehendes 20 Organ nicht erhält, und eine Transplantation den Tod hätte vermeiden können. Daher wurde die Hypothese aufgestellt, dass Ärzte den **Tod eines übergangenen Patienten vorsätzlich ausgelöst bzw. billigend in Kauf genommen** haben könnten, als sie die Organallokation manipulierten.[32]

Bei näherer Betrachtung zeigt sich aber, dass es praktisch ausgeschlossen ist, 21 die (quasi-)kausale Tötung eines durch die Manipulation nach hinten gerückten Patienten nachzuweisen: Der Gesundheitszustand der Patienten, die Erfolgsrisiken der Transplantation und Unwägbarkeiten des Verfahrens verhindern eine hinreichend sichere Feststellung eines hypothetischen Geschehens, in dem ein übergangener Patient gerettet worden wäre.[33] Aus diesem Grund konzentriert sich die Debatte auf **Versuchsvorwürfe.**

Für den Versuch ist klärungsbedürftig, ob Unterlassen[34] oder aktives Tun 22 vorliegt. Der Umstand, dass nach der Tatvorstellung eine bestimmte Rettungschance einem anderen Patienten nicht angetragen werden soll, genügt nicht für ein Unterlassen. Vielmehr begehen die manipulierenden Ärzte mit den Falschangaben eine **in mittelbarer Täterschaft** (§ 25 Abs. 1 Var. 2 StGB) **aktiv begangene Tat**, die von gutgläubigen Mitarbeitern Eurotransplants als Tatmittler vollzogen wird.[35]

---

31 Zur Kritik siehe m.w.N. *Hofmann*, Die Legitimation des § 19 Abs. 2a TPG, 2019, S. 155 ff., 245 ff., 303 ff., 492 ff.; MüKo-StGB/*Tag* § 19 TPG Rn. 20; keine dahingehenden Probleme sehen offenbar Spickhoff/*Scholz/Middel*, § 19 TPG Rn. 4. Dazu unten Rn. 25.

32 Siehe repräsentativ LG Göttingen Urt. v. 6.5.2015 – 6 Ks 4/13 und BGHSt 62, 223.

33 BGHSt 62, 223 – Rn. 54: fünf bis zehn Prozent Risiko, in oder unmittelbar nach der Transplantation zu sterben, Risiko der mangelnden Eignung des Organs, ungewisse Transplantabilität zum maßgebenden Zeitpunkt und Kapazitäten im Transplantationszentrum.

34 So etwa *Schroth/Hofmann* NStZ 2014, 486, 488 f.

35 So etwa LG Leipzig medstra 2020, 180; *Kudlich* NJW 2013, 917, 918; *Rosenau*, FS Schünemann, 2014, S. 689, 694 ff.

Soweit man die Setzung eines rechtlich missbilligten Risikos bejaht (Rn. 23 ff.), läge dieses in den chancenmindernden falschen Angaben, die der Arzt aktiv äußert (zur Abgrenzung § 17 Rn. 9 f.) und damit im Abbruch eines durch die Warteliste vermittelten sicher rettenden Kausalverlaufs – nicht erst in der unterbleibenden Organzuweisung.[36]

23 Der BGH hat 2017 Grenzen für eine Strafbarkeit in sog. **Wartelistenfällen** herausgearbeitet: Selbst wenn Ärzte den Tod eines anderen Patienten in Kauf genommen hätten, sind Fälle, in denen sie mit ihren Fehlangaben allein von der BÄK über Richtlinien verfügte Ausschlüsse von der gleichberechtigten Versorgung mit Spenderorganen missachten, nicht von den §§ 211 ff. oder 223 ff. StGB umfasst.[37] Die BÄK hatte z.B. keine Befugnis, Patienten mit einer alkoholinduzierten Leberzirrhose ohne sechsmonatige Karenzzeit auszuschließen. Der BGH sah in § 16 Abs. 1 S. 1 Nr. 2 und 5 TPG keinen bestimmten gesetzgeberischen Auftrag, einen strikten Ausschlusstatbestand für den Fall des Alkoholkonsums zu regeln.[38] Auch die Erwägung, dass die zur Tatzeit durch Richtlinien etablierte Ordnung zu erhalten sei, um „Chaos" zu verhindern, überzeuge nicht. Andernfalls mutierte der Totschlag entgegen Art. 103 Abs. 2 u. 104 Abs. 1 GG in ein exekutiv ausgefülltes Blankett.[39]

24 Dem ist für den, heute in Richtlinien abweichend behandelten, Alkoholkonsum ebenso wie für andere nicht valide strikt medizinisch begründete Ausschlüsse zuzustimmen. Wenn eine Strafnorm auf einen Lebenssachverhalt trifft, der seinerseits auf Grund geltender Gesetzesvorbehalte normgeprägt ist, entspricht es dem Anspruch des Strafrechts, die Bestimmungsmaßstäbe zu achten.[40] Organe gehören nicht bereits infolge deren Bedürftigkeit einer bestimmten hilfsbedürftigen Person, eine normative Entscheidung über die Organzuweisung ist notwendig. Die **Abkehr von verfassungswidrigen Allokationskriterien** kann im Strafrecht kein rechtlich missbilligtes Risiko sein.

25 Für die sog. **Manipulationsfälle** hat der BGH eine Straflosigkeit mangels eines rechtlich missbilligten Verhaltens erwogen: Zum einen sichere der Schutzzweck der Verteilungsregeln des TPG nur das gleiche derivative Teilhaberecht, nicht aber

---

36 Zur Einordnung der Abbruchfälle als aktive Begehung nach allg. Ansicht *Roxin/Greco* AT I § 11, Rn. 33; *Rosenau*, FS Schünemann, 2014, S. 689, 696; siehe ferner zur Einordnung als mittelbare Täterschaft Ulsenheimer/Gaede/*Ulsenheimer/Gaede* Rn. 890.

37 BGHSt 62, 223 – Rn. 31 ff.; zuvor schon LG Göttingen Urt. v. 6.5.2015 – 6 Ks 4/13.

38 Dazu näher BGHSt 62, 223 – Rn. 33 ff.

39 BGHSt 62, 223 – Rn. 35 (siehe auch 37 ff. zur mangelnden medizinwissenschaftlichen Evidenz für die geforderte Karenzzeit); i.E. *Dannecker/Streng-Baunemann* NStZ 2014, 673, 674 f.; *Fateh-Moghadam* MedR 2014, 665, 666; krit. dazu aber LG München I BeckRS 2017, 143145; *Rosenau/Lorenz* JR 2018, 168, 174 ff.; *Rissing-van Saan/Verrel* NStZ 2018, 57 ff.

40 Dazu *Gaede*, Update im Medizinstrafrecht – Entscheidungen, Tendenzen, 2018, S. 11, 26 f.

ein konkretes Lebensrecht eines bevorzugten Patienten.[41] Zum anderen scheide ein rechtlich missbilligtes Risiko aus, weil Tötungsunrecht einen rechtlich gesicherten Anspruch des übergangenen Patienten auf ein Organ voraussetze, den das TPG nicht hinreichend vermittle.[42] Tatsächlich wird man konstatieren müssen, dass die §§ 10, 12 und 16 TPG **keine hinreichende parlamentarische Grundlage für die durch Organallokation verfügte Zuteilung von Lebenschancen** sind.[43] Da §§ 10 und 12 TPG der BÄK die konkrete Zuweisung bis heute belassen, fehlen belastbare Maßstäbe für die Zuordnung eines Organs zu einer Person. Ohne diese muss die Annahme eines missbilligten Risikos zulasten eines konkret Berechtigten ausscheiden. Der MELD-Score ist allein kein hinreichender Bezugspunkt. Der Schutz durch das StGB erfordert eine Novellierung der §§ 10 und 12 TPG.

Der BGH hat seinen Freispruch letztlich auf einen **mangelnden** Vorsatz gestützt, den *dolus eventualis* hielt er für nicht belegt:[44] 26

Der Senat betonte **2017**, dass schon das **Kenntniselement** regelmäßig fehle. 27
Hierfür legte er dar, dass Bezugspunkt des Vorsatzes ist, ob ein infolge der Falschangaben auf der Warteliste überholter Patient überlebt hätte, sofern er ein Organ erhalten hätte.[45] Andernfalls wäre dieser Patient nicht auf Grund der Tathandlung verstorben. Für konkret maßgeblich hielt der **5. Strafsenat**, ob sich der Arzt vorstellte, sein Verhalten werde *mit an Sicherheit grenzender Wahrscheinlichkeit eine Verlängerung des Lebens des „überholten" Patienten vereiteln*. Dies schloss er nach dem festgestellten Wissen des Angeklagten aus. Ein Transplantationsmediziner, dem das hohe Risiko in oder unmittelbar nach der Transplantation zu versterben, die weiteren Verwerfungen des Allokationsverfahrens und das Risiko der mangelnden Organeignung bekannt sind, könne nicht annehmen, bei dem verdrängten Patienten werde im Fall des Angebots der konkreten Leber mit an Sicherheit grenzender Wahrscheinlichkeit eine Lebensverlängerung eintreten.[46]

---

41 BGHSt 62, 223 – Rn. 28 f. Dafür *Bülte* StV 2013, 753, 755; *Verrel* MedR 2014, 464, 467 f. Hierfür macht der BGH gar eine etwaige Sperrwirkung der §§ 19 f. TPG geltend, BGHSt 62, 223 – Rn. 29, 41 und 43. Dagegen z. B. zu Recht *Rosenau/Lorenz* JR 2018, 168, 172 f.

42 BGHSt 62, 223 – Rn. 28 f. So etwa schon *Schroth* NStZ 2013, 437, 443; *Fateh-Moghadam* MedR 2014, 665; abl. etwa m.w.N. *Rosenau/Lorenz* JR 2018, 168, 171 f.

43 Zu dieser bereits mannigfaltig geäußerten Kritik zusf. *LG Leipzig* medstra 2020, 181 f.; m.w.N. *Gutmann/Fateh-Moghadam* NJW 2002, 3365, 3366; *Schroth* NStZ 2013, 437, 444; *Schroth/Hofmann* medstra 2018, 3, 7 f.; zusf. *Hofmann*, Die Legitimation des § 19 Abs. 2a TPG, 2019, S. 256 ff.; siehe im Kern auch BGHSt 62, 223 – Rn. 34: keine annähernd bestimmten Vorgaben *aus dem TPG*; grundlegend BVerfGE 33, 303, 345 f.

44 BGHSt 62, 223 – Rn. 42 ff.; LG Göttingen Urt. v. 6.5.2015 – 6 Ks 4/13.

45 BGHSt 62, 223 – Rn. 53 ff., so richtig sowohl zum aktiven Tun als auch zum Unterlassen.

46 BGHSt 62, 223 – Rn. 55 f.

28   An das mangelnde Kenntniselement kann aber schwerlich angeknüpft werden: Auch der 5. Strafsenat hat seine **Ansicht** nach überzeugender **Kritik**[47] 2023 ohne Erklärung **aufgegeben**.[48] Er hatte die Anforderungen an die Feststellung des objektiven Zurechnungszusammenhangs und die Vorsatzmaßstäbe insbesondere des unechten Unterlassungsdelikts verwechselt.[49] Diese lassen zum Kenntniselement auch einen *dolus eventualis* genügen.

29   Umso bedeutsamer ist danach, dass es – wie der BGH bestätigt hat – in Manipulationsfällen oft am **voluntativen Element** fehlen dürfte:[50] Die erkannte Wahrscheinlichkeit des Erfolgseintritts zwingt nicht zur Annahme eines *dolus eventualis*. Aus der Sorge um den eigenen Patienten folge nicht der Tötungsvorsatz hinsichtlich des übergangenen Patienten.[51] Um die Frage zu beantworten, ob der Angeklagte tatsachengestützt auf das Überleben anderer Patienten vertraut habe oder nur einer vagen Hoffnung gefolgt sei, seien die Sterberisiken mit gegenläufigen Faktoren abzuwägen. Für Patienten mit hohem MELD-Score besteht regelmäßig ein Überangebot an Spenderorganen[52]. Ärzte weisen sogar bewusst Organe zurück, um auf ein besseres zu warten. Danach bestätigte der BGH die Ablehnung des voluntativen Elements durch das Tatgericht.

30   Die herangezogenen Kenntnisse der Ärzte (Rn. 26 f.) liefern tatsächlich gewichtige Gründe, das voluntative Element abzulehnen. Besonderheiten könnten sich in anderen Fällen aber etwa bei finanziellen Motiven ergeben.

31   Auch nach Ansicht des BGH sprach im **Fall 37: Leber** angesichts des Wissens um die Ungewissheiten der Transplantation ferner nichts dafür, dass beteiligte Ärzte angenommen haben könnten, das Leiden eines „überholten" Patienten werde sich wegen der Nichtzuteilung einer Leber verschlimmern oder verlängern – eine Körperverletzung scheidet damit ebenfalls aus.[53]

---

47 BGH NJW 2021, 326, 328; BGH NStZ 2023, 153, 154 f.
48 BGH HRRS 2022 Nr. 1244. Siehe aber auch *Schroth/Hofmann* medstra 2018, 3, 10 f.
49 Zur Ablehnung etwa *Ast* HRRS 2017, 500, 501 f.; *Kudlich* NJW 2017, 3255, 3256.
50 BGHSt 62, 223 – Rn. 58 ff.
51 BGHSt 62, 223 – Rn. 61; gerade hierzu aber a.A. etwa *Haas* HRRS 2016, 384, 395 f.
52 Siehe nur BGHSt 62, 223 – Rn. 59: bis zu 54 Organangebote in einem der Fälle des BGH.
53 Dazu auf Grund der sachverständig beraten getroffenen Einzelfallfeststellungen BGHSt 62, 223 – Rn. 63 f., dort aber auf das sichere Wissen bezogen.

§ 20 Absicherung der Schweigepflicht im Gesundheitswesen

Die Verschwiegenheitspflicht insbesondere der Ärzte, die bereits der Eid des 1
Hippocrates erwähnt,[1] ist eine Konstante des Medizinrechts (siehe § 9 MBO-Ä). Die
§§ 203 f. StGB unterstreichen sie strafrechtlich. Die Erwartung, dass alles, was der
Arzt im Rahmen seiner Berufsausübung über die gesundheitliche Verfassung des
Patienten erfährt, geheim bleibt, ist eine wesentliche Grundlage dafür, dass das
Vertrauensverhältnis entsteht, welches die Chancen der Heilung vergrößern und
eine leistungsfähige Gesundheitsversorgung fördern kann.[2] Die Wahrung des Pa-
tientengeheimnisses gebietet, im Lichte des Art. 2 Abs. 2 S. 1 GG, schon das allgemeine Persönlichkeitsrecht (Art. 2 Abs. 1 GG i.V.m. Art. 1 Abs. 1 GG).[3] Sie macht,
insbesondere im digitalen Kontext (siehe die Art. 9, 30 Abs. 5 und 83 Abs. 5 DSGVO),
einen besonders sensiblen Schutzbereich des Rechts auf informationelle Selbstbestimmung aus.

Die §§ 203 und 204 StGB spielen allerdings vor Strafgerichten eine geringere 2
Rolle,[4] was insbesondere an ihrem Charakter als **absolute Antragsdelikte** liegen
dürfte (§ 205 Abs. 1 S. 1 StGB). Selten werden Taten angezeigt bzw. kommt § 203 StGB
eher als zivilrechtliche Vorfrage etwa beim Verkauf einer Praxis über § 134 BGB
Bedeutung zu.[5] Es ist mit einer Reihe nicht rechtskonformer Handhabungen der
Schweigepflicht zu rechnen (sog. **Dunkelfeld**).[6]

Im digitalen Kontext ist der **Datenschutz zu beachten**, der primär über die 3
DSGVO geleistet wird. Das Datenschutzrecht gewährt eigenständig, in den materiellen Zielrichtungen aber oft im Einklang mit der Schweigepflicht, gerade im Gesundheitswesen einen bisweilen sehr weitgehenden Schutz der informationellen
Selbstbestimmung. Auch angesichts nicht antragsabhängiger Sanktionsbefugnisse

---

1 Hierzu etwa Ulsenheimer/Gaede/*Ulsenheimer/Gaede* Rn. 1034 f.; zur Unabhängigkeit von einem
wirksamen Behandlungsvertrag siehe OLG München MedR 2010, 645.
2 So explizit auch BVerfGE 32, 373, 380.
3 Zur Anerkennung siehe BVerfGE 32, 373, 378 f.; BVerfG MedR 2006, 586.
4 Die Strafverfolgungsstatistik weist z.B. für das Jahr 2021 19 „Abgeurteilte" aus, bei elf verur-
teilten Angeklagten, vgl. Statistisches Bundesamt, Fachserie 10, Reihe 3, 2021 S. 32 f., 104 ff., 140 f.
Zu den Gründen Ulsenheimer/Gaede/*Ulsenheimer/Gaede* Rn. 1038.
5 Siehe insoweit BGHZ 115, 123 ff.; 116, 268 ff.; BGH NJW 2014, 141, 142 f.; begrenzend für die
Abtretung zahnärztlicher Forderungen BGH BeckRS 2019, 12357.
6 Zum Schutz durch das Berufsrecht, das aber kein absolutes Antragserfordernis kennt, siehe
Spickhoff/*Scholz* § 9 MBO-Ä Rn. 1 ff.

https://doi.org/10.1515/9783111048543-023

nach den Art. 83 ff. DSGVO,[7] die ggf. umsatzabhängige Geldbußen in Millionenhöhe gestatten, sind die Maßgaben des Datenschutzrechts und damit auch die §§ 203 f. StGB ernst zu nehmen.[8]

Fall 38: Visite

In der Visite geht Oberärztin O zu ihrer frisch operierten GKV-Patientin P, die im Dreibettzimmer auf der Station angekommen war. Im voll belegten Zimmer informierte O die P, für alle Patienten hörbar, näher über den Operationsverlauf und die nun bestehenden Heilungschancen. **Hat O ihre Schweigepflicht verletzt?** Zur Lösung Rn. 25 ff.

I. Tatbestand der Verletzung der Verschwiegenheit

4 § 203 StGB schützt nach h.M. sowohl das Interesse des Einzelnen an seiner Geheimnissphäre als auch das allgemeine Interesse, dass das Vertrauen zwischen Arzt und Patient als Grundvoraussetzung ärztlichen Wirkens nicht beeinträchtigt wird. Kranke sollen sich nicht aus Zweifeln an der Verschwiegenheit des Arztes davon abhalten lassen, ärztliche Hilfe in Anspruch zu nehmen.[9] Dieser **Ansatz überzeugt** mit der Einschränkung, dass § 203 StGB primär das Diskretionsinteresse des Einzelnen schützt.[10] Gerade das Strafantragserfordernis (§ 205 StGB) zeigt, dass der Betroffene nicht als Interessenvertreter des Gesundheitswesens begriffen werden kann.

5 Wegen der Verletzung eines Privatgeheimnisses macht sich etwa ein Arzt und jeder Angehörige eines anderen Heilberufs, der eine staatlich geregelte Ausbildung für die Berufsausübung oder die Führung der Berufsbezeichnung erfordert, strafbar, wenn er unbefugt ein fremdes Geheimnis offenbart, das ihm in dieser Eigenschaft anvertraut oder sonst bekannt geworden ist. Dies führt zu folgender **Prüfungsstruktur:**

---

7 Siehe ferner auch den Straftatbestand des § 42 BDSG, zu diesem näher m.w.N. Kühling/Buchner/*Bergt*, DSGVO/BDSG, 4. Aufl. 2024, § 42 BDSG Rn. 3 ff.

8 Zu alledem schon m.w.N. Ulsenheimer/Gaede/*Ulsenheimer/Gaede* Rn. 1111 ff.; siehe auch *Kubiciel* jurisPR-StrafR 14/2018, Anm. 1: drastische Verschärfung des Sanktionenregimes.

9 BGH NJW 1968, 2288, 2290; OLG Köln NStZ 1983, 412, 413; Lackner/Kühl/Heger/*Heger* § 203 Rn. 1. Für den ausschließlichen Schutz des Patienten etwa *Jäschke* ZStW 131 (2019), 36 ff.; NK-StGB/*Kargl* § 203 Rn. 6 ff.; Prütting/*Tsambikakis/Kessler* § 203 StGB Rn. 2.

10 In diesem Sinne auch BGHZ 115, 123, 125; BayObLG NJW 1987, 1492, 1493; Laufs/Kern/Rehborn/ *Ulsenheimer* § 139 Rn. 16; treffend BGHSt 38, 144, 146.

Verletzung von Privatgeheimnissen (§ 203 StGB)

I.   Tatbestand
   1.   Objektiver Tatbestand
     a)   **Tauglicher Täter** = enumerative Aufzählung in § 203 Abs. 1, 2, 2a und 4 StGB, insb.
       Abs. 1 Nr. 1: Angehörige eines qualifiziert staatlich geregelten Heilberufs
     b)   **Fremdes Geheimnis**
     c)   **Anvertraut oder sonst berufsbezogen („als") bekannt geworden**
     d)   **Offenbaren des Geheimnisses**
   2.   Subjektiver Tatbestand = Vorsatz
II. Rechtswidrigkeit
   Verschiedene Rechtfertigungsgründe mit großer praktischer Relevanz!
III. Schuld
IV. Strafe: **Strafantragserfordernis gem. § 205 StGB**

Tauglicher Täter: § 203 StGB ist ein echtes **Sonderdelikt**; nur folgende im Gesetz 6
genannten Personen aus dem Gesundheitswesen sind – von der Teilnahme abgesehen – Adressaten:

–   § 203 Abs. 1 Nr. 1 StGB erfasst neben Ärzten auch Zahnärzte, Tierärzte (!),
   Apotheker und jeden Angehörigen eines anderen Heilberufs, der für die Berufsausübung oder die Führung der Berufsbezeichnung eine staatlich geregelte
   Ausbildung erfordert (z. B. Hebammen, Physiotherapeuten, Rettungsassistenten etc.), nicht aber Heilpraktiker.

–   § 203 Abs. 1 Nr. 2 StGB unterstellt der Norm Berufspsychologen mit staatlich
   anerkannter wissenschaftlicher Abschlussprüfung.

–   § 203 Abs. 1 Nr. 5 StGB erfasst die Mitglieder oder Beauftragte einer anerkannten Beratungsstelle nach den §§ 3 und 8 SchwKG.

–   § 203 Abs. 1 Nr. 7 StGB erstreckt die Norm auf Angehörige von Unternehmen der
   privaten Kranken-, Unfall- oder Lebensversicherung oder einer privatärztlichen Verrechnungsstelle.

–   Nach § 203 Abs. 4 S. 1 StGB sind berufsmäßig mitwirkende Personen dem
   strafbewehrten Schutz der Verschwiegenheit unterstellt (siehe zu § 203 Abs. 4
   S. 2 StGB Rn. 41). Damit sind auch **berufsmäßig tätige Gehilfen** wie Arzthel-
   ferinnen oder Pfleger und **zur Vorbereitung auf den Beruf tätige Personen**
   wie Praktikanten oder PJ-Studierende taugliche Täter.

–   Schließlich ist auf § 203 Abs. 2 StGB zu verweisen, der u. a. **Amtsträger oder
   öffentlich bestellte Sachverständige** erfasst.

Der Tatbestand findet nach h.M. auch auf „Hochstapler" bzw. auf Ärzte Anwen- 7
dung, denen die Approbation entzogen wurde, da die Geheimnisträger auch in

diesem Fall berufsbezogenes Vertrauen in Anspruch nehmen.[11] Die **Täterqualität** muss **bei Kenntniserlangung** des Geheimnisses vorliegen.

8   Geschützt sind **fremde Geheimnisse:** Das ist nach dem *dreigliedrigen Geheimnisbegriff* eine Tatsache, deren Kenntnis *erstens* nicht allgemein, sondern nur einem begrenzten Personenkreis gegeben ist, deren Geheimhaltung der Patient *zweitens* – ggf. konkludent erkennbar – will, und an der er *drittens* ein „verständliches", d. h. vom Standpunkt des Betroffenen betrachtet sachlich begründetes, schutzwürdiges Interesse hat.[12] Keine Tatsachen sind Werturteile. Es genügt, wenn sich eine Tatsache einer Person zuordnen lässt, weshalb Patienteninformationen auch zu Forschungszwecken nur ohne weitergehende Rechtfertigung veröffentlicht werden dürfen, wenn der Patient für Dritte nicht identifizierbar ist.[13]

9   Der Geheimnisbegriff ist **weit auszulegen.**[14] Er erfasst etwa: die Art der Krankheit, Anamnese, Diagnose, psychische Auffälligkeiten oder Inhalte der Patientenakten. Untersuchungsmaterial und -ergebnisse gehören dazu, wie auch Angaben über persönliche, familiäre, berufliche, wirtschaftliche oder finanzielle Umstände.[15] Die Pflicht zur Geheimhaltung bezieht sich schon auf die **Identität des Patienten und die Tatsache seiner Behandlung.**[16] Ein Geheimnis ist nicht anzunehmen, wenn die Tatsache einer unbestimmten Vielzahl von Personen bekannt und damit **offenkundig** ist.

10   Das **Geheimhaltungsinteresse** des Patienten soll nach einem subjektiv-individuellen Maßstab bestimmt werden. Es entscheidet die persönliche Sicht des Patienten und damit sein (auch mutmaßlicher) Geheimhaltungswille. Willkür oder Launen sollen aber unbeachtlich sein.[17] Systematisch überzeugen kann es bei einem vorrangigen Schutz eines Individualrechts allein, den subjektiven Willen tatbestandlich zunächst zu akzeptieren,[18] Einschränkungen nur über konkrete Rechtfertigungsgründe herzuleiten und die §§ 153 ff. StPO zu beachten.

11   **Fremd** sind Geheimnisse, die vom Schweigeverpflichteten aus gesehen einen anderen geborenen oder verstorbenen Menschen (§ 203 Abs. 5 StGB) betreffen. Wer der Geheimnisträger ist, ist grundsätzlich unerheblich.[19] Geheim zu halten hat der

---

11 LK/*Hilgendorf* § 203 Rn. 99; Prütting/*Tsambikakis/Kessler* § 203 StGB Rn. 9; Roxin/Schroth/ *Braun* S. 227; enger zu § 299a StGB NK-WSS/*Gaede* § 299a StGB Rn. 36.
12 *Rogall* NStZ 1983, 1, 5 f.; m.w.N. MüKo-StGB/*Cierniak/Niehaus* § 203 Rn. 13 und 19 ff.
13 Zu der zu beachtenden Anonymisierung Spickhoff/*Knauer/Brose* § 205 Rn 2.
14 BGHSt 38, 369.
15 Zur Testierfähigkeit BGHZ 91, 392, 398, zum BtM-Konsum LG Karlsruhe StV 1983, 144.
16 BGHSt 45, 363, 366; m.w.N. BGH MedR 1985, 166, 167.
17 Hierfür etwa *Fischer* § 203 Rn. 9; unter Verweis auf die *ultima-ratio*-Funktion des Strafrechts z. B. MüKo-StGB/*Cierniak/Niehaus* § 203 Rn. 22 ff.; LK/*Hilgendorf* § 203 Rn. 47.
18 Ausführliche und überzeugende Kritik bei NK-StGB/*Kargl* § 203 Rn. 6 f. m.w.N.
19 BGHSt 38, 369, 370; BGHZ 40, 288, 293, 294.

Arzt Umstände, die der Patient über andere berichtet, indem er etwa die eigene Alkoholsucht mit der eines Verwandten vergleicht. Bei diesen sog. **Drittgeheimnissen** muss ein Bezug zur Geheimsphäre des Patienten bestehen, damit ein Konnex zur Ratio der Strafnorm verbleibt. Den Arzt darf nur der Dritte von der Schweigepflicht entbinden (str.).[20]

Das fremde Geheimnis muss dem Betreffenden etwa „als Arzt [...] **anvertraut** 12 **oder sonst bekanntgeworden"** sein: Hierunter fällt „alles [...], was der Arzt in dieser Eigenschaft wahrgenommen hat, gleichgültig, ob die Wahrnehmungsmöglichkeit auf einem besonderen Vertrauensakt beruht oder nicht".[21] Das Anvertrauen ist nur ein Sonderfall des Bekanntwerdens. Ob der Patient den Arzt freiwillig oder pflichtbedingt aufgesucht hat, ist irrelevant.[22] Die Kenntnis muss aber in innerem Zusammenhang mit der Heilberufstätigkeit stehen,[23] was z. B. durch den Eintritt in eine Praxis oder eine berufsbezogene Ansprache eintreten kann. Der **funktionale Konnex** fehlt, wenn der Arzt das Geheimnis schon früher außerhalb seiner beruflichen Sphäre erfahren hat.

Offenbaren des Geheimnisses ist jede mündliche, schriftliche oder auf 13 sonstige Weise erfolgende Weitergabe des Geheimnisses und seines Trägers an einen Dritten, dem diese Tatsachen noch unbekannt oder nicht sicher bekannt sind (z. B. die Bestätigung eines Gerüchts).[24] Die Mitteilung muss eine identifizierbare Person und die geheimnisgeschützte Tatsache betreffen. Auf die *tatsächliche*, inhaltliche Kenntnisnahme kommt es nach herrschender und vom Gesetzgeber jüngst bestätigten Ansicht nicht an.[25]

Das fremde Geheimnis kann auch durch **Unterlassen** strafbar offenbart 14 werden (§ 13 Abs. 1 StGB). Relevant ist etwa der Fall, in dem die räumlichen Verhältnisse einer Praxis nicht derart gestaltet werden, dass der Patient eine Kenntnisnahme durch Dritte vermeiden kann.[26]

---

20 Wie hier etwa OLG Hamburg NJW 1962, 689, 691; MüKo-StGB/*Cierniak/Niehaus* § 203 Rn. 86; NK-StGB/*Kargl* § 203 Rn. 106; *Kraatz* Rn. 280; siehe auch OLG München MedR 2010, 645, 647; a.A. auch die Einwilligung des Anvertrauenden genügend lassend aber OLG Köln NStZ 1983, 412 f.; die Einwilligung beider Betroffener verlangt etwa *Fischer* § 203 Rn. 70.
21 BGHZ 40, 288, 293, 294; BGHSt 38, 369, 370; OLG Köln NJW 2000, 3656; tendenziell noch weiter zu mitwirkenden Personen (§ 203 Abs. 4 S. 1 StGB) BT/Drs. 18/11936, S. 29; a.A. noch OLG Karlsruhe NJW 1984, 676 und BGHSt 3, 61, 63.
22 Zur Geltung bei Sachverständigen, Amtsärzten und Ärzten im Vollzug siehe entsprechend m.w.N. Ulsenheimer/Gaede/*Ulsenheimer/Gaede* Rn. 1040, 1049 und 1051.
23 BGHSt 33, 150 m. Anm. *Hanack* JR 1986, 35; NK-StGB/*Kargl* § 203 Rn. 28.
24 M.w.N. BGH NJW 1995, 2915, 2916; BayObLG NStZ 1995, 187 f.; *Langkeit* NStZ 1994, 6.
25 So etwa *Otto* wistra 1999, 201 f.; *Fischer* § 203 Rn. 34; Ulsenheimer/Gaede/*Ulsenheimer/Gaede* Rn. 1053 und BT/Drs. 18/11936, S. 28.
26 Dazu auch Spickhoff/*Knauer/Brose* § 205 StGB Rn. 31.

15   Die von § 203 StGB verpflichteten Personen müssen beachten, dass die Schweigepflicht grundsätzlich auch gegenüber **Angehörigen** besteht.[27] Ferner kann eine Offenbarung gegenüber Personen strafbar sein, die nach § 203 StGB z. B. wegen ihrer Eigenschaft als Ärztin zur Verschwiegenheit verpflichtet sind. So dürfen nicht anonymisierte Patientendaten ohne Einwilligung nicht an ärztliche Verrechnungsstellen oder an den Käufer einer Praxis weitergegeben werden.[28] Schon **tatbestandlich keine Offenbarung** ist aber für die **Kommunikation im sog. Kreis der Wissenden** anzunehmen. Dies gilt gem. § 203 Abs. 3 S. 1 StGB explizit für berufsmäßig tätige Gehilfen und zur Vorbereitung auf den Beruf tätige Personen. Diese sog. Berufshelfer müssen erkennbar organisatorisch und weisungsrechtlich in den vertrauensbegründenden Pflichtenkreis des Heilberufsangehörigen eingebunden sein.[29] Patienten und Probanden müssen in diesen und einigen weiteren Fällen davon ausgehen, dass sie sich in die Hände eines arbeitsteilig organisierten Prozesses begeben.[30] Zum Kreis der Wissenden zählen vor allem andere *an der Behandlung beteiligte*[31] Kollegen in einem Krankenhaus.[32] Der Kreis erfasst über § 203 Abs. 3 S. 1 StGB hinaus aber auch Verwaltungsangestellte, Techniker und Sekretariatsmitarbeitende des behandelnden Arztes, die *intern in die Behandlungsprozesse eingebunden* sind.[33]

16   Nach den Schutzzwecken der Norm und gem. § 203 Abs. 5 StGB besteht die Pflicht zur Verschwiegenheit des Arztes nach dem Tode des Patienten fort (sog. **postmortale Anwendung**). Dies ist ggf. selbst gegenüber Erben und/oder nächsten Angehörigen zu beachten (siehe aber zu Äußerungen des Verstorbenen zu Lebzeiten und der mutmaßlichen Einwilligung Rn. 24).[34]

17   Das Delikt setzt **vorsätzliches Verhalten** voraus. Glaubt der Arzt irrig, das Geheimnis sei nicht (mehr) unbekannt oder der Berechtigte wolle es nicht (mehr) geheim halten, handelt er nach § 16 Abs. 1 S. 1 StGB ohne Vorsatz. Gleiches gilt analog § 16 Abs. 1 S. 1 StGB, wenn der Arzt irrig die tatsächlichen Voraussetzungen

27 Näher dazu m.w.N. *Braun/Willkomm* medstra 2018, 195, 196 f.

28 Siehe etwa im Falle eines Praxiskaufs BGHZ 116, 268 ff.; zur Umsetzung über das sog. Zwei-Schranken-Prinzip, Ulsenheimer/Gaede/*Ulsenheimer/Gaede* Rn. 1055.

29 Näher BT/Drs. 18/11936, S. 21; NK-StGB/*Kargl* § 203 Rn. 62 f.

30 Aufgreifend BT/Drs. 18/11936, S. 17, 21 f.

31 Zum anderen Fall unbeteiligter Personen der behandelnden Einrichtung etwa *Seelos*, Arzt und Krankenhaus, 1994, 91 f.; *Wohlfahrt* RDV 1996, 64 ff.; für die Leitungsebene zu offen OLG Oldenburg NJW 1982, 2615 f.; wie hier *Gercke/Leimenstoll/Stirner* Rn. 1082.

32 M.w.N. zur h.M. *Langkeit* NStZ 1994, 6, 7; a.A. aber NK-StGB/*Kargl* § 203 Rn. 62, 110.

33 VG Münster MedR 1984, 118, 119; *Fischer* § 203 Rn. 39 ff.

34 Eine Ausnahme wird für vermögenswerte Geheimnisse und für Tatsachen erwogen, deren Kenntnis zur Wahrnehmung postmortaler Persönlichkeitsinteressen erforderlich ist, hierzu BGH NJW 1983, 2627, 2628 und letztlich abl. *Spickhoff* NJW 2005, 1982, 1984.

eines Rechtfertigungsgrundes annimmt (dazu § 15 Rn. 39 f.). Irrt eine Ärztin über Grenzen ihrer Offenbarungsbefugnis oder glaubt sie, das Verschwiegenheitsgebot gelte nie gegenüber schweigepflichtigen Personen, so ist dieser Irrtum als – regelmäßig vermeidbarer – Verbotsirrtum nach § 17 StGB zu bewerten.

II. Rechtfertigung von Eingriffen

Das Offenbaren eines Geheimnisses ist strafbar, wenn der Täter des § 203 StGB 18 „unbefugt" handelt. Darin liegt ein Verweis darauf, dass Rechtfertigungsgründe die Rechtswidrigkeit ausschließen können.

1. Einwilligung

Mindestens die Rechtswidrigkeit der Tat scheidet aus, wenn ein Patient z. B. seinen 19 Arzt von der Verschwiegenheitspflicht entbindet. Es gelten die allgemeinen Anforderungen der Einwilligung (§ 15 Rn. 25 ff.); § 228 StGB ist nicht analog anzuwenden. Primär kommt die Einwilligung durch den Patienten in Betracht (zu Drittgeheimnissen Rn. 11), unter Umständen auch die Einwilligung durch gesetzliche Vertreter (vgl. etwa § 1358 BGB).

Die Einwilligung muss vor der Tat vorliegen.[35] Sie kann **konkludent** und 20 grundsätzlich formlos erklärt werden. Die konkludente Erklärung muss aber sorgfältig durch Auslegung festgestellt werden. Da die Einwilligung auf Selbstbestimmung beruht, darf der Erklärungsinhalt nicht danach bestimmt werden, was ein Patient zum Wohle eines reibungslos funktionierenden Gesundheitswesens wollen sollte. Notwendig ist eine ggf. nonverbale Äußerung, die sich als eindeutige individuelle Zustimmung zur Offenbarung interpretieren lässt (Rn. 25 f.).[36] Mitwirkungspflichten (§ 60 Abs. 1 SGB I) können die Interpretation zugunsten der konkludenten Einwilligung beeinflussen.[37]

Ein **Beispiel** für die konkludente Einwilligung ist die Befugnis, den einwei- 21 senden Arzt über die Behandlung zu unterrichten, wenn sich der Patient auf An-

---

35 Die nachträgliche Genehmigung ist dem Strafrecht hingegen fremd, was für § 203 StGB allerdings angesichts des Strafantragserfordernisses weniger bedeutsam ist.
36 BGHZ 115, 123, 128; 116, 268, 273 f.; *Monin* medstra 2019, 149 ff.; *Fischer* § 203 Rn. 66 ff.; NK-StGB/ *Kargl* § 203 Rn. 110; Matt/Renzikowski/*Altenhain* § 203 Rn. 35.
37 Dazu Laufs/Kern/Rehborn/*Ulsenheimer* § 145 Rn. 27 ff.; *Langkeit* NStZ 1994, 6, 9.

raten des Arztes im Krankenhaus vorgestellt hat.[38] Umstritten, aber grundsätzlich zu bejahen, ist die Befugnis, einen Konsiliararzt außerhalb des behandelnden Krankenhauses hinzuzuziehen und behandlungsbezogen zu informieren.[39] Allein aus der Vorstellung zur Behandlung folgt **keine konkludente Einwilligung** in die Weitergabe von Patientenunterlagen an externe Verrechnungsstellen.[40]

22   Die Einwilligung gem. § 203 StGB kann auf Grund von Einwilligungsunfähigkeit oder eines Willensmangels unwirksam sein (dazu § 15 Rn. 28 ff.). In Betracht kommen Irrtümer des Patienten, die durch verharmlosende mündliche Zusätze entstehen können, welche dem Patienten eine unrichtige Vorstellung vom Inhalt des anschließend unterzeichneten Formulars oder seiner Entscheidungsfreiheit vermitteln. Der Erklärende muss eine im Wesentlichen zutreffende Vorstellung davon haben, worin er einwilligt.[41] Daran kann es bei formularmäßigen Entbindungen fehlen.

2. Mutmaßliche Einwilligung

23 Kann eine Einwilligung nicht eingeholt werden, etwa weil sich der Patient nicht (rechtswirksam) äußern kann, oder liegt das mangelnde Interesse an der Geheimhaltung offen zutage[42], kann die mutmaßliche Einwilligung rechtfertigend wirken (zu ihr § 15 Rn. 32 ff.). Einen Musterfall bildet die Information naher Angehöriger, denen die Behandlung eines bewusstlosen Unfallopfers mitgeteilt wird. Von solch klaren Fällen abgesehen ist die **Subsidiarität** des Rückgriffs auf einen hypothetisch bestimmten Willen streng zu achten. Fehlen konkrete Umstände für eine konkludente Einwilligung, darf nicht aus einem „wohlverstandenen Interesse" auf eine, Ressourcen sparende, mutmaßliche Einwilligung geschlossen werden. Eine hypothetische Einwilligung scheidet schon deshalb aus, weil zu § 203 StGB kein Erfolgsunrecht existiert, das entfallen könnte (ferner § 15 Rn. 43 f.). Ist die Subsidiarität gewahrt, muss der Schweigeverpflichtete den **Willen des *konkreten* Patienten erforschen.**

24   Bedeutsam ist die mutmaßliche Einwilligung vor allem für die **Unterrichtung naher Angehöriger.** Gerade bei einwilligungsfähigen Minderjährigen sind z. B. zu

---

38 OLG München NJW 1993, 797, 798; zum Hausarzt auch BGH NStZ 1983, 313, 314; zur Entbindung durch die Vorlage eines Attests OLG Frankfurt NStZ-RR 2005, 237 f.
39 Dazu näher m.w.N. Ulsenheimer/Gaede/*Ulsenheimer/Gaede* Rn. 1063.
40 BGHZ 115, 123, 128; zur zust. h.L. etwa *Fischer* § 203 Rn. 67; a.A. *Giesen* NStZ 2012, 122.
41 Dazu m.w.N. zivilrechtlich BGH NJW 2014, 141, 142 f.; OLG Frankfurt NJW 1988, 2488.
42 Zu dieser streng zu handhabenden Fallgruppe BGHZ 115, 123, 125; TK/*Eisele* § 203 Rn. 40; zu Verrechnungsstellen BGH NJW 1983, 2627, 2629.

Informationen über einen (geplanten) Schwangerschaftsabbruch Grenzen zu beachten.[43] Nach h.M. kommt die mutmaßliche Einwilligung auch **im postmortalen
Kontext** zur Anwendung. Etwa in Fällen einer ggf. fahrlässigen tödlichen Behandlung geht die Staatsanwaltschaft regelmäßig davon aus, es entspreche dem
mutmaßlichen Willen des Verstorbenen, die Angehörigen über das Strafverfahren
zu informieren und die Verfolgung des Arztes wegen eines Behandlungsfehlers zu
ermöglichen. Auch insoweit ist aber eine Einzelfallprüfung unentbehrlich.[44]

Im **Fall 38: Visite** liegt in der Kommunikation über den Behandlungsverlauf 25
und die Heilungschancen, die von anderen Patienten im **Mehrbettzimmer** leicht
zur Kenntnis genommen werden konnte, eine Offenbarung durch die gem. § 203
Abs. 1 Nr. 1 StGB verpflichtete Oberärztin. Es handelt sich auch um Geheimnisse, zu
denen ein allgemeiner Geheimhaltungswille besteht. Der objektive Tatbestand
wurde vorsätzlich verwirklicht, da O die Äußerungsinhalte und die Anwesenheit
Dritter vor Augen standen. Infolge ihrer Subsidiarität scheidet eine mutmaßliche
Einwilligung aus.

Dass die Patientin zuhört, könnte aber für eine konkludente Einwilligung 26
sprechen. Ein Teil der Literatur bejaht die konkludente Einwilligung grundsätzlich,
zumal Patienten eines Mehrbettzimmers wissen, dass Mitpatienten mithören
können.[45] Eine solche Interpretation wird der Situation aber nicht gerecht, weil sie
unterstellt, Patienten wüssten von der möglichen rechtlichen Relevanz ihres Verhaltens. Tatsächlich fehlt gerade einem gesetzlich Versicherten häufig das Bewusstsein, dass er einen Anspruch auf einen anderen Umgang mit seinen Ge-
heimnissen hätte, den er mit seinem scheinbar eindeutigen Verhalten aufgibt. Es
fehlt schon an einer begründeten Obliegenheit, eigene Rechte durch einen Widerspruch geltend machen zu müssen. Es ist regelmäßig wegen der vulnerablen
Lage des Patienten anzunehmen, dass sein Zuhören Ausdruck seines dringlichen
Informationsinteresses ist.[46] O handelt demnach rechtswidrig. Ein schuldhaftes
Handeln könnte an § 17 StGB scheitern, da O angenommen haben könnte, rechtmäßig vorzugehen. Nach der strengen Handhabung der für einen schuldaus-
schließenden Verbotsirrtum notwendigen Unvermeidbarkeit des Irrtums kommt
indes ein schuldhaftes Verhalten in Betracht, zumal die aktuelle Praxis nicht von
gerichtlichen Bestätigungen getragen wird. Die Verfolgung setzt aber einen Strafantrag voraus.

---

43 Näher m.w.N. Ulsenheimer/Gaede/*Ulsenheimer/Gaede* Rn. 1098 ff.
44 Hierfür siehe etwa LG Aachen MedR 2007, 734, 736.
45 So grundsätzlich mit der Annahme einer Widerspruchsobliegenheit *Franck* NStZ 2015, 322;
zuvor etwa *Langkeit* NStZ 1994, 6, 8.
46 Gegen eine vorschnelle Unterstellung etwa schon *Monin* medstra 2019, 149, 150 ff.; Ulsenhei-
mer/Gaede/*Ulsenheimer/Gaede* Rn. 1064.

27   Es ist unstreitig, dass ein Patient verlangen kann, Gespräche unter besonderen Vorkehrungen für den Geheimnisschutz zu führen, es sei denn, dies ist gänzlich unmöglich. Eine konkludente Einwilligung mag überzeugend sein, wenn der Patient von sich aus das Gespräch über geschützte Themen sucht.[47]

3. Offenbarungspflichten

28 Die Schweigepflicht können auch **gesetzliche Offenbarungs- bzw. Mitteilungspflichten** durchbrechen, die im Wege einer Güterabwägung z. B. über eine qualifiziert nötige Gefahrenabwehr hergeleitet werden. Zu den mittlerweile bedenklich zahlreichen Fallgruppen zählen vor allem:

- die Pflicht zur Anzeige bevorstehender Straftaten (§ 138 StGB, siehe aber den Strafbefreiungsgrund des § 139 Abs. 3 S. 2 StGB),
- die Pflicht zur Meldung und Information über aufgenommene oder eingezogene Personen nach § 32 Abs. 1 S. 3, Abs. 2 BMG – lesen![48],
- die Pflicht zur Anzeige bei Anzeichen für einen nicht natürlichen Todesfall (§ 159 Abs. 1 StPO),
- die Pflicht zur Offenlegung der Erkenntnisse des Arztes, der nach den §§ 81 ff. StPO Tatsachen für Strafverfolgung erhebt,[49]
- die Pflicht zur Anzeige meldepflichtiger Infektionskrankheiten oder Krankheitserreger nach den §§ 6 und 7 IfSG,
- die Pflicht zur Anzeige der Geburt eines Kindes nach den §§ 18 ff. Personenstandsgesetz (PStG),
- die Mitwirkungspflicht hinsichtlich der Erhebung über Schwangerschaftsabbrüche (§ 18 Abs. 1 SchKG) und
- die sozialrechtlichen Mitteilungspflichten im Kontext der Abrechnungsprüfung (siehe etwa die §§ 275, 275a, 275b, 276 Abs. 2 SGB V).

---

47 Dazu näher m.w.N. *Monin* medstra 2019, 149, 151 ff.; zur Lösung über eine nähere gesetzliche Befugnis Ulsenheimer/Gaede/*Ulsenheimer/Gaede* Rn. 1064.
48 Näher zu dieser enger als Offenbarungsbefugnis zu lesenden Norm *Vogel* medstra 2018, 345; *Vahlenkamp*, Ärztliche Schweigepflicht im Strafverfahren, 2023, S. 134 ff.
49 Über die §§ 94 ff. StPO kann ein Rückgriff auf Patientenakten zulässig sein, BVerfGE 32, 373, 383; BGHSt 43, 300, 303 f.; Ulsenheimer/Gaede/*Ulsenheimer/Gaede* Rn. 1075 ff.

4. Offenbarungsrechte

Die Kollision mit anderen Rechtsgütern kann ferner zu Offenbarungsrechten 29
führen, die dem Schweigeverpflichteten die Entscheidung überlassen, ob er Geheimnisse offenbaren will. Dieser Ansatz an einem Recht anstatt einer Pflicht ist
etwa zum Kinderschutz (Rn. 33) und zum Umgang mit Gefahren für den Ver-
kehrssektor („Fall Lubitz")[50] rechtspolitisch umstritten. *De lege lata* sind Offenba-
rungsrechte vor allem zur Gefahrenabwehr anerkannt (zu § 34 StGB und § 4 KKG
Rn. 30 ff.). Hinzu treten § 203 Abs. 3 S. 2 StGB (Rn. 35) und die allgemeine Wahrnehmung berechtigter Interessen (Rn. 34 f.).

a) Gefahrenabwehr nach § 34 StGB und § 4 KKG

Unter dem Aspekt der Gefahrenabwehr gestattet neben Spezialgesetzen (siehe 30
Rn. 28 und 33) insbesondere § 34 StGB die Preisgabe von Informationen. Dies gilt,
wenn und soweit die Offenbarung zum Schutz eines höherrangigen Rechtsguts
geboten ist. Folglich muss für ein Rechtsgut eine gegenwärtige Gefahr bestehen, die
sich nur durch die Offenbarung abwenden lässt, der Schutz dieses Rechtsguts muss
im Einzelfall die Beeinträchtigung der Verschwiegenheit wesentlich überwiegen
und das ergriffene Mittel der Offenbarung angemessen sein. So liegt es z. B., wenn
der Arzt von einer drohenden Straftat erfährt und er **nach dem i. d. R. zu unter-
nehmenden, aber erfolglosen Versuch, den Täter von der Tat abzuhalten,** nur
noch durch die Information der Polizei schützend wirken kann.[51]

Der Rückgriff auf § 34 StGB kann der Abwehr von **Gefahren für Individual-** 31
rechtsgüter des Heilberufsangehörigen selbst[52] oder Dritter im Wege der Not-
standshilfe dienen, aber nach h.M. auch **Rechtsgütern der Allgemeinheit** zugutekommen. § 34 StGB darf jedoch nach richtiger Ansicht nicht herangezogen
werden, um Verfolgungsmaßnahmen jenseits der ausdifferenzierenden StPO zu
legitimieren.[53] Die Behörden dürfen vor allem nicht entgegen § 53 Abs. 1 Nr. 3 StPO
medizinische Einrichtungen z. B. in Auskunftsverlangen dazu auffordern, die
Schweigepflicht zu brechen.

Kasuistik: Ein Arzt darf die Aids-Erkrankung seiner Patientin dem Sexual- 32
partner mitteilen, wenn wegen ungeschützten Verkehrs und mangelnder Einsicht

---

50 Hierzu *Tsambikakis* medstra 2015, 193; Ulsenheimer/Gaede/*Ulsenheimer/Gaede* Rn. 1089.
Zur anderen Rechtslage in Österreich *Mitterer/Lagodny* medstra 2017, 272 ff.
51 Beispielgebend zur untauglichen Teilnahme am Straßenverkehr BGH NJW 1968, 2288.
52 Zur Anwendung auf eine Honorargefährdung Prütting/*Tsambikakis/Kessler* § 203 Rn. 59.
53 OLG Bremen MedR 1984, 112 f.; *Vogel* medstra 2018, 345, 347; NK-StGB/*Kargl* § 203 Rn. 120, 69;
NK-StGB/*Neumann* § 34 Rn. 31; differenzierend aber m.w.N. *Vahlenkamp* aaO, S. 173 ff. Zur Befugnis, einem Unschuldigen zu helfen, siehe aber m.w.N. LK/*Hilgendorf* § 203 Rn. 197.

ein **Ansteckungsrisiko** naheliegt (dazu auch Rn. 37 f.).[54] Ein anderes Hauptbeispiel ergibt sich für den Arzt, dessen Patient trotz eingehender Belehrung über seine **unzureichende Fahreignung im Straßenverkehr** teilnimmt. Auch hier muss der Arzt aber zunächst in der Regel alles tun, um den Patienten zur freiwilligen Abstandnahme zu bewegen,[55] bevor er akute Gefährdungen durch die Information einer Behörde verhindern darf. Der Arzt muss die Mitteilung zudem auf das unbedingt Notwendige beschränken.[56]

33   § 34 StGB kommt ferner in Betracht, wenn Ärzte **Indizien für einen Kindesmissbrauch und/oder eine -misshandlung** finden, z.B. ein Schütteltrauma eines Säuglings feststellen.[57] Die Information des Jugendamts und der Polizei ist hier regelmäßig zulässig. Für diese Offenbarungsbefugnis existiert aber mit **§ 4 Abs. 3 KKG** (lesen!) ein Spezialgesetz. Dieses kommt bereits bei gewichtigen Anhaltspunkten für eine Gefährdung zur Anwendung und soll die mit der Generalklausel des § 34 StGB verbundene Anwendungsunsicherheit minimieren.[58] Eine Offenbarungspflicht enthält das Gesetz aber nicht.

b) Wahrnehmung eigener Interessen insbesondere nach § 203 III 2 StGB

34 Nach zutreffender Ansicht kann auch die sog. Wahrnehmung eigener Interessen des Arztes eine Durchbrechung der Schweigepflicht rechtfertigen,[59] etwa wenn es um die Abwehr von Schadensersatzansprüchen des Patienten vor Gericht geht.[60] Zulässig sind nur Offenlegungen, die zur Durchsetzung eigener Interessen erforderlich und angemessen sind, wobei dem Arzt eine wirksame Verteidigung möglich bleiben muss.

35   Ein spezialgesetzlicher Fall der Anerkennung valider eigener Interessen liegt in **§ 203 Abs. 3 S. 2 StGB**. Angesichts der weiten Auslegung des Offenbarens (dazu Rn. 13) ist § 203 StGB z.B. verwirklicht, wenn Ärzte externe IT-Dienstleister beauftragen, die mit der Betreuung der IT-Systeme Zugang zu Patientendaten erhalten.[61] Hier kann § 203 Abs. 3 S. 2 StGB das Handeln ggf. rechtfertigen. Der Gesetzgeber hat so das berechtigte Eigeninteresse der Heilberufe anerkannt, die z.B. bei der IT sinnvolle Arbeitsteilung zu nutzen.

---

54 Hierzu OLG Bremen MedR 1984, 112; *Laufs/Narr* MedR 1987, 282 f.
55 Grundlegend einmal mehr BGH NJW 1968, 2288, 2290.
56 Hierzu OLG Düsseldorf BeckRS 2015, 18615.
57 Zu einem solchen Fall KG MedR 2013, 787: für Schütteltrauma typische Verletzungen.
58 Zur Gesetzgebung BT/Drs. 17/6256.
59 *Gercke/Leimenstoll/Stirner* Rn. 1109; näher m.w.N. Ulsenheimer/Gaede/*Ulsenheimer/Gaede* Rn. 1078 f.; a.A. auf § 34 StGB begrenzend aber z.B. NK-StGB/*Kargl* § 203 Rn. 124.
60 Zum Behandlungsfehler instruktiv OLG München GesR 2013, 471, 473 ff.
61 BT/Drs. 18/11936, S. 1 und 18; zum vorherigen Streit *Schuster* medstra 2015, 280 ff.

Das Parlament hat den Berufshelfern (zu ihnen § 203 Abs. 3 S. 1 StGB und **36**
Rn. 15) ferner die **sog. sonstigen mitwirkenden Personen** zur Seite gestellt.[62]
Obwohl diese nicht intern in die unmittelbar berufliche Sphäre des Geheimnis-
trägers eingebunden sind, gestattet § 203 Abs. 3 S. 2 StGB ihre Einbeziehung auf der
Basis einer doppelten Erforderlichkeit:[63] *Erstens* muss ihre Mitwirkung als
solche erforderlich sein, *zweitens* müssen die ihnen zugänglich gemachten Informationen für die Mitwirkung erforderlich sein.[64]

c) Umschlagen in eine Pflicht?

Besonderheiten gelten, wenn eine zur Offenbarung berechtigte Person zugleich **37**
Garant für die Person ist, welche die Offenlegung begünstigen würde. Die Garantenpflicht kann dann eine Offenbarungspflicht konstituieren, während die Rechtfertigung z. B. gem. § 34 StGB allein ihrer Verwirklichung mehr Raum verschaffen.
Daher ist z. B. der Arzt nicht strafbar, der sich trotz einer Offenbarungsbefugnis
gem. § 34 StGB entscheidet, keine Informationen über einen für den Straßenverkehr gefährlichen und uneinsichtigen Patienten preiszugeben, selbst wenn im
Anschluss andere Personen durch einen Unfall zu Schaden kommen.[65] Anderes gilt
ferner, wenn gerade ein pflichtwidriges Vorverhalten des Arztes die Gefahr begründet oder erhöht hat (zur Ingerenz § 17 Rn. 18). Stets ist hierbei auf die Zumutbarkeit zu achten. So wäre eine Benachrichtigung der Polizei und ein gewalt-
sames Festhalten des Patienten bei leichten Anzeichen für eine Beeinträchtigung
und der Beteuerung, sich vom Straßenverkehr fernzuhalten, unverhältnismäßig.

Dazu ein **Beispielsfall:** Wenn der durch § 34 StGB legitimierte Arzt auch die **38**
Ehefrau eines an Aids erkrankten Patienten behandelt und somit auch gegenüber
der Ehefrau eine Garantenpflicht übernommen hat, soll im Interesse des Lebens
und der Gesundheit der Patientin eine Pflicht bestehen, die Ansteckungsgefahr
abzuwenden, wenn der infizierte Partner uneinsichtig ist.[66] Allerdings überzeugt
dies nicht, weil ein Arzt mit der Behandlung nicht verspricht, beliebige andere von

---

62 Zur Gesetzgebung BT/Drs. 18/11936; 18/12940 und *Reinbacher* medstra 2020, 67.
63 BT/Drs. 18/11936, S. 22 f.; zur Bestimmtheit krit. m.w.N. *Schuster/Müller* medstra 2018, 323,
324 f.; für eine weite Auslegung m.w.N. *Reinbacher* medstra 2020, 67, 70 f.
64 Hier ist aber Vorsicht angezeigt, gerade was den Rückgriff auf Cloudlösungen betrifft, die dem
Datenschutzrecht nicht genügen, hierzu m.w.N. *Dochow* MedR 2019, 363, 366 ff.
65 OLG München MDR 1956, 565. Offenbarungspflichten können sich aber für Ärzte ergeben, die
als flugmedizinische Sachverständige oder für ein flugmedizinisches Zentrum i. S. v. § 65c Abs. 1
S. 2 LuftVG arbeiten, *Hirthammer-Schmidt-Bleibtreu/Wiese* MedR 2017, 199, 204 f.
66 So etwa *Langkeit* JURA 1990, 452, 459 f. und weitergehend OLG Frankfurt a. M. (Z) NStZ 2001,
149 f.: schon bei der Bitte um Geheimhaltung gegenüber dem Partner.

Dritten ausgehende Gefahren von der Patientin abzuwenden; er garantiert allein die Behandlung von Krankheiten.[67]

5. Prozessuale Aspekte

39 Die Schweigepflicht wird gem. den §§ 53, 53a und 97 StPO im Straf- und nach § 383 Abs. 1 Nr. 6 und Abs. 3 ZPO im Zivilprozess über ein Zeugnisverweigerungsrecht geschützt. Nach der StPO schließt dies die Vernehmung zu einem betroffenen Sachverhalt zwar nicht per se aus, ein Arzt darf seine Verschwiegenheitspflicht aber nicht gem. § 34 StGB zugunsten der sonst ggf. beeinträchtigten Strafverfolgung brechen (Rn. 31). Bedenklich ist, dass die herrschende Ansicht[68] aus einem gem. § 203 StGB strafbaren Geheimnisbruch kein Beweisverwertungsverbot für die ausgebreiteten Informationen folgert.[69] Eine Aussagepflicht kann greifen, wenn es bereits am Zeugnisverweigerungsrecht fehlt, weil der Arzt nach den §§ 81 ff. StPO zur Äußerung verpflichtet ist.[70] Das Zeugnisverweigerungsrecht entfällt, wenn der Patient den Arzt von seiner Schweigepflicht entbindet (§ 53 Abs. 2 StPO).

III. Ergänzende Delikte

40 **§ 203 Abs. 6 StGB** sieht eine Qualifikation des § 203 StGB für den Fall vor, dass ein Arzt gegen Entgelt oder in Bereicherungs-[71] oder Schädigungsabsicht handelt. Gegen Entgelt handelt der Täter, wenn er sich im Zeitpunkt der Offenbarung des Geheimnisses mit dem Empfänger darüber einig ist, dass ein Vermögensvorteil für die Offenbarung geleistet werden soll.[72] Dem Täter muss es darauf ankommen, sich durch die Tathandlung des Offenbarens zu bereichern oder den Geheimnisträger zu schädigen. Die Schädigungsabsicht setzt voraus, dass der Täter eine über die

---

67 Insoweit grundlegend *Engländer* MedR 2001, 143 f.; Prütting/*Tsambikakis/Kessler* § 203 Rn. 58. Zur möglichen Strafbarkeit gem. §§ 138, 139 Abs. 3 Nr. 1 StGB wegen Nichtanzeige geplanter Straftaten aber auch Ulsenheimer/Gaede/*Ulsenheimer/Gaede* Rn. 1090.
68 So etwa BGHSt 9, 60; 15, 200, 202 f.; BGH NJW 1996, 2435, 2436; medstra 2018, 292; *Jäger* JA 2018, 631, 633 mit angedeuteten Einschränkungen.
69 Zur Kritik an dieser widersprüchlichen Praxis *Welp* JR 1997, 35, 38; NK-StGB/*Kargl* § 203 Rn. 127; *Rogall* JZ 1996, 944, 952; *Michalowski* ZStW 109 (1997), 519, 537 f.; m.w.N. Ulsenheimer/Gaede/*Ulsenheimer/Gaede* Rn. 1110; differenz. LR/*Ignor/Bertheau* § 53 Rn. 13 f.
70 BGHSt 38, 369, 371; zu Sachverständigen BGH MedR 2002, 309.
71 Dazu BGH NStZ 1993, 538: Es muss nicht um eine rechtswidrige Bereicherung gehen.
72 BGH NStZ 1995, 540.

Offenbarung des Geheimnisses hinausgehende Schädigung des Betroffenen herbeiführen will.

Gem. § 203 Abs. 4 S. 2 Nr. 1 StGB wird bestraft, wer als eine in § 203 Abs. 1 StGB   **41** genannte Person nicht dafür Sorge getragen hat, dass eine sonstige mitwirkende Person, die nicht bereits nach § 203 Abs. 1 StGB verpflichtet ist und unbefugt ein fremdes, ihr bei der Ausübung oder bei Gelegenheit ihrer Tätigkeit bekannt gewordenes Geheimnis offenbart, zur Geheimhaltung verpflichtet wurde. Die sonstige mitwirkende Person muss auch infolge mangelnder Anstrengungen des Verpflichteten nicht auf die Verschwiegenheit verpflichtet worden sein.[73] Es muss z.B. dem Arzt zumutbar möglich gewesen sein, den Mitwirkenden zu verpflichten. Erforderlich ist vorsätzliches Handeln. Streitig ist, ob die Offenbarung eine objektive Bedingung der Strafbarkeit ist oder ob Einschränkungen geboten sind.[74]

§ 204 StGB untersagt dem Täterkreis des § 203 StGB (Rn. 6 f.) schließlich mit   **42** der Strafdrohung des § 203 Abs. 6 StGB, ein **fremdes Geheimnis i.S. des § 203 StGB zu verwerten.** Verwerten ist die wirtschaftliche Nutzung des in dem Geheimnis verkörperten Wertes zum Zwecke der Gewinnerzielung.[75] Ein Strafantrag bleibt erforderlich (§ 205 StGB).

---

73 *Fischer* medstra 2017, 321 f.; *Gercke/Leimenstoll/Stirner* Rn. 1095.
74 Hierzu Ulsenheimer/Gaede/*Ulsenheimer/Gaede* Rn. 1106 für einen Zusammenhang i.S. der Risikoerhöhung; zum Gesetzgeber aber auch BT/Drs. 18/11936, S. 21, 29.
75 BayObLG NStZ 1984, 169 f.; näher Ulsenheimer/Gaede/*Ulsenheimer/Gaede* Rn. 1103.

§ 21 Fälschungsdelikte im Gesundheitswesen

1 Das StGB enthält in seinen §§ 275 Abs. 1a, 277, 278 und 279 Delikte, welche die Verlässlichkeit von **Gesundheitszeugnissen** schützen. Lange Zeit erstreckte sich dies restriktiv z. B. in § 277 StGB nur auf den tatsächlichen Einsatz unzutreffend ausgestellter Gesundheitszeugnisse (Zweiaktigkeit) zur Täuschung von Behörden oder Versicherungen.[1] Seit dem 24.11.2021 gehen die Vorschriften deutlich weiter (zu ihnen Rn. 3 ff.). Knapp vorzustellen ist ferner, wie **allgemeine Urkundendelikte im Gesundheitswesen anzuwenden sind** (Rn. 14 ff.) und wie das **IfSG** Impf- und Testzertifikate schützt (Rn. 19).

2 **Klausurhinweis:** Weil Urkunden regelmäßig zu einem Zweck manipuliert werden, kann, neben den §§ 74 ff. IfSG und §§ 223 ff. StGB, z. B. auch eine Betrugsstrafbarkeit zu prüfen sein (z. B. Abwendung eines Patientenanspruchs).

I. Manipulation von Gesundheitszeugnissen

3 § 278 StGB ist ein Sonderdelikt (Rn. 4 ff.). Hinzu kommen Allgemeindelikte, die der Ausstellung von Gesundheitszeugnissen durch Laien entgegentreten (§ 277 StGB) und den Gebrauch von unbefugt oder unrichtig erstellten Zeugnissen verhindern sollen (§ 279 StGB), (Rn. 12 ff.). **§ 275 Abs. 1a StGB** bedroht mit Strafe, wer die Herstellung eines unrichtigen Impfausweises vorbereitet, indem er in einem Blankett-Impfausweis eine nicht durchgeführte Schutzimpfung dokumentiert oder einen auf derartige Weise ergänzten Blankett-Impfausweis sich oder einem anderen verschafft, feilhält, verwahrt, einem anderen überlässt oder ein- bzw. ausführen unternimmt.[2] **§ 281 Abs. 1 und 2 StGB** pönalisiert ferner, wer ein Gesundheitszeugnis, das für einen anderen ausgestellt ist, zur Täuschung im

---

1 Zur Gesetzgebung BT/Drs. 20/15, S. 34; weithin krit. *Gaede/J. Krüger* medstra 2022, 13, 14 ff.; *Jahn/Schmitt-Leonardy/Wenglarczyk* JZ 2022, 63, 68 f. Insoweit leitete die h.L. früher zu Recht ab, dass die spezielleren §§ 277 ff. StGB den Rückgriff auf die §§ 267 ff. StGB sperrten, so m.w.N. LG Osnabrück medstra 2022, 67; OLG Karlsruhe medstra 2023, 56; *Zieschang* ZIS 2021, 481; *Gaede/J. Krüger* NJW 2021, 2159, 2163; a.A. aber z. B. schon *Fischer*[68] § 277 Rn. 11; *Dastis* HRRS 2021, 469. Bedauerlicherweise hat der BGH diese tradierte Auslegung verworfen, um Verstöße gegen Corona-Regeln bestrafen zu können: BGHSt 67, 147, 154 ff.
2 S. auch zu den Strafrahmen *Gaede/J. Krüger* medstra 2022, 13, 16; BT/Drs. 20/15, S. 32 f.

https://doi.org/10.1515/9783111048543-024

Rechtsverkehr gebraucht, oder zu dieser Täuschung einem anderen ein fremdes Gesundheitszeugnis überlässt.[3]

1. Das Ausstellen unrichtiger Gesundheitszeugnisse

§ 278 StGB bewehrt die Ausstellung formell echter, aber inhaltlich unrichtiger Gesundheitszeugnisse mit Strafe. Das Delikt **schützt vor einer sog. schriftlichen bzw. digitalen Lüge.** Zweck ist es, die Beweiskraft zu erhalten und zu bekräftigen, die ärztliche Zeugnisse genießen.[4] 4

Es gilt folgende **Prüfungsstruktur:** *Erstens* muss ein Arzt oder eine andere approbierte Medizinalperson, etwa eine Hebamme oder eine Apothekerin,[5] in ihrem beruflichen Kontext handeln. *Zweitens* muss ein Zeugnis über den Gesundheitszustand eines Menschen betroffen sein, das der Täter *drittens* unrichtig ausstellt. Er muss vorsätzlich und **zur Täuschung im Rechtsverkehr** handeln. § 278 StGB ist ein abstraktes Gefährdungsdelikt; eine erfolgreiche Täuschung ist entbehrlich. Abs. 2 StGB eröffnet einen Sonderstrafrahmen. 5

Gesundheitszeugnisse sind Tatsachenerklärungen über den gegenwärtigen, früheren oder voraussichtlich künftigen Gesundheitszustand eines anderen Menschen,[6] die von einer approbierten oder einer gesetzlich zur Ausstellung befugten Person herrühren oder herzurühren scheinen.[7] Dazu zählen Arbeitsunfähigkeitsbescheinigungen[8], nicht hingegen Totenscheine und Röntgenaufnahmen ohne fest hinzugefügte Gedankenerklärung[9]. Auch **Impfausweise bzw. -nachweise**[10] und die Dokumentation von Tests auf Krankheiten sind dem Gesundheitszeugnis zu subsumieren. Art. 103 Abs. 2 GG steht auch der Erfassung **digitaler Gesundheitszeugnisse**[11] nicht entgegen, da die §§ 277 ff. StGB keine Schriftlichkeit verlangen. 6

---

3 Auch hierzu näher *Gaede/J. Krüger* medstra 2022, 13, 18 f.; *Hoven/Weigend* KriPoZ 2021, 343, 347 f.; zur Einführung BT/Drs. 20/15, S. 35.

4 Hierzu zum alten Recht BGH MedR 2007, 248; RGSt 74, 229, 231.

5 Zur mangelnden Anwendung auf Heilpraktiker entsprechend *Gercke* MedR 2008, 592; Müko-StGB/*Erb* § 277 Rn. 3; NK-StGB/*Puppe/Schumann* § 277 Rn. 3; a.A. *Fischer* § 277 Rn. 7.

6 Dazu und zur Einbeziehung durchgeführter Behandlungen OLG Stuttgart NJW 2014, 482.

7 Zu diesem notwendigen Zusatz *Gaede/J. Krüger medstra* 2022, 13, 15.

8 BGHSt 5, 75, 84: unerheblich, ob ein nur vorübergehender Zustand dokumentiert wurde.

9 *Gercke* MedR 2008, 592; *Kaltenhäuser/Braun* medstra 2020, 24, 28; offen BGHSt 43, 346, 352; a.A. *Fischer* § 278 Rn. 5. Str. ist die Einordnung von (Privat-)Rezepten, dafür LG Köln medstra 2017, 127 f.; dagegen zu Recht OLG Köln JR 2021, 653; m.w.N. *Kraatz* Rn. 295.

10 So früh RGSt 24, 284, 285; zugrunde legend etwa BT/Drs. 20/15, S. 20, 32 f. und 34 f.

11 BT/Drs. 20/89, S. 20; Spickhoff/*Schuhr* § 278 StGB Rn. 5; *Buchholz/Bohrmann* GesR 2018, 545, 549; a.A. *Zieschang* ZIS 2021, 481, 482; *M. Krüger/Sy* GesR 2021, 626, 627.

Das „digitale Dokument" muss aber eine gewisse Standardisierung und Beständigkeit als Grundlage seiner Beweisbedeutung im Rechtsverkehr aufweisen.[12]

7 Unter der Tathandlung des **Ausstellens** wird das Herstellen, Anfertigen oder Ausfertigen eines Gesundheitszeugnisses verstanden. Ein Zeugnis ist ausgestellt, wenn der Bezeugende sich seiner entäußert hat (dazu Rn. 14). **Unrichtig** ist es, wenn wesentliche Feststellungen nicht im Einklang mit den Tatsachen stehen. Selbst wenn die Gesamtbeurteilung zutreffend ist, können wesentliche Einzelbefunde oder -behauptungen unrichtig sein.[13]

8 Die **Rechtsprechung** legt die Unrichtigkeit extensiv aus, indem sie Fälle erfasst, in denen ein Befund ohne hinreichende Untersuchung bescheinigt wird.[14] Dies dient dem Schutz verlässlicher Informationsgewinnung, da ein Zeugnis bei unzureichenden Untersuchungen wertlos sei. Ein Arzt müsse sich von den Leiden des Patienten ein eigenes Bild machen und wichtige Befunde selbst erheben. Dies setze eine persönliche körperliche Untersuchung voraus, die konkludent mitbehauptet werde.[15] Nur in – schwer greifbaren – **Ausnahmefällen** sollen Untersuchungen entbehrlich sein, z.B. wenn der Arzt zuverlässige, anschauliche und widerspruchsfreie Informationen von seinem als vertrauenswürdig bekannten Patienten erhalten hat[16] oder es um Folgebescheinigungen geht.[17] Ferner scheidet eine **konkludent falsche Behauptung** aus, wenn sich der Arzt zu seiner Methodik explizit äußert oder die Rechtsordnung selbst z.B. eine Arbeitsunfähigkeitsbescheinigung (sog. AU-Bescheinigung) per Telefon in der Pandemie zulässt.

9 **Klausurhinweis:** Diese extensive Rechtsprechung überzeugt aber nicht:[18] Sie beschreibt zwar die Erwartungen an die ärztliche Methodik zutreffend; ebenso kann der Arzt unter Umständen konkludent Aussagen zur Art und Weise der Befunderhebung mitkommunizieren.[19] Maßgeblich ist aber gemäß Art. 103 Abs. 2 GG der Wortlaut: Und dieser erfasst nur unrichtige Erklärungen zum *Gesundheitszustand*

---

12 *Gaede/J. Krüger* medstra 2022, 13, 14 ff.; BT/Drs. 20/15, S. 33.

13 BGHSt 10, 157, 158 f.; RGSt 74, 229, 231; OLG Stuttgart NJW 2014, 482, 483.

14 BGHSt 6, 90; BGH MedR 2007, 248 f.; RGSt 74, 229, 231; OLG Celle medstra 2015, 383; *Zieschang* medstra 2020, 202, 203; Spickhoff/*Schuhr* § 278 StGB Rn. 11, 16.

15 In diesem Sinne etwa wieder BGH MedR 2007, 248; *Zieschang* medstra 2020, 202, 203.

16 OLG Frankfurt NJW 1977, 2128, 2129; OLG Düsseldorf MDR 1957, 372; *Fischer* § 278 Rn. 4; OLG Frankfurt StV 2006, 471, 472; zur Pandemie *Zieschang* medstra 2020, 202, 204.

17 So im Einzelfall etwa *Gercke* MedR 2008, 592, 593 f.; offenlassend BGH MedR 2007, 248.

18 M.w.N. NK-StGB/*Puppe/Schumann* § 278 Rn. 2; *Buchholz/Bohrmann* GesR 2018, 545, 547 f.; Ulsenheimer/Gaede/*Ulsenheimer/Gaede* Rn. 1136 f.; diff. *Gercke* MedR 2008, 592, 593.

19 Dafür etwa Spickhoff/*Schuhr* § 278 StGB Rn. 7, 11, der m.w.N. zutreffend betont, dass das Delikt nicht die ärztliche Pflichterfüllung sichert.

eines Menschen. Entscheidend bleibt damit die Unrichtigkeit des bescheinigten Zustandes.

Der **subjektive Tatbestand** verlangt **vorsätzliches Handeln.** Es genügt, wenn   10 der Täter die Möglichkeit erkennt und billigend in Kauf nimmt, dass die bestätigten Tatsachenangaben zur Patientengesundheit nicht zutreffen. Hiermit gibt der Gesetzgeber das frühere Recht auf, das hinsichtlich der Unrichtigkeit wissentliches Handeln verlangt hatte und dadurch die Effektivität des Tatbestandes begrenzte. Dies ist allerdings problematisch, weil die mit dem Vorsatz kritikwürdig umgehende Praxis allzu schnell einen *dolus eventualis* des Arztes etwa bei der Erstellung einer AU-Bescheinigung unterstellen könnte.[20] Es wird daher umso wichtiger, schon im objektiven Tatbestand die bestehenden Beurteilungsspielräume des Arztes zu achten und die Unrichtigkeit nur auf Behauptungen zur Gesundheit des Patienten zu beziehen (dazu Rn. 8). Irrt der Arzt über die Unrichtigkeit seiner Diagnose, liegt ein Tatbestandsirrtum vor, der den Vorsatz entfallen lässt.[21]

Der Täter muss **zur Täuschung im Rechtsverkehr** (siehe § 270 StGB) agieren.   11 Es reicht aus, dass er sicher annimmt, das Gesundheitszeugnis werde eingesetzt, um eine andere Person zu einem rechtserheblichen Verhalten zu veranlassen; absichtliches Handeln soll entbehrlich sein.[22]

2. Das unbefugte Ausstellen von Gesundheitszeugnissen und der Gebrauch unrichtiger Gesundheitszeugnisse

§ 277 StGB, das Jedermannsdelikt, basiert auf einer Lüge über die Qualifikation zur   12 Beurteilung fremder Gesundheitszustände. Er erweitert damit die §§ 267 ff. StGB und schützt die Sicherheit des Rechtsverkehrs.[23] Die **Prüfungsstruktur** verlangt, dass jemand *erstens* unter Anmaßung einer ihm nicht zustehenden Bezeichnung als Arzt oder als eine andere approbierte Medizinalperson handelt, indem er *zweitens* ein Gesundheitszeugnis für sich selbst oder eine andere Person ausstellt. *Drittens* darf die Tat nicht schon nach anderen Vorschriften des 23. Abschnitts des BT des StGB strafbar sein. Subjektiv braucht es den Tatvorsatz und ein Handeln zur Täuschung im Rechtsverkehr.

---

20 Zur Reform krit. in diesem Sinne *Gaede/J. Krüger* medstra 2022, 13, 17.
21 Näher, auch zum möglichen Verbotsirrtum bei der Fehlannahme, zu weitergehenden Untersuchungen nicht verpflichtet zu sein, Ulsenheimer/Gaede/*Ulsenheimer/Gaede* Rn. 1139.
22 So schon anhand der parallelen Reform des § 277 StGB BT/Drs. 20/15, S. 34; für diese streitige, aber schon zuvor verbreitete Ansicht AnwK/*Krell* § 267 Rn. 41, § 278 Rn. 5.
23 M.w.N. BT/Drs. 20/15, S. 33 f.; enger zum Gesundheitsschutz BT/Drs. 20/89, S. 4.

13   § 279 StGB richtet sich gegen den Gebrauch von Gesundheitszeugnissen, die von Unbefugten (§ 277 StGB) oder trotz einer Befugnis unrichtig (§ 278 StGB) ausgestellt worden sind. Die **Prüfungsstruktur** verlangt *erstens* ein unbefugt oder unrichtig erstelltes Gesundheitszeugnis. *Zweitens* muss jemand von diesem Zeugnis Gebrauch gemacht haben, also das Zeugnis im Rechtsverkehr einem konkreten Empfänger zugänglich gemacht haben.[24] *Drittens* darf die Tat nicht nach schwereren Vorschriften des 23. Abschnitts strafbar sein (zur Subsidiarität schon Rn. 12). Subjektiv sind Tatvorsatz und ein Handeln zur Täuschung im Rechtsverkehr erforderlich (Rn. 11). Einschlägig ist die Norm z. B. für die Vorlage eines gefälschten oder unrichtigen analogen Impfpasses, mit dem die Erstellung eines digitalen Impfzertifikats bewirkt werden soll, auch wenn die Ausstellung des unrichtigen Gesundheitszeugnisses nicht strafbar gewesen sein sollte.[25]

II. Fälschung und Unterdrückung von Patientenakten

14   Der **Urkundenfälschung** (§ 267 StGB) kommt nach der Reform (Rn. 1 mit Fn. 1) im Gesundheitswesen eine größere Relevanz zu.[26] Sie schützt allein die Echtheit und zum Teil die Verfügbarkeit einer Urkunde. Urkunden sind verkörperte menschliche Gedankenäußerungen, die geeignet und bestimmt sind, im Rechtsverkehr Beweis zu erbringen und ihren Aussteller erkennen lassen.[27] Aussteller ist derjenige, dem die Urkunde geistig zuzurechnen ist.[28] Tatvarianten sind die vorverlagernd wirkende Herstellung einer unechten, also nicht vom scheinbar bestehenden Aussteller herrührenden Urkunde (Var. 1), die Verfälschung einer echten Urkunde (Var. 2) oder das Gebrauchen (Rn. 13) einer unechten oder verfälschten Urkunde (Var. 3). Der Täter muss vorsätzlich und **zur Täuschung im Rechtsverkehr** handeln (Rn. 11).[29]

15   Eine unechte Urkunde kann z. B. ein Arzt herstellen, der Rezeptformulare eines anderen Arztes mit dessen Namen zeichnet; ebenso ein nicht approbierter Impfgegner, der unter dem Namen eines Arztes unabgesprochen eine Corona-Impfung dokumentiert. **Besonders wichtig** ist die **Variante der Verfälschung.** Dies meint

---

24 Zur allg. Auslegung LK/*Zieschang* § 279 Rn. 12 ff.; zum allgemein str. mittelbaren Gebrauchen m.w.N. AnwK/*Krell* § 267 Rn. 37 f. und 279 Rn. 3.

25 Dazu m.w.N. etwa AnwK/*Krell* § 279 Rn. 2; LK/*Zieschang* § 279 Rn. 9.

26 Vgl. auch zur parallel konstruierten Fälschung technischer Aufzeichnungen (§ 268 StGB), die z. B. CT-Ergebnisse erfassen kann, Ulsenheimer/Gaede/*Ulsenheimer/Gaede* Rn. 1140.

27 BGHSt 3, 84; 4, 285; 16, 96; AnwK/*Krell* § 267 Rn. 4 ff.

28 BGHSt 13, 382, 386; BayObLG NJW 1981, 774; Lackner/Kühl/Heger/*Heger* § 267 Rn. 14.

29 Zur vorherrschenden Erfassung der Wissentlichkeit m.w.N. *Rengier* BT/II § 33 Rn. 67.

jede nachträgliche Veränderung des gedanklichen Inhalts einer echten Urkunde, durch die der Anschein hervorgerufen wird, der Aussteller habe die Erklärung von Beginn an so abgegeben, wie sie nach der Veränderung vorliegt.[30] Der **Aussteller kann eine eigens hergestellte Urkunde verfälschen**, wenn er r die alleinige Berechtigung zur Gestaltung der Urkunde verloren hat[31] (Beispiel: ein Arzt verändert eine Patientenakte nachträglich intransparent). Keine Urkundenfälschung liegt vor, wenn es sich noch um einen internen Entwurf handelt, die ärztliche Erklärung noch nicht entäußert wurde.[32] Die Patientenakte ist nach richtiger Ansicht entäußert, wenn alle Befunde schriftlich dokumentiert und in die Krankenakte eingelegt worden sind. Inhaltliche Änderungen bedürfen schon gem. § 630 f Abs. 1 S. 2 BGB stets der Angabe des Datums und der Unterschrift.

Eine Verfälschung kann auch eine **zusammengesetzte Urkunde** betreffen, 16 wenn z. B. eine Erklärung, die fest mit einem Anschauungsobjekt verbunden wurde („Blutprobe des X") modifiziert wird, ohne dass der Urkundencharakter aufgehoben wurde. Gerade bei der Patientenakte kann es sich schließlich um eine **Gesamturkunde** handeln; aus mehreren Einzeldokumenten wie Operationsberichten etc. entsteht ein über die Erklärungen der einzelnen Bestandteile hinausgehendes Ganzes, dem ein eigener Erklärungs- und Beweisinhalt zukommt.[33] Werden Einzelurkunden aus der Gesamturkunde entfernt, kommt eine Verfälschung der Gesamturkunde in Frage.

Etwa im zuletzt genannten Beispiel kommt auch eine **Urkundenunterdrü-** 17 **ckung** (§ 274 StGB) in Frage. Ebenso liegt es, wenn ein Arzt zum Nachteil von Beweisinteressen die Patientenakte oder beweiserhebliche Aufzeichnungen medizinischer Geräte vernichtet, beschädigt oder unterdrückt. Allerdings tritt § 274 StGB ggf. hinter § 267 Abs. 1 Var. 2 (3) StGB zurück.

U. a. angesichts der elektronischen Patientenakte ist die **Fälschung beweis-** 18 **erheblicher Daten** (§ 269 StGB) vermehrt zu beachten. Strafbar ist, wer zur Täuschung im Rechtsverkehr beweiserhebliche Daten so speichert oder verändert, dass bei ihrer Wahrnehmung eine unechte oder verfälschte Urkunde vorliegen würde. Gleiches gilt für den Gebrauch solcher Daten.

---

30 BGHSt 45, 197, 201 f.; zur hinderlichen Zerstörung OLG Koblenz MedR 1995, 29, 31.
31 BGHSt 13, 382, 387; OLG Koblenz MedR 1995, 29, 31; *Rengier* BT/II § 33 Rn. 42; a.A. für die allein mit § 274 StGB operierende wohl h.L. MüKo-StGB/*Erb* § 267 Rn. 190 ff.
32 Ulsenheimer/Gaede/*Ulsenheimer/Gaede* Rn. 1141; vgl. auch *Puppe* JZ 1997, 490, 491; im Ansatz weitergehend aber OLG Koblenz MedR 1995, 29, 31.
33 Sehr weit OLG Koblenz MedR 1995, 29, 30 f.; enger Spickhoff/*Schuhr* § 267 StGB Rn. 25 f.

III. Ergänzung durch das IfSG

19 In der Corona-Pandemie wurden die Strafvorschriften der §§ 74 ff. IfSG zum 1.6.2021[34] und zum 24.11.2021[35] erweitert. Sie pönalisieren die wissentlich und zur Täuschung im Rechtsverkehr begangene unrichtige Dokumentation von Covid-Impfungen (§ 74 Abs. 2 IfSG), die wissentlich unrichtige Bescheinigung von Covid-Test- und Genesungsnachweisen (§ 75a Abs. 1 Nr. 1 IfSG, dazu § 22 IfSG) bzw. das Ausstellen digitaler Zertifikate zu dem gleichen Zweck (§ 75a Abs. 1 Nr. 2 IfSG), soweit dies im Widerspruch zu den jeweils genannten Normen des IfSG verwirklicht wird. Taugliche Täter sind grundsätzlich nur zur Dokumentation berechtigte Personen.[36] Das unbefugte Ausstellen von Test- und Genesungsnachweisen (§ 75a Abs. 2 IfSG) ist separat geregelt. Der entsprechende Gebrauch unrichtiger Impfausweise und Bescheinigungen ist ebenfalls strafbewehrt (§ 75a Abs. 3 IfSG). Diese Regelungen sollen in Idealkonkurrenz zu den geänderten §§ 275 ff. StGB stehen.[37]

---

34 Zur überstürzten und unzureichenden Gesetzgebung *Gaede/J. Krüger* NJW 2021, 2159.

35 Zu dieser Gesetzgebung *Gaede/J. Krüger* medstra 2022, 13, 19 f.

36 *Gaede/J. Krüger* medstra 2022, 19 f.; *M. Krüger/Sy* GesR 2024, 281. Entsprechend zur Rechtslage vor der letzten Reform *Gaede/J. Krüger* NJW 2021, 2159, 2161 f., anders nun jedoch BGH medstra 2024, 171, 173 f. m. abl. Anm. *Lorenz*.

37 BT/Drs. 20/15, S. 35 und 20/89, S. 20; dazu sehr krit. *Gaede/J. Krüger* medstra 2022, 13, 20: zum Übermaß tendierende „Catch-all-Regelung"; *Zieschang* ZIS 2021, 481, 485.

§ 22 Korruptionsdelikte

Korruption beschreibt als Phänomen eine **Dienerschaft für zwei Herren**, bei der 1
sich ein Täter, der sich bereits einer anderen Person gegenüber verpflichtet hat,
konfliktträchtigen Interessen eines Dritten öffnet, weil ihm dieser einen Vorteil
zuwendet. Wenn dieses Verhalten für Rechtsgüter gefährlich ist, kann es Gegenstand strafrechtlicher Normen sein.[1] Dies ist bedeutsam, weil insbesondere die
Schlüsselstellung des Arztes, der Leistungen verordnet, Anreize setzt, eigene
Wettbewerbsanteile durch Vorteilszuwendungen auszubauen. Ein Beispiel sind
Abreden, nach denen niedergelassene Ärzte ihren Patienten gegen eine sog. Zu-
weiserprämie eines Krankenhauses empfehlen, stationäre Behandlungen in diesem Krankenhaus durchführen zu lassen. Der **Gesetzgeber** hat sich im Jahr 2016
davon überzeugt, dass das Gesundheitswesen in Gestalt der §§ 299a f. StGB eigenständige Strafnormen benötigt[2], die das Strafrecht erheblich erweitern. Dem ging
eine Entscheidung des Großen Senats für Strafsachen voraus, nach der Kick-Back-
Zahlungen für die Verschreibung eines bestimmten Medikaments weder § 299 StGB
(dazu Rn. 44) noch den §§ 331 ff. StGB (dazu Rn. 49) unterfielen.[3] Auch über spezielle
Verfolgungseinheiten ist das Gesundheitswesen damit zum zentralen Feld der
Korruptionsbekämpfung geworden.

Zu bewältigen ist ein **Dreiklang strafrechtlicher Antikorruptionsnormen**: 2
Die größte Bedeutung kommt den neuen Delikten der Bestechlichkeit (§ 299a StGB)
und Bestechung (§ 299b StGB) im Gesundheitswesen zu (Rn. 5 ff.). Handeln Amtsträger[4], sind auch die Delikte der Amtsträgerkorruption zu beachten (§§ 331 ff.
StGB, Rn. 47 ff.). Einige Fälle können der Bestechlichkeit und Bestechung im geschäftlichen Verkehr (§ 299 StGB) unterfallen (Rn. 43 ff.). Stets sind gem. § 300 StGB[5]
bzw. § 335 StGB[6] Strafrahmen für besonders schwere Fälle zu bedenken (zu
Hauptfällen § 23 Rn. 62 ff.).

Das weit geregelte Korruptionsstrafrecht erfordert eine **verhältnismäßige** 3
materiell-rechtliche und strafprozessuale **Rechtsanwendung**.[7] Der Gesetzgeber
wollte mit den §§ 299a f. StGB nicht die im Gesundheitswesen verbreiteten Kooperationen generell in Frage stellen. Es besteht die Gefahr, dass für Patienten

---

1 Zu diesem Verständnis näher NK-WSS/*Gaede* § 299 Rn. 8 ff.
2 Dafür insbesondere BT/Drs. 18/6446, 18/8106 sowie BGBl. 2016 I, S. 1254.
3 BGHSt GS 57, 202, 210 ff.
4 Zu denken ist aber ggf. auch an Europäische Amtsträger (§ 11 Abs. 1 Nr. 2a StGB) und an dem
Öffentlichen Dienst besonders Verpflichtete (§ 11 Abs. 1 Nr. 4 StGB).
5 Näher m.w.N. Ulsenheimer/Gaede/*Gaede* Rn. 1388 ff.
6 Näher NK-WSS/*Gaede* § 335 Rn. 1 ff.
7 Siehe schon näher Ulsenheimer/Gaede/*Gaede* Rn. 1215 ff.

https://doi.org/10.1515/9783111048543-025

sinnvolle Formen der Zusammenarbeit aus Furcht vor einem schwer abzuschätzenden Korruptionsverdacht ausbleiben. Es ist deshalb eine Rechtsprechung erforderlich, welche die Generalklauseln umfassenden Delikte präzisierend auslegt.[8] Zudem darf aus den verankerten Kooperationen im Gesundheitswesen nicht vorschnell ein Anfangsverdacht hergeleitet werden – Ermittlungen setzen hinzutretende besondere Umstände voraus.[9]

4   **Besonderheiten** sind bei allen Korruptionsdelikten **hinsichtlich der Erfassung mehrerer Tatbeteiligter** zu beachten: Die Korruption ist stets **exklusiv** aus zwei verschiedenen Perspektiven geregelt. Zum einen existiert, etwa in § 299a StGB, die sog. **Nehmerseite**, die Personen betrifft, die ihre Bindungen gleichsam verkaufen (= Bestechlichkeit). Zum anderen kommt, etwa in § 299b StGB, eine spiegelbildlich geregelte sog. **Geberseite** hinzu, die Personen erfasst, die über Vorteile auf die Nehmerseite einwirken wollen (= Bestechung). Diese Trennung wirkt sich auf die Fallprüfung aus (Rn. 37 und 39). Näher vorgestellt werden Korruptionsdelikte über die Nehmerseite (zu § 299a StGB Rn. 5 ff.); das Delikt für die Geberseite greift spezielle Tathandlungen der Gebenden auf (zu § 299b StGB Rn. 37 f.).

Fall 39: Weihnachtsfeier
Die verbeamtete Prof'in. B arbeitet am privatisierten Uniklinikum der Stadt S. Sie plant für ihre Abteilung eine große Weihnachtsfeier. Hierzu bittet sie die Medizintechnikfirma RoboMed, von der das Klinikum bereits zahlreiche Produkte auf Empfehlung der B erworben hat, um eine kostendeckende Zuwendung zugunsten ihrer Abteilung. R, die Geschäftsführerin der RoboMed, geht auf die Bitte ein. Die Mühe, die Universitätsgremien einzubeziehen, macht man sich nicht. Das Geld wird dem Förderverein der Abteilung überwiesen, den B mit ihrer Abteilung gegründet hat und dessen Konten sie verwaltet. Das Geld wird für die Weihnachtsfeier ausgegeben, die den Ruf der B als finanzstarke Chefin weiter fördert. Weitergehende Absprachen mit der B, die weiter für Produktempfehlungen zuständig ist, gab es nicht. **Strafbarkeit?** Zur Lösung Rn. 61.

Fall 40: Mietzuschuss
Apotheker A ist mit den Einnahmen unzufrieden. Er trifft den Orthopäden O, der ihm von Verhandlungen über einen Praxisumzug in die über der Apotheke des A gelegenen Räume berichtet. Um Patienten des O der Konkurrenz durch die entstehende Lage zu entziehen, bietet A dem Orthopäden einen Mietzuschuss an, der ihn zum Umzug in die neue Praxis bewegen soll. O lehnt ab. **Strafbarkeit?** Zur Lösung Rn. 31.

---

8 *Gaede* medstra 2018, 264, 265, 268; zust. NK-StGB/*Dannecker/Schröder* § 299a Rn. 45.
9 BT/Drs. 18/6446, S. 18 f.; vertiefend m.w.N. Ulsenheimer/Gaede/*Gaede* Rn. 1368 ff.

I. Bestechlichkeit und Bestechung im Gesundheitswesen

Die §§ 299a und 299b StGB orientieren sich an § 299 StGB (Rn. 43 ff.), der die Kor- 5
rumpierung von Angestellten und Beauftragten eines Unternehmens betrifft, den
freien Unternehmer als Täter aber ausklammert. Die neuen Regelungen gehen zu
Recht[10] deutlich weiter. Denn z.b. selbst unternehmerisch tätige Ärzte können
unabhängig von einem Anstellungsverhältnis so verpflichtet sein, dass sie für eine
Korrumpierung in Frage kommen.[11] Konkret geht es in § 299a Nr. 1 bis 3 StGB um
Situationen, in denen Heilberufsangehörige Patienten oder Krankenkassen verpflichtet sind und ihnen eine Schlüsselstellung zukommt, mit deren Hilfe sie den
Wettbewerb verzerren können. Der Gesetzgeber will damit den existenziell bedeutsamen Gesundheitsmarkt, auf dem jährlich ca. 500 Milliarden Euro umgesetzt
werden,[12] verstärkt schützen.

§ 299a StGB schützt das **Rechtsgut des fairen Leistungswettbewerbs**. Die 6
Materialien geben zu erkennen, dass der Gesetzgeber zusätzlich das **Vertrauen in
die Integrität der Heilberufe** schützen wollte.[13] Ein Teil der Lehre folgt dem und
fordert, bei der Anwendung des Delikts stets auf eine kumulative Betroffenheit
beider Rechtsgüter abzustellen.[14] Dafür, dass der Gesetzgeber gerade dies verlangt,
finden sich aber keine hinreichenden Indizien. Auslegungsleitendes Rechtsgut der
Norm ist *allein* der faire (Leistungs-)Wettbewerb:[15] Der Wortlaut der Norm setzt
stets einen Wettbewerbsbezug voraus. Normbestandteile, die dem zweiten Rechtsgut Raum verschafft hätten, wurden im Gesetzgebungsverfahren gestrichen.[16]

§ 299a StGB ist ein **abstraktes Gefährdungsdelikt**. Schon Gefährdungen, z.B. 7
für Mitbewerber, genügen für die Vollendung. Zu effektiven Nachteilen am Markt
muss es nicht kommen. Der Versuch ist straflos (siehe Rn. 17). Die §§ 299a und 299b
StGB sind Offizialdelikte. Neben Konkurrenten können z.B. Patienten oder Jour-
nalisten Verfahren anstoßen.

---

10 Siehe m.w.N. auch zu Gegenansichten NK-StGB/*Dannecker/Schröder* § 299a Rn. 60 ff., 65 ff.
11 Näher schon m.w.N. NK-WSS/*Gaede* § 299a StGB Rn. 16 f.
12 Die Gesundheitsausgaben in Deutschland beliefen sich z.B. 2022 auf 498,1 Mrd. Euro, Quelle:
Statistisches Bundesamt, Pressemitteilung Nr. 167 v. 25.4.2024.
13 BT/Drs. 18/6446, S. 1, 12 f., 16, 17; 18/8106, S. 14, 16 f.
14 NK-StGB/*Dannecker/Schröder* § 299a Rn. 34 ff., 162, 174; *Geiger* medstra 2018, 201, 204; wohl
auch Spickhoff/*Schuhr* §§ 299a, 299b StGB Rn. 8, aber begrenzend Rn. 7.
15 So z.B. *Dann/Scholz* NJW 2016, 2077 f.; *Kölbel* medstra 2016, 193; *Vogel* medstra 2019, 198, 203;
Fischer § 299a Rn. 3, 4; Matt/Renzikowski/*Sinner* § 299a Rn. 3 f.; *Kraatz* Rn. 365.
16 BT/Drs. 18/8106, S. 14 f.; siehe auch mit krit. Zielrichtung BR/Drs. 181/1/16, S. 2.

1. Tatstruktur der Bestechlichkeit und Eingangsmerkmale

8 Die – auch gem. § 13 Abs. 1 StGB zu verwirklichende – Bestechlichkeit im Gesundheitswesen ist ein **Sonderdelikt**, bei dem der Täter im Berufskontext vorteilsbezogene Tathandlungen zugunsten einer Unrechtsvereinbarung vorsätzlich begehen muss. Dies führt zu folgender **Prüfungsstruktur:**

Bestechlichkeit im Gesundheitswesen (§ 299a StGB)

I.   Tatbestand
   1.   Objektiver Tatbestand
      a) **Tauglicher Täter** = Angehörige von Heilberufen i.S.d. § 203 Abs. 1 Nr. 1 StGB
      b) **Im Zusammenhang mit der Ausübung des Berufs**
      c) **Vorteil für sich/Dritten fordern, sich versprechen lassen oder annehmen**
      d) **Als Gegenleistung für unlautere Bevorzugung eines anderen im inländischen oder ausländischen Wettbewerb (sog. Unrechtsvereinbarung)**
      e) **Hinsichtlich**
      Nr. 1 der Verordnung von Arznei-, Heil- oder Hilfsmitteln oder Medizinprodukten,
      Nr. 2 dem Bezug von Arznei- oder Hilfsmitteln oder von Medizinprodukten, die jeweils zur unmittelbaren Anwendung durch den Heilberufsangehörigen oder einen seiner Berufshelfer bestimmt sind, oder
      Nr. 3 bei der Zuführung von Patienten oder Untersuchungsmaterial
   2.   Subjektiver Tatbestand = Vorsatz
II. Rechtswidrigkeit
III. Schuld
IV. Strafe: Beachte den **Strafrahmen für besonders schwere Fälle in § 300 StGB**

---

9 Zum Kreis der Heilberufsangehörigen kann auf § 203 Abs. 1 StGB verwiesen werden (§ 20 Rn. 6 f.). Etwa Ärzte, Zahnärzte und Apotheker[17] erfüllen das Erfordernis. Fragwürdigerweise hat der Gesetzgeber u. a. auch Kinder- und Jugendlichenpsychotherapeuten, Ergo- oder Physiotherapeuten, Hebammen und Tierärzte zu tauglichen Tätern gemacht.[18] Ausgenommen bleiben Heilpraktiker und Gesundheitshandwerker wie Optiker.

10 Die Angehörigkeit zu einem Heilberuf lässt sich i.d.R. anhand der Zugehörigkeit zu einer Kammer und nach der absolvierten Ausbildung bestimmen. Umstritten ist der Fall, in dem sich jemand die Eigenschaft als Angehöriger eines Heilberufs nur anmaßt. Soweit sich z.B. ein „**Scheinarzt**" den Kammerzugang

---

17 Bei diesen ist die Subsumierbarkeit unter die Tatvarianten (Nr. 1 bis 3) allerdings nur eingeschränkt möglich. Krit. dazu etwa *Jansen* medstra 2024, 207, 213.
18 Gerade zu Tierärzten krit. NK-WSS/*Gaede* § 299a StGB Rn. 33; TK/*Eisele* § 299a Rn. 9a; nun konkreter einschränkend *Lorenz* medstra 2017, 342 ff.

erschlichen hat, wird die Anwendung des § 299a StGB angesichts seiner formal wirksam übernommenen Pflichten gerechtfertigt sein, da er sehenden Auges in die Stellung als Arzt einrückt. Anderes sollte gelten, wenn jede formale Eingliederung in die Berufsgemeinschaft fehlt. Allein die Anmaßung von Privilegien oder Verhaltensweisen der Berufsgenossen macht den Akteur noch nicht zu einem Angehörigen eines Heilberufes.[19] Die Eigenschaft muss im **Zeitpunkt der Tathandlung** vorliegen.

Der Heilberufsangehörige muss **im Zusammenhang mit der Ausübung sei-** 11 **nes Heilberufs** handeln. Dies ist der Fall, wenn sich sein Tatverhalten auf eigene Handlungen oder solche seiner Berufshelfer bezieht, die mit der Berufsausübung in einer inneren Verbindung stehen. Nicht erfasst sind private Handlungen und solche, die anderen Berufen dienen.[20] Darüber hinaus wirkt der abschließende Charakter der Nr. 1–3 StGB begrenzend (Rn. 23 ff.).

2. Vorteilsbegriff und Tathandlungen

Der Heilberufsangehörige muss einen Vorteil für sich oder einen Dritten fordern, 12 sich versprechen lassen oder annehmen. Ein Vorteil ist jede **materielle oder immaterielle Zuwendung**, auf die der Empfänger keinen Rechtsanspruch hat und die seine wirtschaftliche, rechtliche oder persönliche Lage objektiv verbessert.[21] Wichtige Beispiele sind materielle Begünstigungen wie Geldzuwendungen, Rabatte, die Einräumung von **Gewinnbeteiligungen bei Unternehmen** sowie die verbilligte Überlassung von Geräten oder Mitarbeitern, außerdem Einladungen zu Kongressen und die Übernahme der Kosten von Fortbildungsveranstaltungen. Immaterielle Vorteile wie Ehrungen sind erfasst, wenn sie objektiv messbar sind.[22] **Keine Vorteile** sind nicht zuvor verabredete nachträgliche Zuwendungen, wie Dankeschöngeschenke.

Wesentlich ist, dass nach h.M. schon **Zuwendungen** als Vorteil gelten, **die Teil** 13 **eines äquivalenten Leistungsaustauschs sind** (Beispiel: Ein Arzt hält einen marktüblich bezahlten und nützlichen Fachvortrag). Selbst wenn der Vertrag einen wirksamen Anspruch auf die Zuwendung vermittelt, soll die von den §§ 331 ff. StGB herrührende Rechtsprechung gelten, die auf den ggf. wertvollen Vertragsschluss als

---

19 I.E. wie hier z.B. *Gercke/Leimenstoll/Stirner* Rn. 873; NK-StGB/*Dannecker/Schröder* § 299a Rn. 113 ff., dort allerdings auch zu weitergehenden Ansätzen; weit insofern LG Nürnberg-Fürth medstra 2024, 193.
20 BT/Drs. 18/6446, S. 20; zu anderen Berufen *Vogel* medstra 2019, 198, 203 f.
21 M.w.N. BT/Drs. 18/6446, S. 17 f. mit Beispielen; *Tsambikakis* medstra 2016, 131 Rn. 11.
22 BGHSt 47, 295, 304 f.; näher m.w.N. Ulsenheimer/Gaede/*Gaede* Rn. 1238 f.

solchen abstellt – auf diesen besteht regelmäßig kein Anspruch.[23] Damit liegt ein Vorteil für diverse Kooperationen des Sozial- bzw. Medizinrechts nahe, die Vergütungen vermitteln (z. B. die Verabredung von vor- und nachstationären Behandlungen gemäß § 115a SGB V und die Verabredung von Anwendungsbeobachtungen gemäß § 67 AMG etc.).

14 **Klausurhinweis:** Allerdings erkennen die Materialien in den erwähnten Fällen nicht zwingend einen Vorteil.[24] Angesichts der drohenden Überforderung der Unrechtsvereinbarung und zur Vermeidung von Übersteigerungen (z. B. Erfassung eines unvorteilhaften Vertrages) sollte in den Vertragsfällen nicht automatisch ein Vorteil erblickt werden, sondern nur, wenn dem Vertrag nach seinen Bedingungen (insbesondere: Vergütung und zu erbringende Leistungen) im Einzelfall eine **objektive Eignung** zukam, Angehörige eines Heilberufs zu unsachlichen bzw. pflichtwidrigen Entscheidungen zu bewegen.[25]

15 Keine Vorteile sind **sozialadäquate Zuwendungen** (z. B. geringfügige Werbegeschenke). Das Einschränkungspotential ist aber gering, weil der Gesetzgeber keine klare Geringwertigkeits- bzw. Bagatellgrenze geschaffen hat. Es entscheidet die objektive Eignung zur Korrumpierung im Einzelfall.[26]

16 § 299a StGB lässt sowohl einen eigenen Vorteil als auch einen sog. Drittvorteil genügen.[27] Ein **eigener Vorteil** liegt vor, wenn sich die Zuwendung unmittelbar an den Heilberufsangehörigen richtet oder eine unmittelbar an Dritte (Beispiel: der Ehemann des/der Heilberufsangehörigen) fließende Zuwendung auch dem Heilberufsangehörigen selbst zugutekommt. Der **Drittvorteil** wird weit verstanden, weshalb jede vom Heilberufsangehörigen verschiedene Person in Betracht kommen soll, ohne dass eine mittelbare Begünstigung des Heilberufsangehörigen erforderlich wäre.[28] Auch Patienten oder Klinikträger kommen als Dritte in Betracht. So soll der Drittvorteil greifen, wenn der Heilberufsangehörige einen Vorteil für seinen Arbeitgeber fordert, sich versprechen lässt oder annimmt, selbst wenn ihm daraus selbst kein Vorteil erwächst. **Kein Drittvorteil** liegt vor, sofern der unmittelbar begünstigte Dritte einen wirksamen Anspruch auf die Zuwendung be-

---

23 BGHSt 31, 264, 279 f.: sonst drohe Aushebelung/Verschleierung über Verträge; BGH MedR 2003, 688, 689; übertragend BT/Drs. 18/6446, S. 18 f.
24 BT/Drs. 18/6446, S. 18: „Vorteil kann […] grundsätzlich […] im […] Vertrag" liegen.
25 Ulsenheimer/Gaede/*Gaede* Rn. 1242 f.; im Zivilrecht auch enger: BGH (Z) NJW 2006, 225.
26 Darauf abstellend BT/Drs. 18/6446, S. 17 f.; AnwK/*Wollschläger* § 299a Rn. 9.
27 Siehe ohne jede Einschränkung BT/Drs. 18/6446, S. 17.
28 BT/Drs. 18/6446, S. 17; *Tsambikakis* medstra 2016, 131 Rn. 11; siehe aber krit. zur Interpretation des Drittvorteils NK-WSS/*Gaede* § 299 StGB Rn. 51 f.

sitzt.[29] Gleiches gilt, wenn der Heilberufsangehörige Vorteile wie Rabatte für den Patienten bzw. den Kostenträger erwirtschaftet, um sie an diese weiterzureichen.[30]

Es genügt das Fordern eines Vorteils. Dies erübrigt eine Versuchsstrafbarkeit. 17 Einen Vorteil **fordert**, wer ausdrücklich oder konkludent erklärt, dass er einen solchen verlangt. Auf eine sorgsame, nicht unterstellende Auslegung der Kommunikation ist zu achten. Die Erklärung muss dem Adressaten zugehen und auf das zutreffende Verständnis gerichtet, nicht aber erfolgreich sein. Der Gesetzgeber will schon die sog. Verhandlungsstufe erfassen.[31]

Einen Vorteil **lässt sich versprechen**, wer mit dem Vorteilsgeber ausdrücklich 18 oder konkludent übereinkommt, dass er einen Vorteil im Rahmen einer Unrechtsvereinbarung annehmen wird (sog. Vereinbarungsstufe).

Einen Vorteil **nimmt an**, wer den Vorteil tatsächlich entgegennimmt und damit 19 seinen Willen manifestiert, dass er oder ein Dritter über den Vorteil verfügen will/soll. Der Vorbehalt, den Vorteil später zurückzugeben, ist unbeachtlich. Eine Annahme durch Dritte führt nur zur Tatvollendung, wenn der Täter des Sonderdelikts damit einverstanden ist. Zudem müssen Vorteilsgeber und -nehmer über ein faktisches Verhalten hinaus eine Übereinkunft über Gegenstand und Zweck der Zuwendung (= die Unrechtsvereinbarung) getroffen haben und zumindest konkludent ausdrücken (sog. Leistungsstufe).[32]

3. Fallgruppen der Unrechtsvereinbarung

Das **für alle Korruptionsdelikte zentrale Merkmal** ist die Unrechtsvereinbarung 20 (zum Tatnachweis Rn. 33 f.). Sie bezeichnet die Beziehung, die zwischen dem Vorteil und der bezweckten unlauteren Bevorzugung im Wettbewerb bestehen oder erstrebt werden muss („dafür"): Der Vorteil muss sich auf eine Bevorzugung im Wettbewerb beziehen (Rn. 21 f.), die eine Tatvariante der Norm (Rn. 23 ff.) betreffen und unlauter sein muss (Rn. 29 ff.).

---

29 NK-WSS/*Gaede* § 299a StGB Rn. 47; m.w.N. *Ziemann* medstra 2020, 11, 15; a.A. zu § 299 StGB aber *Sprafke*, Korruption, Strafrecht und Compliance, 2010, S. 136.
30 So schon BT/Drs. 18/8106, S. 15; 18/6446, S. 23; näher und einschränkend *Rönnau/Wegner* NZWiSt 2019, 81, 84 f.; siehe auch Ulsenheimer/Gaede/*Gaede* Rn. 1329.
31 BT/Drs. 18/6446, S. 17: erfolglose Ansinnen erfasst; vgl. BGH NStZ 2006, 628, 629.
32 So explizit BT/Drs. 18/6446, S. 17.

a) Verknüpfung mit einer zukünftigen Bevorzugung im Wettbewerb

21 § 299a StGB setzt eine **konkrete Unrechtsvereinbarung** bezüglich einer zukünftigen Wettbewerbsverzerrung voraus.[33] Zuwendungen, die das allgemeine Wohlwollen eines Heilberufsangehörigen sichern sollen (sog. Klimapflege bzw. Anfüttern), genügen nicht. Die Besserstellung im Wettbewerb muss nach ihrer Art und Richtung nach erkennbar und festgelegt sein.[34]

22 Die im Tatbestand aufgegriffene **Bevorzugung** meint die (sachfremde) Entscheidung zwischen zumindest zwei Wettbewerbern; sie setzt folglich Wettbewerb und die Benachteiligung eines Konkurrenten des Vorteilsgewährenden voraus.[35] **Wettbewerb** liegt vor, wenn sich gleiche oder ähnliche Waren oder Dienstleistungen gegenüberstehen, deren gleichzeitiger Absatz Nachteile für andere Anbieter zur Folge haben kann und damit „auf ihre Kosten geht". Geschützt ist auch der ausländische Wettbewerb. Die angestrebte Bevorzugung muss weder vollzogen noch die Schädigung eines Mitbewerbers nachgewiesen werden. Eine Wettbewerbslage fehlt, wenn ein Anbieter eine Monopolstellung innehat oder nur eine Verteilung nach gleichen Konditionen zu erreichen ist. Nach der weiten Interpretation durch den Gesetzgeber soll der Wettbewerb weithin subjektiv verstanden werden, sodass auf die Vorstellung der Beteiligten abzustellen ist.[36] Die Ausschaltung einer zukünftigen Konkurrenz soll genügen. Einschränkend wird man aber jedenfalls, um den Bezug zum Rechtsgut zu wahren, verlangen müssen, dass auch nach objektiven Umständen zum Zeitpunkt der Bevorzugung ein konkretes Wettbewerbsverhältnis i. S. d. § 2 Abs. 1 Nr. 3 UWG zu erwarten ist. Ferner sind Behandlungen, die nicht als *lege artis* zu klassifizieren sind, i. S. d. Patienten nicht als Wettbewerb konstituierende Alternativen zu betrachten.[37]

b) Enumerativ erfasste Fallgruppen (§ 299a Nr. 1 bis 3 StGB)

23 Es muss eine in den Nr. 1 bis 3 aufgelistete Konstellation betroffen sein:

24 § 299a Nr. 1 StGB betrifft die **Verordnung von Arznei-, Heil- oder Hilfsmitteln oder von Medizinprodukten.** Die Begriffe des Arznei-, Heil-, Hilfsmittels und des Medizinprodukts richten sich nach dem zivilen und öffentlichen Recht (z. B. für Arzneimittel § 2 AMG, für die Heil- und Hilfsmittel §§ 32 und 33 SGB V).[38] Verordnen

---

33 Explizit dazu und zum Folgenden schon BT/Drs. 18/6446, S. 18, 20, 22 und 23.

34 BGH wistra 2023, 164, 165: grobe Umrisse nötig; m.w.N. LK/*Lindemann* § 299 Rn. 31.

35 BT/Drs. 18/6446, S. 21; näher NK-WSS/*Gaede* § 299 StGB Rn. 60 ff. und § 299a Rn. 57 ff.

36 BT/Drs. 18/8106, S. 15 f.; vollständig subjektivierend *Jansen*, Der Schutz des Wettbewerbs im Strafrecht, 2021, S. 360 f., 450; krit. hierzu m.w.N. *Dann/Scholz* NJW 2016, 2077 f.

37 Dazu *Brettel/Duttge/Schuhr* JZ 2015, 929, 932 f.; NK-WSS/*Gaede* § 299a Rn. 61.

38 BT/Drs. 18/6446, S. 20.

bedeutet im strafrechtlichen Kontext das Verschreiben zugunsten von Patienten.[39] Der Gesetzgeber versteht die Fallgruppe weit und erfasst jede Tätigkeit, die in einem engen Zusammenhang zur Verordnung steht.[40] Zu weit ginge es aber, die Einwirkung auf Empfehlungen durch Fachgesellschaften oder Patientenverbände zu erfassen.[41]

§ 299a Nr. 2 StGB betrifft den **Bezug von Arznei- oder Hilfsmitteln oder von Medizinprodukten, soweit diese zur unmittelbaren Anwendung bestimmt sind.** Dies soll subsidiär zur Nr. 1 Fälle aufgreifen, in denen Patienten ohne vorherige Verordnung unmittelbar mit Leistungen versorgt werden.[42] Anwendungsfälle sind z.B. Prothesen, Implantate und unmittelbar auf- oder eingebrachte Arzneimittel. **Bezug** ist jedes Sich-Verschaffen der genannten Mittel. Das Kriterium der **Bestimmung zur unmittelbaren Anwendung** soll rein unternehmerische Bezugsentscheidungen (etwa: Erwerb des Behandlungsstuhls), bei denen die Heilberufsangehörigen noch keiner konkretisierten Verpflichtung gegenüber individuellen Patienten unterliegen, freistellen.[43] Für die unmittelbare Anwendung am Patienten ist eine (geplante) kontrollierte Einnahme, eine Auftragung am Patienten bzw. eine Einführung in den Patienten erforderlich. Die unmittelbare Anwendung kann durch einen Berufshelfer erfolgen (§ 20 Rn. 15). Da Apotheker die von der Norm genannten Leistungen zwar beziehen, nicht aber an Patienten anwenden, sind sie weitgehend von § 299a StGB befreit.[44]

§ 299a Nr. 3 StGB greift die **Zuführung von Patienten oder Untersuchungsmaterial**[45] auf. Der wichtigen Tatvariante geht es um die sachwidrige Lenkung von Folgebehandlungen oder -untersuchungen zu bestimmten anderen Leistungserbringern. Zuführungsentscheidungen sollen allein nach medizinischen Gesichtspunkten getroffen werden.[46] Die Zuführung setzt voraus, dass der Patient auch als Patient weiter verwiesen wird.[47] So ist etwa der Orthopäde erfasst, der seinen Patienten einer Physiotherapiepraxis ohne fachlichen Grund zuweist. Die Norm

25

26

---

39 BT/Drs. 18/6446, S. 20; enger aber Spickhoff/*Schuhr* §§ 299a, 299b StGB Rn. 23.
40 BT/Drs. 18/6446, S. 20; 18/8106, S. 14 f.; enger HWSt/*Rönnau/Wegner* V 3 Rn. 82.
41 Zust. etwa Lackner/Kühl/Heger/*Heger* § 299a Rn. 4.
42 BT/Drs. 18/8106, S. 14 f.
43 *Tsambikakis* medstra 2016, 131 Rn. 16; *Gaede* medstra 2015, 263, 264 f.
44 *Tsambikakis* medstra 2016, 131 Rn. 3 und 4; krit. *Fischer* § 299a Rn. 5; BR/Drs. 181/1/16, S. 3; NK-StGB/*Dannecker/Schröder* § 299a Rn. 117 ff.
45 Gedacht ist hier an abrechnungsfähige Laboruntersuchungen erhobener Proben.
46 BT/Drs. 18/6446, S. 19.
47 Siehe hierfür mit der Ausscheidung der Kunden des Apothekers Ulsenheimer/Gaede/*Gaede* Rn. 1349; *Gercke/Leimenstoll/Stirner* Rn. 1026; a.A. *Vogel* medstra 2019, 198, 205; *Schneider/Ebermann* medstra 2018, 67, 72 f.; mit einer anderen Begrenzung HWSt/*Rönnau/Wegner* V 3 Rn. 98: direkter Kontakt zwischen Patienten und Empfänger.

scheidet aber aus, wenn ein Arzt an einen Vertrieb von Nahrungsergänzungsmitteln verweist; hier wird der Patient nicht als solcher, sondern als Lebensmittel erwerbender Kunde bzw. keinem Leistungsbringer des Gesundheitswesens zugeführt.[48]

27 Der Täter muss den Patienten **zuführen.** Dies ist jedenfalls erfüllt, wenn Patienten z. B. autoritär in ein bestimmtes Sanitätshaus geschickt werden. Die überwiegende, weite Ansicht versteht unter der Zuführung aber jede Einwirkung auf den Patienten, die mit dem Ziel erfolgt, dessen Auswahlentscheidung in Bezug auf einen Arzt oder anderen externen Leistungserbringer zu beeinflussen.[49] Damit wäre etwa auch das schlichte Auslegen von Informationsflyern erfasst, die eine Patientenentscheidung beeinflussen können.[50] Ausgenommen bleiben aber unstreitig Fälle, in denen Ärzte *eigene* Labore betreiben und Laborleistungen damit *selbst* erbringen, soweit diese Leistungserbringung nicht ihrerseits an eine andere Zuführung gekoppelt ist.[51]

28 **Klausurhinweis:** Dem **weiten Zuführungsbegriff** ist aber **entgegenzutreten:** § 299a Nr. 3 StGB betrifft gerade auch gesetzlich erwünschte Kooperationen, die nicht vorschnell auf die wenig rechtssichere allgemeine Prüfung der Unrechtsvereinbarung (Rn. 33 f.) verwiesen werden sollten. Das „Führen" impliziert ein Mindestmaß an Steuerung des Patienten; nicht jeder kausale Beitrag zur Inanspruchnahme einer anderen Leistung genügt.[52] Bereits die Materialien[53] deuten an, dass bei einem hinreichenden Grund für die Empfehlung nicht automatisch von einer Zuführung zu sprechen ist. Wollte man es anders sehen, wird oft die Unlauterkeit zu verneinen sein (zu ihr Rn. 29 ff.).[54]

---

48 Ulsenheimer/Gaede/*Gaede* Rn. 1349; i.E. auch LG Hildesheim StraFo 2020, 253 m. Anm. *Pragal*; a.A. *Schneider/Ebermann* medstra 2018, 67, 72; *Wegner* medstra 2020, 382, 383 f.
49 BT/Drs. 18/6446, S. 20; m.w.N. NK-StGB/*Dannecker/Schröder* § 299a Rn. 189 ff.
50 In diesem Sinne selbst im Rahmen der Zurechnung eher abl. *Kubiciel* medstra 2019, 193, 194; Spickhoff/*Schuhr* §§ 299a, 299b StGB Rn. 32.
51 BT/Drs. 18/6446, S. 19 mit Verweis auf die Erlaubnis für Zahnärzte, Labore zu betreiben und Laborgemeinschaften zu gründen; NK-WSS/*Gaede* § 299a Rn. 74.
52 Insoweit zust. auch HWSt/*Rönnau/Wegner* V 3 Rn. 97.
53 *Schneider* medstra 2016, 195, 202; AnwK/*Wollschläger* § 299a Rn. 20; *Gercke/Leimenstoll/Stirner* Rn. 1025; *Kubiciel* medstra 2019, 193 f.; a.A. aber *Rönnau/Wegner* NZWiSt 2019, 81, 82 ff. auf Basis einer unterstellten Vereinbarung. Zum Umgang mit Fällen ohne besondere Gründe für die Empfehlung m.w.N. Ulsenheimer/Gaede/*Gaede* Rn. 1353.
54 So dann auch selbst NK-StGB/*Dannecker/Schröder* § 299a Rn. 192 bei Fällen einer mangelnden medizinischen Alternative.

c) Begrenzung durch die Unlauterkeit der Bevorzugung

Eigenständig zu prüfen bleibt, ob die Bevorzugung *unlauter* wäre. U. a. das Ver- 29
schleifungsverbot[55] verlangt, allen nicht nur erläuternden gesetzlichen Tatmerk-
malen eine eigenständige Bedeutung zukommen zu lassen; es verbietet sich daher,
die Unlauterkeit schon aus dem Vorteil zu folgern und nur auf den nötigen
Nachweis der Unrechtsvereinbarung im Übrigen zu verweisen.[56] Nötig ist eine
eigenständige Bewertung insbesondere anhand einschlägiger Rechtsnormen der
betroffenen Versorgung im Gesundheitswesen.

Die Unlauterkeit ist zudem eine Generalklausel, die gem. Art. 103 Abs. 2 GG 30
präzisierend und begrenzend auszulegen ist.[57] Ihr Sinn liegt darin, eine Bewertung
der Gefahr zu gestatten, dass sich der Heilberufler infolge der Vorteilszuwendung
von nicht akzeptablen Gründen leiten lassen werde. Die Unlauterkeit beschränkt
die Tat damit auf wettbewerbswidrig versprochene oder gewährte Bevorzugungen.
Als unlauter wird eine Bevorzugung regelmäßig angesehen, wenn sie geeignet ist,
Mitbewerber durch die **Umgehung der Regelungen des Wettbewerbs oder
durch Ausschaltung der Konkurrenz** zu schädigen.[58] Dies erfasst nicht jeden
Anreiz, den eigenen Umsatz auf Kosten von Wettbewerbern zu steigern. Legitimes
Marktverhalten ist über die Unlauterkeit freizustellen. Steigert ein Anbieter die
Attraktivität seines Angebots durch die Preisgestaltung oder eine digitale Leis-
tungserbringung, ist dies nicht per se eine rechtswidrige Ausschaltung der Konkurrenz. Die Weite des Vorteils, der wettbewerbskonforme Angebotsverbesse-
rungen aufgreifen kann, ist damit z. B. bei Rabatten zu korrigieren.

Klausurhinweis Fall 40: Mietzuschuss: Nähme O für die Anmietung seiner Praxis 31
einen Mietzuschuss des Apothekers in Anspruch, sind nach der weiten Deutung des
Vorteils alle Eingangsmerkmale des § 299a StGB erfüllt, weshalb ein Anbieten in
Frage kommt (§ 299b StGB). Da die Apotheke im Wettbewerb steht und ihre Kunden
nach h.L. als Patienten angesehen werden, ist eine angestrebte Unrechtsvereinbarung nach § 299b Nr. 3 StGB abstrakt denkbar. Allerdings lässt sich dem Sachverhalt nicht entnehmen, dass O die Apotheke empfehlen sollte, wodurch es an
einer Zuführung fehlt. Überdies würde die Unlauterkeit ausscheiden, da A lediglich

---

55 Dazu BVerfGE 126, 170, 197 f., 211; BVerfG NJW 2012, 907, 916 f.; wie hier *Schroth/Hofmann*
medstra 2017, 259, 260 ff.; *Geiger* medstra 2018, 201, 203 f.; näher unter Berücksichtigung von
BVerfG NJW 2022, 1160, 1162 f., 1165 f. m.w.N. *Gaede*, FS Ignor, S. 254.
56 So aber noch weithin *Fischer* § 299a Rn. 12.
57 Dazu und zum Folgenden m.w.N. *Gaede*, FS Ignor, S. 254 ff. Siehe schon RGSt 63, 426, 428: Frage
nach Sachgründen für Vorteilszuwendungen; *Geiger* medstra 2018, 201, 203 f.
58 M.w.N. BT/Drs. 18/6446, S. 21.

die am Markt günstigere Lage erreichen möchte.[59] Anderes folgt auch nicht aus einer etwaigen Berufsrechtswidrigkeit, weil sich die Unlauterkeit nicht aus jedem beliebigen Rechtsverstoß ergibt.[60] Es muss sich vielmehr um eine den Wettbewerb regelnde Rechtsnorm handeln (zum Rechtsgut Rn. 6).

32   Als zentrale Anwendungsfälle der tatausschließenden Lauterkeit erkennt schon der Gesetzgeber[61] gesetzmäßige **Vereinbarungen von Kooperationen.** Obwohl z. B. ein Vertrag über vor- oder nachstationäre Behandlungen gemäß § 115a SGB V Vorteile fließen lässt und andere Leistungsträger von der Versorgung ausschließt, scheidet die Strafbarkeit aus. Hier existieren Freiräume, in deren Rahmen abstrakt denkbare vorteilsbedingte Bevorzugungen zugunsten anderer, insofern vorrangiger Gründe hinzunehmen sind.

d) Nachweis – strafprozessuale Umsetzung

33   Sind alle begrifflichen Merkmale erfüllt, stellt sich auf der Beweisebene (sog. Tatfrage) die oft schwierige Frage, ob die Akteure tatsächlich eine Verknüpfung von Vorteil und unlauterer Bevorzugung erstrebt haben. Sie ist insbesondere anspruchsvoll, wenn Indizien für eine legitime Kooperation vorliegen. Allgemein ist es geboten, die „Indizien, die für und gegen ihre Existenz sprechen, in einer **lückenlosen Gesamtwürdigung aller wesentlichen Umstände**" einzelfallbezogen zu ermitteln, festzustellen und abzuwägen[62] (zu den konkreten Indizien anhand der §§ 331 ff. StGB Rn. 57 f.).

34   In entlastender Hinsicht sind insbesondere plausible andere Gründe für Vorteilszuwendungen von zentraler Bedeutung[63] sowie die sachliche Gebotenheit der Entscheidung des Heilberufsangehörigen nach den Zielen und Vorgaben der Versorgung des Patienten und des Kostenträgers.[64] Z. B. einseitige Empfehlungen und nicht ausgewertete Anwendungsbeobachtungen[65] wirken belastend, ebenso wie unangemessen hohe Vergütungen, die eine verdeckte Zuweisungsprämie bedeuten können.[66] Ob eine überhöhte Vergütung vorliegt, ist aber erst in Auswertung einschlägiger Codices (etwa der GOÄ, der EBM und der InEK-Kalkulation im Kran-

---

59 Dazu OLG Braunschweig NStZ 2010, 392, 393; gleichsinnig *Dann/Scholz* NJW 2016, 2077, 2079; mit Rückausnahmen zu Hinweisen HWSt/*Rönnau/Wegner* V 3 Rn. 82 und 97.
60 *Gaede/Lindemann/Tsambikakis* medstra 2015, 142, 150; *Kubiciel* medstra 2019, 193.
61 BT/Drs. 18/6446, S. 18 ff. Zur sog. negativen Akzessorietät zum Primärrecht z. B. *Gädigk* medstra 2015, 268, 270; m.w.N. NK-StGB/*Dannecker/Schröder* § 299a Rn. 167 f.
62 BGH wistra 2023, 164, 166; ferner Ulsenheimer/Gaede/*Gaede* Rn. 1334, 1361 ff.
63 Dazu *Rönnau/Wegner* MedR 2017, 206, 209, 211; BGH NJW 2011, 2207, 2209.
64 ERST/*Rübenstahl/Teubner* § 299a StGB Rn. 9; *Rönnau/Wegner* MedR 2017, 206, 208 f.
65 Siehe aber zur Anerkennung durch § 67 AMG Ulsenheimer/Gaede/*Gaede* Rn. 1424 f.
66 BT/Drs. 18/6446, S. 18 f.

kenhaus) und der Leistungsumstände (z.B. besondere Expertise und schnelle Leistung) zu bestimmen.[67]

4. Vorsatz

Der Täter muss vorsätzlich handeln (§ 15 StGB). *Dolus eventualis* genügt grund- 35 sätzlich. Der Vorsatz muss sich auf den Vorteil und die mit ihm verknüpfte Unrechtsvereinbarung, einschließlich der Unlauterkeit, erstrecken. Für das **Fordern** muss der Täter mit der **Absicht** der Herbeiführung einer Unrechtsvereinbarung handeln.

Vorteil und Unlauterkeit sind normative Tatbestandsmerkmale, sodass der 36 Täter deren Bedeutung nach Laienart erfassen muss; er handelt sonst im Tatbestandsirrtum und ohne Vorsatz (§ 16 Abs. 1 S. 1 StGB). Dies erfordert nicht nur, dass der Täter die Sachverhaltsumstände erfasst hat, aus denen z.B. die Unlauterkeit der Bevorzugung folgt,[68] sondern außerdem ein Verständnis der mit den Tatbestandsmerkmalen verbundenen Wertungen.[69] Die Verlagerung der Irrtümer in den § 17 StGB ist mit dem Gesetz unvereinbar.

5. Bestechung im Gesundheitswesen – Täterschaft und Teilnahme

In § 299b StGB findet sich spiegelbildlich (Rn. 4) die sog. Geberseite geregelt. Ihre 37 **Prüfungsstruktur** entspricht derjenigen des § 299a StGB (Rn. 8) mit zwei Unterschieden: *Erstens* kann jedermann Täter sein, solange er seine eigenen Tathandlungen an eine nach § 299a StGB taugliche Person richtet. Z.B. können Heilpraktikerinnen, Apothekerinnen oder Mitarbeiter von Pharmafirmen Täter sein. *Zweitens* sind **eigenständige Tathandlungen** maßgeblich, welche die Verhandlungsstufen (Rn. 17 ff.) abbilden – die Gebenden sind nicht über eine z.B. mittäterschaftliche oder anstiftende Mitwirkung zu erfassen: Die **Erfassung** wird

---

67 Eingehend m.w.N. zu Konkretisierungsansätzen Ulsenheimer/Gaede/*Gaede* Rn. 1365 ff.
68 So aber für die Unlauterkeit und den Vorteilsbegriff – zu § 299 StGB – *Fischer* § 299 Rn. 40; Matt/Renzikowski/*Sinner* § 299 Rn. 30, aber in Rn. 29 Bedeutungskenntnis fordernd; zutr. wie hier differenzierend TK/*Eisele* § 299 Rn. 48.
69 M.w.N. Ulsenheimer/Gaede/*Gaede* Rn. 1375; wie hier z.B. Matt/Renzikowski/*Sinner* § 299a Rn. 21; NK-StGB/*Dannecker/Schröder* § 299a Rn. 246, 251; AnwK/*Wollschläger* § 299a Rn. 31; zu Irrtümern bei Genehmigungen NK-WSS/*Gaede* § 299a StGB Rn. 103.

exklusiv über die beiden Seiten geleistet (siehe aber Rn. 39)![70] Notwendig ist vorsätzliches Verhalten. Macht der Erklärende nur ein nicht ernst gemeintes Scheinangebot, scheidet die Tat aus, weil er sich keine Unrechtsvereinbarung vorstellt.[71]

38 Tathandlungen sind das Anbieten, Versprechen und Gewähren des Vorteils. Einen **Vorteil bietet an**, wer erfolgreich oder erfolglos, ausdrücklich oder konkludent erklärt, dass er einen Vorteil in Aussicht stellt, um den Abschluss einer Unrechtsvereinbarung zu erreichen.[72] Vorsichtig formulierte Sondierungen können u.U. genügen. Der Anbietende muss eine Unrechtsvereinbarung anstreben. Einen **Vorteil verspricht**, wer mit dem Vorteilsnehmer darin übereinkommt, dass er ihm oder einem Dritten einen Vorteil zuwenden wird.[73] Einen **Vorteil gewährt**, wer diesen dem Vorteilsnehmer oder dem begünstigten Dritten zuwendet, um die getroffene Unrechtsvereinbarung zu erfüllen.[74] Beruht die Zuwendung auf einer Nötigung des Vorteilsnehmers, scheidet das Gewähren aus. Kommt infolge eines Irrtums auf Seiten des Annehmenden keine Unrechtsvereinbarung zustande, liegt ggf. ein Anbieten vor.

39 Zu bedenken bleibt, dass trotz der Besonderheiten die **allgemeinen Grundsätze der §§ 25 ff. StGB** gelten: Die Beteiligungsformen bleiben ggf. zu prüfen. Z.B. kann jemand zur Bestechung, die ein anderer täterschaftlich ausführt (§ 25 StGB), anstiften (§ 26 StGB) oder Hilfe leisten (§ 27 StGB). Für diejenigen, die auf der Seite des § 299a StGB stehen, ist ebenfalls z.B. eine Teilnahme (§§ 26 f. StGB) denkbar. Dem Verhalten des im Zentrum stehenden Heilberufsangehörigen dürfte oft täterschaftliches Gewicht zukommen. Die Heilberufszugehörigkeit ist ein **strafbarkeitsbegründendes, besonderes persönlichen Merkmals nach § 28 Abs. 1 StGB**. Daher kann Täter des § 299a StGB nur sein, wer einem erfassten Heilberuf angehört. Wichtig ist, dass die Beteiligten bei der Teilnahme nicht doppelt erfasst werden: Selbst wenn Mitwirkungshandlungen die Taten beider Seiten fördern, ist die ggf. abwägende Zuordnung zu einer Seite und damit einer Tat erforderlich.

6. Rechtfertigung, Schuld, Beendigung und Konkurrenzen

40 Rechtfertigungs- oder Entschuldigungsgründe liegen regelmäßig fern. Der Patient kann angesichts des Rechtsguts (Rn. 6) nicht einwilligen (siehe aber Rn. 27 ff.). Ein

---

70 Zur Herleitung und Anerkennung schon anhand der vorbildgebenden §§ 331 ff. StGB BT/ Drs. 13/5584, S. 16 f.; m.w.N. LK/*Sowada* § 331 Rn. 136: sog. Lagertheorie.
71 So schon für § 299 StGB *Fischer* § 299 Rn. 32: allenfalls Betrug möglich.
72 Dafür mit dem Erfordernis des Zugangs z.B. m.w.N. LK/*Sowada* § 333 Rn. 5 ff.
73 Ulsenheimer/Gaede/*Gaede* Rn. 1278; a.A. *Fischer* § 333 Rn. 4: Übereinkunft entbehrlich.
74 BGHSt 15, 184, 185; 49, 275, 298; m.w.N. NK-Medstra/*Geiger* § 299b Rn. 11.

Verbotsirrtum (§ 17 StGB) kann relevant sein, wenn der Heilberufsangehörige z. B. irrig annimmt, im Gesundheitswesen (bisher) übliche Vorteilszuwendungen seien infolge ihrer Verbreitung gestattet ("Das machen alle so!"). Allerdings ist dieser Irrtum oft vermeidbar.

Beendet ist die Tat grundsätzlich, wenn der letzte versprochene Vorteil ange- 41 nommen worden ist. Wird die Forderung zurückgewiesen, ist die Tat mit dem Fehlschlag beendet. Soll die Bevorzugung der Vorteilszuwendung nachfolgen, tritt Beendigung nach h.M. erst mit der letzten Handlung ein, mit welcher der Bestochene die Unrechtsvereinbarung ausführen will.[75]

Soweit sich die Tathandlungen des § 299a StGB auf einen in der Unrechtsver- 42 einbarung genau festgelegten Vorteil beziehen, liegt eine tatbestandliche Handlungseinheit und damit nur ein Delikt vor.[76] Gleiches gilt zu § 299b StGB. Tatmehrheit kommt hinsichtlich der Bevorzugungshandlung in Frage, soweit diese als Untreue (§ 266 StGB, § 23 Rn. 67 ff.) strafbar ist.

7. Hinweis: Zusätzlicher Rückgriff auf § 299 StGB

Die Wirtschaftskorruption wird im Gesundheitswesen auch über das allgemeinere 43 Delikt der **Bestechlichkeit und Bestechung im geschäftlichen Verkehr (§ 299 StGB)** erfasst. **§ 299 Abs. 1 Nr. 1 StGB** (lesen!) schützt den fairen Leistungswettbewerb (Rn. 6). Mit **§ 299 Abs. 1 Nr. 2 StGB** (lesen!) hat das Parlament eine Tatvariante geschaffen, die die Loyalität innerhalb einer Geschäftsherrenbeziehung schützt.[77] § 299 Abs. 1 StGB sieht die Strafbarkeit der Nehmerseite, § 299 Abs. 2 StGB die Strafbarkeit der Geberseite vor. § 299 StGB ist ein relatives Antragsdelikt (§ 301 StGB).

Zu den Tathandlungen und dem (Dritt-)Vorteil ist auf die zu § 299a StGB dar- 44 gestellten Maßstäbe zu verweisen (Rn. 12 ff.). Gleiches gilt zum Wettbewerbsmodell (§ 299 Abs. 1 Nr. 1 StGB) für die Unrechtsvereinbarung (Rn. 20 ff.) und den Vorsatz (Rn. 35 f.). Ein **Unternehmen** ist jede auf eine gewisse Dauer angelegte gewerbliche oder selbständige wirtschaftliche Tätigkeit, mit der gegen Entgelt Waren oder Dienstleistungen vertrieben werden.[78] Täter des **Sonderdelikts** können nur An-

---

75 M.w.N. BGHSt 52, 300, 303 ff. (zu §§ 332, 334 StGB); zur Kritik dessen anhand der §§ 331 ff. StGB *Böttger*, FS Mehle, 2009, S. 77 ff.; *Dann* NJW 2008, 3078 f.
76 Dazu und zu Ausnahmefällen anhand der §§ 331, 333 StGB BGH NStZ 2009, 445, 446; *Lindemann/Hehr* NZWiSt 2014, 350, 351; Ulsenheimer/Gaede/*Gaede* Rn. 1274.
77 Zu dieser wenig praktischen Norm m.w.N. NK-WSS/*Gaede* § 299 StGB Rn. 13 f. und 78 ff.
78 BT/Drs. 18/4350, S. 22; zur Erfassung von Krankenhäusern Spickhoff/*Schuhr* § 299 StGB Rn. 8. Zum weiten Begriff der Waren und Dienstleistungen m.w.N. *Fischer* § 299 Rn. 23.

gestellte oder Beauftragte sein, die diese Qualifikation im Tatzeitpunkt aufweisen. **Angestellter** ist, wer in einem Dienst-, Werkvertrags- oder Auftragsverhältnis zum Geschäftsherrn steht, dessen Weisungen unterworfen ist und im Rahmen seiner Tätigkeit ggf. mittelbar Einfluss auf die geschäftliche Betätigung des Betriebes nehmen kann. Im Gesundheitswesen kommen als Angestellte rechtsgeschäftlich beauftragte Ärzte eines MVZ, aber etwa auch MTA in Betracht. **Beauftragter** ist, wer, ohne Angestellter oder Inhaber eines Unternehmens zu sein, auf Grund seiner Stellung im Unternehmen berechtigt und verpflichtet ist, auf den Waren- oder Leistungsaustausch dieses Unternehmens ggf. mittelbar Einfluss zu nehmen. Dies wird strafrechtsautonom weit bestimmt.[79] Der Beauftragte muss dem Unternehmen aber zurechenbar sein, da anderenfalls jede dem Unternehmen aufgedrängte Einflussstellung genügen würde.[80] Vertragsärzte sind keine Beauftragte der Gesetzlichen Krankenkassen, weil diese die Vertragsärzte nicht allein auswählen und Letztere ihren Einfluss aus dem Gesetz ableiten.[81]

45 Entgegen vereinzelten Stimmen entfalten die §§ 299a und 299b StGB gegenüber **§ 299 StGB** für Heilberufsangehörige trotz der auf die Nr. 1 bis 3 begrenzten Fallgruppen keine Sperrwirkung.[82] Der Gesetzgeber wollte § 299 StGB mit der Einführung der § 299a und 299b StGB (Rn. 5) nicht einschränken. § 299 StGB schöpft sein Unrecht aus der Korrumpierung der Beziehung zwischen einem Unternehmen und seinen (leitenden) Mitarbeitern.[83] Wird dieses anders konstruierte Unrecht verwirklicht, steht dies nach wie vor für sich. Wurden sowohl § 299 StGB als auch ein Delikt der §§ 299a und 299b StGB erfüllt, plädieren die Materialien zweifelhafterweise für Tateinheit.[84]

46 Allerdings wurde im Gesetzgebungsverfahren ein engeres Verständnis der auch in § 299 StGB verlangten Unlauterkeit bestätigt (siehe Rn. 29 ff.). Die dort benannten Maßstäbe gelten auch für § 299 StGB, weil der Gesetzgeber die Unlauterkeit als ein gleich zu verstehendes Merkmal behandelt.[85] Deshalb macht sich z. B. ein Angestellter nicht nach § 299 StGB strafbar, wenn er für sein Krankenhaus

---

79 BGHSt 2, 396, 401; BGH (Z) NJW 1968, 1572, 1573; *Fischer* § 299 Rn. 11, 15.
80 Siehe grundlegend BGHSt GS 57, 202 ff., 211 ff.: sog. personales Befugniselement.
81 Bestätigend insoweit BT/Drs. 18/6446, S. 11 f. A.A. früher etwa BGH NStZ 2012, 35, 37 ff.; OLG Braunschweig NStZ 2010, 392 f.; *Pragal* NStZ 2005, 133, 134 ff.
82 So aber *Seifert* medstra 2017, 280 f., 282 f.; wie hier für die h.M. auch m.w.N. *Momsen/Niang* medstra 2018, 12, 15; BT/Drs. 18/6446, S. 16.
83 Dazu näher m.w.N. NK-WSS/*Gaede* § 299 StGB Rn. 8, 10 ff., 13 ff., § 299a StGB Rn. 16 f.
84 BT/Drs. 18/6446, S. 16; dazu näher krit. Ulsenheimer/Gaede/*Gaede* Rn. 1382.
85 BT/Drs. 18/6446, S. 16 und 21 und dazu schon *Gaede* medstra 2018, 264, 266.

Rabatte annimmt, die er weitergibt oder das Gesundheitsrecht vorteilszuwendende Kooperationen legitimiert.[86]

II. Amtsträgerkorruption im Gesundheitswesen

Zur Amtsträgerkorruption sind Grundkenntnisse geboten. Vereinzelte Stimmen 47 wollen den Spezialnormen der § 299a und 299b StGB zwar eine Sperrwirkung gegenüber den §§ 331 ff. StGB beimessen, um eine ungleiche Behandlung der Heilberufsangehörigen zu verhindern.[87] Die vermeintliche Ungleichheit folgt aber schon daraus, dass einige Heilberufsangehörige öffentliche Ämter übernehmen und damit besondere öffentlich-rechtliche Bindungen eingehen. Die von den §§ 299a und 299b StGB abweichenden Rechtsgüter rechtfertigen eine eigenständige Strafbarkeit. Die Gesetzesmaterialien verweisen gar darauf, dass die §§ 331 ff. StGB die §§ 299a und 299b StGB verdrängen sollen, wenn sie handlungseinheitlich oder -mehrheitlich verwirklicht werden.[88] Zu beachten ist aber, dass die Heilbehandlung selbst nicht zur Ausübung eines öffentlichen Amtes zählt.[89]

Relevant werden die §§ 331 ff. StGB, wenn Amtsträger und gleichgestellte 48 Personen betroffen sind (Rn. 49 ff.). In diesem Fall sind vor allem die Vorteilsannahme (§ 331 StGB) und die Vorteilsgewährung (§ 333 StGB) wichtig, da sie früher als die §§ 299 – 299b StGB eingreifen (Rn. 53 ff.). Die §§ 332 und 334 StGB können die Strafe schärfen (Rn. 63 ff.).

1. Amtsträger im Gesundheitswesen

Die §§ 331 f. StGB sind **Sonderdelikte.** Im nationalen Kontext können nur Amts- 49 träger oder für den deutschen öffentlichen Dienst besonders Verpflichtete (dazu nur § 11 Abs. 1 Nr. 4 StGB)[90] täterschaftlich handeln. **§ 11 Abs. 1 Nr. 2 StGB definiert den Amtsträger** über drei Fallgruppen. Die Fallgruppe des § 11 Abs. 1 Nr. 2 lit. a

---

86 BT/Drs. 18/6446, S. 14 f., 18 ff.; NK-WSS/*Gaede* § 299a StGB Rn. 80 f.

87 Dafür etwa *Kubiciel* jurisPR-StrafR 11–2016, B. Zur heute klar bejahten Anwendbarkeit der Delikte aber m.w.N. SSW/*Rosenau/Lorenz* § 299a Rn. 39; *Fischer* § 299a Rn. 28.

88 BT/Drs. 18/6446, S. 16; a.A. *Fischer* § 299 Rn. 47; SSW/*Rosenau/Lorenz* § 299 Rn. 46.

89 Dazu schon m.w.N. BGH MedR 2011, 96, 97 (zu Art. 34 GG), OLG Karlsruhe NJW 1983, 352 f. (zu § 340 StGB); übertragend BT/Drs. 18/6446, S. 12. Eine Unrechtsvereinbarung kann sich aber auch auf weitere Aspekte der Tätigkeit des Amtsträgers beziehen.

90 Näher zur hier kaum relevanten Norm *Fischer* § 11 Rn. 25 f.; zur Anwendung auf den nach § 81a StGB beauftragten Arzt siehe aber OLG Dresden NJW 2001, 3643.

StGB betrifft die Stellung als Richter oder Beamter. Die Fallgruppe des § 11 Abs. 1 Nr. 2 lit. b StGB erfasst im Vergleich zu den Beamten Besonderheiten aufweisende öffentlich-rechtliche Amtsverhältnisse (z. B. zuständige Bundes- oder Landesminister).

50   Die praktisch wichtige, aber wenig bestimmte Fallgruppe des **§ 11 Abs. 1 Nr. 2 lit. c StGB** erklärt jeden zum Amtsträger, der sonst dazu bestellt ist, bei einer Behörde oder sonstigen Stelle oder in deren Auftrag Aufgaben der öffentlichen Verwaltung *unbeschadet der zur Aufgabenerfüllung gewählten Organisationsform* wahrzunehmen.[91] Die **Bestellung** vermittelt die besondere, strafrechtlich relevante Indienststellung zugunsten öffentlicher Aufgaben in einem nicht notwendig förmlichen Bestellungsakt.[92] Die **Tätigkeit** muss aus der Staatsgewalt abgeleitet sein und staatlichen Zwecken dienen, ohne Gesetzgebung oder Rechtsprechung darzustellen. **Sonstige Stellen** sind alle behördenähnlichen Institutionen, die befugt sind, bei der Ausführung von Gesetzen und bei der Erfüllung öffentlicher Aufgaben mitzuwirken.[93] So sind z. B. privatisierte Krankenhäuser „sonstige Stellen" i.S. des § 11 Abs. 1 Nr. 2 lit. c StGB, wenn sie eine öffentliche Aufgabe (etwa: die Maximalversorgung als Teil der staatlichen Daseinsvorsorge) wahrnehmen und einer staatlichen (etwa: kommunalen) Steuerung unterliegen, die sie in einer Gesamtbetrachtung ihrer Eigenschaften als **verlängerten Arm des Staates** erscheinen lässt.[94]

51   **Amtsträger sind** z. B. oft angestellte Ärzte in Universitätsklinika oder städtischen Krankenhäusern. Mitarbeiter gesetzlicher Krankenkassen unterfallen oft § 11 Abs. 1 Nr. 2 lit. c StGB.[95] Der BGH erfasst aber nicht jede Tätigkeit im Gesundheitswesen.[96] Die konkrete Tätigkeit bleibt zu prüfen.

52   **Keine Amtsträger** sind Ärzte, die bei materiell rein privat agierenden Kliniken in privater Trägerschaft tätig sind, hinzugezogene Konsiliarärzte, Mitarbeiter einer medizinisch-psychologischen Begutachtungsstelle und Ärzte kirchlich getragener Einrichtungen. Vertragsärzte sind keine Amtsträger: sie üben einen nicht als staatlich wahrgenommenen freien Beruf aus.[97]

---

91 Näher zu dieser begrenzungsbedürftigen Generalklausel NK-WSS/*Gaede* § 11 Rn. 16 ff.
92 M.w.N. BGH NStZ 2019, 652, 654 f.: Merkmal mit Warnfunktion.
93 BGHSt 49, 214, 219; 52, 290, 293; 54, 202, 208; BGH wistra 2009, 229, 230.
94 Dazu BGHSt 43, 370, 377; 45, 16, 19; 52, 290, 293; m.w.N. BGH wistra 2009, 229, 230; 2019, 22, 24 f.; NK-StGB/*Saliger* § 11 Rn. 40 f., 26. Zur notwendigen Konkretisierung durch eine hinreichende rechtsvermittelte staatliche Steuerung aber m.w.N. NK-WSS/*Gaede* § 11 StGB Rn. 34 f., 36; *Duttge*, FS Steinhilper, 2013, S. 203, 211 ff.; weit aber BGH wistra 2019, 22, 25.
95 Dafür etwa OLG Karlsruhe NJW 1983, 352 f.; allg. m.w.N. NK-WSS/*Gaede* § 11 Rn. 23
96 Hierzu BGHSt 46, 310, 313 (Handel mit Spenderblut); differenzierend BGHSt 57, 202, 204 ff. (Krankenkassensystem) und 207 ff. (Mitwirkung der Vertragsärzte).
97 BGHSt GS 57, 202, 204 ff.; näher m.w.N. Ulsenheimer/Gaede/*Gaede* Rn. 1231 ff.

2. Vorteilsannahme und Vorteilsgewährung

Die §§ 331 und 333 StGB sind die **Korruptionsdelikte mit der niedrigsten Ver-** 53
dachts- und Verurteilungsschwelle. § 331 StGB regelt die Vorteilsannahme im
öffentlichen Dienst, § 333 StGB die spiegelbildliche Vorteilsgewährung (zu den
Strukturen schon Rn. 4 und 37 ff.). Es geht um Konstellationen, in denen Amtsträger
ihr pflichtgemäßes dienstliches Handeln gefährden. Die Delikte wollen insoweit
das „Vertrauen in die Sachgerechtigkeit" und „Nicht-Käuflichkeit" dienstlichen
Handelns, also die sog. **Lauterkeit des öffentlichen Dienstes** bewahren.[98] Hierfür
will das Gesetz schon dem Anschein möglicher Käuflichkeit mit abstrakten Ge-
fährdungsdelikten entgegenwirken. Im Einzelnen gilt folgende **Prüfungsstruktur**
(zu allg. Fragen wie Täterschaft und Teilnahme oder der Schuld Rn. 37 ff. und 40 ff.):

Das Sonderdelikt (§ 331 Abs. 1 StGB) setzt das Handeln eines Amtsträgers oder 54
nach § 11 Abs. 1 Nr. 4 StGB Verpflichteten voraus. Diese müssen vorsätzlich (Rn. 62)
einen (Dritt-)Vorteil für sich oder einen anderen (Rn. 12 ff.) fordern, sich versprechen lassen oder annehmen.[99] Der Vorteil muss sich im Rahmen der sog. gelo-
ckerten Unrechtsvereinbarung auf die Dienstausübung beziehen (näher Rn. 55).
Zur Rechtfertigung ist die nach § 331 Abs. 3 StGB mögliche **Genehmigung** zu beachten, welche die zuständige Behörde auf der Basis des vollständigen Sachverhalts
erteilen muss.[100] Das Jedermannsdelikt § 333 StGB bezieht sich spiegelbildlich
darauf und verlangt für die Tat das Anbieten, Versprechen und das Annehmen
eines Vorteils (Rn. 38 f.).

Unstreitig bedarf auch § 331 StGB einer **Unrechtsvereinbarung.**[101] Der Vorteil 55
muss **„für" die Dienstausübung** z. B. angenommen werden. Der oft schwierige
Nachweis der Unrechtsvereinbarung (Rn. 33 f.) läuft auf eine Gesamtwürdigung
aller wesentlichen Umstände hinaus.[102] Gelockert ist die Unrechtsvereinbarung
nach dem Willen des Gesetzgebers[103] aber insofern, als sie nicht den Nachweis
eines konkreten Bezuges zu einer bestimmten Diensthandlung verlangt; eine
vergangene oder zukünftige Dienstausübung genügt. Eine Dienstausübung liegt

---

98 M.w.N. BGHSt 47, 295, 303; BT/Drs. 18/4350, S. 24: Lauterkeit des öffentlichen Dienstes und das
Vertrauen der Öffentlichkeit in diese Lauterkeit; 13/5584, S. 16.
99 Das Annehmen kann ausscheiden, wenn der Amtsträger unter dem Vorbehalt handelt, er
werde die Zuwendung der Behörde zur Prüfung zuleiten und zuleitet, m.w.N. SSW/*Rosenau/
Lorenz* § 331 Rn. 25; a.A. aber LK/*Sowada* § 331 Rn. 30.
100 Näher zur Genehmigung im Gesundheitswesen Ulsenheimer/Gaede/*Gaede* Rn. 1280 ff.
101 So etwa BGHSt 53, 6, 14: „Kernstück aller Bestechungsdelikte". Zur gebotenen eingehenden
und kritischen Prüfung auch wieder BGH StV 2024, 733 (Fall Rolling Stones).
102 Dazu etwa BGHSt 53, 6 ff.; BGH NStZ 2008, 216, 218; SSW/*Rosenau/Lorenz* § 331 Rn. 30.
103 Zur Reformgesetzgebung BT/Drs. 13/5584, S. 8, 9 f., 16 f.; BGH NStZ 2008, 216, 217 f.

vor, wenn das mit dem Vorteil verknüpfte Handeln funktional im Zusammenhang mit der Amtsträgereigenschaft und damit mit dem übernommenen Dienst des Amtsträgers steht.[104] Im Ergebnis kann § 331 StGB schon Zuwendungen zur sog. Klimapflege bzw. die Praxis des sog. Anfütterns erfassen, mit denen ein allgemeines Wohlwollen des Amtsträgers gefördert werden soll.[105] **Außen vor** bleibt **rein privates Handeln des Amtsträgers**, selbst wenn es in Diensträumen stattfindet (Beispiel: eine dienstrechtswidrige Nebentätigkeit, zum Vorteil aber Rn. 13).[106] Gleiches gilt für die Heilbehandlung selbst (siehe § 15 Rn. 46).

56   Die Ausweitung der Unrechtsvereinbarung hat zu Folgeproblemen geführt, weil der Wortlaut in Verbindung mit der niedrigen Verdachtsschwelle des § 152 Abs. 2 StPO eine Reihe legitimer Kooperationen über Gebühr in Zweifel zieht. Verlangt etwa ein Staatsanwalt für die Entscheidung zugunsten einer Einstellung nach § 153a StPO die Zahlung eines Betrages an die Staatskasse, könnte wegen des Drittvorteils und des Beziehungsverhältnisses zwischen der Vorteilszahlung und der dienstlichen Entscheidung § 331 Abs. 1 StGB prima facie eingreifen. Entsprechend ist der **Bedarf** anerkannt, die **Norm einschränkend auszulegen**, auch wenn, anders als bei § 299a StGB, das Merkmal der Unlauterkeit fehlt. Insoweit setzt der BGH vornehmlich (siehe aber Rn. 60) auf eine **wertende Gesamtschau aller Umstände**, in der Einschränkungen Platz greifen können.[107] Er sieht damit im Wesentlichen eine Tatfrage, bei der er insbesondere folgende Indizien berücksichtigt:

57   **Für die Unrechtsvereinbarung** können vor allem sprechen: ein sehr wertvoller Vorteil, die Zuwendung von Reisen, die Übernahme von Kosten für Unterhaltungsangebote, die Umsatzabhängigkeit des Vorteils, dauerhafte Vorteilsgewährungen, Berührungspunkte des Vorteilsgebers zur Dienstausübung des Amtsträgers, die mangelnde Äquivalenz zwischen Leistung und Gegenleistung bei Austauschverträgen (z.B. überhöhte Vortragsvergütung), die heimliche oder verschleierte Vorteilszuwendung und die fehlende verwaltungsrechtliche (Vereinbarungs-)Grundlage für eine Zuwendung.

58   **Gegen die Unrechtsvereinbarung** können z.B. streiten: ein bagatellartiger Vorteil, die Zuwendung an eine größere Personengruppe, die transparente Handhabung des Geschehens, eine verwaltungsrechtliche Grundlage für die Vorteilszuwendung, die Trennung von Zuwendung und Umsatzgeschäften (sog. Trennungsprinzip), die Äquivalenz ausgetauschter Leistungen, ein mangelnder dienstlicher Berührungspunkt zwischen Vorteilsgeber und Amtsträger, andere

---

104 Dazu vgl. BGHSt 31, 264, 280; 48, 213, 219 ff.; SSW/*Rosenau/Lorenz* § 331 Rn. 33.
105 BGH NStZ 2008, 216, 217; NStZ-RR 2007, 309, 310 f.; m.w.N. *Fischer* § 331 Rn. 23.
106 BGHSt 11, 125, 128; 18, 59, 60 f.; LK/*Sowada* § 331 Rn. 55.
107 Siehe BGHSt 53, 6 f., 13 ff., 16 ff.; *Fischer* § 331 Rn. 26 f.; LK/*Sowada* § 331 Rn. 71.

plausible Ziele der Vorteilszuwendung und die Förderung der Produktqualität bzw. die Übereinstimmung mit Patientenbedürfnissen.

Die einzelfallbezogene Würdigung dürfte oft unumgänglich sein, begünstigt aber überzogene Ermittlungsverfahren und ist daher **kritikwürdig**. Über die Indizienlösung hinaus müssen die begrifflichen Zielpunkte der Sachverhaltsprüfung geschärft werden; zu beachten ist, dass das Recht Amtsträgern kontextabhängig zutraut, ihr Amt trotz ausgetauschter Vorteile unbefangen auszuüben. Insofern sollte die **Unrechtsvereinbarung schon aus Rechtsgründen verneint** werden, wenn sich aus der Perspektive der einschlägigen Rechtsgüter ein erlaubtes Risiko bzw. eine rechtlich gestattete Vorteilszuwendung offenbart.[108] Eine solche Gestattung ist i. d. R. in Anknüpfung an die Rechtsnormen des betroffenen Lebenssachverhalts zu konturieren.

Der BGH ist diesem begrifflich einschränkenden Ansatz bei der **Drittmitteleinwerbung in der Medizin** teilweise nähergetreten,[109] der auf weitere Kontexte[110] zu übertragen ist: An medizinischen Hochschulen ist die Einwerbung von Drittmitteln für Forschung und Lehre regelmäßig eine Dienstpflicht. Auch diesen Kontext „reißen" die §§ 331 und 333 StGB zunächst an sich, zumal sie über den **Drittvorteil** die Besserstellung z. B. einer Universität genügen lassen. Dennoch sieht der BGH in der Drittmitteleinwerbung regelmäßig keine Unrechtsvereinbarung, wenn die Mitteleinwerbung in einem entsprechenden hochschulrechtlichen Verfahren offen durchgeführt wird.[111] Dieses Verfahren darf damit nicht umgangen werden.

Im **Fall 39: Weihnachtsfeier** ist B nicht nach den §§ 299a oder 299 StGB strafbar, da keine konkrete Unrechtsvereinbarung geschlossen oder beabsichtigt war. Als Beamtin unterliegt sie aber schon gem. § 11 Abs. 1 Nr. 2 lit. a StGB auch § 331 StGB. Mit dem Sponsoring der Feier hat sie einen Vorteil für den Förderverein als Drittem gefordert und angenommen.[112] Dafür, dass der Vorteil immerhin für eine Dienstausübung gefordert bzw. angenommen worden ist, sprechen zahlreiche Indizien: Die intransparente Abwicklung über einen selbst gesteuerten Förderverein, die Ausblendung der Klinikgremien und der dienstliche Einfluss auf Bezugsentscheidungen begründen die Gefahr einer Beeinflussung und den Anschein von

59

60

61

---

108 *Kuhlen* JR 2003, 231, 233 f.; OLG Celle NJW 2008, 164, 165: normatives Korrektiv notwendig; für den Rückgriff auf die Unlauterkeit BGHSt 49, 275, 294 f.; KG NStZ-RR 2008, 374, 375; Spickhoff/ *Schuhr* §§ 331–338 StGB Rn. 2, 53 ff.; SSW/*Rosenau/Lorenz* § 331 Rn. 35.
109 BGHSt 47, 295, 308 ff.; zum Kontext der gleichen Wahl siehe auch BGHSt 49, 275, 284 ff.
110 Siehe etwa zur Organisation und Durchführung wissenschaftlicher Tagungen und zu vorgeschriebenen klinischen Studien m.w.N. SSW/*Rosenau/Lorenz* § 331 Rn. 41.
111 Dazu und zum Folgenden BGHSt 47, 295, 308 f.; BGHSt 48, 44; *Heinrich* NStZ 2005, 256 f.
112 Zur Übernahme einer Weihnachtsfeier BGH NJW 2003, 763, 764; BT/Drs. 18/6446, S. 18.

Käuflichkeit. Ein konkreter Bezug zu Forschungszwecken ist nicht erkennbar. Der Vorsatz bliebe aufzuklären, liegt aber nahe.

62   Notwendig ist **vorsätzliches Handeln** und damit grundsätzlich *dolus eventualis*. Nach zutreffender Ansicht müssen die Beteiligten hinsichtlich der normativen Tatbestandsmerkmale Amtsträger und Vorteil eine Parallelwertung in der Laiensphäre aufweisen,[113] was vor allem für § 333 StGB wichtig ist. Für das Fordern muss der Täter mit der Absicht handeln, eine Unrechtsvereinbarung zu schließen.

3. Bestechlichkeit und Bestechung

63   Mit § 332 StGB wird zusätzlich die mit der Tat gefährdete **Bindung der Sonderverpflichteten an Recht und Gesetz** als Rechtsgut geschützt. Sie legitimiert den erhöhten Strafrahmen. § 332 StGB regelt exklusiv die Mitwirkung auf der Nehmerseite, das Allgemeindelikt des § 334 StGB die Mitwirkung auf der Geberseite. Eine Genehmigung scheidet für die §§ 332, 334 StGB aus. Der Versuch ist oft strafbar (§§ 332 Abs. 1 S. 3, Abs. 2, 334 Abs. 2 S. 2 StGB).

64   Die Bestechlichkeit gemäß § 332 StGB folgt dem Aufbau des § 331 StGB (Rn. 54). Abweichend muss eine **konkrete Unrechtsvereinbarung über pflichtwidrige Diensthandlungen** oder ein entsprechendes Fordern des Amtsträgers nachgewiesen sein. Der Vorteil muss Gegenleistung für die Dienstpflichtverletzung sein. Eine Zahlung zur Erhaltung des allgemeinen Wohlwollens genügt nicht, wohl aber, dass die Unrechtsvereinbarung das pflichtwidrige Tun innerhalb eines bestimmten Aufgabenkreises oder Kreises von Lebensbeziehungen der Art und Richtung nach grob umrissen hat.[114] Eine Diensthandlung soll z. B. bereits vorliegen, wenn ein Chefarzt verspricht, künftige Auftragsvergaben zugunsten des Zuwendenden zu fördern, indem er Medizinprodukte des Zuwendenden verwendet und damit ihre Neubestellung auslöst.[115] Es genügt sowohl eine in der Vergangenheit vorgenommene als auch die künftig vorzunehmende Diensthandlung. Die Unterlassung der Diensthandlung steht ihrer Vornahme gleich (§ 336 StGB).

65   Der Pflichtwidrigkeit genügt nicht der von den §§ 331 und 333 StGB erfasste Verstoß gegen das Verbot der Vorteilsannahme. Zudem muss die Tat funktional im Zusammenhang mit der Amtsträgereigenschaft bzw. dem übernommenen Dienstverhältnis stehen. Es genügt, wenn der Täter seine Amtsstellung missbraucht und

---

113 M.w.N. Ulsenheimer/Gaede/*Gaede* Rn. 1269 f. und BGH NJW 2007, 3446, 3449; BGHSt 15, 88, 102; OLG Celle BeckRS 2007 Nr. 08580; abw. aber etwa BGH wistra 2019, 22, 25.
114 M.w.N. BGHSt 32, 290, 291 f.; 39, 45, 46 f.; als Rückgrenze BGH NStZ 2000, 319, 320.
115 In diesem Sinne weit OLG Hamburg MedR 2000, 371, 372 f.; *Fischer* § 332 Rn. 5.

z.B. dienstlich und unter Verschwiegenheitszwang erlangtes Wissen ausnutzt. Bei gebundenem dienstlichem Handeln ist jede Handlung pflichtwidrig, mit der ein Täter gegen einschlägige Rechtsnormen, Dienstvorschriften oder verbindliche Einzelweisungen verstößt. Kein Fall der Pflichtwidrigkeit ist die beschleunigte Bearbeitung, soweit sie nicht zu einer Zurücksetzung anderer Vorgänge oder Personen führt, die Priorität genießen.[116] Die Tatbegehung ist auch durch die Verletzung von Ermessensvorschriften möglich, wobei ein innerer Vorbehalt, den Vorteil nicht maßgeblich sein zu lassen, irrelevant bleibt (zum Sich-Bereitzeigen zu einem zukünftigen ermessensfehlerhaften Vorgehen §§ 332 Abs. 3 und 334 Abs. 3 StGB[117]).

Die Delikte erfordern **vorsätzliches Handeln.** Der Vorsatz muss insbesondere die Pflichtwidrigkeit erfassen. Notwendig ist infolge des rechtlichen Charakters der Pflichten eine Parallelwertung in der Laiensphäre.[118] Es genügt nicht schon die Kenntnis der Tatsachen, aus denen sich die Pflichtwidrigkeit ergibt. Fehlt insbesondere den (vermeintlich) Bestechenden diese Vorstellung, greift § 16 Abs. 1 S. 1 StGB ein. Möglich bleibt aber § 333 StGB! Im Ergebnis können sich für die Geber- und Nehmerseite unterschiedliche Strafbarkeiten ergeben. Lediglich ein Verbotsirrtum liegt vor, wenn der Täter die Pflichtwidrigkeit zwar erkennt, er aber irrig annimmt, eine Genehmigung könne im Kontext der §§ 332 und 334 StGB rechtfertigend wirken.

66

---

116 BGHSt 15, 350; 16, 37, 39 f.; OLG Naumburg NJW 1997, 1593, 1594.
117 Zu dieser Norm näher m.w.N. Ulsenheimer/Gaede/*Gaede* Rn. 1229 ff.
118 Anerkennend BGHSt 15, 352, 356; BGH NStZ 1984, 24; LK/*Sowada* § 332 Rn. 26.

§ 23 Abrechnungsbetrug und Untreue

1 Der sog. **Abrechnungsbetrug** ist auch nach Einführung der §§ 299a und 299b StGB das Kerndelikt des Medizinwirtschaftsstrafrechts (dazu Rn. 2 ff.).[1] Ebenfalls ist vorzustellen, wie die Untreue im Gesundheitswesen angewendet wird (Rn. 67 ff.). Ergänzend spielen – von der Korruption abgesehen (§ 22 Rn. 1 ff.) – Computerbetrug (§ 263a StGB, Rn. 24)[2], Subventionsbetrug (§ 264 StGB), Vorenthaltung und Veruntreuung von Arbeitsentgelt (§ 266a StGB)[3] sowie unerlaubte Werbung (§ 16 UWG und § 14 HWG)[4] eine Rolle.

I. Betrug im Gesundheitswesen

2 Die Betrugsstrafbarkeit dominieren Fallgestaltungen, in denen **Leistungserbringer** wie Ärzte, Krankenhäuser oder Apotheker mit den Krankenkassen, den KVen oder ggf. den Patienten **abrechnen.**[5] Abweichungen von den Regelungen, die für die Abrechnung gelten, stellen aber nicht per se einen Betrug dar. Dies gilt im Tatsächlichen (z.B. ein Verschreiben bei der Zahl der erbrachten Ultraschalluntersuchungen) wie im Rechtlichen (z.B. Fehleinordnung einer Leistung unter eine Ziffer der GOÄ oder des EBM). Nicht selten kommen unvorsätzliche Fehlabrechnungen vor. In vielen Fällen ist zudem objektiv unklar, wie rechtlich betrachtet „richtig" abzurechnen ist.[6]

3 Betrugsrelevante Sachverhalte reichen von der Abrechnung nicht erbrachter Leistungen (sog. Luftleistungen), der Geltendmachung medizinisch unzureichend bzw. unvollständig erbrachter Leistungen über die Abrechnung im Widerspruch zu Ordnungserfordernissen des Versicherungssystems (z.B. Abrechnung eines unzulässig angestellten Arztes) bis hin zur Abrechnung fehlerfreier Leistungen, die auf einer Vorteilszuwendung beruhen (Rn. 46 ff.).

4 Sachverhalte müssen nach unterschiedlichen Abrechnungsverhältnissen und Vergütungsregimen durchdrungen werden. Dies betrifft z.B. folgende Konstellationen: die quartalsweise Abrechnung des Vertragsarztes gegenüber seiner KV

---

1 Mit statistischen Angaben *Lindemann* MedR 2024, 713 f. und *Gaede* MedR 2024, 702, 704; zu den Gründen der Verdachtszahlen Ulsenheimer/Gaede/*Ulsenheimer/Gaede* Rn. 1506 ff.
2 Siehe exemplarisch LG Nürnberg-Fürth medstra 2024, 271.
3 Zur wachsenden Bedeutung BSG medstra 2020, 36, 38 ff. m. Anm. *Rehborn*; medstra 2020, 45; m.w.N. Ulsenheimer/Gaede/*Gaede* Rn. 1731 ff.
4 Hierzu Ulsenheimer/Gaede/*Ulsenheimer/Dießner* Rn. 1189 ff.
5 Zum Sonderfall einer verdeckten Placebobehandlung Spickhoff/*Schuhr* § 263 Rn. 15.
6 Näher zu alledem m.w.N. Ulsenheimer/Gaede/*Ulsenheimer/Gaede* Rn. 1494 ff.

https://doi.org/10.1515/9783111048543-026

(Rn. 5 ff. und § 8 Rn. 66 ff.), die Privatliquidation gegenüber Patienten nach der GOÄ (Rn. 56 ff. und § 5 Rn. 15 f.), die Direktabrechnung der Krankenhäuser (Rn. 22 und § 9 Rn. 52 ff.[7]) und anderer Leistungserbringer mit der Krankenkasse (zur Apotheke Rn. 51 f. und § 10 Rn. 18 ff.).

Stets stellt sich die **Herausforderung,** die oft **komplizierten medizin- oder** 5 **sozialrechtlichen Vorschriften der Abrechnung vollständig nachzuvollziehen.** Sie dürfen nicht einseitig zugunsten einer kostengünstigen Versagung des Anspruchs ausgewertet werden. Dies gilt vor allem, wenn der Betrug aus einer Leistung resultieren soll, die medizinisch indiziert war und *lege artis* gelungen ist. Gerade in letzteren Fällen ergeben sich schwierige Rechtsfragen, die auf die Subsumtion des Betruges durchschlagen. Etwa Fragen, ob Rabatte oder Boni von Herstellern bei der Abrechnung abzuziehen sind, sind oft zum Zeitpunkt der Abrechnung ungeklärt (Rn. 17 ff.). Beim Vorwurf einer unwirtschaftlichen Leistung sind der therapeutische Spielraum des Arztes und die Implikationen des Wirtschaftlichkeitsgebots zu beachten.[8]

Fall 41: MVZ (in Anlehnung an BGHSt 65, 110)

Vertragsarzt F gründete ein zugelassenes medizinisches Versorgungszentrum in Gestalt der MVZ GOB GmbH. Apotheker Z wollte Absatzquellen für die von ihm hergestellten hochpreisigen Medikamente erlangen. Entsprechend einer von Z finanzierten Verabredung übertrug F den Mehrheitsanteil an der MVZ GOB GmbH auf den als sog. Strohmann fungierenden D, der als Vertragsarzt die Zulassungsvoraussetzungen des § 95 Abs. 1a SGB V erfüllte. Der Eintritt des D als Gesellschafter wurde vom Zulassungsausschuss genehmigt, wobei die Beteiligten verschwiegen, dass die Anteile wirtschaftlich Z zustanden. F wirkte weiter als Geschäftsführer und ärztlicher Leiter im MVZ gegen ein zuvor zugesichertes Gehalt mit. Z wurde zum 1. März 2014 weiterer Geschäftsführer. Danach kam es zu einer deutlichen Umsatzsteigerung in seiner Apotheke, die auf Verordnungen von Ärzten des MVZ zurückging. A und Z war bewusst, dass § 95 Abs. 1a SGB V einem Apotheker nicht gestattete, ein MVZ zu betreiben.

F reichte für das MVZ Abrechnungen für die Quartale 4/2014 bis 2/2015 bei der KV ein. Deren Mitarbeiter zahlten im Vertrauen auf die Richtigkeit und Abrechnungsfähigkeit der Sammelerklärungen 929.352,29 Euro an die MVZ GOB GmbH aus. Z stellte der TK in zehn Fällen in seiner Apotheke eingelöste Verordnungen der MVZ GOB GmbH in Rechnung. TK-Mitarbeiter zahlten in der Annahme, dass die zugrundeliegenden Verordnungen rechtmäßig und abrechenbar waren, an Z einen Gesamtbetrag von 156.863,20 Euro aus. **Betrug?** Zur Lösung Rn. 45 und 49.

Fall 42: Labor (nach OLG Düsseldorf medstra 2017, 361)

A betrieb eine Arztpraxis und war zugleich Mitgesellschafter der Apparategemeinschaft „Ä-AG", die ein Labor betrieb und Mitarbeiter beschäftigte. Auch auf Veranlassung des A wurden in den

---

[7] Zu diesem hier weithin ausgeklammerten Feld m.w.N. *Wölfel,* Der Abrechnungsbetrug im Krankenhaus, 2021; Ulsenheimer/Gaede/*Ulsenheimer/Gaede* Rn. 1659 ff.
[8] Siehe auch zur unrichtigen/unwirtschaftlichen Verordnung mit einem weiten Ansatz *T. Schneider* medstra 2019, 280 ff.; zum Leistungsspektrum der GKV BGH NStZ 1993, 388 f.

Räumlichkeiten der Ä-AG Laborleistungen des Abschnitts M III („Speziallabor") der GOÄ erbracht, also Untersuchungen, die voll automatisch und computergesteuert in Untersuchungsgeräten ablaufen (sog. Black-Box-Verfahren). Während die Ä-AG ihren Mitgliedern lediglich den – klar unterhalb der Gebührensätze der GOÄ liegenden – Kostenaufwand in Rechnung stellte, rechneten die als Gesellschafter beteiligten Ärzte die von ihnen veranlassten M III-Untersuchungen des Labors unmittelbar als eigene Leistungen nach der GOÄ in insgesamt 367 Fällen ab.

In der Arztpraxis des A wurden den Patienten die Proben entnommen. Die Probenröhrchen wurden nach Begutachtung durch A mit einem Barcode versehen, und es wurde eine Anforderungskarte ausgefüllt, aus der sich die durchzuführenden Untersuchungen ergaben, bevor der Arzt selbst oder ein beauftragter Fahrdienst die Proben ins Labor transportierte. Dort erfolgte eine Trennung der Probenröhrchen von den Anforderungskarten; Letztere wurden eingescannt. Nach einer automatisch ablaufenden, erneuten Zentrifugation der Proben wurden die Probenröhrchen den Untersuchungsgeräten zugeführt und vollautomatisch untersucht. Danach führte zunächst ein Labormitarbeiter eine „technische Validation" durch. Später rief A im Labor an einem eigens eingerichteten Computerarbeitsplatz mittels Eingabe seines Benutzernamens und eines Passworts die Befunde der von ihm angeforderten M III-Untersuchungen auf und prüfte diese auf medizinische Plausibilität („medizinische Validation"). Bei etwaigen Auffälligkeiten konnte er eine nochmalige Untersuchung der im Labor aufbewahrten Proben veranlassen. Andernfalls gab er den jeweiligen Befund frei. Erst danach wurden die Befundberichte erstellt und A übermittelt. Die laborinterne Qualitätssicherung erfolgte über mehrfach am Tag durchgeführte Qualitätskontrollen und durch Teilnahme an sogenannten Ringversuchen. **Betrug?** Zur Lösung Rn. 59.

1. Tatbestandsstruktur

6 Der Betrugstatbestand des § 263 StGB schützt das **Vermögen natürlicher oder juristischer Personen.**[9] Er will bestehendes Vermögen erhalten – der Erwerb von Vermögen ist nicht geschützt.[10] Der Betrug ist schon grundsätzlich mit Geldstrafe und Freiheitsstrafe von bis zu fünf Jahren bewehrt (Rn. 62 ff.). Er ist nach folgender **Prüfungsstruktur** zu behandeln:

Betrug (§ 263 StGB)

I. Tatbestand
    1. Objektiver Tatbestand
        a) **Täuschung über Tatsachen**
        b) **(dadurch) Irrtum**
        c) **(dadurch) Vermögensverfügung**
        d) **(dadurch) Vermögensschaden**
    2. Subjektiver Tatbestand

---

9 BVerfG NJW 2012, 907, 915 ff.; BGHSt 16, 220, 221; näher AnwK/*Gaede* § 263 Rn. 1 ff.
10 M.w.N. BGHSt 16, 220, 223; BGH NJW 2005, 3650, 3653; 2004, 2603, 2604 f.

Weil der Betrug nur durch eine bestimmte Tathandlung begangen werden kann, ist 7 er ein **verhaltensgebundenes Delikt** (Rn. 9 ff.). Zugleich ist er ein **Vermögensverletzungsdelikt**, weshalb es zu einer Vermögensschädigung gekommen sein muss (Rn. 32 ff.). Ferner ist der Betrug als **Selbstschädigungsdelikt** ausgestaltet. Das Opfer muss sich mit der täuschungsbedingten Vermögensverfügung schädigen (Rn. 27 ff.). Die Bereicherungsabsicht macht die Tat zum **Vermögensverschiebungsdelikt** (Rn. 52 ff.).

Die Vollendung tritt mit dem Schaden ein. Strafbar ist schon der **Versuch** 8 (§ 263 Abs. 2 StGB). Maßgeblich für das unmittelbare Ansetzen (§ 22 StGB) ist eine bevorstehende Täuschung, die unmittelbar eine Vermögensverfügung auslösen soll.[11] Wird z.B. die Zulassung zur vertragsärztlichen Tätigkeit erschlichen, liegt darin allenfalls eine straflose Tatvorbereitung.

2. Tathandlung: Täuschung

Der Abrechnende muss dem Adressaten der Rechnung falsche Tatsachen vor- 9 spiegeln oder wahre Tatsachen entstellen oder unterdrücken, ihn folglich über Tatsachen täuschen. Eine aktive (Rn. 10 ff.) insbesondere konkludente Täuschung (Rn. 14 ff.) und eine Unterlassungstat (Rn. 20 f.) kommen in Frage.

a) Aktiv begangene Täuschung

Die Täuschung ist jede unrichtige Erklärung zu Tatsachen, welche durch eine 10 Einwirkung auf die intellektuelle Vorstellung einer anderen natürlichen Person zu einem Irrtum führen oder diesen unterhalten kann. Die Einwirkung muss objektiv täuschungsgeeignet sein[12]; Gerichte fordern überwiegend, dass der Täter seine Äußerung auch „subjektiv dazu bestimmt [...] [haben muss], beim Adressaten eine

---

11 Näher BGH wistra 2000, 379, 380 f.; BGHSt 37, 294, 295 ff.; AnwK/*Gaede* § 263 Rn. 169.
12 Hierzu m.w.N. AnwK/*Gaede* § 263 Rn. 21 ff.

Fehlvorstellung über tatsächliche Umstände hervorzurufen".[13] Stets muss es sich um Kommunikation handeln; reine Tatsachenmanipulationen genügen nicht.[14] Täuschungen können aber (fern-)mündlich, schriftlich und auf elektronischem Wege kommuniziert werden. Erforderlich ist eine wahrheitswidrige Tatsachenbehauptung, die nach dem BGH auch vorliegen kann, wenn wahre Tatsachenaussagen gezielt missverständlich gestaltet werden, um Irrtümer über ihre objektive Aussage hervorzurufen.[15]

11   Die Täuschung muss Tatsachen betreffen. **Tatsachen** sind konkrete gegenwärtige oder vergangene Verhältnisse, Zustände oder Geschehnisse, die dem Beweis zugänglich sind.[16] Eine Tatsache ist nicht nur das tatsächlich, sondern auch das angeblich Geschehene oder Bestehende, sofern ihm das Merkmal der objektiven Bestimmtheit und Gewissheit eigen ist.[17] Äußerungen, die allein Zukünftiges behaupten, betreffen grundsätzlich keine Tatsachen. Die Basis einer Prognose kann aber eine Tatsachenbehauptung sein. Gleiches gilt für sog. innere Tatsachen (innersubjektive Zustände oder Absichten), soweit sie nachweisbar sind und eine Beziehung zu äußeren Tatsachen besitzen.[18]

12   **Keine Tatsachen** sind reine Werturteile, also Äußerungen, die als bloße Meinungen keinen überprüfbaren Tatsachenkern aufweisen.[19] Entscheidend ist, ob sich die Äußerung nach ihrem zu ermittelnden objektiven Sinngehalt auf den Ausdruck einer Meinung beschränkt oder ob sie dem Adressaten einen beweisbaren falschen Tatsachengehalt mitteilt.[20]

13   Eine besonders wichtige Differenzierung ist bei **rechtlichen Ausführungen und Subsumtionen** zu beachten. Sie sind grundsätzlich keine Tatsachenbehauptungen, wenn mit ihnen allein die Rechtslage erläutert wird.[21] Die Bekundung einer bestimmten Rechtsansicht ist wegen ihrer erkennbar wertenden Natur keine Täuschung. Legt ein Vertragsarzt z.B. bestimmte Leistungsziffern entgegen der Auffassung der KVen aus und hält er dies für vertretbar, äußert er eine abweichende Rechtsauffassung: Die von ihm erbrachte Leistung rechtfertige nach seiner

13 So, aber regelmäßig in Fällen unproblematisch erfüllt, BGHSt 18, 235, 237; 47, 1, 5; *Rengier* § 13 Rn. 9; a.A. zu Recht *Fischer* § 263 Rn. 14; NK-StGB/*Kindhäuser/Hoven* § 263 Rn. 58.
14 M.w.N. MüKo-StGB/*Hefendehl* § 263 Rn. 36, 135 f.: Betrug schützt nicht vor unrichtiger Wahrnehmung der Realität; zum Unterlassen aber BGHSt 62, 72, 80 ff.
15 BGHSt 47, 1, 3 ff. m. krit. Anm. *Geisler* NStZ 2002, 86 ff.; BGH wistra 2001, 386 f.
16 M.w.N. BGHSt 60, 1, 6; RGSt 56, 227, 231: Nachprüfung zugänglicher, greifbarer Kern.
17 BGHSt 48, 331, 344; 47, 1, 3; OLG Karlsruhe JZ 2004, 101, 102.
18 M.w.N. BGHSt 15, 24, 26; krit. Ulsenheimer/Gaede/*Ulsenheimer/Gaede* Rn. 1527.
19 BGH MDR/D 1973, 18; m.w.N. SSW/*Satzger* § 263 Rn. 20 f.
20 BGHSt 48, 331, 344 ff.; BGH wistra 1992, 255, 256; MüKo-StGB/*Hefendehl* § 263 Rn. 116 ff.
21 BGHSt 46, 196, 198; BGH NStZ 2002, 144 (lehrreich zur Abgrenzung von miterklärten anspruchsbegründenden Tatsachen); OLG Koblenz NJW 2001, 1364.

Ansicht einen bestimmten, z.B. aus dem EBM folgenden Honoraranspruch, und diese Erklärung stimmt mit der Wirklichkeit überein. Ob seine Auffassung zu überzeugen vermag, muss der Empfänger der Abrechnung und damit die KV beurteilen. Rechtsausführungen sind aber von der **Behauptung eines** der Rechtswertung zugrundeliegenden **Sachverhalts** abzugrenzen. Tatsachenbehauptungen liegen vor, wenn über den Rückgriff auf Rechtsbegriffe zugleich tatsächliche Umstände erklärt werden.[22] Folglich kann der Verweis auf eine Gebührenziffer die tatsächliche Verwirklichung des betreffenden Gebührentatbestands wahrheitswidrig vorspiegeln.[23]

b) Hauptproblem: konkludente Täuschung (bei streitiger Rechtslage)

Große praktische Bedeutung kommt der konkludenten Täuschung zu. Oft bestehen 14 Erklärungen zu einzelnen Leistungsvorgängen nur in kurzen Verweisen auf Gebührenziffern und damit in Codes, die nichts zu den Leistungsumständen, also zu Tatsachen ausführen. Die quartalsweise Rechnungstellung des Arztes gegenüber der KV umfasst zwar gem. §§ 35 Abs. 2 und 3, 42 Abs. 3 BMV-Ä eine sog. Sammelerklärung, mit der er die sachlich richtige, vollständige Leistungserbringung nach den Vorschriften des Sozialrechts garantiert.[24] Auch die Sammelerklärung kann aber nur durch den Bezug zu einzelnen Vorgängen als Täuschung über Tatsachen verstanden werden.[25] Soweit eine Leistung erbracht wurde, ist eine Täuschung über Tatsachen nur durch eine **nähere Auslegung der Abrechnungserklärung** aus der Perspektive eines **objektiven Empfängers** zu gewinnen.[26]

Gerade Rechnungen im Gesundheitswesen interpretiert die Rechtsprechung 15 weit: Ein Leistungserbringer sichere bei der Abgabe relevanter Erklärungen im Zweifel die **Beachtung der Rechtsnormen zu, welche die Abrechnung regeln** *und* deren Einhaltung der Empfänger nicht ohne Weiteres überprüfen kann, so dass er auf ihre Einhaltung vertrauen muss.[27] So führt die konkludente Täuschung dazu, dass der Betrug selbst dann naheliegt, wenn Ärzte medizinisch einwandfreie Leistungen abrechnen und beliebige rechtliche Aspekte den Vergütungsanspruch in Frage stellen. Fordert also der Arzt ein Entgelt, soll seine Erklärung regelmäßig

---

22 So mit dem Maßstab des Tatsachenkerns m.w.N. BGH wistra 2017, 318, 319.
23 Beispielhaft für die pauschale Angabe tatsächlich (in dieser Höhe) nicht angefallener Kosten in einer Abrechnung BGH wistra 1992, 95 ff.; ferner BGH NStZ 1993, 388 f.
24 Näher dazu *Heintz-Koch*, Vertragsärztlicher Abrechnungsbetrug, 2017, S. 71 ff., 340 f.
25 Näher ERST/*Saliger* § 263 StGB Rn. 51; *Kubiciel* medstra 2019, 68, 69.
26 Zur Begründung der konkludenten Täuschung näher m.w.N. AnwK/*Gaede* § 263 Rn. 26 f.; zum Gesundheitswesen *Gaede* MedR 2018, 548, 550, 552 f.
27 Kulminierend m.w.N. BGHSt 57, 95, 101: „wer eine Leistung einfordert, behauptet damit zugleich deren Abrechnungsfähigkeit"; BGHSt 65, 110, 114 ff.

zusichern, die Leistung sei nach den sozialrechtlichen Vorschriften abrechenbar und ein **Honoraranspruch auf der dafür notwendigen einschlägigen Tatsachengrundlage** entstanden.[28] Etwa die Angabe einer Gebührenziffer soll der Empfänger so verstehen dürfen, dass aufwandsmindernde Rückvergütungen bereits abgezogen und Gebührentatbestände nicht offensichtlich falsch eingeordnet wurden. Werden vertragsärztliche Leistungen abgerechnet, wird darüber hinaus regelmäßig konkludent behauptet, diese seien medizinisch indiziert, nicht kostengünstiger möglich (= wirtschaftlich) und nach den einschlägigen Vertragswerken unter den jeweils dokumentierten Abrechnungsposten abrechnungsfähig gewesen.[29] Wahre Tatsachen werden nach der Rechtsprechung ferner z. B. unterdrückt, wenn die Leistungen trotz fehlender Genehmigung von einem Assistenten fachgerecht erbracht werden.[30]

16   Dafür ist aber zu prüfen, welche rechtliche Einschätzung zur Abrechnungsfähigkeit zur „Tatzeit" vorherrschte.[31] Die rechtlichen Abrechnungsmaßstäbe müssen sorgfältig ausgelegt[32] und die **tatsächliche Anspruchslage festgestellt** werden. Zu beurteilen ist, welche Angaben für eine Abrechnung überhaupt erforderlich sind. So verneint die Rechtsprechung die konkludente Täuschung z. B. in Fällen, in denen ein Erklärungsempfänger wegen seiner wirtschaftlichen Absicherung einer mangelnden Prüfungspflicht nicht an konkludenten Zusicherungen interessiert sein muss.[33] Daher scheidet z. B. dann, wenn ein Patient dem nicht prüfungspflichtigen Apotheker eine nicht medizinisch indizierte Arzneimittelverordnung eines Vertragsarztes vorlegt, eine konkludent falsche Erklärung zur Indikation der Verordnung aus.[34]

---

28 BGH NStZ 1993, 388 f.; 1994, 585 f.; 1995, 85 f.; *Fischer* medstra 2019, 257; zur Übertragung auf Statusaspekte abl. z. B. Spickhoff/*Schuhr* § 263 StGB Rn. 55 f.

29 BGH NStZ 1993, 388, 389; BGHSt 57, 95, 100 ff. (insb. zu tatsächlich delegierten Laborleistungen); einschr. TK/*Perron* § 263 Rn. 16c.

30 BGH GesR 2003, 87 ff.

31 So scheitert z. B. eine konkludente Täuschung darüber, dass eine Zytostatikazubereitung ein verkehrsfähiges Rezepturarzneimittel sei, wenn dieser Erklärungsinhalt dem entsprach, wovon die Erklärungsadressaten nach der im Tatzeitraum bestehenden, rechtlich geprägten Verkehrsanschauung ohnehin vernünftigerweise ausgehen mussten, dazu BGH medstra 2015, 168, 170 – Rn. 12 ff.; 2015, 174, 176 f. – Rn. 21 ff.; *Kubiciel* medstra 2019, 68, 72 f.; zu einer vertraglichen Nebenpflicht aber BSG GesR 2024, 469.

32 BGH wistra 1992, 95 f.

33 Siehe grundlegend BGH NStZ 2002, 144, 145; medstra 2015, 168, 171 f.; *Fischer* § 263 Rn. 14; SSW/*Satzger* § 263 Rn. 42; zu irrelevanten Kriterien für die Erhöhung von Pflegesätzen BGH NStZ-RR 1997, 257 f.; zum fehlenden Irrtum ferner *Krack* JR 2002, 25, 26.

34 SSW/*Satzger* § 263 Rn. 48; ERST/*Saliger* § 263 StGB Rn. 211; *Herffs* wistra 2006, 63; erst den Irrtum verneint mit einem Vorbehalt BGHSt 49, 17, 21 f.

Für den objektiven Empfängerhorizont (Rn. 14) können nur das Gesetz (= die 17 klärenden Rechtsnormen) und die zu seiner Auslegung befugte Rechtsprechung maßgeblich sein. Eröffnen die einschlägigen Rechtsnormen **mehrere vertretbare**[35] **Deutungen**, dürfen die Beteiligten ihren Abrechnungen methodisch zulässige Deutungen zugrunde legen (zu einem Beispiel aus der Privatliquidation Rn. 59 f.).[36] Anderes gilt, wenn die Rechtsprechung eine Rechtsansicht bestätigt und den Empfängerhorizont damit geprägt hat.[37] Rechtlich begründete Erwartungshaltungen sind danach maßgeblich, soweit sie nach der konkreten Kommunikationssituation leitend waren.[38]

Ist die **Anspruchslage ungeklärt oder umstritten**, darf die konkludente 18 Täuschung damit aber nicht aus einem *ex post* rechtlich verneinten Anspruch abgeleitet werden. Selbst wenn der Empfänger die Abrechnung nicht ohne Weiteres überprüfen kann und er insofern schutzbedürftig ist, folgt hieraus nicht der legitime Schluss auf eine Tatsachenaussage. Nur solche rechtlichen Erwartungen, die zum Zeitpunkt der Erklärung allgemein anerkannt waren, und damit bereits kommuniziert wurden[39], können und dürfen den objektiven Empfängerhorizont mitbestimmen.

Diese Maßstäbe sind z. B. für das sog. **Upcoding** relevant, bei dem auf der Basis 19 der lange Zeit nach DRGs gestaffelten Vergütung von Krankenhausleistungen Codes so eingetragen werden, dass eine höhere Vergütung eintritt.[40] Hier liegt eine Täuschung vor, wenn Behandlungen unter der Angabe unzutreffender Diagnosen, mit objektiv unrichtigen Schweregraden und/oder unter Geltendmachung anderer als der erbrachten Leistungen abgerechnet werden. Zu berücksichtigen sind aber medizinisch und/oder rechtlich begründete Beurteilungsspielräume des Abrechnenden, die Äußerungen vertretbar sein lassen.

c) Täuschung durch Unterlassen

Der Abrechnungsbetrug kann auch durch Unterlassen gemäß § 13 StGB begangen 20 werden, wenn der Abrechnende eine Garantenpflicht verletzt, die gerade auf die Aufklärung über Tatsachen gerichtet ist, und sich der Vermögensinhaber darauf-

---

35 Zur Vertretbarkeitsschranke aber Ulsenheimer/Gaede/*Ulsenheimer/Gaede* Rn. 1534.
36 Siehe auch am Beispiel des Steuerstrafrechts schon näher *Gaede*, Der Steuerbetrug, 2016, S. 694 ff., 705 f.; zu den sog. Laborfällen näher *Gaede* MedR 2018, 548, 550 f.
37 Näher zur Steuerhinterziehung *Gaede*, Der Steuerbetrug, 2016, S. 694 ff., 712 ff., 718 ff.
38 AnwK/*Gaede* § 263 Rn. 29a; zust. etwa *Becker* NStZ 2017, 535.
39 Näher m.w.N. *Gaede*, Der Steuerbetrug, 2016, S. 89 ff.; zust. u. a. *Braun*, Autonomie vs. Akzessorietät des Strafrechts am Beispiel des ärztlichen Abrechnungsbetruges, 2016, S. 109 ff., 168; in der Sache BGH medstra 2015, 168, 170 – Rn. 12 f.; 2015, 174, 176 f. – Rn. 21 ff.
40 Dazu näher m.w.N. Ulsenheimer/Gaede/*Ulsenheimer/Gaede* Rn. 1663 ff.

hin irrtumsbedingt schädigt. Im Sinne der Entsprechensklausel (§ 13 Abs. 1 Hs. 2 StGB) ist eine Aufklärungspflicht aus einer konkreten Rechtsbeziehung erforderlich, die sich auf die Aufklärung vermögensrelevanter Tatsachen und auf den Schutz vor vermögensbezogenen Selbstschädigungen richtet.[41] Eine solche Pflicht kann sich vornehmlich aus Gesetzen und Verträgen,[42] aber u.U. auch aus Ingerenz[43] ergeben. So kommt eine Strafbarkeit von Vorgesetzten eines Krankenhauses in Betracht, die trotz ihrer Garantenstellung (Geschäftsherrenhaftung) betrügerische Falschabrechnungen ihrer Mitarbeiter erkennen, aber dann nicht abstellen.[44]

21 Erforderlich ist eine Abgrenzung der Täuschung durch Unterlassen von der konkludenten Täuschung, für die keine Aufklärungspflicht notwendig ist. Sie bestimmt sich nach dem Erklärungswert der Täuschung (Rn. 14 ff.). Bei einem falschen Erklärungswert ist die aktive Tat vorrangig (§ 13 Abs. 2 StGB). Sonst sind die Anforderungen der Unterlassung zu prüfen (§ 17 Rn. 1 ff.).

3. Tatvermittlung durch Irrtum und Vermögensverfügung

22 Die Täuschung muss über die Zwischenerfolge des Irrtums und der Vermögensverfügung zu einem Vermögensschaden führen. Die maßgeblichen Täuschungsadressaten sind z.B. im Vertragsarztkontext die Sachbearbeiter der KVen (§§ 85 Abs. 1, 87b Abs. 1, 295 SGB V), bei Krankenhausabrechnungen die Sachbearbeiter der Krankenkassen (§ 109 Abs. 4 SGB V). Bei Abrechnungen gegenüber Privatpatienten sind diese häufig selbst Adressat der Täuschung.

a) Täuschungsbedingter Irrtum

23 Die Täuschung muss zu einem Irrtum geführt haben. Ein **Irrtum** ist jede Fehlvorstellung, die sich eine natürliche Person von der Wirklichkeit macht. Diese Fehlvorstellung muss sich spiegelbildlich auf die Tatsachen beziehen, über die der Täter getäuscht hat. Der Irrtum wird von der Rechtsprechung als psychologische und folglich empirisch zu belegende innere Tatsache eingeordnet, er ist also Tat-

---

41 OLG Hamm BeckRS 2006, 03677; KG JR 1984, 292; *Fischer* § 263 Rn. 39.

42 Näher zur grundsätzlich fehlenden Pflicht zur Aufklärung über rechtlich zweifelhafte Umstände m.w.N. Ulsenheimer/Gaede/*Ulsenheimer/Gaede* Rn. 1540; weitergehend aber *Fischer* § 263 Rn. 42, 60a; *Kölbel* wistra 2009, 129, 130 f.; OLG Hamm NStZ-RR 2006, 13, 14; das Unterlassen aber weithin entbehrlich stellend: BGH medstra 2018, 160, 165 – Rn. 43 ff.

43 Näher Ulsenheimer/Gaede/*Ulsenheimer/Gaede* Rn. 1541. Die Strafbarkeit kommt nur in Betracht, wenn der Fehler vor einer eintretenden Vermögensschädigung erkannt wird.

44 Näher m.w.N. BGHSt 54, 44, 47 ff.; *Mahler* medstra 2015, 154, 155; Ulsenheimer/Gaede/*Ulsenheimer/Gaede* Rn. 1668 ff., dort auch zum aktiven Tun; abl. BGHZ 194, 26.

frage.[45] Ist der Verfügende zur Prüfung der Erklärungsinhalte rechtlich verpflichtet, deutet dies darauf hin, dass er die Erklärung auch tatsächlich geprüft hat und damit ein Irrtum vorliegt.[46] Eine Widerlegung muss aber möglich bleiben.[47] Zum Beleg des Irrtums wird es – entgegen der zum Teil großzügigeren Rechtsprechung[48] – stets erforderlich sein, den Verfügenden selbst zu vernehmen, soll das Tatmerkmal des Irrtums nicht zu einem objektiven Zurechnungszusammenhang degenerieren.[49] Betrugseinschränkend hat die Rechtsprechung in einzelnen Fallgruppen einen Irrtum weithin normativ ausgeschlossen, wenn eine bestimmte Tatsachenerklärung für den Empfänger irrelevant ist, etwa weil er hinsichtlich der mit ihr verbundenen Vermögensrisiken anderweitig abgesichert ist. So unterliegt ein Apotheker, dem der Patient eine nicht medizinisch indizierte Verordnung über ein Arzneimittel zur Einlösung zulasten der Krankenkasse vorlegt, jenseits offensichtlicher Missbrauchsfälle keinem Irrtum, weil ihn insofern keine Prüfungspflicht trifft und er finanziell abgesichert bleibt.[50]

Kein Irrtum ist die reine Unkenntnis einer Tatsache (sog. ignorantia facti).[51] Gleiches gilt für die Gleichgültigkeit hinsichtlich der Tatsache oder für Fälle, in denen die Unwahrheit um anderer Ziele willen in Kauf genommen wird.[52] Erforderlich ist stets eine **positive Vorstellung** über die falsche Tatsache. Unschädlich ist aber, dass das Opfer durch die Täuschung zum wahren Sachverhalt keine Vorstellung hat. Ebenso wird in der Praxis ein Irrtum bejaht, wenn der Getäuschte trotz Zweifel die Tatsache für wahrscheinlich hält und angesichts der Sammelerklärung von einer korrekten Abrechnung ausgeht (siehe aber Rn. 26). Der BGH hat einen Irrtum sogar dann bejaht, wenn der Sachbearbeiter einer KV eine Auszahlung trotz eines noch vagen Verdachts der Falschabrechnung vornimmt und er die Korrektheit der Abrechnung allenfalls für möglich hält.[53] Erst recht soll keine Rolle

24

---

45 Zur g.h.M. BGH NStZ 2000, 375 f.; 2007, 213, 215; BGHSt 57, 95, 111 f.

46 BGH StV 1994, 82, 83; NStZ 1997, 281; 2000, 375 f.; 2014, 215, 216.

47 Vgl. krit. z.B. schon Clausen/Schroeder-Printzen/*Sommer/Tsambikakis* § 3 Rn. 133 f.; *Krehl* NStZ 2015, 101: drohende Verschleifung von Täuschung und Irrtum.

48 Partiell a.A. siehe BGH NJW 2003, 1198, 1199 f.; *Beckemper/Wegner* NStZ 2003, 315 f.

49 OLG Köln NJW 1991, 1122; StV 2016, 369 f.; *Frank* NStZ 2019, 44, 45; m.w.N. AnwK/*Gaede* § 263 Rn. 52 f., 65; nur noch für komplexere Fälle BGH NJW 2014, 2132, 2133.

50 BGHSt 49, 17, 18 ff., 21 ff. m. Anm. *Herffs* wistra 2006, 63; SSW/*Satzger* § 263 Rn. 129; vgl. auch über den Apotheker hinaus BGH NStZ 2005, 157 f.

51 BGHSt 2, 325 ff. (implizit); RGSt 42, 40 f.; KG JR 1986, 469; *Ast* NStZ 2013, 305, 309; *Krehl* NJW 1991, 1397, 1398; *Seelmann* NJW 1980, 2545, 2550; *Fischer* § 263 Rn. 57; a.A. *Pawlik*, Das unerlaubte Verhalten usw., 2003, S. 227 ff.; TK/*Perron* § 263 Rn. 36 f.

52 Treffend so z.B. *Fischer* § 263 Rn. 56; zur Vorsatzgrenze auch BGH StV 2002, 132 f.

53 BGH NJW 2003, 1198, 1199 m. abl. Anm. *Beckemper/Wegner* NStZ 2003, 315; *Krack* JR 2003, 384 ff.; zust. etwa *Krüger* wistra 2003, 297 f.; SSW/*Satzger* § 263 Rn. 135.

spielen, ob der Prüfende die Täuschung bei größerer Sorgfalt hätte erkennen können oder zu gutgläubig („leichtgläubig") war.[54] Bei alledem lassen Rechtsprechung und h.L. ein sog. **sachgedankliches Mitbewusstsein** genügen, in Bezug auf vermögensrechtliche Tatsachen sei „alles in Ordnung".[55] Vor allem Erwartungsmuster, die sich für massenhafte gleichförmige Abrechnungen herausbilden, sollen auch im Gesundheitswesen für eine Fehlvorstellung zu akzeptieren sein, selbst wenn die Akteure sich die Vorstellungsinhalte nicht mehr bewusst machen.[56] Ganz entbehrlich ist ein Irrtum im Falle des **Computerbetrugs** gem. § 263a StGB.

25   Der Irrtum muss durch die Täuschung erregt oder unterhalten worden sein, also im Zeitpunkt der Verfügung mindestens **kausal** auf die Täuschung zurückzuführen sein.[57] Erregen eines Irrtums ist die Begründung einer Fehlvorstellung des Opfers durch die Täuschung. Unterhalten wird ein Irrtum, wenn eine schon vorhandene Fehlvorstellung verstärkt oder bestätigt wird. Dies kann geschehen, indem Zweifel des Opfers aktiv zerstreut werden.

26   Abweichend von der bisherigen Rechtsprechung ist einschränkend die Prüfung der **objektiven Zurechnung** angezeigt.[58] Seit langem wird gefordert, den Irrtum des zweifelnden Opfers zu verneinen, wenn mit einem zumutbaren Selbstschutz die Verfügung hätte vermieden werden können (Stichwort: Opfermitverantwortung).[59] Zum Teil wird darauf abgestellt, ob der Getäuschte die Wahrheit für überwiegend wahrscheinlich gehalten hat.[60] Richtigerweise ist ein zurechenbarer Irrtum abzulehnen, wenn das Opfer die Verlustgefahr erkannt hat und wie ein Spieler sein Glück versucht, auch wenn kein Selbstschädigungsvorsatz belegt ist.[61] Einen Versuch schließt dies bei anderen Erwartungen des Täters nicht

---

54 BGHSt 34, 199, 201 f.; 59, 195, 202 f.; BGH NJW 2003, 1198 f. Auch die Gerichte verneinen einen Irrtum aber, wenn das Opfer nur gehandelt hat, weil es meinte, es könne die für falsch gehaltene Behauptung nicht widerlegen, BGH wistra 2007, 183, 184; *Fischer* § 263 Rn. 55.

55 Dafür BGH NStZ 2007, 213, 215 f.; später etwa auch BGHSt 57, 95, 100, 112.

56 Entsprechend zur Abrechnung in der GKV, in der ein Sachbearbeiter auch dann noch irren soll, wenn er sich über die einzelnen Abrechnungspositionen keine Gedanken macht BGH NStZ 2007, 213, 215 f.; BGHSt 57, 95, 100; *Kölbel* NStZ 2009, 312, 314.

57 *Fischer* § 263 Rn. 63; für eine nur notwendige Bedingung schon RGSt 2, 392, 395 f.

58 Dafür schon m.w.N. näher AnwK/*Gaede* § 263 Rn. 60 ff.

59 *Amelung* GA 1977, 1 ff.; *Esser*, FS Krey, 2010, S. 81 ff.; *Giehring* GA 1973, 1 ff., 17 f.; *Schünemann* NStZ 1986, 439, 441 f.; a.A. z. B. *Arzt* MschrKrim 1984, 105, 109 ff.

60 *Giehring* GA 1973, 1, 19 ff.; *Krack* JR 2003, 384, 385 f.; *Dästner* ZRP 1976, 36, 37; dagegen etwa BGH NJW 2003, 1198, 1199; MüKo-StGB/*Hefendehl* § 263 Rn. 363.

61 Ähnlich bereits *Rengier*, FS Roxin, 2001, S. 811, 822 f.; *Naucke*, FS Peters, 1974, S. 109, 111 ff.; näher *Gaede*, FS Roxin II, 2011, S. 967, 981 f.

aus.[62] Weitere Grenzen ergeben sich durch eine Wissenszurechnung in Fällen, in denen eine vorgesetzte Person bzw. der Vermögensinhaber informiert ist.[63]

b) Täuschungsbedingte Vermögensverfügung

Der Betrug setzt das ungeschriebene Merkmal der Vermögensverfügung des Irren- 27 den voraus, das den Irrtum und die Vermögensbeschädigung verknüpft. Eine **Vermögensverfügung** ist jedes Tun, Dulden oder Unterlassen, das sich unmittelbar vermögensmindernd auswirkt.[64] Hiermit wird der Betrug als Selbstschädigungsdelikt konturiert und der Vermögenschaden vorgezeichnet, weil die Verfügung die schadensbegründenden Posten identifiziert und die schadensvermeidende Kompensation zeitlich begrenzt. Typische Fallgruppen sind die Eingehung einer Verbindlichkeit (sog. Eingehungsbetrug), die Erbringung von Arbeits- oder Dienstleistungen und die Bezahlung einer Rechnung mittels Überweisung. Auch Akte von Behörden oder Körperschaften des öffentlichen Rechts können Verfügungen darstellen. Beispiel für die Verfügung durch Unterlassen ist die Nichtgeltendmachung bestehender und werthaltiger Forderungen.[65]

Kern der Verfügung ist die unmittelbare Minderung des Vermögens. Sie be- 28 zieht sich grundsätzlich auf das gesamte wirtschaftlich betrachtet wertvolle **Vermögen** natürlicher oder juristischer Personen und damit auf die Summe aller geldwerten Güter abzüglich der bestehenden Verbindlichkeiten.[66] Zu beachten sind normative Begrenzungen, die im Gesundheitswesen den Ausschluss von Sanktionsansprüchen betreffen (dazu Rn. 48 f.). Zu den anerkannten Vermögensbestandteilen zählen etwa das Eigentum und werthaltige Forderungen wie Zahlungsansprüche, aber auch die Möglichkeit der Nutzung von Einrichtungen, Patenten und Arbeitsleistung, die sonst nur entgeltlich zu erlangen wären. Schließlich stellt die Freiheit von Belastungen und Verbindlichkeiten ein vermögenswertes Gut dar.

Unmittelbar gemindert ist das Vermögen, wenn sich das Tun oder Unter- 29 lassen des Irrenden als (selbstschädigender) Akt des Gebens darstellt, der ohne weitere deliktische Handlungen des Täters oder nicht dem Risikobereich des Opfers zuzurechnender Dritter das Vermögen verringert.[67] Dies ist bei der Fortgabe

---

62 M.w.N. *Idler* JuS 2004, 1037, 1039.
63 Zu den im Einzelnen umstr. Konstellationen siehe BGH NStZ 2006, 623, 624; *Rengier*, FS Roxin, 2001, S. 811, 823 f.; AnwK/*Gaede* § 263 Rn. 62 ff.; eng aber noch BGH wistra 2008, 147, 148 m. zust. Anm. *Eisele* JZ 2008, 524 ff.
64 BGHSt 14, 170, 171: für den Getäuschten oder einen Dritten; 41, 198, 201.
65 BGH NStZ-RR 2005, 311, 312; m.w.N. krit. *Bublitz/Gehrmann* wistra 2004, 126 ff.
66 Für die st. Rspr. z. B. BGHSt 2, 364, 365 ff.; 16, 220, 221; KG NJW 2001, 86.
67 Dazu siehe näher m.w.N. AnwK/*Gaede* § 263 Rn. 84 f.

von Vermögenswerten gegeben. Daher vermindert die irrtumsbedingte Überweisung einer Vergütung durch die Krankenkasse fremdes Vermögen. Täuscht ein Vertragsarzt den Sachbearbeiter der KV mit seiner Sammelerklärung, erblickt die **Rechtsprechung** die Verfügung schon im Erlass des begünstigenden Honorarbescheids, weil dieser eine Verbindlichkeit zulasten der KV formal begründe und sich die Gefahr der Wertlosigkeit des Vergütungsanteils der redlichen Vertragsärzte schon hinreichend materialisiert habe (zudem zur Frage, wer Geschädigter ist, Rn. 39 f.).[68] Die spätere Zahlung wird als Formalität betrachtet, die den Schaden nur intensiviert. Dies ist zweifelhaft, zumal die Einordnung der Vermögensgefährdung als Schaden den Vollendungszeitpunkt vorverlegt (siehe auch Rn. 74 zur Untreue).[69] Die Erschleichung der Zulassung als Vertragsarzt genügt nicht.[70]

30 Verfügen kann nur, wer getäuscht wurde und infolgedessen irrt. Die Verfügung muss jedoch nicht das Vermögen des Irrenden betreffen. Sie kann im Wege des sog. **Dreiecksbetruges** auf das Vermögen einer anderen Person einwirken, sofern die Verfügung noch als zurechenbarer Akt der Selbstschädigung des Vermögensinhabers erscheint.[71] Eine solche Zurechenbarkeit und damit ein von der Rechtsprechung gefordertes „Näheverhältnis" ist jedenfalls gegeben, wenn der Verfügende die rechtliche Befugnis besaß, für den Vermögensinhaber wirksam über das geschützte Vermögen zu bestimmen. Die Sachbearbeiter der KV und der Krankenkassen sind befugt, mit Wirkung für die KV/die betroffenen Vertragsärzte über die Vergütung zu entscheiden.

31 Der Vermögensschaden muss **kausal** auf der Vermögensverfügung beruhen. Um die hier notwendige psychische Kausalität feststellen zu können, ist bei den arbeitsteilig organisierten KVen und Krankenkassen festzustellen, welche Person die konkrete Verfügung getroffen hat, und welche Vorstellung sie diesbezüglich hatte.[72] Kausalität scheidet i. d. R. aus, wenn der Täuschende gegenüber dem Verfügenden weisungspflichtig ist und der Verfügende gemäß seiner Weisungsbefugnis verfügt. Wird ein Patient in ein Krankenhaus aufgenommen, der über seine Krankenversicherung und seine Identität täuscht, jedoch notfallbedingt aufgenommen werden muss, fehlt es, so die Rechtsprechung, regelmäßig an der Kau-

---

68 In diesem Sinne etwa für einen Gefährdungsschaden MüKo-StGB/*Hefendehl* § 263 Rn. 853; *Frister/Lindemann/Peters* Kap. 2 Rn. 164; ohne jede Problematisierung *Kraatz* Rn. 334.
69 Siehe krit. m.w.N. Ulsenheimer/Gaede/*Ulsenheimer/Gaede* Rn. 1554 und *Rengier* BT/I § 13 Rn. 130 ff. insbesondere gegen OLG Stuttgart NStZ-RR 2013, 174 f.: Gefährdungsschaden bei der Erschleichung einer unzutreffenden Verordnung zu Händen eines Patienten.
70 BGH NStZ 1994, 236, 237; *Krause*, FS Schlothauer, 2018, S. 383, 388.
71 BGHSt 18, 221, 223 f.; 4, 270, 271; BGH NJW 2002, 2117; näher auch zur Reichweite der Zurechnung eines Dritten m.w.N. AnwK/*Gaede* § 263 Rn. 89 ff.
72 BGH NJW 2003, 1198, 1199; JZ 2010, 420, 421 f.; instruktiv BGH StraFo 2012, 72 f.

salität.[73] Ob der Verfügende die Verfügung in Kenntnis des wahren Sachverhalts getätigt hätte, sei als lediglich hypothetische Ersatzursache unbeachtlich.[74] Erneut muss jedoch neben der Kausalität die **objektive Zurechnung** geprüft werden.[75] Richtigerweise dürfte im „Krankenhausaufnahmefall" angesichts der naheliegenden Mitursächlichkeit der vorgespiegelten Versicherung die Zurechenbarkeit daher zu verneinen sein.

4. Täuschungsbedingter Vermögensschaden

Auf Grund der Täuschung und der irrtumsbedingten Vermögensverfügung muss es 32
zu einer Vermögensbeschädigung kommen. Sie wird durch eine Saldierung der Vermögenslage ermittelt, welche die Praxis strikt anspruchsbezogen durchführt (Rn. 34 ff.). Sie ist zu kritisieren (Rn. 41 ff.). Gerade in korruptionsnahen Fällen zeigt sich eine problematische Weite (Rn. 46 ff.).

Der Vermögensschaden setzt eine Minderung des Gesamtvermögens des Op- 33
fers voraus. Er muss kausal und zurechenbar auf der irrtumsbedingten Verfügung beruhen, was bereits bei der vermögensmindernden Verfügung geprüft wird (Rn. 31). Für den Schaden bleibt zu fragen, ob die verfügungsbedingte Vermögensminderung kompensiert wurde. Demzufolge ist der Schaden in jedem Einzelfall[76] durch eine **Vermögenssaldierung** zu ermitteln, die sich zur Erhaltung des Charakters des Betruges als Verletzungsdelikt primär an objektivierten wirtschaftlichen Kriterien orientieren muss (vertiefend Rn. 41 ff.).[77] Für die Prüfung des Schadens sind damit grundsätzlich alle Vermögensmehrungen heranzuziehen, die infolge des Tatgeschehens eintreten. Kompensieren sie die verfügungsbedingte Vermögensminderung, ist der Schaden zu verneinen. Dienen sie hingegen, wie z. B. die Regressierung einer durch Täuschung erlangten Zahlung, dazu, den Schaden wieder zu beseitigen, sind sie zur Vermeidung einer zirkulären Schadensprüfung regelmäßig auszuklammern und allein in der Strafzumessung von Bedeutung.[78]

---

73 OLG Düsseldorf NJW 1987, 3145 f.; HK-GS/*Duttge* § 263 StGB Rn. 36.
74 BGHSt 13, 13, 14 f.; BGH MDR/D 1958, 139 f.
75 *Fischer* § 263 Rn. 87: überschießende Täuschungshandlungen ggf. auszuscheiden; siehe offenlassend BGH StV 2002, 132, 133; ferner m.w.N. AnwK/*Gaede* § 263 Rn. 95.
76 Siehe allerdings zur Schätzung und der sog. Schadenshochrechnung näher BGH MedR 2006, 721, 724 f.; m.w.N. Ulsenheimer/Gaede/*Ulsenheimer/Gaede* Rn. 1583 ff.
77 BVerfGE 126, 170, 211 f., 227 f.; BVerfG NJW 2012, 907, 916 f.; näher zum Verhältnis der wirtschaftlichen und normativen Aspekte m.w.N. AnwK/*Gaede* § 263 Rn. 96 ff.
78 Dazu mit im Einzelnen nötigen Begrenzungen m.w.N. AnwK/*Gaede* § 263 Rn. 105 f.

a) Rechtsprechung: Saldierung nach der Anspruchslage

34 Ein Vermögensschaden liegt vor, wenn sich zwischen dem Wert, den das von der Verfügung betroffene Vermögen vor und nach der Verfügung hatte, eine negative Differenz ergibt.[79] Für die Saldierung soll es allein auf den **Zeitpunkt der Vermögensverfügung** ankommen: Vermögensmehrungen kompensieren die Minderung des Vermögens nur dann, wenn sie zeitlich unmittelbar auf Grund der Verfügung eintreten.[80] Ein unmittelbarer Vermögenszufluss liegt z. B. in einem Leistungsaustausch Zug um Zug. Soweit die Vermögensminderung aus der Eingehung einer Verbindlichkeit hergeleitet wurde, die im Tausch gegen eine andere versprochene Leistung eingegangen wurde (dazu Rn. 29), wird der Schaden nach h.M. durch einen Vergleich des (Markt-)Werts der Verpflichtungen zum Verfügungszeitpunkt ermittelt.[81]

35 Rechnet ein Vertragsarzt eine Luftleistung ab oder erhält ein Apotheker die volle Vergütung für eine minderwertige Zubereitung, muss sich der Vergütende bei wirtschaftlicher Saldierung keine (hinreichende) schadensvermeidende Besserstellung entgegenhalten lassen – der Saldo ist negativ.

36 Die Saldierung von Vergütungsansprüchen, wie sie die Praxis vornimmt, dehnt den Vermögensschaden aber stark aus. Denn ein Schaden in Höhe der gezahlten Vergütung soll auch entstehen, wenn etwa der Vertragsarzt zwar medizinisch *lege artis* geleistet haben, sie aber andere abrechnungsrelevante Vorschriften insbesondere des Sozialrechts nicht eingehalten haben. Vor allem die **Rechtsprechung fragt** für die Saldierung allein danach, **ob der Abrechnende einen Vergütungsanspruch besaß**, der durch die Zahlung der Vergütung (= die Verfügung) erloschen ist und damit die Zahlung kompensiert.[82] Entfällt der Anspruch des Abrechnenden wegen Verstoßes gegen Abrechnungsvorschriften, soll eine **Leistung auf eine Nichtschuld** vorliegen, die stets wirtschaftlich unsinnig sei und deshalb ohne weiteres den Schaden begründe. Die medizinische Vorleistung soll unbeachtlich sein, weil sie sich vor der Verfügung ereigne.[83] Der Umstand, dass den Krankenkassen/KVen oft Aufwendungen erspart worden sind, die sie ohnedies hätten übernehmen müssen, soll eine irrelevante hypothetische Ersatzursache darstel-

---

79 BGHSt 3, 99, 102; 16, 220, 221; gerade zum Abrechnungsbetrug BGHSt 57, 95, 113 ff.

80 BGHSt 57, 95, 113 ff.; 53, 199, 201 f.; BGH NStZ 1999, 353, 354 („regelmäßig"); 2013, 38, 39; *Fischer* § 263 Rn. 111. Einschr. aber BGH NStZ-RR 2010, 109, 110 f.

81 BGHSt 15, 24, 25 ff.; 16, 220, 221 f.; BGH NStZ 2018, 538 f.; SSW/*Satzger* § 263 Rn. 261.

82 Dazu und zum Folgenden BGHSt 57, 95, 115 ff. und 65, 110, 121 ff.

83 BGHSt 57, 95, 114, 117; BGH NStZ 1999, 353, 354; BGH NJW 2014, 3170, 3171; *Kölbel* JZ 2013, 849, 851 f.; *Schuhr* wistra 2012, 265, 266.

len.[84] Der Umstand des sog. **rein formalen Schadens** soll nur in der Strafzumessung mildernd zu beachten sein.[85]

Die Strafgerichte binden sich hierbei akzessorisch an das Sozial- und Medizinrecht, das die Vergütung regelt (sog. **strikt sozialrechtsakzessorische Betrachtungsweise**).[86] Dafür spreche, dass abrechnungsfähige Leistungen standardisiert sind und allein auf der Grundlage vereinbarter und vereinheitlichter Bewertungsmaßstäbe erbracht werden. Die sozialgerichtliche Praxis verfolgt wiederum eine sog. **strikt formale Betrachtungsweise**: und das BSG versagt die Vergütung bei einer Reihe nicht spezifisch leistungsbezogener Vorschriften.[87] Dies erfasst Bereicherungsansprüche infolge *lege artis* erbrachter Behandlungen; sonst sei die Durchsetzung sozialrechtlicher Normen nicht gesichert.[88]

Nach diesen Maßstäben hat die Rechtsprechung einen Vermögensschaden in voller Höhe der Zahlung in folgenden **Beispielen** anerkannt: Ein Radiologe lässt von seinem Personal ärztliche Leistungen auf Grund einer generellen Weisung fehlerfrei erbringen, obwohl das Sozialrecht eine Weisung im Einzelfall vorschreibt;[89] ein hinreichend qualifizierter Arzt, der die Zulassung als Vertragsarzt erschleicht, erbringt indizierte Leistungen *lege artis*;[90] ein Vertragsarzt stellt entgegen den Bestimmungen der § 95 Abs. 2 StGB V und § 32b Abs. 1 ÄrzteZV einen Arzt an, den er als selbstständigen Vertragsarzt im Rahmen einer Gemeinschaftspraxis auftreten ließ (sog. Scheingemeinschaftspraxis)[91]. Der Betrug kann damit auch Regelungen durchsetzen, die primär dazu dienen, vermögensunabhängige Ziele zu erreichen, indem sie z.B. die Statusordnung des Vertragsarztsystems erhalten.

---

84 BGH NJW 2014, 3170, 3171 f.; NStZ 1995, 85, 86; NJW 2003, 1198, 1200; BGHSt 65, 110, 122 f.; i.E. a.A. *Gaidzik* wistra 1998, 329, 331 ff.; *Volk* NJW 2000, 3385 ff.; *Stein* MedR 2001, 124 ff.; *Idler* JuS 2004, 1037, 1040 f.

85 BGH NStZ 1995, 85, 86: kein Beitrag zur Kostensteigerung; BGH NJW 2014, 3170, 3172.

86 BGH NStZ 1993, 388 f. (grundlegend, siehe auch *Weidhaas* MedR 2015, 577 f.); BGHSt 57, 312, 324 f.; BGH medstra 2018, 160, 165 – Rn. 52; *Fischer* § 263 Rn. 60a.

87 Zu der zugrunde liegenden st. Rspr. BSG MedR 2011, 298, 301, 306 mit der Ausnahme sog. Ordnungsvorschriften (dazu zu Recht m.w.N. krit. *J. Prütting/Wolk* JZ 2022, 1101, 1105).

88 Grundlegend BSGE 74, 154, 158; aktueller etwa BSG medstra 2021, 393, 396. Zur Kritik siehe m.w.N. *Wolk*, Normative Schadensbestimmung in der GKV – Eine Kritik der streng formalen Betrachtung des Bundessozialgerichts, 2024; *J. Prütting/Wolk* JZ 2022, 1101, 1104 f.

89 Siehe letztlich wegweisend BGH NStZ 1995, 85 f. m. zust. Anm. *Hellmann* NStZ 1995, 232; BVerfG NJW 1998, 810; übertragend BGH medstra 2018, 160, 165 f. – Rn. 51 ff.; zur untersagten Delegation zust. TK/*Perron* § 263 Rn. 112a f.

90 BGH NJW 2003, 1198, 1200; *Beckemper/Wegner* NStZ 2003, 315; *Rengier* § 13 Rn. 212b; a.A. z.B. *Stein* MedR 2001, 124 ff.; MüKo-StGB/*Hefendehl* § 263 Rn. 846 f.: reine Statustäuschung.

91 OLG Koblenz MedR 2001, 144 m. abl. Bespr. *Stein* MedR 2001, 124; zeitweise zweifelnd BGH NJW 2003, 1198 = NStZ 2003, 313; dazu instruktiv *Weidhaas* MedR 2015, 577, 579.

39   Gerade in der **GKV** ist es komplex, zu bestimmen, wer nach diesem Ansatz der **Geschädigte** ist. Grundsätzlich ist dies nicht der Patient, da er von der Vergütungspflicht befreit ist (zur Selbstzahlung aber Rn. 56). Werden Leistungen zu Unrecht abgerechnet, für die Krankenkassen eine Einzelleistungsvergütung zahlen, ist die vergütende Krankenkasse die Geschädigte.[92] Geht es um die allgemeine quartalsweise Vergütung der Vertragsärzte, ist die Krankenkasse nicht geschädigt, weil sie durch die Bezahlung des Gesamtbudgets grundsätzlich von einer Verpflichtung gegenüber der KV befreit wird (dazu § 8 Rn. 66 ff.). Nach der Rechtsprechung soll die **KV** die **Geschädigte** sein. Dass die KV die gesamten Vergütungen ausschütten muss, also an der Zurückbehaltung von Vermögen kein Interesse haben darf, sei unerheblich.[93]

40   Zutreffend dürfte es jedoch allein sein, die **anderen Vertragsärzte** als die Geschädigten eines Dreiecksbetrugs zu begreifen. Die Ausdehnung des Vergütungsanteils durch den täuschenden Vertragsarzt schmälert ggf. die Anspruchszuweisung zu den anderen korrekt abrechnenden Ärzten der KV, die ihr Regelleistungsvolumen überschritten haben und demzufolge Vergütungsbestandteile beanspruchen können, die vom Ausmaß anderer Abrechnungen abhängig sind – ihre Aussicht auf eine höhere Vergütung wird zu Unrecht enttäuscht.[94] Die Minderung ihres Vermögensbestandes wird nicht durch eine andere, mit der Verfügung ausgelöste Vermögensbewegung kompensiert.

b) Kritik der überwiegenden Lehre: Übernormativierung

41   Diese weite Rechtsprechung wird im Schrifttum kritisiert.[95] Nach ihr versagen die Straf-, aber auch die Sozialgerichte, zunächst vorschnell Vergütungsansprüche – schon insoweit sei eine differenziertere Beurteilung angezeigt.[96] Im Kern zielt die Kritik darauf ab, den Vermögensschaden im Fall einer wirtschaftlich wertvollen

---

92 *Dannecker/Bülte* NZWiSt 2012, 81, 82 f.; BGHSt 65, 110, 127; ferner § 87a Abs. 3 S. 4 ff. und Abs. 4 SGB V, dazu BGHSt 65, 110, 119 f.; *Frister/Lindemann/Peters* Kap. 2 Rn. 20 f.
93 BGHSt 65, 110, 118 ff.; krit. schon *Leverenz* HRRS 2021, 86; MüKo-StGB/*Hefendehl* § 263 Rn. 853: Mehrung der Ansprüche droht; Spickhoff/*Schuhr* § 263 StGB Rn. 49 f.
94 *Frister/Lindemann/Peters* Kap. 2 Rn. 171 ff.; *Dannecker/Bülte* NZWiSt 2012, 81, 82 f.; *Kraatz* Rn. 330; m.w.N. Ulsenheimer/Gaede/*Ulsenheimer/Gaede* Rn. 1555.
95 So z.B. *Gaidzik* wistra 1998, 329 ff.; *Volk* NJW 2000, 3385, 3388; *Stein* MedR 2001, 124 ff.; *Ellbogen/Wichmann* MedR 2007, 10, 14 f.; *Hancok*, Abrechnungsbetrug durch Vertragsärzte, 2006, S. 218 ff.; *Waßmer* § 16 Rn. 49 f.; siehe auch *Kubiciel* medstra 2019, 68, 69.
96 Näher m.w.N. *Gaede* medstra 2024, 205 (speziell zu Vorteilsannahme- und Vorteilsgewährungsverboten *Gaede* MedR 2024, 702, 707 ff.); zur Vertragsprüfung BSG medstra 2021, 393, 396; zum Gesetz BSG medstra 2023, 250, 251 ff. und zu § 106b Abs. 2a SGB V *Weinrich/Wostry* medstra 2019, 74, 79; zur Krankenhausabrechnung *Braun*, Autonomie vs. Akzessorität des Strafrechts am Beispiel des ärztlichen Abrechnungsbetruges, 2016, S. 195 ff.

medizinischen Vorleistung nur dann anzuerkennen, wenn der Ausschluss des Vergütungsanspruchs unter Rückgriff auf Normen hergeleitet wird, die **Ausdruck einer Vermögensbewertung sind** und nicht z. B. nur den Status regeln; Normen müssen also die Art, den Inhalt und die Qualität der Leistung einschließlich der Qualifikation des Leistenden regeln.[97] Dem sollte die Praxis trotz der Sachargumente der Gerichte nachkommen:[98]

Mit der strikt sozialrechtsakzessorischen Betrachtung verfolgt die Praxis nicht 42 mehr zureichend den vom Betrug allein gewährten Schutz vor dem wirtschaftlich bemessenen Ärmerwerden des Opfers.[99] Das **Rechtsgut wird vertauscht**, indem exzessiv[100] Konstellationen erfasst werden, in denen der Rechtsverstoß die Vermögenslage insbesondere der Kassen verbessert. Das wirtschaftliche Moment des Betruges tritt übermäßig zurück, da die Nachteiligkeit des Austauschs für das Opfer unzureichend untersucht wird.[101] Dies missachtet das BVerfG, nach dem bei Austauschgeschäften auch bei Rechtsverstößen eine Feststellung[102] und Saldierung des Austausches geboten sei.[103]

Zentral ist bei alledem, dass den Vorleistungen der Leistungserbringer eine 43 Anerkennung als schadensverhindernde Kompensation zu pauschal verwehrt wird, obwohl eine **differenzierte Gesamtbetrachtung** *de lege lata* möglich und angemessen wäre,[104] die tatsächlich schon bei der Untreue anerkannt wurde (siehe Rn. 73).[105] Nur so ist eine teleologisch hinreichende Durchführung des Betruges unter dem Aspekt der wirtschaftlichen Schlechterstellung zu erreichen. Die Pflicht der Ärzte, vorzuleisten, dient nicht dem Schutz der Vermögen etwa der KV; sie soll keiner Krankenkasse eine entgeltfreie Leistung zuweisen. Im Gegenteil besteht bereits vor der Leistung ein Behandlungsvertrag, der die Vorleistungsbereitschaft

---

97 Dazu schon m.w.N. *Gaede*, Der Steuerbetrug, 2016, S. 79 ff.; weithin parallel Matt/Renzikowski/*Saliger* § 263 Rn. 189, 247, 255; *Saliger/Tsambikakis* MedR 2013, 284, 285 ff.
98 Siehe etwa *Kölbel* JZ 2013, 849, 851 f.; MüKo-StGB/*Hefendehl* § 263 Rn. 844 ff.; zur mangelnden Sonderrechtsprechung *Gaede* in: Duttge, Das Medizinstrafrecht – Bloßer Anwendungsfall oder Innovationsmotor der allgemeinen Strafrechtslehren, 2024, S. 79, 86 ff.
99 Zu dieser Schutzrichtung siehe BVerfG NJW 2012, 907, 915 ff.; BGHSt 65, 110, 120.
100 So treffend Lackner/Kühl/Heger/*Heger* § 263 Rn. 56c.
101 Ulsenheimer/Gaede/*Ulsenheimer/Gaede* Rn. 1571 f.; *Kubiciel* medstra 2019, 68, 71 f.; ferner mit dem Vorwurf der Verschleifung m.w.N. *Saliger* medstra 2019, 258, 260 f.
102 Zu Bezifferung und der sachverständigen Unterstützung BVerfG NJW 2012, 907, 916 f.
103 Siehe zur Untreue BVerfGE 126, 170, 212 – Rn. 114. Nur verbal so BGHSt 57, 95, 113 f. Abl. aber eine Kammer des BVerfG zum Betrug BVerfG medstra 2021, 376. Für eine Verletzung des Art. 103 Abs. 2 GG weiter etwa SSW/*Satzger* § 263 Rn. 272.
104 M.w.N. Ulsenheimer/Gaede/*Ulsenheimer/Gaede* Rn. 1574 ff.; m.w.N. *Walter*, FS Herzberg, S. 763 ff.; *Saliger* medstra 2019, 258, 260 f.; *Kubiciel* medstra 2019, 68, 71.
105 Siehe zudem selbst BGHSt 57, 95, 114: „regelmäßig".

des Vertragsarztes erst erklärt. Da eine allgemeine Vorleistungspflicht des Patienten (der KV/der Kassen) ausscheidet, ist der zeitlich gestreckte Leistungsaustausch als wirtschaftlich sinnvolle Einheit zu betrachten. Nur so lässt sich die Inkonsequenz vermeiden, zu **lediglich formalen Schäden** zu gelangen, die sodann in der Strafzumessung korrigiert werden müssen.

44   Schließlich trifft es nicht zu, dass nur bei einer strikten Anspruchsorientierung eine wirtschaftliche Bewertung der Leistungen möglich sei.[106] Schon der Rechtsprechung, die in medizinisch indizierten Behandlungen für die Krankenkassen wirtschaftlich sinnvolle Leistungen erblickt und diese deshalb in die Strafzumessung einstellt, liegt der Gedanke einer wirtschaftlichen Bewertbarkeit ebenso wie der Regelung § 106b Abs. 2a SGB V zugrunde. Mit den Ansätzen etwa des EBM existieren ferner Wertansätze, welche die Tätigkeiten in der Relation eingruppieren. Verbleibende Unsicherheiten bei der Bemessung der Schadenskompensation können schließlich nicht widersprüchlich nach anderen Maßstäben beurteilt werden als dies für die Begründung des Betrugsschadens etwa durch Schätzungen oder Hochrechnungen gilt.

45   Für die **Lösung im Fall 41: MVZ – Abrechnung des F** folgt aus der Umgehung des § 95 Abs. 1a SGB V nach der Ansicht der Rechtsprechung ein Betrug für jedes Quartal:[107] Im Wege der konkludenten Täuschung sichern die Erklärenden zu, dass das MVZ nach dem SGB V zur Teilnahme an der GKV-Versorgung zulassungsfähig sei, was einen Irrtum der KV-Mitarbeiter hervorrief. Die Honorarüberweisung begründe die Verfügung und den Schaden zulasten der KV, da die vorherige Leistung zugunsten des Versorgungsauftrages irrelevant sei. Zutreffend ist es hingegen, mindestens den Vermögensschaden abzulehnen, weil die Versagung des Anspruchs gem. § 95 Abs. 1a SGB V auf einer wettbewerbsordnenden Regelung beruht.[108]

c) Betrug als Korruptionsdelikt?

46 Eine Zuspitzung erfährt die Fokussierung auf die Anspruchsbeurteilung bei der Anwendung auf korruptionsnahe Sachverhalte, in denen der Leistungserbringer zuvor durch die Zuwendung eines Vorteils darauf hingewirkt hat, dass Versorgungsleistungen durch ihn erbracht werden können. Wenn z.B. ein Physiothera-

---

106 Gegen diesen Einwand schon Ulsenheimer/Gaede/*Ulsenheimer/Gaede* Rn. 1576.

107 Hierfür BGHSt 65, 110, 114 ff.; bestätigend BVerfG medstra 2021, 376.

108 Überdies war *ex ante* zur Zeit der Tathandlungen fraglich, ob die Wettbewerbsbeschränkung verfassungsgemäß war und wo die Grenzen zum Missbrauch verlaufen, weshalb die Täuschung bestritten werden könnte, zur Kritik *Gaede* NJW 2021, 98 f. Allerdings ließ sich der Fall als eindeutige Umgehung betrachten, nach der keine Vertretbarkeit bestand. Zur formalen Betrachtung der Zulassung siehe *Wodarz/Teubner* medstra 2021, 74, 75 ff.

peut einem orthopädisch tätigen Vertragsarzt im Kontext seiner Berufsausübung Vorteile zukommen lässt und dann Leistungen abrechnet, die er für Patienten des Vertragsarzts erbracht hat, stellt sich in der Praxis vor allem die Frage nach einem Abrechnungsbetrug:[109] Die Zuwendung von Vorteilen, die Vorschriften wie § 128 Abs. 2 (5b und 6) SGB V verletzen, soll nach Ansicht des BGH zu einem Verlust des Vergütungsanspruchs führen.[110] Weist der Physiotherapeut in der Abrechnung nicht auf die Zuwendung des Vorteils hin, wird eine konkludent falsche Erklärung über die Vorteilszuwendung und ein Betrug bejaht, der oft den § 263 Abs. 3 und 5 StGB unterfällt.[111] Der Nachweis einer Unrechtsvereinbarung wäre entbehrlich.

Auch diese Rechtsprechung ist abzulehnen, weil sie aus der Missachtung von 47 Abrechnungsvorschriften, die nichts mit der Erbringung oder der Qualität der ärztlichen Leistung zu tun haben, einen Betrug macht.[112] Sie überspielt im Hinblick auf die GKV die Grenzen, die der Gesetzgeber für die Korruptionsverfolgung im Gesundheitswesen aufgestellt hat.[113] Obschon der Gesetzgeber nicht jede nach dem SGB V oder dem Berufsrecht unzulässige Zusammenarbeit als strafbare Korruption gebrandmarkt hat, sollen Verstöße gegen Verbote unzulässiger Zusammenarbeit und korruptiver Verbindungen zwischen Leistungserbringern und Dritten (siehe neben § 128 SGB V auch § 73 Abs. 7 SGB V, § 31 MBO-Ä, § 11 Abs. 1 ApoG[114] sowie vertragliche Regelungen wie § 18 Abs. 1 des Arzneiversorgungsvertrages [AVV a.F.][115]) über den Betrug praktisch stets strafbar sein, obwohl der Gesetzgeber davon ausging, dass die Praxis zur Korruptionsverfolgung nur teilweise auf den Betrug zurückgreifen könne. Auch deshalb hat er die §§ 299a, 299b StGB geschaffen.[116] Es geht nicht an, das eintretende Wettbewerbsunrecht stets normativ in den Betrug hineinzulesen.

---

109 Dazu klar bejahend BGH 3 StR 163/23 – Urt. v. 21.3.2024; zur Dominanz des Betruges ferner m.w.N. *Lindemann* MedR 2024, 713 und *Gaede* MedR 2024, 702 ff.

110 BGH medstra 2018, 160, 165 f. – Rn. 51 ff.; zum AVV BGHSt 65, 110, 126 ff.

111 BGH medstra 2025, 34. Gleichen Sinnes BGH medstra 2018, 160, 165 f. – Rn. 51 ff. (dazu krit. *Flasbarth* MedR 2017, 578 f.: § 128 SGB V nicht auf leistungsunterlegte Kostenerstattungsansprüche anzuwenden); BGHSt 65, 110, 123 ff.; m.w.N. *Rettke* medstra 2019, 262, 264 f.; über die Umdeutung in Qualitätsaspekte des § 2 Abs. 1 S. 3 SGB V LG Nürnberg-Fürth MedR 2023, 997, 1001 m. abl. Anm. *Ruppert* MedR 2023, 1003; *Wolk/J. Prütting* medstra 2023, 289, 293 ff.; *Wickel* medstra 2023, 351, 353 f.; *Rixen* GesR 2023, 188, 189 f. Zur Erstreckung auf das Depotverbot (§ 128 Abs. 1 SGB V) *Warntjen* medstra 2018, 193 f.

112 Dafür etwa *Saliger* medstra 2019, 258, 261; eingehend m.w.N. *Gaede* MedR 2024, 702.

113 Siehe krit. auch *Warntjen* medstra 2018, 193 f.; *Saliger* medstra 2019, 258, 261.

114 Siehe aber zur einschränkenden Rechtsfolgenbedeutung bei gesetzlichen Ansprüchen schon m.w.N. *Wolk/J. Prütting* medstra 2023, 289, 292 f.; zu dem nach dem BSG zu prüfenden Charakter als Abgabevorschrift m.w.N. *Wickel* medstra 2023, 351, 353 f.

115 Zur Vorfassung des § 7 AVV a.F. siehe BGHSt 65, 110, 126 ff.

116 BT/Drs. 18/6446, S. 12; *Warntjen* medstra 2018, 193 f., 2017, 28 f.

48 Anderes gilt auch nicht deshalb, weil die vermögenswirksame Abrechnung ein zweiter, anhand des eigenständigen Rechtsguts des Vermögens selbständig zu würdigender Akt ist.[117] Z. B. bei der zur Unwirtschaftlichkeit führenden Zahlung von Kick-Backs kann der Betrug zwar unabhängig von der Reichweite der §§ 299 ff. StGB und neben diesen einschlägig sein.[118] Im Übrigen bleibt es aber bei einem rein formalen Schaden. Hinzu kommt, dass die Geltendmachung der Vergütung die **Abwehr einer Vermögenssanktion** darstellt. Die aus Sanktionsansprüchen reflexhaft erwachsenden Vorteile werden vom Betrug aber nicht geschützt, da ihnen eine wirtschaftliche Zweckbestimmung abgeht, sie vielmehr repressive oder präventive Ziele verfolgen.[119] Geboten ist, die täuschungsbedingte Abwendung des Anspruchsfortfalls gleich zu behandeln, weil es erneut primär darum geht, dem Sanktionierten einen Betrag *zu entziehen*.[120]

49 Für die **Lösung im Fall 41: MVZ – Abrechnung des Z** folgt aus der Rechtsprechung erneut die Strafbarkeit, weil sie – zusätzlich zu dem im Wege der Kollusion für den Apotheker relevanten Entzug der Mitwirkungsbefugnis in der GKV – in der Finanzierung des Anteilserwerbs und der zugesagten Vergütung eine Vorteilszuwendung entgegen § 18 AVV a.F. sieht:[121] Z habe konkludent darüber getäuscht, dass er nicht über Vorteile auf die Vergabe der Verordnung an seine Apotheke hingewirkt habe. Dies habe einen Irrtum bei den TK-Mitarbeitern hervorgerufen. Jedenfalls die Honorarüberweisung begründe die Verfügung und den Schaden zulasten der TK, weil die korrekte Lieferung irrelevant sei. Richtigerweise ist der Vermögensschaden abzulehnen, der aus einem Wettbewerbsunrecht abgeleitet wäre, obwohl zur Tatzeit keine Korruptionsstrafbarkeit bestanden hatte. § 18 AVV a.F. bezweckt keinen Vermögensschutz, weil er der Erhaltung des freien Wettbewerbs dient. Unwirtschaftliche Verordnungsinhalte sind nicht festgestellt. Vielmehr setzt der BGH gerade hier staatliche Vermögenssanktionen im Wege des Betruges durch.

5. Vorsatz und Absicht rechtswidriger Bereicherung

50 Nach allgemeinen Maßstäben ist **vorsätzliches Handeln** für die Tatbegehung **erforderlich**. Maßgebender Zeitpunkt ist die Täuschungshandlung (§ 8 StGB). Weiß

---

117 So aber an sich zutreffend *Fischer* medstra 2019, 257 f.
118 Siehe insoweit BGH medstra 2018, 160 ff.; a.A. *Schumann* HRRS 2018, 511 ff.
119 BGHSt 38, 345, 351 f.; BGHSt 43, 381, 405 f.; BGHSt 49, 275, 303.
120 Näher *Weidhaas*, FS AG MedR im DAV, 2008, S. 371, 376 ff.; Spickhoff/*Schuhr* § 263 Rn. 44; *Gaede*, MedR 2024, 702, 711 f.; a.A. HWSt/*Kölbel/Neßeler* Kap. 7 Teil 1 Rn. 216.
121 Hierfür BGHSt 65, 110, 123 ff. noch zu § 7 AVV a.F.; teilend BVerfG medstra 2021, 376.

der Arzt, dass er einen überhöhten Honoraranspruch gegenüber den Mitarbeitern der KV geltend macht und er diese zur irrigen Zuweisung eines höheren Vergütungsanteils zulasten anderer Vertragsärzte veranlasst, nimmt er dies und die Erfüllung seiner Forderung mindestens billigend in Kauf. Der Vorsatz fehlt hingegen z. B., wenn die abgerechnete Leistung unerkannt durch einen Schreibfehler in die Erklärung aufgenommen wurde.

Besonders bedeutsam ist für den Vorsatz, dass der Abrechnende normativ 51 durchsetzte Sachverhalte i. S. d. sog. Parallelwertung in der Laiensphäre zutreffend verstanden haben muss. So muss ein Apotheker zumindest für möglich halten, dass ihm der geltend gemachte Honoraranspruch nicht zusteht, andernfalls handelt er in einem **beachtlichen Tatbestandsirrtum.** Die Rechtsprechung macht diesen Irrtum regelmäßig am mangelnden Vorsatz auf einen rechtswidrigen Vermögensvorteil fest (Rn. 54); tatsächlich fehlt mindestens[122] schon der Schädigungsvorsatz: Wenn sich eine Apothekerin vorstellt, dass die zahlende Krankenkasse von einer Zahlungsverpflichtung befreit wird, steht ihr kein nach der Saldierung verbleibender Schaden vor Augen. Besteht die Vorstellung eines ggf. fehlenden Anspruchs, vertraut der Abrechnende aber nach vorherigen rechtlichen Analysen darauf, dass ihm ein Anspruch leistungsbedingt zusteht, mangelt es am **Willenselement.**[123]

Zudem muss der Abrechnende handeln, um für sich oder einen anderen auf 52 Kosten des geschädigten Opfers (sog. Stoffgleichheit) einen Vermögensvorteil zu erzielen, dem die Rechtsordnung widerspricht (**Absicht der rechtswidrigen Bereicherung**). Der Bezugspunkt des rechtswidrigen Vermögensvorteils ist als solcher ein objektiv zu beurteilendes Tatmerkmal, das allerdings nicht eingetreten, sondern lediglich angestrebt worden sein muss (sog. überschießende Innentendenz). Vermögensvorteil ist jede zumindest vorübergehende Erhöhung des wirtschaftlichen Gesamtwerts des Vermögens.[124] Rechtswidrig ist der Vorteil, wenn dem Täter oder dem zu begünstigenden Dritten objektiv kein Rechtsanspruch auf den Vorteil nach materiellem Recht zusteht.[125] Erschleicht der Täter eine Leistung, die er aus einem anderen Rechtsgrund als dem vorgetäuschten beanspruchen darf, kommt ein rechtswidriges Verlangen nur in Betracht, wenn das Opfer nicht von der bestehenden anderen Verbindlichkeit befreit wird.[126] Eine Auswechslung von Rechtsgründen für eine erschlichene Leistung soll aber ausscheiden, wenn die

---

122 Dazu, dass die Normativierung der Täuschung die Vorsatzprobleme auf die Tathandlung erstreckt, *Magnus* NStZ 2017, 249, 250 f.; m.w.N. AnwK/*Gaede* § 263 Rn. 153 ff.
123 Beispielgebend BGH medstra 2018, 42, 44 – Rn. 16; näher m.w.N. Ulsenheimer/Gaede/*Ulsenheimer/Gaede* Rn. 1596 ff.; gleichsinnig BGH medstra 2015, 174, 177 f. – Rn. 25 ff.
124 BGH NJW 1988, 2623; SSW/*Satzger* § 263 Rn. 331.
125 BGHSt 3, 160, 162 f.; 19, 206, 215 f.; 42, 268, 272; *Fischer* § 263 Rn. 191.
126 BGH wistra 1982, 68 f.; NJW 1953, 1479 f. (Aufrechnung); 1983, 2646, 2648.

Anspruchsvoraussetzungen des erschlichenen Vorteils abschließend geregelt sind. Auch die täuschungsweise Geltendmachung medizinisch indizierter, nach den Vorschriften aber nicht zu vergütender vertragsärztlicher Leistungen, soll in diesem Sinne ein Anwendungsfall sein, weil nach der zugrunde gelegten formalen Betrachtungsweise die KV/Krankenkasse auf eine Nichtschuld leiste und keine Befreiung eintrete (siehe schon Rn. 36 ff.).[127]

53   Der Vermögensvorteil kann nur durch Vorgänge eintreten, die ihrerseits beim Opfer einen Schaden auslösen können. Der Abrechnende muss also einen Vermögensvorteil anstreben, der zum Vermögensschaden in funktionalem Zusammenhang steht (sog. **Stoffgleichheit**). So muss der vom Vertragsarzt erstrebte Vermögensvorteil die Kehrseite des von ihm ausgelösten Vermögensschadens ausmachen.[128] Das Tatmerkmal setzt damit voraus, dass Vorteil und Schaden *erstens* unmittelbar auf derselben Vermögensverfügung beruhen und dass der Vorteil *zweitens* dem Täter oder dem Dritten direkt aus dem geschädigten Vermögen ohne den „Durchgang" über ein anderes Vermögen zufließt.[129] Insoweit muss der erstrebte Vermögensvorteil nach der Rechtsprechung aber nicht mit dem konkreten Vermögensgegenstand identisch sein, der den Vermögensschaden ausmacht.[130] Z. B. begründen danach lediglich mittelbare Folgeschäden keinen Betrug. Nach richtiger Ansicht ist die Stoffgleichheit nicht verwirklicht, wenn die Verschreibung nicht notwendiger Leistungen beim Patienten zu einer Bereicherung führt, der Schaden der Krankenkasse aber darin liegt, dass sie irrtumsbedingt ihren Regressanspruch gegen den Arzt nicht geltend macht.[131] Stoffgleichheit wurde dagegen zweifelhafterweise in einem Fall bejaht, in dem ein Patient durch Täuschung seines Vertragsarztes eine nicht indizierte Medikamentenverordnung erlangte. In der Verordnung soll eine zum erstrebten Vorteil des Patienten stoffgleiche Schädigung der Krankenkasse liegen, obschon das erlangte Medikament unmittelbar aus dem Vermögen des Apothekers stammt.[132]

---

127 Dazu BGH NStZ 1995, 85 f. (implizit); BVerfG NJW 1998, 810.

128 BGHSt 6, 115, 116; 21, 384, 386; 34, 379, 391 f.; BGH NStZ 2003, 264; OLG Stuttgart NJW 2002, 384; *Fischer* § 263 Rn. 187 f.; präzisierend *Dencker*, FS Grünwald, 1999, S. 75, 82 ff.

129 BGHSt 6, 115, 116; 34, 379, 391 f.; 21, 384, 386 (implizit); 60, 1, 14 f.; BGH NStZ 2003, 264; OLG Düsseldorf NJW 1993, 2694, 2695; *Fischer* § 263 Rn. 187 f.

130 BGHSt 34, 379, 391 auch zur Höhe; OLG Karlsruhe NJW 1959, 399, 399.

131 BGHSt 49, 17, 23; *Fischer* § 263 Rn. 189; a.A. *T. Schneider* medstra 2019, 280, 283 f.: Erlangung der Verordnungsgegenstände, die von den Kassen getragen werde.

132 OLG Stuttgart NStZ-RR 2013, 174, 176: Patient ziele auf das gegenleistungsfreie Medikament ab; dazu näher a.A. Ulsenheimer/Gaede/*Ulsenheimer/Gaede* Rn. 1554; siehe ferner allzu weit zur Vorlage einer ungültigen Chipkarte OLG Hamm NJW 2006, 2341.

Der Abrechnende muss bezüglich des Vermögensvorteils und seiner Rechts- 54
widrigkeit vorsätzlich handeln.[133] Er muss damit das Fehlen eines fälligen und
einredefreien Anspruchs auf den Vermögensvorteil mindestens für möglich halten
und billigend in Kauf nehmen. Auch die Gerichte erkennen Irrtümer über ein
normatives Tatbestandsmerkmal zu Recht an (siehe schon Rn. 51).[134] Dazu muss
sich der Täter aber vorstellen, sein Anspruch sei von der Rechtsordnung anerkannt. Der Vorsatz muss sich ferner auf die tatsächlichen Voraussetzungen erstrecken, aus denen sich die Stoffgleichheit ergibt.

Bezüglich des Eintritts der Vorteilserlangung selbst muss der Täter **absichtlich** 55
handeln und damit einen zielgerichteten Willen aufweisen. Es genügt, wenn der
Vermögensvorteil für den Täter ein notwendiges Zwischenziel darstellt.[135] Ist er
sich des Vermögensvorteils als notwendige Nebenfolge bewusst, ist sie ihm aber
unerwünscht, fehlt die Absicht.[136] Ist dem Täter eine notwendig eintretende Nebenfolge „erwünscht", soll die Absicht nach der insoweit unklaren Rspr. wiederum
vorliegen.[137] Die Bereicherungsabsicht muss gem. § 28 Abs. 1 StGB bei jedem Täter
persönlich vorliegen. Anderenfalls kann allein eine Teilnahme eingreifen.

6. Anwendung auf die PKV

Der Vorwurf des Abrechnungsbetrugs kann auch Abrechnungen betreffen, die z. B. 56
niedergelassene Ärzte gegenüber ihren Patienten auf der Basis der GOÄ vollziehen.
Ebenfalls bedeutsam ist die Liquidation, die Klinikärzte auf der Basis von Wahl-
vereinbarungen durchführen und die oft unter dem Aspekt der persönlichen
Leistungserbringung zu erörtern ist.[138] Der Betrug wird jenseits der GKV regelmäßig gegenüber und zulasten des Patienten begangen, der privat versichert oder
Selbstzahler ist.[139] Insoweit gelten die bereits anhand der GKV vorgestellten Aus-
legungsmaßstäbe. Die Rolle des Sozialrechts übernimmt insoweit primär die **GOÄ**.

---

133 BGHSt 3, 110, 123; 4, 106 ff.; BGH NStZ 2003, 663; m.w.N. SSW/*Satzger* § 263 Rn. 328 ff.
134 So schon BGHSt 3, 110, 123: „Wertvorstellungen" Teil des Vorsatzes; 48, 322, 328 f.
135 BGHSt 16, 1, 6; LG Kiel NStZ 2008, 219, 220 f.; *Seelmann* JuS 1982, 748 f.
136 BGHSt 16, 1, 6 f.; BGH NJW 1988, 2623; 1982, 2265 f.; BayObLG NStZ 1994, 491, 492.
137 So BGHSt 16, 1, 6 f. m. zutr. abl. Anm. *Welzel* NJW 1962, 20, 21 f.; BGH NJW 2009, 2900, 2902;
MüKo-StGB/*Hefendehl* § 263 Rn. 1153 f.; a.A. KG NJW 1957, 882, 883; *Samson* JA 1978, 625, 630; siehe
auch wieder BGHSt 55, 206, 211 ff.: Es muss Täter auf Zwischenziel ankommen.
138 Hierzu näher m.w.N. Ulsenheimer/Gaede/*Ulsenheimer/Gaede* Rn. 1642 ff.
139 Nicht zu übersehen ist bei alledem, dass auch Privatpatienten bei der Abrechnung gegenüber
der privaten Krankenkasse und ggf. der Beihilfestelle auf eine mögliche Betrugsstrafbarkeit
achten müssen, wenn sie sich vorsätzlich und in (Dritt-)Bereicherungsabsicht Zahlungen erstatten
lassen, dazu m.w.N. Ulsenheimer/Gaede/*Ulsenheimer/Gaede* Rn. 1625.

57   Relevant sind insbesondere die Maßstäbe der konkludenten Tatbegehung. Neben Luftleistungen und unvollständig erbrachten Leistungen kommen Fälle in Betracht, in denen ein Arzt medizinisch indizierte und erbrachte Leistungen unter einer Ziffer abrechnet, die nicht für diese Leistung zur Verfügung steht. Gleiches gilt für die Geltendmachung eines überhöhten Steigerungsfaktors gem. § 5 GOÄ, wenn ihm keine vertretbar hinreichende Tatsachenbasis z.B. zur Schwierigkeit oder Dauer der Behandlung zugrunde liegt.[140]

58   Der BGH hat die weite Interpretation des Bedeutungsgehalts ärztlicher Rechnungen (dazu aber schon einschränkend Rn. 16 ff.) im *leading case* BGHSt 57, 95 (lesen!) auf die PKV übertragen. Auch hier soll der Abrechnende die Einhaltung der einschlägigen Abrechnungsvorschriften und insofern die nach der „richtigen" Rechtsansicht notwendigen Tatsachengrundlagen wie z.B. seine Befugnis zur Leistungsabrechnung miterklären.[141] Die Rechtsprechung prüft daher die gesamte Anspruchslage schon bei der Tathandlung.[142]

59   Gerade für Konstellationen wie dem **Fall 42: Labor** ist allerdings zu beachten, dass der Schluss auf eine unrichtige Tatsachenäußerung an eine Grenze gerät, wenn die Auslegung der Abrechnungsvorschriften streitig ist (Rn. 17 ff.): Im Fall ist für die Abrechnung von Speziallaborleistungen der Klasse M III eine persönliche oder unter seiner Aufsicht nach fachlicher Weisung erbrachte Leistung des Arztes gem. § 4 Abs. 2 S. 1 GOÄ erforderlich, während die Praxis des Ankaufs von Fremdlaborleistungen und die eigene Abrechnung dieser Fremdleistungen gem. § 4 Abs. 2 S. 2 GOÄ i.V.m. Nr. 3 der Allgemeinen Bestimmungen zur Anlage M der GOÄ untersagt war. Im Entscheidungszeitpunkt war ungeklärt, ob die persönliche Validierung der Laborleistungen und die Kontrolle der Vorarbeiten für eine Leistung nach § 4 Abs. 2 S. 1 GOÄ erforderlich war. Würde man trotz des Black-Box-Verfahrens strenger für eine unter Aufsicht und Weisung des Arztes erbrachte Leistung die Anwesenheit und Überwachung während der Probenauswertung verlangen, läge eine Täuschung über die vermeintlich geleistete Anwesenheit während der Auswertung vor. Das OLG Düsseldorf nimmt aber eine falsche Tatsachenbehauptung zu Recht nur an, wenn sie keinen Bezug zu tatsächlichen Vorgängen mehr aufweist und sich als Missachtung des eindeutigen Kernbereichs der GOÄ-Norm darstellt.[143] Ist die betreffende Vorschrift in ihren Randbereichen mehrdeutig und kann die Privatliquidation insoweit auf eine vertretbare Auslegung zurückgeführt werden, erkennt das OLG in der Abrechnung eine zulässige Rechtsausführung.

---

140 Spickhoff/*Schuhr* § 263 Rn. 16; näher Ulsenheimer/Gaede/*Ulsenheimer/Gaede* Rn. 1637.
141 Dazu siehe leitend BGHSt 57, 95, 100 ff.
142 Beispielgebend auch zu Ansprüchen aus abgetretenem Recht BGHSt 57, 95, 101 ff.
143 OLG Düsseldorf medstra 2017, 361 ff. m. zust. Anm. *Lübbersmann*; zust. etwa *Gaede* medstra 2018, 1, 2; *Fischer* § 263 Rn. 36b; HWSt/*Kölbel/Neßeler* 7. Teil 1. Kap. Rn. 223.

Daher wurde eine konkludente Täuschung im Fall verneint, weil A Mitwirkungshandlungen erbracht hatte, die über den bloßen Bezug der Laborleistung hinaus-
gingen. Erst recht muss die Täuschung entfallen, wenn die nicht für die strengere
Ansicht genügende Tatsachenbasis explizit im Zuge der Abrechnung offengelegt
wurde.[144]

Auch zum **Irrtum** und zur Verfügung gelten die allgemeinen Maßstäbe. Eine 60
vereinzelt angestellte Erwägung, der Privatpatient als Rechnungsempfänger irre
allgemein nicht, da er sich angesichts der Übernahme durch die PKV gar keine
Gedanken machen werde, ist hierbei zu pauschal: Der Patient ist gerade an dieser
Übernahme interessiert und weiß, dass diese von tatsächlich erbrachten und ab-
rechnungsfähigen Leistungen abhängt.[145] Unrichtig ist aber die Annahme des BGH,
Gegenstand des Irrtums könne auch die Rechtmäßigkeit der Abrechnung selbst
sein, soweit der Leistungsgegenstand für den Betroffenen nicht voll erkennbar
sei.[146] Die Verfügungen liegen in der Begleichung der Rechnung durch den Privatpatienten.

Der Vermögensschaden setzt wieder eine Saldierung voraus, bei der nach der 61
Rechtsprechung eine **strikte Medizin- bzw. Zivilrechtsakzessorietät** die strikte
Sozialrechtsakzessorietät ersetzt. Seit der Leitentscheidung BGHSt 57, 95 fragt die
Praxis allein danach, ob der Patient gerade durch die Zahlung von Verpflichtungen
befreit wurde, die ihm gegenüber wirksam bestanden. Danach wurde mit dem
Argument der Leistung auf eine Nichtschuld ein *vollständiger* Schaden etwa bejaht,
wenn Akupunktur- und Osteopathieleistungen von angestellten, fachkundigen
Therapeuten einwandfrei auf der Grundlage einer verdeckten Delegation erbracht
wurden, die geschuldete persönliche Leistungserbringung aber gefehlt habe.[147]
Auch dies unterliegt der Kritik, soweit die Anspruchsversagung nicht auf wirtschaftliche Erwägungen zurückgeführt werden kann (siehe Rn. 41 ff.).[148] Überdies
wird die GOÄ im Übermaß als Verhaltens- und Bewertungsverbot verzeichnet.

---

144 BGH medstra 2018, 42, 44 f. – Rn. 14 ff.
145 Ulsenheimer/Gaede/*Ulsenheimer/Gaede* Rn. 1632; a.A *Dahm* MedR 2003, 268, 273.
146 So BGHSt 57, 95, 112 f.; *Lindemann* NZWiSt 2012, 334, 337; a.A. wie hier etwa *Dahm* MedR 2003,
268, 271; *Schuhr* wistra 2012, 265, 266: Verstoß gegen Art. 103 Abs. 2 GG; Prütting/*Tsambikakis/
Kessler* § 263 StGB Rn. 33; *Geiger/Schneider* GesR 2013, 7, 10.
147 BGHSt 57, 95, 102 ff., 113 ff.
148 Siehe zur PKV m.w.N. *Dann* NJW 2012, 2001; *Saliger/Tsambikakis* MedR 2013, 284; Ulsenhei-
mer/Gaede/*Ulsenheimer/Gaede* Rn. 1638 ff.; zust. aber *Schuhr* wistra 2012, 265 f.

7. Besonders schwere Fälle und Verbrechenstatbestand

62 Für **besonders schwere Fälle** sieht § 263 Abs. 3 S. 1 StGB Freiheitsstrafe von mindestens sechs Monaten bis zu zehn Jahren vor. Im Vordergrund stehen die vorsätzlich zu verwirklichenden Regelbeispiele des § 263 Abs. 3 S. 2 StGB (lesen!).[149] Besonders relevant sind im Gesundheitswesen das **gewerbsmäßige Handeln** (S. 2 Nr. 1 Var. 1), das infolge einer oft regelhaften Anwendung bestimmter Abrechnungsschemata vorprogrammiert erscheint, ebenso aber das **Handeln als Bandenmitglied** (S. 2 Nr. 1 Var. 2, zur Auslegung beider Varianten Rn. 64 f.).[150] Bedeutsam ist ferner der **Vermögensverlust großen Ausmaßes** (S. 2 Nr. 2 Var. 1). Als Schwellenbetrag für den Verlust haben sich 50.000 € eingebürgert.[151]

63 Kommen bei der Betrugsbegehung das gewerbsmäßige Verhalten und das Handeln als Mitglied einer Bande zusammen, die sich zur fortgesetzten Begehung von Straftaten nach den §§ 263 bis 264 oder 267 bis 269 StGB verbunden hat, stuft das Gesetz die Tat zu einem **Verbrechen** herauf, das mit mindestens einem Jahr Freiheitsstrafe zu ahnden ist (§ 263 Abs. 5 Hs. 1 StGB). Ein minder schwerer Fall kommt nach § 263 Abs. 5 Hs. 2 StGB in Frage.

64 Das gewerbsmäßige Verhalten bejaht die Rechtsprechung, wenn der Täter in der Absicht handelt, sich durch die wiederholte Tatbegehung eine fortlaufende Einnahmequelle von einiger Dauer und einigem Umfang zu verschaffen.[152] Schon die erste der Taten könne gewerbsmäßig begangen sein.[153] Voraussetzung des besonderen persönlichen Merkmals ist stets, dass der Täter (oder Teilnehmer) eigennützig handelt.[154] Die Gewerbsmäßigkeit, die beim Bereicherungsdelikt des Betruges strukturell angelegt ist, sollte in Abkehr von dieser Rechtsprechung aber nur bejaht werden, wenn der Täter die Taten als Ausdruck einer prinzipiellen Geringschätzung fremden Vermögens nach Art eines Berufes begeht.[155]

65 Das **Handeln als Bandenmitglied** soll lediglich voraussetzen, dass der Täter eine von insgesamt mindestens drei Personen ist, die sich mit dem Willen verbunden haben, künftig für eine gewisse Dauer mehrere selbstständige, im Einzel-

---

149 Näher zur Regelbeispielstechnik m.w.N. AnwK/*Gaede* § 263 Rn. 189 ff.
150 Siehe aber zu den verschiedenen Bezugstaten m.w.N. AnwK/*Gaede* § 263 Rn. 182.
151 BGHSt 48, 360, 362 ff.; zum Ausschluss von Gefährdungsschäden BGHSt 48, 354, 355 ff. (a.A. *Peglau* wistra 2004, 7, 8 f.); näher zu alledem m.w.N. AnwK/*Gaede* § 263 Rn. 184.
152 St. Rspr., vgl. nur BGHSt 49, 177, 181; BGH NStZ 2004, 265, 266.
153 So für die h.M. m.w.N. BGHSt 49, 177, 181; BGH NStZ 2004, 265, 266; a.A. zu Recht etwa NK-StGB/*Kindhäuser/Hoven* § 263 Rn. 391; *Brodowski* wistra 2018, 97, 102.
154 Zur weit ausgelegten mittelbaren finanziellen Besserstellung aber BGH NStZ 2008, 282 f.; NStZ-RR 2011, 373 f.; krit. m.w.N. *Waschkewitz* wistra 2015, 50, 51 f.
155 *Gaede*, Der Steuerbetrug, 2016, S. 107 ff.; *Schulz*, FS Hassemer, 2010, S. 899 ff., 911 f.

nen noch ungewisse Straftaten des im Gesetz genannten Deliktstyps zu begehen.[156] Die tatbeteiligten Bandenmitglieder können auch Vertragspartner sein, die einen Betrug zulasten Dritter begehen.[157] Der Betrug muss in einem inhaltlichen Zusammenhang zur Bandenabrede stehen.

§ 263 Abs. 5 StGB hat etwa bei organisierter Kriminalität im Kontext der Pflege 66 Anwendung gefunden.[158] Nach der bisher oft großzügigen Bestimmung beider Merkmale des § 263 Abs. 5 StGB kann das Bandenmerkmal zusätzlich zur Gewerbsmäßigkeit z. B. bei einer Berufsausübungsgemeinschaft dreier Ärzte rasch erfüllt sein. Zu Recht hat das **LG Berlin** in Anknüpfung an die gesetzgeberische Zielsetzung für § 263 Abs. 5 StGB deliktsspezifisch ein höheres Maß an Verbundenheit gefordert und die Norm damit auf Fälle professionell organisierter Kriminalität begrenzt.[159]

II. Untreue im Gesundheitswesen

Zu den relevanten Vermögensdelikten zählt auch die Untreue. § 266 StGB will das 67 Vermögen von natürlichen oder juristischen Personen vor Schädigungen schützen, die aus einer internen Machtstellung heraus und damit „von innen" verwirklicht werden (zu Grundlagen Rn. 68 ff., zur sog. Vertragsarztuntreue Rn. 77 ff.).[160] Das Delikt besteht aus den Varianten der Missbrauchs- und Treubruchsuntreue. Mit der h.M. ist anzunehmen, dass der Missbrauchstatbestand eine *lex specialis* des Treubruchtatbestands darstellt.[161] Daher muss der Täter für beide Varianten eine Vermögensbetreuungspflicht übernommen und verletzt haben. Die Untreue ist also ein **Sonderdelikt**. Wer nicht selbst vermögensbetreuungspflichtig ist, kann die Anstiftung oder die Beihilfe verwirklichen.[162] Die Untreue ist zudem ein **Vermögensverletzungsdelikt**, das infolge ihrer allzu offen formulierten Tathandlung einschränkend ausgelegt werden muss.[163] Der Versuch ist straflos.

---

156 BGHSt 46, 321 ff.; zu § 263 Abs. 5 StGB BGHSt 49, 177, 187; BGH NJW 2013, 883, 887.
157 BGH NStZ 2007, 269 f. (Abrechnungsbetrug) m. krit. Anm. *Kudlich* StV 2007, 242.
158 Siehe zusf. Ulsenheimer/Gaede/*Ulsenheimer/Gaede* Rn. 1618 ff.
159 LG Berlin StV 2004, 545; SSW/*Satzger* § 263 Rn. 406; Matt/Renzikowski/*Saliger* § 263 Rn. 330; m.w.N. HWSt/*Kölbel/Neßeler* Teil 7 Kap. 1 Rn. 194; a.A. *Fischer* § 263 Rn. 213, 229.
160 BVerfGE 126, 170, 201; BGH medstra 2019, 289, 290 – Rn. 11; dazu, dass auch im Gesundheitswesen kein allgemeiner Schutz von Recht und Moral bezweckt ist.
161 M.w.N. BGHSt 50, 331, 342; m.w.N. zu abw. Stimmen SSW/*Saliger* § 266 Rn. 6 f.
162 Hierzu siehe aus dem Gesundheitswesen KG medstra 2015, 240, 242 f.
163 Näher BVerfGE 126, 170, 197 ff. und m.w.N. Ulsenheimer/Gaede/*Gaede* Rn. 1684 f.; siehe eher zu weitgehend bzw. mit unzureichenden Feststellungen zum Mitarbeitereinsatz an Unikliniken BGH medstra 2019, 289 m. krit. Anm. *Krüger*; abl. *Dahm* MedR 2019, 880 f.

> **Fall 43: Missbräuchliche Verordnung (in Anlehnung an BGH medstra 2017, 38)**
> Vertragsarzt A arbeitete mit Inhabern eines Gesundheitszentrums zusammen, das physiotherapeutische Leistungen erbringt. In den Jahren 2005 bis 2008 erstellte A in insgesamt 479 Fällen Heilmittelverordnungen für physiotherapeutische Leistungen ohne Untersuchung oder Konsultation der angegebenen Patienten und damit ohne medizinische Indikation. Genutzt wurden Krankenversicherungskarten u. a. der Angestellten des Zentrums und von Spielern eines von A und dem Gesundheitszentrum betreuten Fußballvereins. Die Verordnungen leitete A den Zentrumsinhabern zu. Diese ließen sich die Erbringung der verordneten Leistungen von den „Patienten" bestätigen, obwohl sie – was A wusste und billigte – in keinem Fall erbracht worden waren. Anschließend wurden sie von den Inhabern plangemäß bei verschiedenen Krankenkassen eingereicht. In der Annahme erbrachter Leistungen vergüteten die Kassen insgesamt 51.245,73 €. A erhielt hiervon keinen Anteil. Er wollte aber die einträgliche Stellung als Kooperationsarzt des Gesundheitszentrums erhalten und das Gewinnstreben seiner Inhaber unterstützen. **Strafbarkeit?** Zur Lösung siehe Rn. 77 ff.

1. Tatbestandsstruktur

68　Das vorsätzlich (Rn. 76) zu verwirklichende Delikt setzt eine Vermögensbetreuungspflicht voraus (Rn. 69). In der Missbrauchsvariante muss der Täter durch Gesetz, behördlichen Auftrag oder Vertrag eine Befugnis besitzen, über fremdes Vermögen zu verfügen oder einen anderen zu verpflichten, und diese Befugnis missbrauchen (Rn. 70). In der Treubruchsvariante muss ihn kraft Gesetzes, behördlichen Auftrags, Rechtsgeschäfts oder eines Treueverhältnisses eine Vermögensbetreuungspflicht treffen, die er durch ein pflichtwidriges Verhalten verletzt (Rn. 71 f.). Sowohl ein Missbrauch als auch eine Pflichtwidrigkeit scheiden aus, wenn das Verhalten vom Vermögensinhaber bzw. einer/einem für ihn entscheidungsbefugten Person/Organ durch ein **Einverständnis** gestattet wurde.[164] Die Tathandlung muss zu einem Nachteil für das betreute Vermögen führen (Rn. 73 ff.). Die Tat kann durch ein Unterlassen verwirklicht werden.

69　Ob eine – nur bei der Treubruchsvariante auch aus einem faktischen Treueverhältnis abzuleitende[165] – **Vermögensbetreuungspflicht** vorliegt, entscheidet sich im Wege einer Gesamtbetrachtung. Maßgeblich ist, ob einer Person Aufgaben übertragen wurden, in der Wahrnehmung von fremder Vermögensinteressen bestehen. Die fremdnützige Vermögensfürsorge muss den Hauptgegen-

---

164 Mit der Bezeichnung als „Einwilligung" in diesem Sinne m.w.N. *Fischer* § 266 Rn. 29, 90 ff. Zu den von der Rechtsprechung bei Gesellschaften anerkannten, aber bestrittenen Grenzen BGHSt 34, 379 ff.; 35, 333, 335 ff.; 49, 147 ff.; 54, 82 ff.; näher m.w.N. SSW/*Saliger* § 266 Rn. 59 f., 106 ff.; abl. zur Rspr. *Gaede* NZWiST 2018, 220, 222 f.
165 BGH NStZ-RR 2019, 52, 53; krit. Ulsenheimer/Gaede/*Ulsenheimer/Gaede* Rn. 1693.

stand der Rechtsbeziehung bilden und dem Verpflichteten muss bei deren Wahrnehmung ein gewisser Spielraum, eine gewisse Bewegungsfreiheit oder Selbständigkeit verbleiben.[166] Die inhaltlich herausgehobene Pflicht muss über für jedermann geltende Sorgfalts- und Rücksichtnahmepflichten hinausgehen. Ein bloßer Bezug zu fremden Vermögensinteressen oder eine rein tatsächliche Einwirkungsmöglichkeit auf materielle Güter anderer reicht nicht. **Beispiele** für vermögensbetreuungspflichtige Personen sind Vorstände von Gesellschaften oder Körperschaften öffentlichen Rechts sowie Geschäftsführer von GmbHs. Die Rechtsprechung erfasst auch den Vertragsarzt (dazu Rn. 77 ff.). **Negativbeispiele** sind Arbeitnehmer, denen lediglich die allgemeine Nebenpflicht obliegt, die Vermögensinteressen ihres Arbeitgebers nicht zu schädigen. Zudem muss etwa der Vorstand einer KV nicht stets im Rahmen seiner Vermögensbetreuungspflicht handeln (Beispiel: Aushandlung der eigenen Vergütung).[167]

Für die Missbrauchsuntreue muss der Vermögensbetreuungspflichtige ein 70 **Verpflichtungs- oder Verfügungsgeschäft** zulasten fremden Vermögens im Außenverhältnis (Verhältnis zwischen dem Vermögensinhaber und Dritten) wirksam abschließen, obwohl er hierdurch die im Innenverhältnis (Verhältnis zum Vermögensinhaber) einschlägigen Maßstäbe verletzt (zum Einverständnis Rn. 68).[168] Dies ist etwa der Fall, wenn der Vorstand einer Krankenkasse rechtsgültig einen evident nachteiligen Kredit aufnimmt. Schlägt das abredewidrige Vorgehen z. B. wegen einer Kollusion mit dem Kreditgeber auf das Außenverhältnis durch, indem es die Verpflichtung oder Verfügung zulasten des Vermögensinhabers unwirksam macht, kann lediglich die Treubruchsuntreue eingreifen, soweit ihre Voraussetzungen vorliegen.

Für die Treubruchsuntreue muss der Täter **pflichtwidrig handeln.** Hierzu 71 muss er eine gegenüber dem Vermögensinhaber etwa infolge Gesetzes oder Vertrages bestehende Pflicht verletzen (zum Einverständnis Rn. 68).[169] Insoweit ist nachzuweisen, dass tatsächlich z. B. eine Rechtsnorm des Sozialrechts, insbesondere des SGB V, verletzt worden ist. Im Sinne einer sog. negativen Akzessorietät der Untreue scheidet eine Pflichtverletzung aus, wenn die Handlung nach dem einschlägigen Primärrecht des Gesundheitswesens legitim war.[170] Es muss sich überdies nach der (nicht einheitlichen) Rechtsprechung um eine Pflicht handeln, die mindestens **mittelbar auf den Schutz fremden Vermögens bedacht** ist (siehe

---

166 In diesem Sinne zusf. BVerfGE 126, 170, 203, 209 f.: m.w.N. SSW/*Saliger* § 266 Rn. 10 f.
167 Instruktiv m.w.N. KG medstra 2015, 240, 242 f. (aber mit anderen Weiterungen).
168 BGHSt 5, 61, 63; m.w.N. NK-StGB/*Kindhäuser/Hoven* § 266 Rn. 86.
169 M.w.N. SSW/*Saliger* § 266 Rn. 24, 31 ff. auch zu den disparaten Pflichtenquellen.
170 BVerfGE 126, 170, 204: Widerspruch zum Primärrecht notwendige Bedingung; zum zu meidenden Rückschaufehler Ulsenheimer/Gaede/*Ulsenheimer/Gaede* Rn. 1724.

schon Rn. 69).[171] Der zentrale Anwendungsfall für eine solche Pflicht liegt in der GKV im Wirtschaftlichkeitsgebot (vgl. §§ 12 Abs. 1 S. 2, 70 Abs. 1 S. 2 SGB V).[172]

72   Zudem muss eine Pflichtverletzung im Zeitpunkt der Tathandlung *ex ante* **evident** vorliegen.[173] Demzufolge ist z. B. der Vorwurf, ein Vertragsarzt habe mit einer Verordnung gegen das Wirtschaftlichkeitsgebot verstoßen, hinfällig, wenn auf Grundlage einer vertretbaren medizinischen Einordnung auch die Wirtschaftlichkeit der Entscheidung vertretbar zu bejahen war, was relational zur medizinischen Ausgangslage zu beurteilen ist. Darüber hinaus muss die betroffene Pflicht in einem **funktionalen Zusammenhang** mit der Vermögensbetreuungspflicht stehen, also zum Kreis der Pflichten zählen, welche die hervorgehobene Macht und Sorge hinsichtlich fremden Vermögens kennzeichnen.[174] Nach richtiger Ansicht ist außerdem zu fordern, dass die Pflichtverletzung nach der Art der betroffenen Pflicht und dem Ausmaß ihrer Beeinträchtigung **gravierend** sein muss.[175] Wenn z. B. eine Verordnung nach dem Sozialrecht nicht mehr als hinreichend wirtschaftlich erscheint, resultiert daraus noch nicht automatisch eine Pflichtwidrigkeit.

73   Die Tathandlung muss kausal und zurechenbar[176] einen **Vermögensnachteil** auslösen. Der Vermögensnachteil ist durch einen Vergleich des Vermögens vor und nach dem Missbrauch/der Pflichtverletzung zu ermitteln (sog. **Saldierung**, dazu Rn. 32 ff.).[177] Gegenüberzustellen sind grundsätzlich die Vermögensabflüsse und die Vermögenszuflüsse bzw. Wertsteigerungen, die unmittelbar infolge der Tathandlung eingetreten sind.[178] Auch die Rechtsprechung zieht aber eine Gesamt-

---

171 Für das Gesundheitswesen BGH medstra 2017, 38, 41 – Rn. 24, 31; näher BGHSt 55, 288, 299 ff. – Rn. 34 ff.; 56, 203, 211 ff. – Rn. 25 ff.; BGHSt 61, 48, 72 f. – Rn. 86 f.; m.w.N. auch zu abw. Stimmen SSW/*Saliger* § 266 Rn. 35 ff.; weithin Abstand nehmend aber BGH NJW 2013, 401, 403; *Fischer* § 266 Rn. 60a f.; dagegen etwa SSW/*Saliger* § 266 Rn. 39.
172 M.w.N. BGH medstra 2017, 38, 41 – Rn. 31.
173 Siehe BGHSt 49, 17, 24 und BVerfGE 126, 170, 210 f.: klare und deutliche (evidente) Fälle.
174 M.w.N. zur Rspr. präzisierend SSW/*Saliger* § 266 Rn. 42 ff.; z. B. auch KG medstra 2015, 240, 243; näher m.w.N. Ulsenheimer/Gaede/*Ulsenheimer/Gaede* Rn. 1725.
175 BGH medstra 2017, 38, 41 f. – Rn. 32; BGHSt 56, 203, 213 – Rn. 30; in der Sache BGHSt 47, 295, 297, 301; anschließend BVerfGE 126, 170, 210 f., 218; konkretisierend m.w.N. SSW/*Saliger* § 266 Rn. 47 ff. Abl. aber BGHSt 50, 331, 344 f.; 61, 48, 65 – Rn. 60; TK/*Perron* § 266 Rn. 19b: mangelndes Bedürfnis.
176 Dazu näher m.w.N. SSW/*Saliger* § 266 Rn. 99 ff.
177 Zur st. Rspr. siehe m.w.N. BGH medstra 2017, 38, 42 – Rn. 34; eingehend zur Annahme umsatzabhängiger Zahlungen für den Förderverein einer Universität bei parallelen Vertragsabschlüssen mit dem Vorteilsgeber BGHSt 47, 295, 301 f.
178 M.w.N. BVerfGE 126, 170, 213 f.; BGH NStZ 2014, 517, 519; m.w.N. SSW/*Saliger* § 266 Rn. 70 ff. Siehe allerdings zur problematisch weiten Interpretation der Unmittelbarkeit auf der Seite der Vermögensminderung m.w.N. BGH medstra 2017, 38, 42 – Rn. 39.

betrachtung heran, welche die nachteilsverhindernde/mindernde Einbeziehung absehbarer, späterer und ausgleichender Vermögenszuflüsse gestattet, wenn nach einem vernünftigen Gesamtplan mehrere Verfügungen erforderlich sind, um den ausgleichenden Erfolg zu erreichen und ein Gefährdungsschaden ausscheidet.[179] Ferner ist der Nachteil zu verneinen, wenn der Treupflichtige uneingeschränkt bereit und jederzeit imstande ist, den Nachteil aus eigenen verfügbaren Mitteln zu ersetzen.[180]

Wie beim Betrug ist – erst recht infolge des straflosen Versuchs – darauf zu achten, dass der Vermögensnachteil nicht entgrenzt wird. Nicht jede diffuse Verlustgefahr ist ein Nachteil.[181] Ein **Gefährdungsnachteil** kommt zwar weiterhin in Frage, hierfür muss das betreute Vermögen aber schon zum Tatzeitpunkt faktisch vermindert sein.[182] Dem genügen nur Vermögensbeeinträchtigungen, die sich in der Rechtspraxis – regelmäßig nach sachverständiger Hilfe – **belastbar beziffern** lassen.[183] 74

Ferner ist es – zum Betrug schon Rn. 41 ff. – geboten, die vom BGH auch der Untreue zugrunde gelegte[184] **strikt sozialrechtsakzessorische Betrachtung** aufzugeben, soweit sie zu einer vermögensfernen Aufladung der Untreue mit anderen verfolgten Schutzgütern führt. Nur so verdrängen „normative Gesichtspunkte [...] wirtschaftliche Überlegungen nicht"[185]. Erst recht darf der Vermögensnachteil nicht z. B. mit der Pflichtwidrigkeit verschliffen werden, indem er automatisch aus ihrem Vorliegen gefolgert wird.[186] 75

Der Vorsatz muss alle objektiven Tatmerkmale umfassen. Der Nachteilsvorsatz darf nicht derart im Pflichtwidrigkeitsvorsatz aufgehen, dass ihm eine eigenständige Bedeutung genommen wird.[187] Es genügt der sog. bedingte Vorsatz. An den **Nachweis** stellt schon die Rechtsprechung angesichts der weiten Deliktsformulierung regelmäßig **strenge Anforderungen**.[188] Zu achten ist auf mögliche Tatbe- 76

---

179 BGHSt 47, 295, 302; LG Düsseldorf medstra 2017, 251, 255; SSW/*Saliger* § 266 Rn. 75 ff.
180 BVerfGE 126, 170, 217; m.w.N. BGH NJW 2010, 1764; SSW/*Saliger* § 266 Rn. 101.
181 BVerfGE 126, 170, 211 f., 228 ff.; BGH medstra 2017, 38, 42 – Rn. 34.
182 M.w.N. BGH medstra 2017, 38, 42 – Rn. 34 (dort dann aber mit einer allzu großzügigen Erfassung schon der Ausstellung der Verordnung als Gefährdungsnachteil); näher krit. schon anhand des Betruges m.w.N. AnwK/*Gaede* § 263 Rn. 116 ff., 121 ff.
183 Zu alledem BVerfGE 126, 170, 211 f., 229; BVerfG NJW 2013, 365, 366 ff.
184 Dazu etwa BGH medstra 2017, 38, 42 – Rn. 34 ff.
185 BVerfGE 126, 170, 212 und 205 ff.; siehe auch BGH wistra 2019, 190, 192 f. zur Begleichung sittenwidriger Forderungen; abl. aber BVerfG medstra 2021, 376.
186 BVerfGE 126, 170, 197 f., 211; m.w.N. *T. Schneider* HRRS 2017, 231, 234 f.
187 BGH NStZ 2013, 715 f.
188 M.w.N. BGHSt 47, 295 ff., 302; BGH NStZ 2013, 715 f. (auch noch mit Sondermaßstäben zum Gefährdungsschaden); dazu näher m.w.N. Ulsenheimer/Gaede/*Gaede* Rn. 1728 ff.

standsirrtümer hinsichtlich der Vermögensbetreuungspflicht und des pflichtwidrigen Verhaltens, da angesichts ihrer normativen Aufladung eine hinreichende Reflektion der rechtlichen Zusammenhänge durch den Täter nicht selbstverständlich vorhanden sein muss.[189]

2. Anwendung auf den Vertragsarzt

77 Sachverhalte wie der des **Falles 43: Missbräuchliche Verordnung** haben bewirkt, dass die Gerichte auch die Mitwirkung des Vertragsarzts an der Versorgung in der GKV als Anwendungsfall der Vermögensbetreuungspflicht begreifen (sog. Vertragsarztuntreue). Hintergrund ist, dass der Vertragsarzt mit der Konkretisierung der Rahmenrechte der Versicherten (dazu § 7 Rn. 5) vermögensrechtliche Folgen für die Krankenkassen auslöst.

78 Anfangs hatte der BGH die Vertragsarztuntreue damit begründet, dass der Vertragsarzt bei der Ausstellung von Verordnungen als zivil- bzw. sozialrechtlicher Vertreter der Krankenkasse handele. Verschreibe er z. B. grundlos ein Medikament zu Lasten der Krankenkasse, für das bei der Abgabe durch eine Apotheke ein Kaufvertrag zustande komme, missbrauche er seine Befugnisse.[190] In der evident unwirtschaftlichen Ausstellung nicht indizierter Verordnungen für Infusionslösungen und Hilfsmittel zulasten der Krankenkasse lag danach eine Untreue.[191] Dies ersetzte eine Verurteilung des Patienten wegen Betrugs und des Arztes wegen Beihilfe, da der Apotheker, der die Verordnungen beliefert, die Indikation gar nicht zu prüfen hat (zur fehlenden Täuschung Rn. 16).[192] Diese sog. **Vertreterrechtsprechung** wurde aber **aufgegeben**, da schon das BSG ihr nicht mehr folgt.[193] Dies schließt jedenfalls eine Missbrauchsuntreue mangels einer wirksamen Vertretung aus.[194] Ferner betonte der Große Senat für Strafsachen, dass der Vertragsarzt der Krankenkasse rechtlich „auf Augenhöhe" begegne.[195]

---

189 Näher Ulsenheimer/Gaede/*Gaede* Rn. 1728 ff. und LG Mainz NJW 2001, 906, 907.

190 BGHSt 49, 17, 23 f.; zur Einordnung Ulsenheimer/Gaede/*Ulsenheimer/Gaede* Rn. 1705.

191 BGHSt 49, 17 ff.; zu weiteren Anwendungsfällen BGH NStZ 2004, 568, 569 f.; mit einer Erstreckung auf Fälle ohne Vertretungsmacht BGH NStZ 2007, 213, 216.

192 BGHSt 49, 17, 20 ff., 23; zum fehlenden Schaden ferner BGH NStZ 2004, 568, 570.

193 Hierfür näher BSGE 105, 157; folgend auch BGHSt GS 57, 202, 213 ff.; abl. etwa auch schon *Weidhaas* ZMGR 2005, 54 ff.; *Herffs* wistra 2006, 63 ff.

194 M.w.N. Ulsenheimer/Gaede/*Ulsenheimer/Gaede* Rn. 1714; *Leimenstoll* wistra 2013, 121, 122; *Sebastian/Lorenz* JZ 2017, 876, 879 f.; offen BGH medstra 2017, 38, 41 – Rn. 28.

195 Siehe BGHSt GS 57, 202, 213 ff.

Der BGH hat die Vertragsarztuntreue allerdings für die **Verordnung von** 79 **Heilmitteln** und damit für medizinische Dienstleistungen wie die Physiotherapie bestätigt, indem er die Vermögensbetreuungspflicht nun zentral auf das **Gebot der Wirtschaftlichkeit des Handelns des Vertragsarzts** gem. §§ 12 Abs. 1, 70 Abs. 1, 2 Abs. 4 SGB V stützt.[196] Darin liege eine neben die Behandlungspflicht tretende zweite Hauptpflicht des Arztes. Der Vertragsarzt handele hinreichend selbstständig, da er die Bedingungen für einen Sachleistungsanspruch eigenständig feststelle. Prüfpflichten des Heilmittelerbringers und Prüfrechte der Krankenkassen und der kassenärztlichen Vereinigungen stünden dem nicht entgegen, da § 106 Abs. 1 und 4 SGB V den Krankenkassen keine Rechte zur eigenständigen Erhebung von Einreden gebe und erst nach der Zahlung wirken würden. Jedenfalls treffe den Vertragsarzt die Pflicht, Heilmittel nicht ohne jegliche medizinische Indikation in der Kenntnis zu verordnen, dass die verordneten Leistungen nicht erbracht, aber gegenüber den Krankenkassen abgerechnet werden sollen. Der Taterfolg soll – auch im **Fall 43: Missbräuchlichen Verordnung** – bereits in der Ausstellung der Verordnung liegen.[197]

Nach diesem Begründungsansatz soll es darauf ankommen, wie das Recht der 80 GKV die Rechtsstellung des Vertragsarzts und die Kontrolle seines Handelns für die konkret betroffene Patientenversorgung regelt. Danach bejaht der BGH eine Vermögensbetreuungspflicht zwar auch bei der Verordnung von **Sprechstundenbedarf**, da es der Vertragsarzt hier in der Hand habe, die Krankenkasse zu Zahlungen zu verpflichten, ohne dass ihr eine hinreichende Kontrollmöglichkeit zur Verfügung stehe.[198] Eine Vermögensbetreuungspflicht hinsichtlich der **Verordnung von Leistungen der häuslichen Krankenpflege** (§ 37 Abs. 2 SGB V) hat der BGH indes **abgelehnt,** weil die Krankenkasse über weitergehende Kontrollmöglichkeit durch die ihr obliegende Bewilligungsprüfung verfügt.[199] **Offen** ist, was für die Verordnung von **Arzneimitteln** gilt, zu denen der Große Senat für Strafsachen den sehr beschränkten Entscheidungsspielraum des Vertragsarztes betont hatte.[200]

Der **Rechtsprechung** ist aber darüber hinaus mit dem überwiegenden 81 Schrifttum **zu widersprechen,** weshalb eine Tat auch im **Fall 43: Missbräuchliche**

---

196 Dazu und zum Folgenden BGH medstra 2017, 38 ff.
197 BGH medstra 2017, 38, 42 – Rn. 34 ff.; früher auch schon BGH NStZ 2004, 568, 569 f. Ob ein Fall der Missbrauchs- oder der Treubruchsuntreue vorliegt, ließ der BGH offen (Rn. 28).
198 BGH medstra 2018, 160, 166 – Rn. 57 mit einer überdies weiten Interpretation der Täterschaft durch den Verzicht auf eine eigene Unterschrift unter den Verordnungen.
199 M.w.N. zur sozialrechtlichen Ausgangslage BGH medstra 2022, 47 – Rn. 8.
200 Dazu ausführlich zur *Aut-idem*-Substitution m.w.N. BGHSt GS 57, 202, 215 ff.

Verordnung ausscheiden muss (siehe aber Rn. 82):[201] Die Vertragsarztuntreue entspricht nicht dem Gebot zu einer restriktiven Auslegung der Untreue, weil die Vermögensfürsorge nicht länger „den Hauptgegenstand der Rechtsbeziehung"[202] ausmachen muss, vielmehr mehrere Verpflichtungen[203] genügen würden. Die hinreichende Selbständigkeit des Vertragsarztes wird durch eine Aufwertung der fehlenden Kontrolle *ex ante* ersetzt.[204] Ferner wird die Qualität gesetzlich begründeter Vermögensbetreuungspflichten vermindert, indem Gesetze herangezogen werden, die nicht einmal unmittelbar das Verhältnis von Treugeber und Treunehmer regeln.[205] Überdies leitet der BGH die Vermögensbetreuungspflicht im Fall primär aus der evidenten und gravierenden Pflichtwidrigkeit des Tatgeschehens ab, was eine Verschleifung dieser Tatmerkmale nahelegt.[206] Vor allem ist der Strafgrund der Untreue, die **Tatbegehung von innen, nicht verwirklicht:**[207] Die Bindung an das Wirtschaftlichkeitsgebot ist nicht die Aufgabe des Vertragsarztes, sondern Grenze bzw. Bedingung seiner Wirkungsmöglichkeiten. Hieraus eine zweite Hauptpflicht zu konstruieren, konfligiert mit der vom Großen Senat hervorgehobenen primären Hauptpflicht der bestmöglichen Versorgung der Patienten.[208] Der Vertragsarzt steht der Krankenkasse nicht näher als dem Patienten; er wird „aus objektiver Sicht [...] in erster Linie in dessen Interesse [= dem Interesse des Patienten] tätig."[209] Dass der den Krankenkassen gleichgeordnete Vertragsarzt zugleich im Inneren der Krankenkassen stehen und in Vermögensangelegenheiten von einer fremdnützigen Hauptpflicht geprägt agieren soll, ist damit nicht zu vereinbaren.

82   Zu beachten bleibt, dass ein **Betrug des Leistungserbringers** vorliegen kann (siehe aber Rn. 16 und 23), an dem sich die Vertragsärzte als Täter oder Teilnehmer

---

201 M.w.N. Ulsenheimer/Gaede/*Ulsenheimer/Gaede* Rn. 1715 ff.; *Brand/Wostry* StV 2018, 296 ff.; *Kraatz* medstra 2017, 336 ff.; *Sebastian/Lorenz* JZ 2017, 876 ff.; *Ransiek* medstra 2015, 92, 96 f.; a.A. aber *Hoven* NJW 2016, 3213; Spickhoff/*Schuhr* § 266 StGB Rn. 28 ff.

202 So noch BVerfGE 126, 170, 209.

203 BGH medstra 2017, 38, 39 – Rn. 9, siehe auch Rn. 18. Vergleichbar aber u. a. auch schon BGHSt 61, 48, 62 ff., 69 ff. – Rn. 50 ff., 77 ff.; BGH wistra 2016, 311, 312 f.

204 BGH medstra 2017, 38, 39 – Rn. 10; ebenso schon BGH NJW 2013, 1615; abl. m.w.N. *Kraatz* medstra 2017, 336, 339; zu den Konsequenzen *Krawczyk* medstra 2018, 167, 169 f.

205 Siehe schon diesen Umstand betonend BGHSt GS 57, 202, 217; *Sebastian/Lorenz* JZ 2017, 876, 880 f.; bewusst anders aber BGH medstra 2017, 38, 41 – Rn. 24.

206 BGH medstra 2017, 38, 40 f. – Rn. 23; a.A. *T. Schneider* HRRS 2017, 231, 234 f.

207 *Gaede* in: Kubiciel/Hoven (Hrsg.), Korruption im Gesundheitswesen, 2016, S. 145, 148 ff.; *Sebastian/Lorenz* JZ 2017, 876, 881; hierzu und zu dem daraus entstehenden Abgrenzungsbedarf *Ransiek* medstra 2015, 92, 96, 97. A.A. etwa *Bülte* NZWiSt 2013, 346, 351.

208 Siehe krit. m.w.N. *Leimenstoll* MedR 2017, 96, 100 f.; *Kraatz* medstra 2017, 336, 340 f.

209 BGHSt GS 57, 202, 213 und 216, 217.

beteiligen könnten.[210] Hierin liegt für den Vertragsarzt entgegen der Auffassung des BGH nicht bloß eine mitbestrafte Nachtat, sondern ein eigenständiges Unrecht. Soweit in der Sonderkonstellation des Leistungsbezuges in der Apotheke eine Schutzlücke besteht (dazu Rn. 78), könnte dies mit einer spezifischen Neuregelung adressiert werden.

---

210 Siehe nun wieder als Lösung in BGH medstra 2022, 47 – Rn. 10; dazu näher *T. Schneider* HRRS 2017, 231, 235 f.; m.w.N. Ulsenheimer/Gaede/*Ulsenheimer/Gaede* Rn. 1717.

§ 24 Sanktionen

1 Mit der Verurteilung sind regelmäßig erhebliche strafrechtliche Sanktionen verbunden (im Überblick Rn. 2 ff., zum Berufsverbot Rn. 5 ff.). Mit Straftaten können aber auch einschneidende nichtstrafrechtliche Rechtsfolgen einhergehen (dazu Rn. 9 ff.). Strafprozessual ist zu berücksichtigen, dass trotz des Legalitätsprinzips (§§ 152 Abs. 2, 160 Abs. 1 StPO) nicht jede begangene Straftat zu strafrechtlichen Rechtsfolgen führen muss. Neben der Verwarnung mit Strafvorbehalt (§ 59 StGB) und dem Absehen von Strafe (§ 60 StGB) sind Verfahrenseinstellungen nach den §§ 153 ff. StPO besonders verbreitet.[1]

I. Überblick: Strafen und Maßregeln

2 Die Straftaten des Medizinstrafrechts sind regelmäßig mit Freiheitsstrafe (§§ 38 f. StGB, zur Aussetzung auf Bewährung §§ 56 ff. StGB) und Geldstrafe (§§ 40 ff. StGB, zur Ersatzfreiheitsstrafe § 43 StGB), bewehrt. Das jeweilige Delikt gibt einen Strafrahmen an, der nach den §§ 46 ff. StGB zu handhaben ist.[2]

3 Eine gewisse Relevanz für das Medizinstrafrecht besitzen die **Maßregeln der Besserung und Sicherung** (§§ 61 ff. StGB). Diese Rechtsfolgen zielen, anders als die Strafe, nicht auf einen schuldabhängigen Schuldausgleich, sondern sind allein präventiv ausgerichtet. Relevant sind Maßregeln im Gesundheitswesen insbesondere über das **Berufsverbot** (§§ 70–70b StGB). Es betrifft etwa bei profunden Behandlungsfehlern gerade das berufliche Wirken der Heilberufsangehörigen und wird deshalb näher behandelt (Rn. 5 ff.).

4 Im Medizinwirtschaftsstrafrecht ist schließlich die **Einziehung** nach den §§ 73–76b StGB von Bedeutung. Auch sie soll eine bloß präventive Tatfolge sein.[3] Z.B. sollen Tatwerkzeuge, die erneut für Taten gebraucht werden können, Beteiligten nicht verbleiben (§§ 74–74d ff. StGB). Sehr bedeutsam ist die **Einziehung von Taterträgen oder des verbleibenden Werts erlangter Taterträge**

---

1 Näher zur im Einzelnen streitbaren Verfahrenserledigung nach § 153a StPO einschließlich der Anwendung auf § 222 StGB m.w.N. Saliger/Tsambikakis/*Gaede* § 2 Rn. 487 ff.
2 Zur nicht spezifisch medizinstrafrechtlichen Wahl der Strafart, der Strafrahmenbestimmung (beachte hier die §§ 49 und 52 ff. StGB) und der konkreten Strafzumessung (§§ 46 ff. StGB) siehe näher *Streng*, Strafrechtliche Sanktionen, 3. Aufl., 2012, Rn. 158 ff. und 233 ff.
3 Dazu etwa BVerfGE 110, 1; m.w.N. Meyer-Goßner/Schmitt/*Köhler* Vor § 421 Rn. 2.

https://doi.org/10.1515/9783111048543-027

(§§ 73–73e StGB).[4] Nach dem Bruttoprinzip (siehe näher § 73d StGB) werden große Summen eingezogen. Dies nähert sich einer Strafe bedenklich an.[5]

II. Im Besonderen: das Berufsverbot

Das strafrechtliche Berufsverbot sieht § **70 StGB** vor.[6] Es kann vorläufig angeordnet 5 werden (§ 132a StPO) und zielt darauf ab, einer offenbar gewordenen **Gefährlichkeit zugunsten der Allgemeinheit** durch die Anordnung eines schützend wirkenden Tätigkeitsverbotes **zu begegnen.**

Die Anordnung nach § 70 StGB setzt *erstens* voraus, dass etwa ein Arzt im Zuge 6 einer rechtswidrigen Tat (§ 11 Abs. 1 Nr. 5 StGB) **seinen Heilberuf missbraucht** *oder* **eine heilberufliche Pflicht grob verletzt hat**, § 70 Abs. 1 S. 1 Hs. 1 StGB. Sein Verhalten muss *zweitens* einer **Verurteilung** zugrunde liegen oder nur wegen Schuldunfähigkeit nicht zu einer Verurteilung führen. *Drittens* muss nach einer Gesamtwürdigung die **Gefahr** erwiesen[7] sein, **dass der Täter bei einer weiteren Ausübung seines Berufes erhebliche weitere berufsbezogene rechtswidrige Taten begehen wird**, § 70 Abs. 1 S. 1 Hs. 2 StGB. *Viertens* muss das Berufsverbot **verhältnismäßig** (§ 62 StGB) und damit insbesondere mit der Berufsfreiheit vereinbar sein. Dies kann z. B. eine Beschränkung nur eines Teils der Berufsausübung, etwa die Untersagung der Behandlung weiblicher Patientinnen, gebieten.[8]

Im Lichte des erheblichen und andauernden Grundrechtseingriffs genügen 7 dem nur **Taten von erheblichem Gewicht.**[9] Der Missbrauch setzt voraus, dass bei der Tat die **durch den Beruf eröffneten Möglichkeiten bewusst und planmäßig ausgenutzt** worden sind, also ein innerer Zusammenhang zum Beruf besteht.[10] Beispiele sind die Zweckentfremdung von BtM im dienstlichen Kontext oder Sexualdelikte gegenüber Patientinnen und Patienten.[11] Nutzt ein Arzt BtM unabhängig von seiner beruflichen Tätigkeit für Straftaten oder konsumiert er sie, ge

---

4 Allg. zur Einziehung im Gesundheitswesen etwa *Graalmann-Scheerer* medstra 2023, 212. Zu Vergleichen mit der Krankenkasse (siehe § 73e StGB) bedenklich KG wistra 2023, 301 und ferner BGH NZWiSt 2024, 452; dazu abl. *Rhein* wistra 2023, 366; *Lindemann/Bauerkamp* StV 2023, 764.
5 Zur Kritik *Rönnau/Begemeier* NStZ 2021, 705; *Schäuble/Pananis* NStZ 2019, 65.
6 Näher zur Anwendung auf die Medizin m.w.N. Ulsenheimer/Gaede/*Ulsenheimer/Dießner* Rn. 2024 ff., dort auch zum etwaigen Vorrang beamtenrechtlicher Parallelnormen.
7 Hierzu muss eine hohe Wahrscheinlichkeit weiterer Taten durch eine symptomatisch erscheinende Anlasstat begründet worden sein, siehe m.w.N. BGH NStZ-RR 2020, 75.
8 BGH StV 2004, 653; zur nötigen Prüfung milderer Maßnahmen NK-StGB/*Pollähne* § 70 Rn. 27.
9 Siehe schon BT/Drs. 5/4095, S. 37 f. und m.w.N. NK-StGB/*Pollähne* § 70 Rn. 20.
10 M.w.N. BGH NJW 1989, 3231, 3232; m.w.N. NK-StGB/*Pollähne* § 70 Rn. 17.
11 Siehe m.w.N. *Waßmer* § 19 Rn. 13.

nügt dies nicht.[12] Die Verletzung berufsrechtlicher Pflichten umfasst neben **berufsspezifischen Pflichten** wie der Behandlung *lege artis* **allgemeinere Pflichten**, die aus der Berufstätigkeit erwachsen.[13] Entsprechend kann ein Abrechnungsbetrug im Einzelfall ein Berufsverbot begründen. **Grob** ist eine Pflichtverletzung aber nur, wenn der Verstoß besonders ausgeprägt war oder eine besonders gewichtige Pflicht verletzt wurde.[14] Vereinzelte Behandlungsfehler genügen nicht.[15]

8   Grundsätzlich kann das Gericht nur ein **befristetes Berufsverbot** von einem bis zu fünf Jahren verhängen, § 70 Abs. 1 S. 1 Hs. 2 StGB. Ist zu erwarten, dass dies zur Gefahrenabwehr nicht genügt, kommt ein unbefristetes Verbot in Frage, § 70 Abs. 1 S. 2 StGB.[16] Der Betroffene darf seinen Beruf auch nicht für oder durch einen anderen ausüben (§ 70 Abs. 3 StGB). Das Berufsverbot kann frühestens nach einem Jahr zur Bewährung ausgesetzt werden (§§ 70a und 70b StGB). Seine Missachtung stellt **§ 145c StGB** unter Strafe.

III. Nichtstrafrechtliche Rechtsfolgen

9   Hat ein Heilberufsangehöriger eine Straftat begangen, können über strafrechtliche Folgen und die zivilrechtliche Haftung hinaus weitere gravierende Konsequenzen eintreten. Schon das Strafgericht[17] muss diese Folgen zugunsten einer insgesamt verhältnismäßigen Reaktion bedenken. Konkret geht es um **berufs-, sozial- und verwaltungsrechtliche Sanktionen**.[18] Sie werden in eigenständigen Verfahren festgesetzt. Etwa für einen Arzt bedeutet dies:

10   Selbst wenn das Strafgericht von einem Berufsverbot abgesehen hat, können Kammern und ggf. Berufsgerichte (siehe § 4 Rn. 57 ff.), einen sog. **berufsrechtlichen Überhang** anerkennen und weitere Sanktionen verhängen, wenn die strafrechtliche Reaktion dem Berufsrecht z.B. unter dem Aspekt des Ansehens der

---

12 In diesem Sinne BGH NStZ-RR 2020, 75 und 2016, 110, 111.

13 Dazu m.w.N. NK-StGB/*Pollähne* § 70 Rn. 19; allzu weit zur Besteuerung BGH NStZ 1995, 124.

14 Siehe m.w.N. *Waßmer* § 19 Rn. 14.

15 Hierfür etwa BGH BeckRS 2004, 01930.

16 Zur im Lichte des Art. 12 GG engen Auslegung BGH NStZ-RR 2016, 110.

17 BGH NStZ-RR 2020, 355, 356; OLG Frankfurt a. M. NStZ 2018, 414.

18 Zu beamtenrechtlichen Rechtsfolgen und zur arbeitsvertraglich oft möglichen Kündigung m.w.N. Ulsenheimer/Gaede/*Gaede* Rn. 1471.

Ärzteschaft nicht hinreichend Rechnung trägt.[19] So kann z.B. eine Geldbuße von bis zu 200.000 € verhängt werden.

Im **Verwaltungsverfahren** kann es zum **Widerruf der Approbation** und zu 11 einer ggf. sofort vollziehbaren Untersagung der Berufsausübung gem. den §§ 5 Abs. 2 S. 1, 3 Abs. 1 Nr. 2 BÄO kommen. Die Tat muss hierfür die Unwürdigkeit oder Unzuverlässigkeit des Täters zur Ausübung des Arztberufes belegen. Dies kann etwa bei Behandlungsfehlern und beim Abrechnungsbetrug erhebliche praktische Bedeutung erlangen. Im Lichte der Berufsfreiheit kann aber nicht jede Straftat zu einem Widerruf der Approbation führen.[20] So genügt eine einzige fahrlässige Fehlbehandlung regelmäßig nicht.[21] Allein, wenn die Tat die Unwürdigkeit besonders indiziert, kann sie eine hinreichende Prognosegrundlage für einen zunächst befristeten Widerruf sein. Als Grundlage sollen auch Straftaten in Betracht kommen, die nicht im beruflichen Zusammenhang stehen.[22]

Schließlich können einschneidende **Vergütungsverluste** eintreten. Gerade in 12 der GKV versagen die Gerichte exzessiv Vergütungen, wenn diese im Kontext strafrechtlich relevanter Sachverhalte erlangt worden sind (dazu § 23 Rn. 36 ff.). Vertragsärzte können ferner Sanktionen treffen, welche die KV bei einem spezifisch vertragsärztlichen Sicherstellungsbedürfnis anstoßen darf. Disziplinarausschüsse der KV gem. § 81 Abs. 5 SGB V dürfen **Disziplinarmaßnahmen**, insbesondere eine Verwarnung, einen Verweis oder eine Geldbuße von max. 50.000 €, aussprechen oder das Ruhen der Zulassung oder der vertragsärztlichen Beteiligung bis zu zwei Jahre (§ 81 Abs. 5 S. 1 Hs. 2 SGB V) anordnen. Der Zulassungsausschuss (§ 95 Abs. 6 S. 1 und 2 SGB V i.V.m. § 27 Ärzte-ZV) kann als *ultima ratio* bei **gröblicher Verletzung der vertragsärztlichen Pflichten** den dauerhaften **Entzug der Zulassung als Vertragsarzt** betreiben.[23] Der Widerruf der Approbation führt zum Entzug der vertragsärztlichen Zulassung (§ 95 Abs. 2 S. 1 SGB V).

---

19 Zu diesem Konzept Ulsenheimer/Gaede/*Ulsenheimer/Dießner* Rn. 2034 ff. sowie grundlegend BVerfGE 27, 180; zum vorherigen Freispruch GH Heilberufe Nds. MedR 2007, 454.

20 Zur gebotenen strikten Beachtung der Verhältnismäßigkeit m.w.N. BVerfG NJW 2003, 3618 f.; zur notwendigen Einzelfallprüfung BVerwG NVwZ-RR 1994, 388.

21 OVG Lüneburg BeckRS 2015, 45503; VGH Baden-Württemberg NJW 1991, 2366, 2367.

22 Siehe zu einer länger zurückliegenden Trunkenheitsfahrt und einem ansonsten beruflich ordnungsgemäßen Verhalten OVG Münster MedR 2003, 694.

23 Hierzu näher BVerfGE 69, 233; Ulsenheimer/Gaede/*Ulsenheimer/Dießner* Rn. 2060 ff.

Sachregister

www.ingramcontent.com/pod-product-compliance
Lightning Source LLC
Chambersburg PA
CBHW060418220326
41598CB00021BA/2214